유니그래픽스 CAD/CAM

NX6
쉽게 따라하기

예제 소스 웹하드 제공
www.webhard.co.kr

정연택 저

본서의 구성

제1장 NX6의 환경 구성
제2장 모델링 따라하기
제3장 3차원 모델링도면작성 따라하기
제4장 편심왕복장치 조립품작성 따라하기
제5장 편심왕복장치 전개 분해도 따라하기
제6장 Manufacturing NC 따라하기

부록 - 최근과년도문제
1. 컴퓨터응용가공 산업기사 최근과년도문제
2. 기계설계산업기사 최근과년도문제
3. 일반기계기사 최근과년도문제
4. 기계설계제도사 최근과년도문제

도서
출판 건기원

머리말

현대 산업사회의 급속한 변화로 앞으로의 CAD/CAM은 설계제도의 단순한 도면으로서 머물지 않고 설계자의 의도를 보다 현실적으로 3차원으로 표현하면서 설계자의 실수할 수 있는 부분을 사전에 고려할 수 있는 각종 도구를 제공하고 있다.

UG NX6은 세계적으로 가장 많이 사용하는 메이저급 CAD/CAM 소프트웨어라 볼 수 있으며 제조업체에서는 단순한 데이터작업을 보다 빠른 생산이 가능하게 할 수 있고 원가절감, 품질향상 등을 통하여 다른 업체와 경쟁력을 제공할 수 있는 통합솔루션이라 할 수 있다.

이를 위해서 UG NX6 소프트웨어를 선택하여 누구나 쉽게 따라 할 수 있도록 모델링방법, 조립품작성방법, 분해 전개도방법, 도면 추출방법, CAM NC data 생성방법 등을 중점을 두어서 집필하였다.

본 교재는 기계를 전공하는 대학생들에게 3D설계 및 모델링, CAM 등 각종 기사 실기시험 대비와 산업체에 재직 중인 기능장 실기시험을 준비하는 수검자들이 누구나 쉽게 따라하면서 학습효과를 최대하게 발휘 할 수 있도록 하였다.

또한 다소 부족하더라도 학습자가 스스로 도면을 보면서 기계설계(산업)기사, 일반기계기사, 건설기계(산업)기사, 컴퓨터응용가공 산업기사, 생산자동화 산업기사, 기계가공기능장, 금형기능장 등 기계관련 자격증 실기시험에 많은 도움이 될 것으로 확신하며 이 교재를 학습함으로서 산업사회에서 요구하는 능력과 자질을 갖춘 유능한 인재가 되어 사업사회에 이바지하는 역군이 되기를 기대한다.

끝으로 교재집필에 많은 도움을 주신 김진호 엔지니어와 도서출판 건기원 관계자들에게 진심으로 감사드립니다.

집필자 정연택 씀

Contents

CHAPTER 1　NX6의 환경 구성

1. NX6 시작하기　　8
2. 사용자 화면 구성　　10
3. 사용자 환경설정　　12
4. 마우스 사용법　　14

CHAPTER 2　모델링 따라하기

1. 무선전화기모양 모델링 따라하기　　16
2. 무선전화 충전기모양 모델링 따라하기　　41
3. 행거모양 모델링 따라하기(1)　　70
4. 패드모양 모델링 따라하기　　91
5. 행거모양 모델링 따라하기(2)　　111
6. 컵모양 모델링 따라하기　　137
7. 핸드폰 충전기모양 모델링 따라하기　　161
8. 헤어드라이어기모양 모델링 따라하기　　189
9. 리모컨모양 모델링 따라하기　　206
10. 면도기모양 모델링 따라하기　　234
11. 광마우스모양 모델링 따라하기　　252
12. 일반 전화기모양 모델링 따라하기　　283
13. 브라켓모양 모델링 따라하기　　321
14. 하우징커버 모델링 따라하기　　352
15. 편심 축 모델링 따라하기　　363
16. 하우징 본체 모델링 따라하기(2)　　374
17. 하우징 본체 모델링 따라하기(2)　　402
18. 하우징 본체 모델링 따라하기(3)　　422

Contents

	19. V벨트풀리 모델링 따라하기	458
	20. 스퍼기어 모델링 따라하기	467
	21. 스프로켓 휠 모델링 따라하기	479

CHAPTER 3 3차원 모델링도면작성 따라하기(부록 CD 활용)

1. 3차원 모델링도면 작성하기	492
2. 중량 계산하기	521

CHAPTER 4 편심왕복장치 조립품작성 따라하기(부록 CD 활용)

1. 어셈블리 방식	526
2. 조립품작성 따라하기	527
3. 조립품 구동하기	564

CHAPTER 5 편심왕복장치 전개 분해도 따라하기(부록 CD 활용)

1. 전개 분해도 따라하기	576
2. Auto CAD로 내보내기	607
3. UG NX에서 템플릿으로 설정하기	611
4. UG NX에서 조립 분해도면 설정 및 출력하기	613
5. 2차원 부품도면(Drafting)작업 따라하기	620

Contents

CHAPTER 6   **Manufacturing NC 따라하기**

1. Manufacturing 시작하기   638
2. 공작물(가공물) 설정하기   640
3. 가공공구 생성하기   645
4. 황삭 가공하기(Cavity Mill)   649
5. 정삭 가공하기(Contour Area)   655
6. 잔삭(펜슬) 가공하기(Flow Cut Single)   660
7. NC Data 산출하기   664

부록   **최근과년도문제**

1. 컴퓨터응용가공 산업기사 최근과년도문제   668
2. 기계설계 산업기사 최근과년도문제   678
3. 일반기계 기사 최근과년도문제   685
4. 기계설계 제도사 최근과년도문제   690

CHAPTER 1

NX6의 환경 구성

유니그래픽스 CAD/CAM
NX6 쉽게 따라하기

1. NX6 시작하기

1_ 다음은 NX6.0을 처음 실행하면 보이는 초기화면이다. NX6을 실행하게 되면 새로 만들기 아이콘( ), 열기 아이콘( ), 최근 파트열기 아이콘( )이 보여 진다.

2_ 새로 만들기를 선택하면 모델, 도면, 시뮬레이션, 제조 탭으로 나타난다. 응용프로그램에 따라 템플릿을 선택하여 해당 작업을 하면 된다. 모델을 선택하고 저장 폴더를 와 모델이름을 입력한다. 오른쪽에 미리보기와 아래에 특성을 확인할 수 있다. (NX에서는 한글인식이 되지 않으므로 폴더나 파일이름이 영문과 숫자로만 이루어져야 한다.)

● 모델 탭은 3D 모델링 파일이 생성될때 사용되며 모델, 어셈블리, Shape Studio, NX 판금 등을 작업할 수 있다.

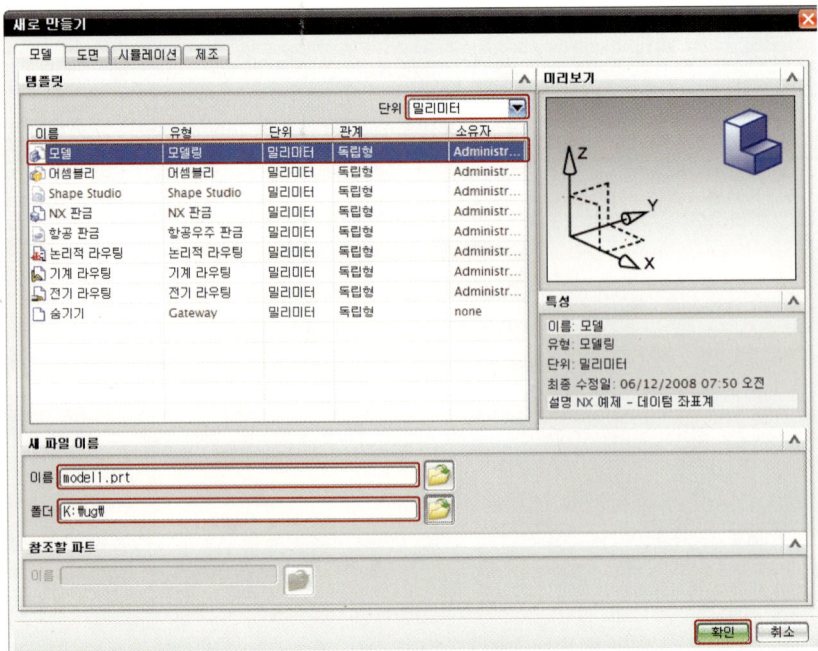

8

CHAPTER 1 | NX6의 환경 구성

● 도면 탭은 사용자가 정의한 템플릿을 사용하여 2D 도면작업을 할 때 사용된다.

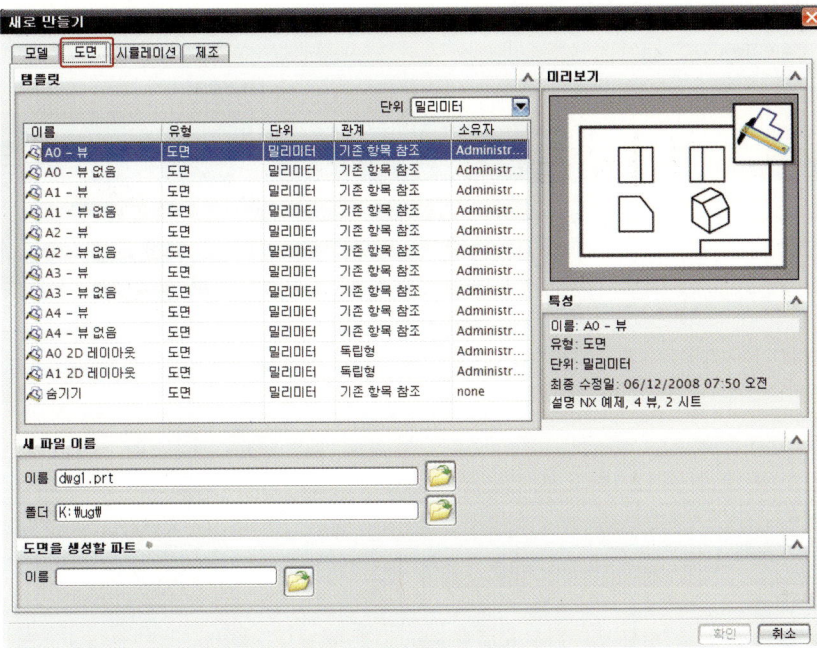

● 시뮬레이션 탭은 MSC Nastran Ansys 등의 해석이 가능하다.

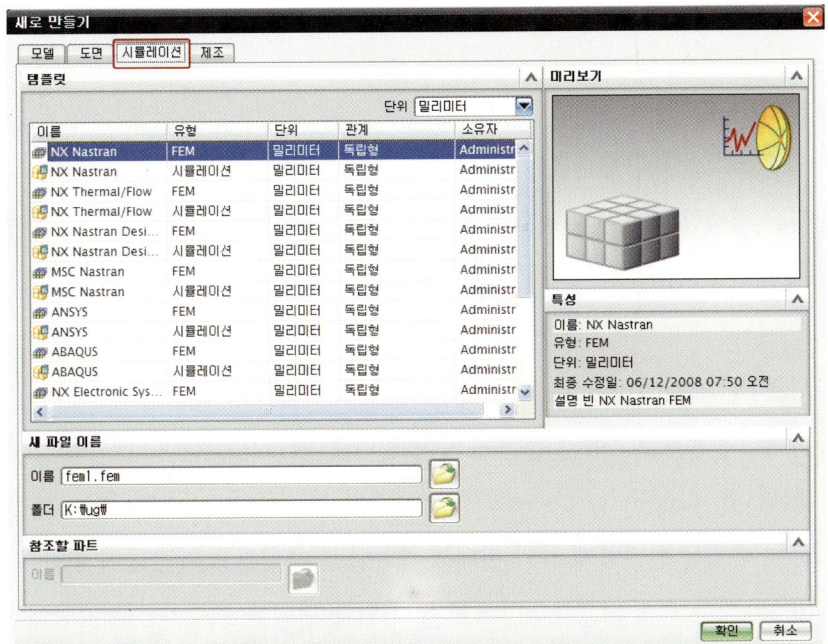

● 제조 탭은 CAM NC Data 생성을 할 수가 있다.

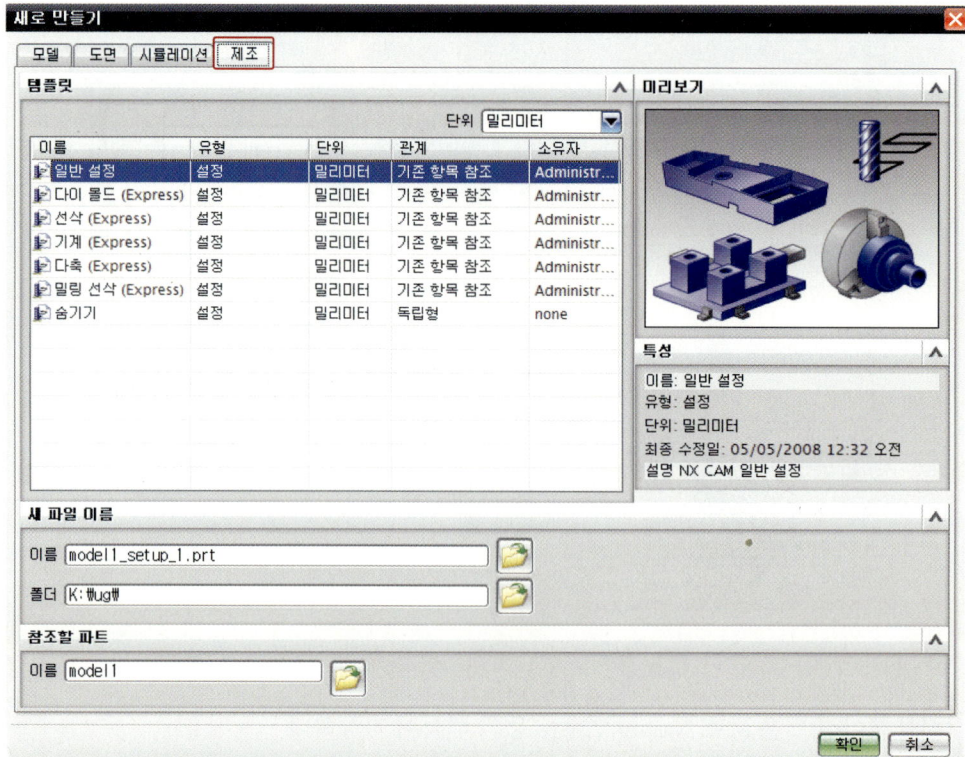

2. 사용자 화면 구성

다음은 모델링을 실행한 화면이며 필요한 모듈을 선택하려면 시작(시작▼)를 선택하여 필요한 모듈을 사용하면 된다.

1_ 제목 표시줄 : 현재 작업하는 응용프로그램과 특성, 파트이름을 표시한다.

2_ 풀다운 메뉴 : 응용프로그램의 종류에 따라 풀다운 메뉴가 변한다. 메뉴를 선택하면 하위 메뉴가 나타난다.

3_ 작업아이콘 : 작업을 편리하게 하기 위해서 메뉴들을 아이콘으로 만들어 놓았다.

4_ 리소스 바 : 파트탐색기, 어셈블리탐색기 등 작업에 편리한 보조기능을 제공하며 히스토리

CHAPTER 1 | NX6의 환경 구성

는 전체 시간 순서대로 모델별로 정렬하고 활용한다.

5_ **데이텀 좌표계** : 3개의 데이텀평면과 3개의 데이텀 축으로 이루어져 있으며, 스케치평면이나 기준면, 축으로 사용된다. 특징형상생성에 편리하게 이용된다.

6_ **모델링 작업창** : 모델링 응용프로그램을 작업할 수 있는 공간이다.

7_ **작업좌표계(WCS)** : 모델링의 기준이 되는 좌표계로서 원하는 축을 선택하면 화면을 회전하며 물체를 볼 수 있다.

8_ **대화상자** : 명령어를 실행했을때 나타나는 창이다.

9_ **클립/클립해제** : 대화상자를 따로 분리할 수 있다.

10_ **리셋** : 물체의 선택 및 좌표 입력 등을 초기화한다.

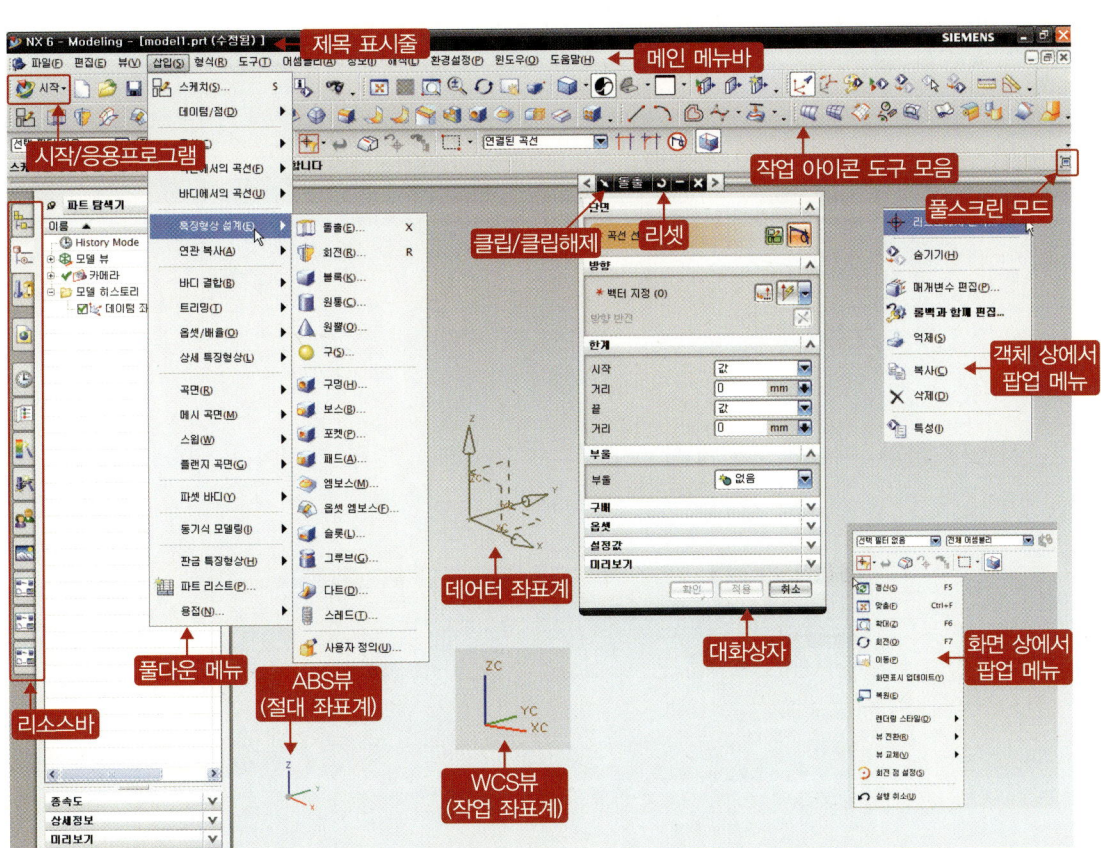

3. 사용자 환경설정

1_ **사용자 기본 값** : 풀다운 메뉴의 환경설정에서 사용자 환경설정을 할 수 있다. 하지만 NX를 다시 실행하면 초기화 된다. 그러므로 환경설정을 계속 유지하기 우해서는 파일에 유틸리티에 사용자 기본 값에서 설정해야 한다. NX를 재실행하여야 설정 값이 적용된다.

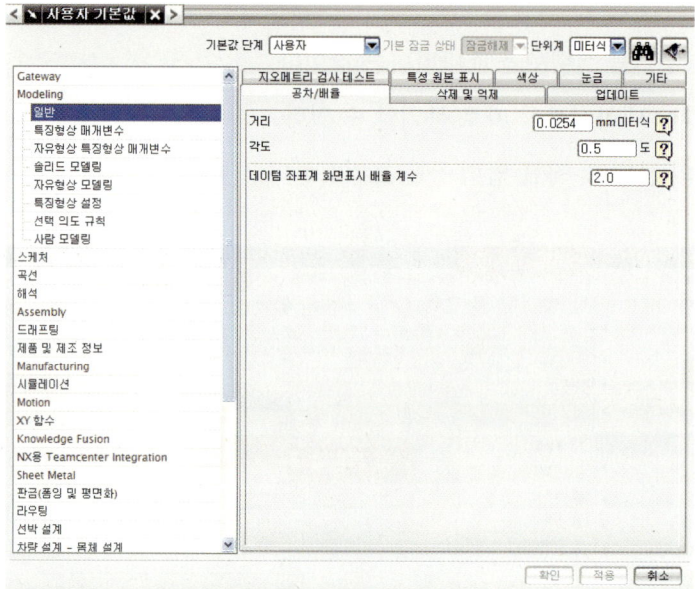

2_ **사용자 정의** : 메뉴에 도구에 사용자 정의에 도구모음, 명령, 레이아웃, 역할을 정의 할 수 있다.

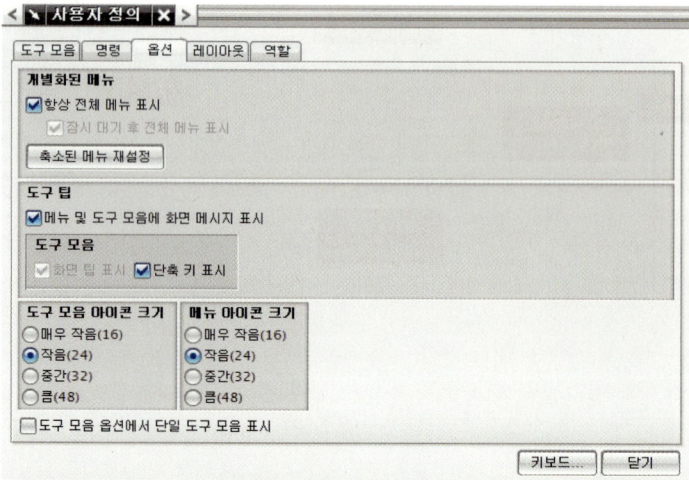

CHAPTER 1 | NX6의 환경 구성

3. **단축기 정보** : 메뉴에 도구에 사용자 정의를 실행 키보드-보고서를 클릭하면 응용프로그램에 따라 설정된 전체 단축키를 볼 수 있다.

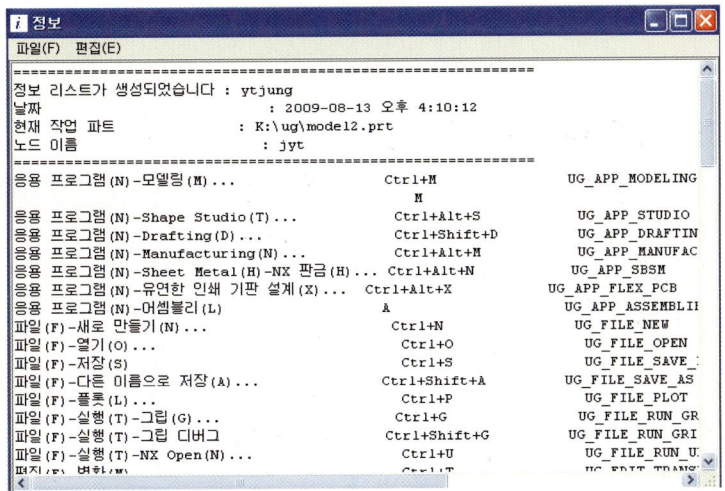

4. **버튼 추가 제거**

아래 그림처럼 화살표가 가리키는 곳에 마우스를 가져가면 도구모음 옵션이 생성된다.

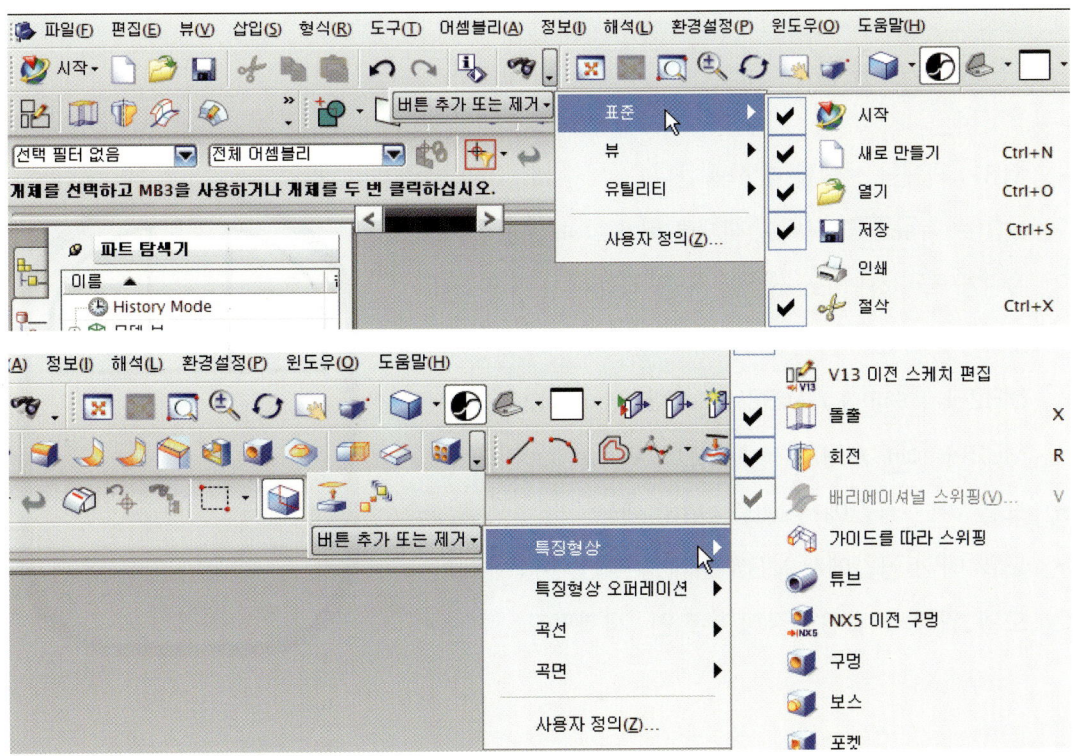

5_ 프로그램 언어 변경하기

내 컴퓨터에서 MB3클릭하고 속성을 선택- 고급 탭에서 환경변수 선택- 시스템변수 안에 UGII_LANG를 선택하고 편집 클릭- 변수 값에 사용할 언어 입력 "korean", "english" 입력하여 사용한다.

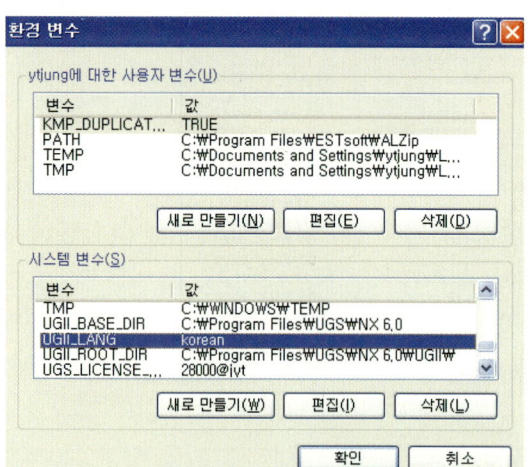
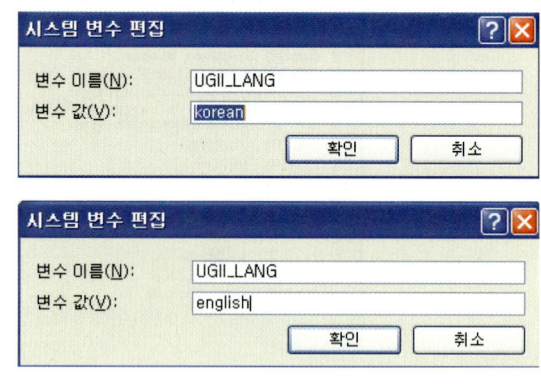

4. 마우스 사용법

1_ MB1 : 객체를 선택할 때 사용한다.

2_ MB1 + Shift : 선택된 객체를 해제 할 때 사용한다.

3_ MB2 : 클릭하면 Enter(OK), 누른 상태에서 마우스를 움직이면 화면이 회전된다.

4_ MB2 + Shift / MB2 + MB3 : Pan 기능

5_ MB2 + Ctrl / MB1 + MB2 : Zoom in out 기능

6_ 모델 아닌 공간에서 MB3 : 팝업 메뉴

7_ 모델 아닌 공간에서 MB3 길게 누르면 : 디스플레이

8_ 모델 위에서 MB3 길게 누르면 : 객체편집

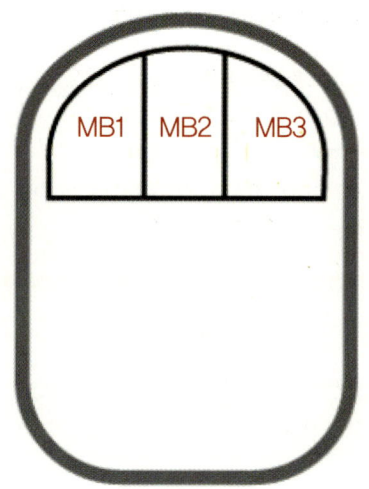

CHAPTER 2

모델링 따라하기

1. 무선전화기모양 모델링 따라하기

| 도면명 | UG 모델링작업 ① | 척 도 | NS |

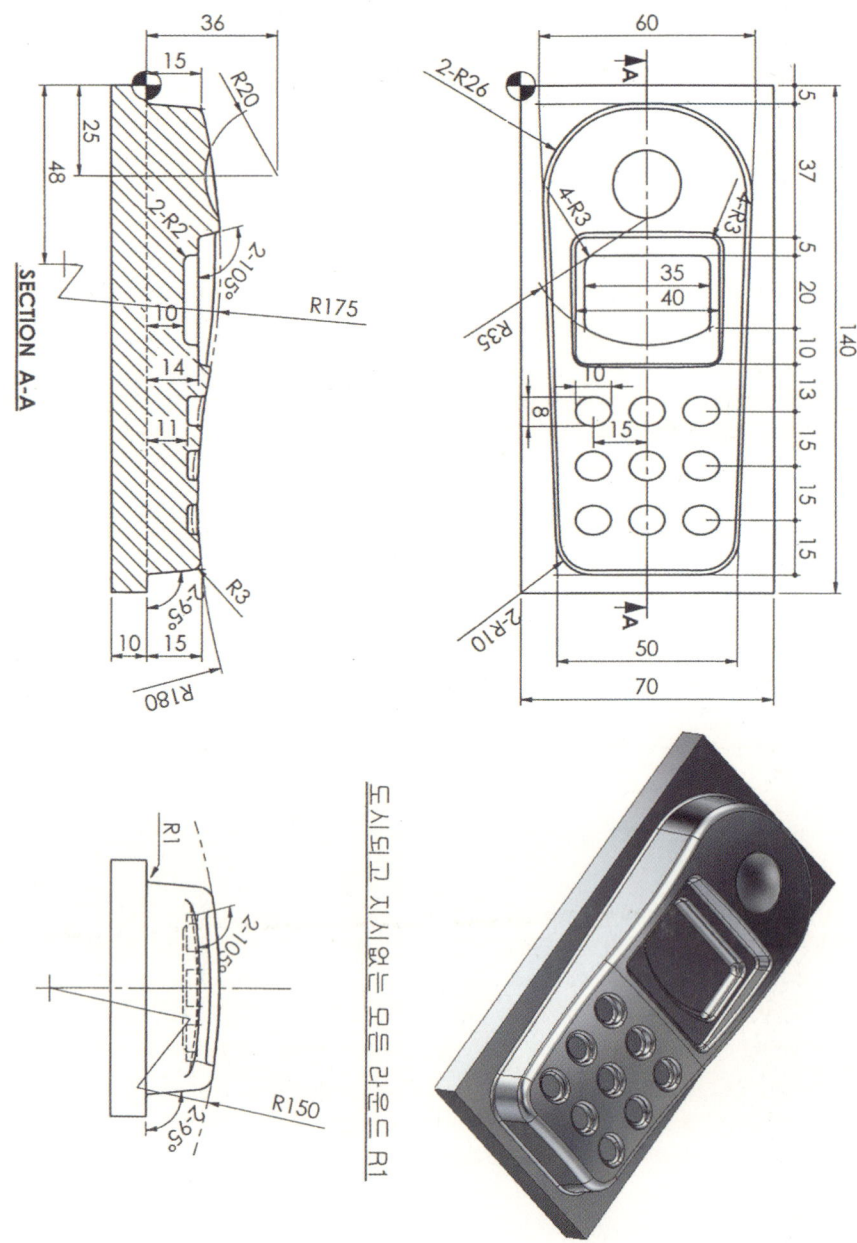

CHAPTER 2 | 모델링 따라하기

01 NX6실행하기

Windows 바탕화면에서 NX6(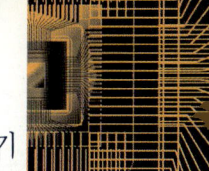)을 더블 클릭하여 NX를 실행한다.

02 PART 모델링(.prt)실행하기

1) 새로 만들기( ) ①(Ctrl +N)를 실행한다.

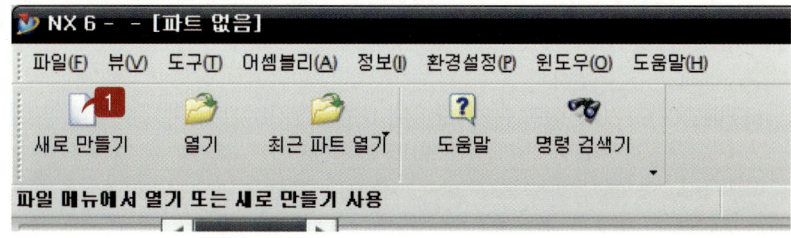

2) 모델을 선택하고 파일이름과 저장할 폴더를 입력한 다음 확인을 클릭한다.

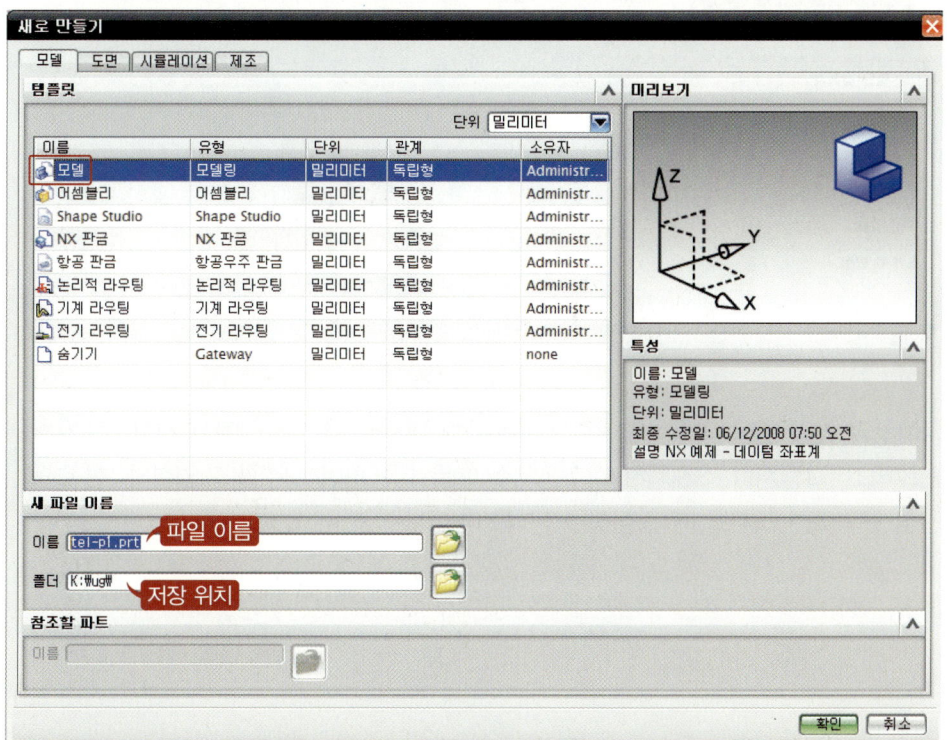

03 평면도 스케치 작성하기

1) Sketch를 하기 위해서 삽입(Insert) ➡ 스케치(Sketch) 또는 아이콘( ) ①을 선택한다.

2) 기본적으로 평면도(XY)평면이 설정되기 때문에 바로 확인하고 스케치모드로 들어간다.

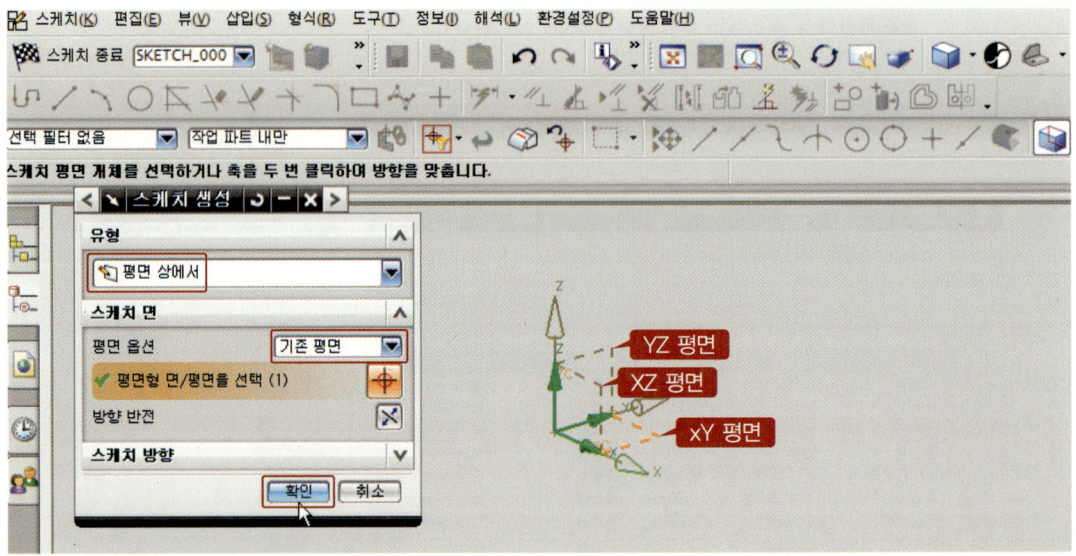

3) 그림에서와 같이 ①을 이용하여 2점으로(by 2point)하여 원점(0,0)에서 시작하는 임의에 직사각형을 그리고, 그림처럼 스케치하고 추정치수 ②를 이용하여 치수를 기입한다. 선 ③을 클릭하고 중간점 구속조건 표시될 때 중심선을 생성한다.

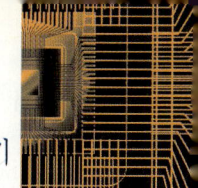

CHAPTER 2 | 모델링 따라하기

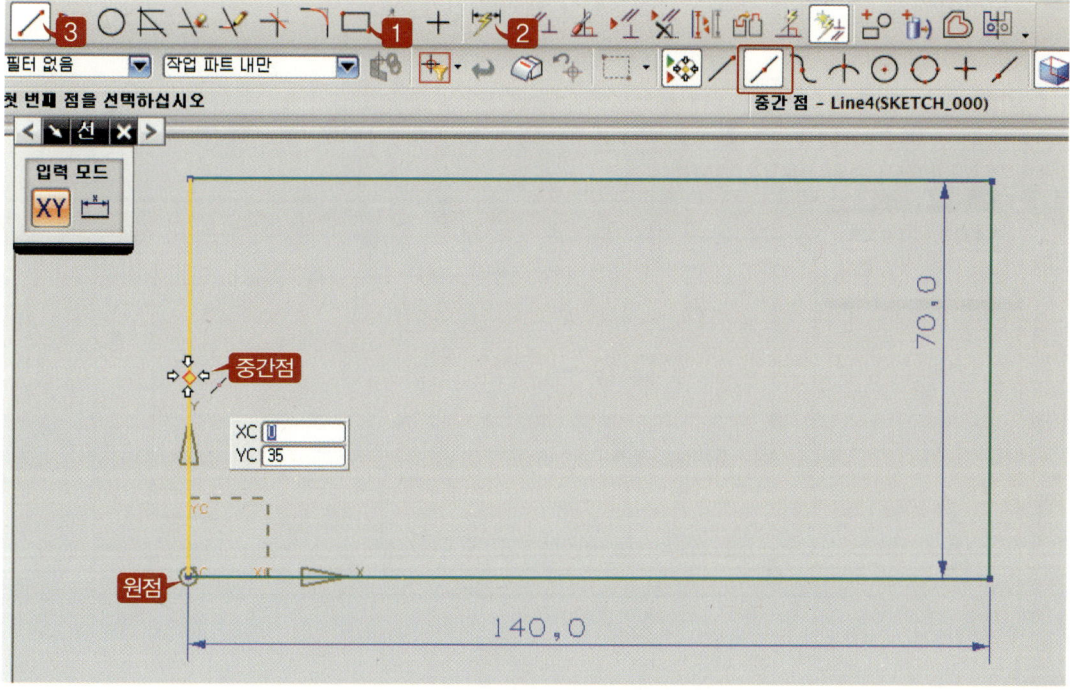

4) 참조선 아이콘 ①을 클릭하고 변환할 객체 ②를 선택하고 확인한다.

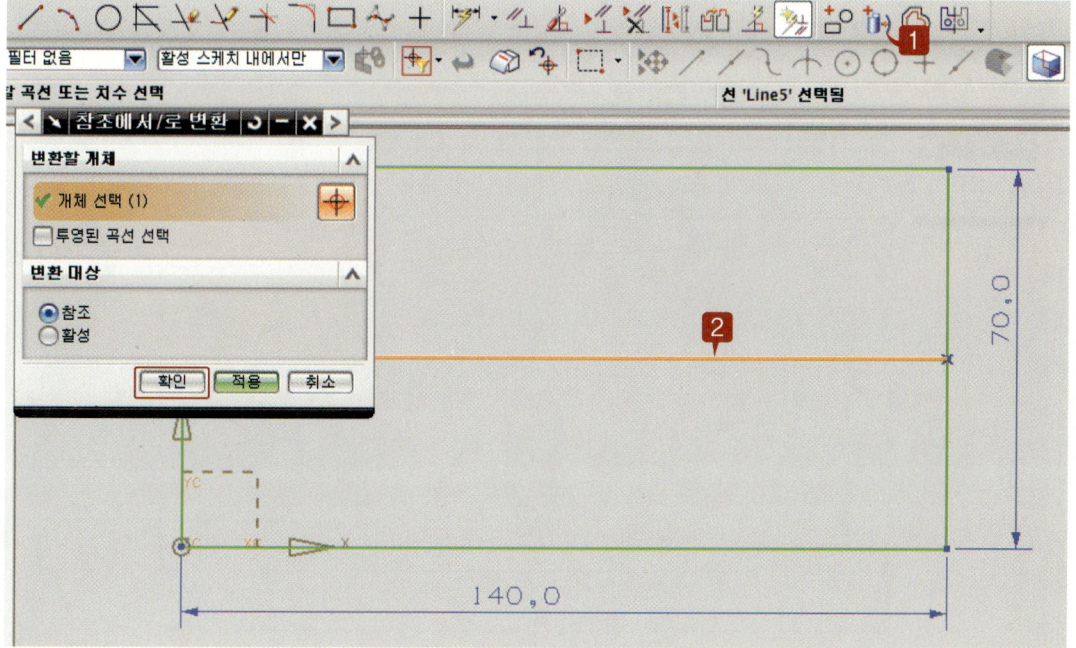

5) 프로파일 ①을 클릭하고 선으로 그림처럼 스케치를 생성한다.

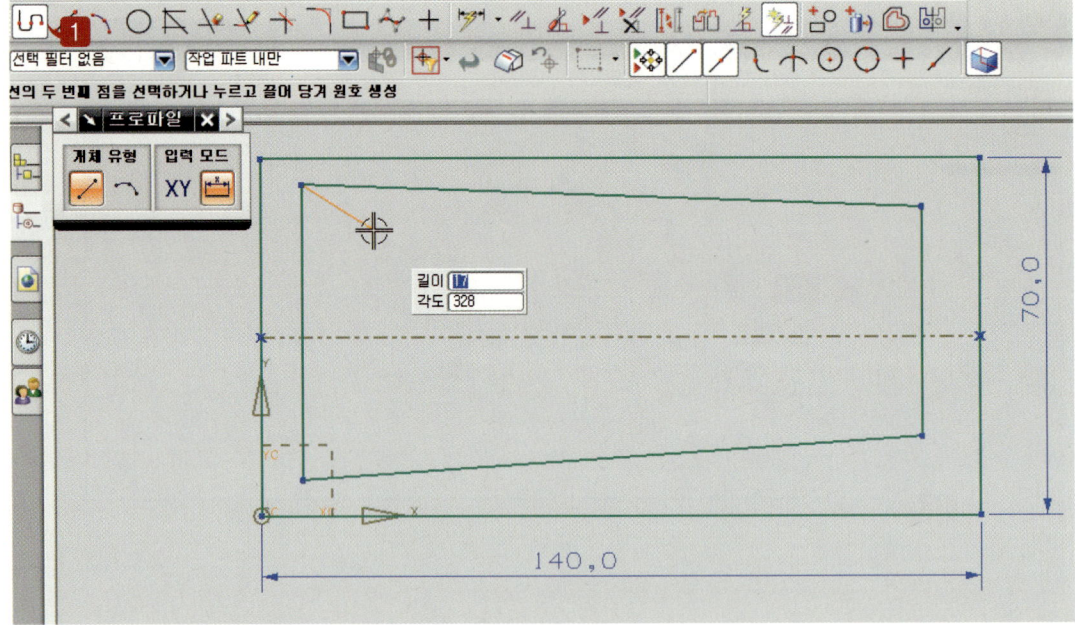

6) 추정치수 ①을 선택하고 그림처럼 치수기입을 한다.

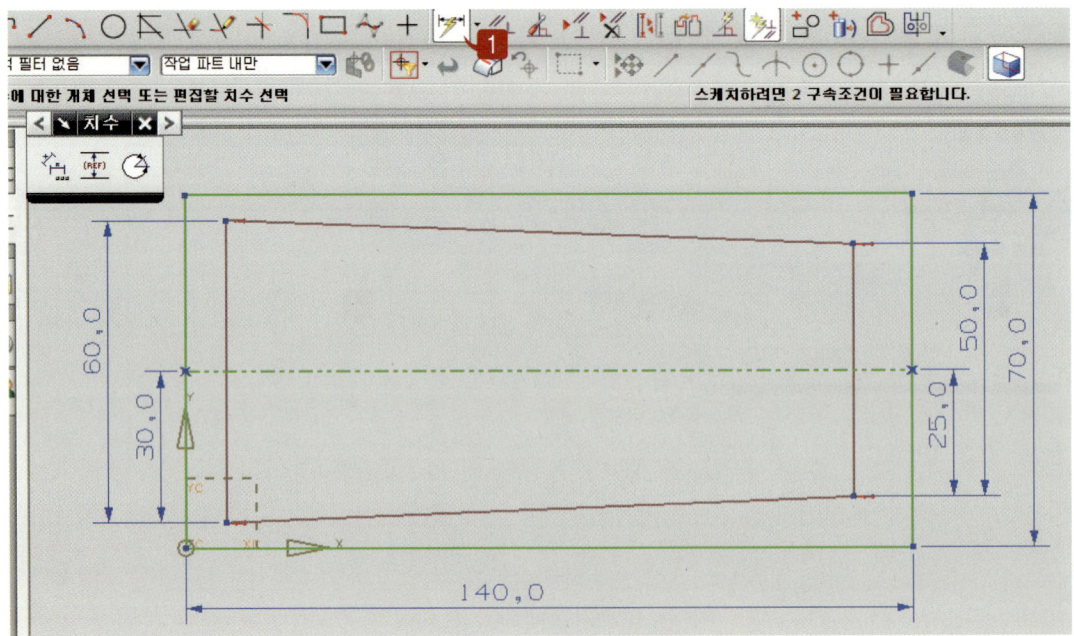

CHAPTER 2 | 모델링 따라하기

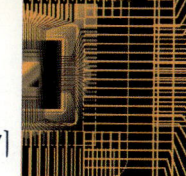

7) 직사각형 ①을 클릭하여 직사각형을 스케치하고 추정치수 ②를 이용하여 그림처럼 치수기입을 한다.

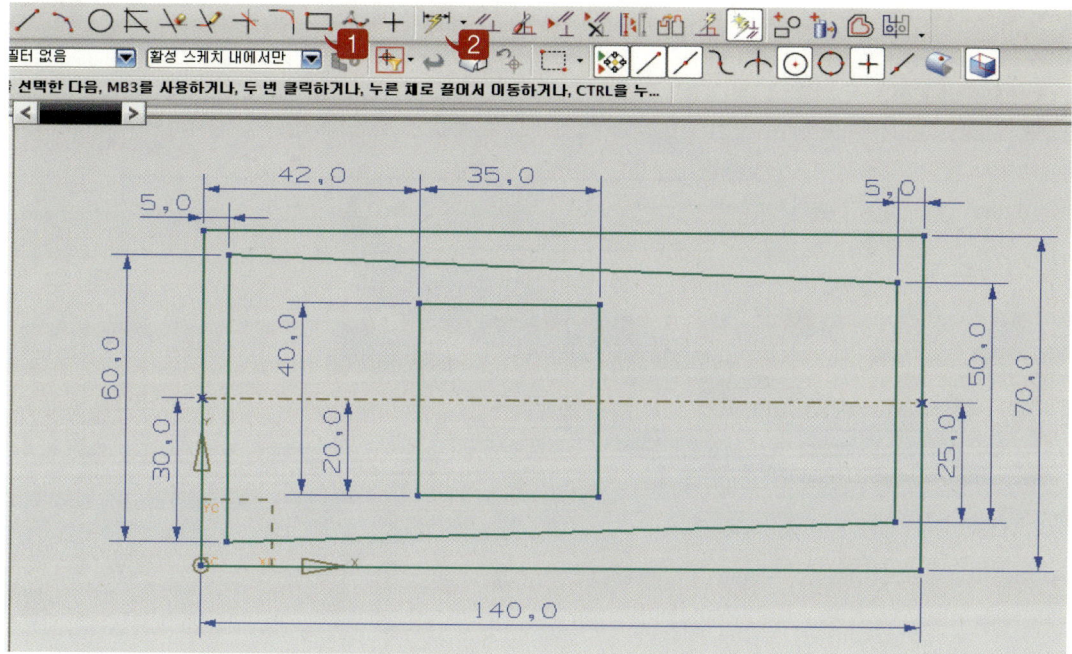

8) 선 ①과 원호 ②를 클릭하여 그림처럼 스케치하고 추정치수 ③을 이용하여 치수기입을 한다.

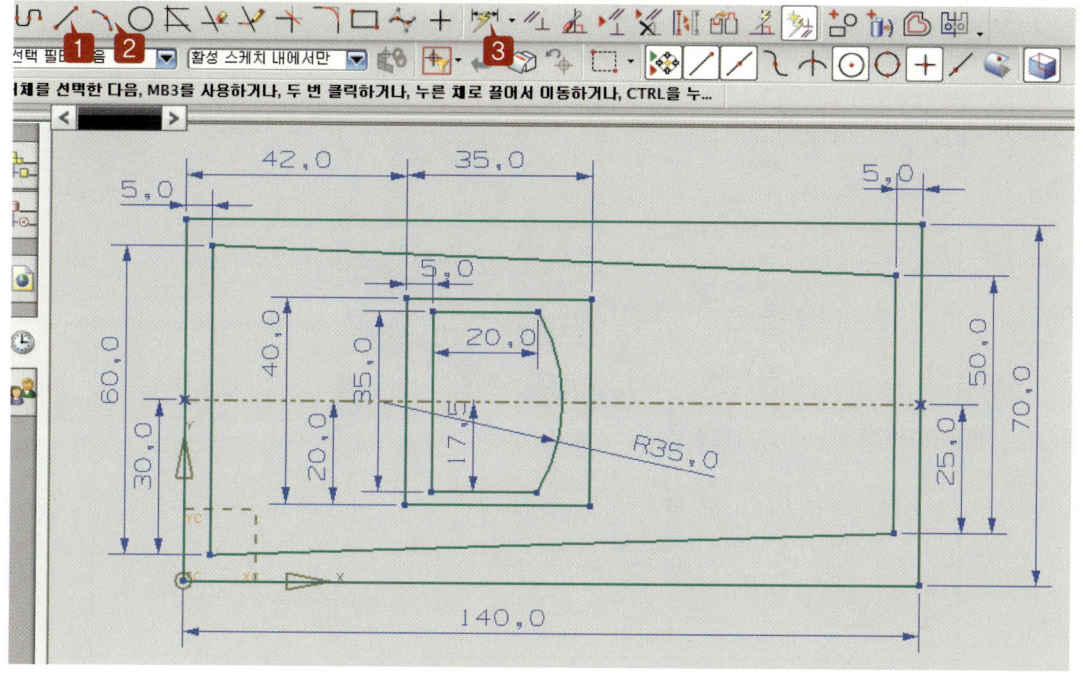

9) 표시 및 숨기기 ①을 클릭한다. 유형 드래프팅 주석에서 치수 숨기기 ②를 클릭한다.

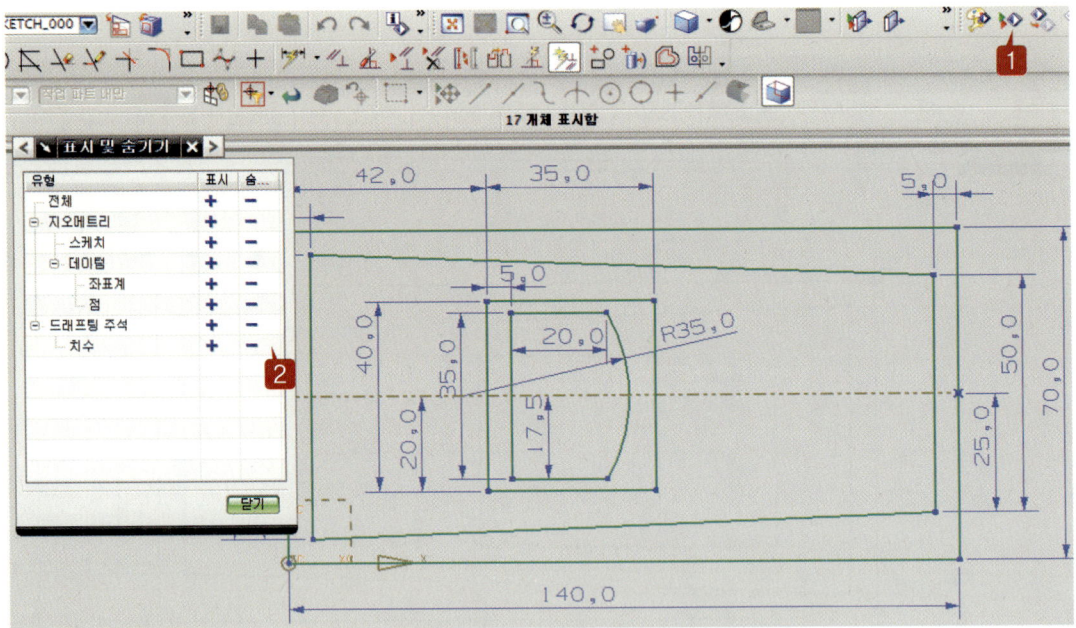

10) 그림에서와 같이 삽입 ➡ 곡선 ➡ 타원을 클릭한다.

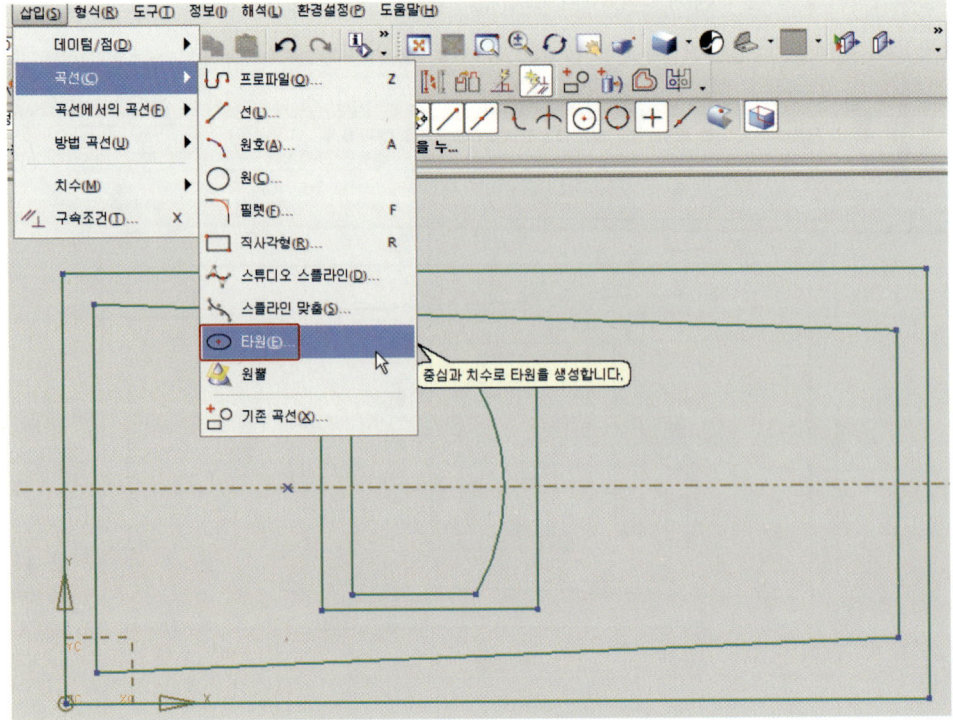

CHAPTER 2 | 모델링 따라하기

11) 중심 점 지정에서 점생성자 ①을 클릭한다.

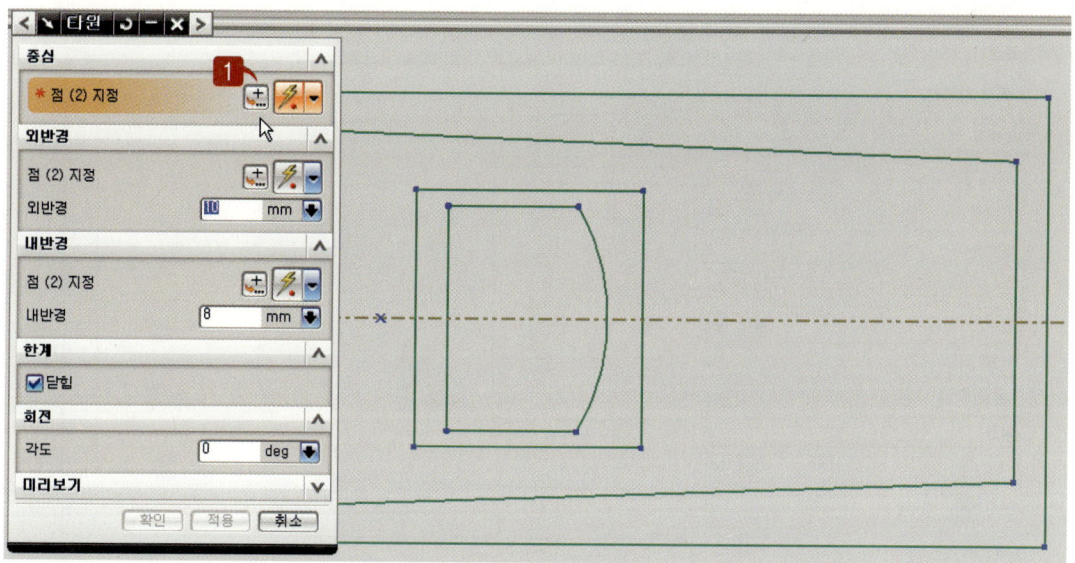

12) 좌표를 절대로 하고 X90, Y20, Z0을 클릭한다.

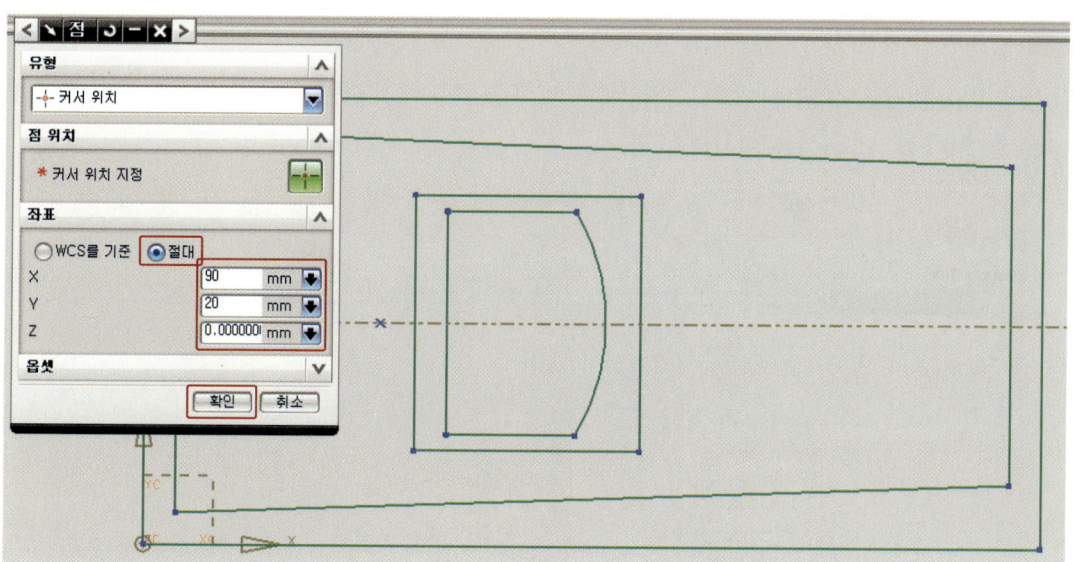

13) 외반경 5, 내반경 4, 회전각도90을 입력하고 확인하고  스케치 종료 한다.

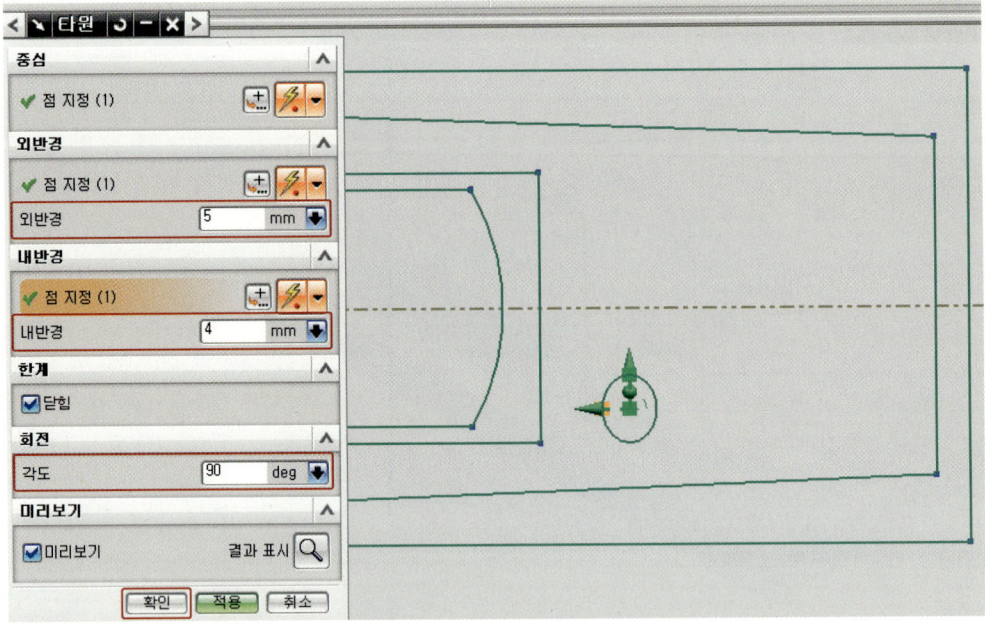

04 돌출 작성하기

1) 돌출 아이콘( ) ①을 선택하고 연결된 곡선 ②를 클릭하고 단면 곡선 ③을 선택하고 한계에서 끝 거리 값 -10을 입력하고 확인한다.

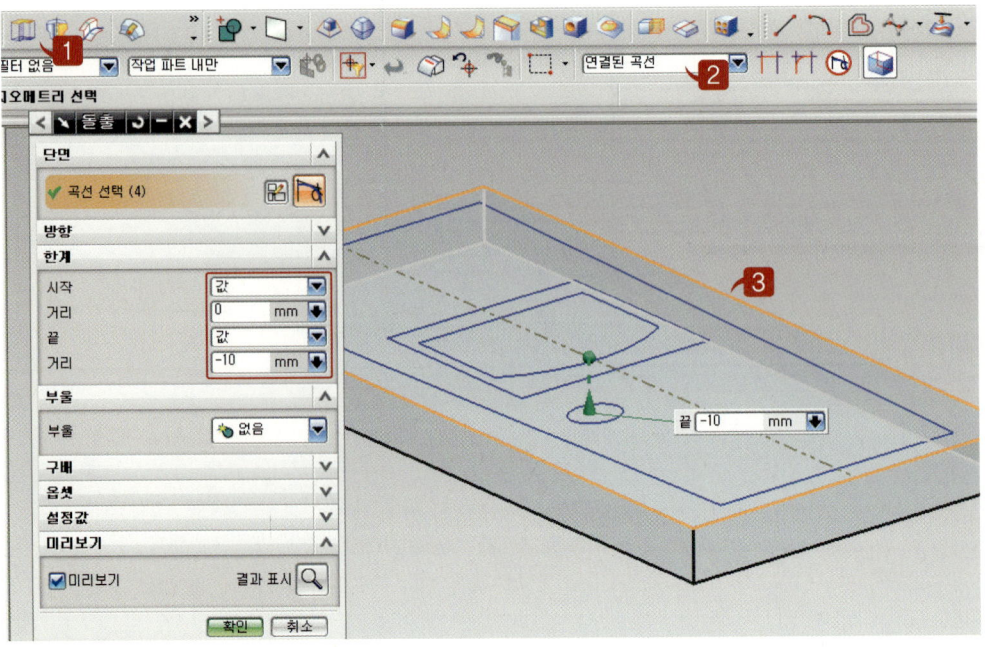

2) 다시 돌출 아이콘( ) ①을 선택하고 단면곡선 ②를 클릭하여 그림처럼 높이와 구배 각도 시작한계에서 5도를 입력하고 확인한다.

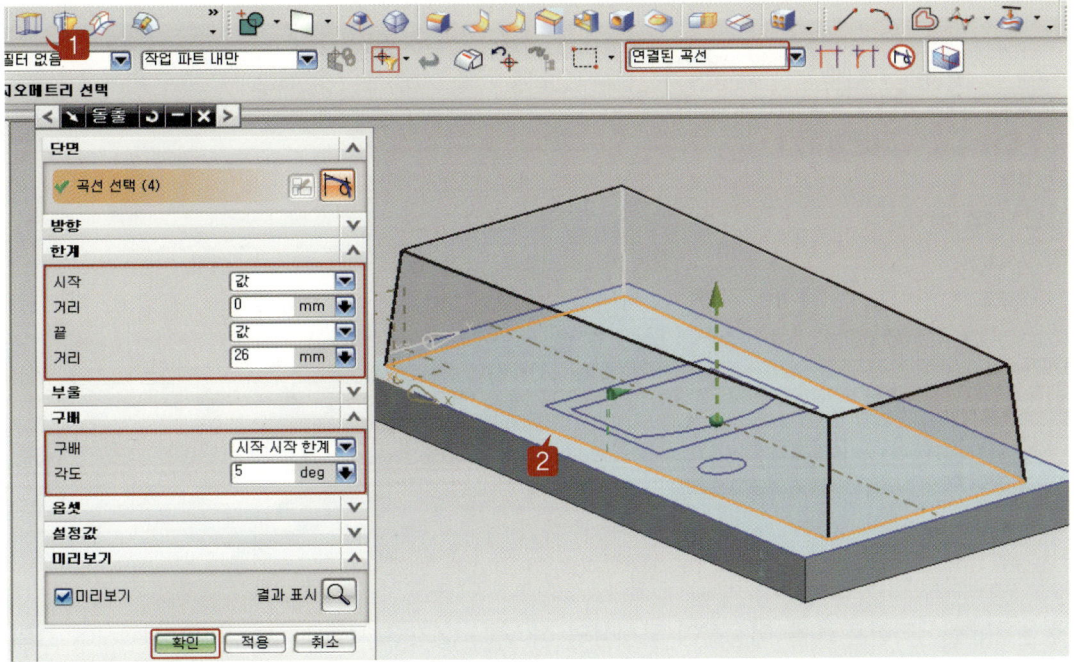

05 스윕 작성하기

1) 데이텀 평면( ) ①을 선택하고 유형을 거리로 하고 평면참조 ①을 선택하고 옵셋 거리 –35 입력하고 확인한다.

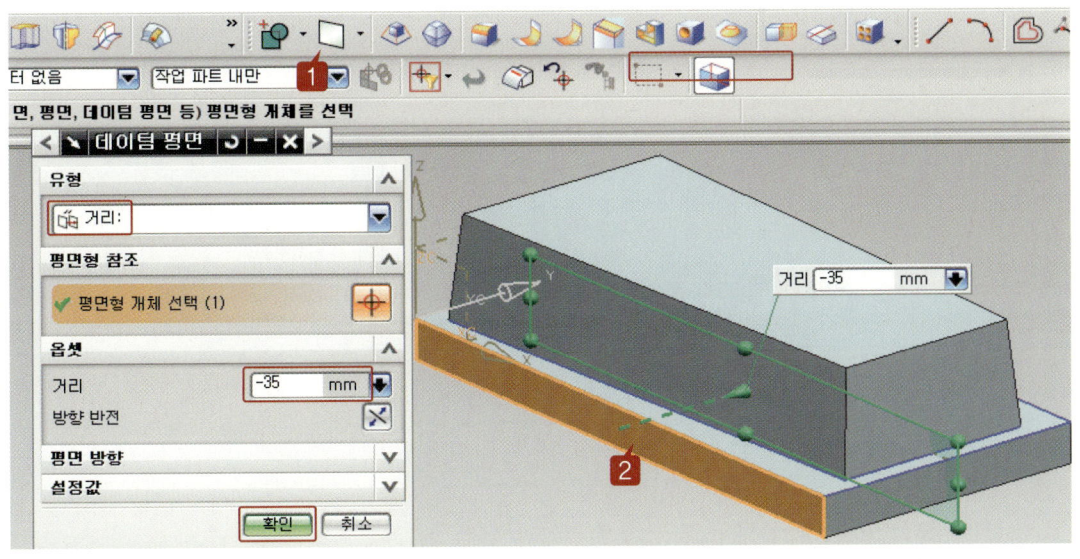

2) 스케치 아이콘을 클릭하고 유형은 평면상에서 스케치 면은 데이텀 평면을 ①클릭하고 확인한다.

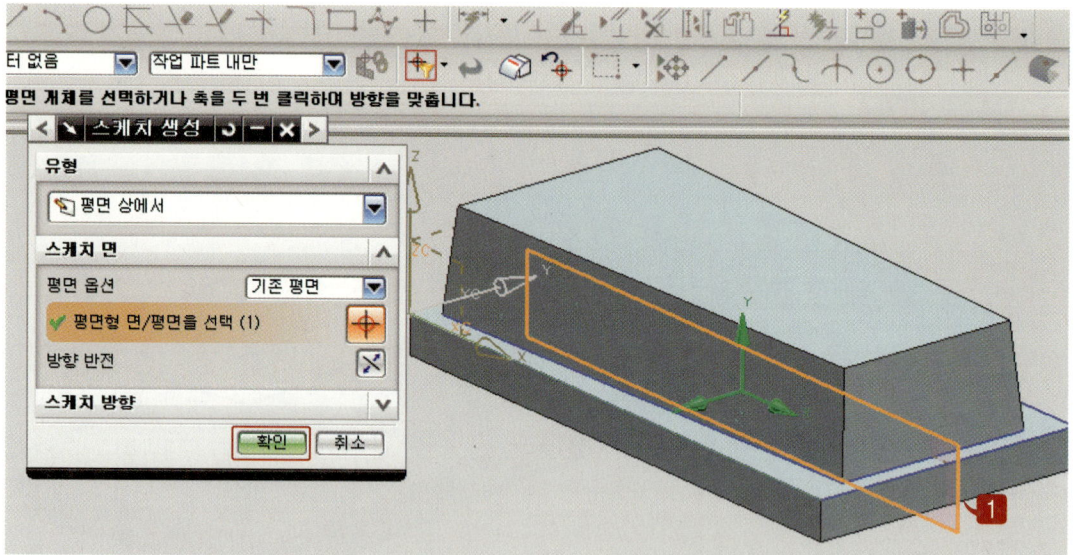

3) 원호( ) 아이콘 ①을 이용하여 곡선상의 점( ) ②가 표시될 때 모서리을 선택하여 그림과 같이 스케치를 생성한다.

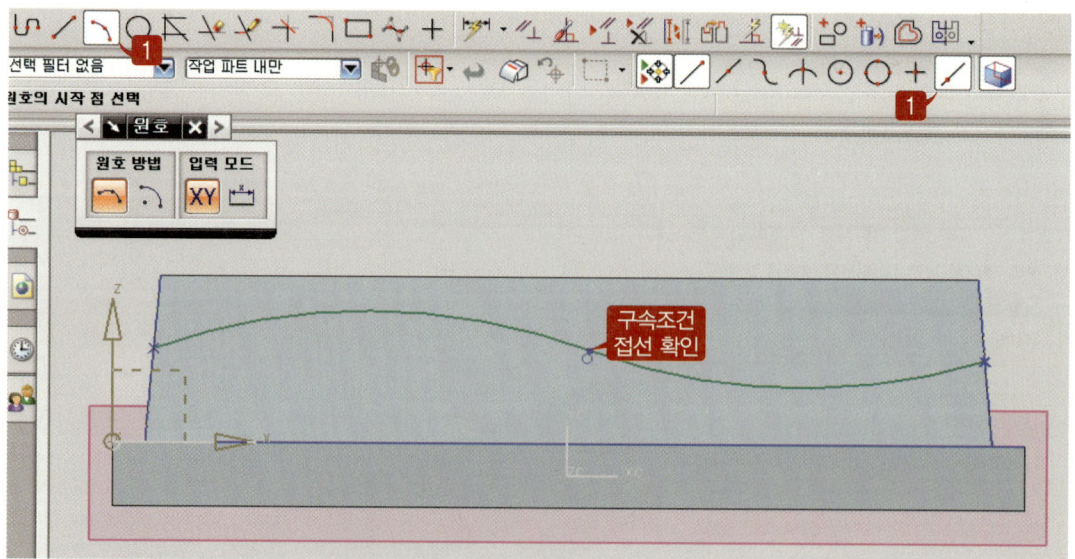

CHAPTER 2 | 모델링 따라하기

4) 추정치수 아이콘 ①을 이용하여 그림처럼 치수를 기입하고 스케치 종료 한다.

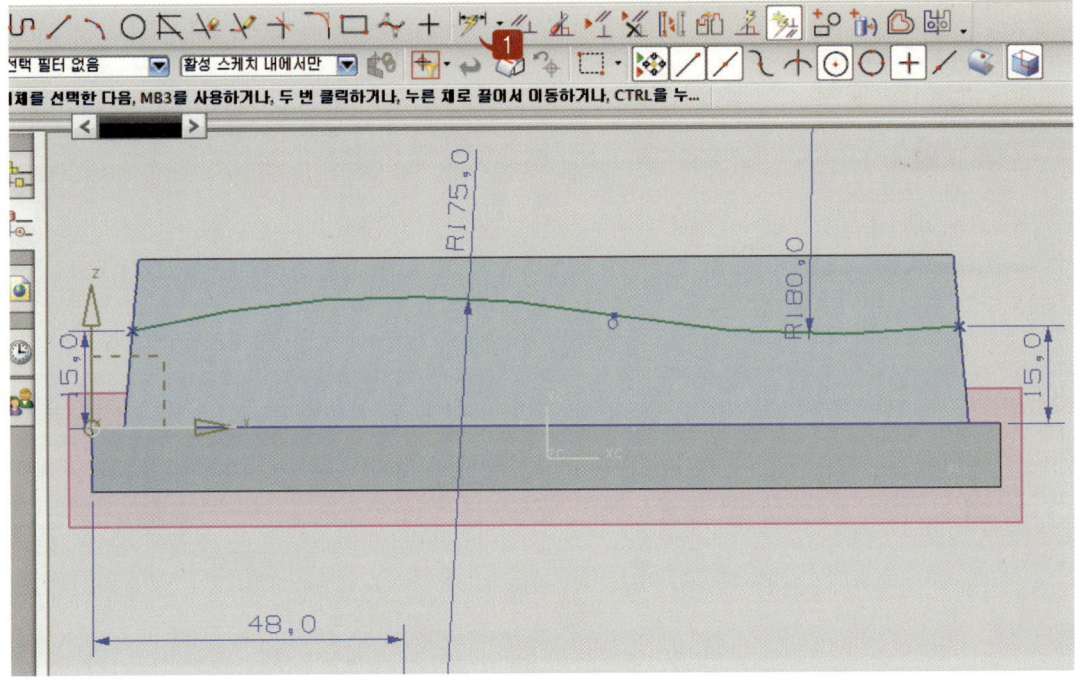

5) 다시 스케치( ) 아이콘을 클릭하고 유형은 경로에서 경로선택 정면도(XZ)에서 생성한 호 ①을 클릭하고 원호길이 0을 입력하고 확인한다.

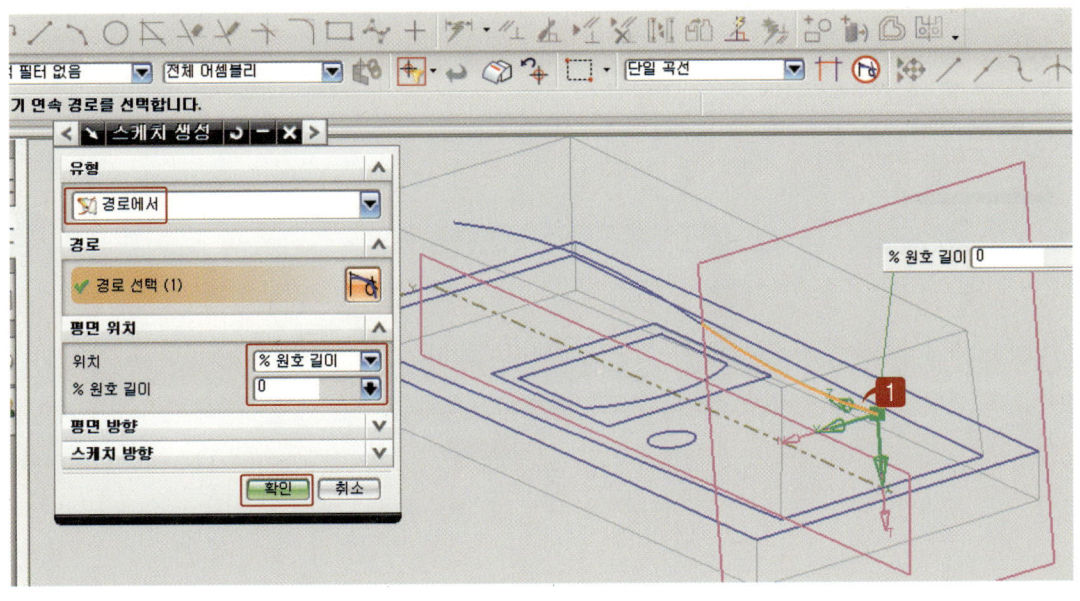

6) 원호 ①을 이용하여 첫 번째 점 ②과 두 번째 점 ③을 찍고 세 번째 점을 XZ평면에서 생성한 선 끝 점 ④를 스냅을 확인하면서 찍는다.

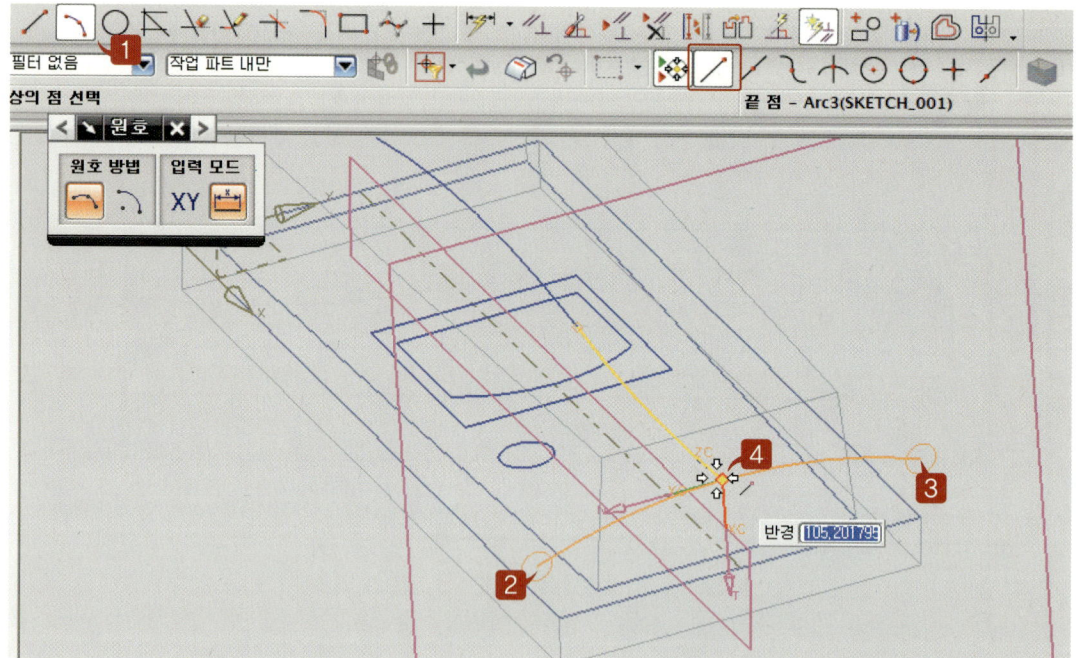

7) 추정치수 ①을 이용하여 그림처럼 R150과 중심거리 35 치수를 기입하고 스케치 종료 한다.

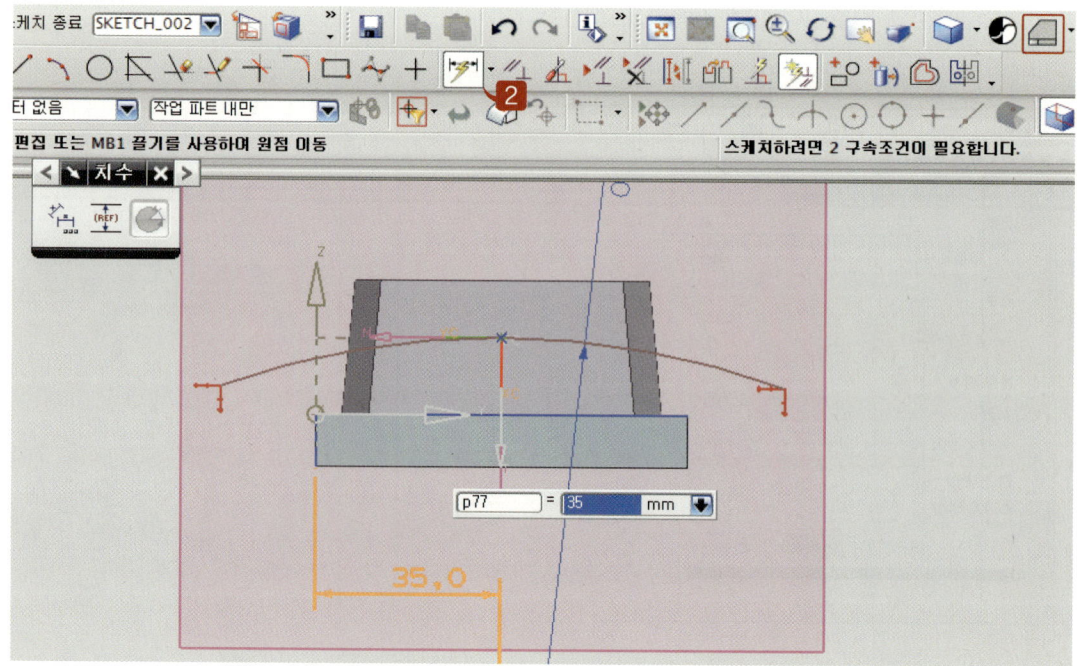

8) 삽입에 스윕에 가이드를 따라 스위핑(G)... 을 클릭한다. 단면곡선 ①을 선택하고 가이드 곡선 ②를 클릭하고 확인한다.

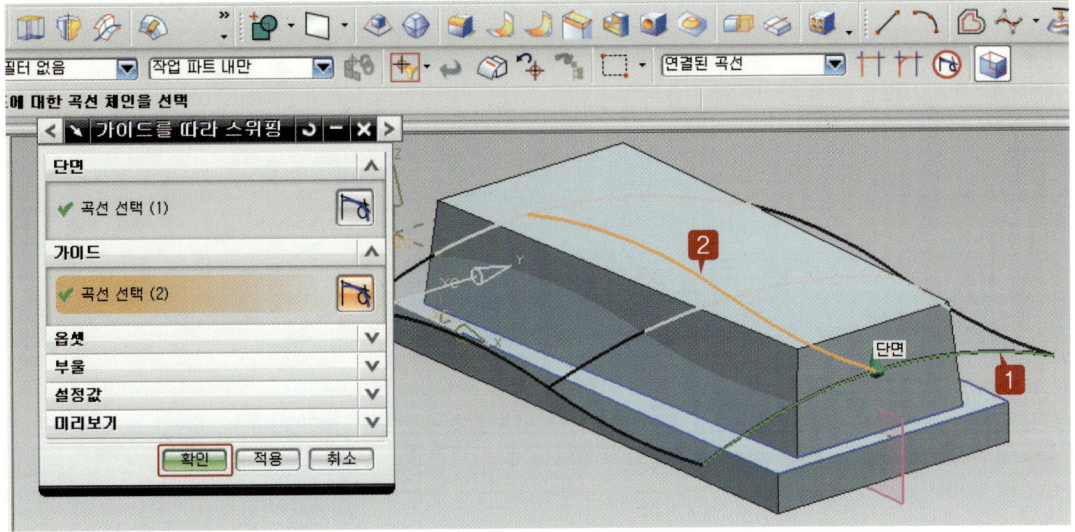

06 바디 트리밍하기

1) 삽입에 트리밍에 트리밍 및 연장... 을 클릭한다. 유형은 거리로 이동할 모서리 ①과 ②를 클릭한다.

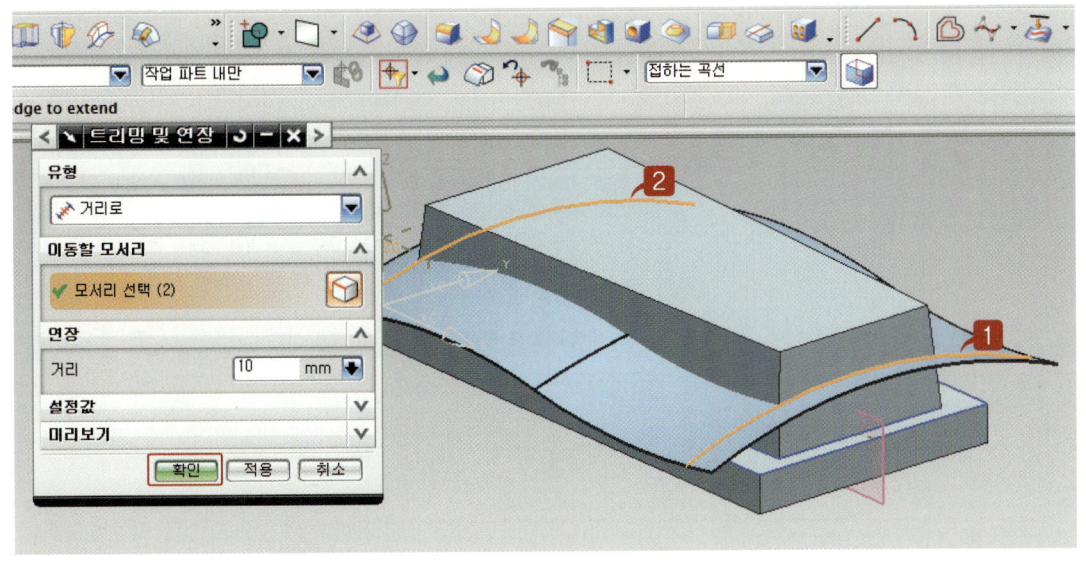

2) 바디트리밍 아이콘 ①을 클릭한다. 바디선택 ②를 선택하고 공구 면 ③을 선택한다. 절단방향 화살표 ④를 확인하고 확인한다.

3) 그림처럼 스윕 면을 선택하고 MB3버튼을 클릭하여 숨기기 한다.

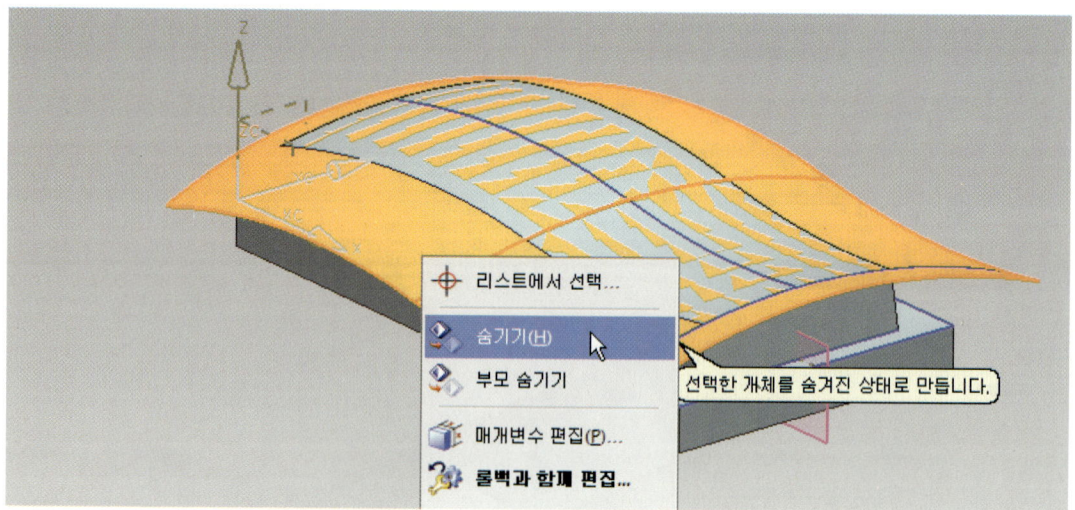

CHAPTER 2 | 모델링 따라하기

07 필렛(라운드) 작성하기

1) 모서리 블렌드 ①을 클릭한다. 접하는 곡선으로 하고 R26 값 입력 후 모서리 ②와 ③을 클릭하고 적용한다.

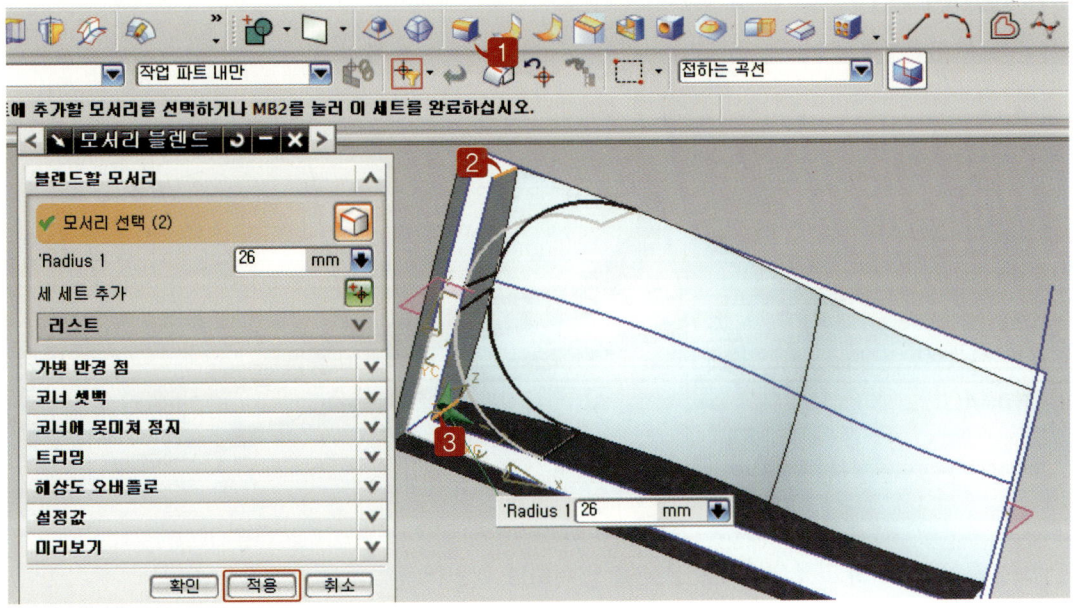

2) R값 10을 입력 후 블렌드 모서리 ①과 ②를 클릭하고 확인한다.

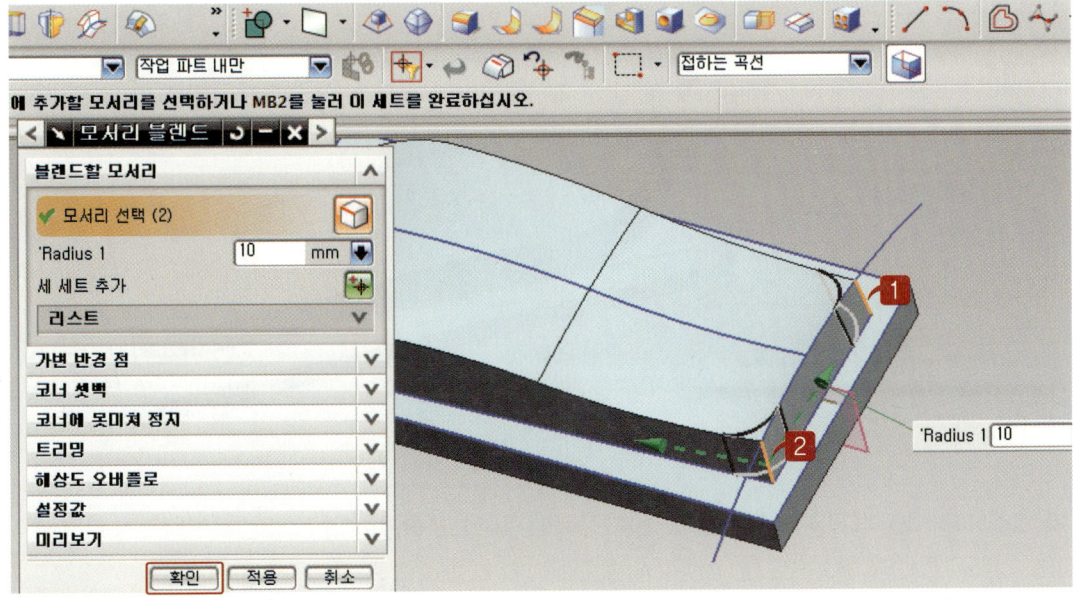

08 구 작성하기

1) 삽입에 특징형상설계에 구(S)... 을 클릭한다. 중심점에서 점생성자 ①을 클릭한다.

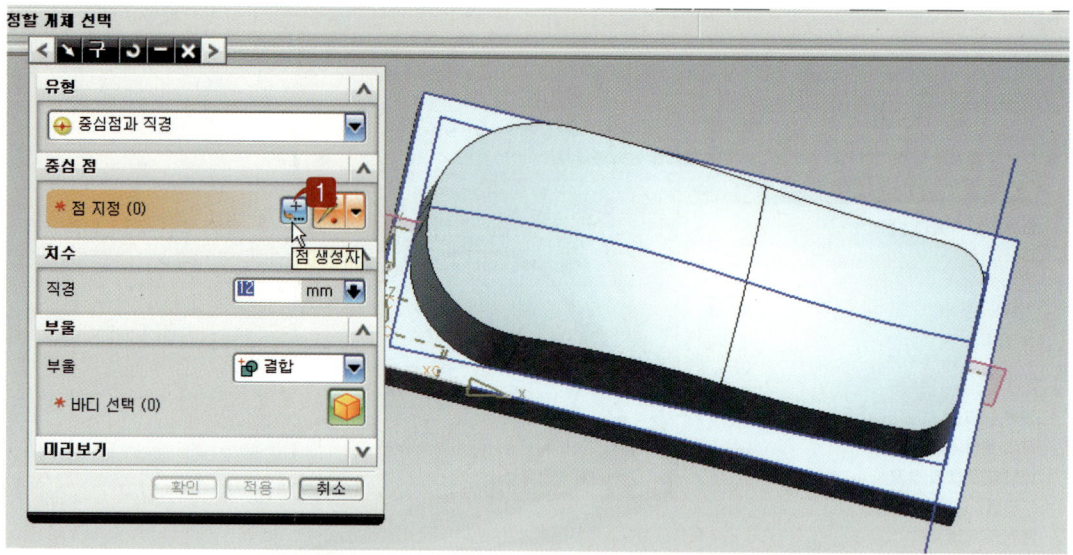

2) 좌표를 절대로 하고 X 25, Y35, Z36을 입력하고 확인한다.

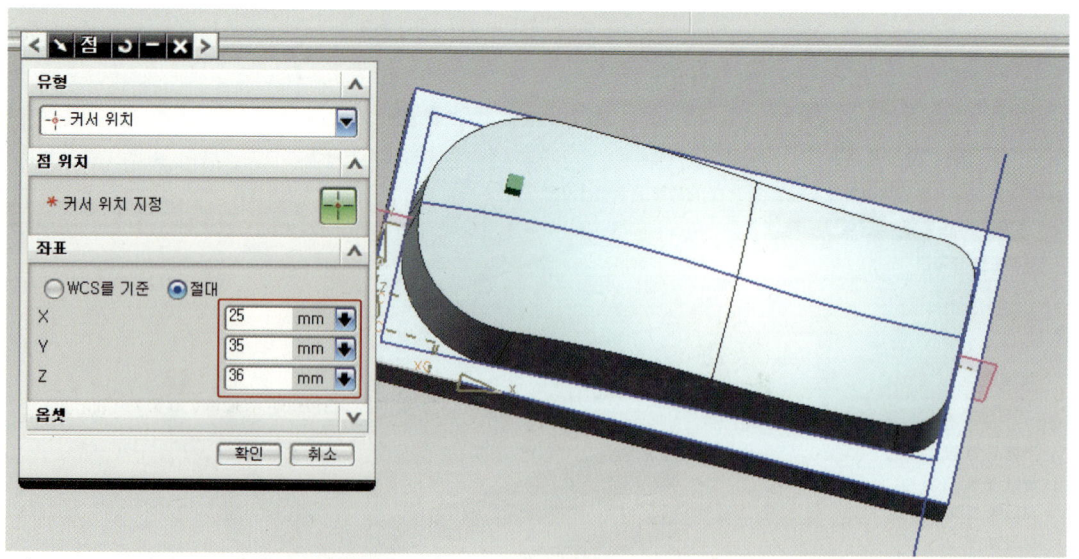

3) 치수 직경 40, 부울은 빼기로 하고 바디선택 ①을 하고 확인한다.

CHAPTER 2 | 모델링 따라하기

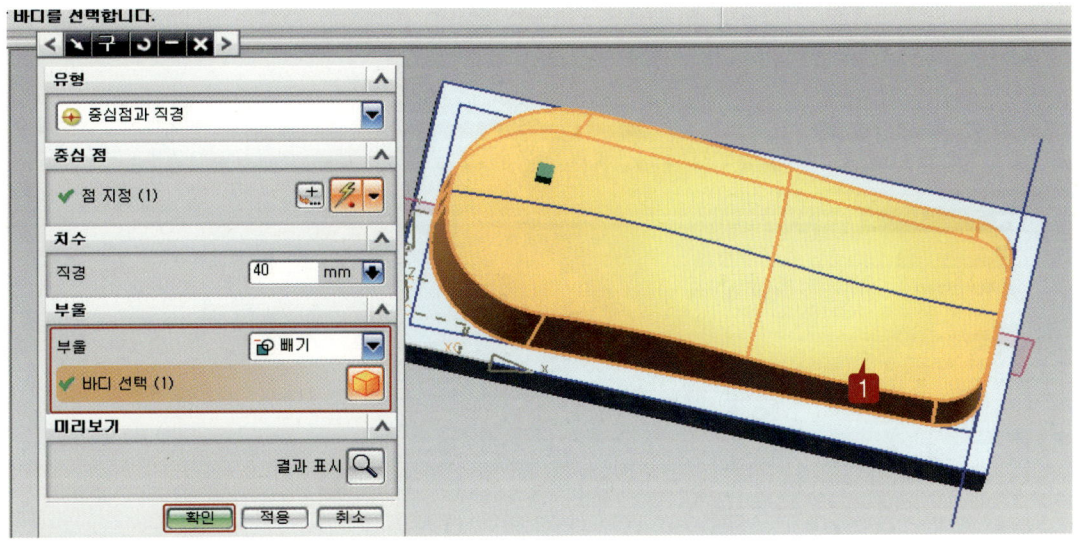

09 돌출 작성하기

1) 돌출 아이콘 ①을 선택한다. 연결된 곡선 ②를 선택한 상태에서 단면곡선 ③을 선택하고 한계에서 시작 14, 끝 45 입력하고 부울은 빼기로 하고 바디선택 ④를 선택한다. 구배는 시작한계에서 -15도 입력 후 적용한다.

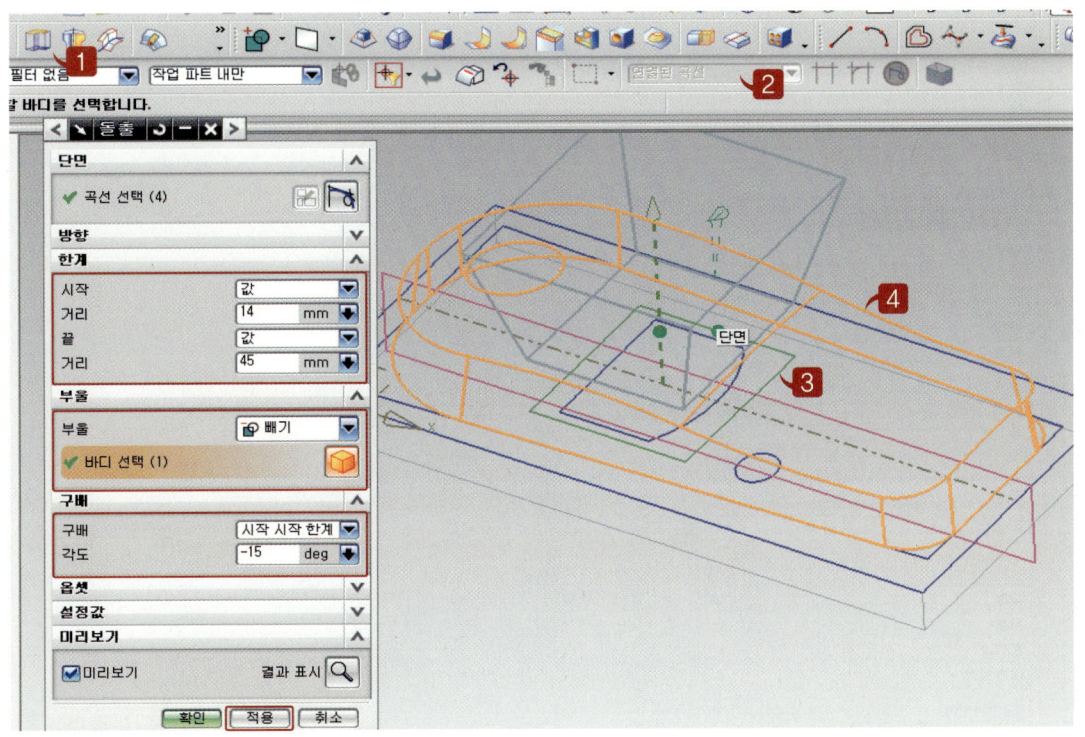

2) 다시 단면곡선 ①을 선택하고 한계에서 시작 10, 끝 40 입력하고 부울은 빼기로 하고 바디선택 ②를 선택하고 확인한다.

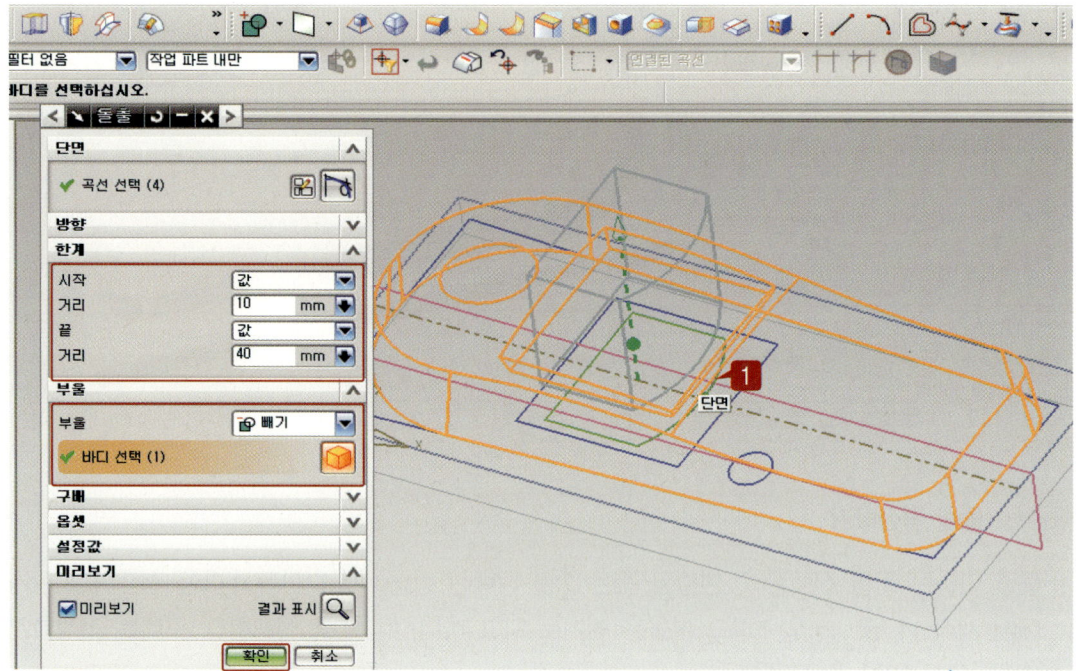

3) 다시 돌출 아이콘 ①을 선택한다. 단면곡선 ②를 선택하고 한계에서 시작 11, 끝 40 입력하고 부울은 빼기로 하고 바디선택 ③을 선택하고 확인한다.

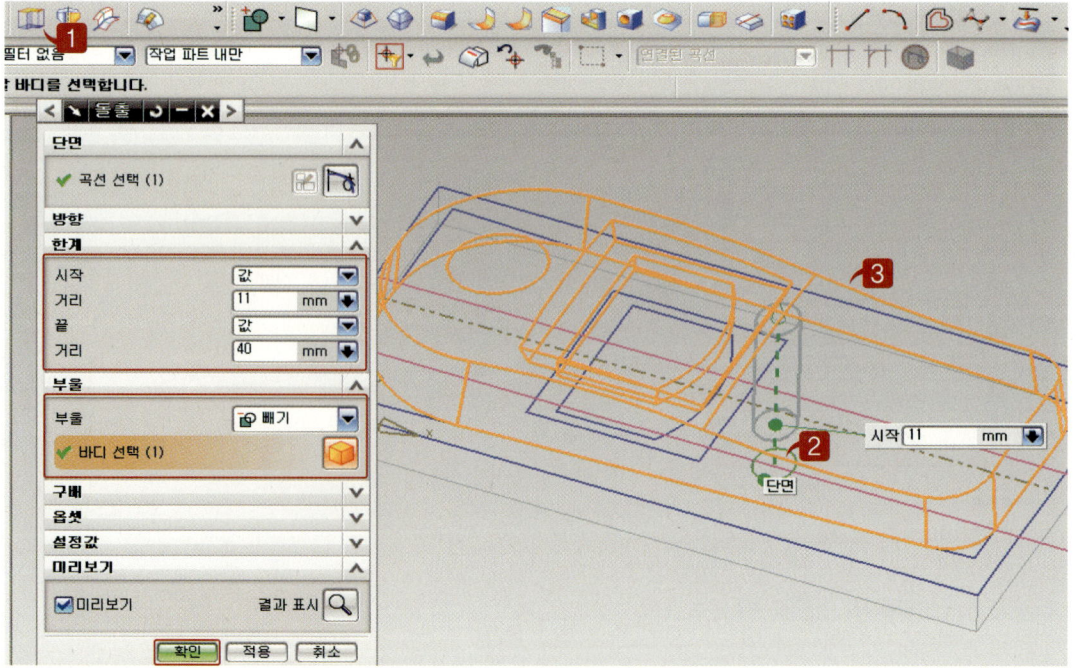

CHAPTER 2 | 모델링 따라하기

10 인스턴스형상 복사하기

1) 삽입에 연관 복사에 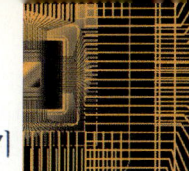 을 클릭한다. 직사각형배열 ①을 선택하고 확인한다.

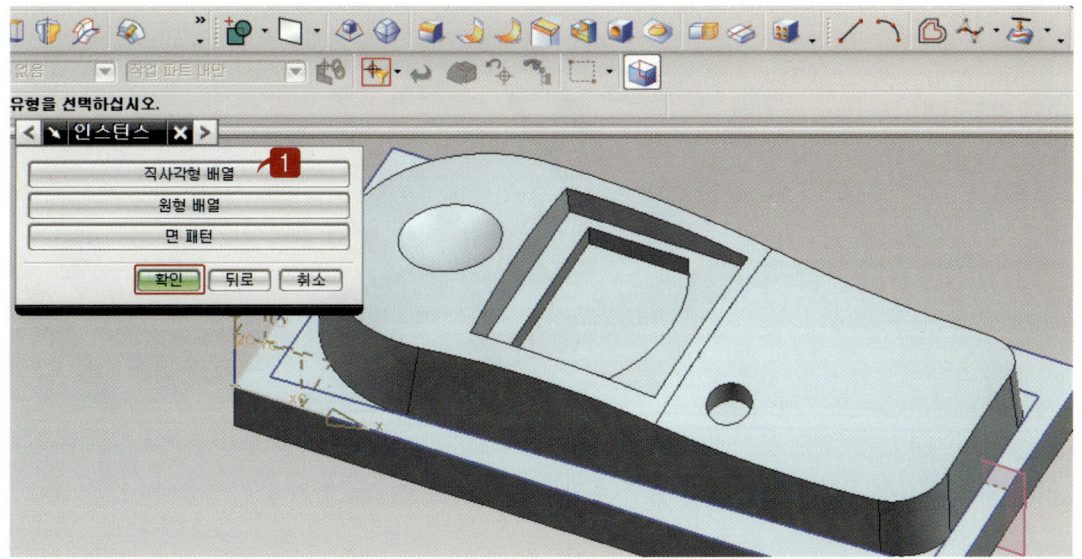

2) 돌출(15) ①을 선택하고 확인한다.

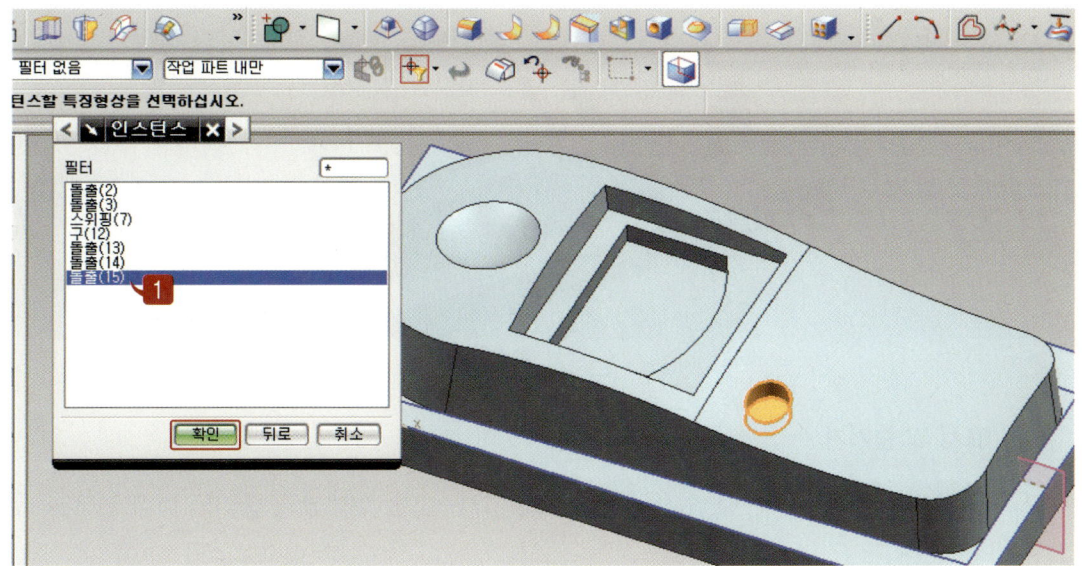

3) 방법은 일반으로 하고 X축 개수3, 거리 15, Y축 개수3, 거리 15 입력하고 확인한다.

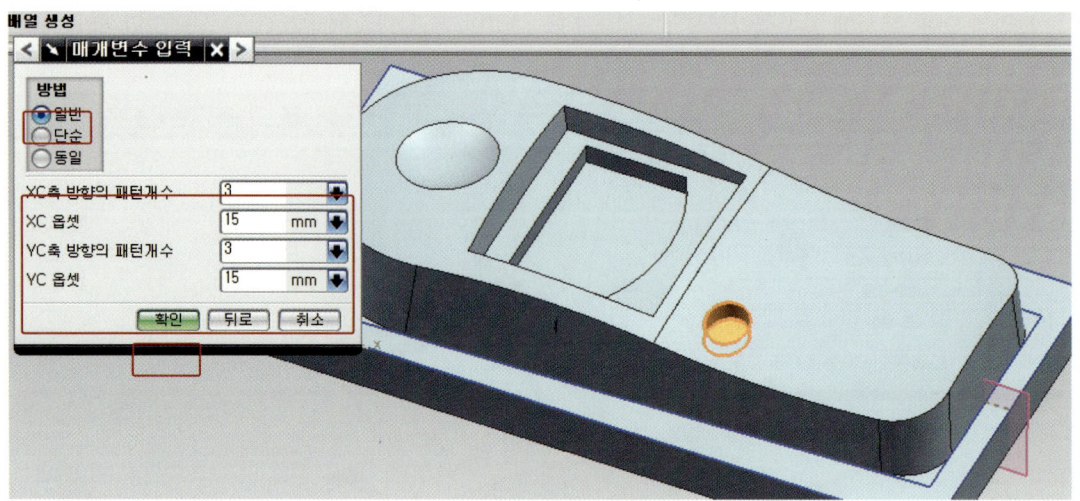

4) 예 선택하고 확인한다.

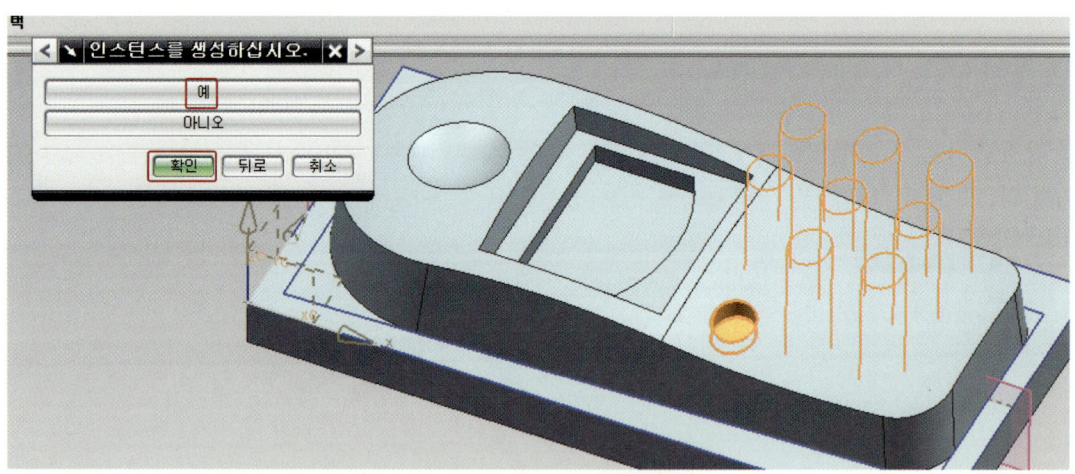

11 표시 및 숨기기

1) 표시 및 숨기기 ①을 클릭한다. 유형에서 전체 숨기가- ②를 선택하고, 솔리드 바디 + ③을 클릭한다.

CHAPTER 2 | 모델링 따라하기

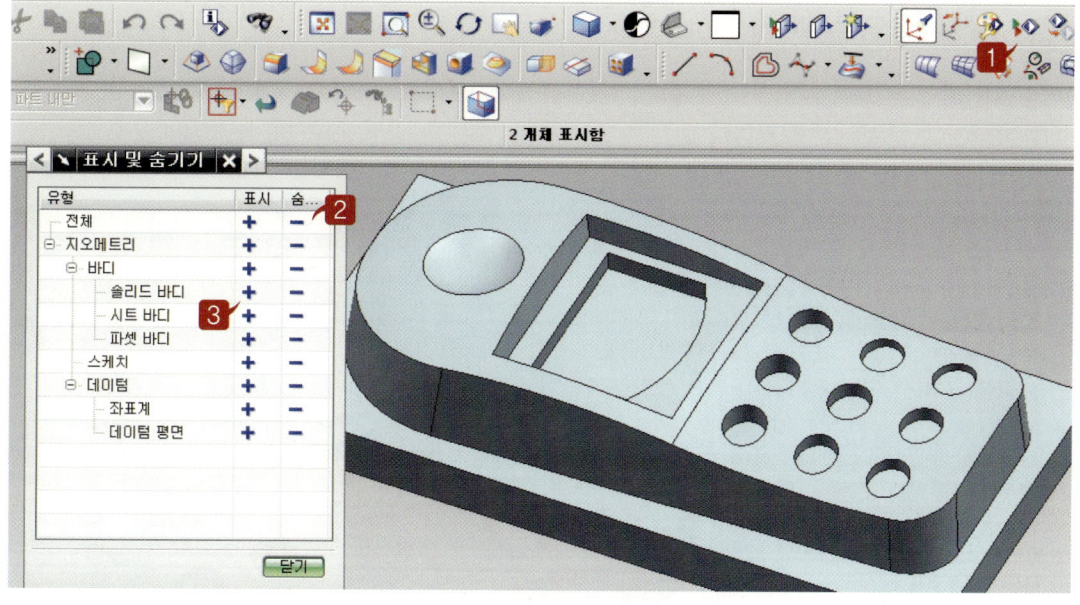

12 결합하기

1) 결합 ①을 선택하고 타겟바디 ②를 클릭하고 공구바디 ③을 선택하고 확인한다.

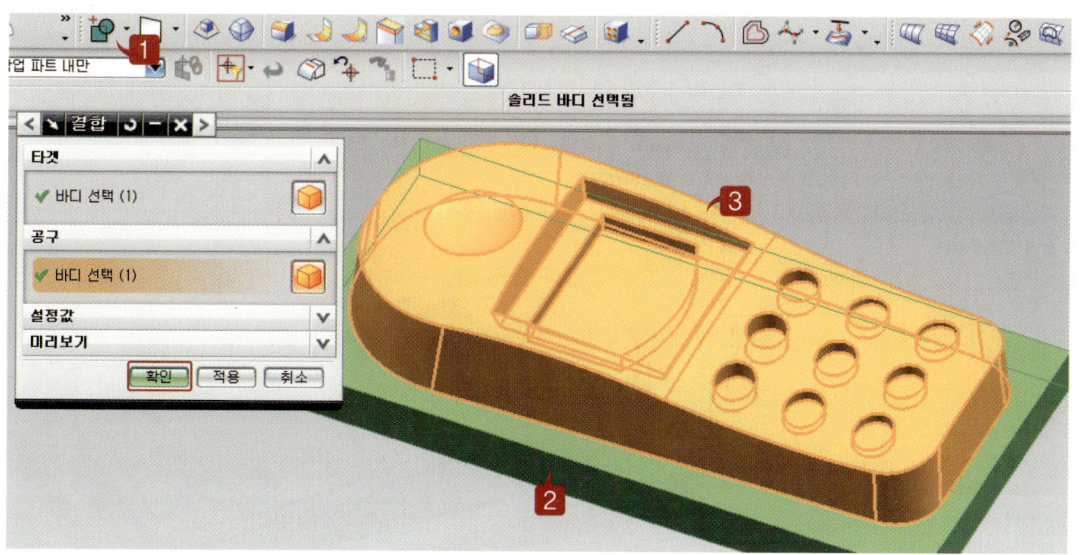

13 필렛(라운드) 작성하기

1) 모서리 블렌드 ①을 클릭한다. 접하는 곡선으로 하고 R3값 입력 후 모서리 ②, ③, ④, ⑤, ⑥, ⑦, ⑧, ⑨을 클릭하고 적용한다.

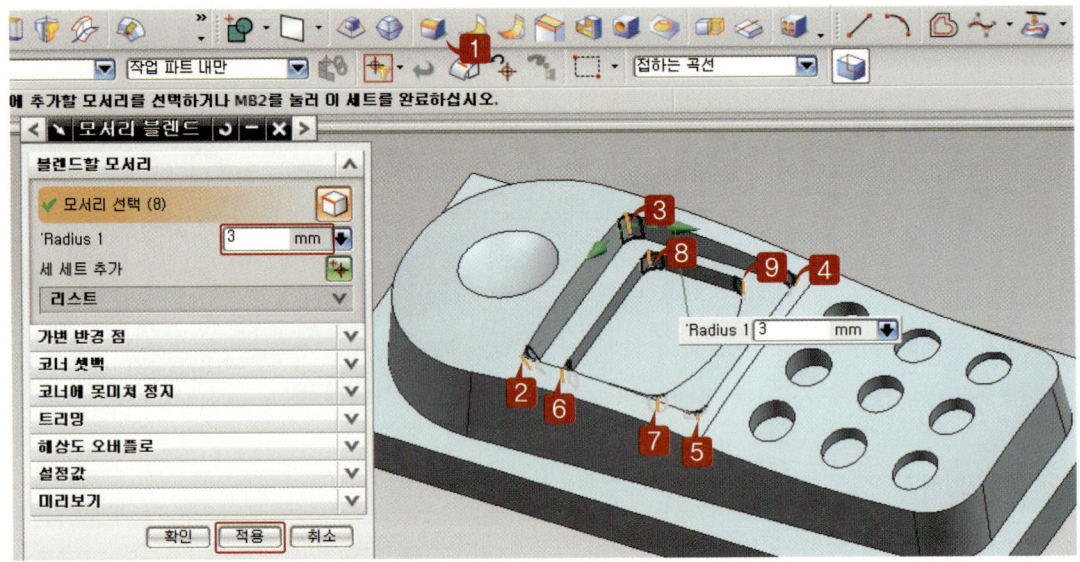

2) R값 3을 입력 후 모서리 ①을 클릭하고 적용한다.

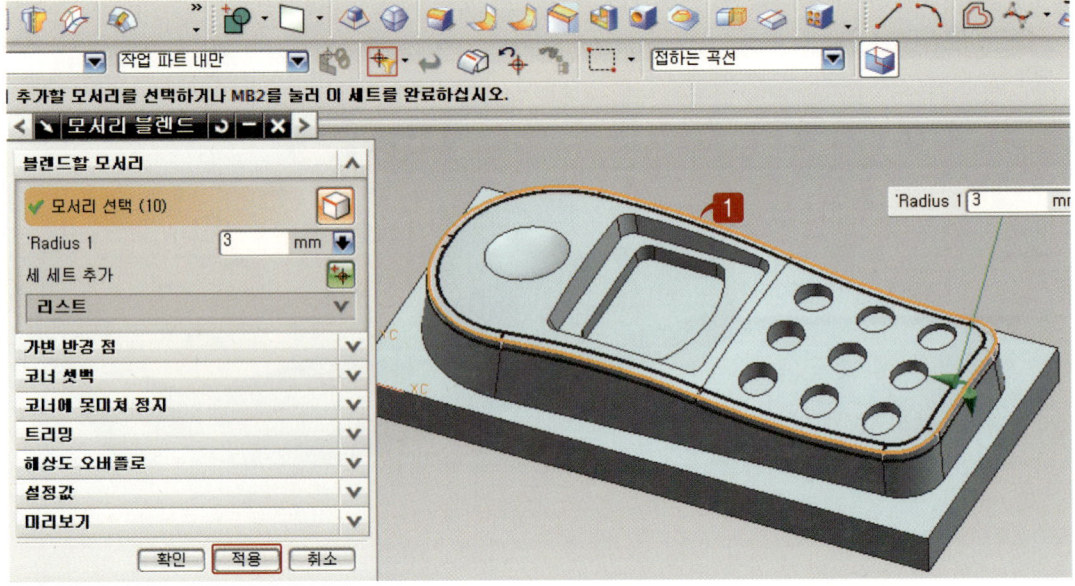

CHAPTER 2 | 모델링 따라하기

3) R값 2을 입력 후 모서리 ①을 클릭하고 적용한다.

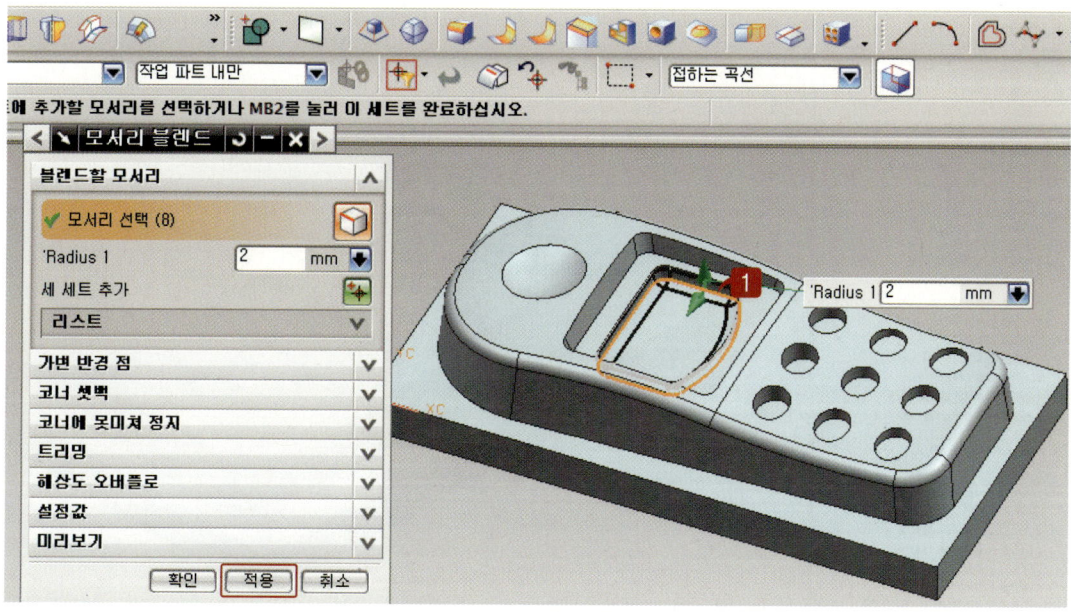

4) R값 1을 입력 후 그림처럼 나머지 모서리 전체를 클릭하고 확인한다.

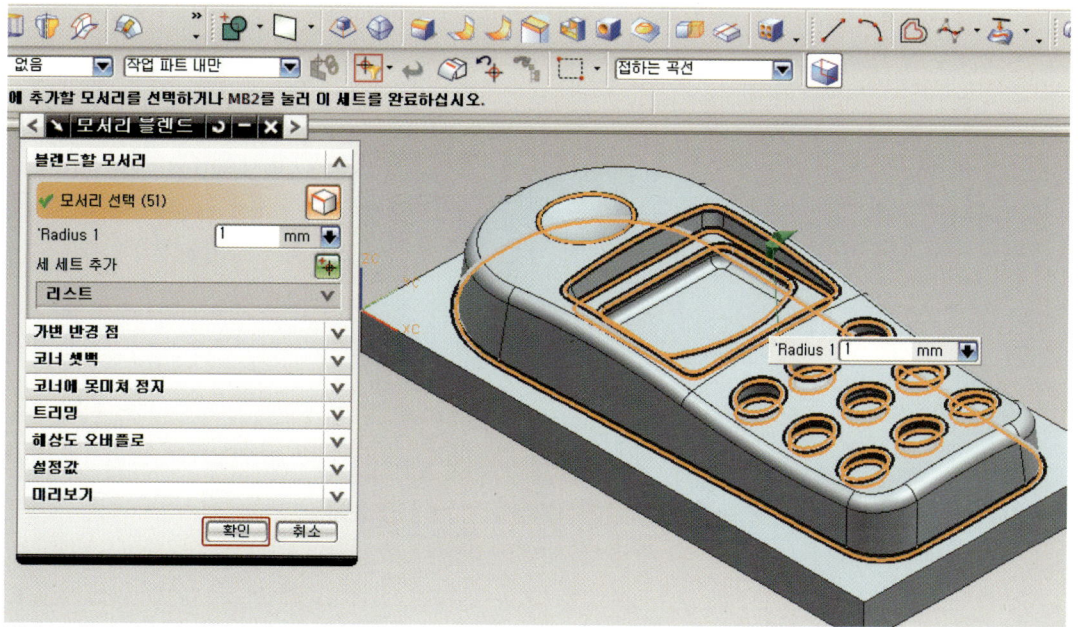

5) 아래 그림은 완성된 모델링 그림이다.

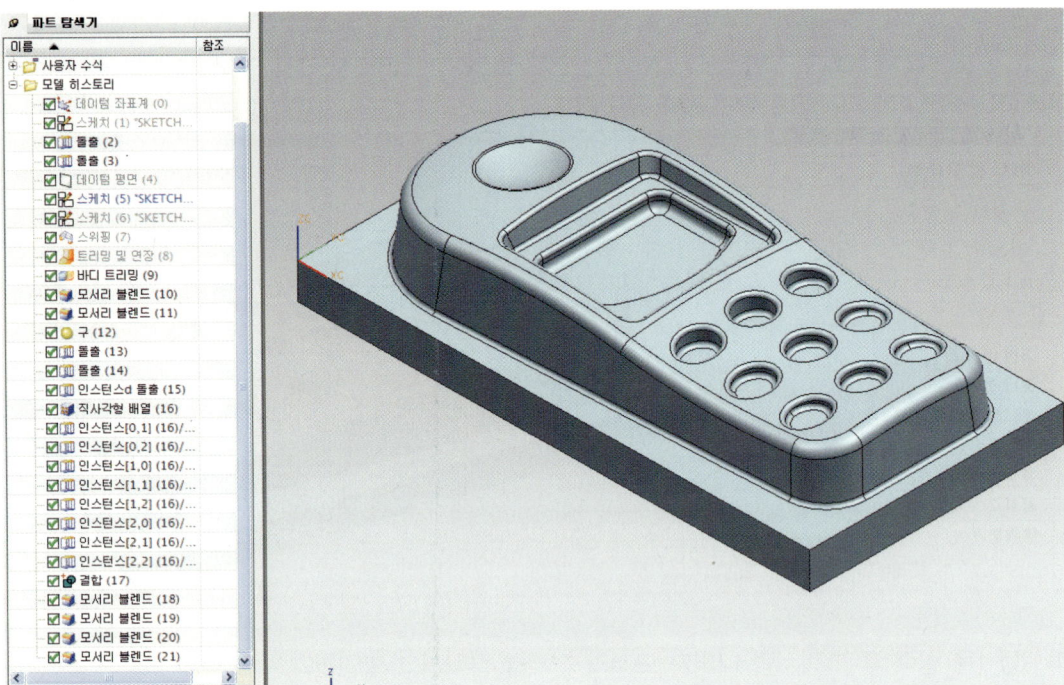

2 무선전화 충전기모양 모델링 따라하기

| 도면명 | UG 모델링작업 ② | 척 도 | NS |

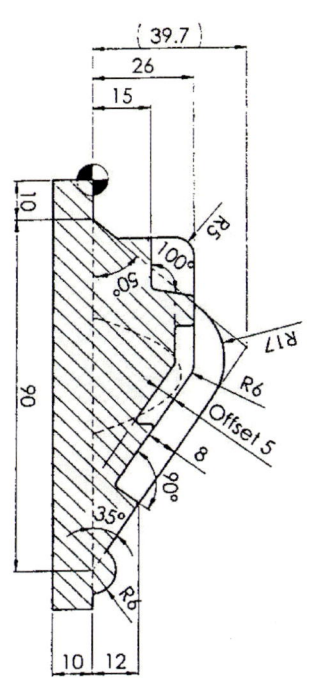
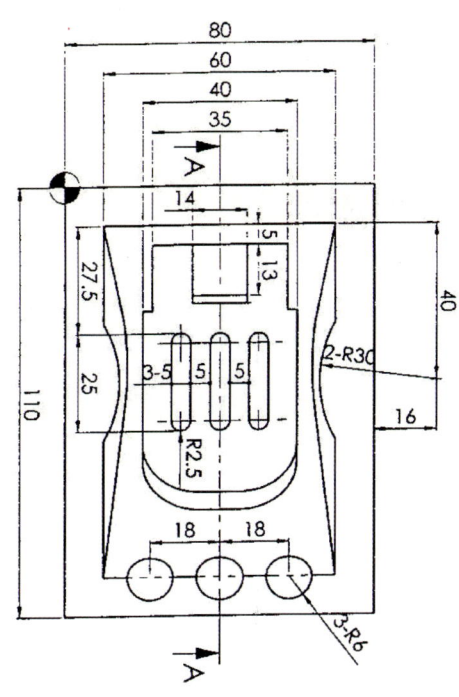
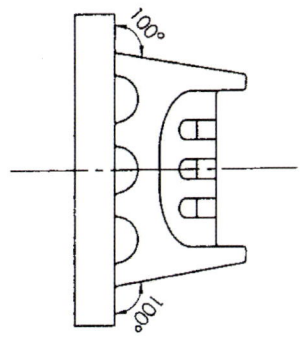
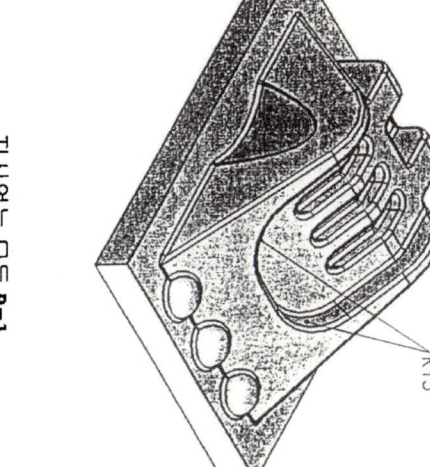

01 평면도 2D 스케치 작성하기

1) 새로 만들기( ) ①(Ctrl+N)를 실행한다.
2) 스케치(Sketch)( ) ②를 선택한다.

3) 기본적으로 평면도(XY)평면이 설정하고 확인한다.

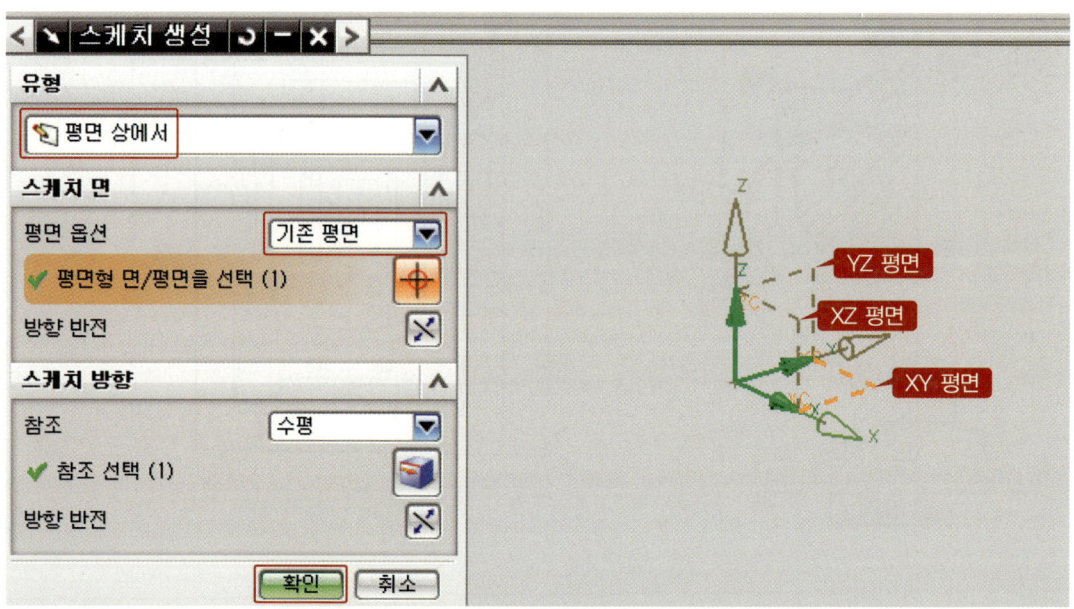

4) 직사각형(Rectangle)( ) ①을 선택한다. 그림에서와 같이 2점으로(by 2point)하여 원점(0,0)에서 시작하는 임의에 직사각형을 그린다.

CHAPTER 2 | 모델링 따라하기

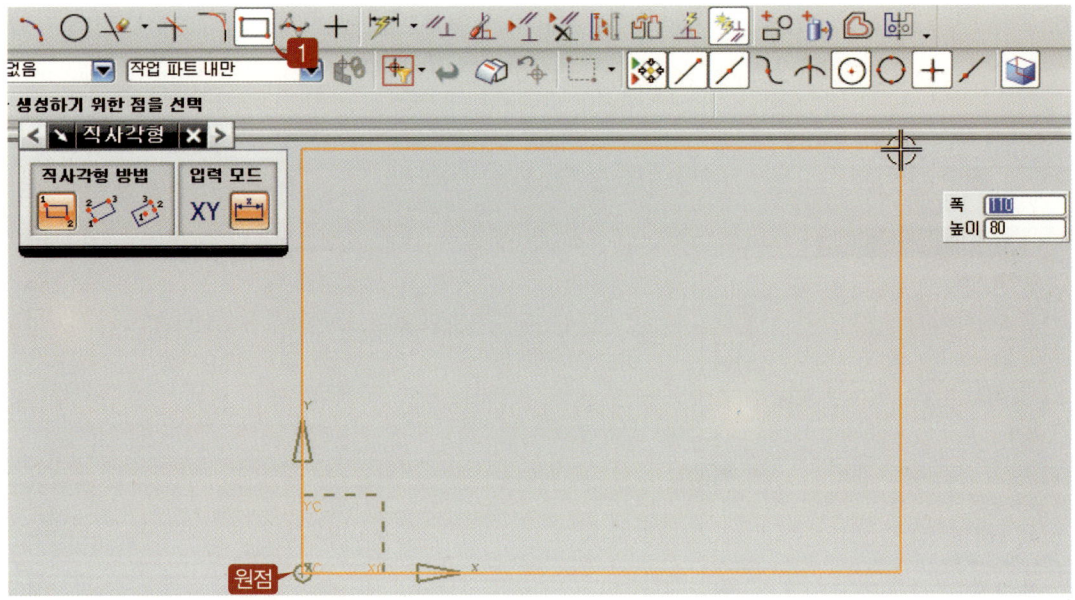

5) 추정치수( ) ①을 선택하고 그림과 같이 치수를 입력한다.

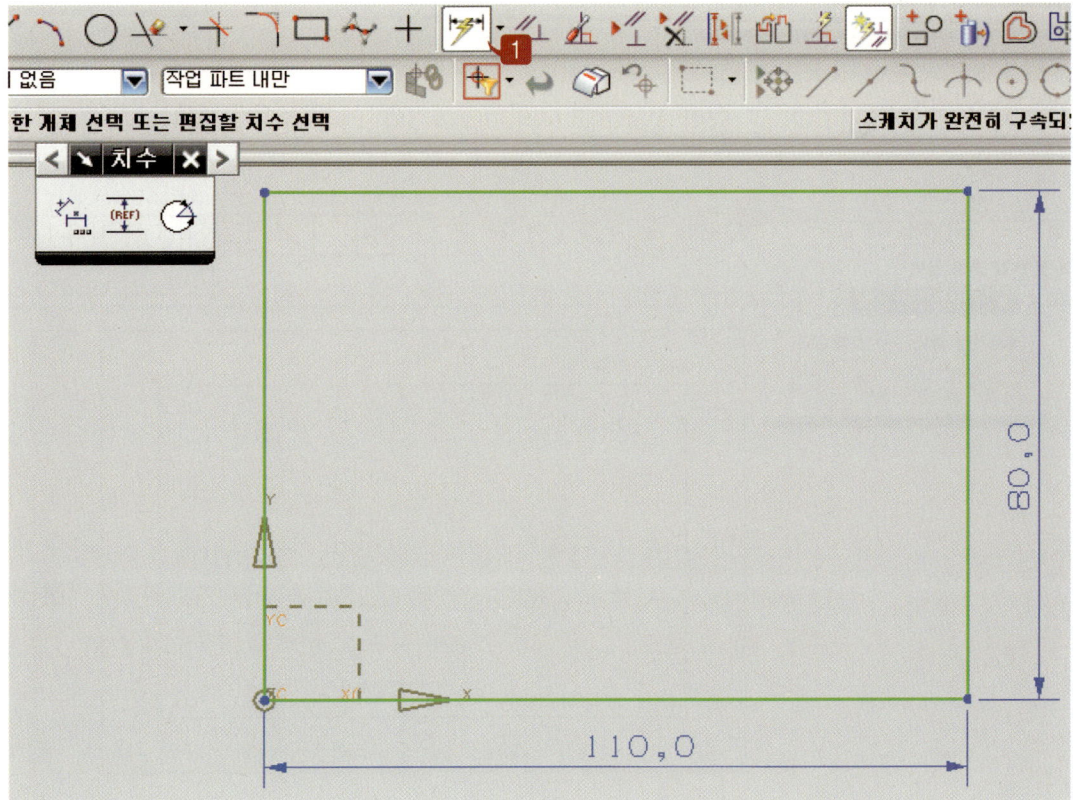

6) 옵셋( ) 명령을 ①이용하여 방향 ②를 이용하여 안쪽으로 하고 거리 값 10을 입력하고 확인한다.

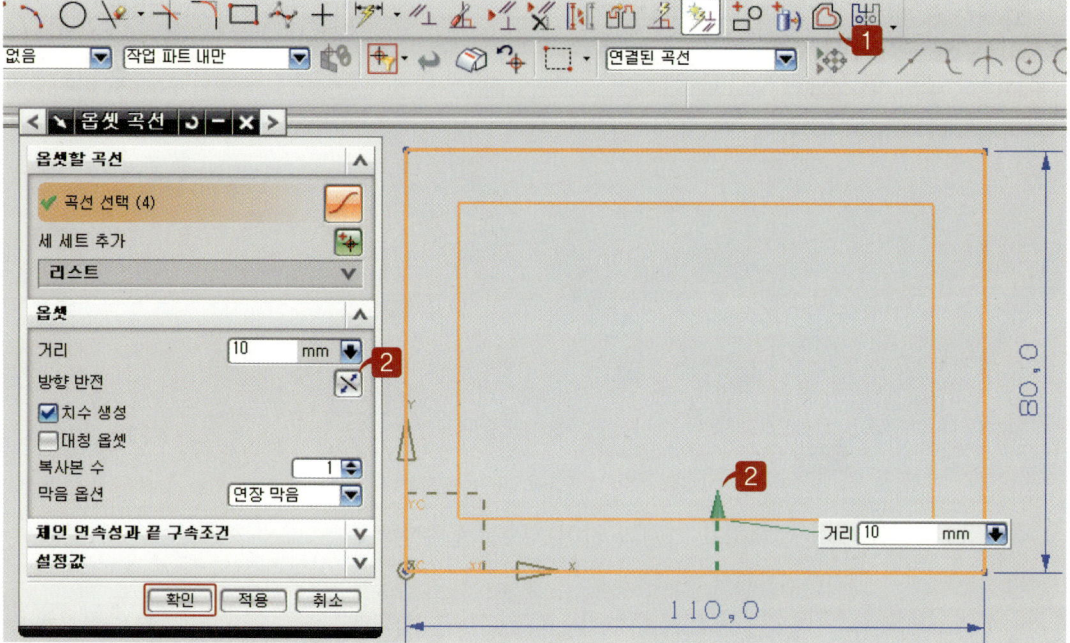

7) 다시 직사각형( ) 아이콘 명령 ①을 이용하여 그림과 같이 대략적인 직사각형을 그린다.

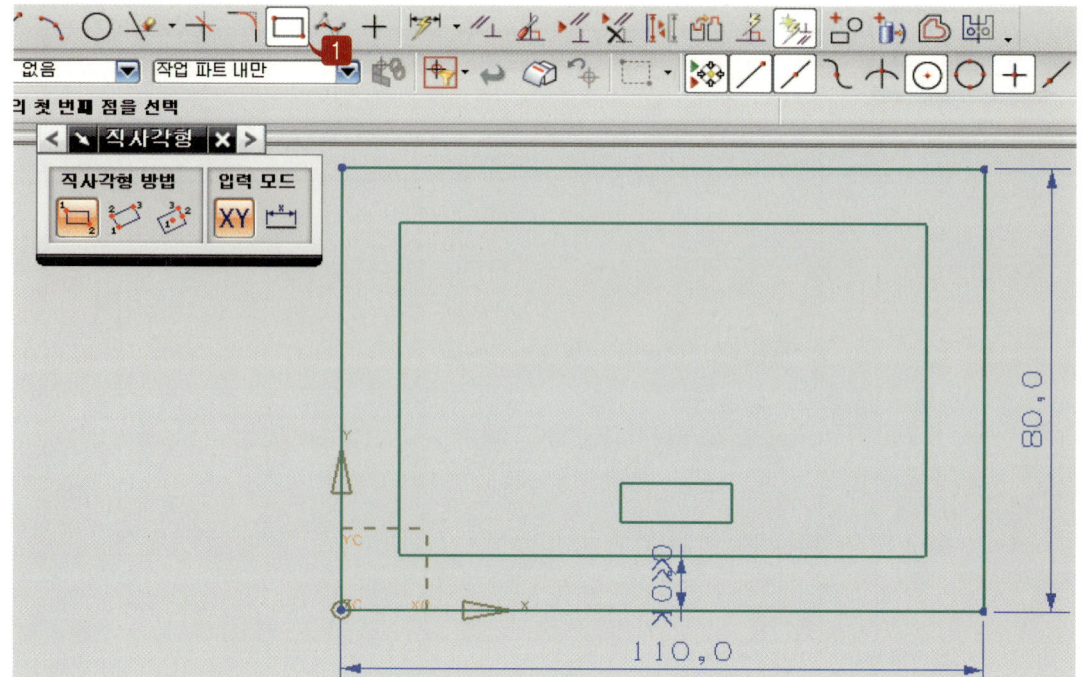

8) 필렛( ) 아이콘 ①이용하여 반지름2.5를 입력하고 커브를 클릭하여 원호를 생성한다.

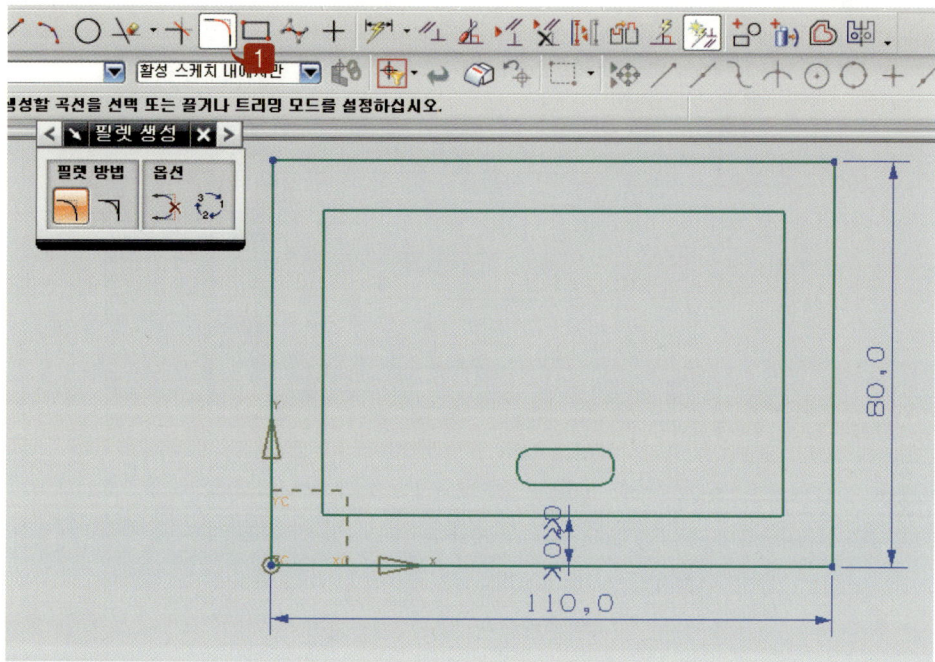

9) 추정치수( ) 아이콘 ①을 선택하고 그림과 같이 치수를 입력한다. 다시 직사각형( ) 아이콘 명령을 이용하여 그림과 같이 대략적인 직사각형을 그린다.

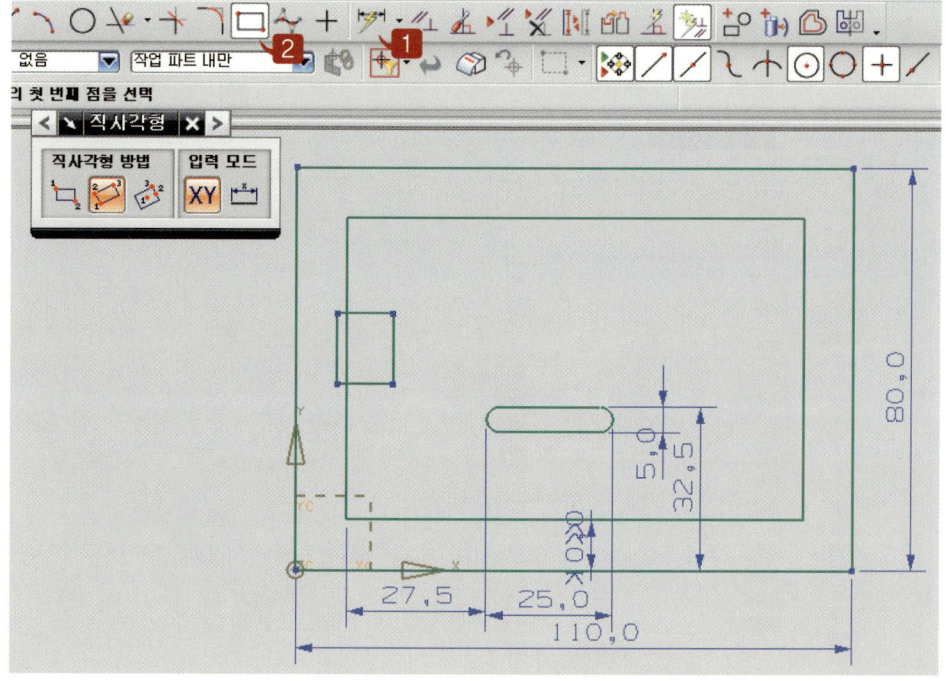

10) 위와 같은 방법으로 아래그림과 같이 모두 스케치하고 치수기입을 하고 스케치종료(Finish Sketch)( ) 아이콘을 클릭하여 스케치를 빠져 나간다.

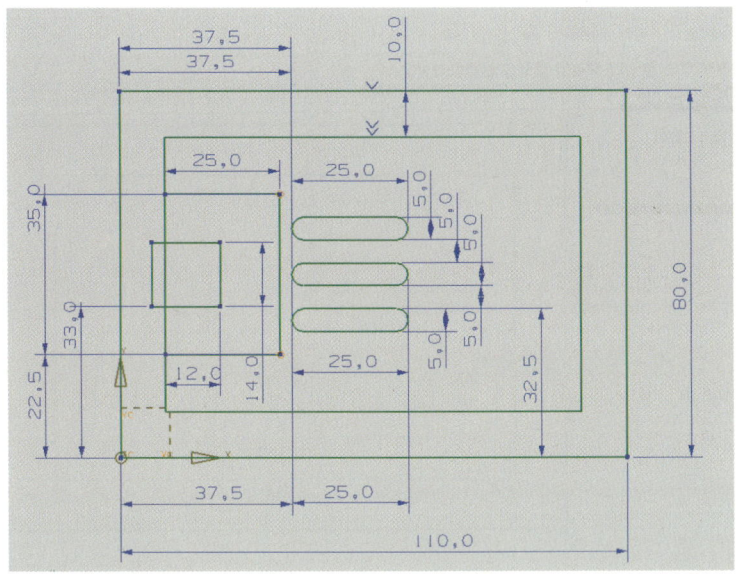

02 베이스 돌출 작성하기

1) 돌출( ) 아이콘 ①을 클릭하고 연결된 곡선 ②로 설정하고 단면곡선 ③을 선택하고 한계에서 시작은 0 끝 값은 -10을 입력하고 확인한다.

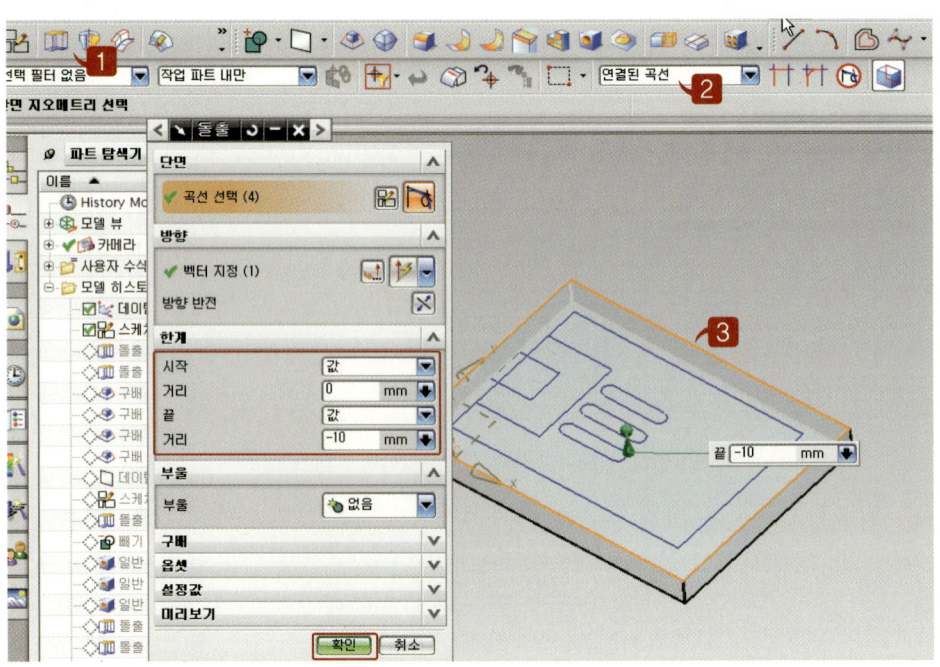

CHAPTER 2 | 모델링 따라하기

2) 다시 돌출( ) 아이콘을 클릭하고 그림처럼 단면곡선 ②입력하고 한계에서 시작은 0 끝 값은 40을 입력하고 확인한다.

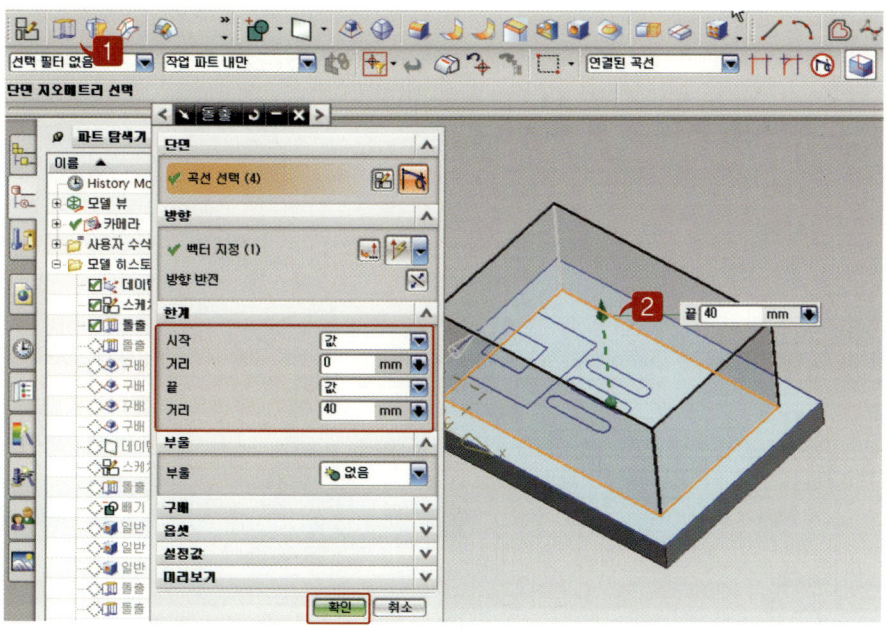

03   구배(Draft) 작성하기

1) 구배( ) 아이콘 ①을 클릭하고 유형을 평면으로 구배방향을 Z축으로 고정평면 ②를 선택하고 구배할 면 ③을 클릭하고 구배각도 10을 입력하고 적용한다.

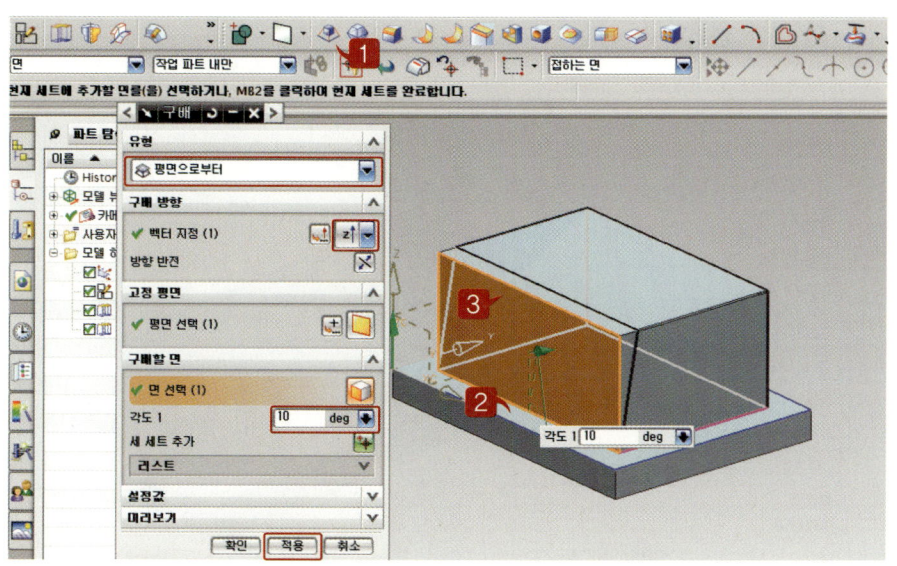

2) 같은 방법으로 유형을 평면으로 구배방향을 Z축으로 고정평면 ①을 선택하고 구배할 면 ②를 선택하고 구배각도 10을 입력하고 적용한다.

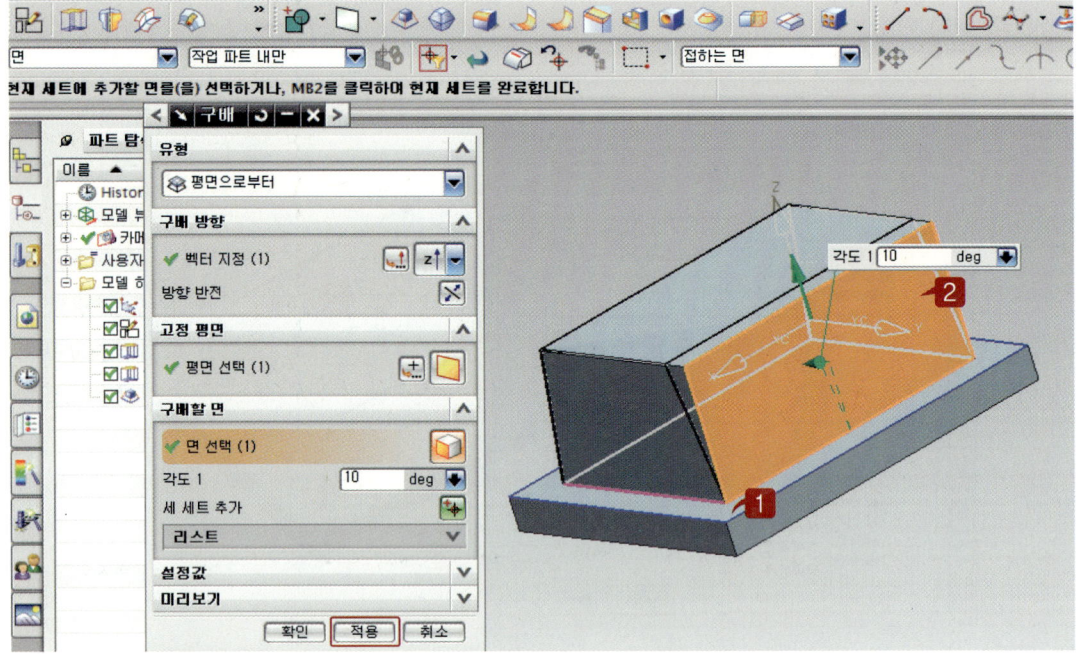

3) 같은 방법으로 구배각도 55을 입력하고 확인한다.

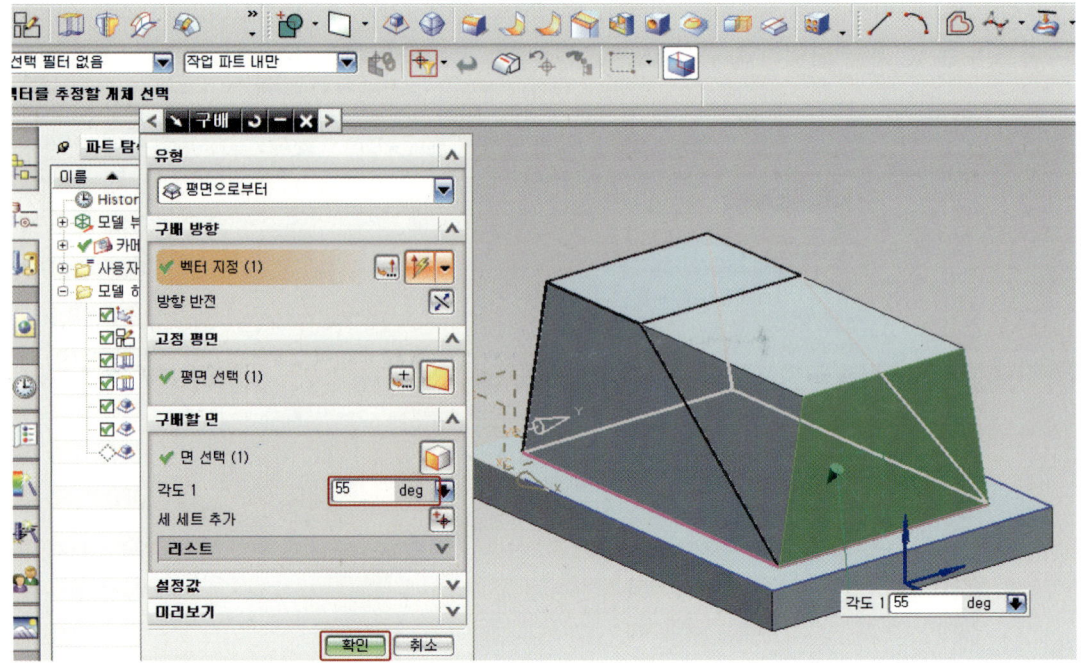

CHAPTER 2 | 모델링 따라하기

4) 같은 방법으로 구배각도 40을 입력하고 확인한다.

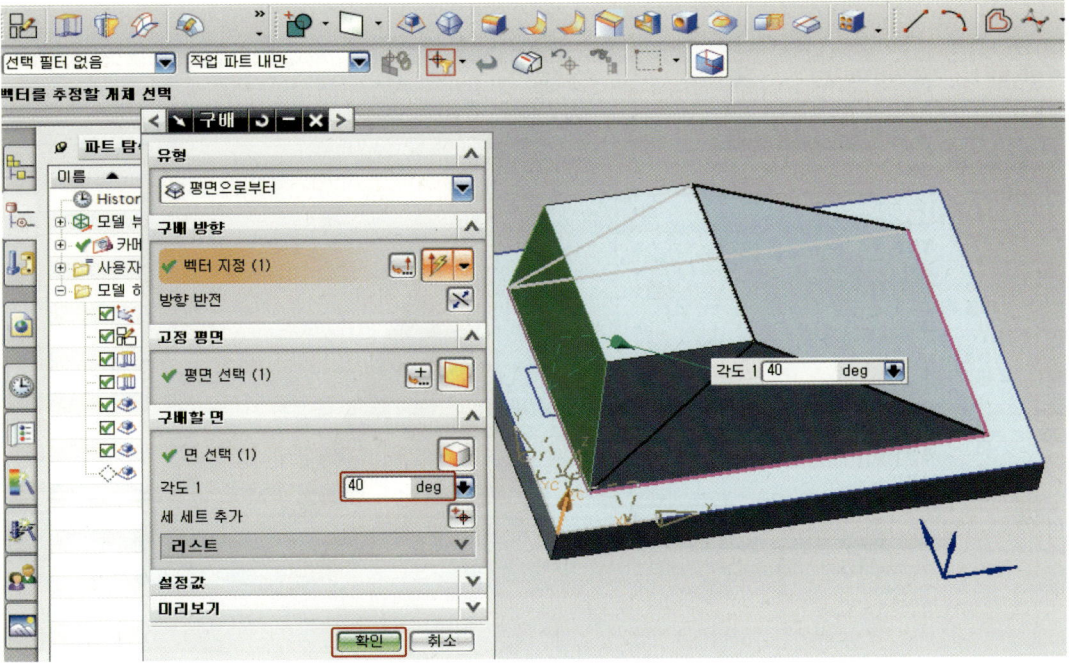

04 데이텀 평면 및 스케치작성하기

1) 삽입 ➡ 데이텀/점 ➡ 데이텀 평면 또는 아이콘(▢)을 클릭한다.

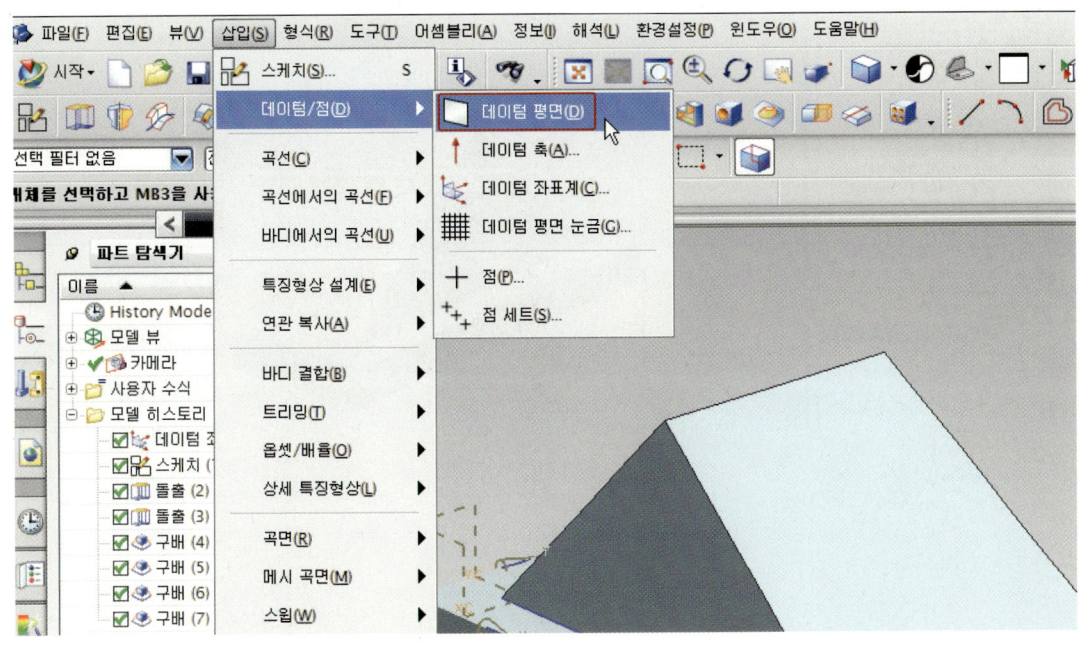

2) 유형을 거리로 하고 평면 참조면 ①을 선택하고 거리 값 -40으로 평면 수 1개로 하여 확인한다.

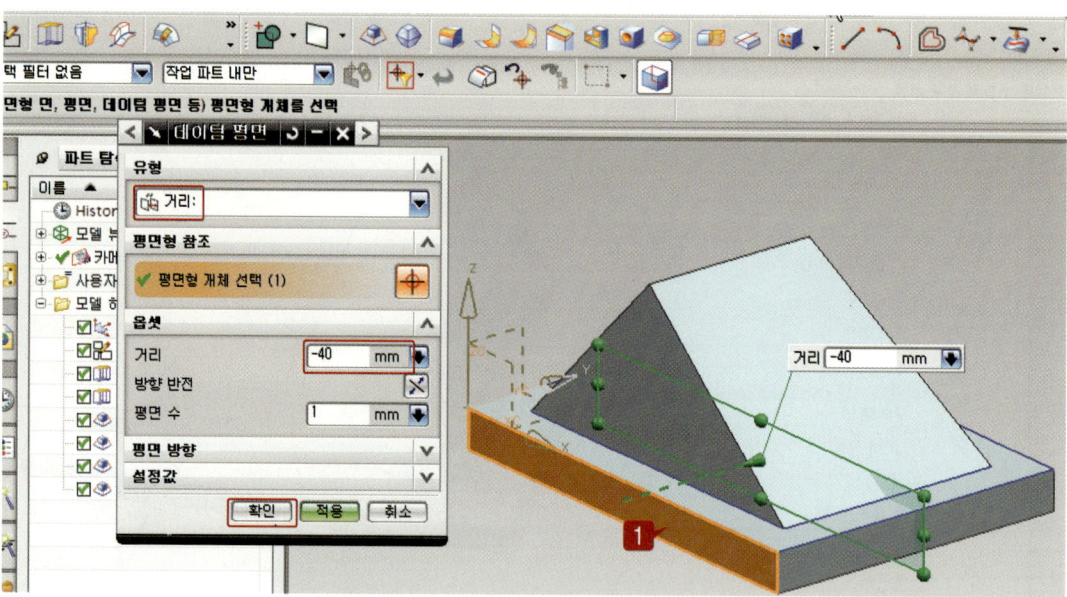

3) 그림처럼 데이텀 평면 ①을 선택하여 마우스 오른쪽 버튼을 누르고 스케치 클릭한다.

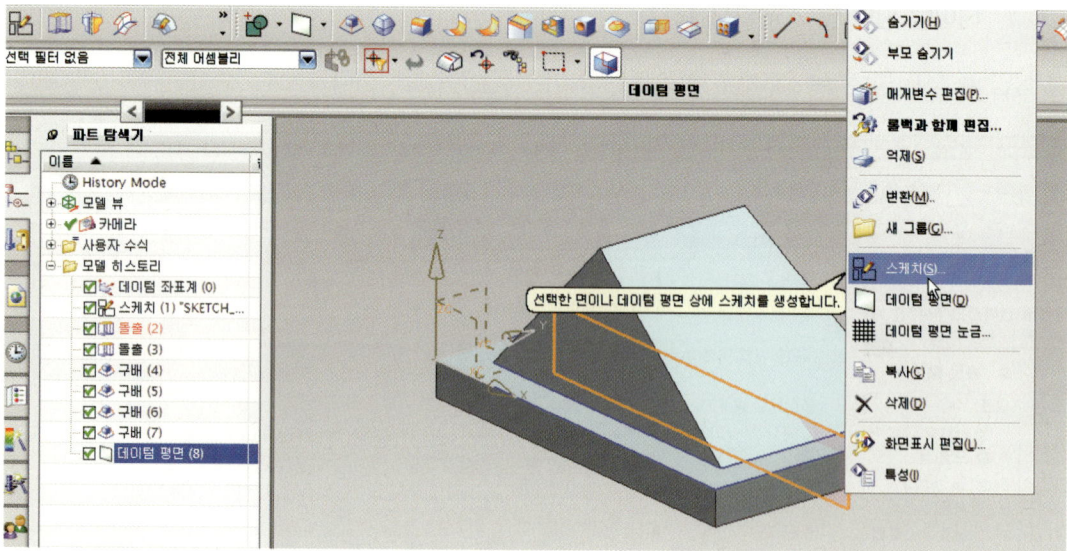

4) 그림처럼 유형을 평면상으로 스케치 면을 기존평면 ①을 선택하고 확인한다.

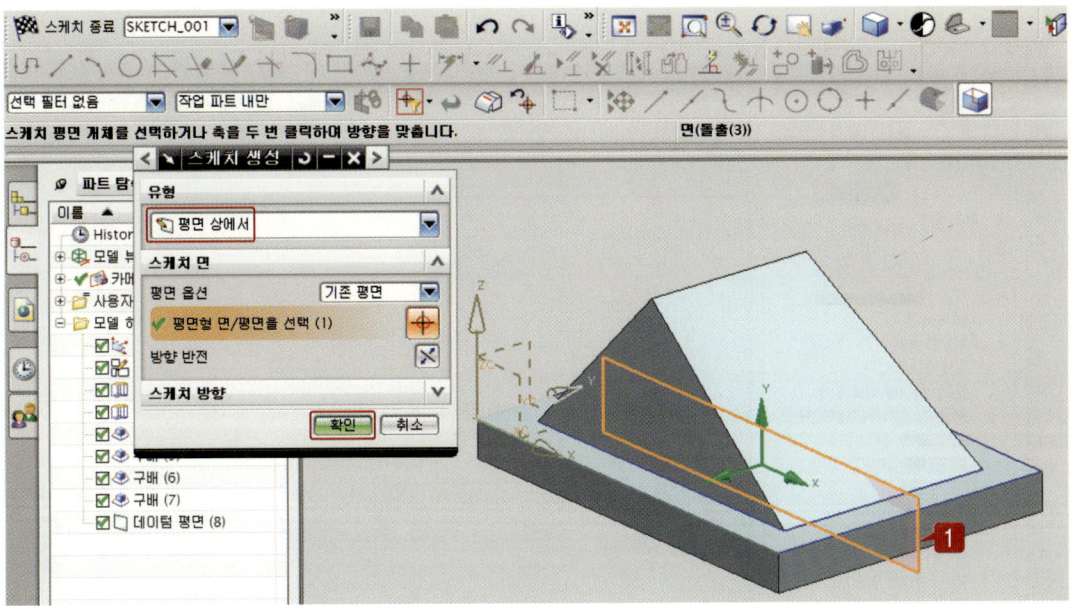

5) 프로파일( )이나 선( ) 아이콘을 이용하여 곡선상의 점( )이 표시될 때 모서리 ①을 선택한다.

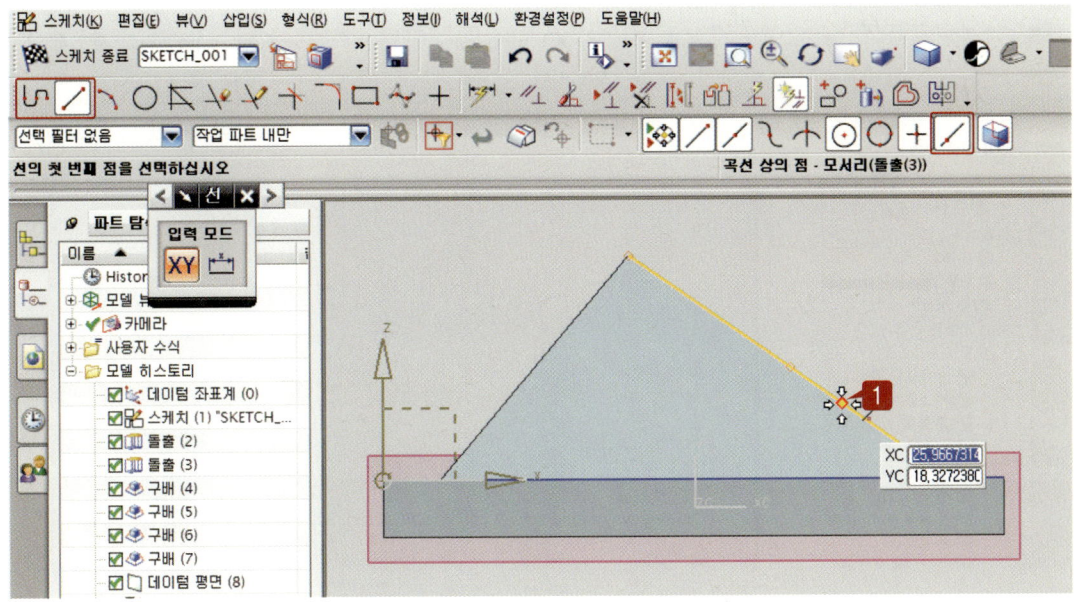

6) 선 ①과 직각(⊥) 구속조건이 보이는 방향으로 선을 긋는다.

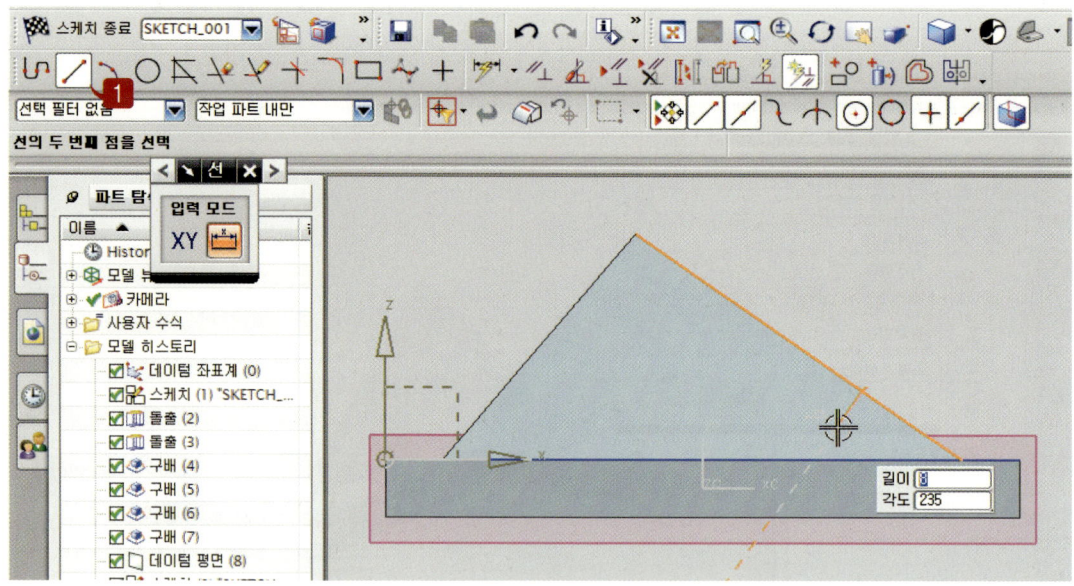

7) 선 ①과 평행(//) 구속조건이 보이는 방향으로 선을 긋는다.

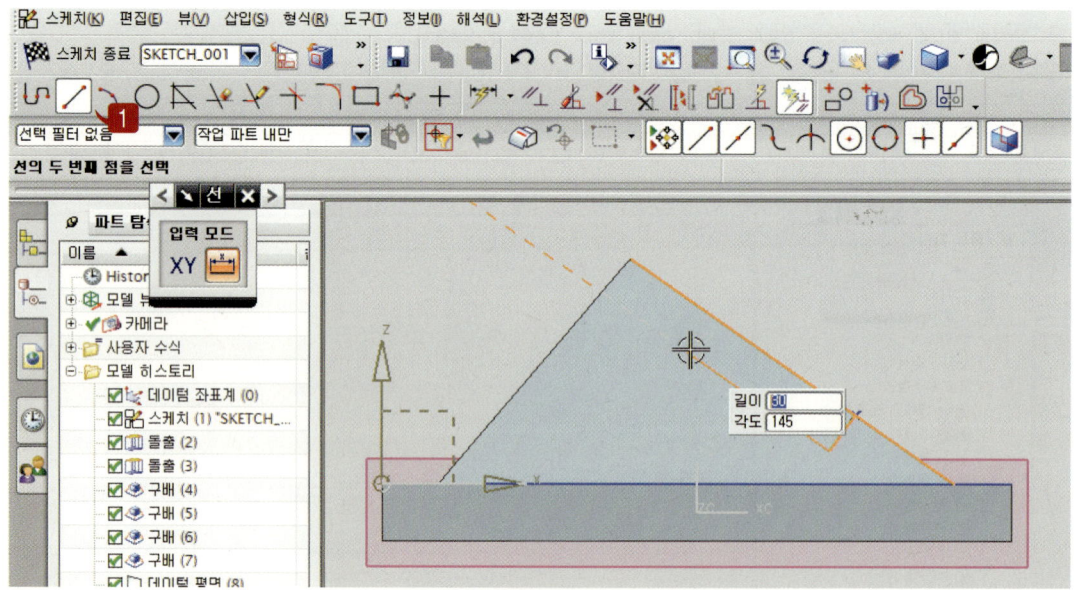

CHAPTER 2 | 모델링 따라하기

8) 그림과 같이 선을 완성하고 추정치수( ) 아이콘을 선택하고 그림과 같이 치수를 입력하고 스케치종료( ) 아이콘을 클릭하여 스케치를 빠져 나간다.

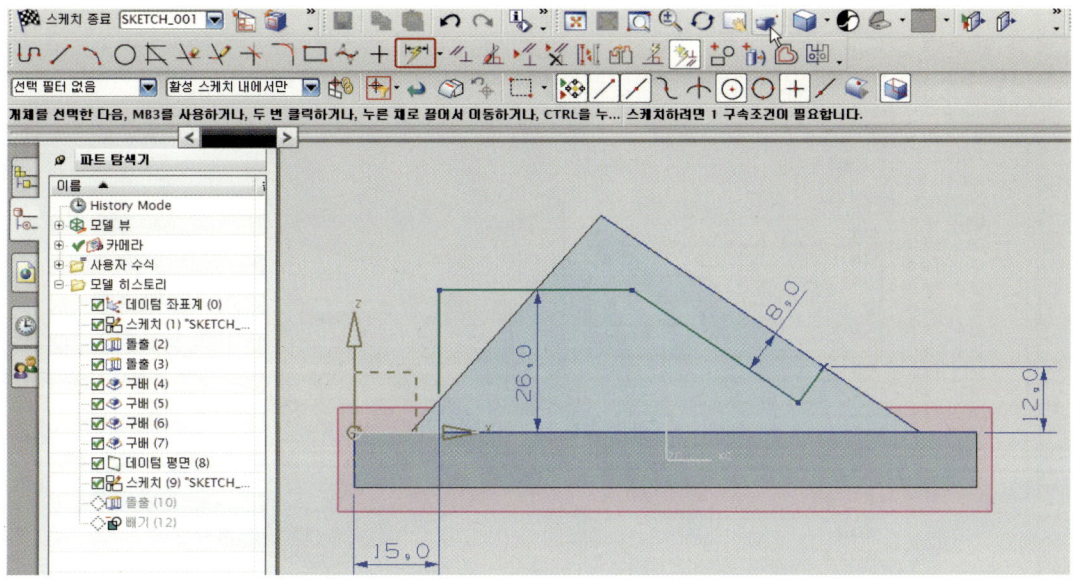

05 홈 돌출 작성하기

1) 돌출( ) 아이콘을 선택하고 마우스 오른쪽 버튼을 길게 누르면 그림처럼 6개의 아이콘이 생기고 ①번 와이어프레임 아이콘이 선택하면 오른쪽 그림처럼 변한다. 위에서 스케치 한 선②를 선택하고 한계에서 시작 거리 값을 20, 끝 거리 값을 -20으로 입력하다.

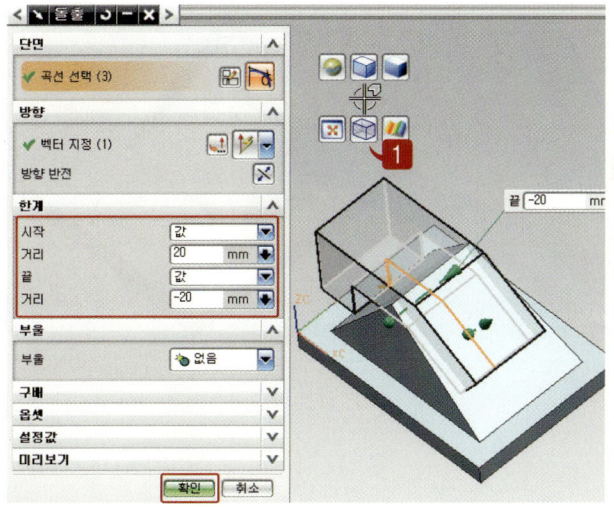
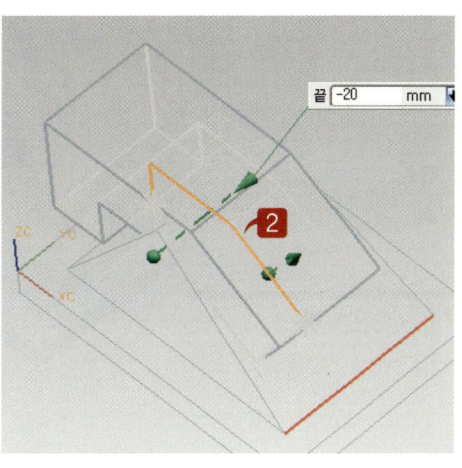

2) 다시 음영처리 모서리( )로 바꾸고 단면 곡선 ①을 선택하고 옵셋에서 양면을 선택하고 시작 값20, 끝 값-20을 입력하고 확인한다.

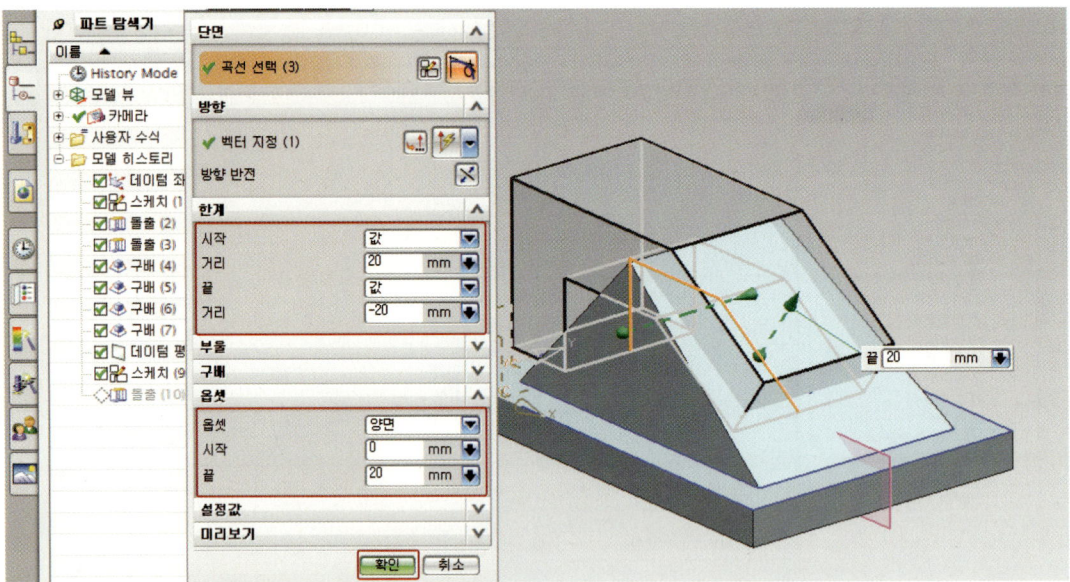

3) 부울(빼기) ①을 선택하고 타겟 바디선택 ②를 클릭하고 공구 바디 ③를 선택하고 확인한다. 오른쪽그림은 완성된 상태이다.

CHAPTER 2 | 모델링 따라하기

06 포켓 작성하기

1) 그림처럼 정적와이어프레임( ) 아이콘을 선택한다.

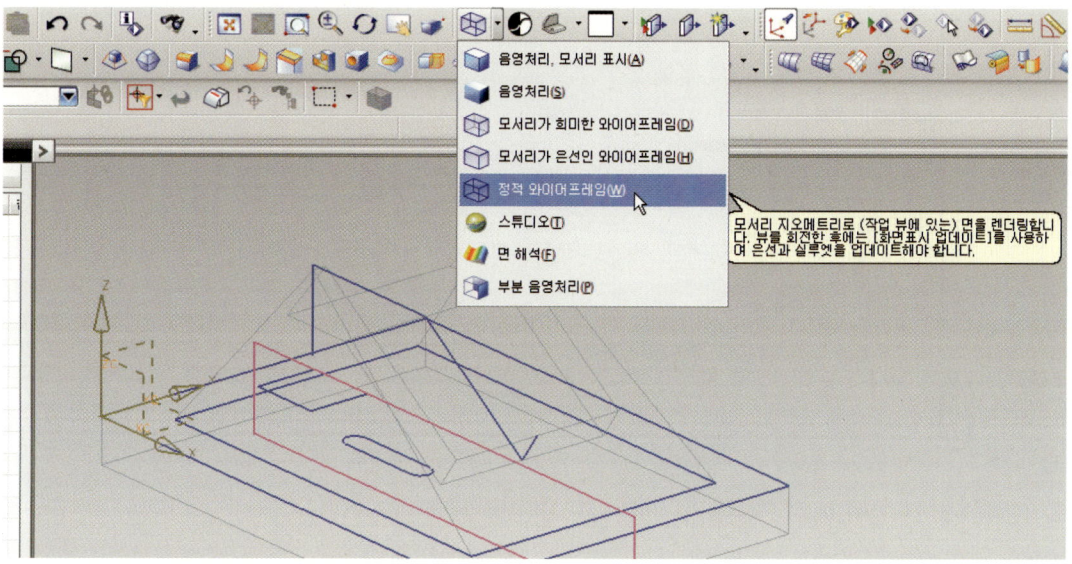

2) 삽입 ➡ 특징형상 설계에서 포켓을 클릭한다.

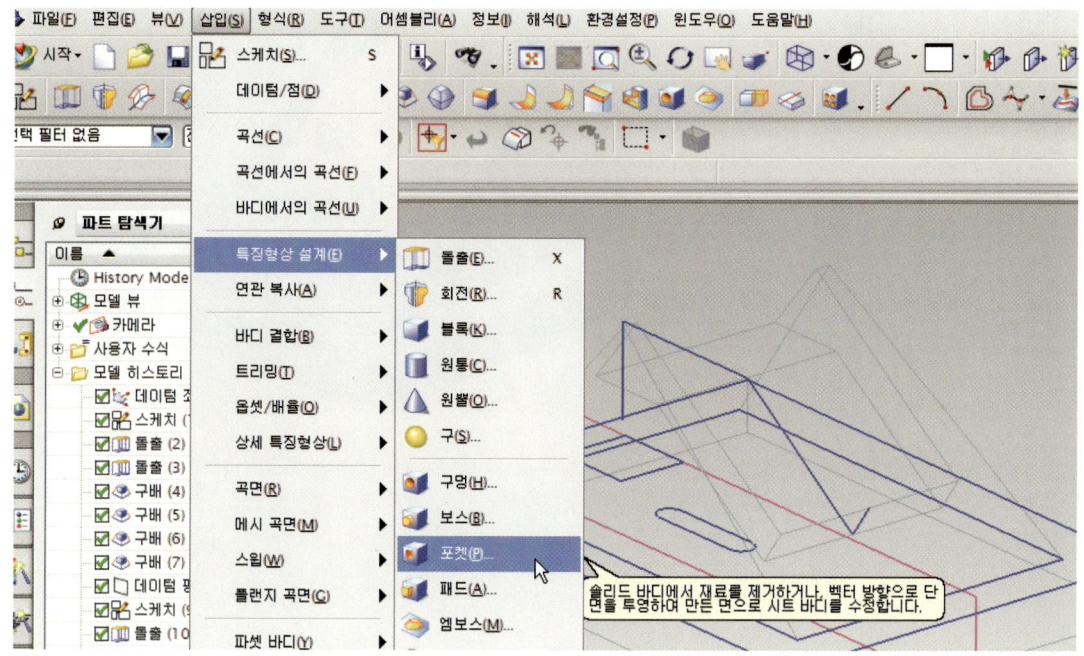

2) 그림처럼 포켓에서 일반을 선택하고 확인한다.

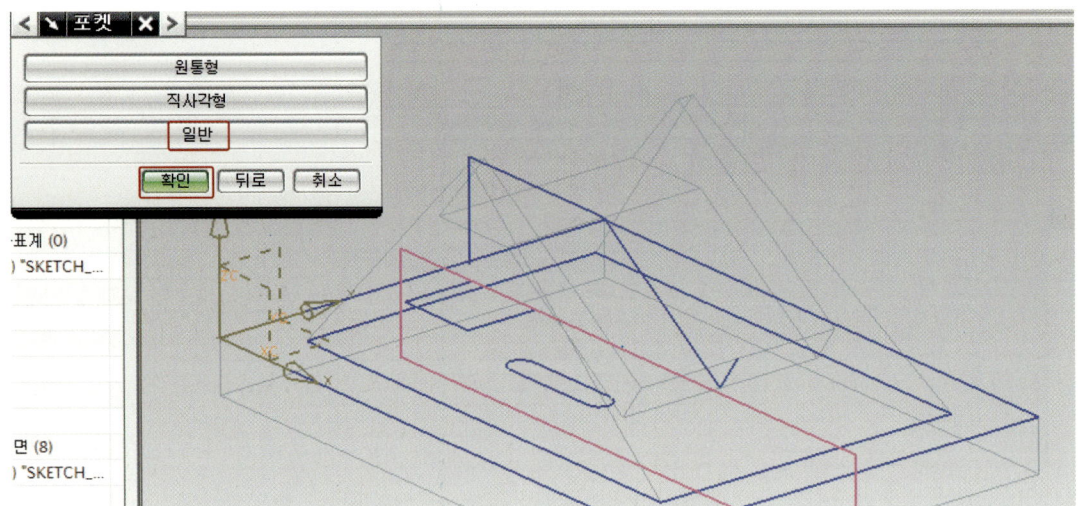

3) 선택단계 첫 번째 배치 면( )을 선택하고 면①을 선택한다.

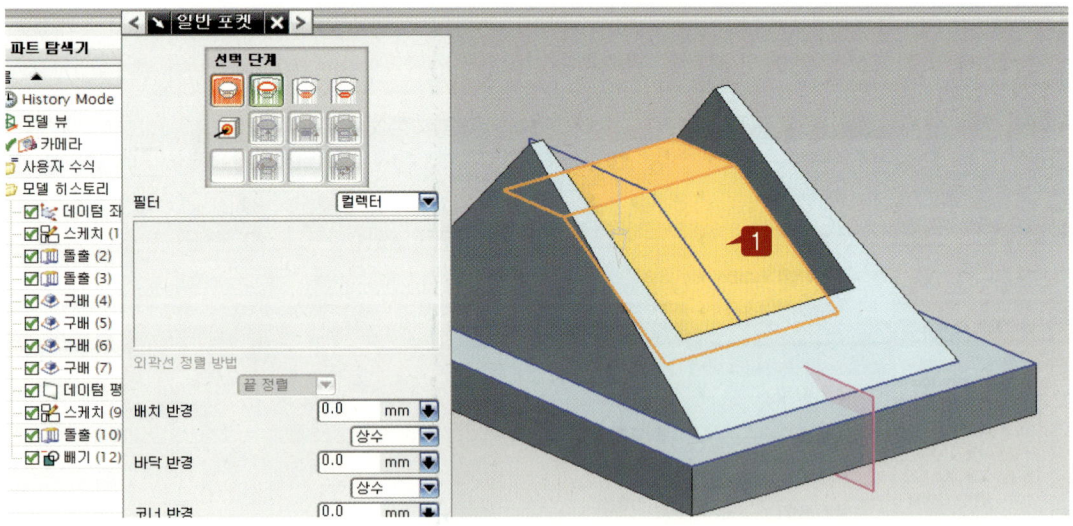

CHAPTER 2 | 모델링 따라하기

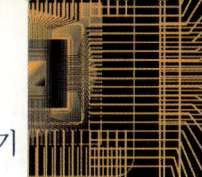

4) 선택단계 두 번째 배치외곽선( ) ②를 선택한다.

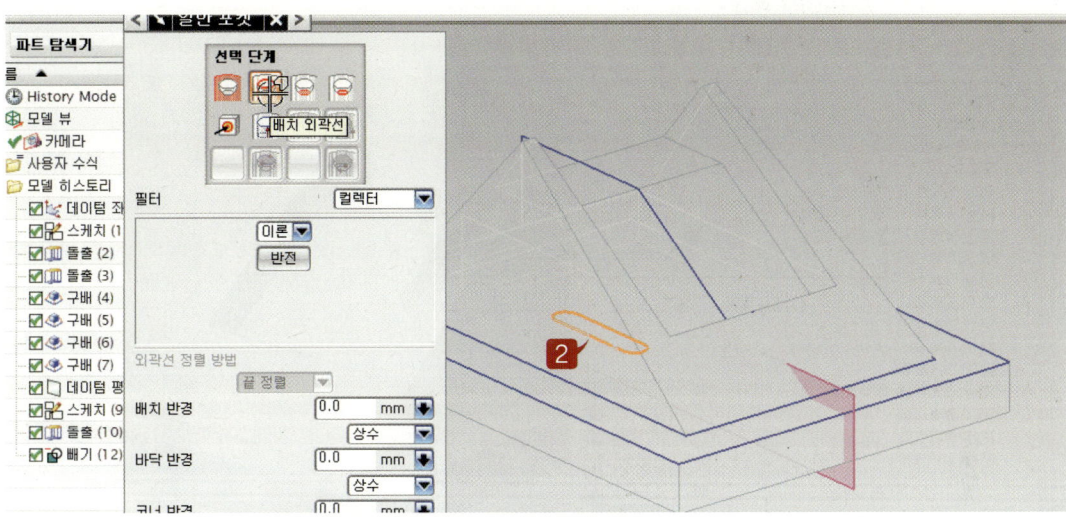

5) 선택단계 세 번째 바닥 면( ) 에서, 옵셋 값을 배치에서 5mm을 입력한다.

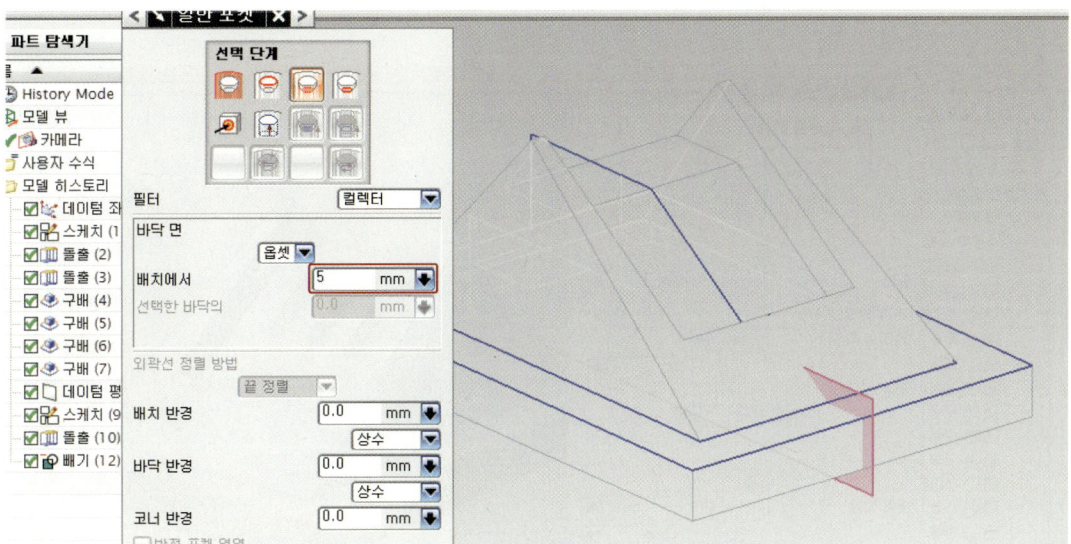

6) 선택단계 네 번째 바닥 외곽선( )은 테이퍼각도 0, 상수로 하고 확인한다.

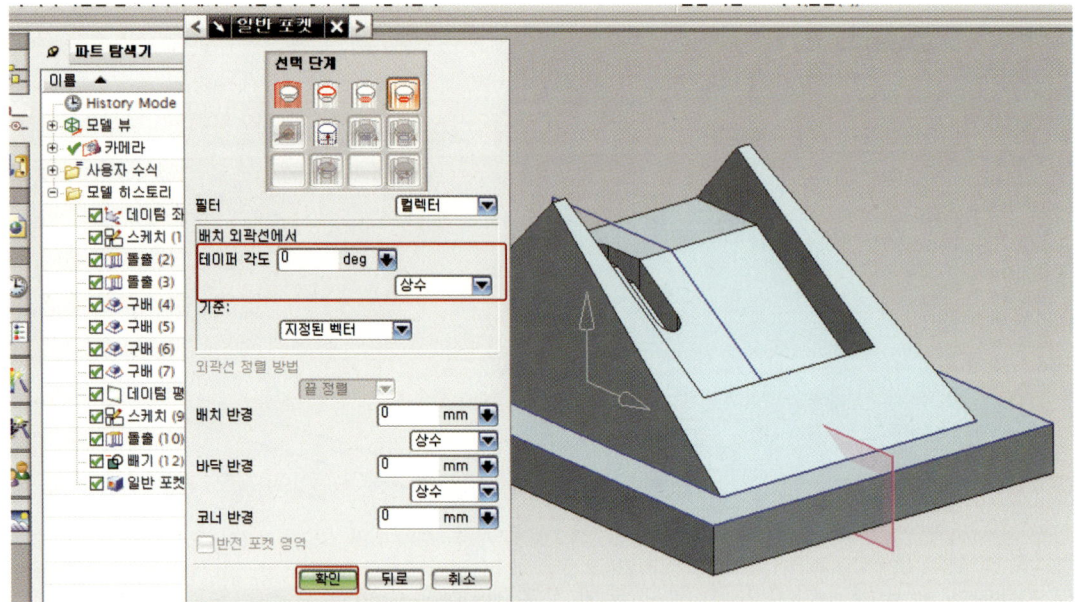

7) 위와 같은 방법으로 3개의 포켓 작업을 완성한다.

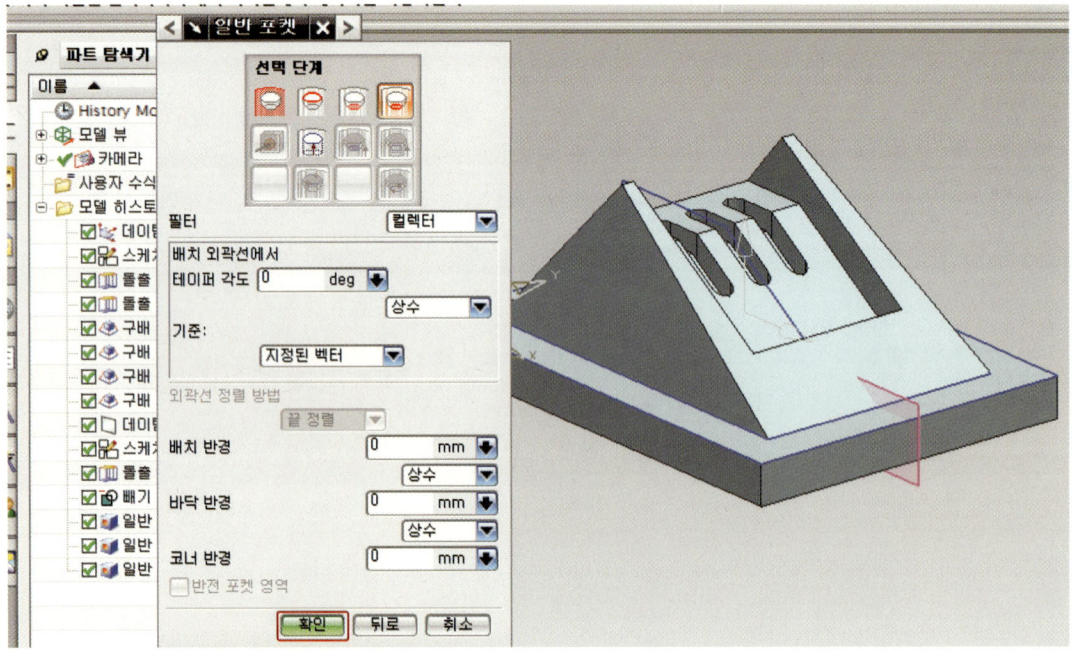

CHAPTER 2 | 모델링 따라하기

07 돌출 작성하기

1) 다시 정적와이어프레임( ) 아이콘을 선택하고 돌출( )아이콘 ①을 클릭한다. 그림처럼 단면곡선 ②를 선택하고 시작 값 0mm, 끝 값 26mm을 입력하고 적용한다.

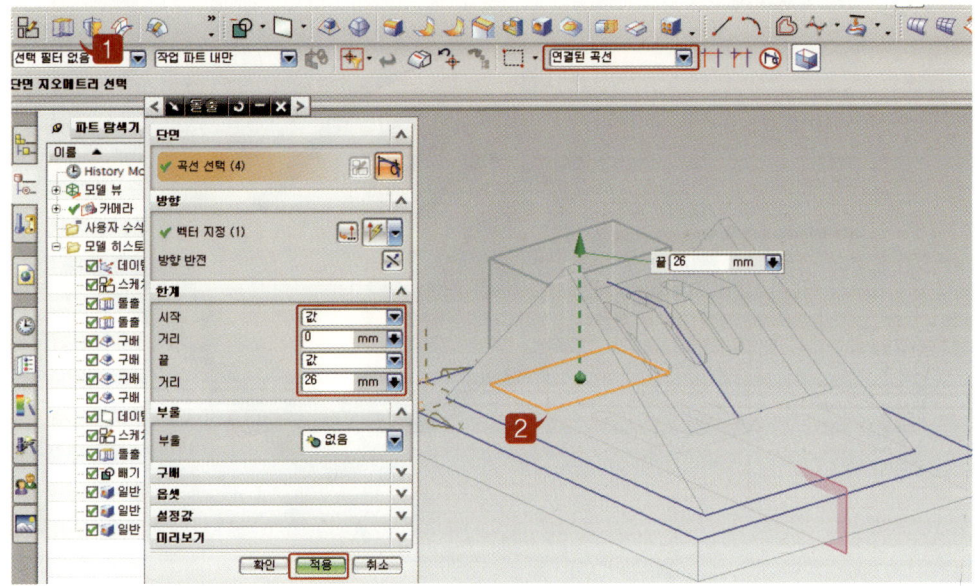

2) 다시 그림처럼 단면곡선 ①을 선택하고 시작 값 15mm, 끝 값35mm을 입력한다. 부울에서 빼기을 선택하고 바디선택 ②를 선택하고 확인한다.

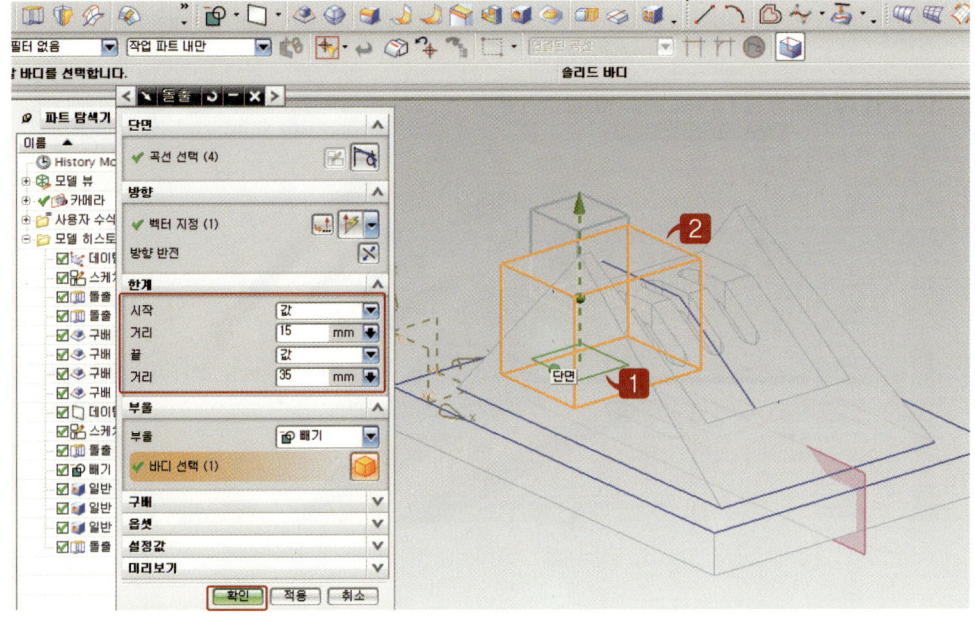

3) 메뉴에서 결합( ) 아이콘 ①을 선택하고 타켓 바디 ②와 공구바디 ③을 선택하고 확인한다.

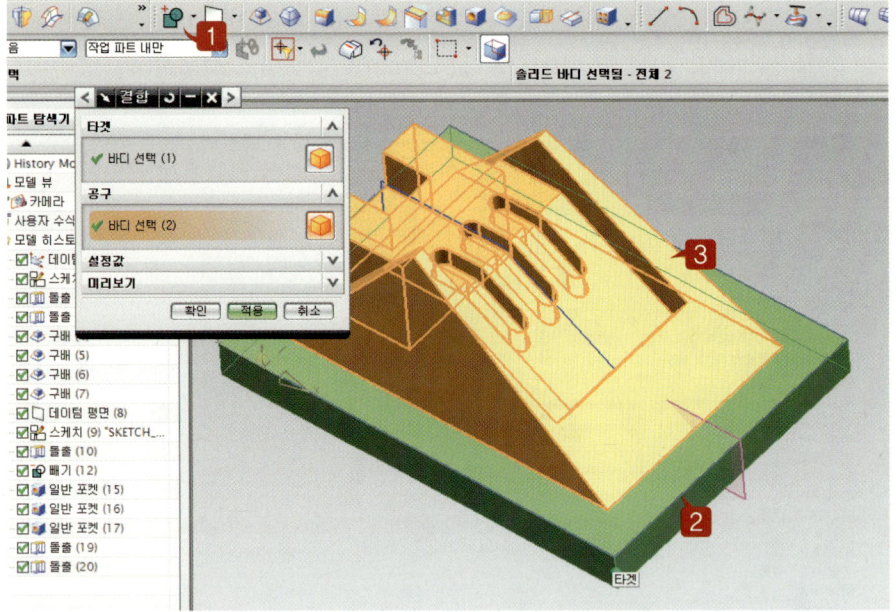

08 새 스케치 작성 및 돌출하기

1) 스케치 아이콘( ) 을 선택하고 평면상에서 기존평면 ①을 선택하고 확인한다.

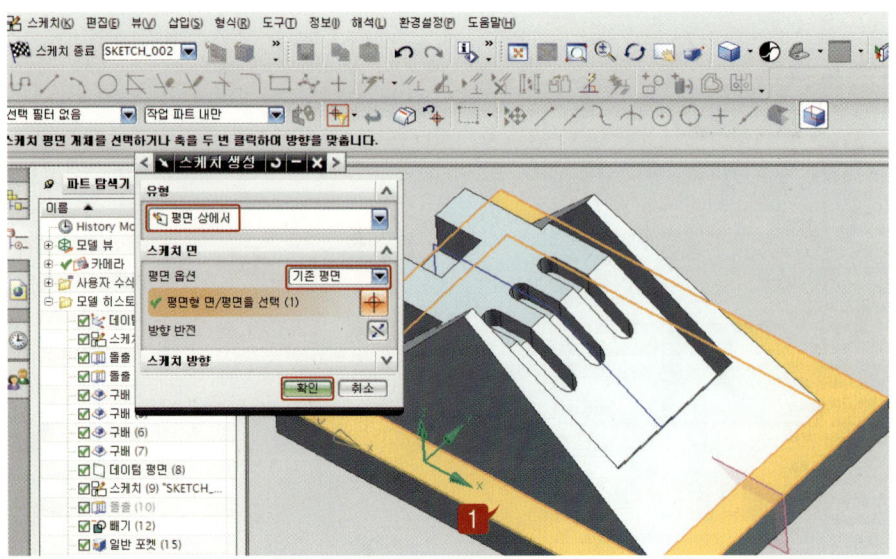

CHAPTER 2 | 모델링 따라하기

2) 원(○) 아이콘 ①을 선택하고 그림처럼 스케치한다.

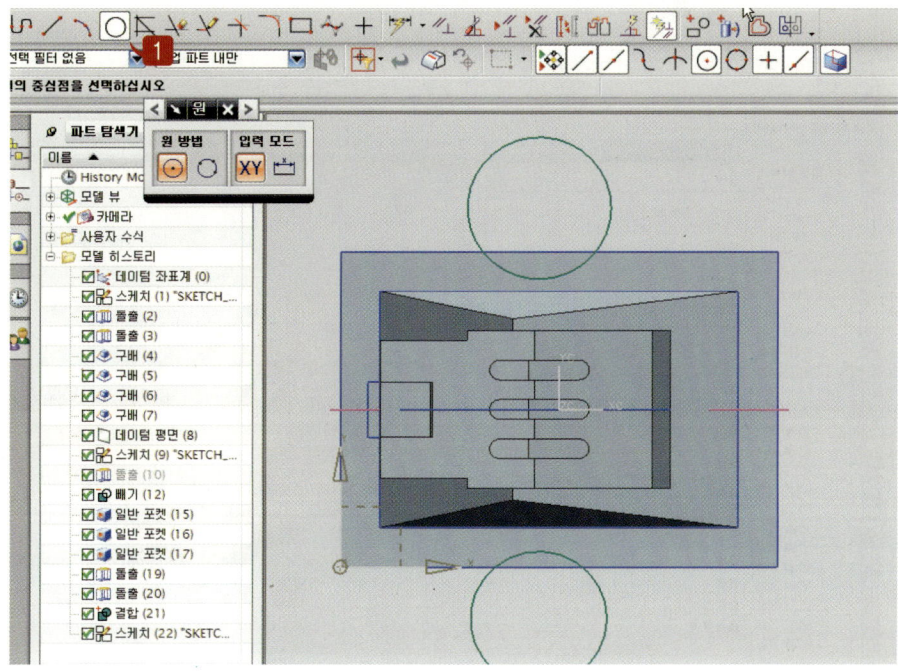

3) 도면을 확인하고 추정치수( ) 아이콘 ①을 이용하여 그림처럼 치수기입을 하고 스케치 종료한다.

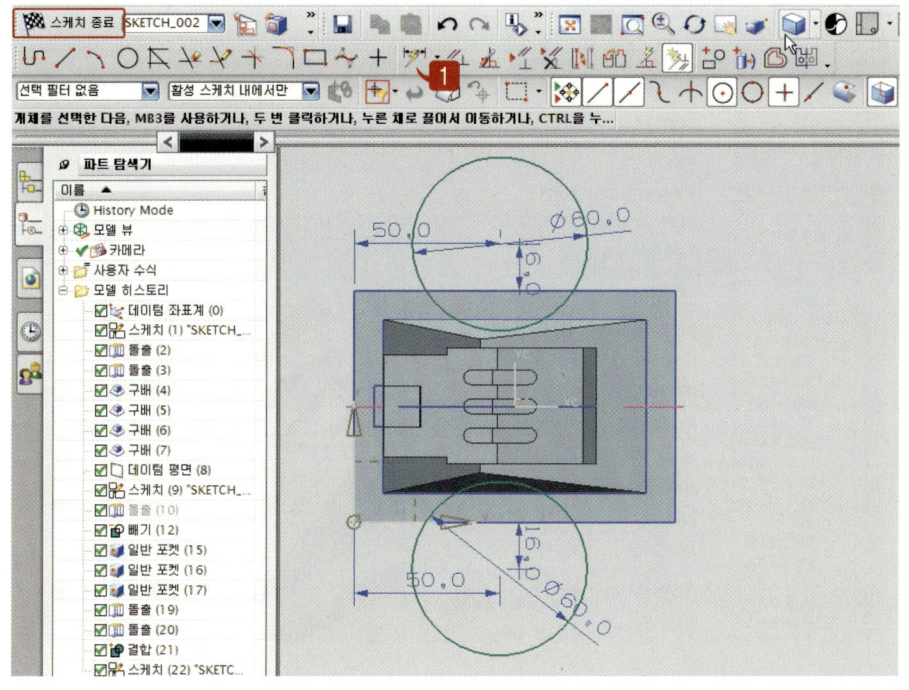

4) 돌출( ) 아이콘을 클릭하고, 그림처럼 곡선선택 ①을 하고 시작 값 0mm, 끝 값50mm을 입력한다. 부울에서 빼기 을 선택하고 바디선택 ②를 선택하고 확인한다.

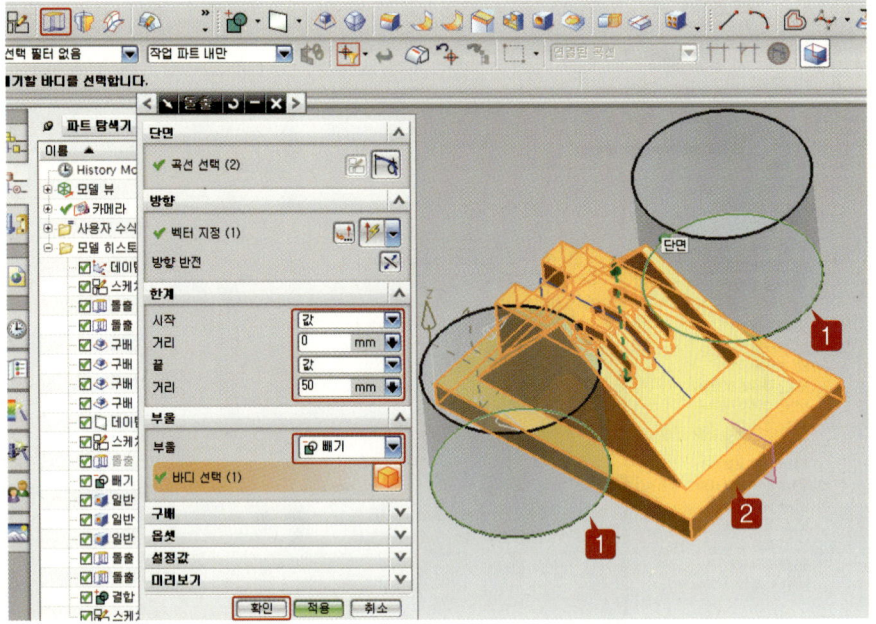

09 특징형상 구 작성하기

1) 그림처럼 삽입 ➡ 특징형상 설계에서 구을 클릭한다.

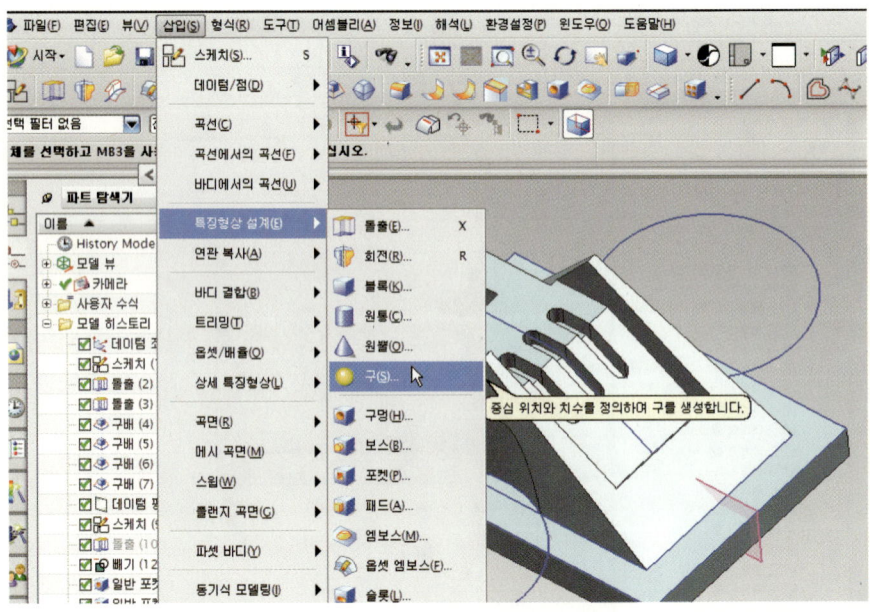

CHAPTER 2 | 모델링 따라하기

2) 점 지점에서 그림처럼 점 생성자 ①을 클릭한다.

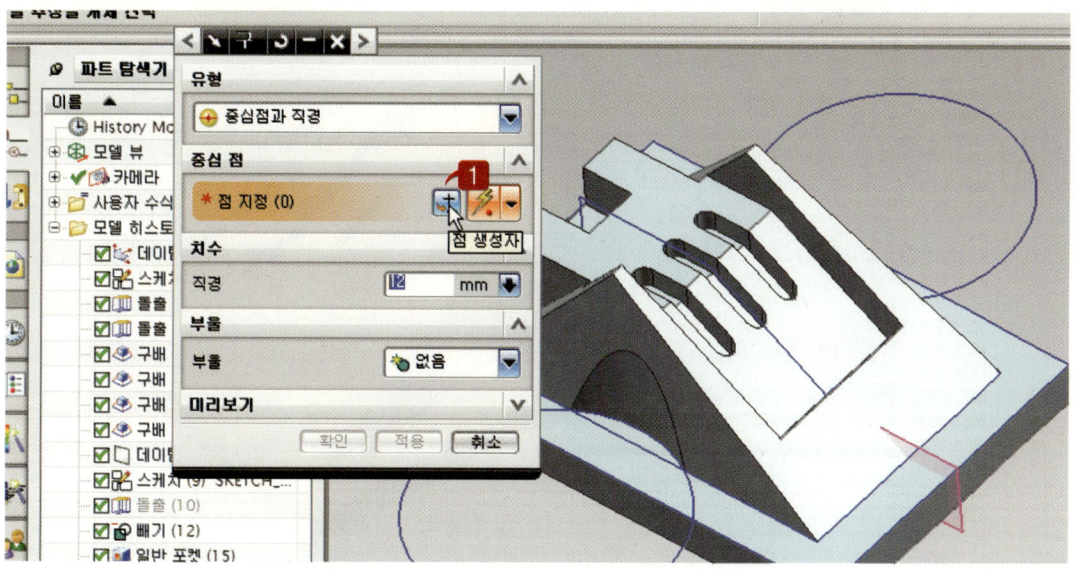

3) 추정 점을 선택하고 도면을 보고 절대 값으로 좌표 값 X100, Y40, Z0을 입력하고 확인한다.

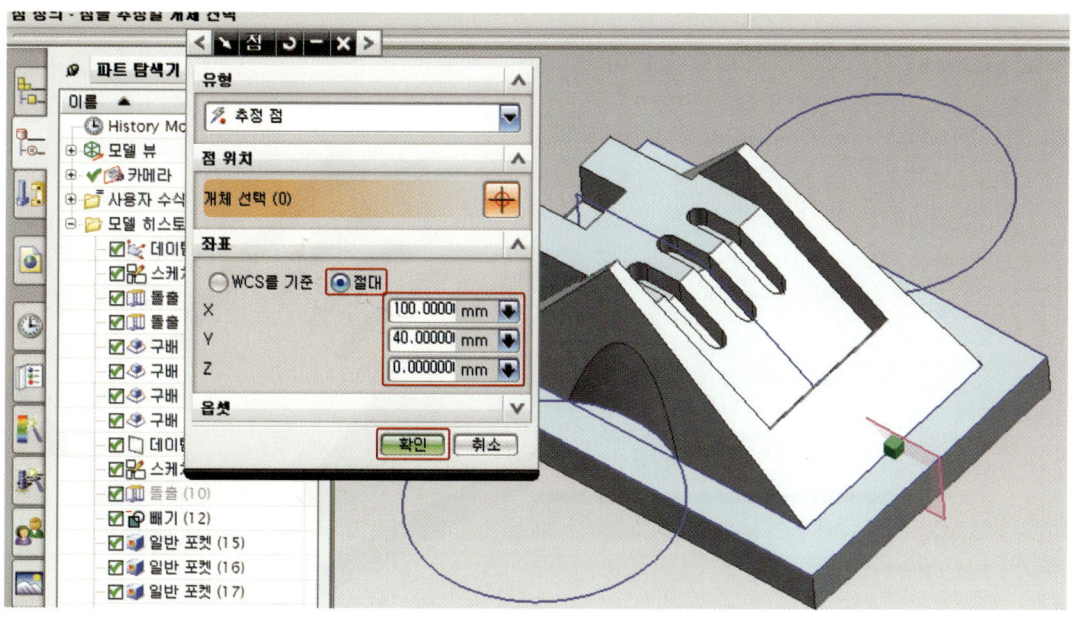

4) 치수는 직경 값으로 12mm입력 후 부울을 결합으로 하고 바디를 ①선택하여 적용한다.

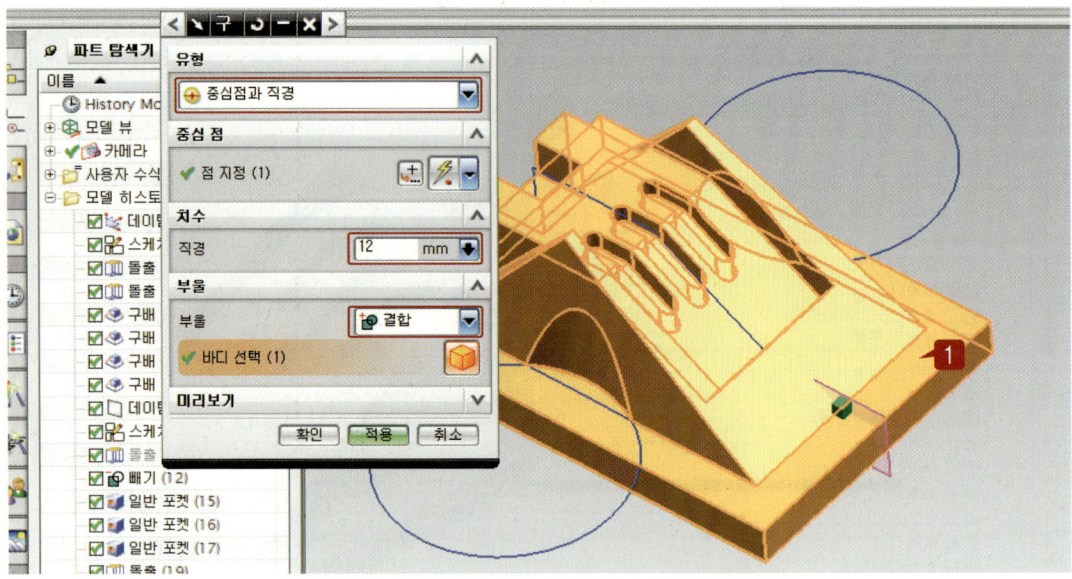

5) 다시 유형에서 커서위치 입력하고 커서 위치를 지정하고 그림처럼 좌표는 절대 값으로 입력하고 확인한다.

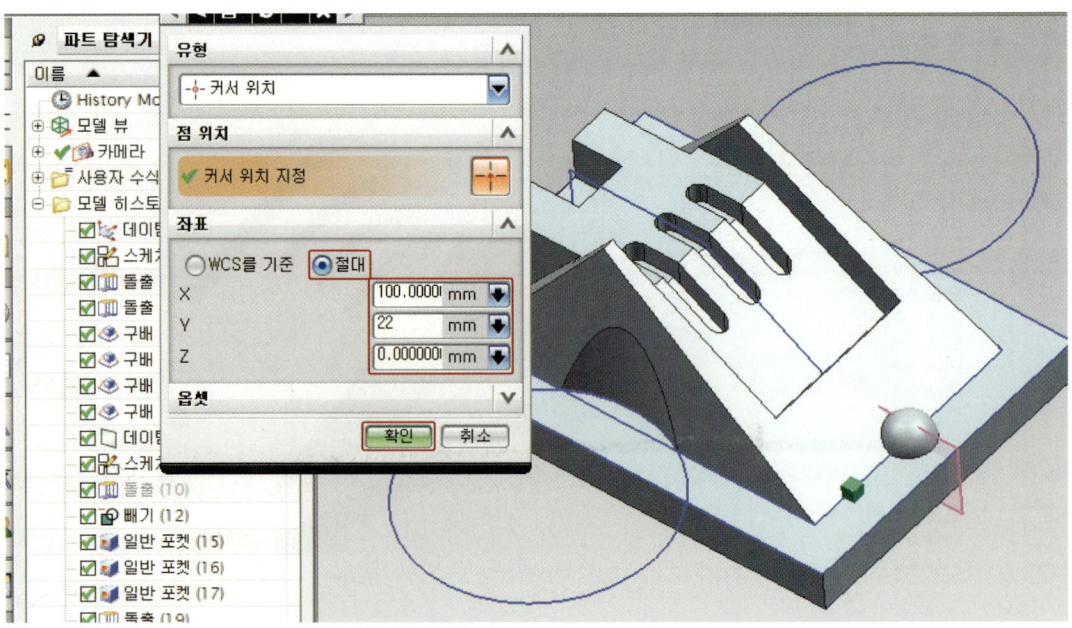

6) 다시 유형은 중심점과 직경으로 하고 치수는 12mm입력 후 부울은 결합으로 하고 바디 ②선택하여 적용한다.

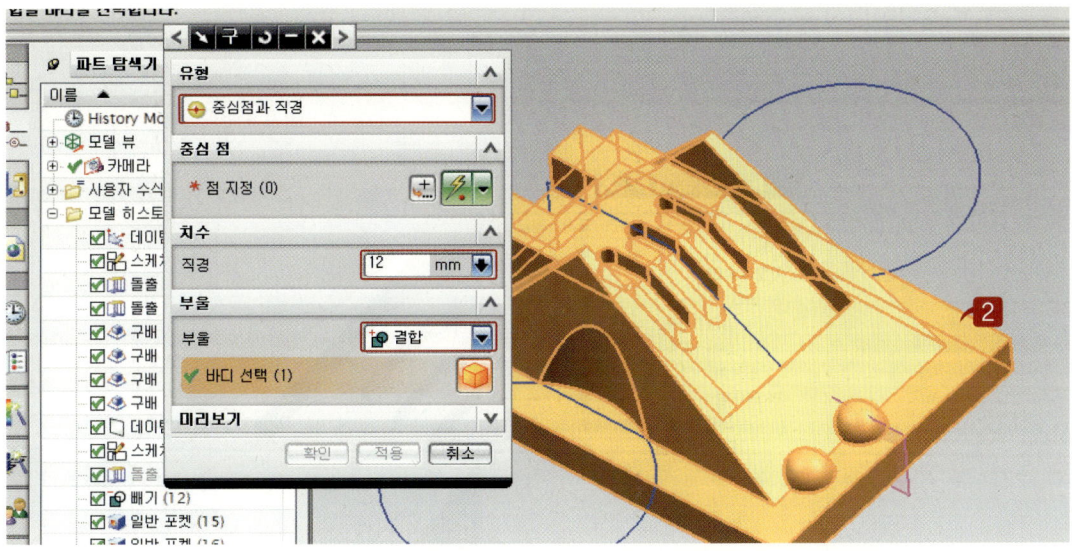

7) 위와 같은 방법으로 나머지 하나도 완성한다.

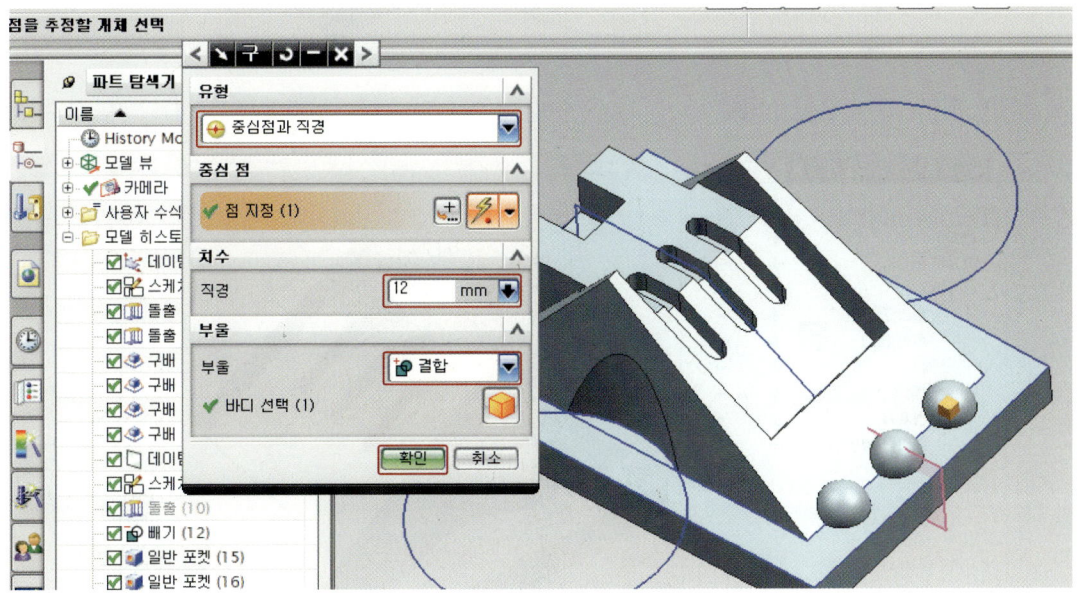

10 표시 및 숨기기

1) 편집 ➡ 표시 및 숨기기 또는 아이콘( ) ①을 선택하고 전체 숨기기 ②를 선택한다.

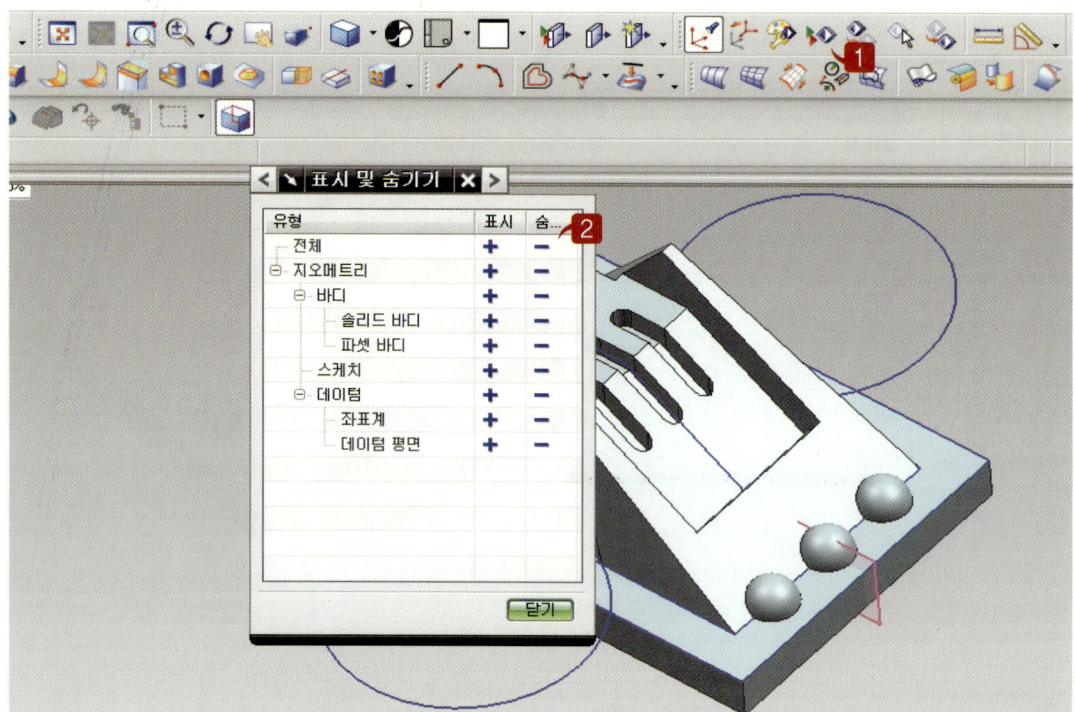

2) 솔리드 바디 표시 ②를 선택한다.

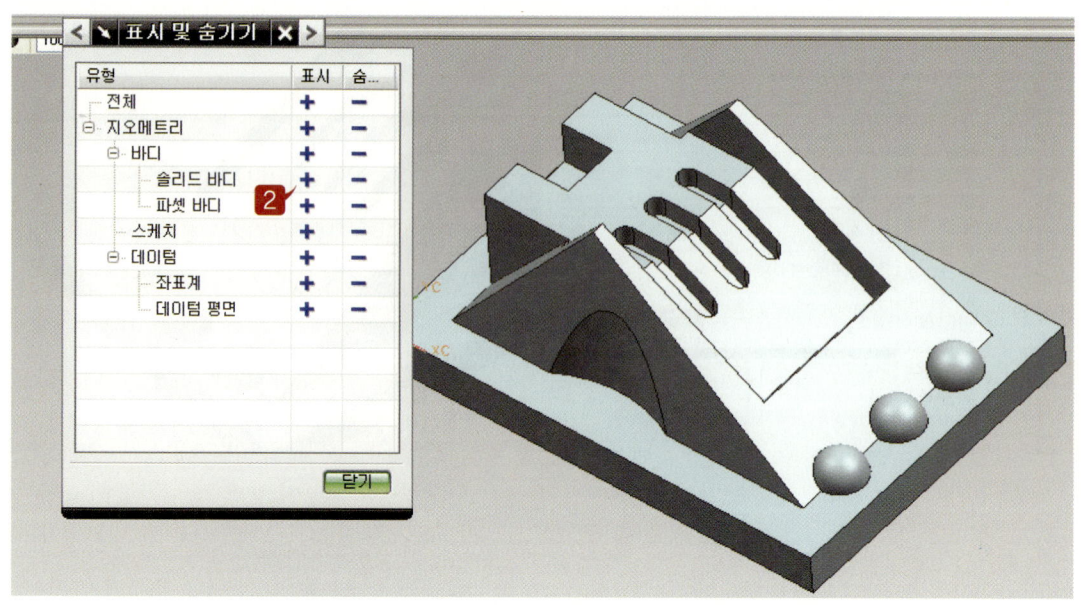

CHAPTER 2 | 모델링 따라하기

11 구배 작성하기

1) 구배( ) 아이콘 ①을 클릭한다. 벡터를 +Z축으로 고정평면 ②를 선택하고 구배할 면 ③을 선택하고 각도는 10을 입력하고 확인한다.

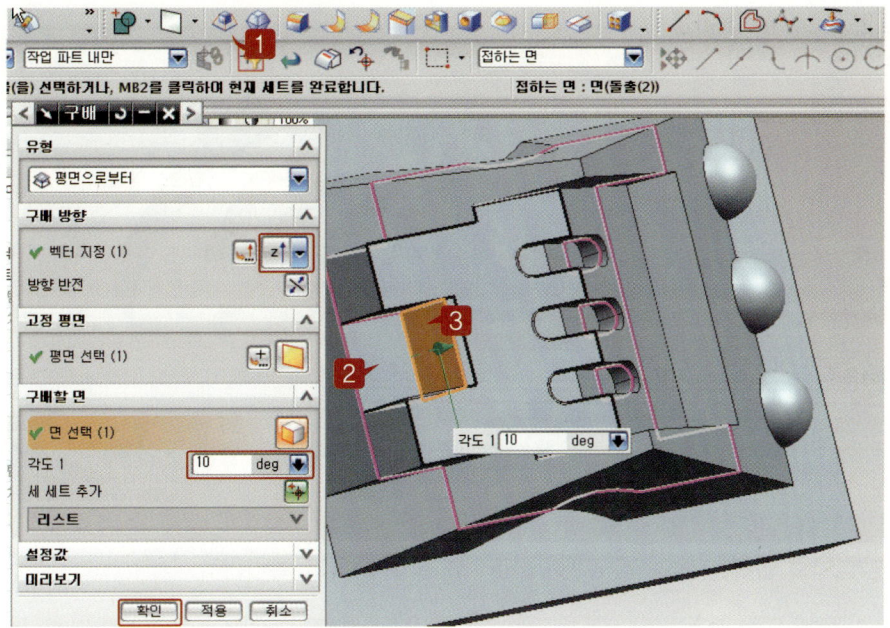

12 모서리 블렌드 작업

1) 모서리 블렌드( ) 아이콘 ①을 클릭하고 모서리 ②를 선택 후 반지름 15mm 입력하고 적용한다.

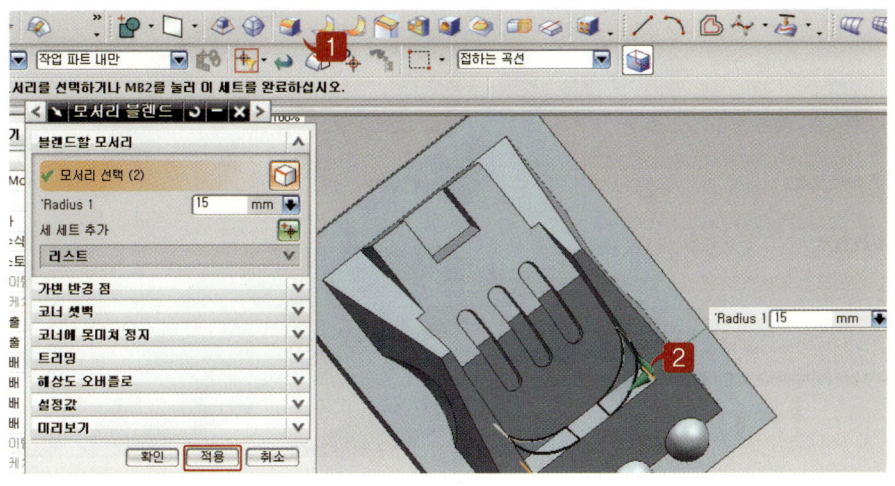

2) 같은 방법으로 도면 치수에 따라 반지름 17mm입력하고 모서리 ①을 클릭하고 확인한다.

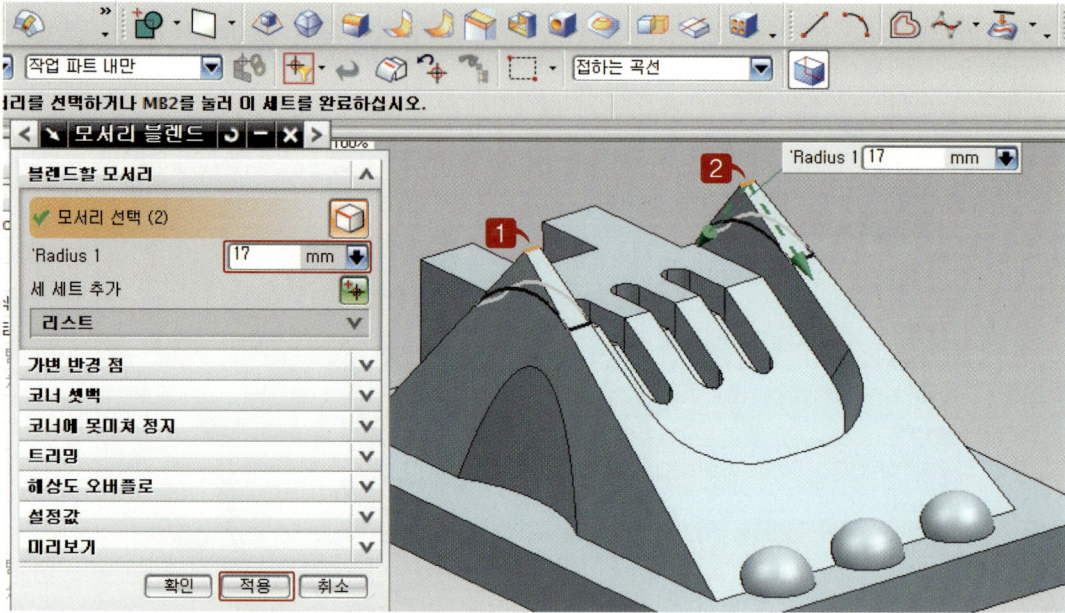

3) 같은 방법으로 반지름 5mm입력 후 모서리 ①을 클릭하고 확인한다.

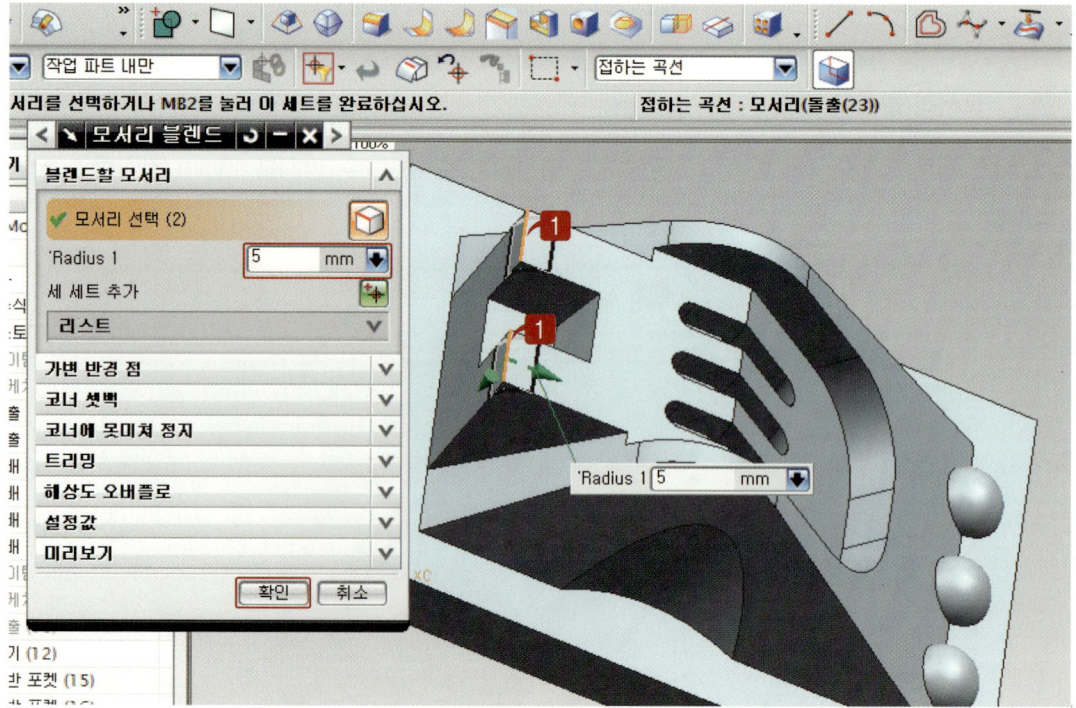

CHAPTER 2 | 모델링 따라하기

4) 나머지 모서리는 반지름 1mm을 입력한다.

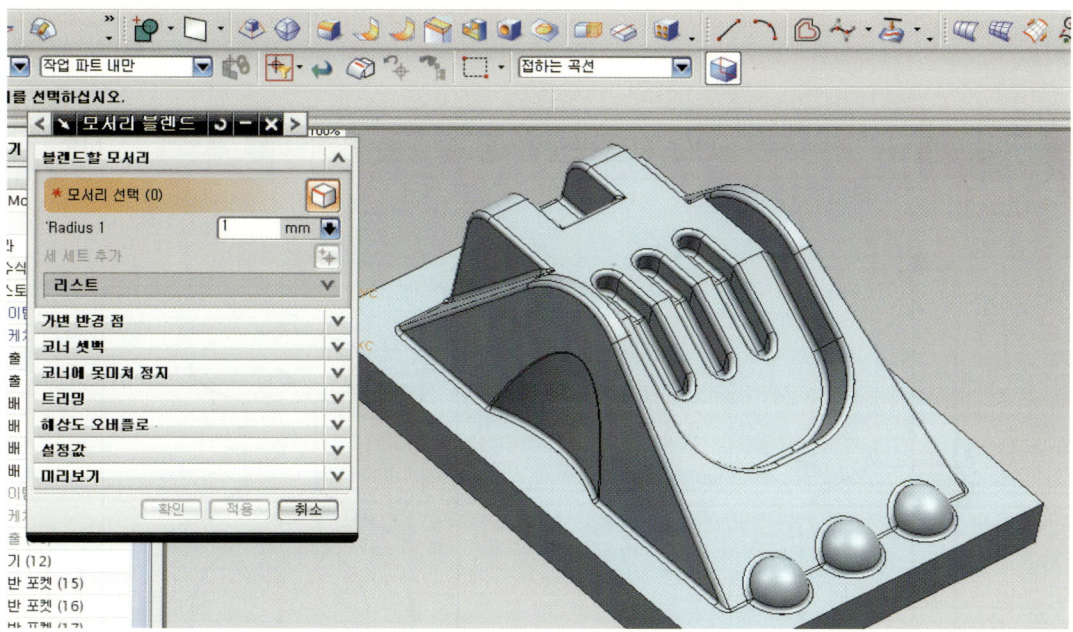

5) 아래 그림은 완성된 작품이다.

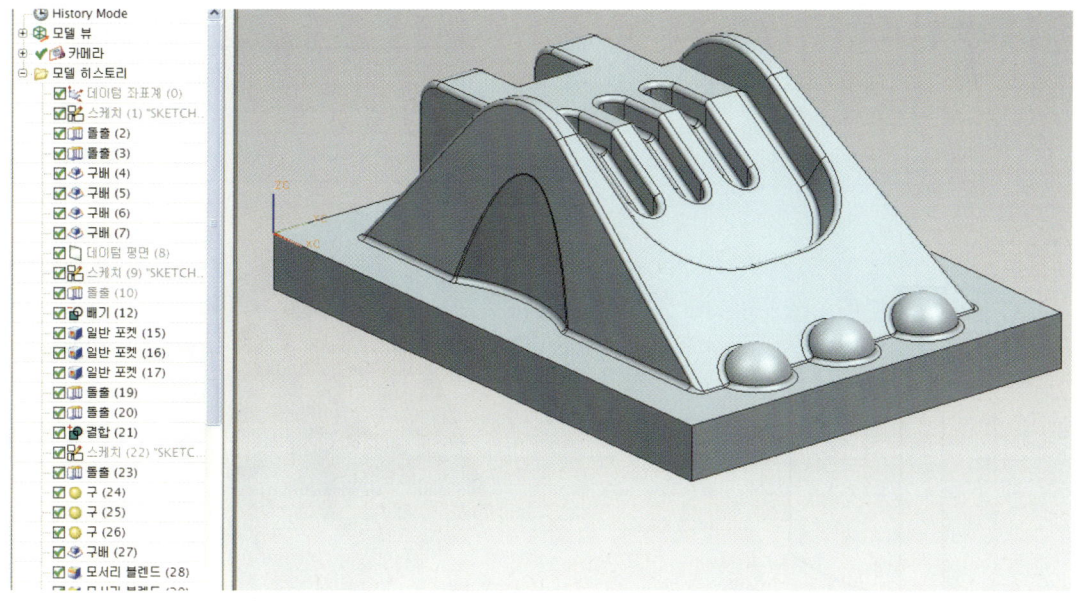

3 행거모양 모델링 따라하기(1)

| 도면명 | UG 모델링작업 ③ | 척 도 | NS |

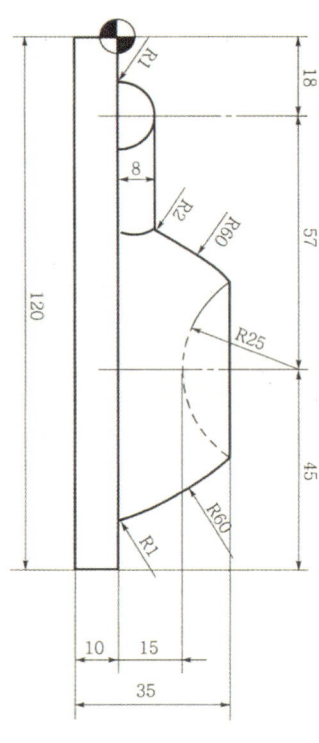

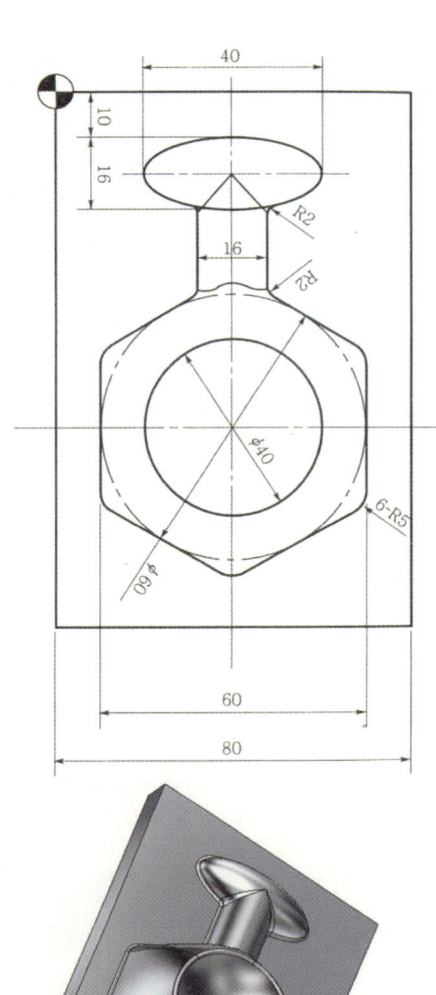

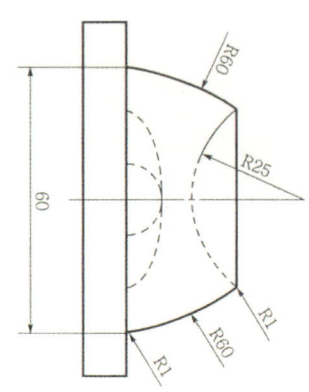

CHAPTER 2 | 모델링 따라하기

01 평면도 스케치 작성하기

1) 새로 만들기( ) ①(Ctrl+N)를 실행한다.
2) 스케치(Sketch)( ) ②를 선택한다.

3) 기본적으로 평면도(XY)평면이 설정하고 확인한다.

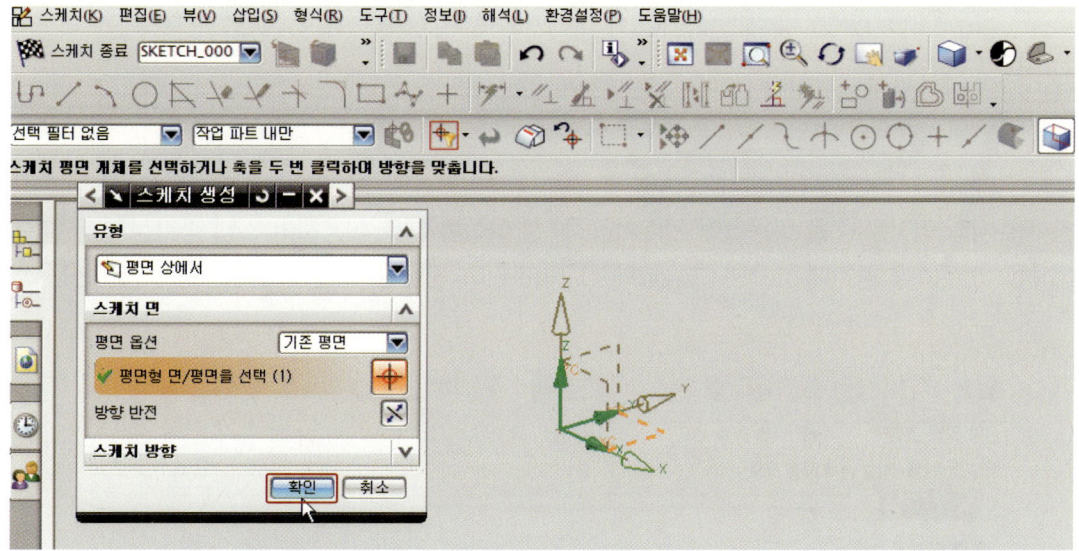

4) 직사각형(Rectangle)( ) ①을 선택한다. 그림에서와 같이 2점으로(by 2point)하여 원점(0,0) 에서 시작하는 임의에 직사각형을 그린다.

5) 치수기입 아이콘 ①을 이용하여 치수기입 후 선 아이콘 ②를 이용하여 스냅 중간점 ③을 클릭하고 마우스를 중간에 놓으면 그림④처럼 구속조건이 생성될 때 클릭하여 중심 수평선선을 생성한다.

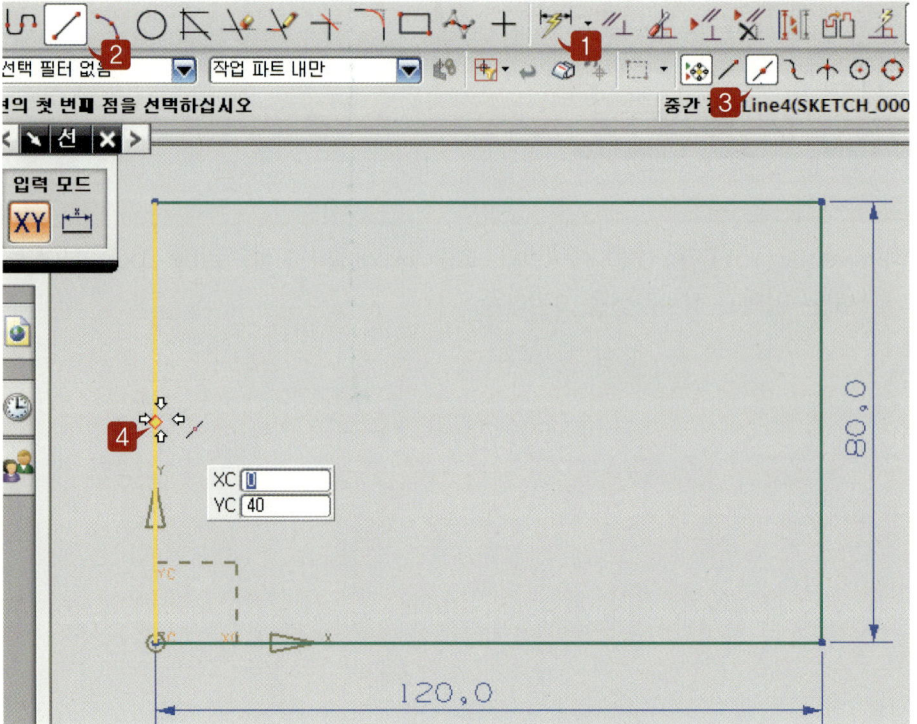

6) 다시 선을 이용하여 수직선 생성하고 ①과 ② 선택하여 참조변환 ③을 클릭하여 참조선으로 변환하고 확인한다.

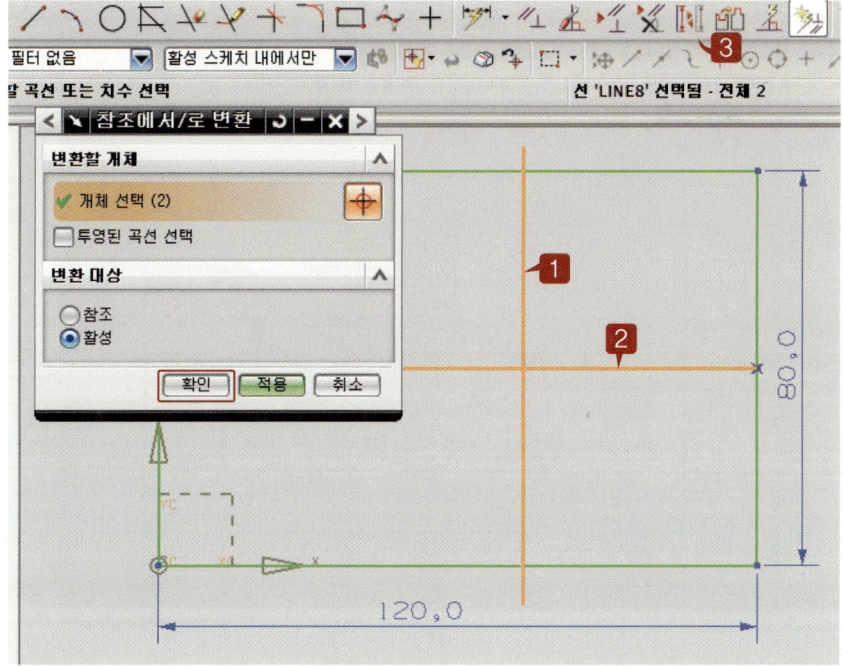

7) 원 아이콘 ①을 클릭하고 스냅 교차점 ②를 확인하고 원을 생성한다.

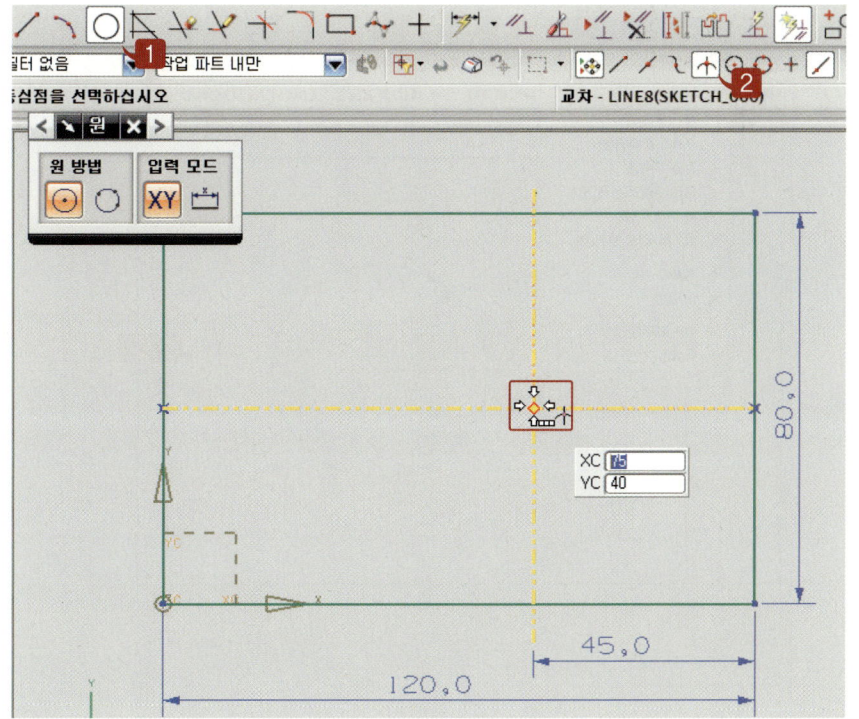

8) 선, 원을 이용하여 아래 그림처럼 스케치 생성 후 추정치수 아이콘 ①을 클릭하여 아래 그림처럼 치수기입을 하고 스케치 종료 한다.

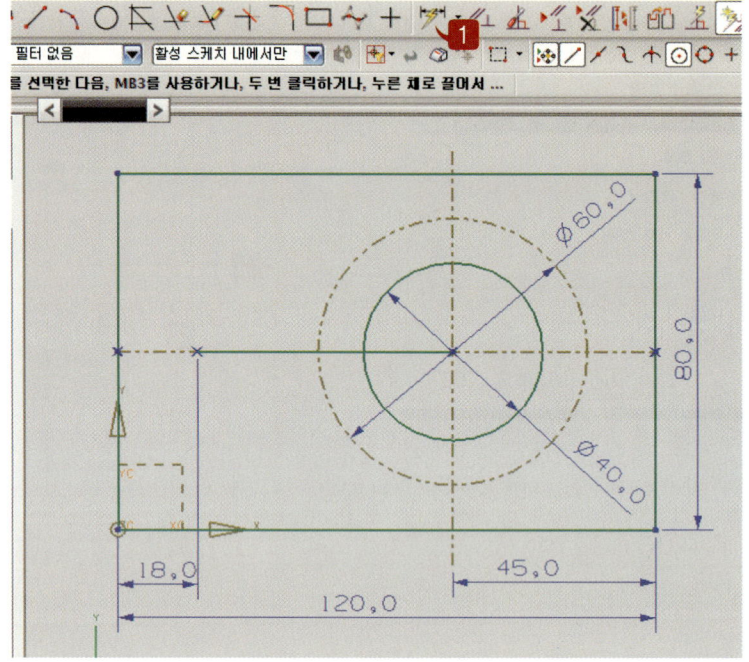

9) 중심 참조선를 클릭하고 MB3버튼을 클릭하여 숨기기 또는 삭제한다.

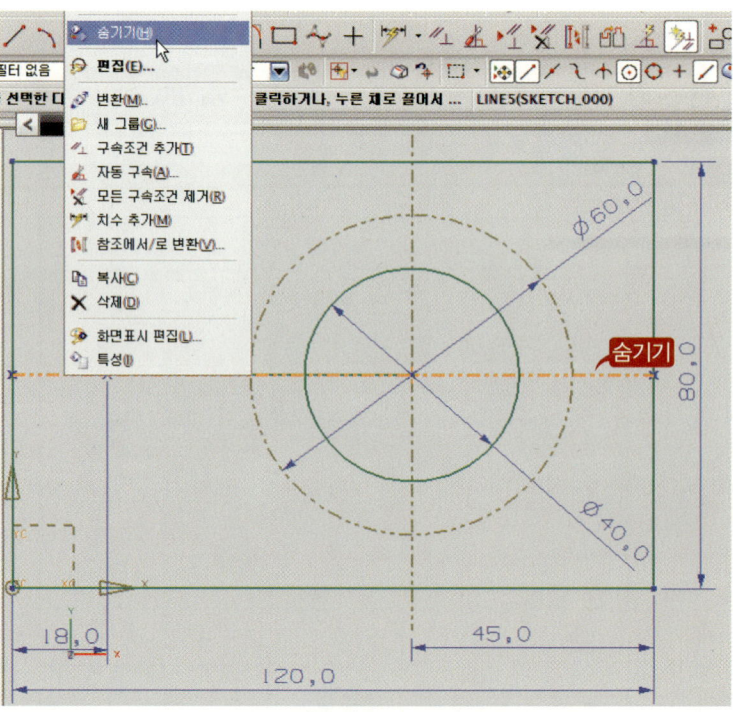

10) 프로파일 ①을 클릭하여 그림처럼 육각형 선을 대충 그린다.

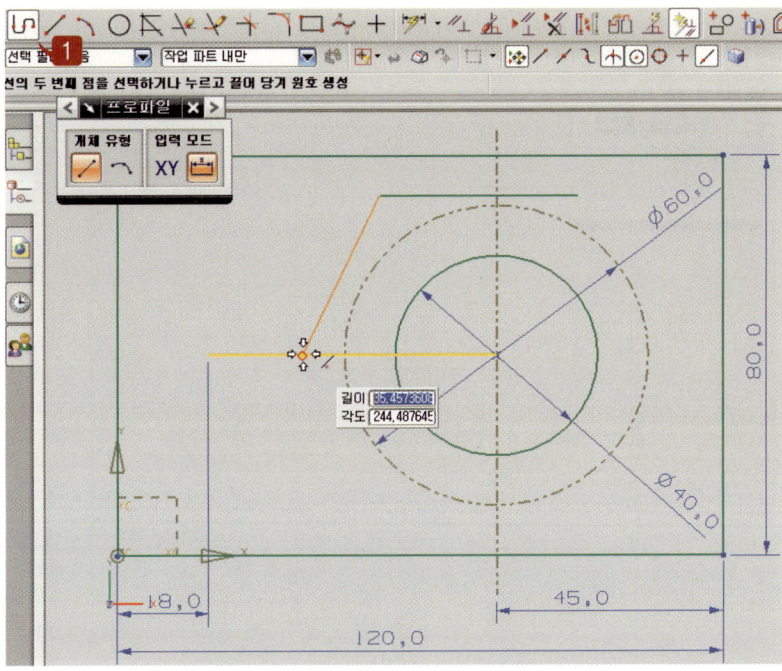

11) 구속조건 ①을 클릭하여 육각형 직선과 ∅60 참조선 원을 각각 클릭하여 차례대로 접선 ②를 클릭한다. ⑨와 ③, ⑨와 ④, ⑨와 ⑤, ⑨와 ⑥, ⑨와 ⑦, ⑨와 ⑧순서로 한다.

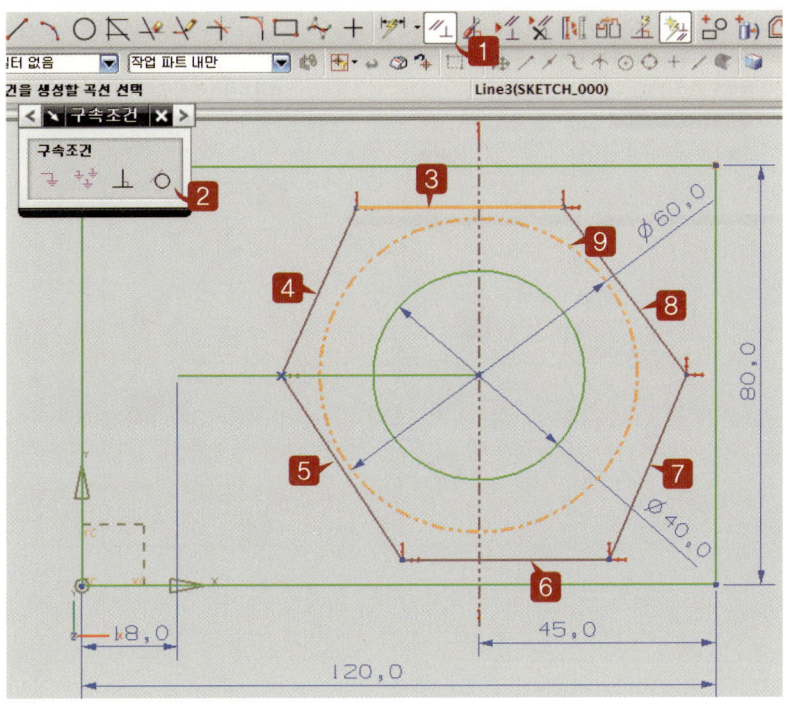

12) 그림은 5개의 직선과 원이 접선 구속이 된 상태이다. 모두(6개) 접선 구속을 한다.

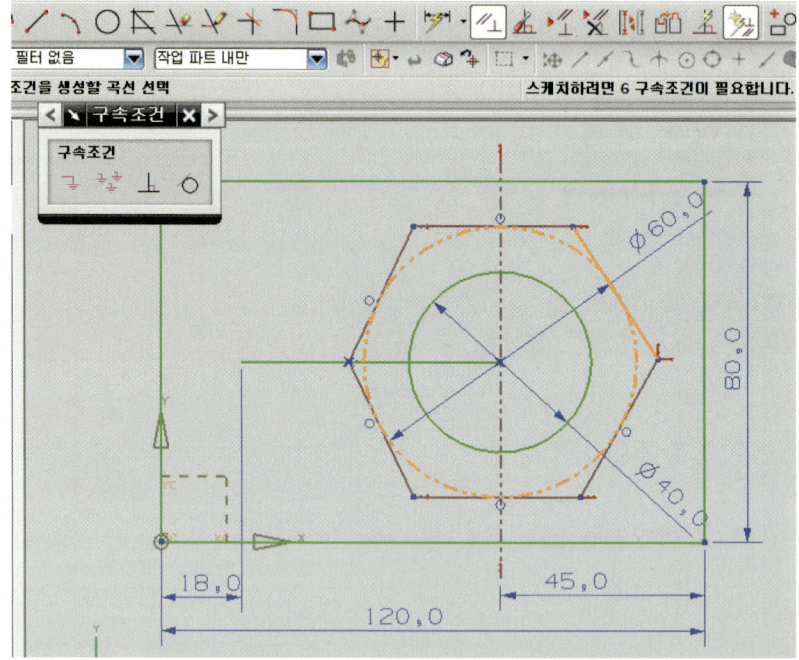

13) 육각형 직선 ②와 직선 ③을 클릭하고 동일 구속조건 ①을 클릭한다. ③과 ④, ④와 ⑤, ⑤와 ⑥, ⑥과 ⑦을 동일 구속한다.

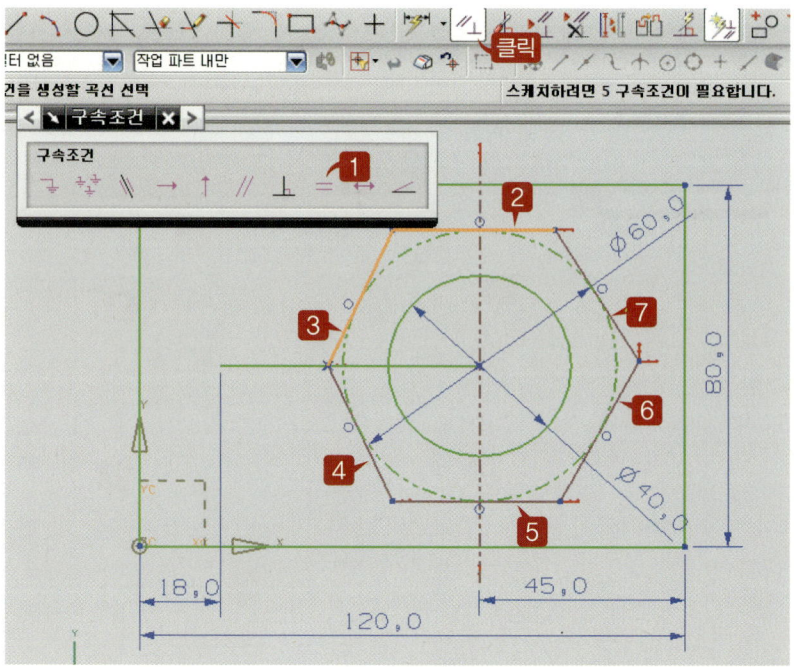

CHAPTER 2 | 모델링 따라하기

14) 삽입에 곡선에 타원(E)...을 클릭한다. 중심점에서 점 생성자 ①을 클릭한다.

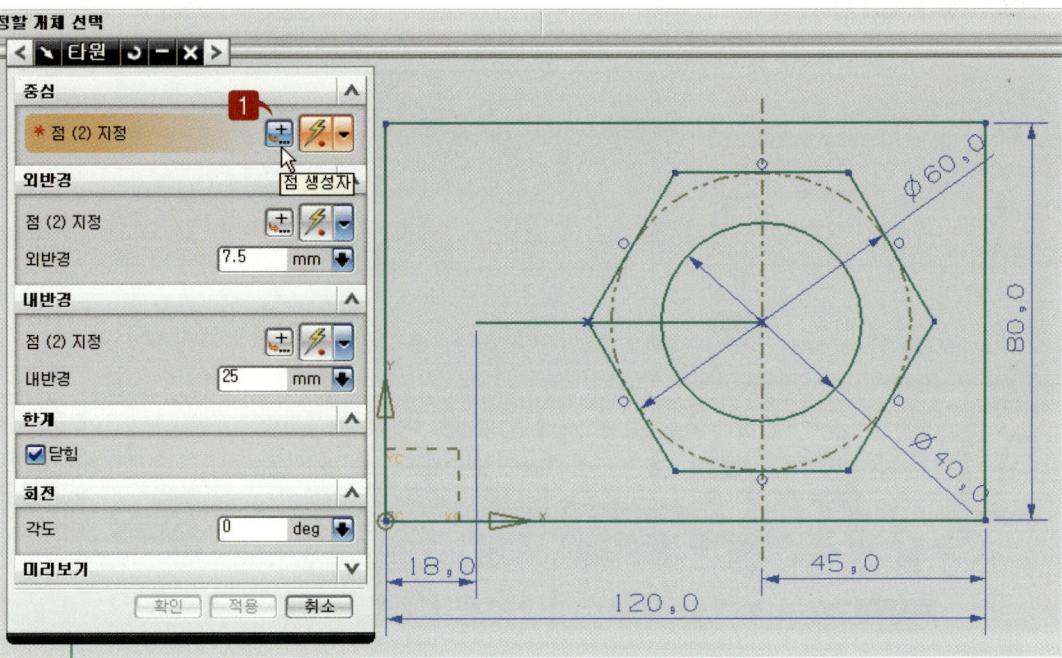

15) 좌표를 절대로 하고 X18, Y40, Z0을 입력하고 확인한다.

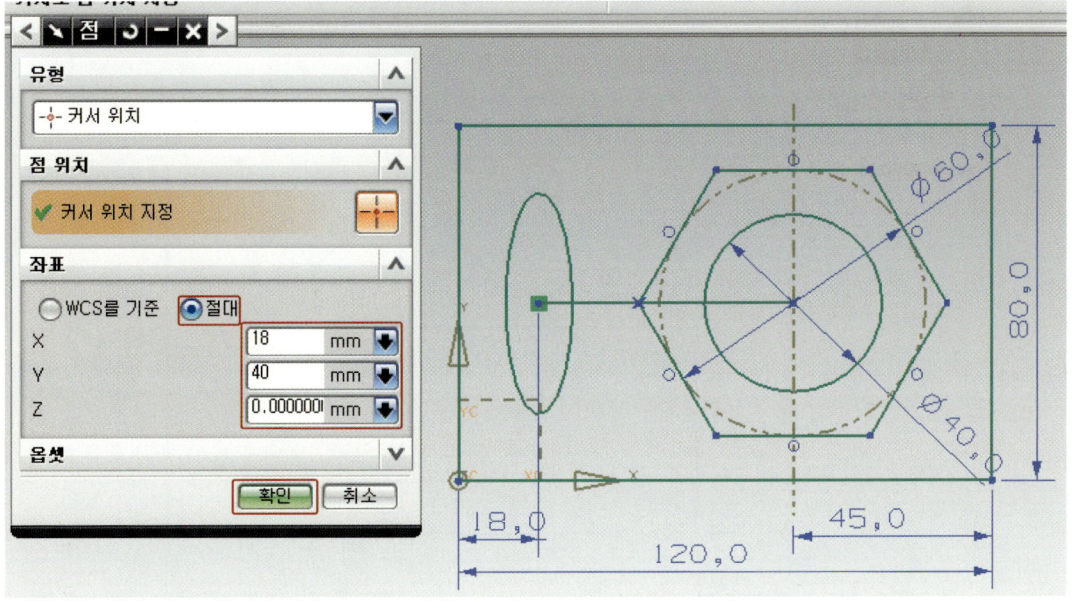

16) 외반경 20, 내반경 8, 회전각도 90을 입력하고 확인한다.

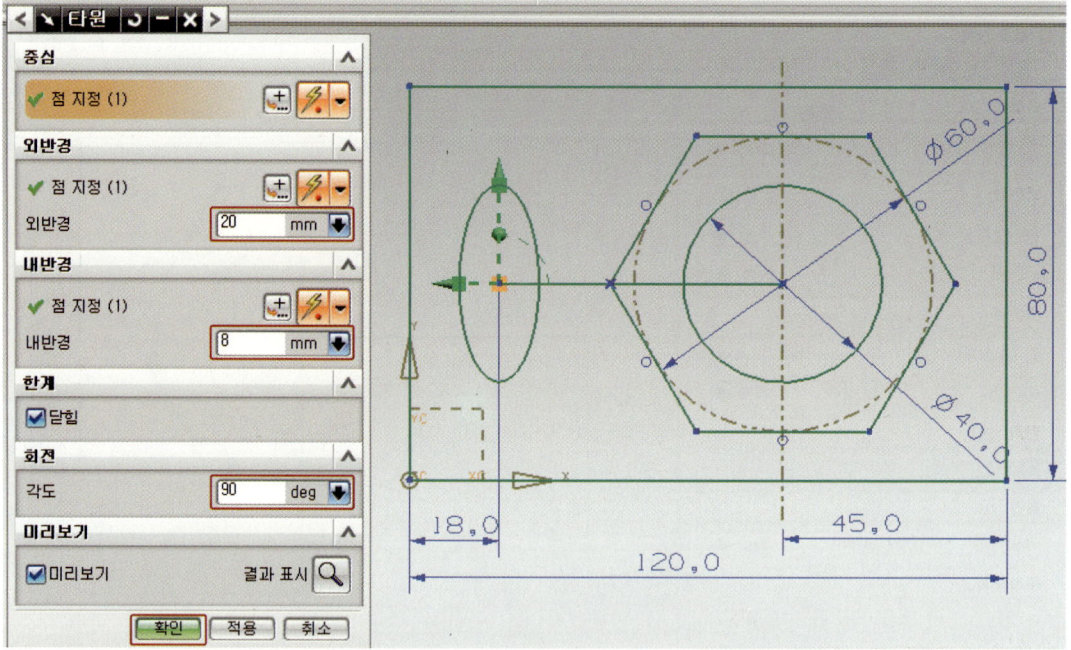

17) 선 ①을 클릭하고 스냅 사분점 ②를 활용하여 수직선을 연결한다.

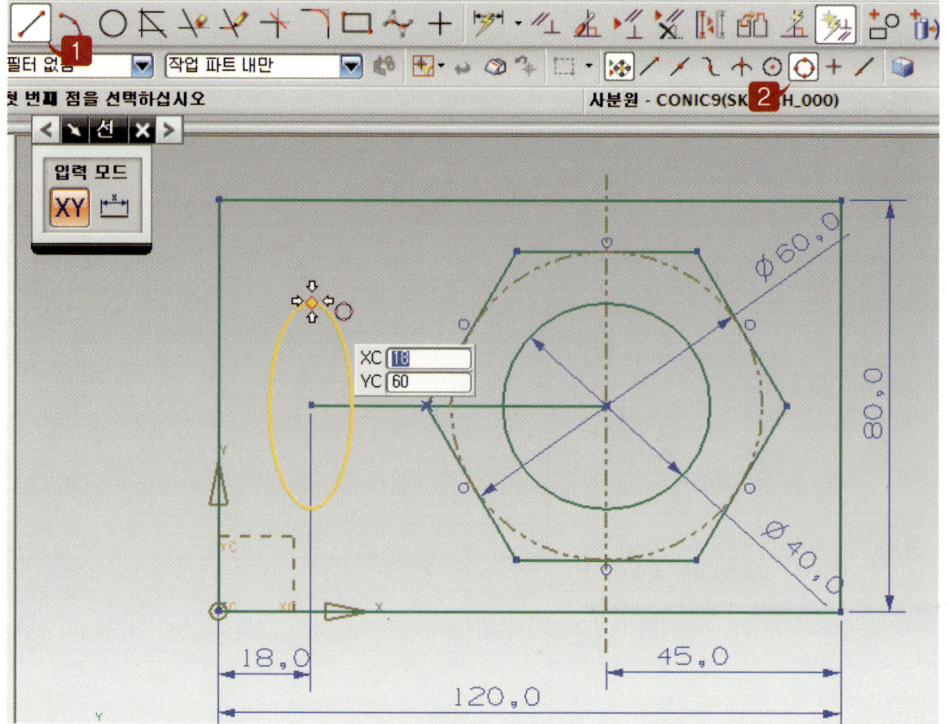

CHAPTER 2 | 모델링 따라하기

18) 그림과 같이 치수기입을 완성하고 스케치 종료 ①을 클릭한다.

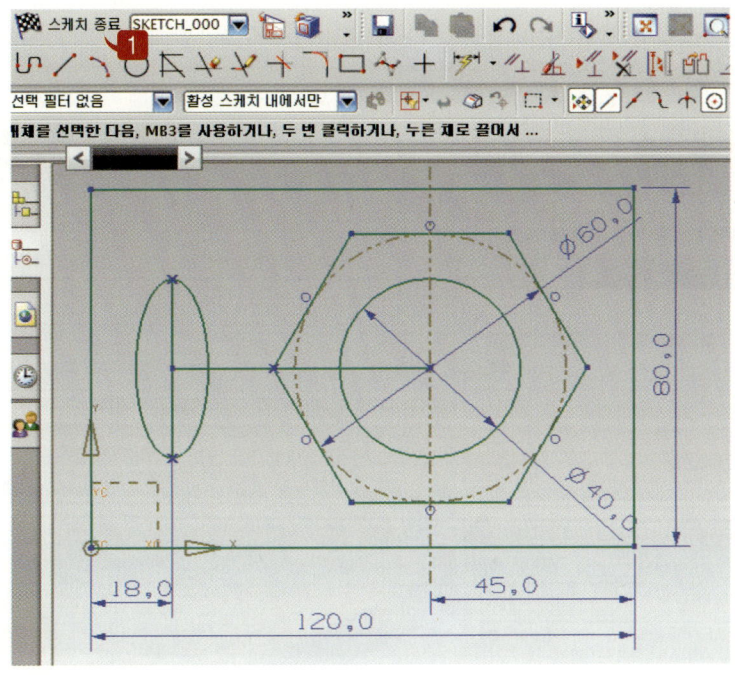

02 돌출 작성하기

1) 돌출 아이콘 ①을 선택한다. 연결된 곡선 ②를 선택한 상태에서 단면곡선 ③을 선택하고 -10 만큼 돌출하고 확인한다.

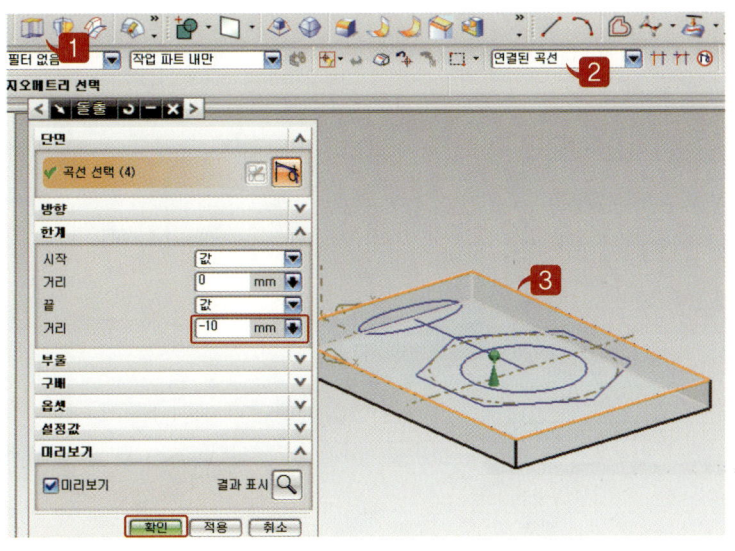

03 메시 곡면 작성하기

1) 작업평면 ①을 클릭하고 유형은 거리로 하여 평면참조 ②를 클릭한다. 옵셋에서 거리 25로하고 확인한다.

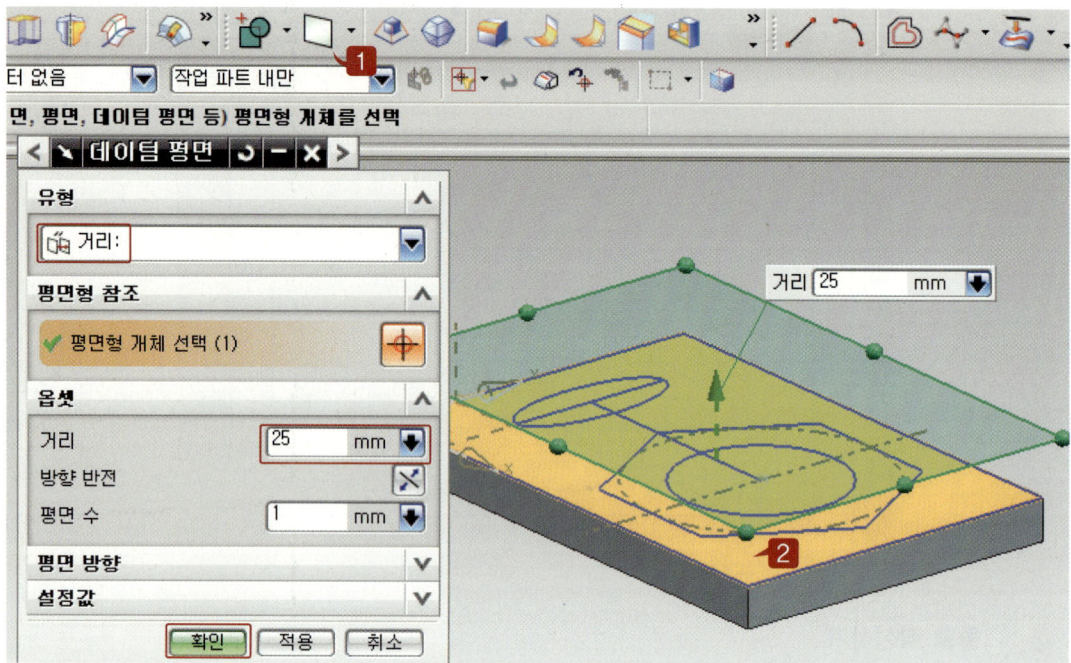

2) 스케치( ) 아이콘을 클릭한다. 유형은 평면상에서 스케치 면 ①을 클릭하고 확인한다.

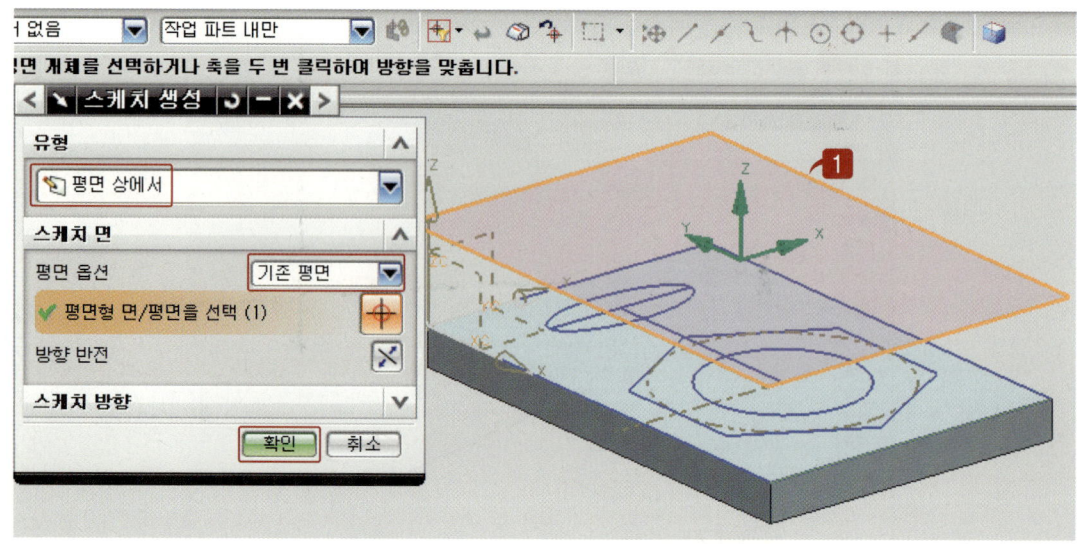

3) 곡선투영 ①을 클릭한다. 투영할 곡선 ②를 선택하고 확인한다.

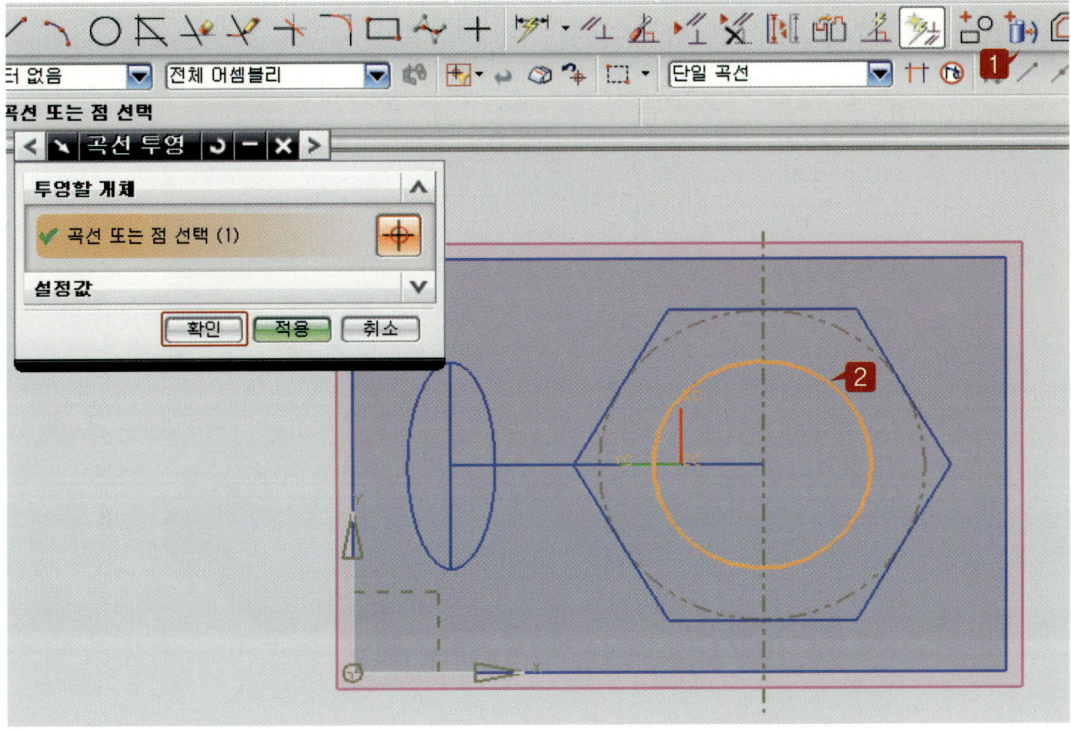

4) 데이텀 평면 ①을 클릭하고 MB3버튼을 클릭하여 숨기기 한다. 스케치 종료 한다.

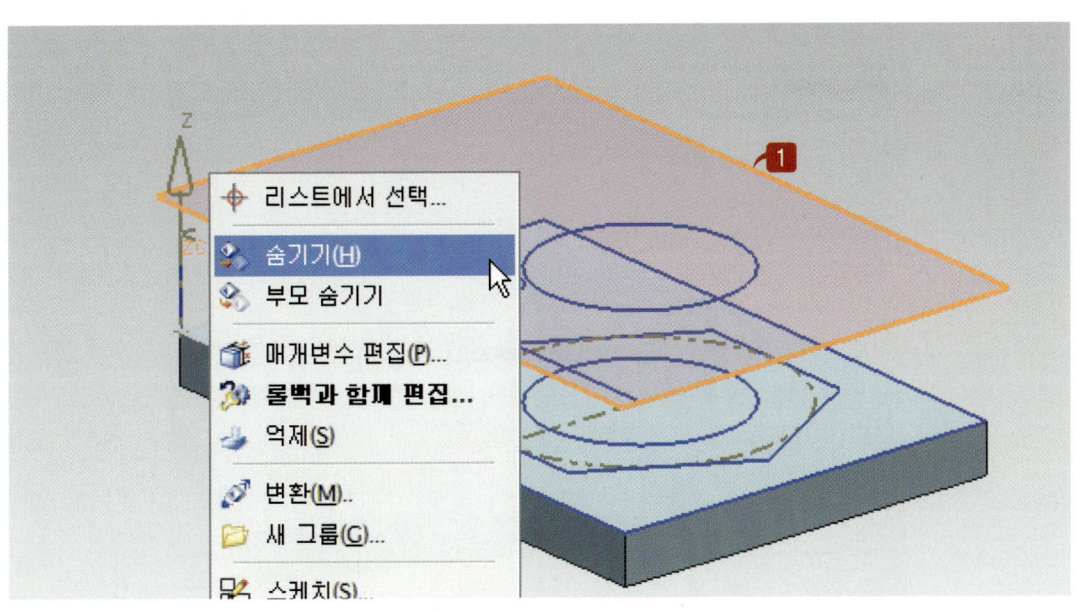

5) 삽입에서 곡선에 원호(원호(A)...)를 클릭한다. 유형은 세 점 원호로 하고 시작점 ①을 클릭하고(구속조건 사분점② 확인) 끝점 ③을 클릭(구속조건 끝점 ④, 또는 교차점 확인)한다. 반경 60을 입력하고 여호 ⑤와 대체 솔루션 ⑥를 이용하여 방향을 확인하고 적용한다.

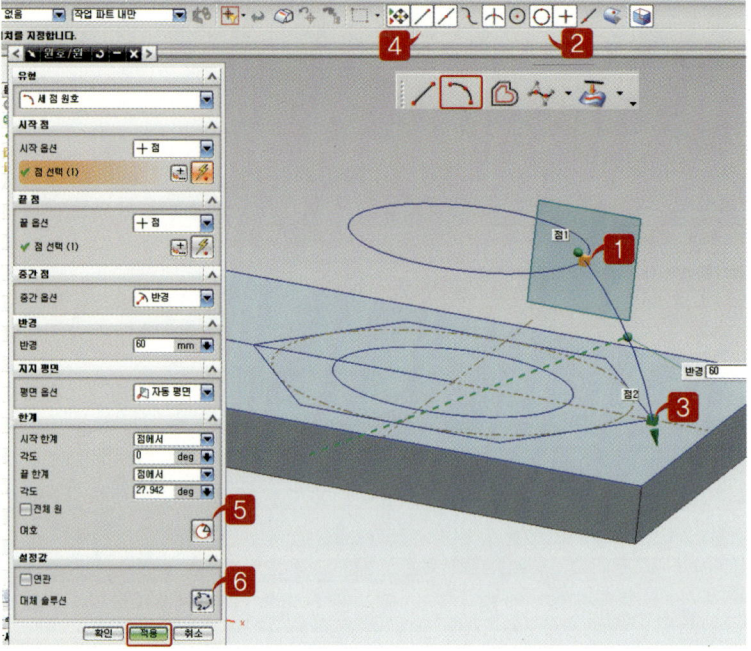

6) 위와 같은 방법으로 두 번째 호를 생성하기 위해서 끝점에서 구속조건 교차점 연결방법이다.

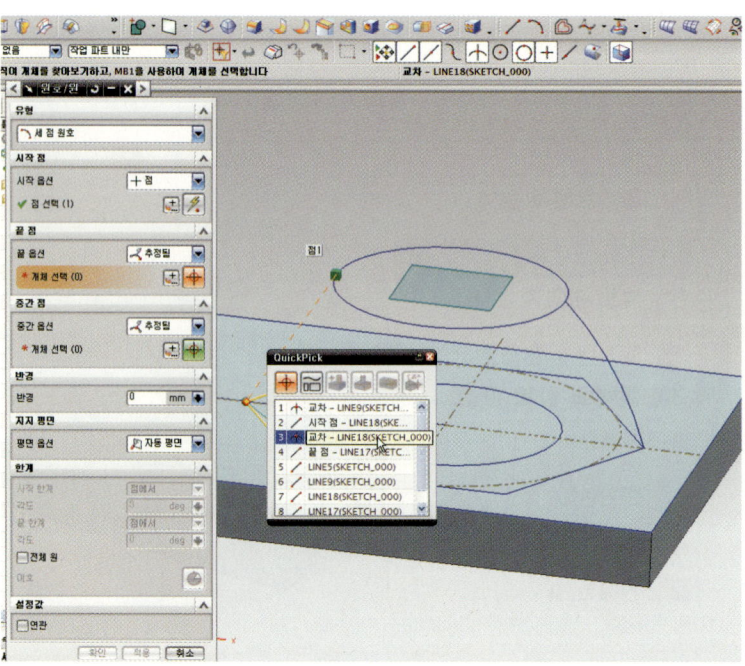

7) 위와 같은 방법으로 두 번째 호를 연결하고 적용한다.

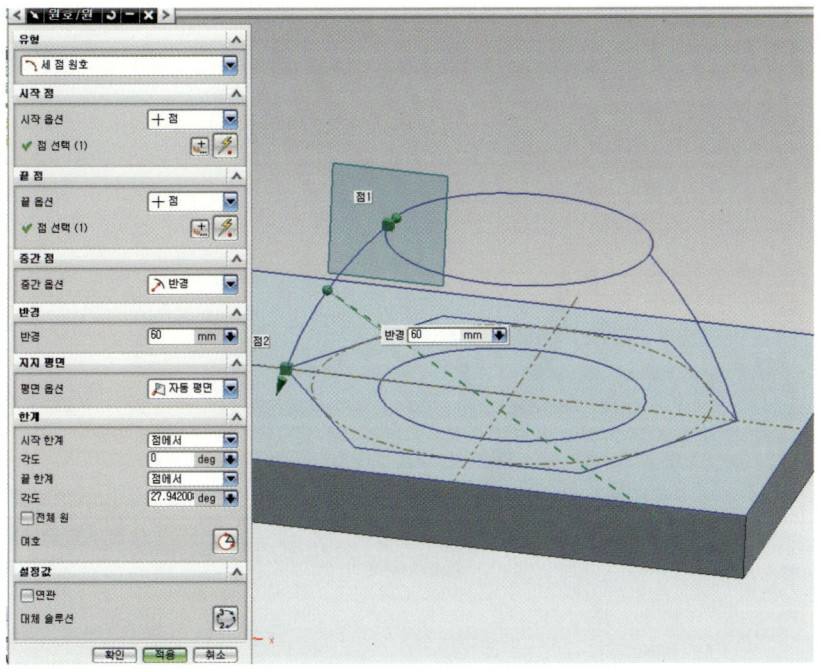

8) 위와 같은 방법으로 두 번째 호를 생성하기 위해서 끝점에서 구속조건 중간점 연결방법이다.

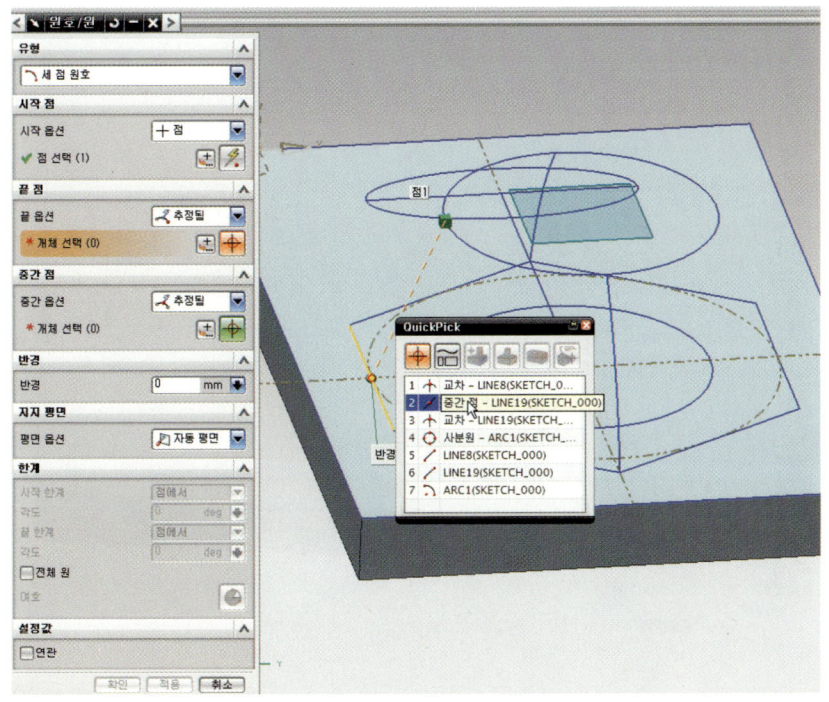

9) 위와 같은 방법으로 세 번째 호를 연결하고 적용한다.

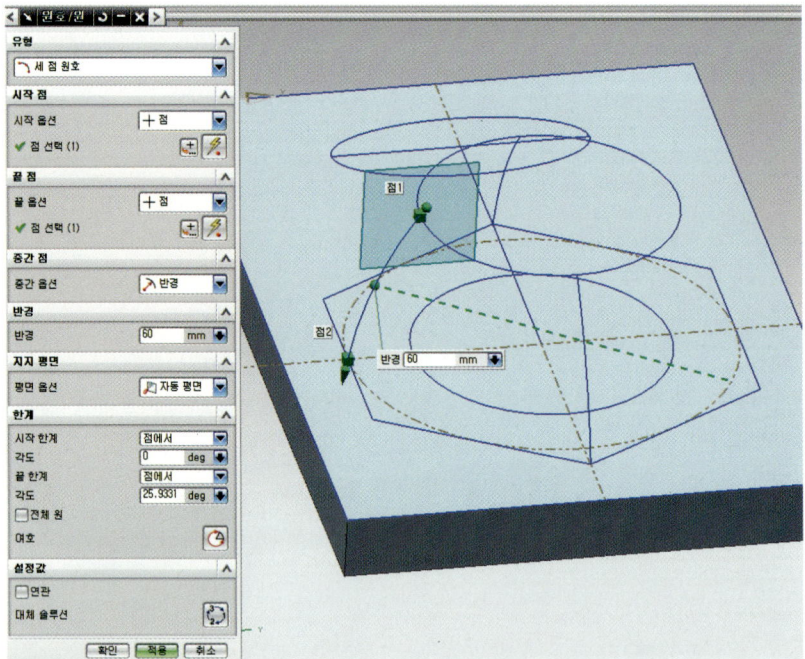

10) 위와 같은 방법으로 네 번째 호를 연결하고 적용한다.

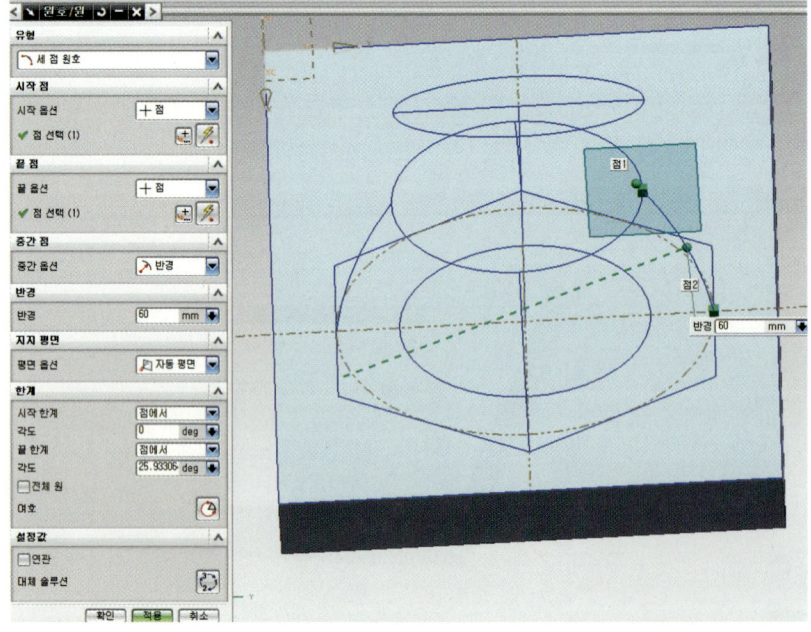

CHAPTER 2 | 모델링 따라하기

11) 삽입에 메시 곡면에 스튜디오 곡면 ①을 클릭한다. 단면곡선 ②를 클릭하고 MB2클릭, 다시 단면곡선 ③을 클릭하고 MB2클릭한다. 가이드에서 곡선 ④를 클릭하고 MB2클릭, 곡선 ⑤를 클릭하고 MB2클릭, 곡선 ⑥을 클릭하고 MB2클릭, 곡선 ⑦을 클릭하고 MB2클릭하고 확인한다.

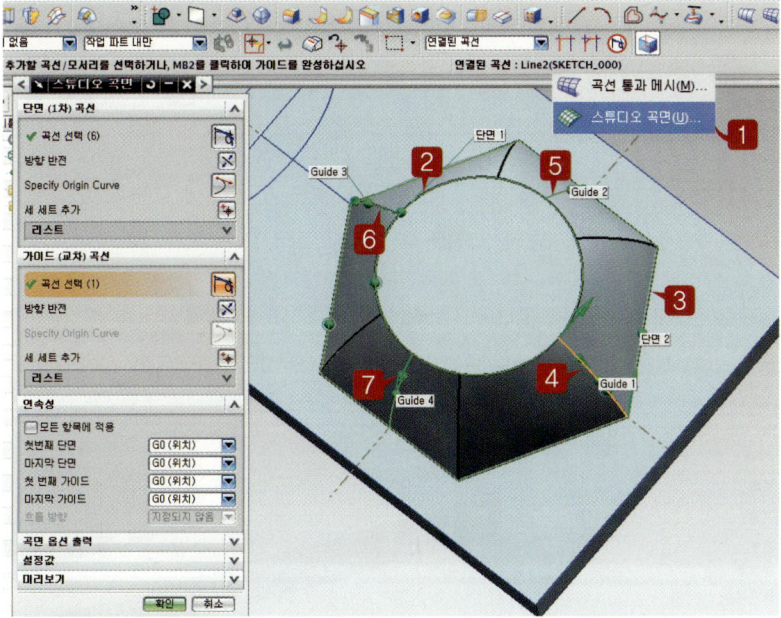

12) 모서리 블렌드 ①을 클릭한다. 모서리 R5 입력하고 접하는 곡선 ②를 선택하고 ③, ④, ⑤, ⑥, ⑦을 클릭하고 확인한다.

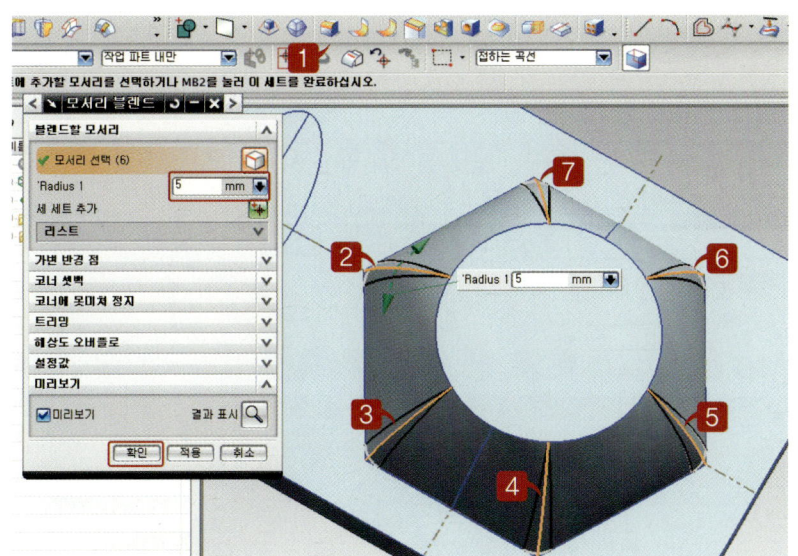

04 회전 작성하기

1) 회전 ①을 클릭하고 연결된 곡선 ②를 확인하고 교차에서 정지 ③을 클릭한다. 단면 곡선 ④를 선택하고 축 벡터 ⑤를 클릭한다. 한계에서 각도를 확인하고 확인한다.

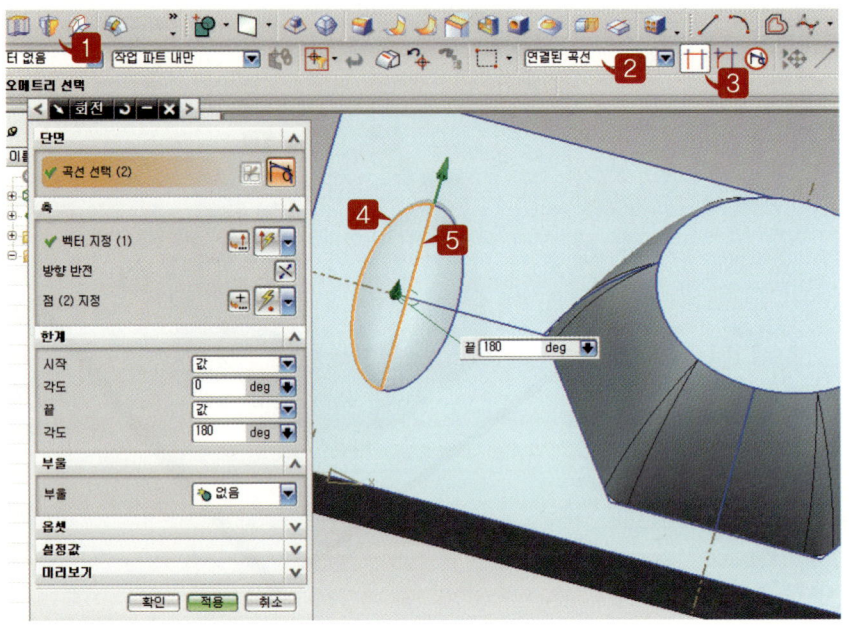

05 튜브 작성하기

1) 삽입에 스윕에 관①... 을 클릭한다. 곡선선택 ①을 확인하고 외경 16, 내경 0을 입력하고 확인한다.

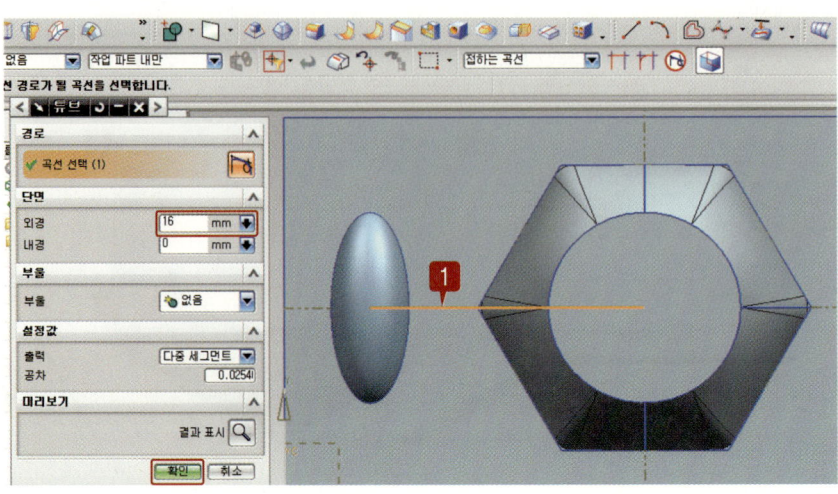

CHAPTER 2 | 모델링 따라하기

06 표시 및 숨기기

1) 표시 및 숨기기 ①을 클릭한다. 유형에서 전체 숨기기 – ②를 선택하고, 솔리드 바디 + ③을 클릭한다.

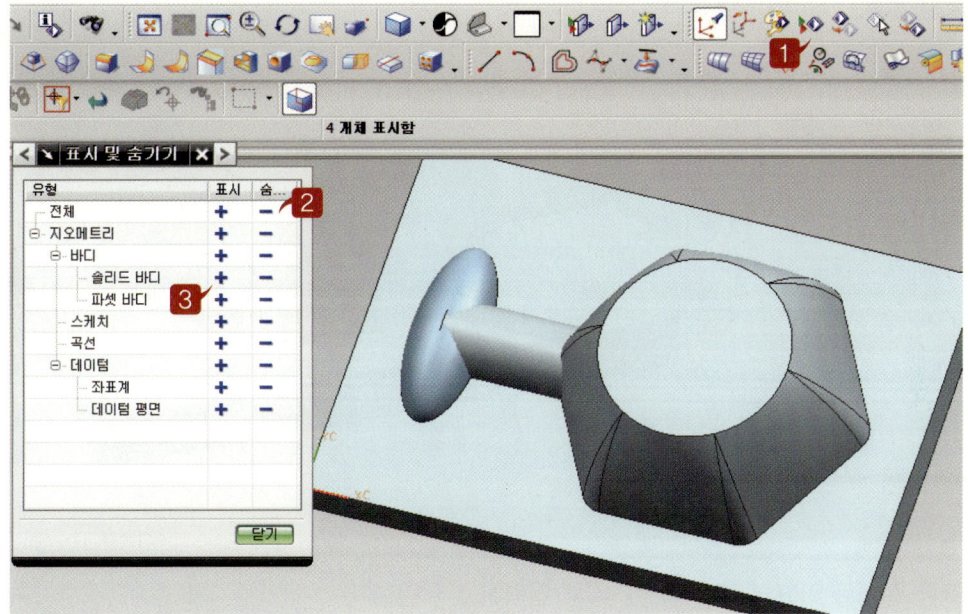

07 결합하기

1) 결합 ①을 선택하고 타겟바디 ②를 클릭하고 공구바디 ③, ④, ⑤를 선택하고 확인한다.

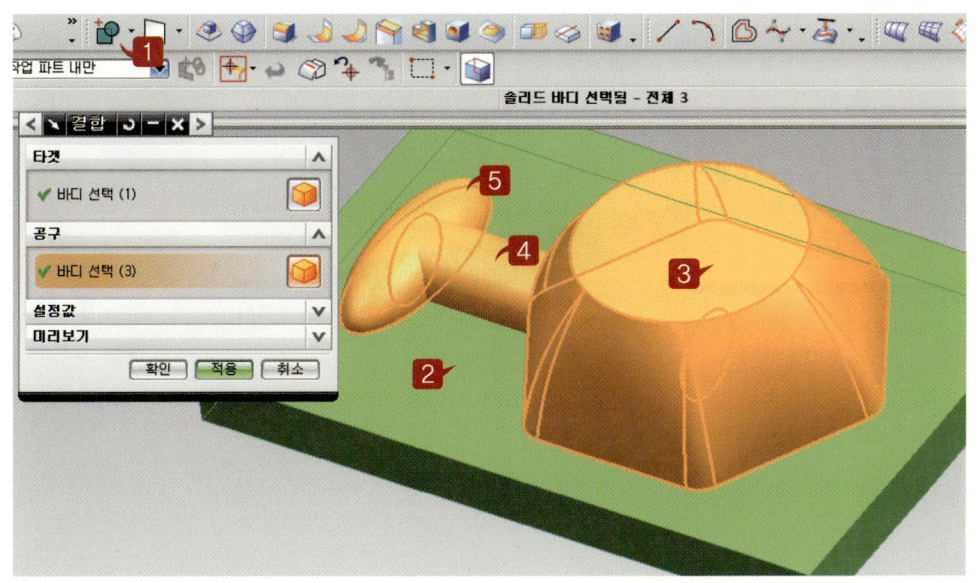

08 구 작성하기

1) 삽입에 특징형상설계에 구(S)... 을 클릭한다. 중심점에서 점생성자 ①을 클릭한다.

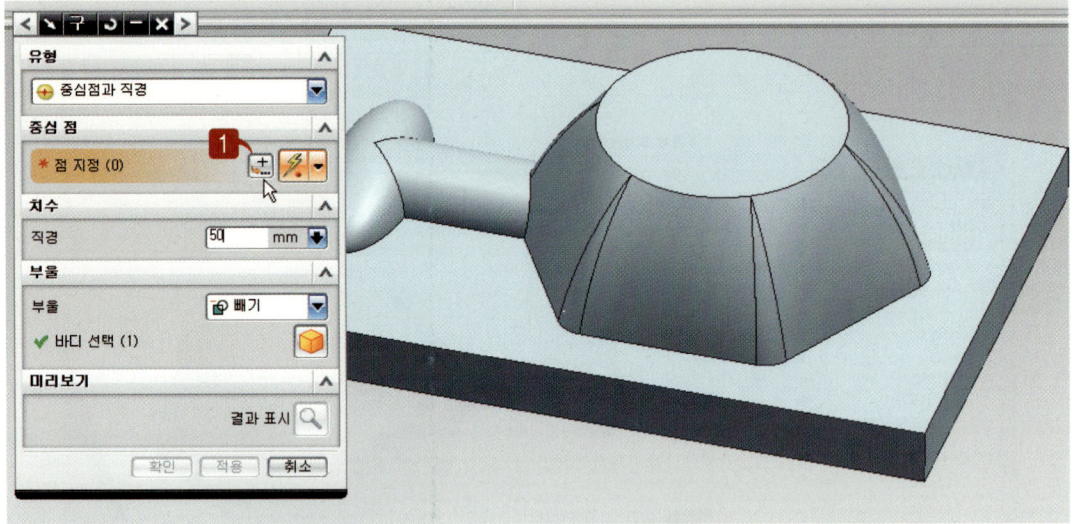

2) 좌표를 절대로 하고 X 75, Y40, Z40을 입력하고 확인한다.

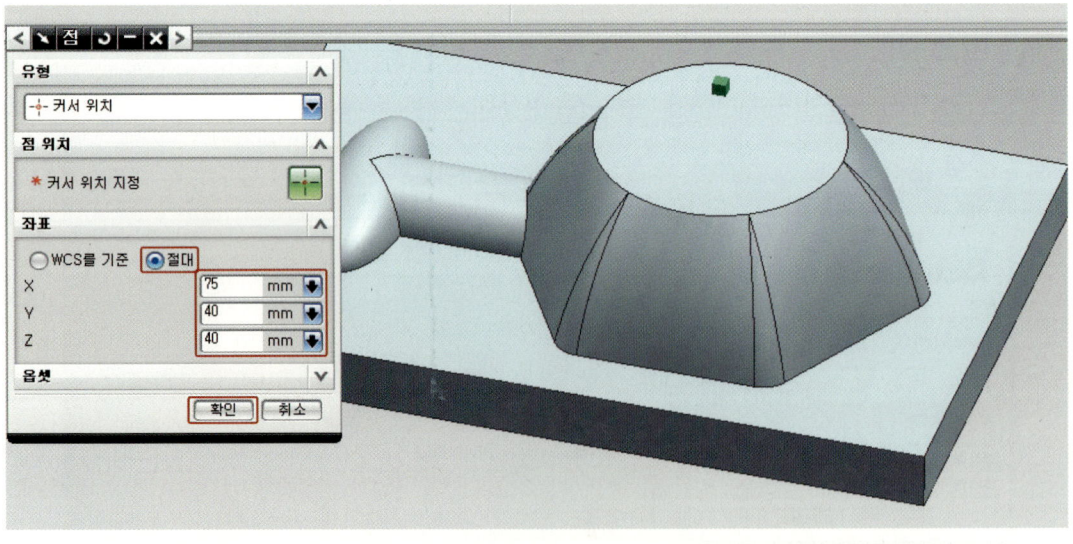

CHAPTER 2 | 모델링 따라하기

3) 치수 직경 50, 부울은 빼기로 하고 바디선택을 하고 확인한다.

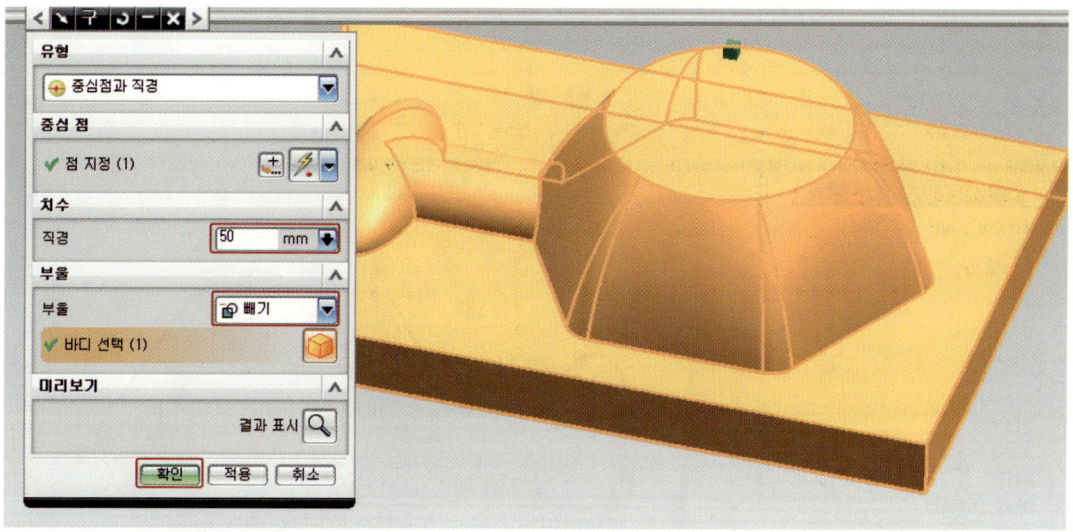

09 필렛(라운드) 작성하기

1) ①을 클릭한다. 접하는 곡선으로 하고 R2값 입력 후 모서리 ②와 ③을 클릭하고 적용한다.

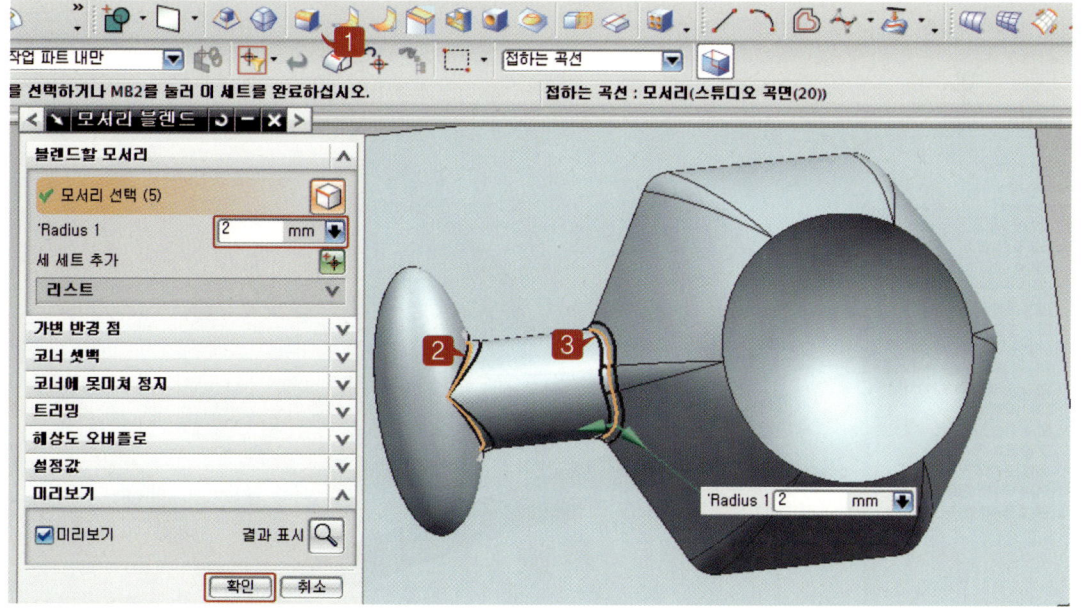

2) R값 1을 입력 후 블렌드 모서리 ①과 ②를 클릭하고 적용한다. (②를 클릭할 때 최대 확대하여 곡선을 순서대로 클릭한다.)

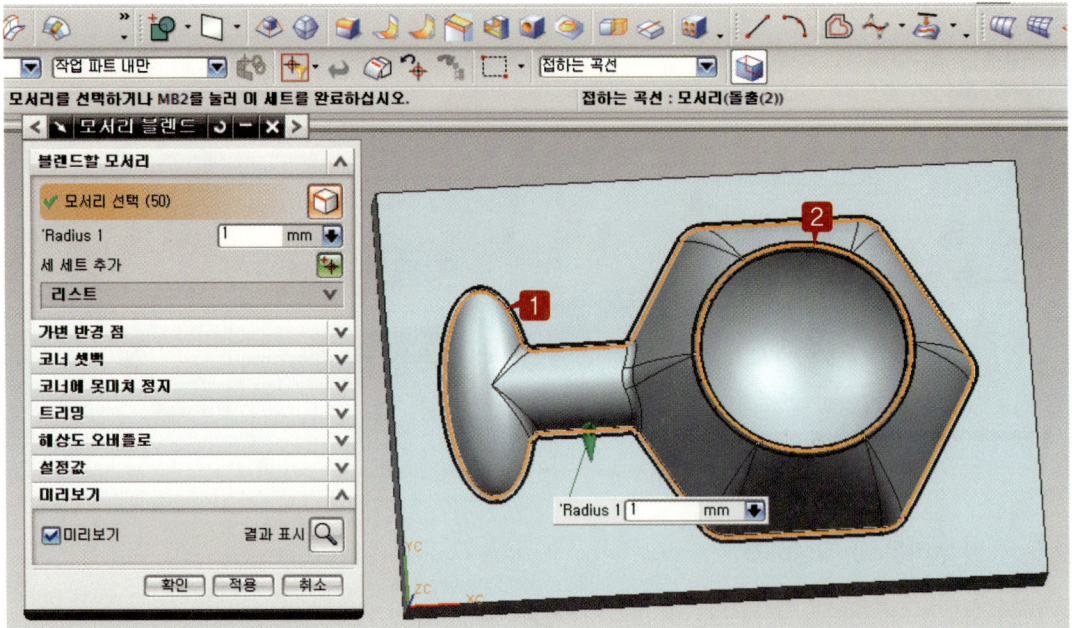

4) 아래 그림은 완성된 모델링 그림이다.

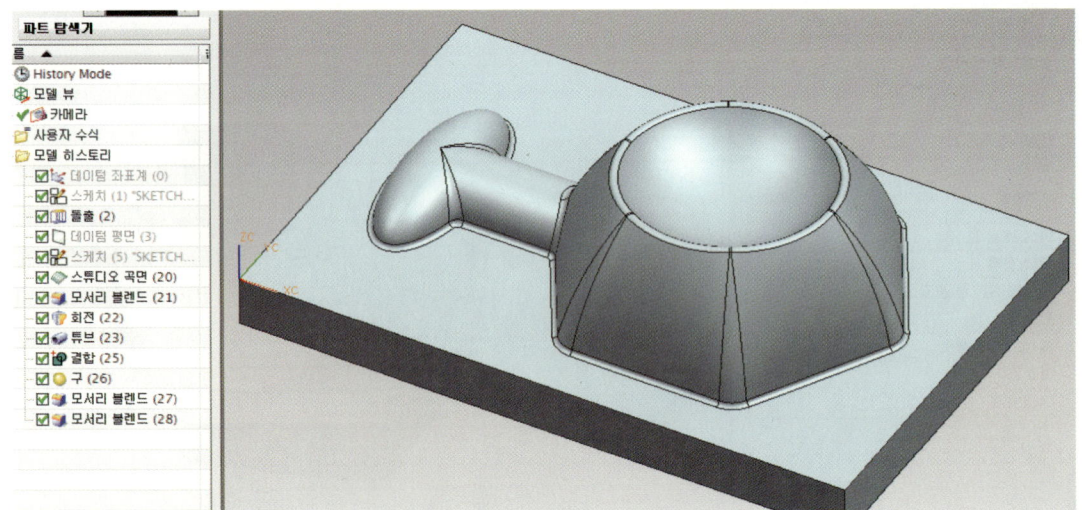

4. 패드모양 모델링 따라하기

도면명	UG 모델링작업 ④	척 도	NS

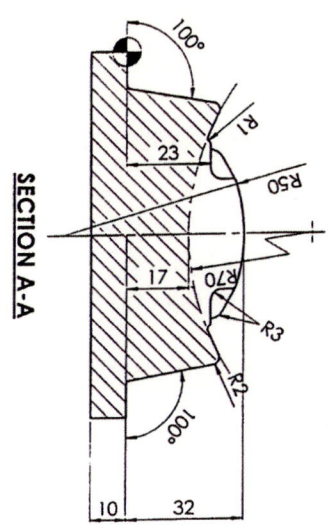
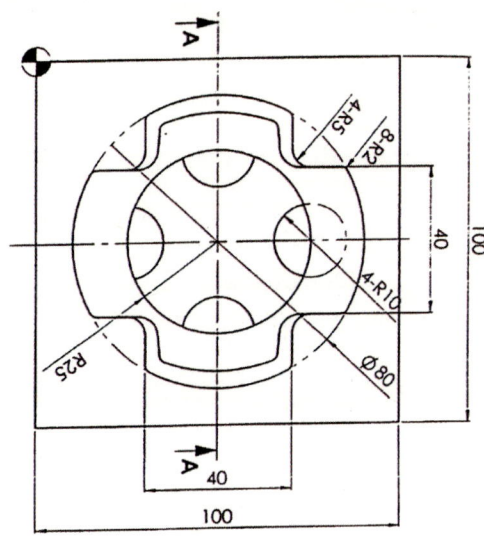
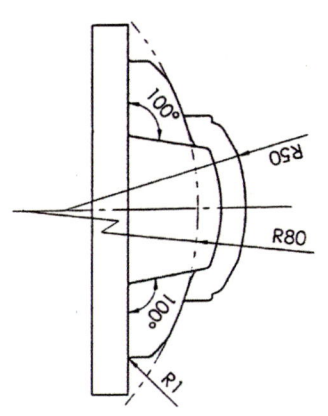
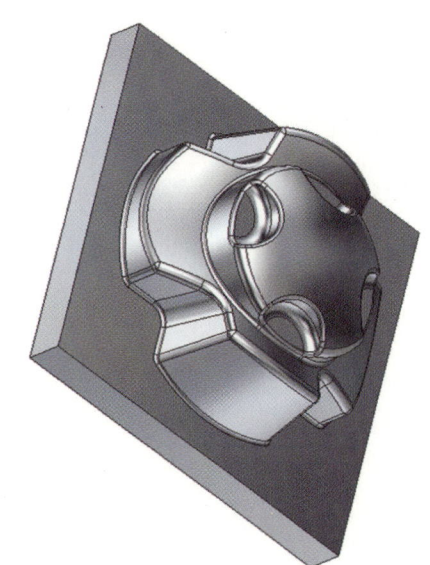

지시없는 모든 라운드는 R1

01 1. 평면도 스케치 작성하기

1) 새로 만들기( ) ①(Ctrl+N)를 실행한다.
2) 스케치(Sketch)( ) ②를 선택한다.

3) 기본적으로 평면도(XY)평면이 설정하고 확인한다.

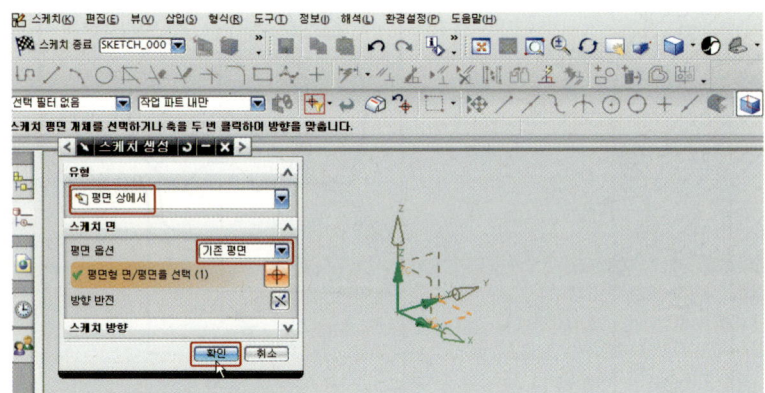

4) 직사각형(Rectangle)( ) ①을 선택한다. 그림에서와 같이 2점으로(by 2point)하여 원점(0,0)에서 시작하는 임의에 직사각형을 그린다.

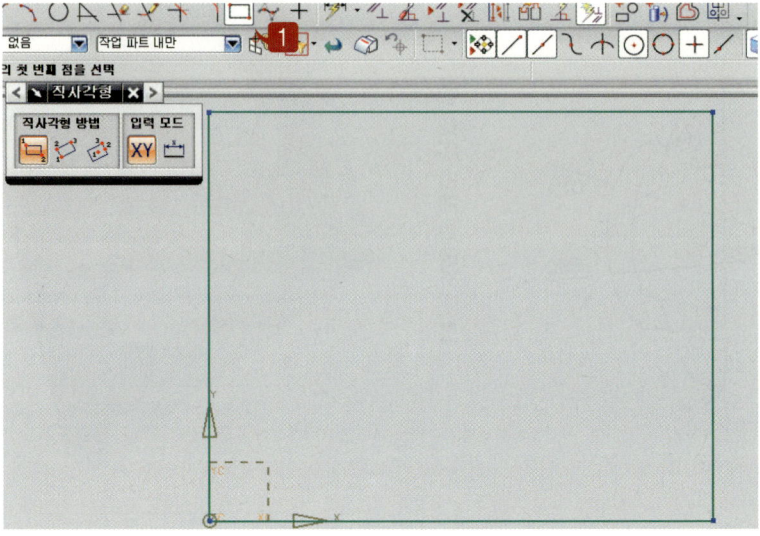

5) 치수기입 아이콘 ①을 이용하여 치수기입 후 선 아이콘 ②를 이용하여 스냅 중간점 ③을 클릭하고 마우스를 중간에 놓으면 그림 ④처럼 스냅이 생성될 때 클릭하여 중심 수평선선을 생성한다.

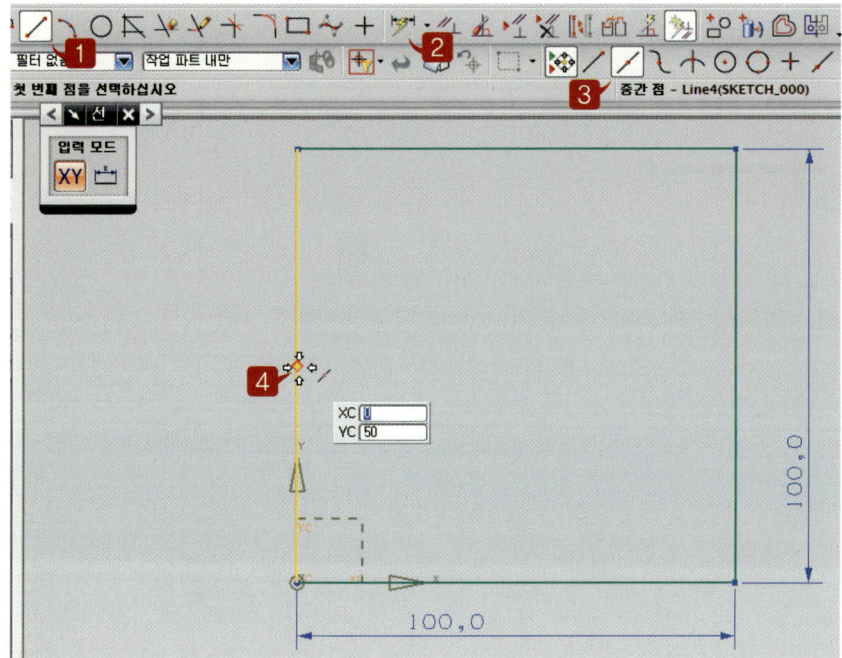

6) 다시 선을 이용하여 수직 중심선을 생성하고(스냅 중간점으로) ①을 선택하여 참조선으로 변환한다.

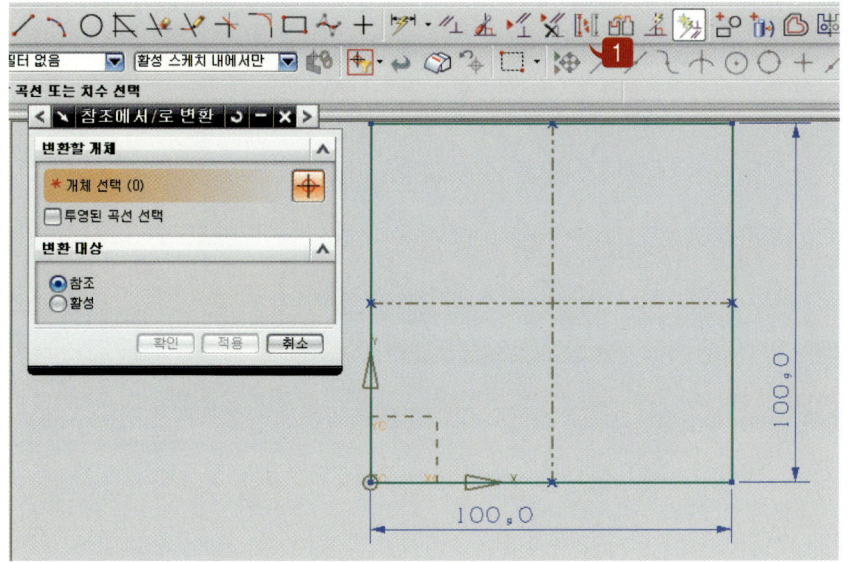

7) 원 아이콘 ①을 클릭하고 스냅 교차점 ②를 선택하고 마우스를 교차점에 되면 ③처럼 스냅이 나타난다.

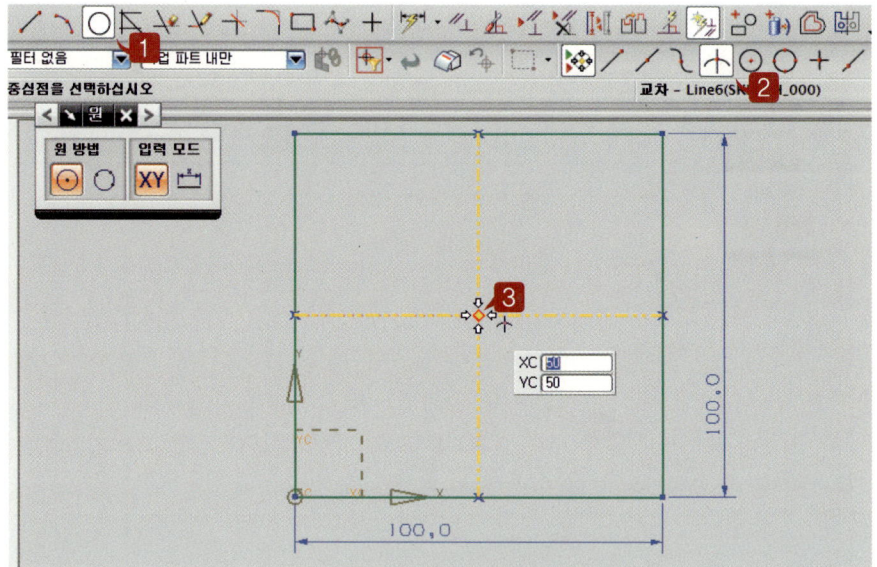

8) 그림처럼 원 두 개를 생성하고 추정치수 ①을 이용하여 치수기입을 한다.

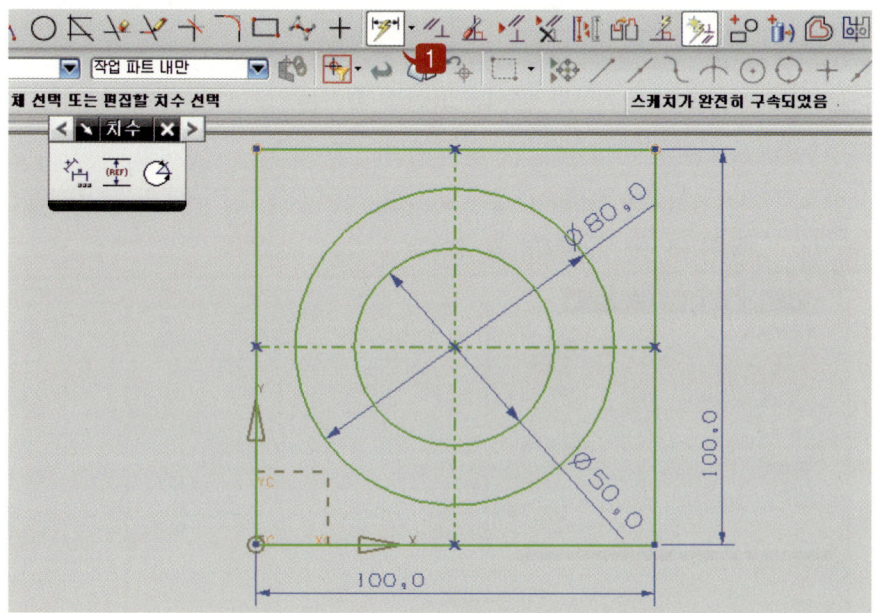

9) 선 아이콘 ①을 이용하여 그림과 같이 스케치 한다.

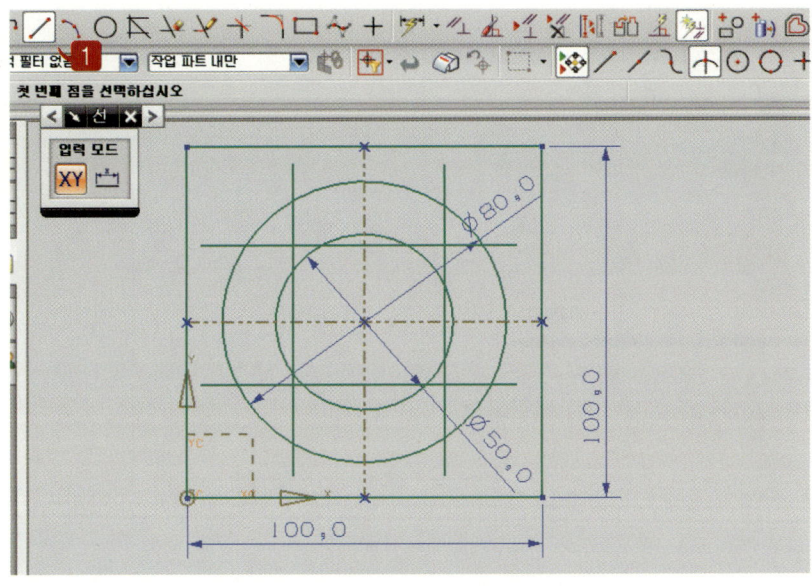

10) 추정치수 ①을 이용하여 그림과 같이 치수를 입력한다.

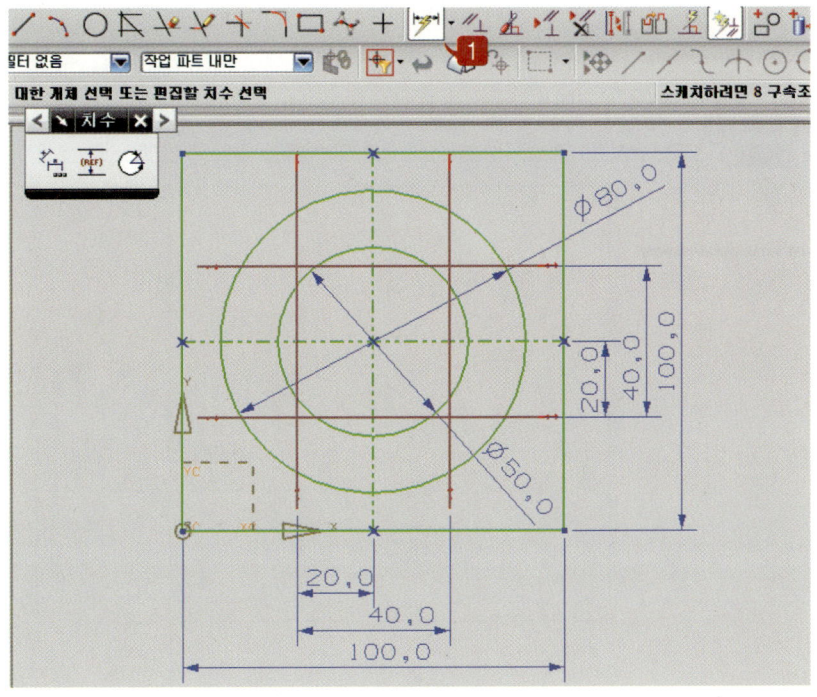

11) 빠른 트리밍 아이콘 ①을 이용하여 그림과 같이 필요 없는 선을 제거한다.

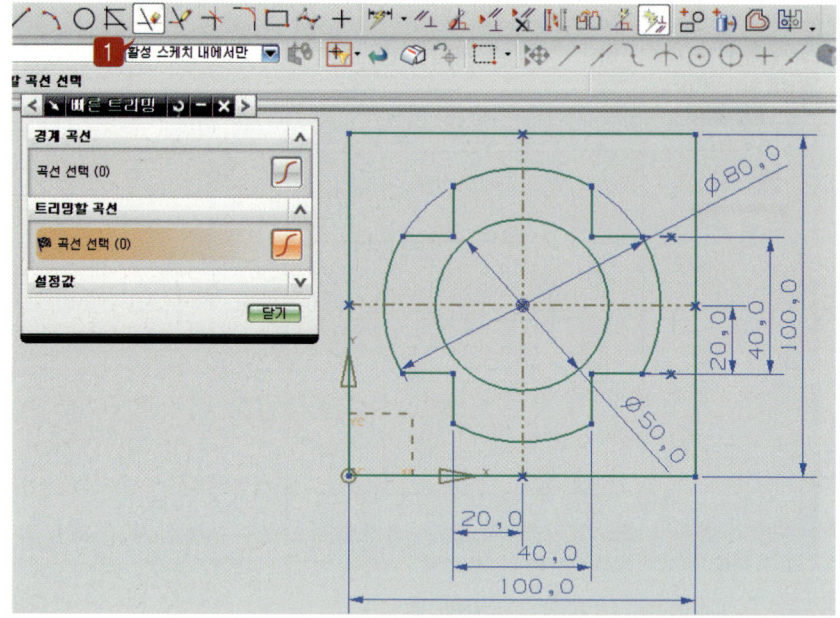

12) 스냅 교차점 ①을 선택하고 원 아이콘 ②를 이용하여 원 4개를 생성한다.

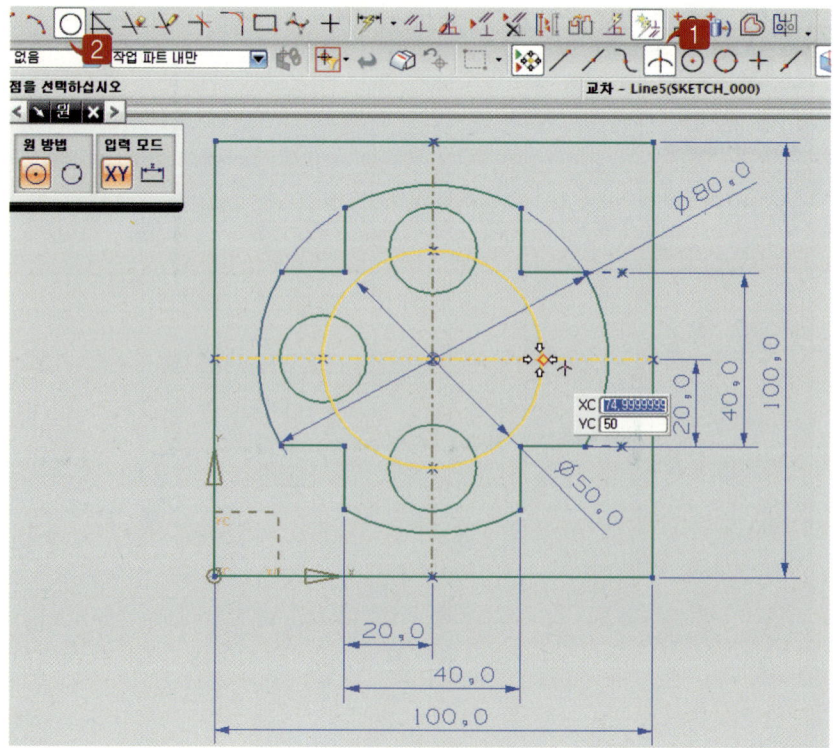

13) 추정치수 아이콘 ①을 이용하여 그림과 같이 치수기입을 하고 ▚ 스케치 종료 한다.

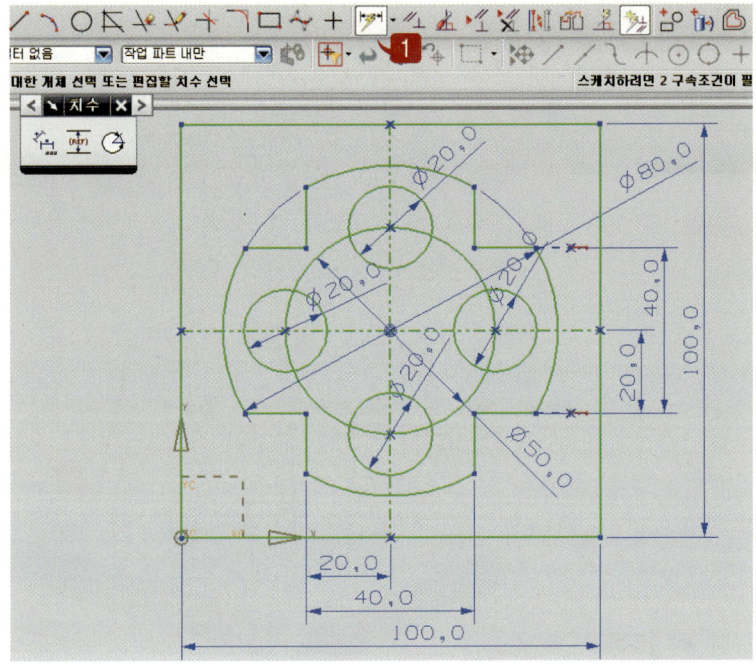

02 돌출 작성하기

1) 돌출 아이콘 ①을 선택한다. 연결된 곡선 ②를 선택한 상태에서 단면곡선 ③을 선택하고 -10 만큼 돌출하고 적용한다.

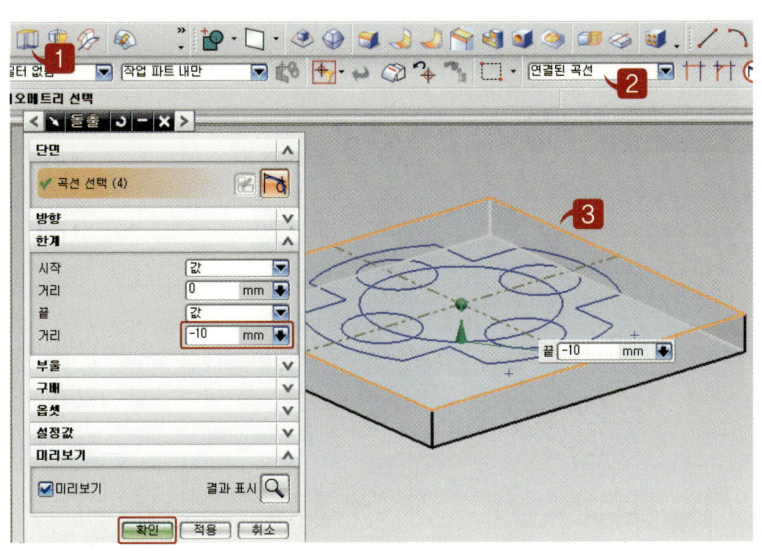

2) 다시 곡선선택 ①을 클릭하고 그림과 같이 한계 값을 입력하고 구배에서 시작한계를 클릭하고 각도 10을 입력하고 확인한다.

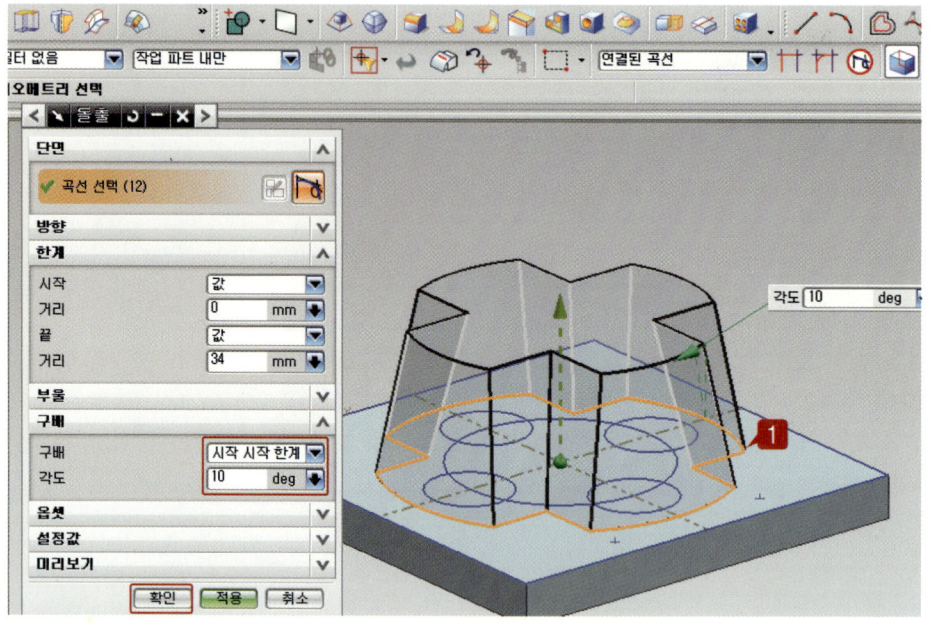

03 정면도(XZ) 스케치 작성하기

1) 데이텀 평면 아이콘 ①을 클릭하고 유형은 거리로 하고 평면 참조 ②를 선택하고 거리 값 −50을 입력하고 확인한다.

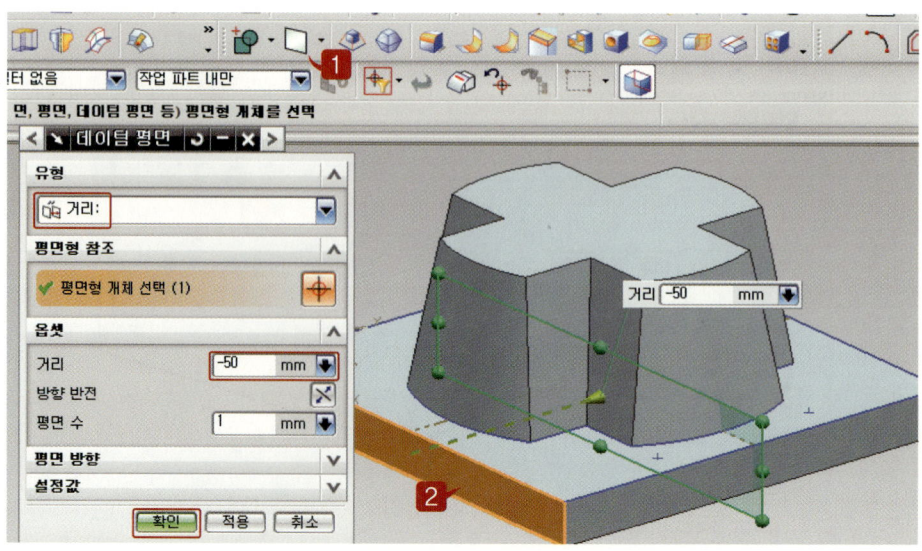

2) 스케치( ) 아이콘을 클릭하고 유형은 평면상에서 데이텀 평면 ①을 클릭하고 확인한다.

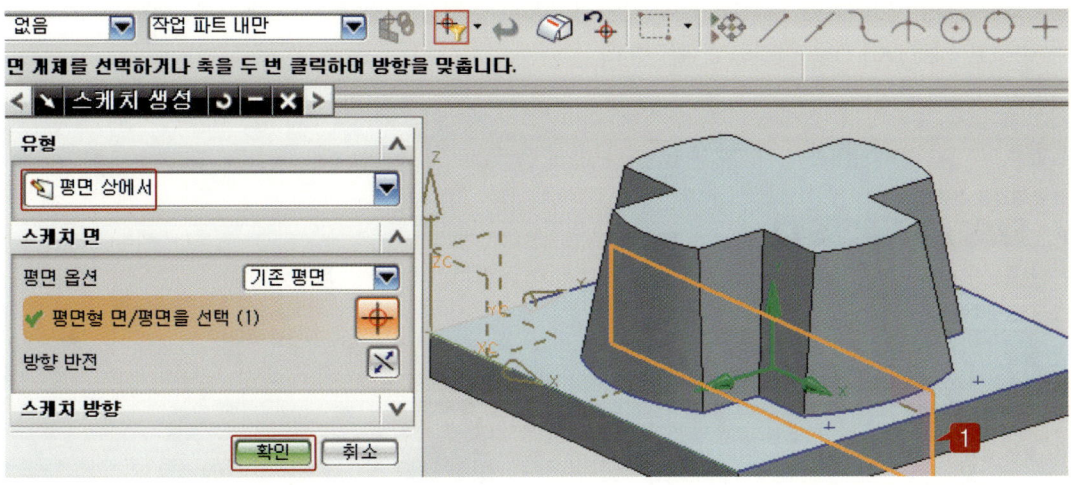

3) 원호 아이콘 ①을 이용하고 호를 생성하고 추정치수 아이콘 ②를 이용하여 그림처럼 R70, 중심거리 50치수를 기입하고 스케치 종료 한다.

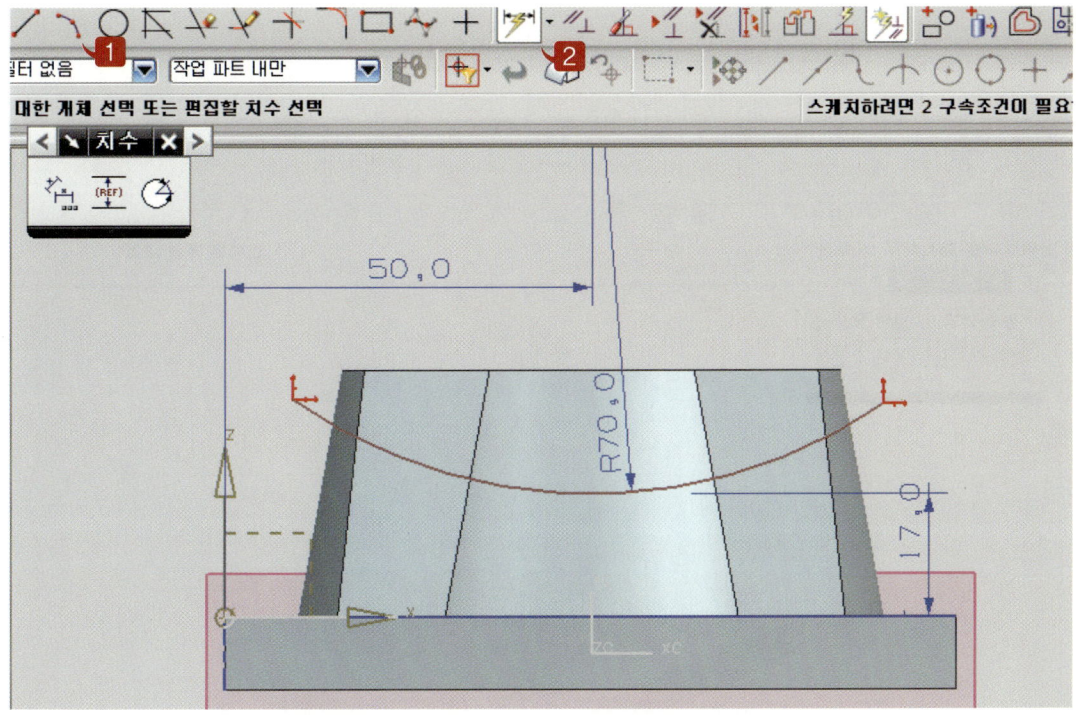

04 우측면도(YZ) 스케치 작성하기

1) 스케치( ) 아이콘을 클릭하고 유형은 경로에서 경로선택 정면도(XZ)에서 생성한 호 ①을 클릭하고 원호길이 0을 입력하고 확인한다.

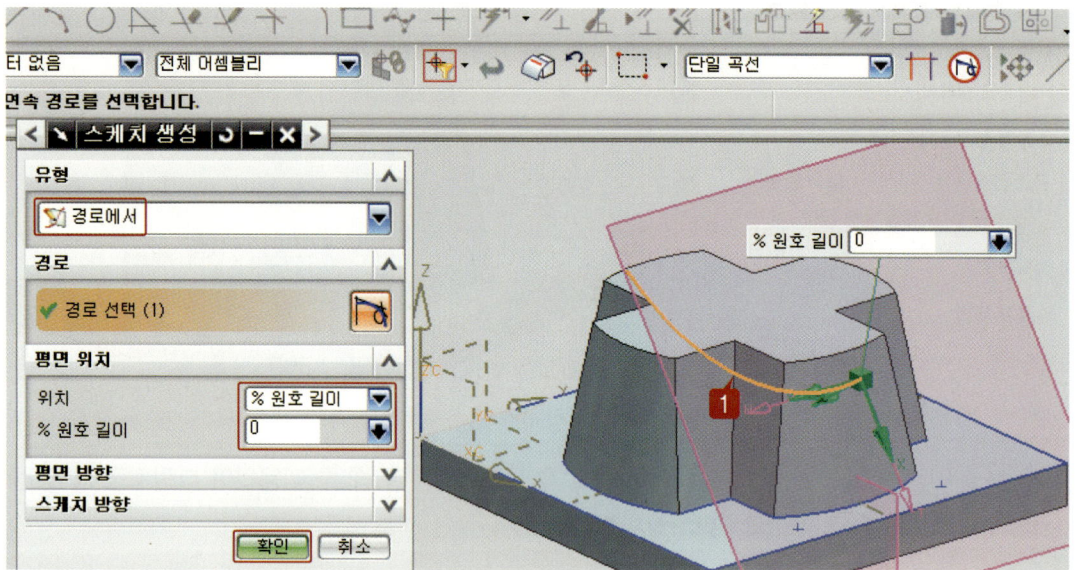

2) MB2버튼 또는 아이콘 ①을 이용하여 그림처럼 방향을 비스듬하게 놓는다.

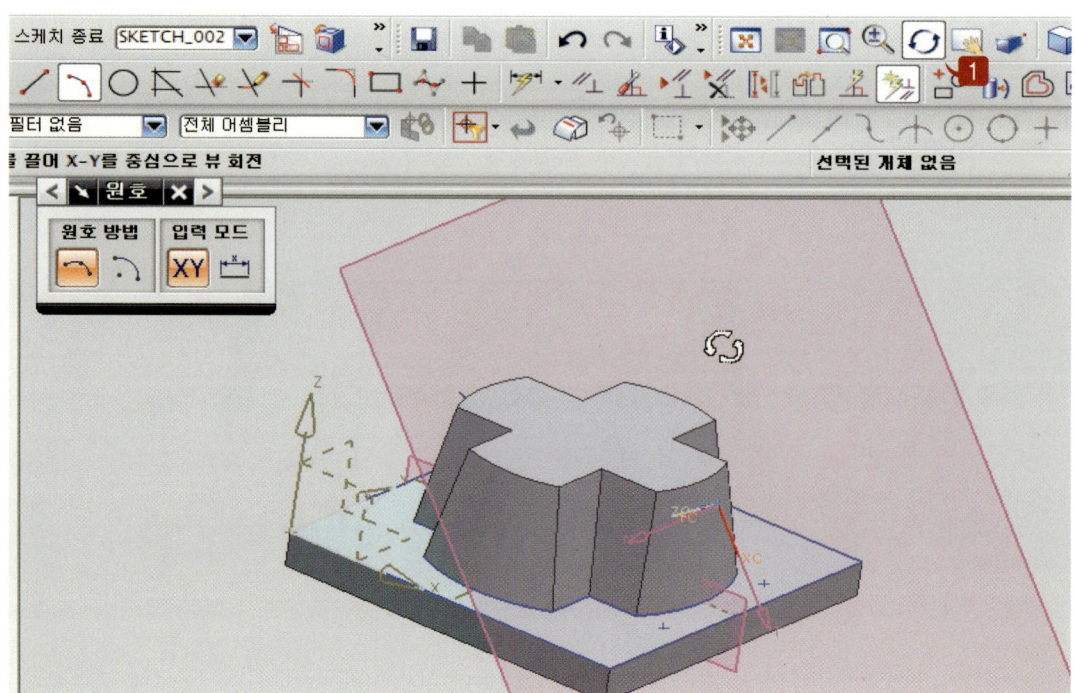

CHAPTER 2 | 모델링 따라하기

3) 원호를 이용하여 첫 번째 점 ①과 두 번째 점 ②를 찍고 세 번째 점을 XZ평면에서 생성한 ③ 선 끝 점을 스냅 끝 점 ④를 확인하면서 클릭한다.

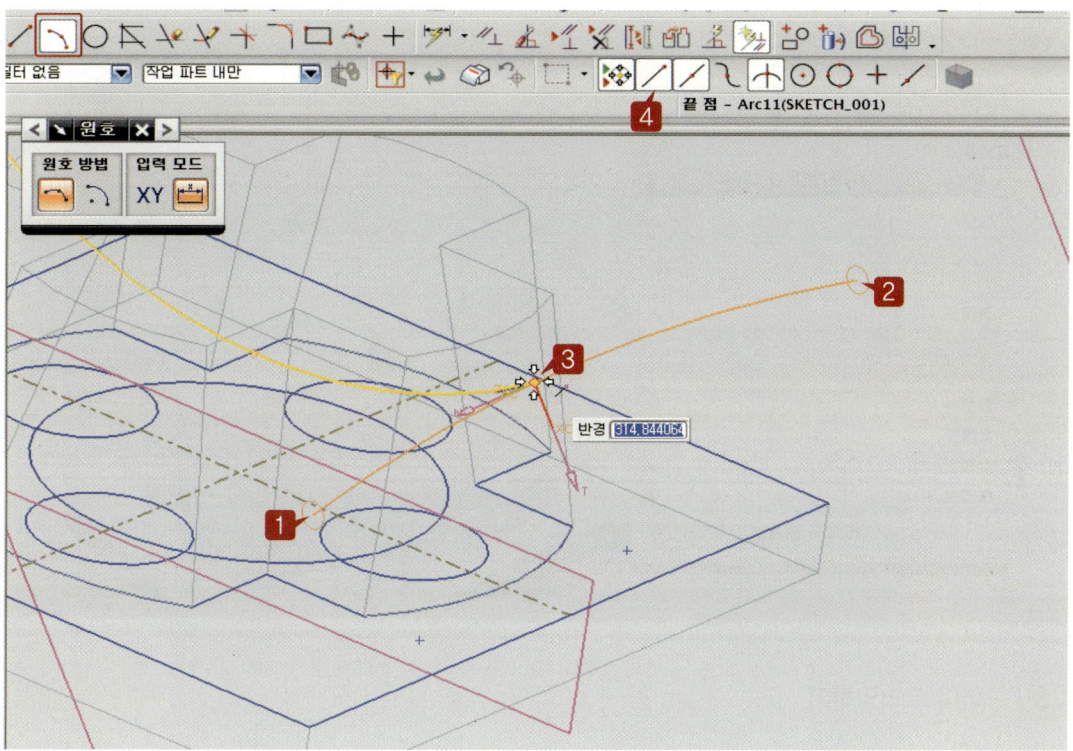

4) 우측면도 ①을 클릭하고 추정치수 ②를 이용하여 그림과 같이 치수기입한다.

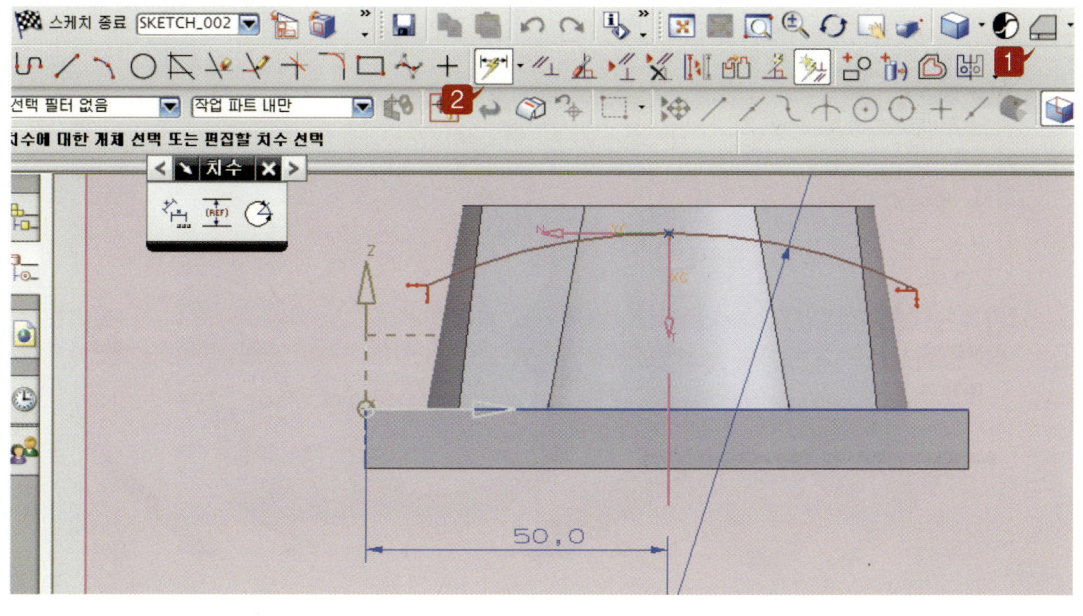

05. 스윕 작성하기

1) 삽입에 스윕에 가이드를 따라 스위핑을 클릭한다. 단면곡선 ①을 선택하고 가이드 곡선 ②를 클릭하고 확인한다.

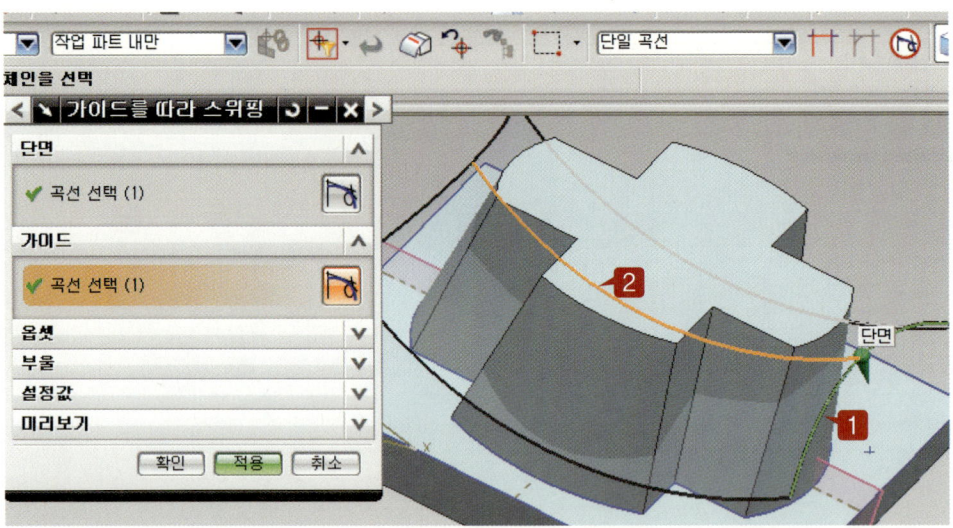

06. 바디 트리밍하기

1) 트리밍 아이콘(   ) ①을 클릭한다. 타겟에서 바디 ②를 선택하고 공구에서 면 ③을 선택하고 확인한다.

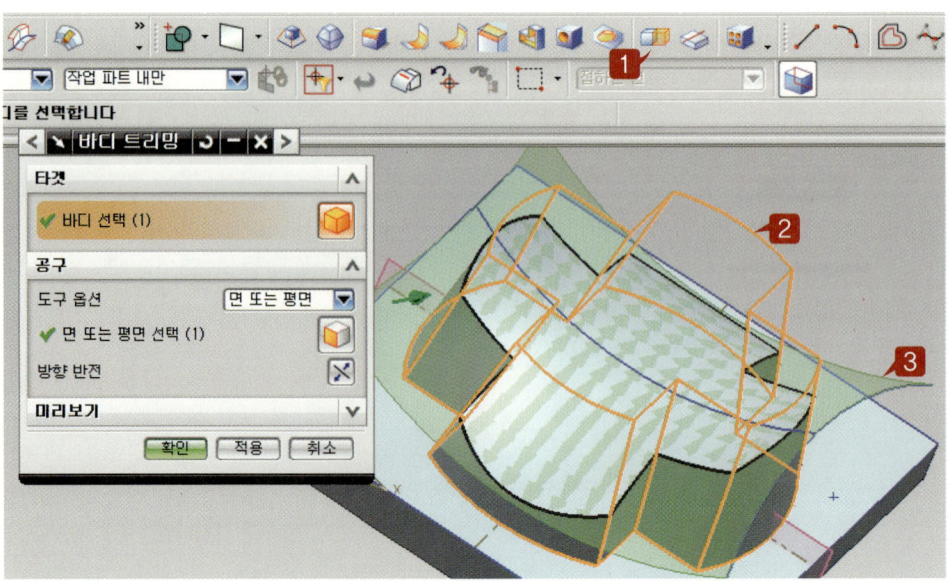

CHAPTER 2 | 모델링 따라하기

2) 스윕면 ①을 선택하고 MB3 버튼을 누르고 숨기기 한다.

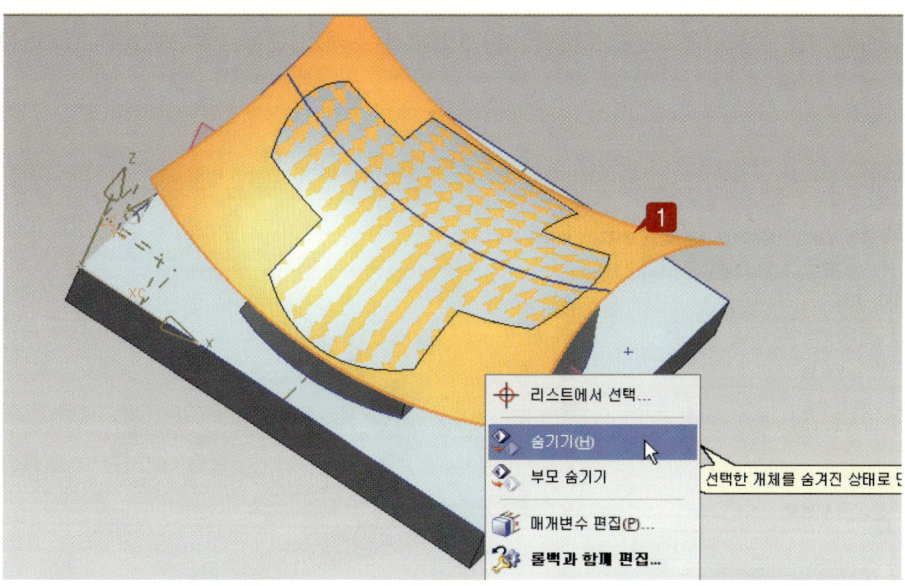

07 돌출하기

1) 와이어프레임 ①을 선택하고 돌출 ②를 클릭하고 연결된 곡선에서 ③을 클릭한다. 한계 시작 값 0, 끝 값 34을 입력하고 확인한다.

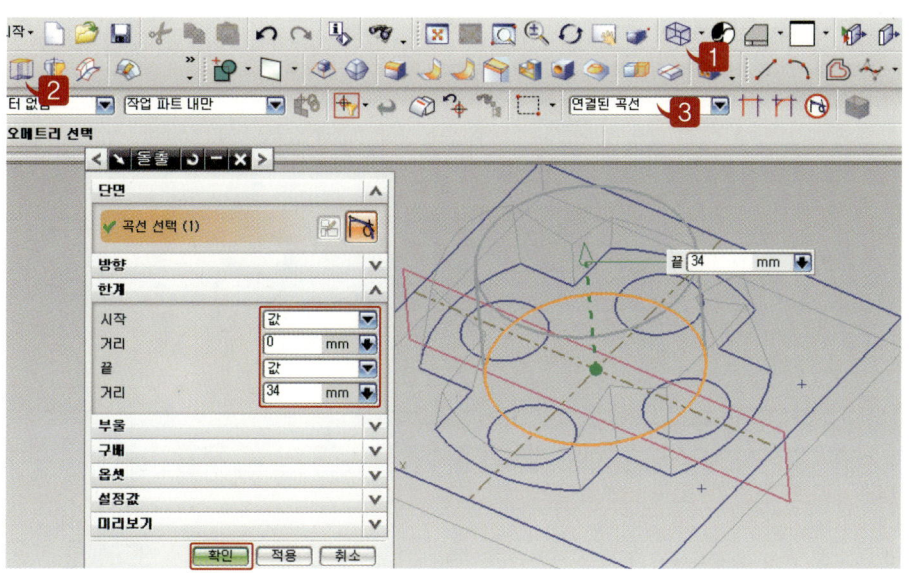

08 회전하기

1) 스케치( ) 아이콘을 클릭하고 유형은 평면상에서 스케치 면은 데이텀 평면 ①을 클릭하고 확인한다.

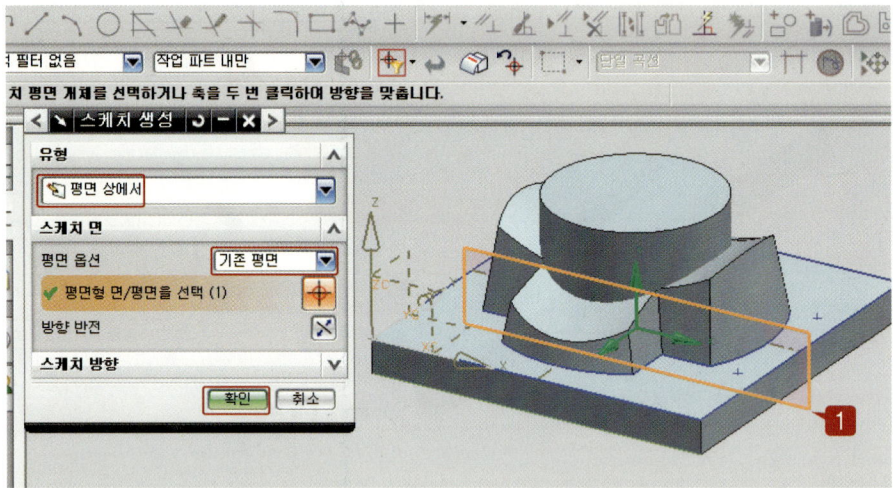

2) 선①, 원호② 아이콘을 이용하여 스케치 생성 후 추정치수 ③을 이용하여 그림처럼 치수기입을 완료한다.

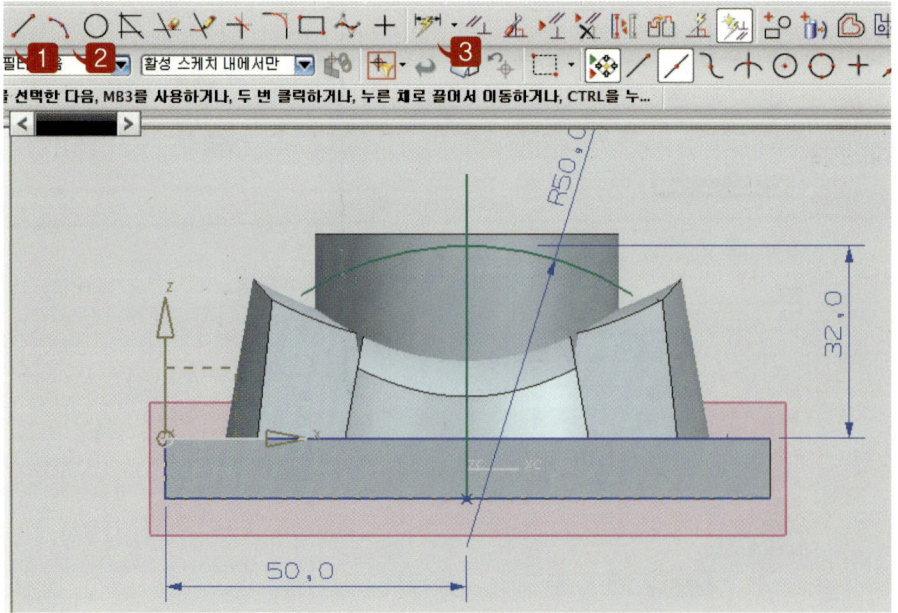

CHAPTER 2 | 모델링 따라하기

3) 선 아이콘 ①을 이용하여 그림처럼 스케치 생성 후 빠른 트리밍 ②를 이용하여 필요 없는 선을 삭제하고 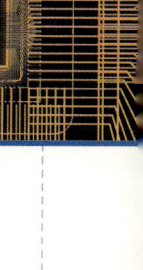 스케치 종료 한다.

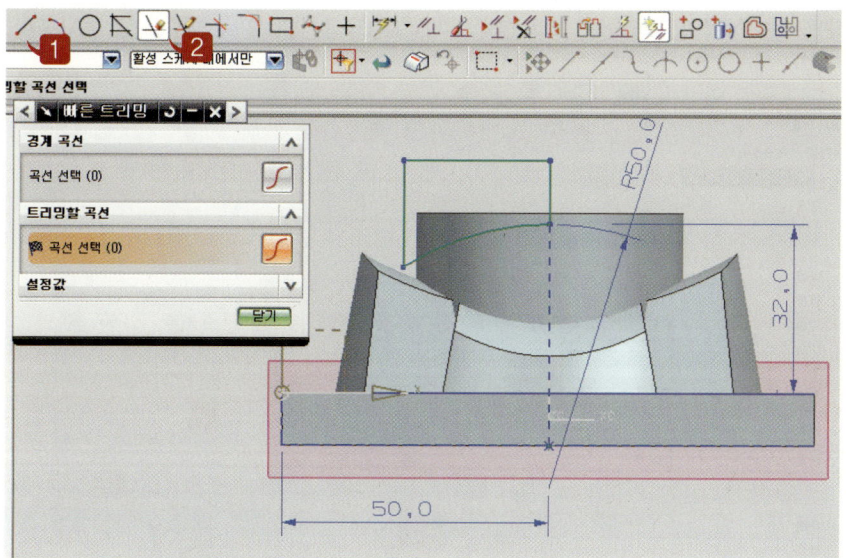

4) 회전 ①을 클릭한다. 연결된 곡선으로 하고 단면 곡선 ②를 선택하고 축 벡터 ③을 선택하다. 한계는 0도에서 360로 하고 부울은 빼기로 하고 바디선택 ④를 선택하고 확인한다.

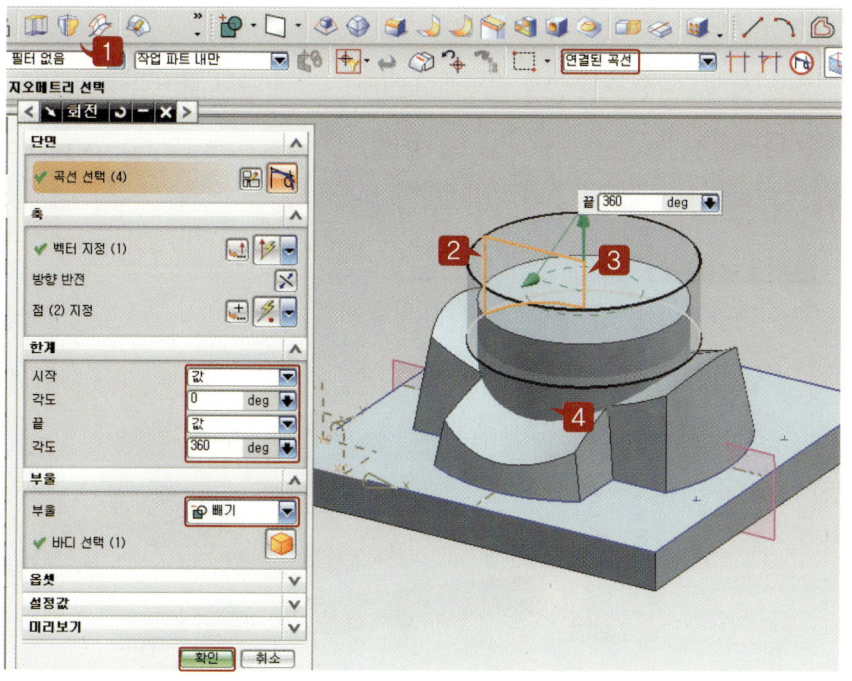

09 돌출하기

1) 돌출 ①을 선택한다. 와이어프레임 상태에서 단면 곡선 ②를 4개 선택하고 한계에서 시작 값 23, 끝 값 50을 입력하고 부울은 빼기를 선택하고 바디선택 ③을 클릭하고 확인한다.

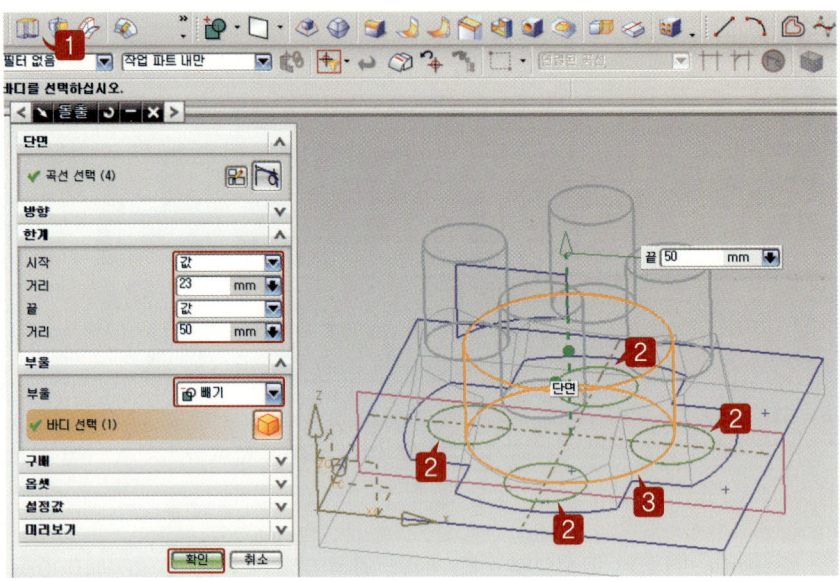

10 표시 및 숨기기

1) 유형 전체에서 숨기기 ①을 클릭한다. 바디에서 솔리드 바디 ②를 클릭한다.

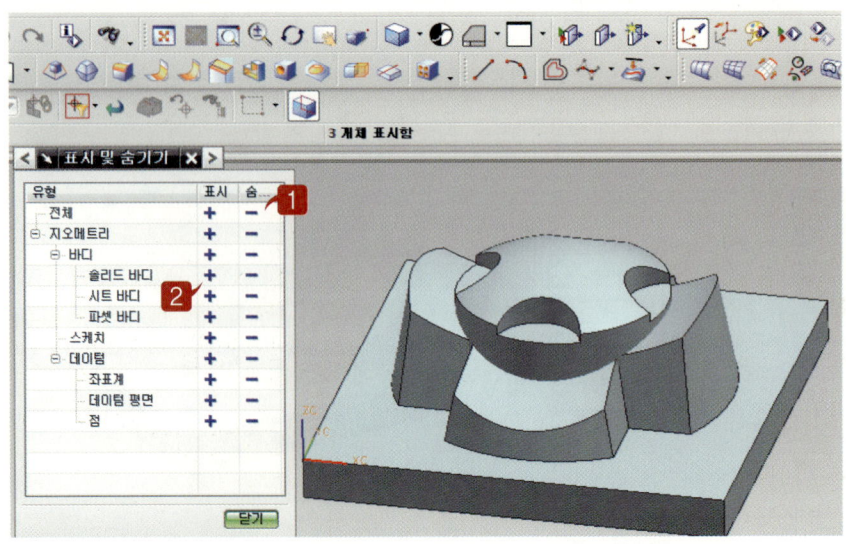

CHAPTER 2 | 모델링 따라하기

11 필렛(라운드) 작성하기

1) 모서리 블렌드 아이콘 ①을 클릭한다. 접하는 곡선으로 하고 R5값 입력 후 블렌드 모서리 ②, ③, ④, ⑤를 클릭하고 확인한다.

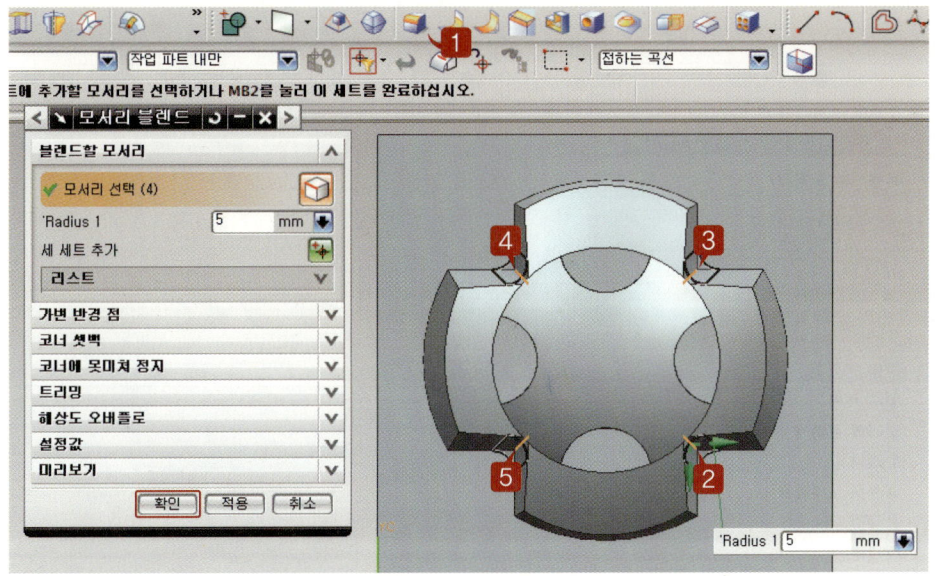

12 결합하기

1) 결합 아이콘 ①을 클릭하고 타겟 바디 ②를 선택하고 공구바디 ③, ④를 클릭하고 확인한다.

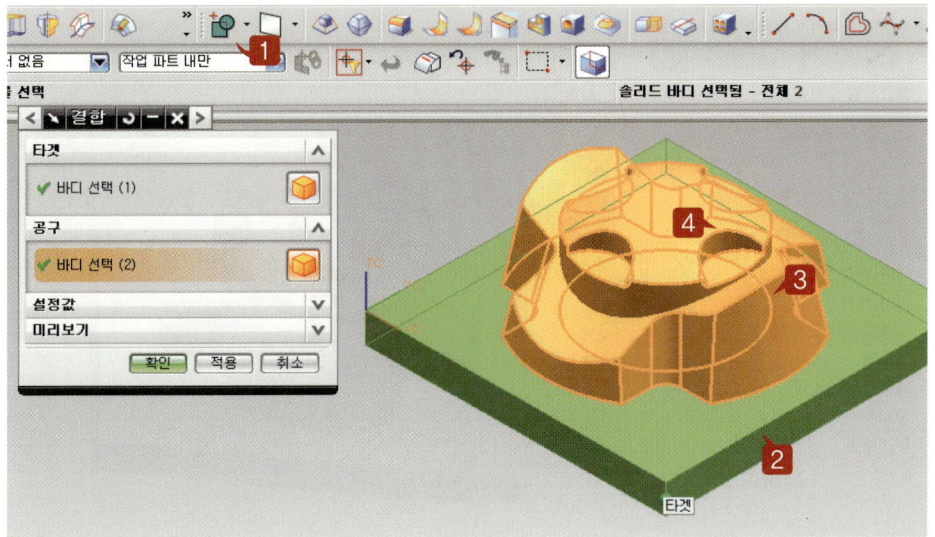

13 필렛(라운드) 작성하기

1) 모서리 브렌드 ①을 클릭한다. 접하는 곡선으로 하고 R2값 입력 후 블렌드 모서리 ②, ③, ④, ⑤, ⑥, ⑦, ⑧, ⑨를 클릭하고 적용한다.

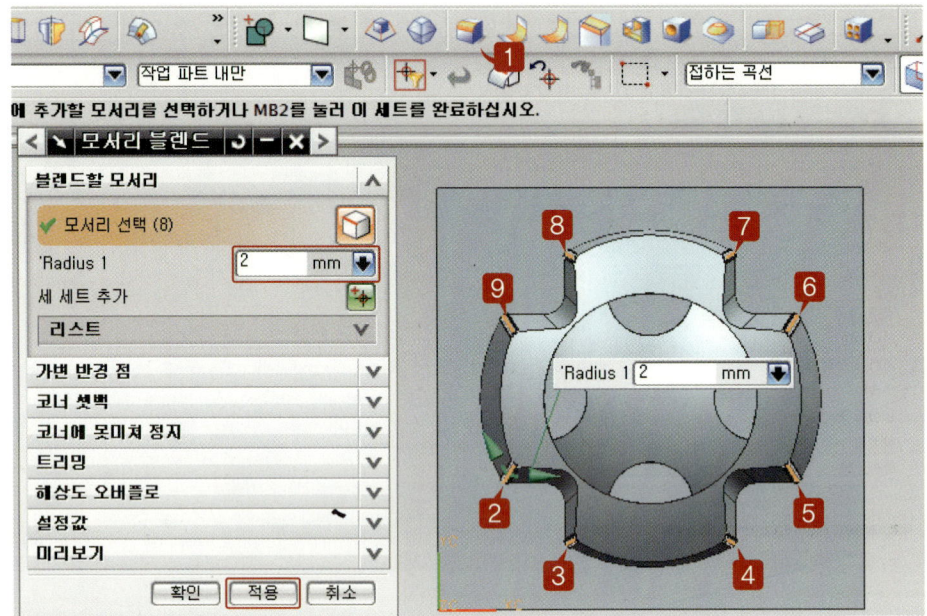

2) R3값 입력 후 모서리 ①, ②, ③, ④를 클릭하고 적용한다.

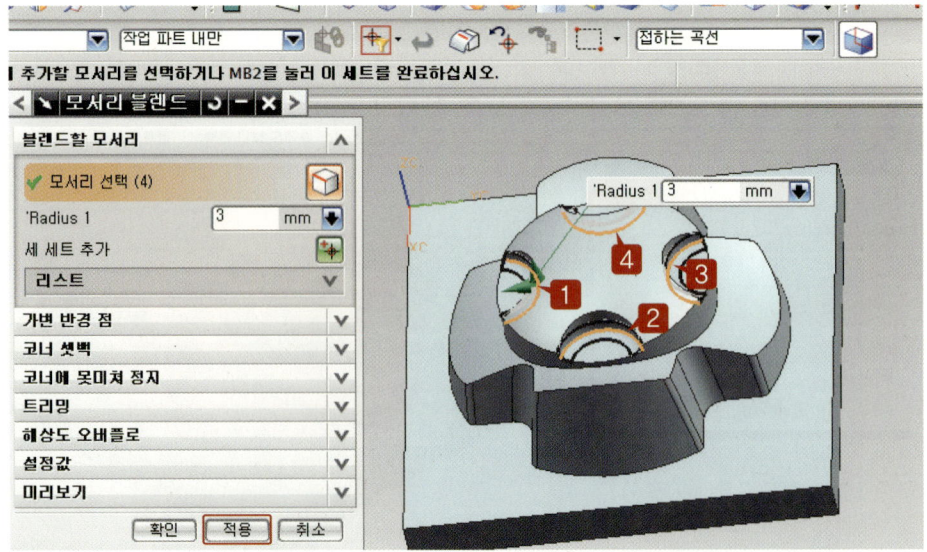

3) R3값 입력 후 모서리 ①, ②, ③, ④를 클릭하고 적용한다.

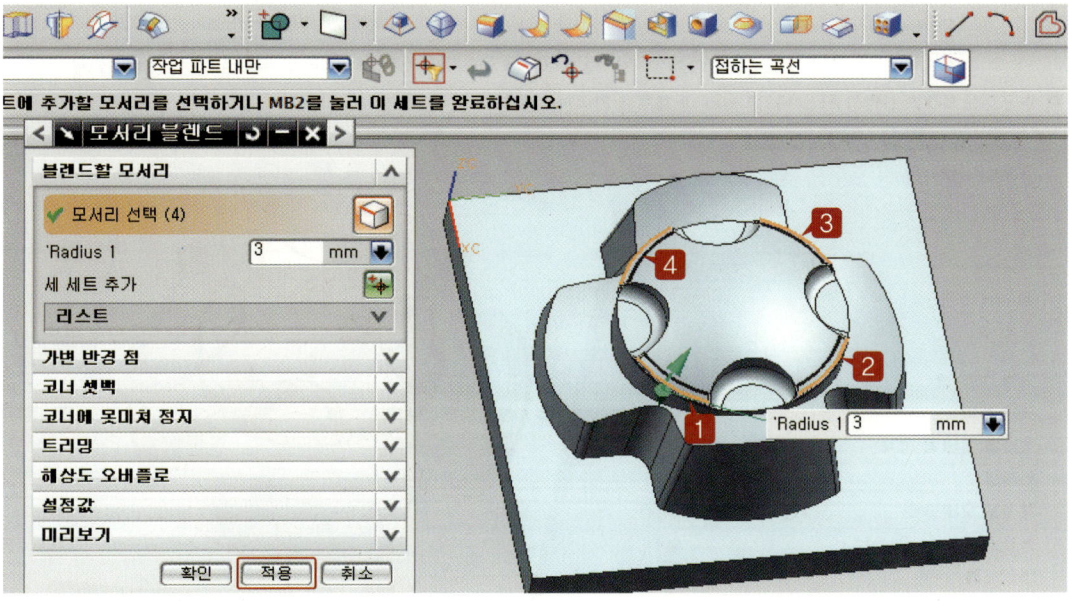

4) R2값 입력 후 모서리 ①을 클릭하고 적용한다.

5) R1값 입력 후 모서리 ①, ②, ③, ④, ⑤를 클릭하고 확인한다.

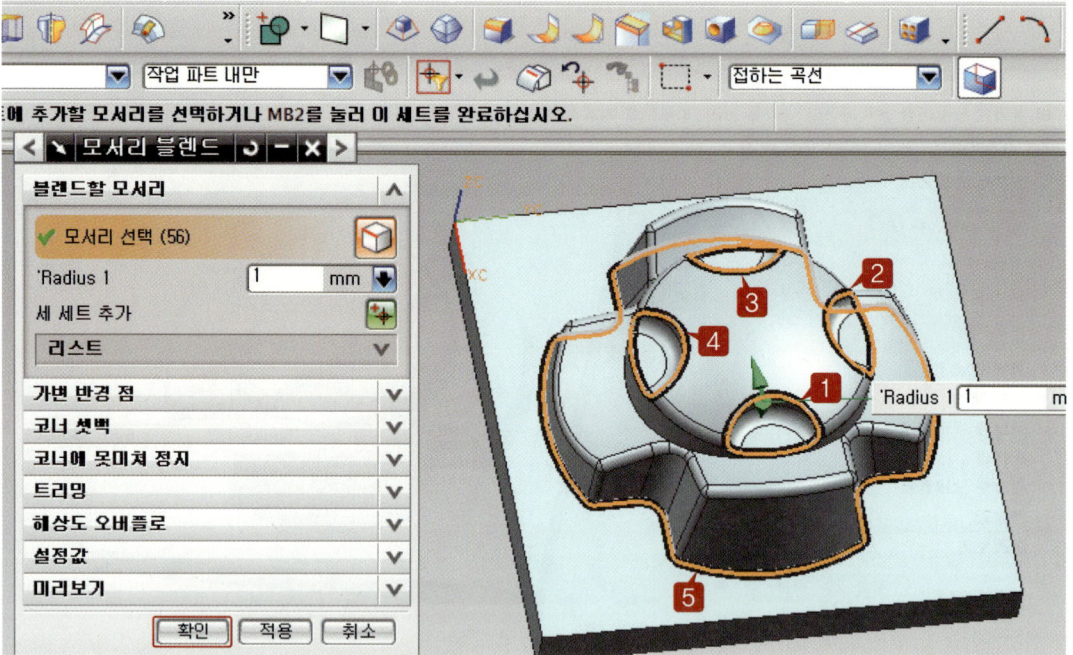

6) 아래 그림은 완성된 모델링 그림이다.

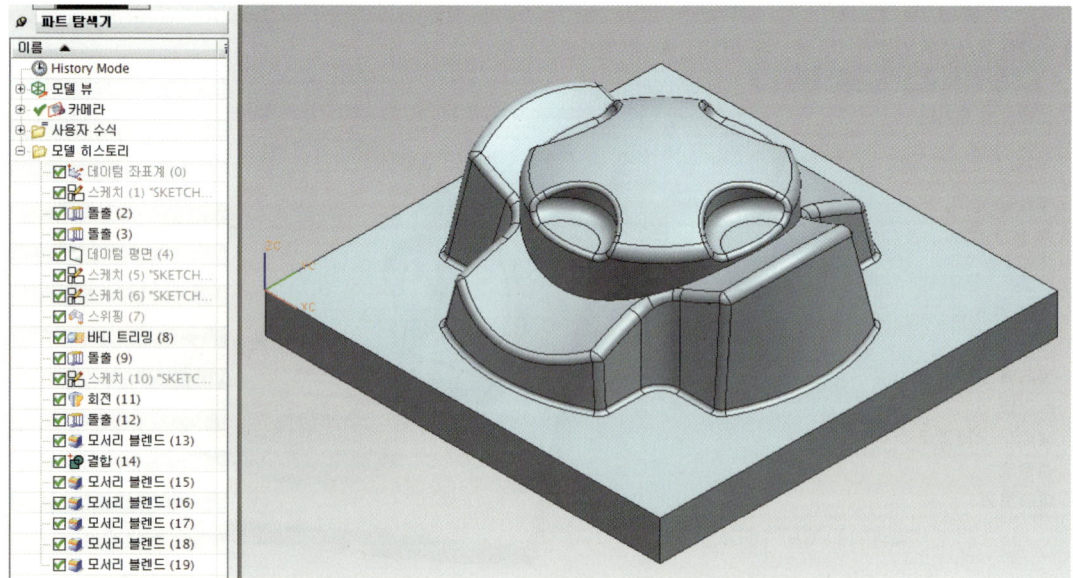

5. 행거모양 모델링 따라하기(2)

| 도면명 | UG 모델링작업 ⑤ | 척 도 | NS |

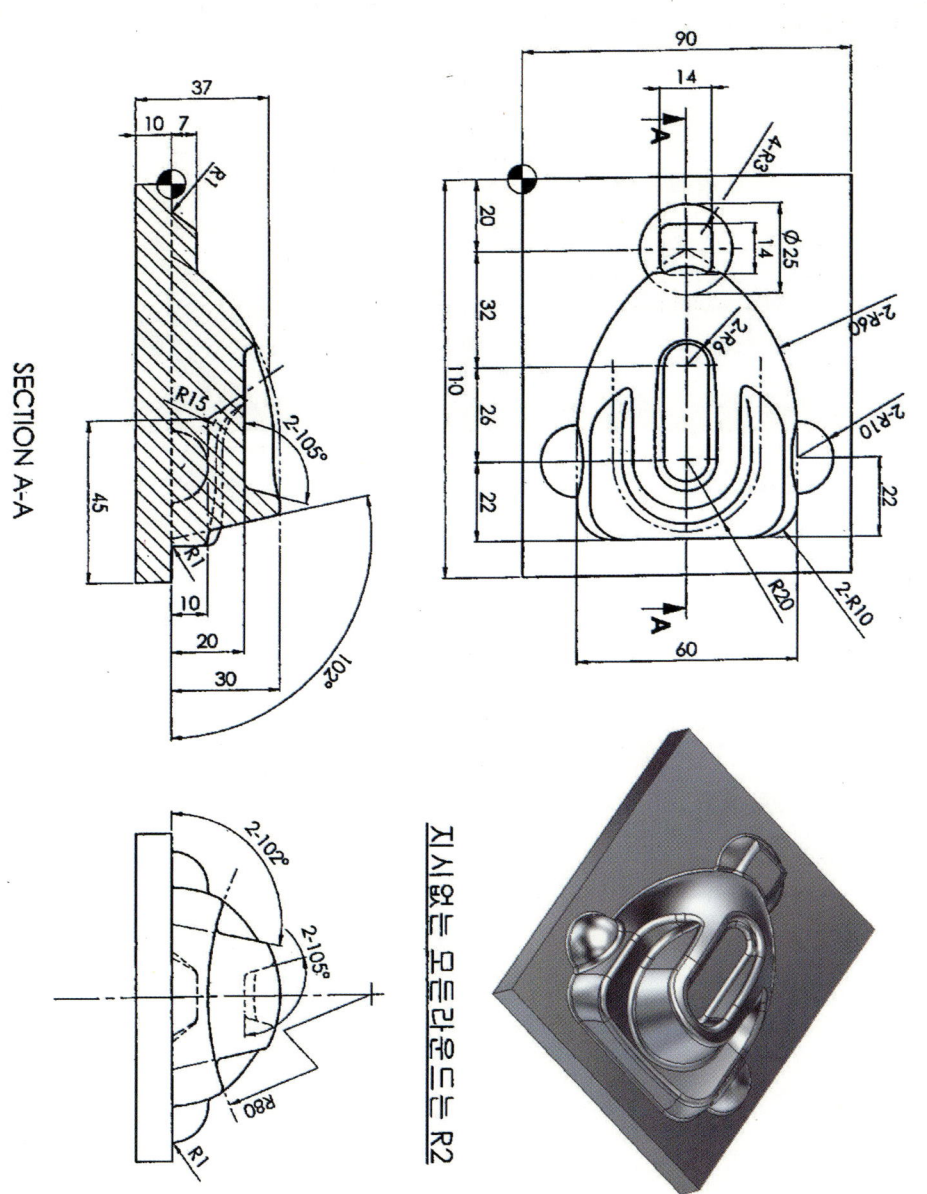

01 평면도 스케치 작성하기

1) 새로 만들기( ) ①(**Ctrl**+N)를 실행한다.
2) 스케치(Sketch)( ) ②를 선택한다.

3) 기본적으로 평면도(XY)평면이 설정하고 확인한다.

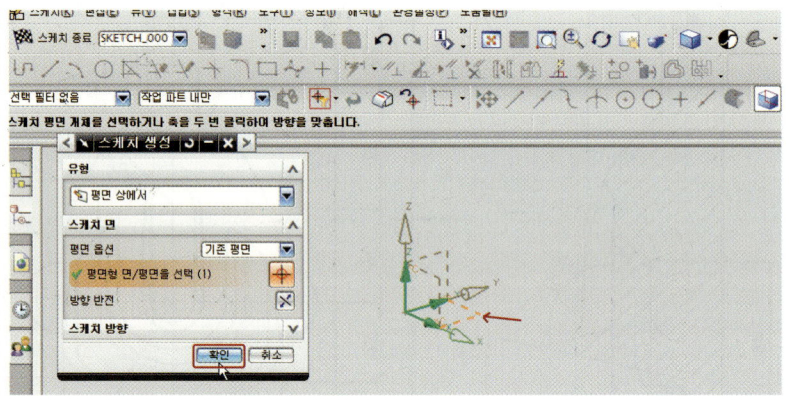

4) 직사각형(Rectangle)( ) ①을 선택한다. 그림에서와 같이 2점으로(by 2point)하여 원점 (0,0)에서 시작하는 임의에 직사각형을 그린다.

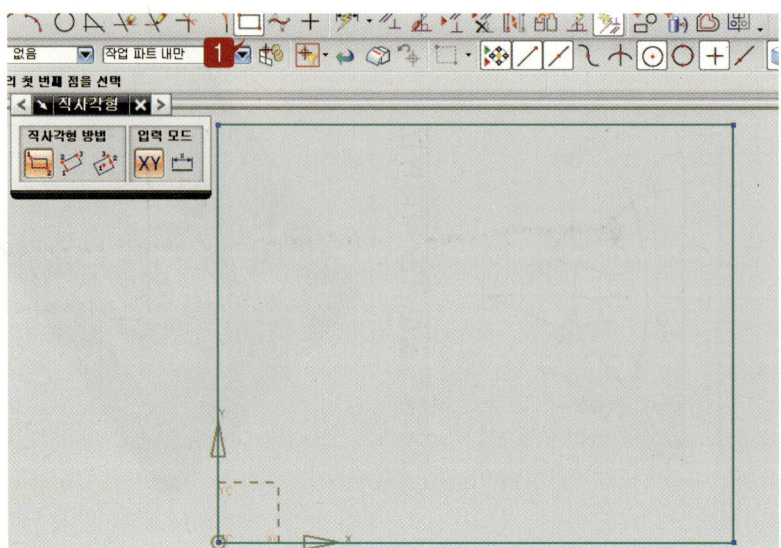

5) 치수기입 아이콘 ①을 이용하여 치수기입 후 프로파일 아이콘 ②를 이용하여 스냅 중간점 ③을 클릭하고 마우스를 중간에 놓으면 그림 ④처럼 스냅이 생성될 때 클릭하여 중심 수평선선을 생성한다.

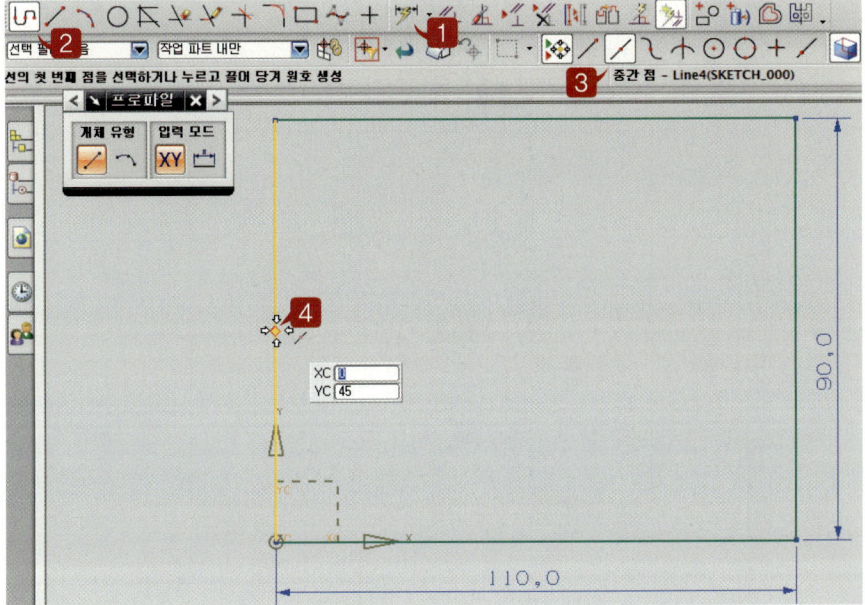

6) 참조선 변환 ①을 선택하여 참조선으로 변환한다.

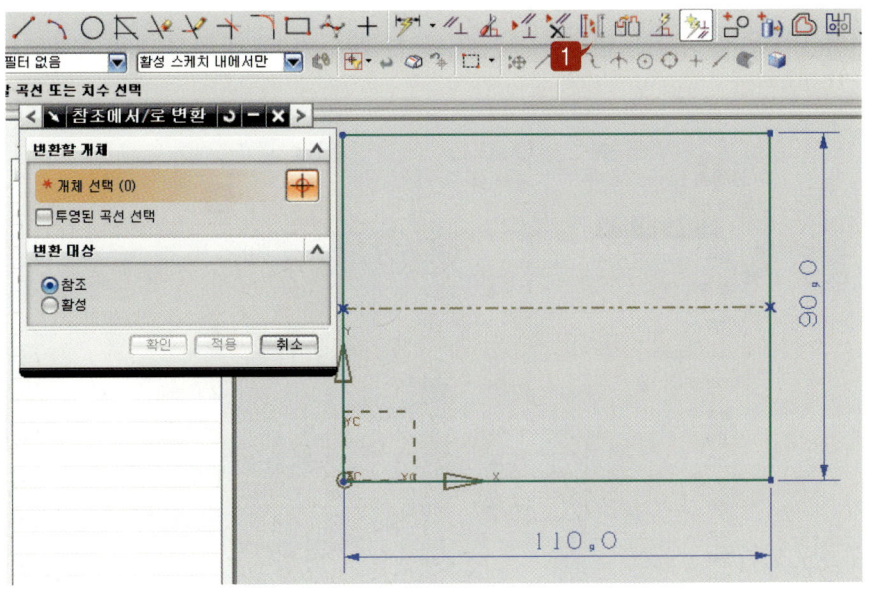

7) 선, 원호, 원 등을 이용하여 아래 그림처럼 스케치 후 추정치수 아이콘을 클릭하여 치수기입을 한다. 원과 원의 직선 연결은 스냅 사분점을 이용하고 접선으로 연결한다. 빠른 트리밍을 이용하여 필요 없는 호와 선을 제거하고 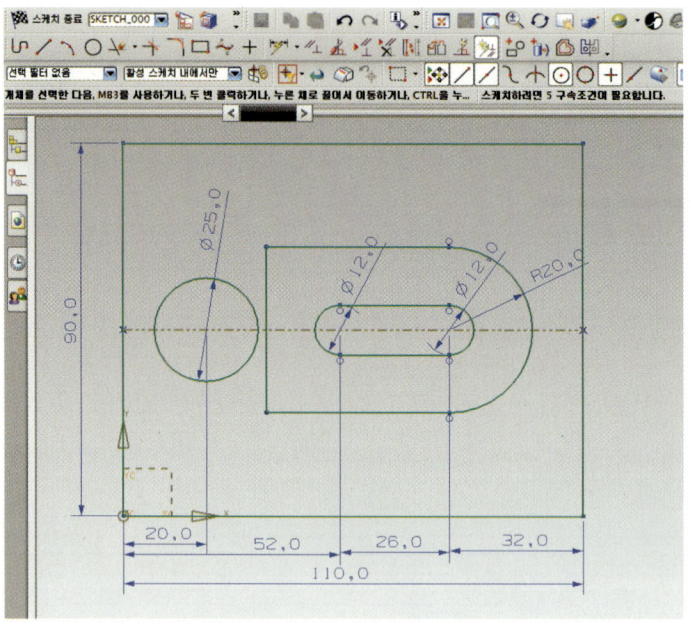 스케치 종료 한다.

02 돌출 피쳐 작성하기

1) 돌출 아이콘 ①을 선택한다. 연결된 곡선 ②를 선택한 상태에서 곡선 ③을 선택하고 −10만큼 돌출하고 확인한다.

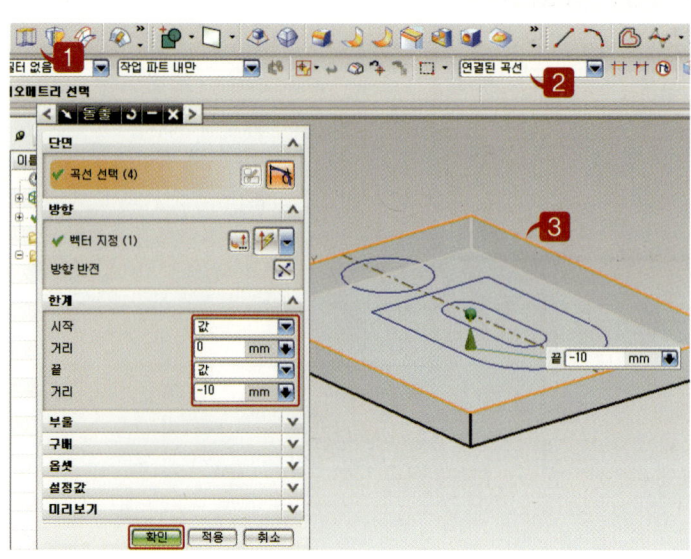

CHAPTER 2 | 모델링 따라하기

03 스케치 및 데이텀 평면 작성하기

1) 삽입에서 스케치 또는 스케치( ) 아이콘을 선택하고 유형은 평면상에서 스케치 면에서 평면지정 ①을 선택하고 거리 값 7을 입력하고 확인한다.

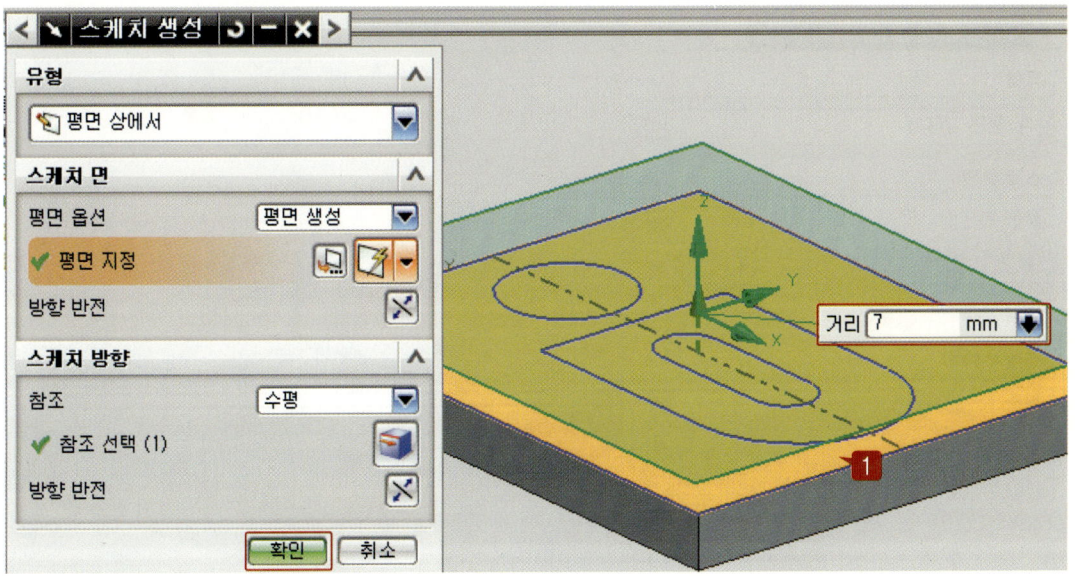

2) 직사각형( ) 아이콘 명령을 이용하여 그림과 같이 대략적인 직사각형을 스케치한다. 추정치수( ) 아이콘을 선택하고 그림과 같이 치수를 입력하고 필렛( ) 아이콘을 이용하여 R3값을 입력하고 스케치 종료한다.

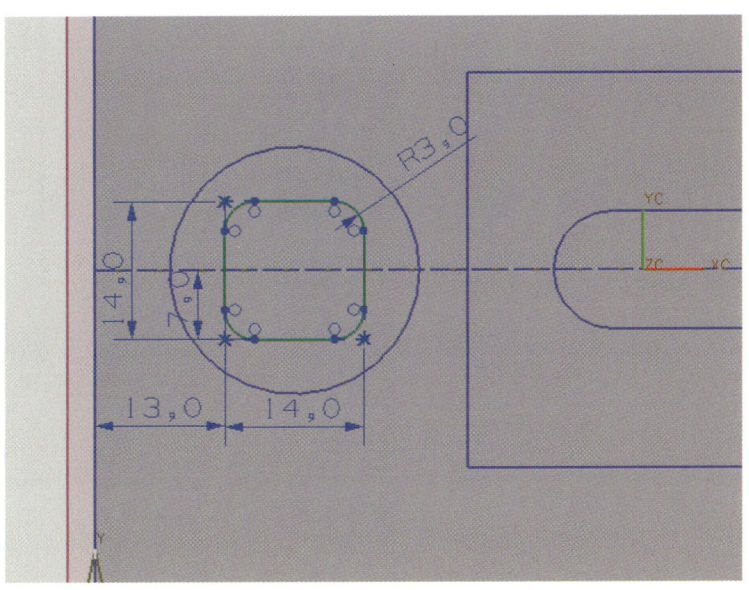

04 정면도(XZ)스케치 작성하기

1) 삽입에서 스케치 또는 스케치( ) 아이콘을 선택한다. 유형은 평면상에서 스케치 면에서 평면지정 ①을 선택하고 거리 값 -45을 입력하고 확인한다.

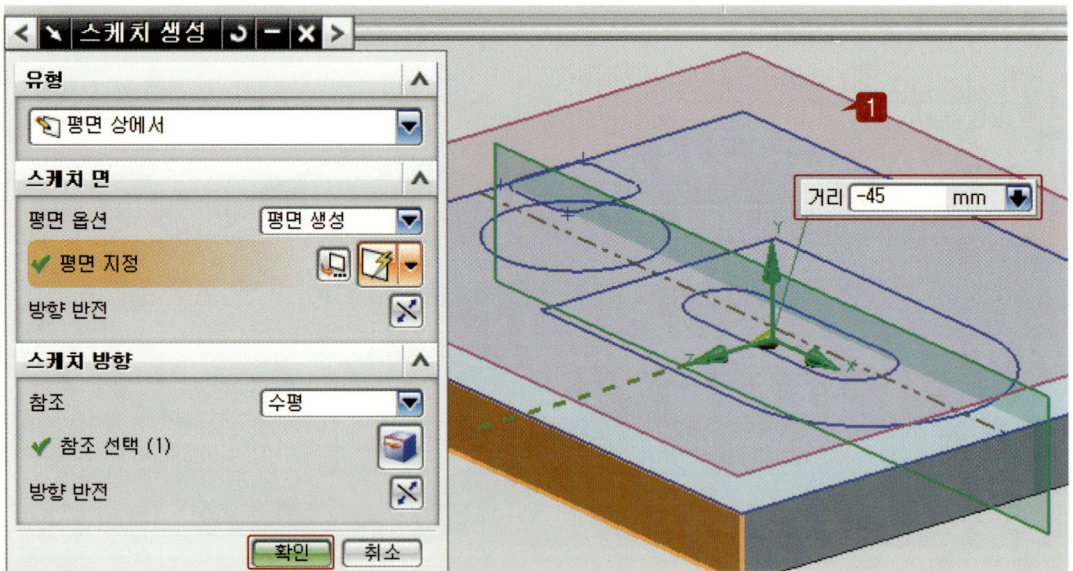

2) 그림과 같이 선과 원호를 이용하여 그림처럼 스케치 한다. ①부분은 구속조건 접선을 확인한다.

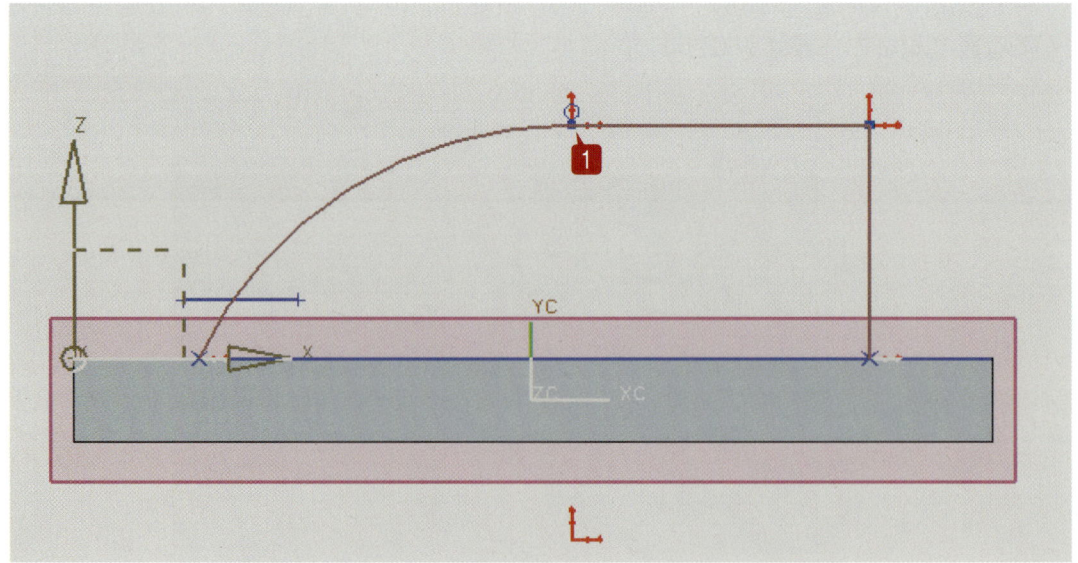

3) 추정치수( ) 아이콘을 선택하고 그림과 같이 치수를 입력한다.

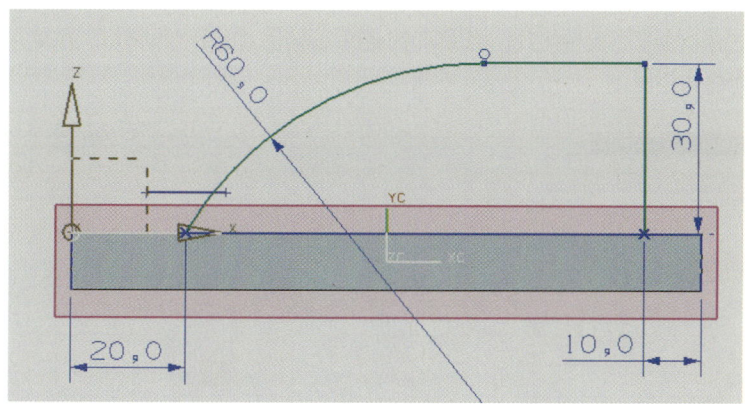

4) 그림과 같이 선 아이콘을 이용하여 스케치한다.

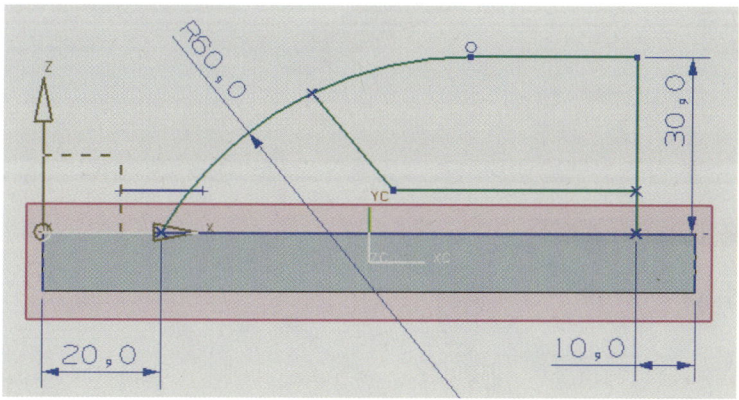

5) 추정치수( ) 아이콘을 선택하고 그림과 같이 치수를 입력하고 필렛( ) 아이콘을 이용하여 R15값을 입력하고 스케치 종료한다.

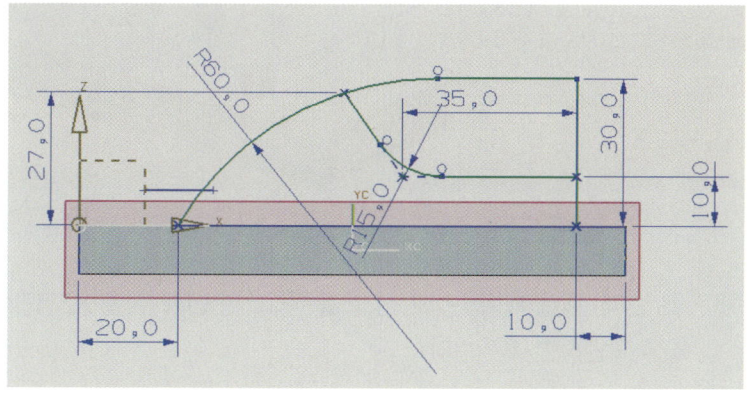

05 우측면도(YZ)스케치 작성하기

1) 스케치 아이콘을 선택한다. 유형은 경로에서 경로선택은 ①을 선택하고 원호길이는 0으로 입력하고 확인한다.

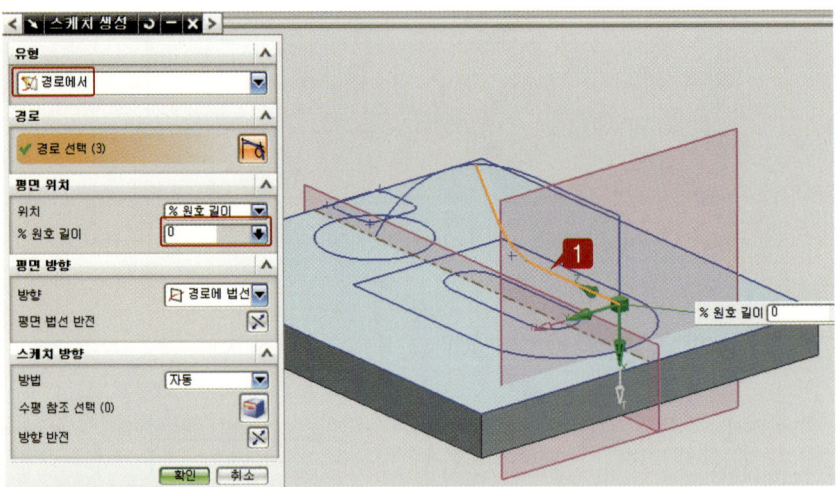

2) 스케치 방향 수평 참조 선택을 클릭하고 그림에서 모서리 ①을 선택한다.

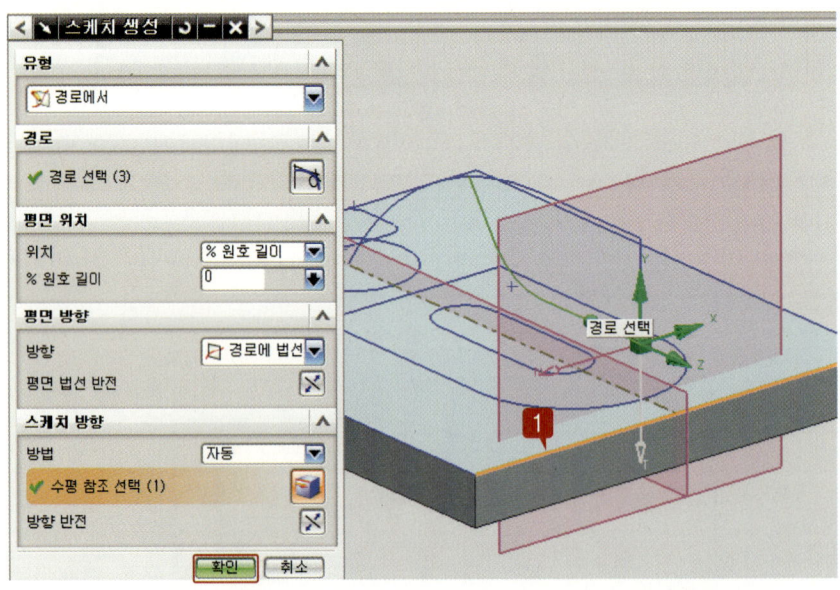

3) 원호를 이용하여 첫 번째 점 ①과 두 번째 점 ②를 찍고 세 번째 점을 XZ평면에서 생성한 ③ 선 끝 점을 스냅 ④를 확인하면서 찍는다.

CHAPTER 2 | 모델링 따라하기

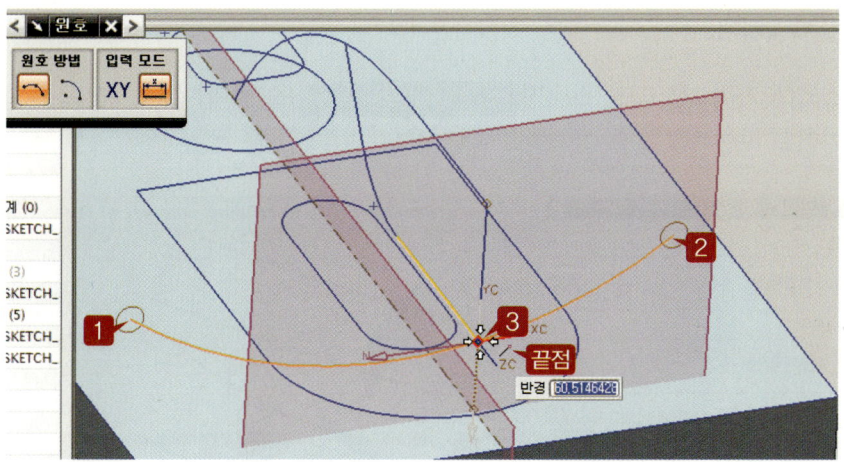

4) 그림처럼 우측면도 ①을 클릭한다. Z축 중심거리 45입력하고 R80을 입력한다.

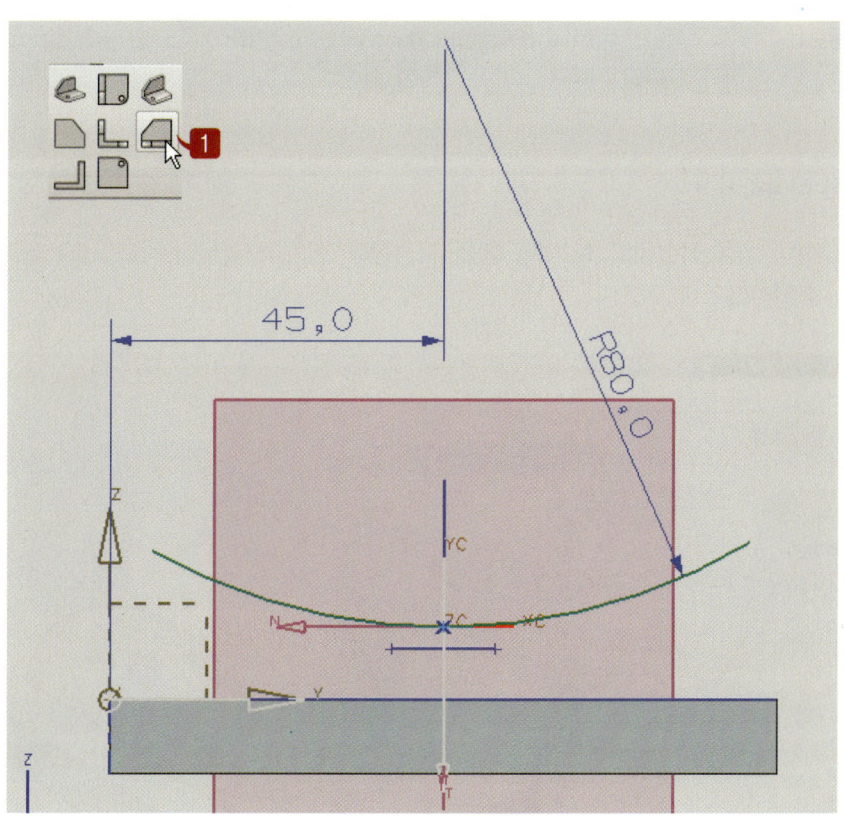

06 스윕 작성하기

1) 삽입에 스윕에 가이드를 따라 스위핑(가이드를 따라 스위핑(G))을 클릭한다. 단면 곡선선택 ①을 선택하고 가이드 곡선선택 ②를 클릭하고 확인한다.

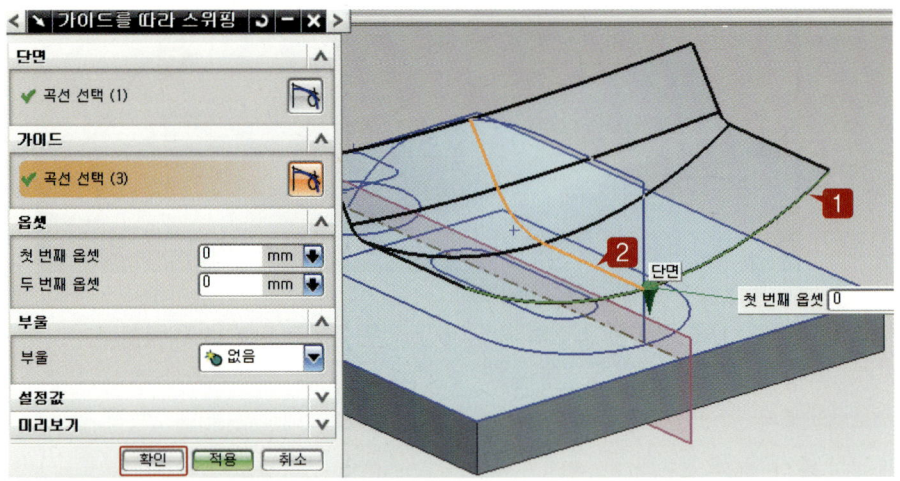

07 회전 작성하기

1) 단면 곡선선택 ①을 작성하고 축 벡터 ②를 지정한다. 한계에서 시작 각도 -90, 끝 작도 90을 입력하고 확인한다.

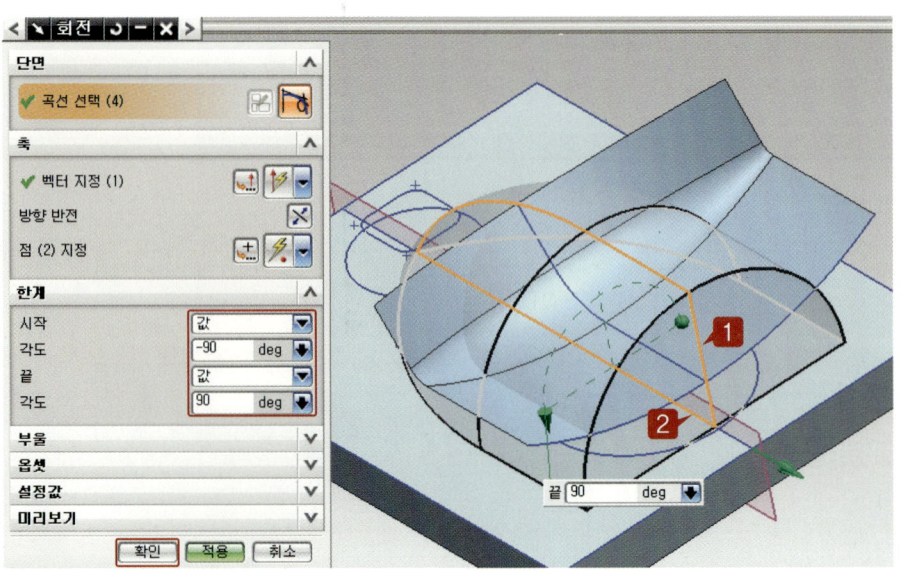

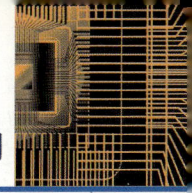

CHAPTER 2 | 모델링 따라하기

08 돌출 작성하기

1) 그림처럼 정적 와이어프레임으로 변경한다.

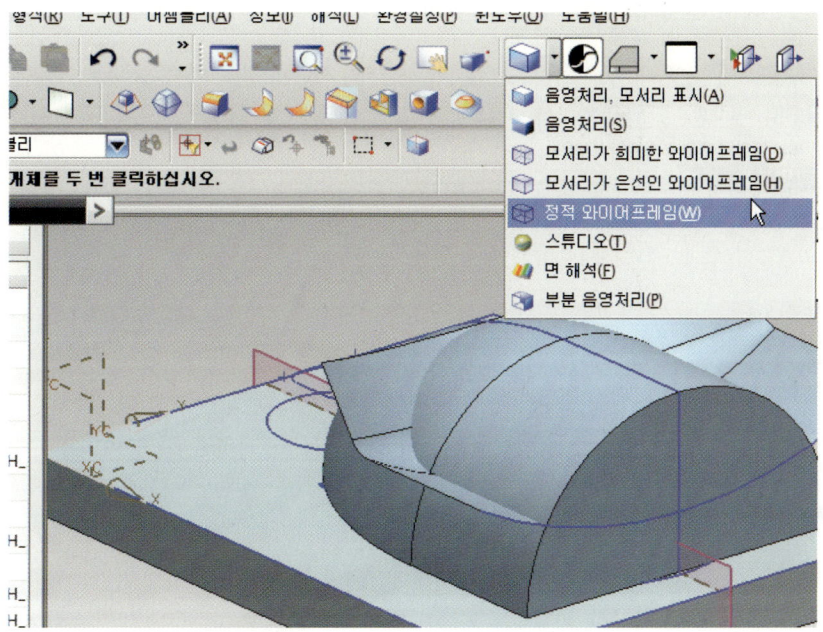

2) 돌출 아이콘 ①을 클릭하고 연결된 곡선을 확인하고 단면 곡선 ②를 클릭한다. 한계에서 끝 거리 값은 40이상으로 하고 구배는 시작 한계에서 12도를 입력하고 확인한다.

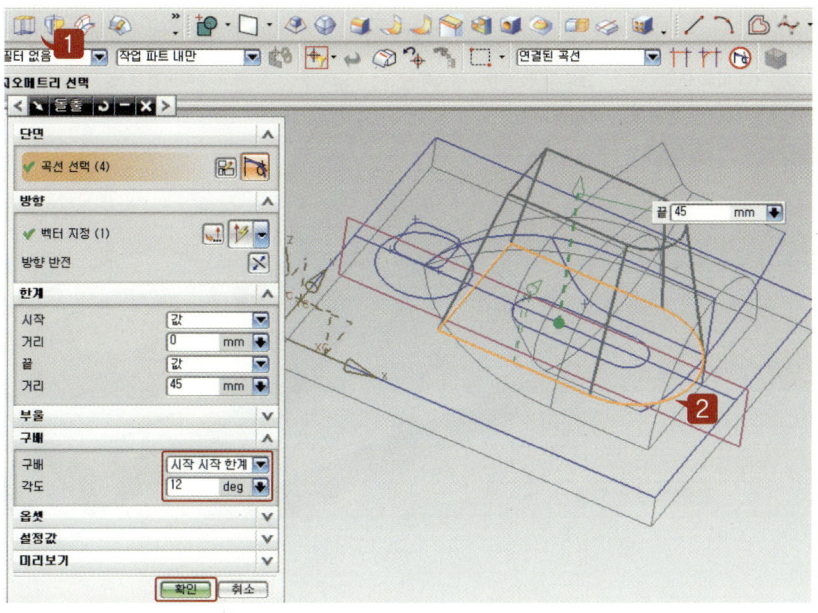

09 바디 트리밍하기

1) 삽입에 바디트리밍에 트리밍을 선택한다. 또는 아이콘 을 클릭한다. 타겟에서 바디 ①을 선택하고 공구에서 면 ②를 선택하고 확인한다.

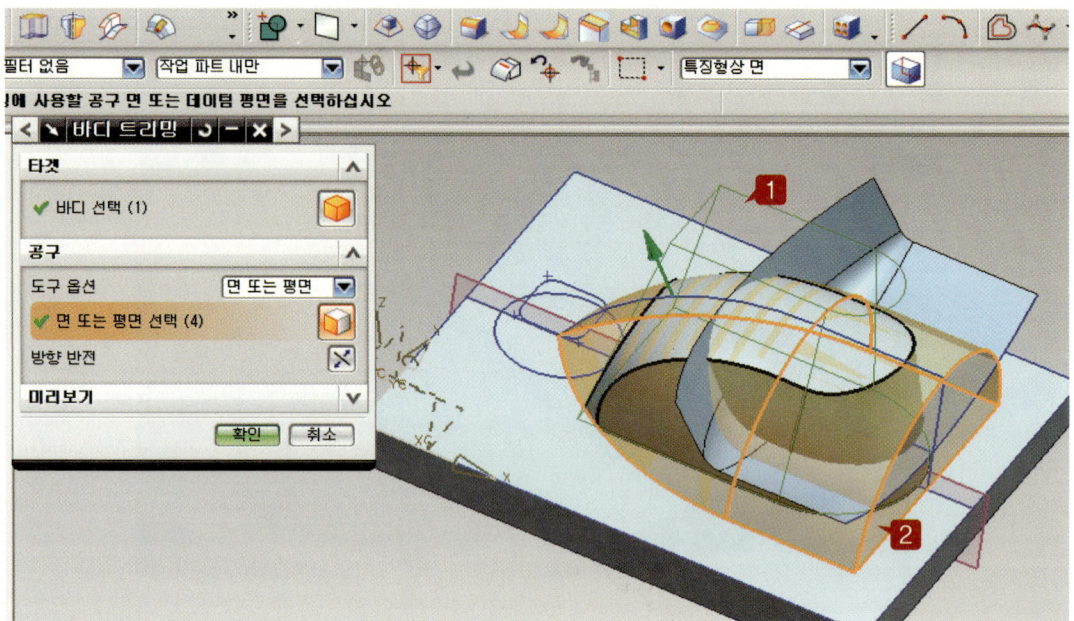

2) 아이콘 을 클릭한다. 타겟에서 바디 ①을 선택하고 공구에서 면 ②를 선택하고 확인한다.

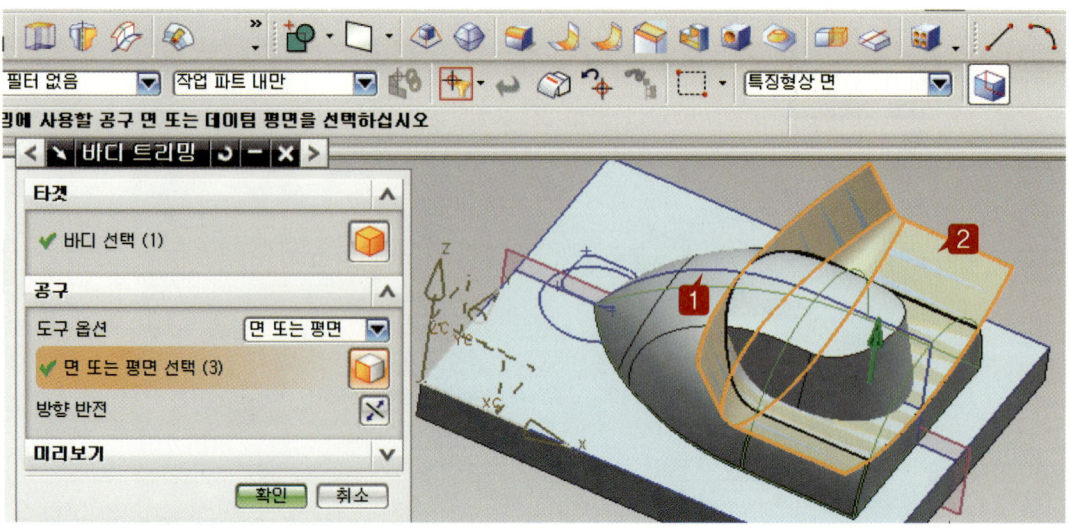

CHAPTER 2 | 모델링 따라하기

10 메시곡면 작성하기

1) 그림처럼 파트 탐색기에서 불필요한 부분을 선택하고 MB3클릭하여 숨기기를 클릭한다.

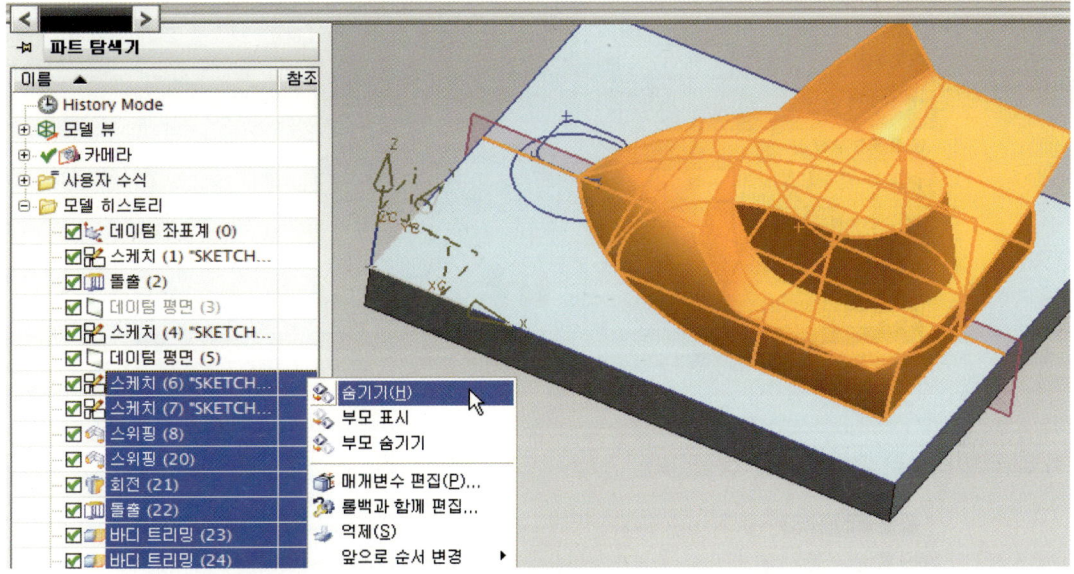

2) 그림처럼 삽입에서 곡선에 선을 클릭한다. 또는 아이콘 ①을 클릭한다.

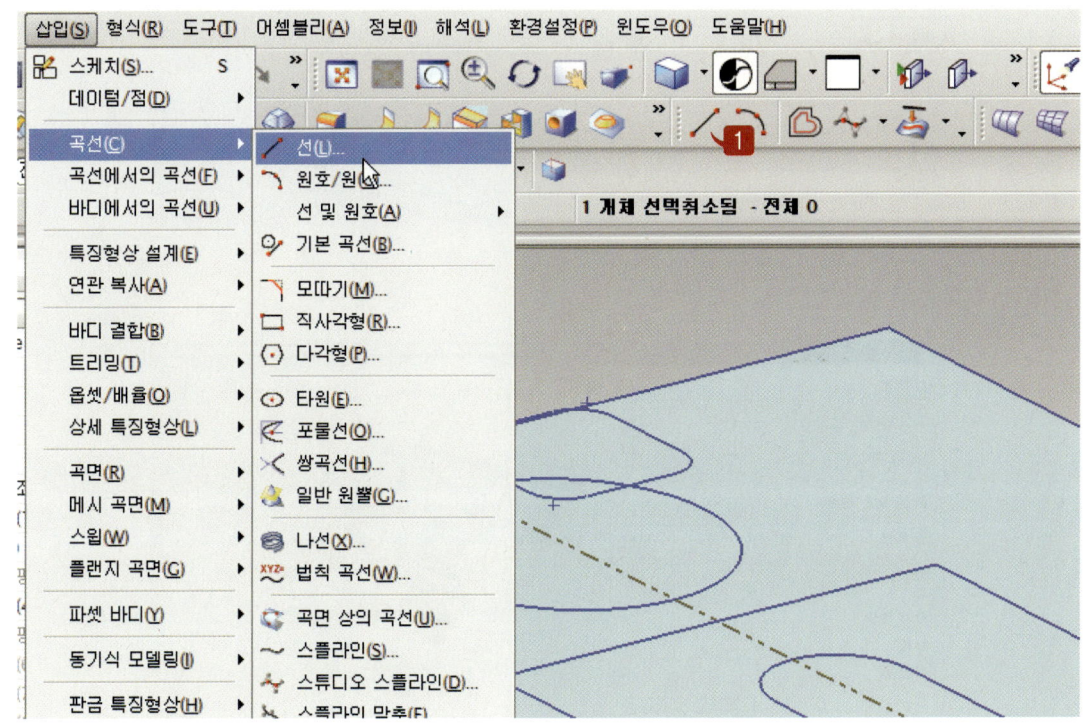

3) 시작점은 +점을 클릭하고 스냅 사분점 ①을 확인하여 점 ②를 선택한다. 끝점은 +점을 클릭하고 스냅 중간점 ③을 확인하여 점 ④를 선택한다.

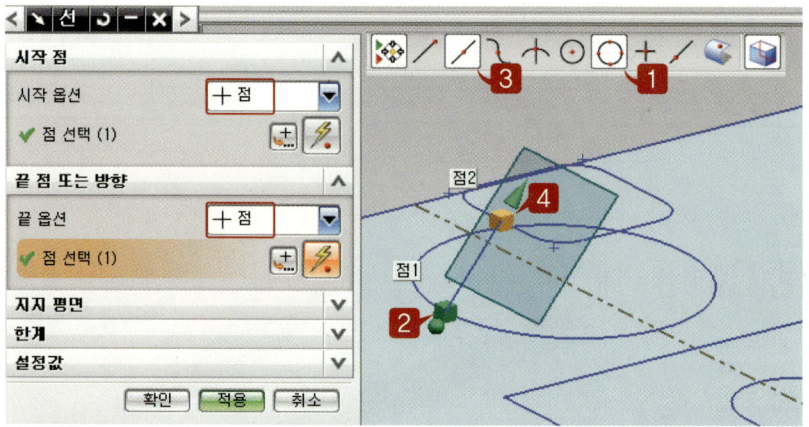

4) 같은 방법으로 2번째 선을 생성한다.

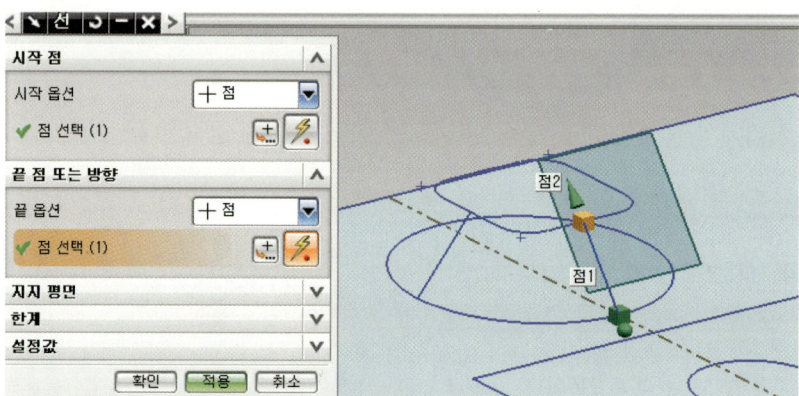

5) 같은 방법으로 3번째 선을 생성한다.

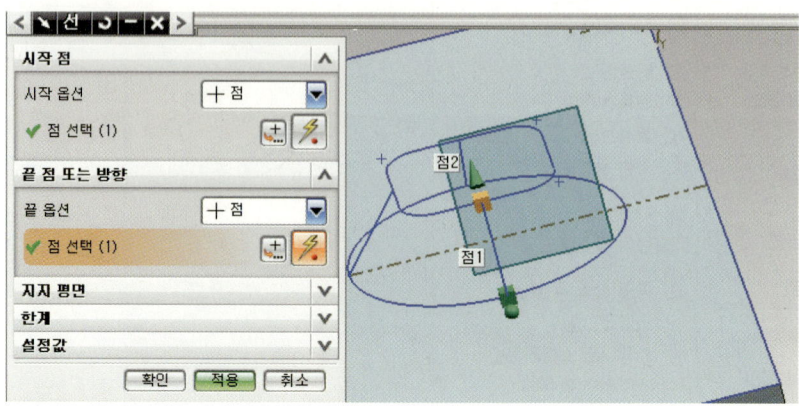

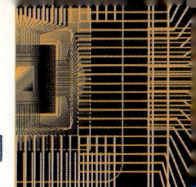

CHAPTER 2 | 모델링 따라하기

6) 같은 방법으로 4번째 선을 생성한다.

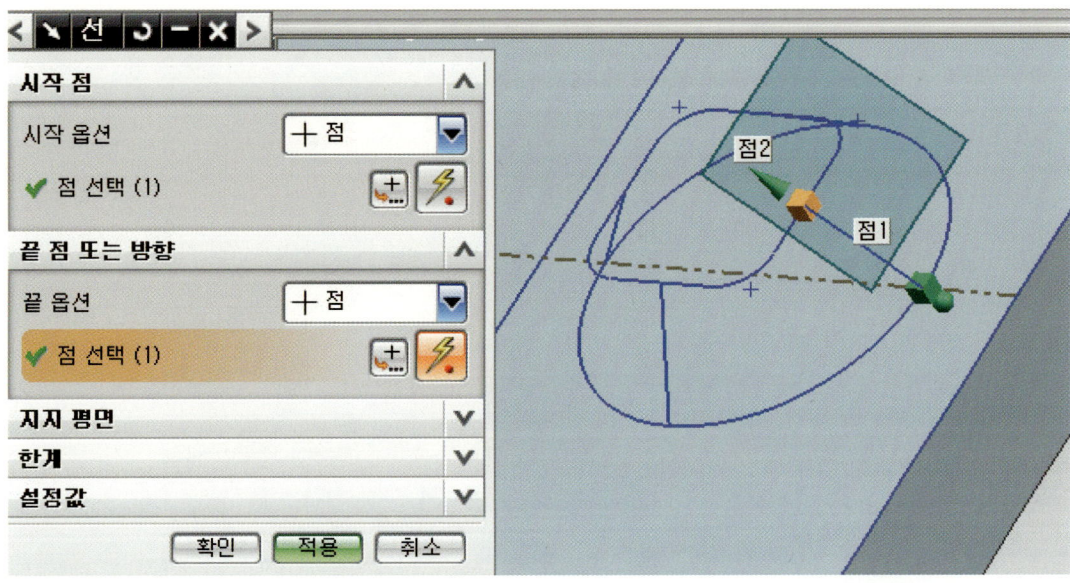

7) 그림처럼 삽입에서 메시 곡면에 곡선 통과 메시를 클릭한다.

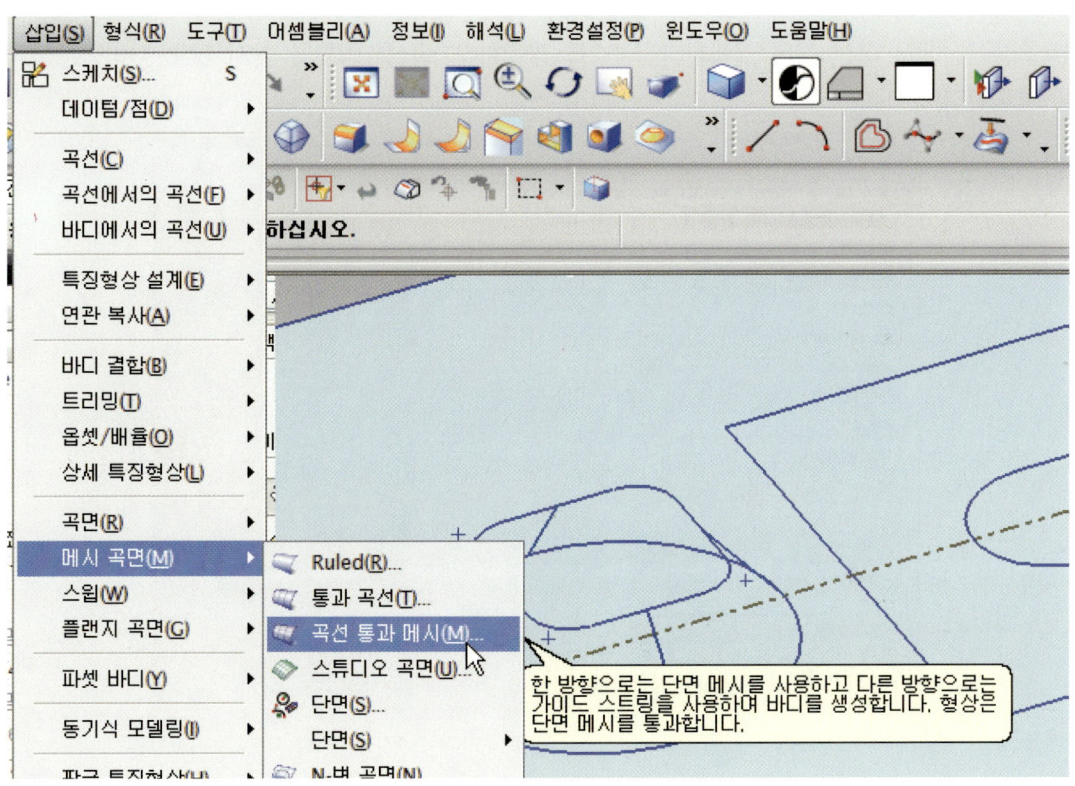

8) 연결된 곡선으로 하고 기본곡선에서 곡선 ①을 클릭한다. MB2를 클릭한다.

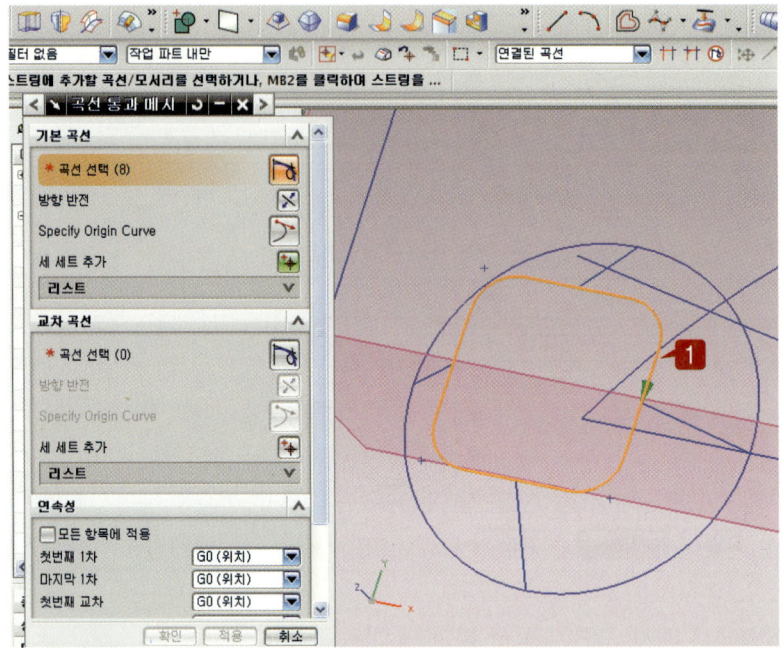

9) 기본곡선에서 곡선 ②를 클릭한다. MB2를 클릭한다. 화살표방향을 맞지 않으면 방향반전을 클릭한다.

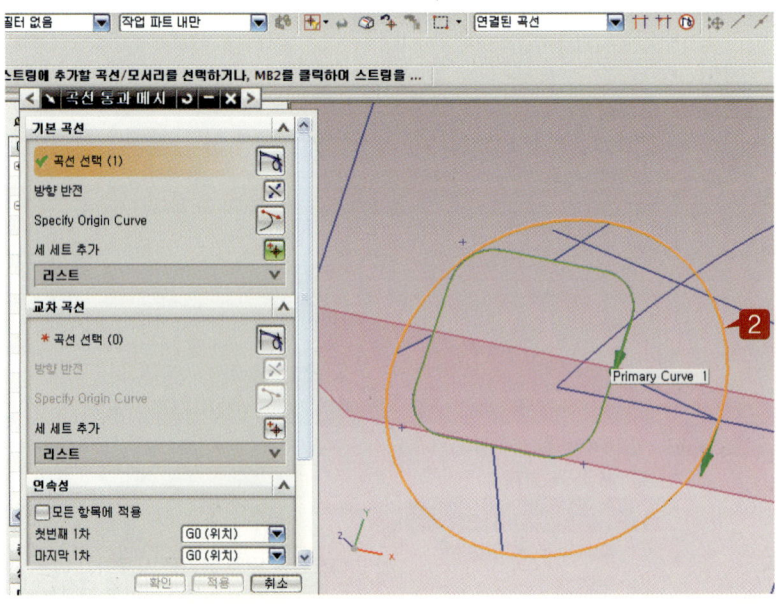

10) 탭을 교차곡선으로 하고 곡선 ③을 선택하고 MB2를 클릭한다. 화살표방향을 맞지 않으면 방향반전을 클릭한다.

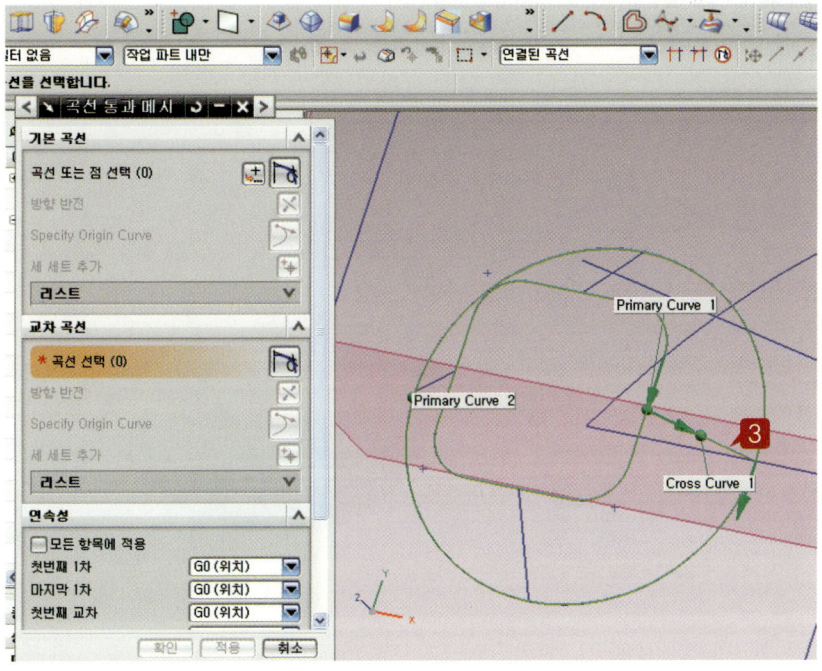

11) 다시 곡선 ④를 선택하고 MB2를 클릭한다. 화살표방향을 맞지 않으면 방향반전을 클릭한다.

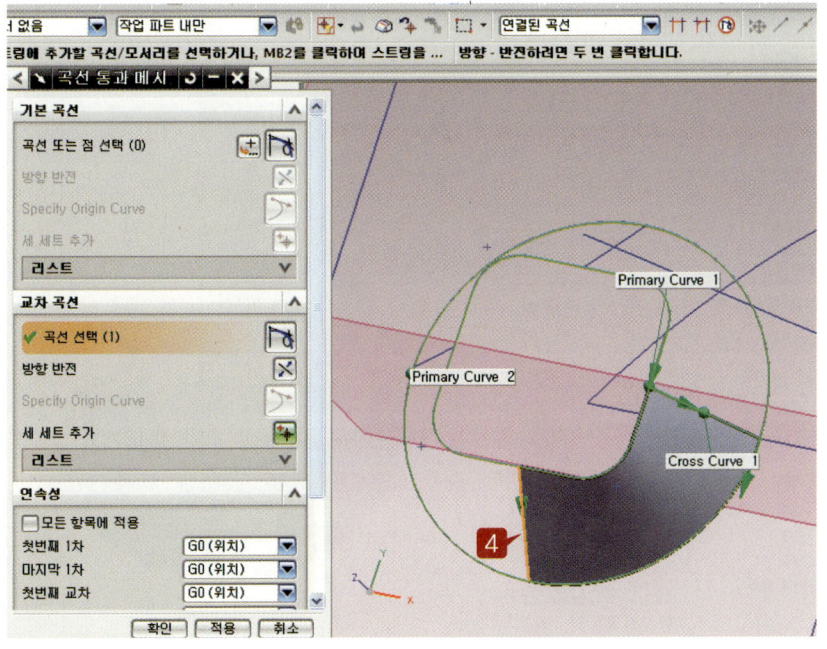

12) 세 번째 곡선 ⑤를 선택하고 MB2를 클릭한다.

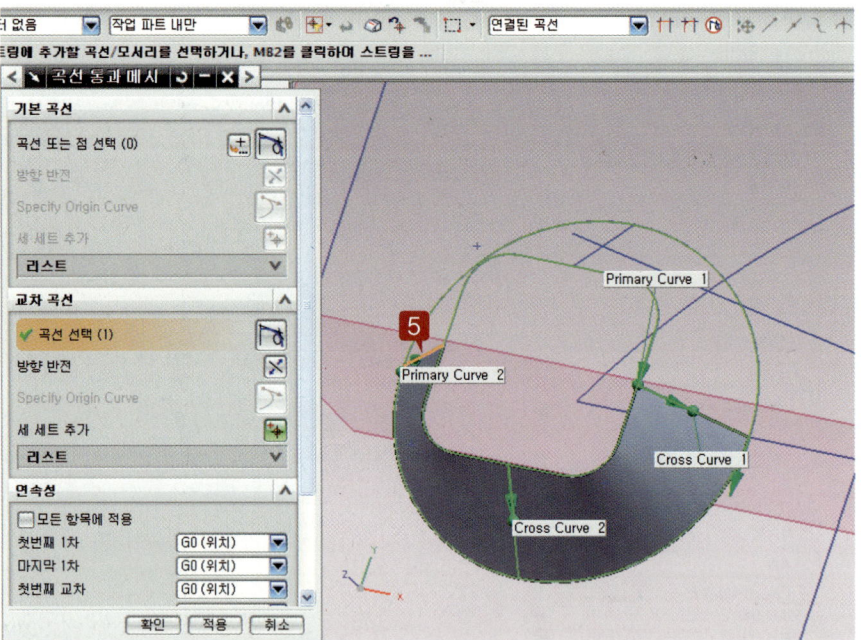

13) 네 번째 곡선 ⑥을 선택하고 MB2를 클릭한다.

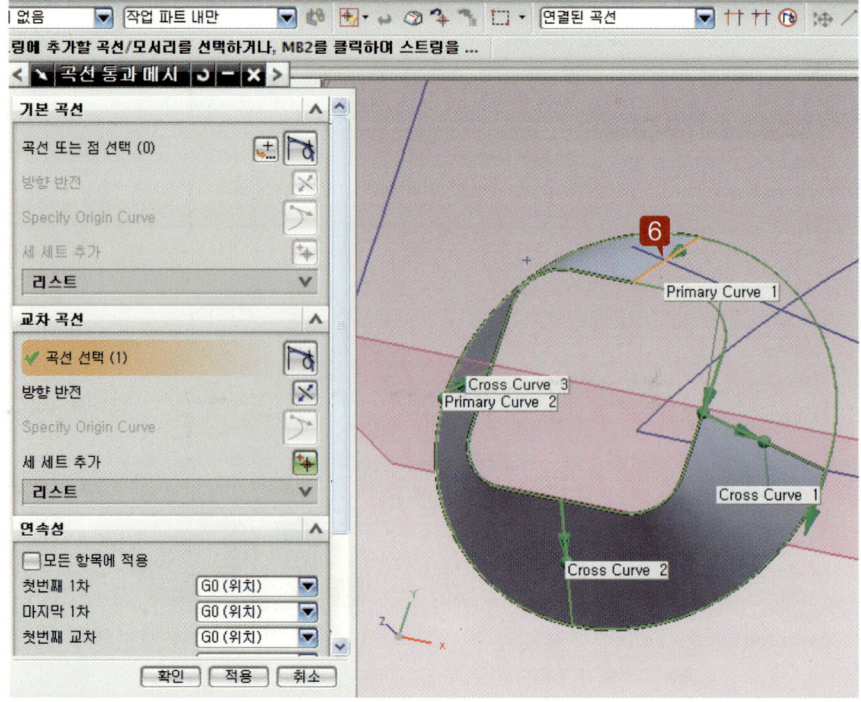

CHAPTER 2 | 모델링 따라하기

14) 다시 첫 번째 곡선 ⑦을 선택하고 MB2를 클릭한다.

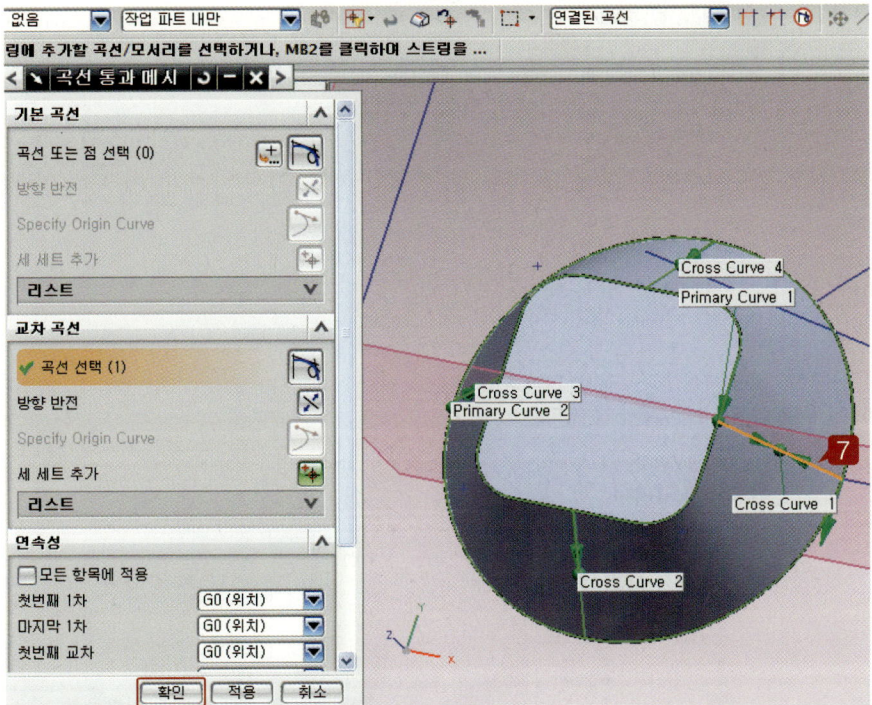

11 표시 및 숨기기

1) 그림처럼 편집에서 표시 및 숨기기를 클릭한다. 또는 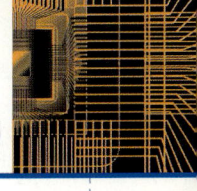 아이콘을 클릭한다.

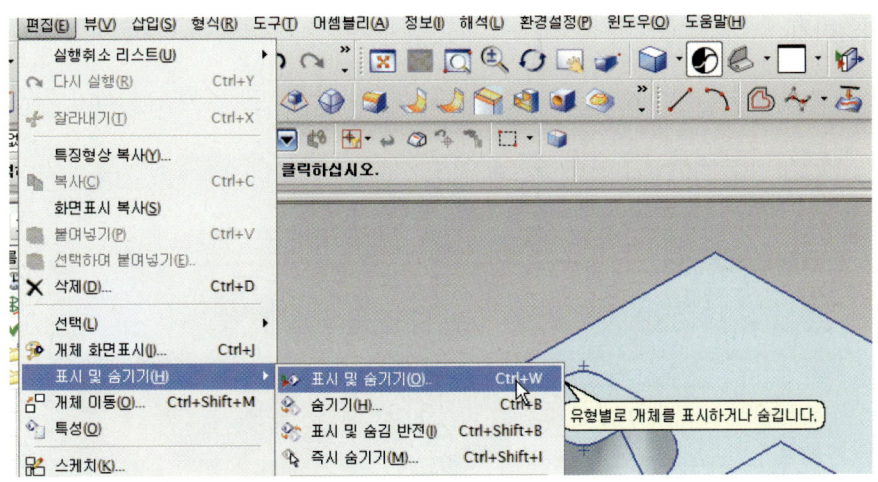

2) 유형 전체에서 숨기기 ①을 클릭한다.

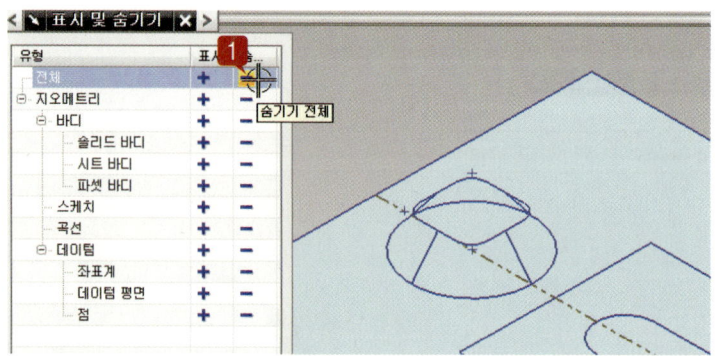

3) 바디에서 솔리드 바디 ②를 클릭한다.

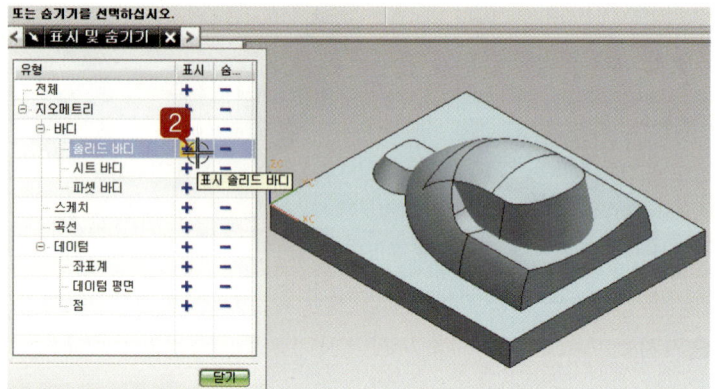

12 결합하기

1) 아이콘 ①을 클릭하고 타겟 바디 ①을 선택하고 공구바디 ②, ③, ④를 클릭하고 확인한다.

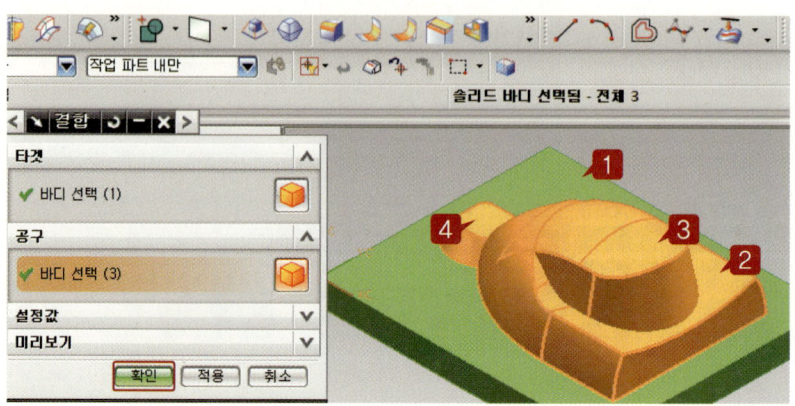

CHAPTER 2 | 모델링 따라하기

13 돌출하기

1) MB3 버튼을 길게 눌러서 와이어 프레임으로 바꾸고  아이콘을 클릭하여 스케치 표시 ①을 클릭한다.

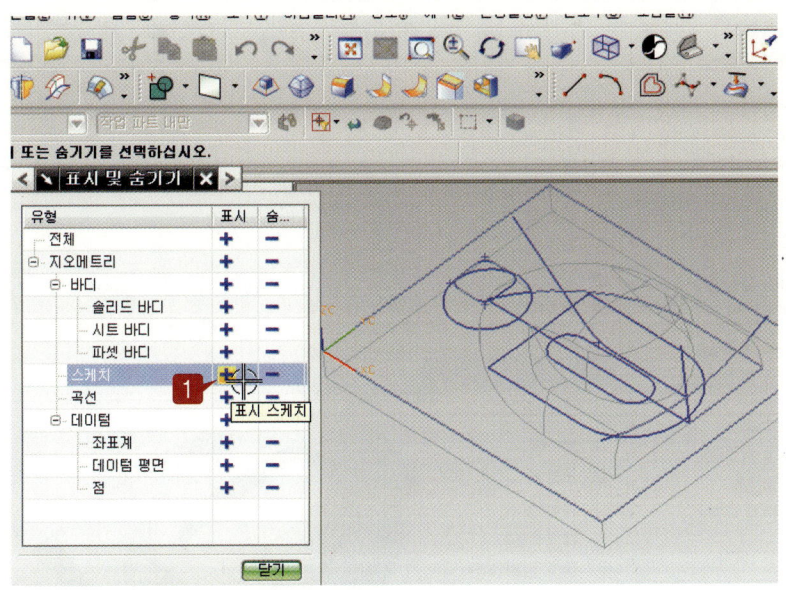

2) 돌출( ) 아이콘을 클릭한다. 연결된 곡선 선택하고 단면에서 곡선선택 ①을 클릭하고 한계에서 시작 값 20, 끝 값 30을 입력하고 부울에서 빼기로 하고 바디선택 ②를 선택한다. 구배는 시작한계에서 –15도 입력 후 확인한다.

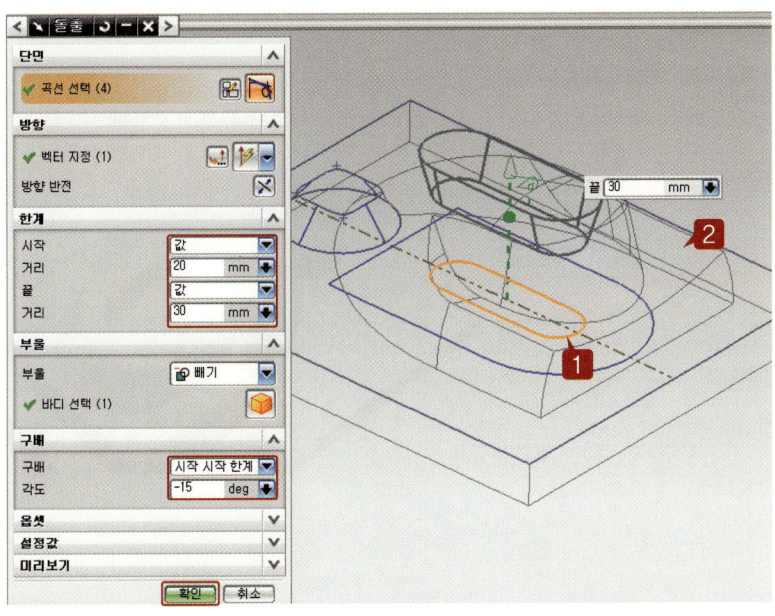

14 구 작성하기

1) 그림처럼 삽입에서 특징형상 설계에서 구을 클릭한다.

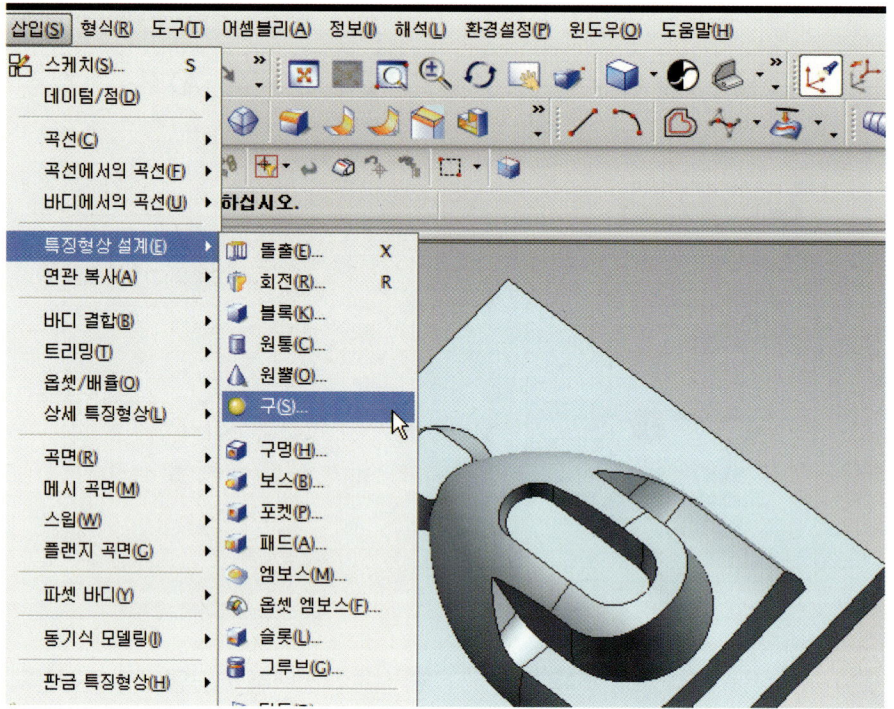

2) 유형은 중심점과 직경으로 하고 치수직경 20을 입력하고 점 지정에서 점 생성자 ①을 클릭한다.

CHAPTER 2 | 모델링 따라하기

3) 유형은 추정 점으로 좌표는 절대로 하고 도면을 보고 좌표 값을 그림과 같이 입력하고 확인한다.

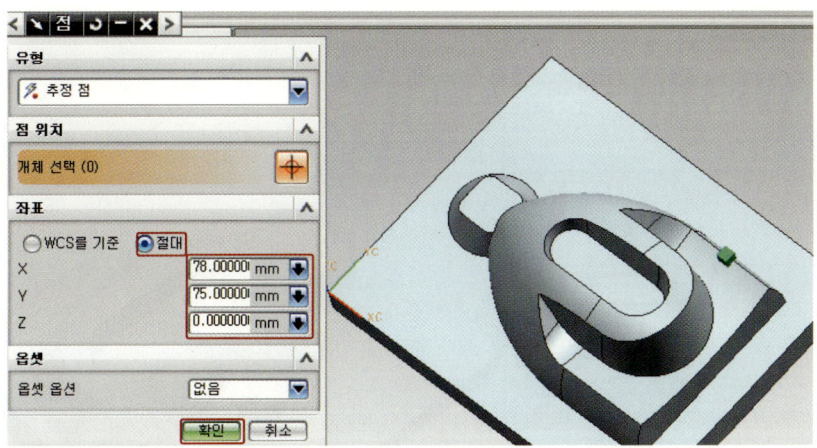

4) 부울에서 결합으로 하고 바디선택 ①을 하고 적용한다. 다시 점 생성자 ②를 클릭한다.

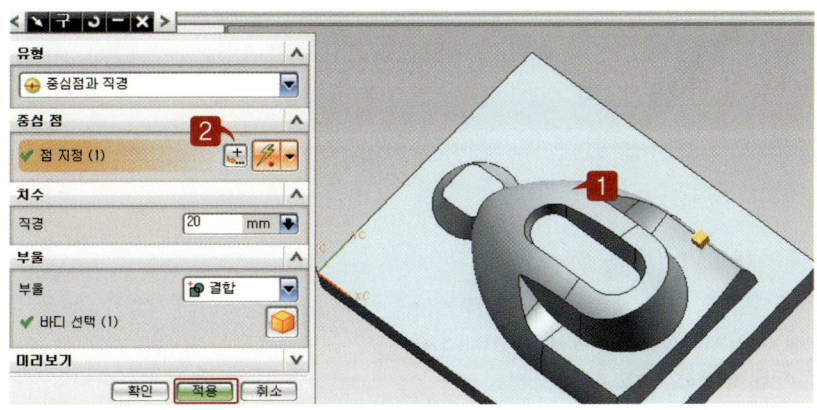

5) 좌표는 절대로 하고 도면을 보고 좌표 값을 그림과 같이 입력하고 확인한다.

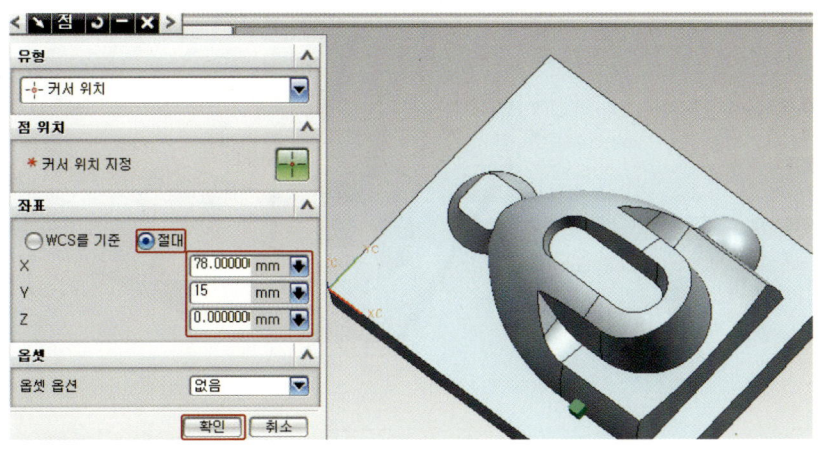

6) 부울에서 결합으로 하고 바디선택 ①을 하고 확인한다.

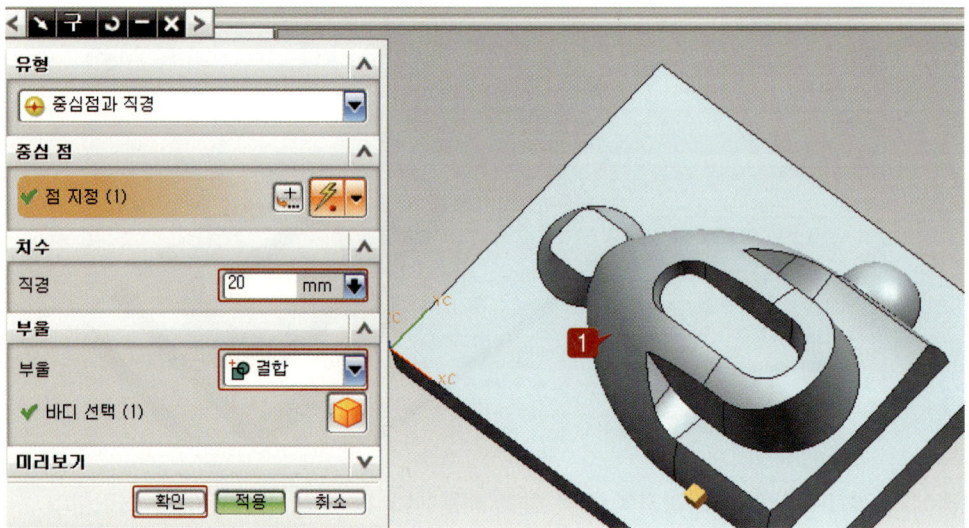

15. 필렛(라운드) 작성하기

1) 블렌드 모서리 아이콘 ①을 클릭한다. 접하는 곡선으로 하고 R10값 입력 후 블렌드 모서리 ② 와 ③을 클릭하고 적용한다.

CHAPTER 2 | 모델링 따라하기

2) R값 1을 입력 후 블렌드 모서리 ④를 클릭하고 적용한다.

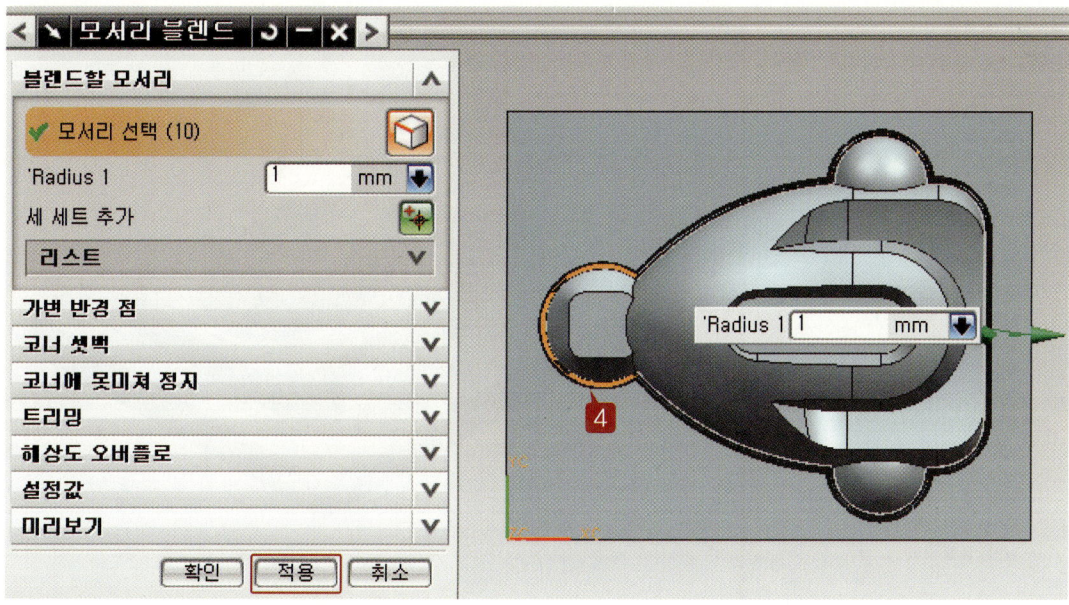

3) R값 2을 입력 후 블렌드 나머지 모서리 전체를 클릭하고 확인한다.

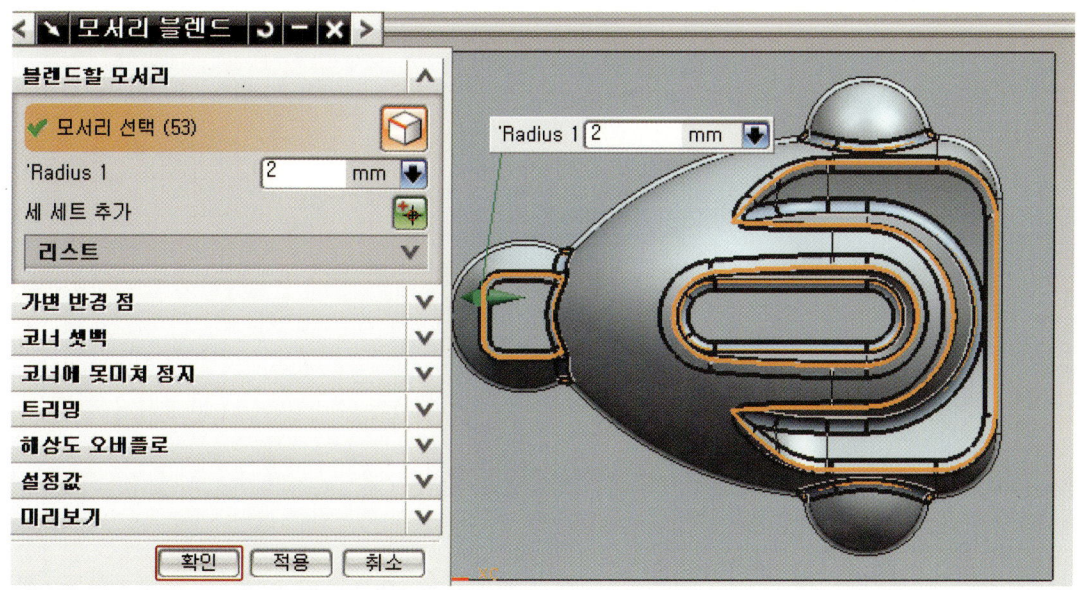

4) 아래 그림은 완성된 모델링 그림이다.

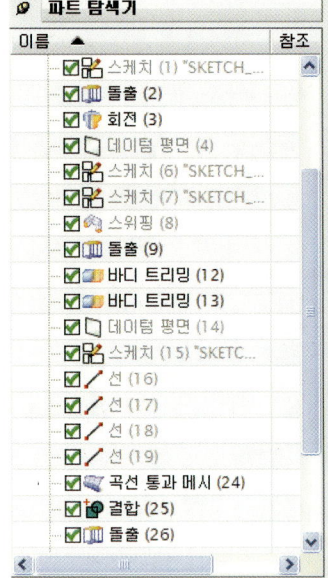
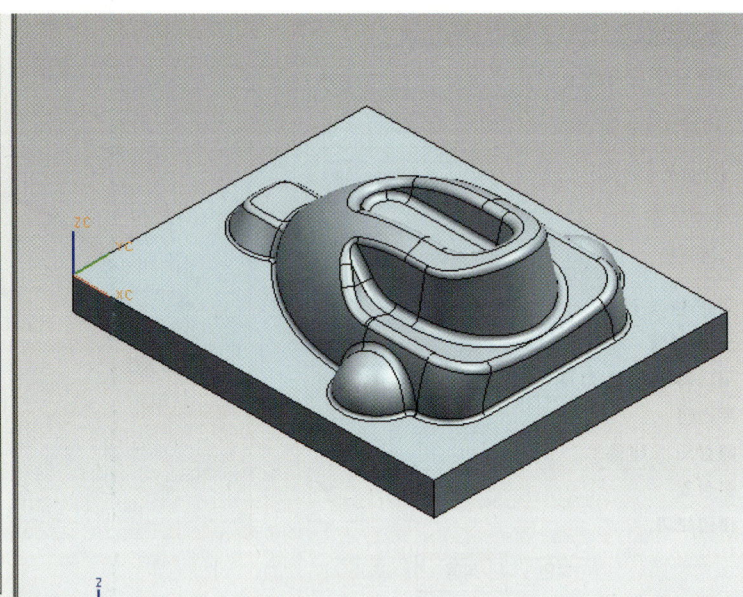

6 컵모양 모델링 따라하기

| 도면명 | UG 모델링작업 ⑥ | 척 도 | NS |

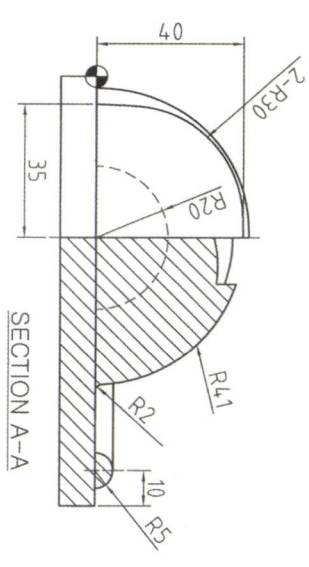
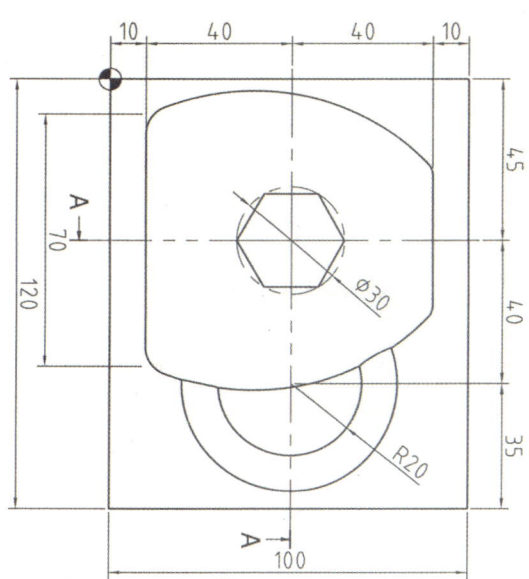
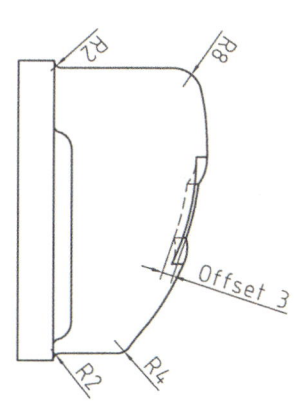

01 평면도 스케치 작성하기

1) 새로 만들기( ) ①(Ctrl +N)를 실행한다.
2) 스케치(Sketch)( ) ②를 선택한다.

3) 기본적으로 평면도(XY)평면이 설정하고 확인한다.

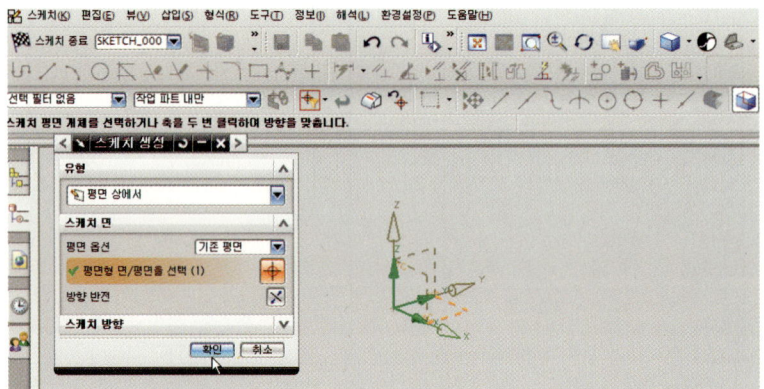

4) 직사각형(Rectangle)( ) ①을 선택한다. 그림에서와 같이 2점으로(by 2point)하여 원점 (0,0)에서 시작하는 임의에 직사각형을 그린다.

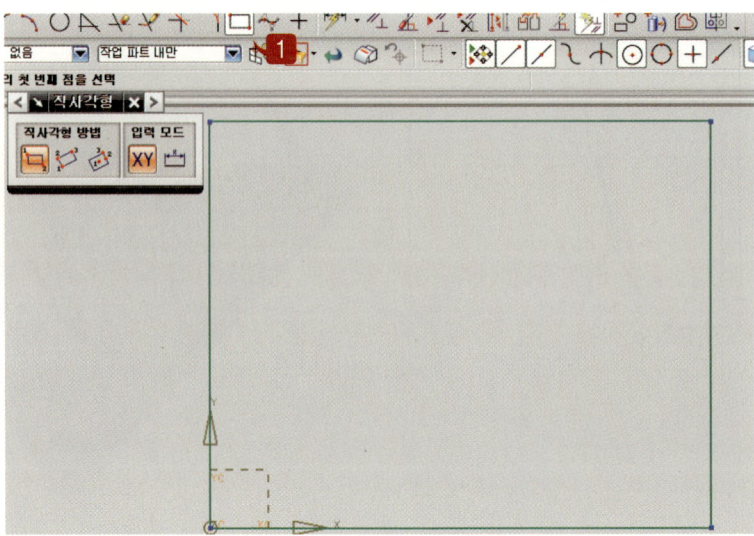

CHAPTER 2 | 모델링 따라하기

5) 치수기입 아이콘 ①을 이용하여 치수기입 후 선 아이콘 ②를 이용하여 스냅 중간점 ③을 클릭하고 마우스를 중간에 놓으면 스냅 중간점 생성될 때 클릭하여 중심 수평선선을 생성한다. 스냅 끝점을 확인하면서 수직선을 생성하고 원 ④를 이용하여 스냅 교차점을 활용하여 원을 생성한다. 참조변환 ⑤를 클릭하여 참조선으로 변환한다.

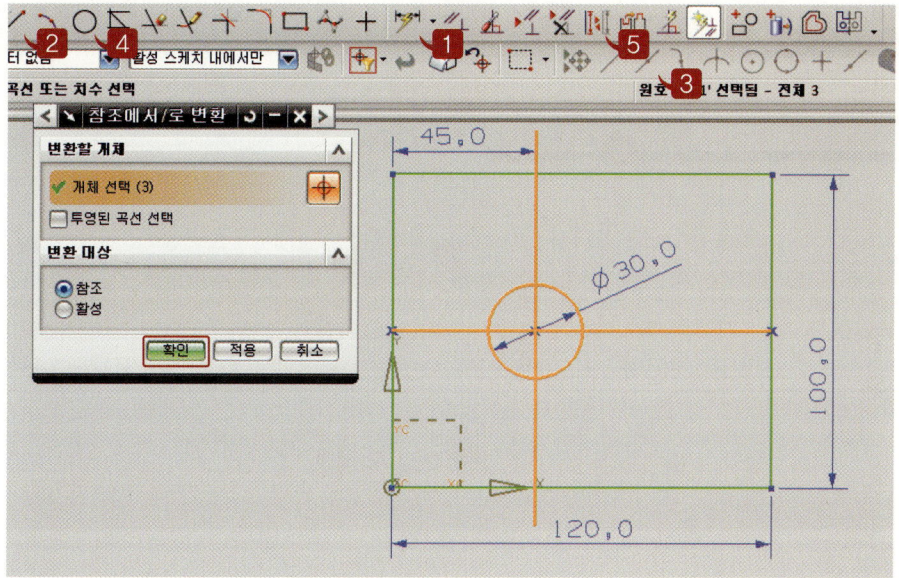

6) 프로파일 ①을 이용하여 그림처럼 스냅 곡선 상의 점 ②와 끝점 ③을 활용하여 육각형을 생성한다.

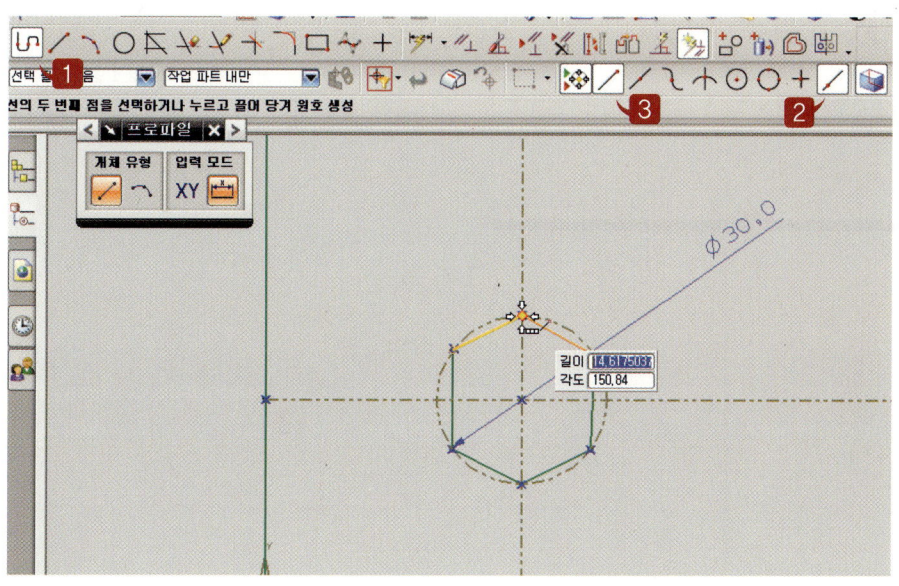

7) 구속조건 ①을 클릭하여 ②와 ③, ③과 ④, ④와 ⑤, ⑤와 ⑥, ⑥과 ⑦을 같은 길이 ⑧을 구속한다.

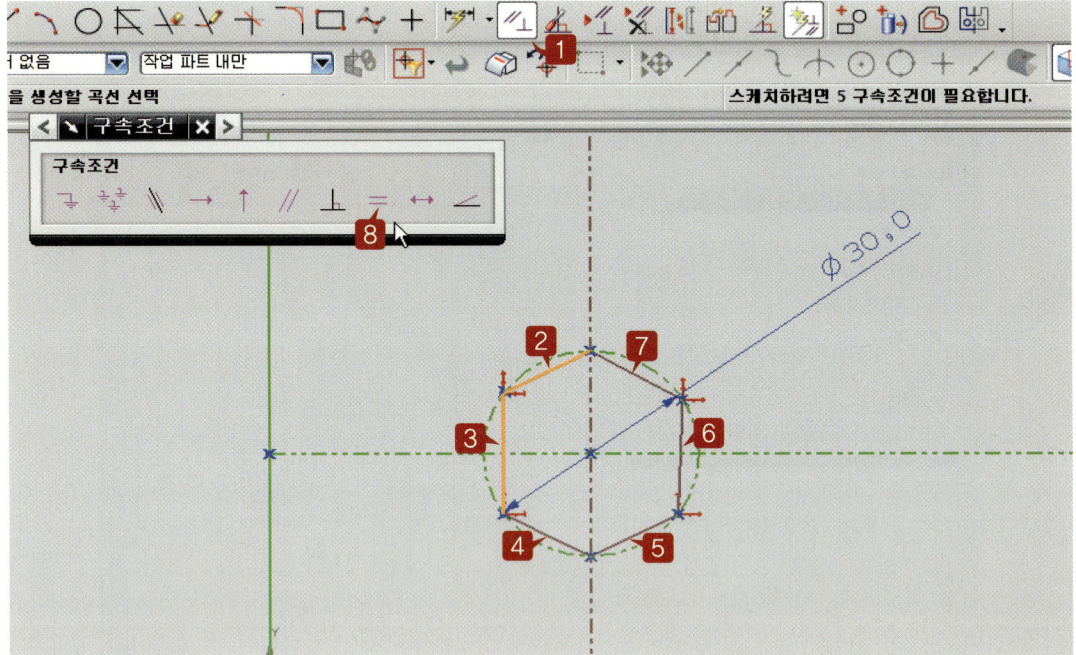

8) 선 ⑥을 클릭하고 수직 구속조건 ①을 클릭한다.

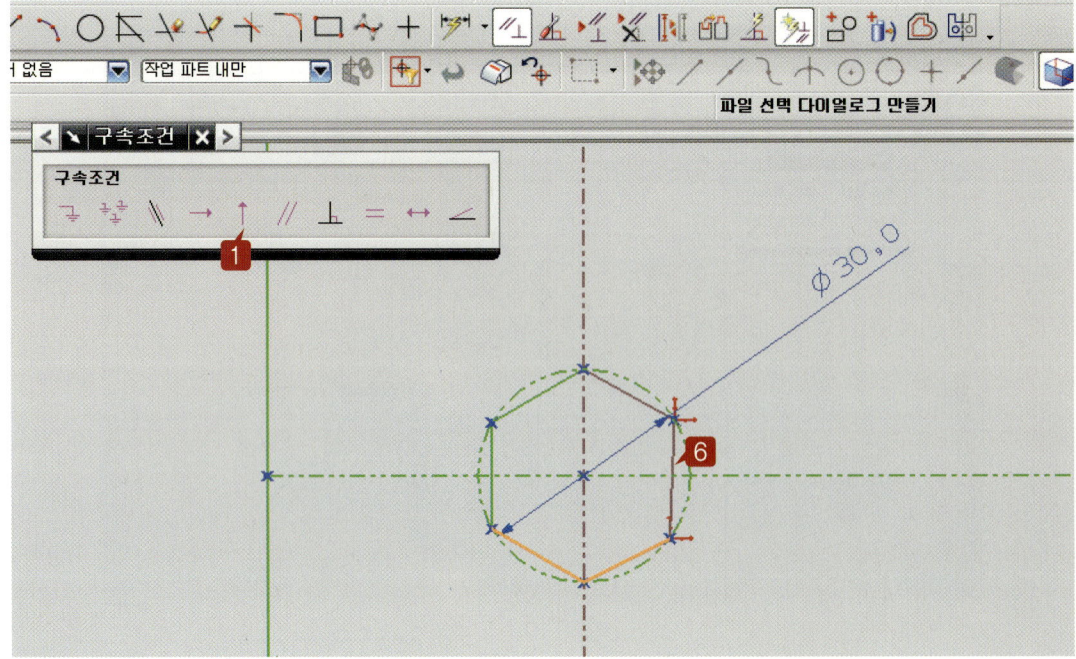

CHAPTER 2 | 모델링 따라하기

9) 원 아이콘 ①을 클릭하여 그림처럼 스케치하고 추정치수 ②를 이용하여 치수기입을 하고 스케치 종료 한다.

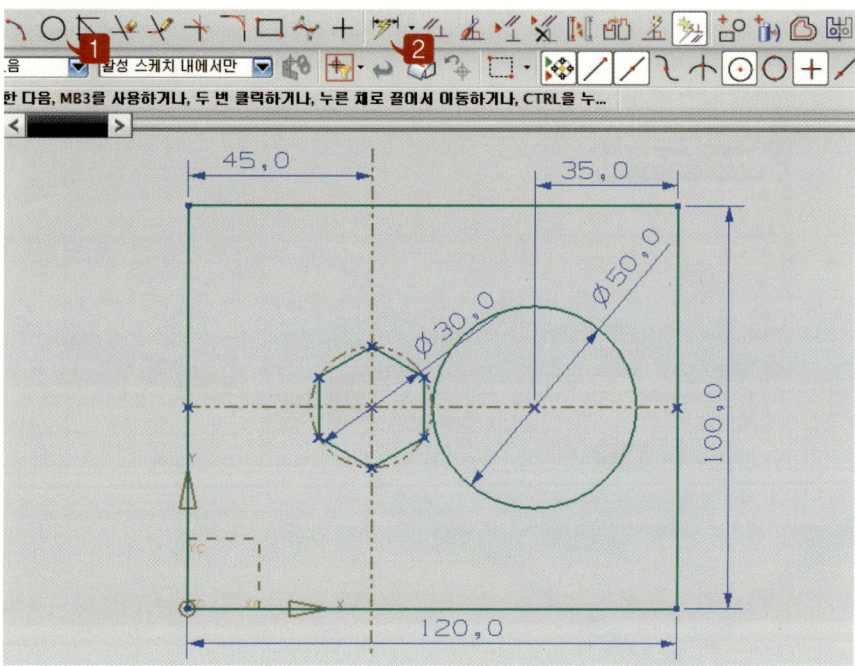

02 돌출 작성하기

1) 돌출( ) 아이콘 ①을 선택하고 연결된 곡선 ②를 클릭하고 단면 곡선 ③을 선택하고 한계에서 끝 거리 값 -10을 입력하고 확인한다.

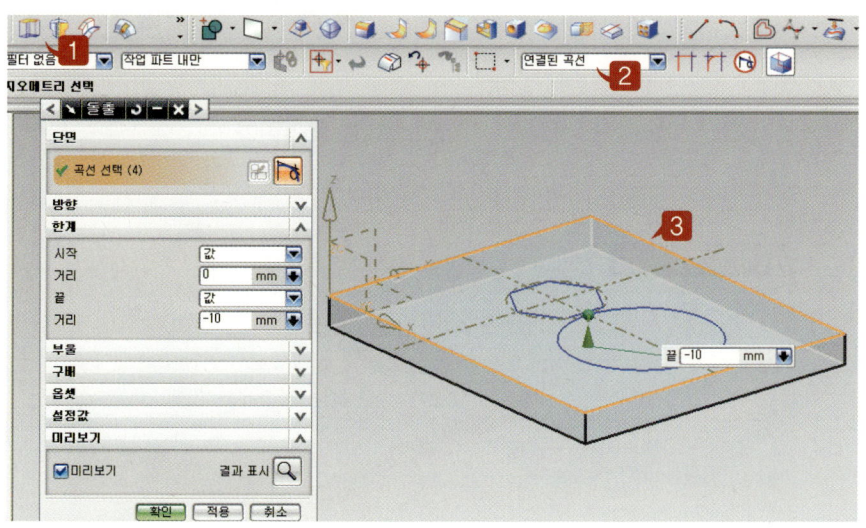

03 메시 곡면 작성하기

1) 데이텀 평면 ①을 클릭하고 유형을 거리로 하고 평면참조 ②를 선택하고 옵셋 거리 -10입력하고 적용한다.

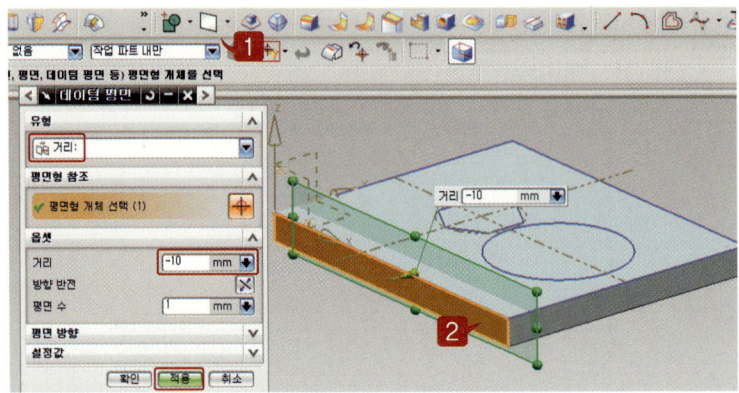

2) 다시 평면참조 ①을 선택하고 옵셋 거리 -50입력하고 적용한다.

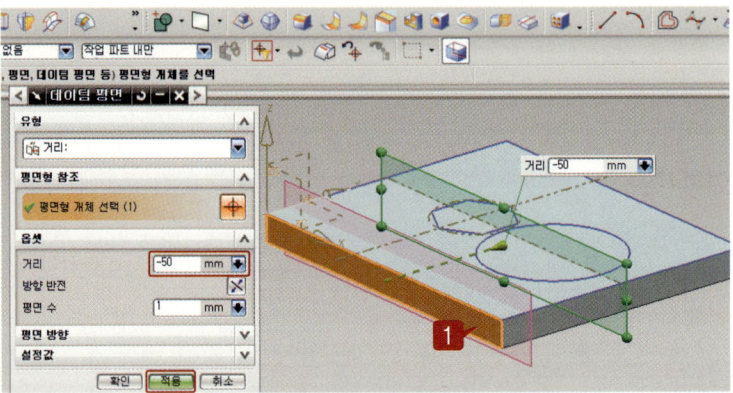

3) 다시 평면참조 ①을 선택하고 옵셋 거리 -90입력하고 확인한다.

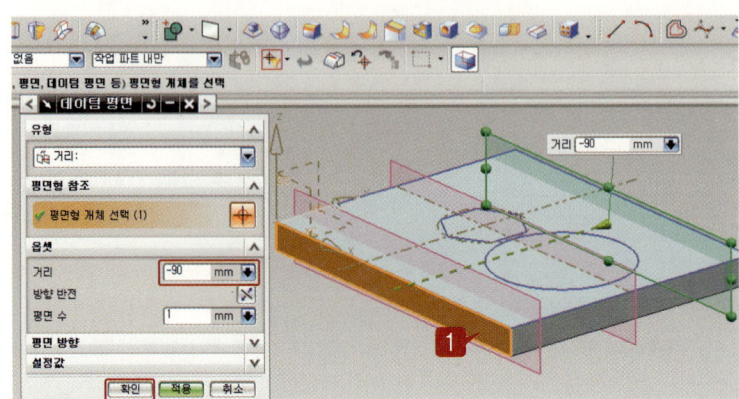

CHAPTER 2 | 모델링 따라하기

4) 스케치( ) 아이콘을 클릭하고 유형은 평면상에서 스케치 면은 데이텀 평면을 ①클릭하고 확인한다.

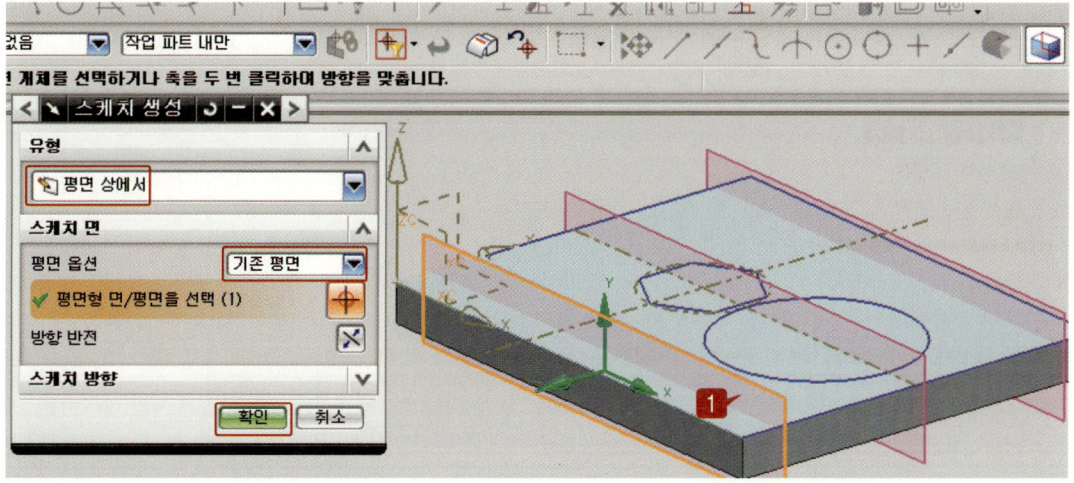

5) 직사각형 아이콘 ①을 이용하여 스냅 곡선상의 점( ) ②가 표시될 때 모서리을 선택하여 그림과 같이 스케치를 생성한다.

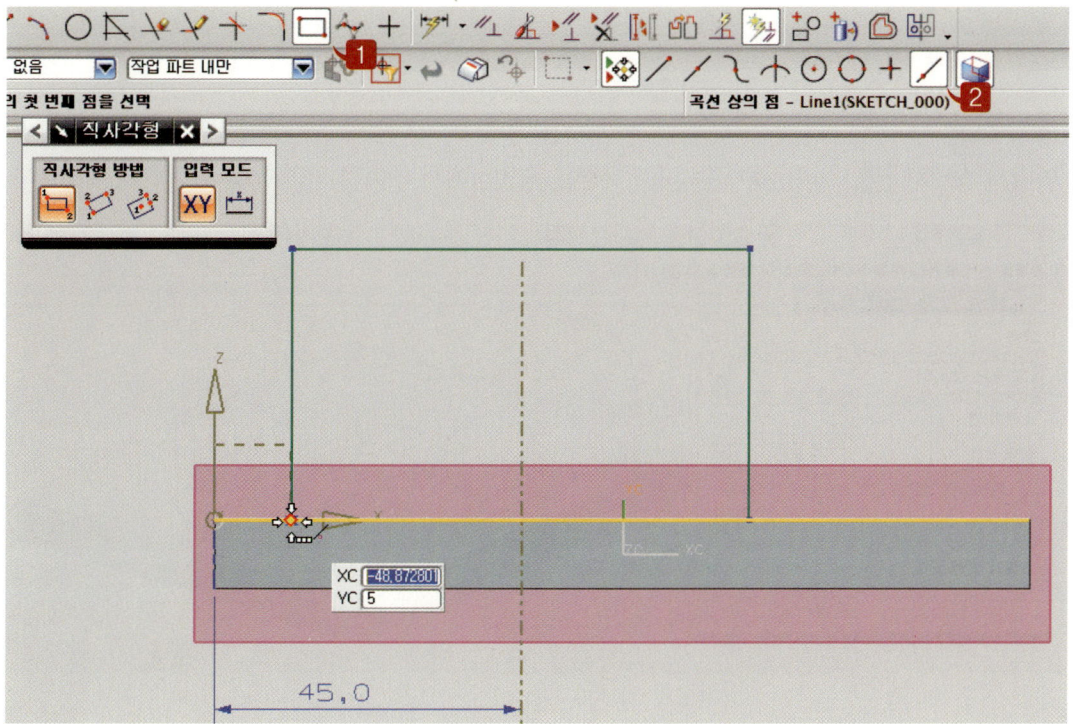

6) 추정치수 아이콘 ①을 이용하여 그림처럼 치수를 기입하고 필렛 아이콘 ②이용하여 반경30을 입력하고 양쪽 모서리 을 필렛한다. 스케치 종료을 한다.

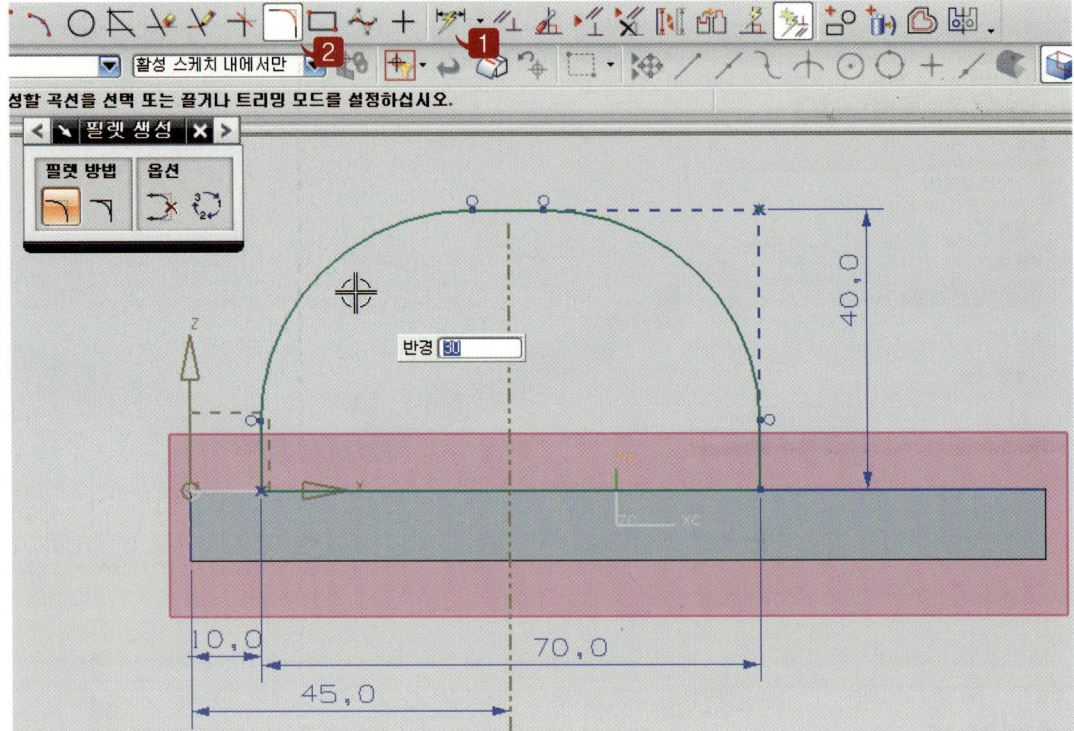

7) 다시 스케치( ) 아이콘을 클릭하고 유형은 평면상에서 데이텀 평면 ①을 클릭하고 확인한다.

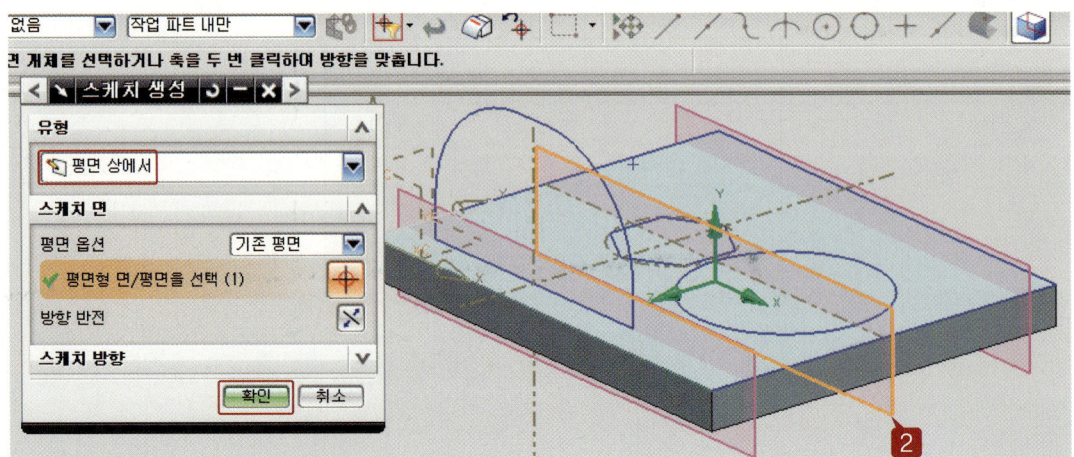

CHAPTER 2 | 모델링 따라하기

8) 원 아이콘 ①을 선택하고 스냅 교차점 ②를 이용하여 원을 생성한다.

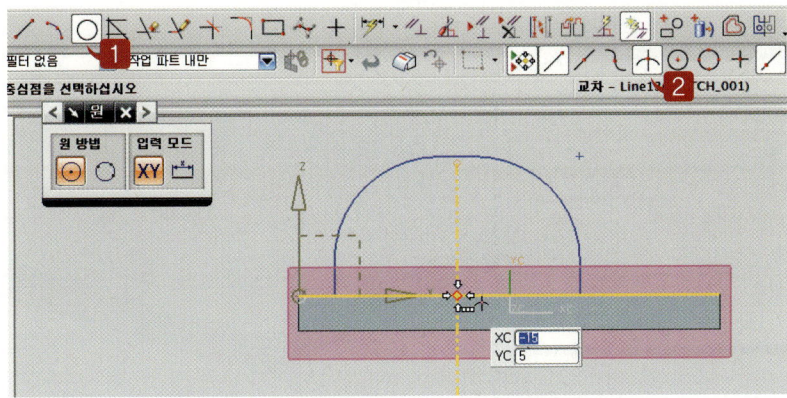

9) 원의 치수를 기입하고 프로파일 ①을 이용하여 스냅 사분점 ②를 이용하여 선을 연결한다.

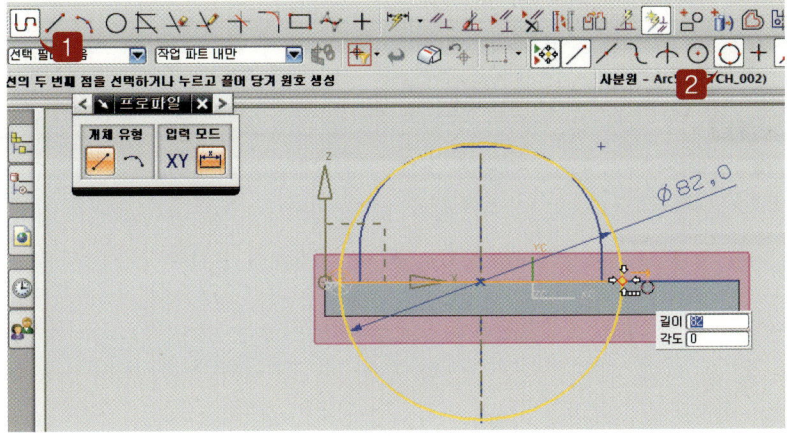

10) 빠른 트리밍 ①을 이용하여 곡선 ②를 클릭하고 기입하고 스케치 종료 한다.

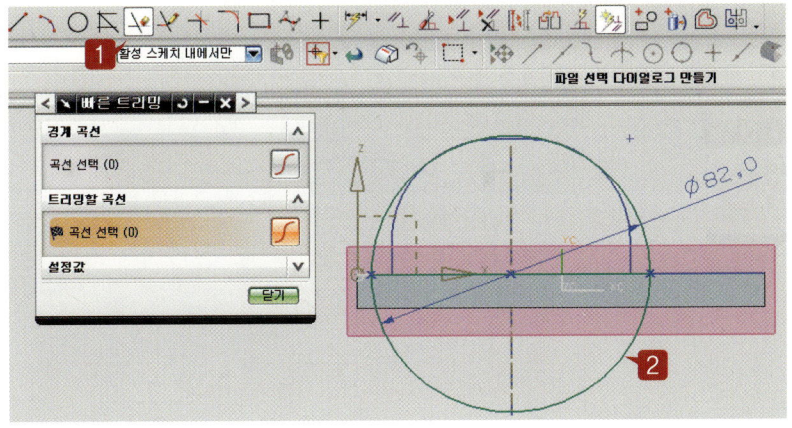

11) 다시 스케치( ) 아이콘을 클릭하고 유형은 평면상에서 데이텀 평면 ①을 클릭하고 확인한다.

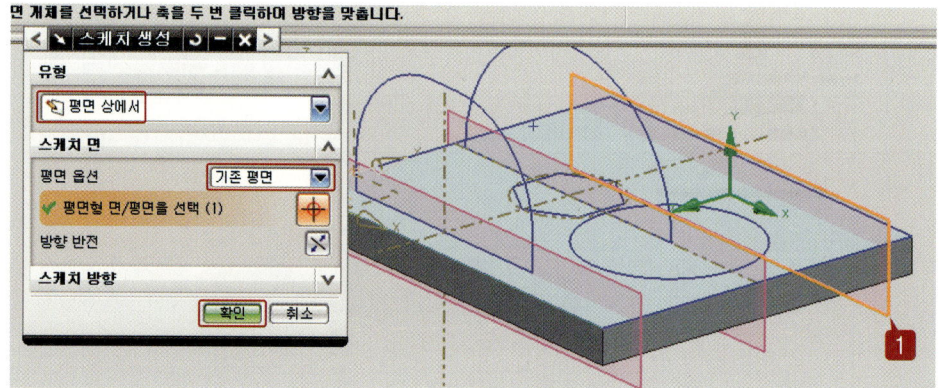

12) 원 아이콘 ①을 이용하여 스냅 교차점 ②를 활용하여 중심점 원을 그리고 치수기입을 한다.

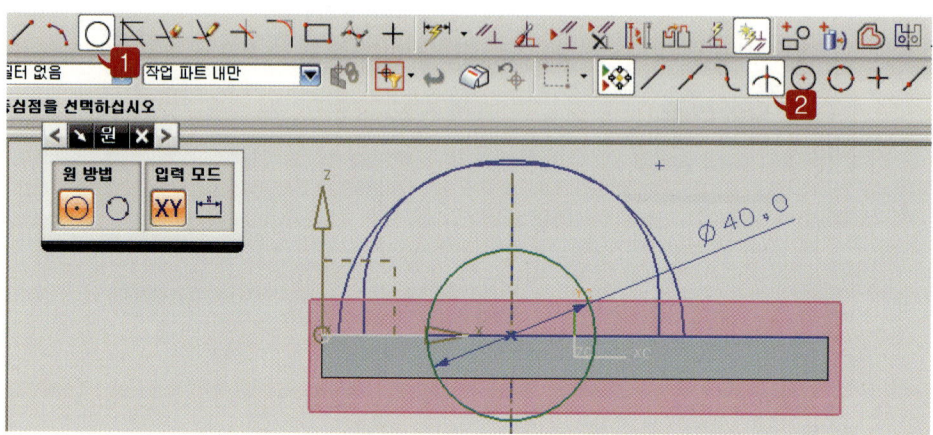

13) 선 아이콘 ①을 이용하여 스냅 사분점 ②를 이용하여 선을 연결한다.

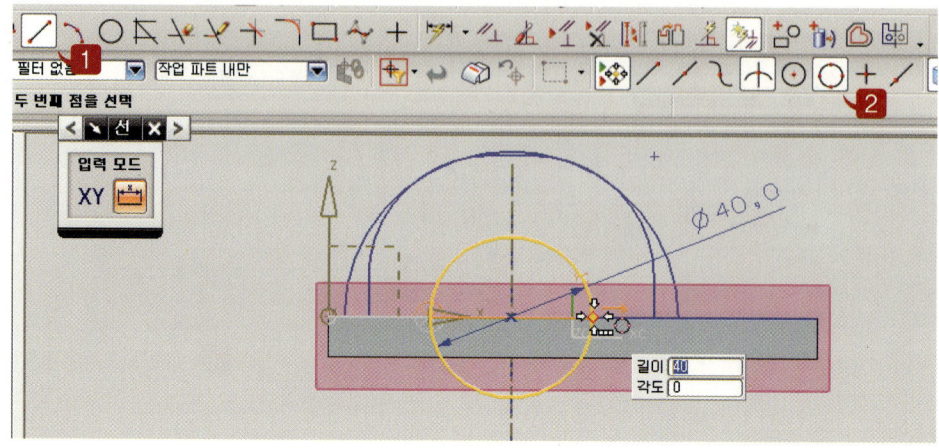

CHAPTER 2 | 모델링 따라하기

14) 빠른 트리밍 ①을 이용하여 곡선 ②를 클릭하고 기입하고 스케치 종료 한다.

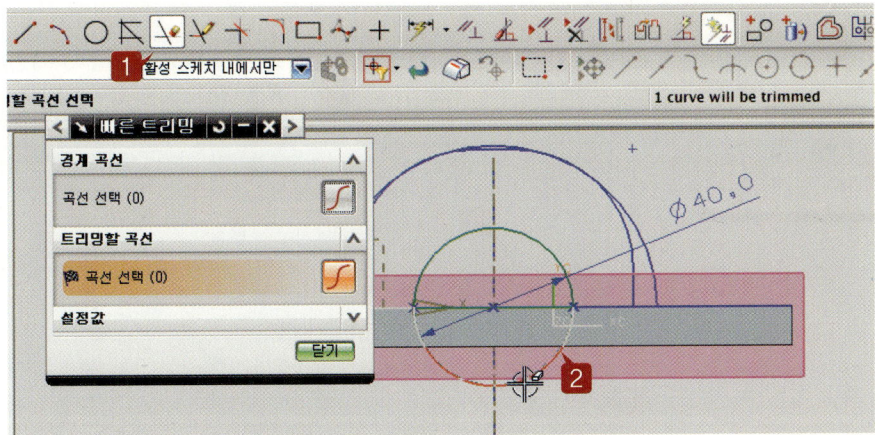

15) 그림처럼 데이텀 평면 을 클릭하고 MB3을 클릭하여 숨기기 한다.

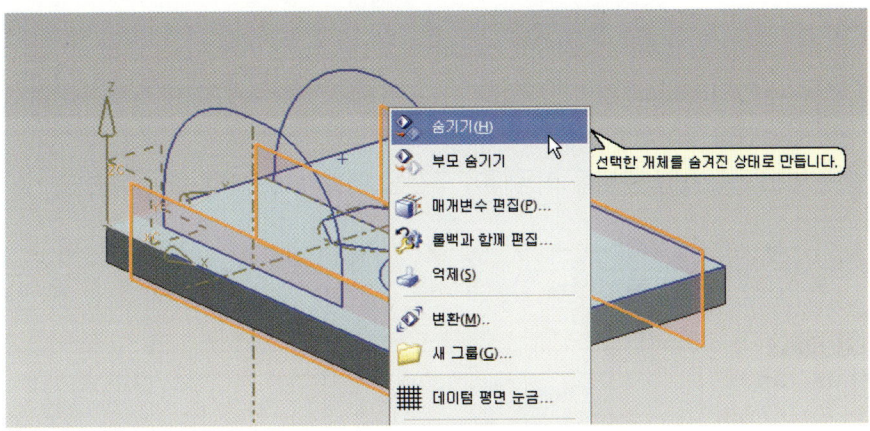

16) 다시 스케치( ) 아이콘을 클릭하고 평면상에서 스케치 평면 ①을 클릭하고 확인한다.

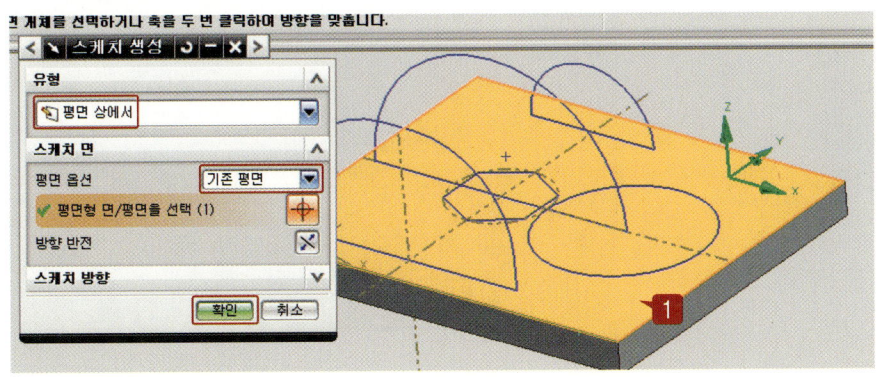

17) 원호 아이콘 ①을 이용하여 스냅 끝점 ②를 이용하여 ③, ④, ⑤ 순서로 곡선을 연결한다.

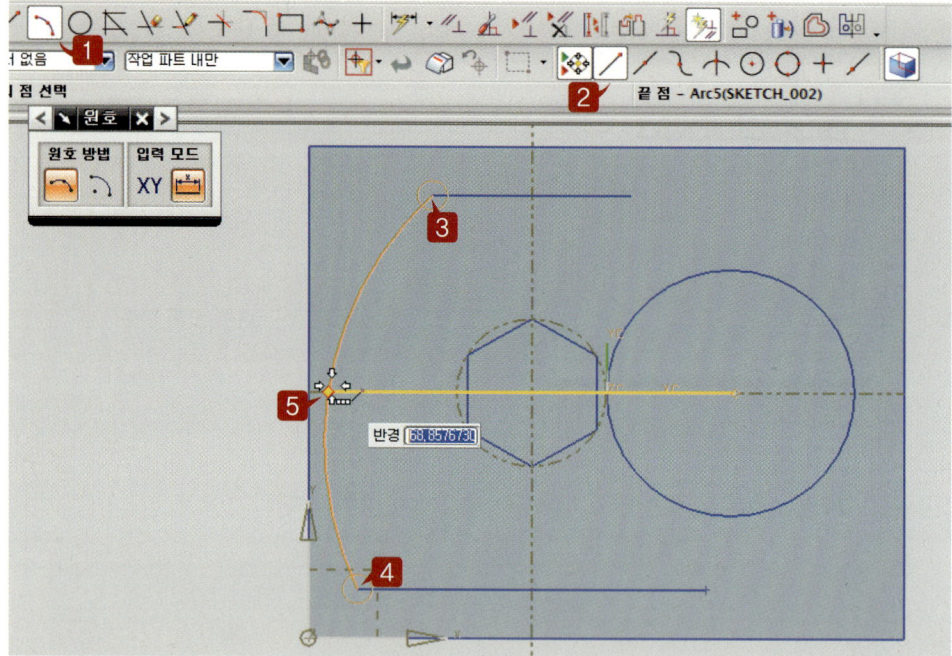

18) 다시 같은 방법으로 스냅 끝점을 이용하여 곡선을 연결하고 스케치를 종료한다.

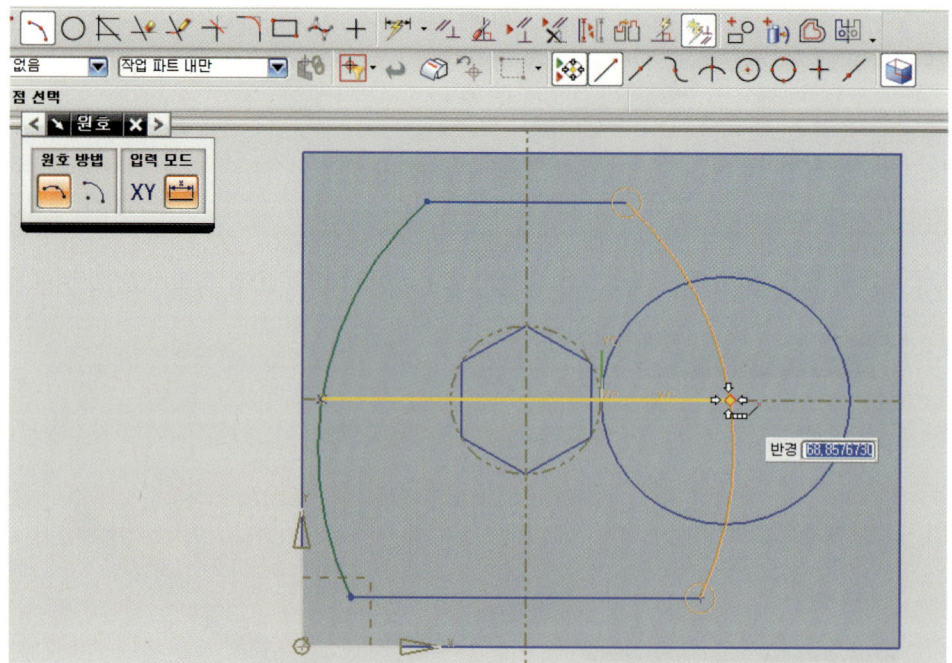

19) 삽입에 메시 곡면에 곡선 통과 메시(곡선 통과 메시(M)...)를 클릭한다. 접하는 곡선에서 교차에서 정지로 하고 기본곡선 ①을 선택하고 MB2클릭한다.

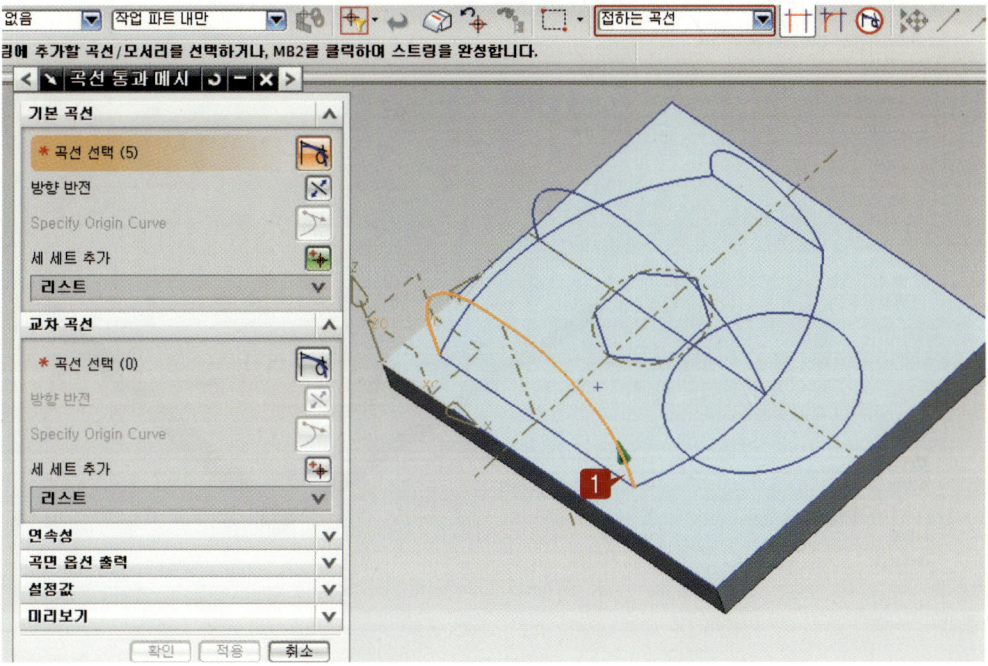

20) 기본곡선 ②를 선택하고 MB2클릭한다. 여기서 방향이 같은 방향으로 확인한다.

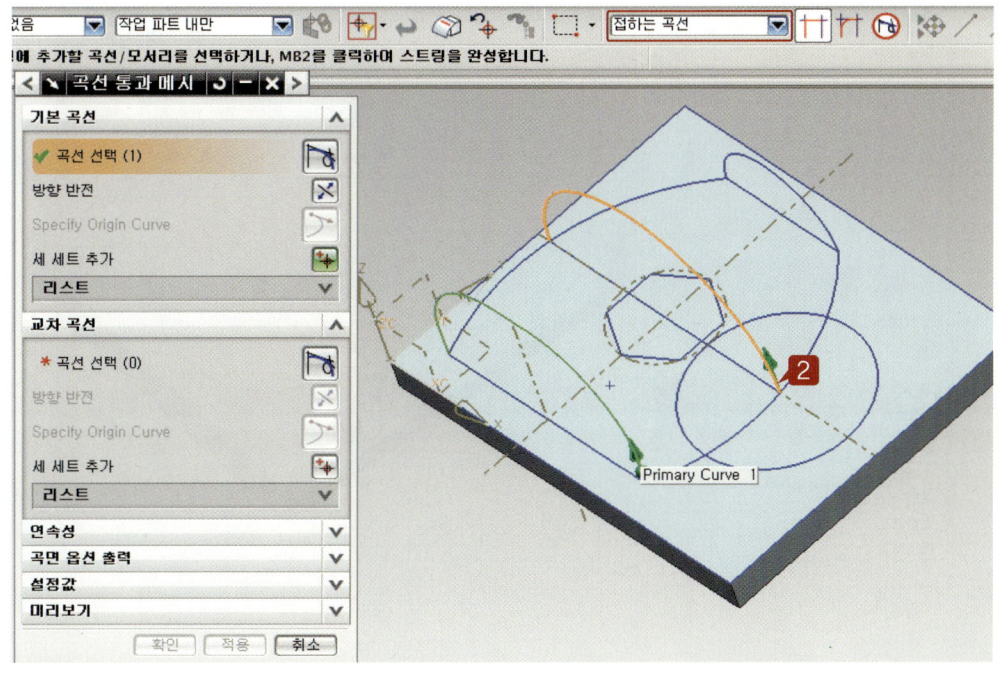

21) 다시 기본곡선 ③을 선택하고 MB2클릭한다. 여기서 방향이 같은 방향으로 확인한다.

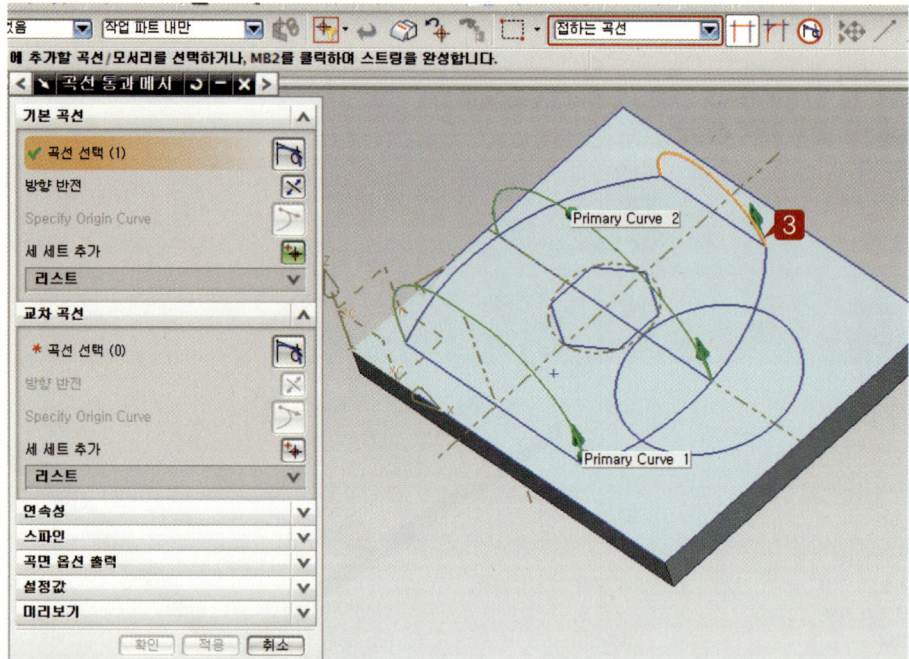

22) 교차곡선으로 탭을 선택하고 곡선 ①을 선택하고 MB2클릭한다.

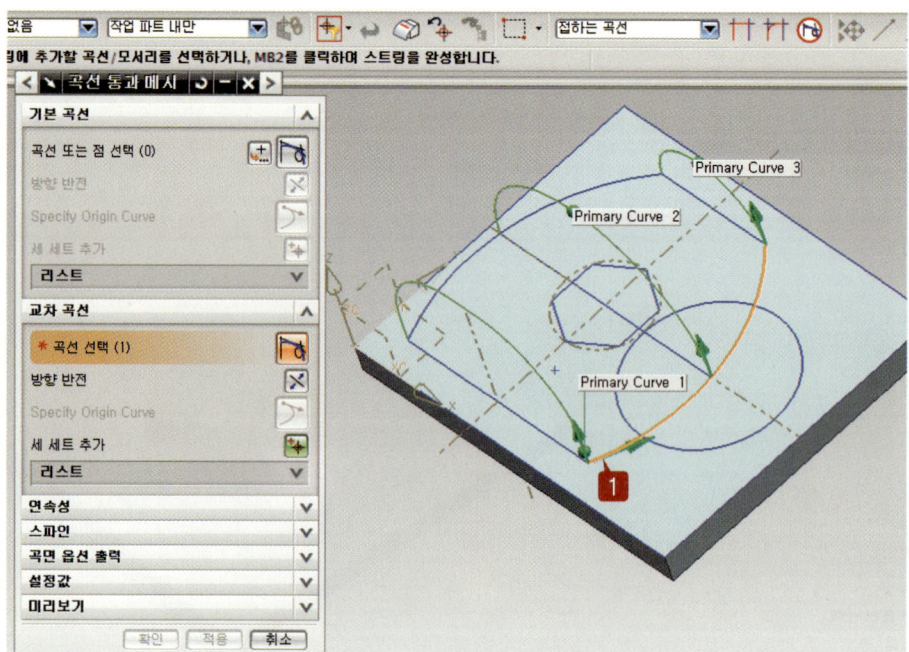

CHAPTER 2 | 모델링 따라하기

23) 다시 곡선 ②를 선택하고 MB2클릭한다. 여기서 방향이 같은 방향으로 확인한다.

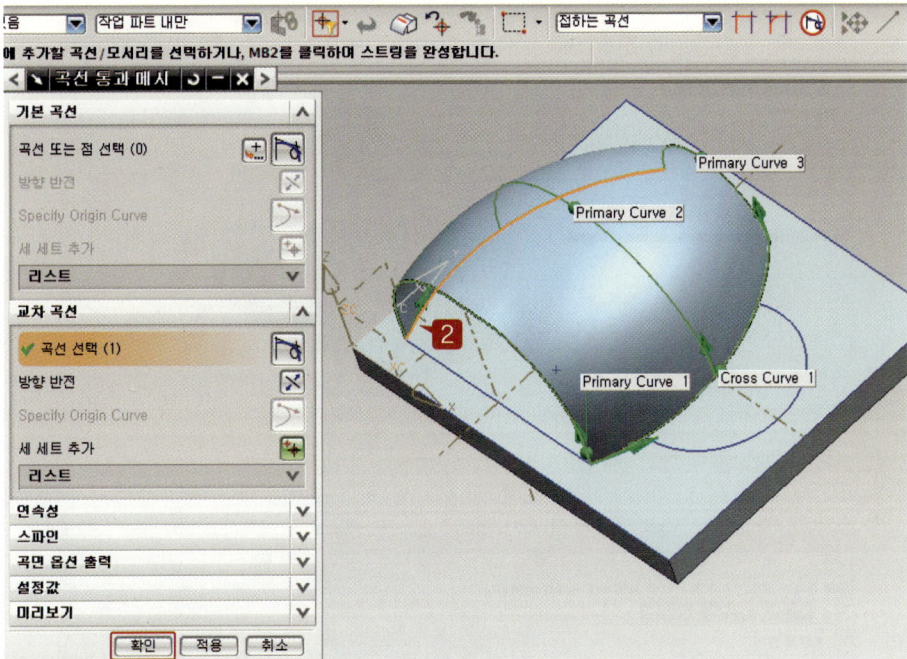

04 경계평면 작성하기

1) 베이스 면 ①을 클릭하고 MB3을 클릭하여 숨기기 한다.

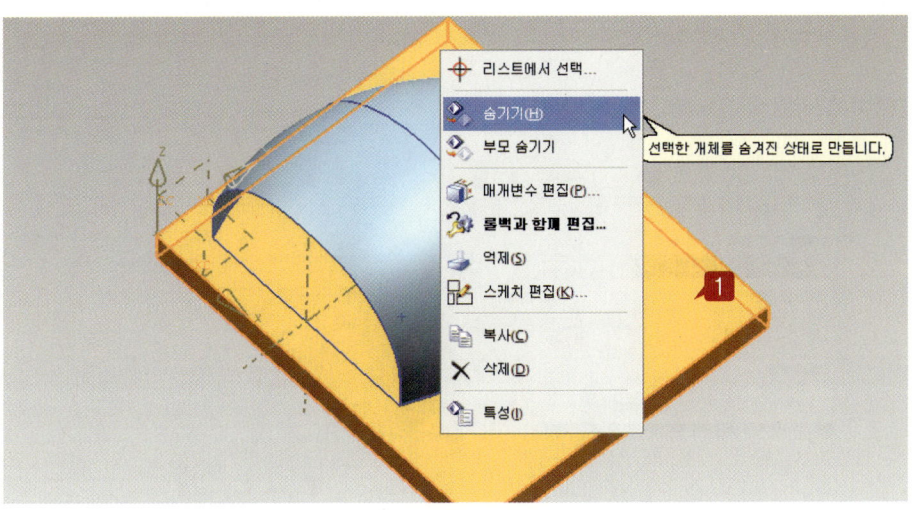

2) 삽입에 곡면에 경계평면(경계 평면(B)...)을 클릭한다. 단면곡선 ①을 클릭하고 적용한다.

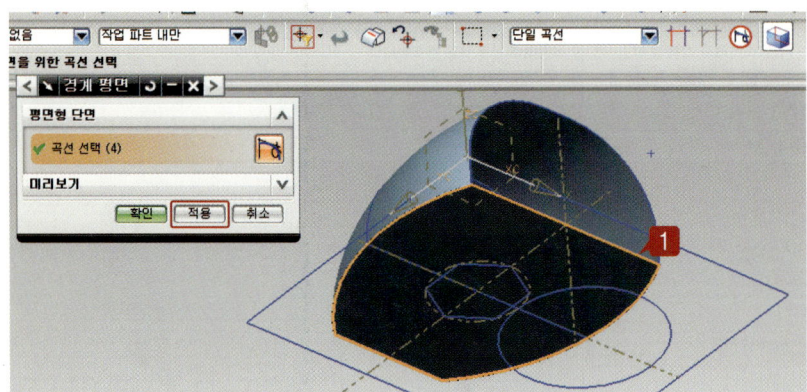

3) 다시 단면곡선 ②를 클릭하고 적용한다.

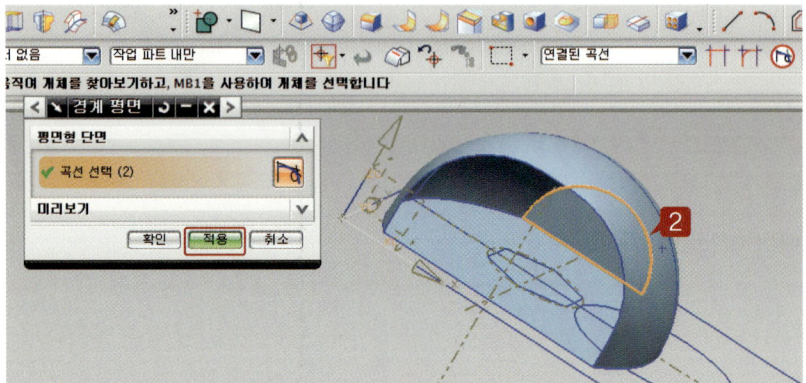

4) 다시 단면곡선 ③을 클릭하고 확인한다.

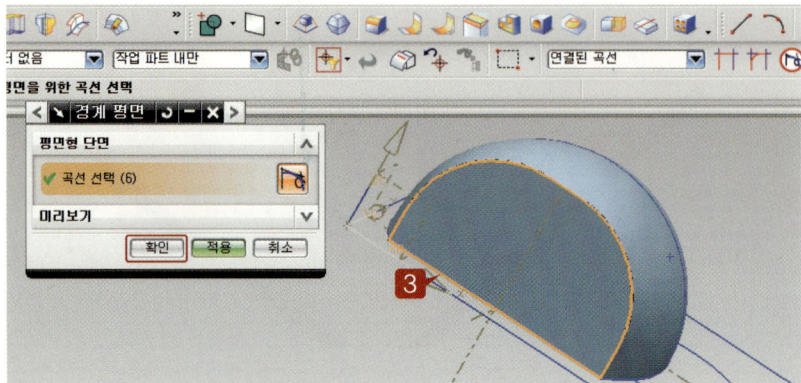

CHAPTER 2 | 모델링 따라하기

5) 삽입에 곡면에 바디결합(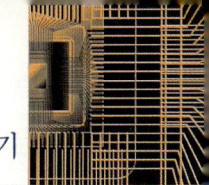)을 클릭한다. 타겟 바디 ①을 선택하고 공구바디 ②, ③, ④를 선택하고 확인한다.

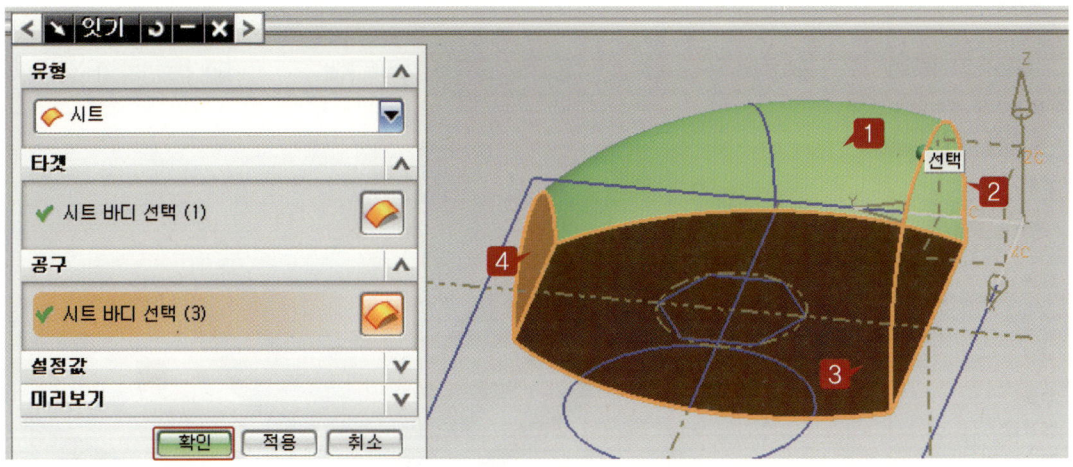

6) 표시 및 숨기기 아이콘 ①을 클릭한다. 스케치 ②를 표시한다.

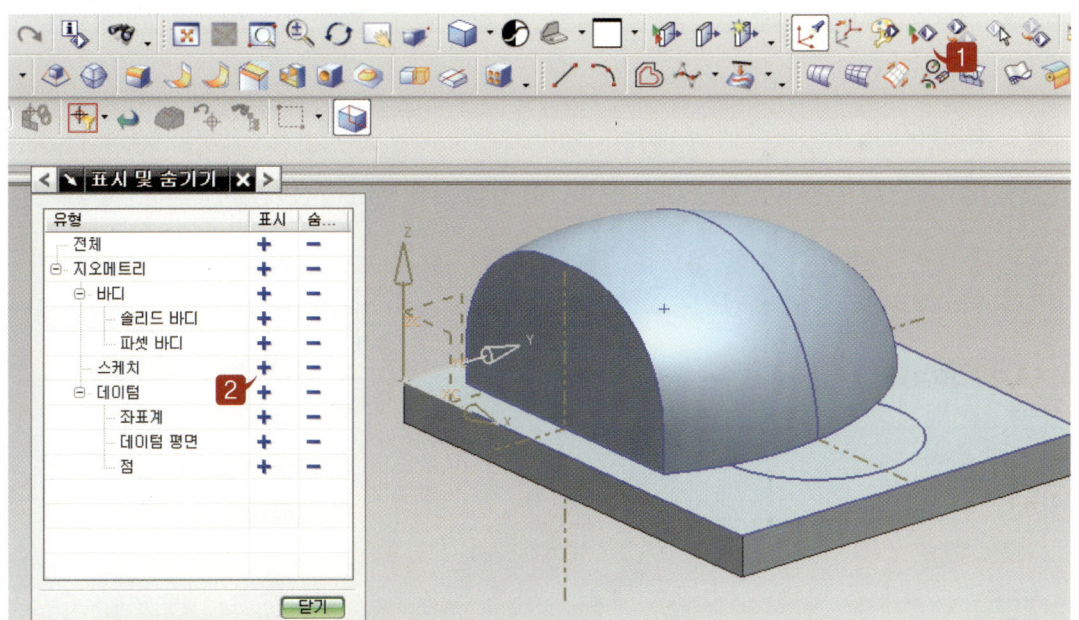

05 튜브 작성하기

1) 삽입에 스윕에 관(관(T)...)을 클릭한다. 외경 10mm입력 후 경로 곡선 ①을 클릭하고 확인한다.

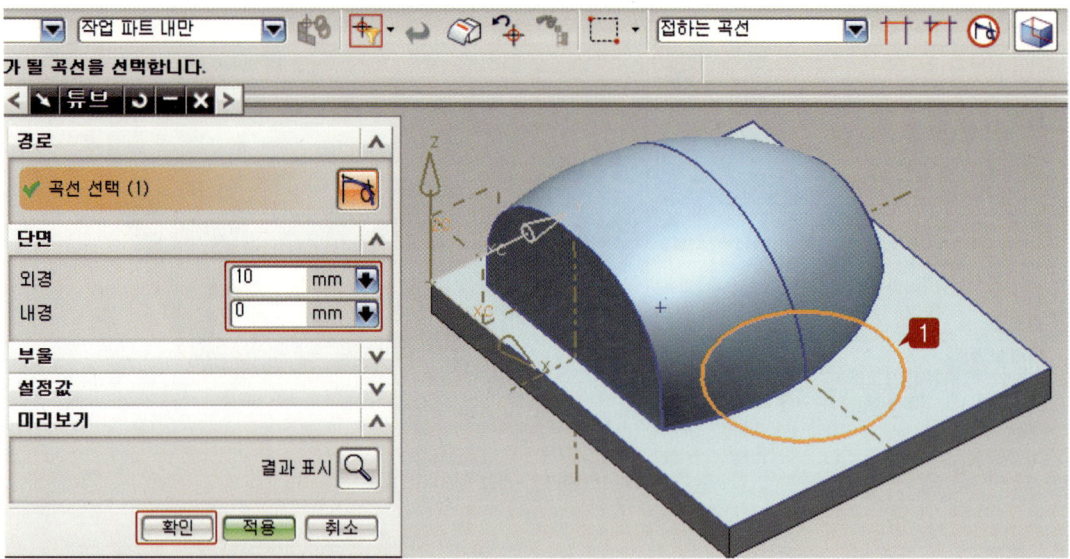

06 결합하기

1) 결합 아이콘 ①을 클릭하고 타겟 바디 ②를 선택하고 공구 바디 ③과 ④를 선택하고 확인한다.

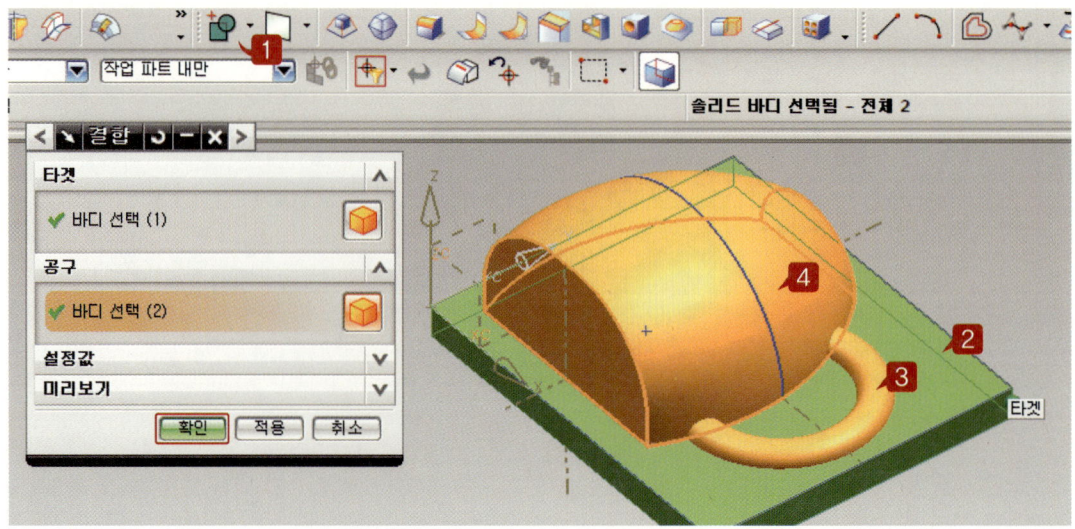

CHAPTER 2 | 모델링 따라하기

07 포켓 작업하기

1) 삽입에 특징형상설계에 포켓( 포켓(P)...)을 클릭한다. 일반 ①을 클릭하고 확인한다.

2) 선택단계 첫 번째 배치 면( )을 선택하고 면①을 선택한다.

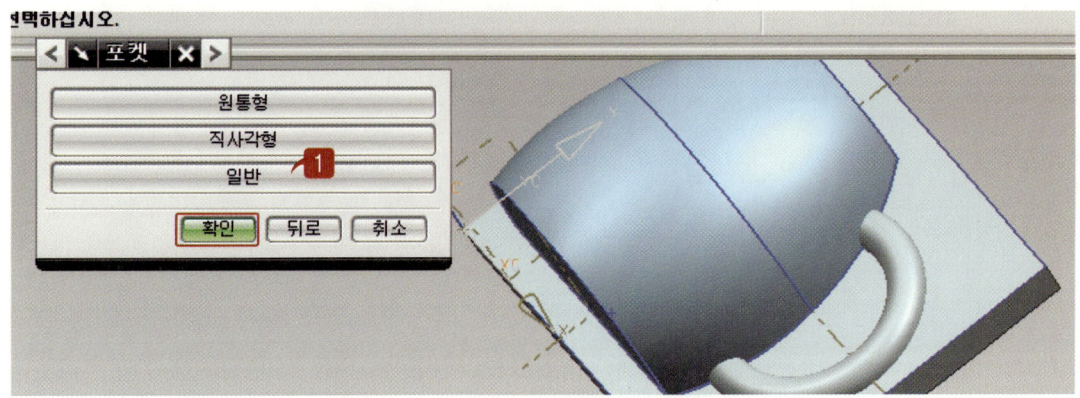

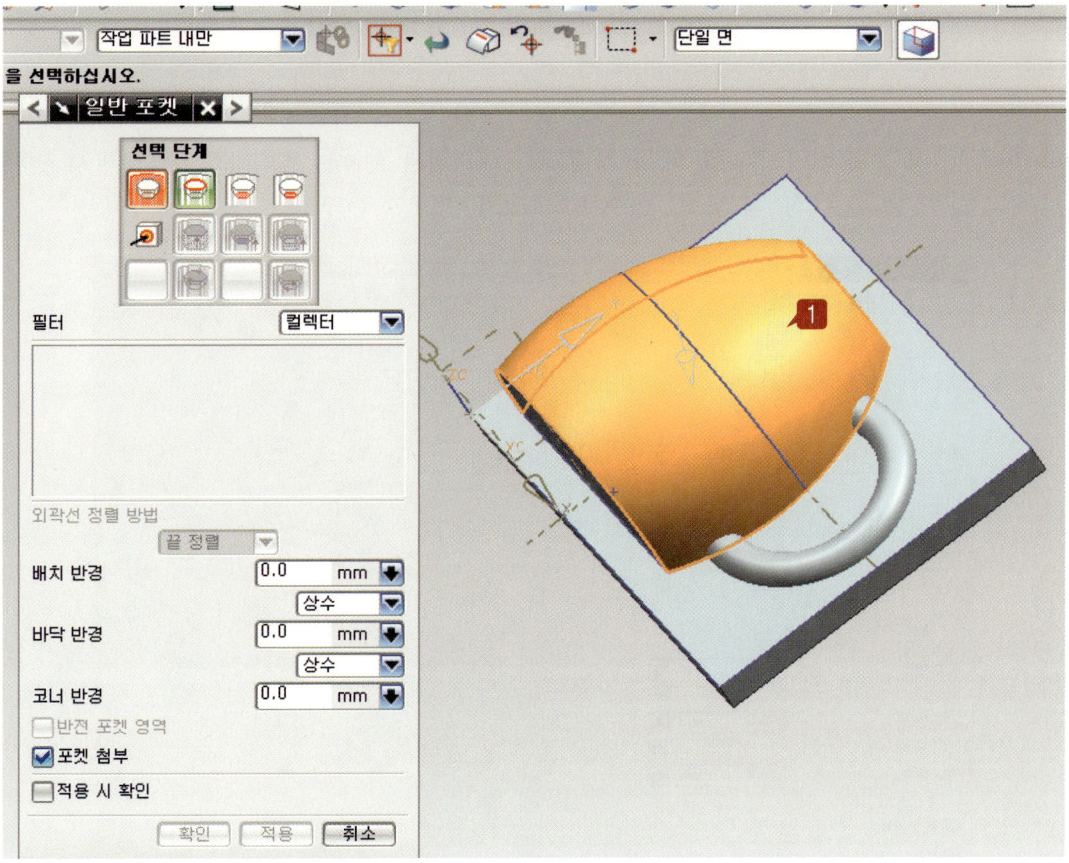

3) 선택단계 두 번째 배치외곽선( ) ②를 선택한다.

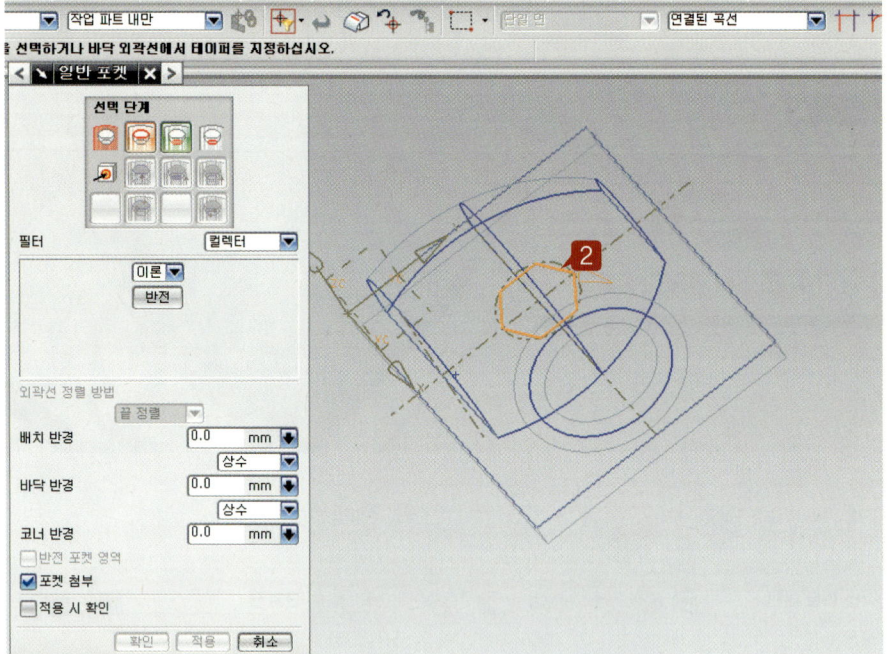

4) 선택단계 세 번째 바닥 면( ) 에서, 옵셋 값을 배치에서 3mm을 입력하고 선택단계 네 번째 바닥 외곽선( )은 테이퍼각도 0, 상수로 하고 확인한다.

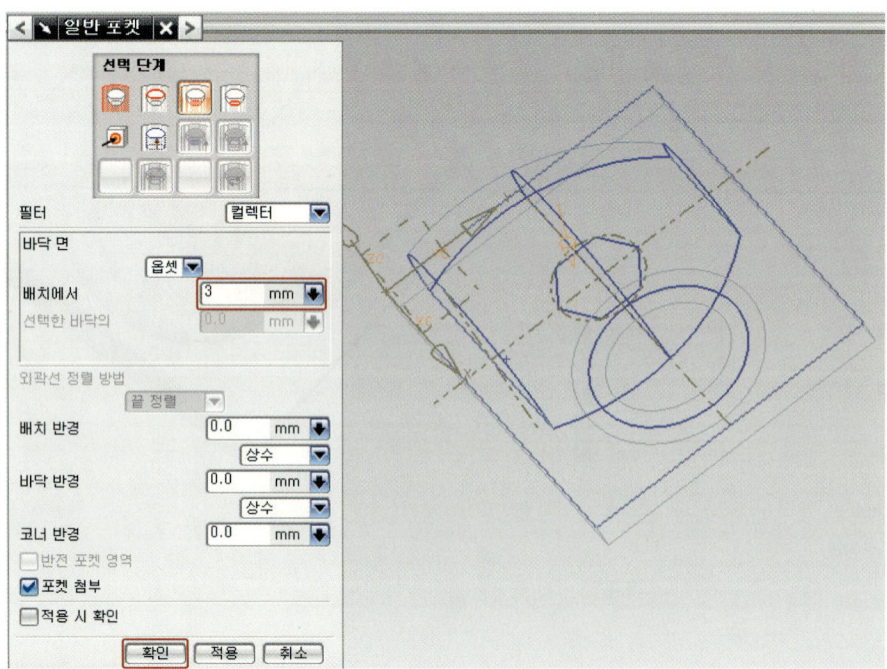

CHAPTER 2 | 모델링 따라하기

08 표시 및 숨기기

1) 표시 및 숨기기 ①을 클릭한다. 유형에서 전체 숨기기- ②를 선택하고, 솔리드 바디 + ③을 클릭한다.

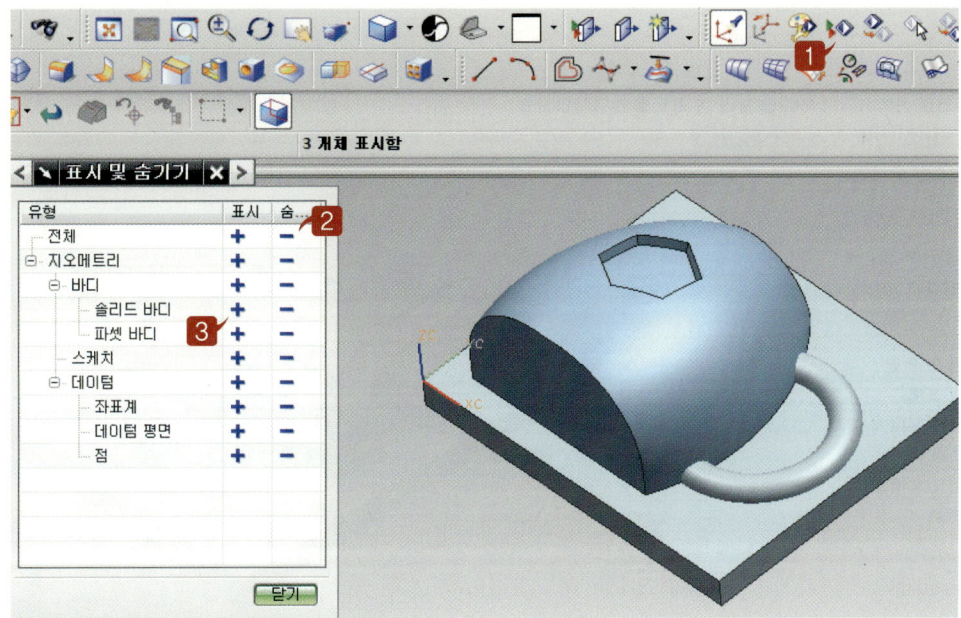

09 결합하기

1) 결합 아이콘 ①을 선택하고 타겟바디 ②를 클릭하고 공구바디 ③과 ④를 선택하고 확인한다.

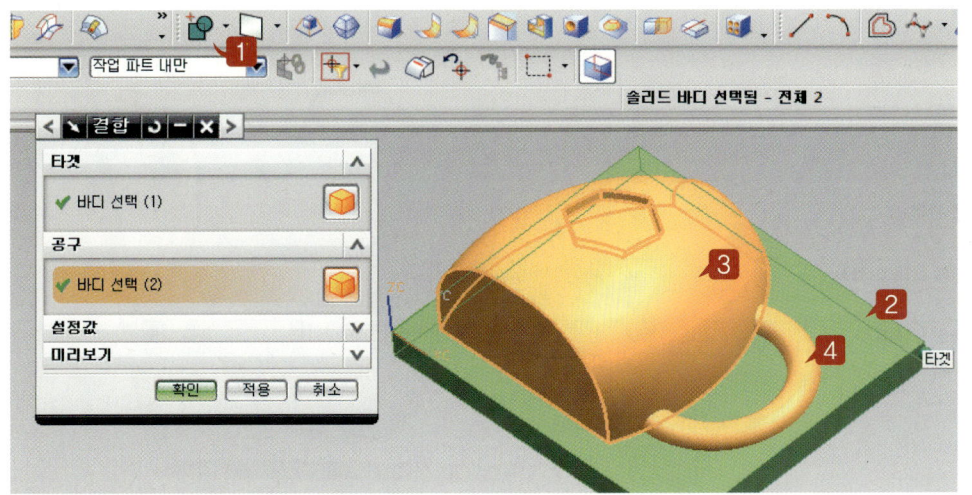

10 필렛(라운드) 작성하기

1) 모서리 블렌드 ①을 클릭한다. 접하는 곡선으로 하고 R8값 입력 후 모서리 ②를 클릭하고 적용한다.

2) R값 4을 입력 후 블렌드 모서리 ①을 클릭하고 적용한다.

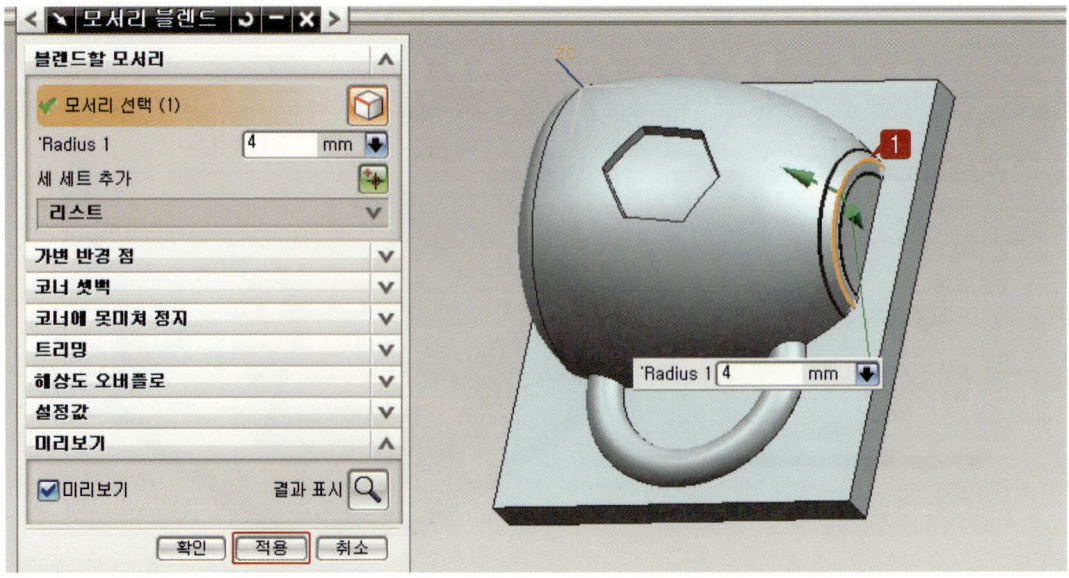

CHAPTER 2 | 모델링 따라하기

3) R값 2을 입력 후 블렌드 모서리 ① 클릭하고 적용한다.

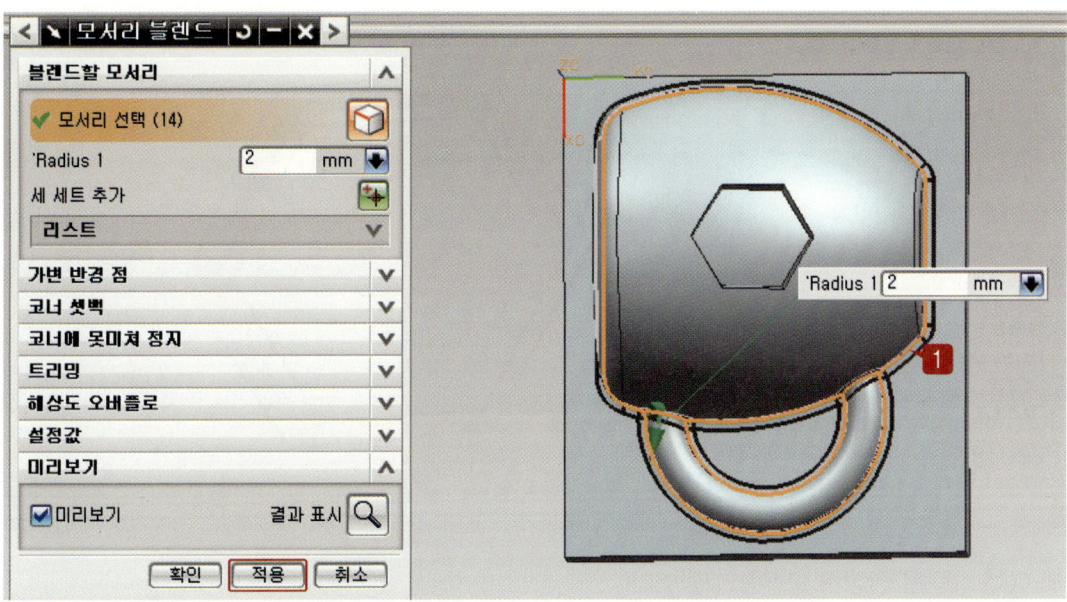

4) R값 1을 입력 후 그림처럼 블렌드 모서리를 클릭하고 적용한다.

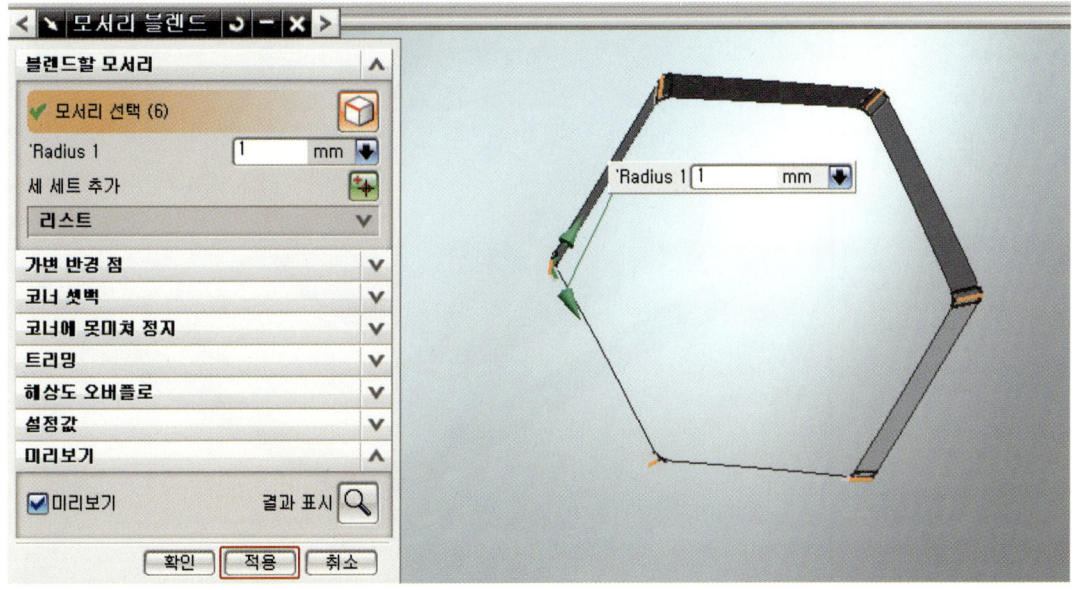

5) R값 1을 입력 후 그림처럼 블렌드 모서리를 클릭하고 확인한다.

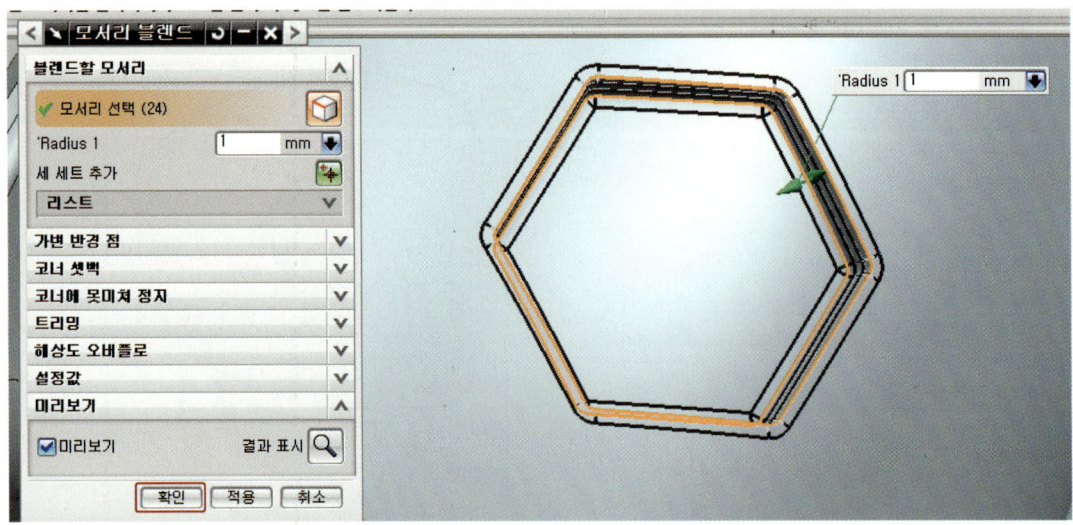

6) 아래 그림은 완성된 모델링 그림이다.

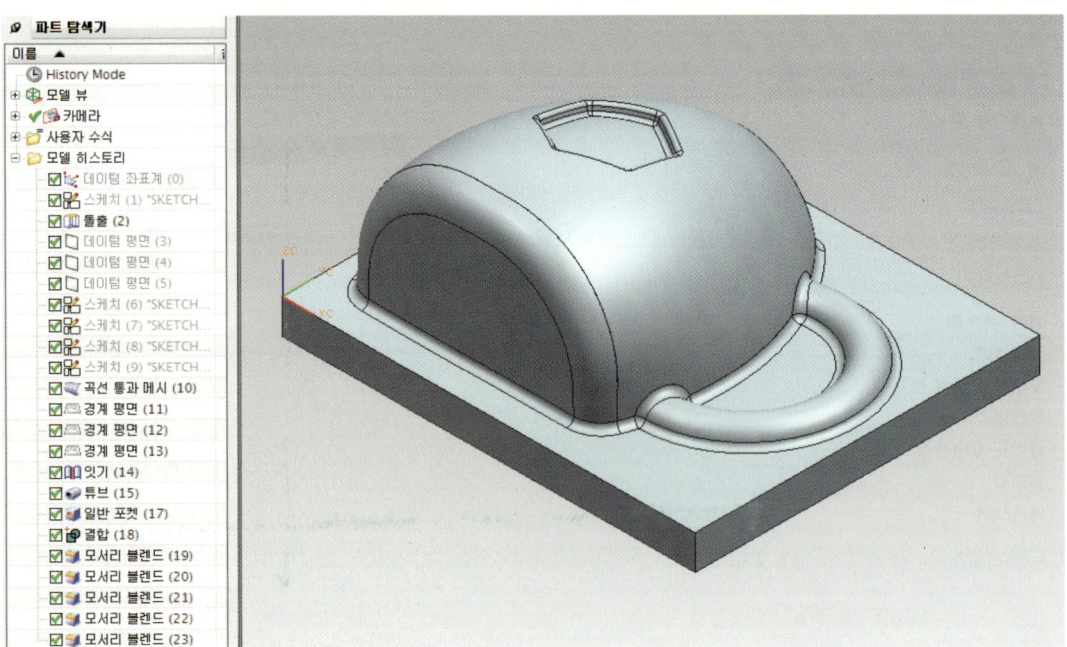

7 핸드폰 충전기모양 모델링 따라하기

도면명	UG 모델링작업 ⑦	척 도	NS

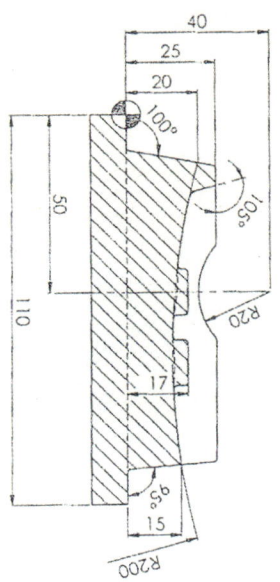

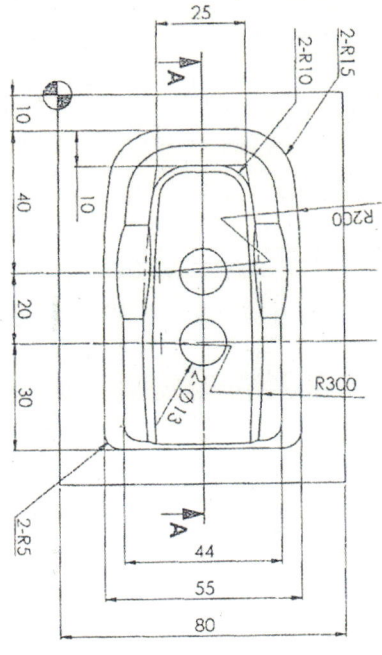

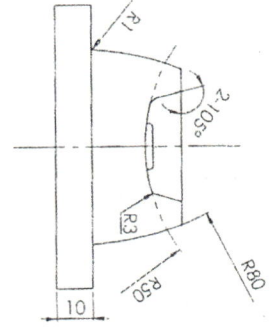

유니그래픽스 CAD/CAM
NX6 쉽게 따라하기

01 평면도 스케치 작성하기

1) 새로 만들기( ) ①(Ctrl+N)를 실행한다.
2) 스케치(Sketch)( ) ②를 선택한다.

3) 기본적으로 평면도(XY)평면이 설정하고 확인한다.

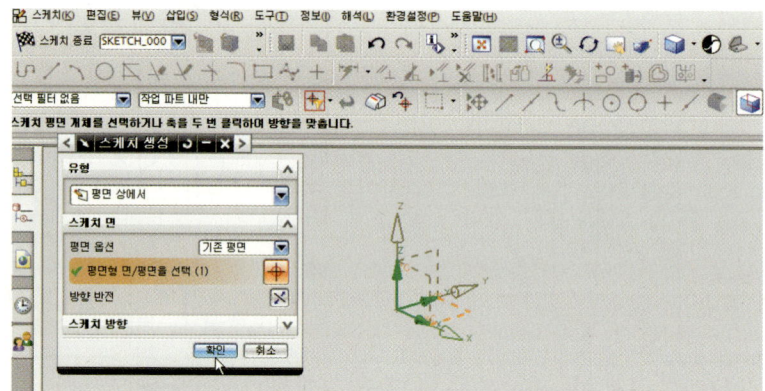

4) 직사각형 아이콘 ①을 선택한다. 그림에서와 같이 2점으로(by 2point)하여 원점(0,0)에서 시작하는 임의에 직사각형을 그린다.

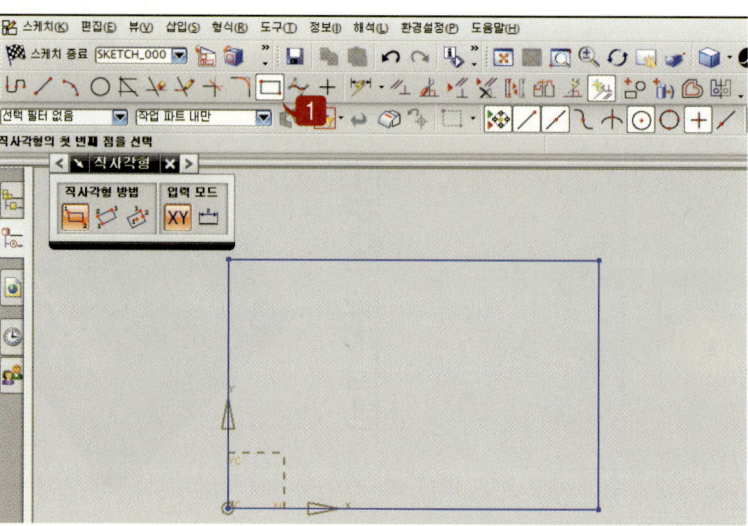

CHAPTER 2 | 모델링 따라하기

5) 추정치수 아이콘 ①을 선택하고 그림과 같이 치수를 입력한다.

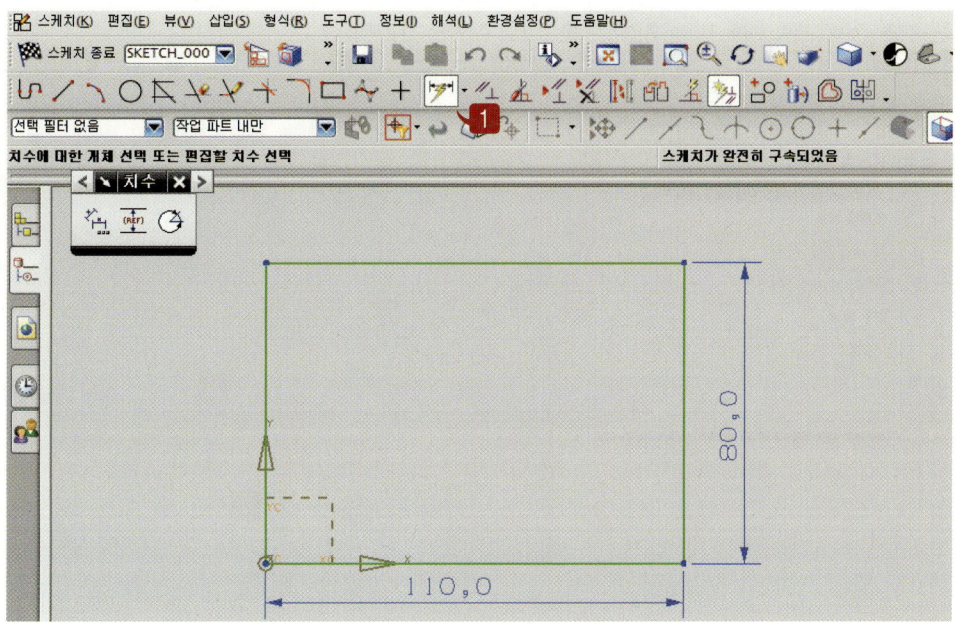

6) 아래 그림처럼 선 아이콘 ①을 이용하여 스냅 중간점 ②를 선택하고 중심 수평선과 곡선상의 점 ③을 클릭하여 수직선을 생성한다.

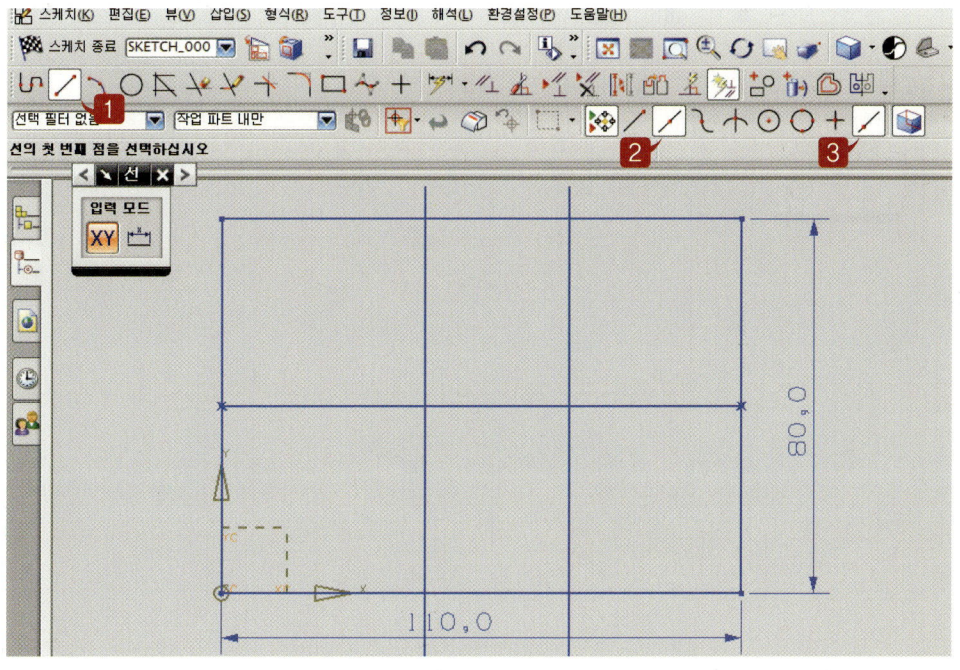

7) 참조선( ) 아이콘 ①을 이용하여 그림처럼 객체선택 ②, ③, ④를 선택하고 확인한다.

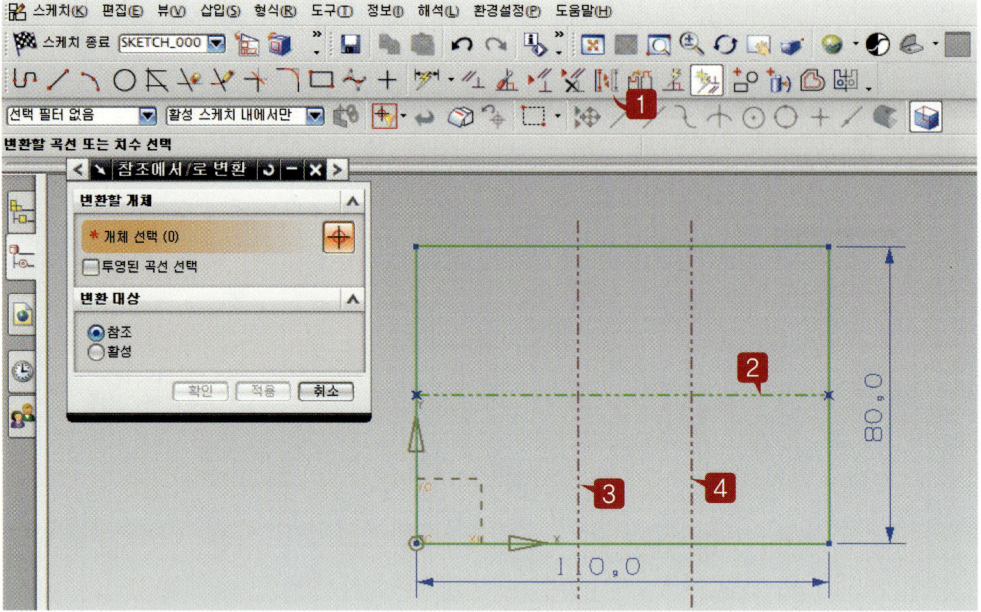

8) 추정치수 아이콘 ①을 선택하고 그림과 같이 치수를 입력한다.

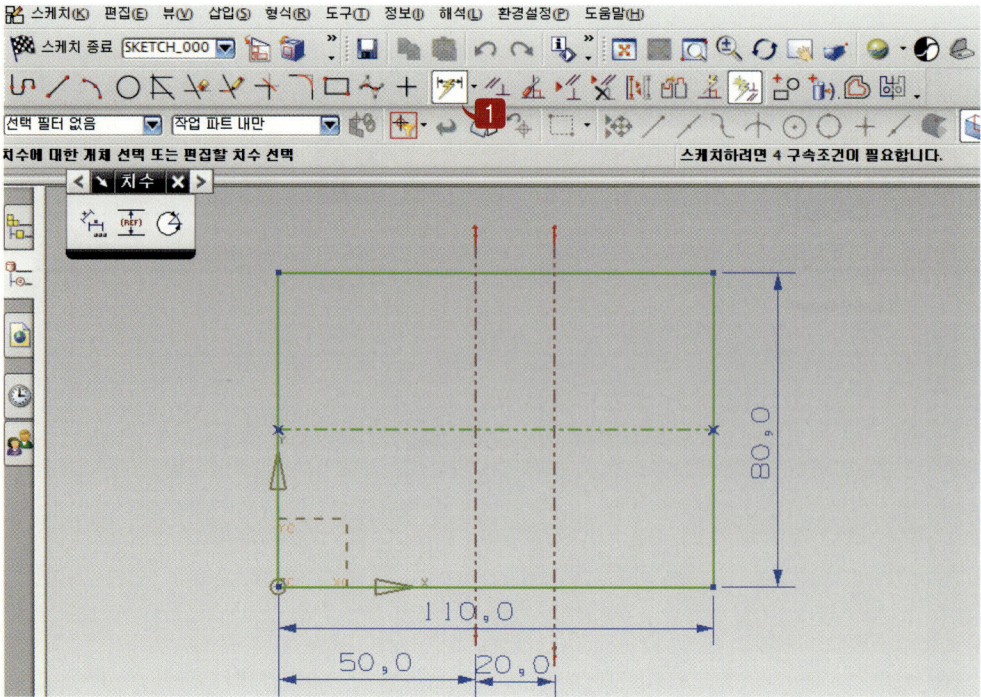

9) 직사각형 아이콘 ①을 선택하고 그림처럼 직사각형을 생성한다.

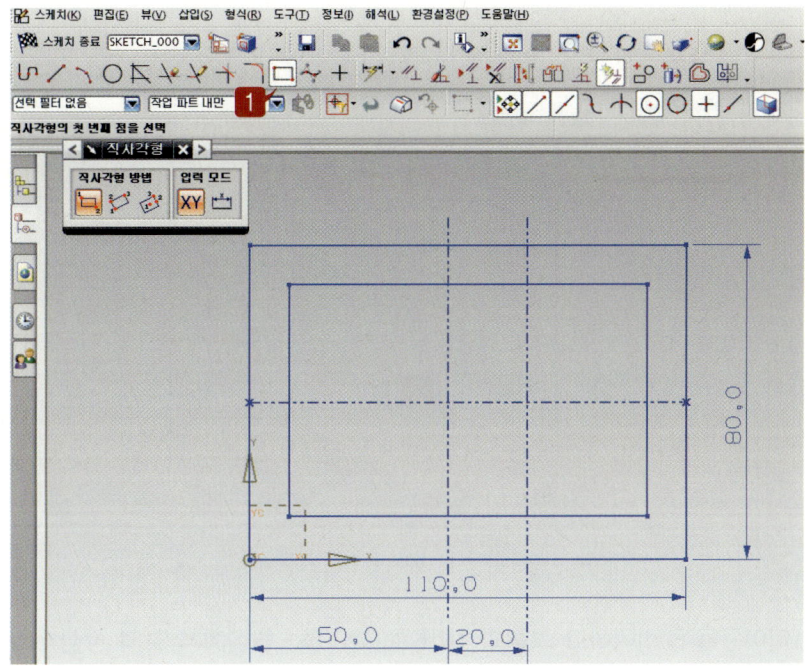

10) 치수기입 아이콘 ①을 선택하고 그림과 같이 치수를 입력한다.

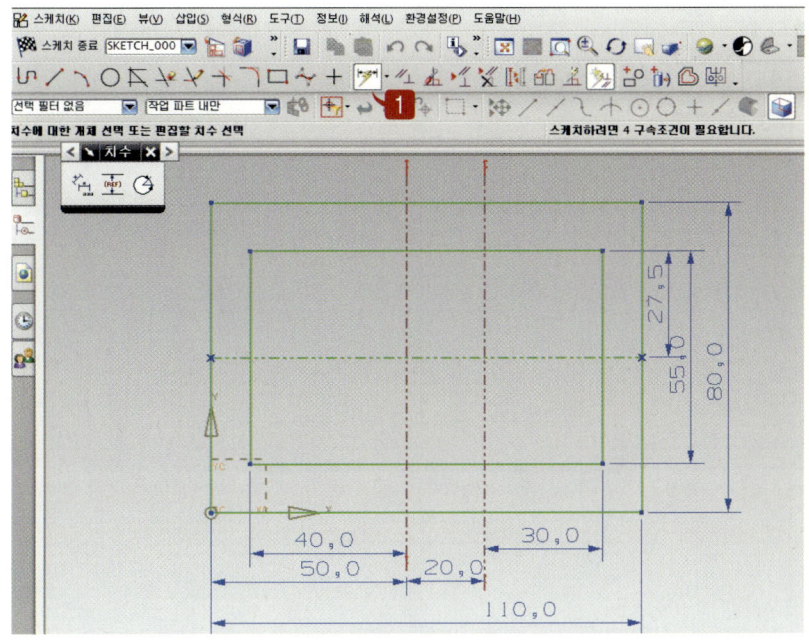

11) 원호 아이콘 ①을 선택하여 그림처럼 호를 생성한다. 구속조건 접선 ②를 확인한다.

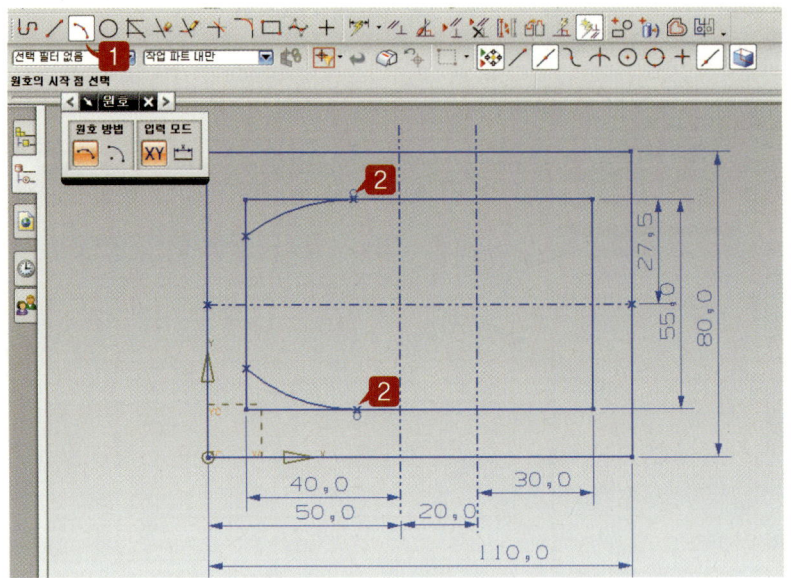

12) 치수기입 아이콘을 ①선택하고 그림과 같이 호(R200)와 원점에서 호의 중심 50의 치수를 입력한다.

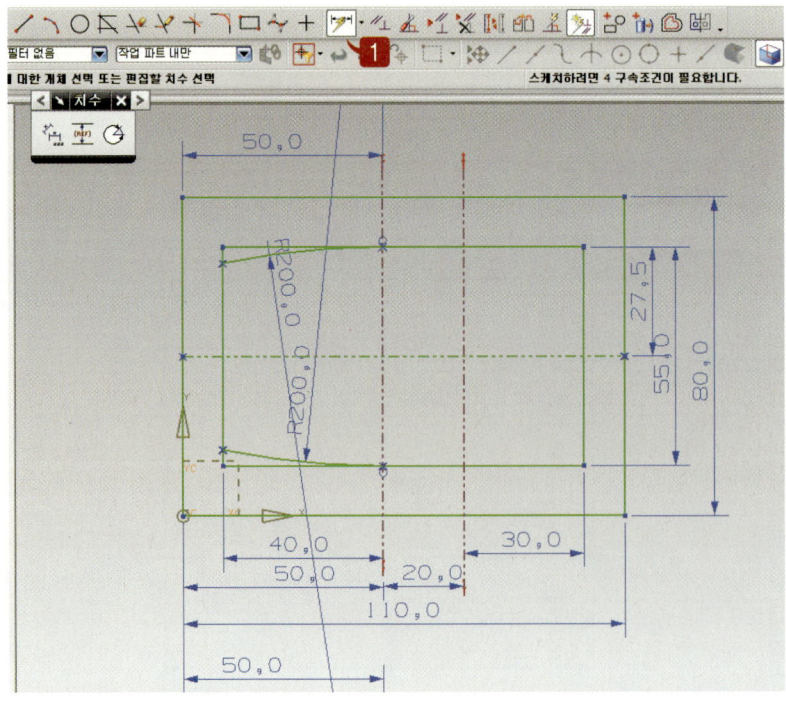

CHAPTER 2 | 모델링 따라하기

13) 빠른 트리밍 아이콘 ①을 선택하여 ①, ②, ③, ④의 트리밍 할 곡선을 순서대로 선택하다.

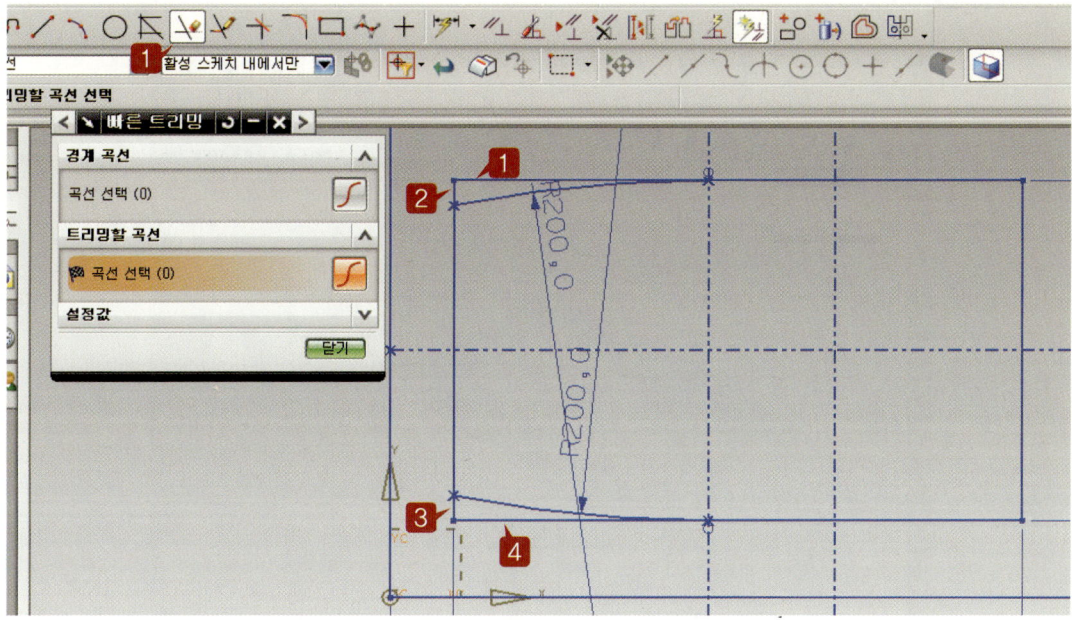

14) 표시 및 숨기기( ) 아이콘을 선택하여 스케치만 보이게 하고 선과 원호를 이용하여 그림 ①, ②, ③을 생성한다.

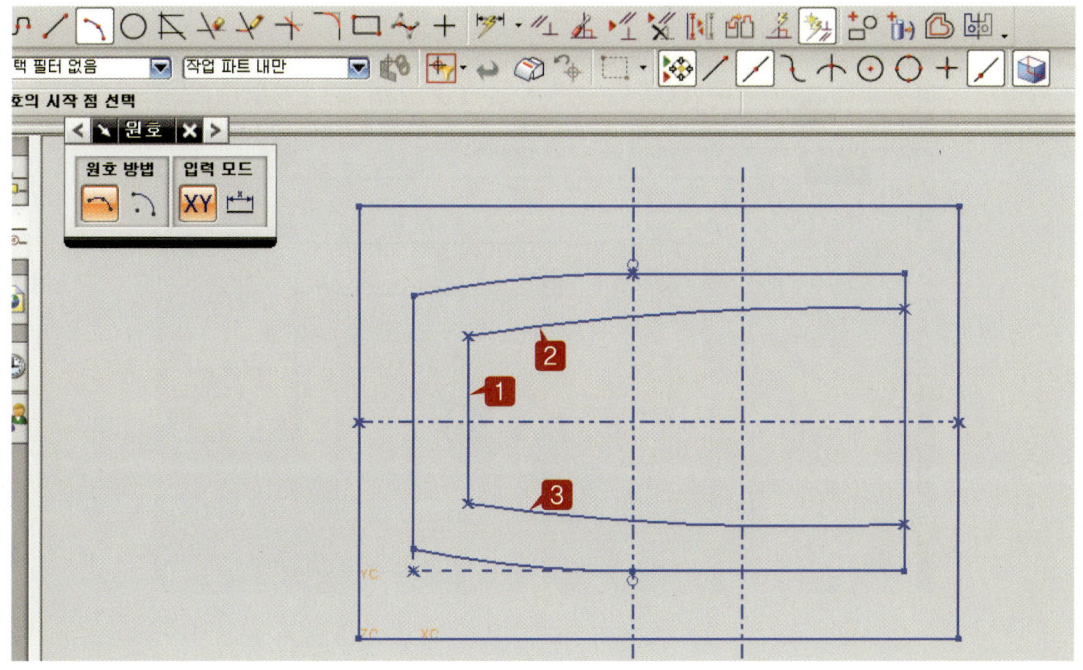

15) 치수기입 아이콘을 ①선택하고 그림과 같이 치수를 생성한다. R300의 중심 끝선에서 40을 입력한다.

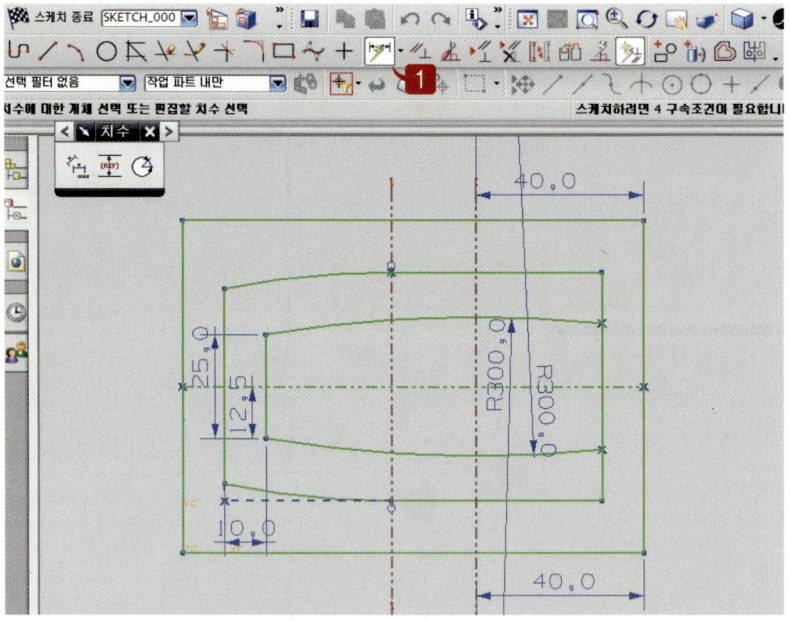

16) 원 아이콘을 ①선택하고 스냅 교차점②를 이용하여 스케치 후 치수기입 아이콘을 ③선택하고 그림과 같이 치수를 생성한 후 스케치 종료 아이콘을 클릭하고 스케치 환경에서 빠져나온다.

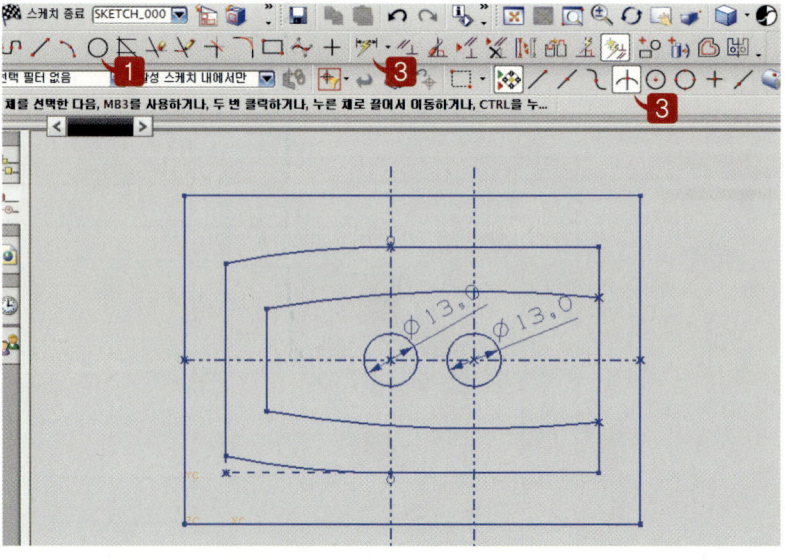

17) 아래 그림은 평면도에서 스케치가 완료한 상태이다.

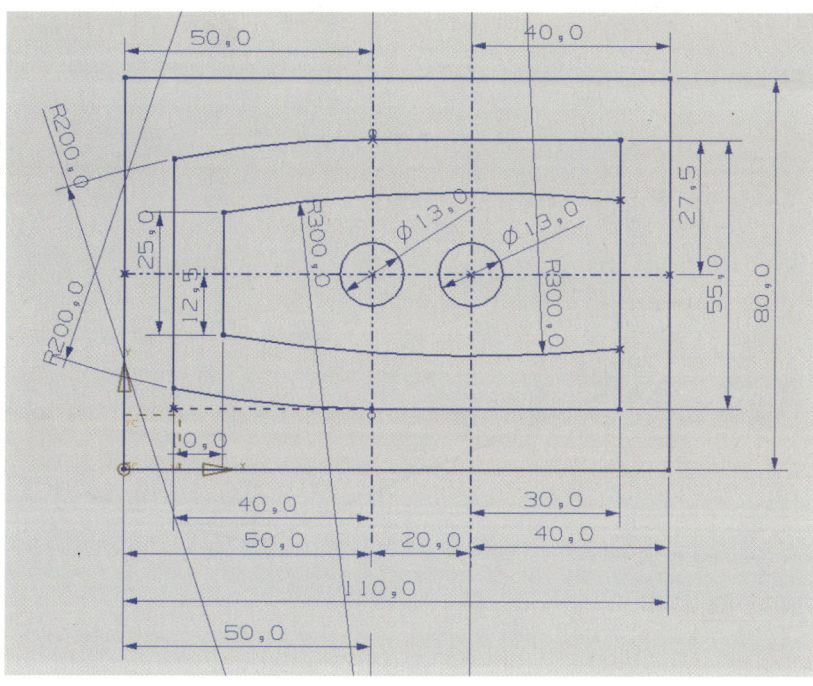

02 돌출 작성하기

1) 돌출 아이콘 ①을 선택한다.

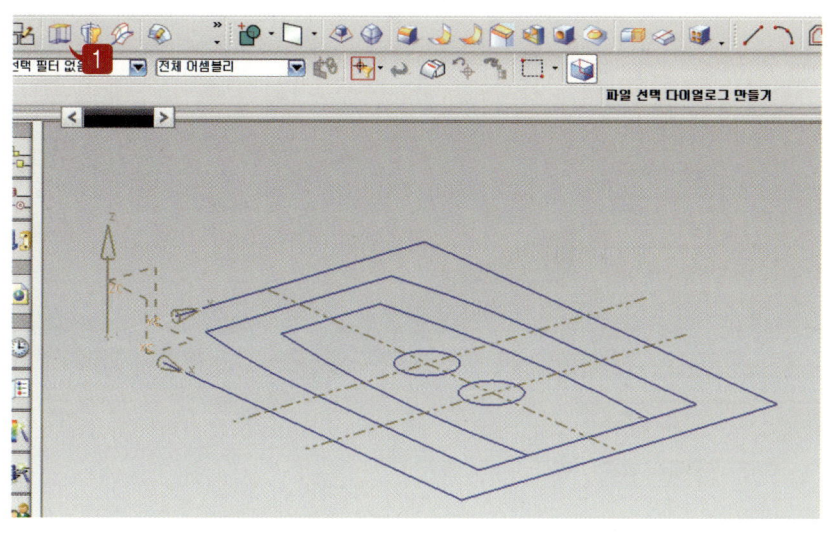

2) 연결된 곡선 ①을 선택한 상태에서 곡선 ②를 선택하고 −10만큼 돌출하고 적용한다.

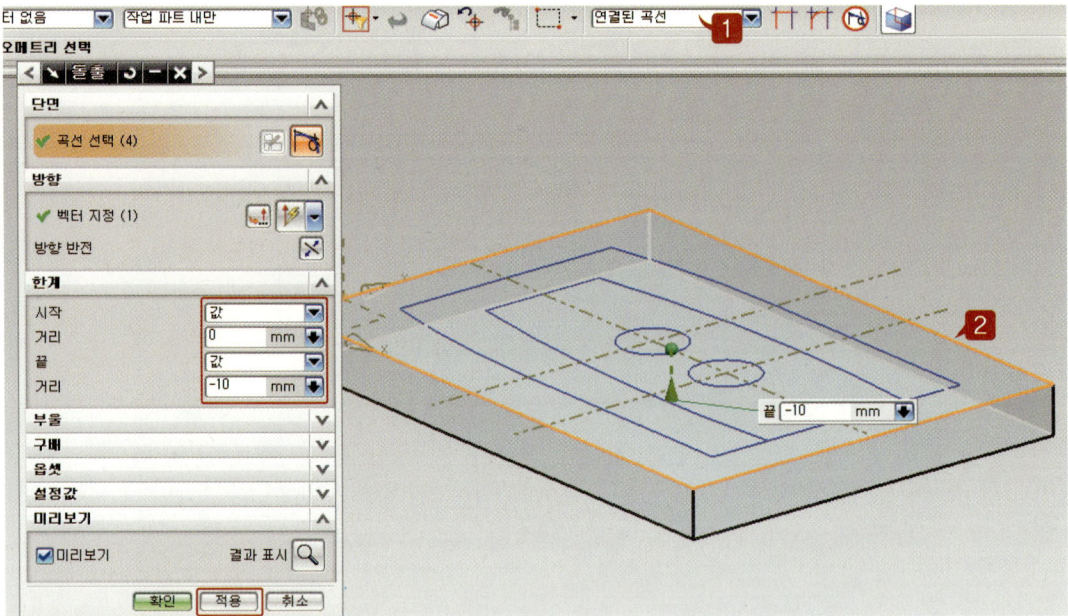

3) 위와 같은 방법으로 단면 곡선 ①선택하여 25만큼 돌출하고 확인한다.

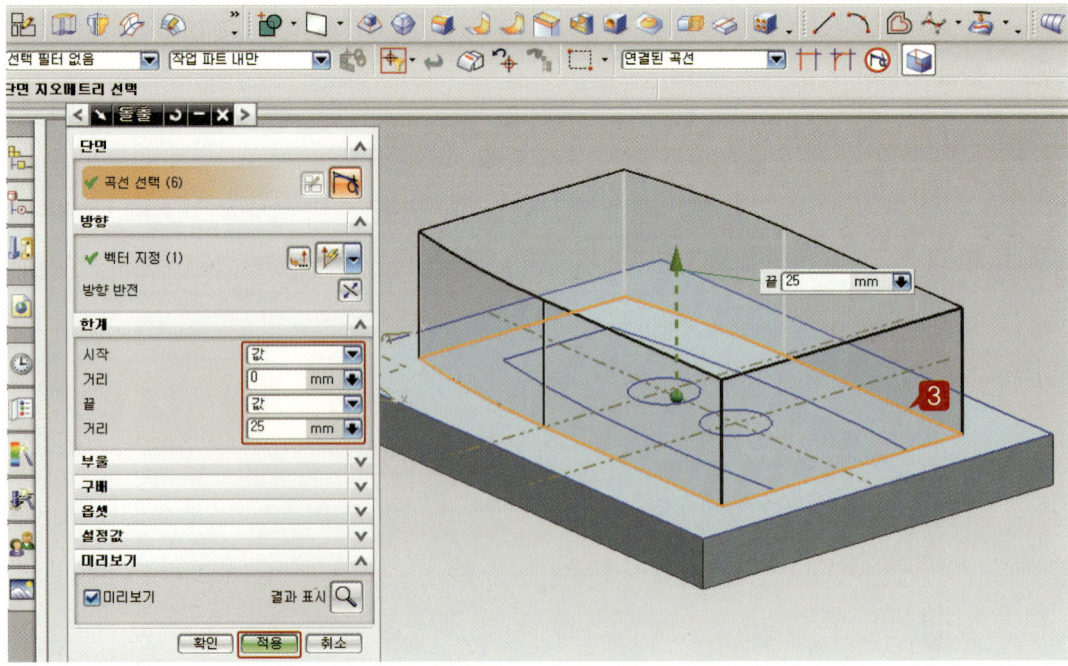

CHAPTER 2 | 모델링 따라하기

03 스윕 작성을 위한 정면도((XZ) 스케치 작성하기

1) 데이텀 평면 ①을 선택하고 유형은 거리로 하고 평면 ②를 선택하여 가운데(-40)에 평면을 생성한다.

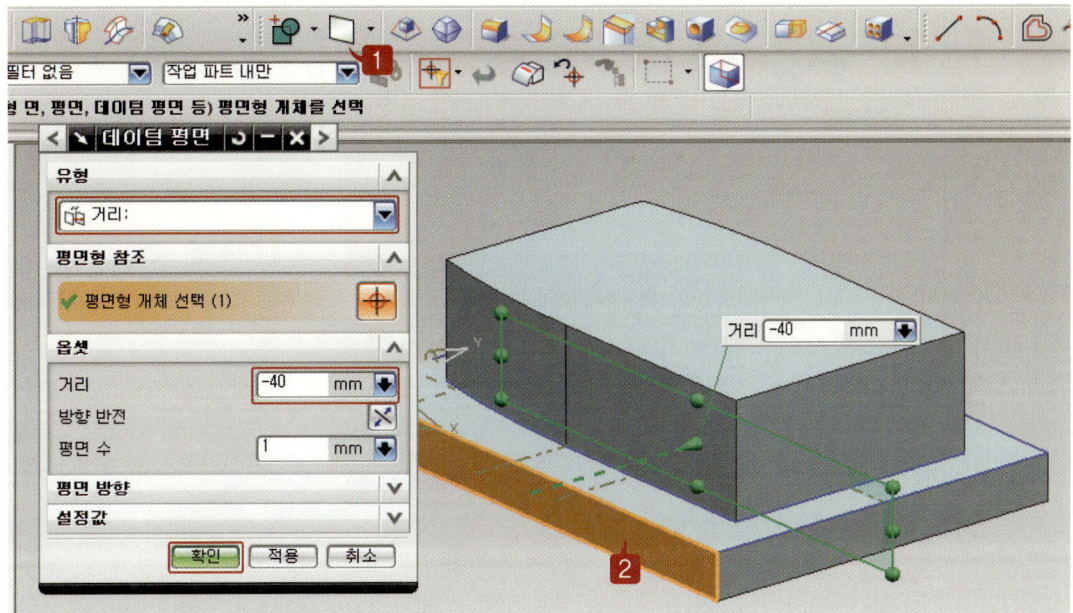

2) 스케치(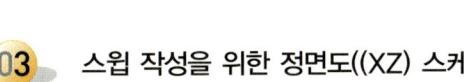) 아이콘을 선택하여 평면상에서 데이텀 평면 ①을 선택하고 확인한다.

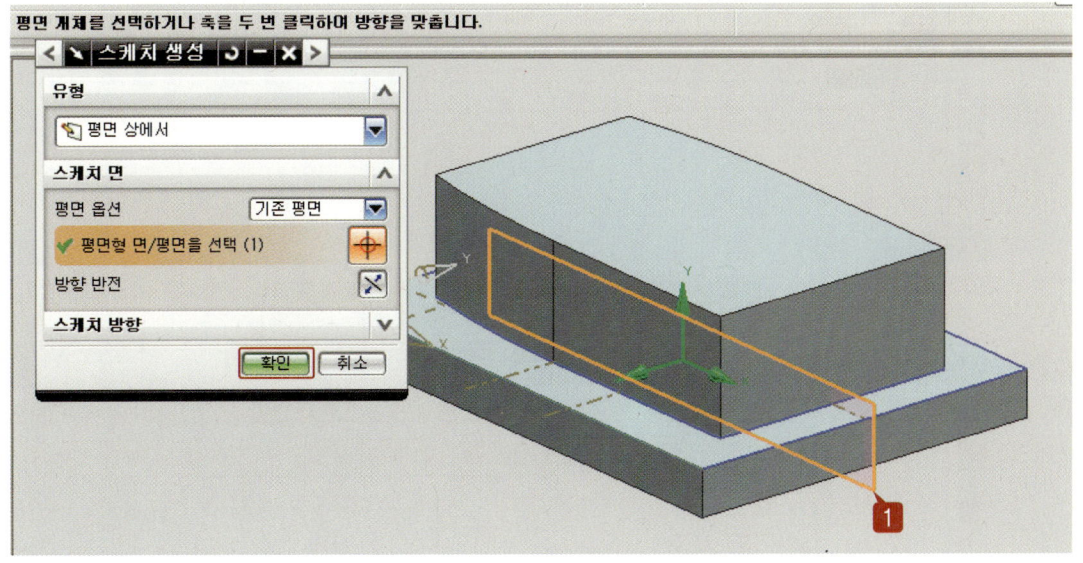

3) 스냅 끝점 ①을 선택하고 선 아이콘 ②를 이용하여 그림처럼 선을 생성하고 추정치수 ③을 클릭하고 치수기입 한다. 거리 10 치수는 이미 스냅점이 구속 되어 있으므로 빨간색으로 치수기입이 되어 있으므로 삭제한다.

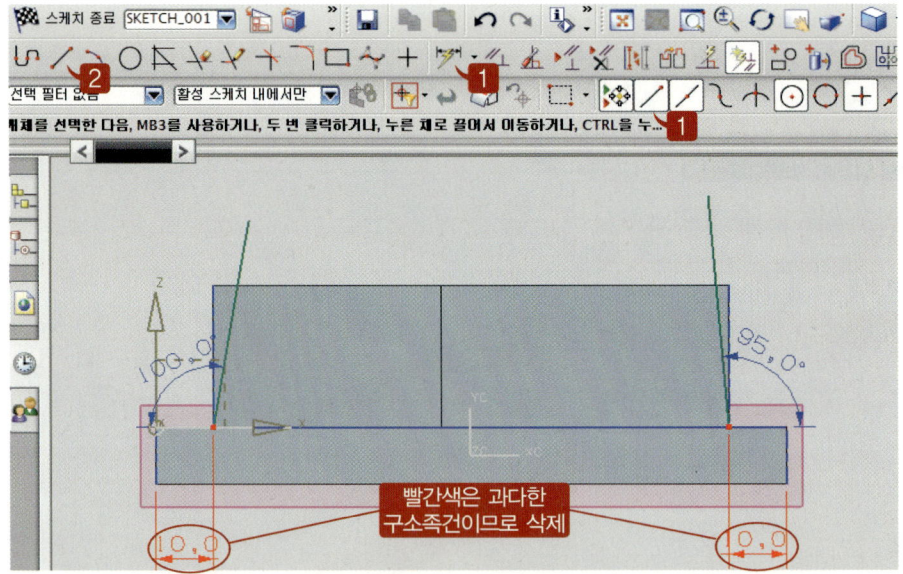

4) 원 아이콘 ①과 호 아이콘 ②를 이용하여 그림처럼 스케치하고 추정치수 ③을 이용하여 치수기입을 하고 스케치 종료한다.

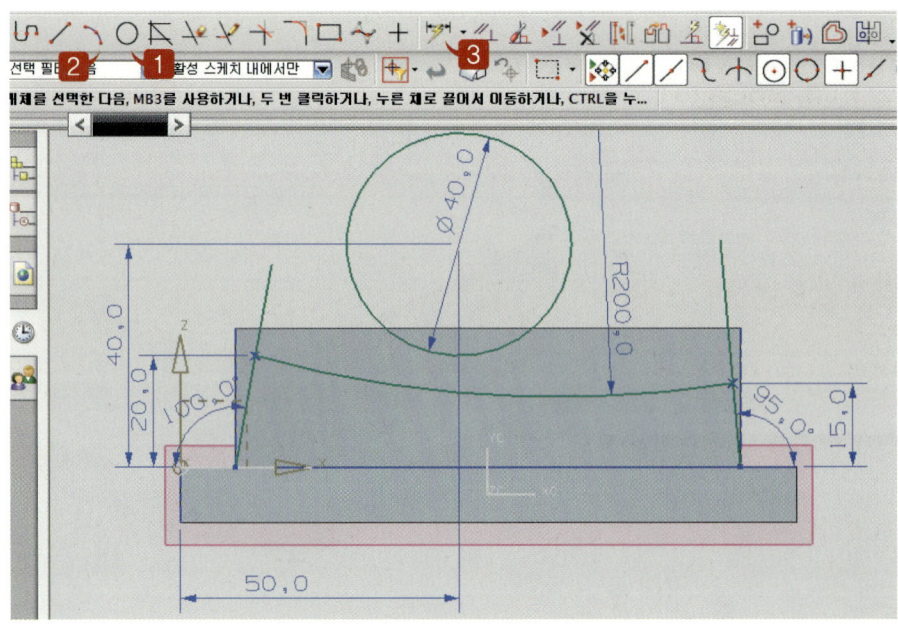

CHAPTER 2 | 모델링 따라하기

04 스윕 형상 작성하기 위한 우측면도(YZ) 스케치 작성하기

1) 스케치( ) 아이콘을 선택하여 경로에서 정면도에서 작성한 호 ①을 선택하고 원호길이 값을 0으로 하고 확인한다.

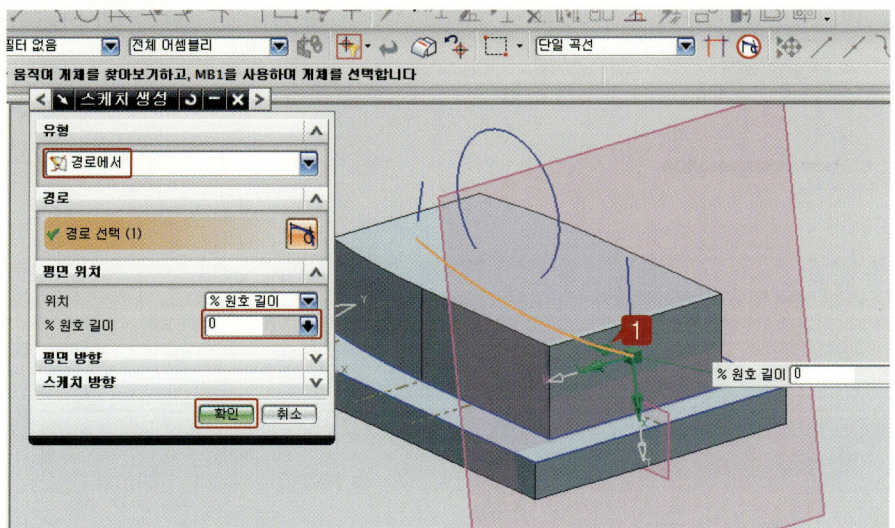

2) 회전( ) 아이콘 또는 마우스 가운데 휠 버튼을 선택하여 아래 그림처럼 방향을 조절한다.

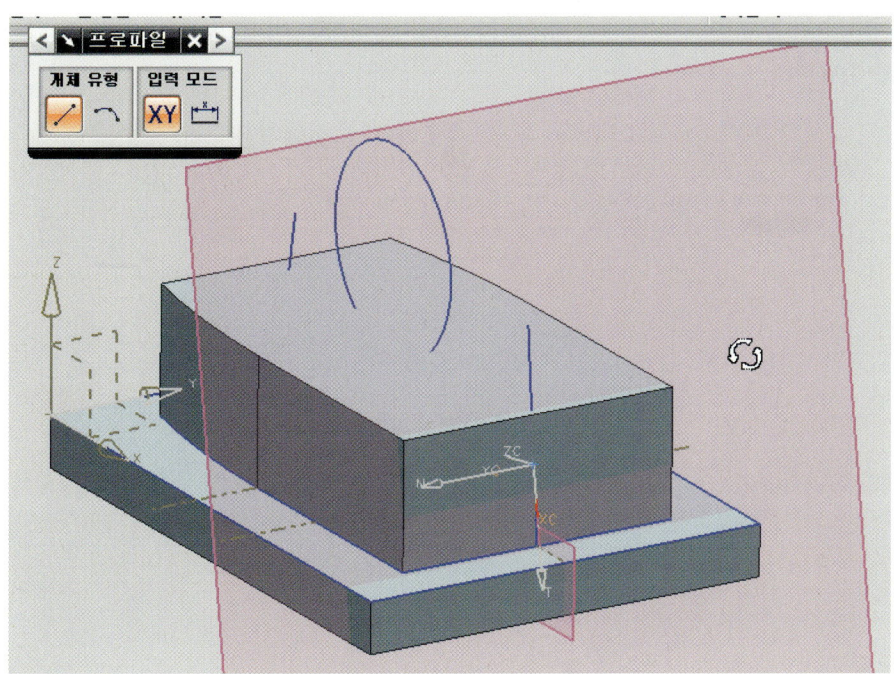

3) 와이어프레임 ①을 선택하여 정적 와이어프레임상태로 바꾸고 원호 아이콘 ②를 선택하여 원호를 그리고 세 번째 점 ③을 정면도에서 생성한 원호 스냅 끝점에 ④를 확인하면서 클릭한다.

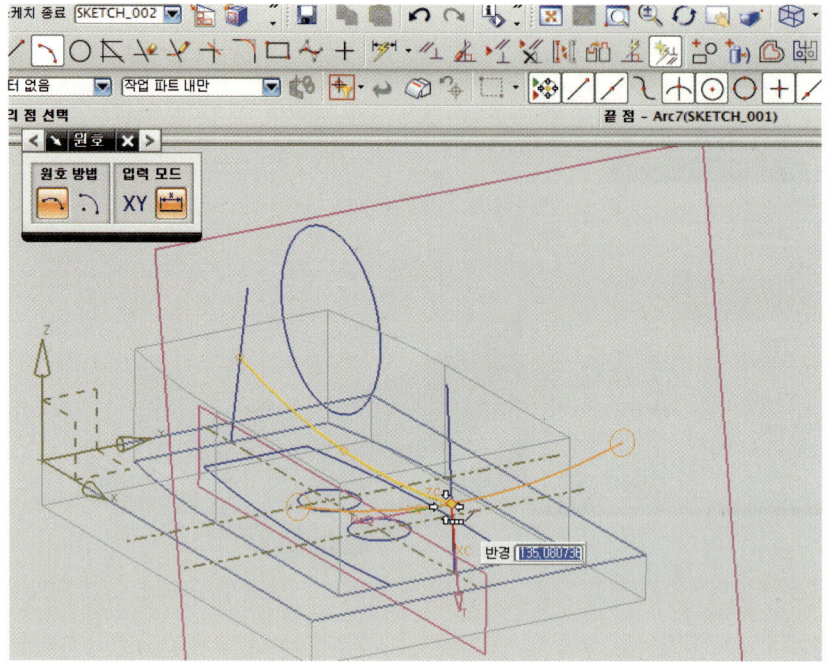

4) ①을 클릭하여 우측면도 상태에서 추정치수 ②를 클릭하여 아래그림처럼 치수기입을 하고 스케치를 종료한다.

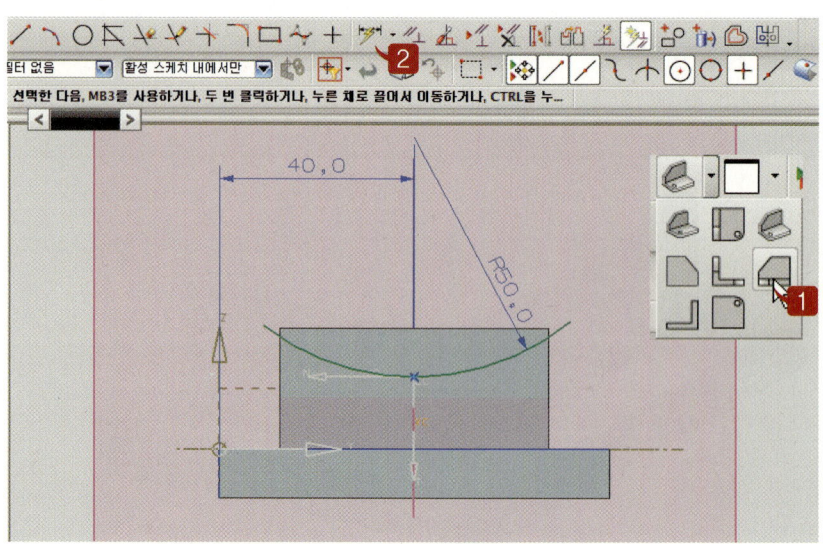

CHAPTER 2 | 모델링 따라하기

05 스윕 형상 작성하기

1) 삽입에 스윕에 가이드 따라 스위핑(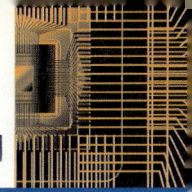 가이드를 따라 스위핑(G)...)을 클릭한다.

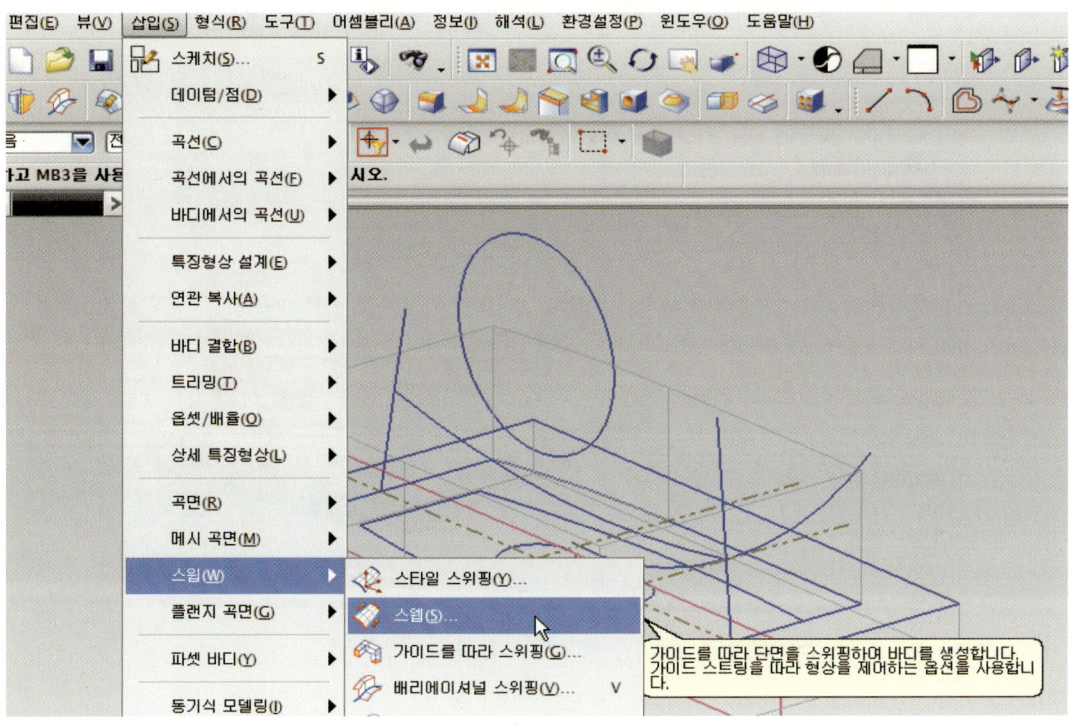

2) 단면 곡선 ①을 선택하고 가이드 곡선 ②를 선택하고 확인한다.

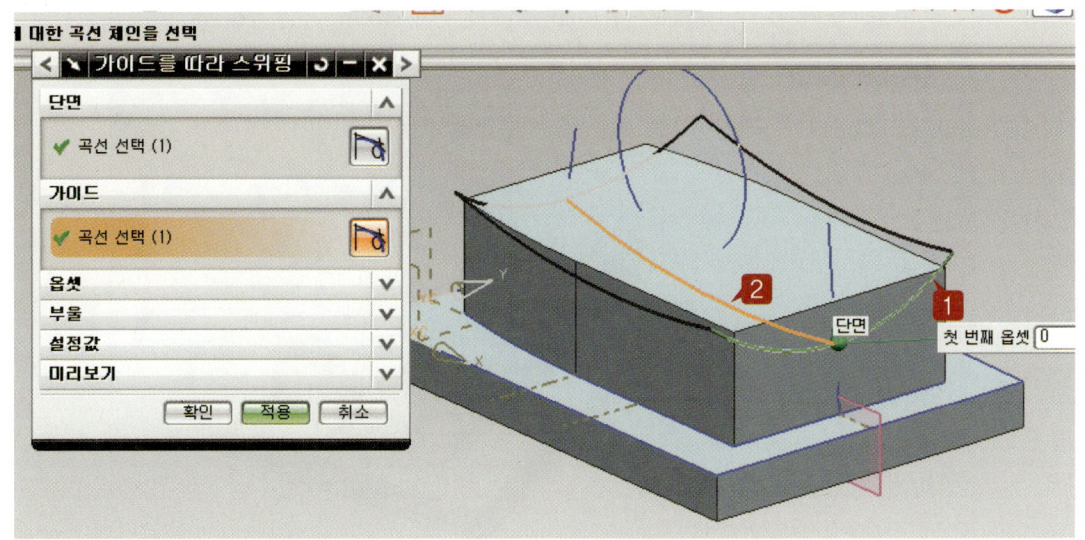

06 구배 작성하기

1) 구배아이콘 ①을 선택하여 유형을 평면상으로 구배방향 Z축으로 설정하고 고정평면 ②를 선택하고 구배할 면 ③을 선택하고 구배 값 5도 입력하고 적용한다.

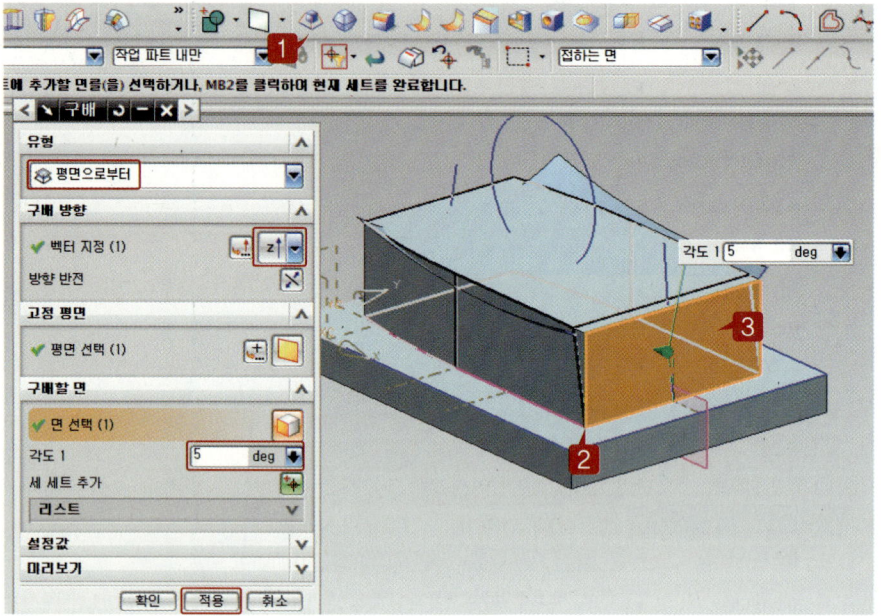

2) 반대쪽에도 같은 방법으로 구배 10을 주고 확인한다.

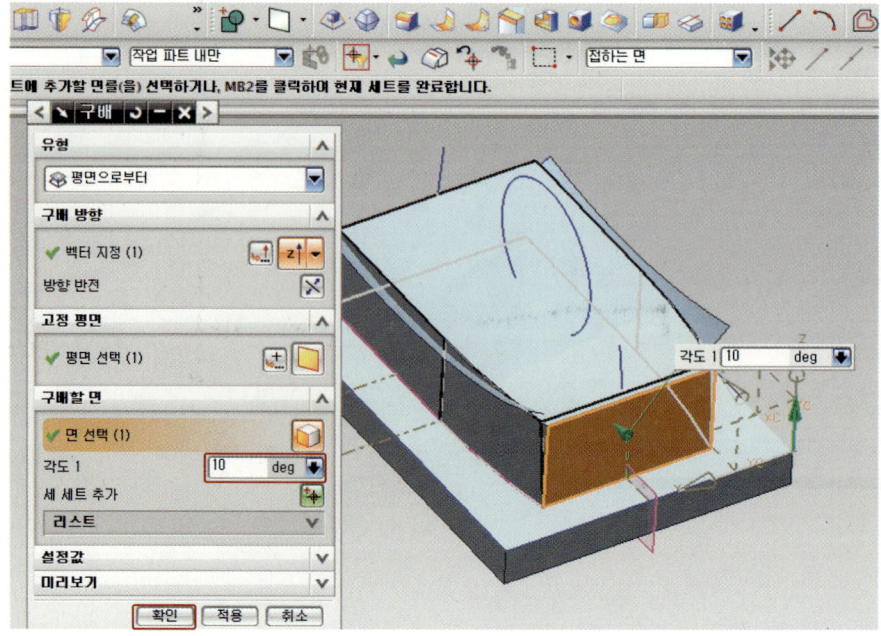

07 곡면 연장하기

1) 그림처럼 삽입에 트리밍에 트리밍 및 연장을 클릭한다.

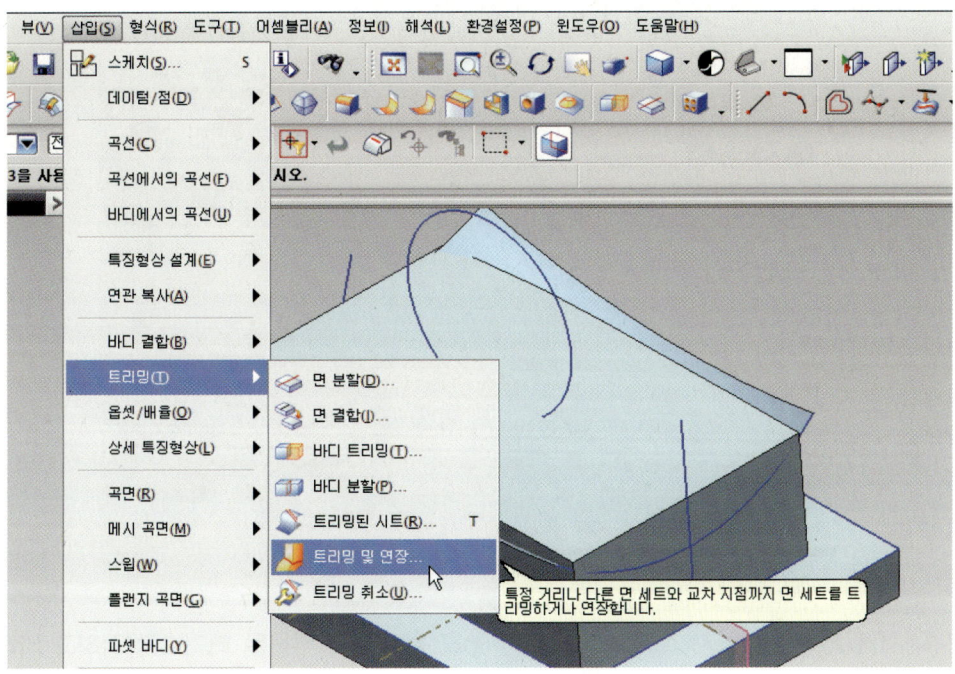

2) 유형을 거리로 설정하고 이동할 모서리 ①과 ②를 선택하고 확인한다.

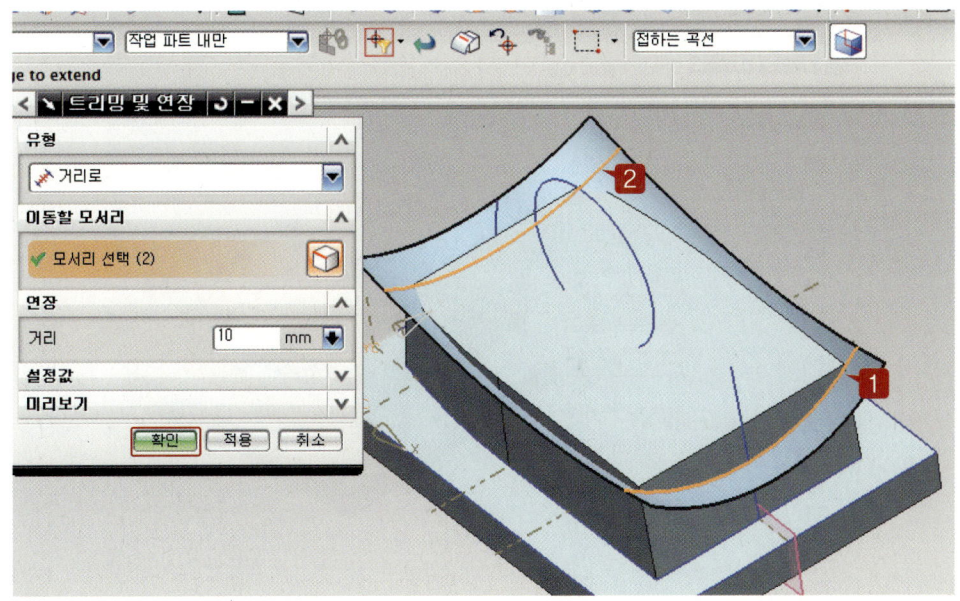

08 돌출형상 작성하기

1) 마우스 오른쪽(MB3)버튼을 길게 눌러 와이어 프레임 상태로 변경하고 연결된 곡선으로 ①을 선택하고 교차에서 정지 ②를 선택한다. 단면 곡선 ③을 선택한다.

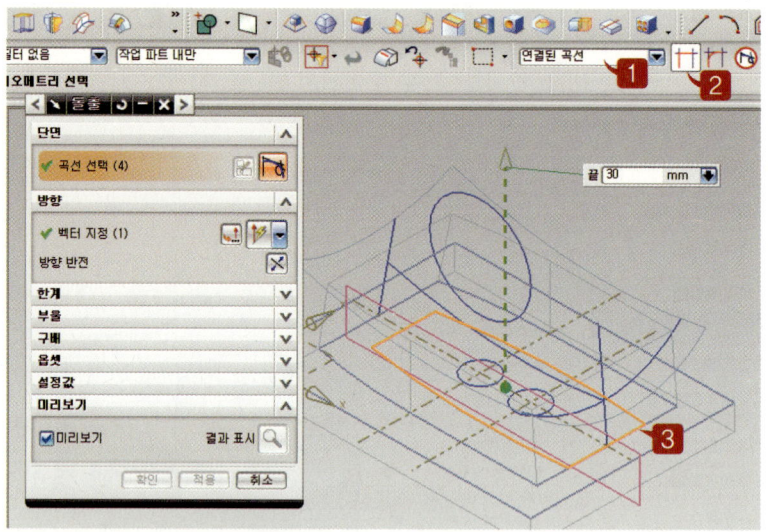

2) 한계에서 시작을 선택까지 설정하고 스웝면 ①을 선택한다. 부울은 빼기로 설정하고 바디선택 ②를 선택하고 확인한다.

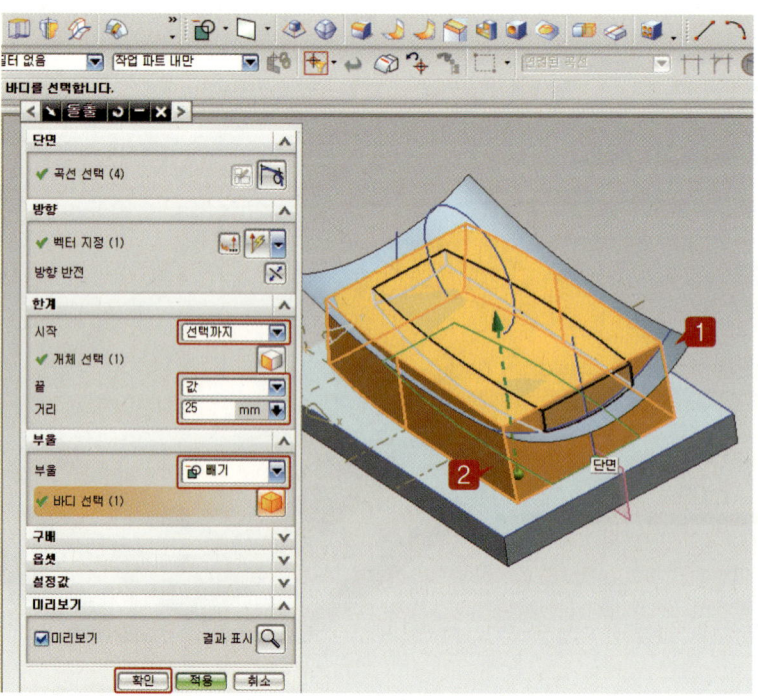

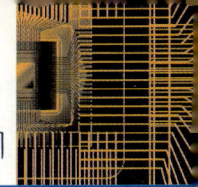

CHAPTER 2 | 모델링 따라하기

09 가시성 표시 및 숨기기

1) 아래 그림처럼 편집에서 표시 및 숨기기 클릭한다. 또는 화면에 아이콘을 클릭한다.

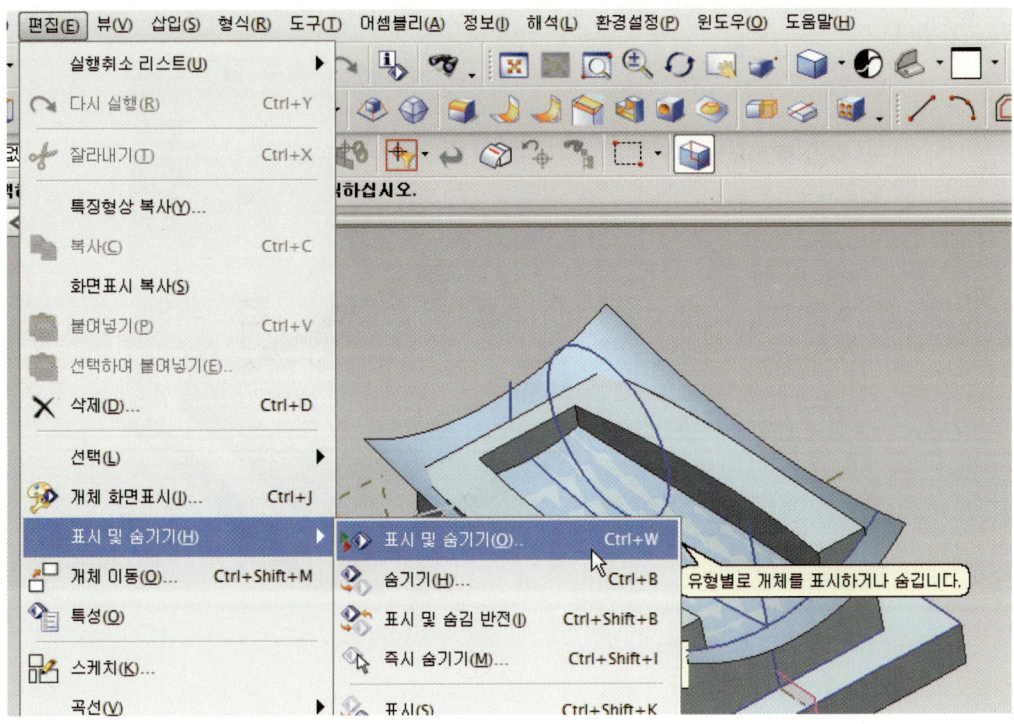

2) 전체 숨기기 ①을 선택하고 솔리드 바디 표시 ②를 선택한다.

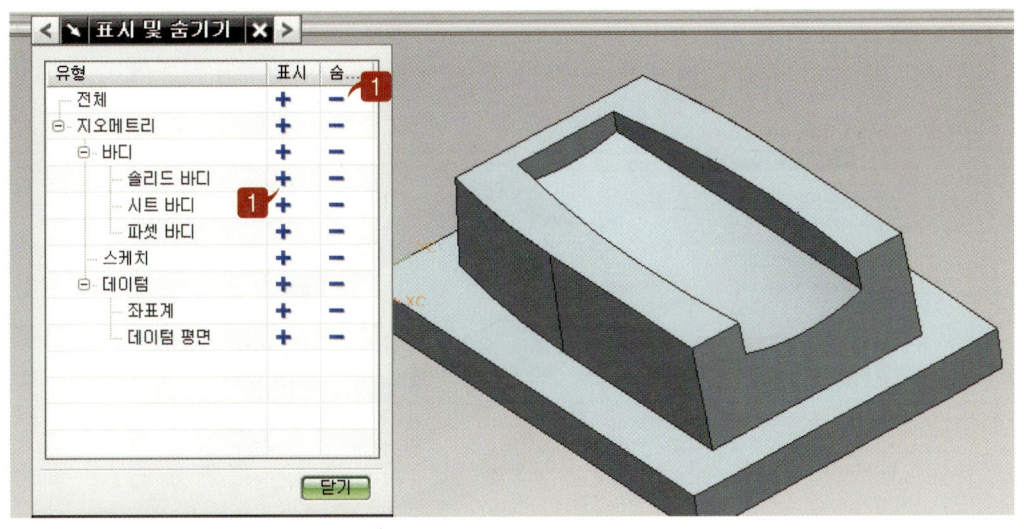

10 구배 작성하기

1) 구배 아이콘 ①을 선택한다. 유형은 평면으로 부터로 설정하고 구배방향은 -Z로 하고 고정평면 ②를 설정하고 구배할 면 ③, ④, ⑤를 선택하고 구배각도 -15로 하고 확인한다.

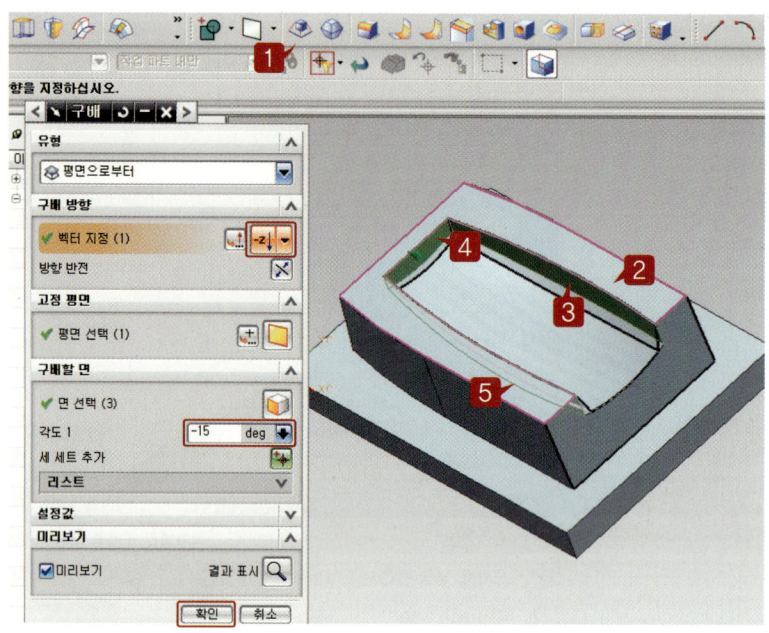

11 스윕을 위한 우측면도 스케치 작성하기

1) 참조평면 ①을 선택하고 유형을 거리로 설정하고 옵션에서 거리 -10을 입력하고 확인한다.

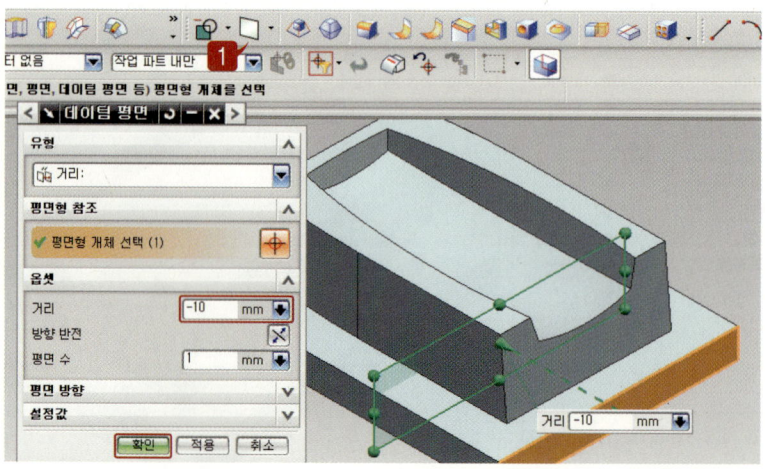

CHAPTER 2 | 모델링 따라하기

2) 스케치( ) 아이콘을 선택하여 평면상에서 평면옵션 ①을 선택하고 확인한다.

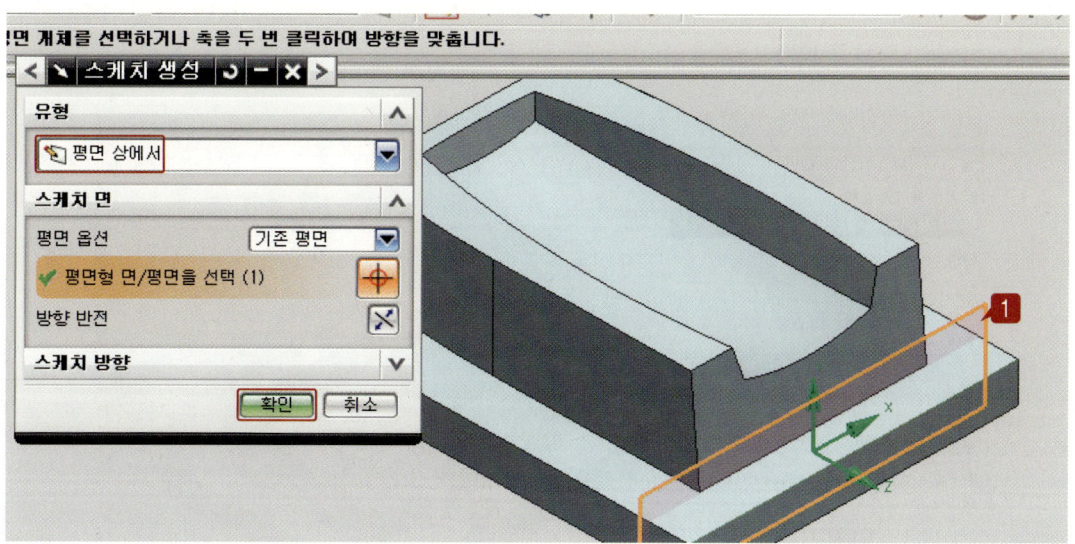

3) 원호 아이콘 ①을 선택하고 스냅 ②를 확인하고 끝점을 선택하여 그림처럼 원호를 그리고 추 정치수 ③을 선택하여 치수기입을 하고 스케치를 종료한다.

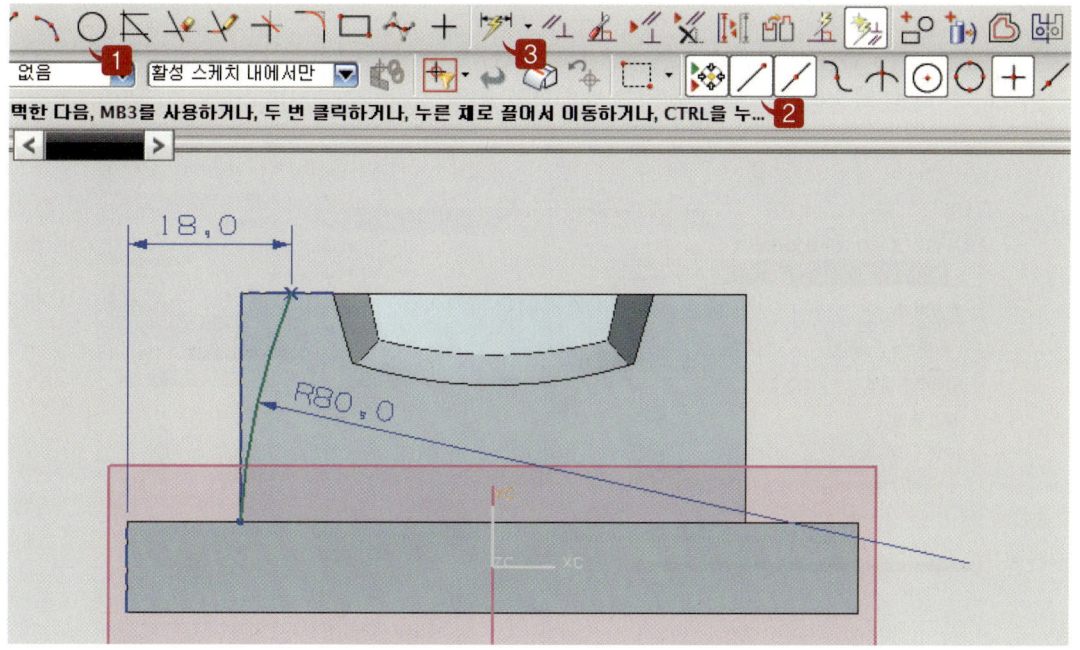

12 스윕 형상 작성하기

1) 삽입에 스윕에 가이드 따라 스위핑(가이드를 따라 스위핑...)을 클릭하고 단면 곡선 ①을 선택하고 가이드 곡선 ②를 선택한다.

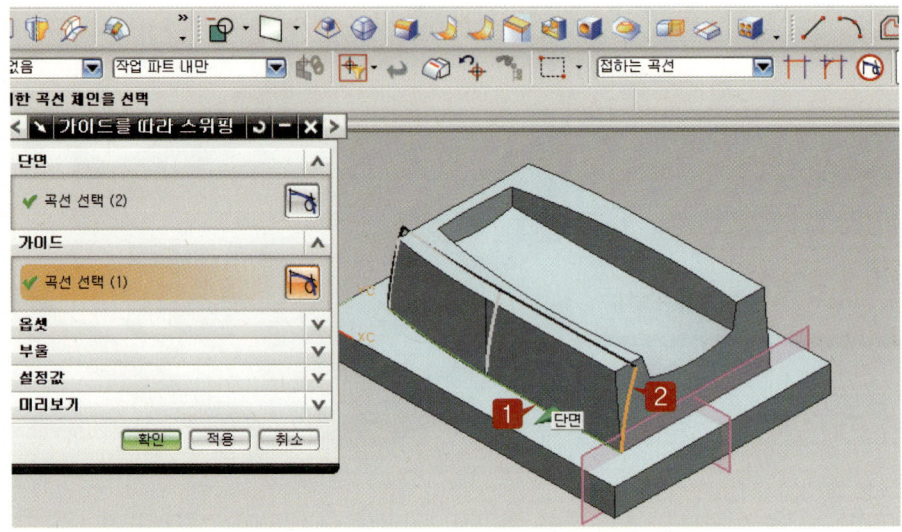

13 대칭형상 작성하기

1) 표시 및 숨기기( ) 아이콘을 선택하여 데이텀 평면 표시①을 클릭하고 대칭 특징형상 ②를 클릭한다. 대칭 특징형상 ③을 선택하고 대칭평면 ④를 클릭하고 확인한다.

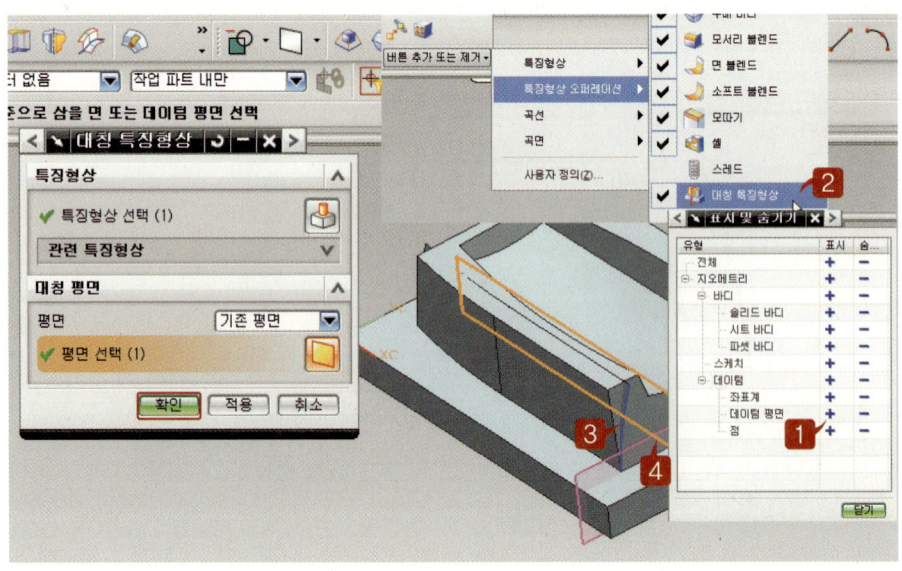

CHAPTER 2 | 모델링 따라하기

14. 곡면 연장하기

1) 삽입에 트리밍에 [트리밍 및 연장...]을 클릭하고 유형은 거리로 하고 모서리 ①을 선택한다. 반대쪽에서 같은 방법으로 연장하고 확인한다.

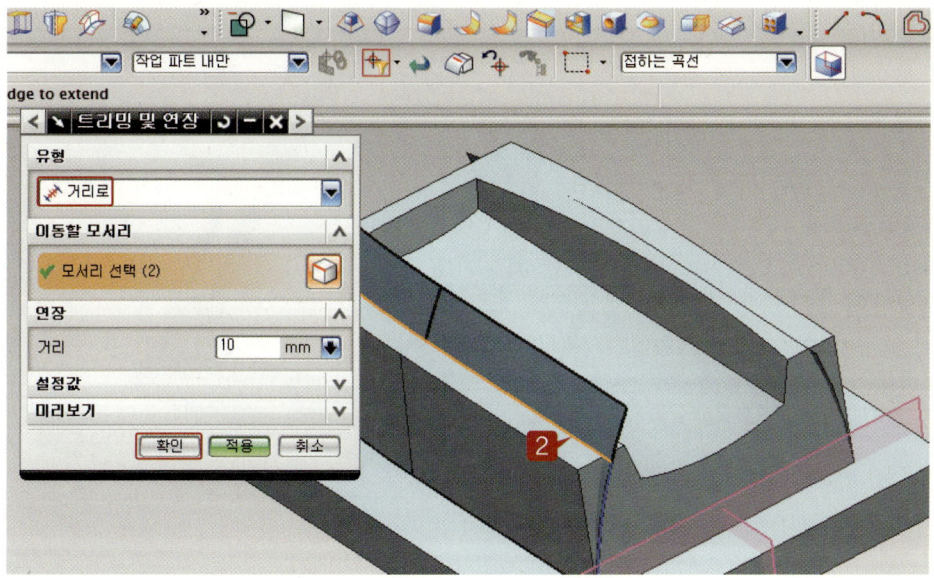

15. 바디 트리밍하기

1) 바디트리밍 아이콘 ①을 선택한다. 타겟 바디 ②를 선택하고 공구면 ③을 선택하고 적용한다.

2) 같은 방법으로 반대쪽에도 바디 트리밍을 하고 확인한다.

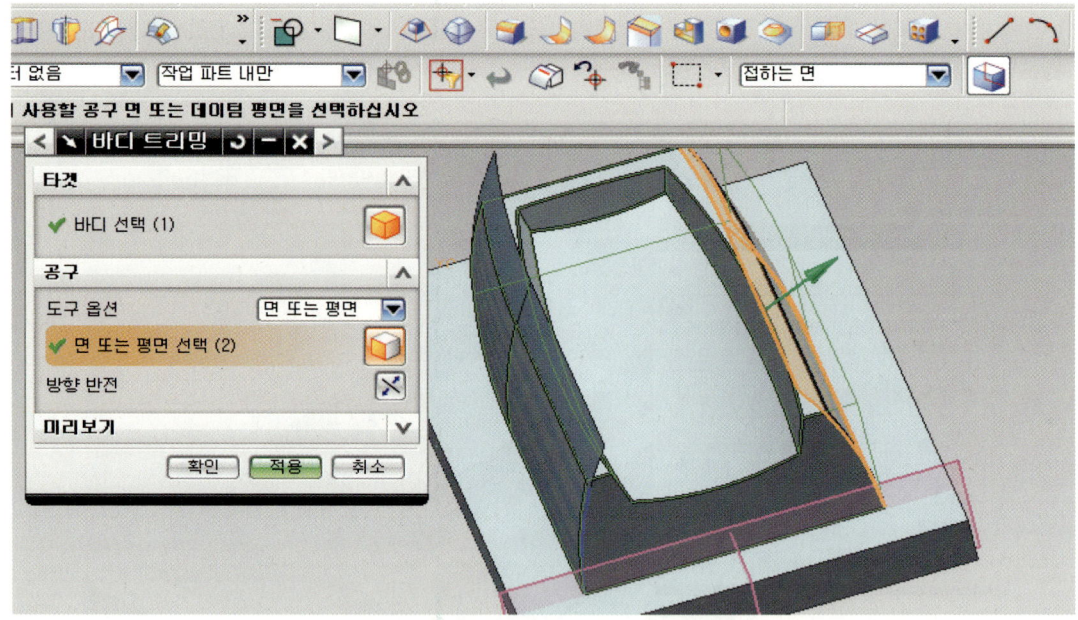

16 돌출 작성하기

1) 표시 및 숨기기( ) 아이콘을 선택하여 스케치 표시 ①을 선택한다.

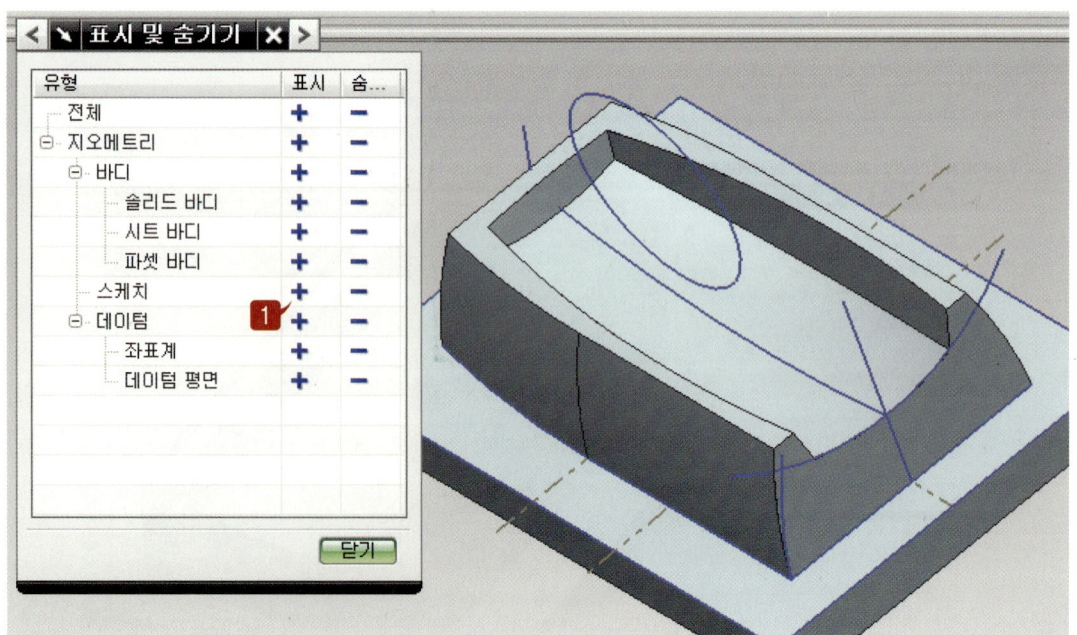

CHAPTER 2 | 모델링 따라하기

2) 마우스 오른쪽(MB3)버튼을 길게 누르고 와이어프레임으로 변경하고 돌출 아이콘 ①을 선택하고 단면곡선 ②와 ③을 클릭한다. 한계에서 시작은 0 끝 값은 17을 입력하고 확인한다.

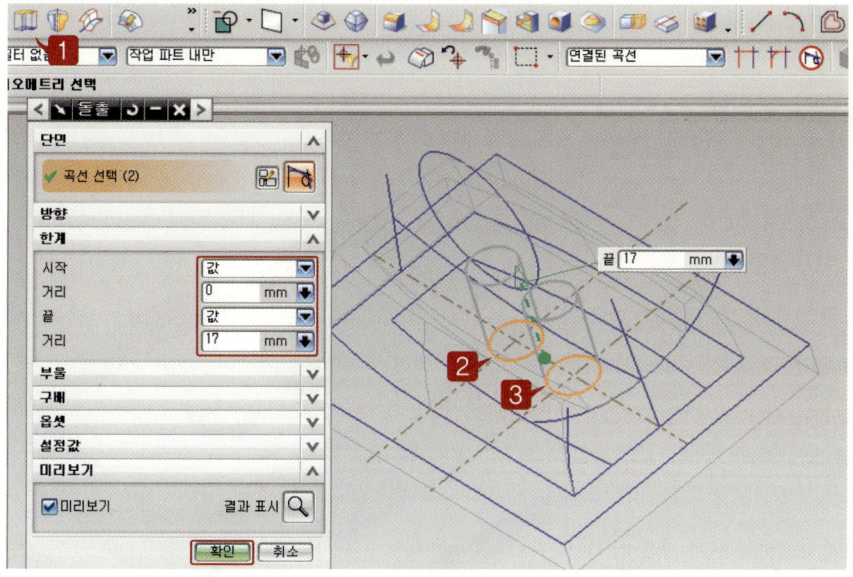

3) 다시 돌출아이콘을 선택하고 단면곡선 ①을 선택하고 한계에서 시작은 -30 끝 값은 30을 입력하고 확인한다. 부울은 빼기에서 바디 ②를 선택하고 확인한다.

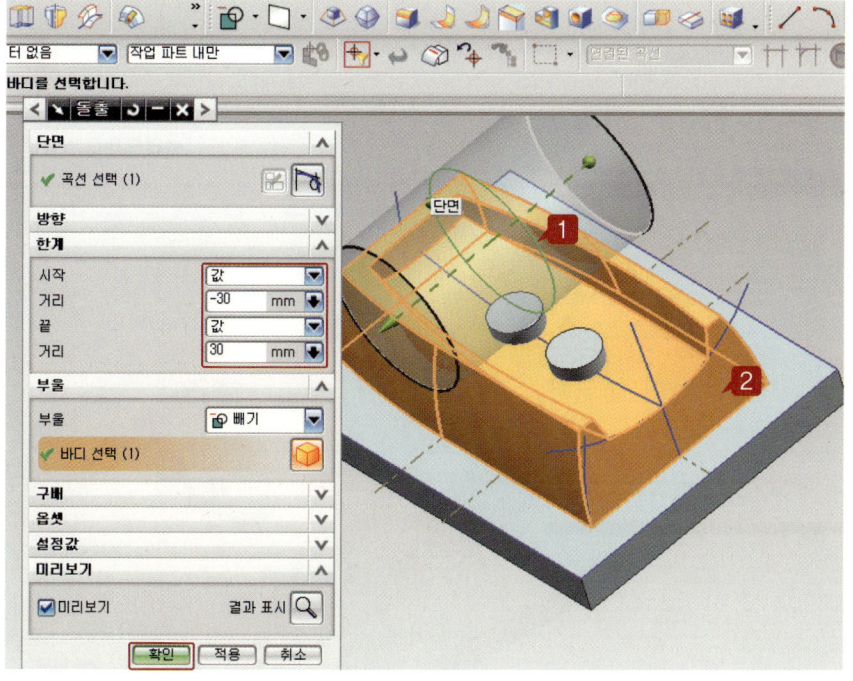

17 전체 결합하기

1) 표시 및 숨기기( ) 아이콘을 선택하여 전체 숨기기 ①을 선택하고 솔리드 바디 표시 ②를 선택한다.

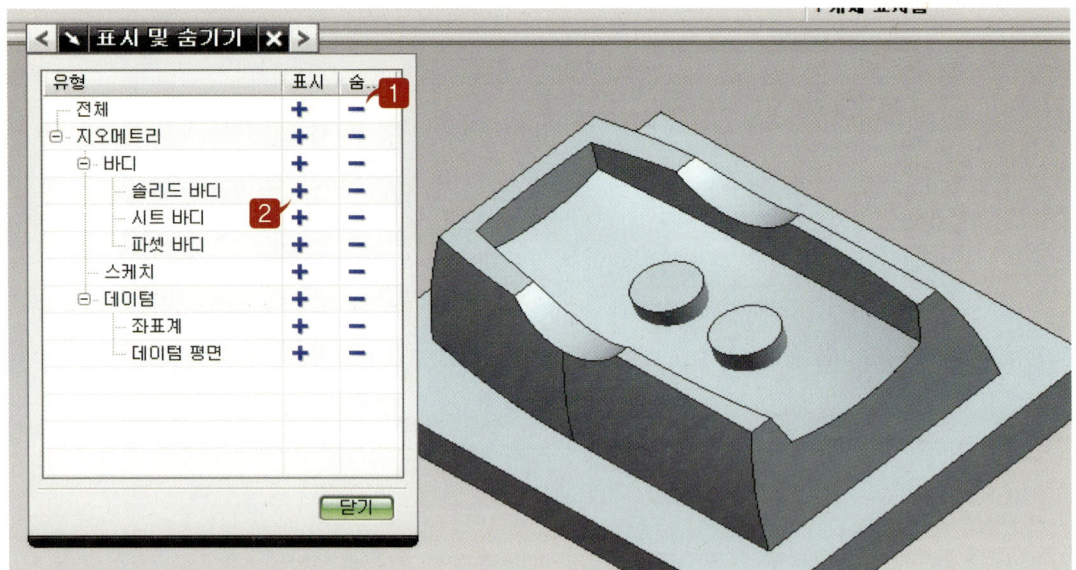

2) 결합하기 ①을 클릭하고 타겟 바디 ②를 선택하고 공구 바디 ③④⑤를 클릭하고 확인한다.

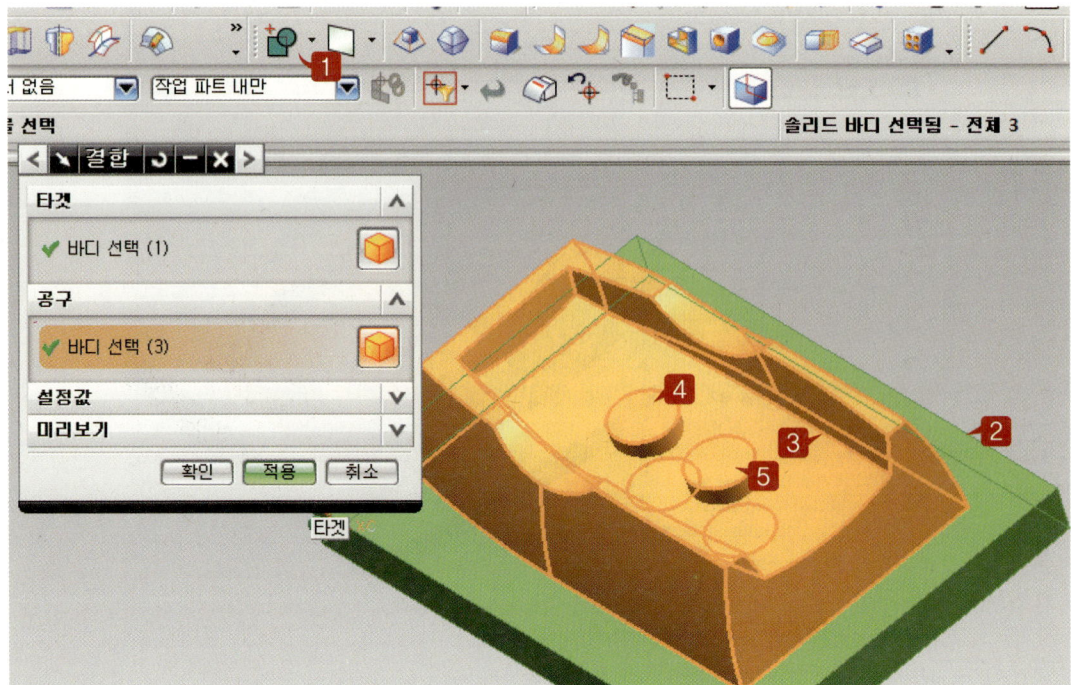

18 모서리 블렌드(필렛)작성하기

1) 모서리 블렌드 아이콘 ①을 선택하고 모서리 ②와 ③을 클릭하고 R값 15입력 후 적용한다.

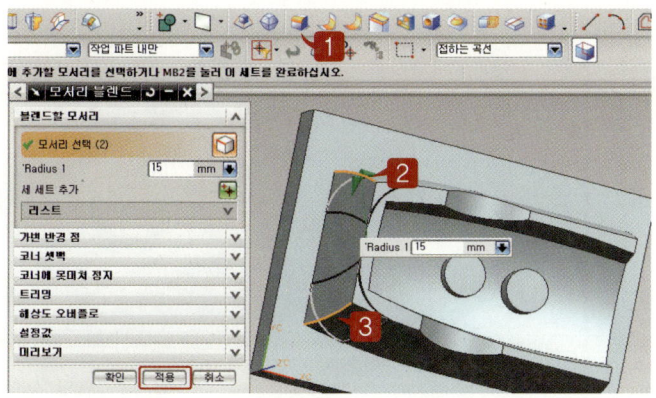

2) 같은 방법으로 R값 10입력 후 적용한다.

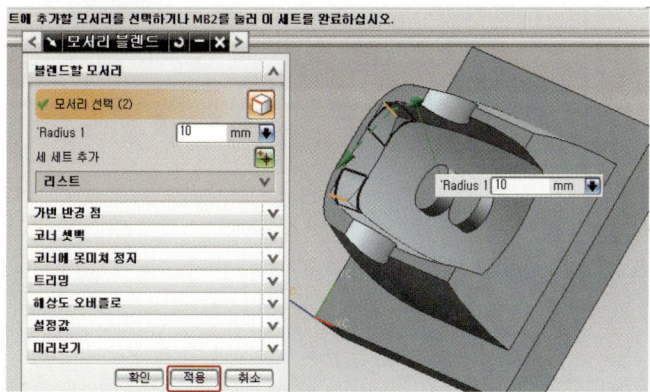

3) 같은 방법으로 R값 5입력 후 적용한다. 나머지 부분도 같은 방법으로 R값 1입력 후 확인한다.

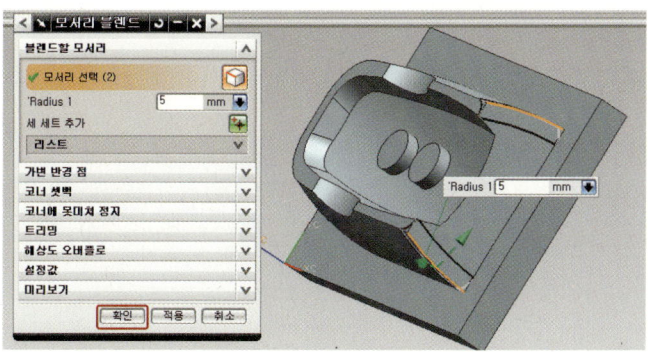

4) 아래 그림은 완성된 작품이다.

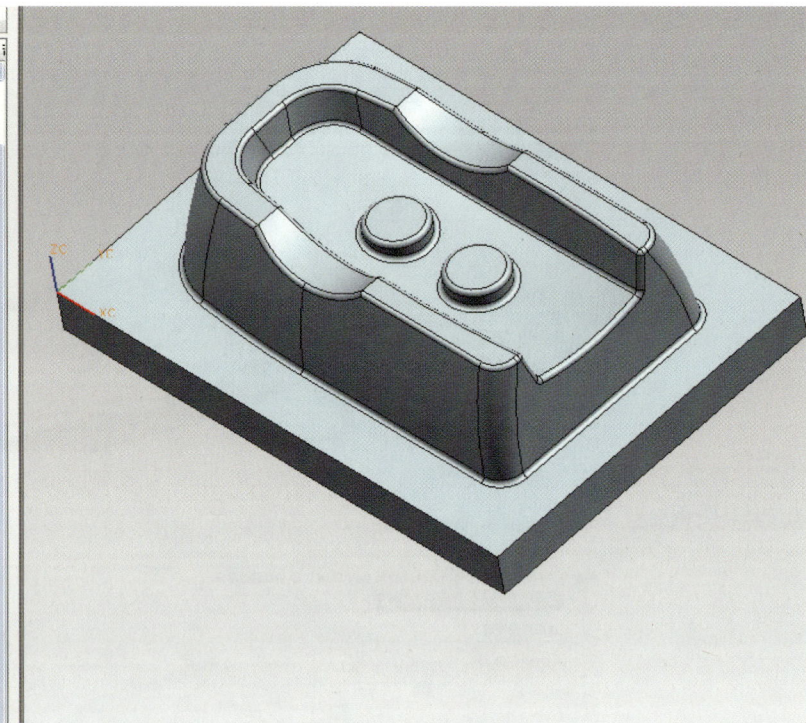

8. 헤어드라이기모양 모델링 따라하기

도면명	UG 모델링작업 ⑧	척 도	NS

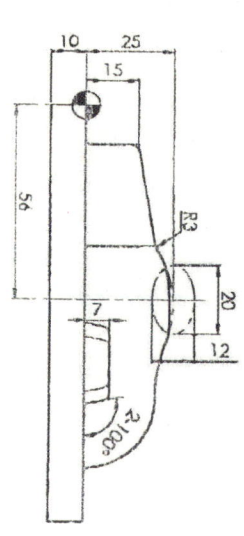

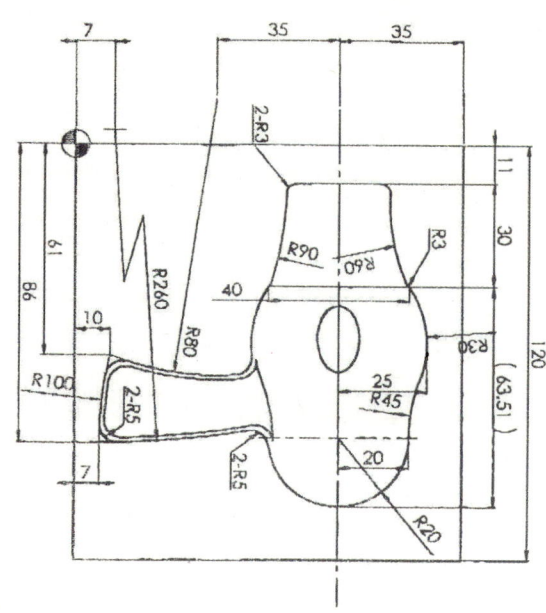

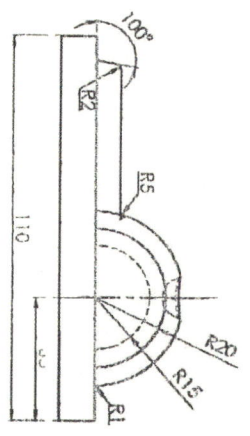

도시되고 지시없는 모든 라운드 R1

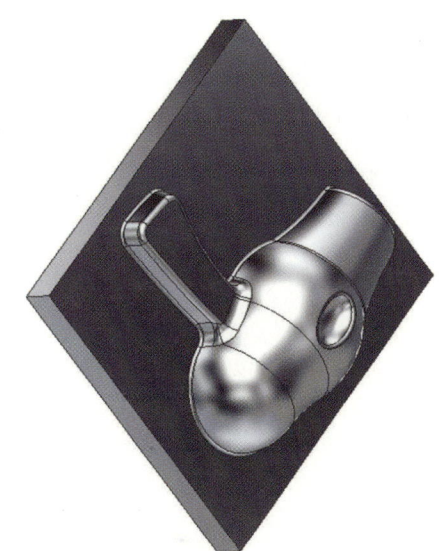

01 평면도 스케치 작성하기

1) 새로 만들기( ) ①(**Ctrl**+N)를 실행한다.
2) 스케치(Sketch)( ) ②를 선택한다.

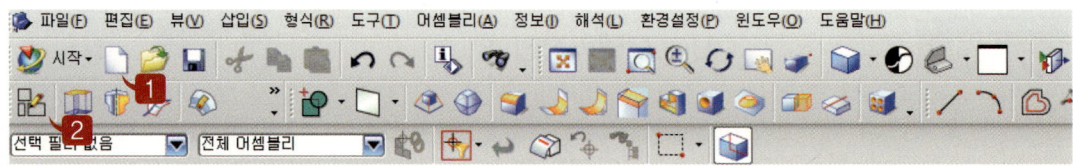

3) 기본적으로 평면도(XY)평면이 설정하고 확인한다.

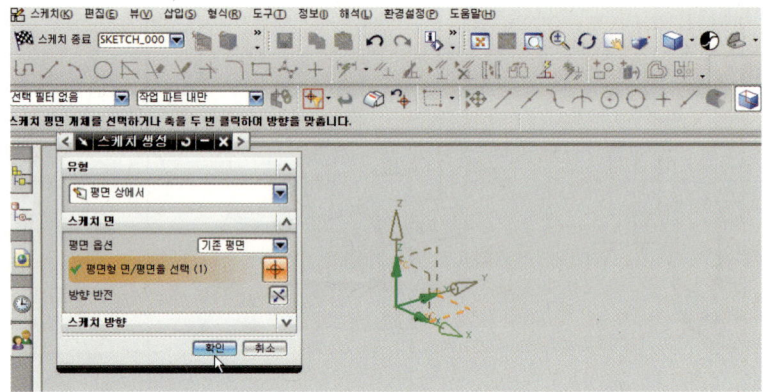

4) 직사각형(Rectangle)( ) ①을 선택한다. 그림에서와 같이 2점으로(by 2point)하여 원점 (0,0)에서 시작하는 임의에 직사각형을 그린다.

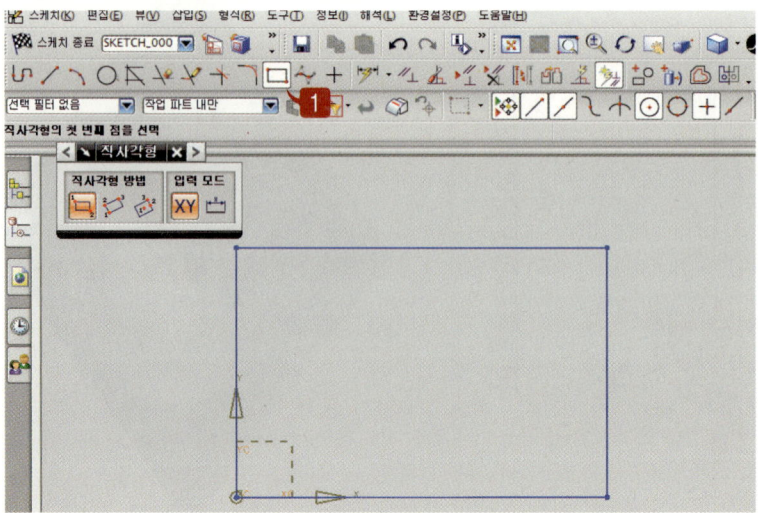

5) 치수기입 아이콘 ①을 이용하여 치수기입 후 선 아이콘 ②를 이용하여 수평선과 수직선을 생성하고 참조변환 ③을 클릭하여 참조선으로 변환한다.

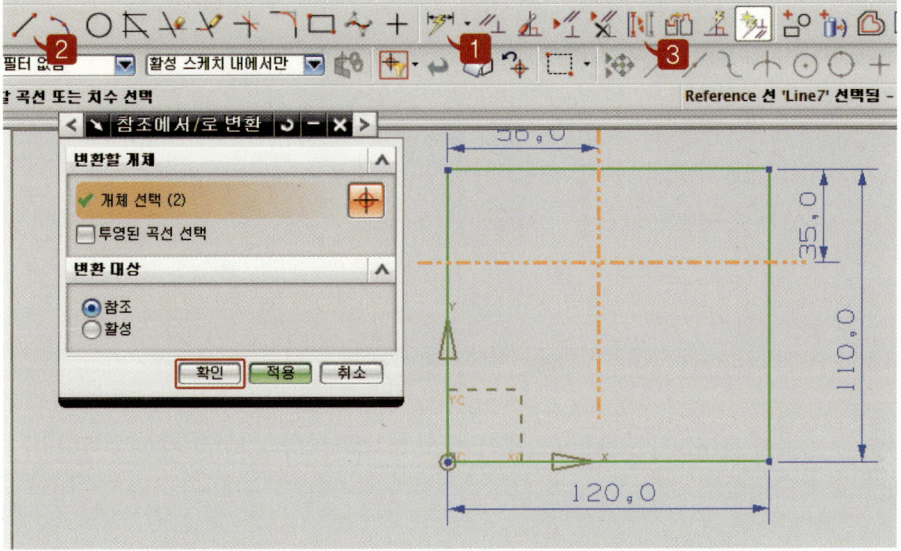

6) 선 아이콘 ①과 원호 아이콘 ②를 이용하여 그림처럼 스케치 생성 후 추정치수 아이콘 ③을 이용하여 치수기입을 한다.

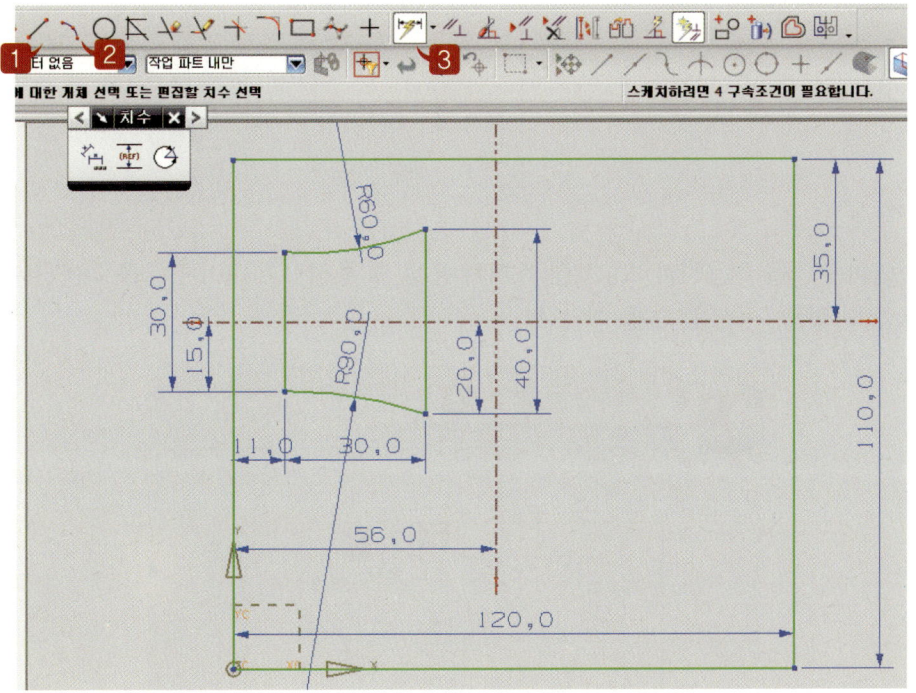

7) 표시 및 숨기기 아이콘 ①을 클릭하여 치수 숨기기 ②를 클릭한다.

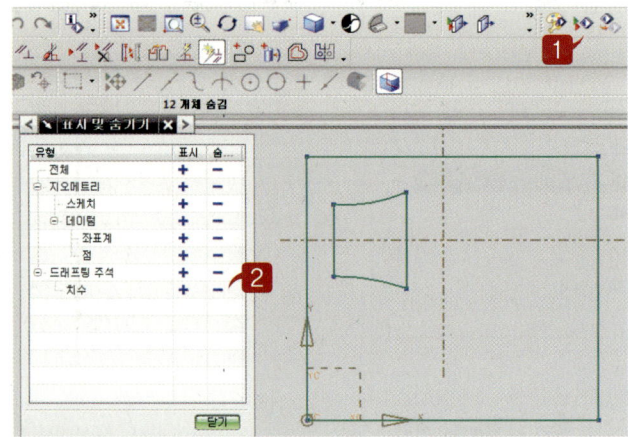

8) 원 아이콘 ①을 이용하여 그림처럼 스케치 생성 후 추정치수 아이콘 ②를 이용하여 치수기입을 한다.

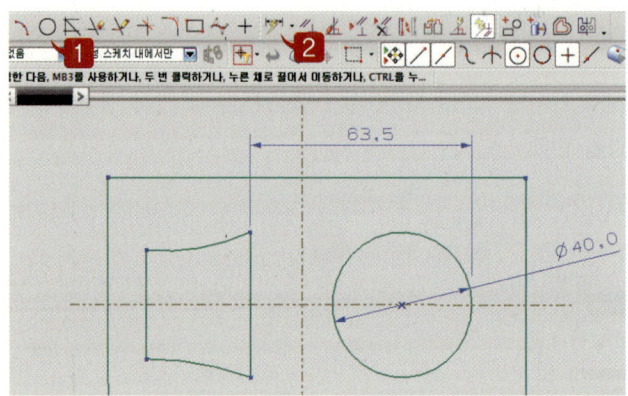

9) 원호 아이콘 ①을 이용하여 그림처럼 스케치 생성 후 추정치수 아이콘 ②를 이용하여 치수기입을 한다. 접선 구속조건 ③을 확인한다.

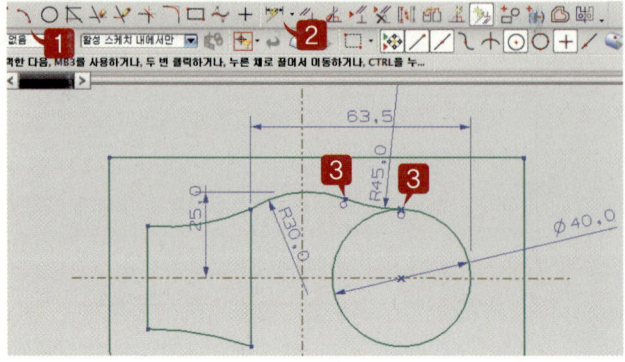

CHAPTER 2 | 모델링 따라하기

10) 대칭 아이콘 ①을 클릭하고 대칭 중심선 ②를 선택하고 대칭시킬 곡선 ③을 클릭하고 확인한다.

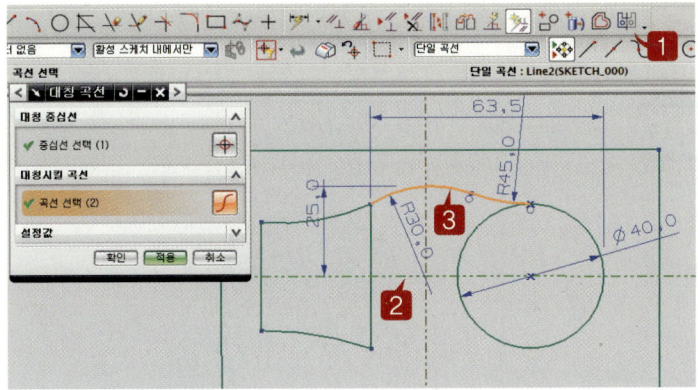

11) 빠른 트리밍 아이콘 ①을 선택하고 경계곡선 ②, ③을 선택하고 트리밍 할 곡선 ④를 선택한다.

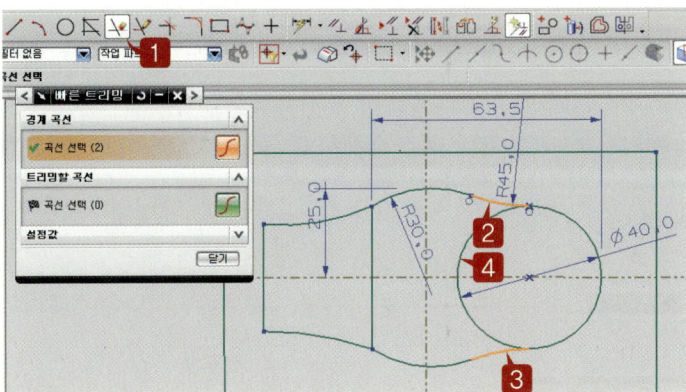

12) 원호 아이콘 ①을 이용하여 그림처럼 스케치를 생성한다.

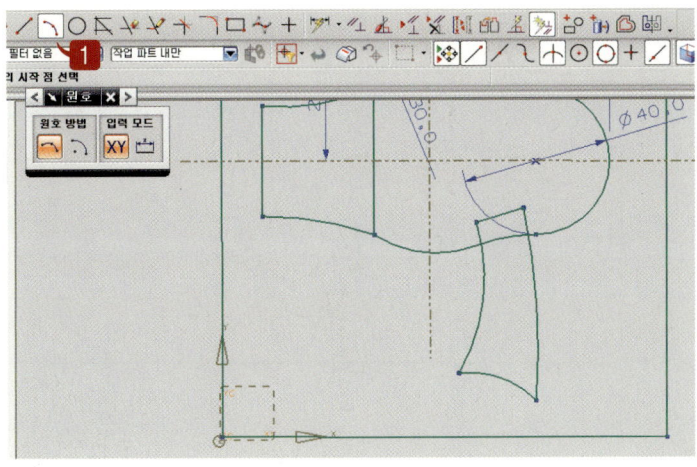

13) 추정치수 아이콘 ①을 이용하여 그림처럼 치수기입을 한다.

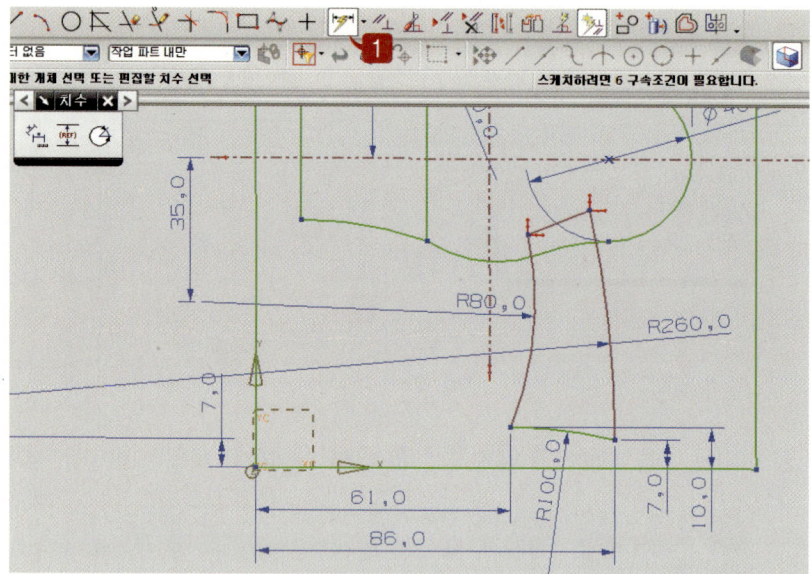

14) 아래 그림은 스케치가 완료한 상태이다. 스케치 종료 ①을 클릭하고 스케치를 종료한다.

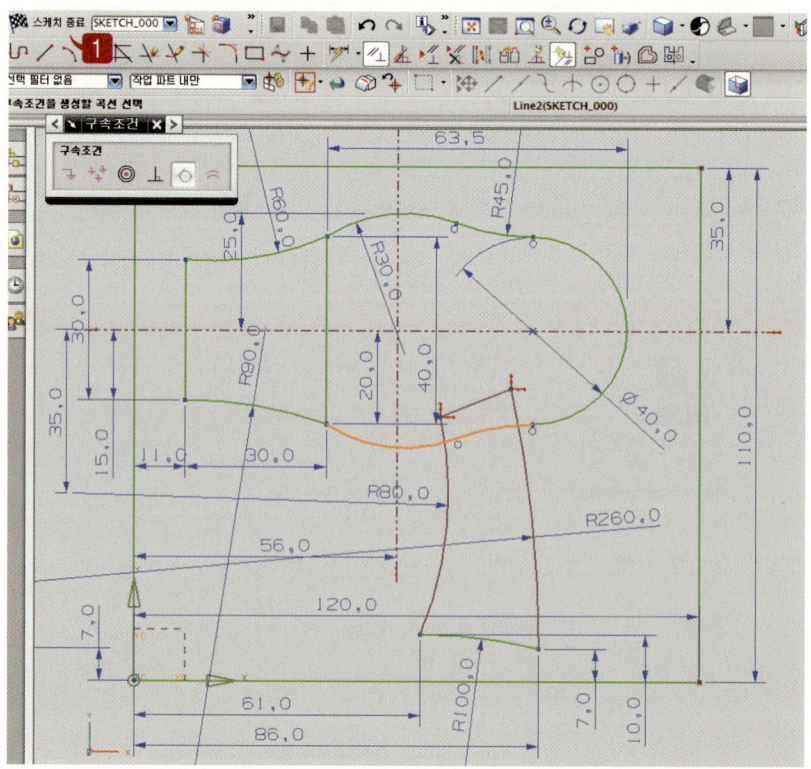

CHAPTER 2 | 모델링 따라하기

02 돌출 작성하기

1) 돌출 아이콘 ①을 선택한다. 연결된 곡선 ②를 선택한 상태에서 단면곡선 ③을 선택하고 -10만큼 돌출하고 적용한다.

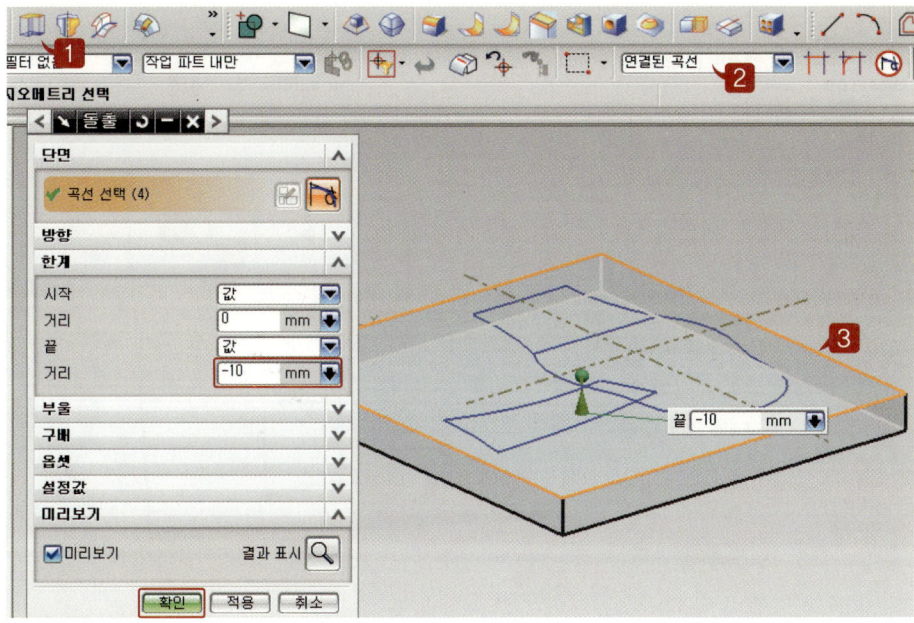

2) 단면곡선 ①을 선택하고 끝 거리 7만큼 돌출하고 확인한다.

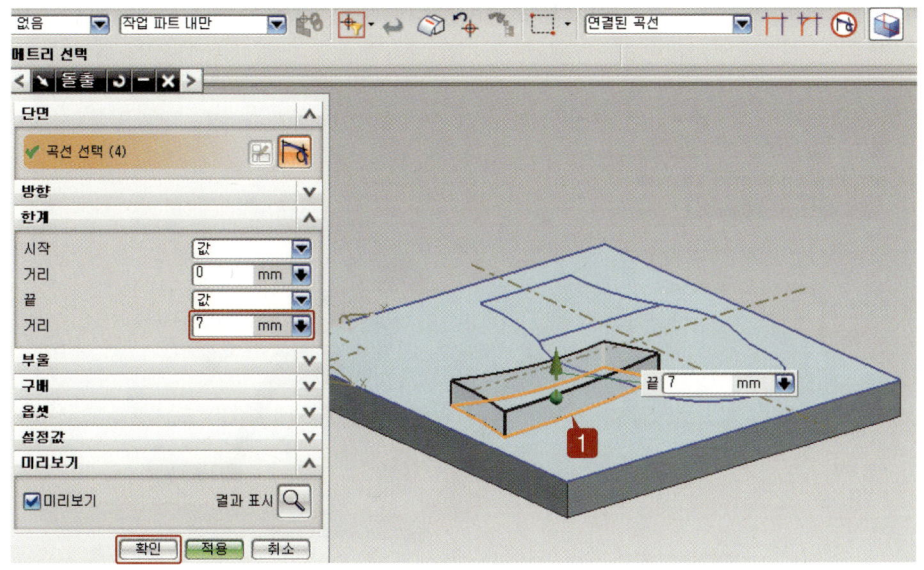

03 회전 작성하기

1) 회전 아이콘 ①을 클릭하고 단일 곡선 ②를 확인하고 교차에서 정지 ③을 클릭한다. 단면 곡선 ④를 선택하고 축 벡터 ⑤를 클릭한다. 한계에서 각도 180을 확인하고 확인한다.

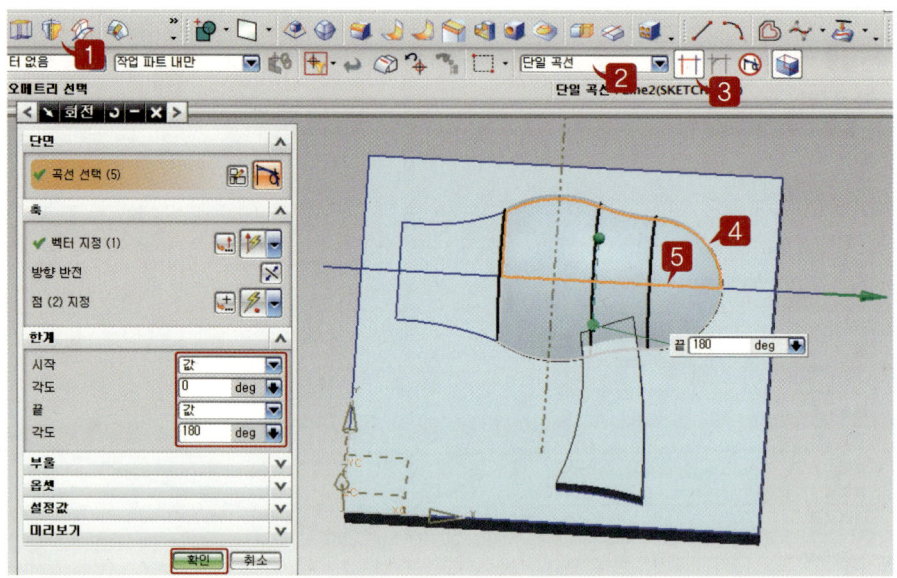

04 스윕 작성하기

1) 데이텀 평면 ①을 클릭하고 유형을 거리로 하고 평면참조 ②를 선택하고 옵셋 거리 -11입력하고 확인한다.

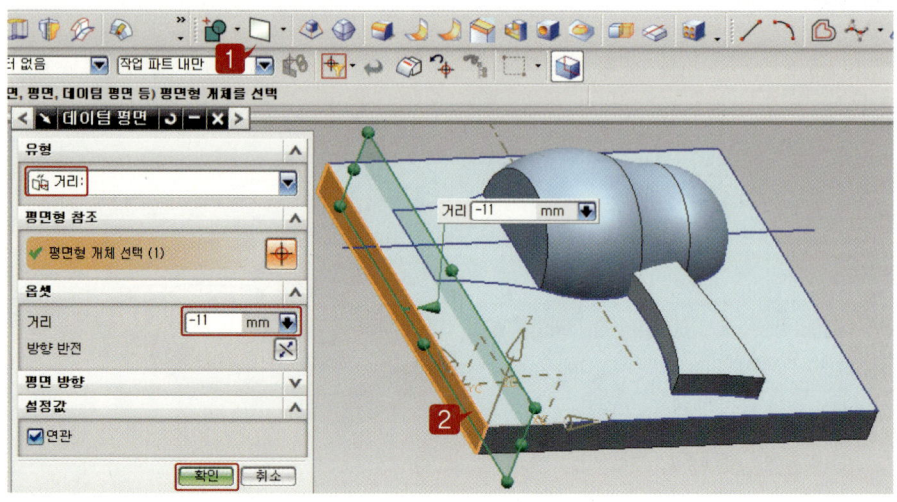

CHAPTER 2 | 모델링 따라하기

2) 스케치( ) 아이콘을 클릭하고 유형은 평면상에서 스케치 면은 데이텀 평면을 ①클릭하고 확인한다.

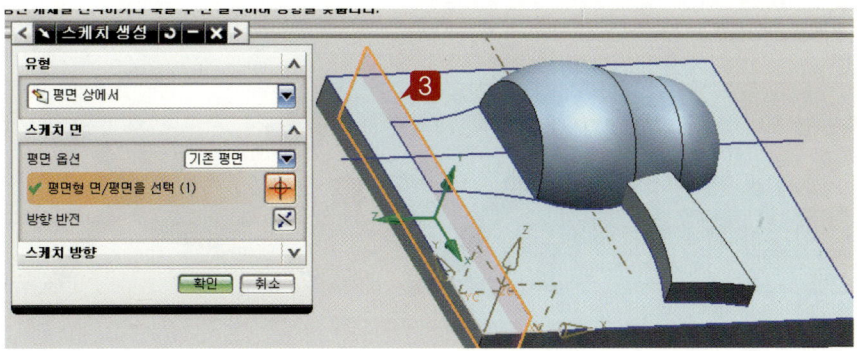

3) 원 아이콘 ①을 선택하고 스냅 원호 중심점 ②를 이용하여 원을 생성하고 빠른 트리밍 ③을 선택하여 그림처럼 트리밍 한다.

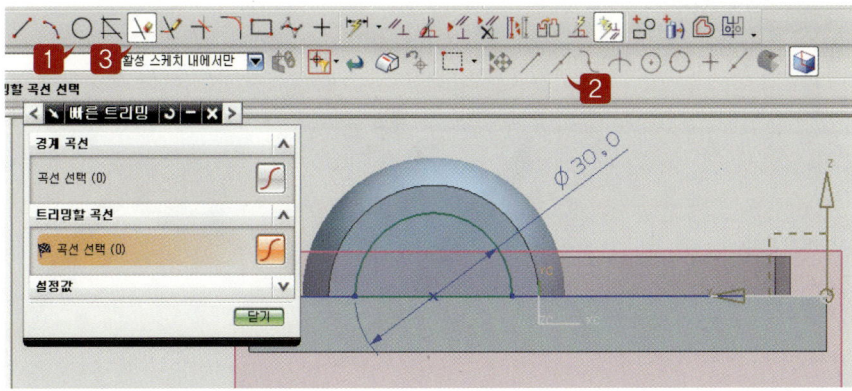

4) 삽입에 스윕에 스윕(스윕(S)...)을 클릭하고 단면곡선 ①을 선택하고 MB2클릭한다.

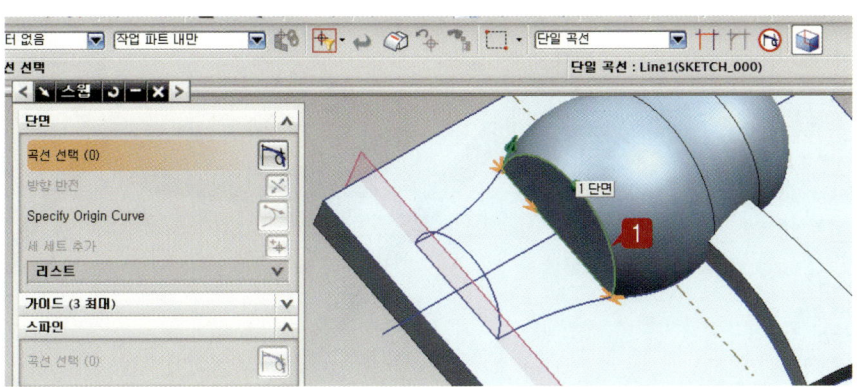

5) 다시 단면곡선 ②를 선택하고 MB2클릭한다.

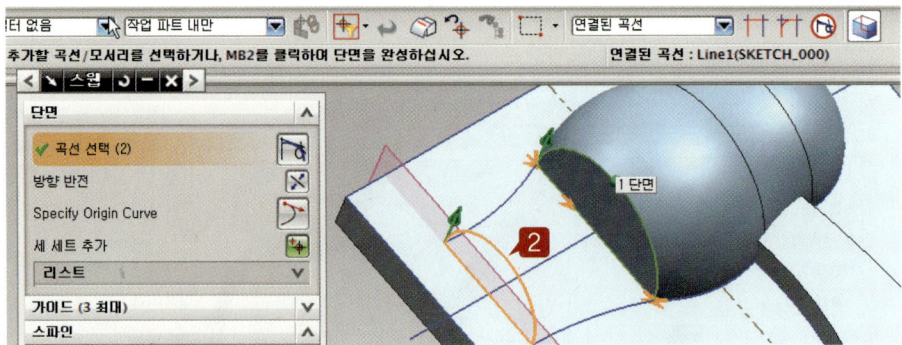

6) 가이드 탭에서 곡선 ①을 선택하고 MB2클릭한다.

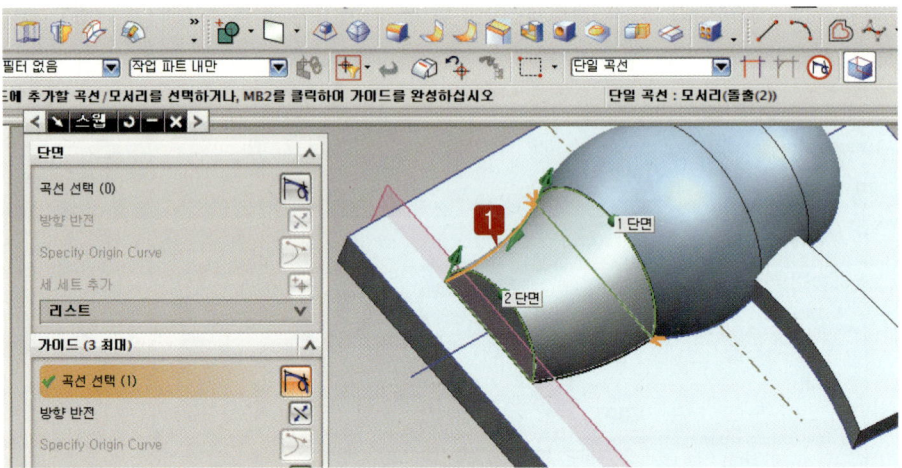

7) 다시 가이드 탭에서 곡선 ②를 선택하고 MB2클릭하고 확인한다.

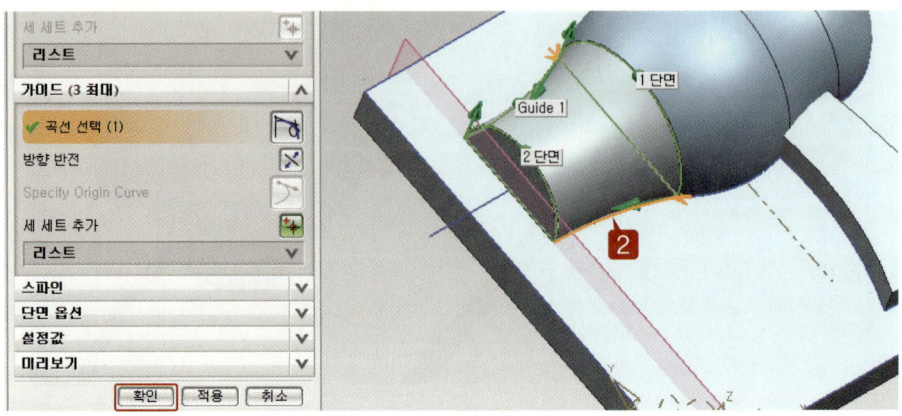

CHAPTER 2 | 모델링 따라하기

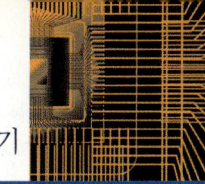

05 결합하기

1) 결합아이콘 ①을 클릭하고 타켓 바디 ②를 선택하고 공구바디 ③, ④, ⑤를 클릭하고 확인한다.

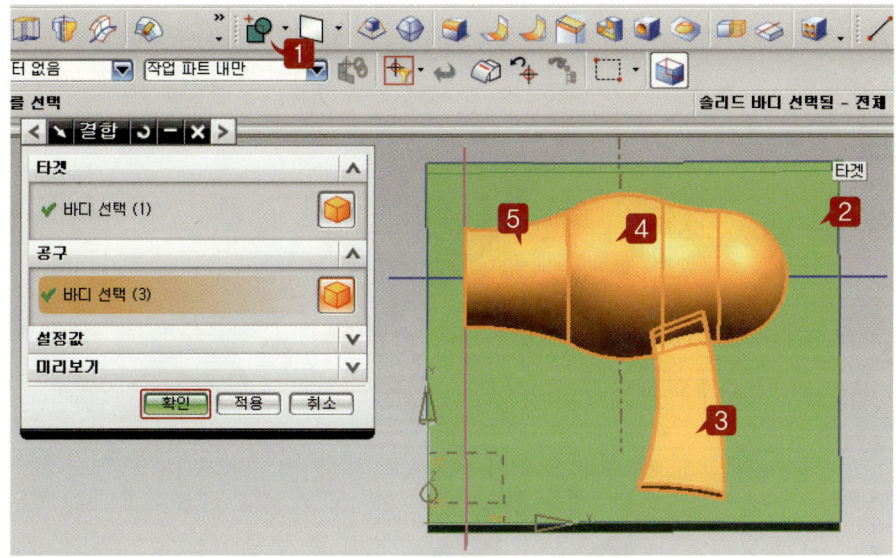

06 표시 및 숨기기

1) 표시 및 숨기기 아이콘 ①을 선택하여 전체 숨기기 ②를 선택하고 솔리드 바디 표시 ③을 선택한다.

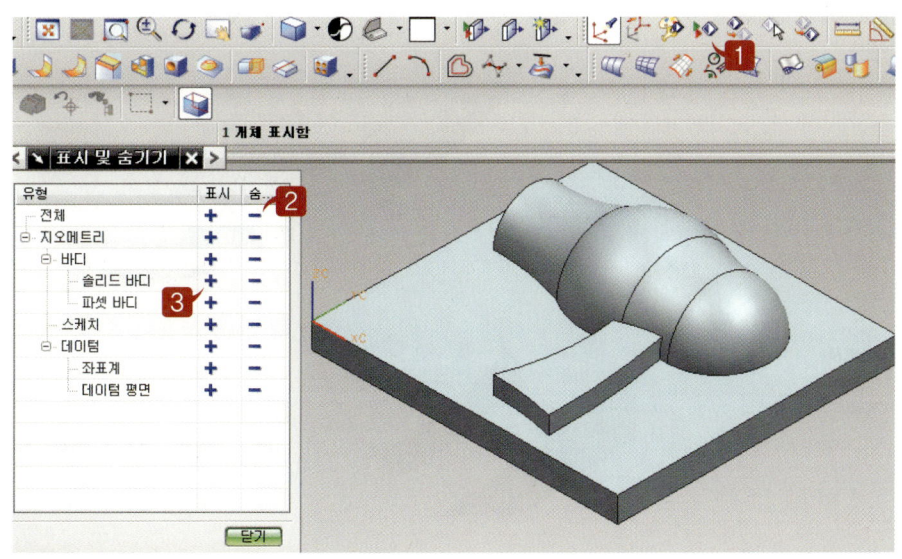

07 모서리 블렌드(필렛)작성하기

1) 모서리 블렌드 아이콘 ①을 선택하고 모서리 ②, ③, ④, ⑤를 클릭하고 R값 15입력 후 적용한다.

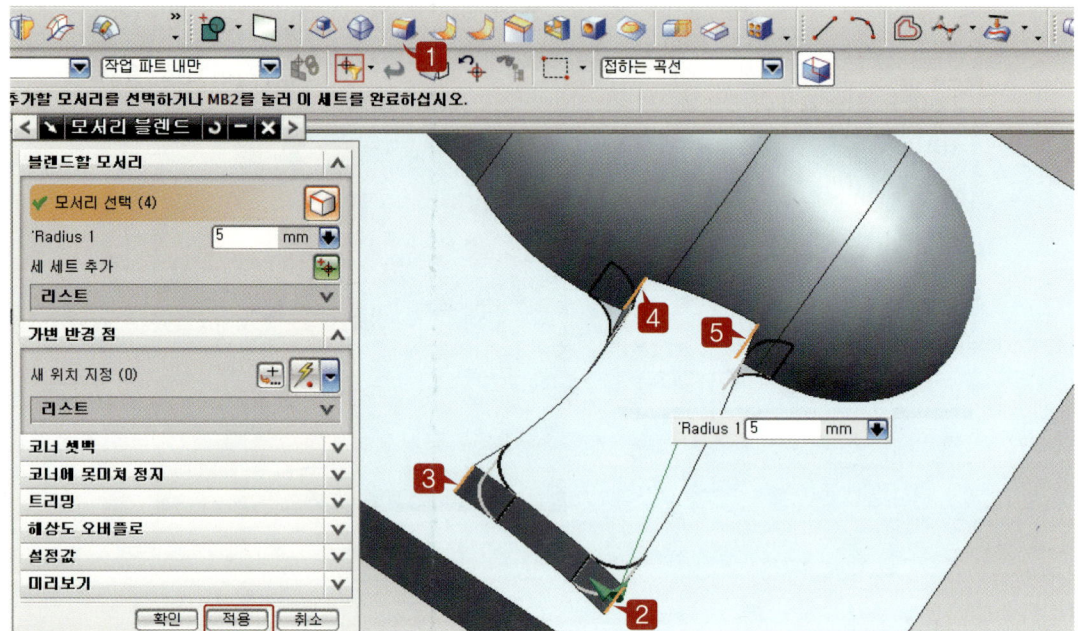

2) 같은 방법으로 R값 5입력 후 적용한다.

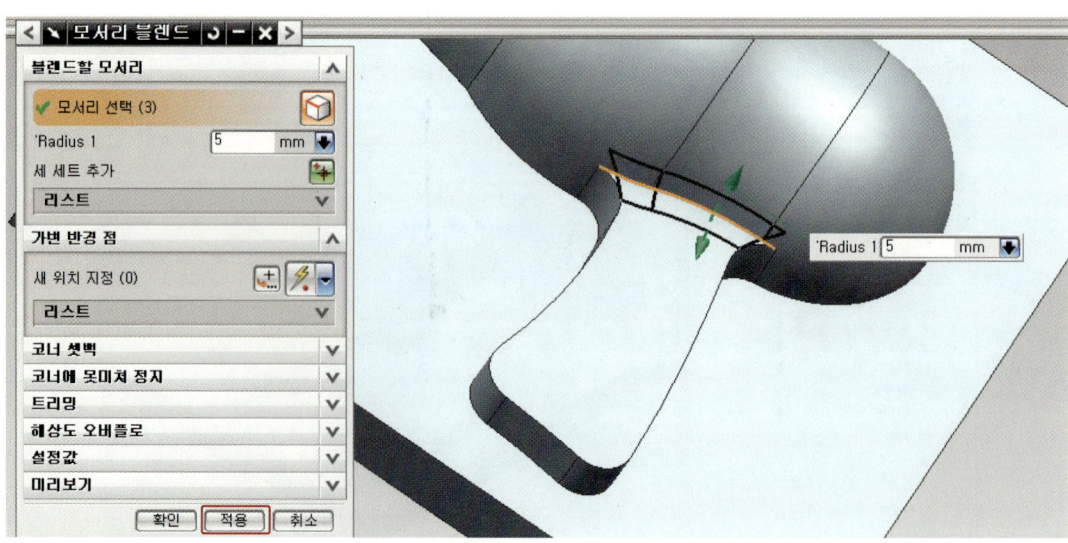

CHAPTER 2 | 모델링 따라하기

3) 같은 방법으로 R값 2입력 후 적용한다.

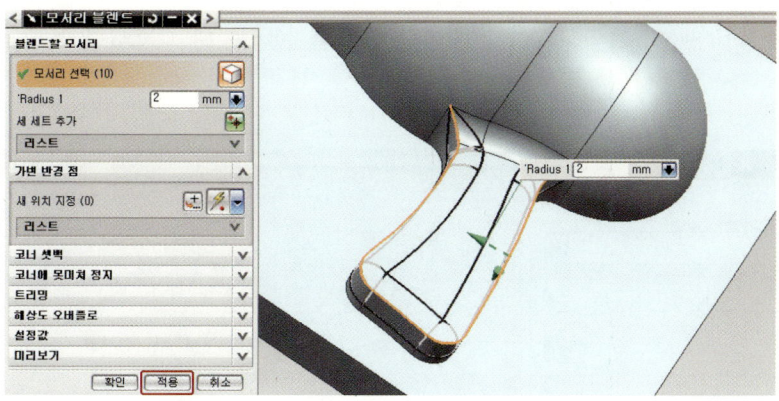

4) 같은 방법으로 R값 3입력 후 적용한다.

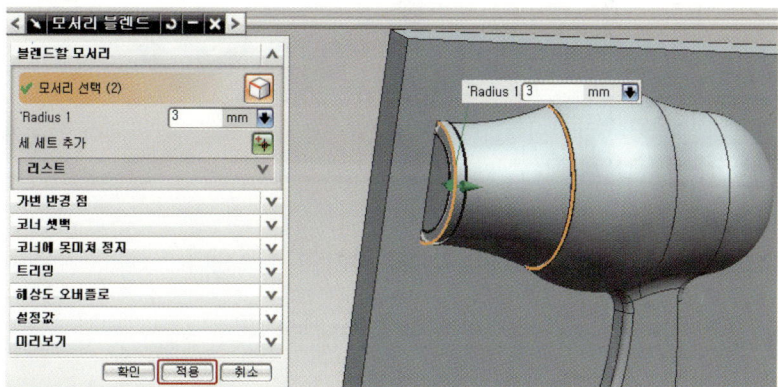

5) 나머지 부분도 같은 방법으로 R값 1입력 후 확인한다.

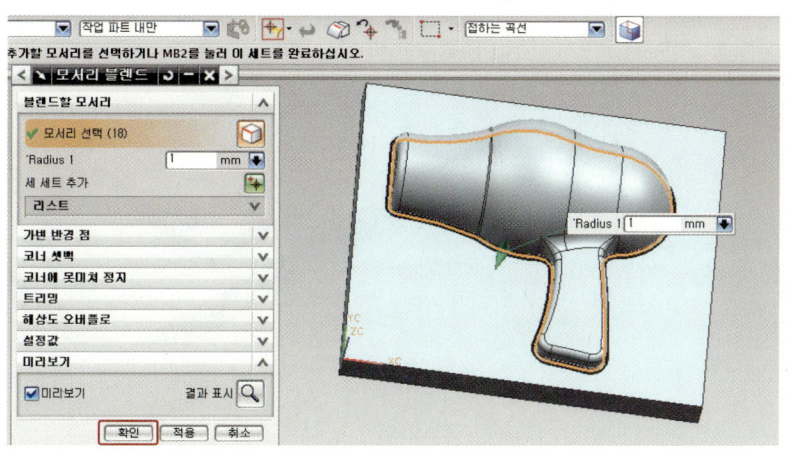

08 타원 및 회전 작성하기

1) 삽입에 곡선에 타원(타원(E)...)을 클릭한다. 좌표를 절대로 하고 X56, Y75, Z25를 입력하고 확인한다.

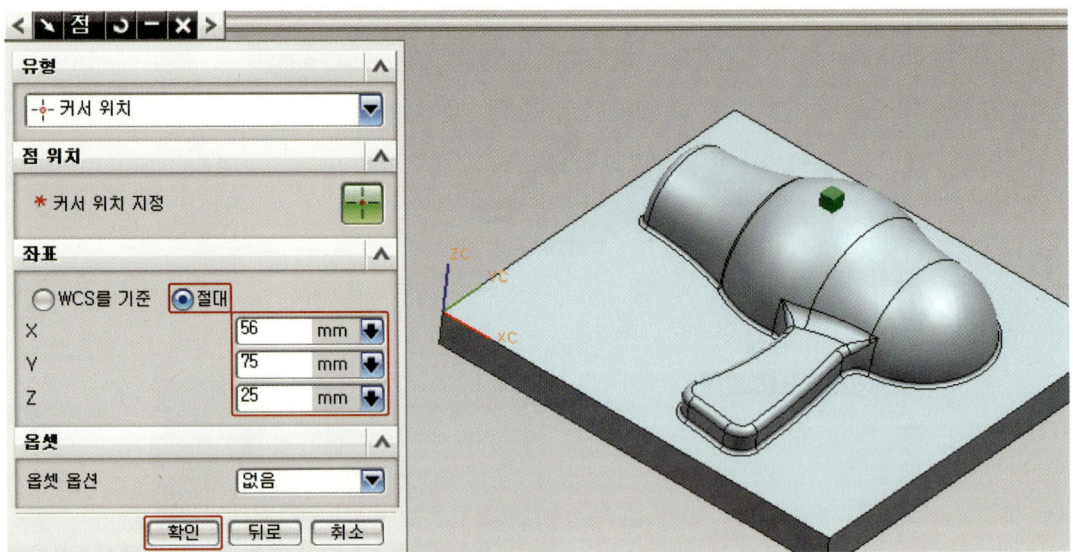

2) 장반경 10, 단반경 6, 끝 각도 360도 입력하고 확인 후 취소한다.

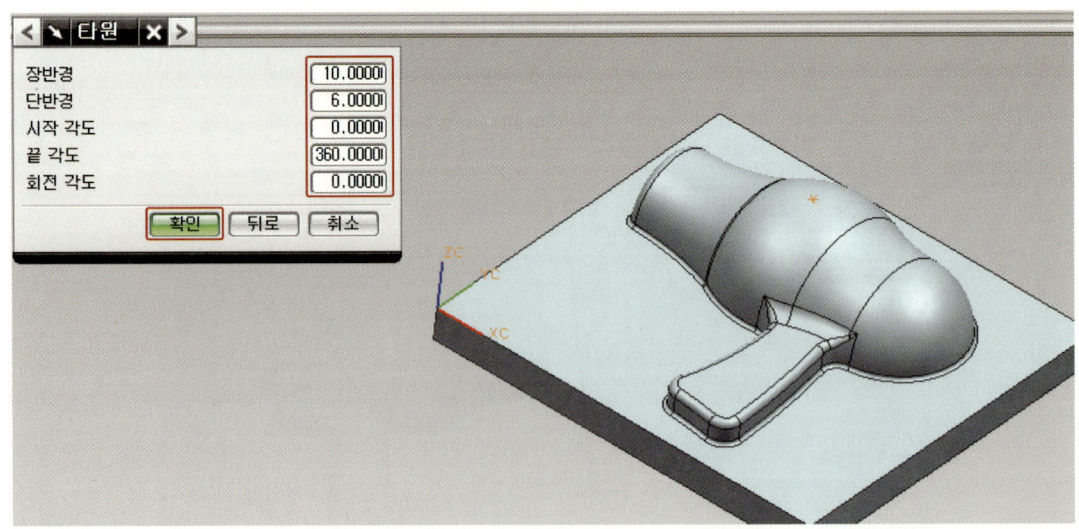

CHAPTER 2 | 모델링 따라하기

3) 삽입에 곡선에 선(선(L)...)을 클릭한다. 스냅 사분점 ①을 선택하고 그림처럼 선을 연결한다.

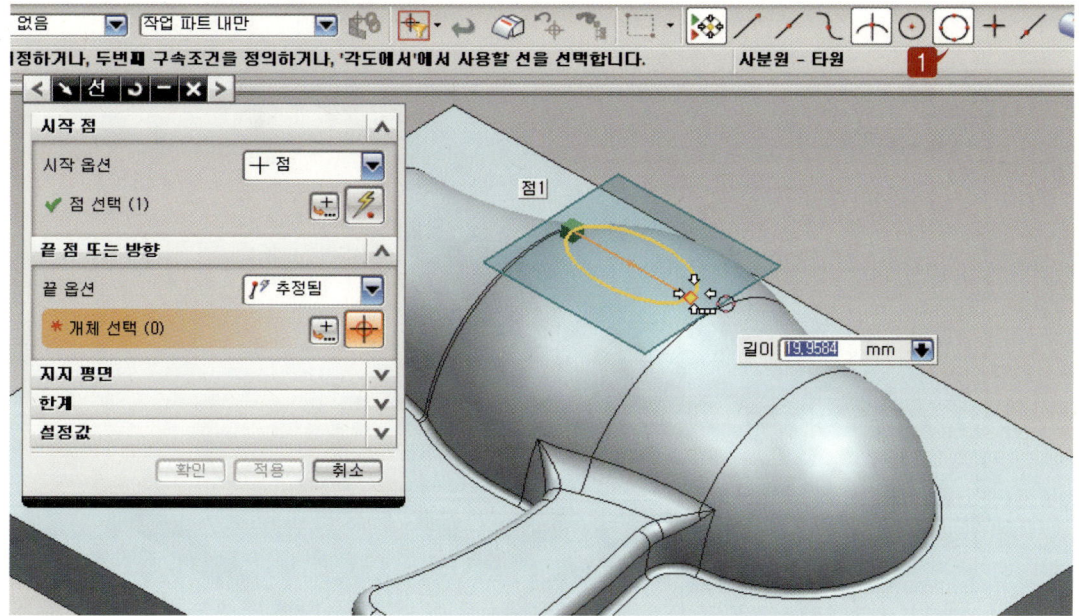

4) 그림은 스냅 사분점에 의해서 시작점과 끝점이 연결된 상태이다. 확인한다.

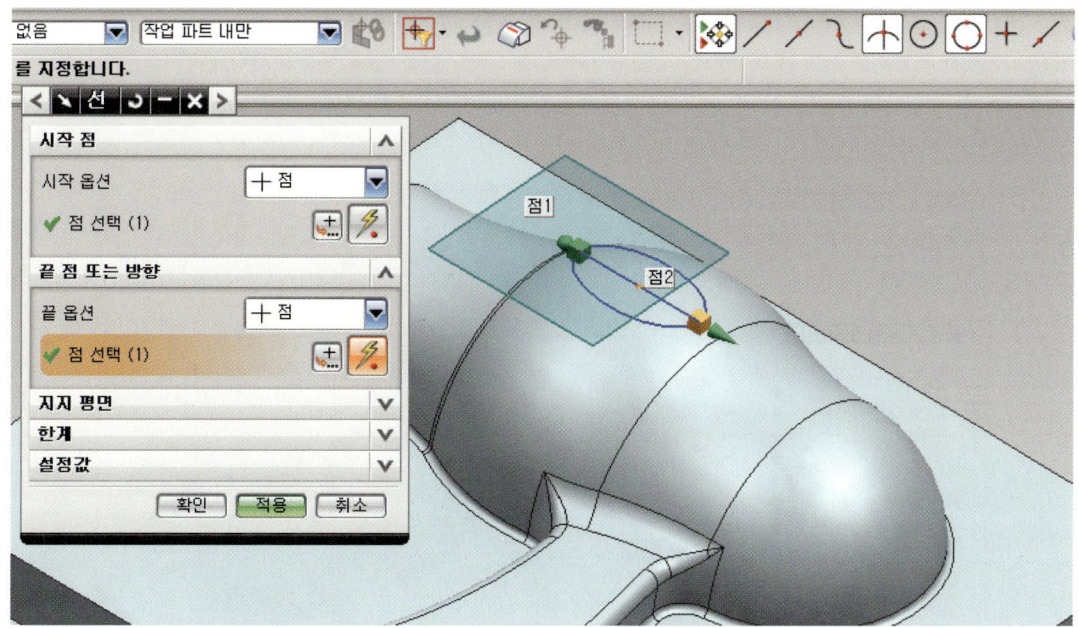

5) 회전아이콘 ①을 클릭하고 연결된 곡선 ②와 교차에서 정지 ③을 선택한다. 단면곡선 ④를 클릭하고 축 벡터는 ⑤를 선택하고 한계는 360도 부울은 빼기로 바디선택하고 확인한다.

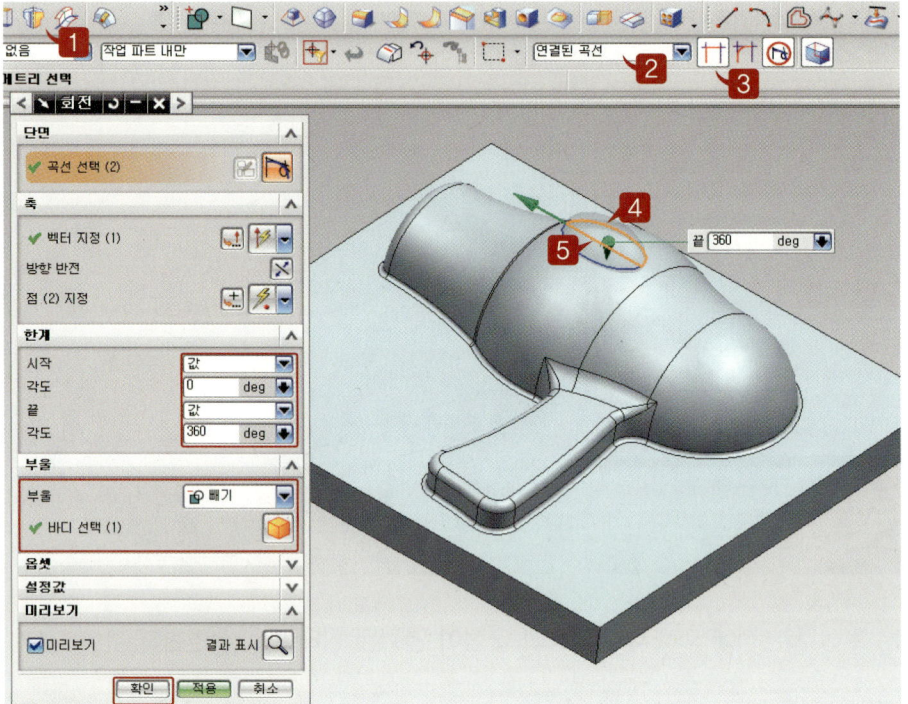

6) 표시 및 숨기기 아이콘 ①을 선택하여 전체 숨기기 ②를 선택하고 솔리드 바디 표시 ③을 선택한다.

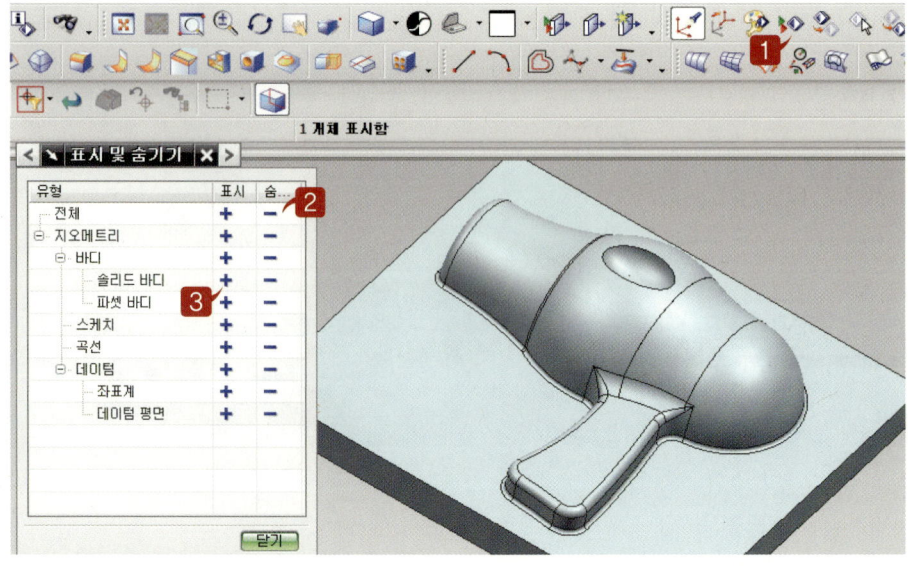

CHAPTER 2 | 모델링 따라하기

7) 모서리 블렌드 아이콘 ①을 선택하고 모서리 ②를 클릭하고 R값 1입력 후 확인한다.

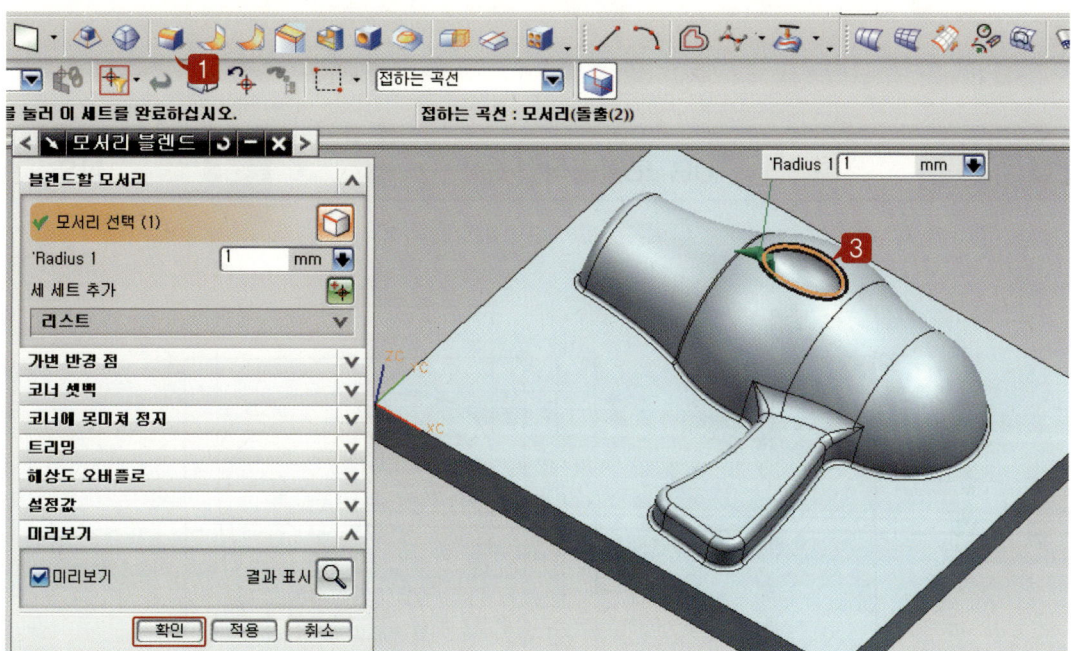

8) 아래 그림은 완성된 작품이다.

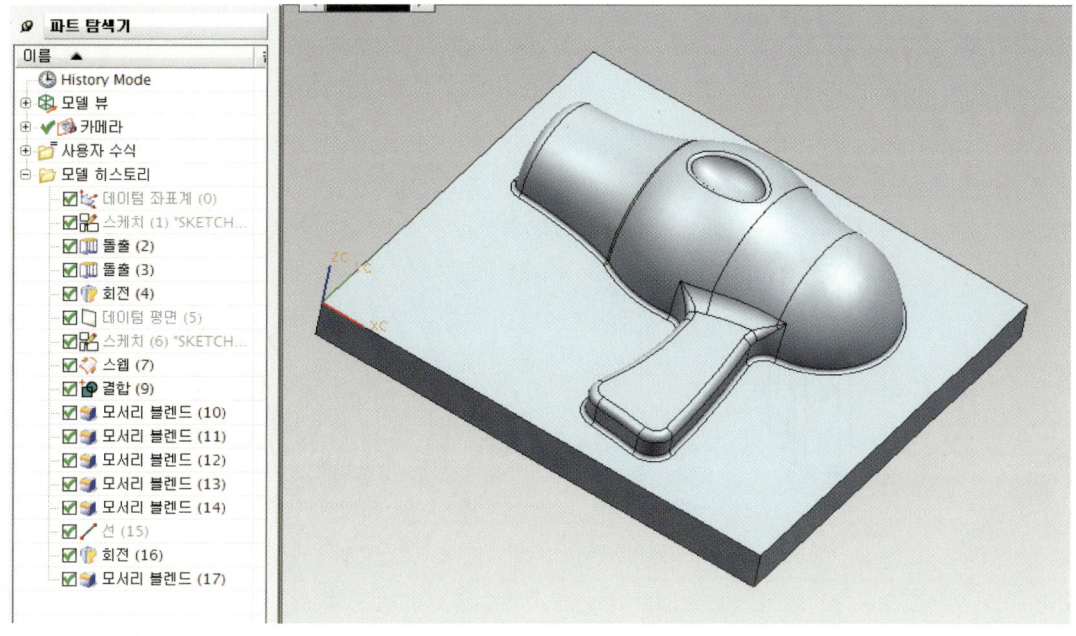

9 리모컨모양 모델링 따라하기

도면명	UG 모델링작업 ⑨	척 도	NS

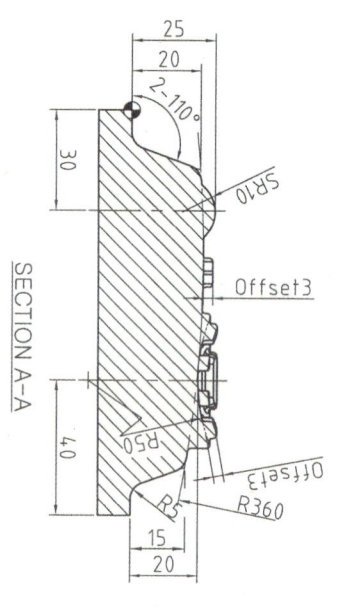
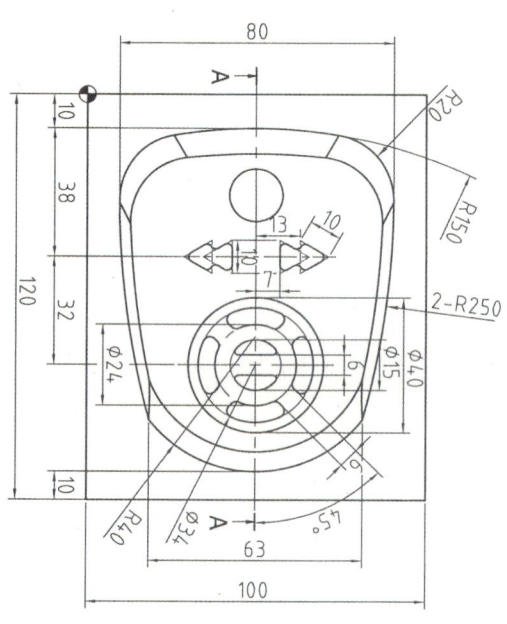
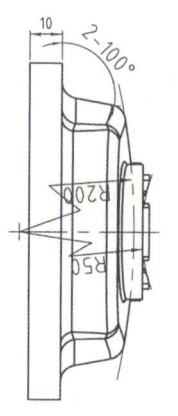
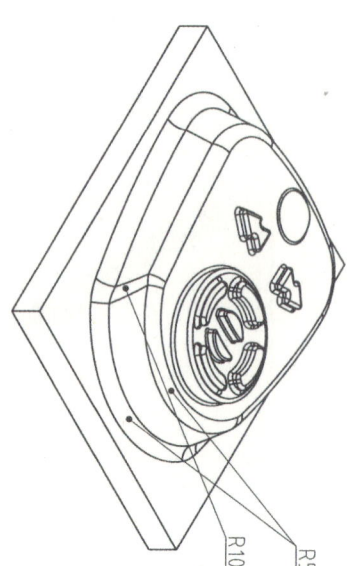

CHAPTER 2 | 모델링 따라하기

01 평면도 스케치 작성하기

1) 새로 만들기( ) ①(Ctrl+N)를 실행한다.
2) 스케치(Sketch)( ) ②를 선택한다.

3) 기본적으로 평면도(XY)평면이 설정하고 확인한다.

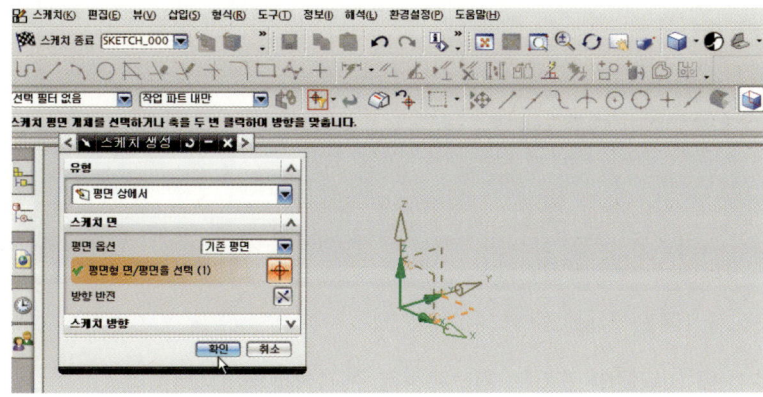

4) 직사각형(Rectangle)( ) ①을 선택한다. 그림에서와 같이 2점으로(by 2point)하여 원점 (0,0)에서 시작하는 임의에 직사각형을 그린다.

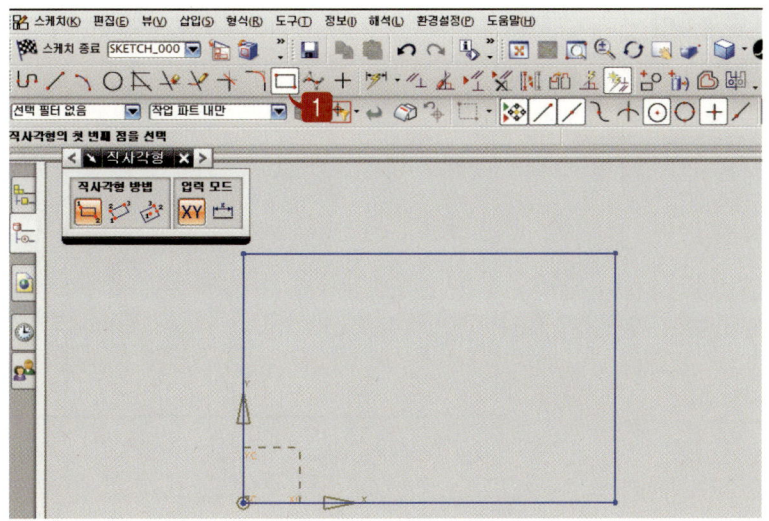

5) 선 아이콘을 이용하여 수평중심선을 긋고(스냅 중간점으로) 임의의 수직선 2개을 생성하고 그림처럼 추정치수 아이콘 ①을 이용하여 치수기입 후 참조변환 아이콘 ②를 선택하여 참조선으로 변환한다.

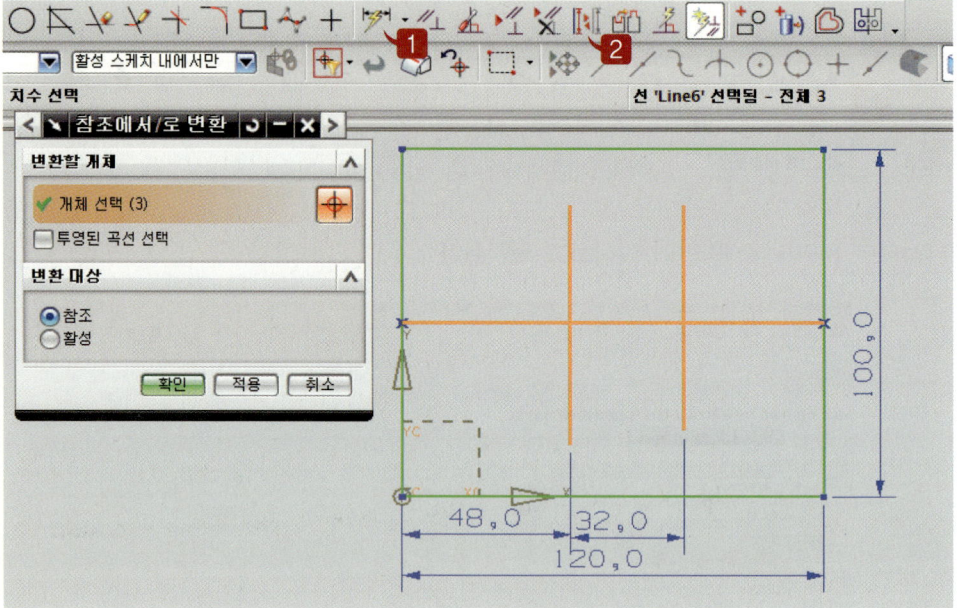

6) 원호 아이콘 ①을 이용하여 E처럼 원호곡선을 연결한다.

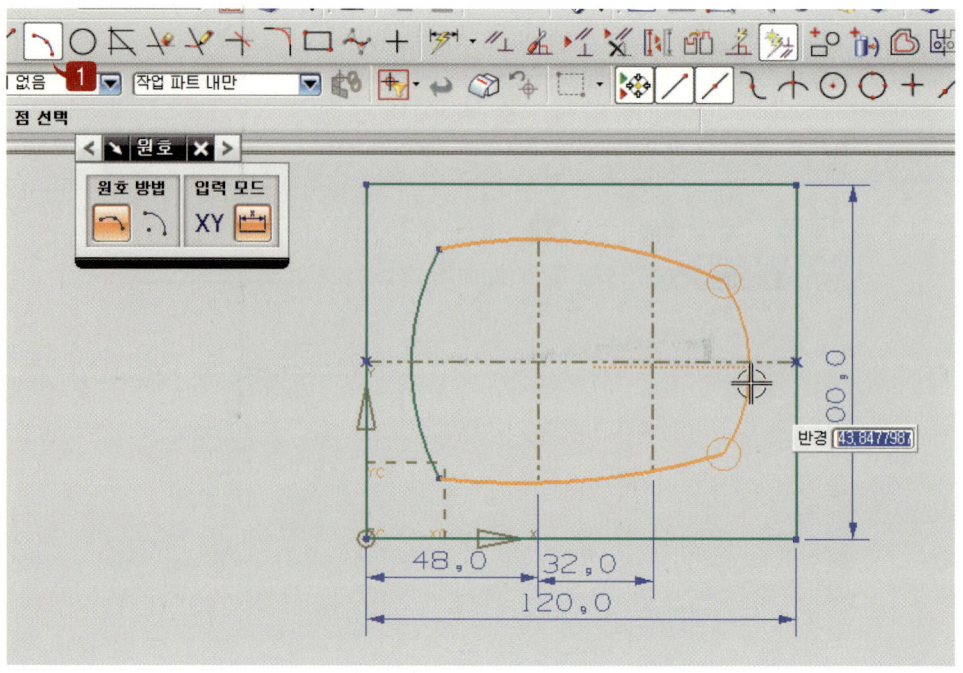

CHAPTER 2 | 모델링 따라하기

7) 구속조건 아이콘 ①을 클릭하여 중심 참조선 ②와 호 ③을 클릭하여 곡선 상의 점 ④를 클릭한다.

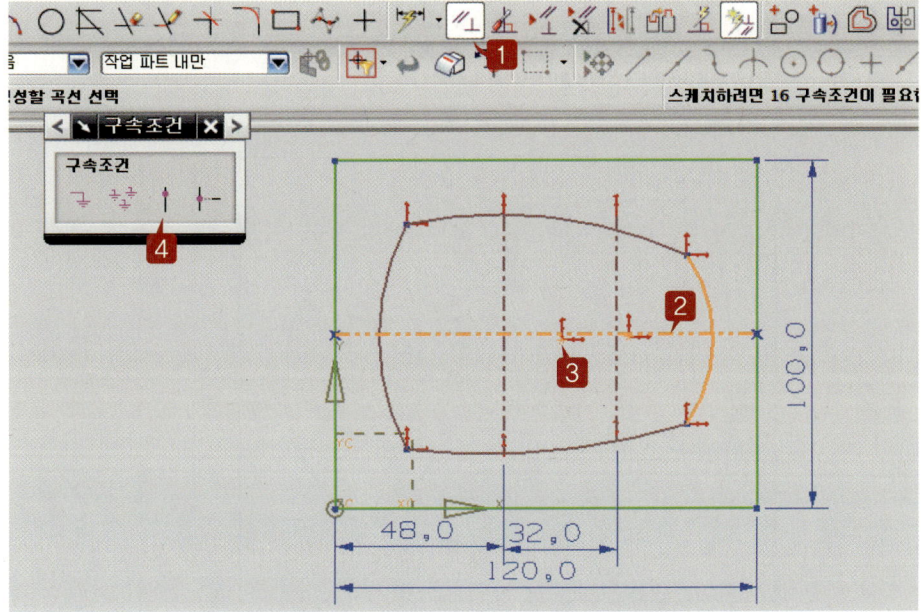

8) 같은 방법으로 중심 참조선 ②와 호 ③을 클릭하여 곡선 상의 점 ④를 클릭한다.

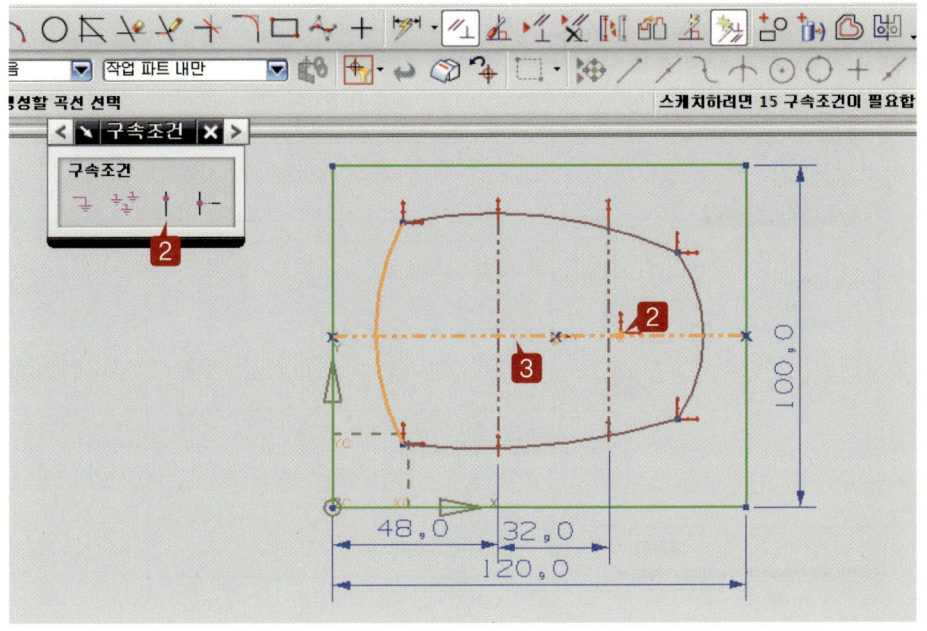

9) 추정치수 아이콘 ①을 이용하여 그림처럼 치수기입을 한다. 거리치수 부터 입력하고 호 치수를 입력한다.

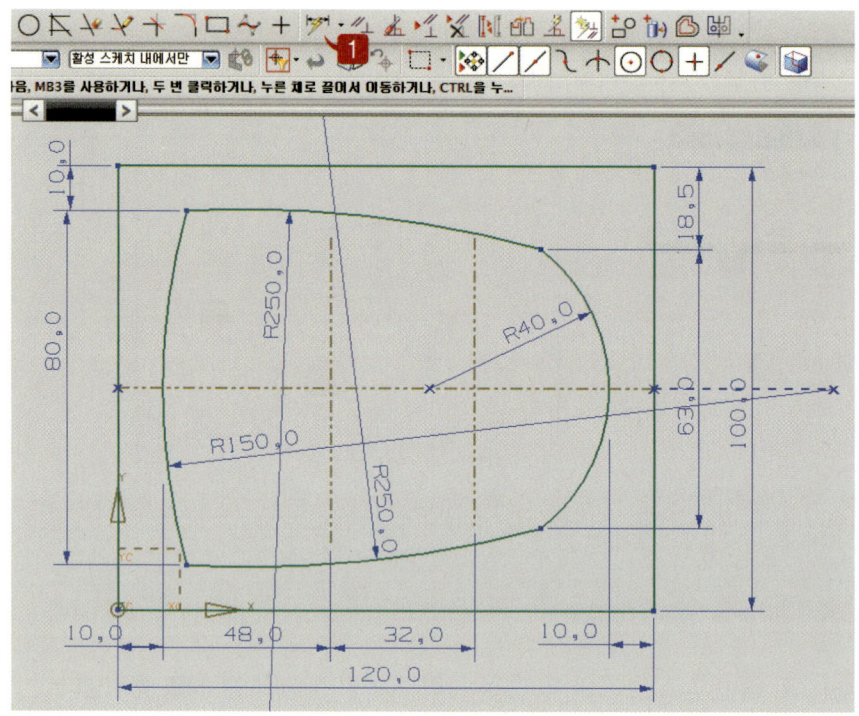

10) 표시 및 숨기기 아이콘 ①을 클릭하여 치수 숨기기 ②를 클릭한다.

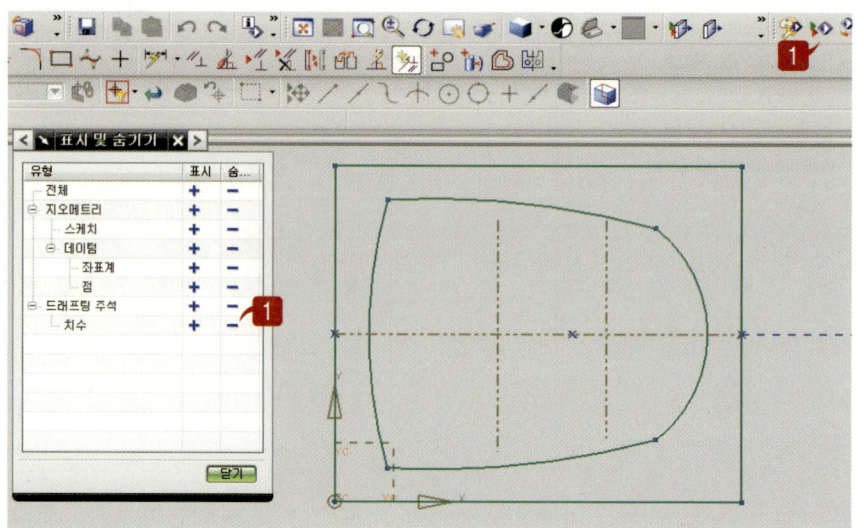

CHAPTER 2 | 모델링 따라하기

11) 프로파일 아이콘 ①을 이용하여 그림처럼 삼각형을 스케치한다.

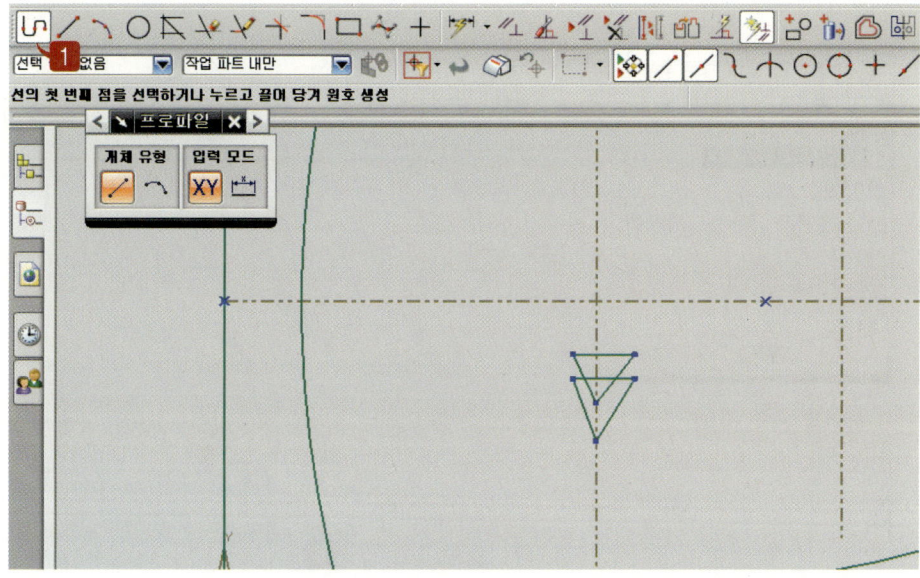

12) 추정치수 아이콘 ①을 이용하여 그림처럼 치수기입 후 구속조건 ②를 클릭하고 ③과 ④를 선택하여 곡선상의 점 ⑤를 클릭한다.

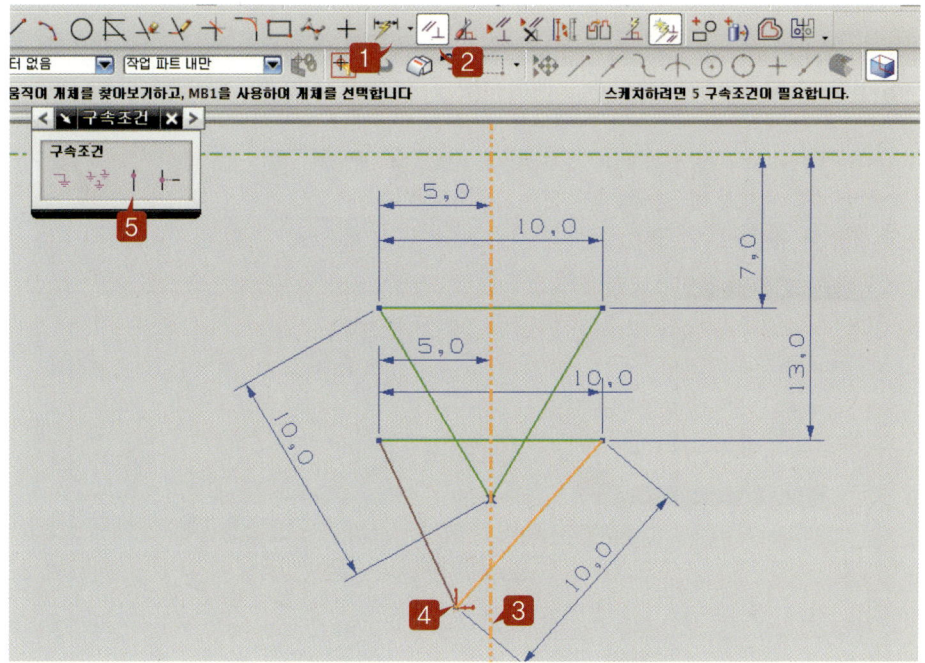

13) 대칭곡선 ①을 클릭하여 대칭 중심선 ②를 선택하고 대칭시킬 곡선 ③과 ④를 선택하고 확인한다.

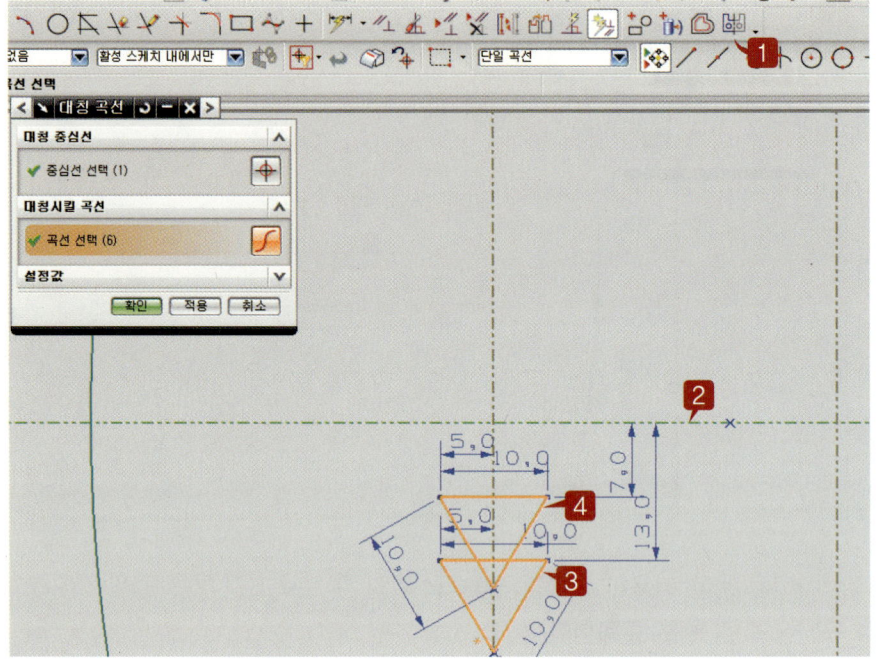

14) 그림처럼 원 아이콘 과 추정치수 아이콘을 이용하여 원 스케치 생성 후 치수기입을 한다. 클릭하여 표시 및 숨기기 아이콘 ①을 클릭하여 치수 숨기기 ②를 클릭한다.

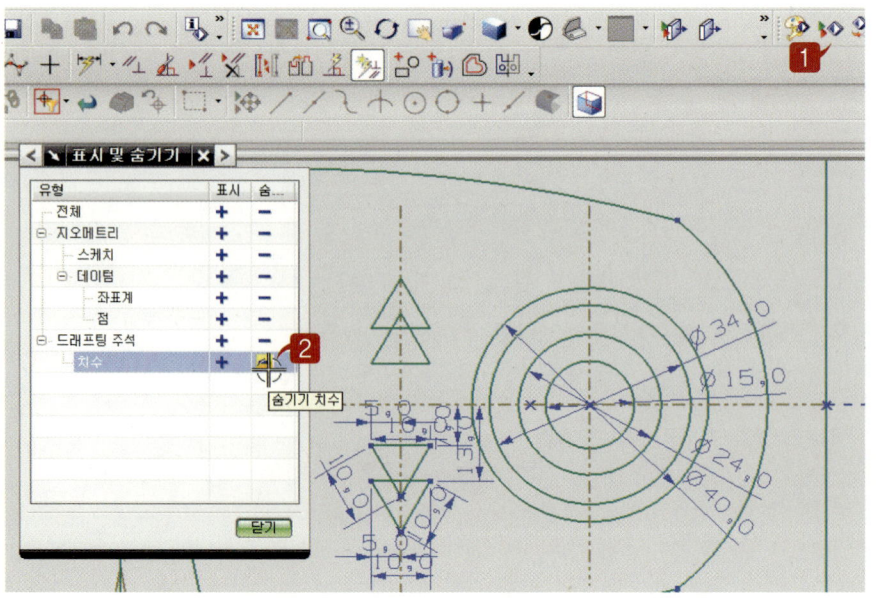

CHAPTER 2 | 모델링 따라하기

15) 선 아이콘 ①을 이용하여 그림처럼 스케치 생성 후 추정치수 ②를 이용하여 치수기입 한다.

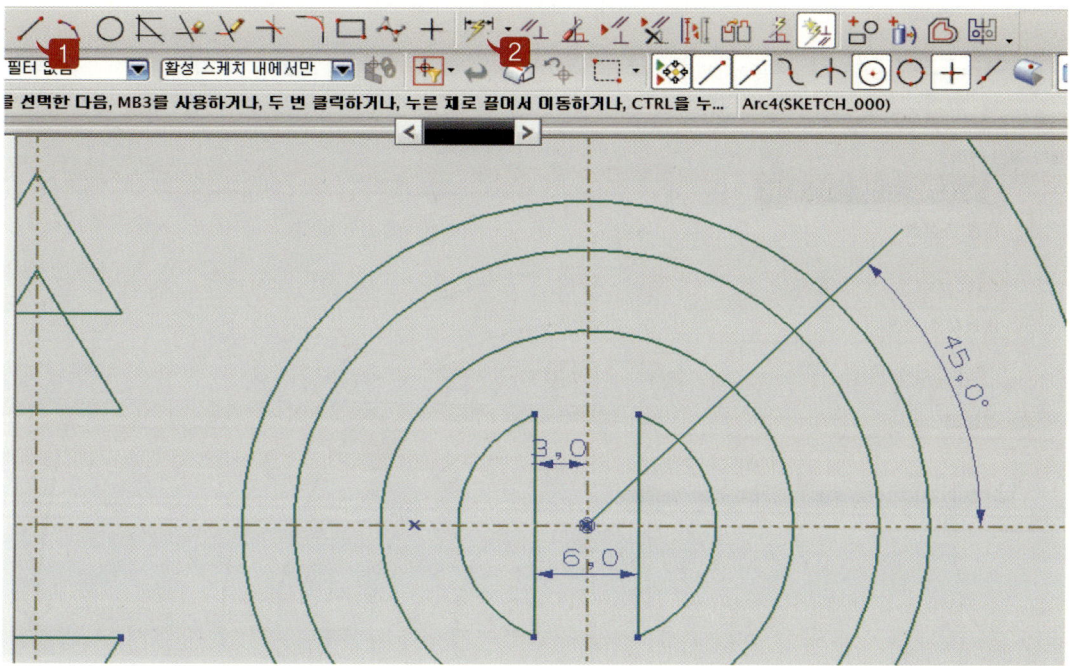

16) 빠른 트리밍 ①을 이용하여 그림처럼 절단하고 곡선 옵셋 아이콘 ②를 클릭하여 옵셋 값 3을 입력 후 구속조건 ③을 이용하여 선 ④와 ⑤를 선택 후 평행 ⑥을 클릭한다.

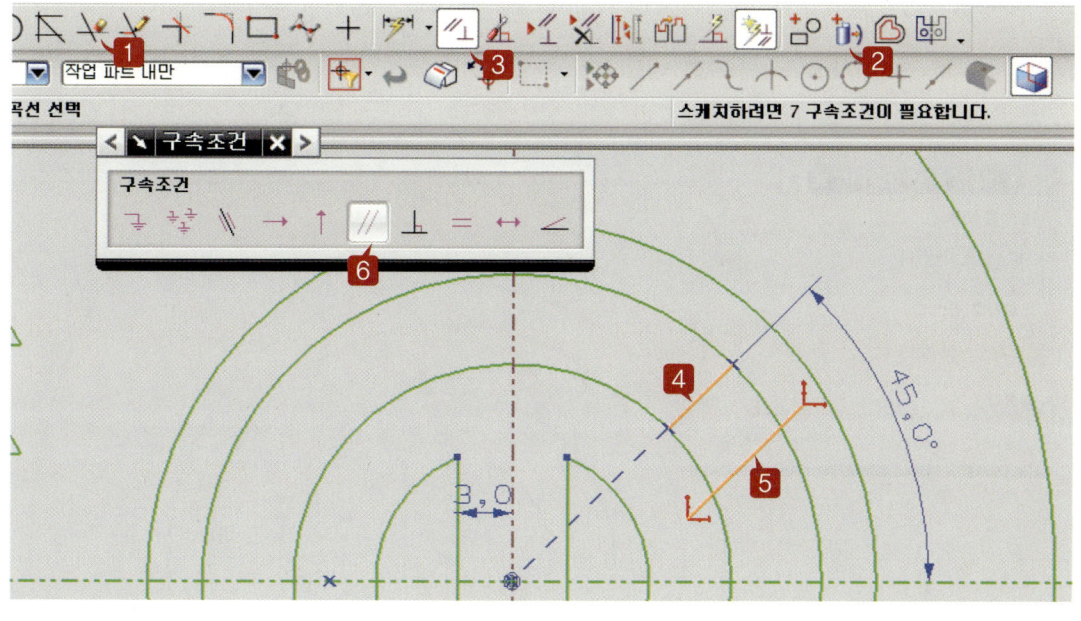

17) 대칭곡선 아이콘 ①을 클릭하고 중심선 ②를 선택하고 대칭시킬 곡선 ③을 클릭하고 적용한다. 선 ④를 클릭하여 참조선 변환 아이콘 ⑤를 선택한다.

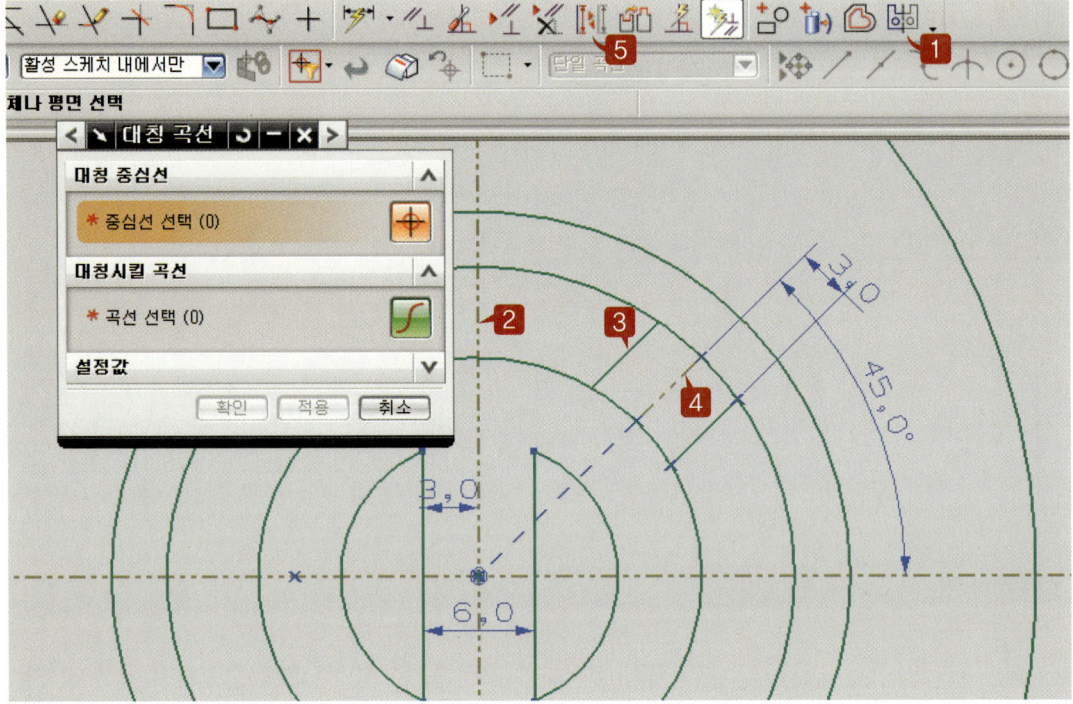

18) 다시 중심선 ①을 선택하고 대칭시킬 곡선 ②를 클릭하고 적용한다.

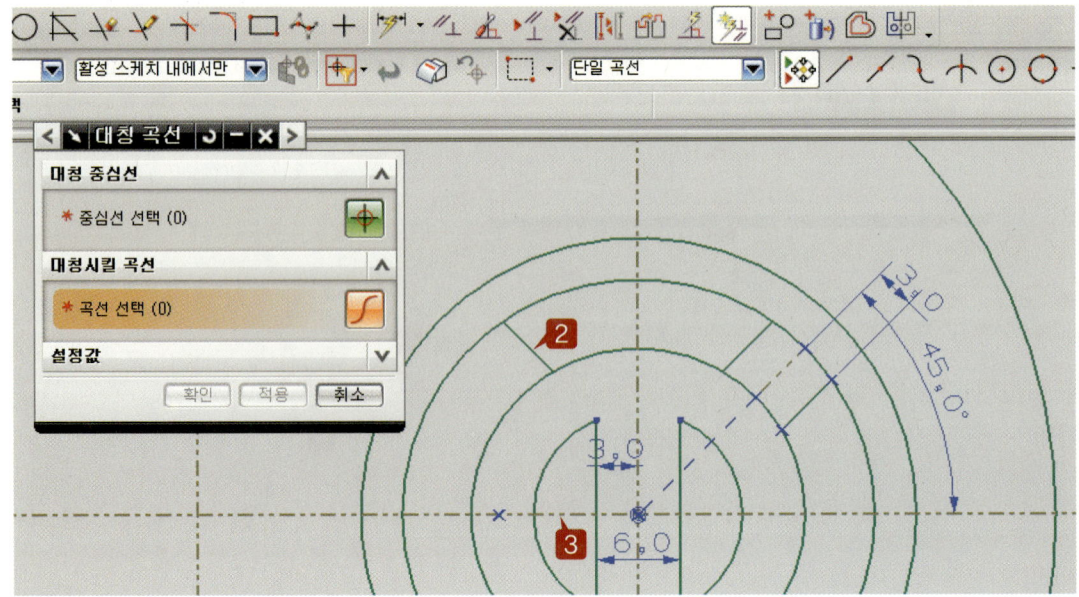

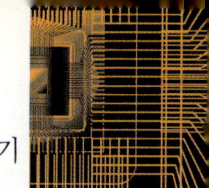

CHAPTER 2 | 모델링 따라하기

19) 같은 방법으로 중심선 ①을 선택하고 대칭시킬 곡선 ②를 클릭하고 적용한다.

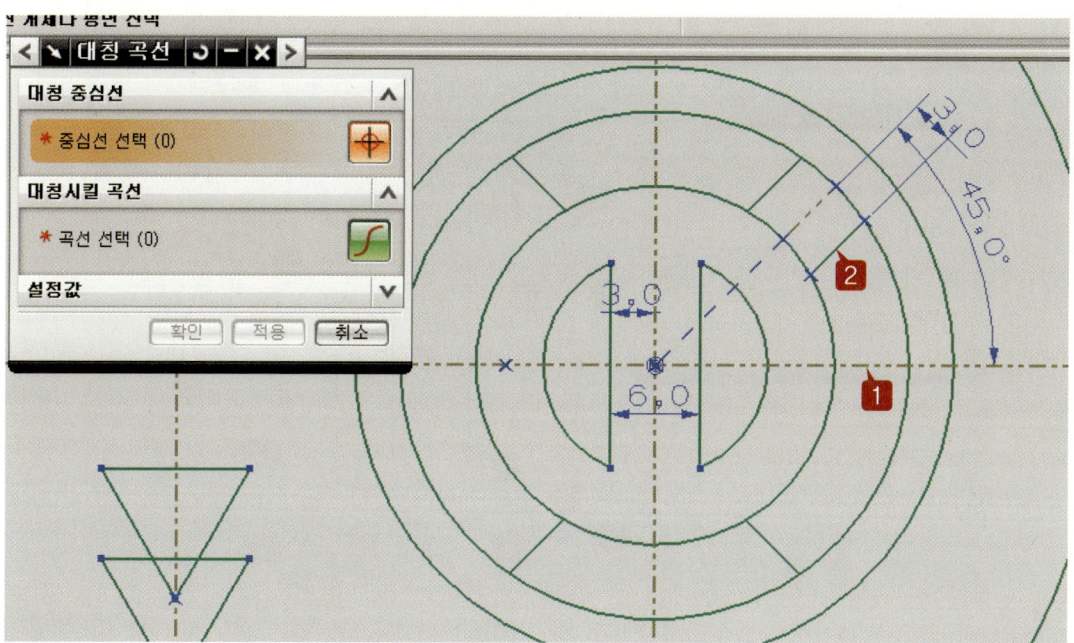

20) 같은 방법으로 그림처럼 대칭곡선을 완료한다.

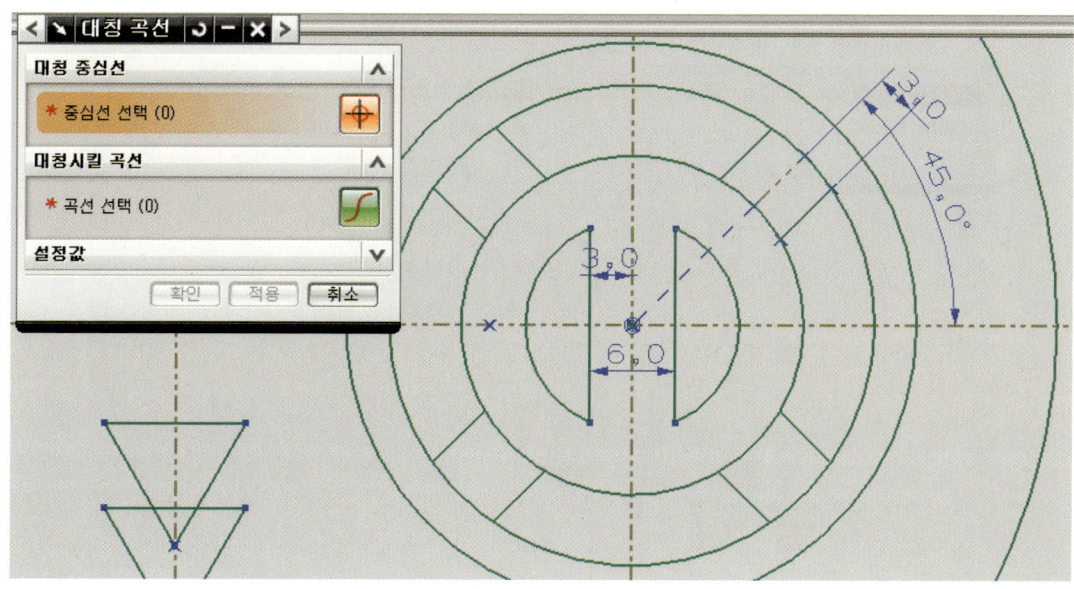

21) 빠른 트리밍 ①을 클릭하고 경계곡선 ②를 선택하고 트리밍 할 곡선 ③을 선택한다.

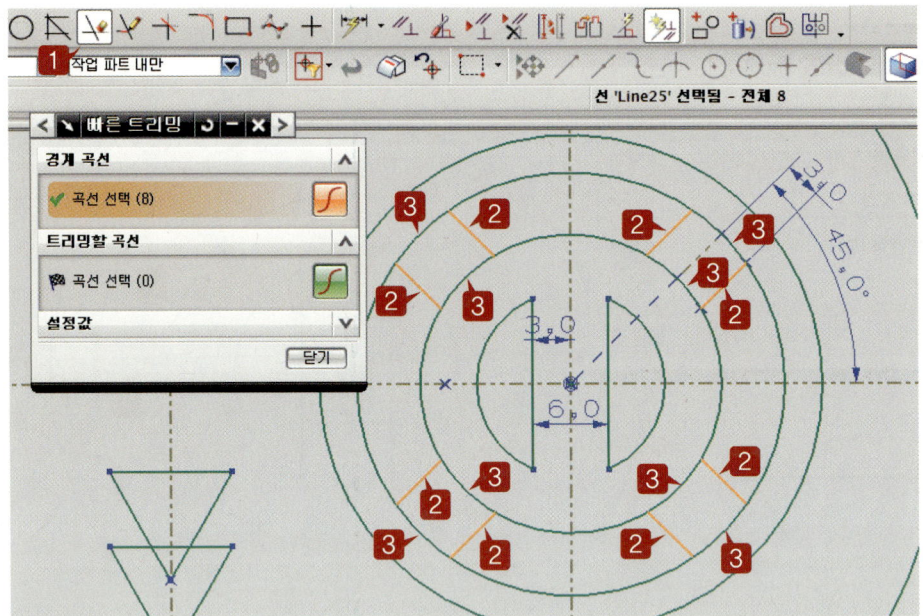

22) 같은 방법으로 곡선 ①을 트리밍하고 필렛 아이콘 ②를 이용하여 R1입력하여 그림처럼 필렛 하고 스케치 종료 한다.

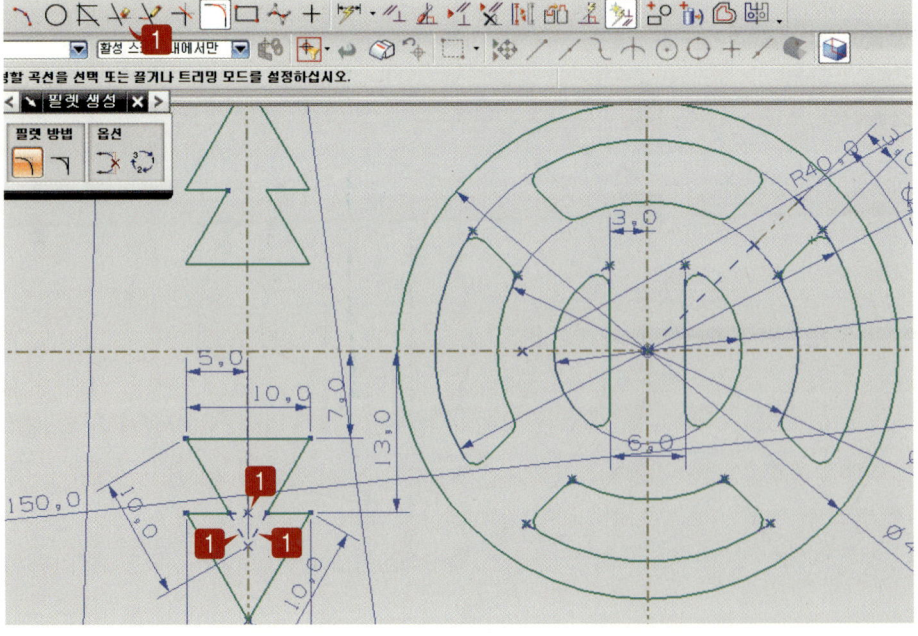

CHAPTER 2 | 모델링 따라하기

02 돌출 피쳐 작성하기

1) 돌출 아이콘 ①을 선택한다. 연결된 곡선 ②를 선택한 상태에서 곡선 ③을 선택하고 –10만큼 돌출하고 적용한다.

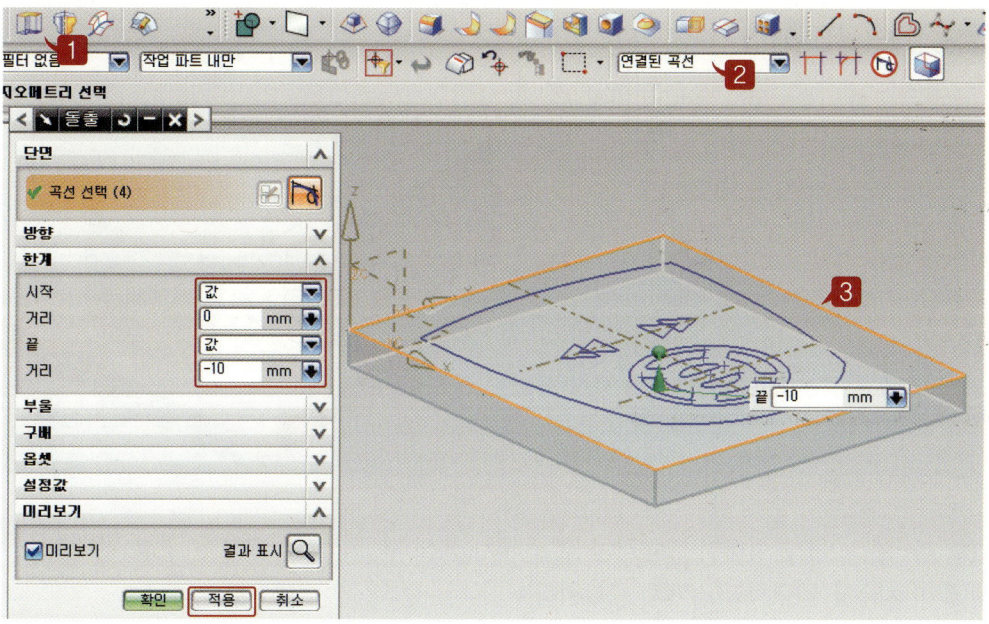

2) 위와 같은 방법으로 단면 곡선 ①선택하여 35만큼 돌출하고 확인한다.

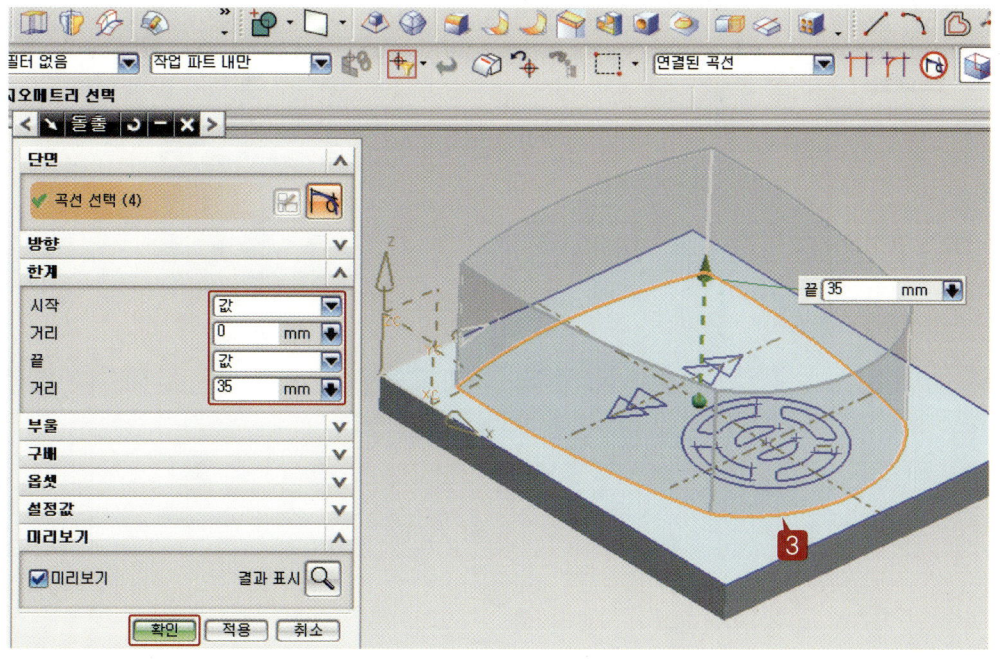

03 정면도(XZ)스케치 작성하기

1) 스케치( ) 아이콘 선택한다. 유형은 평면상에서 스케치 면 평면옵션에서 평면지정 ①을 선택하고 거리 값 −50을 입력하고 확인한다.

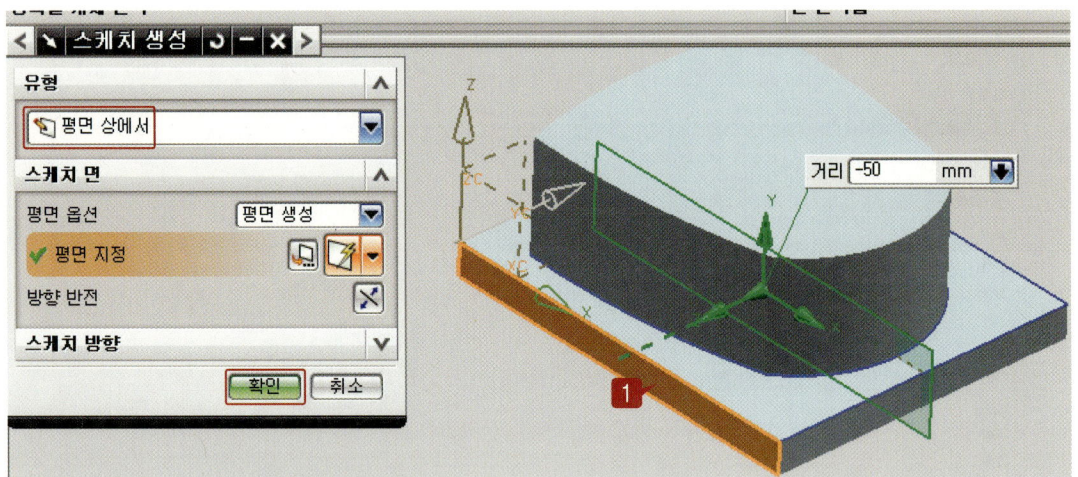

2) 원호 아이콘 ①을 클릭하여 그림처럼 호 스케치 생성 후 추정치수 아이콘 ②를 선택하고 그림과 같이 치수를 입력하고 스케치 종료한다.

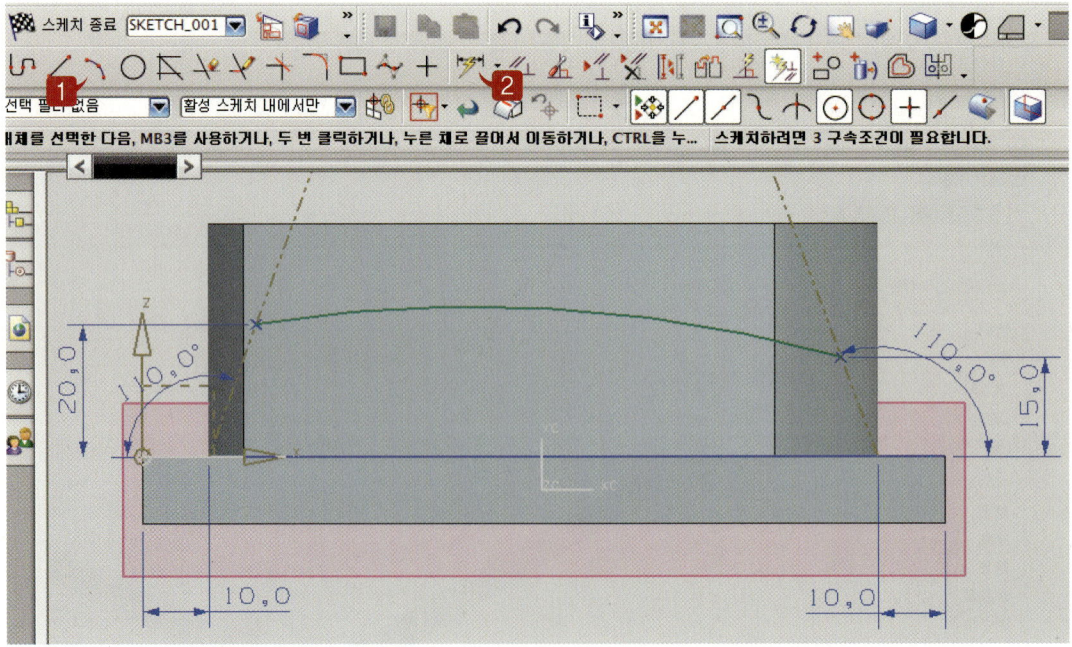

CHAPTER 2 | 모델링 따라하기

04 우측면도(YZ)스케치 작성하기

1) 스케치( ) 아이콘을 선택한다. 유형은 경로에서 경로선택은 ①을 선택하고 원호길이는 0으로 입력하고 확인한다.

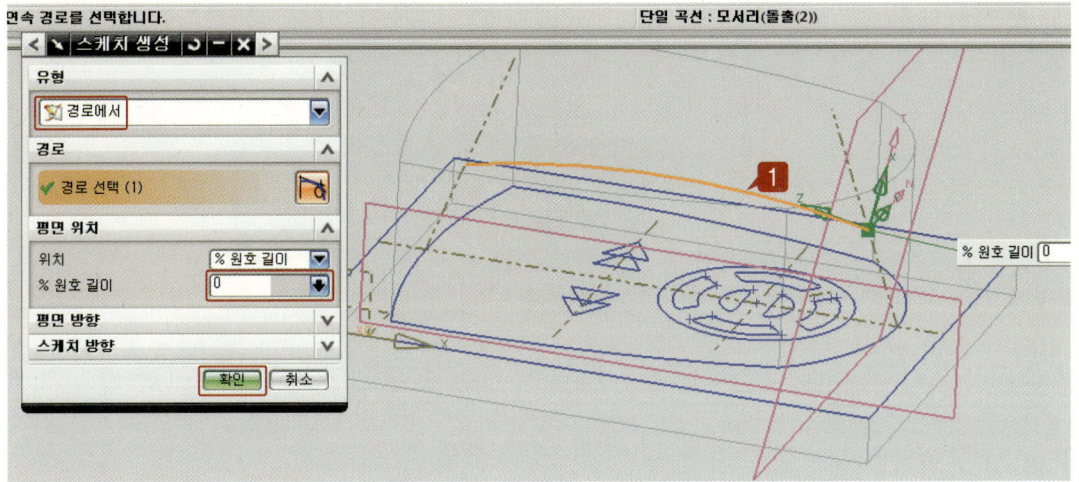

2) 원호를 이용하여 첫 번째 점 ①과 두 번째 점 ②를 클릭하고 세 번째 점 ③을 XZ평면에서 생성한 선 스냅 끝 점 ④를 확인하면서 찍는다.

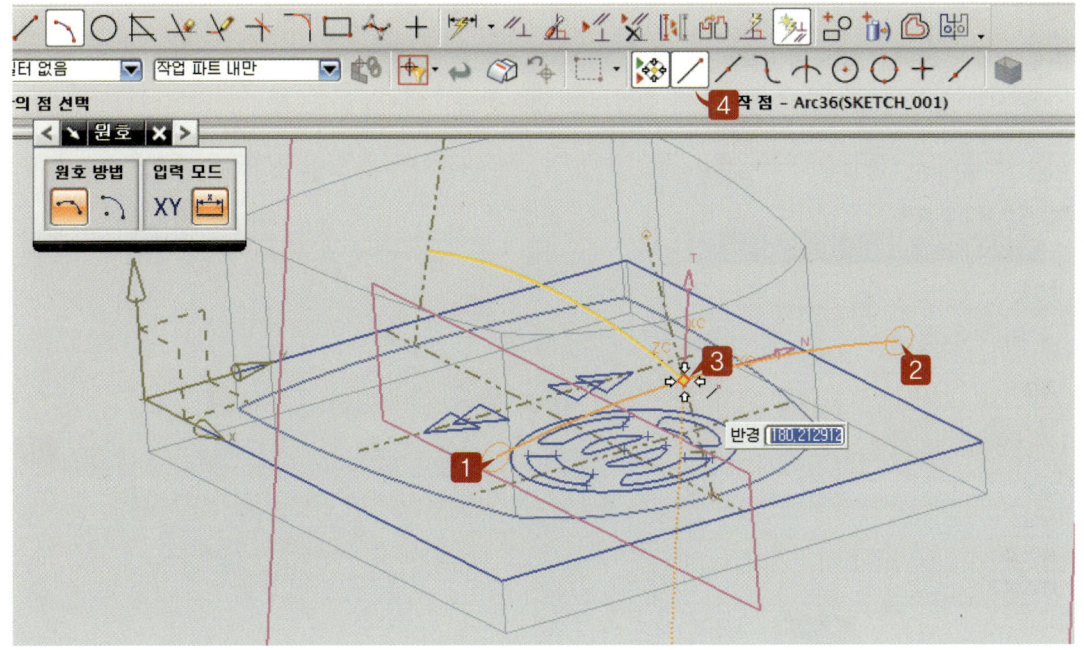

3) 그림처럼 우측면도로 선택하고 Z축 중심거리 50입력하고 R200을 입력한다.

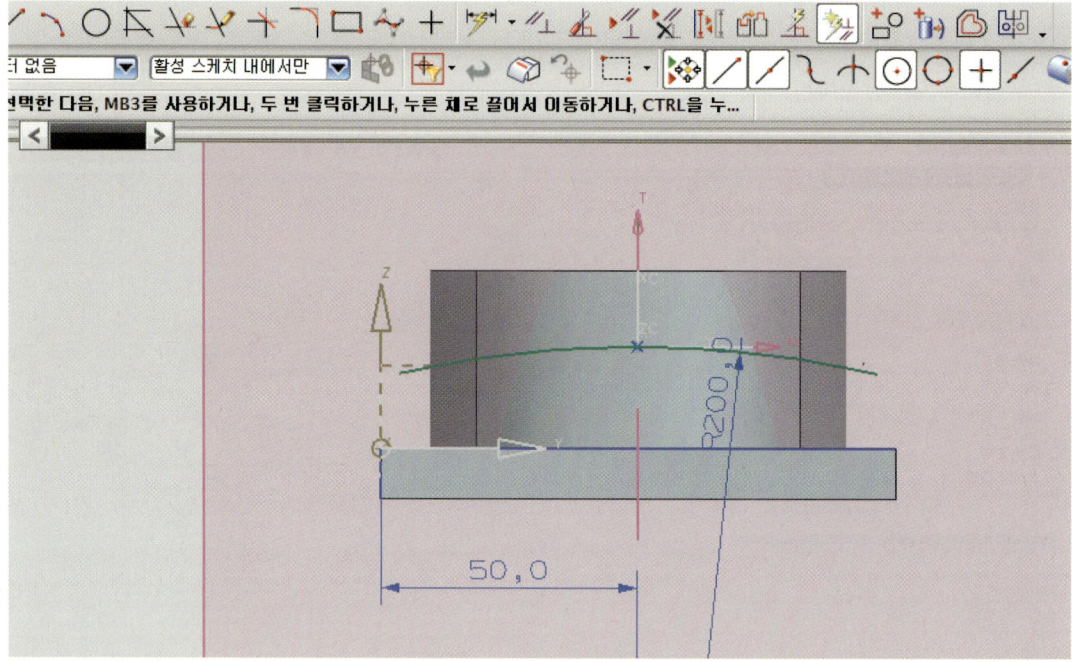

05 스윕 작성하기

1) 삽입에 스윕에 가이드를 따라 스위핑(가이드를 따라 스위핑(G)...)을 클릭한다. 단면 곡선선택 ① 을 선택하고 가이드 곡선선택 ②를 클릭하고 확인한다.

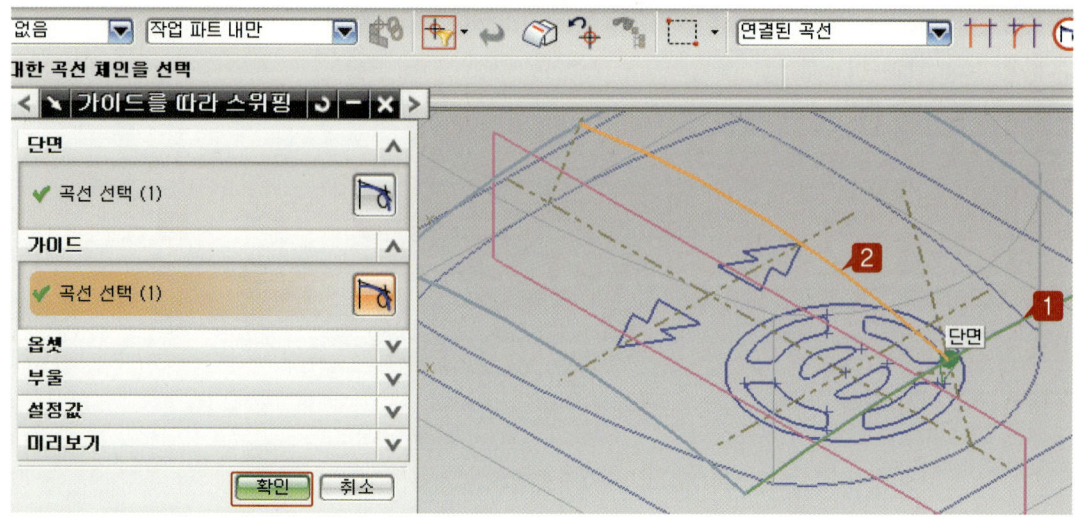

2) 삽입에 트리밍에 트리밍 및 연장(트리밍 및 연장...)을 클릭하고 유형을 거리로 설정하고 이동할 모서리 ①과 ②를 선택하고 확인한다.

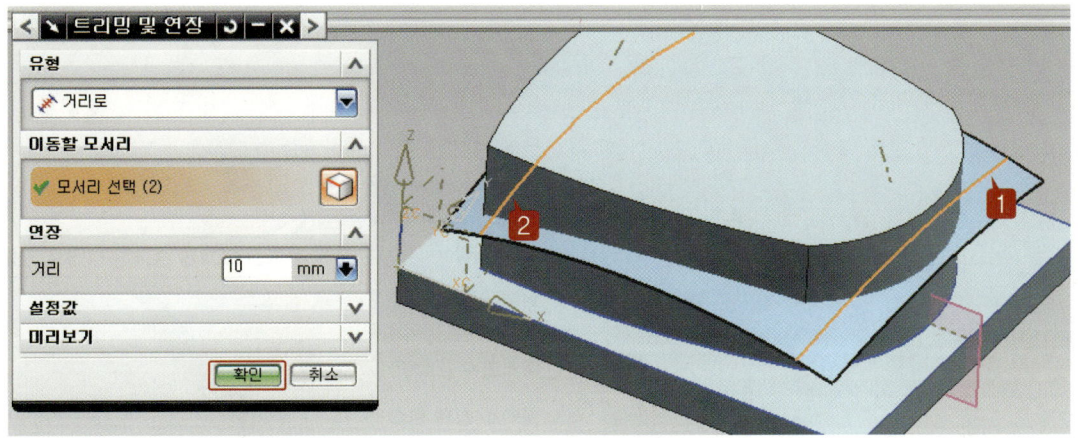

06 바디 트리밍하기

1) 삽입에 바디트리밍에 트리밍을 선택한다. 또는 아이콘을 클릭한다. 타겟에서 바디 ①을 선택하고 공구에서 면 ②를 선택하고 확인한다. 방향 화살표 ③을 확인한다.

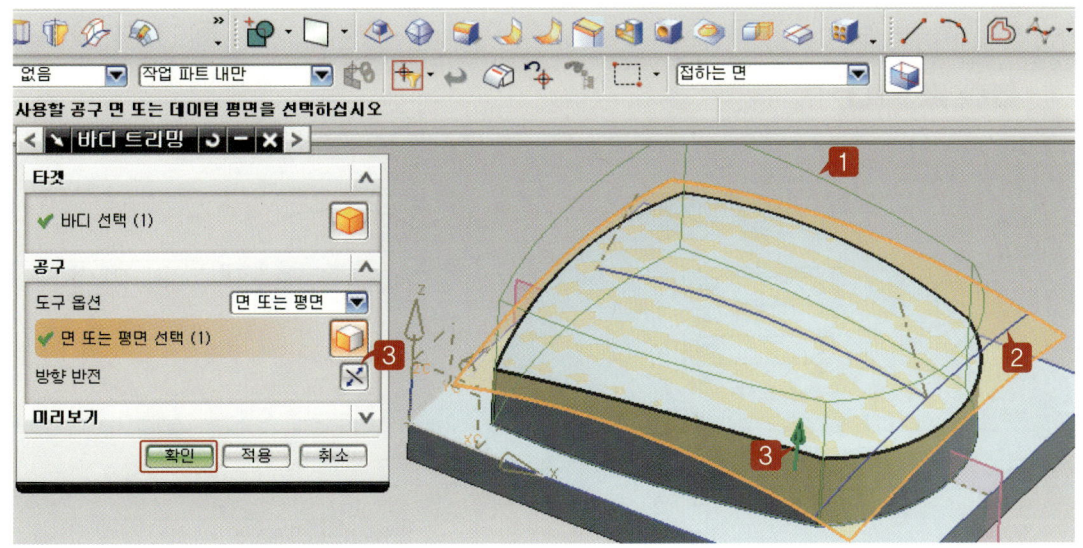

07 돌출 및 스윕 작성하기

1) 곡면 ①을 클릭하고 MB3을 클릭하여 숨기기 한다.

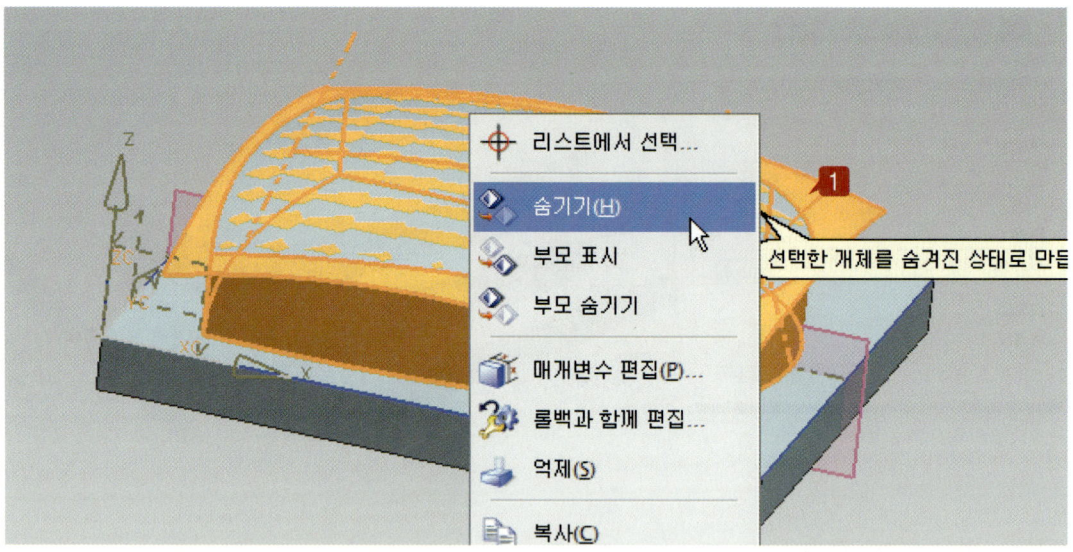

2) 돌출 아이콘 ①을 클릭하고 단면 곡선 ②를 선택하고 끝 값 35만큼 돌출하고 확인한다.

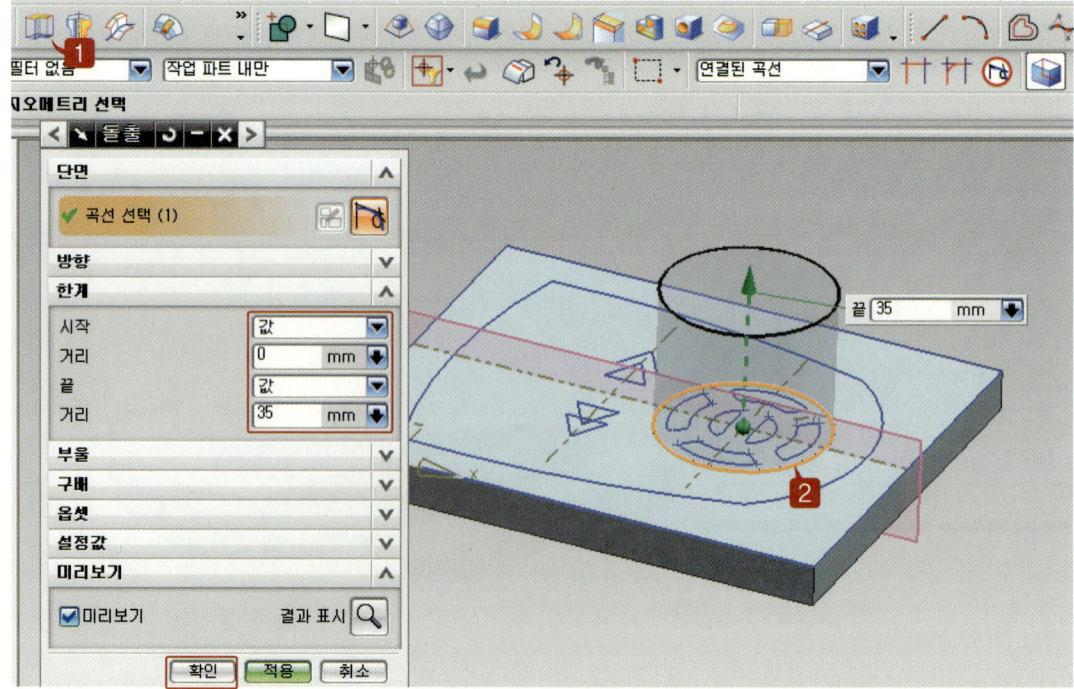

3) 스케치( ) 아이콘을 선택하여 평면상에서 데이텀 평면 ①을 선택하고 확인한다.

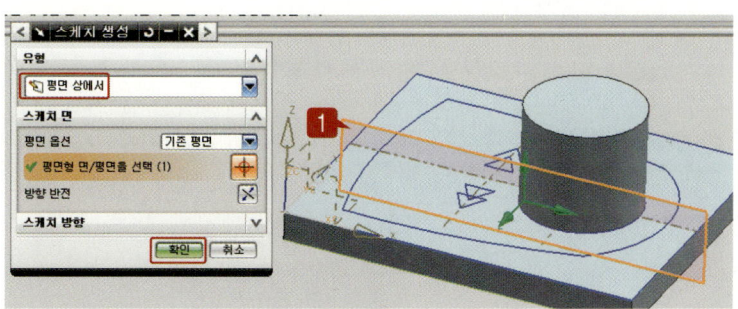

4) 원호 아이콘 ①을 클릭하여 그림처럼 호를 생성하고 추정치수 ②를 이용하여 치수기입을 하고 종료한다.

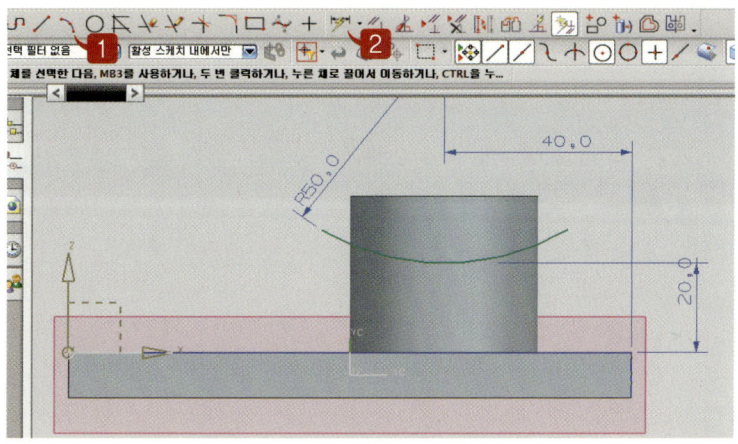

5) 다시 스케치( ) 아이콘을 선택하여 경로에서 정면도에서 작성한 호 ①을 선택하고 원호길 이 값을 0으로 하고 확인한다.

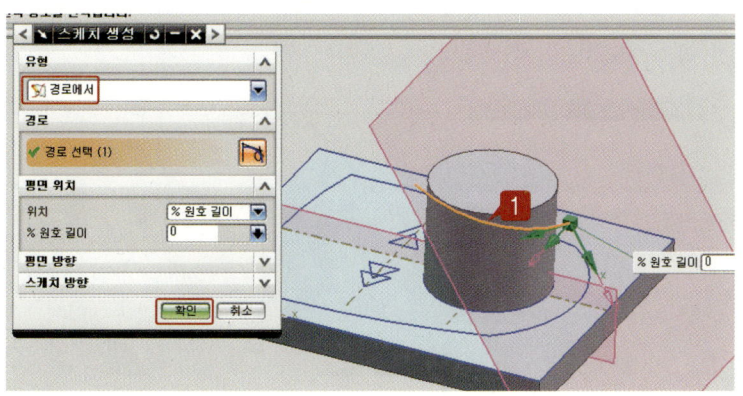

6) 정적 와이어프레임상태로 바꾸고 원호 ②를 선택하여 원호를 그리고 세 번째 점 ③을 정면도에서 생성한 원호 스냅 끝점에 ④를 확인하면서 클릭한다.

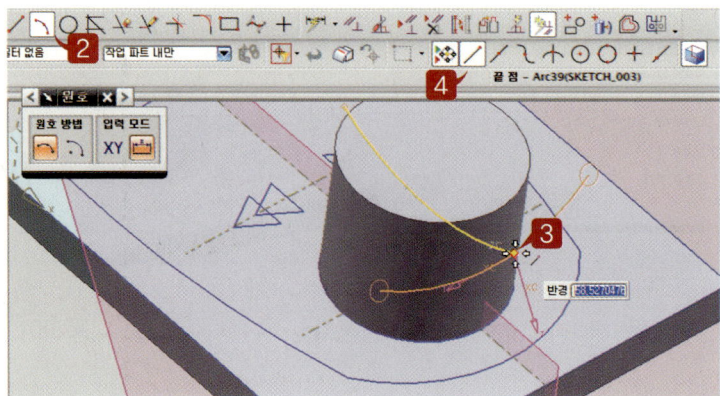

7) 우측면도 상태에서 추정치수 ①을 클릭하여 아래그림처럼 치수기입을 하고 스케치를 종료한다.

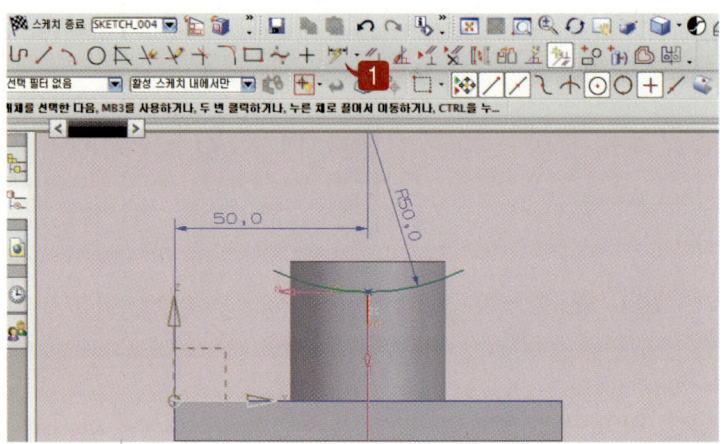

8) 삽입에 스윕에 가이드 따라 스위핑(가이드를 따라 스위핑(G...)을 클릭하고 단면 곡선 ①을 선택하고 가이드 곡선 ②를 선택하고 확인한다.

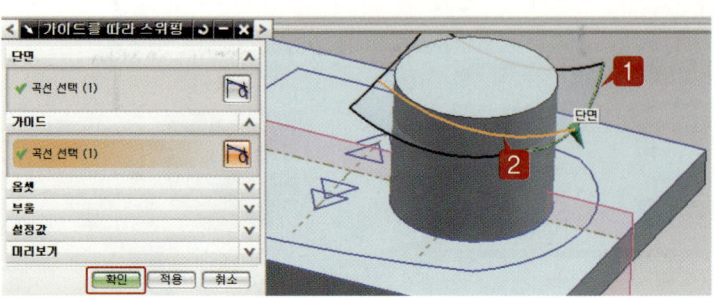

CHAPTER 2 | 모델링 따라하기

08   바디 트리밍하기

1) 화면에 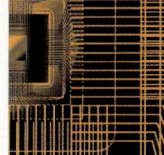 아이콘을 클릭하고 솔리드 바디, 스케치 표시 ①을 선택한다.

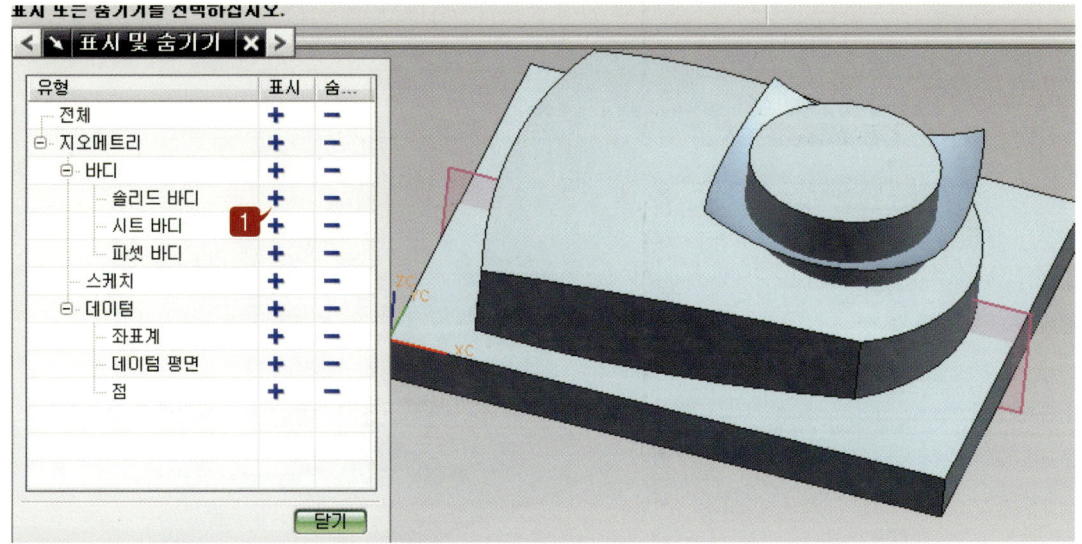

2) 바디트리밍 아이콘 ①을 선택한다. 타겟 바디 ②를 선택하고 공구면 ③을 선택하고 적용한다.

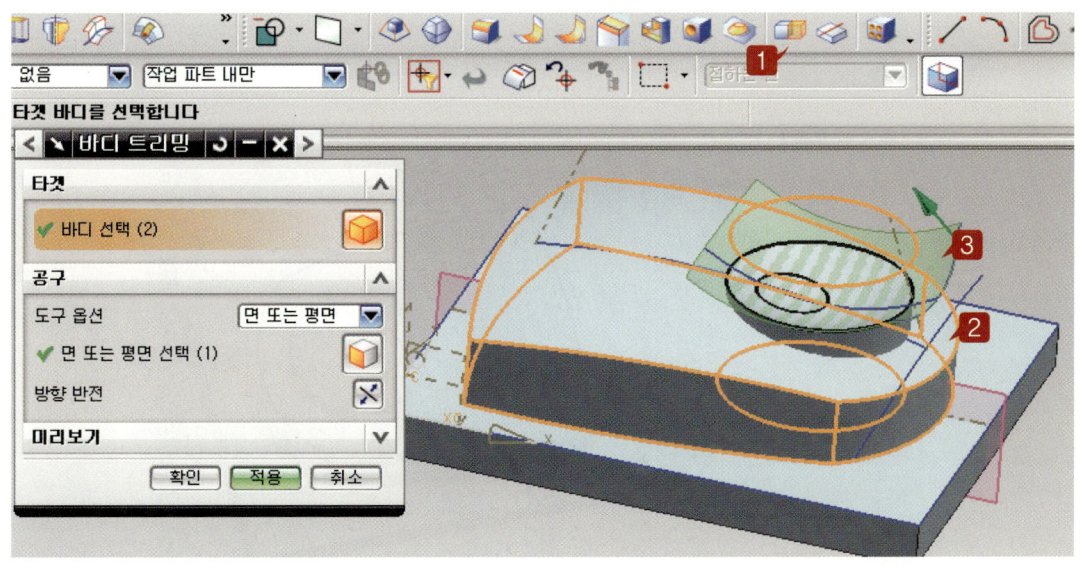

09 구배 작성하기

1) 구배아이콘 ①을 선택한다. 유형은 평면으로 부터로 설정하고 구배방향은 Z로 하고 고정평면 ②를 설정하고 구배할 면 ③④를 선택하고 구배각도 −10로 하고 적용한다.

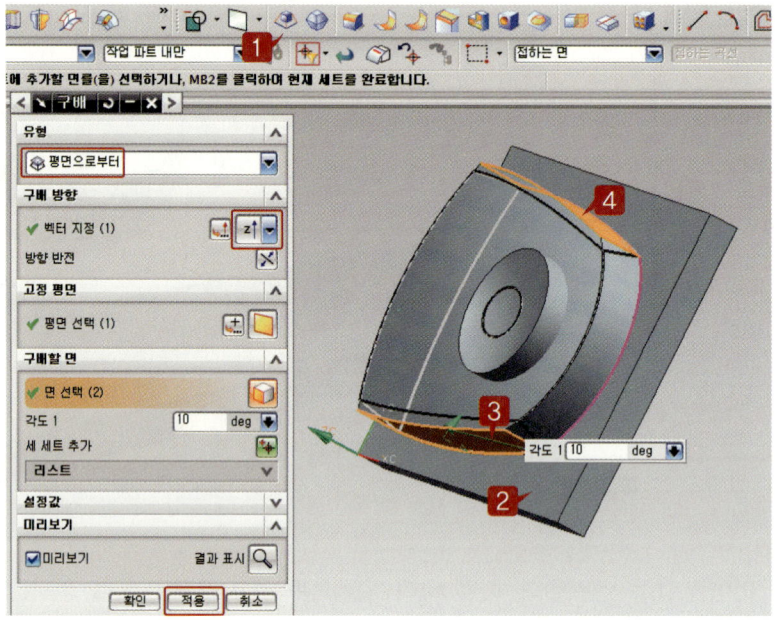

2) 같은 방법으로 유형은 평면으로 부터로 설정하고 구배방향은 Z로 하고 고정평면 ①을 설정하고 구배할 면 ②와 ③을 선택하고 구배각도 20으로 하고 확인한다.

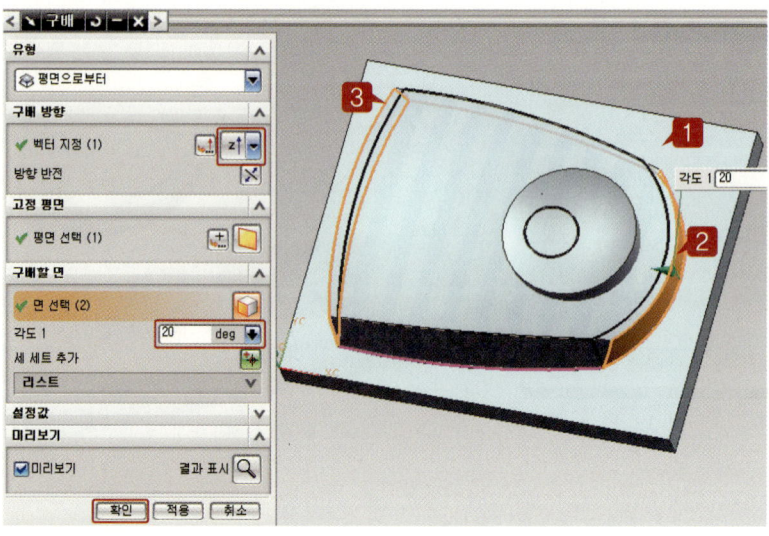

CHAPTER 2 | 모델링 따라하기

10 결합하기

1) 결합아이콘 ①을 클릭하고 타켓 바디 ②를 선택하고 공구바디 ③, ④를 클릭하고 확인한다.

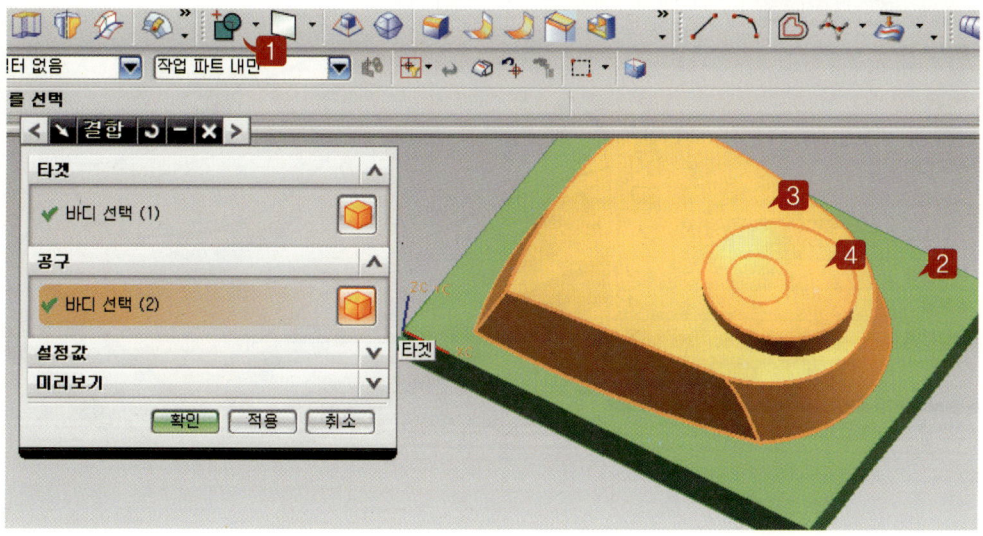

11 곡면 옵셋

1) 편집에서 표시 및 숨기기 클릭한다. 또는 화면에 아이콘을 클릭하고 시트 바디 표시 ①을 선택한다.

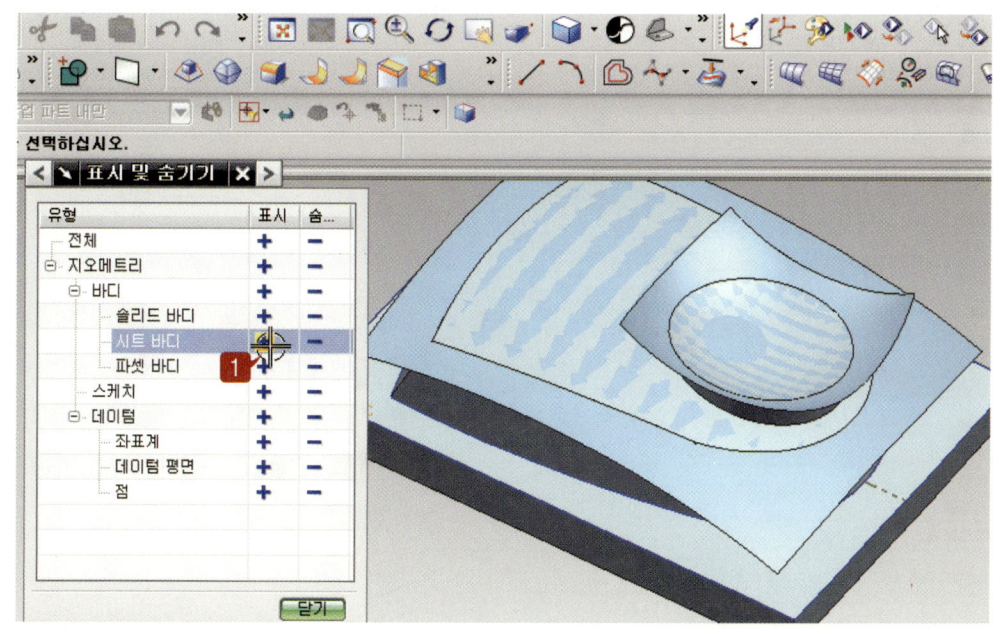

2) 삽입에 옵셋/배율에서 옵셋 곡면(옵셋 곡면(O)...)을 클릭하고 거리 3입력 후 옵셋할 면 ①을 선택하고 확인한다.

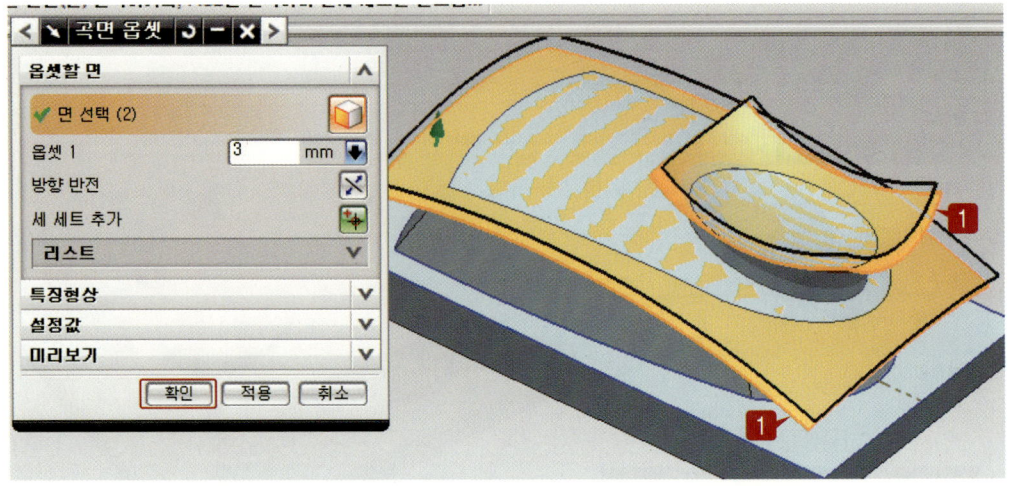

12 돌출 작성하기

1) 정적 와이어 프레임 ①을 클릭하고 돌출아이콘 ②를 선택하고 단면곡선 ③, ④, ⑤, ⑥, ⑦, ⑧을 클릭하고 시작을 선택까지 ⑨를 선택하고 끝도 선택까지 ⑩을 선택하고 적용한다.

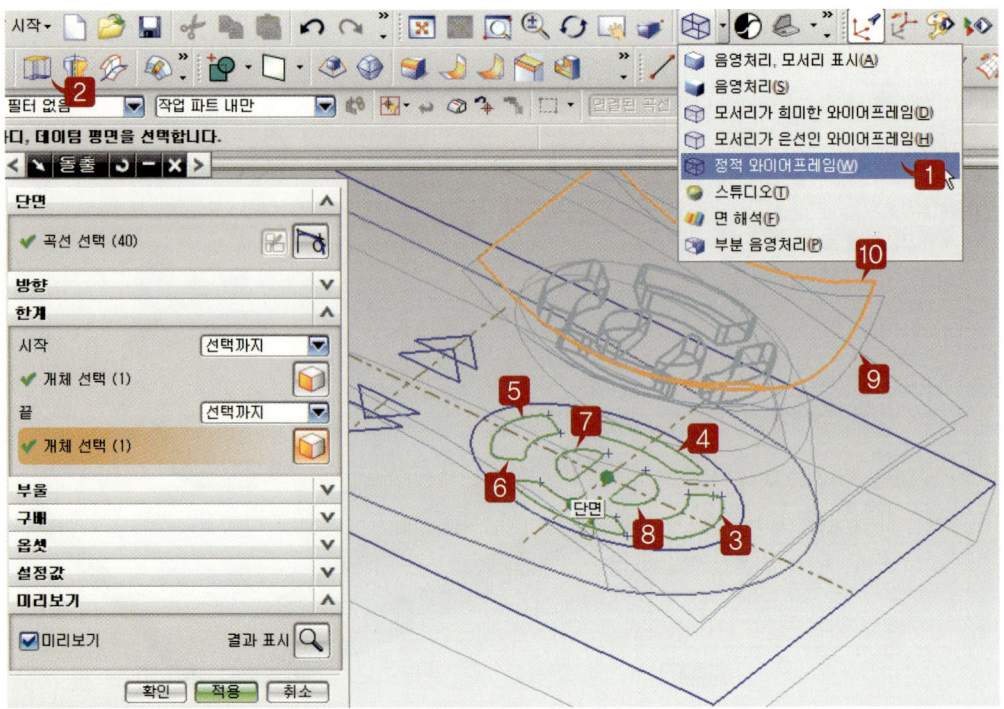

CHAPTER 2 | 모델링 따라하기

2) 같은 방법으로 단면곡선 ①, ②를 클릭하고 시작을 선택까지 ③을 선택하고 끝도 선택까지 ④를 선택하고 확인한다.

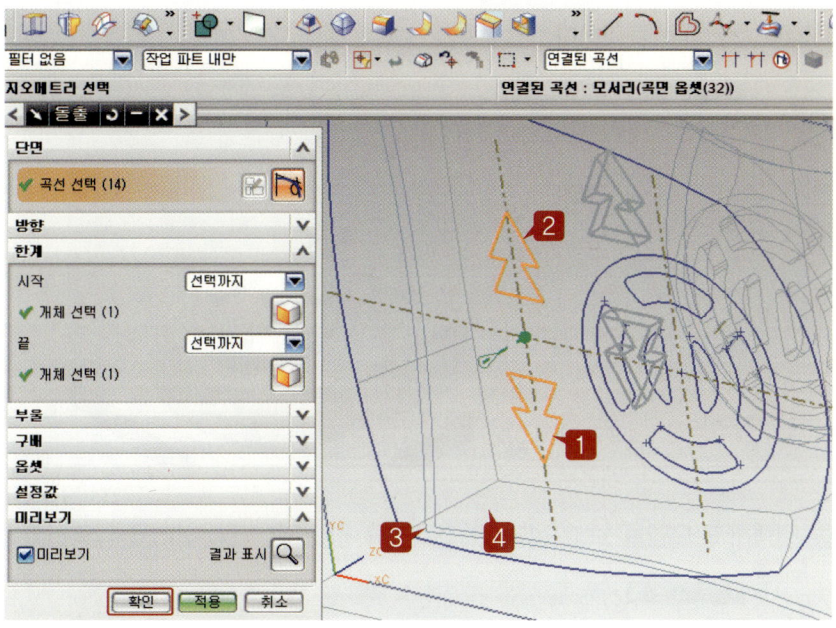

13 표시 및 숨기기

1) 표시 및 숨기기 아이콘 ①을 선택하여 전체 숨기기 ②를 선택하고 솔리드 바디 표시 ③을 선택한다.

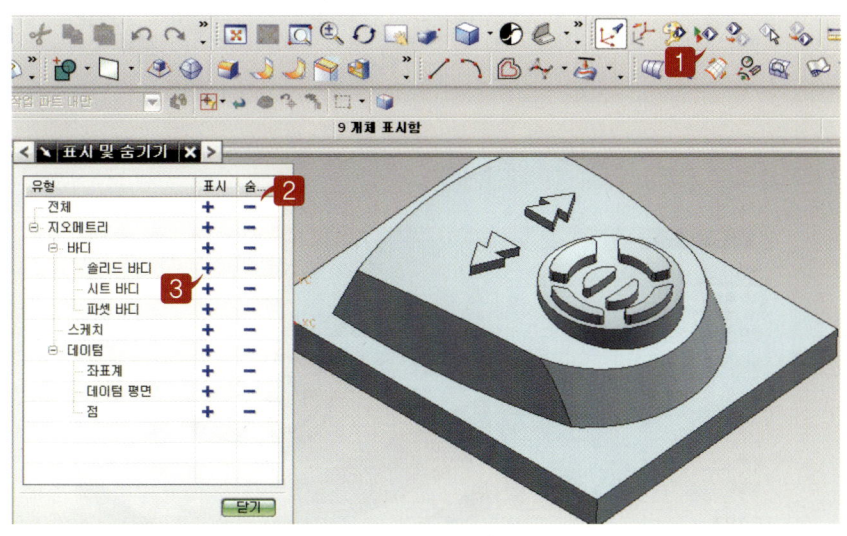

14. 특징형상 구 작성하기

1) 삽입에 특징형상 설계에서 구(구(S)...)를 클릭한다. 유형에서 중심점과 직경을 선택하고 중심점에서 점생성자 ①을 클릭한다

2) 추정 점을 선택하고 도면을 보고 절대 값으로 좌표 값 X30, Y50, Z15을 입력하고 확인한다.

3) 치수는 직경 값으로 20mm입력 후 확인한다.

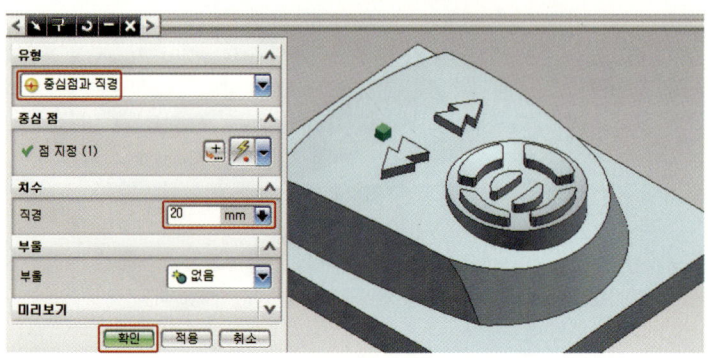

CHAPTER 2 | 모델링 따라하기

15. 결합하기

1) 결합아이콘 ①을 클릭하고 타켓 바디 ②를 선택하고 공구바디 전체를 클릭하고 확인한다.

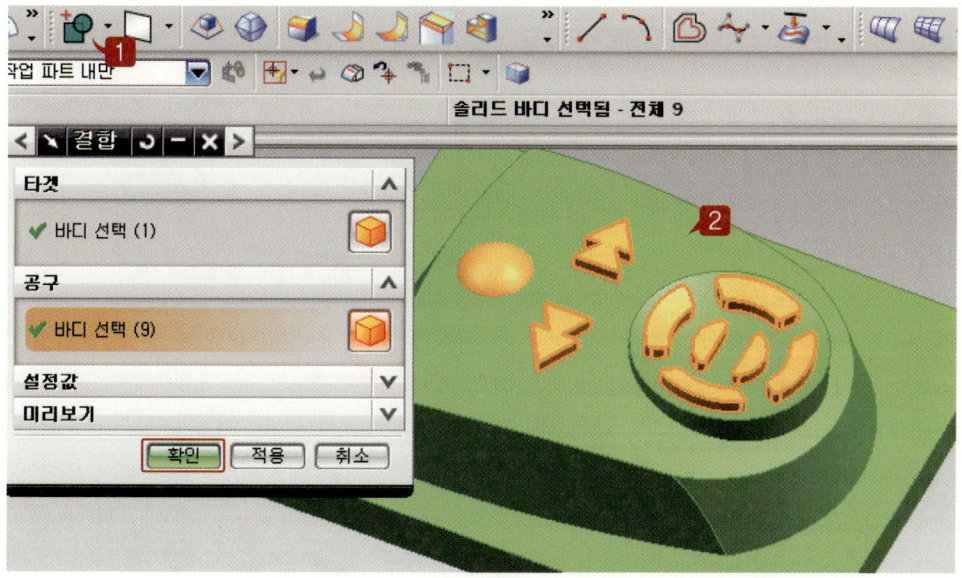

16. 필렛(라운드) 작성하기

1) 모서리 블렌드 아이콘 ①을 클릭한다. 접하는 곡선으로 하고 R20값 입력 후 블렌드 모서리 ② 와 ③을 클릭하고 적용한다.

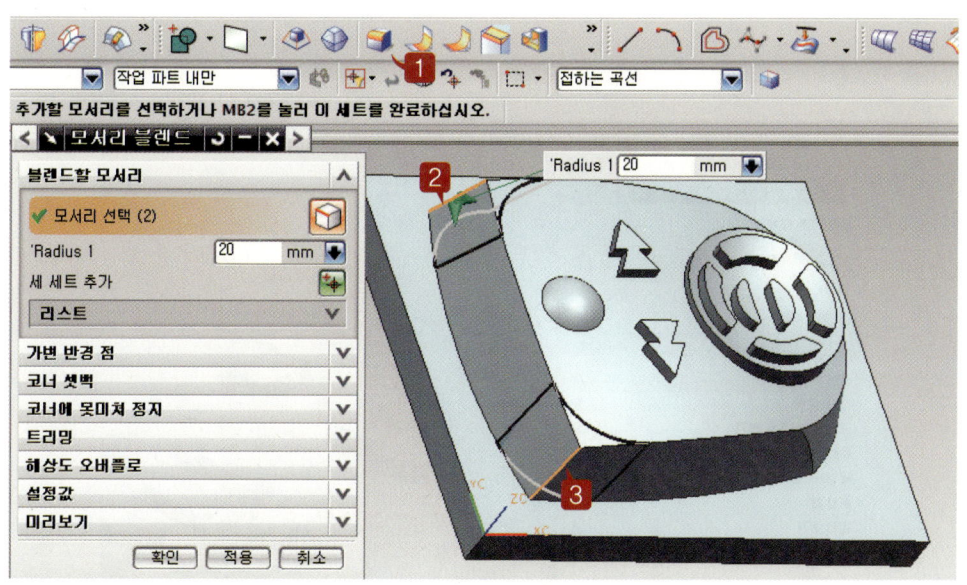

2) R값 10을 입력 후 블렌드 모서리 ①, ②를 클릭하고 적용한다.

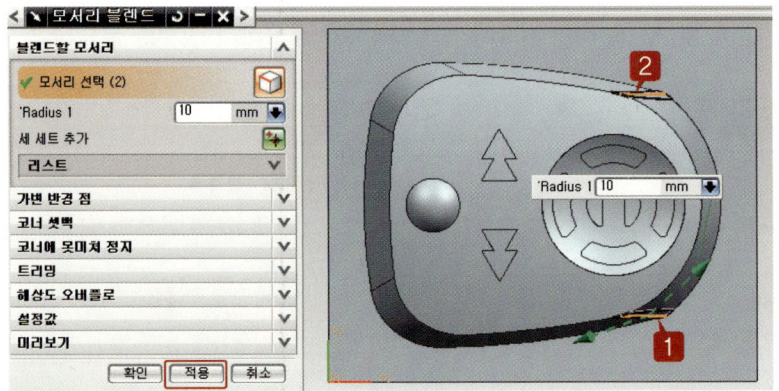

3) R값 5을 입력 후 블렌드 모서리 ①을 클릭하고 적용한다.

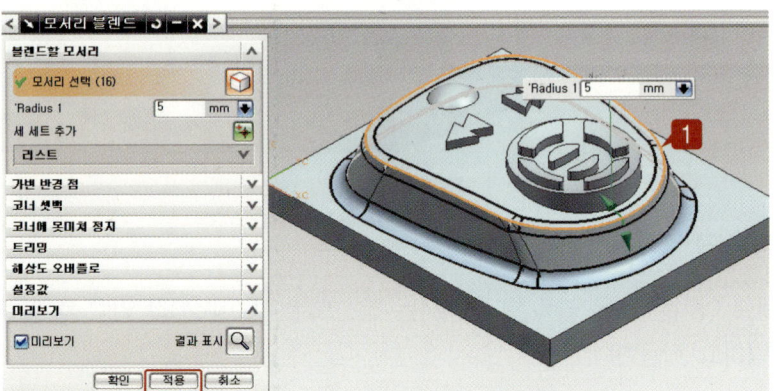

4) R값 1을 입력 후 그림처럼 블렌드 모서리을 클릭하고 적용한다.

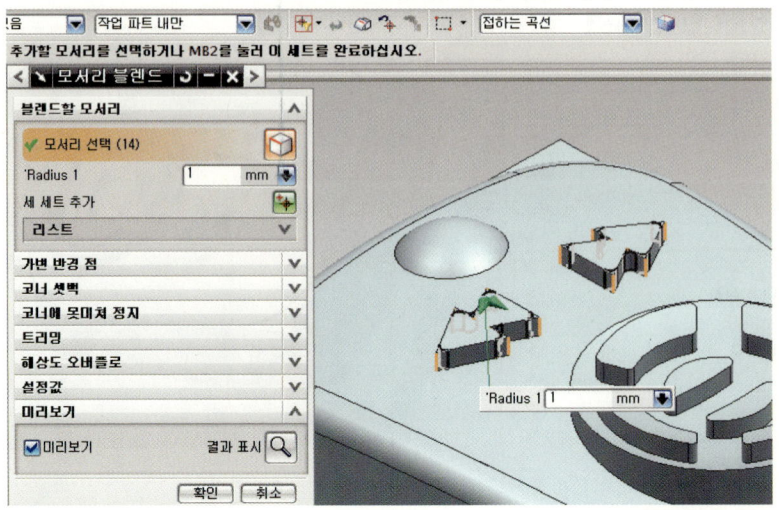

CHAPTER 2 | 모델링 따라하기

5) R값 1을 입력 후 블렌드 나머지 모서리 전체를 클릭하고 확인한다.

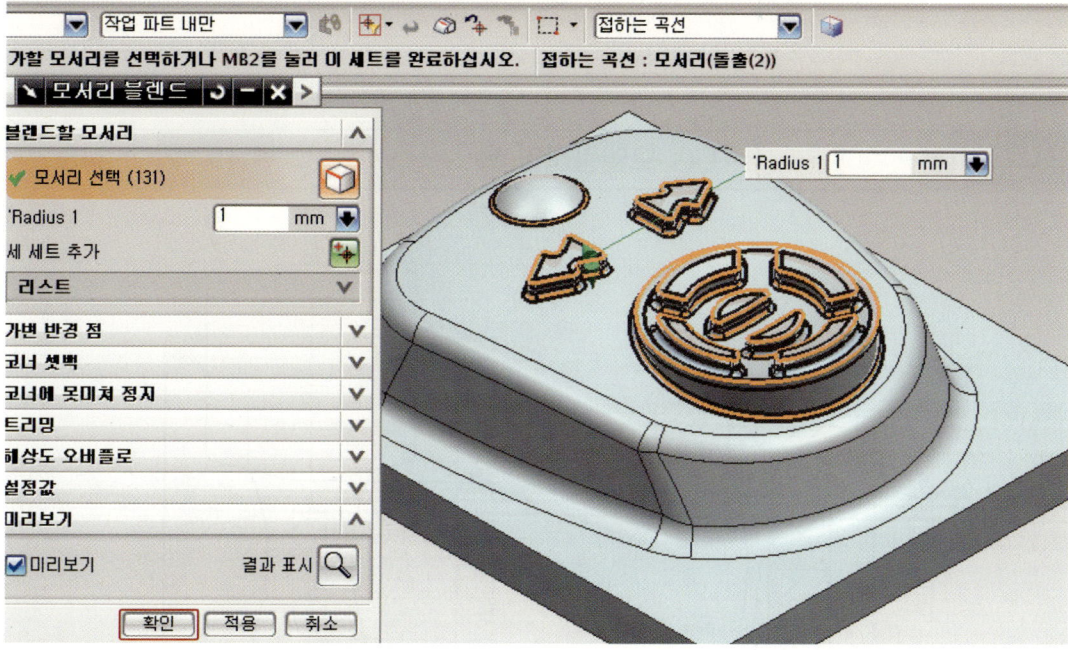

6) 아래 그림은 완성된 모델링 그림이다.

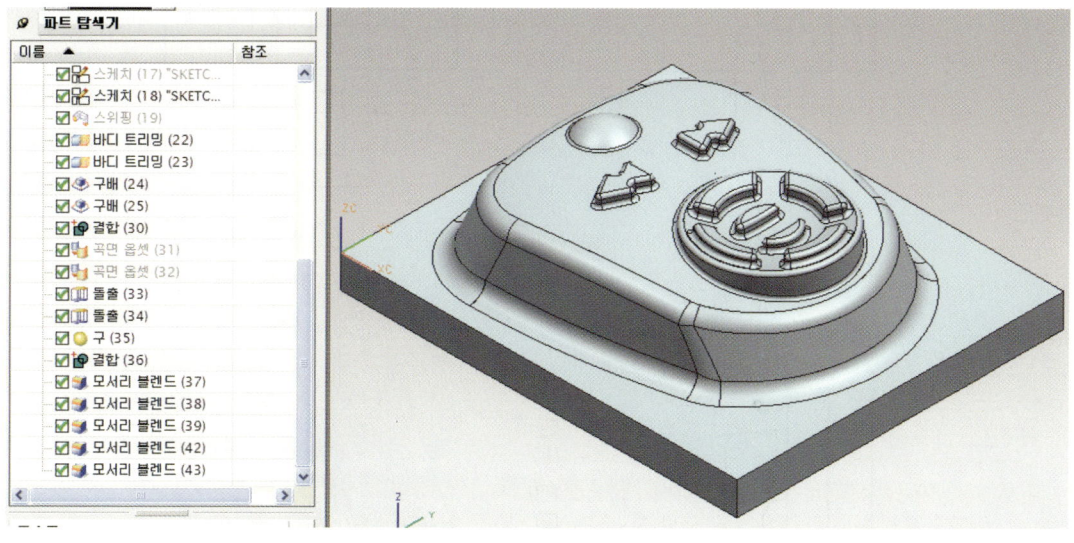

10 면도기모양 모델링 따라하기

| 도면명 | UG 모델링작업 ⑩ | 척 도 | NS |

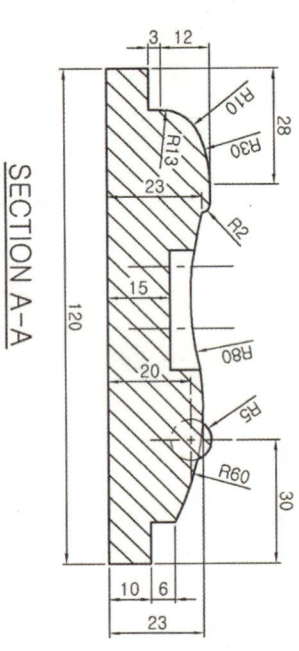
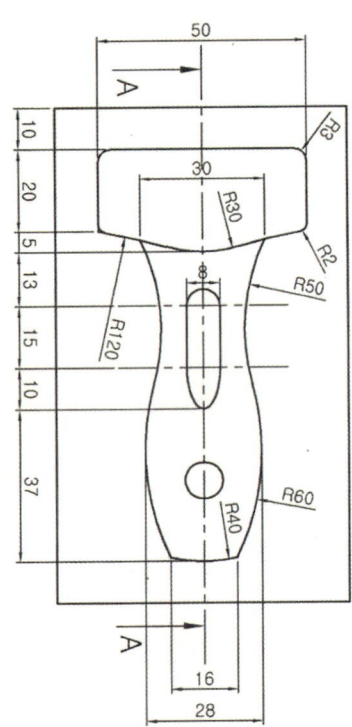
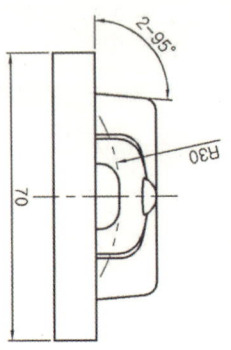

지시없는 모든 라운드는 R1

CHAPTER 2 | 모델링 따라하기

01 평면도 스케치 작성하기

1) 새로 만들기( ) ①(Ctrl+N)를 실행한다.
2) 스케치(Sketch)( ) ②를 선택한다.

3) 기본적으로 평면도(XY)평면이 설정하고 확인한다.

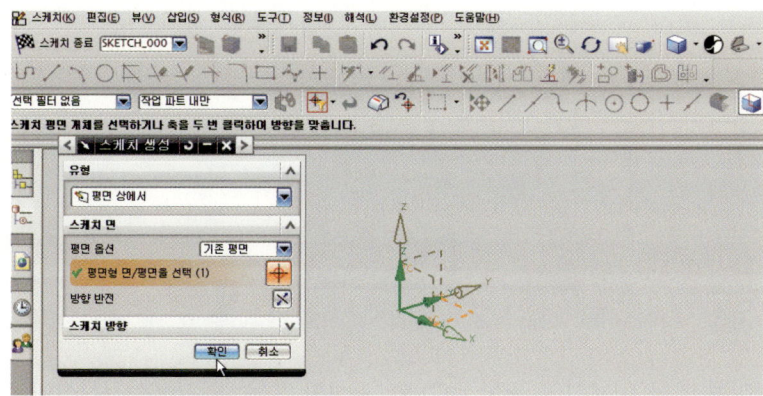

4) 직사각형(Rectangle)( ) ①을 선택한다. 그림에서와 같이 2점으로(by 2point)하여 원점 (0,0)에서 시작하는 임의에 직사각형을 그린다.

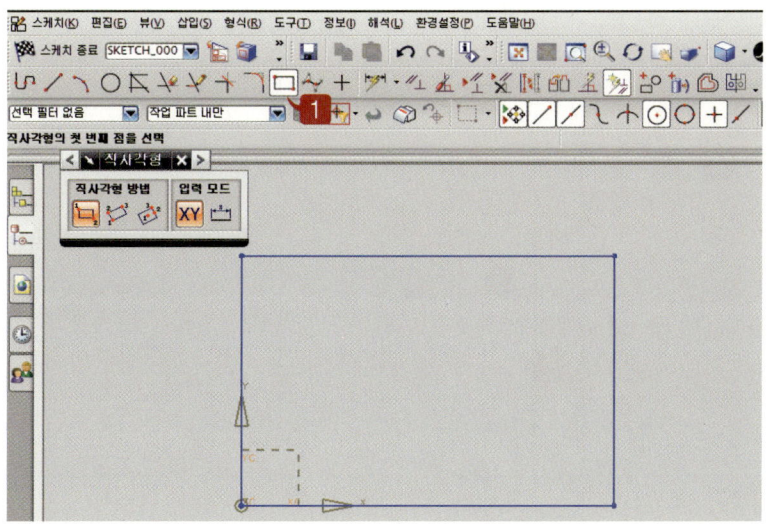

5) 선( ) 아이콘과 원호 아이콘을 이용하여 그림처럼 스케치를 생성하고 추정치수 아이콘 ①을 선택하고 치수를 기입한다. 구속조건 아이콘 ②를 이용하여 호와 호 클릭하여 접선 ③을 클릭한다. 참조선 변환 아이콘 ④를 클릭하여 ⑤, ⑥, ⑦을 참조선으로 바꾼다.

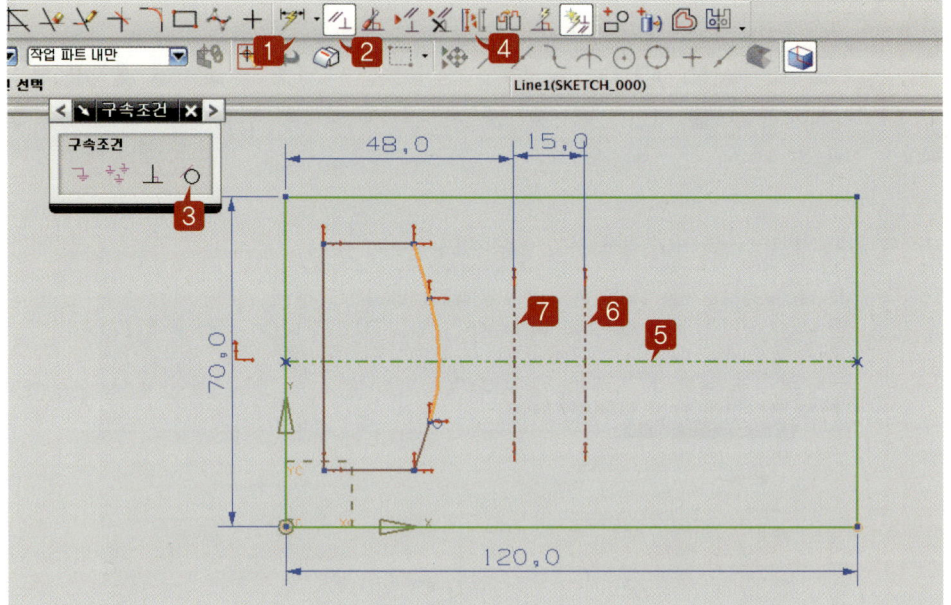

6) 구속조건 아이콘 ①을 이용하여 중심 호② 와 중심선 ③을 클릭하여 곡선상의 점 ④를 클릭한다. 그림처럼 추정치수 아이콘 ⑤를 선택하고 치수를 기입한다.

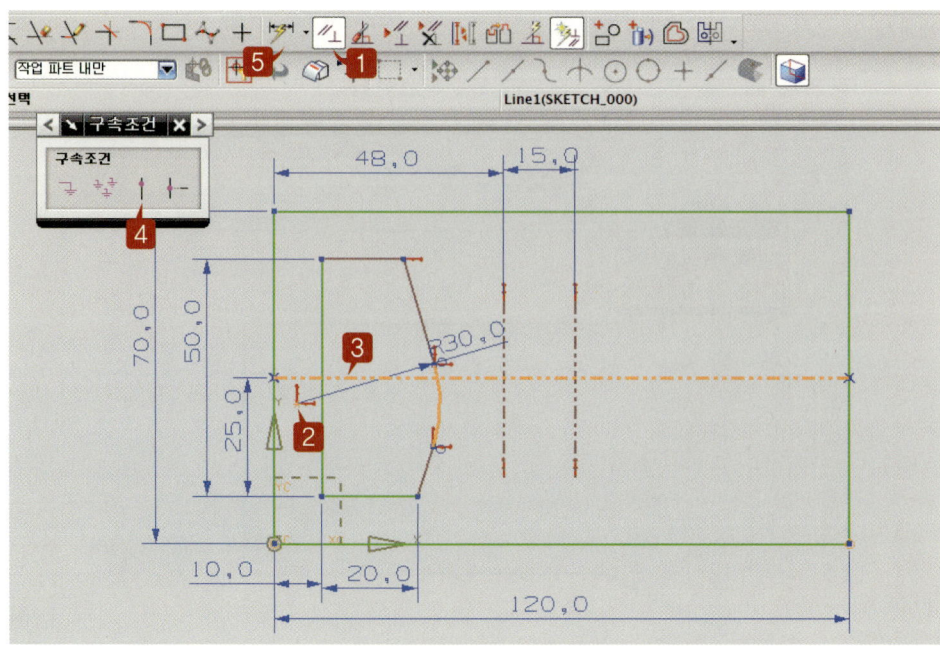

7) 원호 아이콘 ①을 이용하여 그림처럼 스케치를 생성하고 추정치수 아이콘 ②를 선택하고 치수를 기입한다. 구속조건 아이콘 ③을 이용하여 호와 호 클릭하여 접선을 클릭한다.

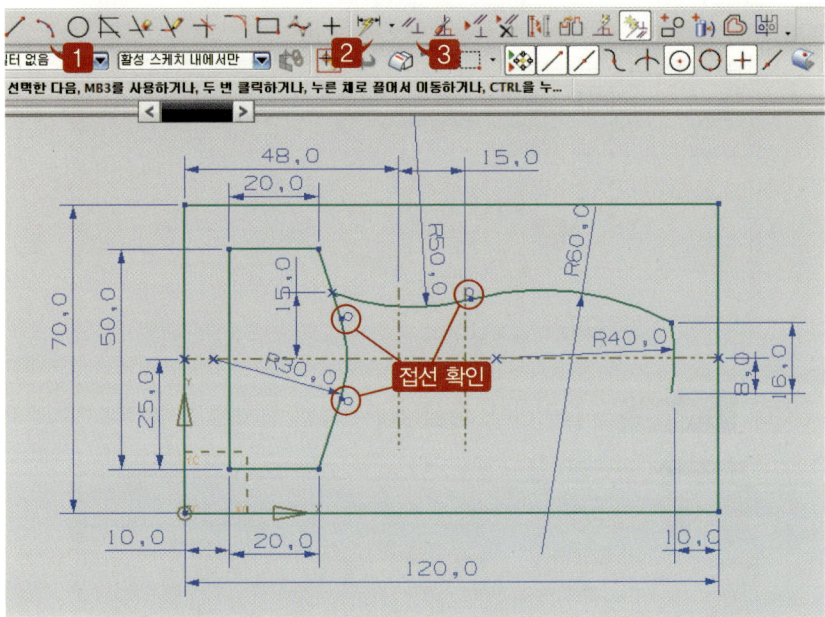

8) 대칭곡선 아이콘 ①을 클릭하여 대칭 중심선 ②를 선택하고 대칭시킬 곡선 ③을 클릭하고 확인한다.

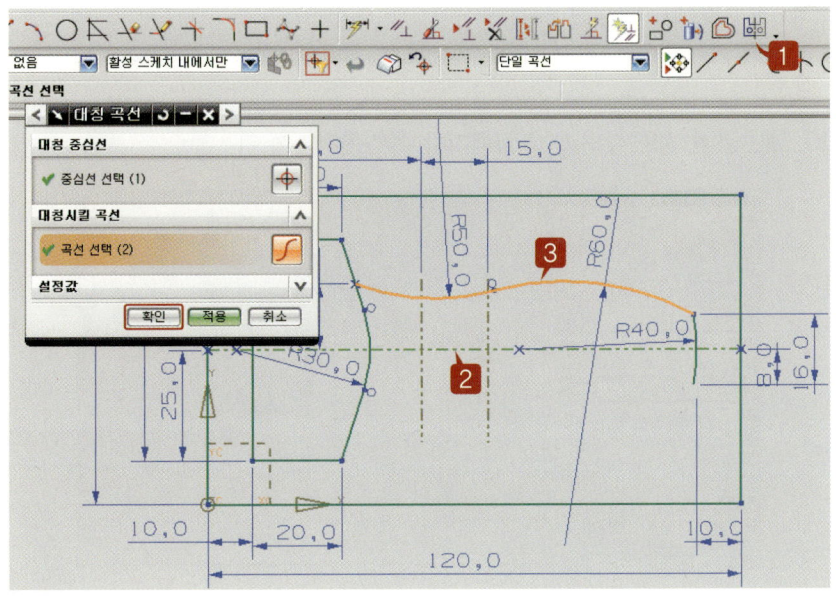

9) 표시 및 숨기기 아이콘 ①을 클릭하여 치수 숨기기 ②를 클릭한다.

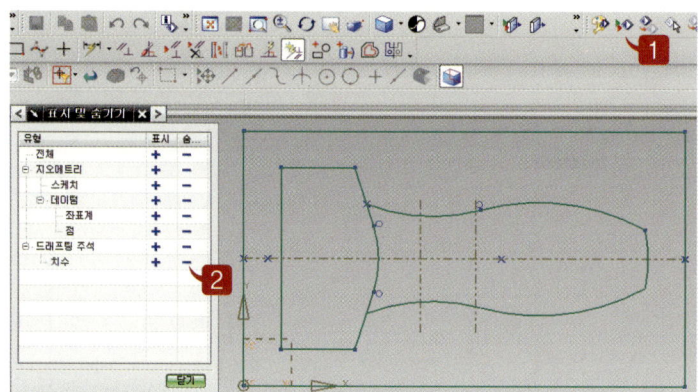

10) 삽입에 곡선에 타원(E)...을 클릭한다. 중심점에서 스냅 교차점 클릭한다.

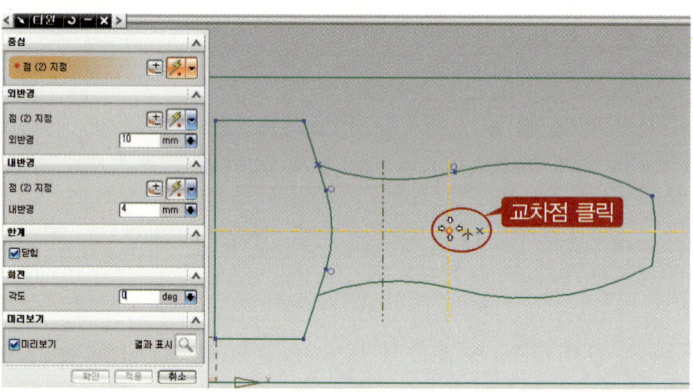

11) 외반경 10, 내반경 4, 회전각도 0을 입력하고 확인한다.

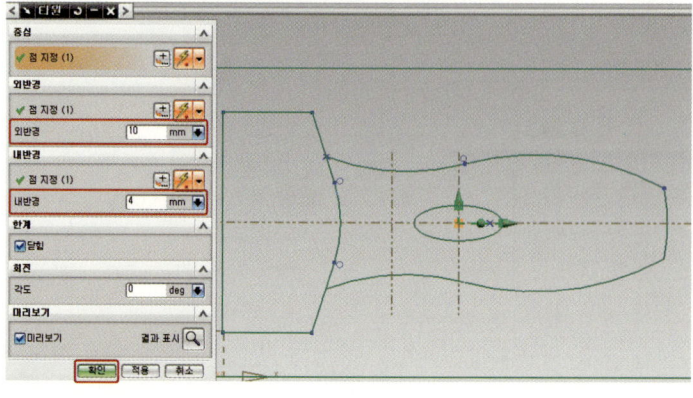

CHAPTER 2 | 모델링 따라하기

12) 빠른 트리밍 아이콘 ①을 클릭하고 경계곡선 ②를 선택하고 트림할 곡선 ③을 클릭한다.

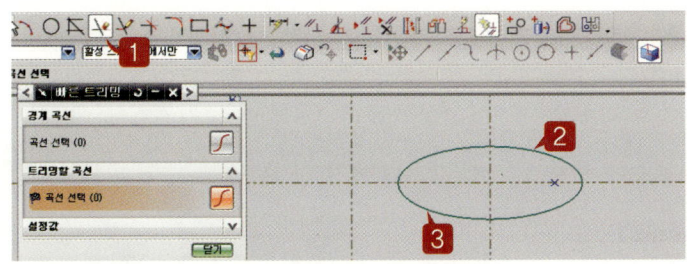

13) 원 아이콘 ①을 이용하여 그림처럼 스케치를 생성하고 추정치수 아이콘 ②를 선택하고 치수를 기입한다. 스냅 사분점 ③과 끝점 ④를 확인하면서 선 아이콘 ⑤를 활용하여 직선을 연결한다.

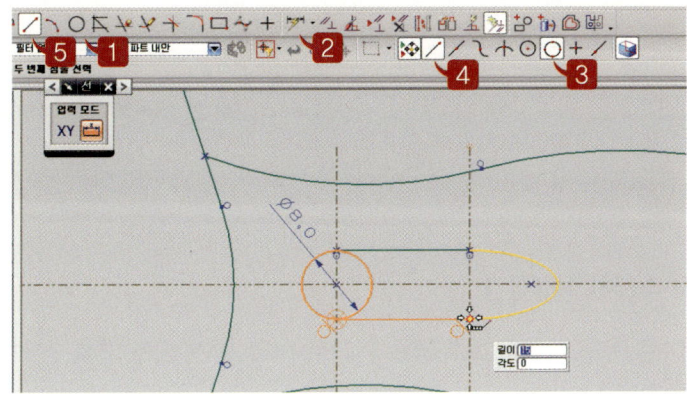

14) 추정치수 아이콘 ①을 이용하여 R120 등 치수기입을 마무리 하고 스케치 종료을 한다.

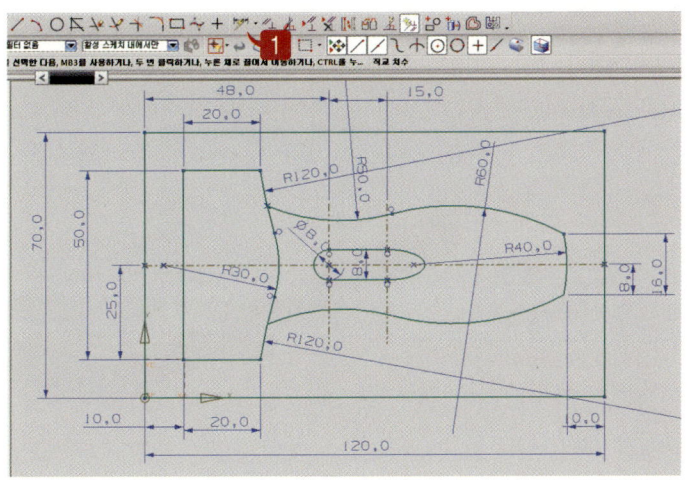

02 돌출 작성하기

1) 돌출 아이콘 ①을 선택한다. 연결된 곡선 ②를 선택한 상태에서 곡선 ③을 선택하고 -10만큼 돌출하고 확인한다.

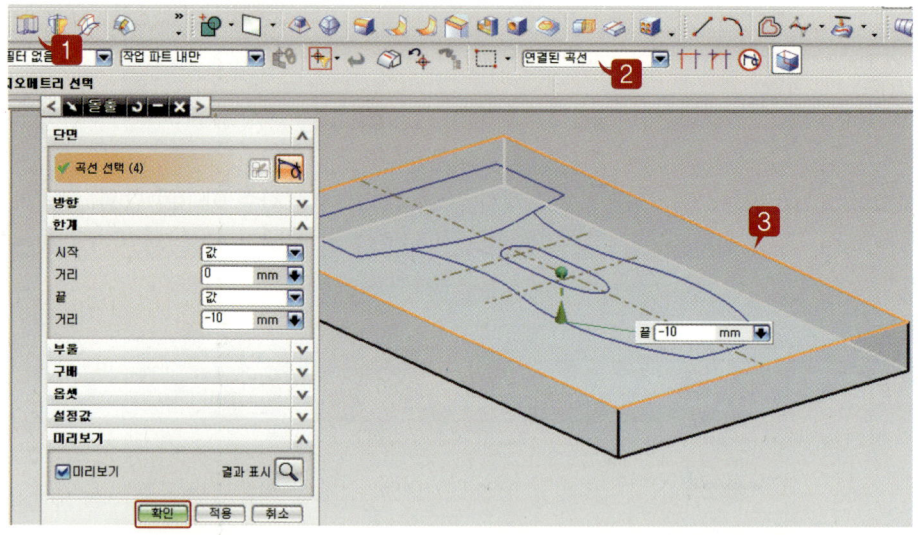

03 정면도(XZ) 스케치 작성하기

1) 데이텀 평면 아이콘 ①을 클릭하고 유형은 거리로 하고 평면 참조 ②를 선택하고 거리 값 -35 을 입력하고 확인한다.

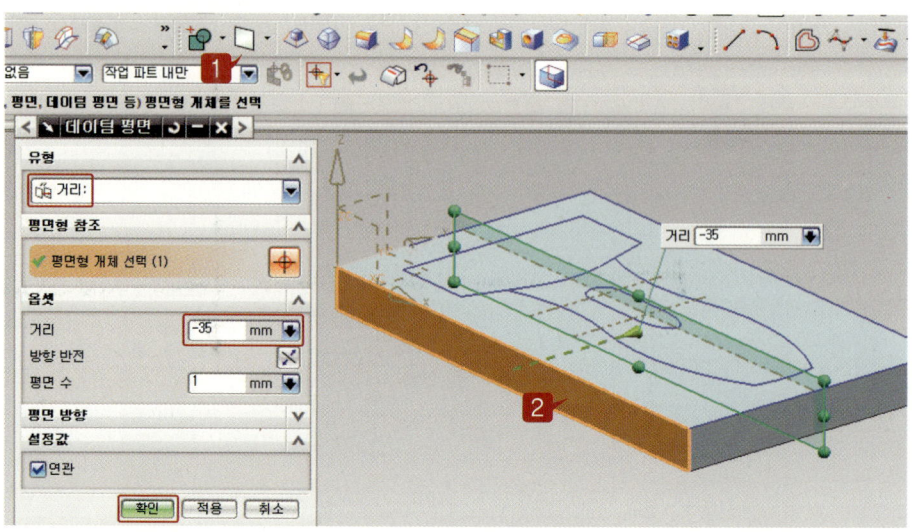

2) 스케치( ) 아이콘을 클릭하고 유형은 평면상에서 데이텀 평면 ①을 클릭하고 확인한다.

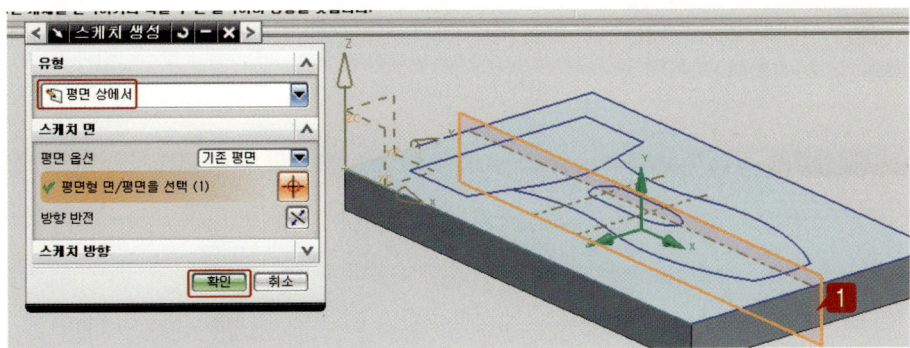

3) 원호 아이콘 ①과 선 아이콘 ②를 이용하고 그림처럼 호와 선을 생성하고 구속조건 ③을 이용하여 호와 호사이의 접선을 연결한다.

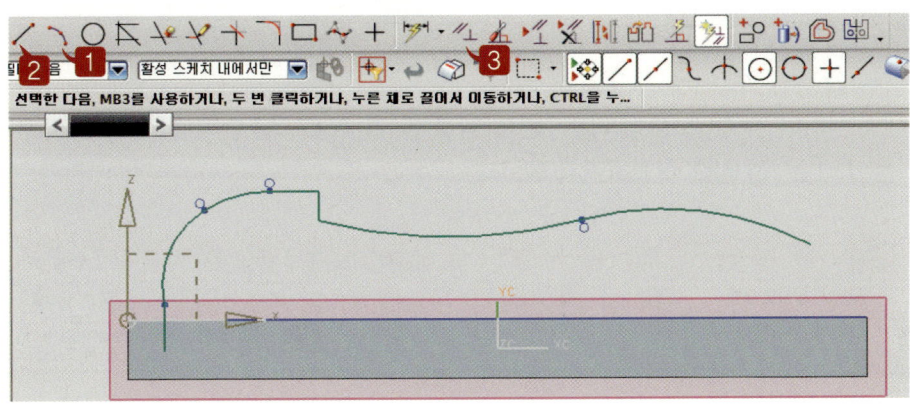

4) 추정치수 아이콘 ①을 이용하여 그림처럼 치수를 기입하고 스케치 종료 한다.

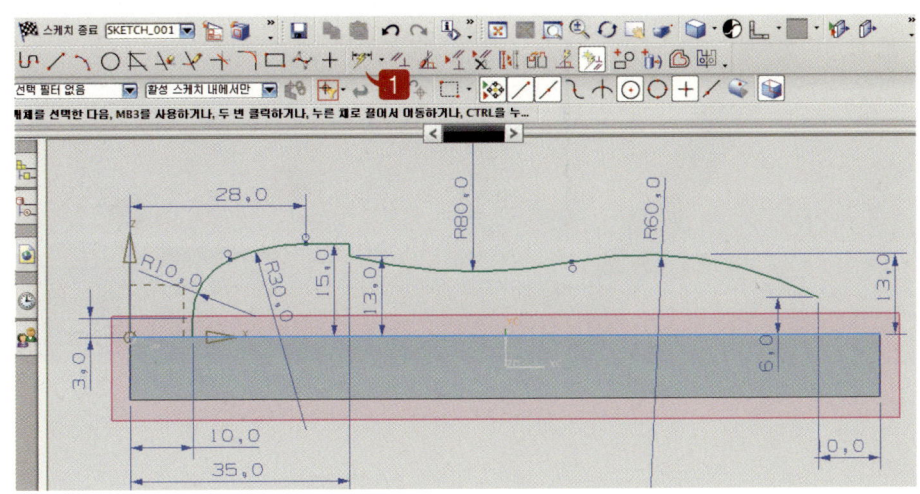

04 우측면도(YZ)스케치 작성하기

1) 스케치() 아이콘을 선택한다. 유형은 경로에서 경로선택은 ①을 선택하고 원호길이는 0으로 입력하고 확인한다.

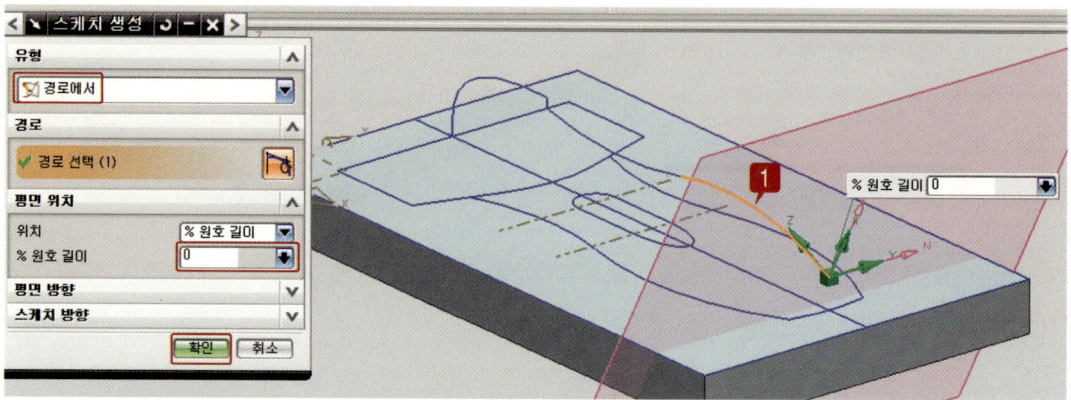

2) 원호를 이용하여 첫 번째 점 ①과 두 번째 점 ②를 클릭하고 세 번째 점 ③을 XZ평면에서 생성한 선 스냅 끝 점 ④를 확인하면서 찍는다.

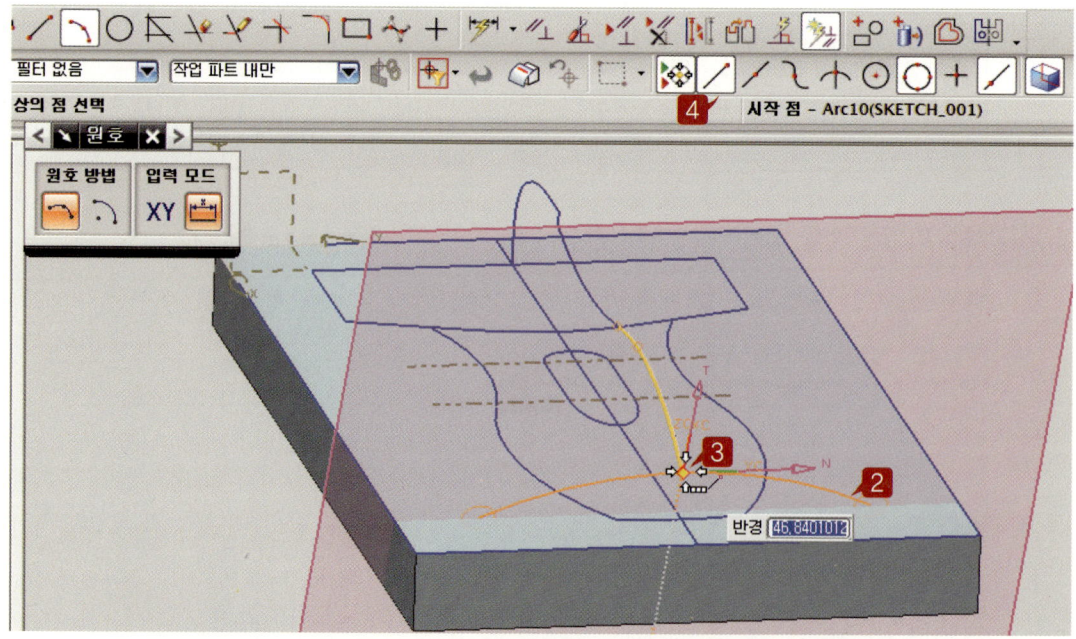

CHAPTER 2 | 모델링 따라하기

3) 그림처럼 우측면도로 선택하고 구속조건 아이콘 ①을 클릭하고 호의 중심 ②와 중심선 ③을 클릭하여 곡선상의 점 ④를 클릭하고 R30을 입력한다. 스케치 종료을 한다.

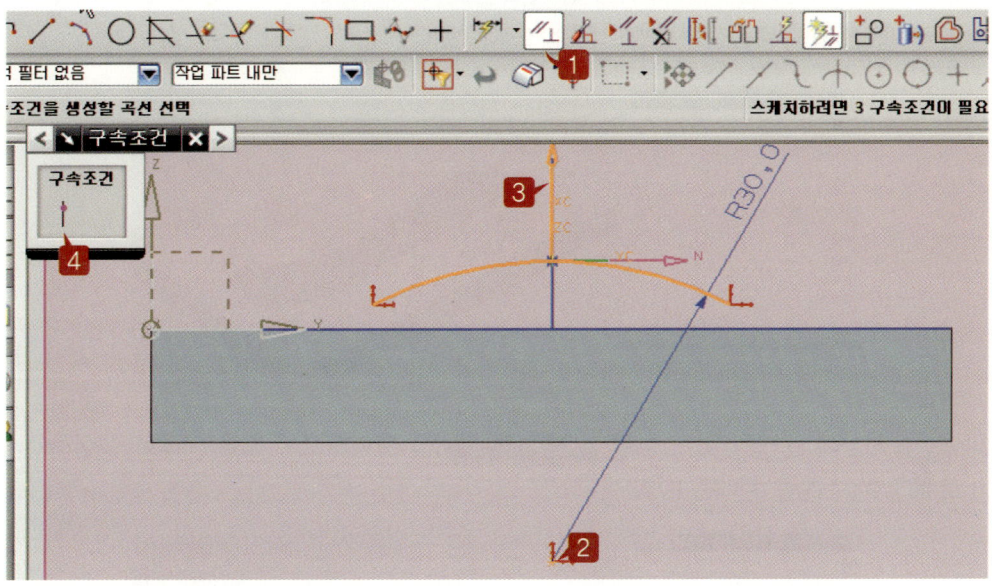

05 돌출 작성하기

1) 돌출 아이콘 ①을 선택한다. 연결된 곡선 ②와 교차에서 정지 ③을 선택한 상태에서 곡선 ④를 선택하고 15만큼 돌출하고 확인한다.

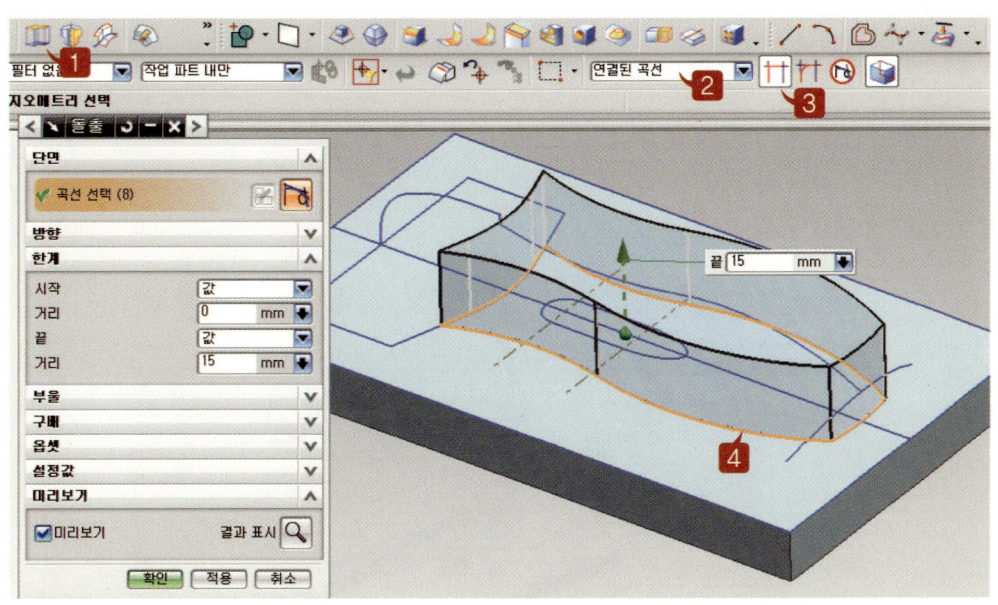

06 스윕 작성하기

1) 삽입에 스윕에 가이드를 따라 스위핑(가이드를 따라 스위핑(G)...)을 클릭한다. 단면 곡선선택 ①을 선택하고 가이드 곡선선택 ②를 클릭하고 확인한다.

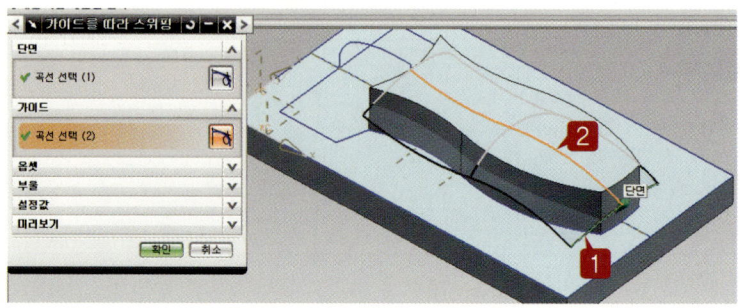

2) 삽입에 트리밍에 트리밍 및 연장(트리밍 및 연장...)을 클릭하고 유형을 거리로 설정하고 이동할 모서리 ①과 ②를 선택하고 확인한다.

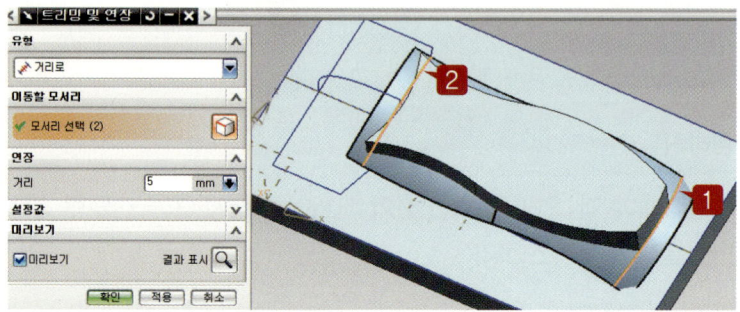

07 바디 트리밍하기

1) 트리밍 아이콘 ①을 클릭한다. 타겟에서 바디 ②를 선택하고 공구에서 면 ③을 선택하고 확인한다. 방향 화살표 ④를 확인한다.

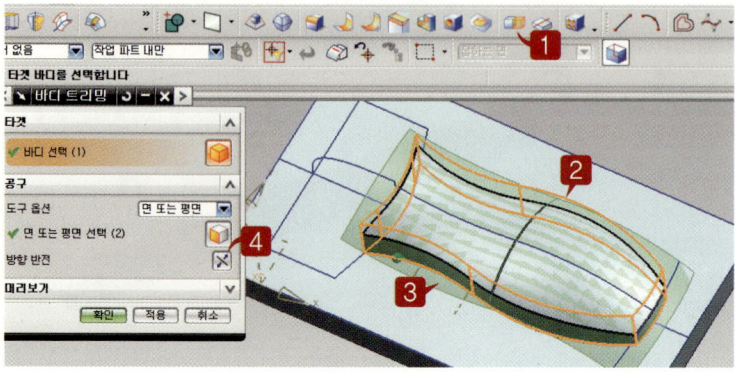

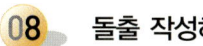 **돌출 작성하기**

1) 돌출 아이콘 ①을 선택한다. 연결된 곡선 ②과 교차에서 정지 ③을 선택한 상태에서 곡선 ④를 선택하고 15만큼 돌출하고 적용한다.

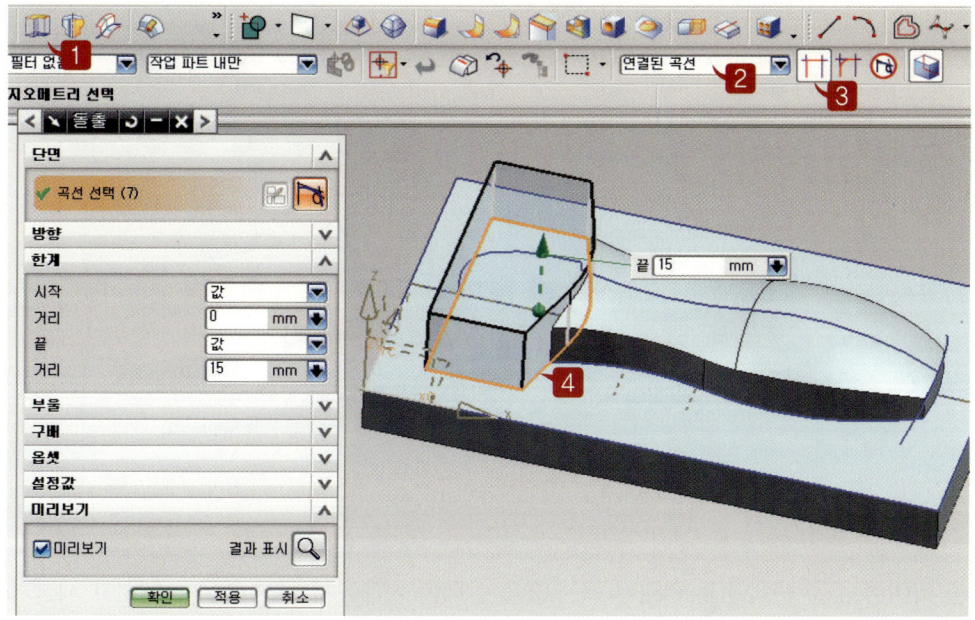

2) 다시 단일 곡선 ①과 교차에서 정지 ②를 선택한 상태에서 곡선을 선택하고 양쪽으로 여유 있게 돌출하고 확인한다.

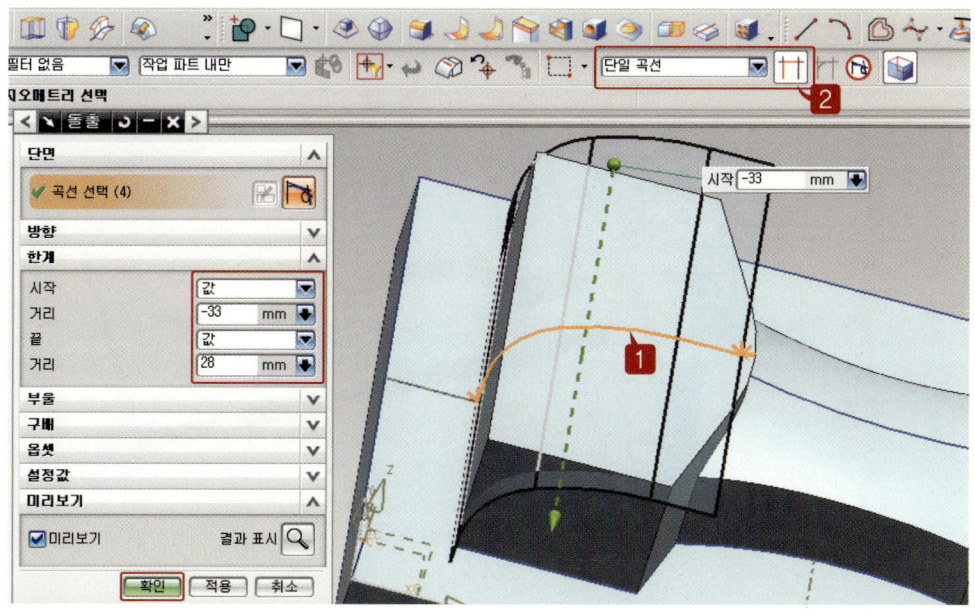

09 바디 트리밍하기

1) 트리밍 아이콘 ①을 클릭한다. 타겟에서 바디 ②를 선택하고 공구에서 면 ③을 선택하고 확인한다. 방향 화살표 ④를 확인한다.

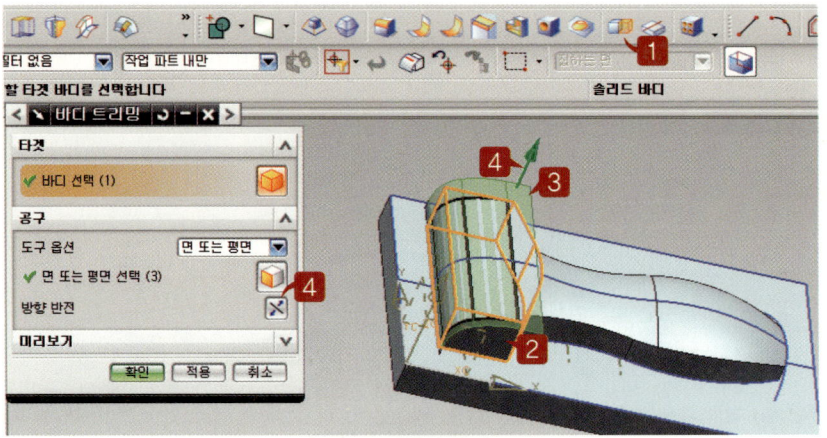

10 돌출 작성하기

1) 돌출 아이콘 ①을 선택한다. 연결된 곡선 ②를 선택한 상태에서 곡선 ③을 선택하고 시작거리 5, 끝 거리는 여유 있게 돌출하고 부울은 빼기로 바디 선택하고 확인한다.

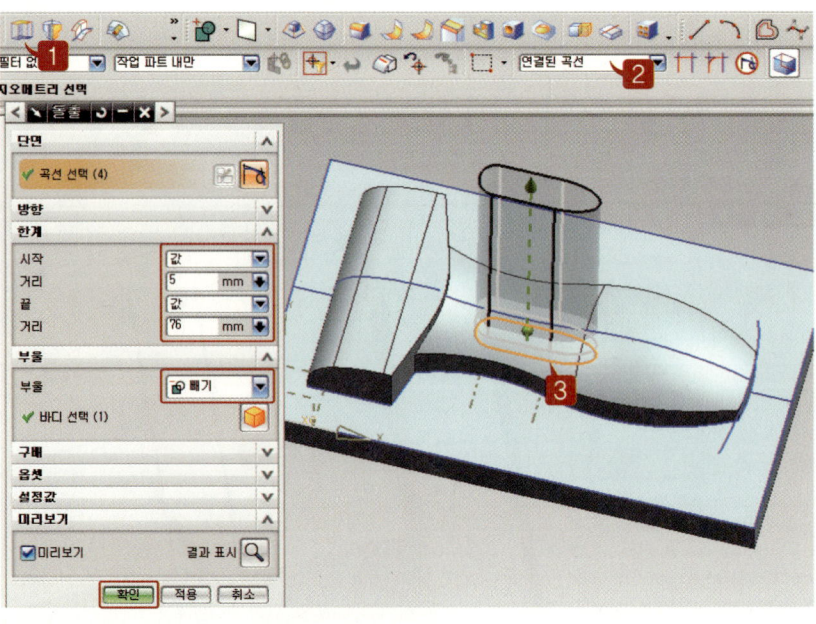

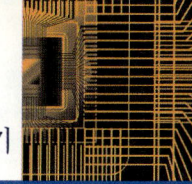

CHAPTER 2 | 모델링 따라하기

 구 작성하기

1) 삽입에 특징형상 설계에서 구(구(S)...)를 클릭한다. 유형에서 중심점과 직경을 선택하고 중심점에서 점생성자 ①을 클릭한다

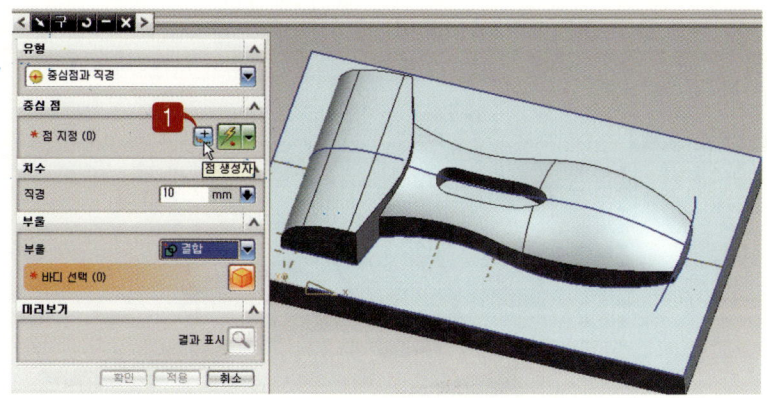

2) 추정 점을 선택하고 도면을 보고 절대 값으로 좌표 값 X90, Y35, Z10을 입력하고 확인한다.

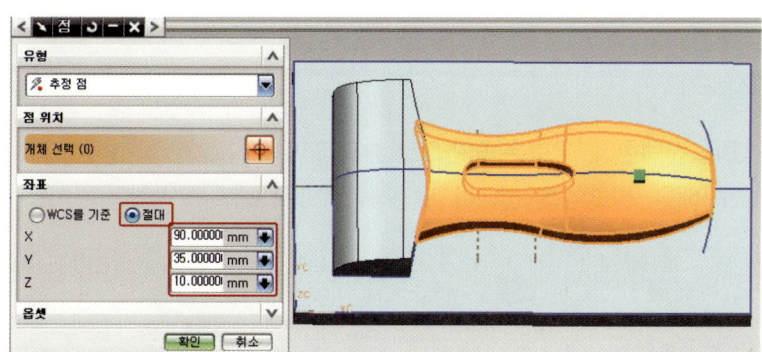

3) 치수는 직경 값으로 10mm입력하고 부울은 결합으로 하고 바디선택 후 확인한다.

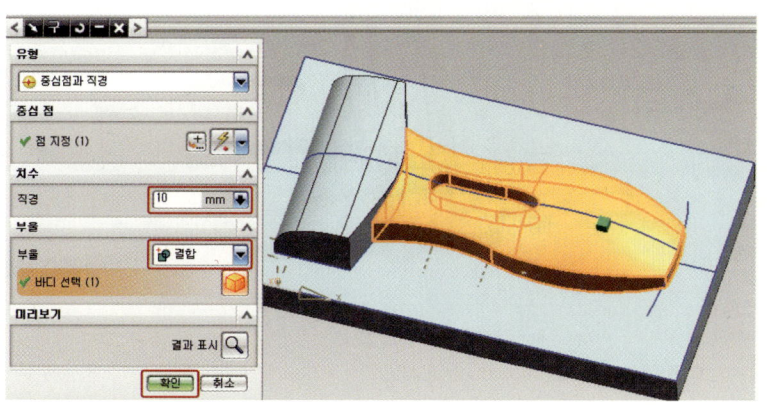

12 표시 및 숨기기

1) 표시 및 숨기기 아이콘 ①을 선택하여 전체 숨기기 ②를 선택하고 솔리드 바디 표시 ③을 선택한다.

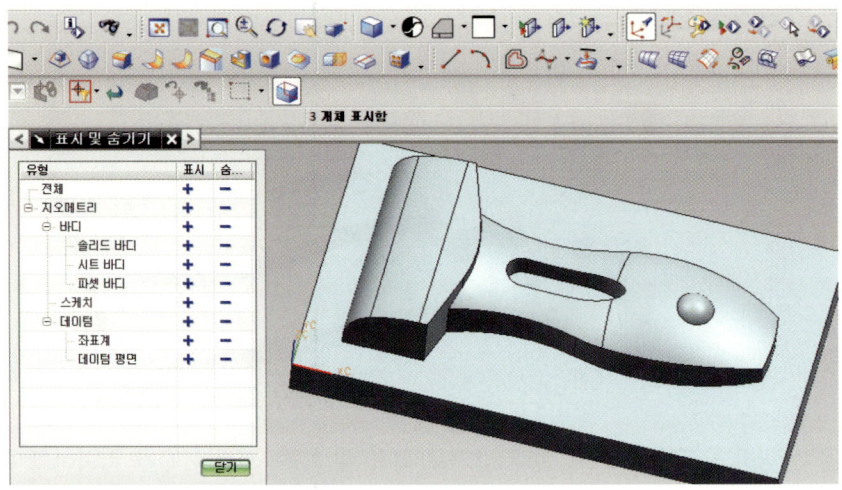

13 구배 작성하기

1) 구배 아이콘 ①을 선택한다. 유형은 평면으로 부터로 설정하고 구배방향은 Z로 하고 고정평면 ②를 설정하고 구배할 면 ③④를 선택하고 구배각도 5로 하고 확인한다.

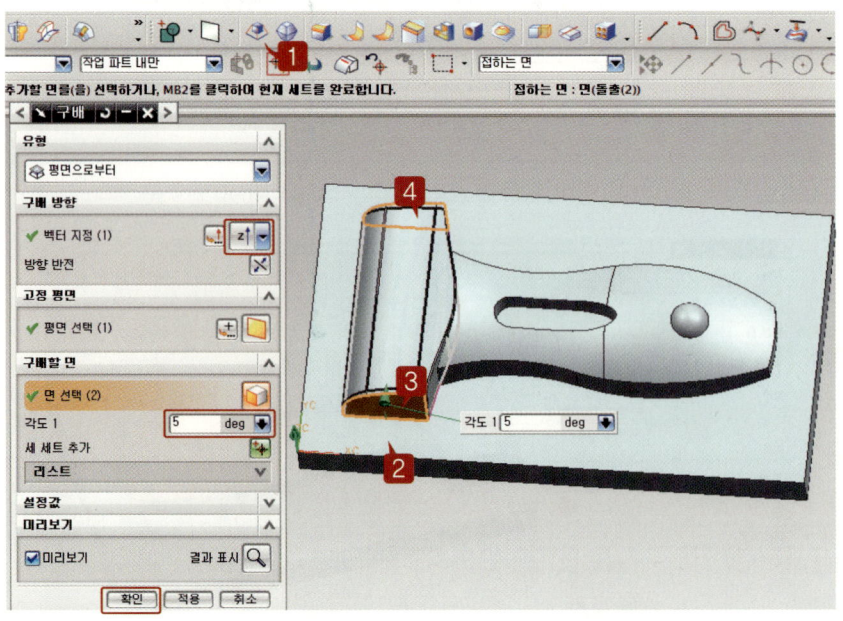

CHAPTER 2 | 모델링 따라하기

14 결합하기

1) 결합아이콘 ①을 클릭하고 타켓 바디 ②를 선택하고 공구바디 ③, ④를 클릭하고 확인한다.

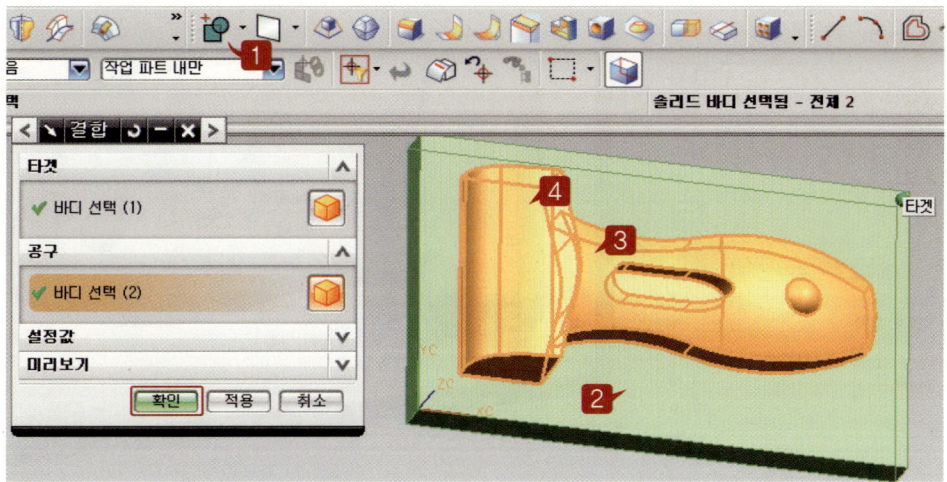

15 필렛(라운드) 작성하기

1) 모서리 블렌드 아이콘 ①을 클릭한다. 접하는 곡선으로 하고 R3 입력 후 블렌드 모서리 ②와 ③을 클릭하고 적용한다.

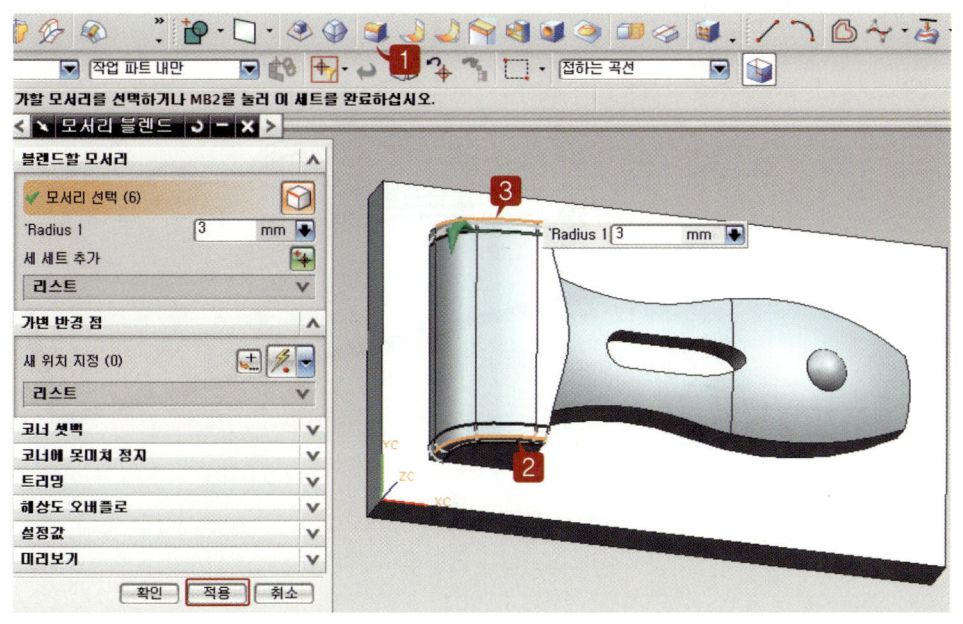

2) R값 2을 입력 후 블렌드 모서리 ①을 클릭하고 적용한다.

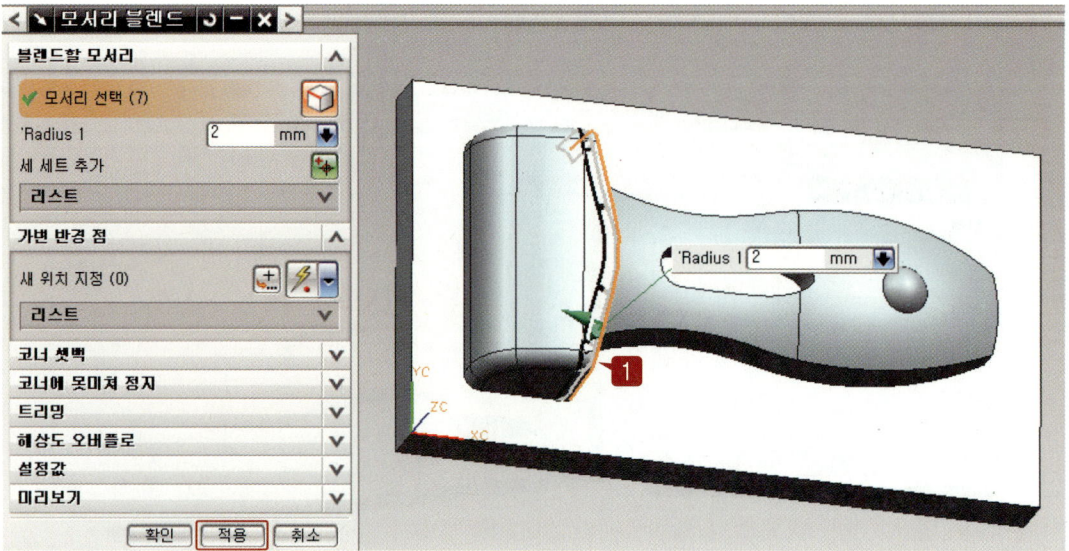

3) R값 1을 입력 후 블렌드 나머지 모서리 전체를 클릭하고 확인한다.

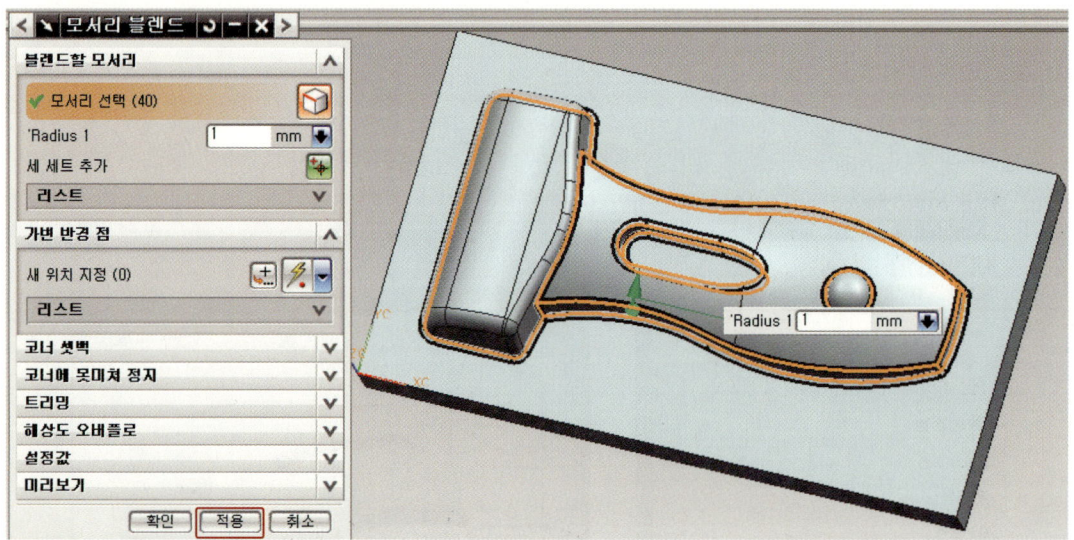

CHAPTER 2 | 모델링 따라하기

4) 아래 그림은 완성된 모델링 그림이다.

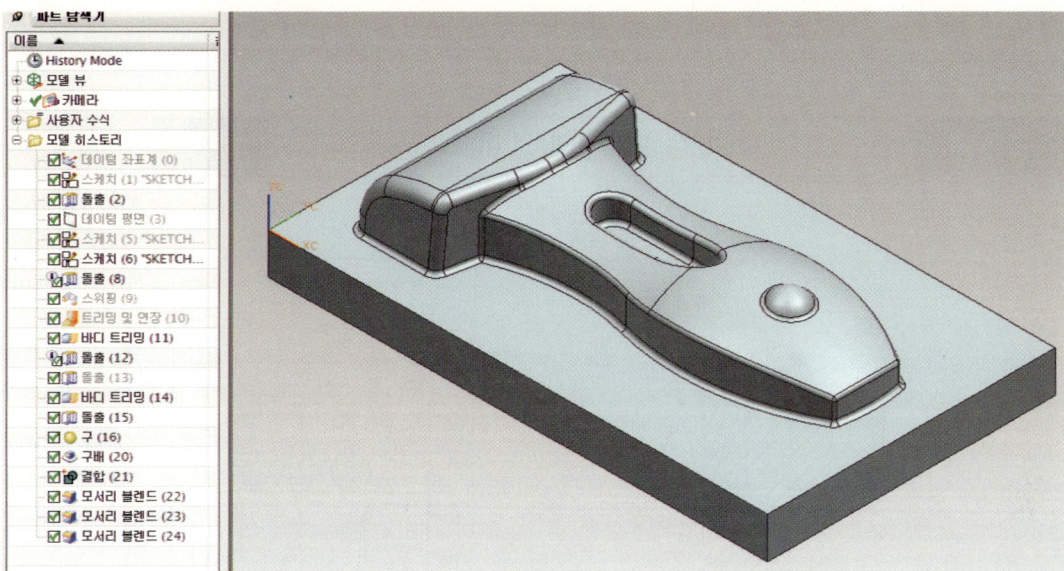

11 광마우스모양 모델링 따라하기

| 도면명 | UG 모델링작업 ⑪ | 척 도 | NS |

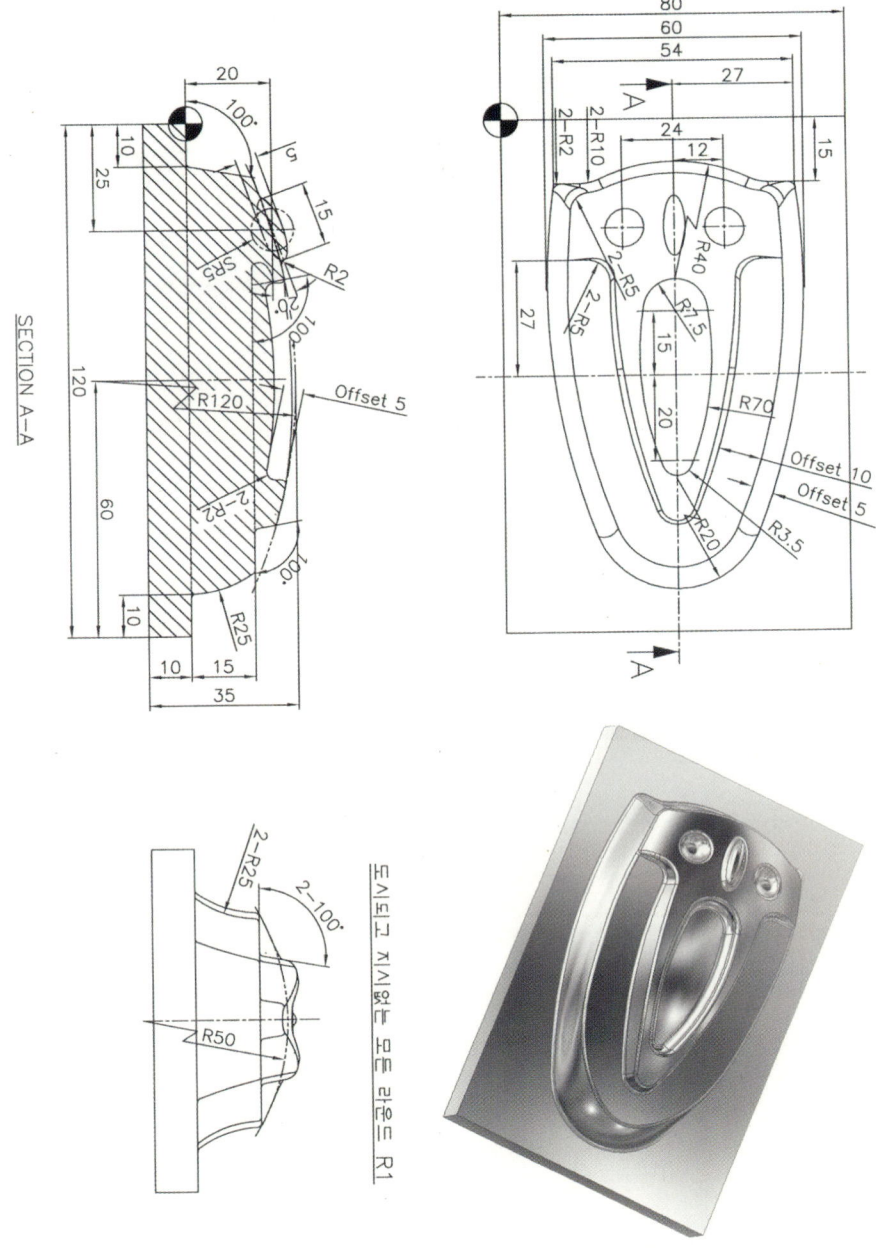

CHAPTER 2 | 모델링 따라하기

01 평면도 스케치 작성하기

1) 새로 만들기( ) ①(**Ctrl**+N)를 실행한다.
2) 스케치(Sketch)( ) ②를 선택한다.

3) 기본적으로 평면도(XY)평면이 설정하고 확인한다.

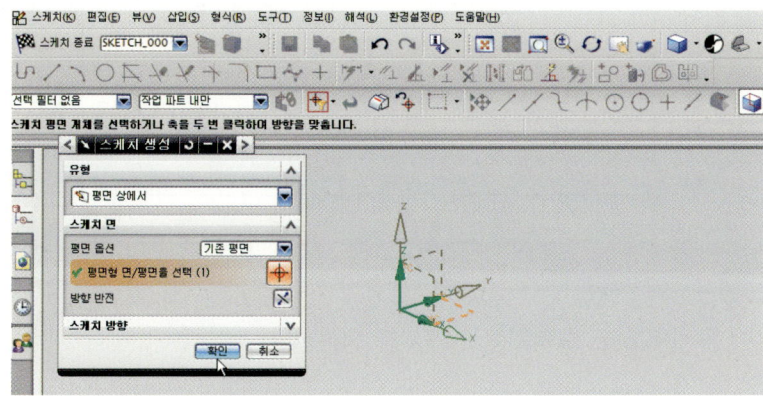

4) 직사각형(Rectangle)( ) ①을 선택한다. 그림에서와 같이 2점으로(by 2point)하여 원점 (0,0)에서 시작하는 임의에 직사각형을 그린다.

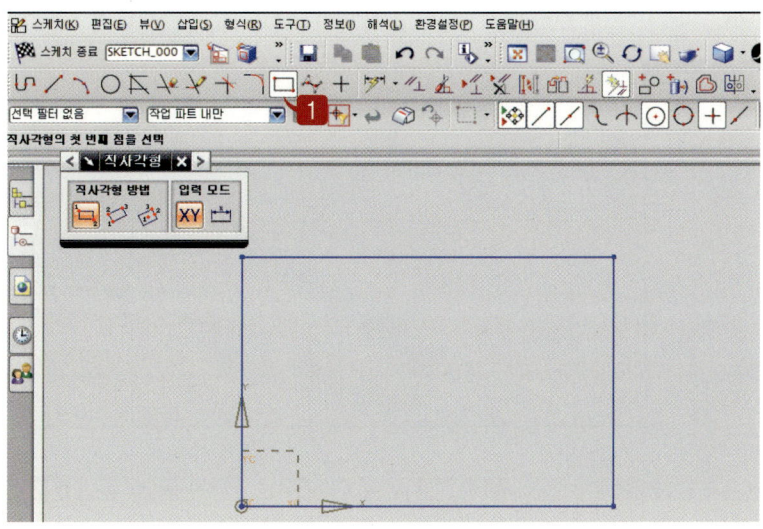

5) 그림처럼 선 아이콘 ①을 이용하여 중심 수평선과 수직선을 그리고 참조선 아이콘 ②를 활용하여 변환한다. 치수 아이콘을 ③선택하고 치수를 입력한다.

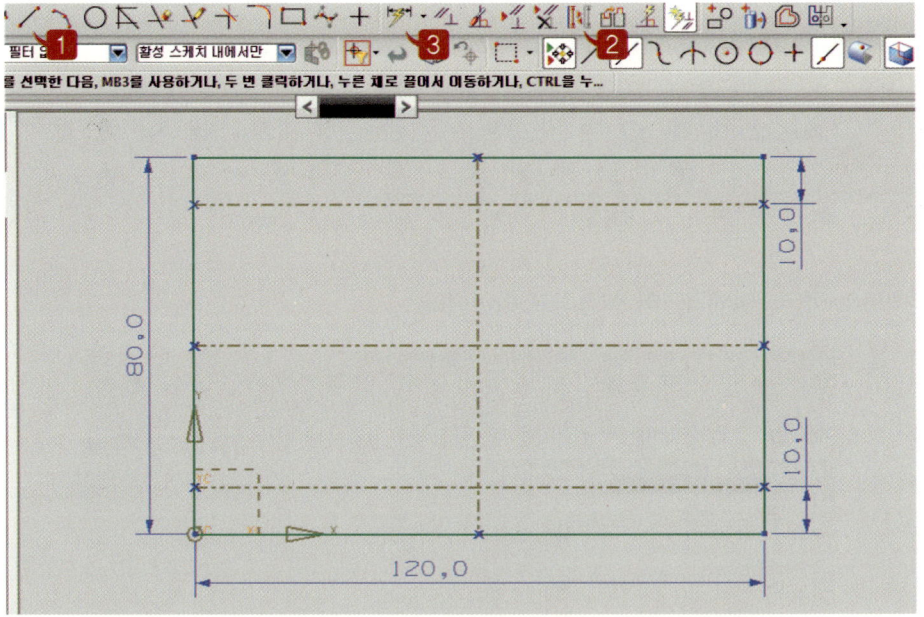

6) 원호 아이콘 ①을 클릭하고 그림처럼 스케치를 생성한다.

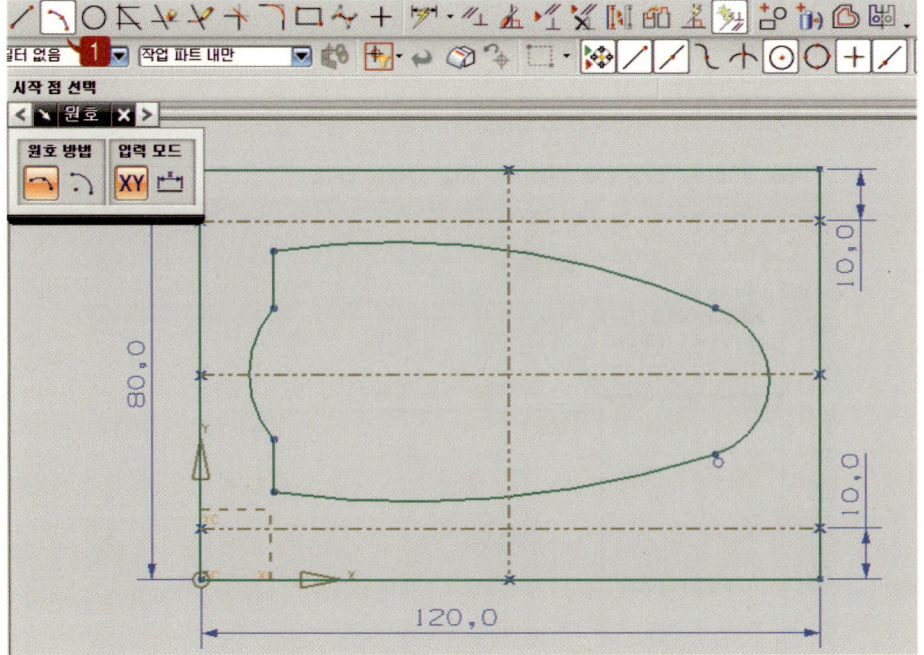

CHAPTER 2 | 모델링 따라하기

7) 구속조건 아이콘 ①을 클릭하여 중심 수평선 ②와 호의 중심 ③을 선택하여 곡선상의 점 ④를 클릭한다. 반대쪽 호의 중심도 같은 방법으로 구속조건을 생성한다.

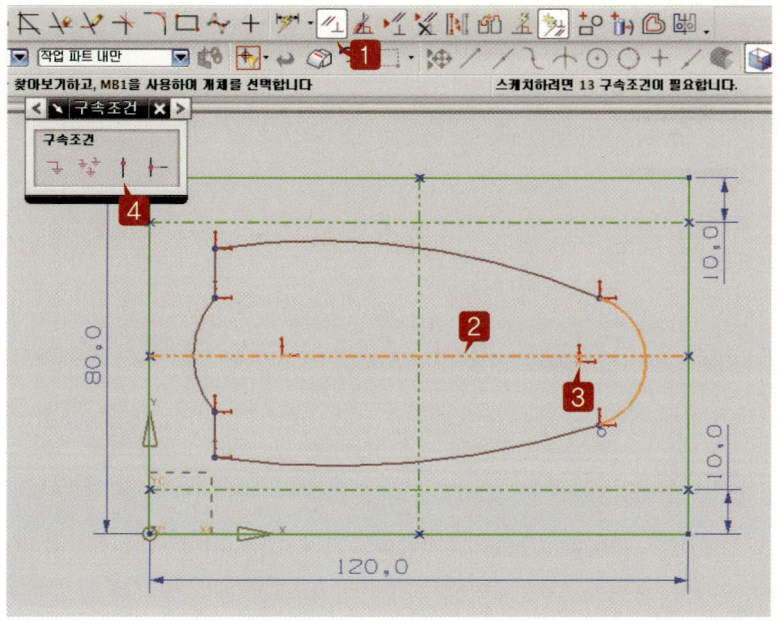

8) 그림처럼 모서리 수평선 ①과 호의 선 ②를 선택하여 접선 ③을 클릭한다. 반대쪽 에도 같은 방법으로 구속조건을 생성한다.

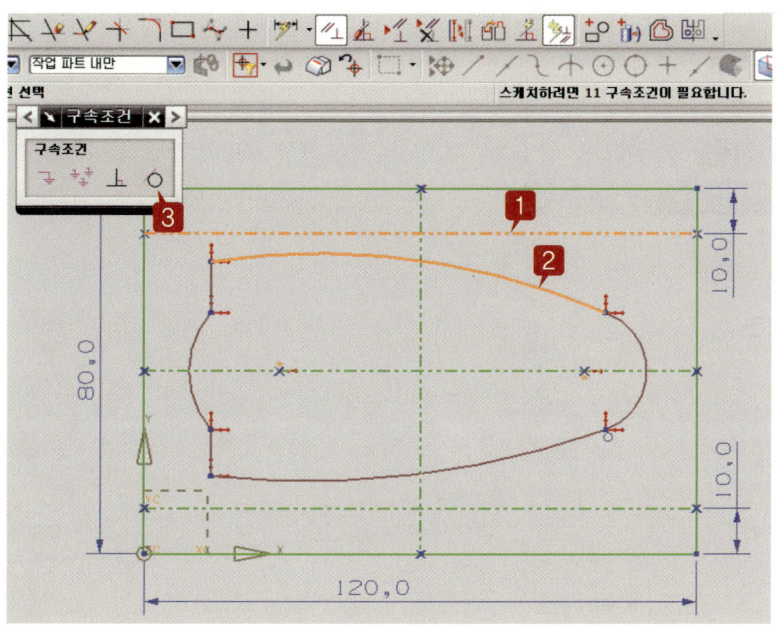

9) 그림과 같이 치수를 생성한 후 아이콘 스케치 종료을 클릭하고 스케치 환경에서 빠져나온다. 아래 그림은 평면도에서 스케치가 완료한 상태이다.

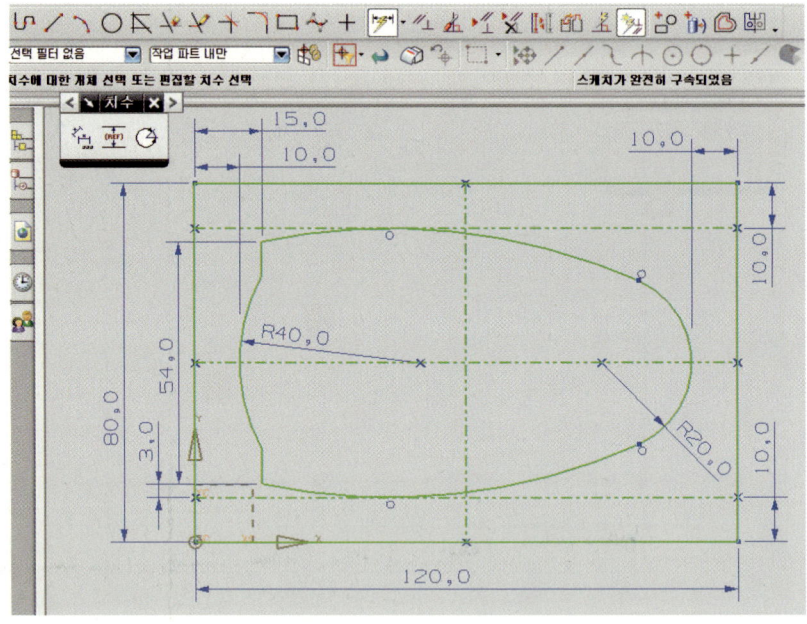

02 돌출 작성하기

1) 돌출 아이콘 ①을 선택하고 연결된 곡선 ②를 선택한 상태에서 단면곡선 ③을 선택하고 -10만큼 돌출하고 적용한다.

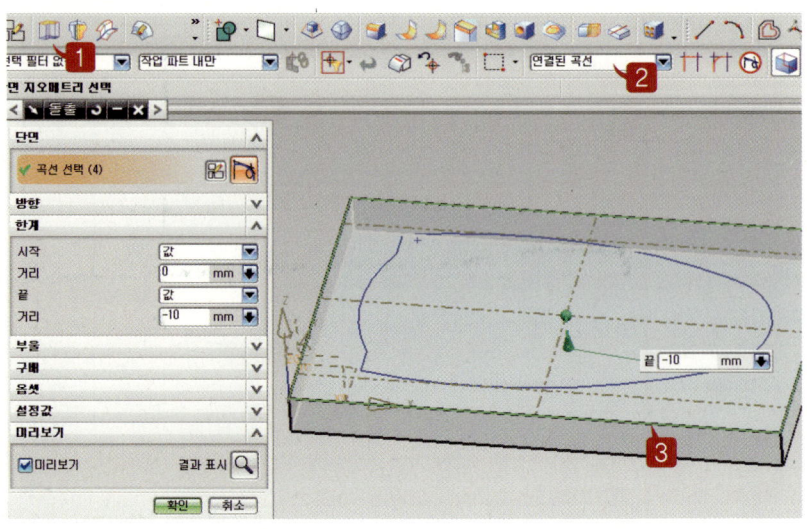

CHAPTER 2 | 모델링 따라하기

2) 위와 같은 방법으로 단면곡선 ③을 선택하여 30만큼 돌출하고 확인한다.

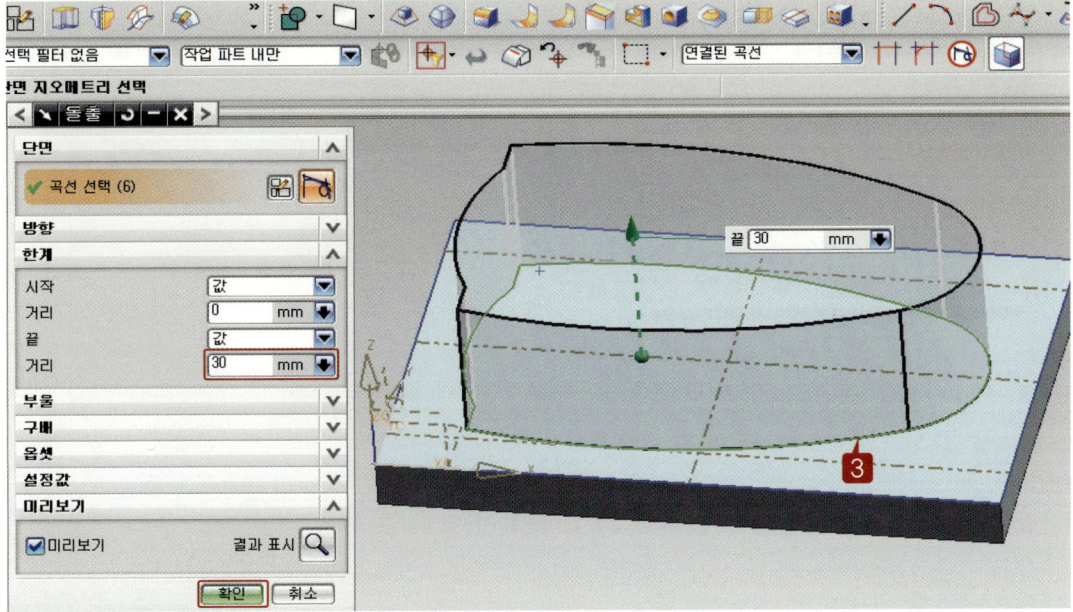

03 곡선 투영하기

1) 스케치( ) 아이콘 선택한다. 유형은 평면상에서 스케치 면 기존평면에서 평면지정 ①을 선택하고 확인한다.

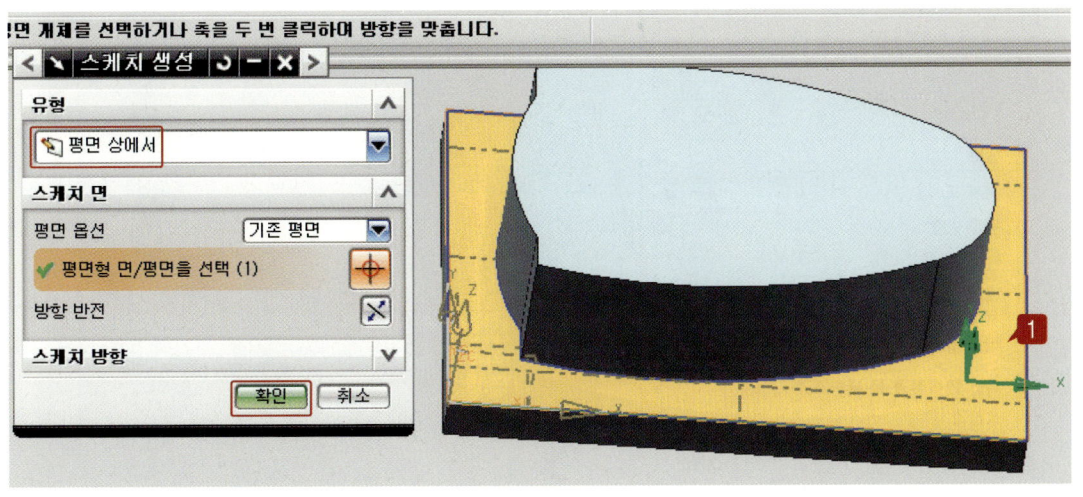

2) 곡선투영 아이콘 ①을 클릭하고 곡선 ②를 클릭하고 확인한다.

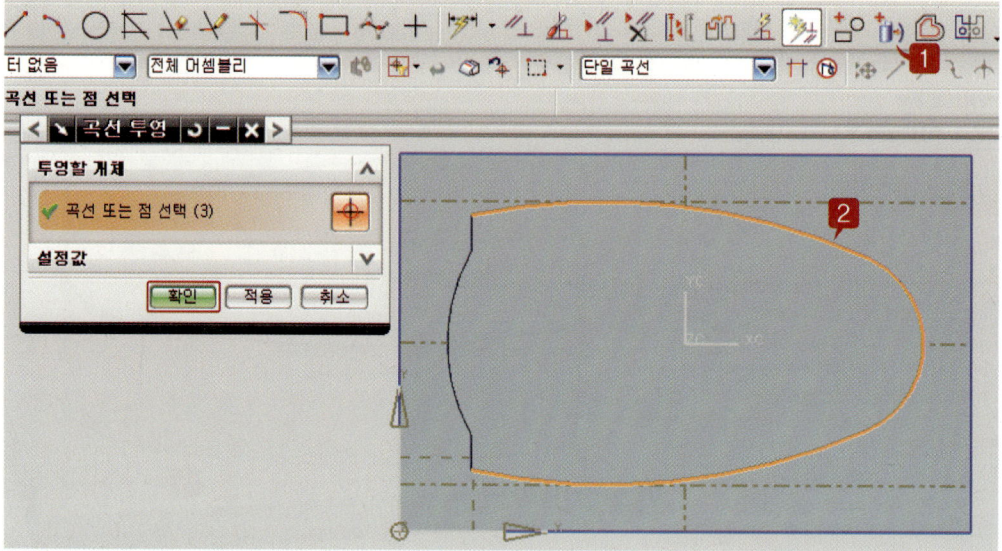

3) 옵셋 곡선 아이콘 ①을 활용하여 15mm 안쪽으로 옵셋하고 선 아이콘 ②를 활용하여 수직선 ③을 생성하고 추정치수 아이콘 ④를 이용하여 치수기입하고 확인한다.

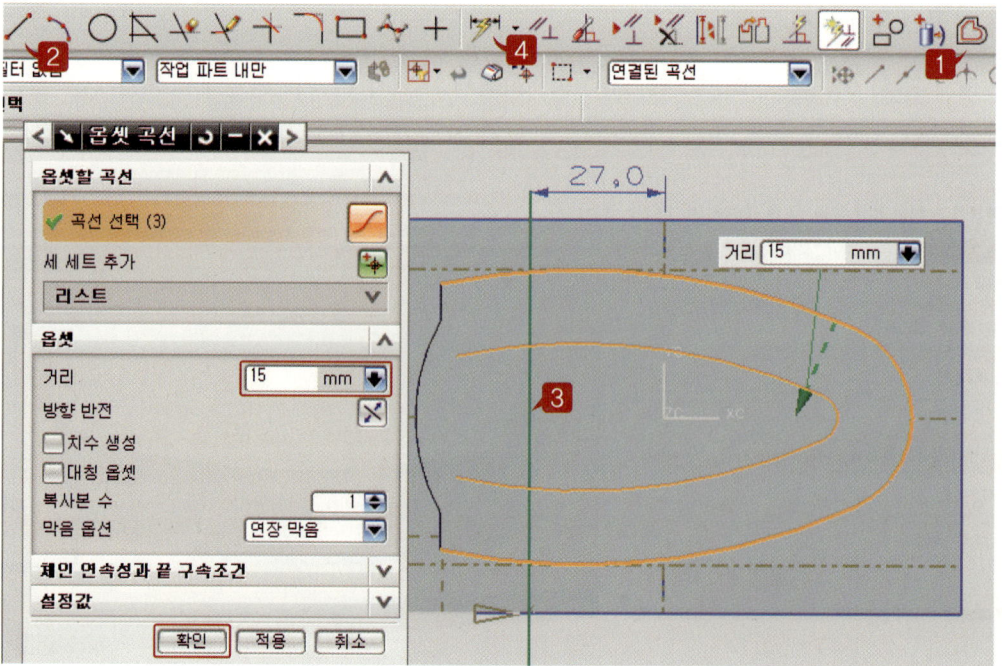

CHAPTER 2 | 모델링 따라하기

4) 빠른 트리밍 아이콘 ①을 이용하여 그림처럼 불필요한 선을 트리밍 한다.

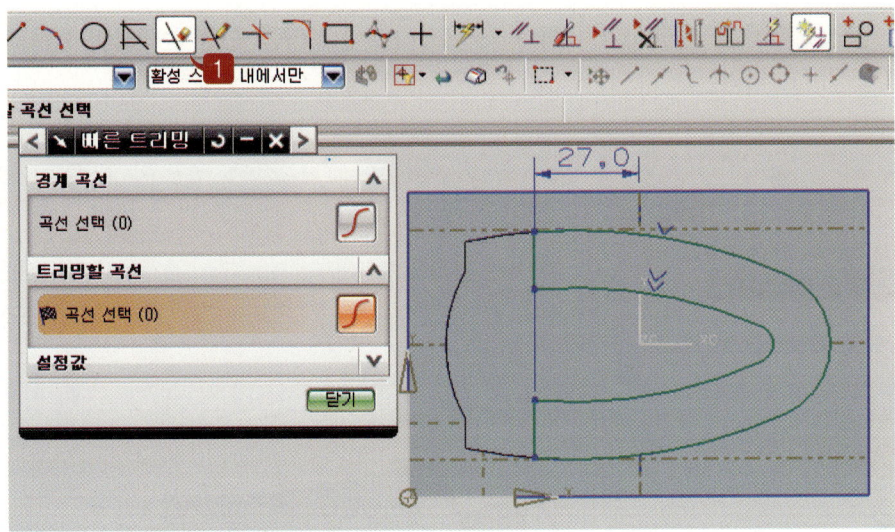

04 새 돌출 작성하기

1) 돌출 아이콘 ①을 선택하고 연결된 곡선 ②를 선택한 상태에서 곡선 ③을 선택하고 시작거리 15, 끝 거리 51만큼 돌출하고 부울은 빼기로 하고 구배는 시작한계에서 -10도 입력 후 확인한다.

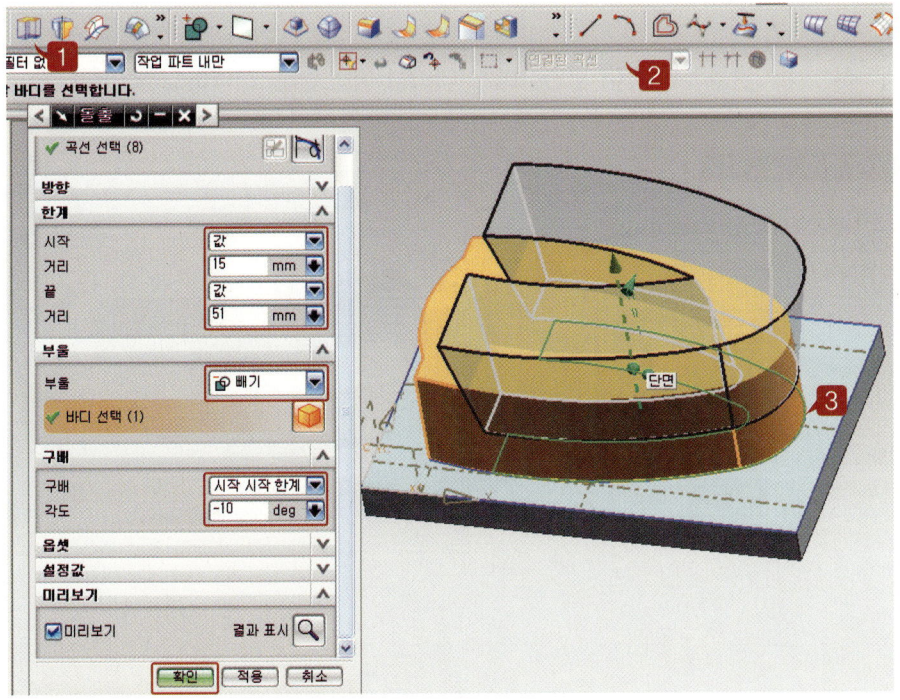

05 정면도(XZ) 스케치 작성하기

1) 데이텀 평면(▢) ①을 선택하고 유형은 거리로 하고 참조평면 ②를 선택하여 가운데(-40)에 평면을 생성하고 확인한다.

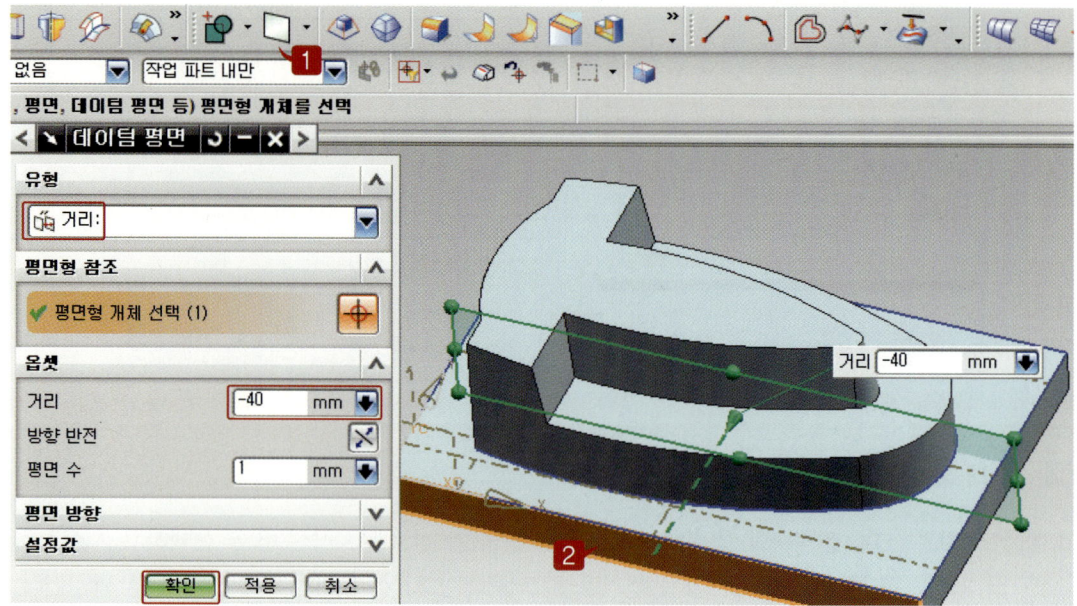

2) 스케치(▦) 아이콘을 선택하여 평면상에서 데이텀 평면 ①을 선택하고 확인한다.

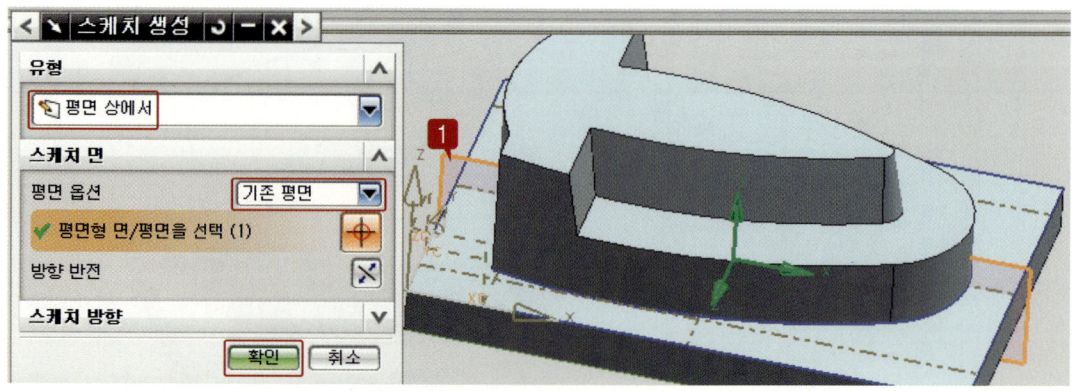

CHAPTER 2 | 모델링 따라하기

3) 그림처럼 원호 아이콘 ①을 이용하여 호을 생성하고 추정치수 아이콘 ②를 활용하여 치수기입을 하고 ③을 선택하고 스케치 종료한다.

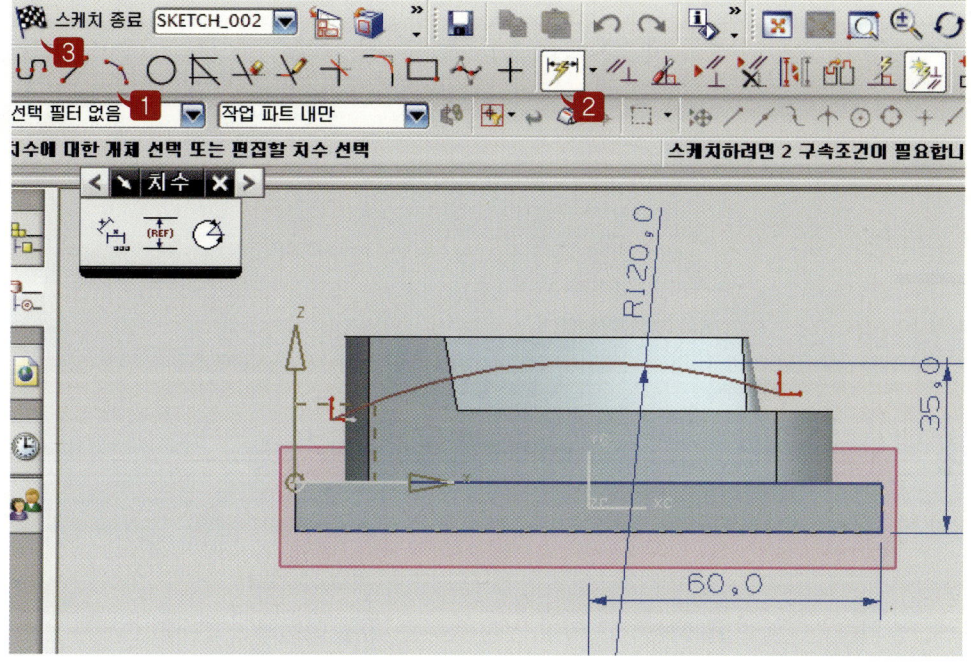

4) 삽입에 데이텀/점(D) ▶ 점(P)... 을 클릭하고 좌표를 절대에서 X25, Y40, Z20을 입력하고 확인한다.

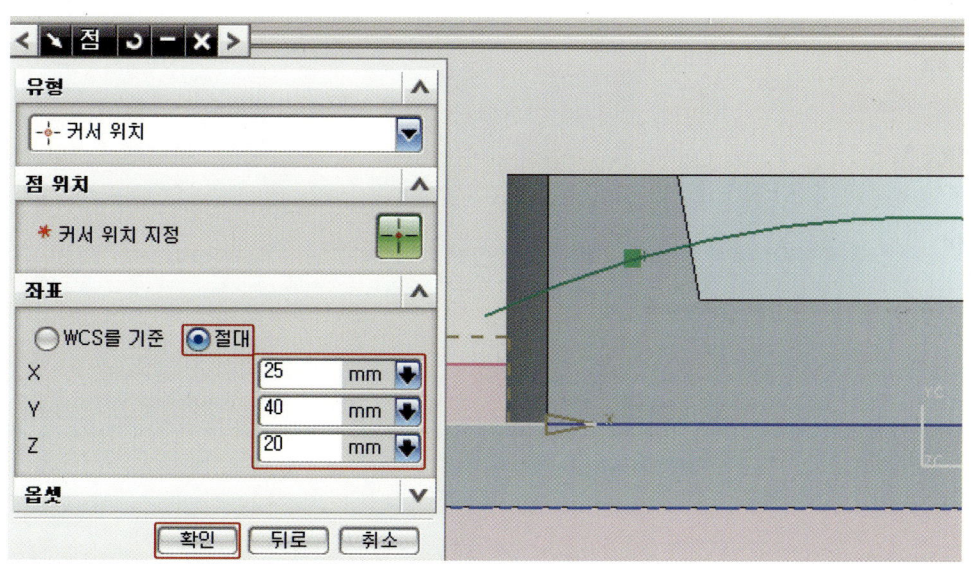

5) 선 아이콘 ①을 선택하고 위에서 생성한 점을 스냅 점 ②를 확인하고 클릭하고 아래그림처럼 좌우 및 대각선으로 선을 생성한다.

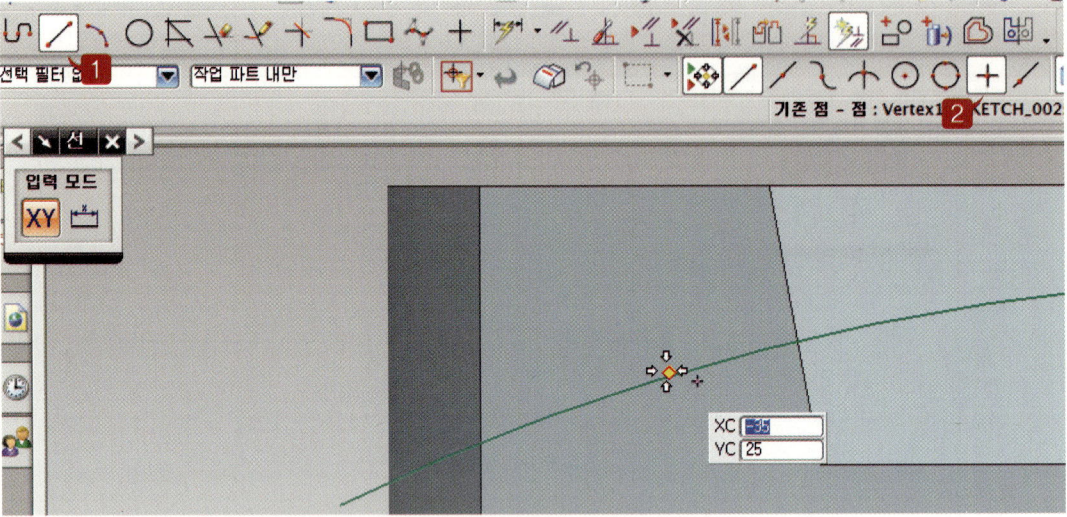

6) 아래그림처럼 선 ①, ②를 생성하고 빠른 연장 아이콘 ③을 이용하여 ①, ② 선까지 연장한다.

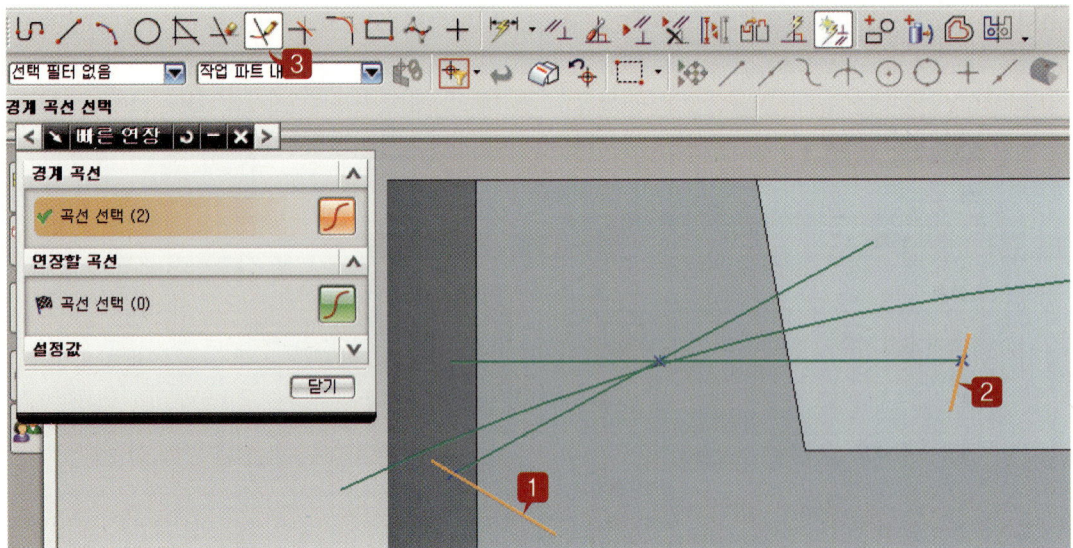

CHAPTER 2 | 모델링 따라하기

7) 삽입에 곡선에 타원(E)...을 클릭한다. 중심점에서 점 ①을 클릭(스냅 점 생성을 확인하고)하고 외반경7.5, 내반경2.5, 회전0도를 입력하고 확인한다.

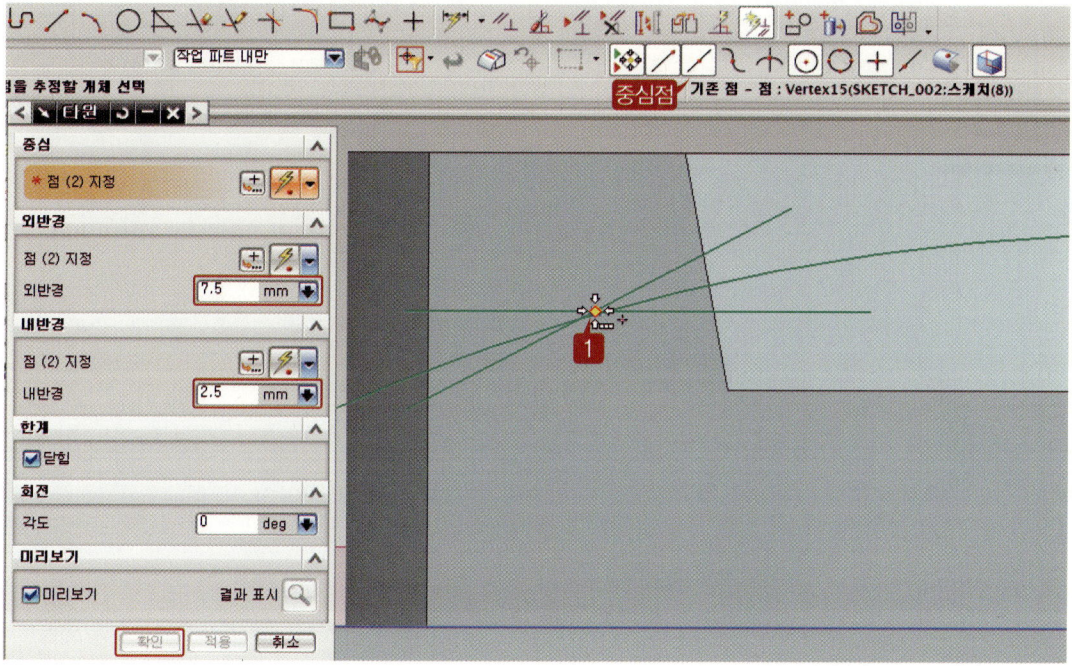

8) 구속조건 ①을 클릭하고 타원선 ②와 선 ③을 선택하고 평행 ④를 클릭한다.

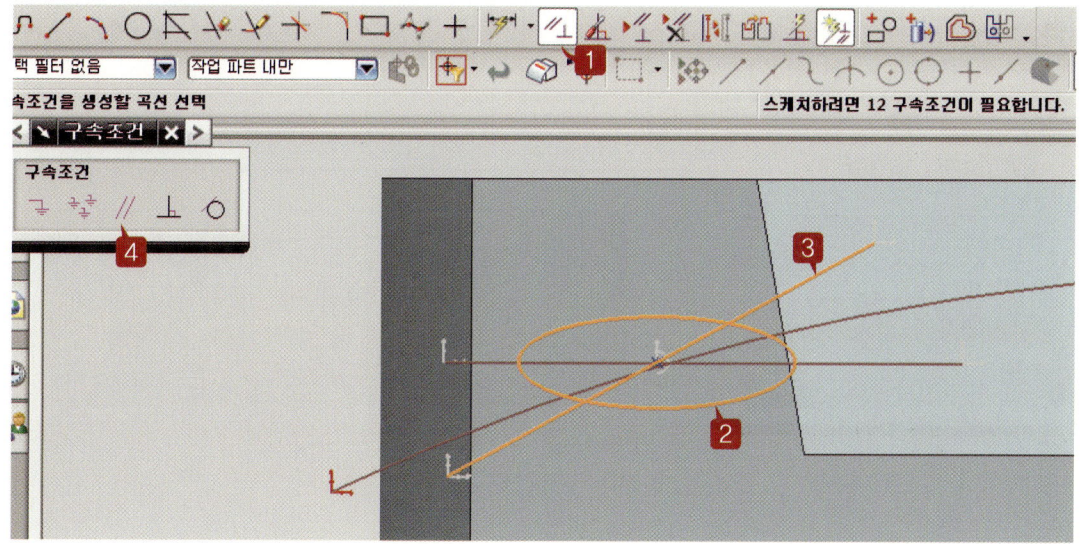

9) 추정치수 아이콘 ①을 이용하여 그림처럼 치수기입을 한다.

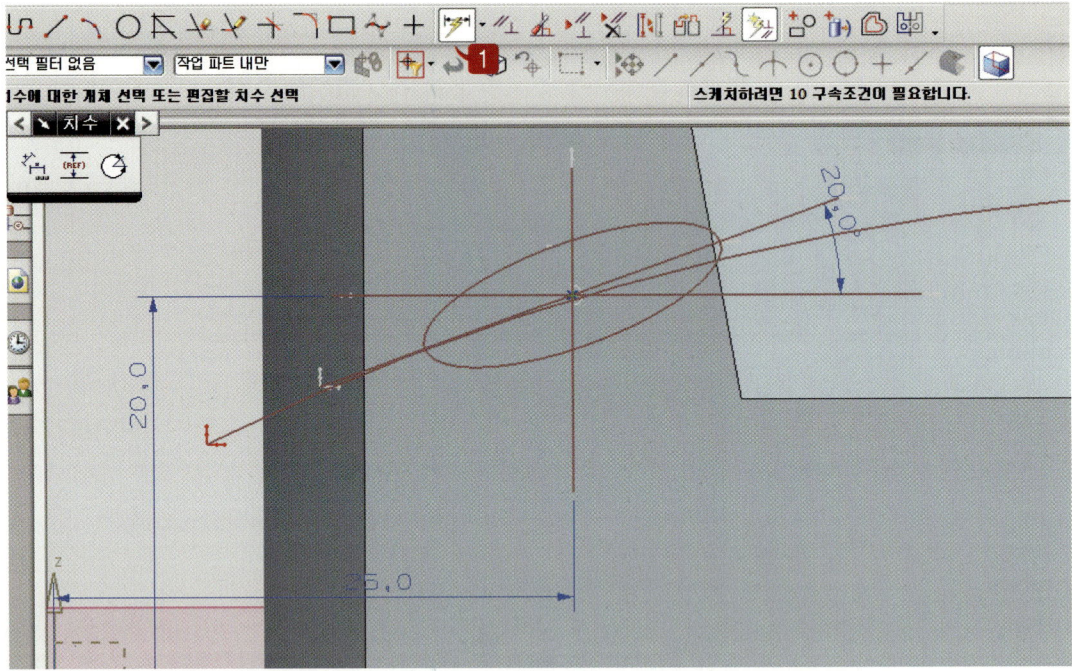

10) 그림처럼 빠른 트리밍 ①을 이용하여 선을 트림하고 스케치 종료를 한다.

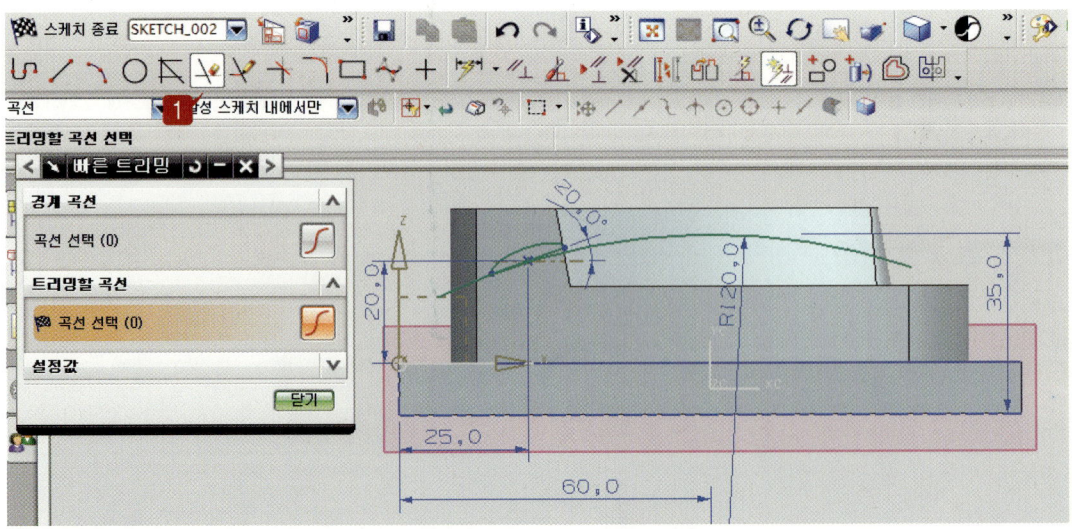

CHAPTER 2 | 모델링 따라하기

06 우측면도 스케치 작성하기

1) 스케치() 아이콘을 선택한다. 경로에서 정면도에서 작성한 호 ①을 선택하고 원호길이 값을 0으로 하고 확인한다.

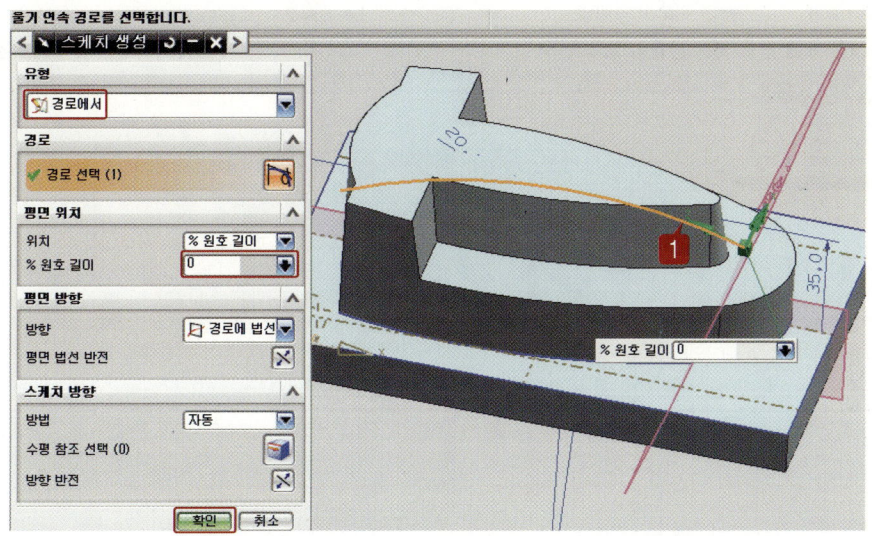

2) 원호 아이콘 ①을 선택하여 정적 와이어프레임상태로 바꾸고 또는 마우스 오른쪽버튼을 길게 누른다. 스냅 끝점 ②를 선택하여 원호를 그림처럼 그리고 세 번째 점을 정면도에서 생성한 원호 끝점에 스냅 ③을 확인하면서 클릭한다.

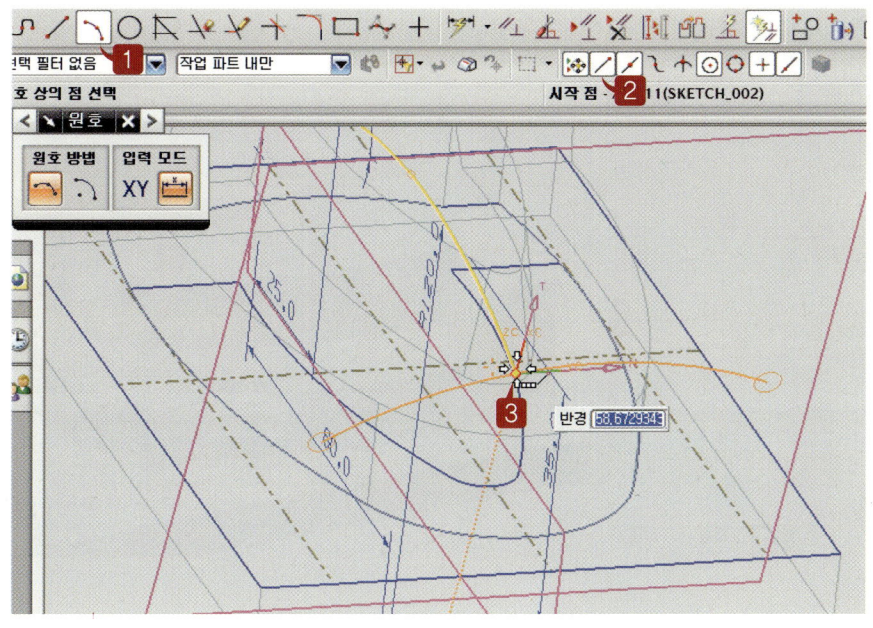

3) 우측면도 상태에서 추정치수 ①을 클릭하여 아래그림처럼 치수기입을 하고 스케치를 종료한다.

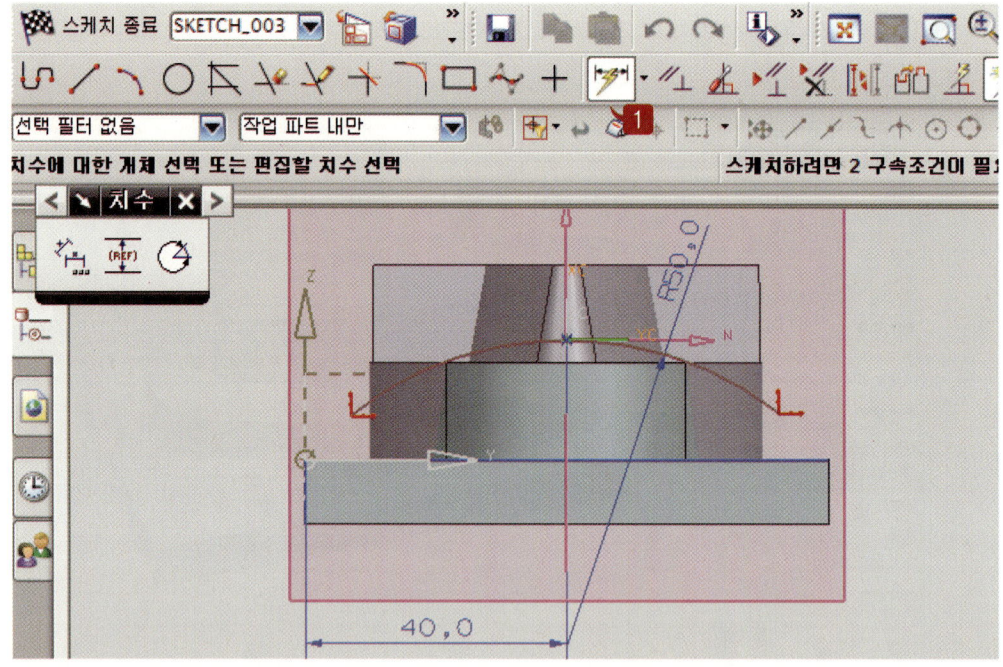

07 스윕 형상 작성하기

1) 삽입에 스윕에 가이드 따라 스위핑(가이드를 따라 스위핑(G)...)을 클릭하고 단면 곡선 ①을 선택하고 가이드 곡선 ②를 선택하고 확인한다.

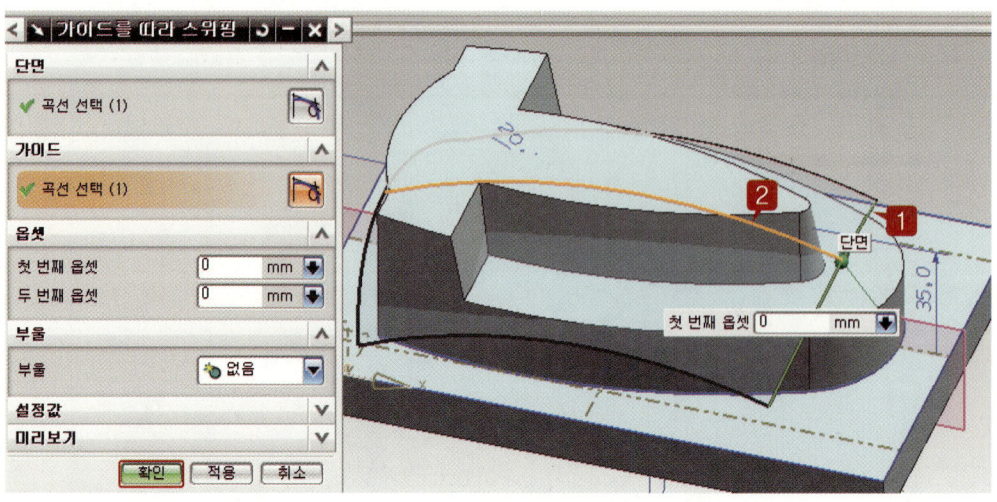

CHAPTER 2 | 모델링 따라하기

08 바디 트리밍하기

1) 바디트리밍 아이콘을 선택한다. 타겟 바디 ①을 선택하고 공구면 ②를 선택하고 확인한다.

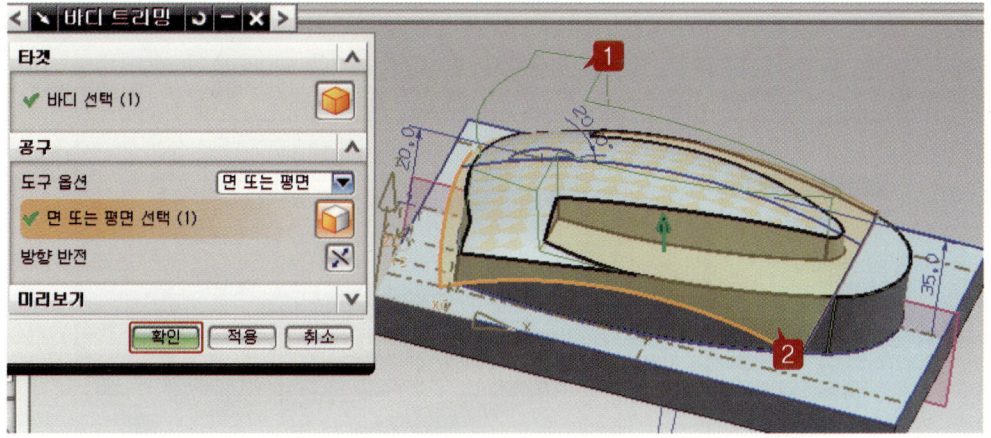

09 회전형상 작성하기

1) 회전 아이콘 ①을 선하고 단면 곡선 ②를 클릭하고 축 벡터는 ③을 선택하고 부울은 결합한 상태에서 확인한다.

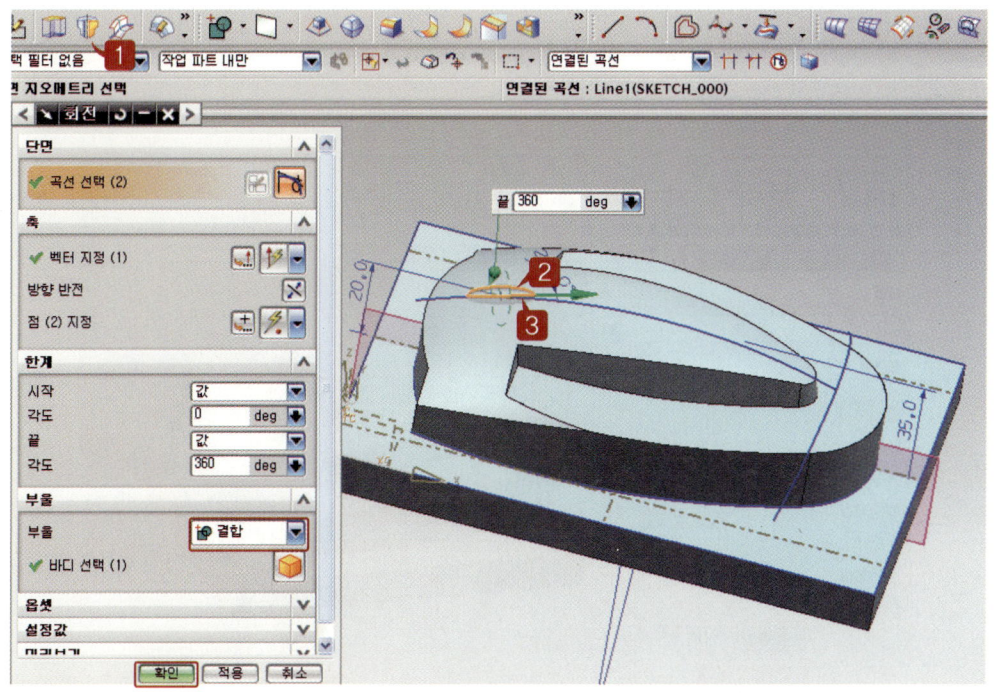

10 표시 및 숨기기

1) 표시 및 숨기기 아이콘 ①을 클릭하고 전체 숨기기 ②를 선택하고 솔리드 바디 표시 ③을 선택한다.

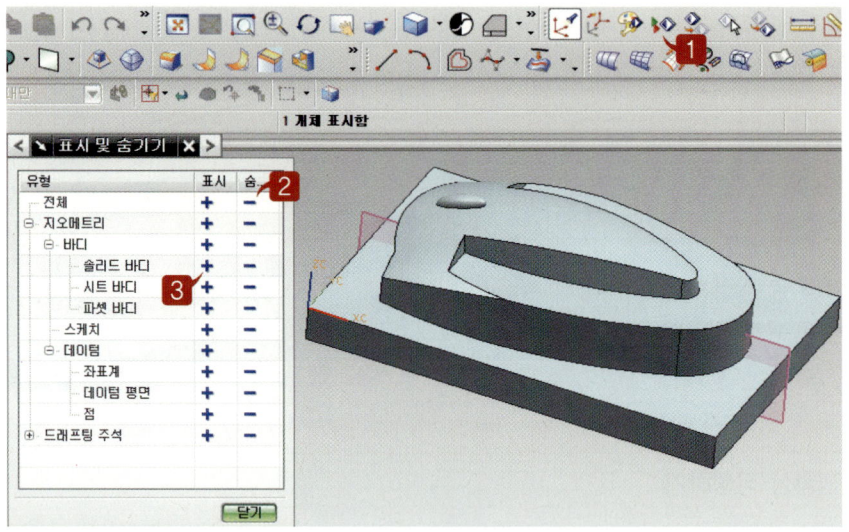

11 스윕 형상 작성하기

1) 참조평면 아이콘 ①을 선택하고 유형을 거리로 설정하고 평면참조 ②를 클릭하고 옵션에서 거리 -15을 입력하고 확인한다.

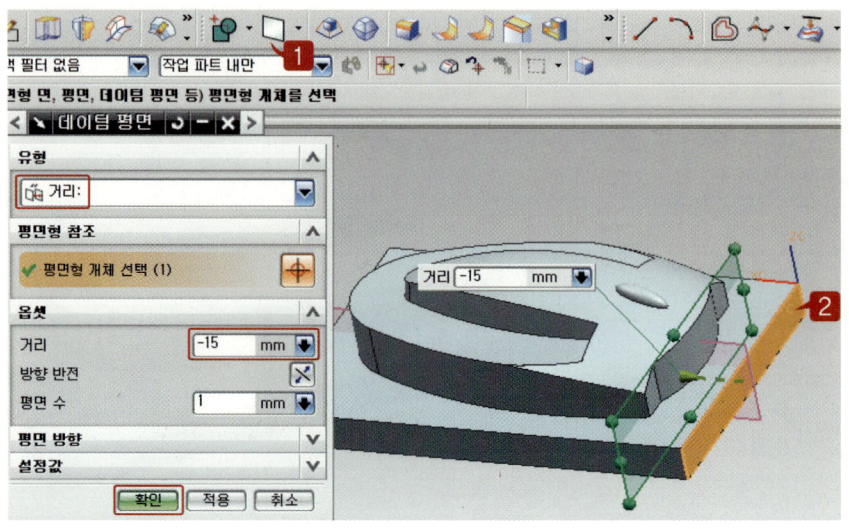

2) 스케치( ) 아이콘을 선택하여 평면상에서 평면옵션 ①을 선택하고 확인한다.

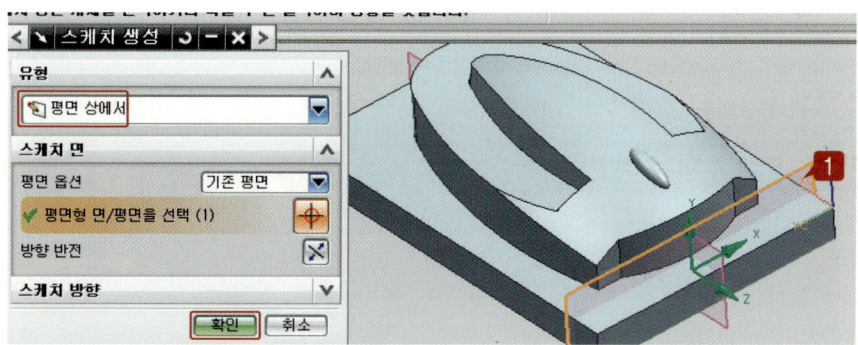

3) 그림처럼 원호 아이콘 ①을 이용하여 호을 생성하고 추정치수 아이콘 ②를 활용하여 치수기입을 한다.

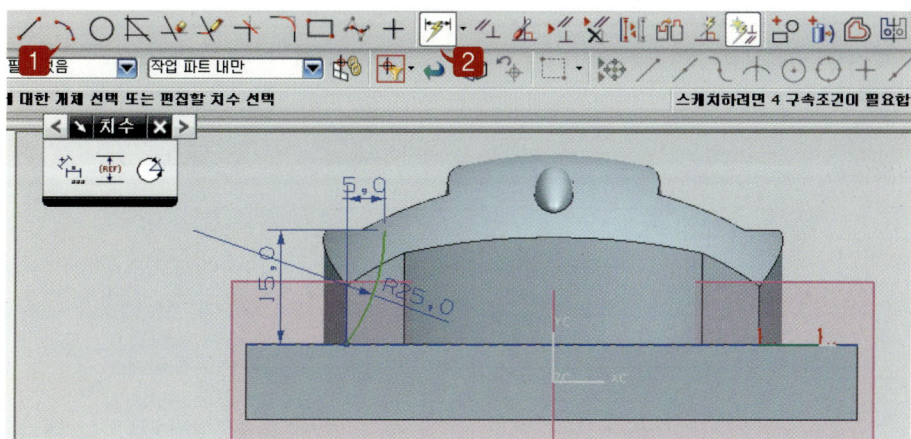

4) 대칭곡선 아이콘 ①을 이용하여 대칭 중심선 ②를 선택하고 대칭시킬 곡선 ③을 선택하고 확인하고 스케치 종료를 한다.

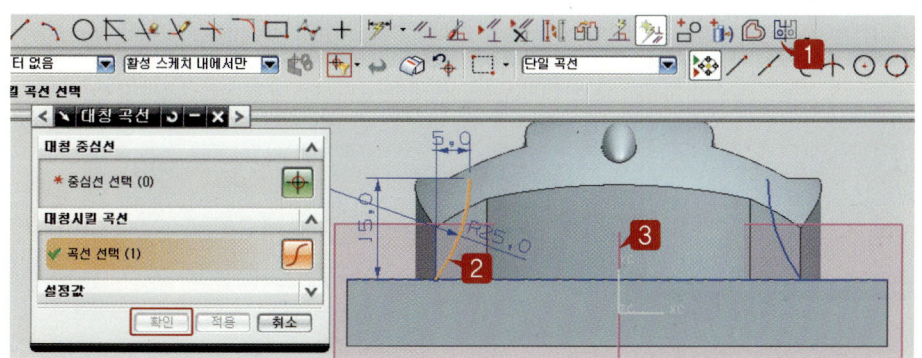

5) 다시 스케치( ) 아이콘을 클릭하고 평면상에서 평면옵션 ①을 선택하고 확인한다.

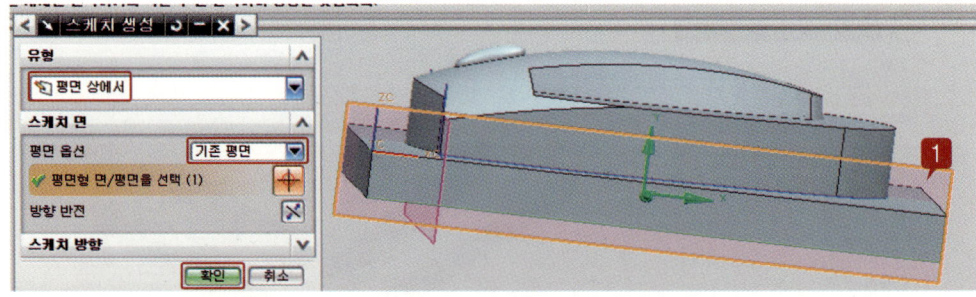

6) 그림처럼 원호 아이콘 ①을 이용하여 호을 생성하고 추정치수 아이콘 ②를 활용하여 치수기입을 한다.

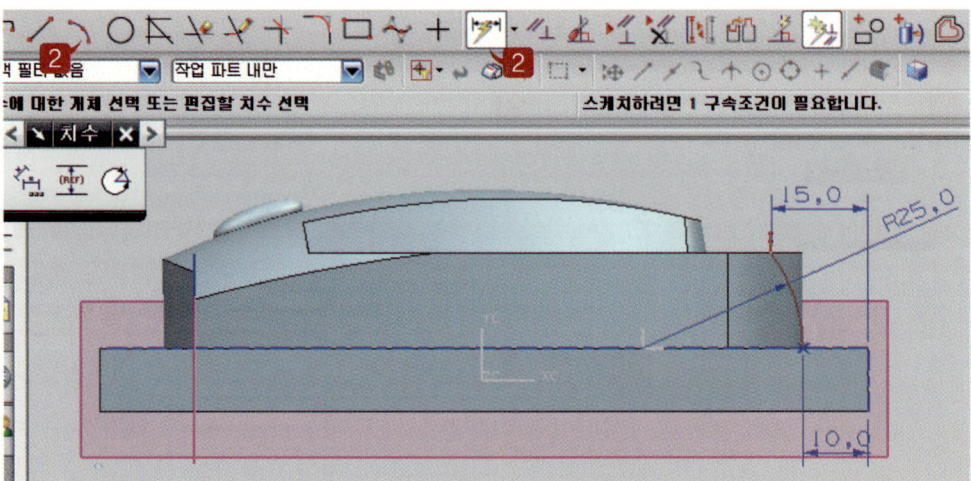

7) 다시 스케치( ) 아이콘을 클릭하고 평면상에서 평면옵션 ①을 선택하고 확인한다.

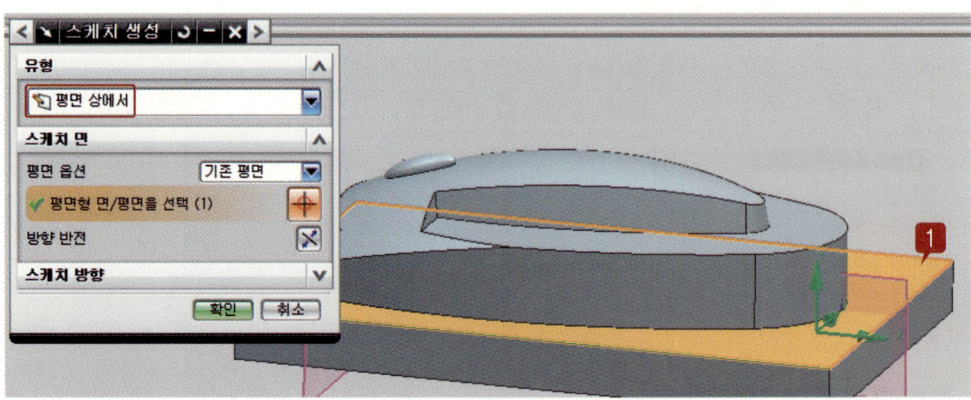

CHAPTER 2 | 모델링 따라하기

8) 곡선투영(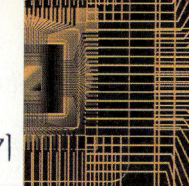) 아이콘을 클릭하고 투영할 곡선 ①을 선택하고 확인한다.

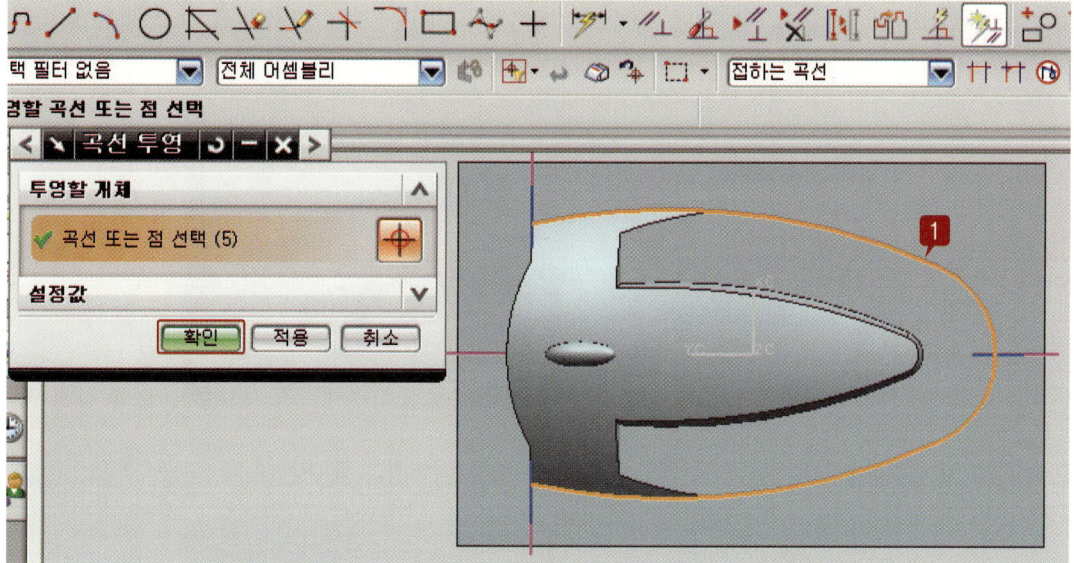

9) 삽입에 스윕에 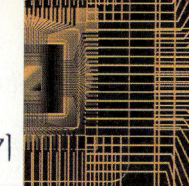 스윕(S)...을 클릭한다. 단면곡선 ①을 선택하고 MB2, 단면곡선 ②를 선택하고 MB2, 단면곡선 ③을 선택하고 MB2클릭하고 가이드 탭에서 곡선 ④를 선택하고 확인한다. (그림처럼 화살표방향 확인한다.)

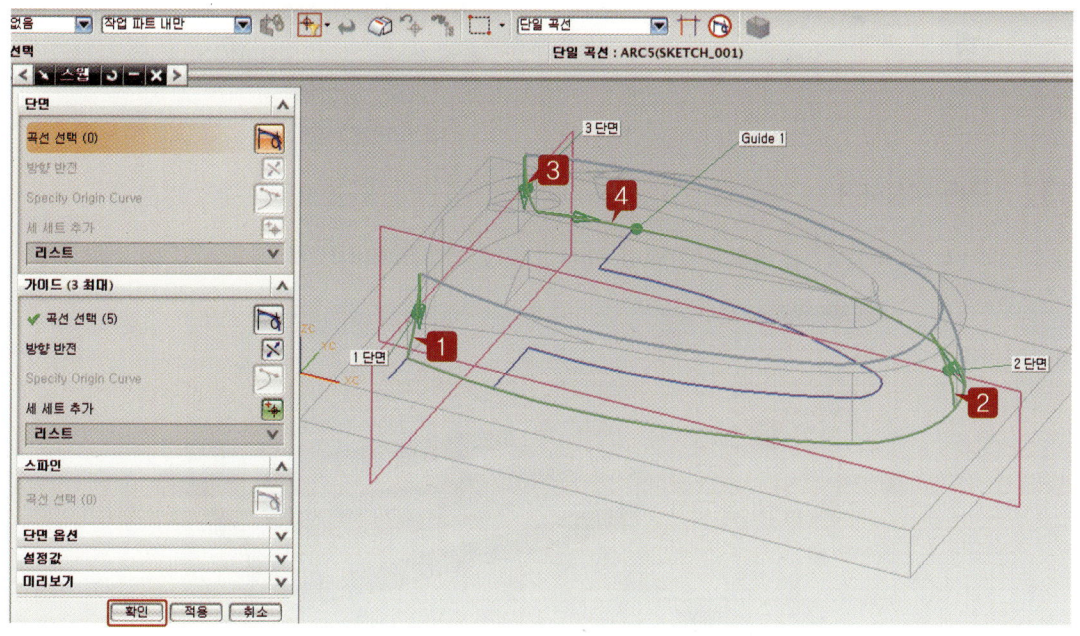

12 바디 트리밍하기

1) 삽입에 트리밍에 [트리밍 및 연장] 을 클릭하고 유형은 거리로 하고 모서리 ①을 선택하고 확인한다.

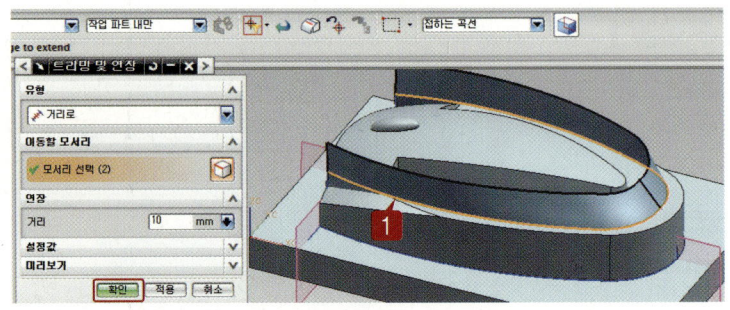

2) 바디트리밍( ) 아이콘을 선택한다. 타겟 바디 ①을 선택하고 공구면 ②를 선택하고 확인한다.

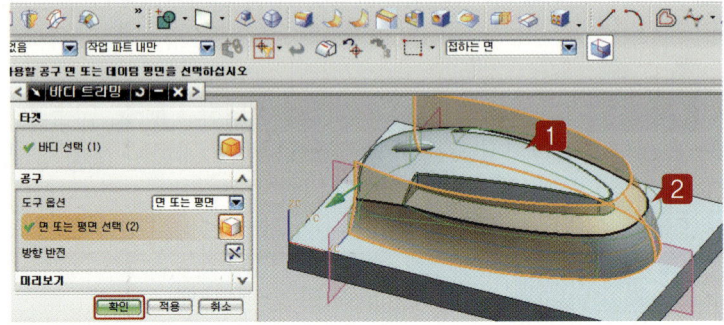

13 구배 작성하기

1) 화면에 아이콘을 클릭하고 전체 숨기기 ①을 선택하고 솔리드 바디 표시 ②를 선택한다.

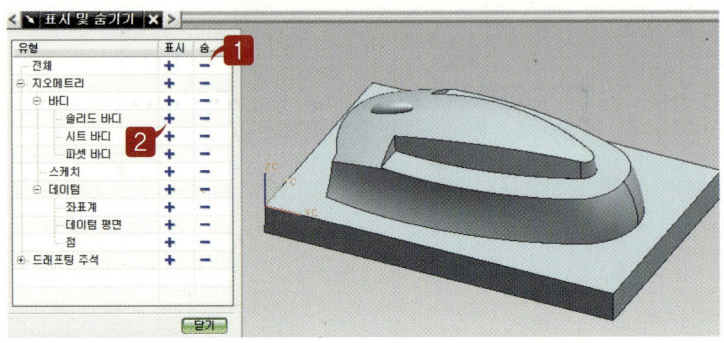

CHAPTER 2 | 모델링 따라하기

2) 구배 아이콘 ①을 선택한다. 유형은 평면으로 부터로 설정하고 구배방향은 Z로 하고 고정평면 ②를 설정하고 구배할 면 ③, ④, ⑤를 선택하고 구배각도 10로 하고 확인하고 스케치를 종료한다.

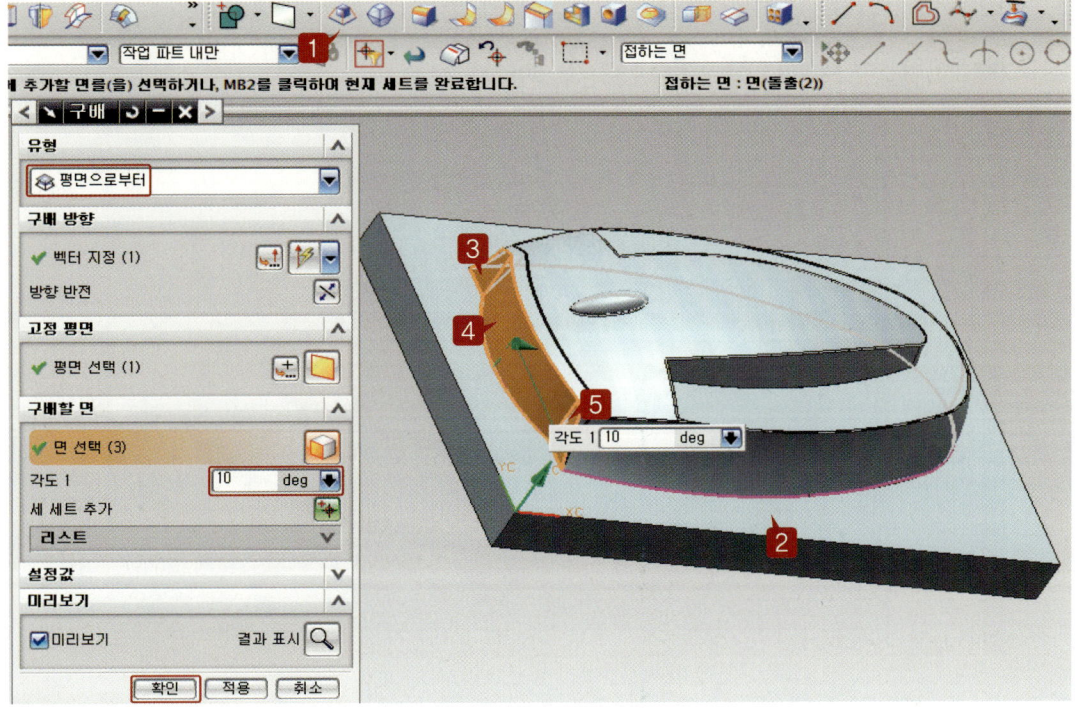

14 포켓 작성하기

1) 스케치( ) 아이콘을 선택하여 평면상에서 평면옵션 ①을 선택하고 확인한다.

2) 그림처럼 원 아이콘 ①과 원호 아이콘 ②를 이용하여 원과 호을 생성하고 추정치수 아이콘 ③을 활용하여 치수기입을 한다.

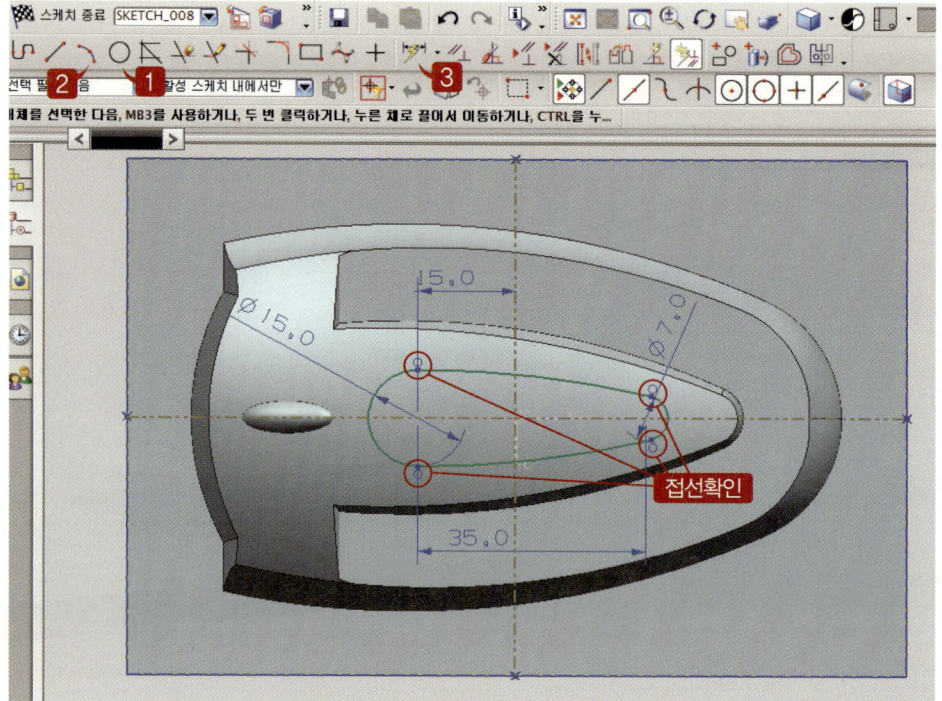

3) 그림처럼 정적와이어프레임( ) 아이콘을 선택한다. 삽입 ➡ 특징형상 설계에서 포켓(포켓(P))을 클릭하고 포켓에서 일반을 선택하고 확인한다.

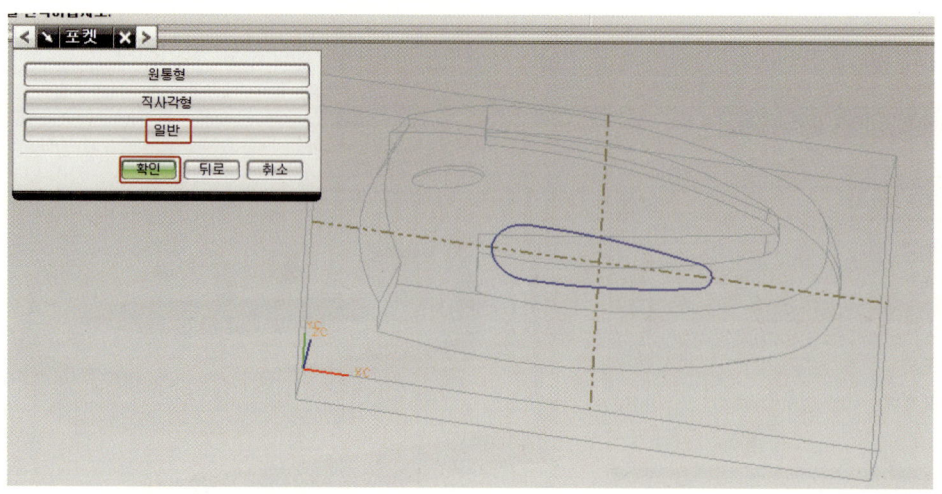

CHAPTER 2 | 모델링 따라하기

4) 선택단계 첫 번째 배치 면(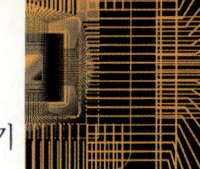)을 선택하고 면①을 선택한다.

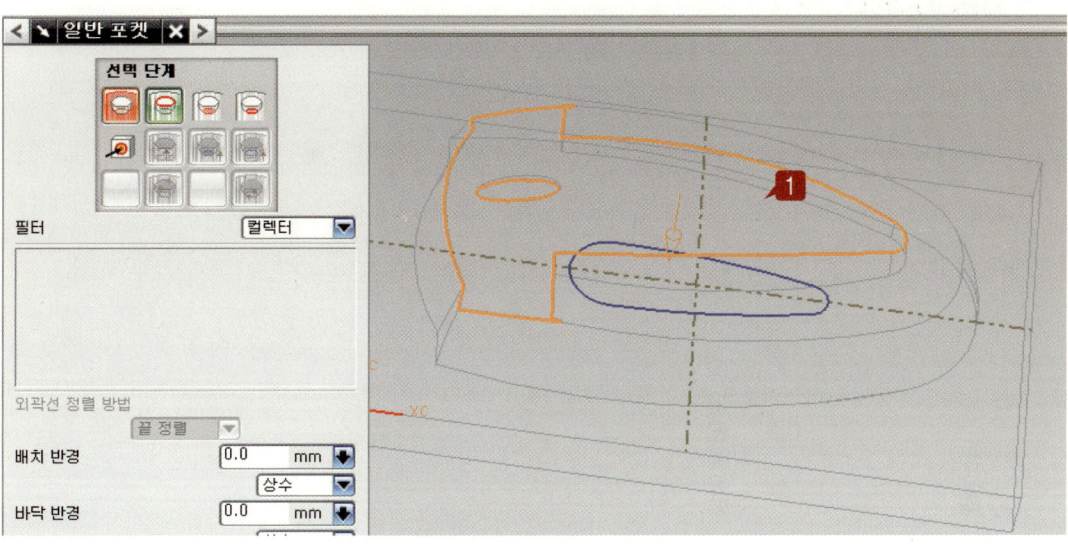

5) 선택단계 두 번째 배치외곽선(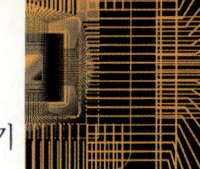) ②를 선택한다.

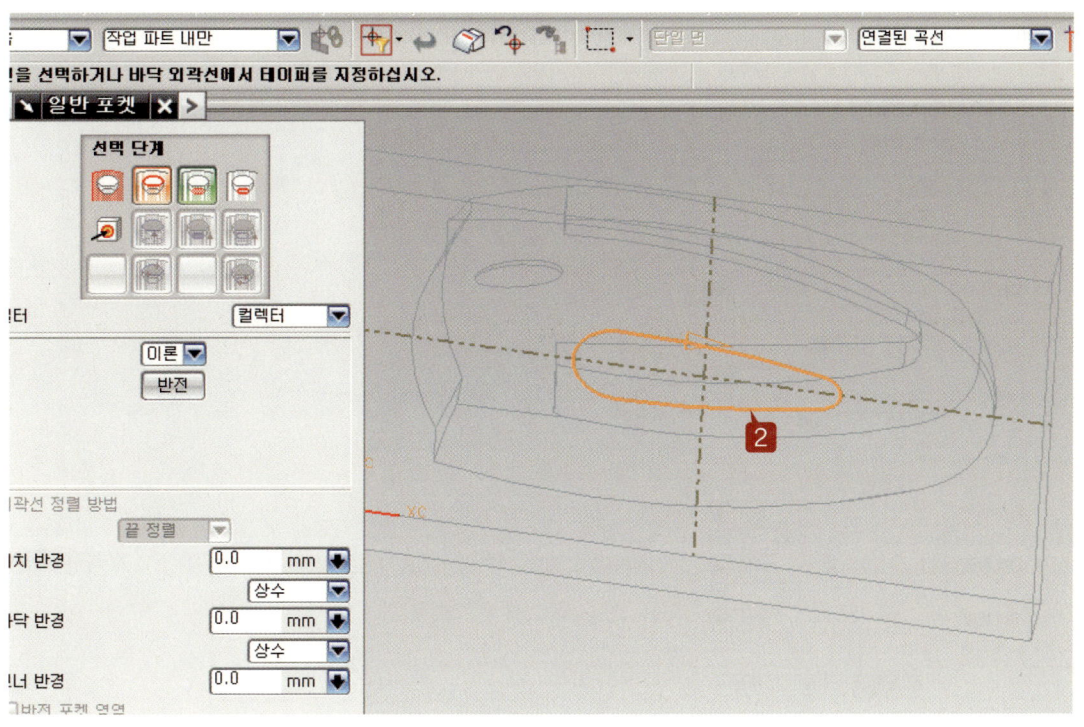

6) 선택단계 세 번째 바닥 면( ) 에서, 옵셋 값을 배치에서 5mm을 입력한다.

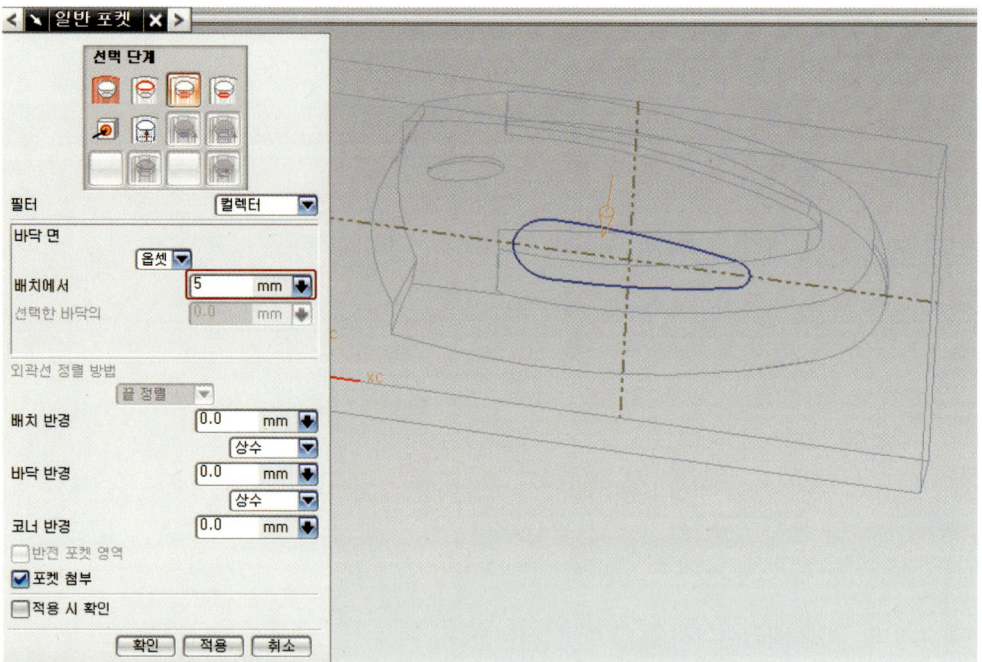

7) 선택단계 네 번째 바닥 외곽선( )은 테이퍼각도 0, 상수로 하고 확인한다.

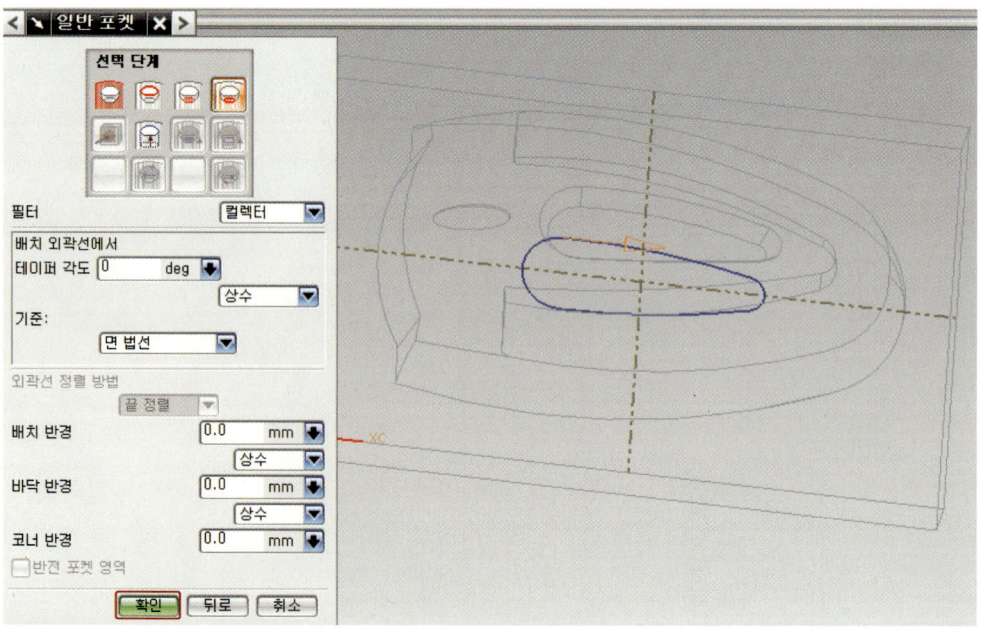

CHAPTER 2 | 모델링 따라하기

15 특징형상 구 작성하기

1) 삽입에 특징형상 설계에서 구(구(S)...)를 클릭한다. 유형에서 중심점과 직경을 선택하고 중심점에서 점생성자 ①을 클릭한다

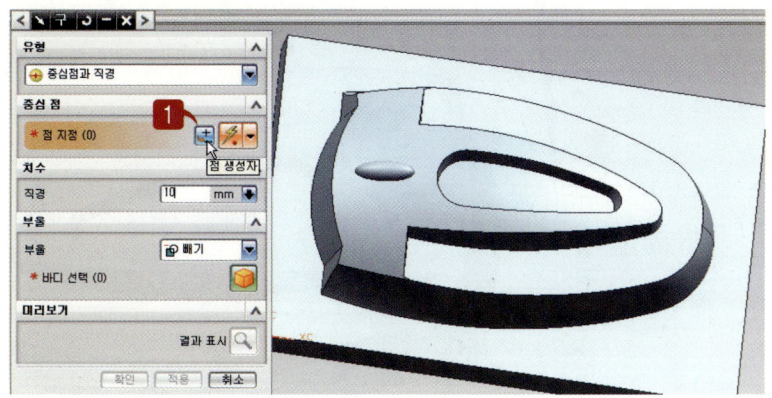

2) 추정 점을 선택하고 도면을 보고 절대 값으로 좌표 값 X25, Y52, Z20을 입력하고 확인한다.

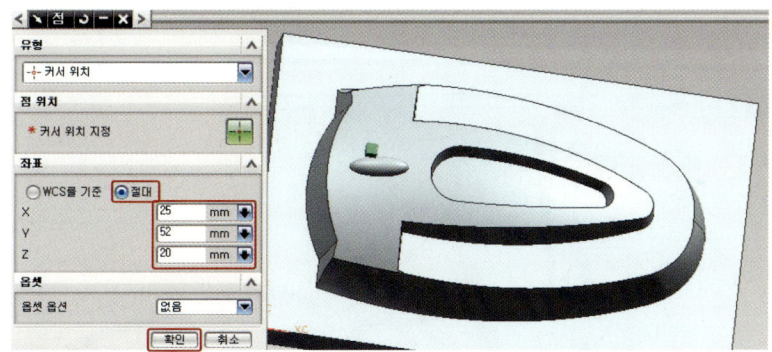

3) 치수는 직경 값으로 10mm으로 입력하고 부울은 빼기로 선택하고 적용한다.

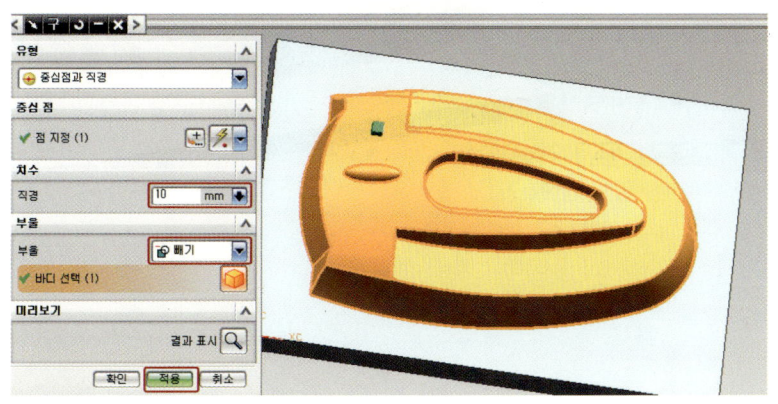

277

4) 다시 중심점에서 점생성자를 클릭하고 절대 값으로 좌표 값 X25, Y28, Z20을 입력하고 확인한다.

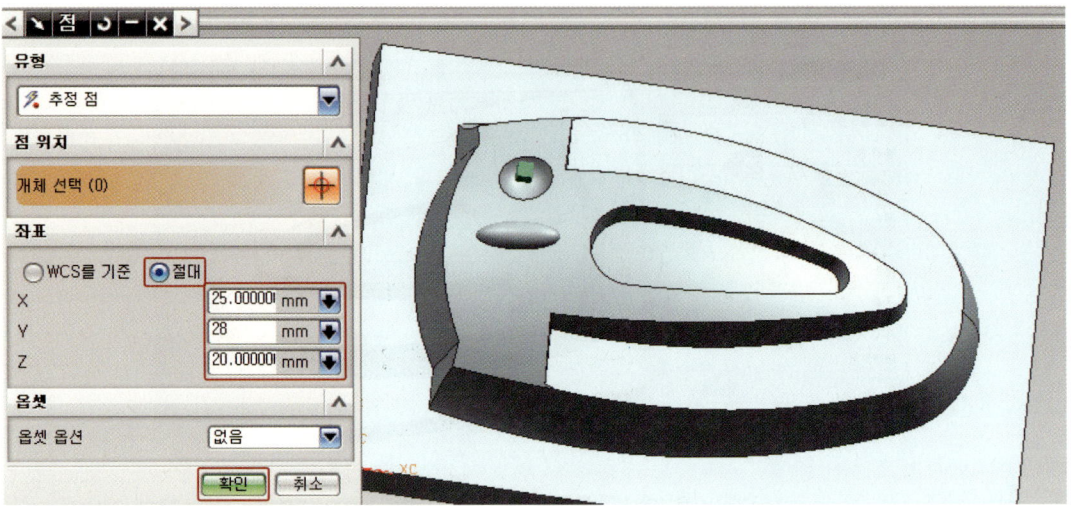

5) 치수는 직경 값으로 10mm으로 입력하고 부울은 빼기로 선택하고 확인한다.

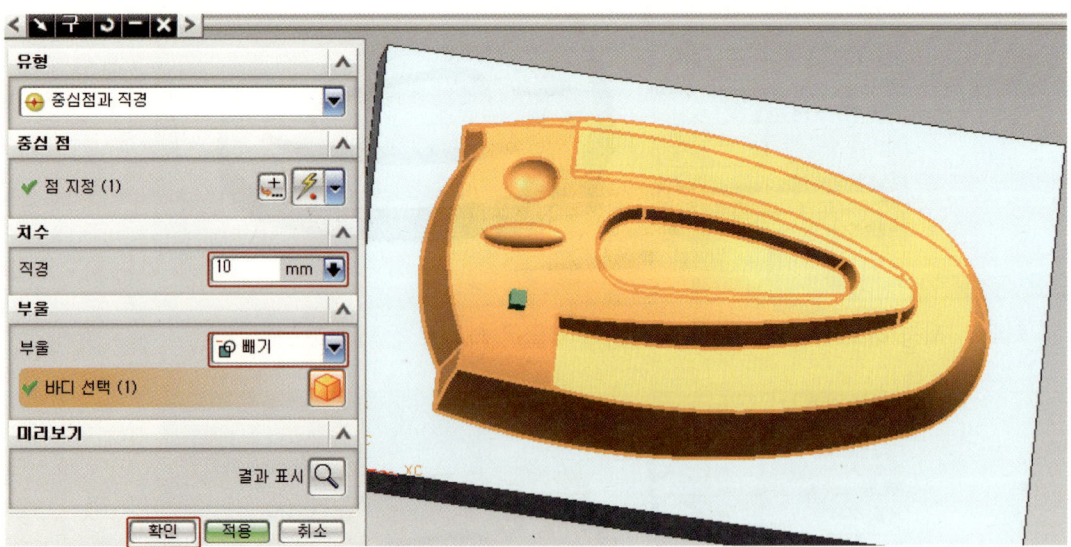

CHAPTER 2 | 모델링 따라하기

16 모서리 블렌드(필렛)작성하기

1) 모서리 블렌드 아이콘을 선택하고 가변 변경 점 추정점 중 끝점 ①을 선택하고 모서리 아래 부분 ②를 선택하고 반지름 R2입력하고 적용한다.

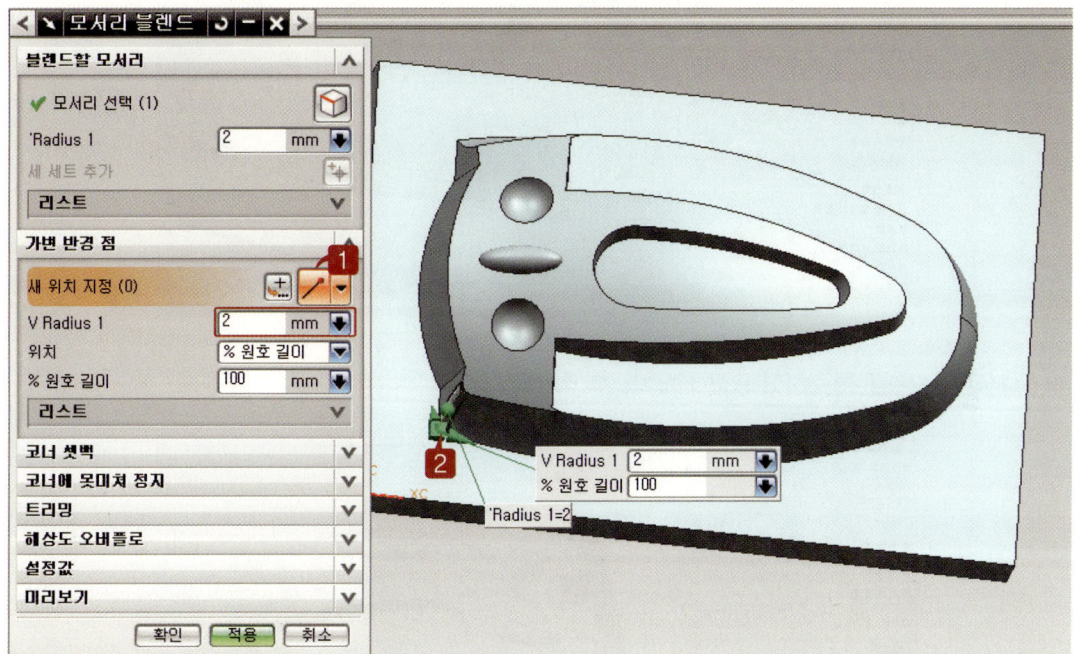

2) 다시 모서리 위 부분 ①을 선택하고 R5를 입력하고 적용한다.

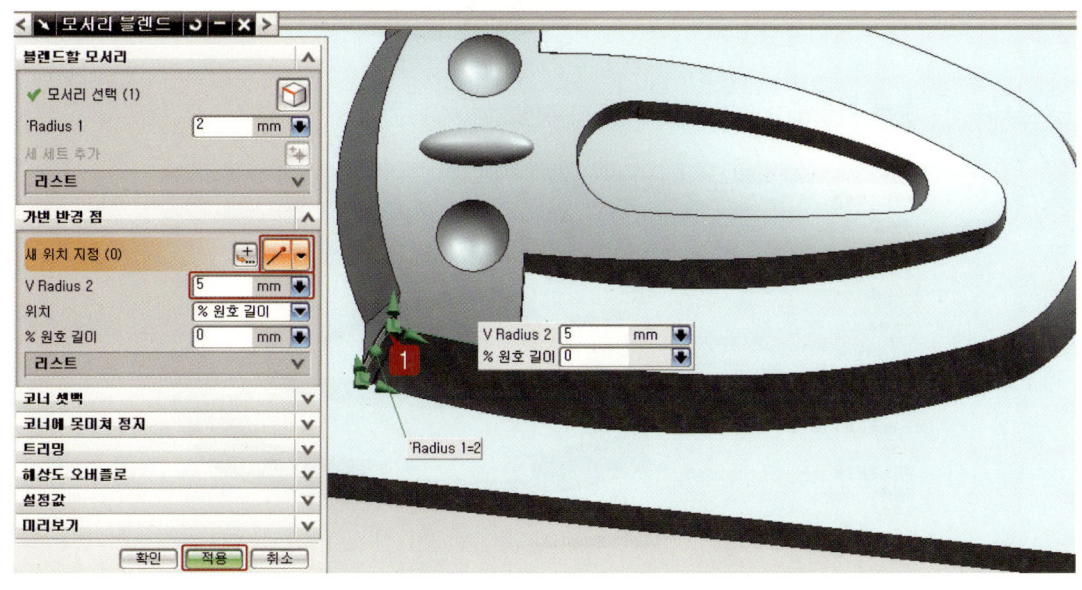

3) 위와 같은 방법으로 필렛을 생성한다.

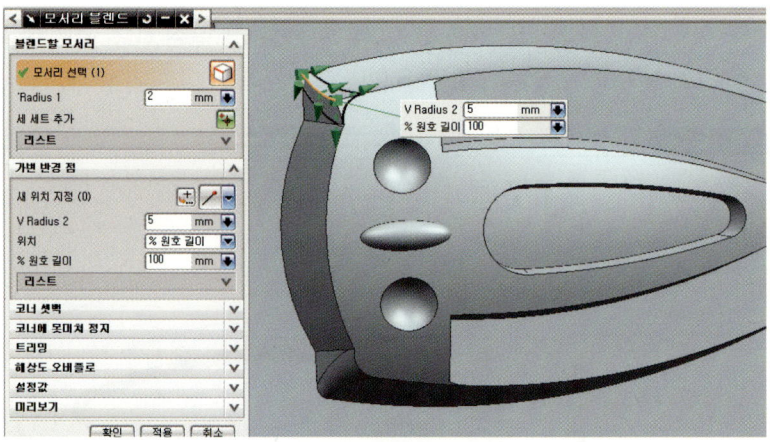

4) 모서리 ①, ②를 클릭하고 R값 10입력 후 적용한다.

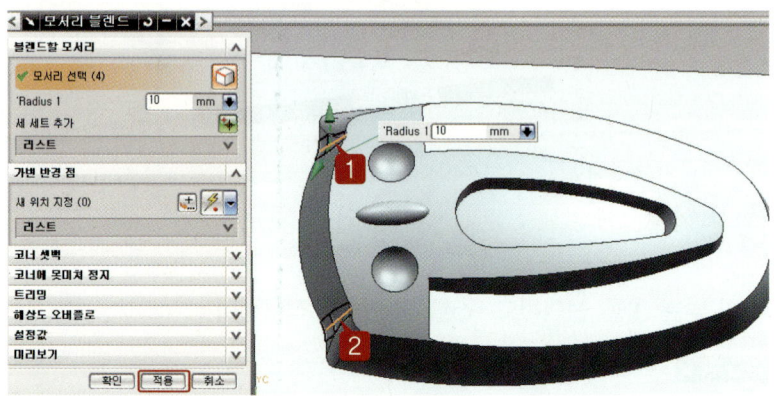

5) 모서리 ①, ②를 클릭하고 R값 5입력 후 적용한다.

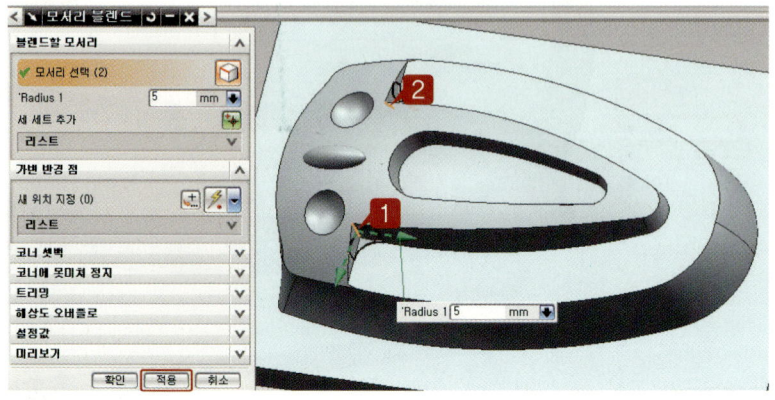

CHAPTER 2 | 모델링 따라하기

6) 모서리 ①을 클릭하고 R값 2입력 후 확인한다.

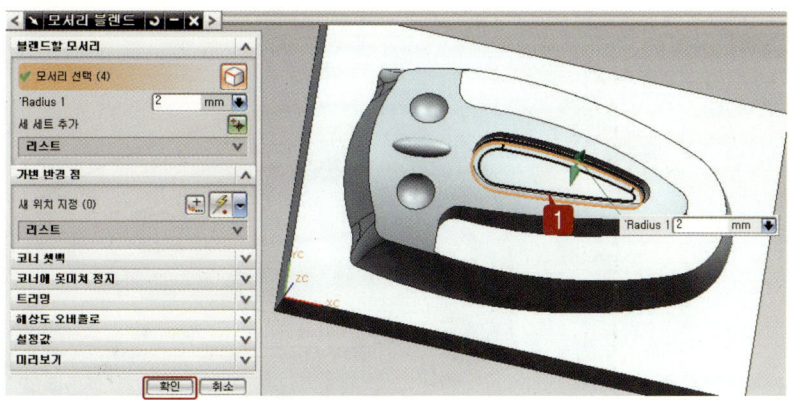

7) 결합아이콘 ①을 클릭하고 타켓 바디 ②를 선택하고 공구바디 ③을 클릭하고 확인한다.

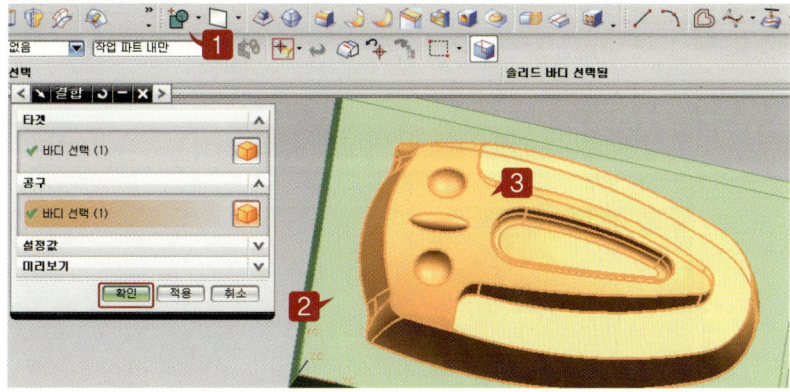

8) 모서리 ①, ②를 클릭하고 R값 1입력 후 적용한다.

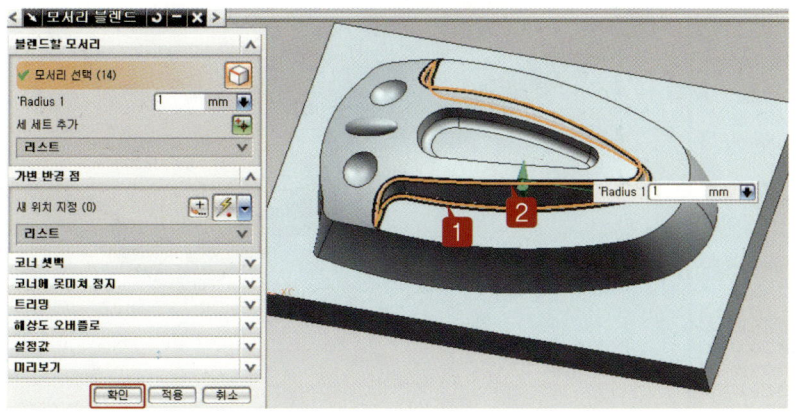

9) 같은 방법으로 그림처럼 모서리 전체를 클릭하고 R값 1입력 후 확인한다.

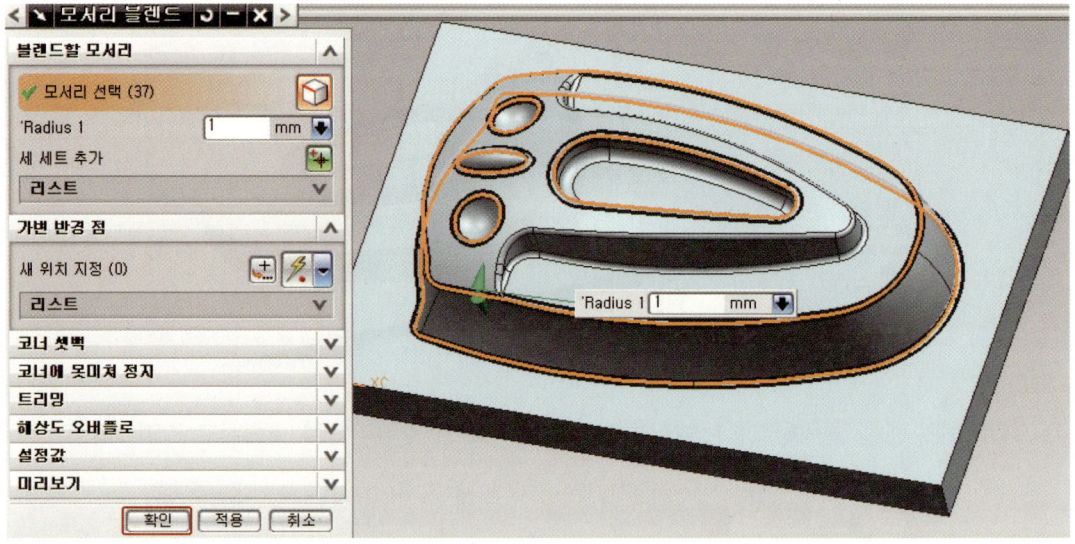

10) 같은 방법으로 반대쪽에도 바디 트리밍을 하고 확인한다.

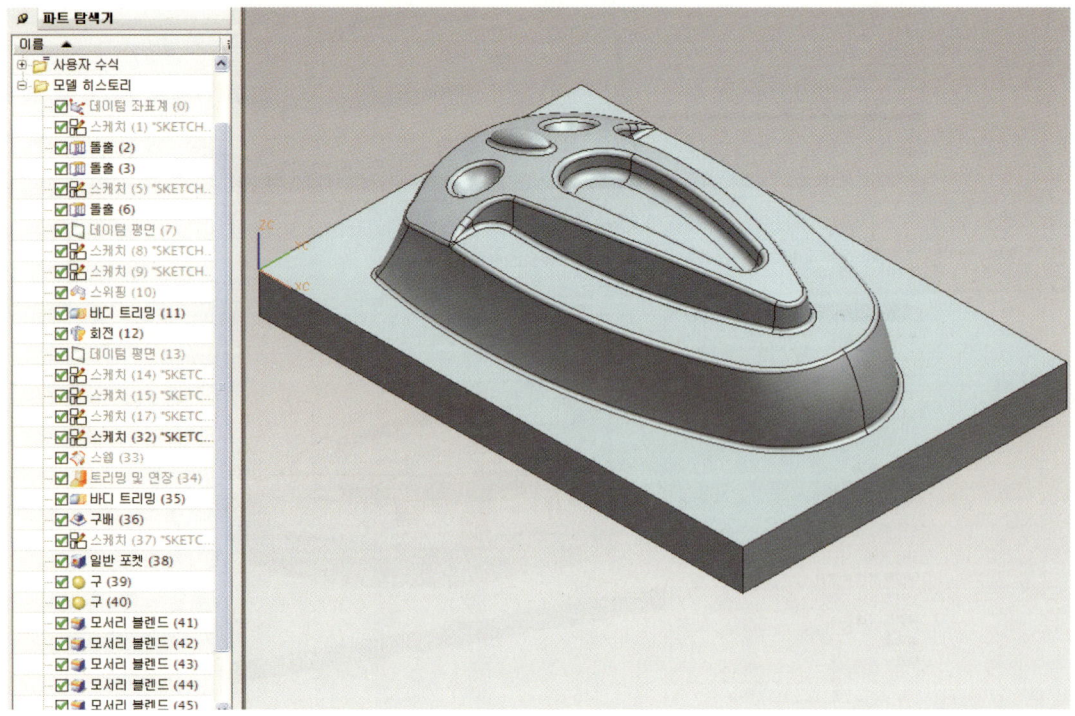

12 일반 전화기모양 모델링 따라하기

| 도면명 | UG 모델링작업 ⑫ | 척 도 | NS |

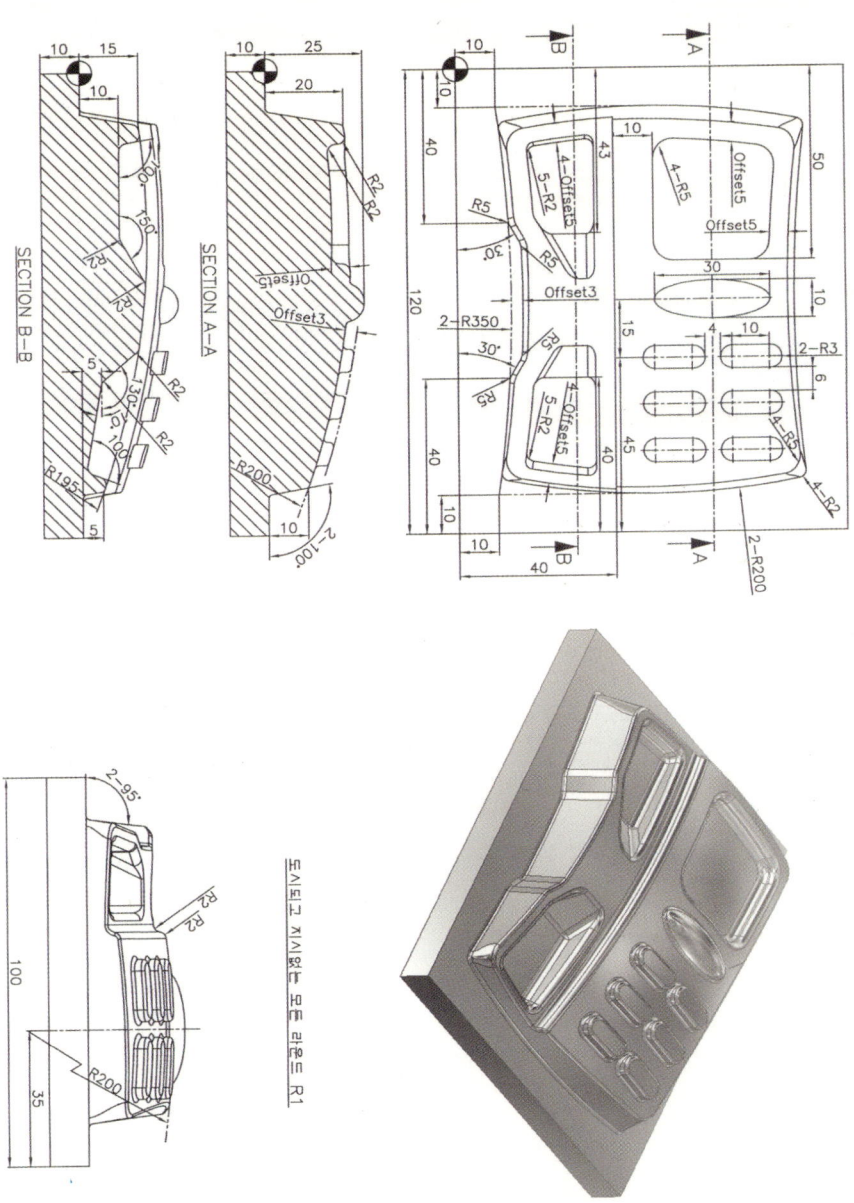

01 평면도 2D 스케치 작성하기

1) 새로 만들기( ) ①(Ctrl+N)를 실행한다.
2) Sketch를 하기 위해서 삽입(Insert) ➡ 스케치(Sketch) 또는 아이콘( ) ②를 선택한다.

3) 기본적으로 평면도(XY)평면이 설정되기 때문에 바로 확인 하고 스케치모드로 들어간다.

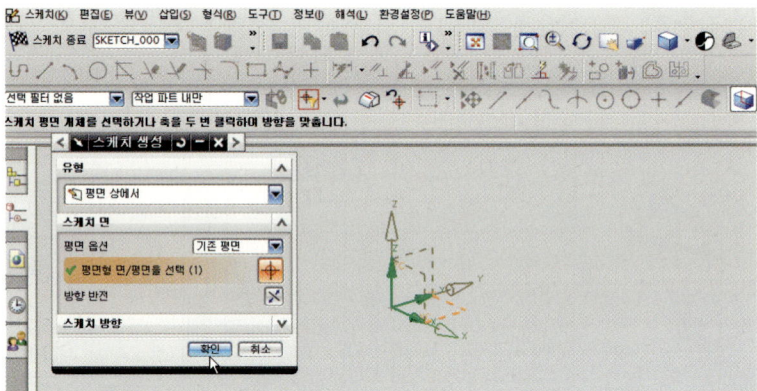

4) 직사각형(Rectangle)( ) 아이콘 ①을 선택한다. 그림에서와 같이 2점으로(by 2point)하여 원점(0,0)에서 시작하는 임의에 직사각형을 그린다.

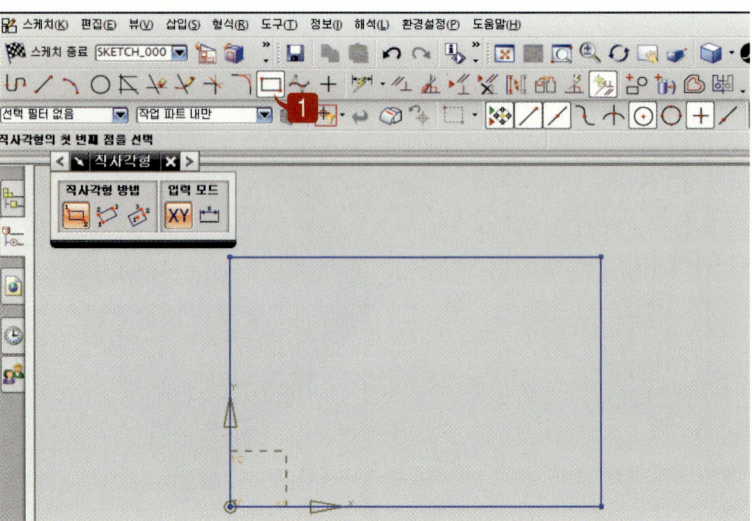

5) 추정치수(Inferred)(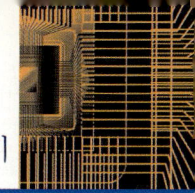) 아이콘을 선택하고 치수를 입력한다. 선 아이콘 ①을 선택하고 그림처럼 수직중심선을 생성하기 위해 스냅 중간점이 생성될 때 수직선을 생성한다.

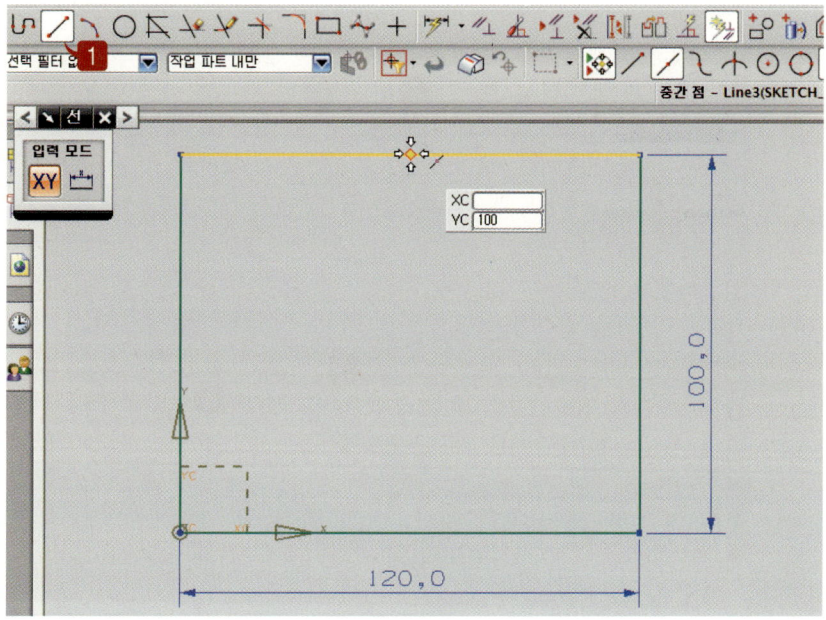

6) 원호아이콘 ①을 활용하여 그림처럼 호를 생성한다.

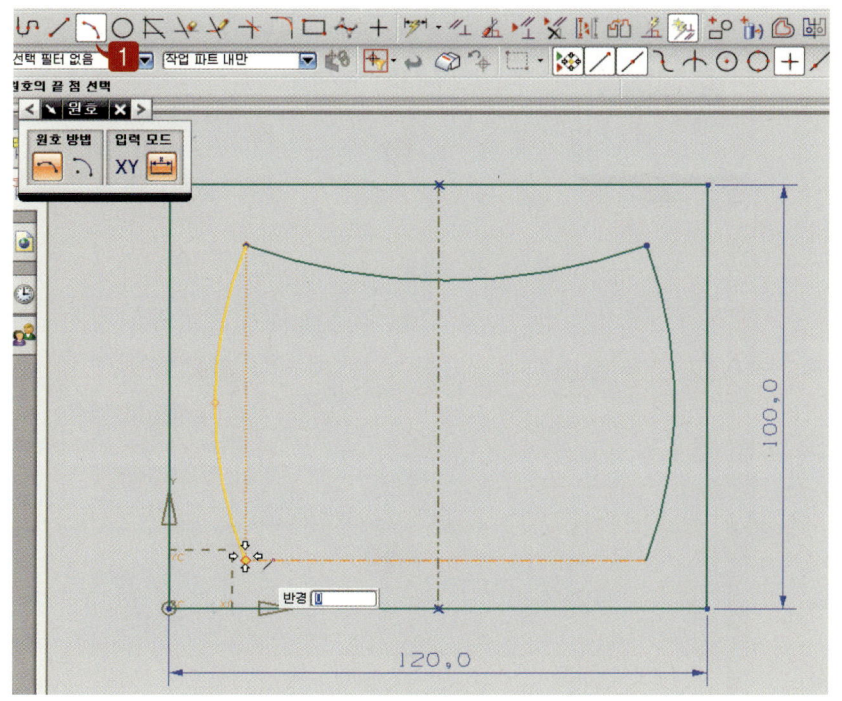

7) 추정치수 아이콘 ①을 이용하여 10mm거리치수를 입력하고 구속조건 ②를 클릭하여 수평중심선 ③과 호의 중심 ④를 선택하여 곡선상의 점 ⑤를 클릭한다. (좌우 동일하게 구속조건을 실행한다.)

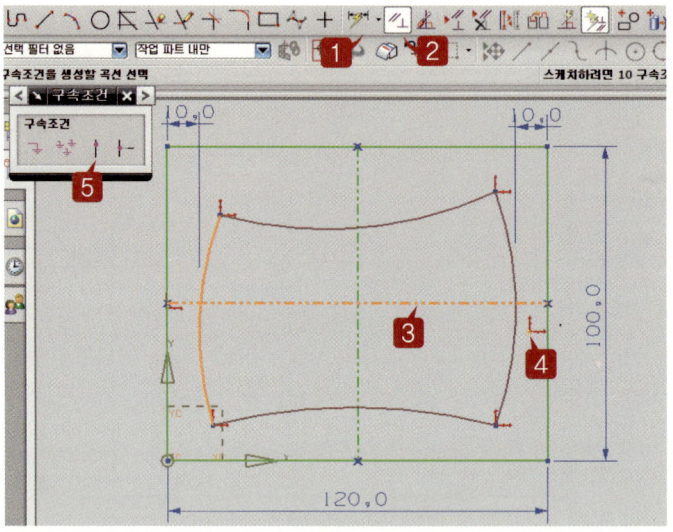

8) 같은 방법으로 구속조건 ①을 클릭하여 수직중심선 ②과 호의 중심 ③을 선택하여 곡선상의 점 ④를 클릭한다.(상하 동일하게 구속조건을 실행한다)

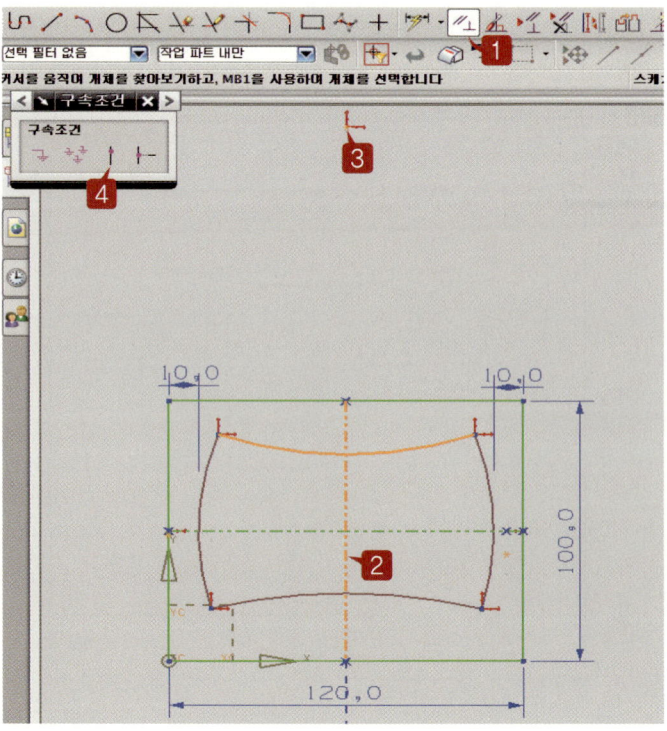

9) 추정치수 아이콘 ①을 이용하여 그림과 같이 치수기입을 한다.

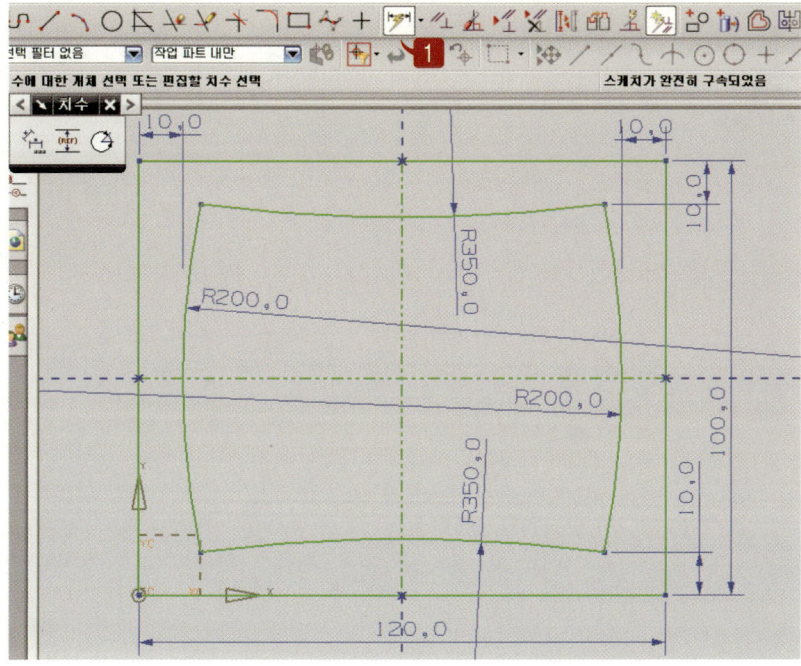

10) 옵셋 곡선아이콘 ①을 클릭하고 거리 값 3으로 하고 그림처럼 안쪽으로 적용한다.

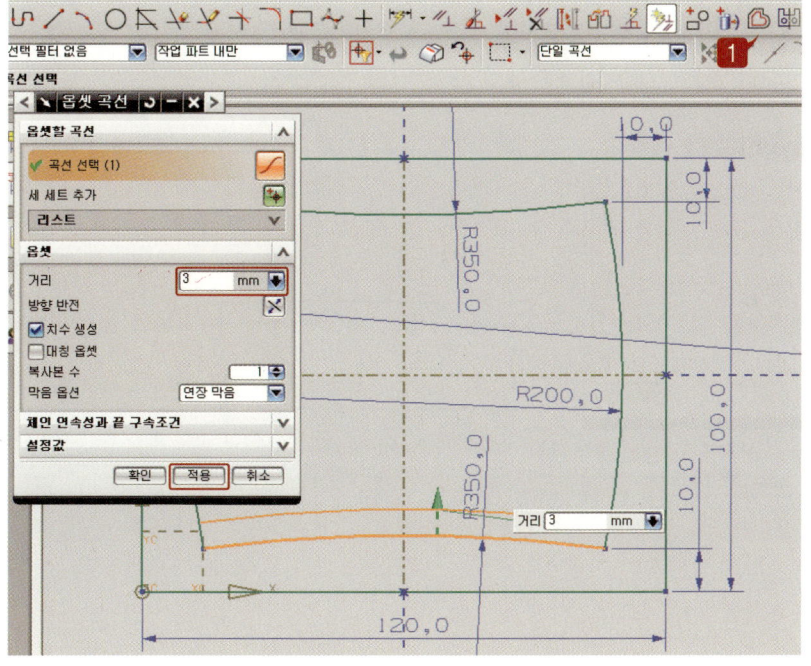

11) 선 아이콘 ①을 이용하여 그림처럼 스케치한다.

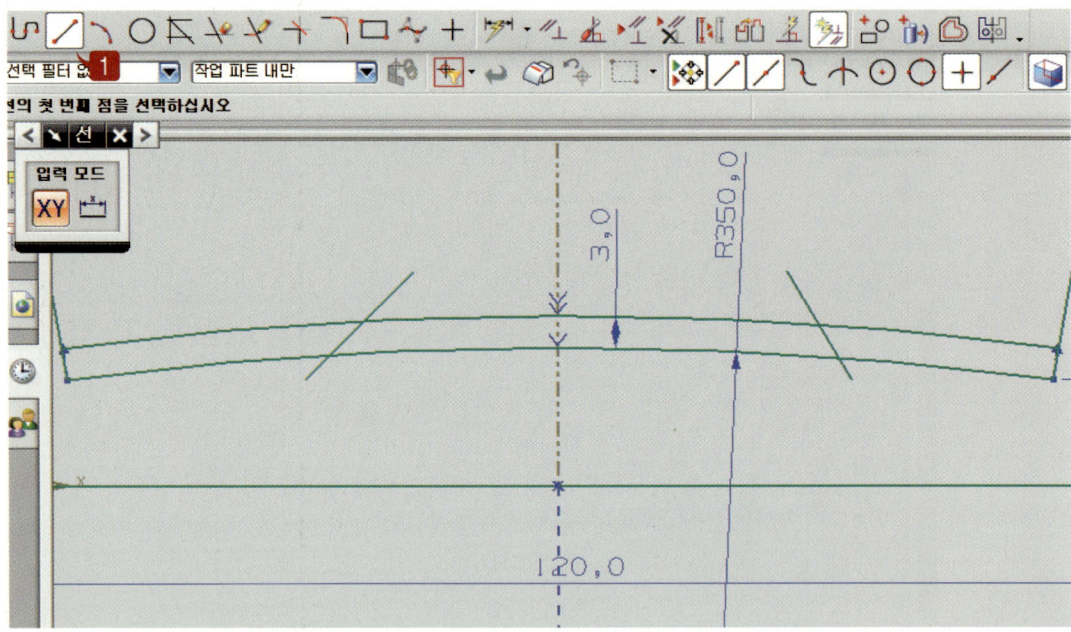

12) 빠른 트리밍 아이콘 ①을 이용하여 그림처럼 트림한다.

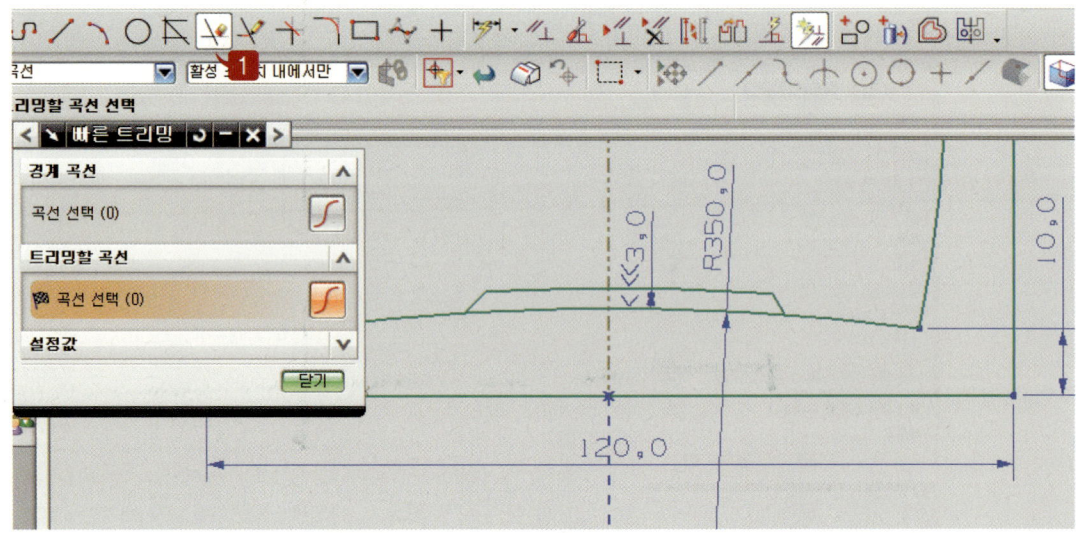

CHAPTER 2 | 모델링 따라하기

13) 치수기입 아이콘을 ①선택하고 그림과 같이 치수를 생성한 후 스케치 종료 아이콘을 클릭하고 스케치 환경에서 빠져나온다.

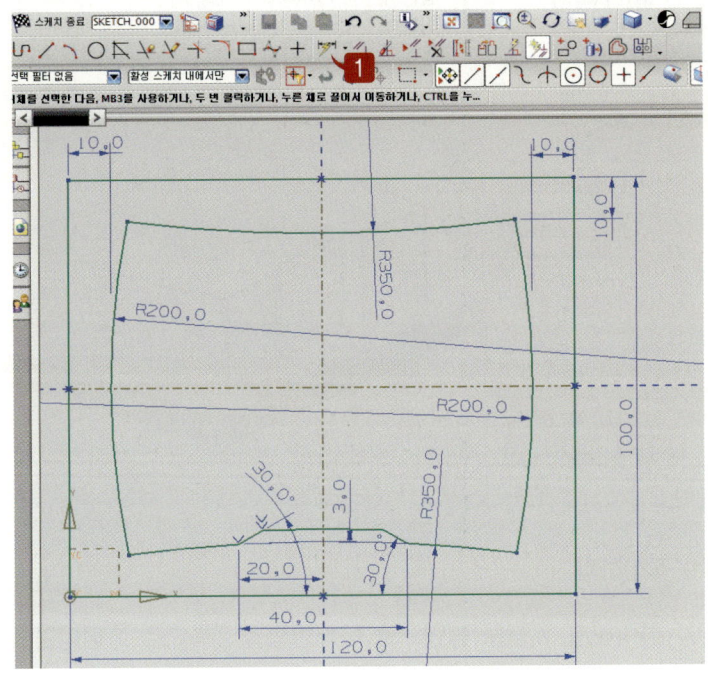

02 돌출 작성하기

1) 돌출 아이콘 ①을 선택하고 연결된 곡선 ②를 선택한 상태에서 곡선 ③을 선택하고 -10만큼 돌출하고 적용한다.

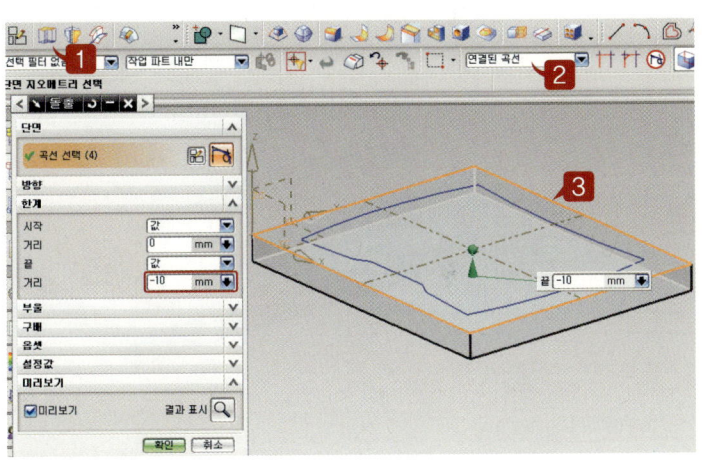

2) 위와 같은 방법으로 단면곡선 ①을 선택하고 30만큼 돌출하고 확인한다.

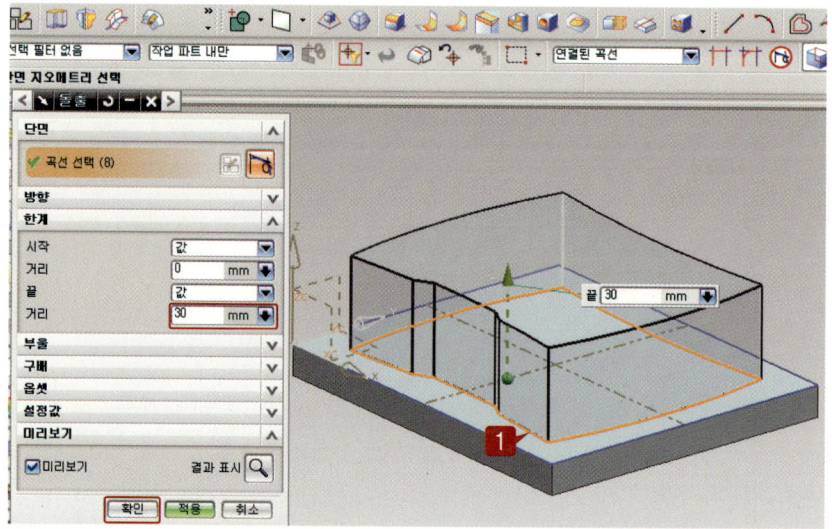

03. 구배(Draft) 작성하기

1) 구배 아이콘 ①을 클릭하고 유형을 평면으로 구배방향을 Z축으로 고정평면 ②를 선택하고 구배할 면 ③, ④를 클릭하고 구배각도 10을 입력하고 적용한다.

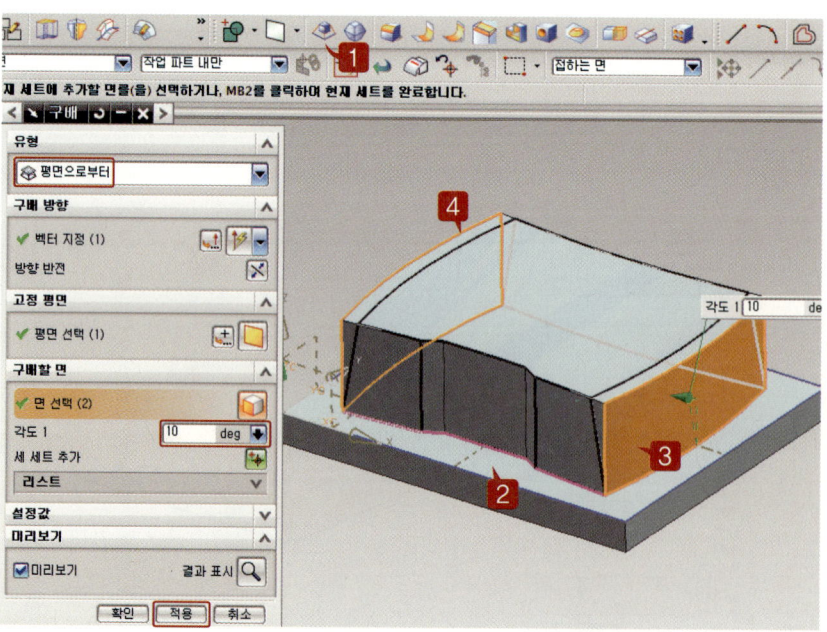

CHAPTER 2 | 모델링 따라하기

2) 같은 방법으로 유형을 평면으로 구배방향을 Z축으로 고정평면 ①을 선택하고 구배할 면 ②, ③을 선택하고 구배각도 5를 입력하고 적용한다.

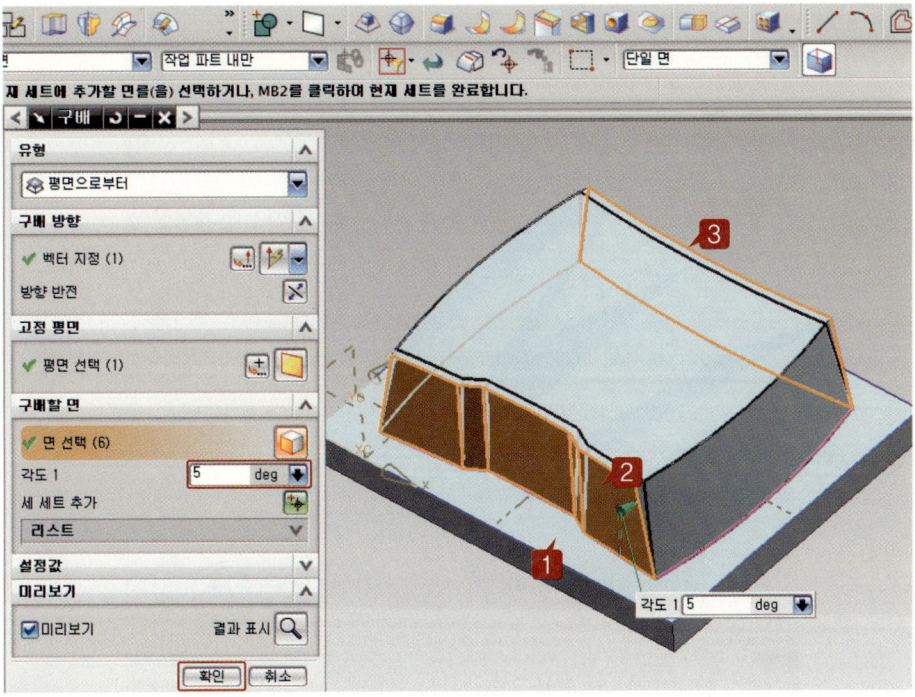

04 정면도(XZ) 스케치 작성하기

1) 스케치( ) 아이콘을 선택하여 평면상에서 스케치면 옵션에서 평면 생성 ①을 선택하고 평면지정 ②를 클릭하고 운데(-40)에 평면을 생성하고 확인한다.

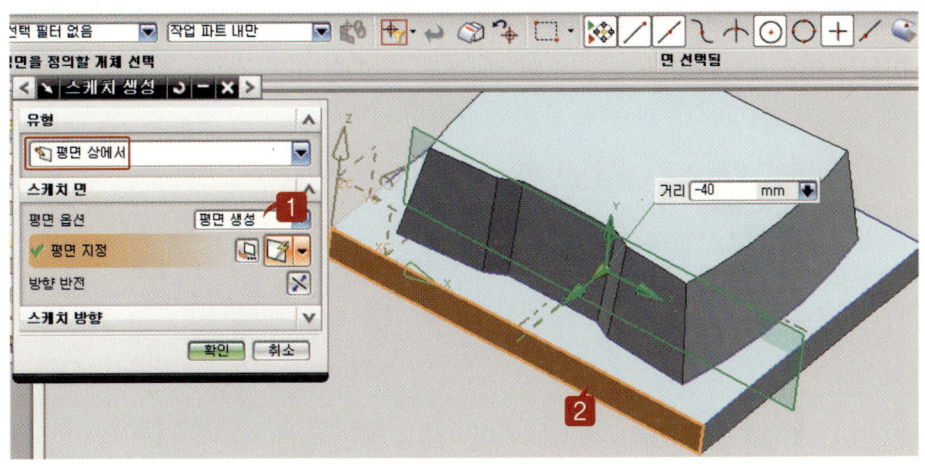

2) 그림처럼 스케치 생성 후 추정치수( ) 아이콘을 이용하여 거리와 각도 치수를 기입한다. 점 생성을 위해 데이텀/점 ▶ 점 을 클릭한다. 경사수직선의 스냅 곡선상의 점에 적당한 위치 양쪽에 점 ①, ②를 클릭하고 확인한다.

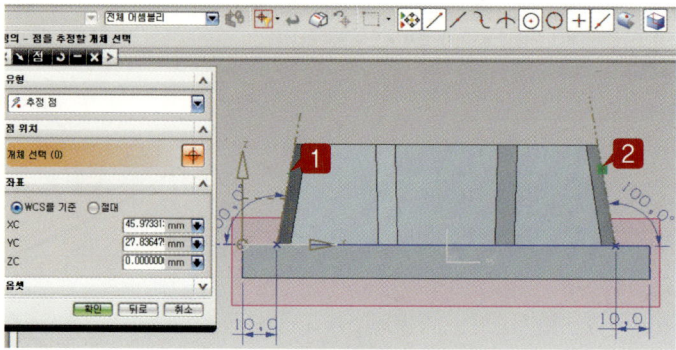

3) 추정치수( ) 아이콘을 이용하여 점 위치에 치수를 기입한다.

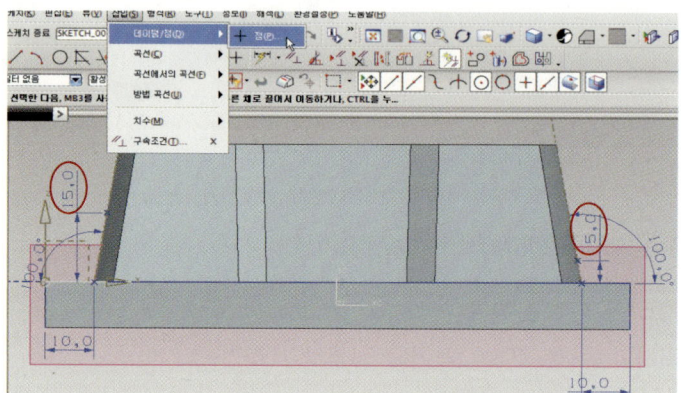

4) 원호 아이콘 ①을 이용하여 점과 점의 위치에(스냅 점 ②를 이용) 호를 생성하고 R200를 입력한다.

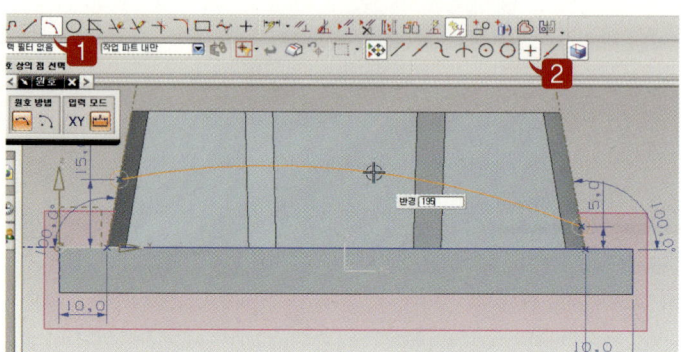

5) 옵셋 곡선아이콘 ①을 클릭하고 옵셋할 곡선 ②를 선택하고 거리 값 3로 하고 그림처럼 위쪽으로 확인한다.

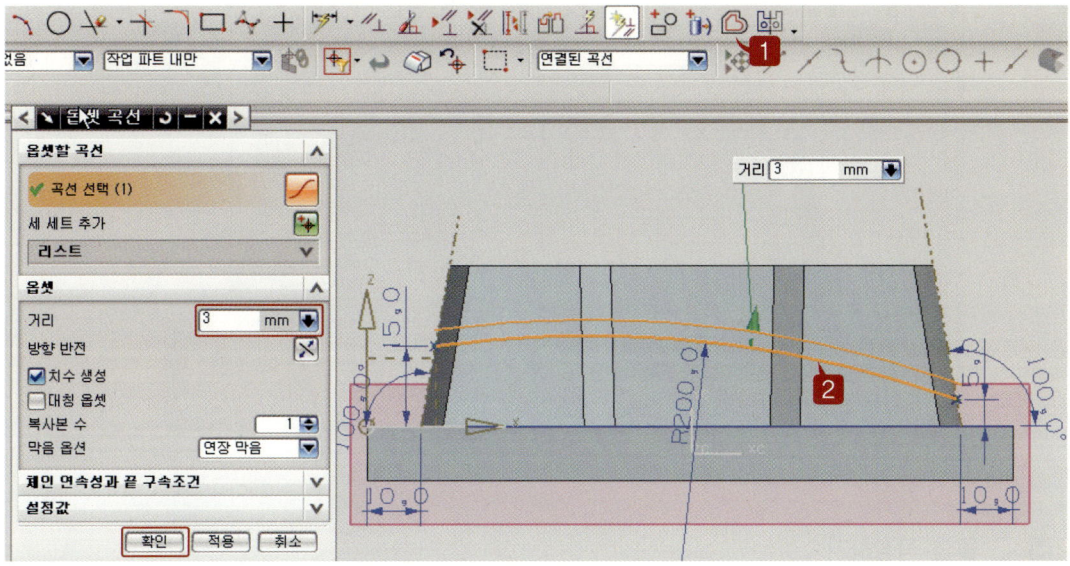

6) 프로파일 아이콘 ①을 이용하여 그림처럼 호의 끝점에 스냅 점을 활용하여 스케치를 생성한다.

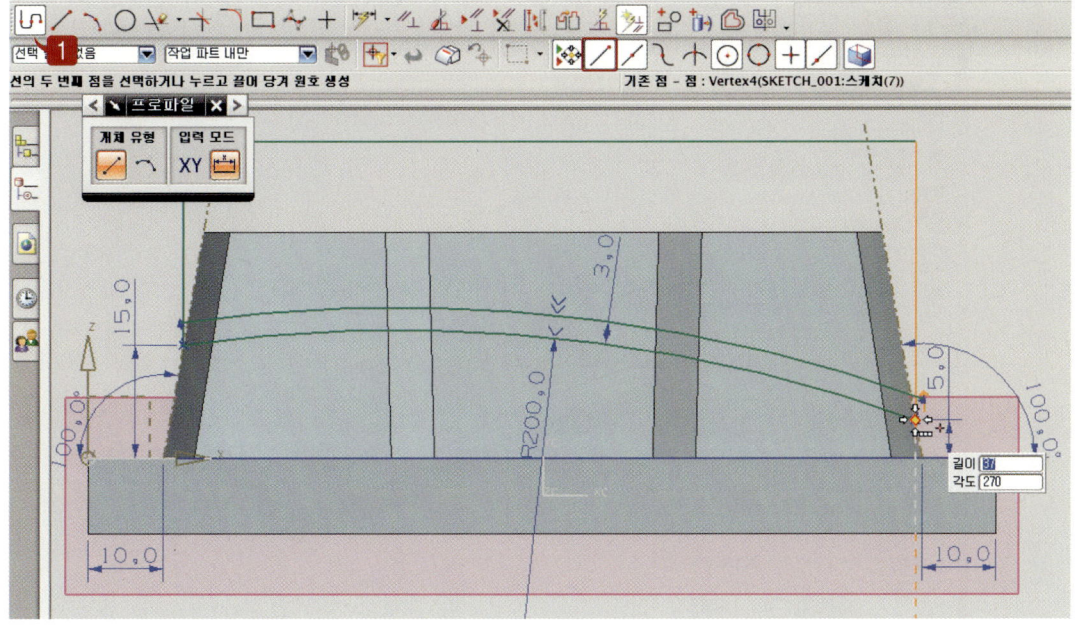

7) 그림처럼 치수기입을 확인하고 스케치 종료버튼을 클릭한다.

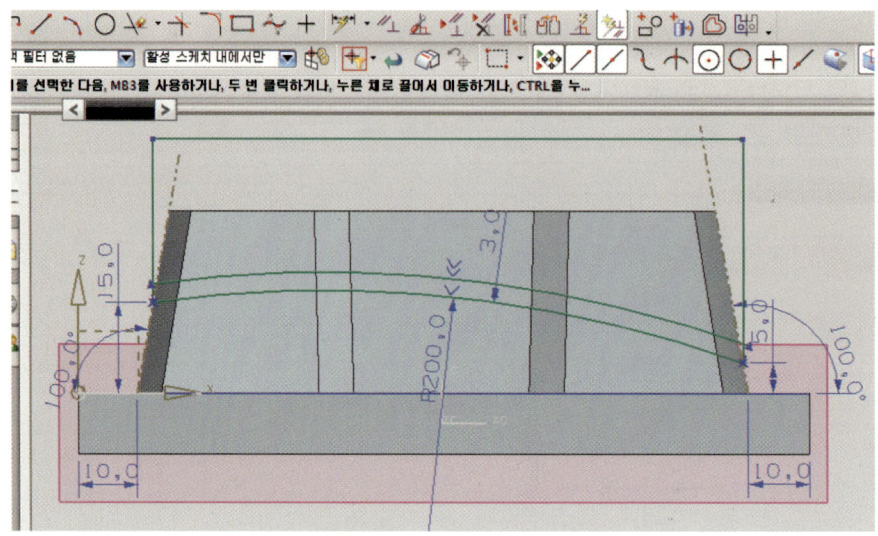

05. 돌출 작성하기

1) 돌출 아이콘 ①을 선택하고 위에서 스케치 한 선②를 선택하고 한계에서 끝 거리 값을 50정도로 입력하고 부울에서 빼기로 설정하고 바디 ③을 클릭하고 확인한다.

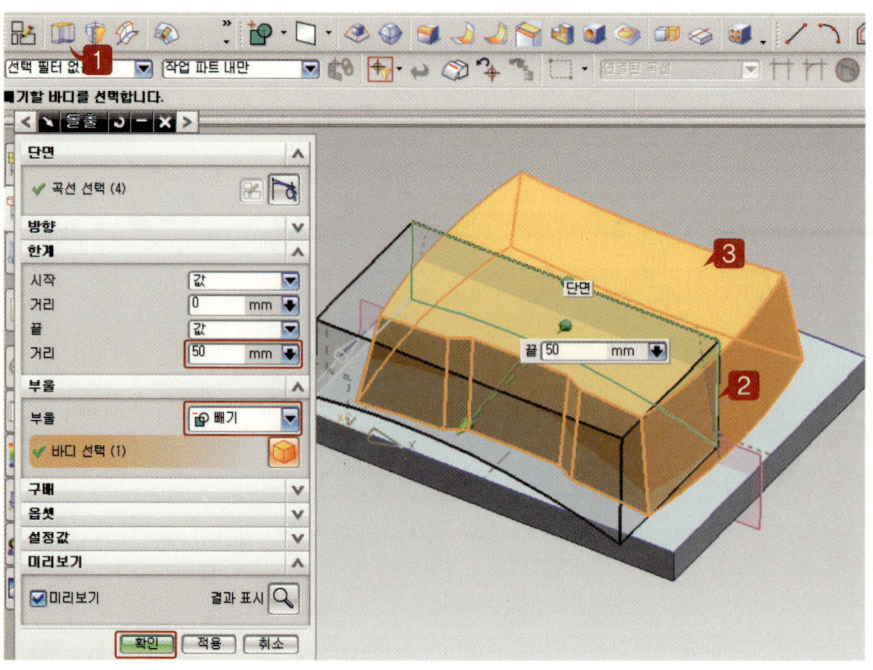

CHAPTER 2 | 모델링 따라하기

06 측면도((YZ) 스케치 작성하기

1) 스케치( ) 아이콘을 클릭하고 유형은 경로에서 정면도에서 작성한 호 ①을 선택하고 원호길이 값을 0으로 하고 확인한다.

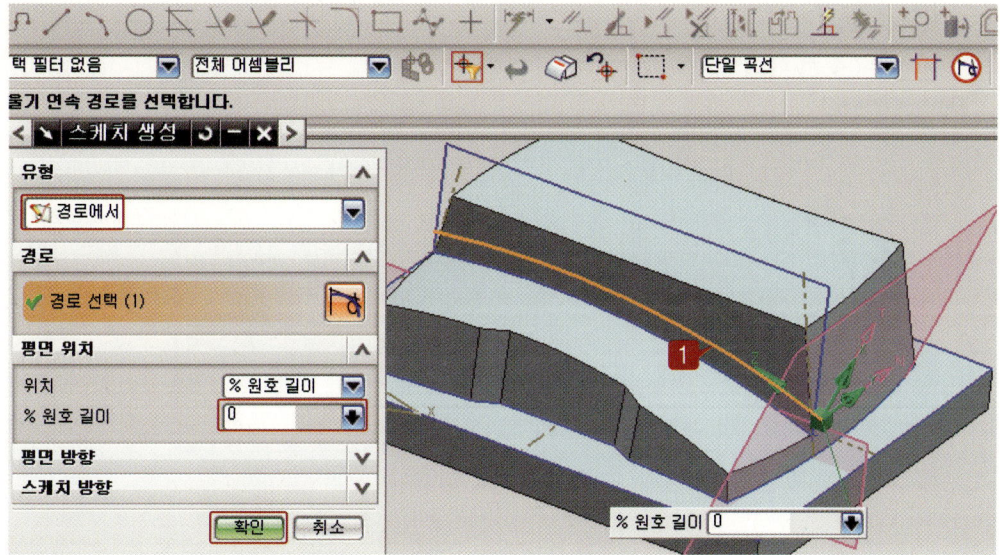

2) 원호 아이콘 ①을 선택하여 그림처럼 호 세 번째 점 ②를 정면도에서 생성한 원호 스냅 끝점에 ③을 확인하면서 클릭한다.

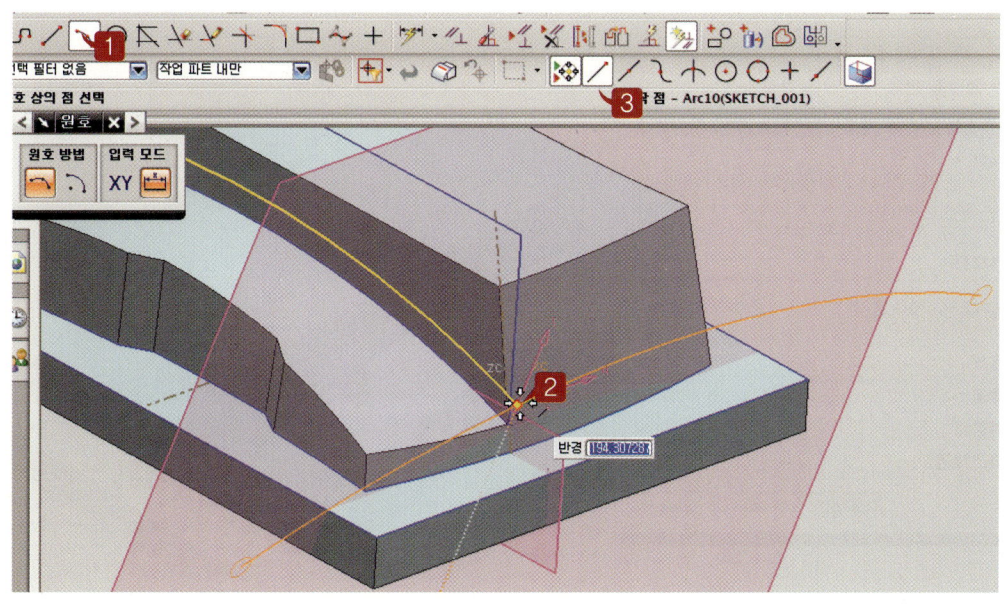

3) 우측면도 상태에서 추정치수 ①을 클릭하여 아래그림처럼 치수기입을 하고 스케치를 종료한다.

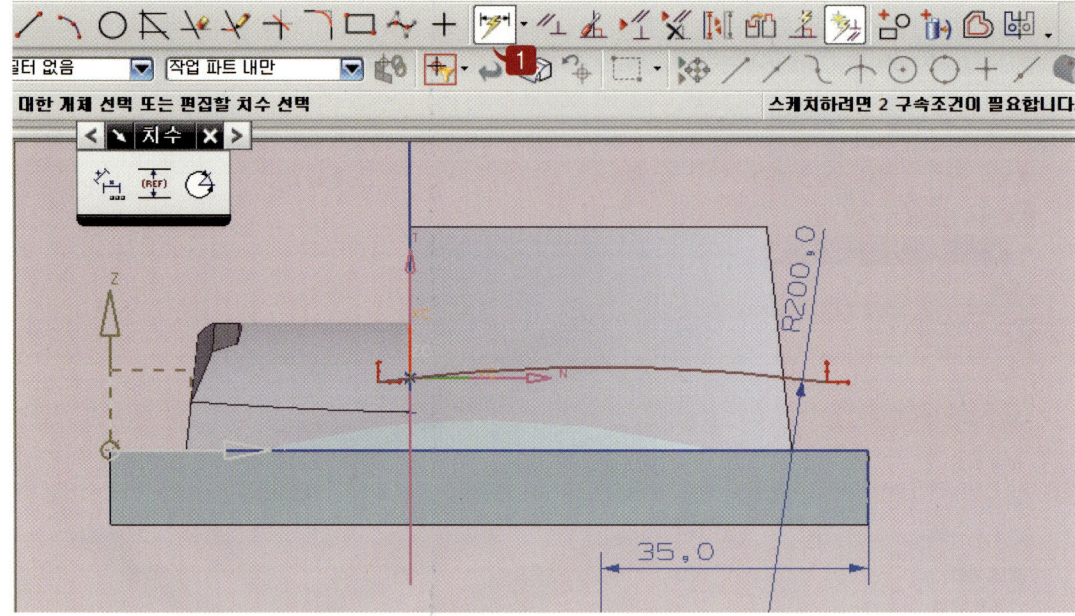

07 스윕 형상 작성하기

1) 삽입에 스윕에 가이드 따라 스위핑(가이드를 따라 스위핑(G)...)을 클릭하고 단면 곡선 ①을 선택하고 가이드 곡선 ②를 선택하고 확인한다.

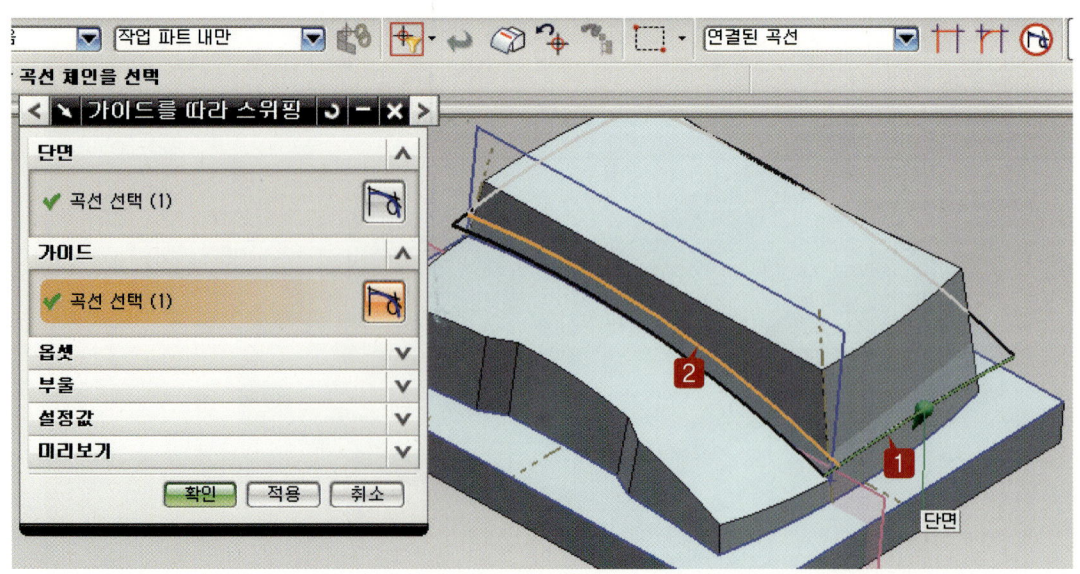

CHAPTER 2 | 모델링 따라하기

08 바디 트리밍하기

1) 바디트리밍 아이콘 ①을 선택한다. 타겟 바디 ②를 선택하고 공구면 ③을 선택하고 확인한다.

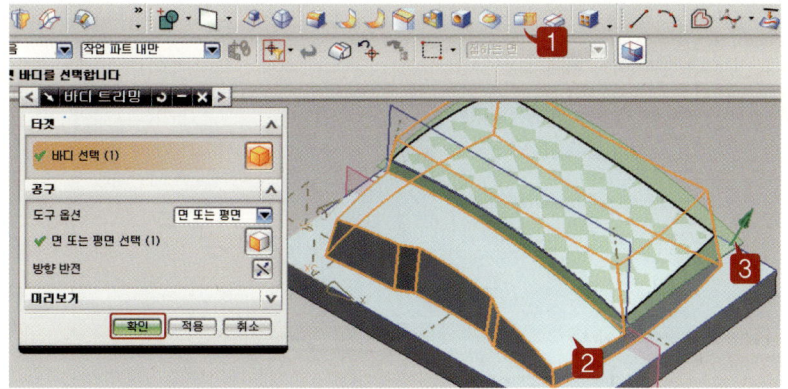

09 새 스케치 작성하기

1) 아래 그림처럼 MB3 클릭하여 숨기기 클릭한다.

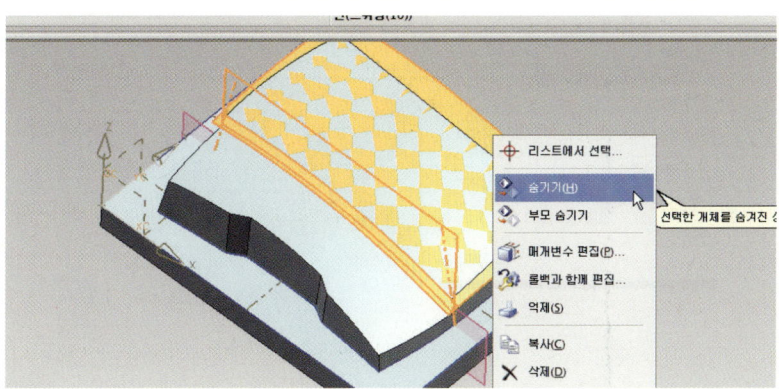

2) 스케치( ) 아이콘을 선택하여 평면상에서 베이스평면 ①을 선택하고 확인한다.

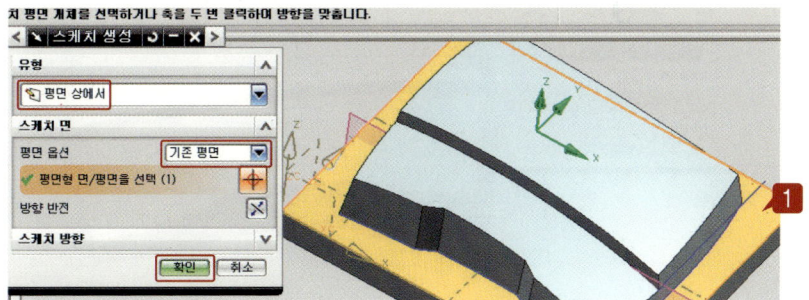

3) 곡선투영 아이콘 ①을 활용하여 선 ②, ③을 투영하고 옵셋 곡선 아이콘 ④를 활용하여 5mm 안쪽으로 옵셋하고 확인한다.

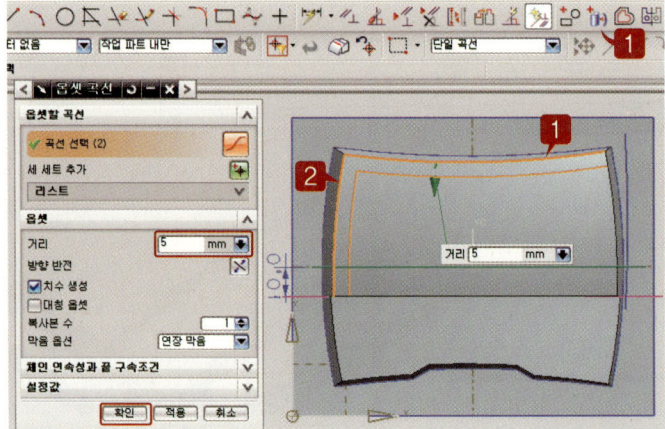

4) 그림처럼 선을 연결하고 트리밍 아이콘 ①을 이용하여 트림 후 추정치수 아이콘 ②를 이용하여 치수기입을 한다.

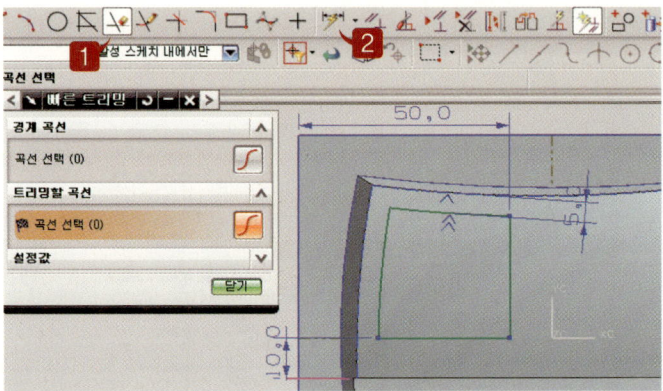

5) 다시 곡선투영 아이콘 ①을 활용하여 그림처럼 선 ②를 투영하고 확인한다.

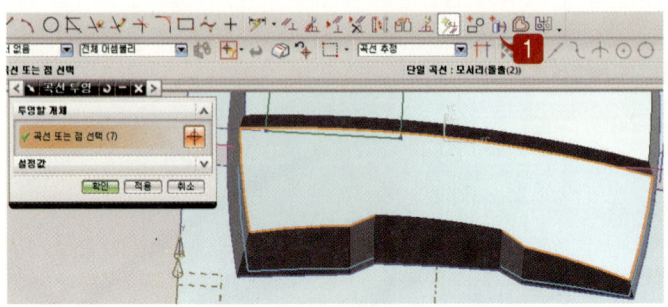

6) 그림처럼 옵셋 곡선 아이콘 ①을 활용하여 5mm 안쪽으로 옵셋하고 확인한다.

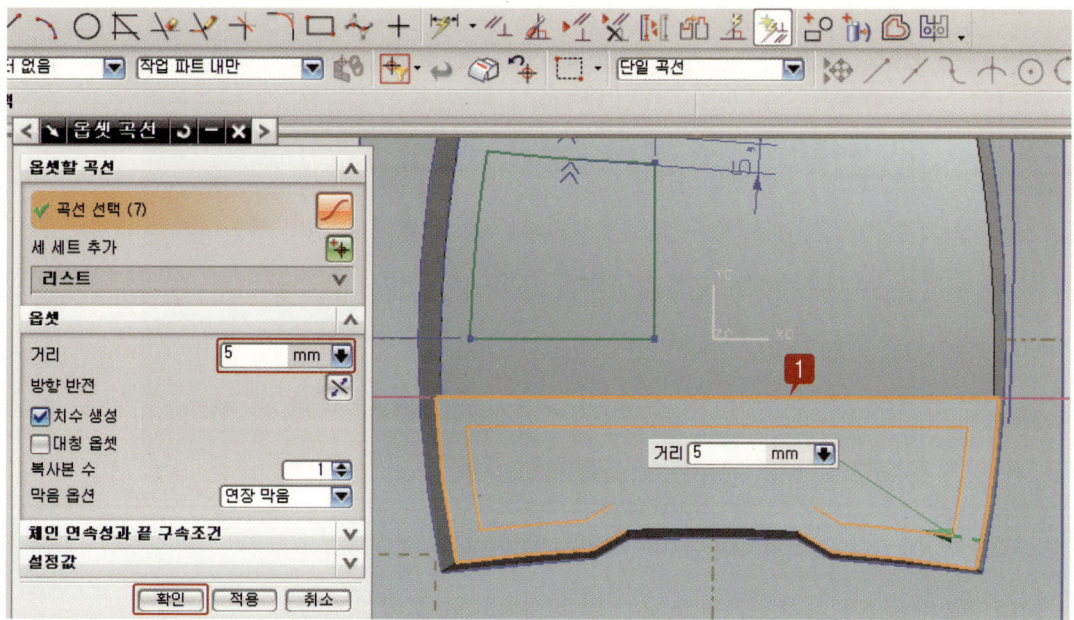

7) 그림처럼 선 아이콘 ①을 활용하여 선을 생성하고 추정치수 아이콘 ②를 이용하여 치수기입을 한다.

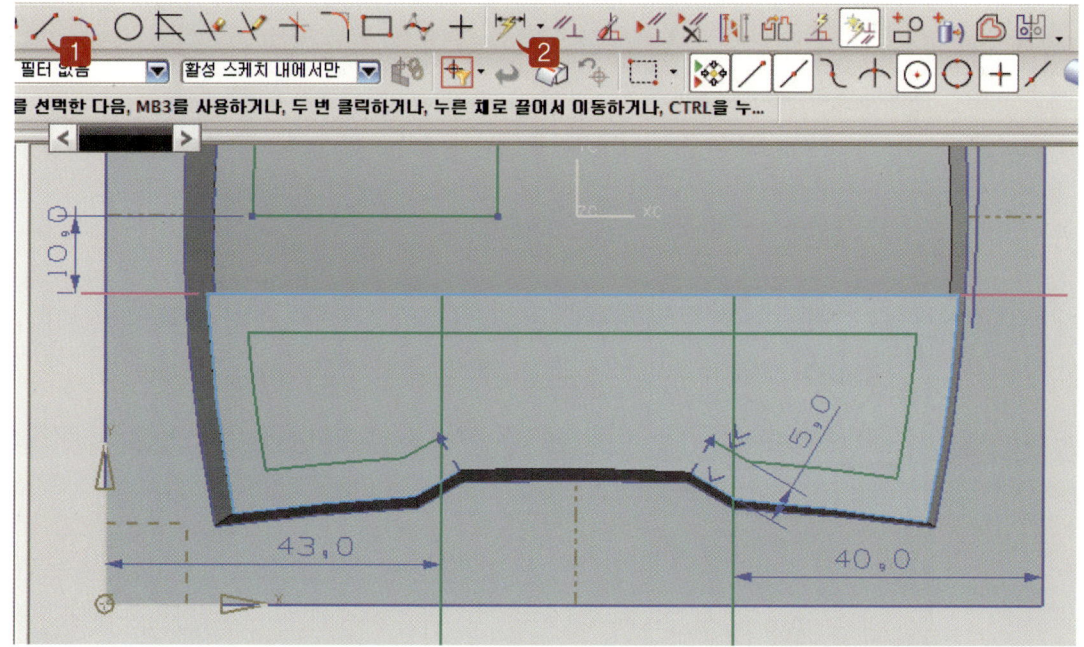

8) 그림처럼 확대하여 선을 연장하여 연결한다.

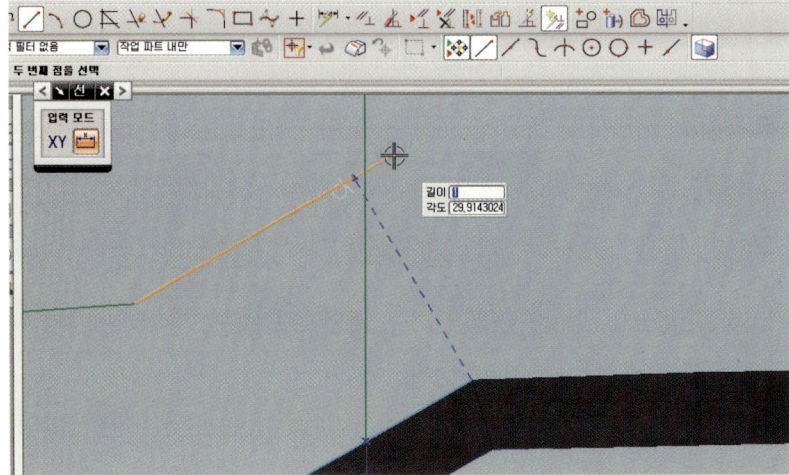

9) 트리밍 아이콘 ①을 이용하여 그림처럼 필요 없는 선은 트림한다.

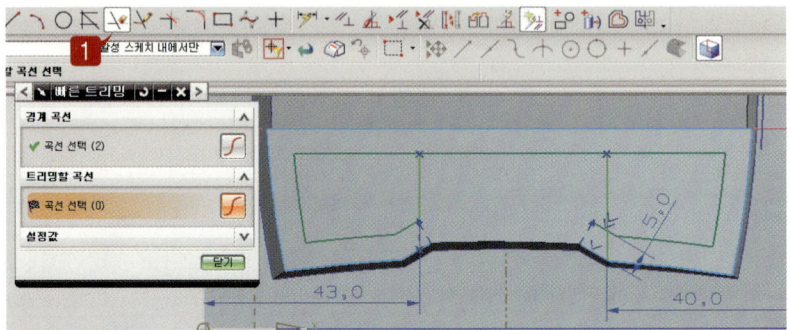

10) 원 아이콘 ①을 활용하여 그림처럼 스케치를 생성한다.

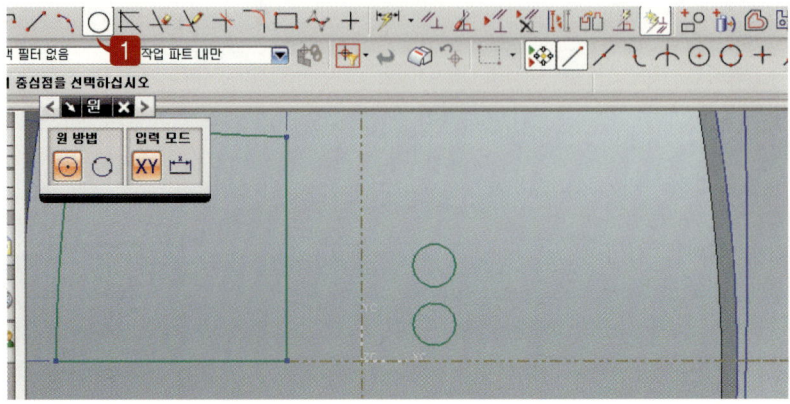

CHAPTER 2 | 모델링 따라하기

11) 추정치수 아이콘 ①을 이용하여 그림처럼 치수기입 후 선 아이콘 ②를 이용하여 스냅 사분점 ③을 활용하여 접선으로 연결한다.

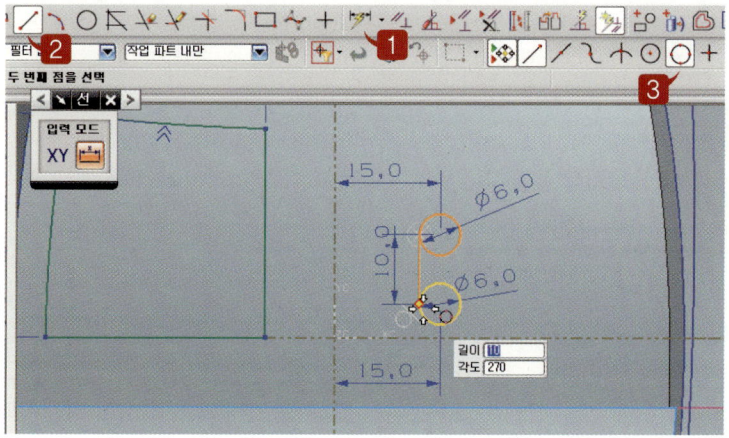

12) 트리밍으로 필요 없는 선은 잘라내고 그림처럼 참조선과 치수기입을 완료한다.

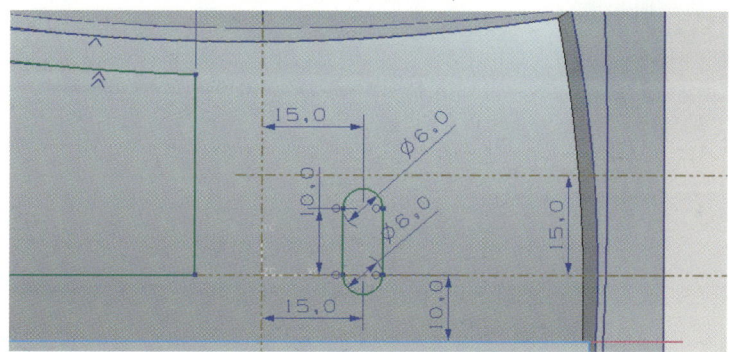

13) 대칭곡선 아이콘 ①을 이용하여 중심선 ②를 선택하고 대칭곡선 ③을 클릭하고 적용한다.

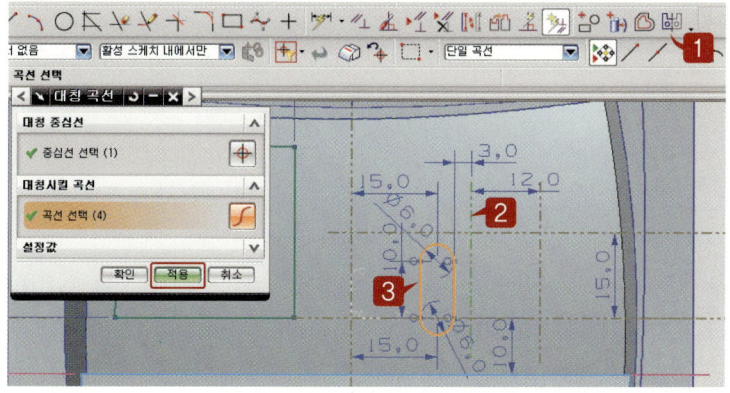

14) 같은 방법으로 중심선 ①을 선택하고 대칭곡선 ②를 클릭하고 적용한다.

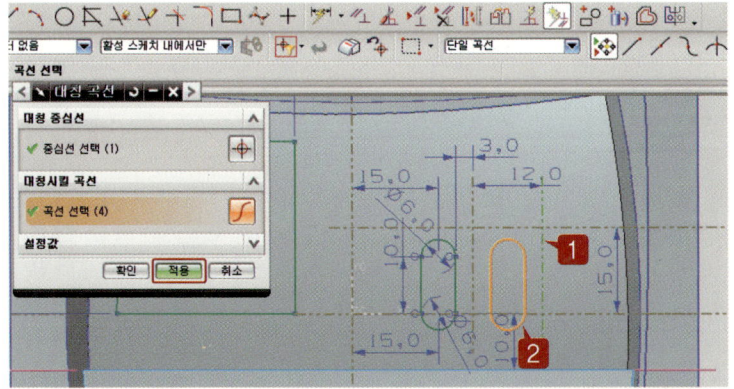

15) 같은 방법으로 중심선 ①을 선택하고 대칭곡선 ②, ③, ④를 클릭하고 확인한다.

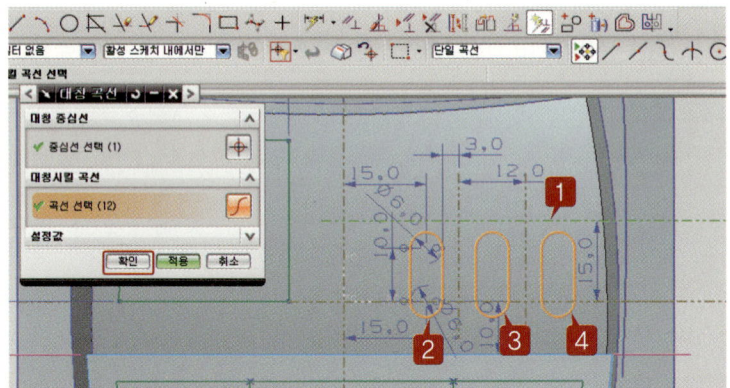

16) 삽입에 곡선에 타원(E)…을 클릭한다. 중심점에서 점 ①을 클릭하고 외반경15, 내반경5, 회전90도를 입력하고 확인한다.

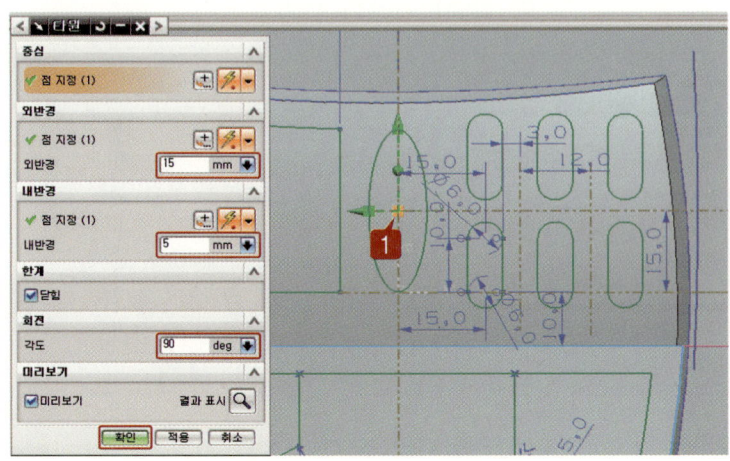

CHAPTER 2 | 모델링 따라하기

17) 트리밍 아이콘 ①을 이용하여 그림처럼 트림한다.

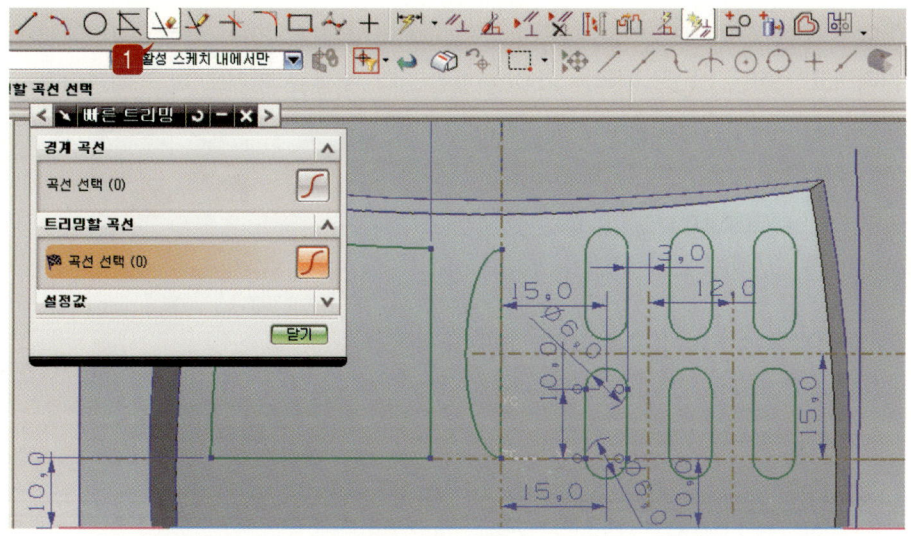

18) 선 아이콘을 활용하여 선 ①을 연결하고 스케치를 종료한다.

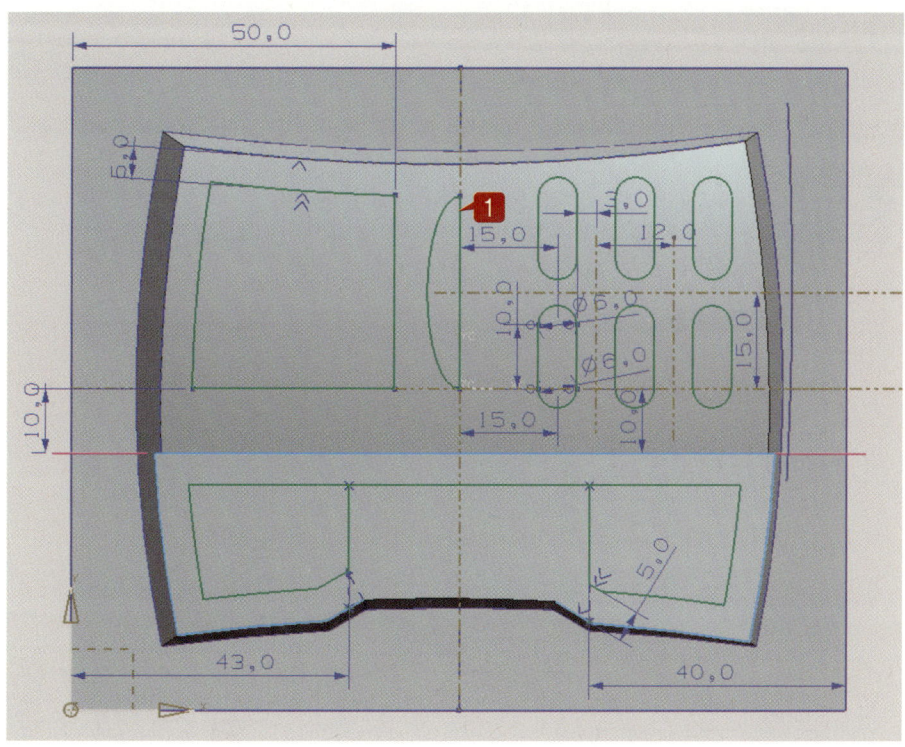

10 돌출 작성하기

1) 돌출 아이콘 ①을 선택한다. 연결된 곡선 ②와 교차에서 정지 ③을 선택한 상태에서 단면곡선 ④를 선택하고 시작은 10, 끝 거리는 25이상 돌출한다. 부울은 빼기로 하고 적용한다.

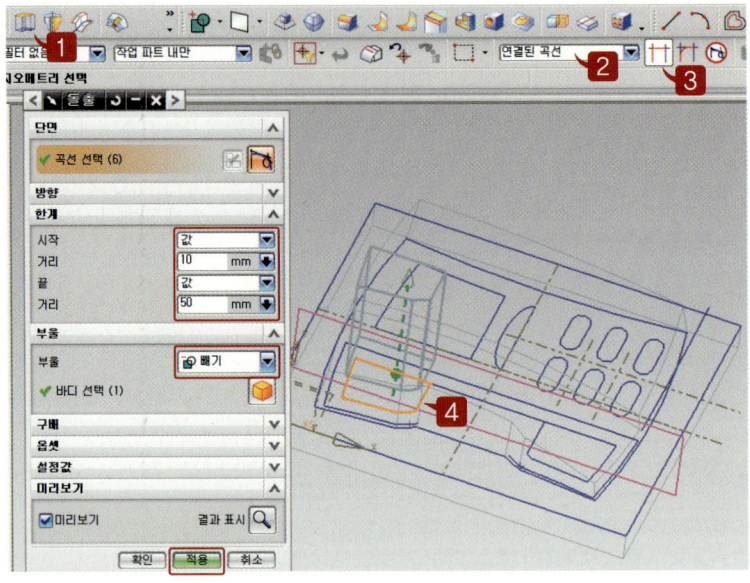

2) 같은 방법으로 단면곡선 ①을 선택하고 시작은 5, 끝 거리는 25이상 돌출한다. 부울은 빼기로 하고 확인한다.

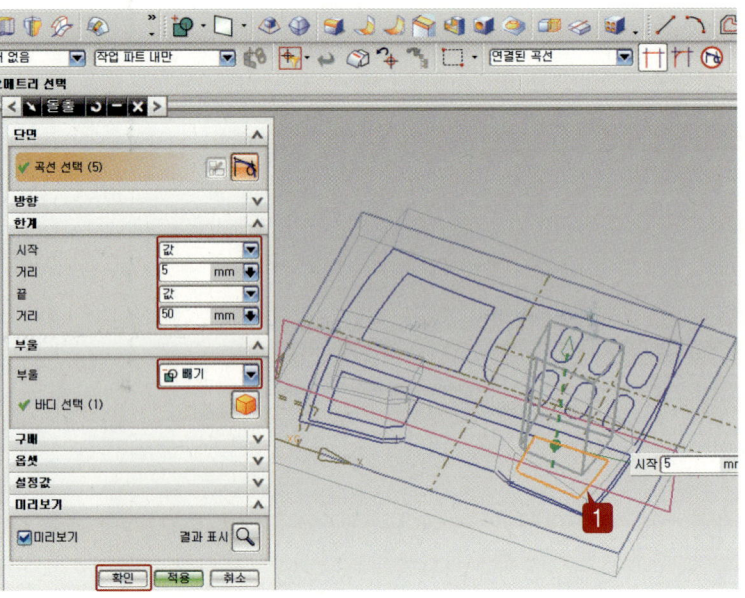

CHAPTER 2 | 모델링 따라하기

11 포켓 작성하기

1) 그림처럼 정적와이어프레임( ) 아이콘을 선택한다. 삽입 ➡ 특징형상 설계에서 포켓(포켓(P))
을 클릭하고 포켓에서 일반을 선택하고 확인한다.

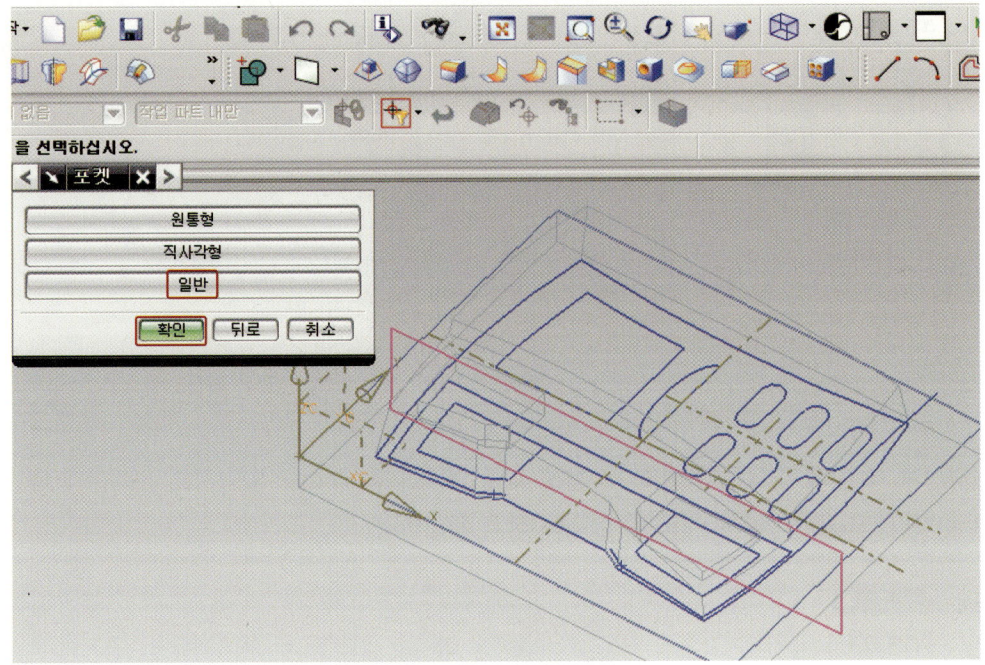

2) 선택단계 첫 번째 배치 면( )을 선택하고 면 ①을 선택한다.

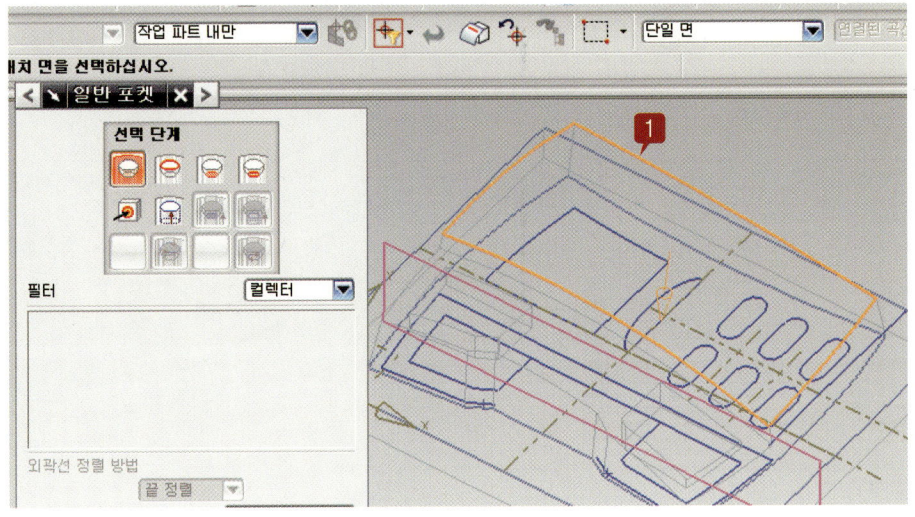

3) 선택단계 두 번째 배치외곽선( ) ②를 선택한다.

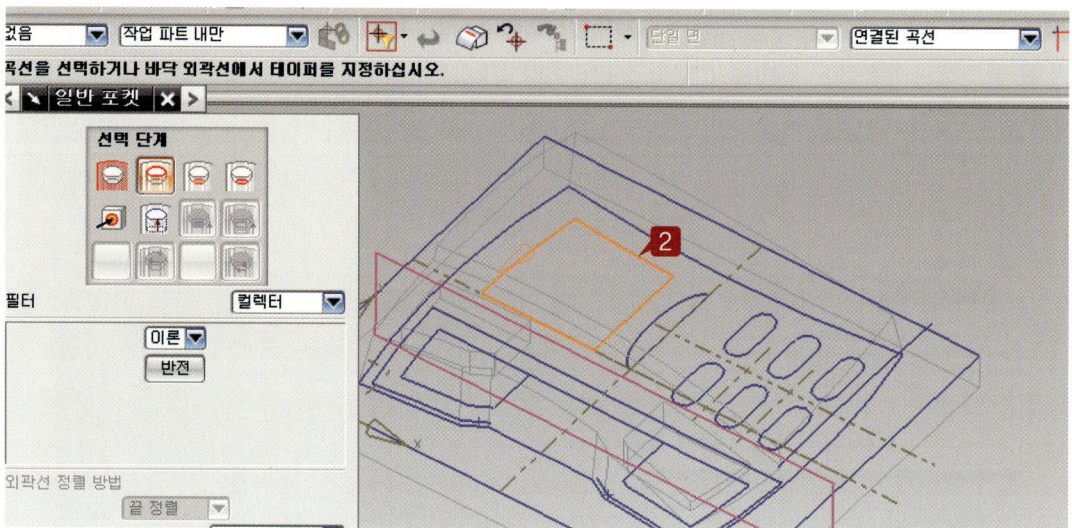

4) 선택단계 세 번째 바닥 면( )에서, 옵셋 값을 배치에서 5mm을 입력하고 선택단계 네 번째 바닥 외곽선( )은 테이퍼각도 0, 상수로 하고 확인한다.

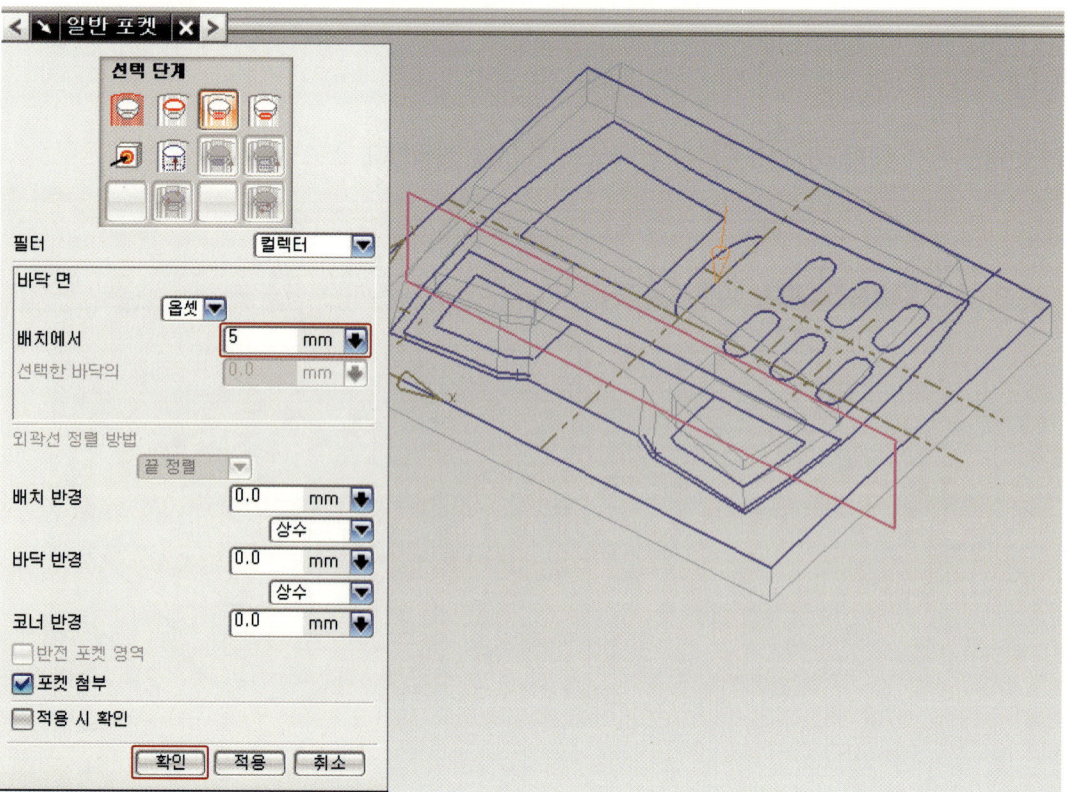

CHAPTER 2 | 모델링 따라하기

12 곡면 옵셋

1) 삽입에 옵셋/배율에서 옵셋 곡면(옵셋 곡면(O)..)을 클릭하고 거리 3입력 후 옵셋할 면 ①을 선택하고 확인한다.

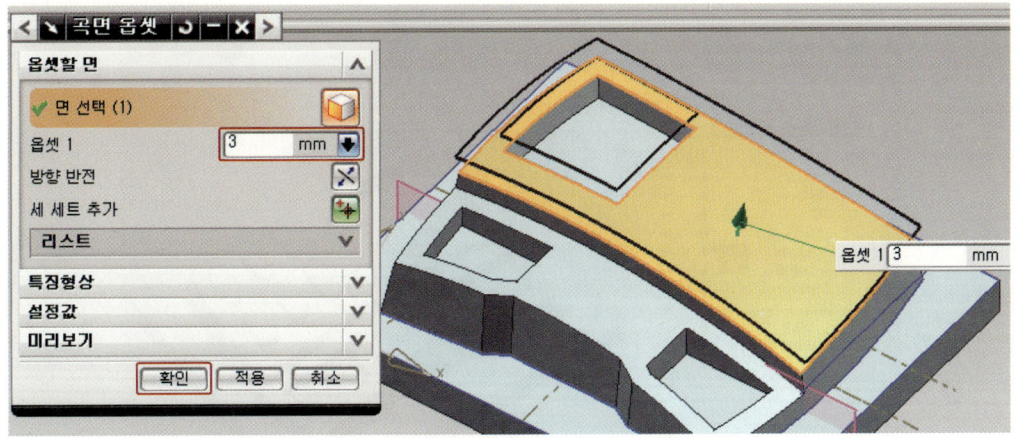

13 돌출 작성하기

1) 돌출아이콘 ①을 선택하고 단면곡선 ②, ③, ④, ⑤, ⑥, ⑦을 클릭하고 끝 거리를 선택까지 ⑧을 선택하고 확인한다.

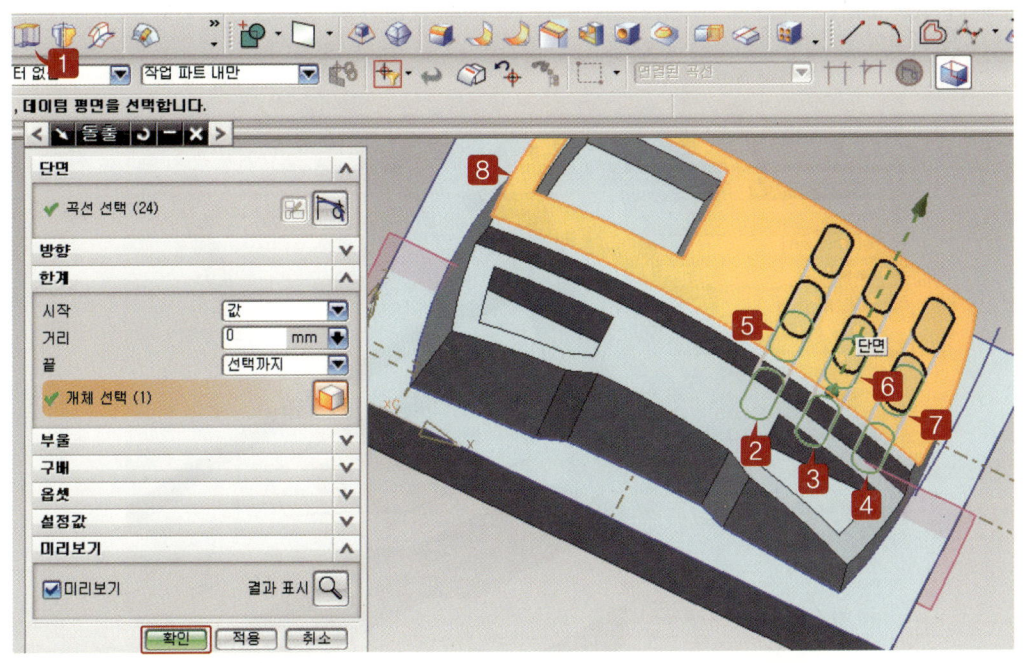

14 표시 및 숨기기

1) 표시 및 숨기기 아이콘 ①을 클릭한다. 전체 숨기기 ②를 선택하고 솔리드 바디 표시 ③을 선택한다.

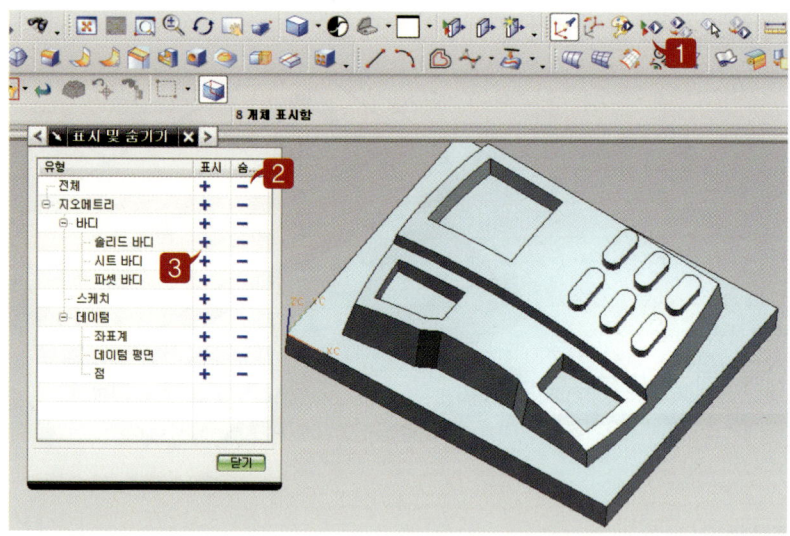

15 구배 작성하기

1) 구배아이콘 ①을 선택한다. 유형은 평면으로 부터로 설정하고 구배방향은 Z로 하고 고정평면 ②를 설정하고 구배할 면 ③을 선택하고 구배각도 60로 하고 적용한다.

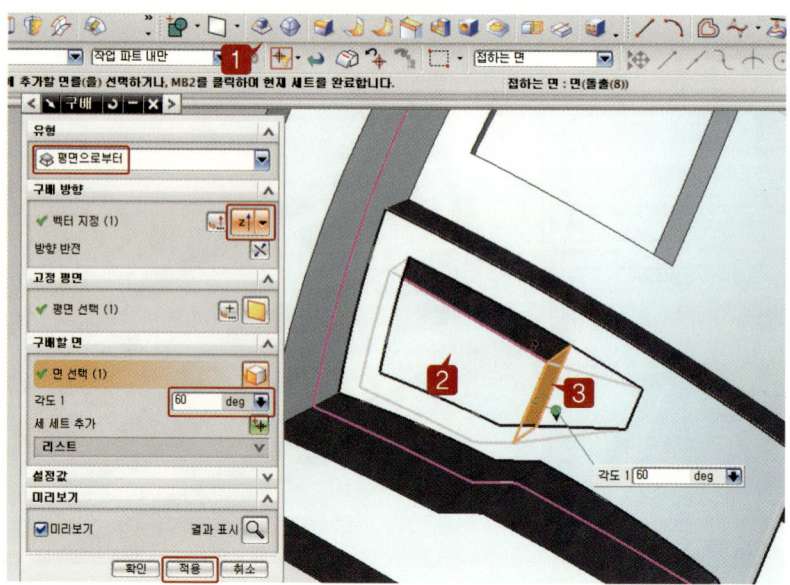

2) 같은 방법으로 유형은 평면으로 부터로 설정하고 구배방향은 Z로 하고 고정평면 ①을 설정하고 구배할 면 ②를 선택하고 구배각도 10로 하고 적용한다.

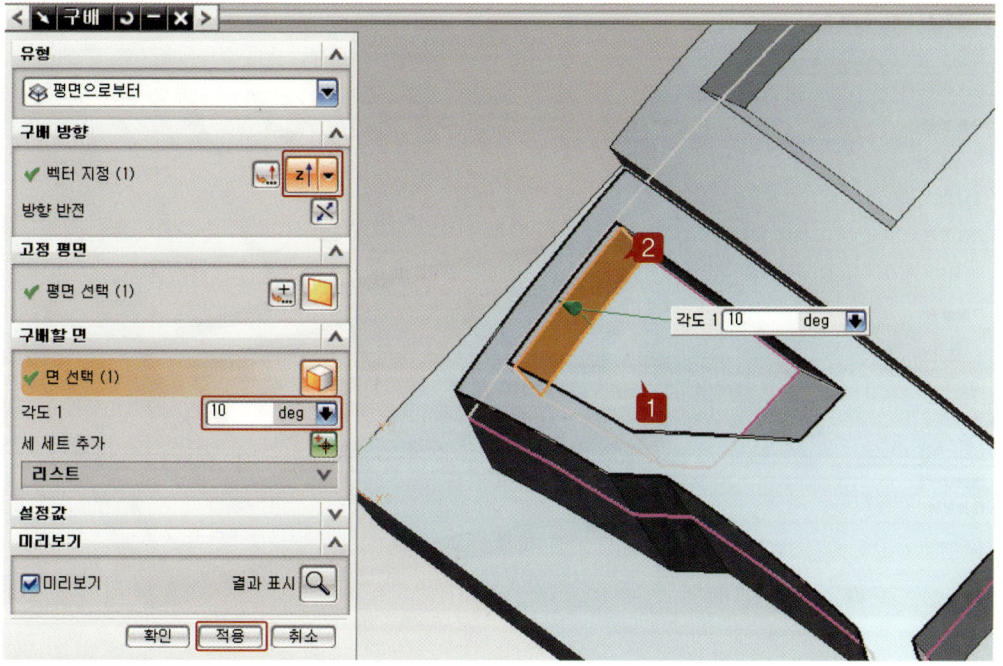

3) 같은 방법으로 유형은 평면으로 부터로 설정하고 구배방향은 Z로 하고 고정평면 ①을 설정하고 구배할 면 ②를 선택하고 구배각도 10로 하고 적용한다.

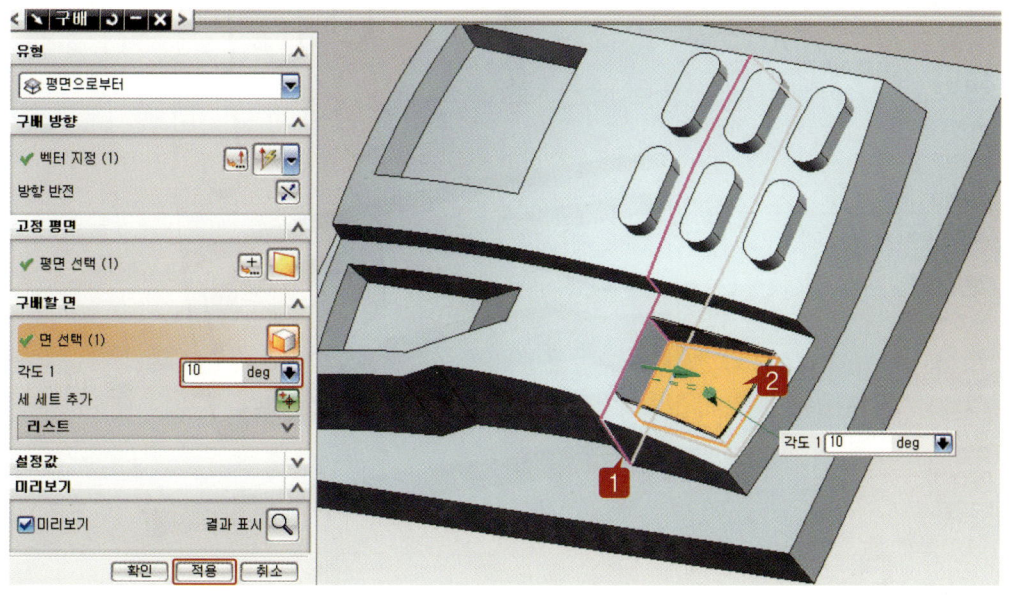

4) 같은 방법으로 유형은 평면으로 부터로 설정하고 구배방향은 Z로 하고 고정평면 ①을 설정하고 구배할 면 ②를 선택하고 구배각도 40로 하고 적용한다.

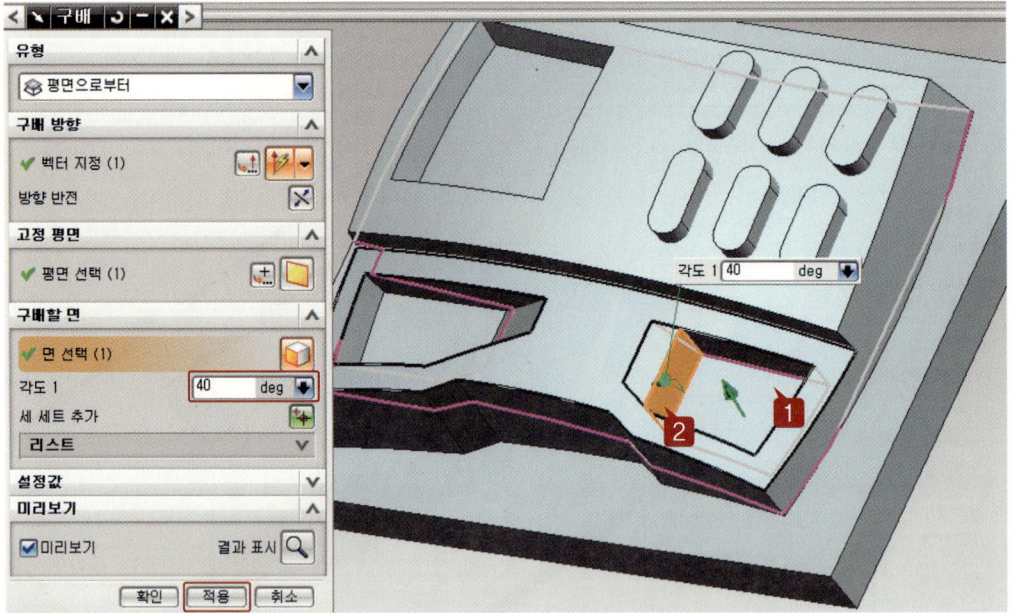

5) 같은 방법으로 유형은 평면으로 부터로 설정하고 구배방향은 Z로 하고 고정평면 ①을 설정하고 구배할 면 ②를 선택하고 구배각도 10로 하고 확인한다.

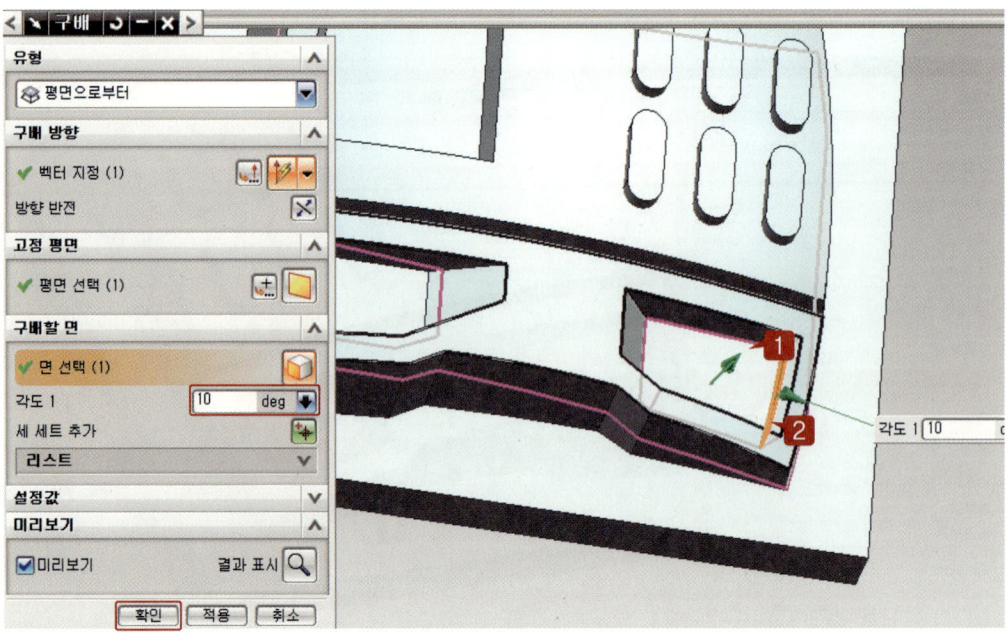

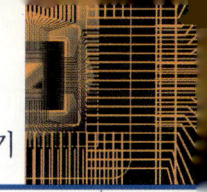

CHAPTER 2 | 모델링 따라하기

16 전체 결합하기

1) 결합하기 ①을 클릭하고 타겟 바디 ②를 선택하고 공구 바디 전체를 클릭하고 확인한다.

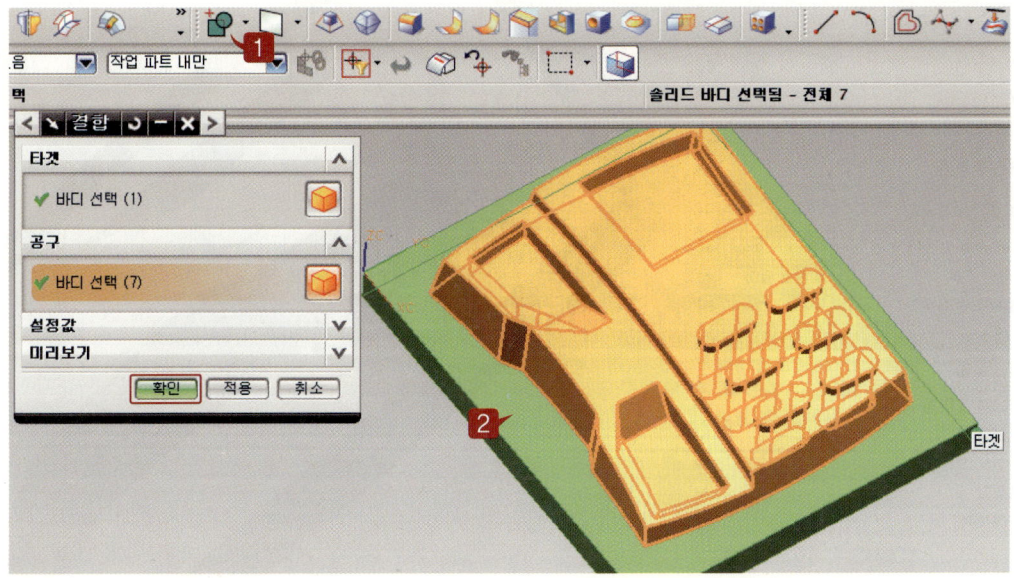

17 모서리 블렌드(필렛)작성하기

1) 모서리 블렌드 아이콘 ①을 선택하고 가변 변경 점 추정점 중 끝점 ②를 선택한다.

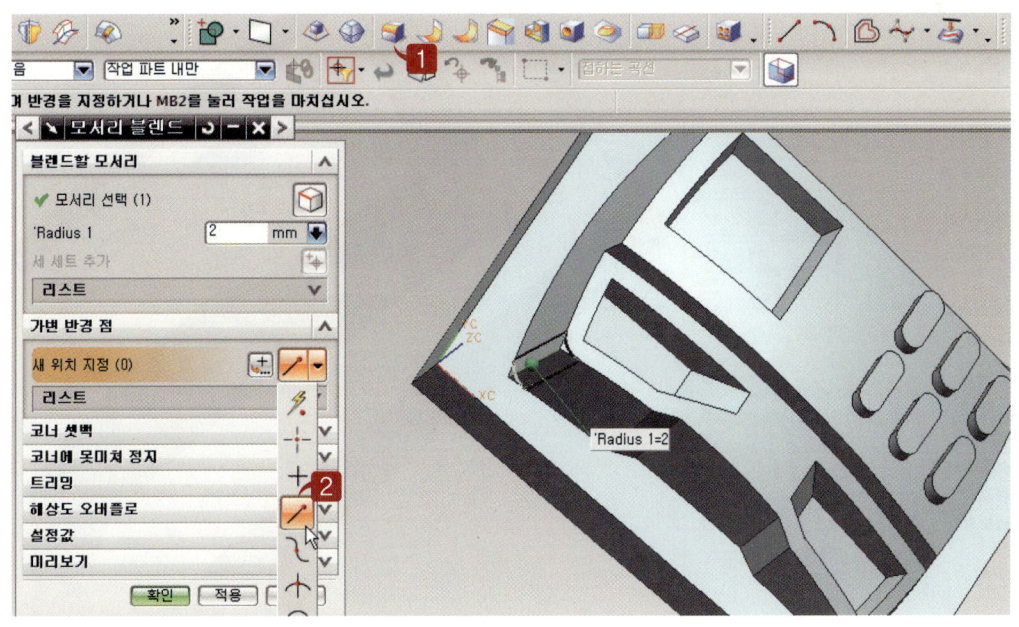

2) 모서리 아래 부분 ①을 선택하고 반지름 R2입력한다.

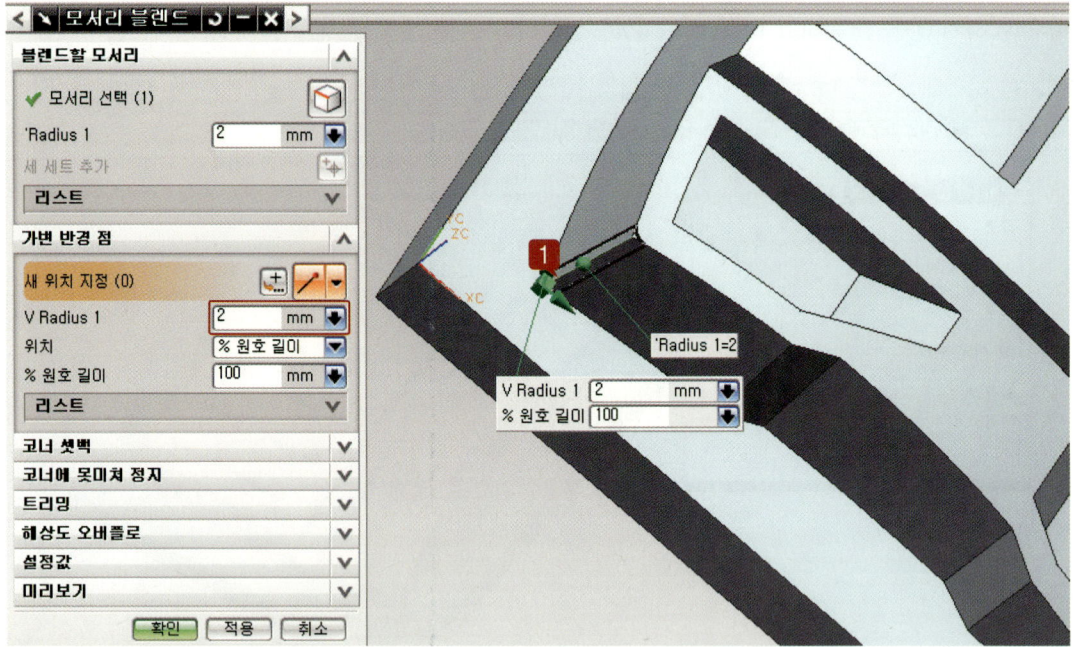

3) 다시 모서리 위 부분 ①을 선택하고 R5를 입력하고 적용한다.

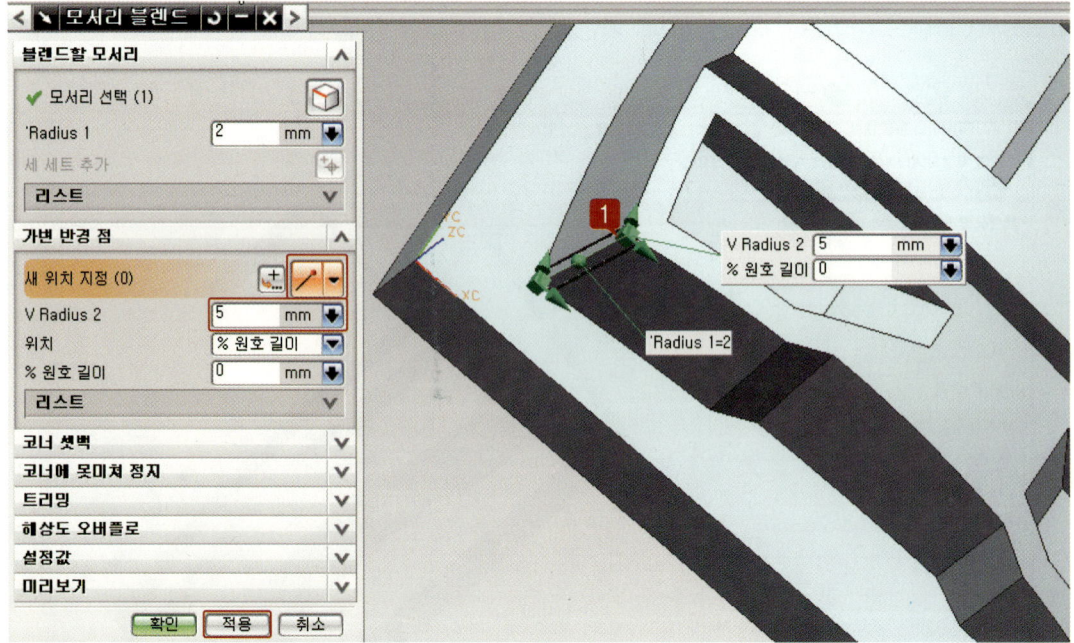

CHAPTER 2 | 모델링 따라하기

4) 나머지 3군데도 같은 방법으로 필렛 작업을 하고 확인한다.

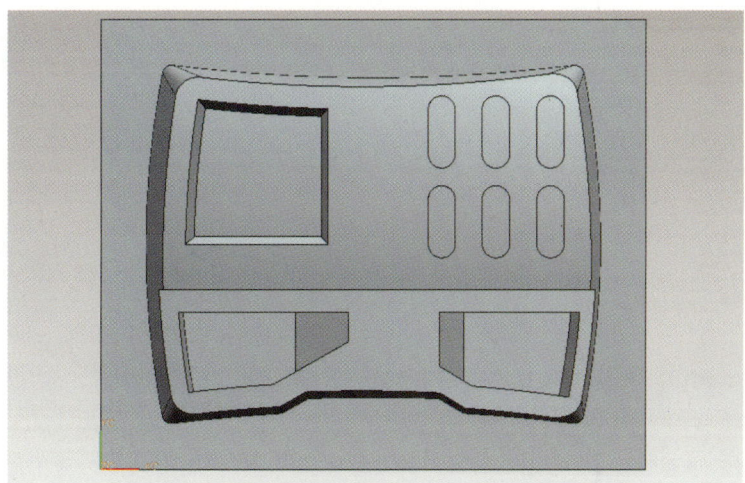

5) 모서리 ①을 클릭하고 R값 2입력 후 적용한다.

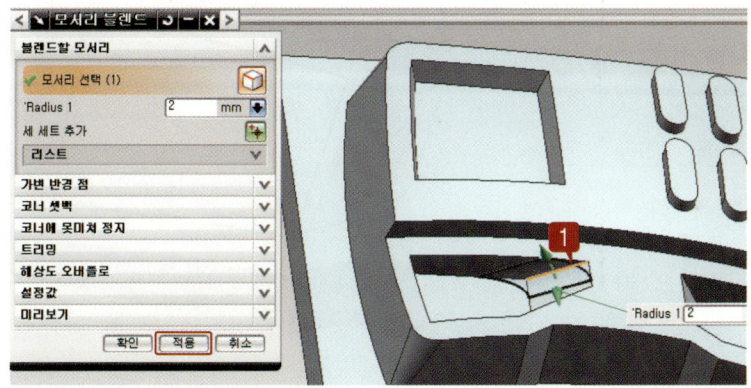

6) 모서리 ①을 클릭하고 R값 2입력 후 적용한다.

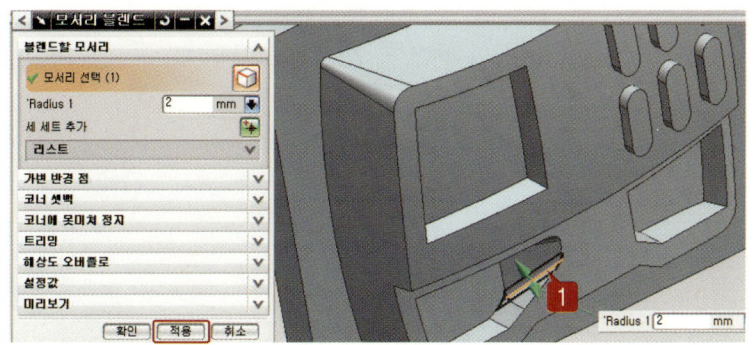

7) 모서리 ①, ②를 클릭하고 R값 2입력 후 적용한다.

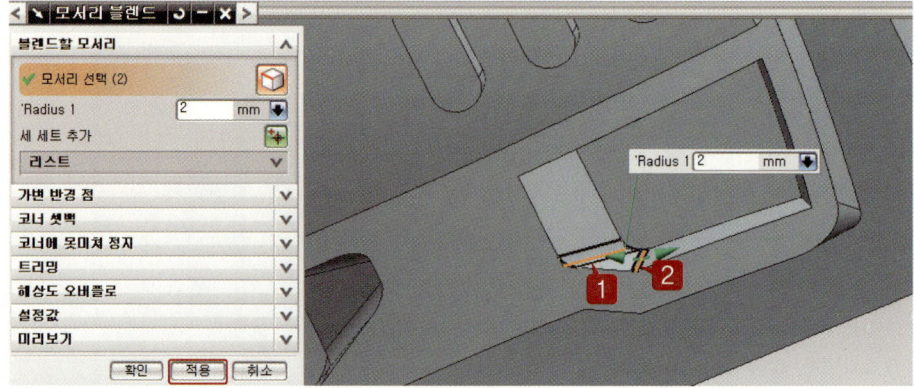

8) 같은 방법으로 그림처럼 모서리을 클릭하고 R값 2입력 후 적용한다.

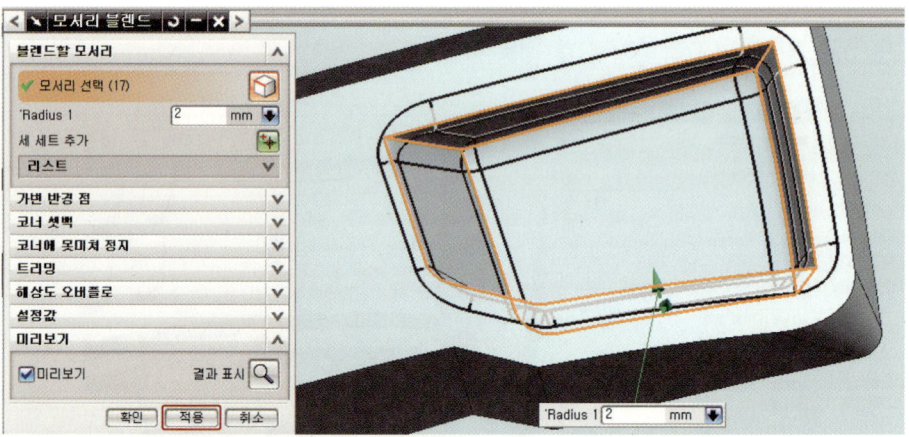

9) 같은 방법으로 그림처럼 모서리을 클릭하고 R값 2입력 후 적용한다.

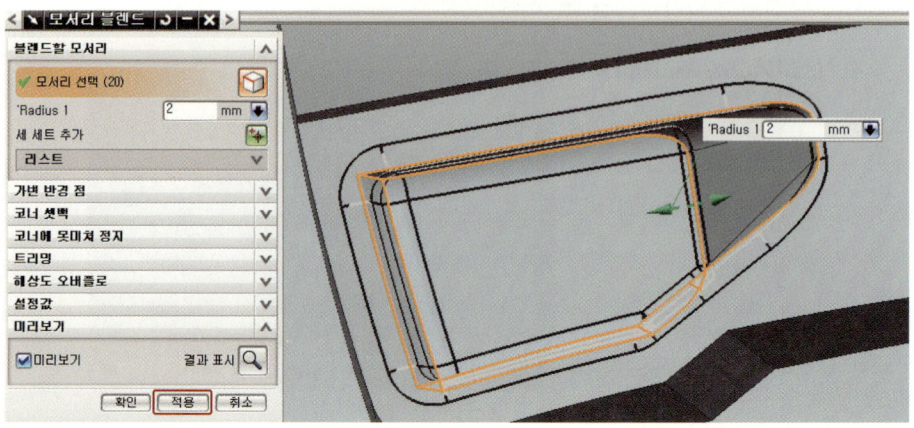

CHAPTER 2 | 모델링 따라하기

10) 같은 방법으로 그림처럼 모서리을 클릭하고 R값 5입력 후 적용한다.

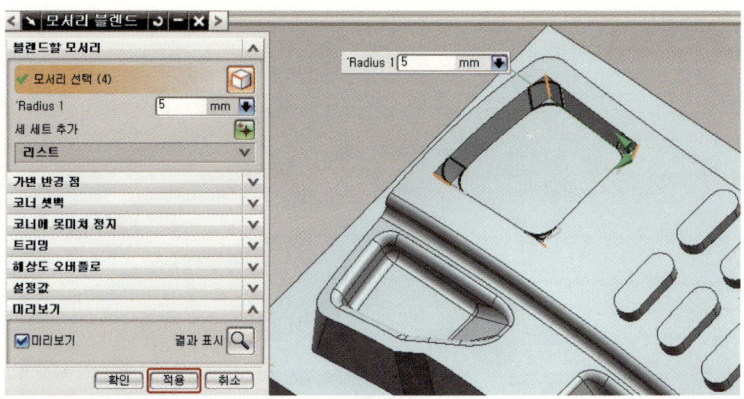

11) 같은 방법으로 그림처럼 모서리을 클릭하고 R값 2입력 후 적용한다.

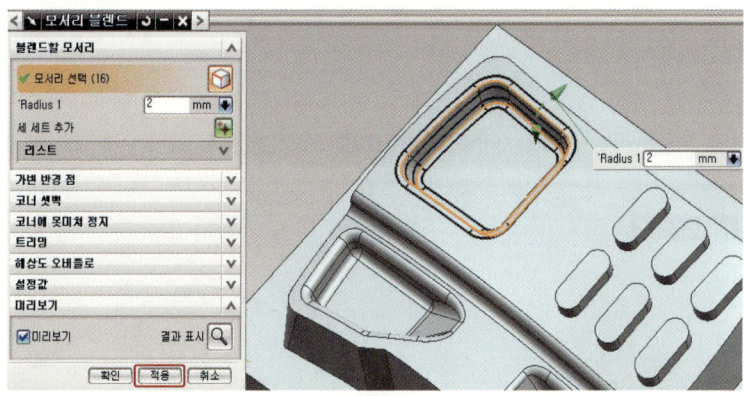

12) 같은 방법으로 그림처럼 모서리을 클릭하고 R값 2입력 후 적용한다.

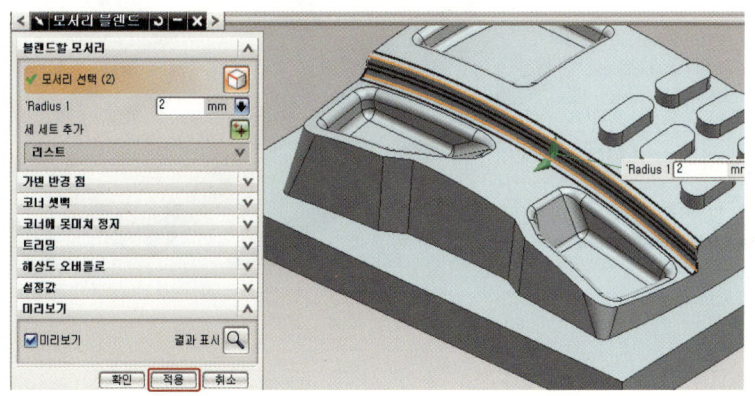

13) 같은 방법으로 그림처럼 모서리을 클릭하고 R값 5입력 후 적용한다.

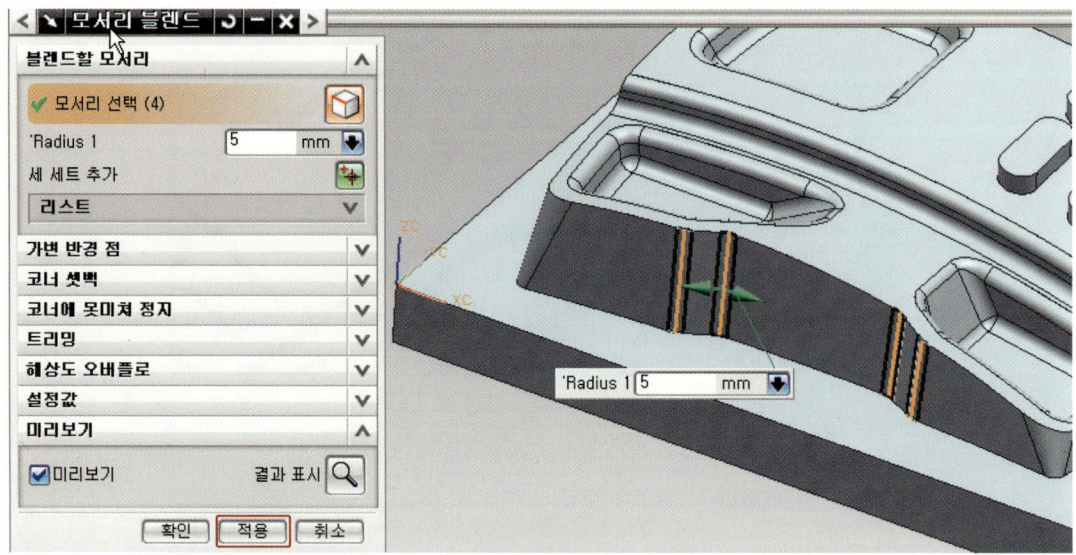

14) 같은 방법으로 그림처럼 모서리 전체를 클릭하고 R값 1입력 후 확인한다.

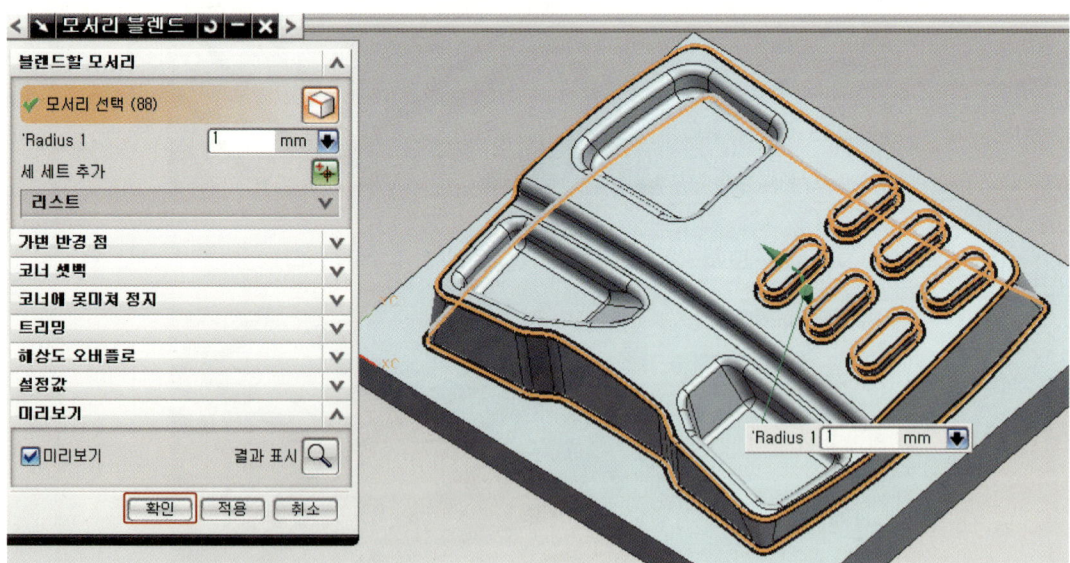

CHAPTER 2 | 모델링 따라하기

18 회전 작성하기

1) 작업평면 ①을 클릭하고 유형은 거리로 하여 평면참조 ②를 클릭한다. 옵셋에서 거리 20로하고 확인한다.

2) 스케치( ) 아이콘을 선택하여 평면상에서 데이텀 평면 ①을 선택하고 확인한다.

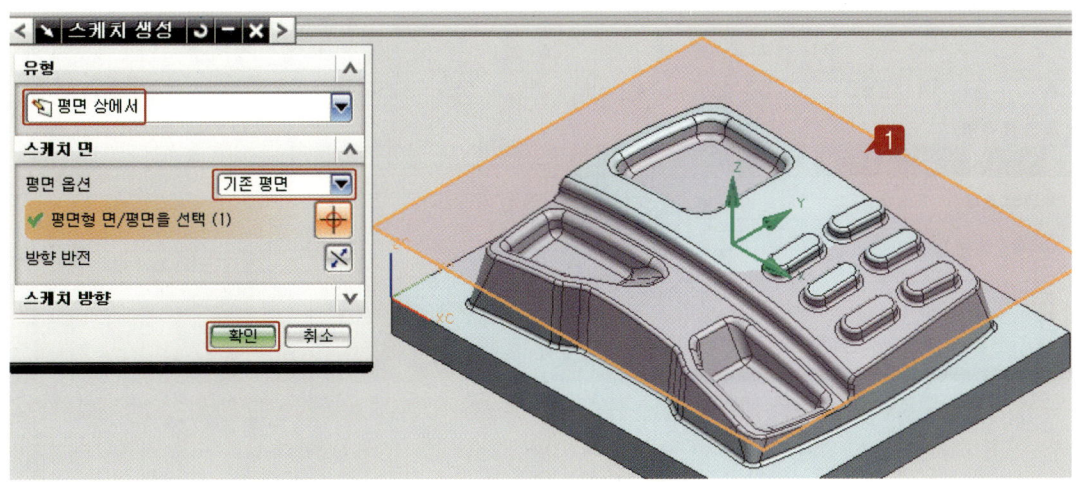

3) 와이어 프레임 ①을 선택한다. 표시 및 숨기기( ) 아이콘을 클릭하고 스케치 표시 ②를 클릭한다.

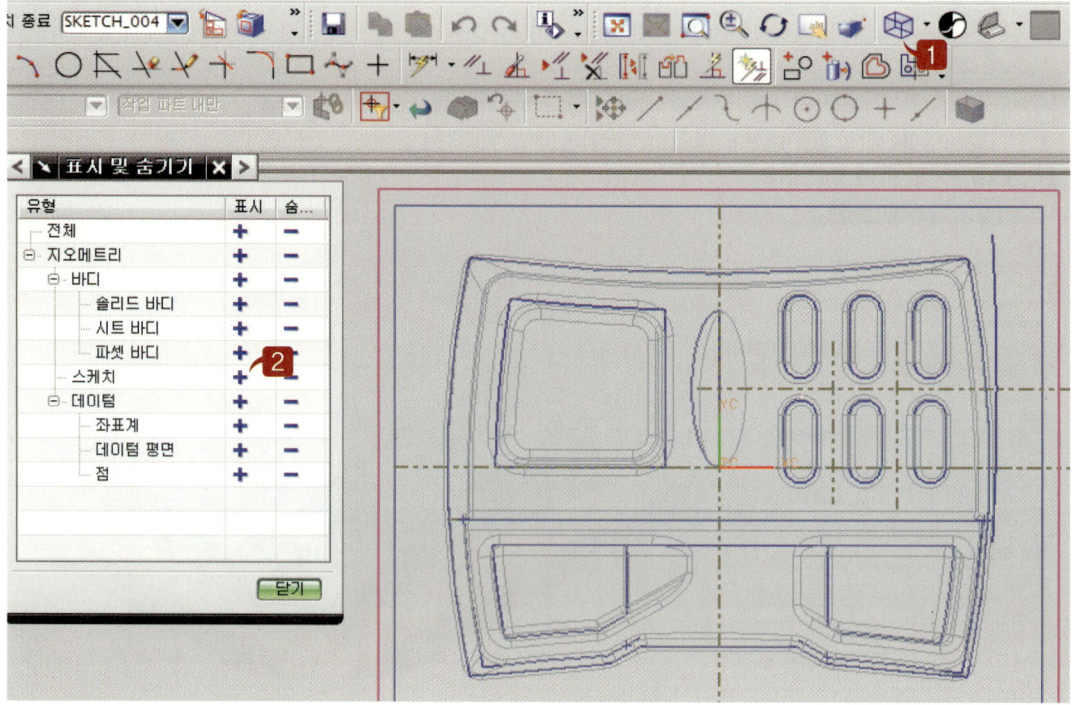

4) 곡선투영 아이콘 ①을 클릭하고 곡선 ②를 클릭하고 확인한다.

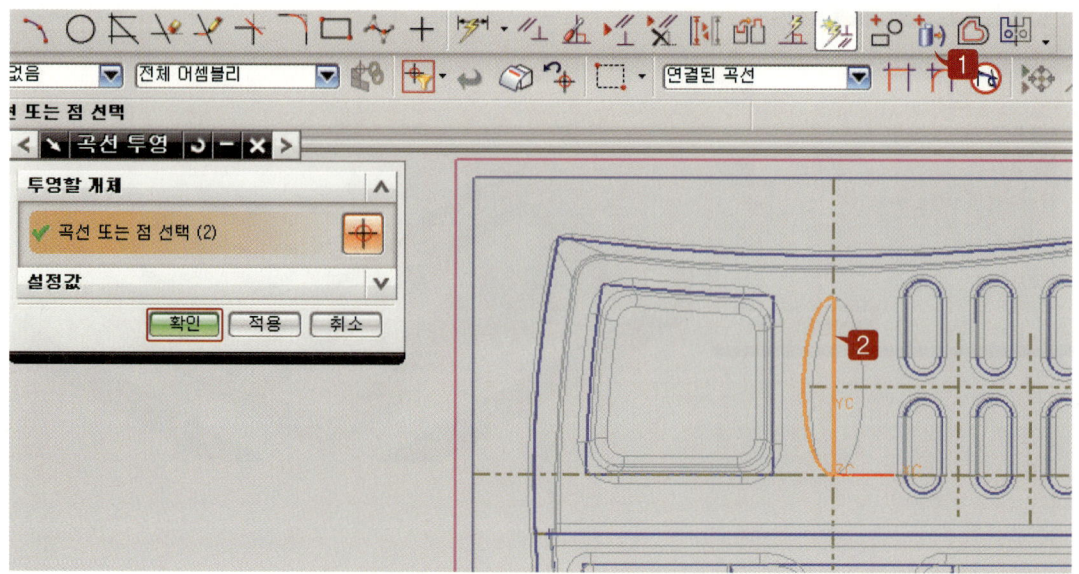

5) 회전 아이콘 ①을 클릭하고 단면 곡선 ②를 선택하고 축 벡터 ③을 클릭한다. 한계에서 각도를 확인하고 부울은 결합으로 하고 확인한다.

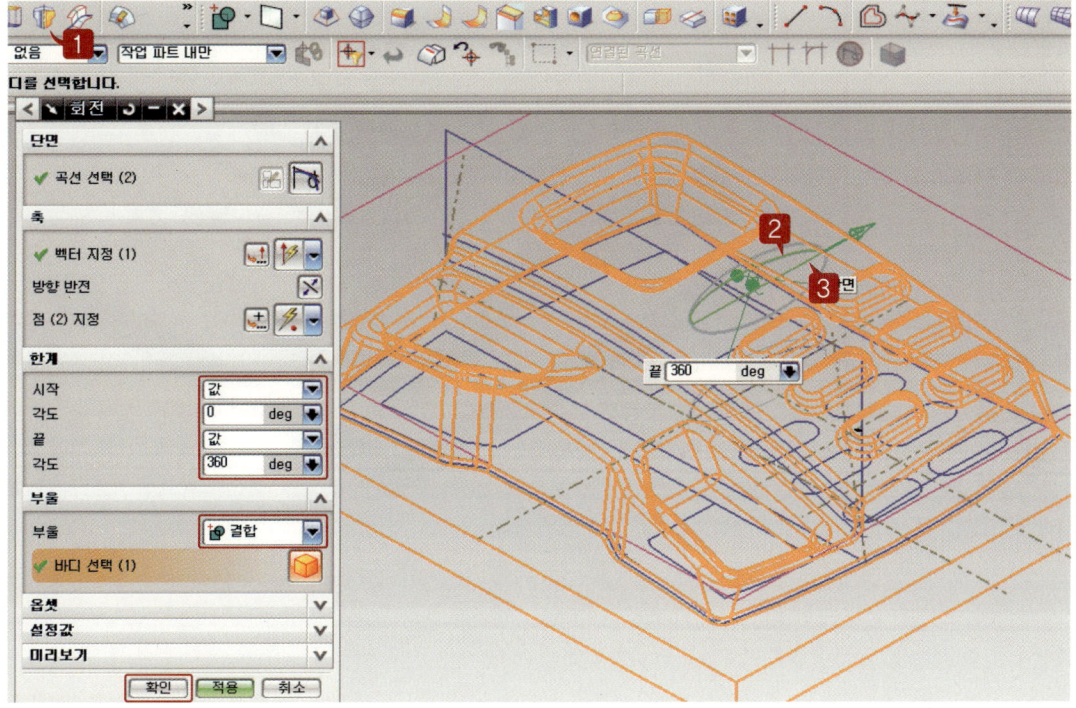

6) 모서리 블렌드 아이콘을 선택하고 모서리 ①을 클릭하고 R값 1입력 후 확인한다.

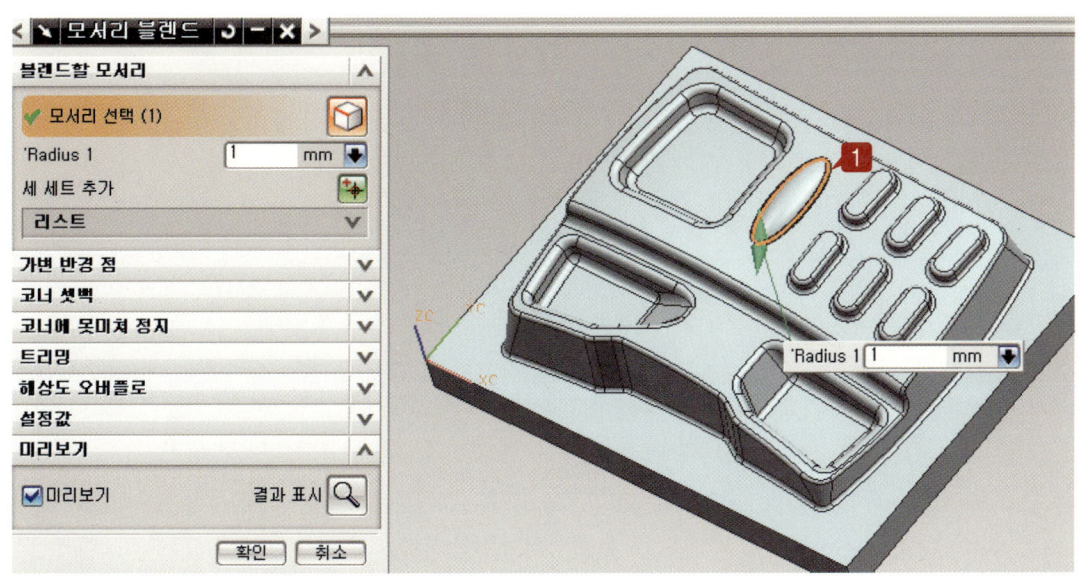

7) 아래 그림은 완성된 작품이다.

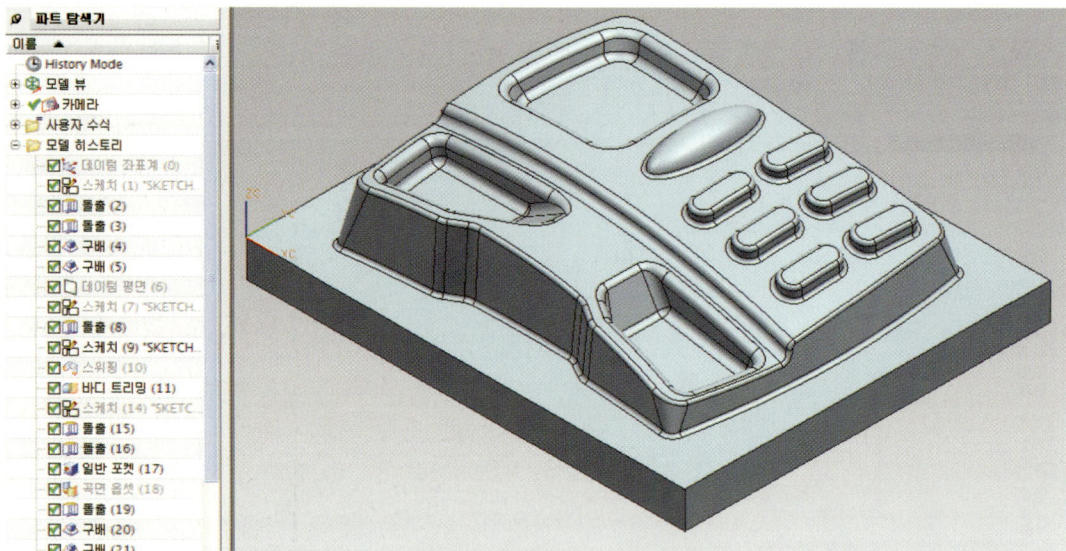

13 브라켓모양 모델링 따라하기

| 도면명 | UG 모델링작업 ⑬ | 척 도 | NS |

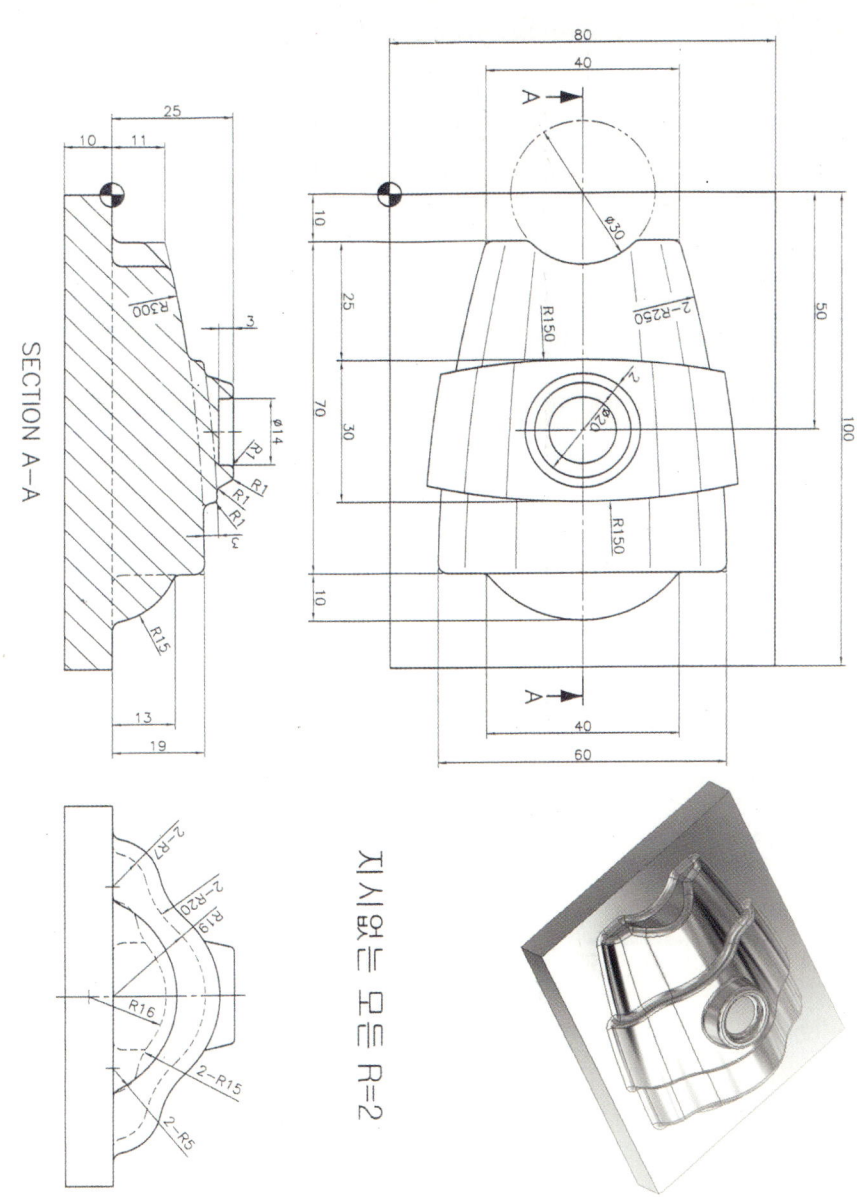

유니그래픽스 CAD/CAM
NX6 쉽게 따라하기

01 평면도 스케치 작성하기

1) 새로 만들기( ) ①(Ctrl +N)를 실행한다.
2) 스케치(Sketch)( ) ②를 선택한다.

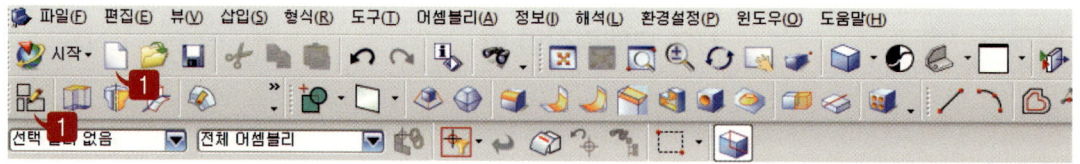

3) 기본적으로 평면도(XY)평면이 설정하고 확인한다.

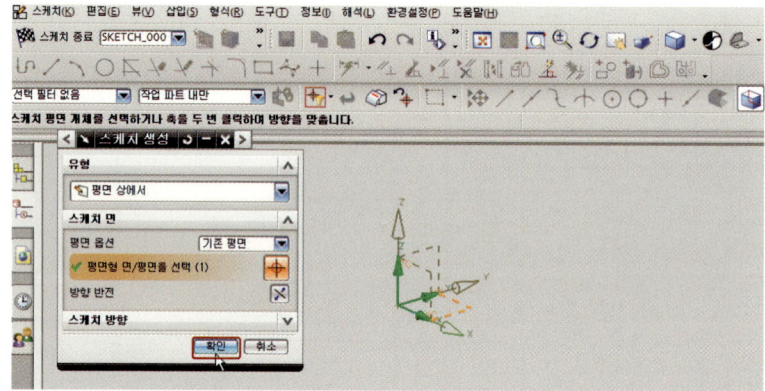

4) 직사각형(Rectangle)( ) ①을 선택한다. 그림에서와 같이 2점으로(by 2point)하여 원점 (0,0)에서 시작하는 임의에 직사각형을 그린다.

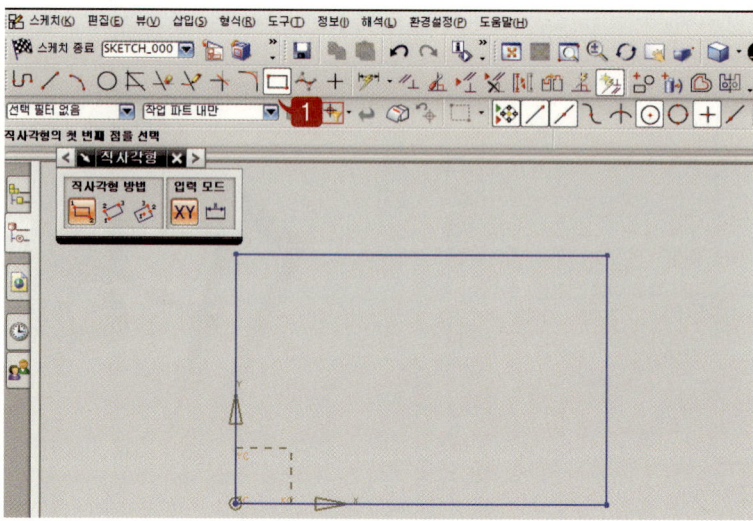

5) 추정치수 아이콘 ①을 선택하고 그림과 같이 치수를 입력한다.

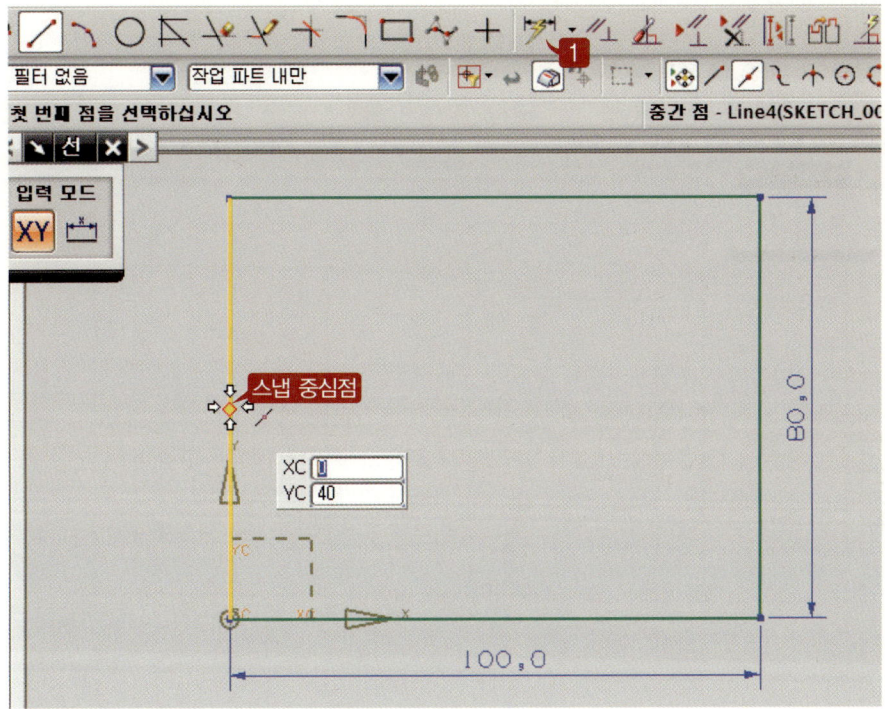

6) 선 아이콘 ①을 이용하여 중심 수평선과 수직선을 그리고 참조선 아이콘 ②를 활용하여 직선 ③, ④를 변환하고 확인한다.

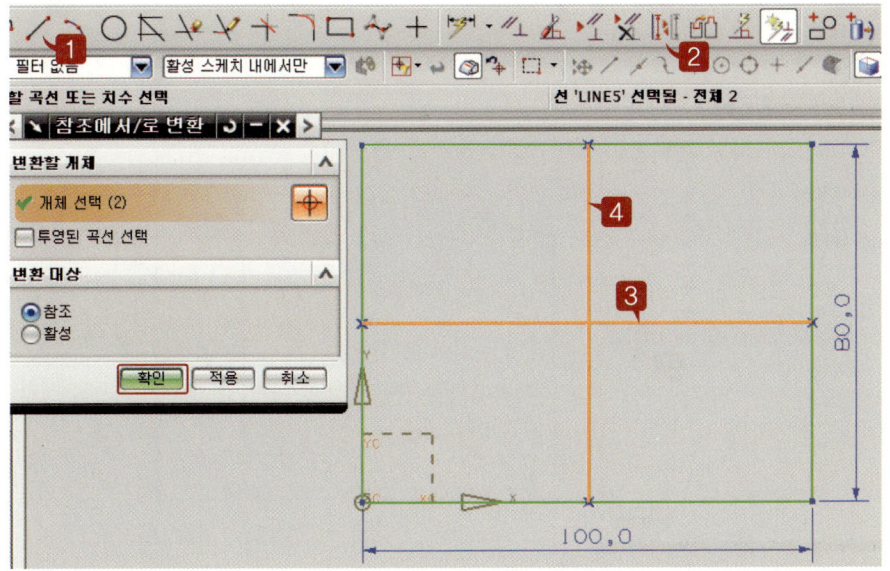

7) 그림처럼 선 아이콘 ①과 원호 아이콘 ②를 이용하여 스케치를 생성하고 추정치수 아이콘을 ③선택하고 치수를 입력한다.

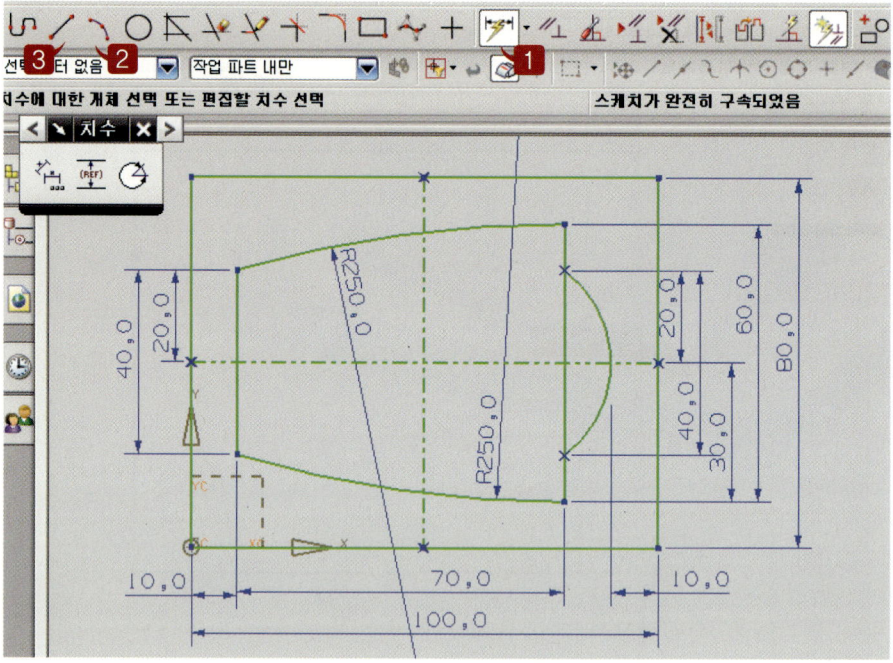

8) 표시 및 숨기기 아이콘 ①을 클릭하여 치수 숨기기 ②를 선택한다.

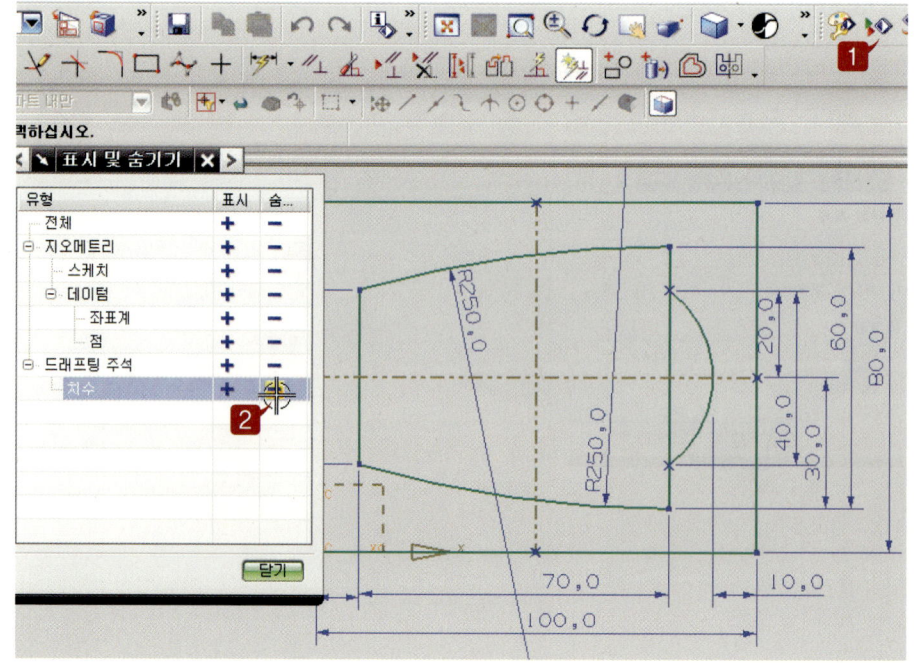

CHAPTER 2 | 모델링 따라하기

9) 그림처럼 원 아이콘 ①을 이용하여 스냅 교차점 ②를 확인하면서 아래 그림처럼 원 스케치 생성한다.

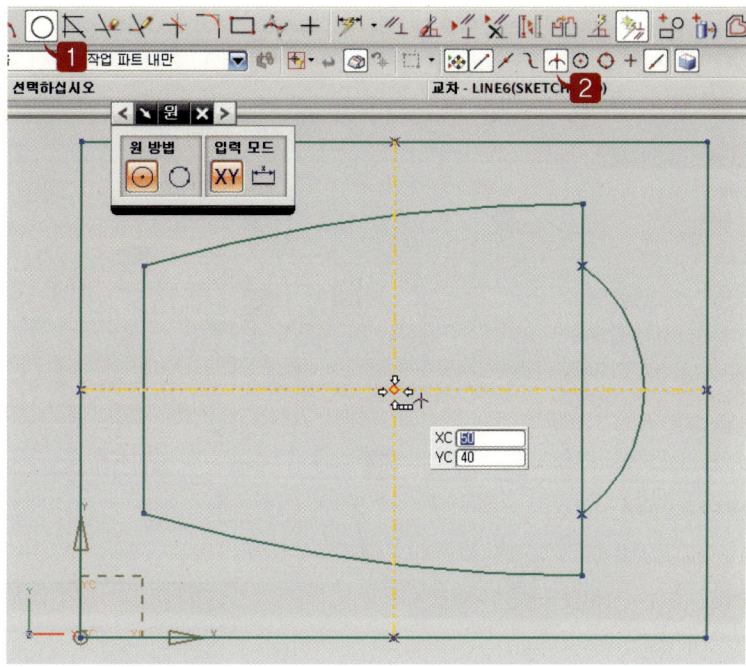

10) 그림처럼 추정치수 아이콘을 ①선택하고 치수를 입력한다.

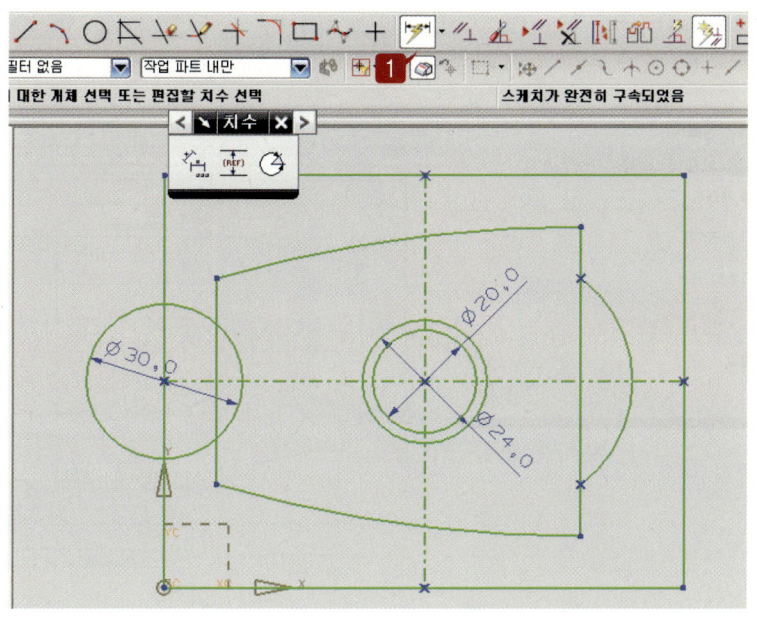

11) 원호 아이콘 ①을 이용하여 ②와 ③의 호를 생성하고 옵셋 곡선 아이콘 ④를 이용하여 곡선 ⑤, ⑥을 클릭하고 3mm 바깥방향으로 곡선 옵셋하고 치수기입 아이콘을 이용하여 치수기입을 하고 확인한다.

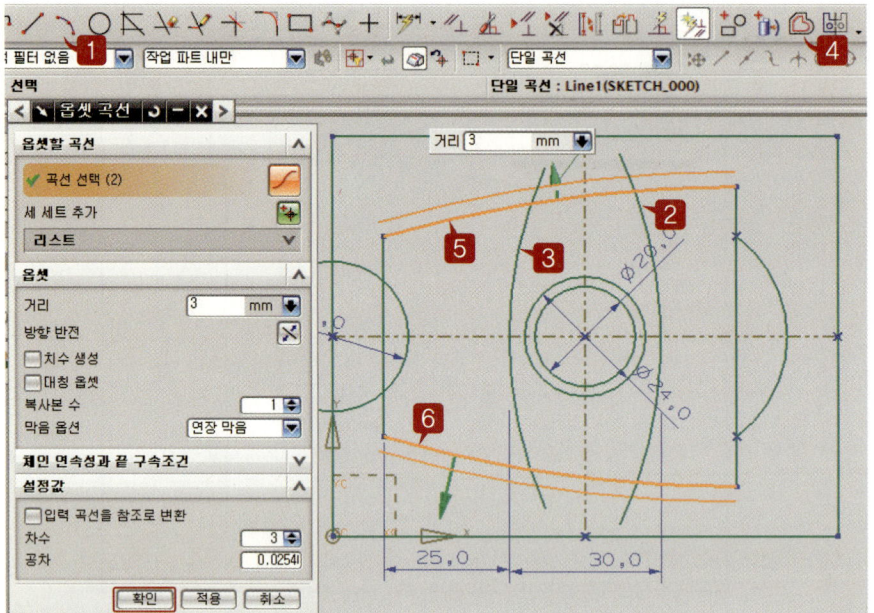

12) 그림처럼 빠른 트리밍 아이콘 ①을 활용하여 트림하고 스케치 종료 아이콘을 클릭한다.

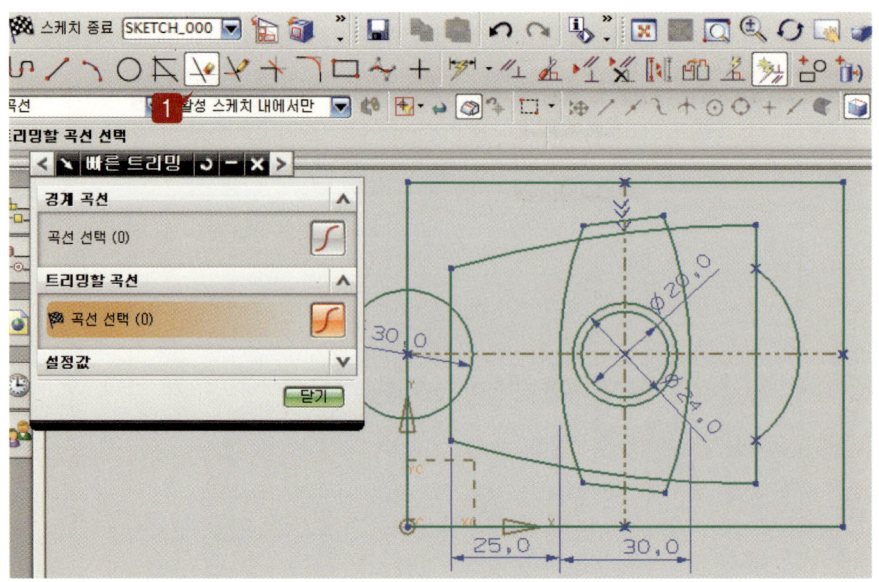

CHAPTER 2 | 모델링 따라하기

02 돌출 작성하기

1) 돌출 아이콘 ①을 선택하고 연결된 곡선 ②를 선택한 상태에서 곡선 ③을 선택하고 -10만큼 돌출하고 확인한다.

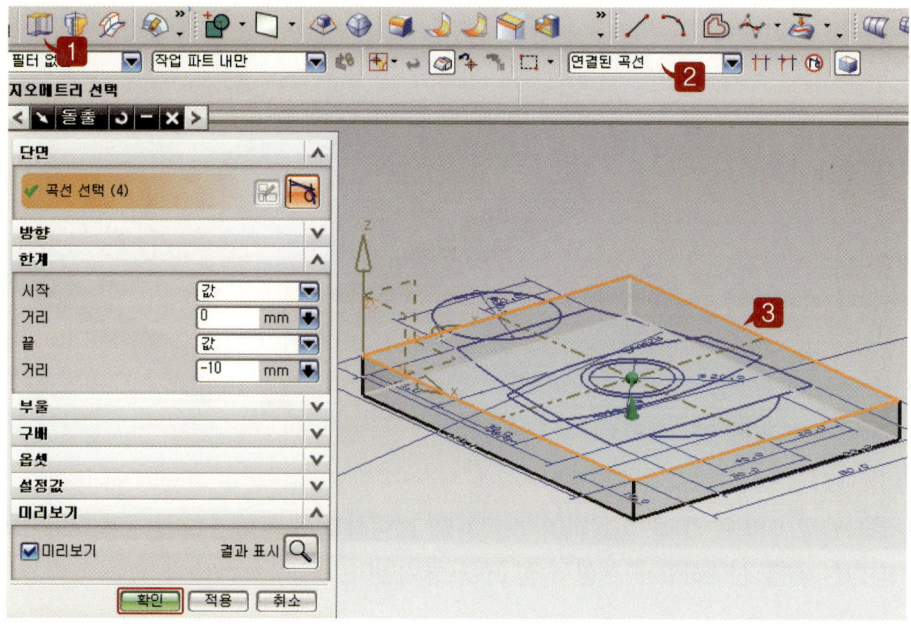

03 메시 곡면 작성하기

1) 데이텀 평면 ①을 클릭하고 유형을 거리로 하고 평면참조 ②를 선택하고 옵셋 거리 -20입력 하고 확인한다.

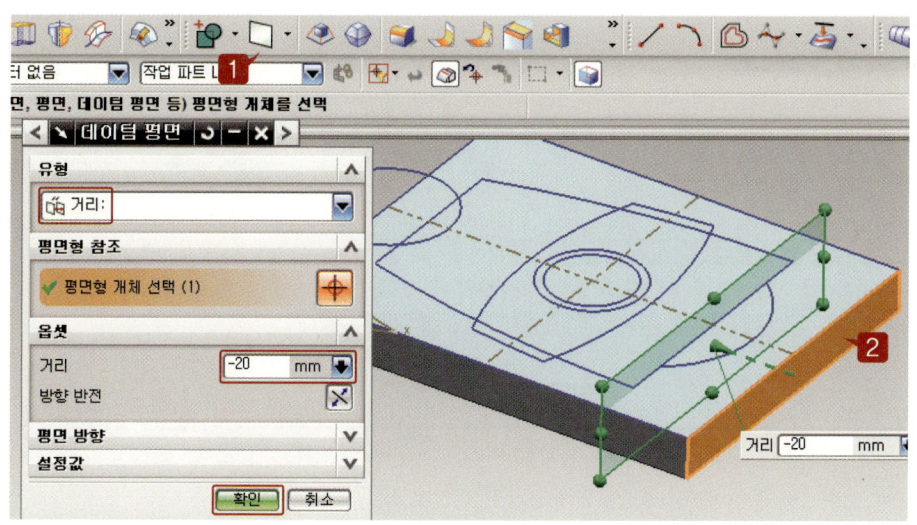

2) 스케치( ) 아이콘을 클릭하고 유형은 평면상에서 스케치 면은 데이텀 평면을 ①클릭하고 확인한다.

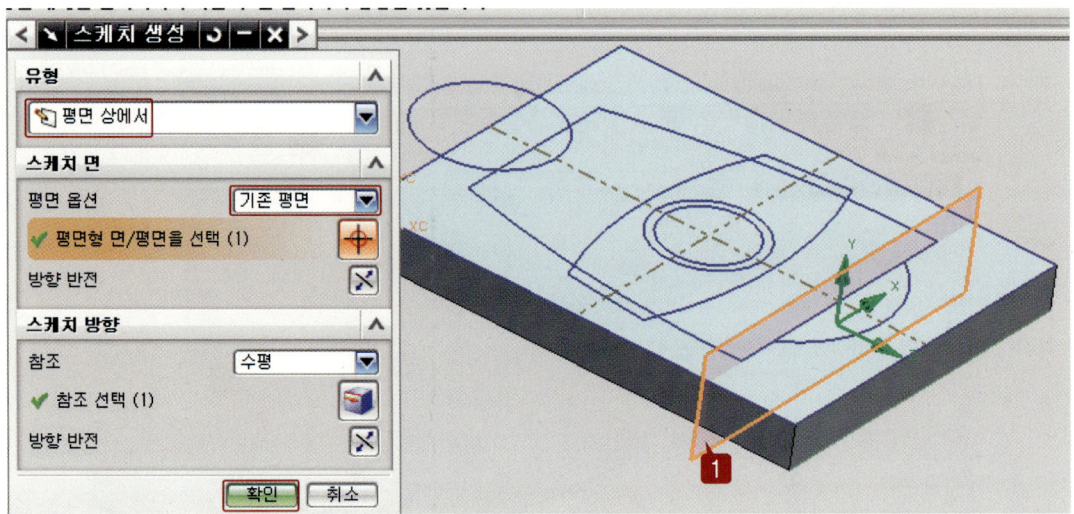

3) 그림처럼 원호 아이콘 ①을 이용하여 스케치를 생성하고 구속조건 ②를 클릭하고 호의 중심 ③과 중심선 ④를 선택하고 곡선상의 점 ⑤를 클릭한다.

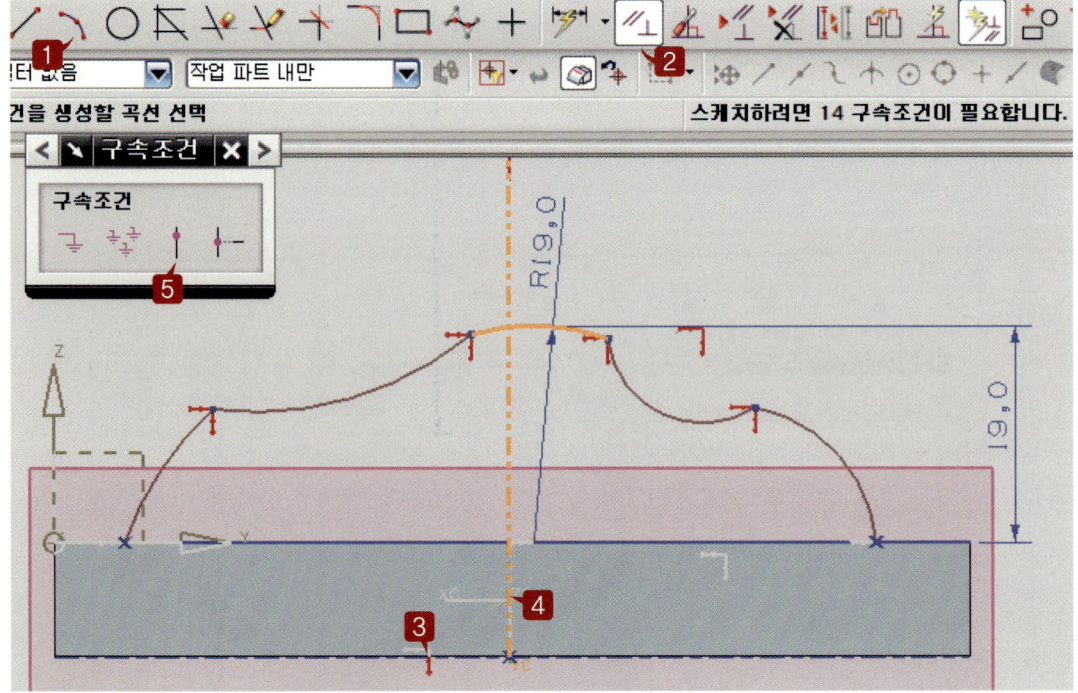

4) 그림처럼 호와 호의 접선구속을 생성한다.

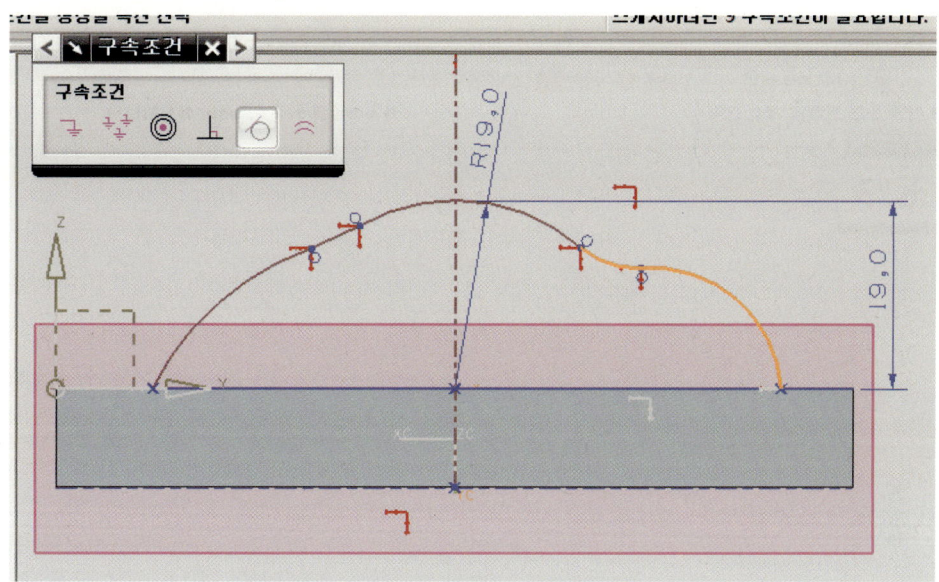

5) 그림처럼 추정치수 아이콘을 ①선택하고 치수를 입력하고(높이 19mm먼저입력) 구속조건 ②를 선택하고 모서리 호(R7)의 중심 ③과 기준선 ④를 선택하고 곡선상의 점 ⑤를 클릭한다. (반대쪽에도 같은 방법으로 실행한다)

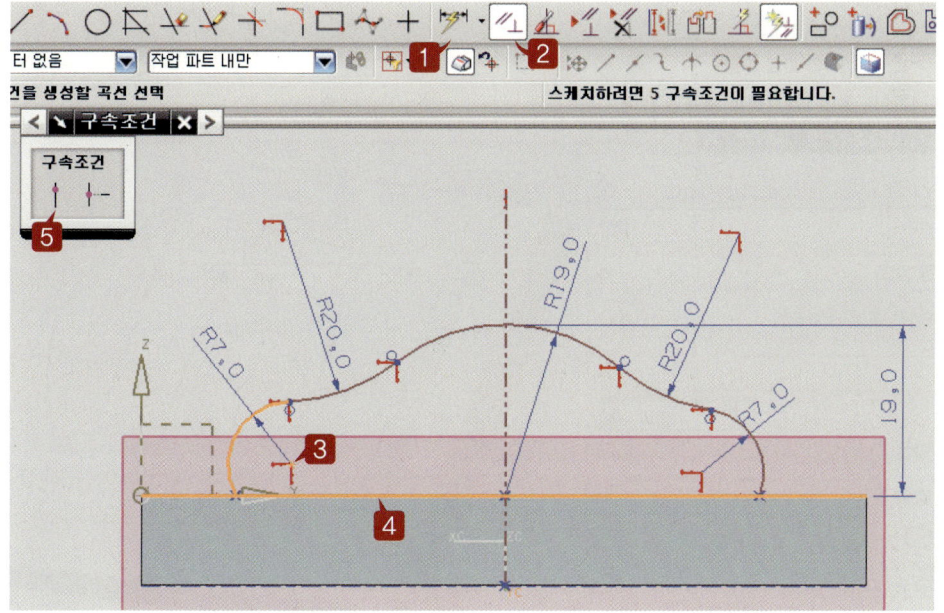

6) 그림처럼 추정치수 아이콘을 ①선택하고 치수를 입력을 완료하고 스케치 종료를 한다.

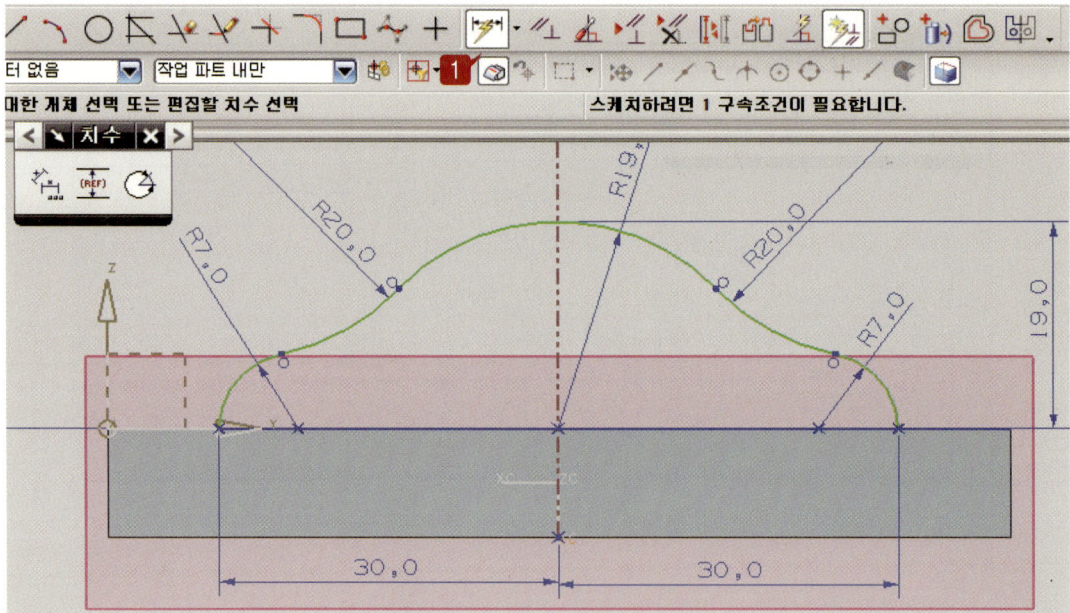

7) 데이텀 평면 ①을 클릭하고 유형을 거리로 하고 평면참조 ②를 선택하고 옵셋 거리 -10입력하고 확인한다.

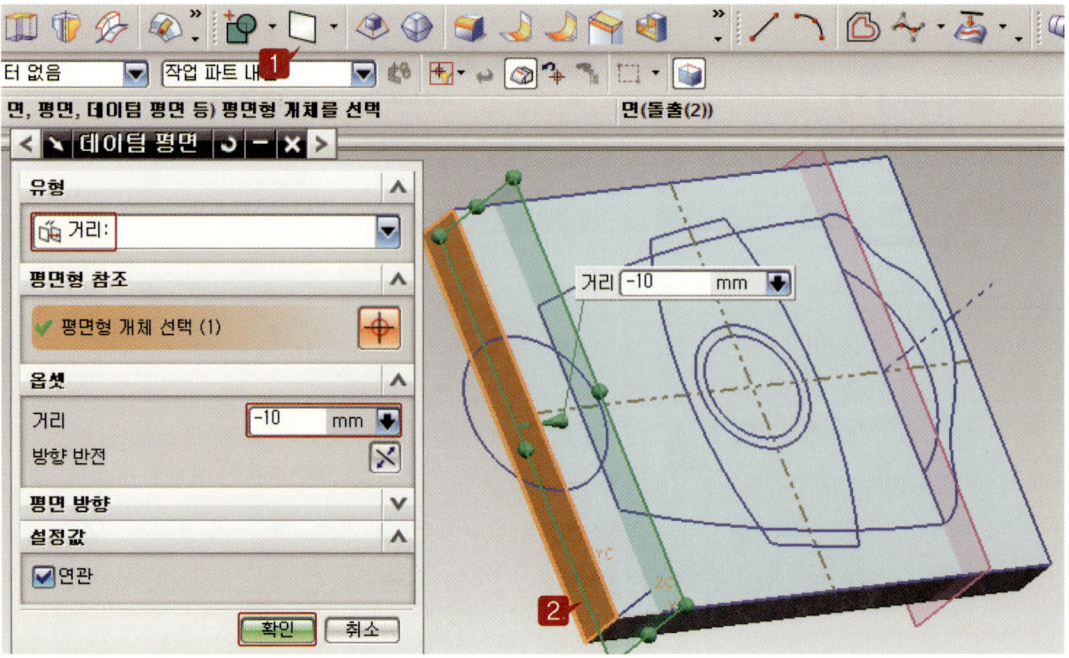

CHAPTER 2 | 모델링 따라하기

8) 스케치( ) 아이콘을 클릭하고 유형은 평면상에서 스케치 면은 데이텀 평면을 ①클릭하고 확인한다.

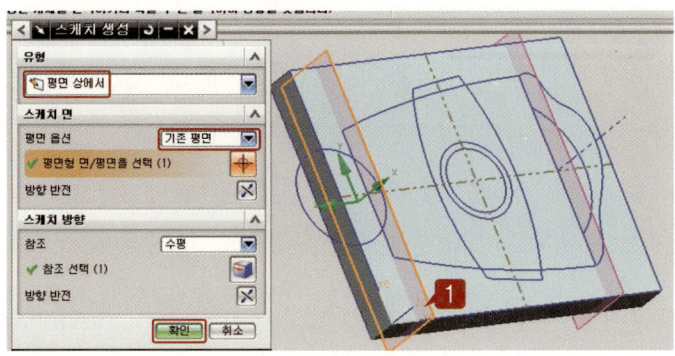

9) 그림처럼 원호 아이콘 ①을 이용하여 스케치를 생성한다.

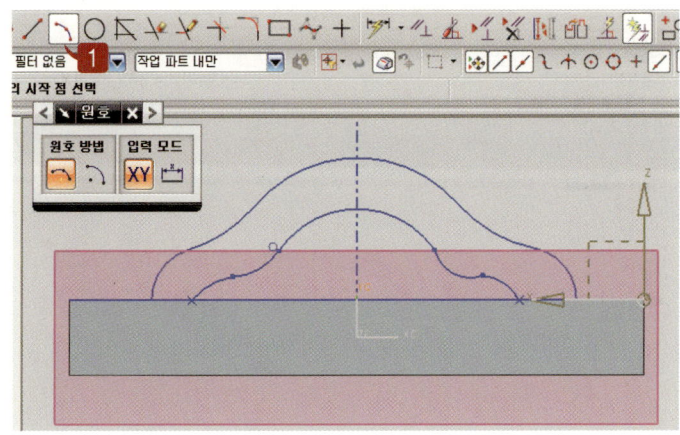

10) 구속조건 ②를 클릭하고 호의 중심 ③과 중심선 ④를 선택하고 곡선상의 점 ⑤를 클릭한다.

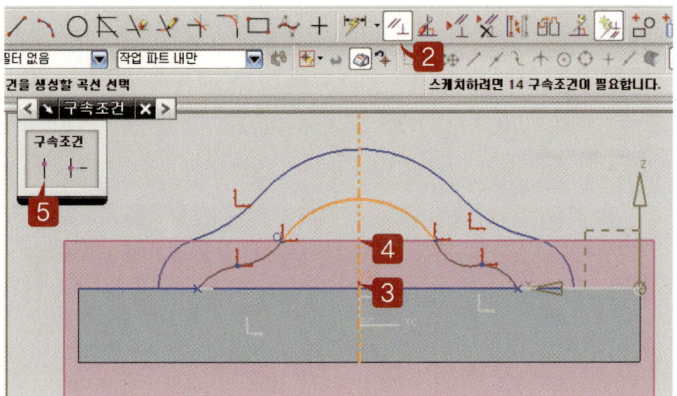

11) 그림처럼 호와 호의 접선구속을 생성한다.

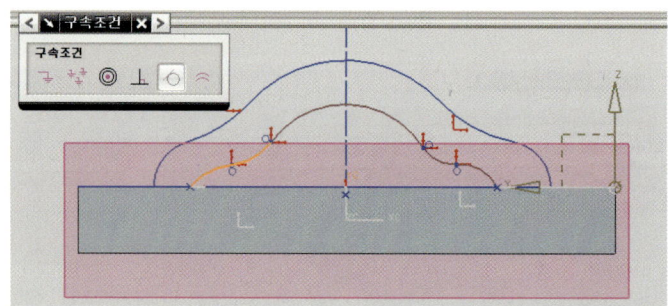

12) 그림처럼 추정치수 아이콘을 ①선택하고 치수를 입력하고(높이 11mm먼저입력) 구속조건 ②를 클릭하고 모서리 호(R5)의 중심 ③과 기준선 ④를 선택하고 곡선상의 점 ⑤를 클릭한다. (반대쪽에도 같은 방법으로 실행한다)

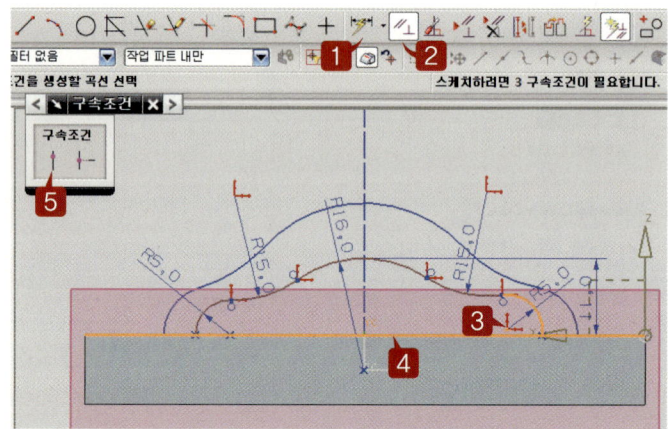

13) 그림처럼 추정치수 아이콘을 ①선택하고 치수를 입력을 완료하고 스케치 종료를 한다.

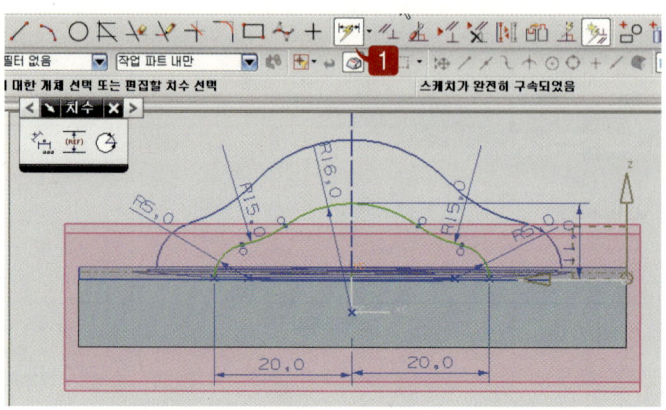

CHAPTER 2 | 모델링 따라하기

14) 다시 데이텀 평면을 클릭하고 유형을 거리로 하고 평면참조 ②를 선택하고 옵셋 거리 -40입력하고 확인한다.

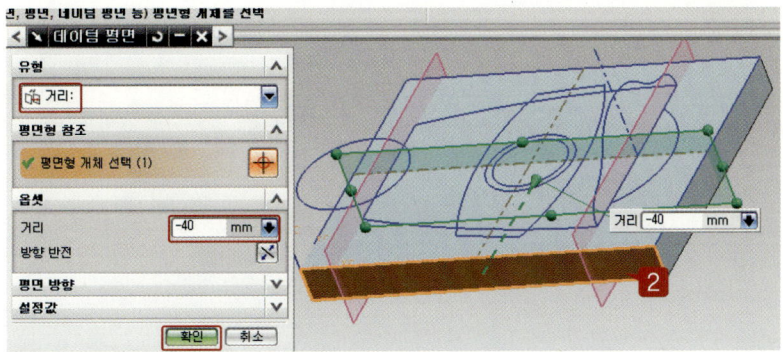

15) 스케치( ) 아이콘을 클릭하고 유형은 평면상에서 스케치 면은 데이텀 평면을 ①클릭하고 확인한다.

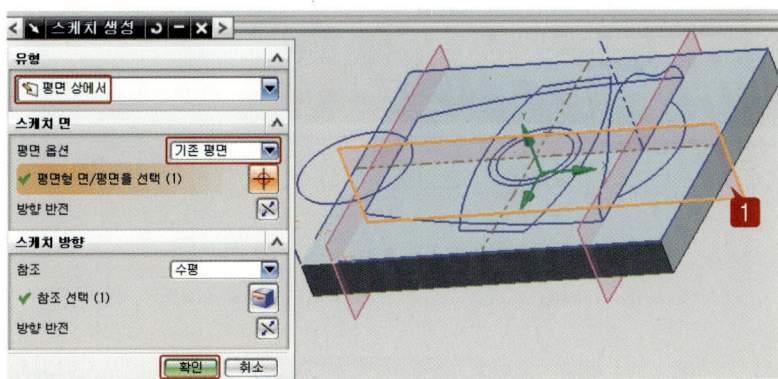

16) 그림처럼 원호 아이콘 ①을 이용하여 스케치를 생성하고 추정치수 아이콘을 ②선택하고 치수를 입력을 완료하고 스케치 종료를 한다.

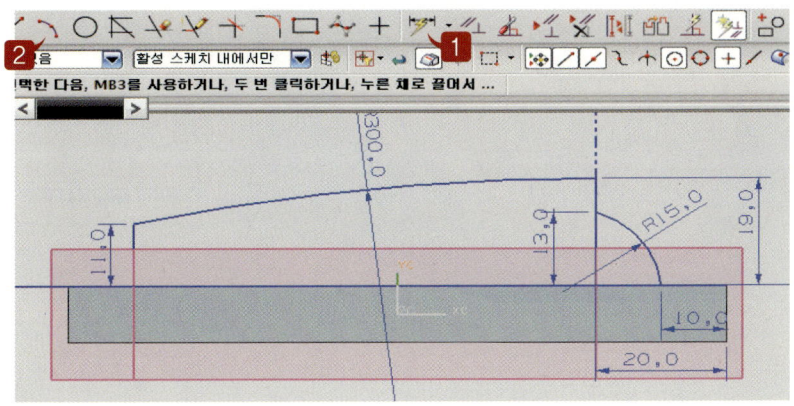

17) 아래 그림은 스케치가 완료된 상태이다.

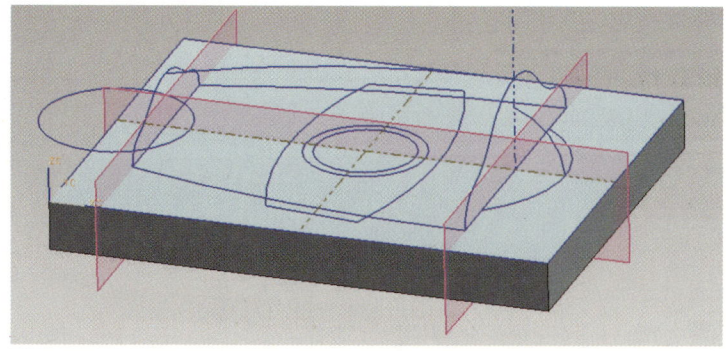

18) 표시 및 숨기기 아이콘 ①을 클릭하고 데이텀 평면 숨기기 ②를 선택한다.

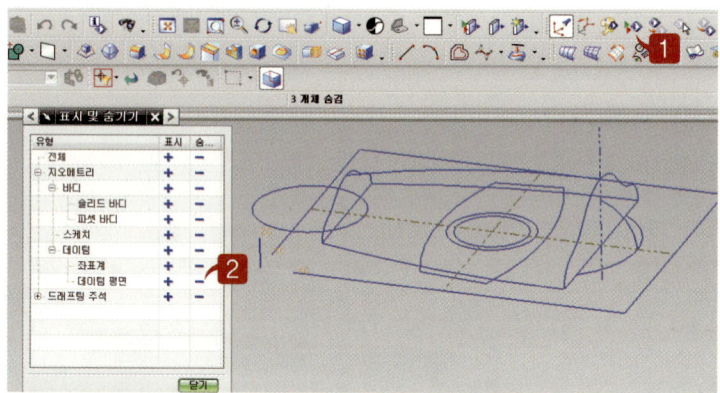

19) 삽입에 메시 곡면에 곡선 통과 메시(곡선 통과 메시(M)...)를 클릭한다. 기본곡선 ①을 선택하고 MB2클릭한다.

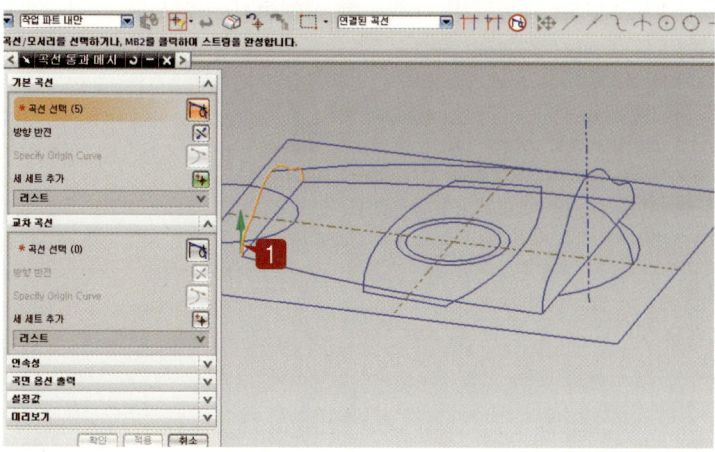

20) 기본곡선 ②를 선택하고 MB2클릭한다. 여기서 방향이 같은 방향으로 확인한다.

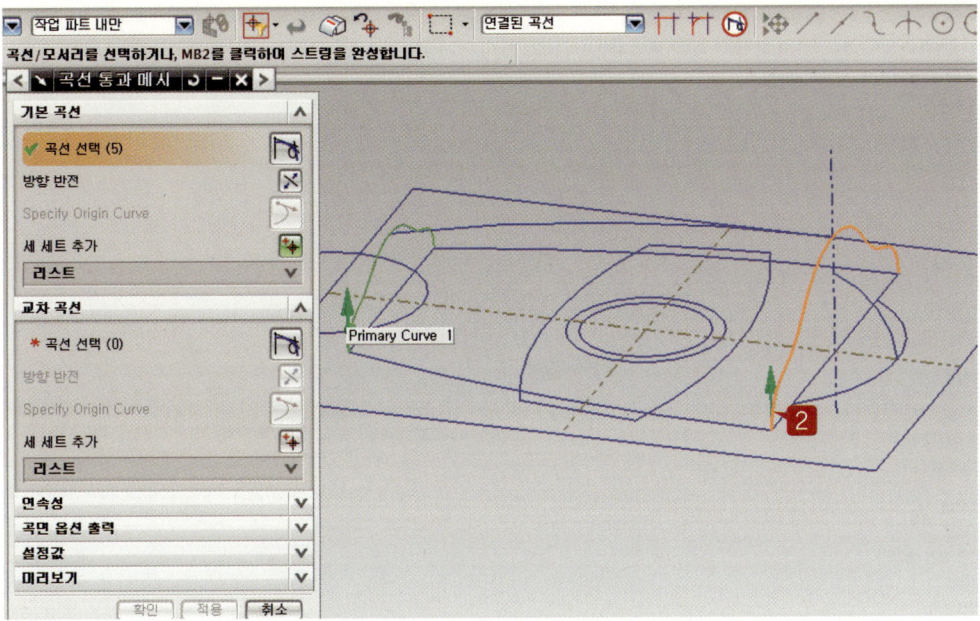

21) 교차곡선으로 탭을 선택하고 곡선 ①을 선택하고 MB2클릭한다.

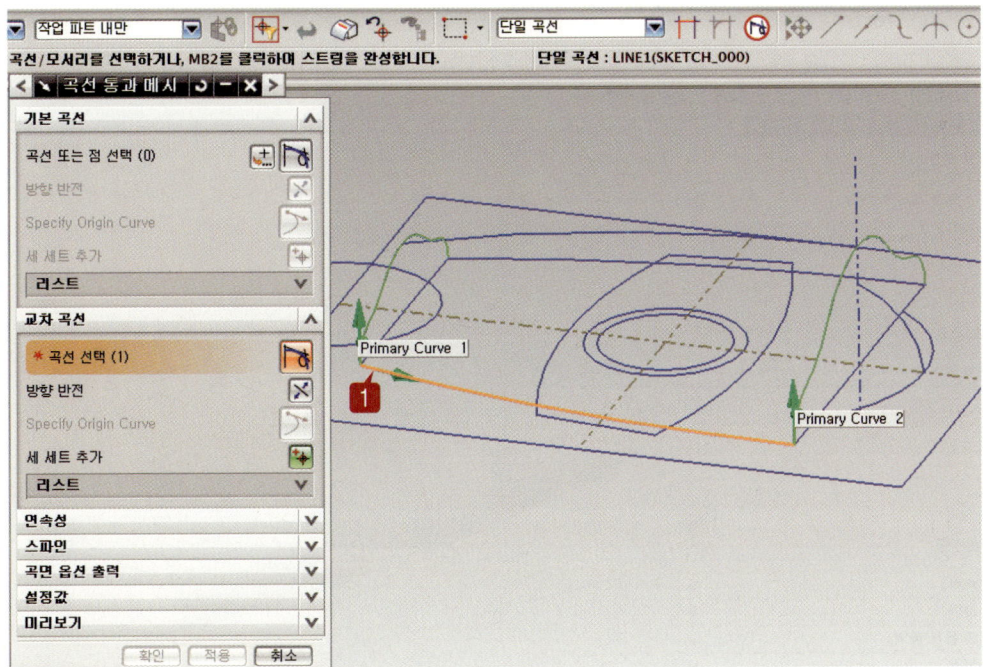

22) 다시 곡선 ②를 선택하고 MB2클릭한다. 여기서 방향이 같은 방향으로 확인한다.

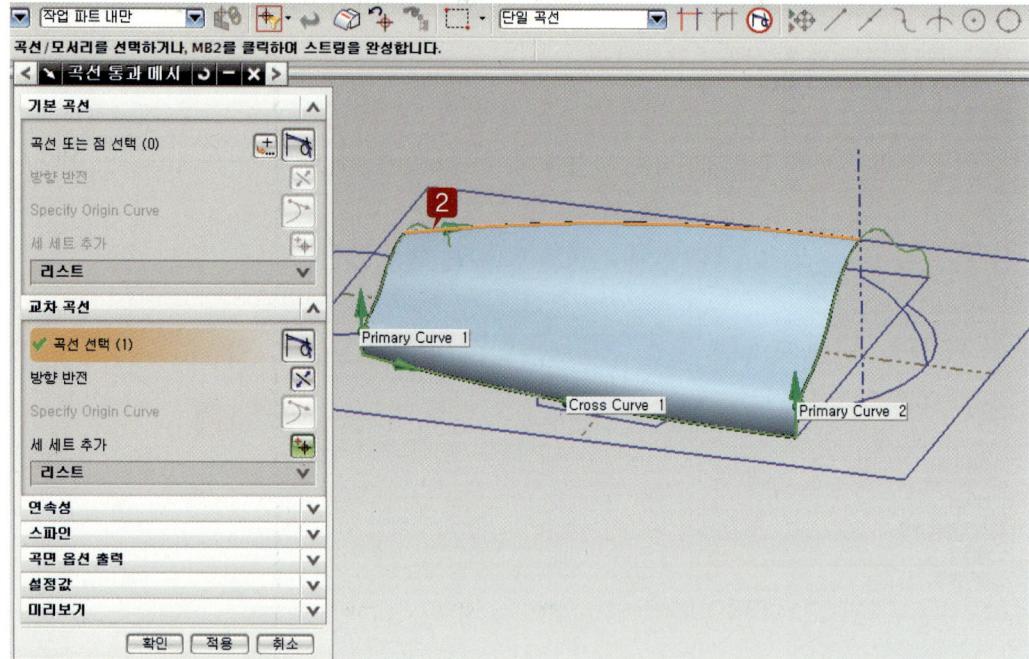

23) 다시 곡선 ③을 선택하고 MB2클릭한다. 여기서 방향이 같은 방향으로 확인한다.

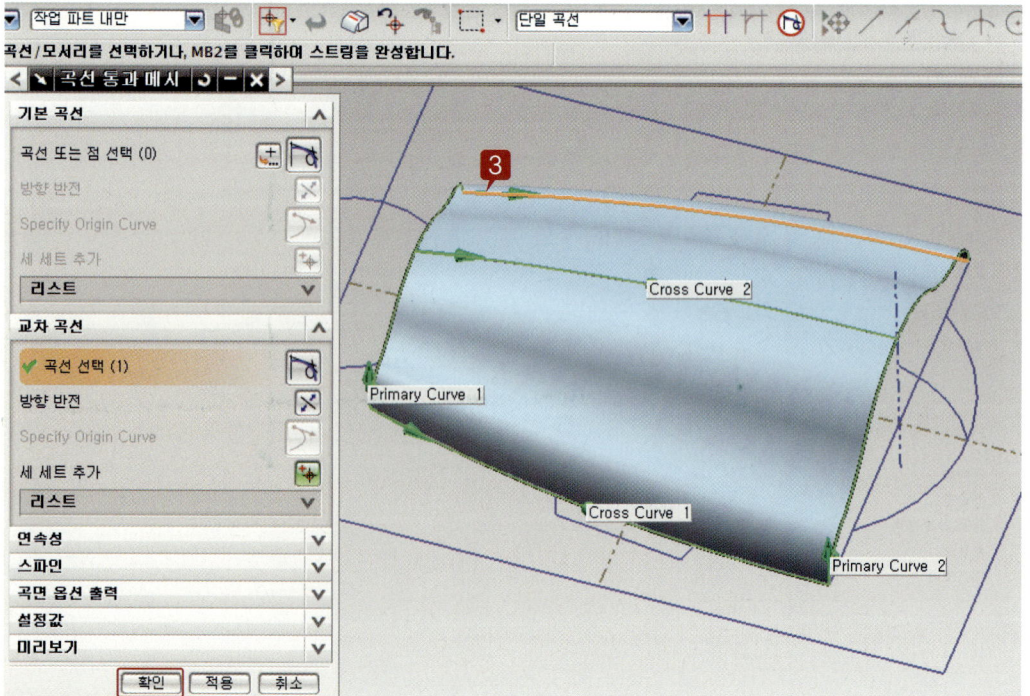

CHAPTER 2 | 모델링 따라하기

04 경계평면 작성하기

1) 삽입에 곡면에 경계평면(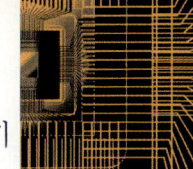)을 클릭한다. 단면곡선 ①을 클릭하고 적용한다.

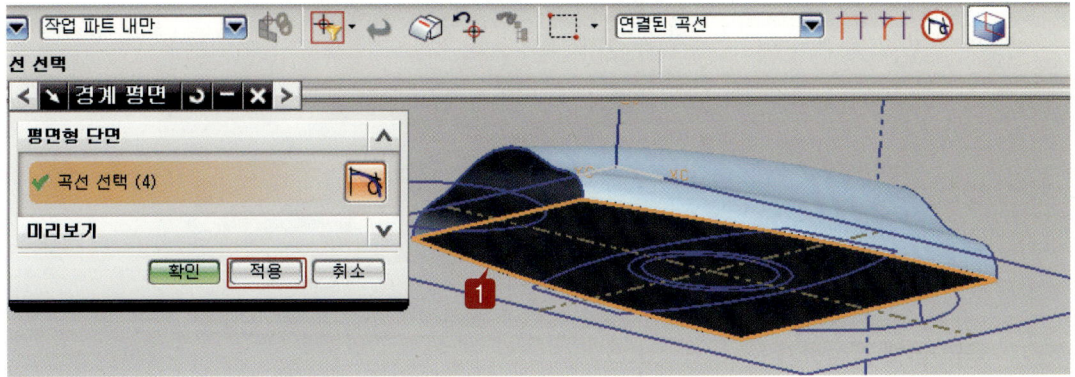

2) 다시 단면곡선 ②를 클릭하고 적용한다.

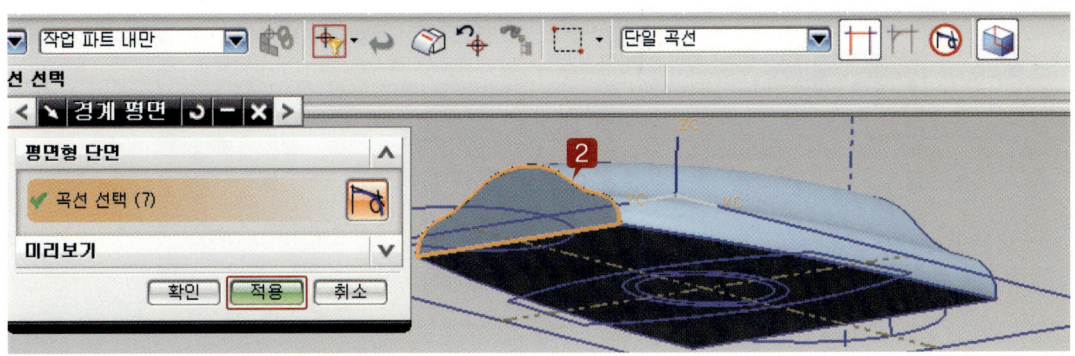

3) 다시 단면곡선 ③을 클릭하고 확인한다.

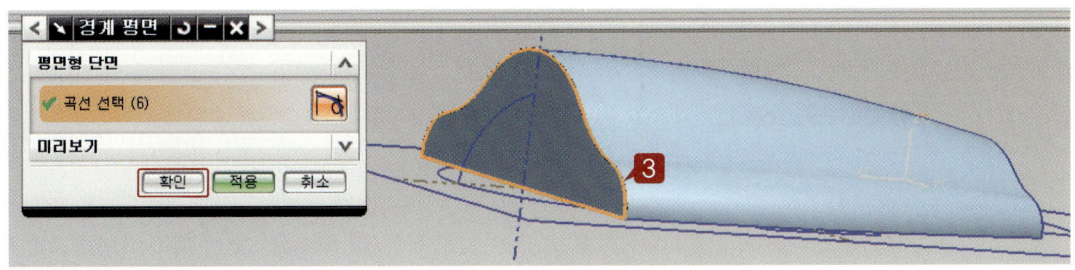

4) 삽입에 곡면에 바디결합(연결(W)...)을 클릭한다. 타겟 바디 ①을 선택하고 공구바디 ②, ③, ④를 선택하고 확인한다.

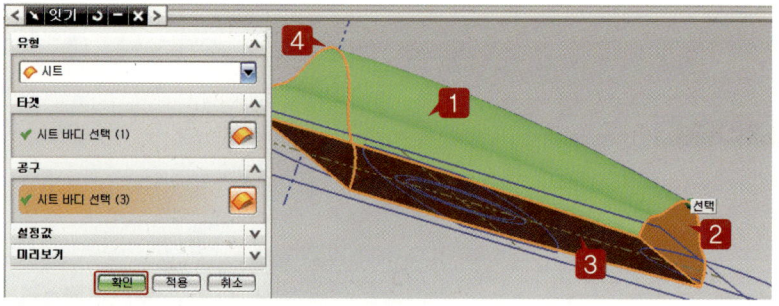

05 곡면 옵셋 작성하기

1) 삽입에 옵셋/배율에서 옵셋 곡면(옵셋 곡면(O)...)을 클릭하고 거리 3입력 후 옵셋할 면 ①을 선택하고 확인한다.

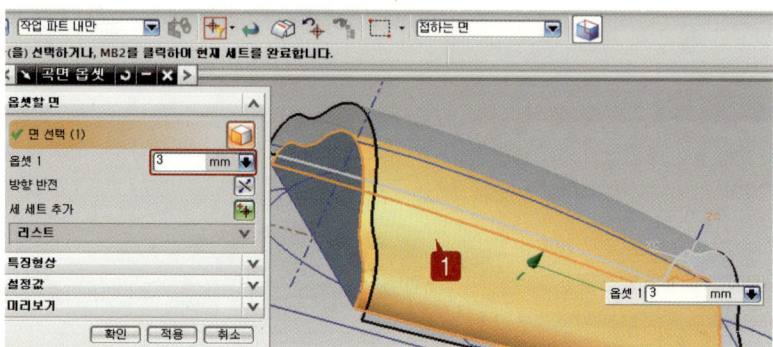

2) 삽입에 트리밍에 트리밍 및 연장...을 클릭한다. 유형은 거리로 모서리 ①, ②를 선택하고 확인한다.

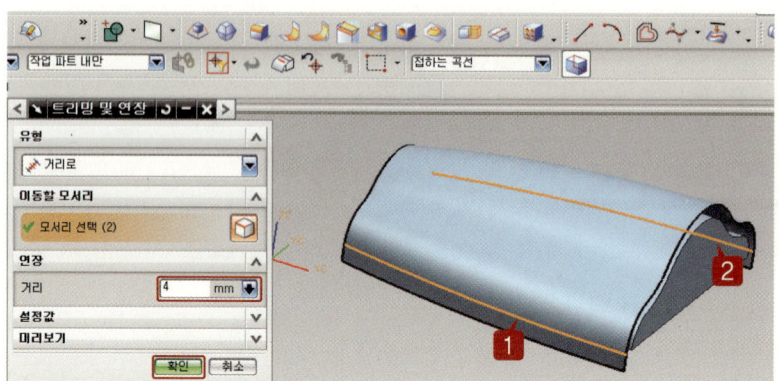

CHAPTER 2 | 모델링 따라하기

06 돌출 작성하기

1) 돌출( ) 아이콘을 클릭하고 단면 곡선 ①을 선택한다.

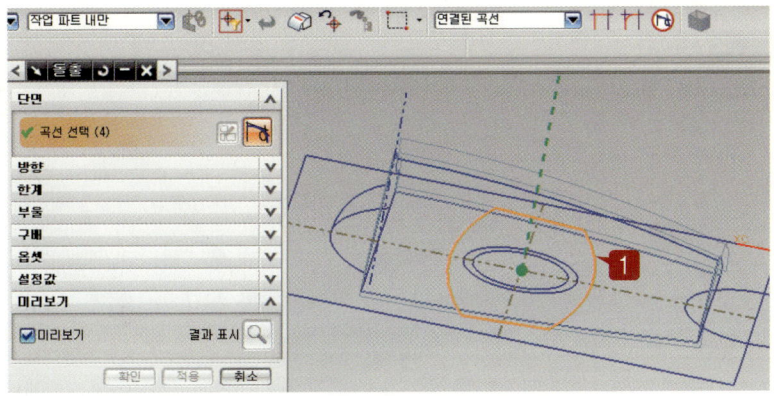

2) 끝 거리를 선택 ①까지 선택하고 확인한다.

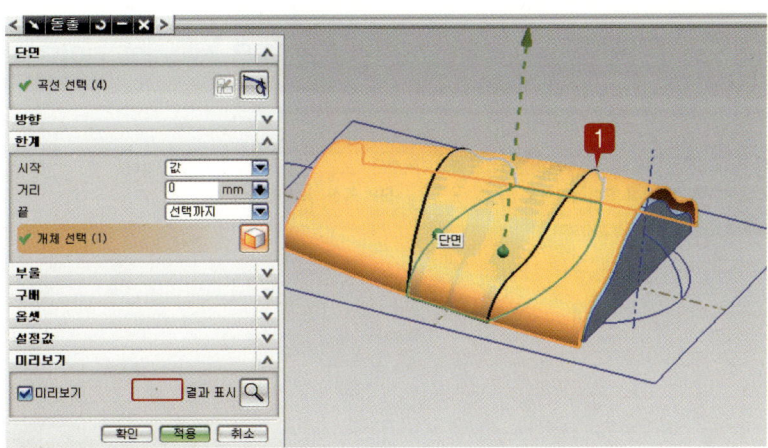

3) 곡면 ①을 클릭하고 MB3을 클릭하여 숨기기 한다.

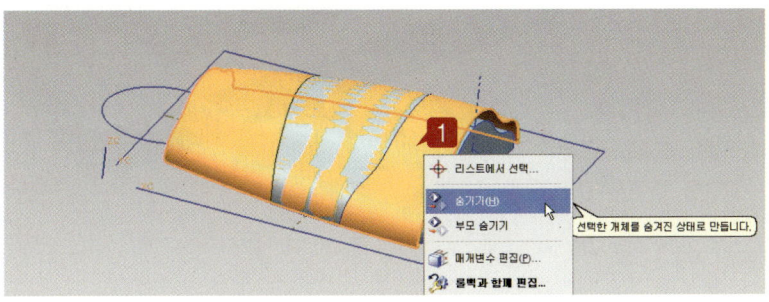

07 스윕 및 돌출 작성하기

1) 화면에 아이콘을 클릭하고 스케치 표시 ①을 선택한다.

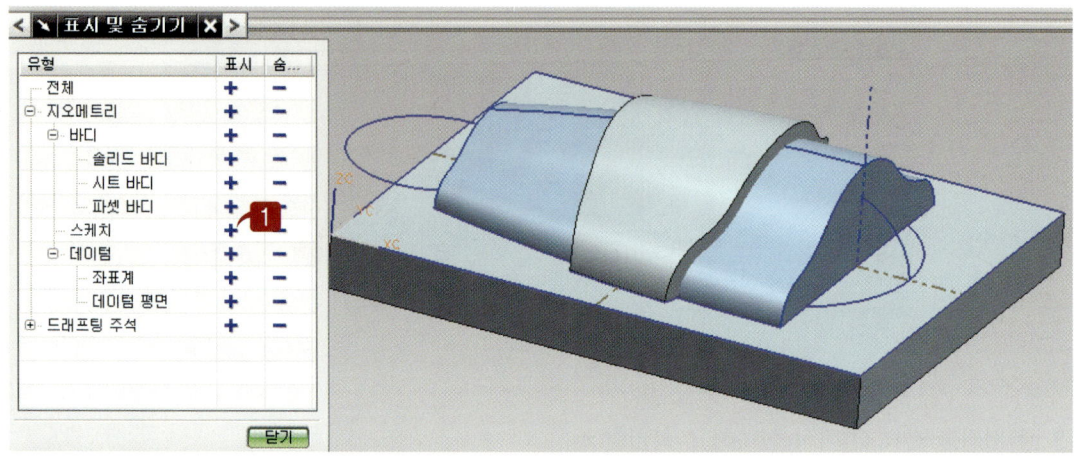

2) 삽입에 스윕에 스윕(스윕(S)...)을 클릭하고 단면 곡선 ①을 선택하고 가이드 곡선 ②를 선택한다.

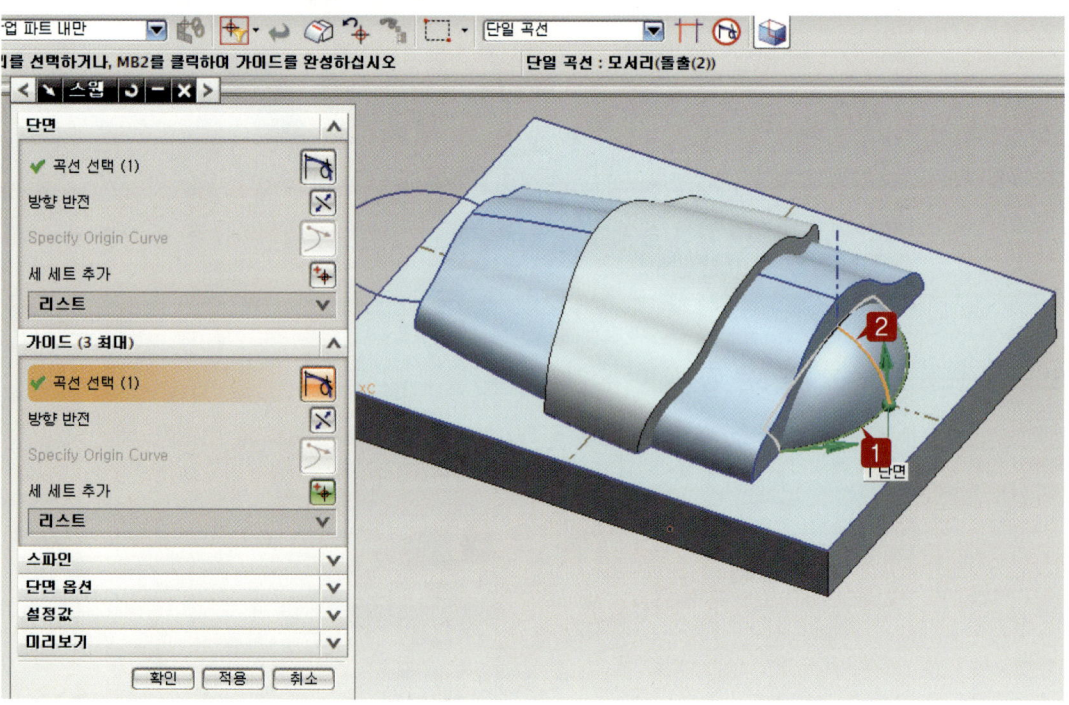

CHAPTER 2 | 모델링 따라하기

3) 돌출 아이콘 ①을 클릭하고 단면 곡선 ②를 선택하고 끝 거리를 선택 ③까지 선택하고 부울은 결합으로 바디를 선택하여 적용한다.

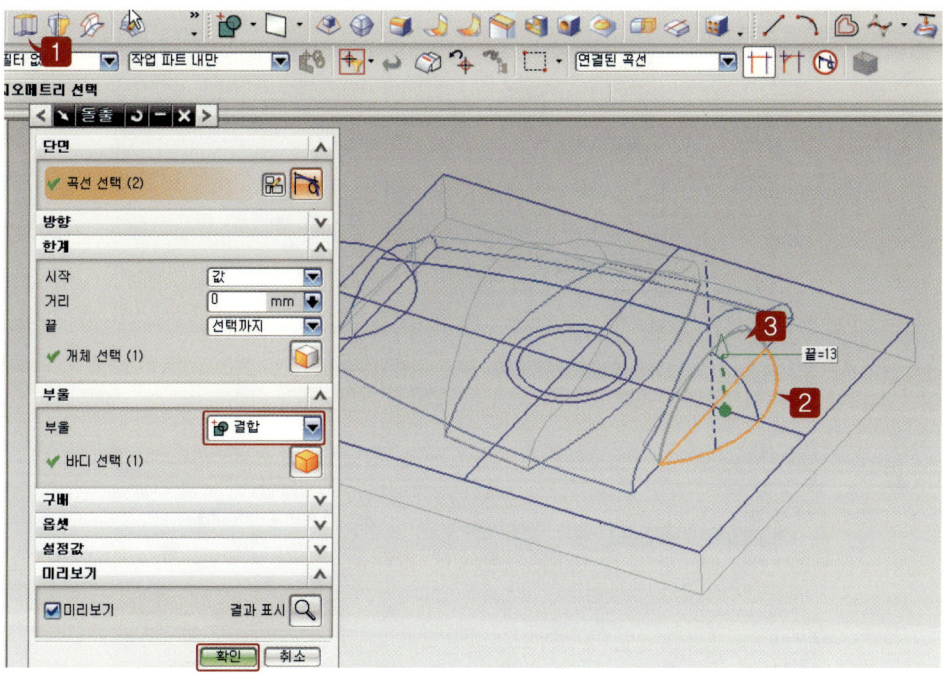

4) 다시 단면 곡선 ①을 선택하고 끝 값 50정도 돌출하고 부울은 빼기로 하고 확인한다.

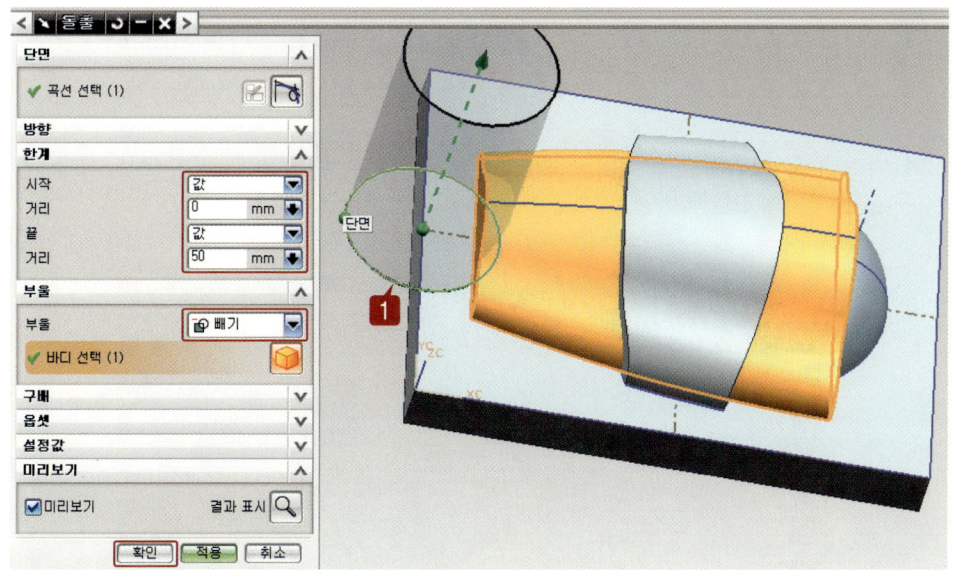

08 메시 곡면 작성하기

1) 그림처럼 파트 탐색기에서 첫 번째 스케치를 클릭하고 MB3 롤백과 함께 편집을 클릭한다.

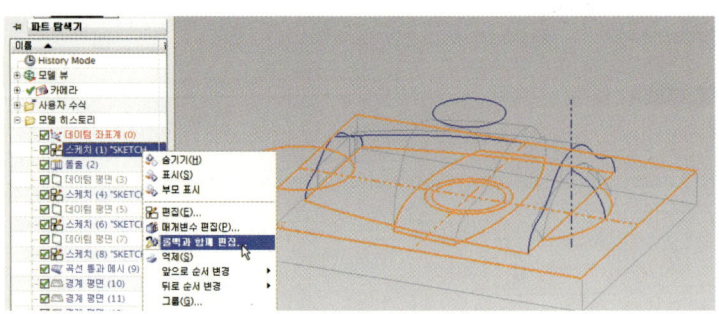

2) 중심 센터 참조선 ①, ②를 선택하여 활성에 클릭하고 확인한다.

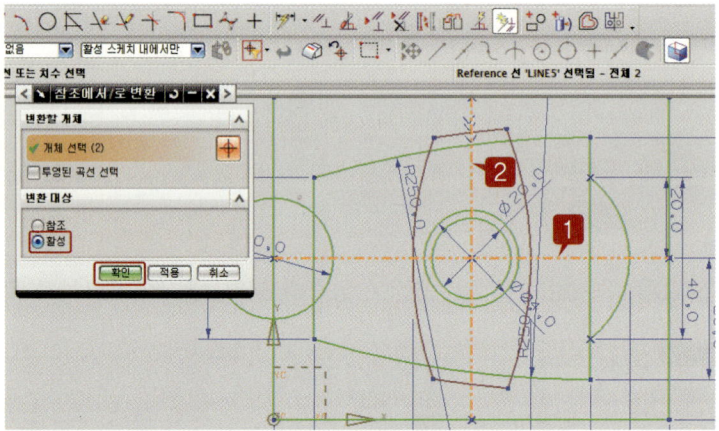

3) 데이텀 평면 ①을 클릭하고 유형을 거리로 하고 평면참조 ②를 선택하고 옵셋 거리 25입력하고 확인한다.

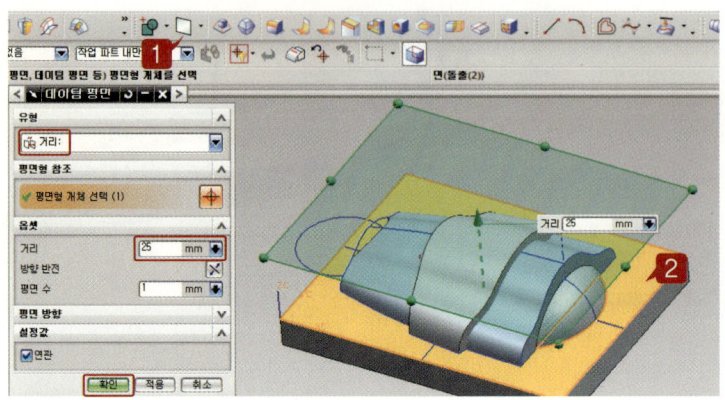

CHAPTER 2 | 모델링 따라하기

4) 삽입에 곡선에서의 곡선에 투영(P) ①을 클릭한다. 투영할 곡선 ②를 클릭하고 투영할 객체 ③을 선택한다. 투영방향은 Z으로 설정하고 적용한다.

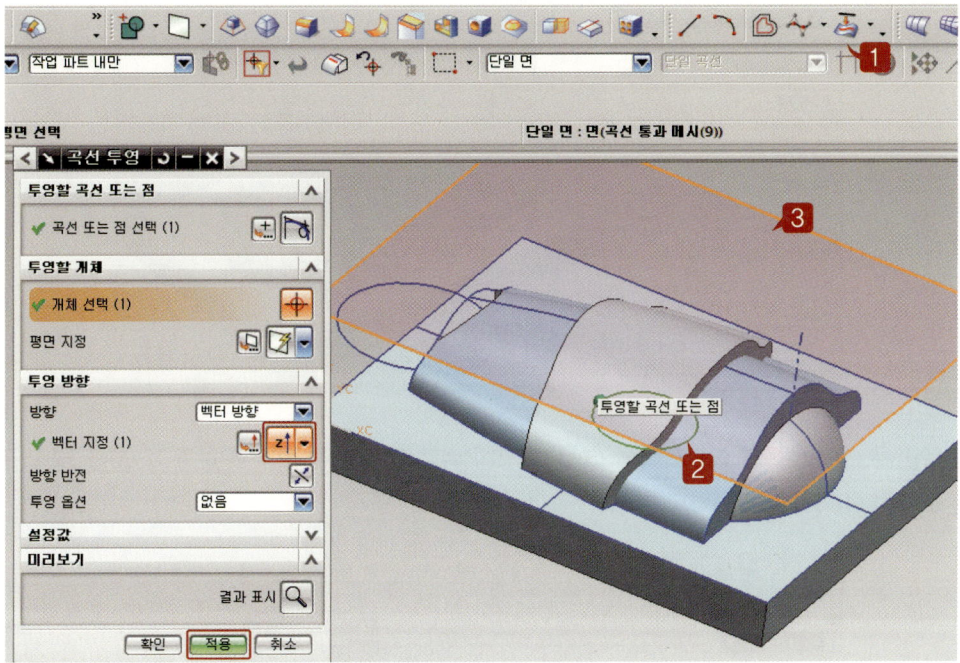

5) 다시 투영할 곡선 ①, ②를 클릭하고 투영할 객체 ③을 선택한다. 투영방향은 Z으로 설정하고 적용한다.

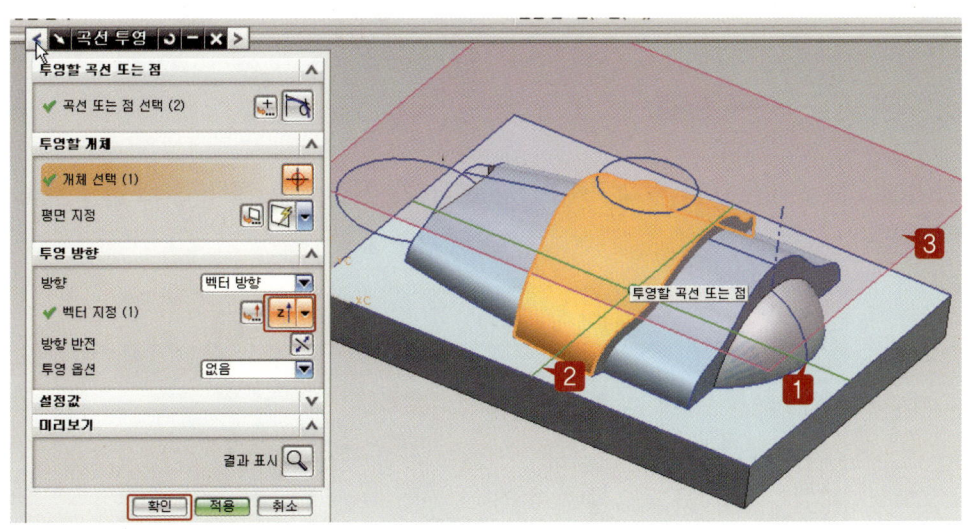

6) 다시 투영할 곡선 ①을 클릭하고 투영할 객체 ②를 선택한다. 투영방향은 Z으로 설정하고 확인한다.

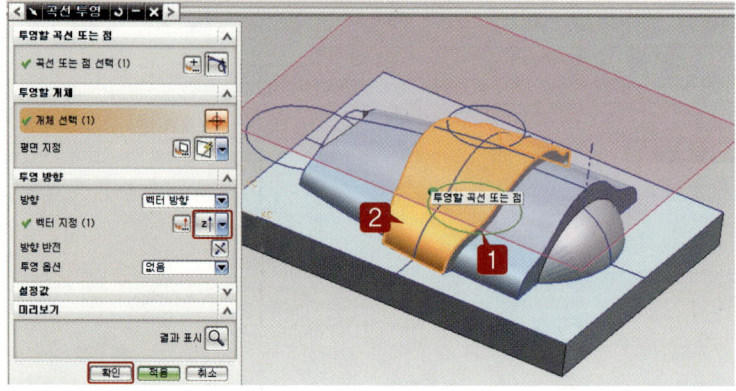

7) 선 아이콘 ①을 클릭한다. 시작점 ③을 찍고(구속조건 사분점 ② 확인) 끝점 ⑤를 클릭(구속조건 교차점 ④ 확인)하고 적용한다.

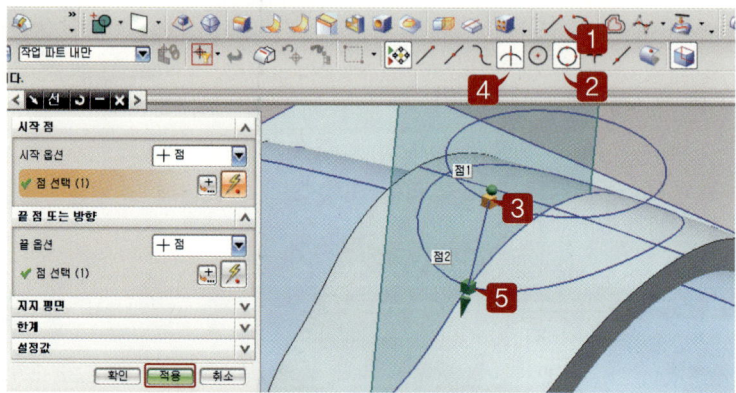

8) 같은 방법으로 시작점 ③을 찍고(구속조건 사분점 ②) 끝점 ⑤를 클릭(구속조건 교차점 ④)하고 적용한다.

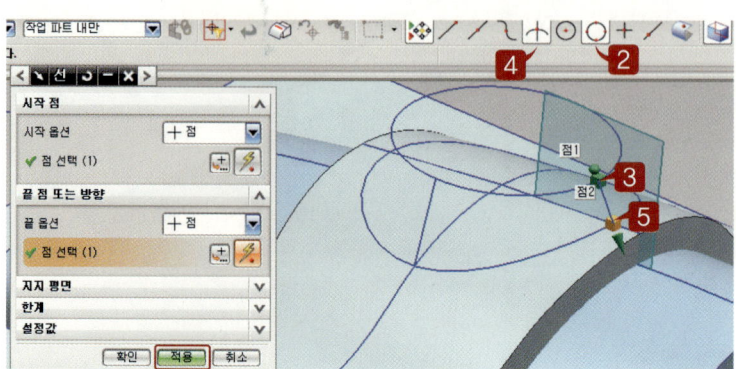

9) 같은 방법으로 시작점 ③을 찍고(구속조건 사분점 ②) 끝점 ⑤를 클릭(구속조건 교차점 ④)하고 적용한다.

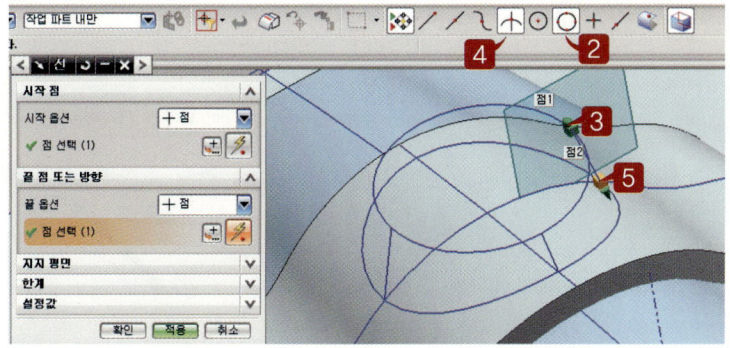

10) 같은 방법으로 시작점 ③을 찍고(구속조건 사분점 ②) 끝점 ⑤를 클릭(구속조건 교차점 ④)하고 확인한다.

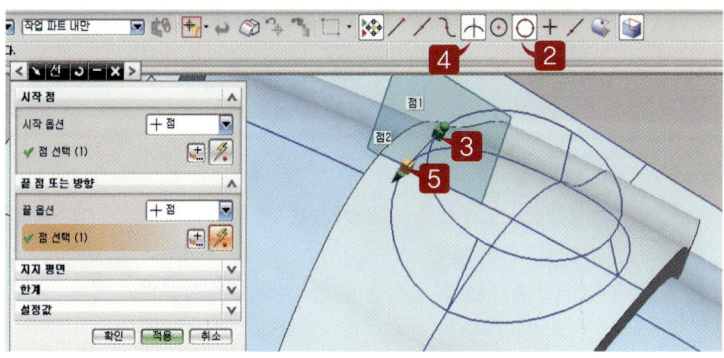

11) 삽입에 메시 곡면에 곡선 통과 메시(곡선 통과 메시(M)...)를 클릭한다. 기본곡선 ①을 선택하고 MB2클릭한다. 다시 기본곡선 ②를 선택하고 MB2클릭한다.(화살표방향이 같은 방향으로)

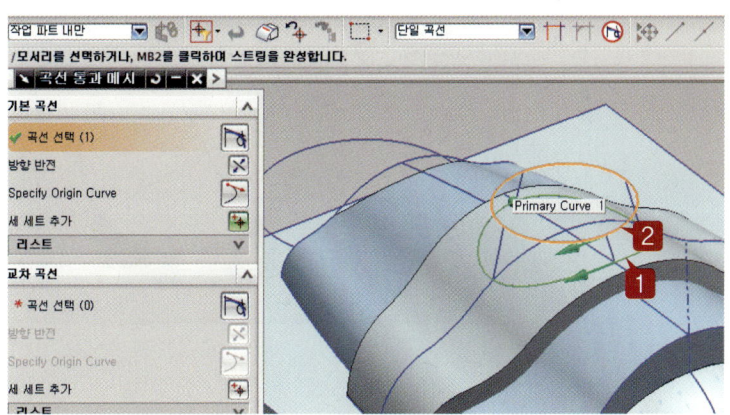

12) 교차곡선으로 탭을 선택하고 곡선 ①을 선택하고 MB2클릭한다.

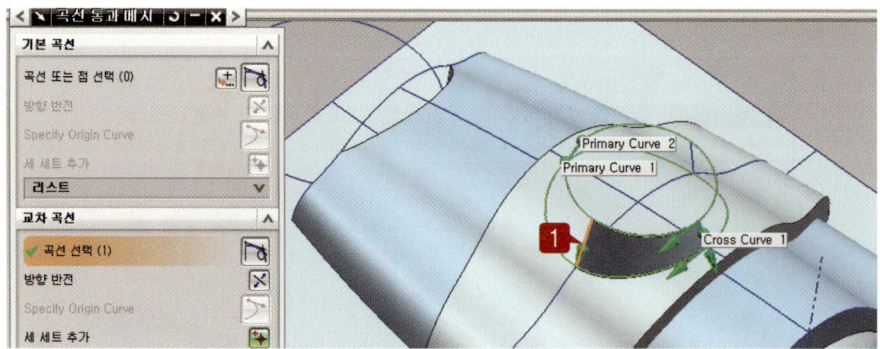

13) 다시 교차곡선으로 탭을 선택하고 곡선 ②를 선택하고 MB2클릭한다.

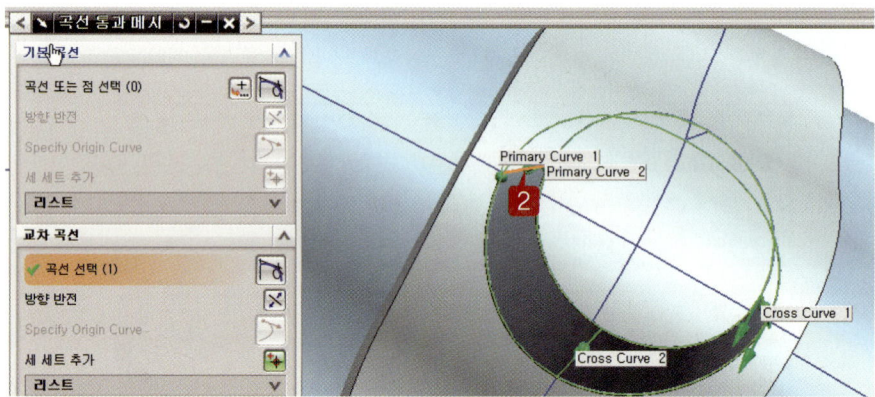

14) 다시 교차곡선으로 탭을 선택하고 곡선 ③을 선택하고 MB2클릭한다.

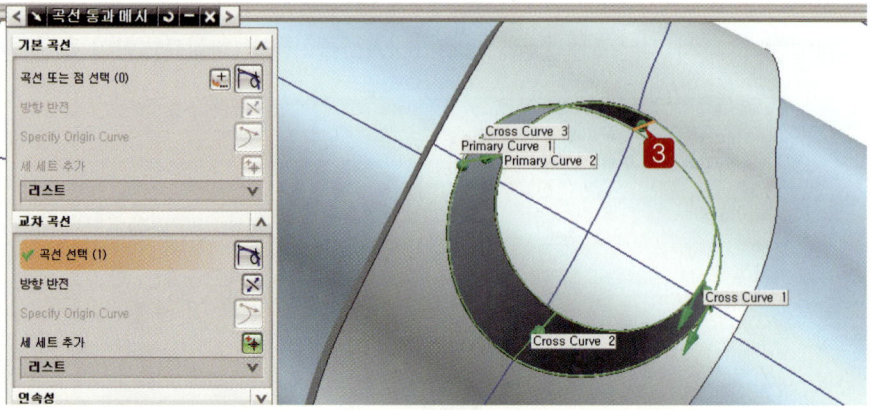

15) 다시 교차곡선으로 탭을 선택하고 곡선 ④를 선택하고 MB2클릭한다.

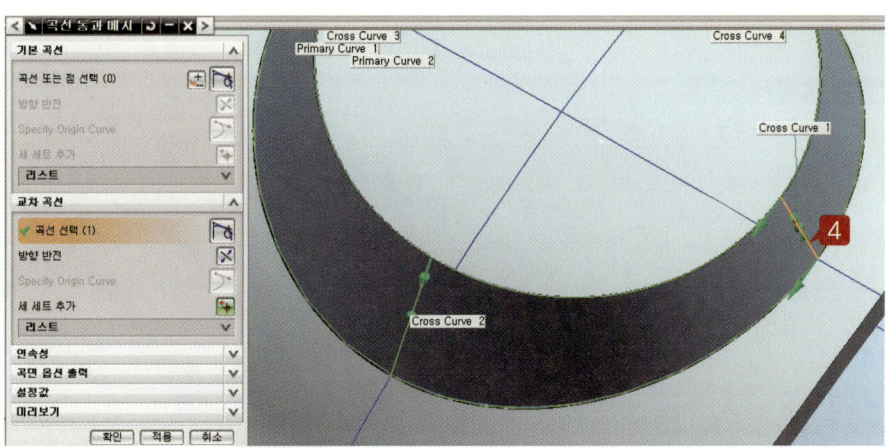

16) 삽입에 곡면에 경계평면(경계 평면(B)...)을 클릭한다. 단면곡선 ①을 클릭하고 적용한다.

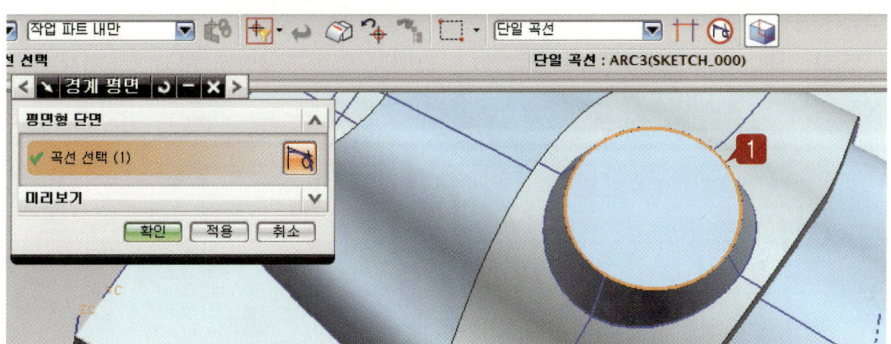

17) 삽입에 바디 결합에 연결(W)... 을 클릭한다. 타겟바디 ①을 선택하고 공구 바디 ②를 선택 확인한다.

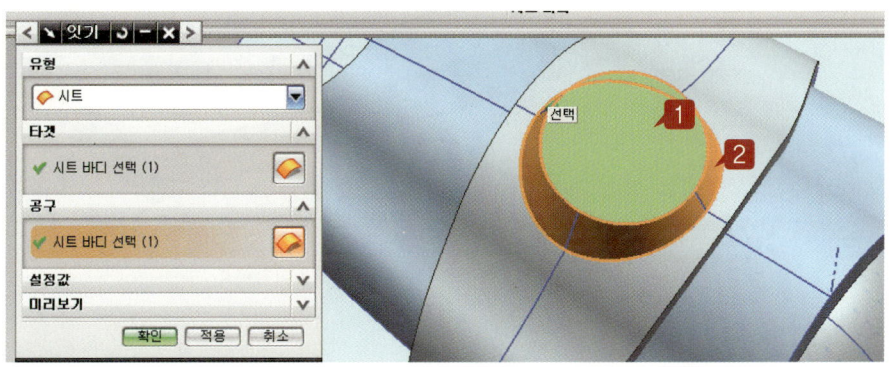

18) 삽입에 바디 결합에 ![패치] 을 클릭한다. 타겟바디 ①을 선택하고 공구 바디 ②를 선택 확인한다.

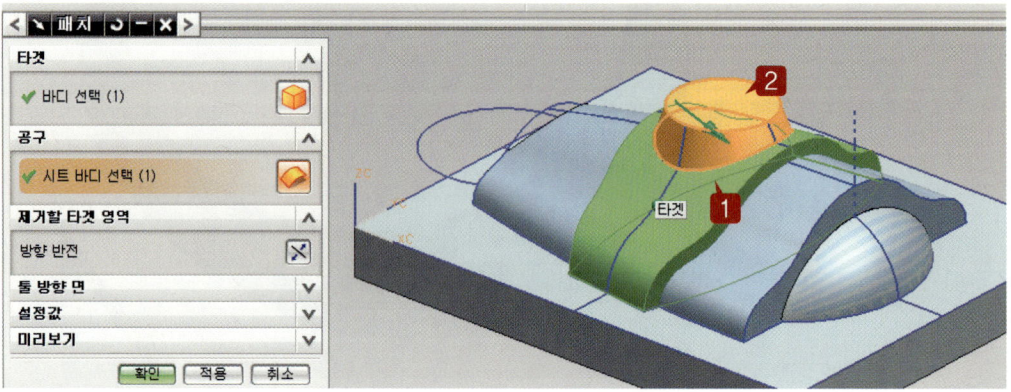

09 구멍 작업하기

1) 삽입에 특징형상설계에 ![구멍] 을 클릭한다. 유형은 일반구멍으로 하고 점 지정 ①을 선택(스냅 중심점 확인)하고 직경 14, 깊이 3을 입력하고 부울은 빼기로 하고 확인한다.

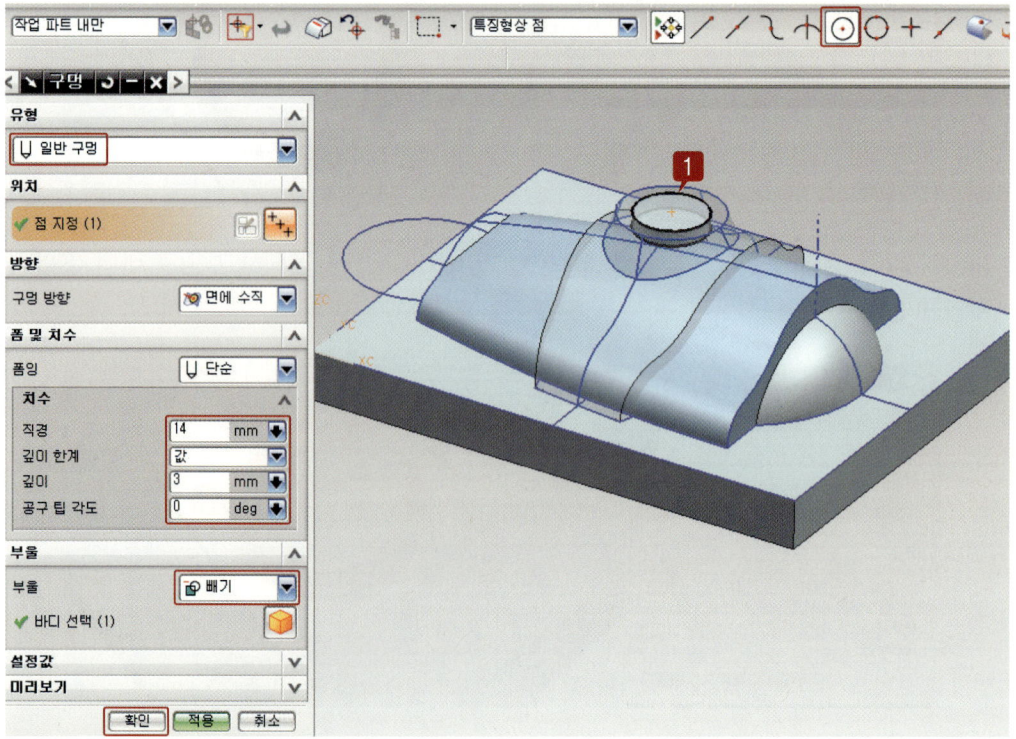

CHAPTER 2 | 모델링 따라하기

10 표시 및 숨기기

1) 표시 및 숨기기 ①을 클릭한다. 유형에서 전체 숨기기- ②를 선택하고, 솔리드 바디 + ③을 클릭한다.

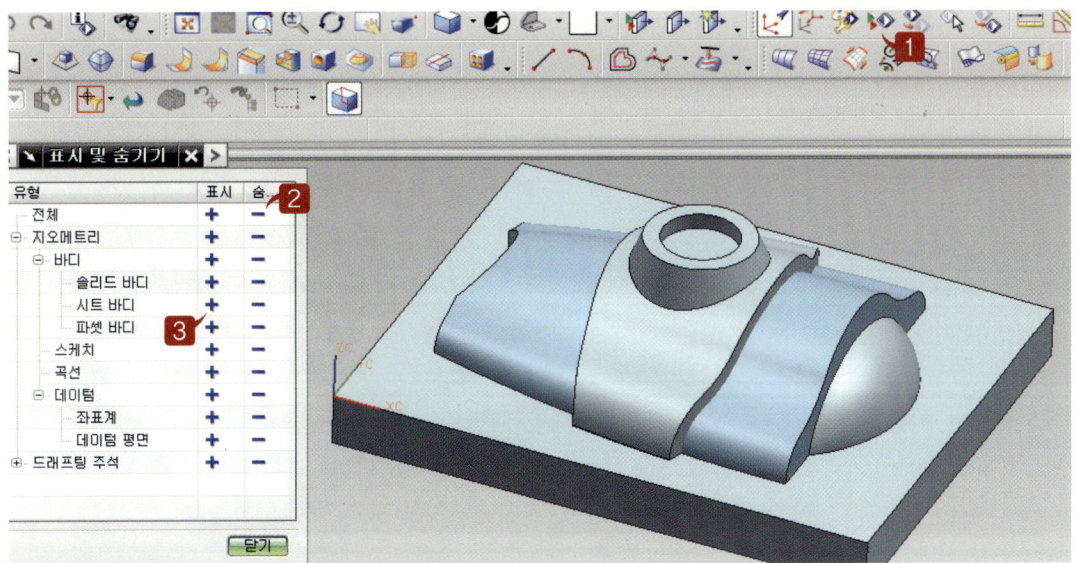

11 결합하기

1) 결합 ①을 선택하고 타겟바디 ②를 클릭하고 공구바디 ③과 ④를 선택하고 확인한다.

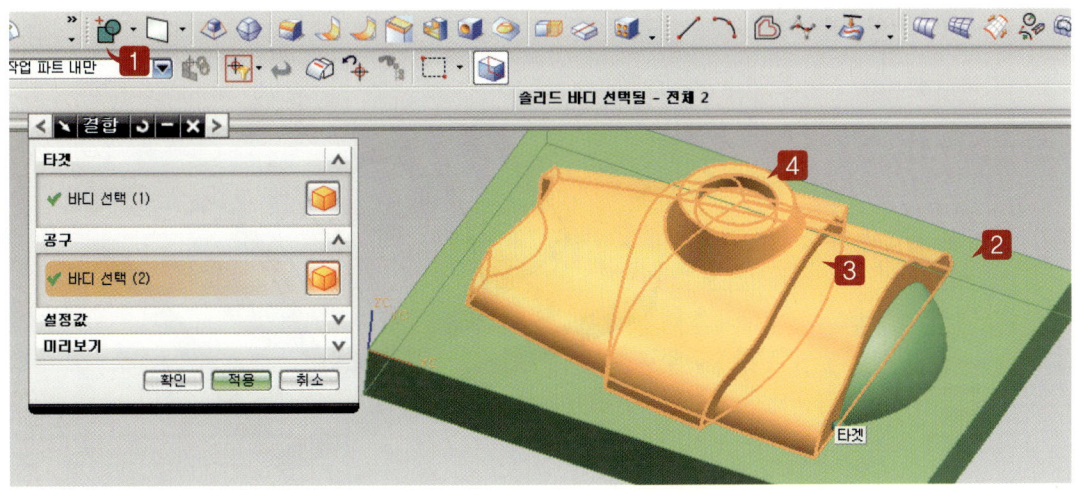

12 필렛(라운드) 작성하기

1) 모서리 블렌드 ①을 클릭한다. 접하는 곡선으로 하고 R1값 입력 후 모서리 ②, ③, ④, ⑤, ⑥을 클릭하고 적용한다.

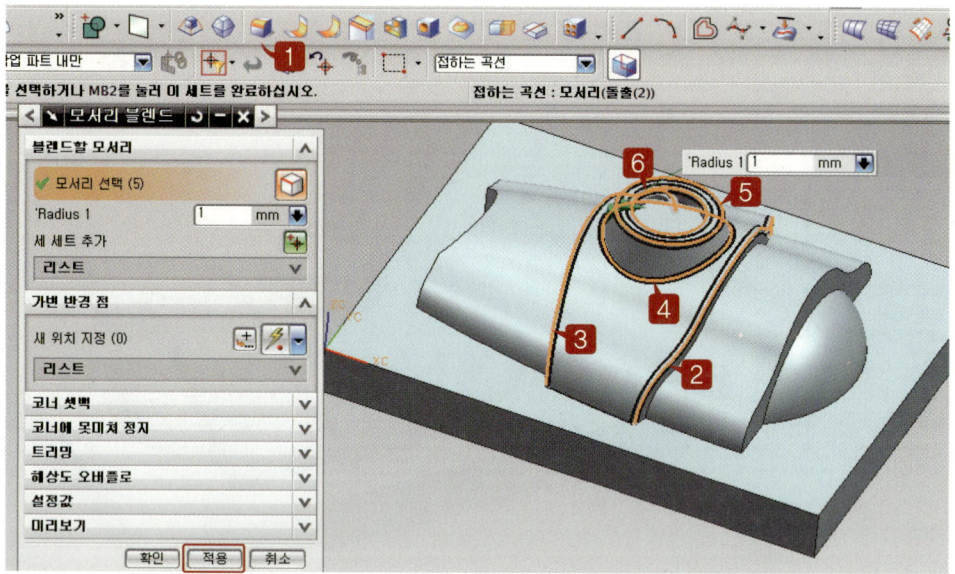

2) 접하는 곡선으로 하고 R2값 입력 후 그림처럼 모서리을 클릭하고 적용한다.

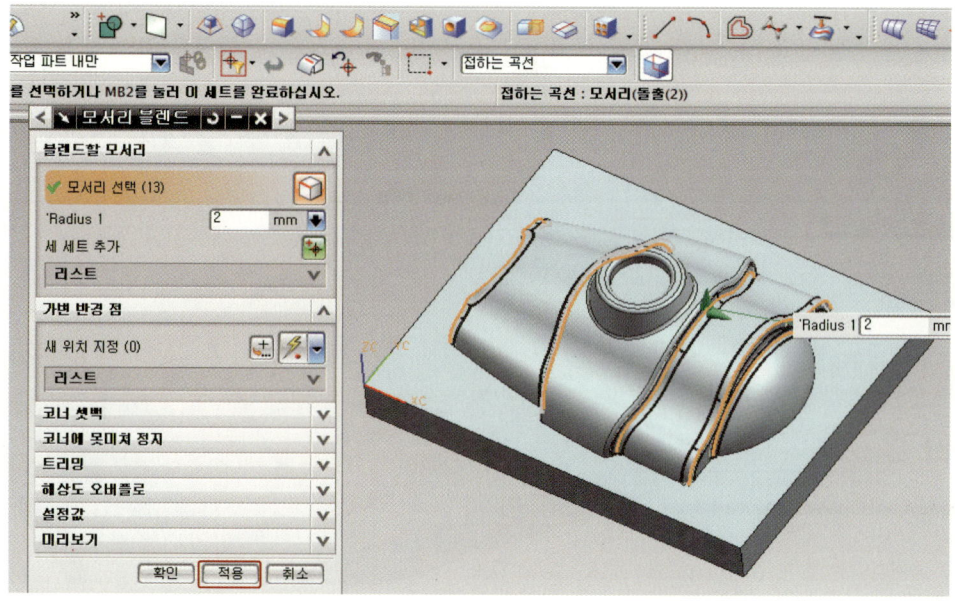

CHAPTER 2 | 모델링 따라하기

3) 접하는 곡선으로 하고 R2값 입력 후 나머지 모서리 전체를 클릭하고 확인한다.

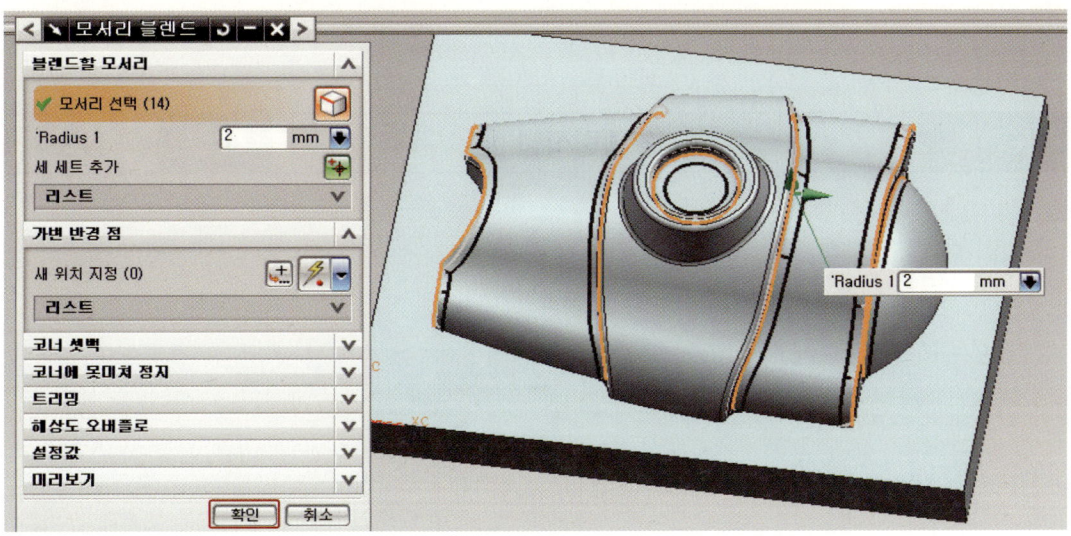

4) 아래 그림은 완성된 모델링 그림이다.

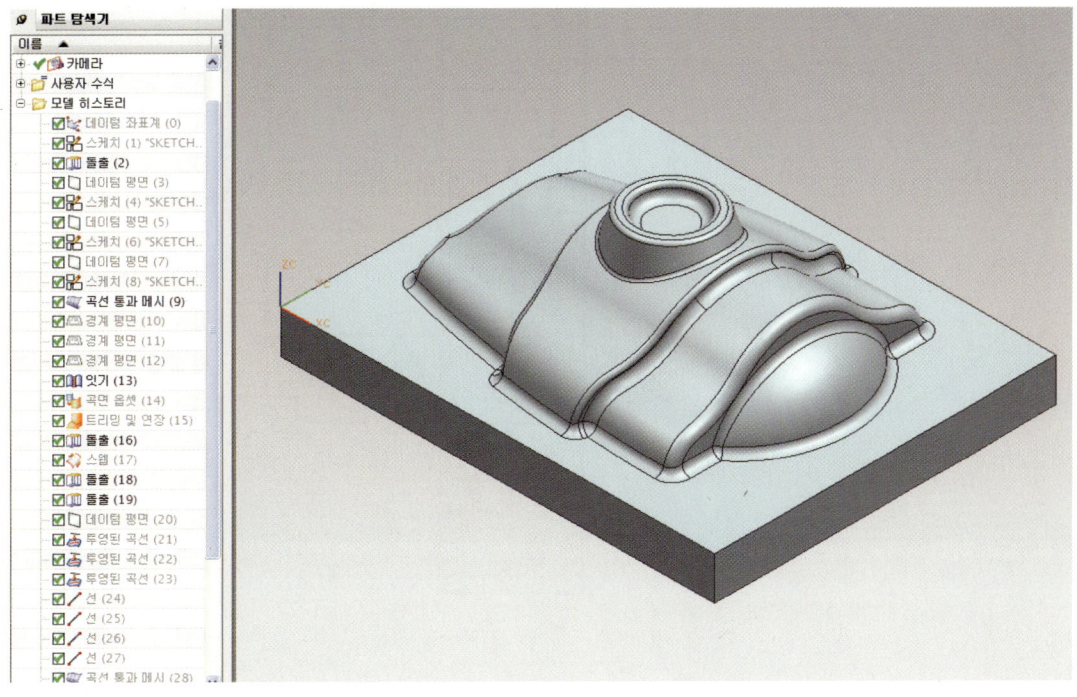

14 하우징커버 모델링 따라하기

| 도면명 | UG 모델링작업 ⑭ | 척 도 | NS |

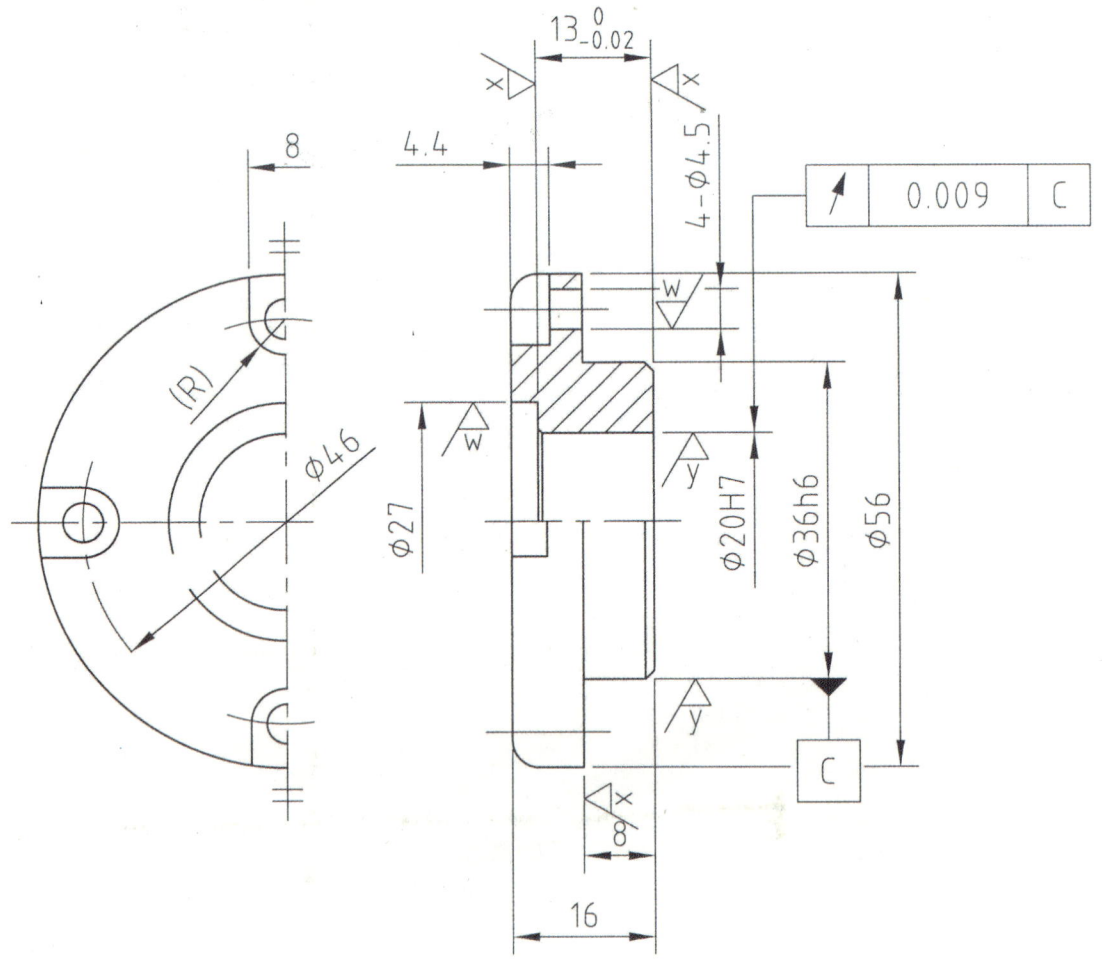

CHAPTER 2 | 모델링 따라하기

01 정면도 스케치 작성하기

1) 새로 만들기( ) ①(Ctrl+N)를 실행한다.
2) 스케치(Sketch)( ) ②를 선택한다.

3) 기본적으로 정면도(XZ)평면이 설정하고 확인한다.

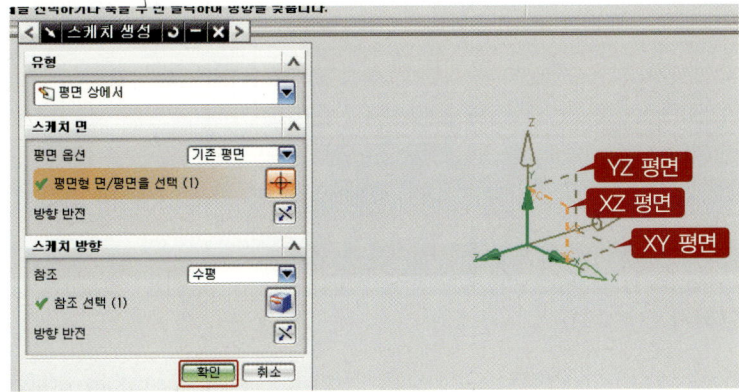

4) 직사각형 아이콘 ①을 선택한다. 그림에서와 같이 2점으로(by 2point)하여 원점(0,0)에서 시작하는 임의에 직사각형 2개를 그림처럼 생성한다.

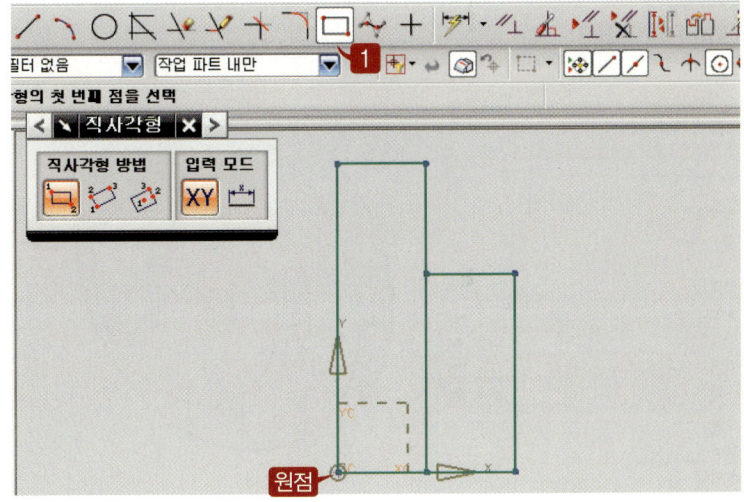

5) 트리밍 아이콘 ①을 이용하여 선 ②를 제거하고 추정치수 아이콘 ③을 선택하고 치수를 기입하고 스케치를 종료한다.

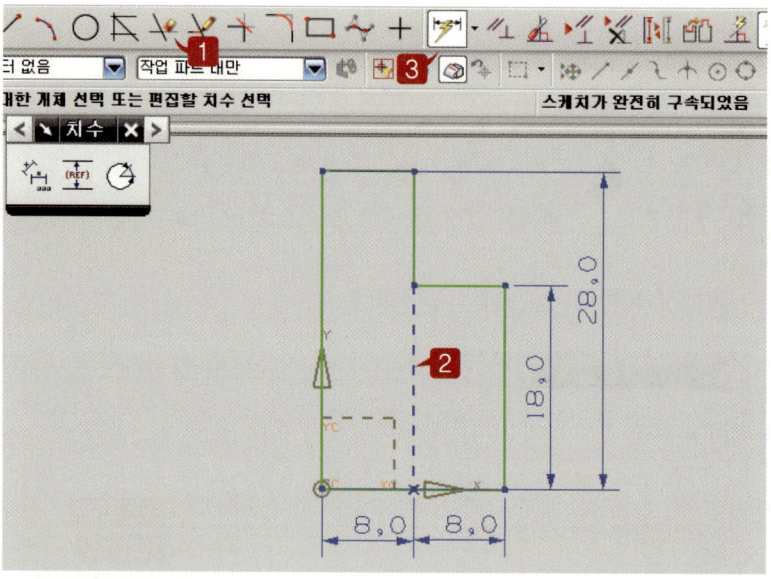

02 회전 작성하기

1) 회전 아이콘 ①을 클릭하고 연결된 곡선 ②를 클릭한다. 단면 곡선 ③을 선택하고 축 벡터 ④를 클릭한다. 한계에서 각도 360을 확인하고 확인한다.

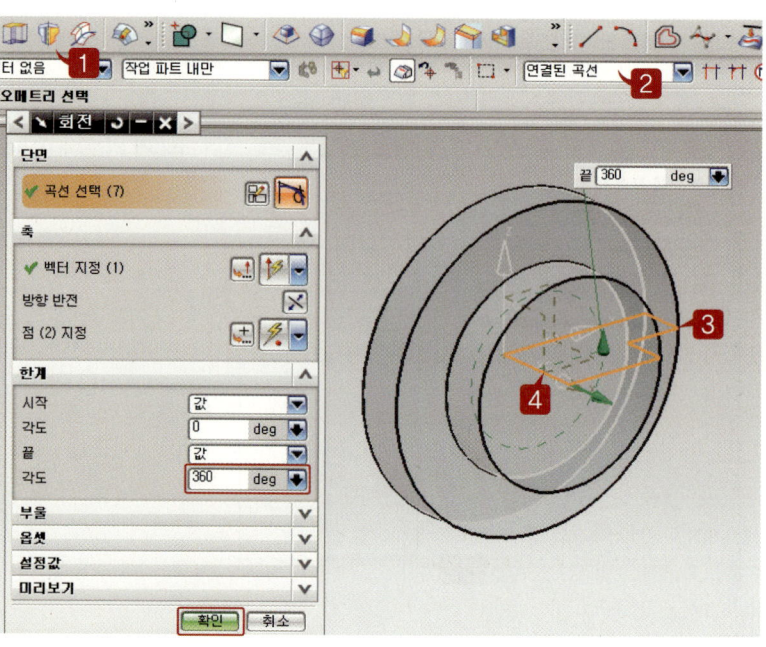

CHAPTER 2 | 모델링 따라하기

03. 돌출을 사용하여 절단 작업하기

1) 스케치( ) 아이콘을 클릭한다. 유형은 평면상에서 기존평면에서 ①을 클릭하고 확인한다.

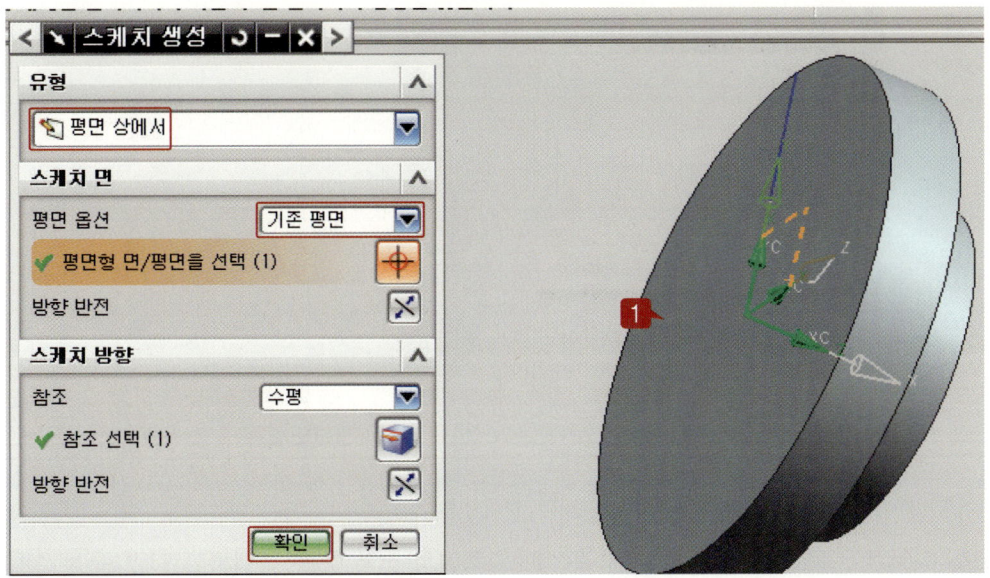

2) 선 아이콘과 원 아이콘을 이용하여 아래와 같이 절단하고자 하는 형상을 스케치 하고, 추정치수 아이콘 ①을 이용하여 정확한 치수를 입력한다. 곡선 투영 아이콘 ②를 이용하여 원의 외곽선 ③을 클릭하고 확인한다.

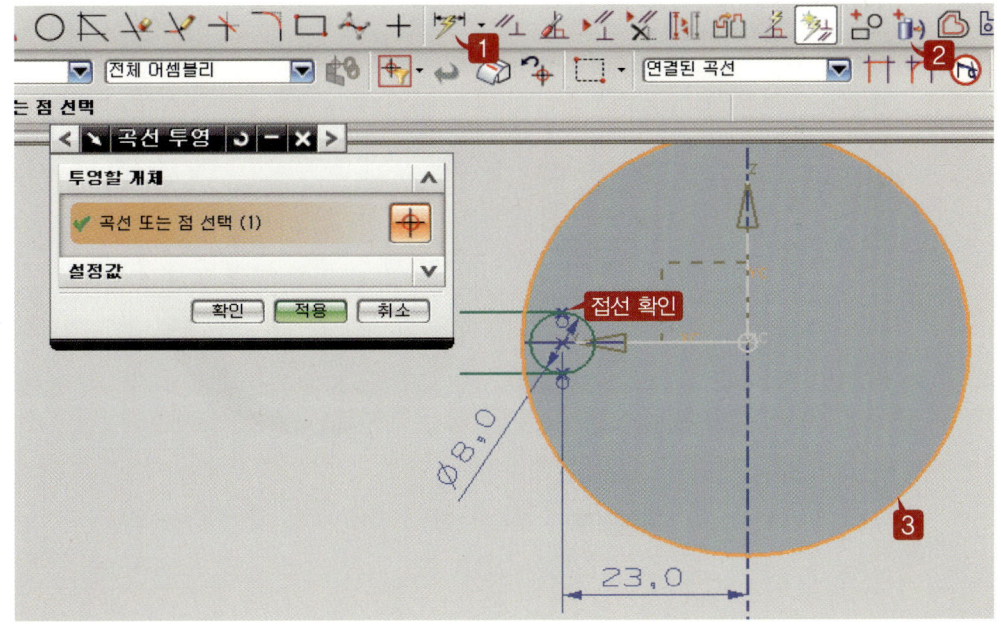

3) 빠른 트리밍 아이콘 ①을 이용하여 그림처럼 필요 없는 선을 제거한다.

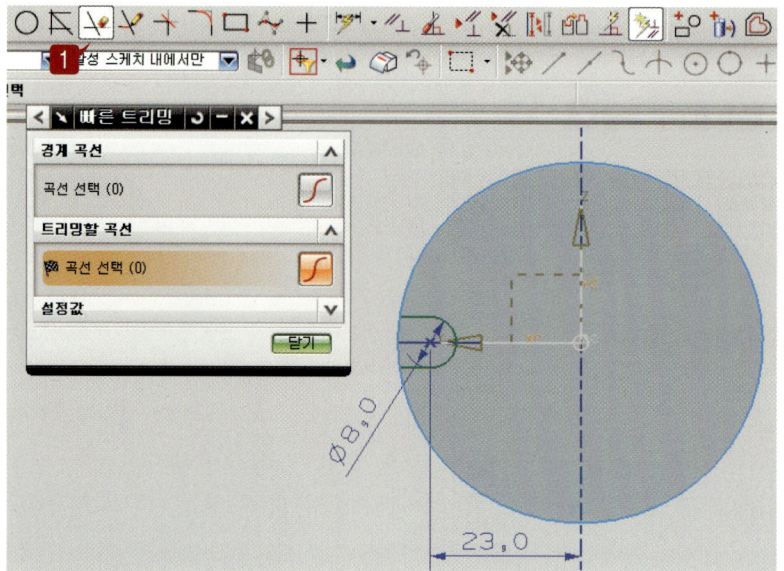

4) 돌출 아이콘 ①을 클릭한다. 연결된 곡선과 교차에서 정지 ②를 선택하고 단면 곡선 ③을 선택한다. 끝 거리를 선택하고 절단할 깊이 값4.4를 입력하고 부울은 빼기로 바디선택하고 확인을 누른다.

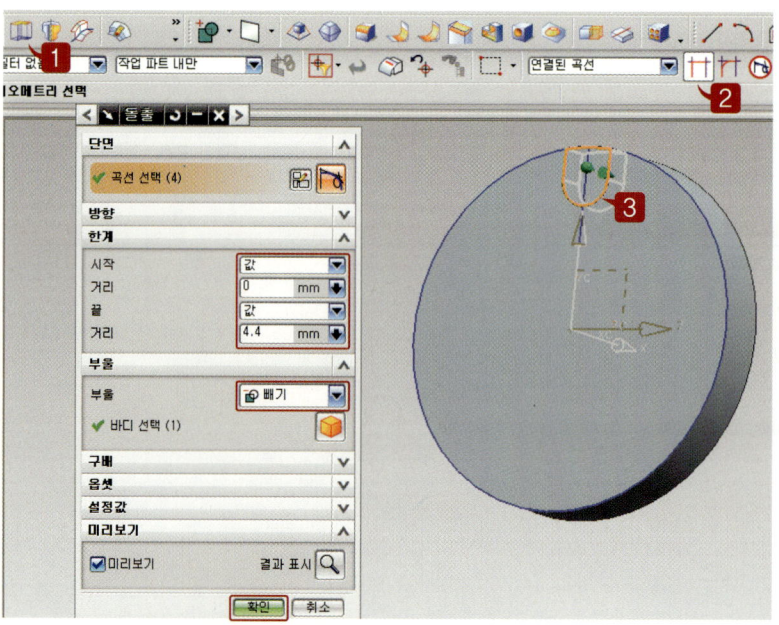

CHAPTER 2 | 모델링 따라하기

04 **구멍 작업하기**

1) 삽입에 특징형상설계에 구멍(H)..을 클릭한다. 유형은 일반구멍으로 하고 점 지정 ①을 선택(스냅 중심점 확인)하고 직경 4.5 깊이 바디통과를 입력하고 부울은 빼기로 하고 확인한다.

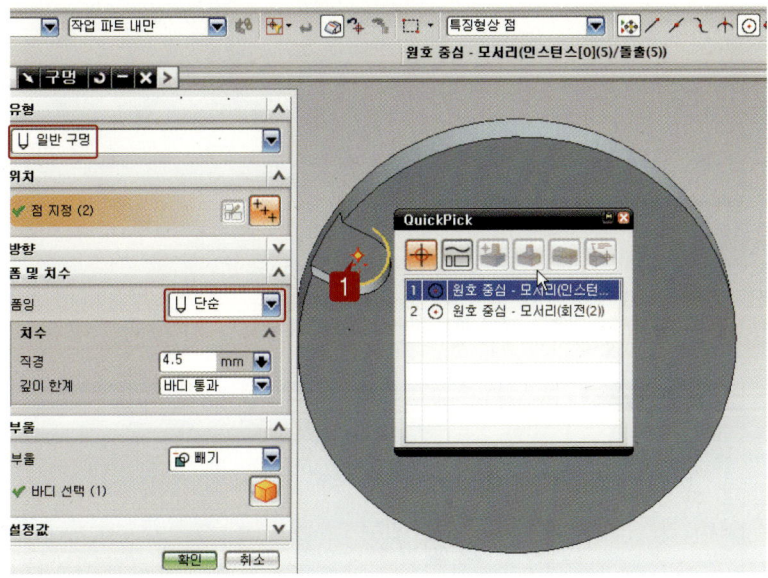

05 **인스턴스 작업하기**

1) 삽입에 연관복사에 인스턴스(인스턴스 특징형상(I)...)를 클릭한다. 원형배열 ①을 선택하고 확인한다.

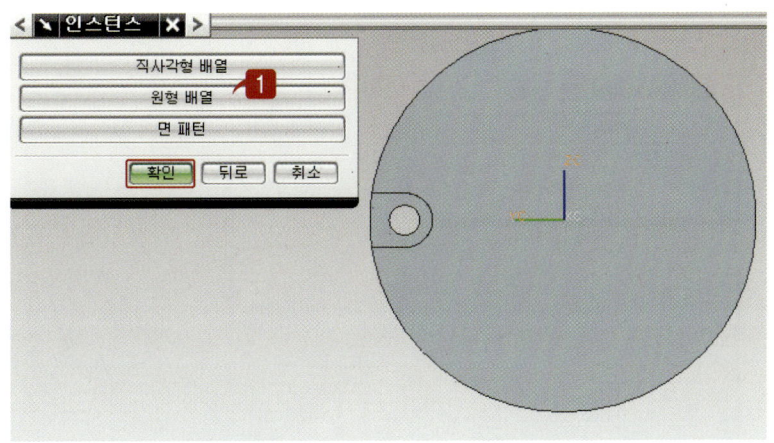

2) 돌출과 단순 구멍을 선택하고 확인한다.

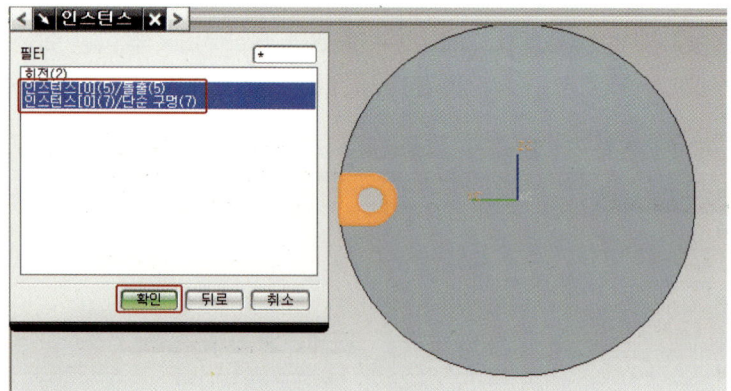

3) 방법에서 일반으로 하고 번호(개수) 4개, 각도 90을 입력하고 확인한다.

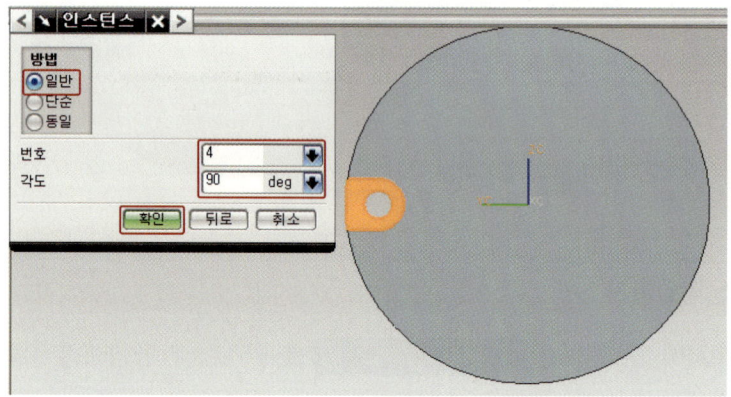

4) 점 및 방향을 선택하고 확인한다.

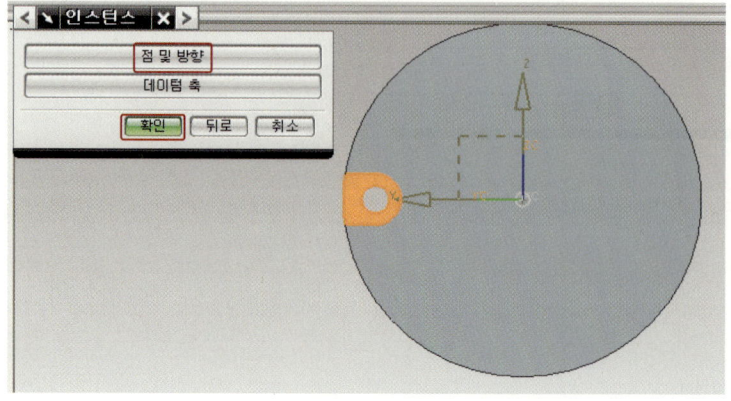

CHAPTER 2 | 모델링 따라하기

5) 유형에서 곡선/축 벡터로 ①을 설정하고 곡선 객체 ②, ③을 그림처럼 선택하고 확인한다.

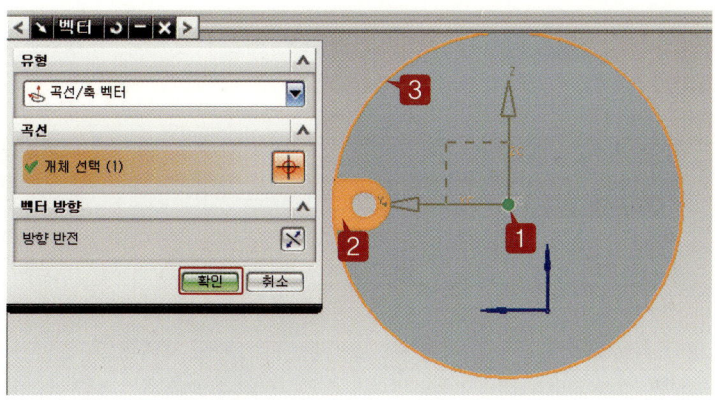

6) 점 위치를 중심점 ①을 클릭하고 확인한다.

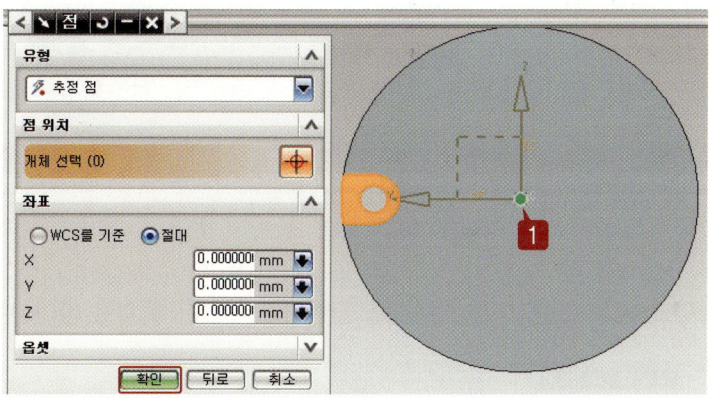

7) 예를 선택하고 확인한다.

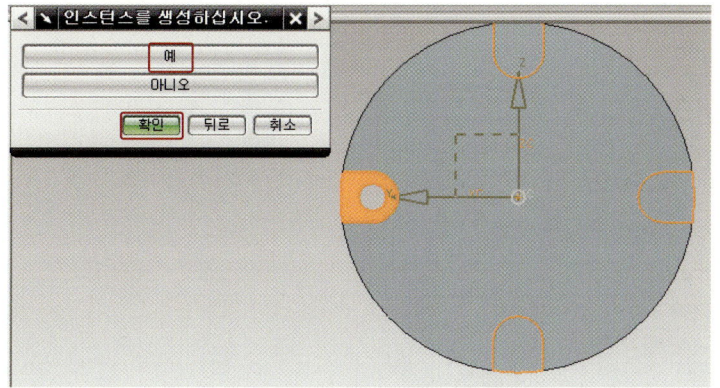

06 구멍 작업하기

1) 삽입에 특징형상설계에 구멍(H)..을 클릭한다. 유형은 일반구멍으로 하고 점 지정 ①을 선택(스냅 중심점확인)한다.

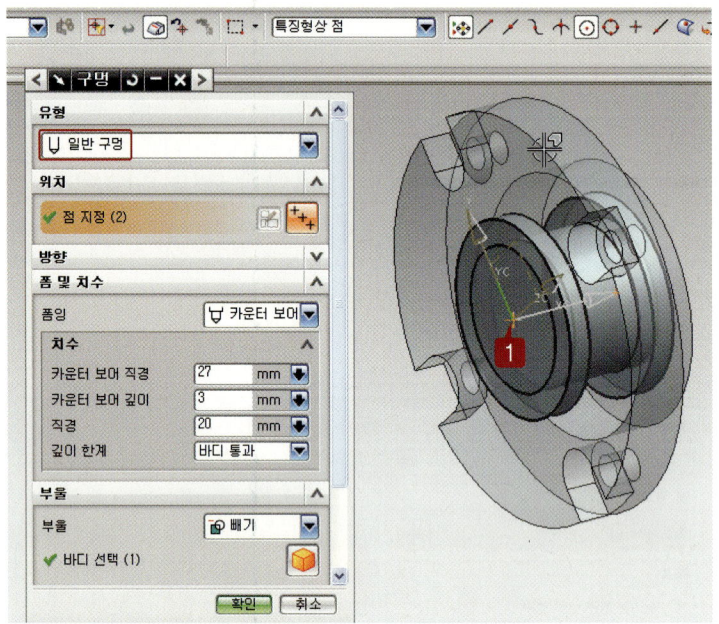

2) 품을 카운터보어로 하고 그림과 같이 치수를 입력하고 부울은 빼기로 바디선택하고 확인한다.

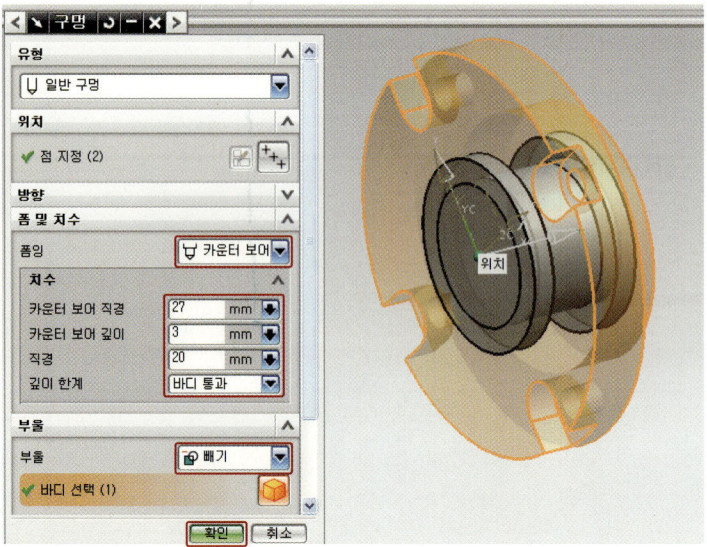

CHAPTER 2 | 모델링 따라하기

07 모서리 블렌드 작업하기

1) 모서리 블렌드 아이콘 ①을 선택하고 모서리 ②를 클릭하고 R3입력 후 확인한다.

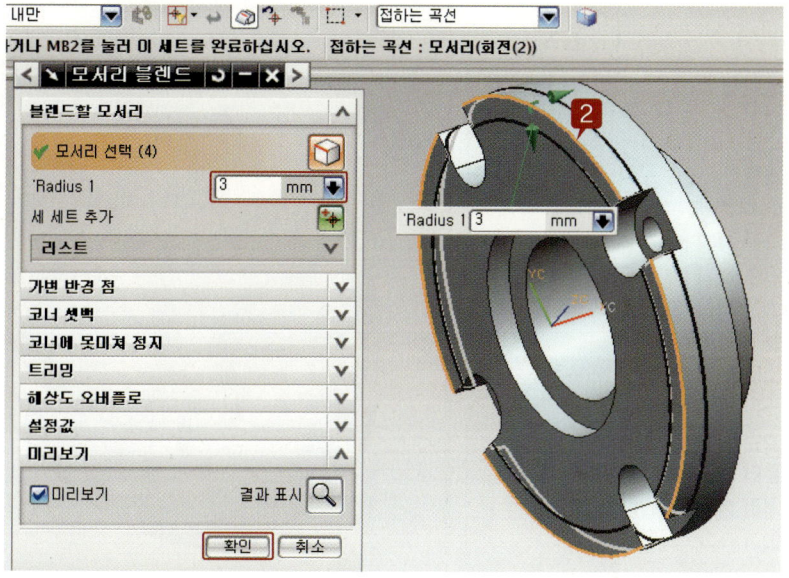

08 모따기 작업하기

1) 모따기 아이콘 ①을 클릭하고 모서리 ②를 클릭하고 옵셋에서 단면을 대칭으로 거리1 입력 후 확인한다.

2) 아래 그림은 완성된 모델링 그림이다.

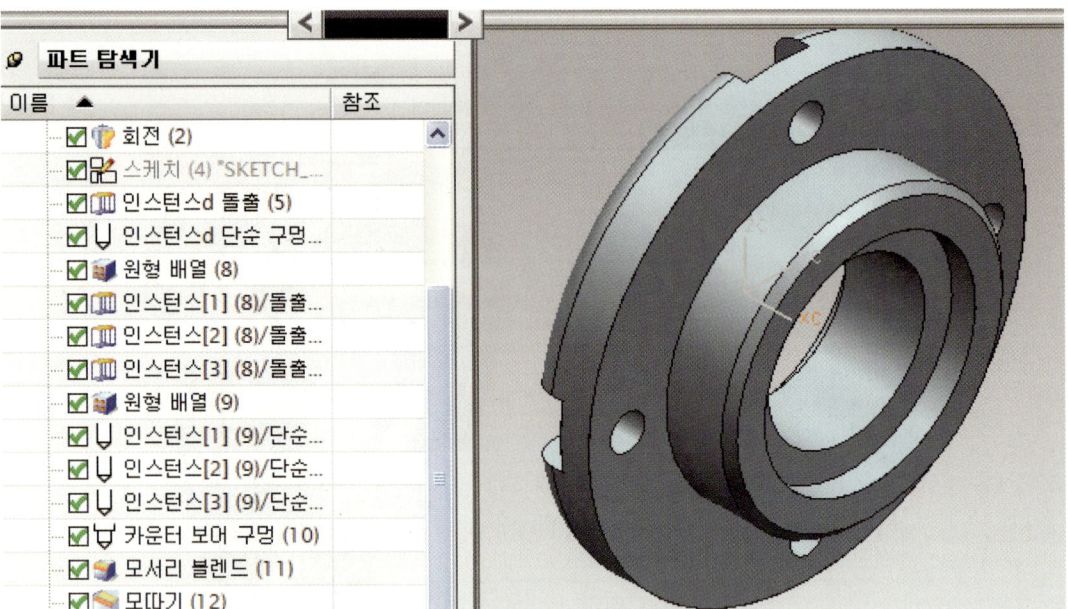

15 편심 축 모델링 따라하기

| 도면명 | UG 모델링작업 ⑮ | 척 도 | NS |

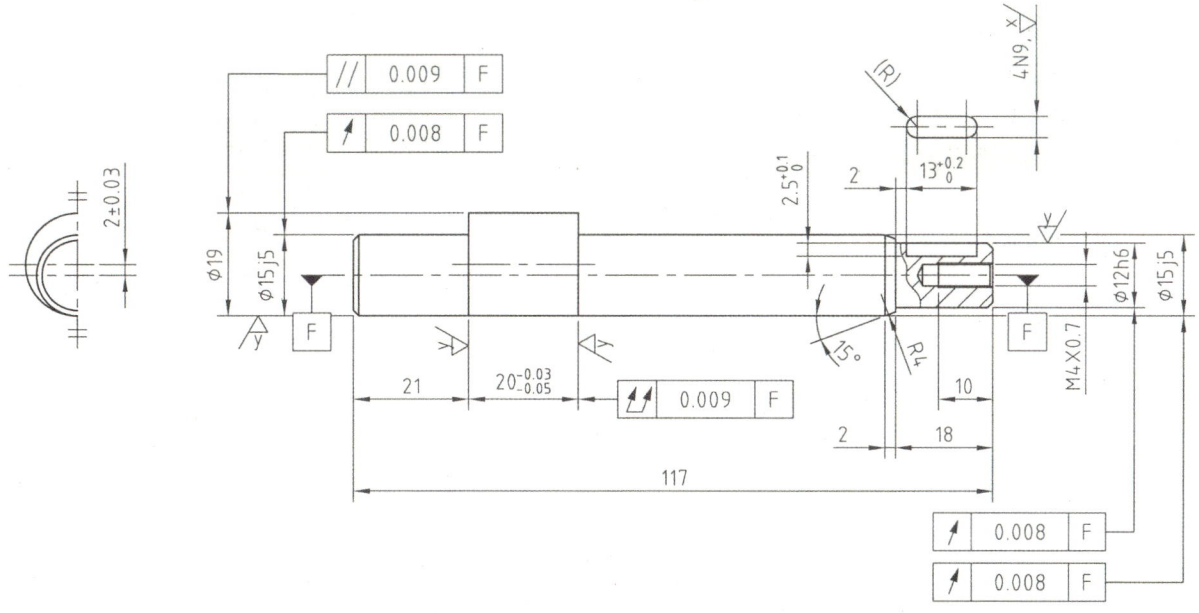

363

01 정면도 스케치 작성하기

1) 새로 만들기( ) ①([Ctrl]+N)를 실행한다.
2) 스케치(Sketch)( ) ②를 선택한다.

3) 기본적으로 정면도(XZ)평면이 설정하고 확인한다.

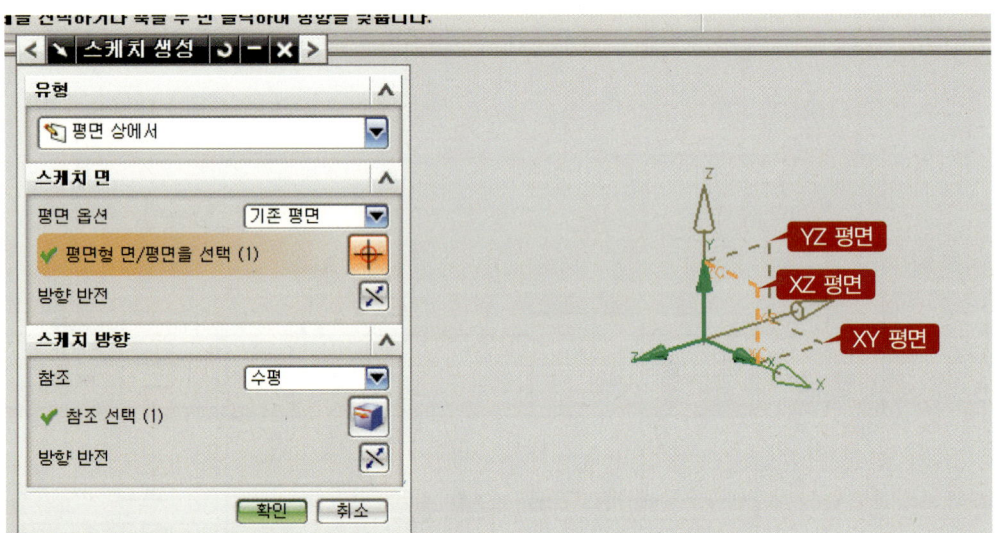

4) 선 아이콘 ①을 이용하여 그림처럼 원점에서 시작하여 스케치를 생성한다.

CHAPTER 2 | 모델링 따라하기

5) 추정치수 아이콘 ②를 이용하여 그림처럼 치수기입을 하고 스케치를 종료한다.

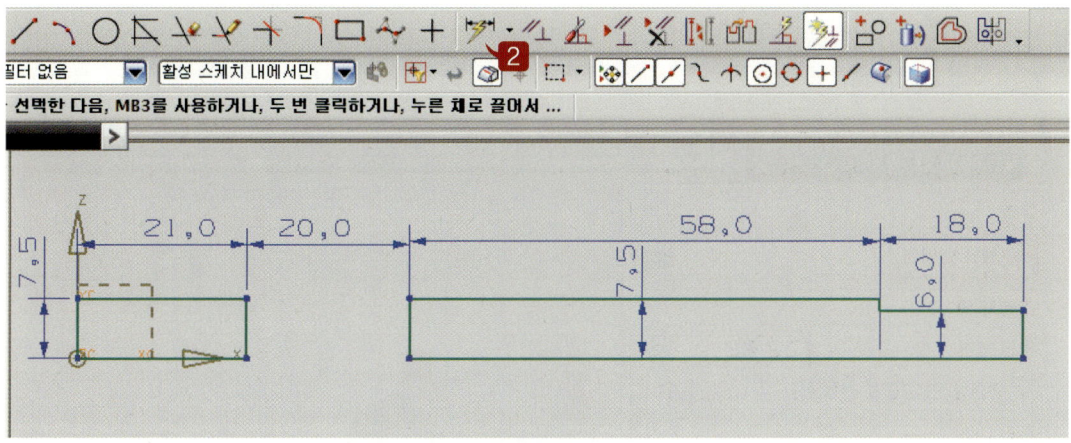

02 회전 형상 작성하기

1) 회전 아이콘 ①을 선택한다. 단면곡선 ②와 ③을 선택하고 축 벡터 ④를 클릭하고 끝 각도 360도 입력 확인한다.

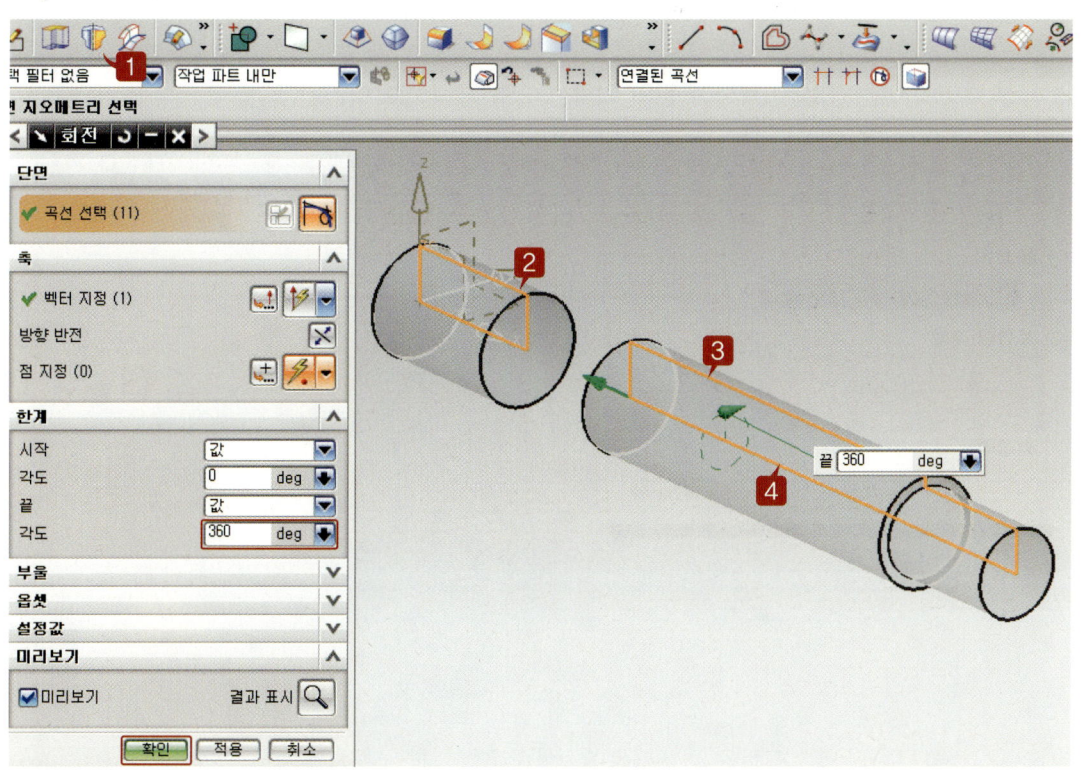

유니그래픽스 CAD/CAM
NX6 쉽게 따라하기

03 편심 축 부분 형상 작성하기

1) 스케치( ) 아이콘을 클릭한다. 유형은 평면상에서 기존평면에서 ①을 클릭하고 스케치 방향 참조 Y축 ②확인한다.

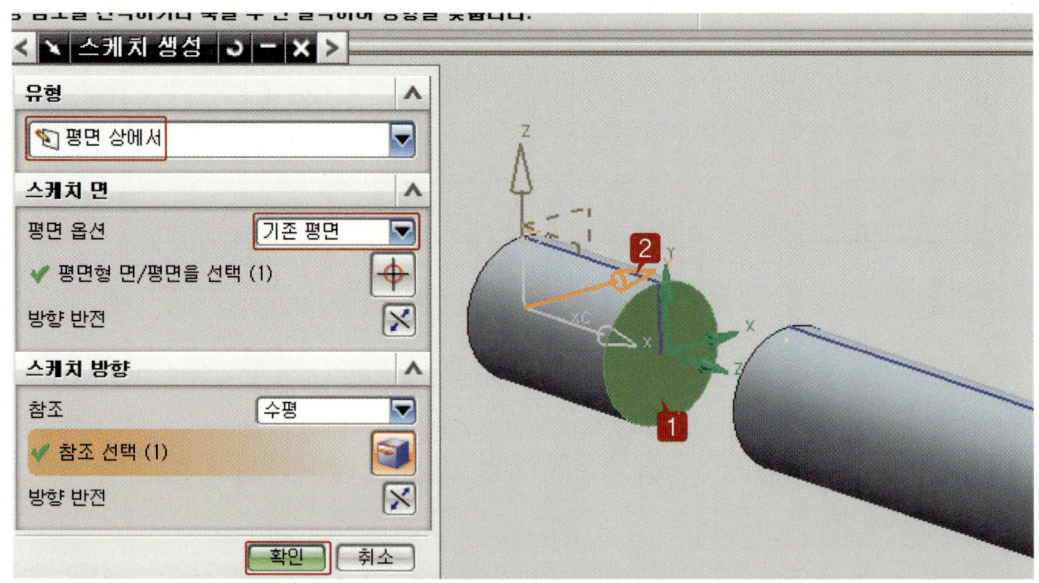

2) 곡선 투영 아이콘 ①을 이용하여 원의 외곽선 ②를 클릭하고 확인한다.

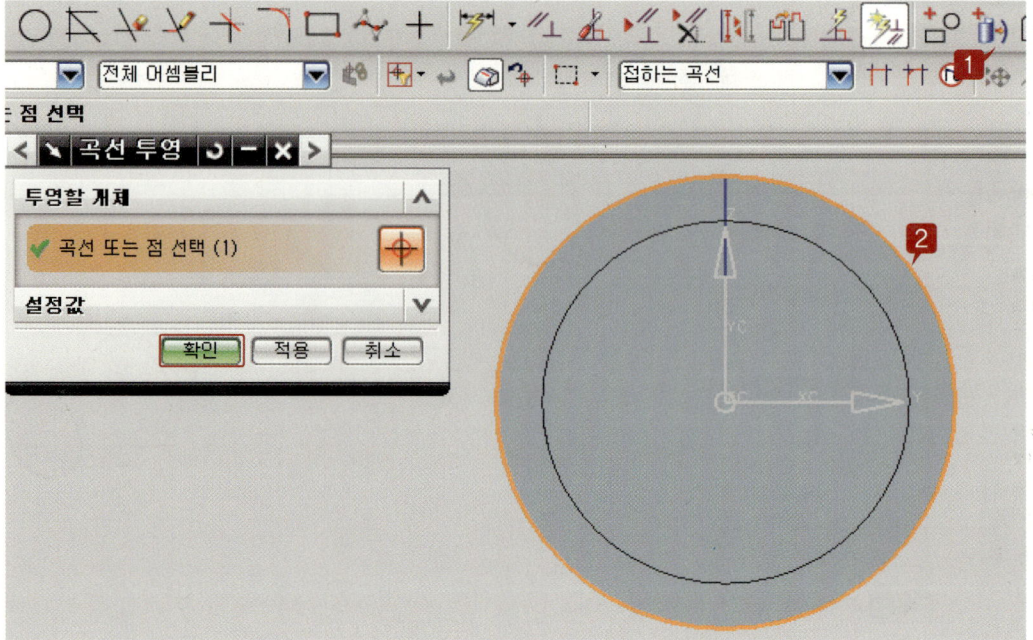

3) 원 아이콘 ①을 사용하여 원을 스케치하고 추정치수 아이콘 ②를 입력하여 아래와 같이 치수를 입력하고 스케치를 종료한다.

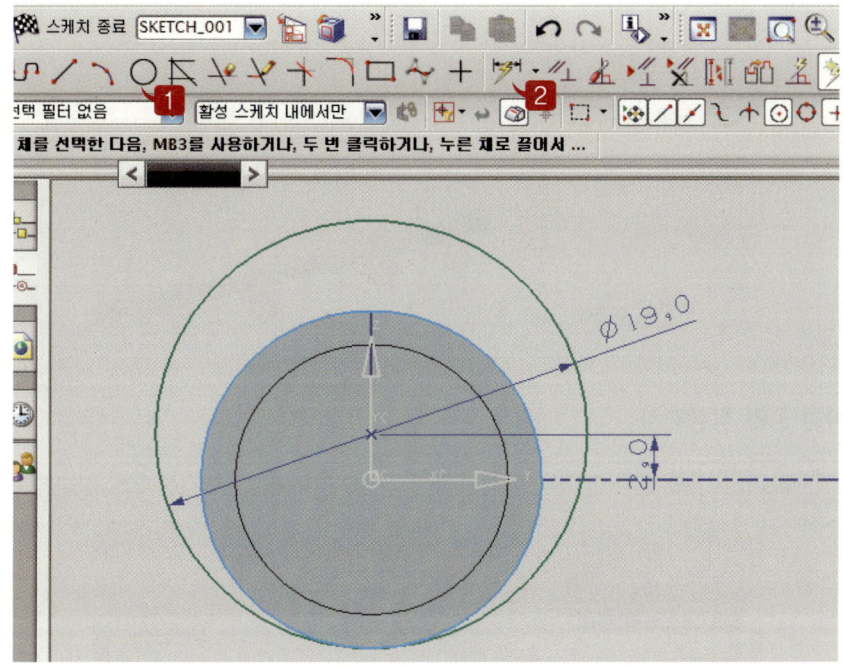

4) 돌출 아이콘 ①을 선택한다. 단면 곡선 ②를 선택하고 끝 거리 20입력 후 확인한다.

04 결합하기

1) 결합 아이콘 ①을 클릭하고 타켓 바디 ②를 선택하고 공구바디 ③, ④를 클릭하고 확인한다.

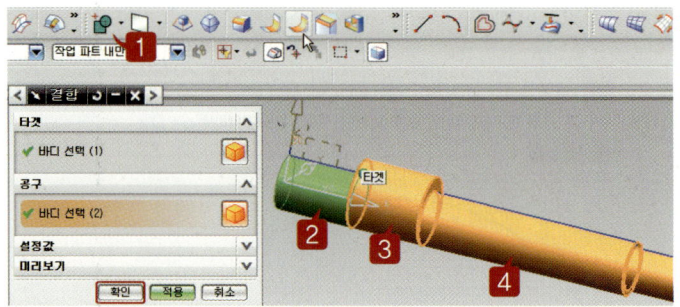

05 데이텀 평면 작성하기

1) 데이텀 평면 아이콘 ①을 클릭한 후 유형을 아래 그림처럼 설정 후 거리 3.5 입력하고 확인한다.

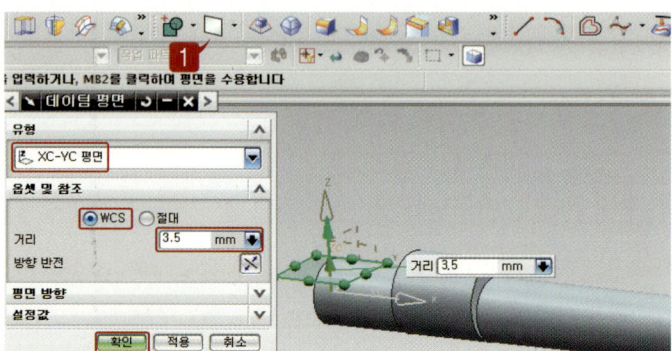

2) 스케치( ) 아이콘을 클릭하고 유형은 평면상에서 스케치 면은 데이텀 평면을 ①클릭하고 확인한다.

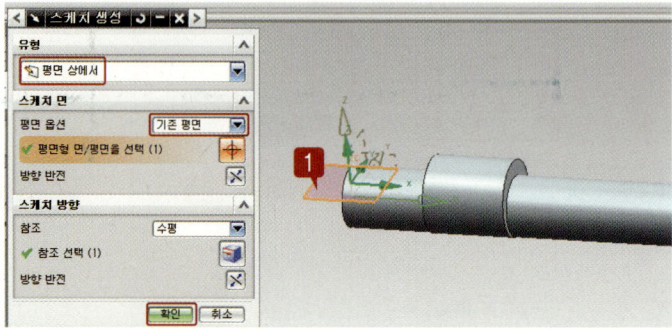

CHAPTER 2 | 모델링 따라하기

06 형상 절단하기

1) 선, 원을 이용하여 아래 그림처럼 스케치 후 추정치수 아이콘을 클릭하여 치수기입을 한다. 원과 원의 직선 연결은 구속조건 사분점을 이용하고 접선으로 연결한다. 빠른 트리밍을 이용하여 필요 없는 호와 선을 제거하고  스케치 종료 한다.

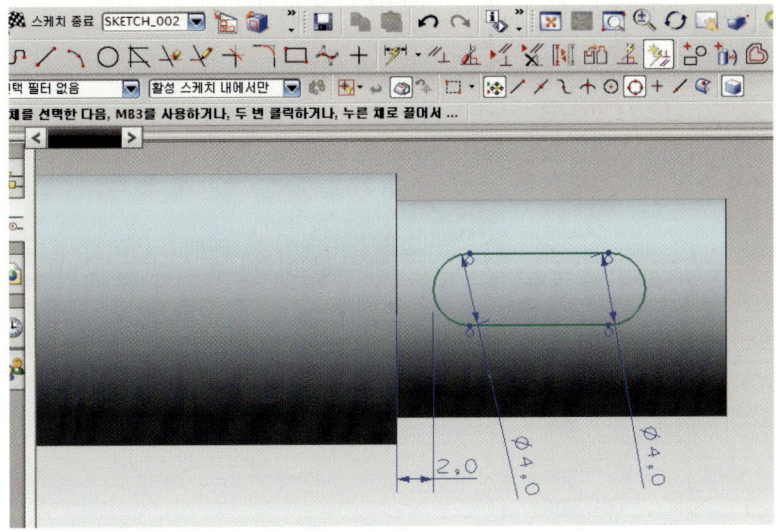

2) 돌출 아이콘 ①을 선택한다. 단면 곡선 ②를 선택하고 끝 거리 모두 통과로 하고 부울은 빼기로 바디 선택 후 확인한다.

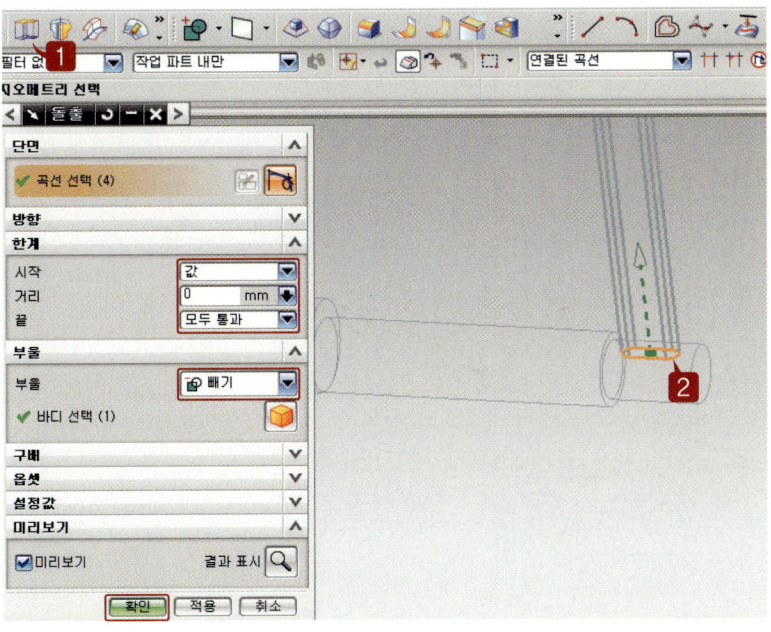

07 스레드 작업하기

1) 삽입에 특징형상설계에 구멍(H)을 클릭한다. 유형은 스레드 구멍으로 하고 점 지정 ①을 선택(스냅 중심점 확인)하고 그림처럼 스레드 치수를 입력한다.

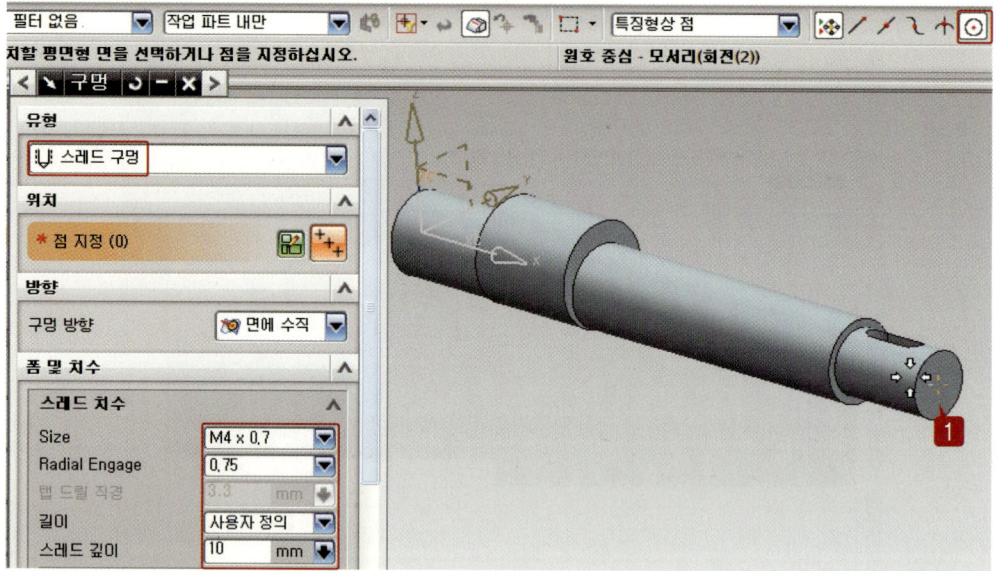

2) 그림처럼 치수를 입력하고 부울은 빼기 바디선택 후 확인한다.

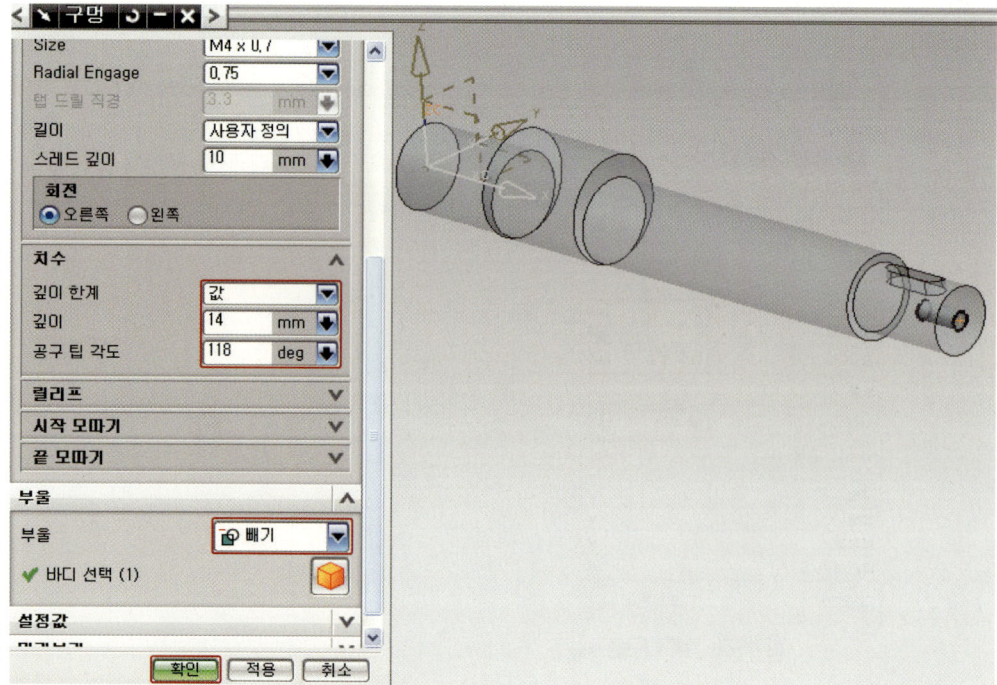

CHAPTER 2 | 모델링 따라하기

3) 삽입에 특징형상설계에 스레드(T)... 을 클릭한다. 스레드 유형은 상세로 클릭한다.

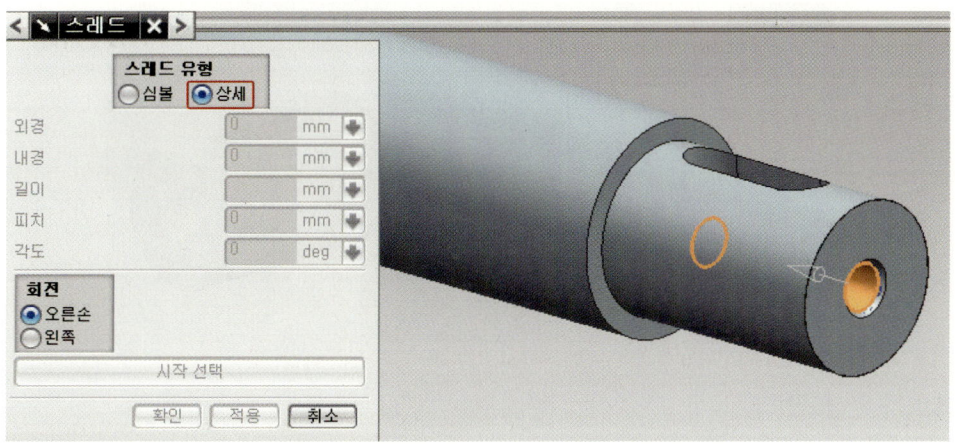

4) 스레드 이름에서 ①을 클릭하고 확인한다.

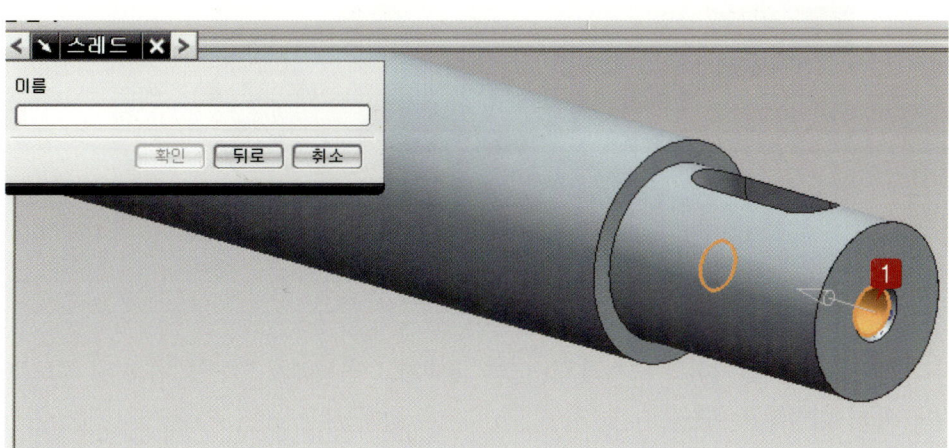

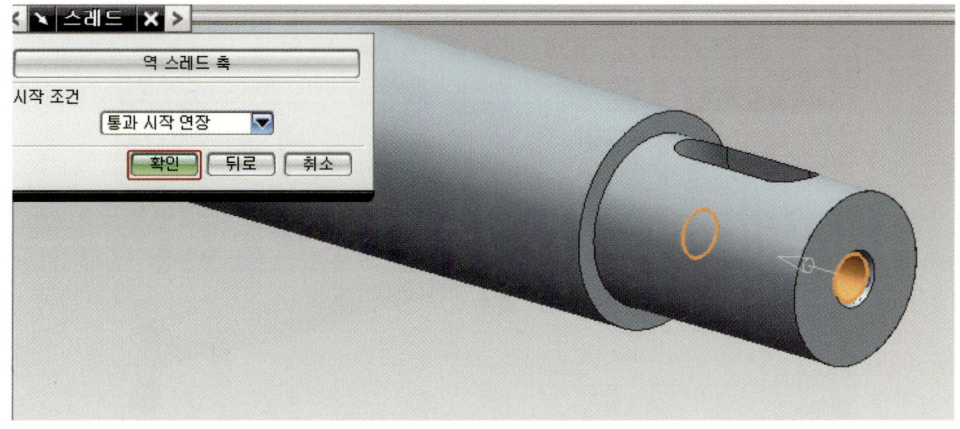

5) 스레드 유형 상세에서 그림처럼 입력 후 확인한다.

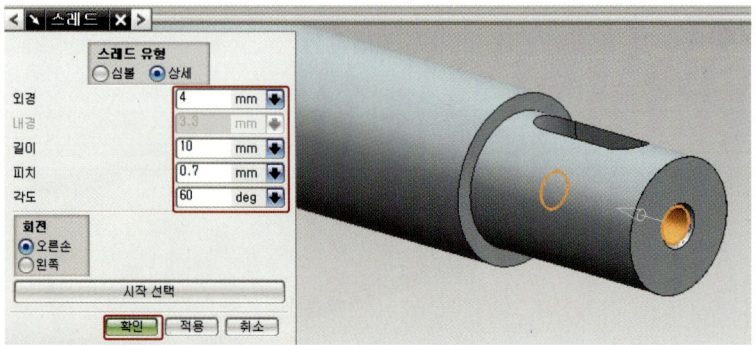

6) 스레드가 완성되었다.

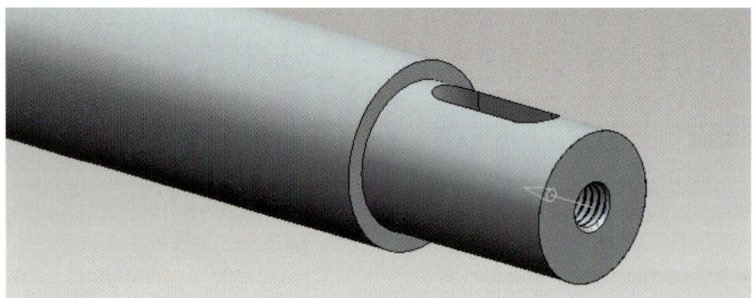

08 모따기 작업하기

1) 모따기 아이콘 ①을 클릭하고 모서리 ②, ③을 클릭하고 옵셋에서 단면을 옵셋 및 각도로 거리 1, 각도 45로 입력하고 적용한다.

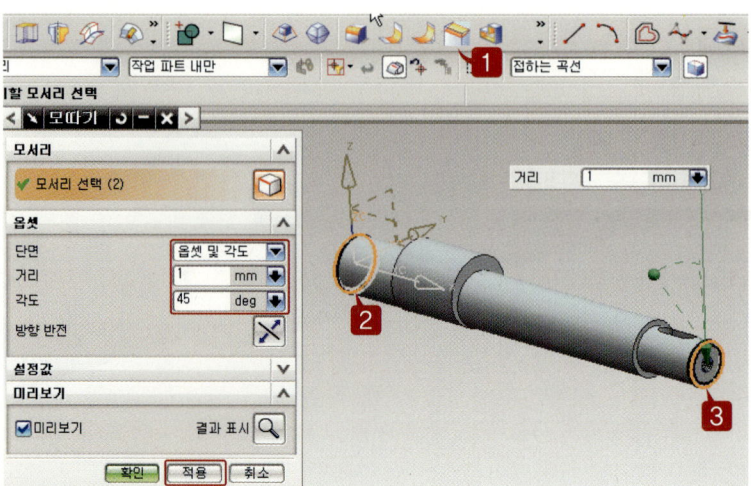

2) 다시 모서리 ①을 클릭하고 옵셋에서 단면을 옵셋 및 각도로 거리2, 각도45로 입력하고 확인한다.

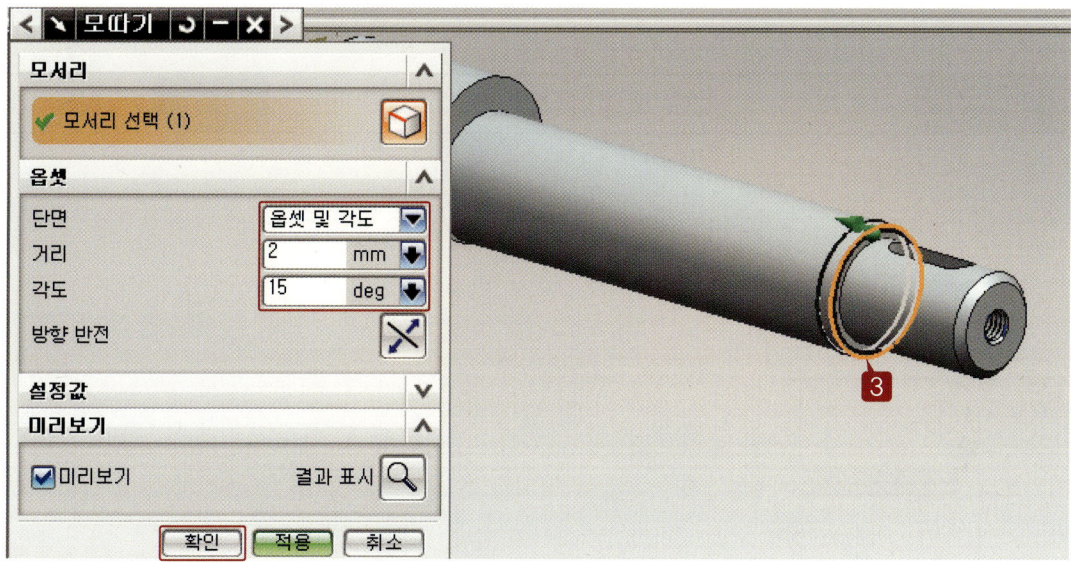

3) 아래 그림은 완성된 모델링 그림이다.

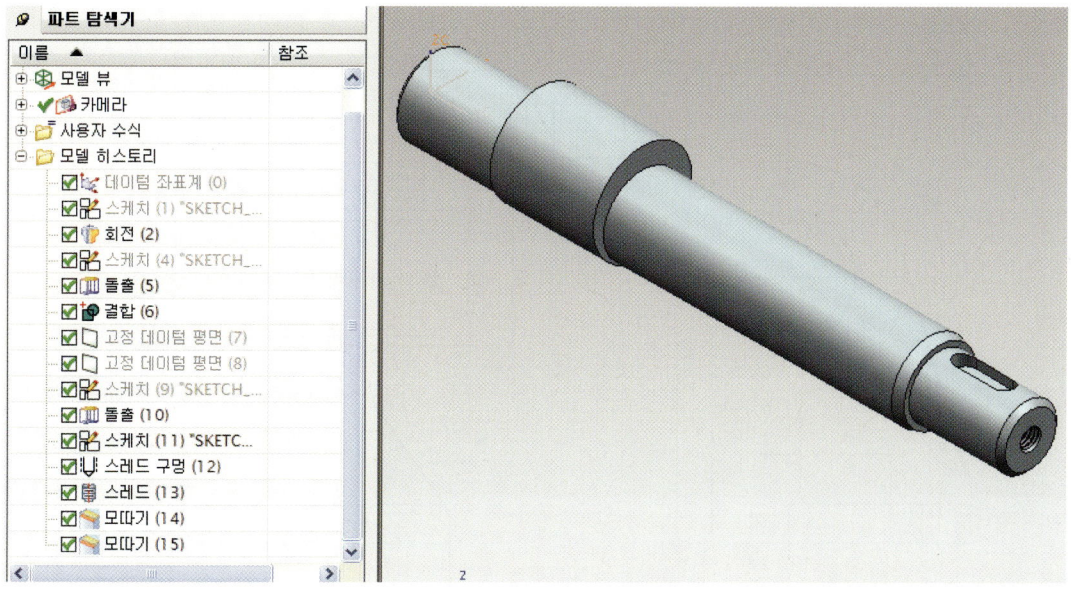

16. 하우징 본체 모델링 따라하기(1)

| 도면명 | UG 모델링작업 ⑯ | 척 도 | NS |

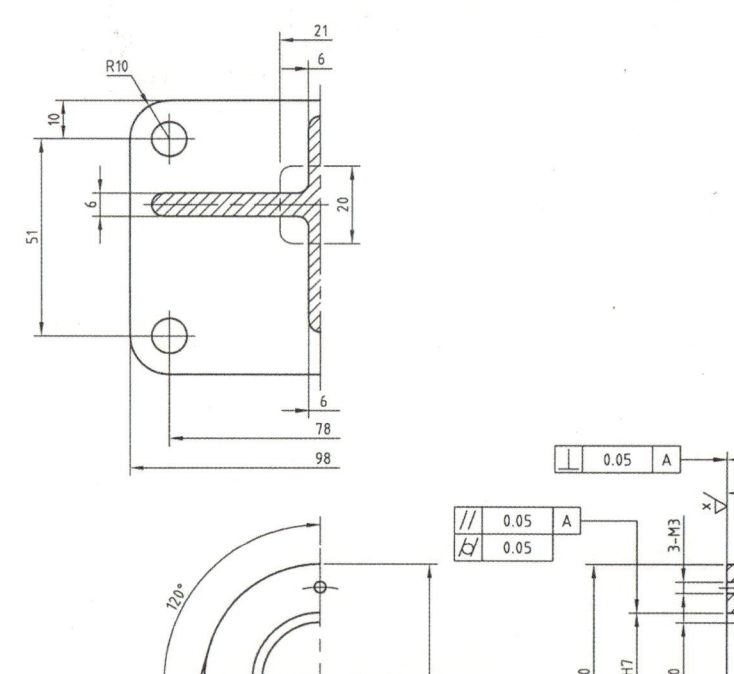

CHAPTER 2 | 모델링 따라하기

01 평면도 스케치 작성하기

1) 새로 만들기( ) ①(**Ctrl**+N)를 실행한다.
2) 스케치(Sketch)( ) ②를 선택한다.

3) 기본적으로 평면도(XY)평면이 설정하고 확인한다.

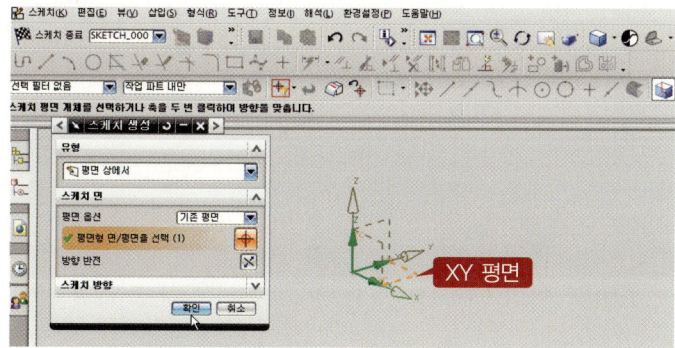

4) 직사각형(Rectangle)( ) ①을 선택한다. 그림에서와 같이 원점을 가운데 중심으로 임의에 직사각형을 생성하고 치수기입 아이콘 ②를 이용하여 그림과 같이 치수기입을 하고 스케치를 종료한다.

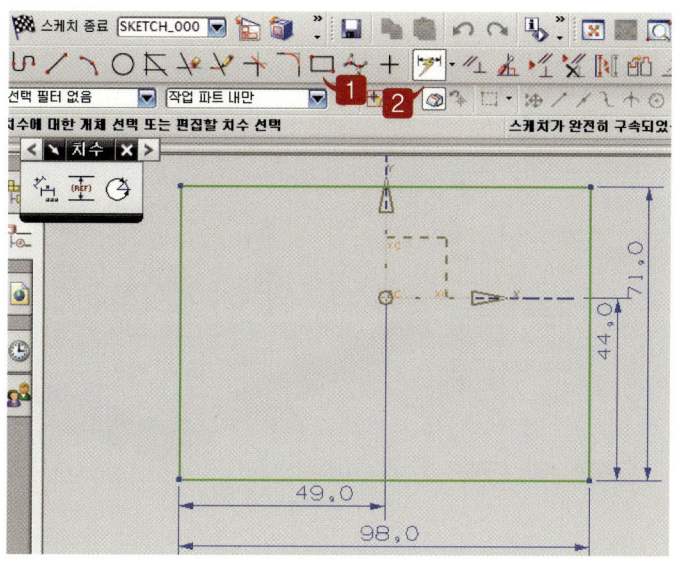

02 돌출 피쳐 작성하기

1) 돌출 아이콘 ①을 선택한다. 연결된 곡선 ②를 선택한 상태에서 곡선 ③을 선택하고 -10만큼 돌출하고 확인한다.

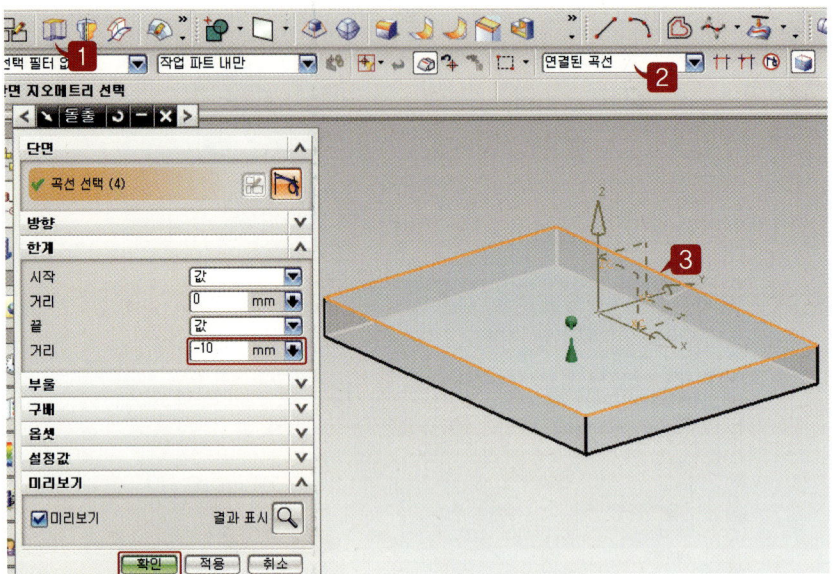

03 돌출(보스) 작성하기

1) 데이텀 평면 아이콘 ①을 클릭하고 유형은 거리로 하고 평면 참조 ②를 선택하고 거리 값 -44 을 입력하고 확인한다.

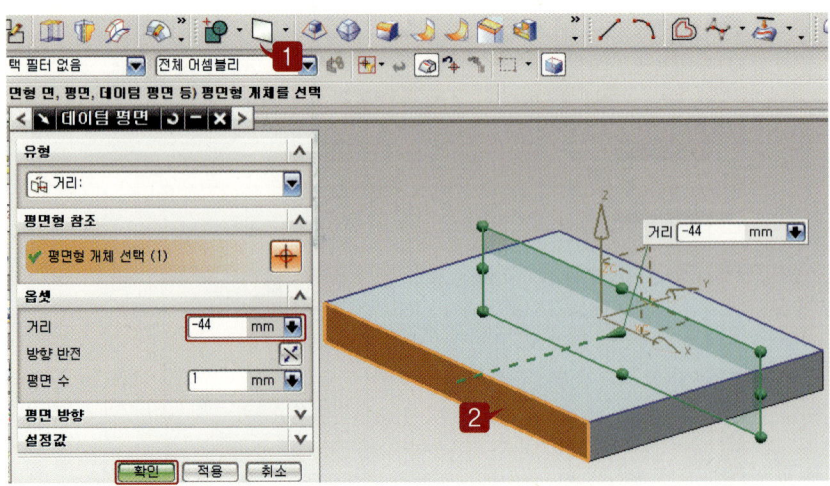

2) 스케치( ) 아이콘을 클릭하고 유형은 평면상에서 데이텀 평면 ①을 클릭하고 확인한다.

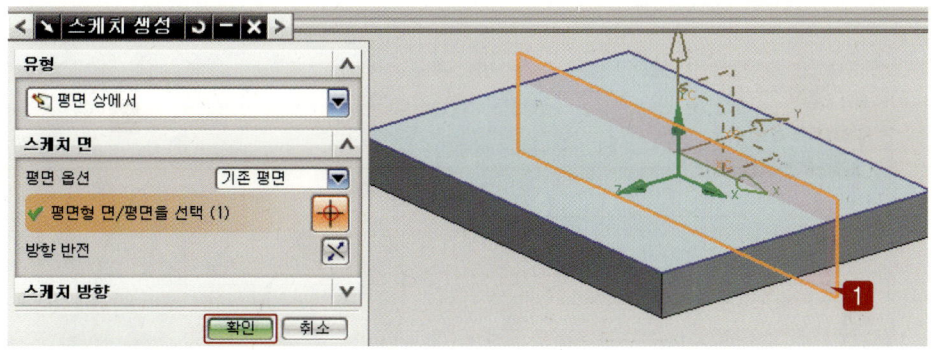

3) 원 아이콘 ①을 이용하여 아래 그림처럼 스케치 후 추정치수 아이콘 ②를 클릭하여 치수기입을 하고 스케치 종료한다.

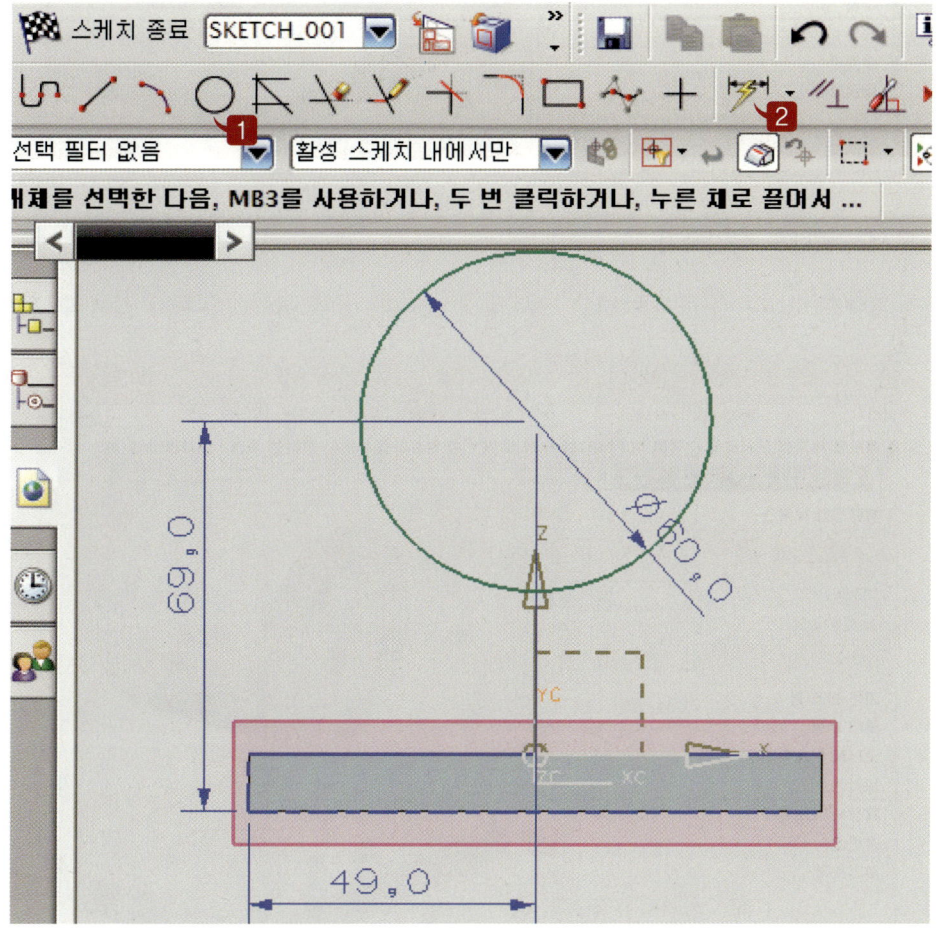

4) 돌출 아이콘 ①을 선택한다. 연결된 곡선 ②를 선택하고 단면곡선 ③을 클릭하고 한계 값은 양쪽거리 52로 하고 확인한다.

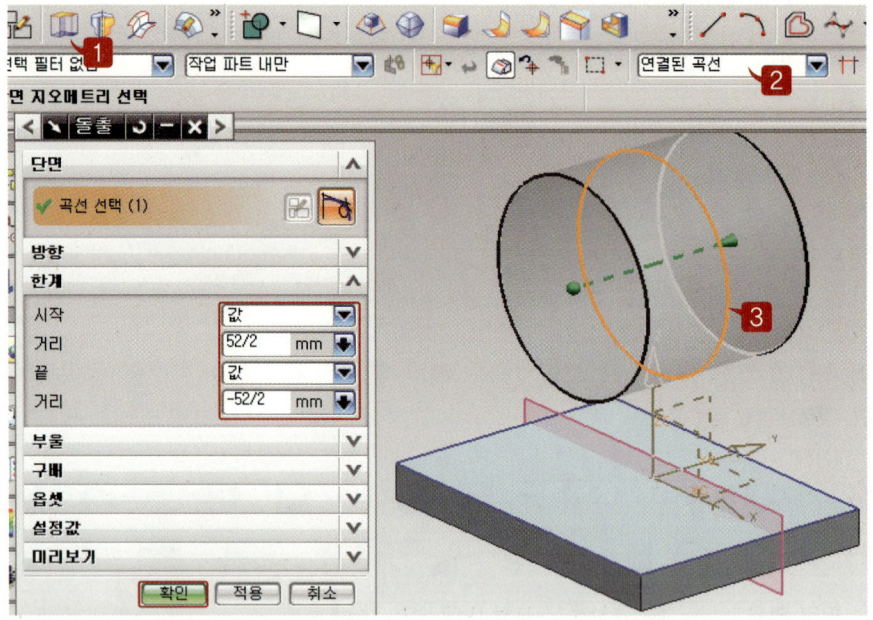

04 모서리 블렌드 작업하기

1) 모서리 블렌드 아이콘 ①을 선택하고 모서리 ②, ③, ④, ⑤를 클릭하고 R10 입력 후 적용한다.

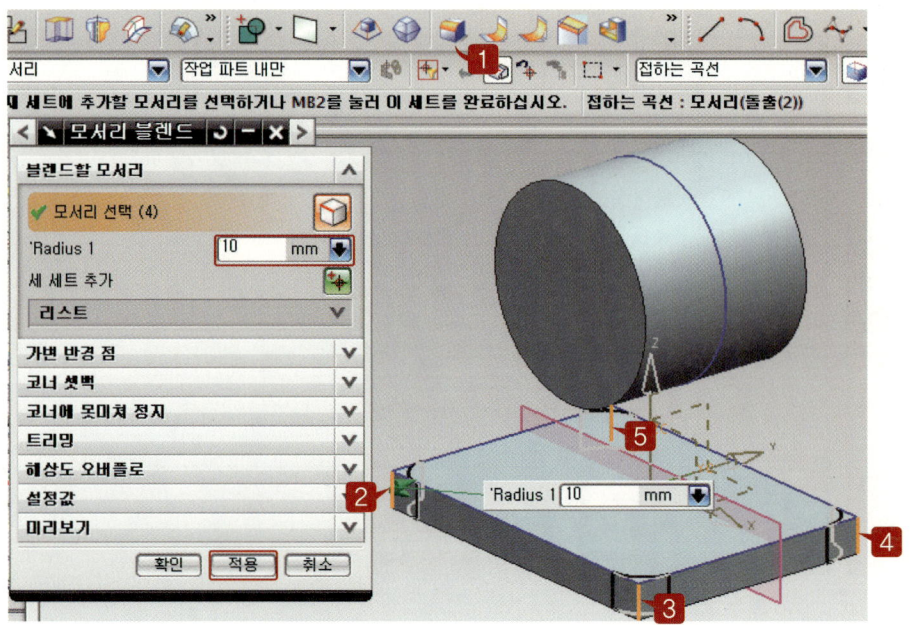

2) 그림처럼 R3 입력 후 모서리 ①을 클릭하고 적용한다.

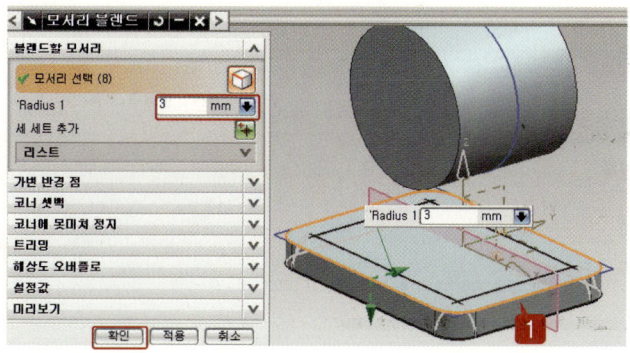

05 돌출(리브) 작성하기

1) 스케치( ) 아이콘을 클릭하고 유형은 평면상에서 데이텀 평면 ①을 클릭하고 확인한다.

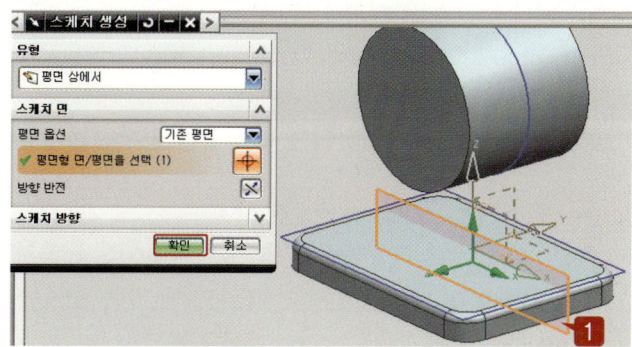

2) 표시 및 숨기기 ①을 클릭한다. 스케치 숨기기 ②를 클릭한다.

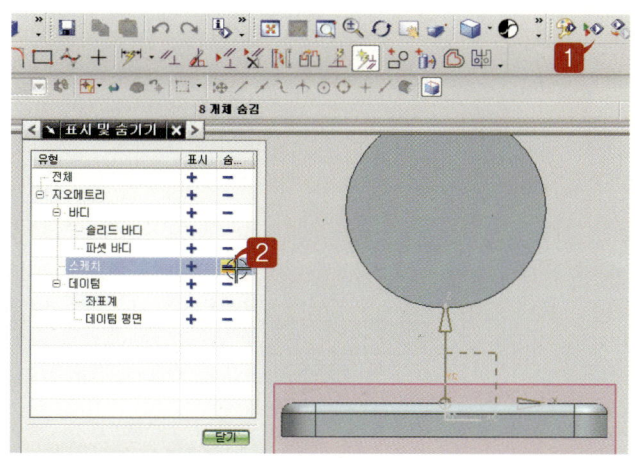

3) 곡선 투영 아이콘 ①을 이용하여 원의 외곽선 ②와 모서라 ③, ④를 클릭하고 확인한다.

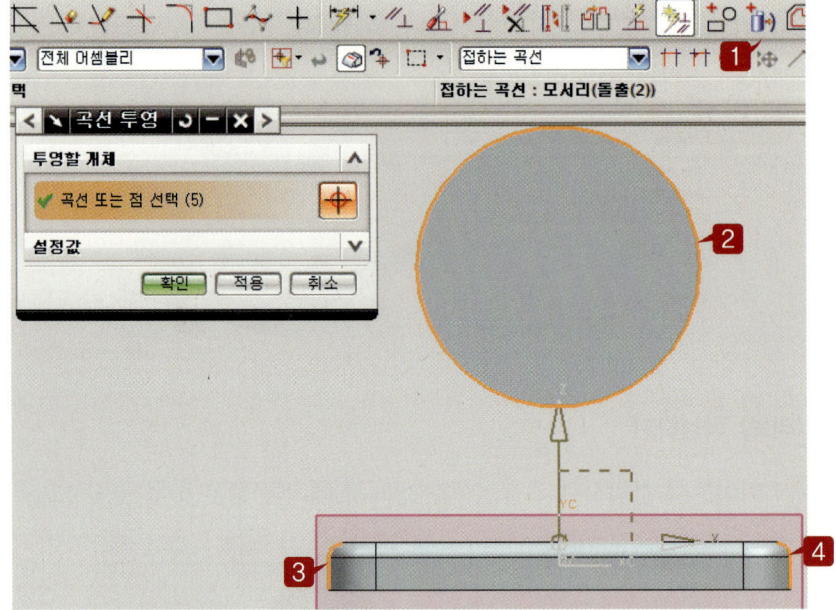

4) 선 아이콘 ①을 이용하여 스냅 사분점 ②를(접선 확인)활용하여 선을 연결한다.

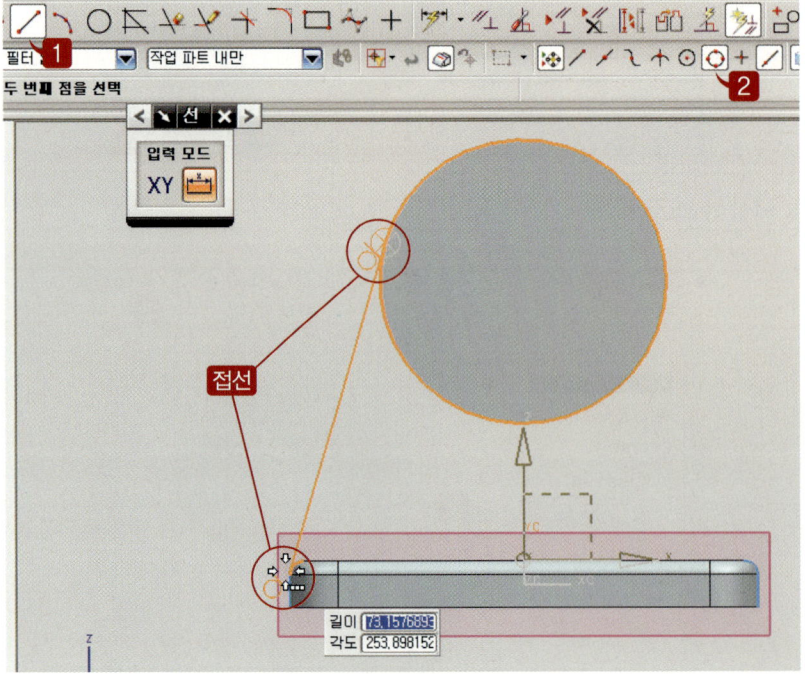

CHAPTER 2 | 모델링 따라하기

5) 빠른 트리밍 아이콘 ①을 클릭하고 경계곡선 ②를 선택하고 트림할 곡선 ③, ④, ⑤를 클릭한다.

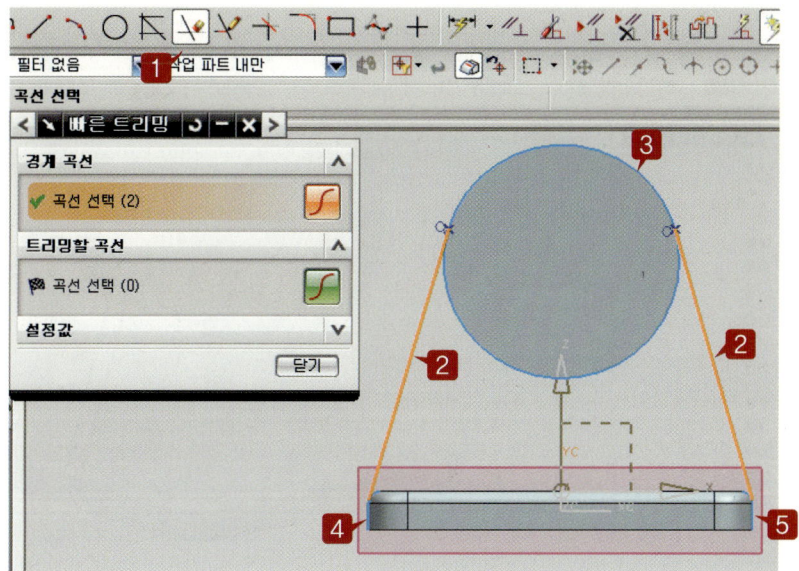

6) 선 아이콘 ①을 이용하여 그림처럼 스냅 끝점 ②를 활용하여 선 ③을 연결하고 스케치를 종료한다.

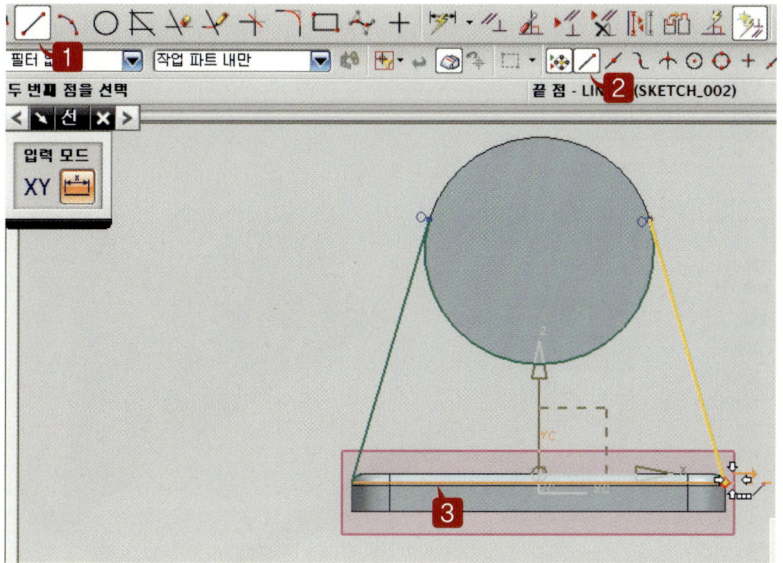

7) 돌출 아이콘 ①을 선택한다. 연결된 곡선 ②를 선택하고 단면곡선 ③을 클릭하고 양쪽 거리 6을 돌출하고 확인한다.

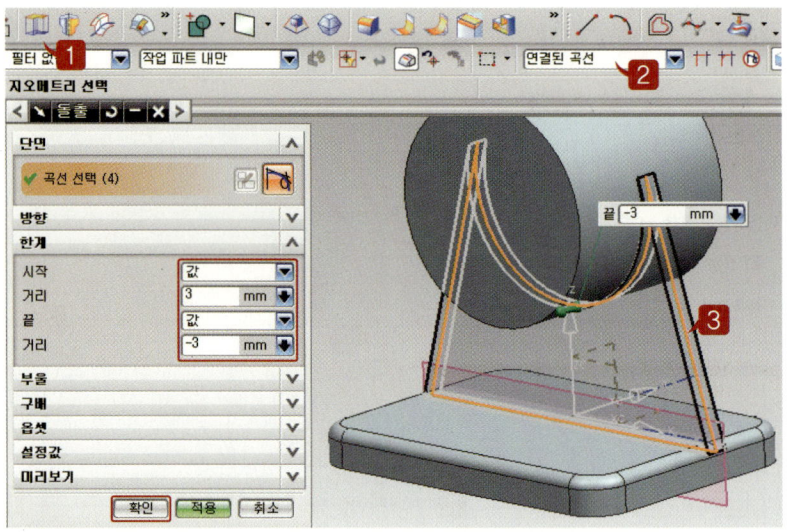

06 구멍 작업하기

1) 삽입에 특징형상설계에 구멍(H)..을 클릭한다. 유형은 일반구멍으로 하고 점 지정 ①을 선택(스냅 중심점 확인)하고 그림과 같이 카운터보어와 치수를 입력하고 부울은 빼기로 하고 확인한다.

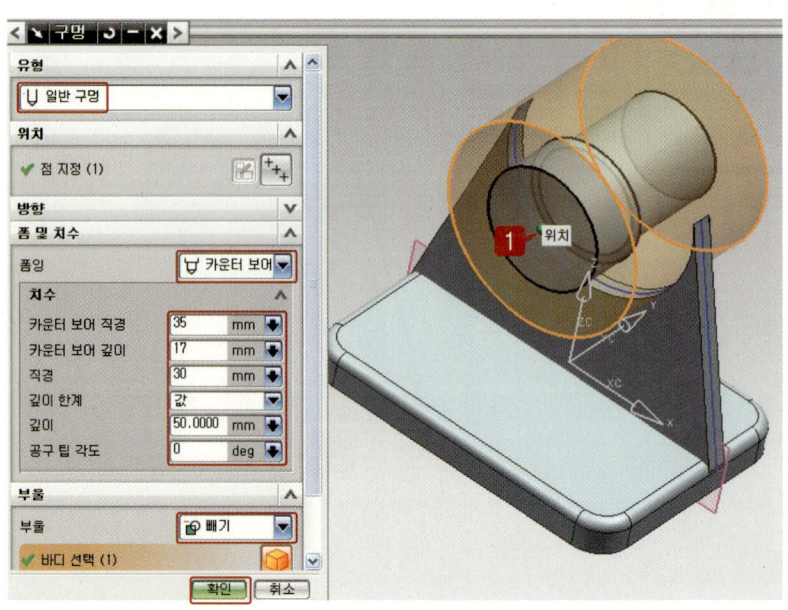

CHAPTER 2 | 모델링 따라하기

2) 삽입에 연관복사에 대칭 특징형상(대칭 특징형상(M)...)을 클릭하고 특징형상 ①을 선택하고 대칭 평면 ②를 클릭하고 확인한다.

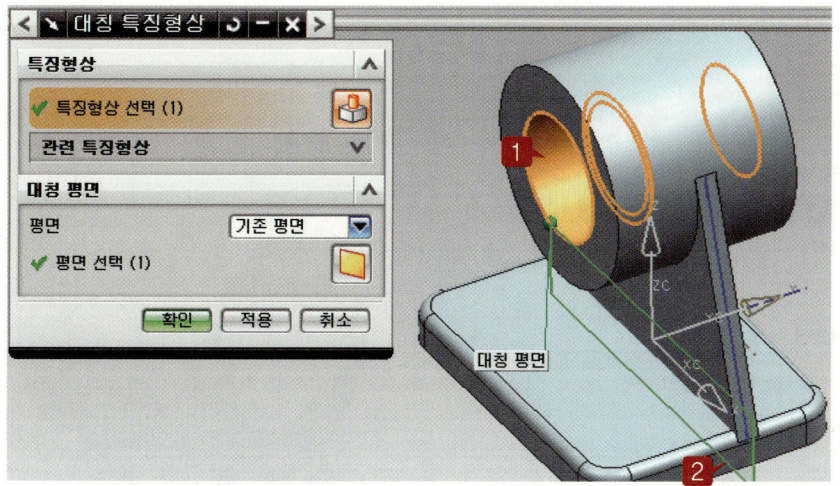

3) 삽입에 특징형상설계에 구멍(H) 을 클릭한다. 유형은 일반구멍으로 하고 점 지정 ①을 선택(스냅 중심점 확인)하고 직경 9, 깊이 11을 입력하고 부울은 빼기로 하고 적용한다. (나머지 구멍 3개도 같은 방법으로 작업하고 확인한다.)

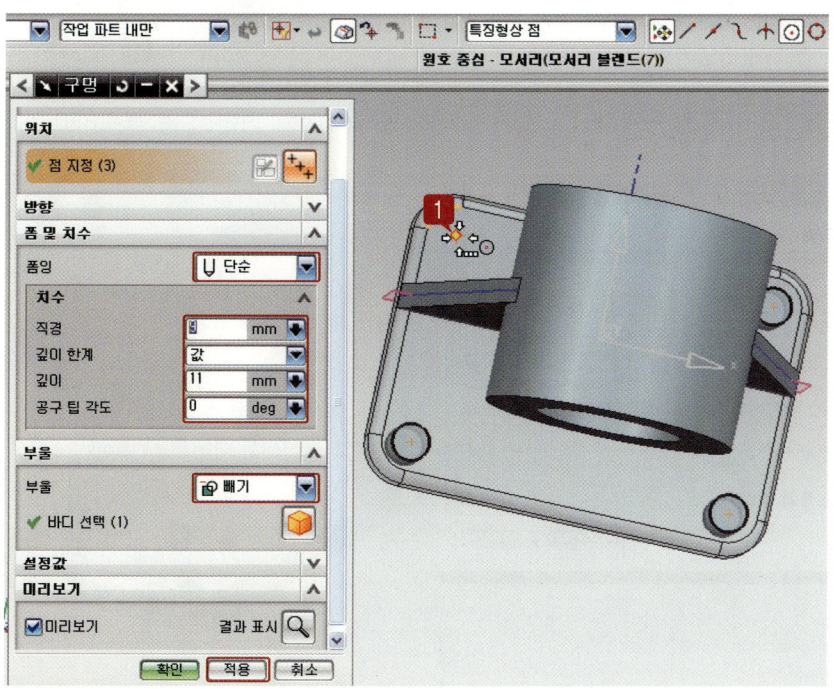

07 돌출(리브) 작성하기

1) 데이텀 평면 아이콘 ①을 클릭하고 유형은 거리로 하고 평면 참조 ②를 선택하고 거리 값 -49 을 입력하고 확인한다.

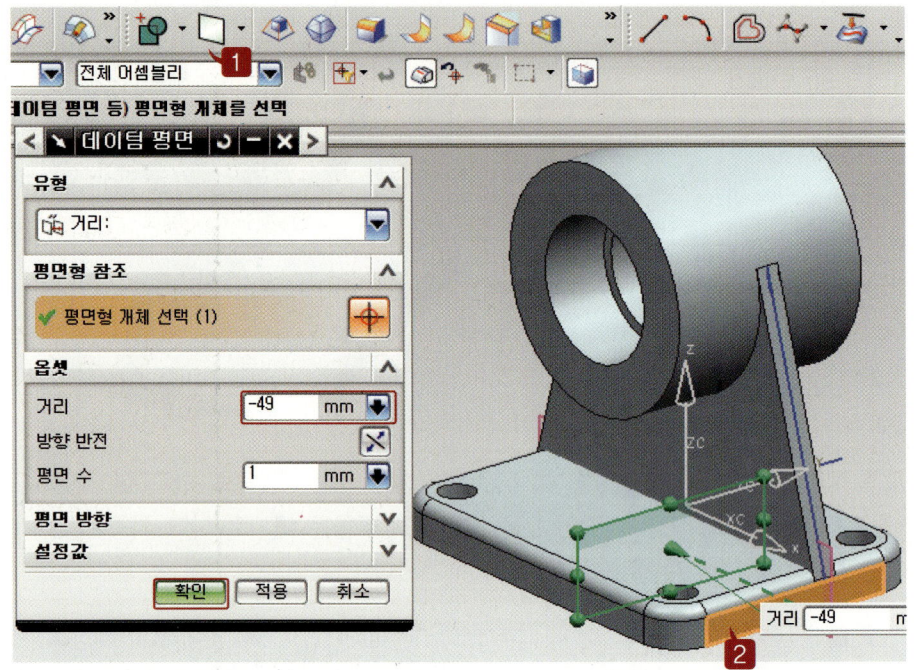

2) 스케치( ) 아이콘을 클릭하고 유형은 평면상에서 데이텀 평면 ①을 클릭하고 확인한다.

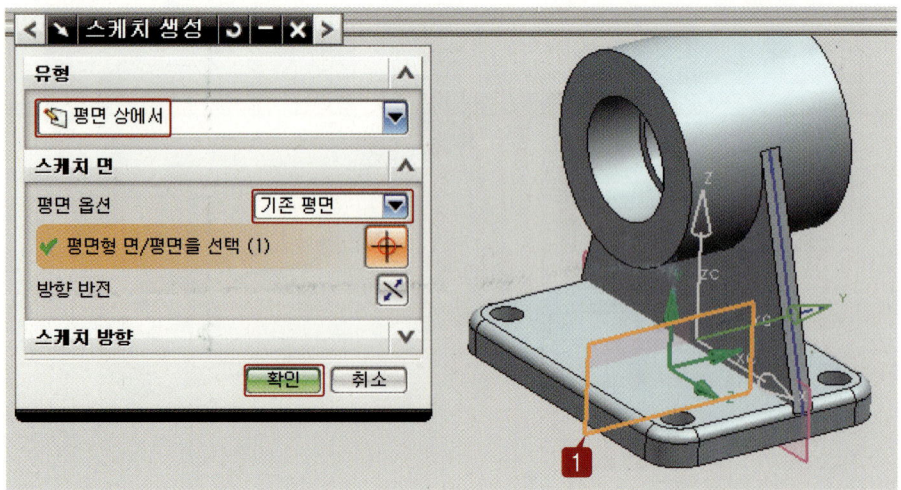

CHAPTER 2 | 모델링 따라하기

3) 곡선 투영 아이콘 ①을 이용하여 투영할 곡선을 그림처럼 클릭하고 확인한다.

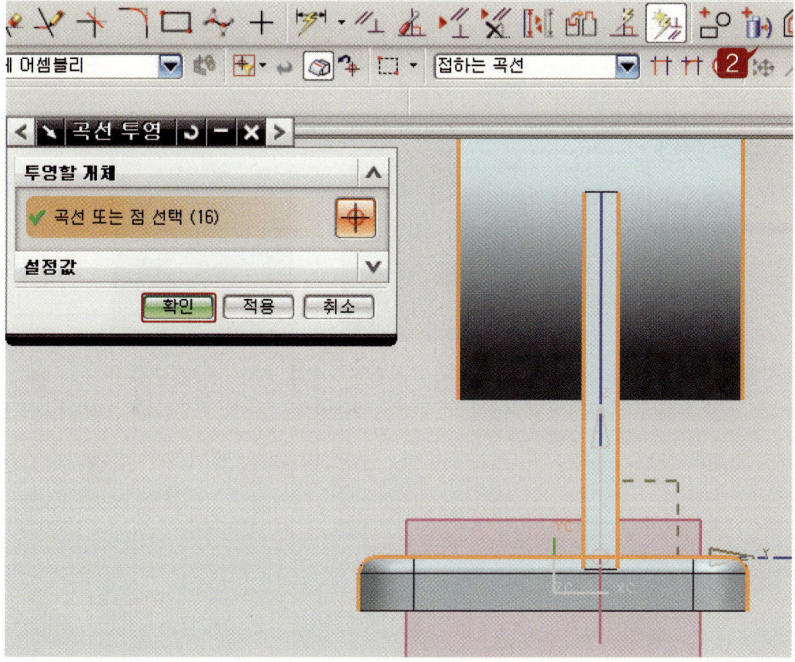

4) 선 아이콘 ①을 이용하여 그림처럼 선 ②, ③을 생성한다.

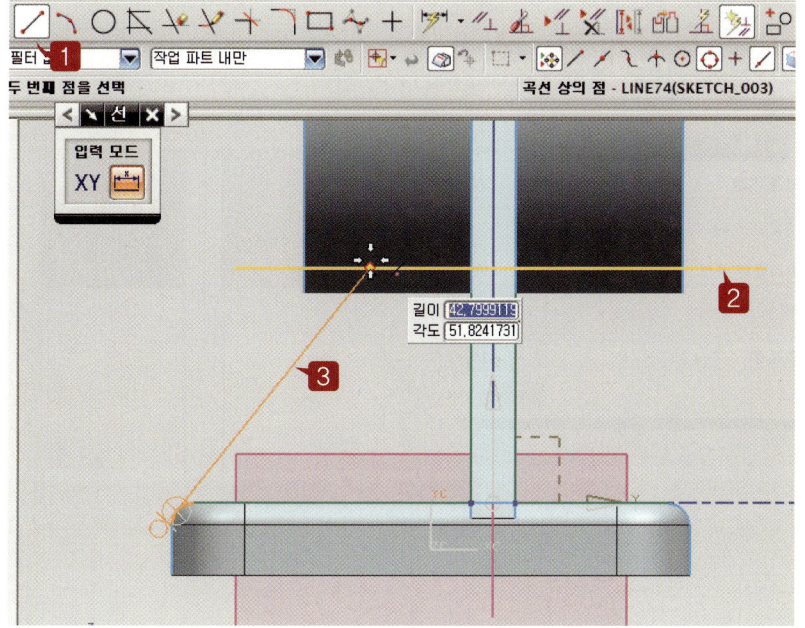

5) 그림처럼 선 ④를 생성하고 추정치수 아이콘 ⑤를 클릭하여 치수기입을 한다.

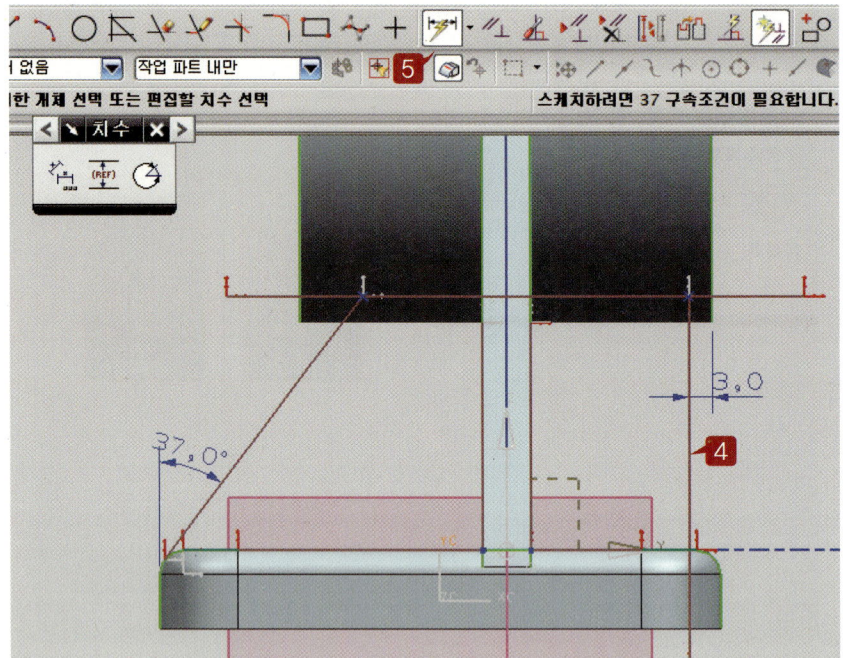

6) 빠른 트리밍 아이콘 ①을 클릭하고 그림처럼 트림을 하고 스케치를 종료한다.

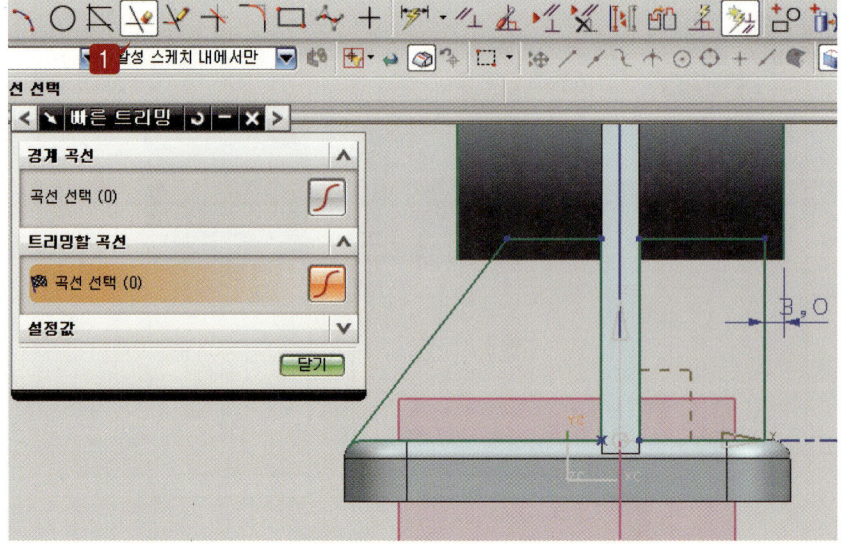

CHAPTER 2 | 모델링 따라하기

7) 돌출 아이콘 ①을 선택한다. 연결된 곡선 ②를 선택하고 단면곡선 ③, ④를 클릭하고 양쪽 거리 6을 돌출하고 확인한다.

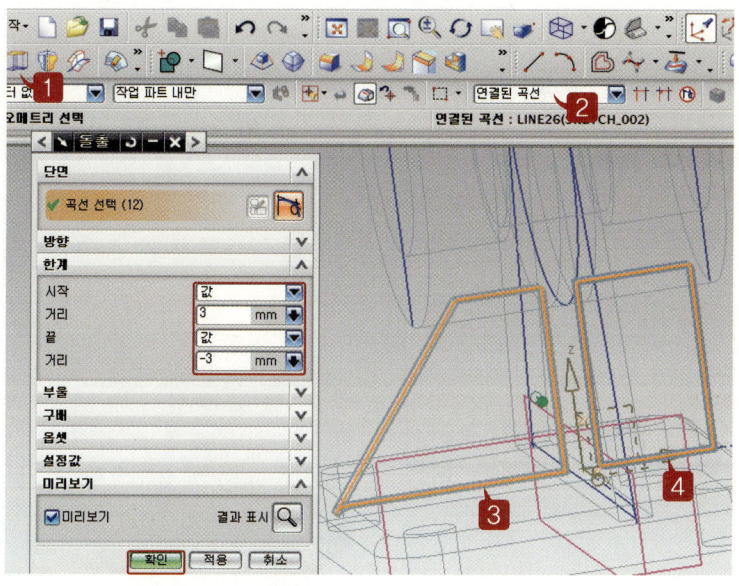

08 표시 및 숨기기

1) 표시 및 숨기기 아이콘 ①을 선택하여 전체 숨기기 ②를 선택하고 솔리드 바디 표시 ③을 선택한다.

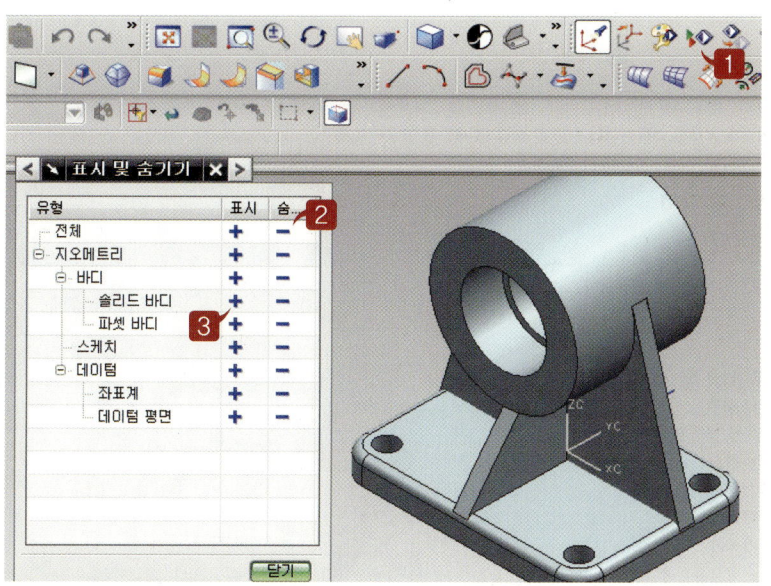

09 결합하기

1) 결합 아이콘 ①을 클릭하고 타켓 바디 ②를 선택하고 공구바디 ③, ④를 클릭하고 확인한다.

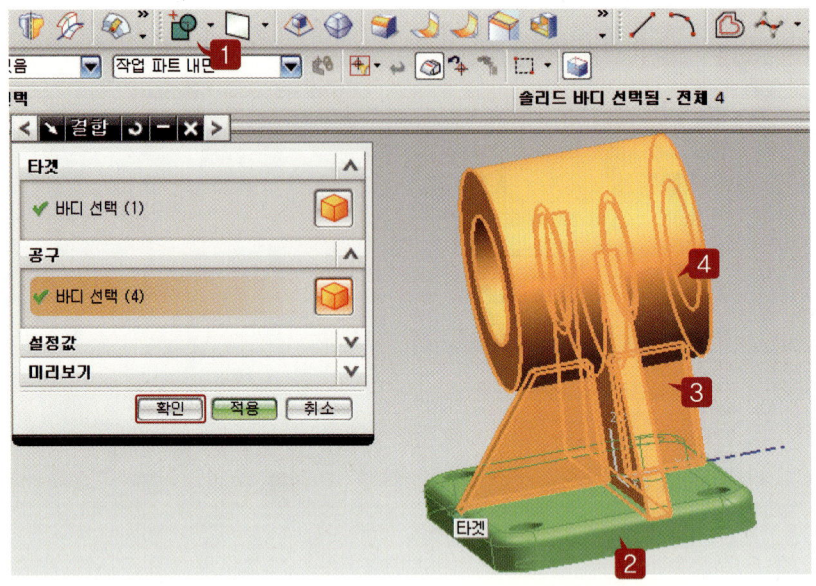

10 모서리 블렌드 작업하기

1) 모서리 블렌드 아이콘 ①을 선택하고 그림처럼 모서리 ②, ③, ④를 클릭하고 R3 입력 후 적용한다.

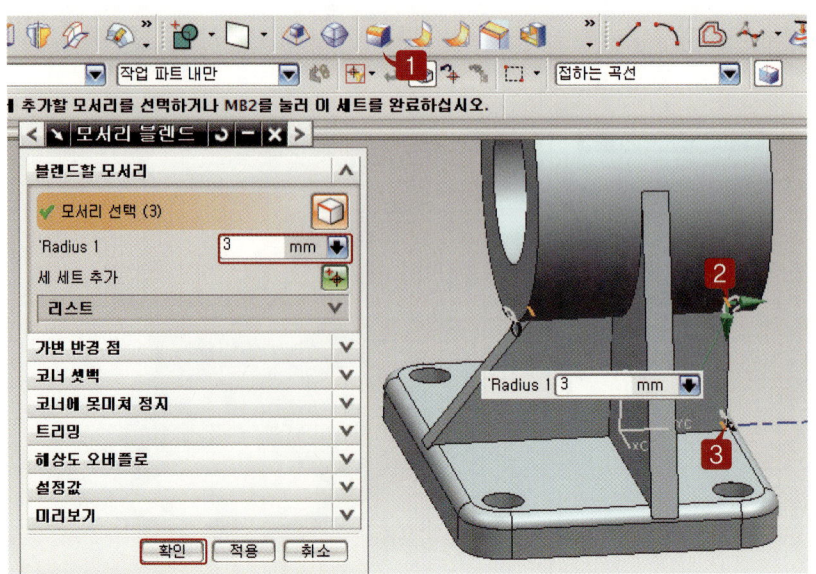

CHAPTER 2 | 모델링 따라하기

11 나사 위치 구멍 작성하기

1) 스케치( ) 아이콘을 클릭한다. 유형은 평면상에서 기존평면에서 ①을 클릭하고 확인한다.

2) 원 아이콘 ②를 이용하여 그림처럼 원 스케치 하고, 추정치수 아이콘 ③을 이용하여 치수를 입력하고 스케치를 종료한다.

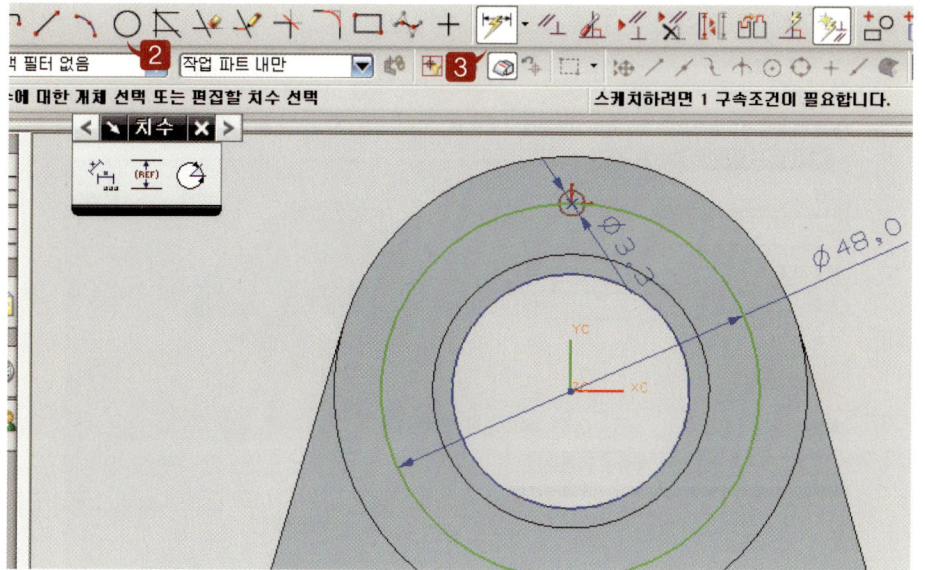

3) 삽입에 특징형상설계에 구멍(H)..을 클릭한다. 유형은 일반 구멍으로 하고 점 지정 ①을 선택(스냅 중심점확인)한다. 그림처럼 폼 및 치수를 입력하고 부울은 빼기로 바디 선택하고 확인한다.

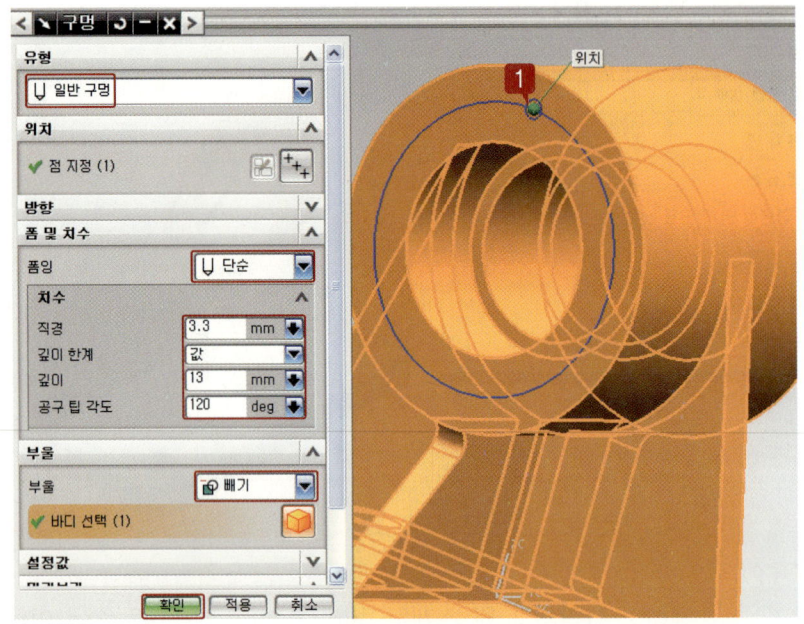

4) 삽입에 데이텀/점에 데이텀 좌표계(데이텀 좌표계(C)...)를 클릭한다. 유형은 동적으로 하고 참조는 WCS로 설정하고 방향지정 ①을 설정하고 확인한다.

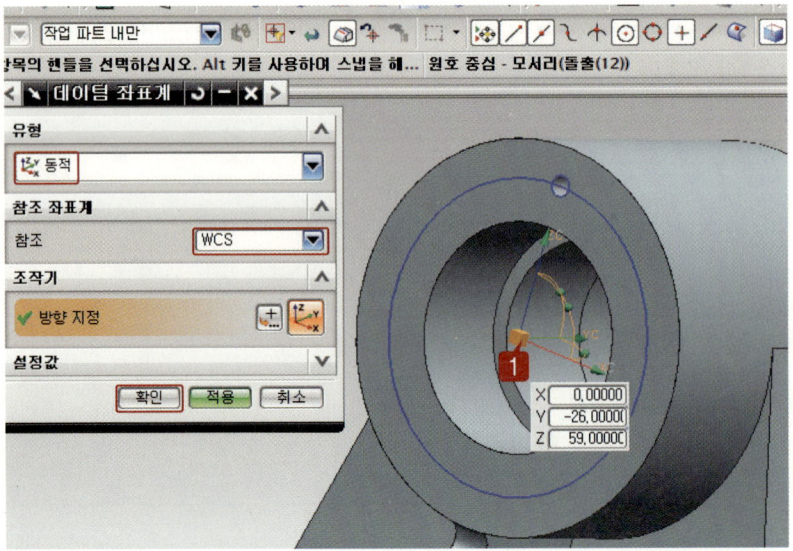

5) 삽입에 연관복사에 인스턴스(인스턴스 특징형상(I)...)를 클릭한다. 원형배열 ①을 선택하고 확인한다.

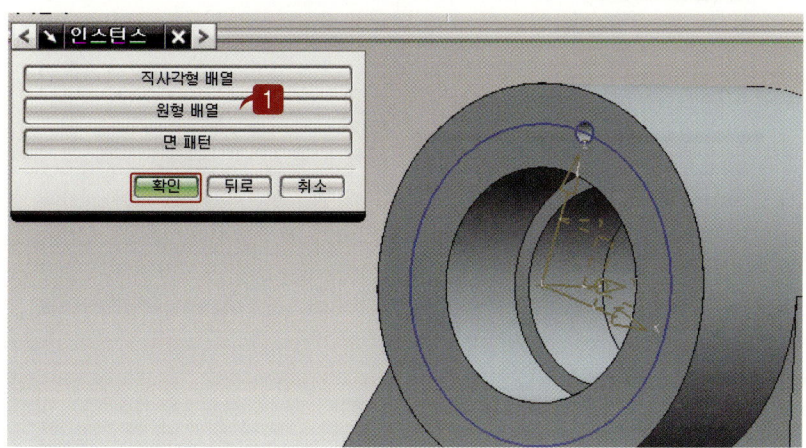

6) 단순구멍(26)을 선택하고 확인한다.

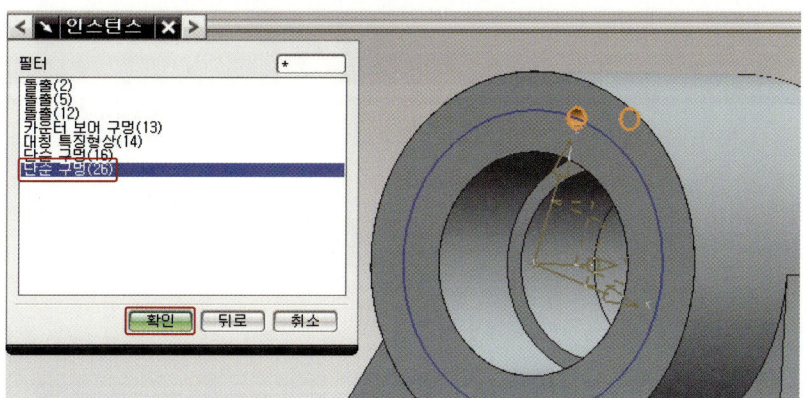

7) 방법에서 일반으로 하고 번호(개수) 3개, 각도 120을 입력하고 확인한다.

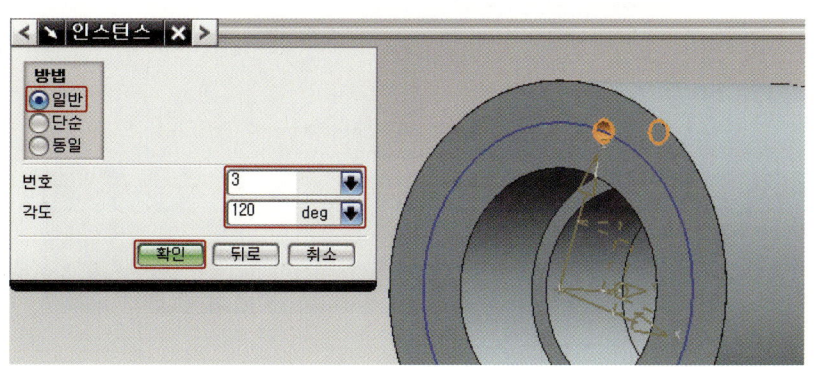

8) 데이텀 축을 선택하고 확인한다.

9) 데이텀 축 선택 ①을 선택하고 확인한다.

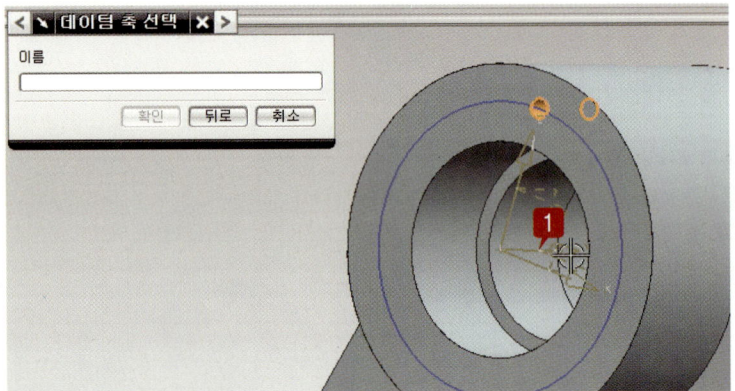

10) 예를 선택하고 확인한다.

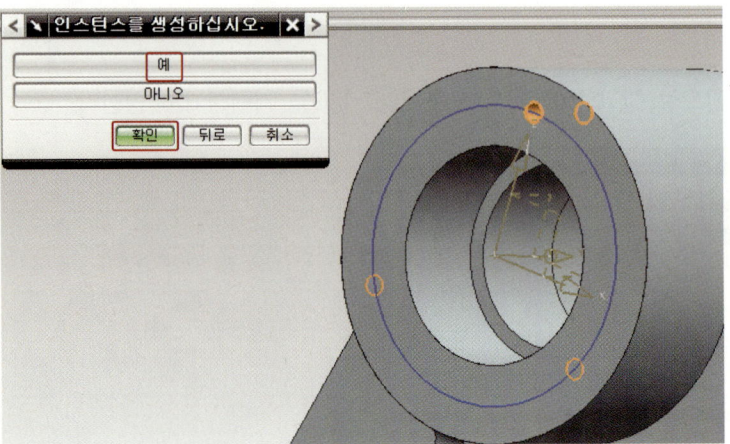

CHAPTER 2 | 모델링 따라하기

11) 표시 및 숨기기 ①을 클릭한다. 데이텀 평면 표시 ②를 선택한다.

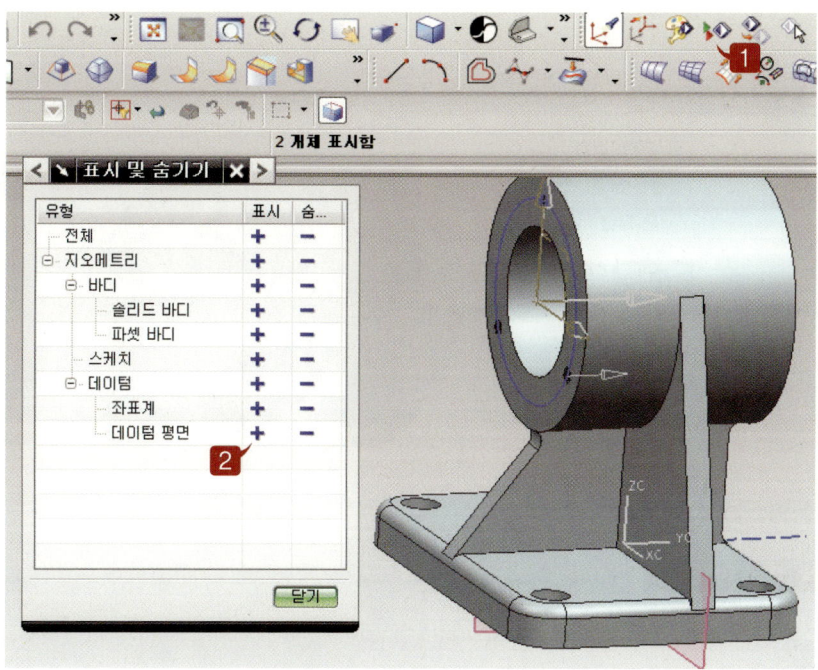

12) 삽입에 연관복사에 대칭 특징형상()을 클릭하고 특징형상 ①을 선택하고 대칭 평면 ②를 클릭하고 확인한다.

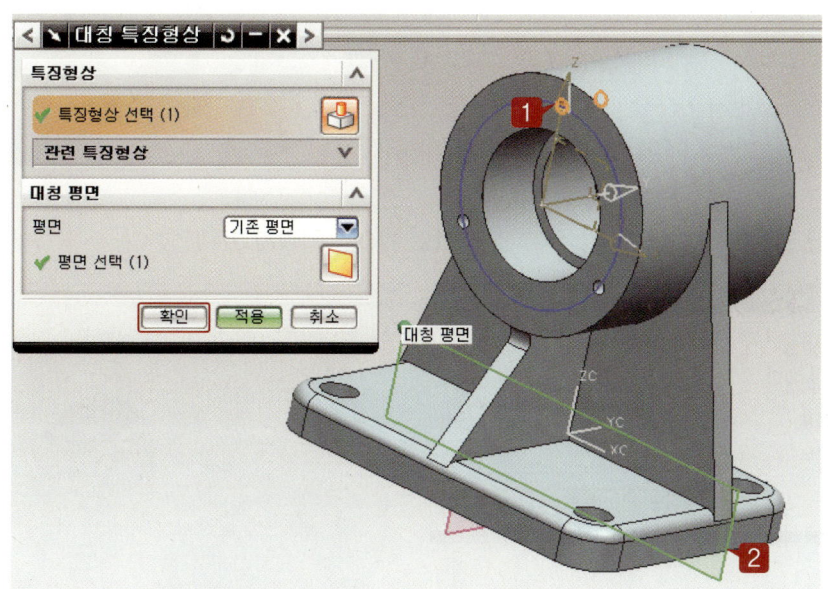

13) 삽입에 연관복사에 인스턴스(인스턴스 특징형상(I)...)를 클릭한다. 원형배열 ①을 선택하고 확인한다.

14) 대칭 특징형상을 선택하고 확인한다.

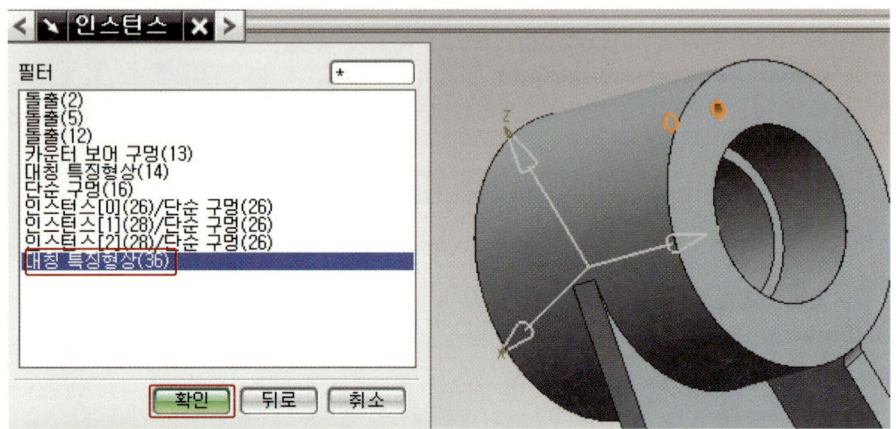

15) 방법에서 일반으로 하고 번호(개수) 3개, 각도 120을 입력하고 확인한다.

CHAPTER 2 | 모델링 따라하기

16) 데이텀 축을 선택하고 확인하고 데이텀 축 선택 ①을 선택하고 확인한다.

17) 삽입에 특징형상설계에 스레드①... 을 클릭한다. 스레드 유형은 상세로 ①을 클릭하고 탭 나사규격을 설정 하고 적용한다.

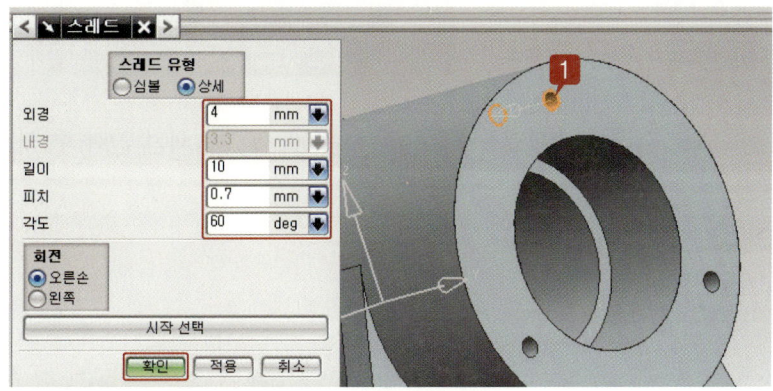

18) 두 번째 구멍 ②를 클릭하고 같은 방법으로 스레드 유형 상세에서 그림처럼 입력 후 적용한다.

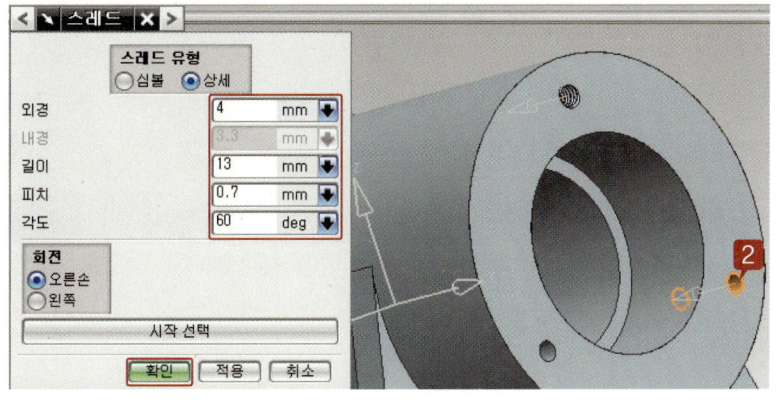

19) 세 번째 구멍 ①을 클릭하고 같은 방법으로 스레드 유형 상세에서 그림처럼 입력 후 적용한다.

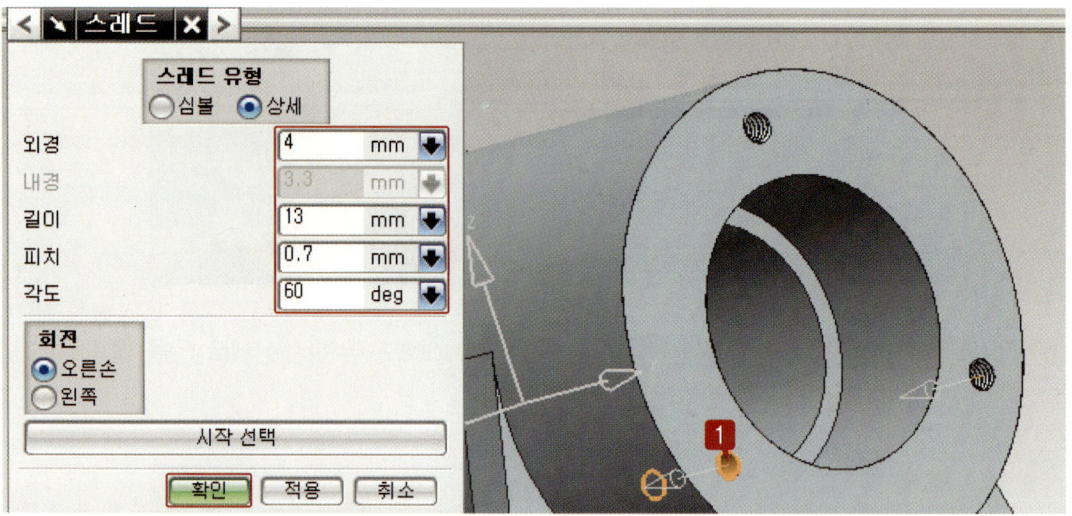

20) 반대쪽 구멍 3개도 같은 방법으로 스레드 유형 상세에서 그림처럼 입력 후 적용한다.

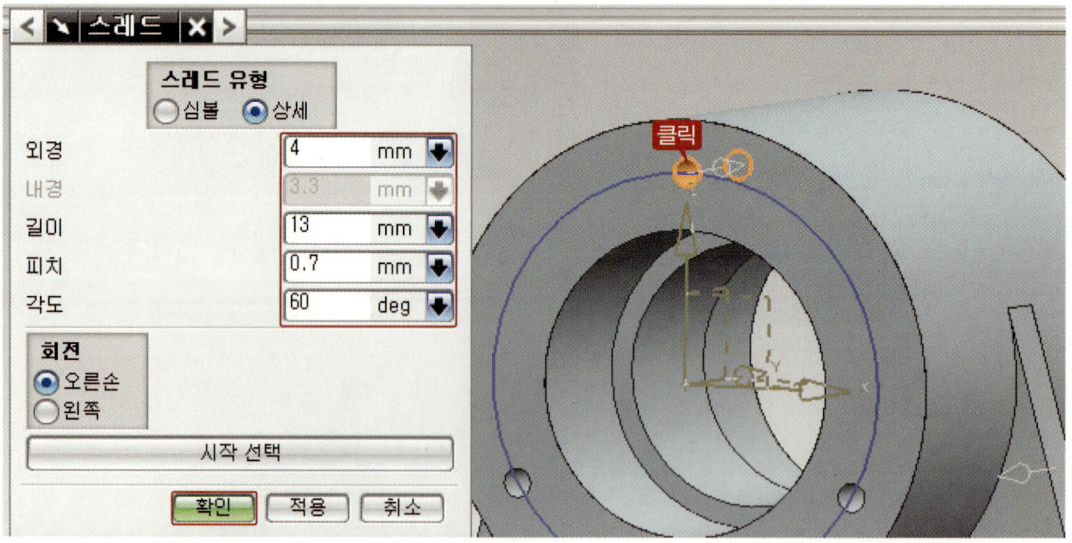

CHAPTER 2 | 모델링 따라하기

21) 데이텀 평면 아이콘 ①을 클릭한 후 유형을 아래 그림처럼 설정 후 거리 89입력하고 확인한다.

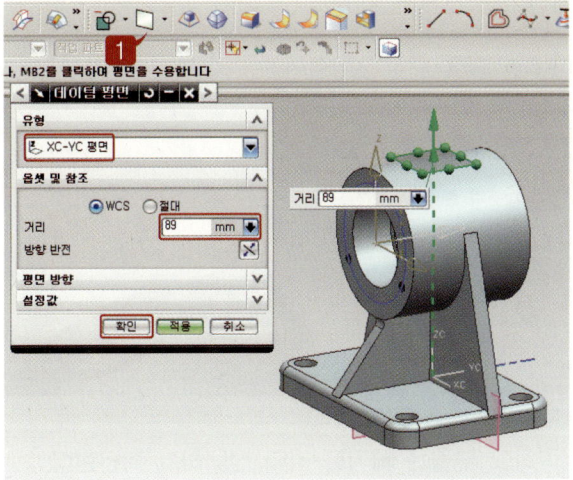

22) 스케치( ) 아이콘을 클릭한다. 유형은 평면상에서 기존평면에서 ①을 클릭하고 확인한다.

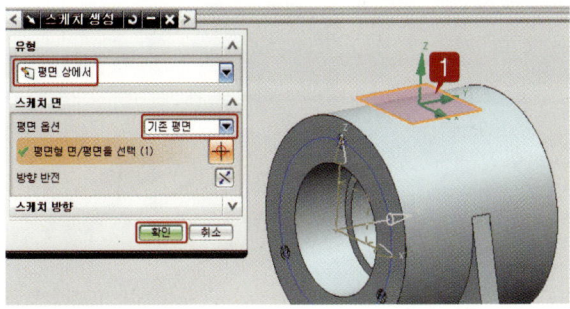

23) 원 아이콘 ①을 이용하여 그림처럼 원 스케치 하고, 추정치수 아이콘 ②를 이용하여 치수를 입력하고 스케치를 종료한다.

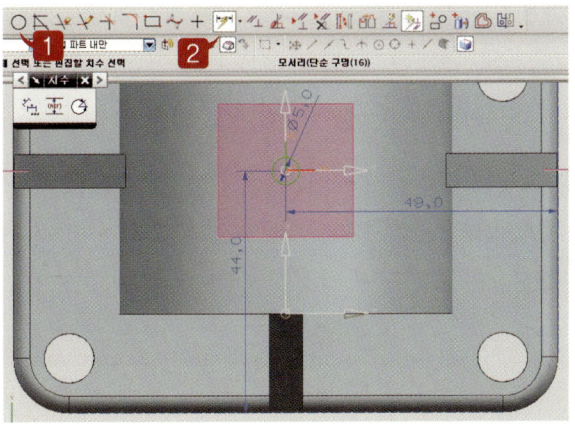

24) 삽입에 특징형상설계에 [구멍(H)]을 클릭한다. 유형은 스레드 구멍으로 설정하고 점 지정 ① 을 클릭하고 탭 나사규격을 설정한다.

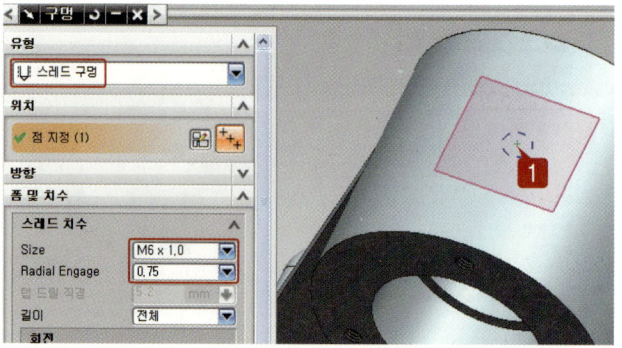

25) 그림처럼 치수를 입력하고 부울은 빼기로 바디 선택하고 확인한다.

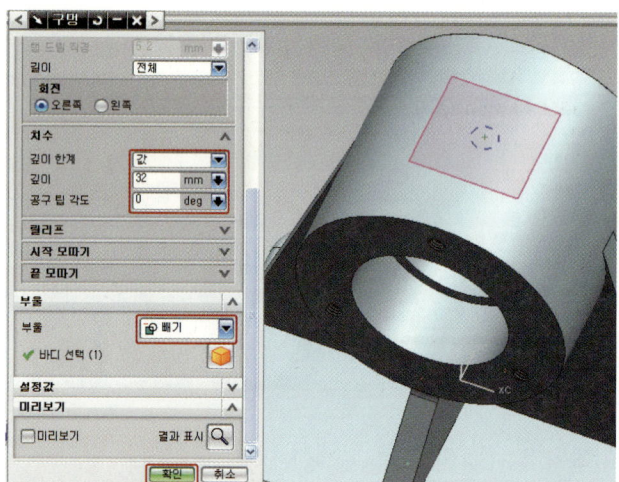

26) 삽입에 특징형상설계에 [스레드(T)...]을 클릭한다. 스레트 유형 상세에서 ①을 선택한다.

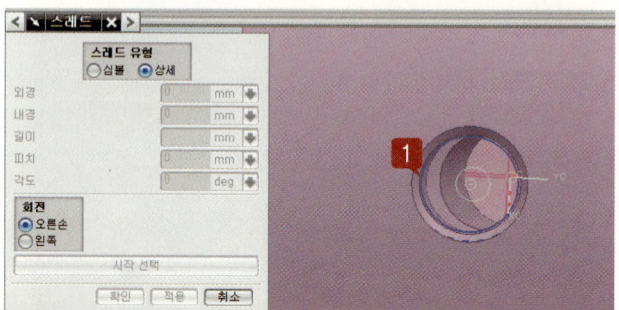

CHAPTER 2 | 모델링 따라하기

27) 스레트 이름에서 데이텀 평면①을 선택한다.

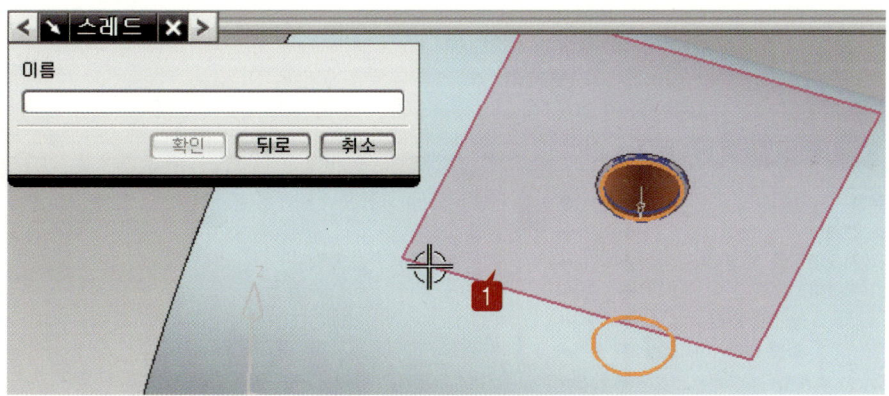

28) 역 스레드 축을 확인한다.

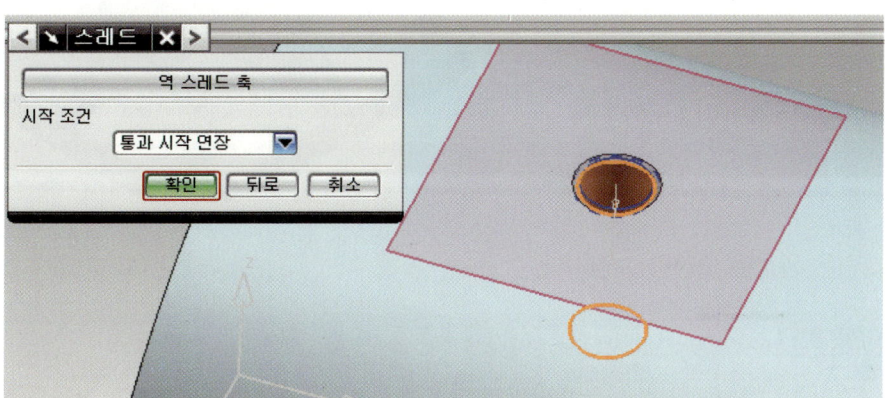

29) 유형에서 탭 나사규격을 설정 하고 확인한다.

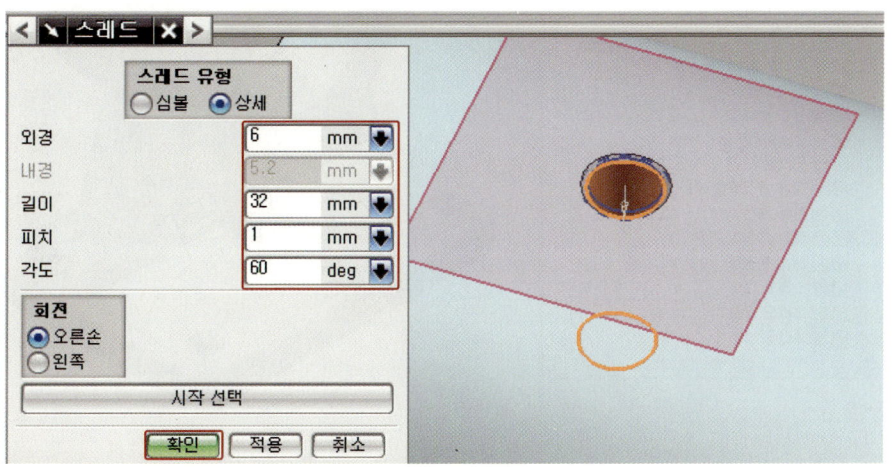

12 표시 및 숨기기

1) 표시 및 숨기기을 클릭한다. 유형에서 전체 숨기가- ②를 선택하고, 솔리드 바디 + ③을 클릭한다.

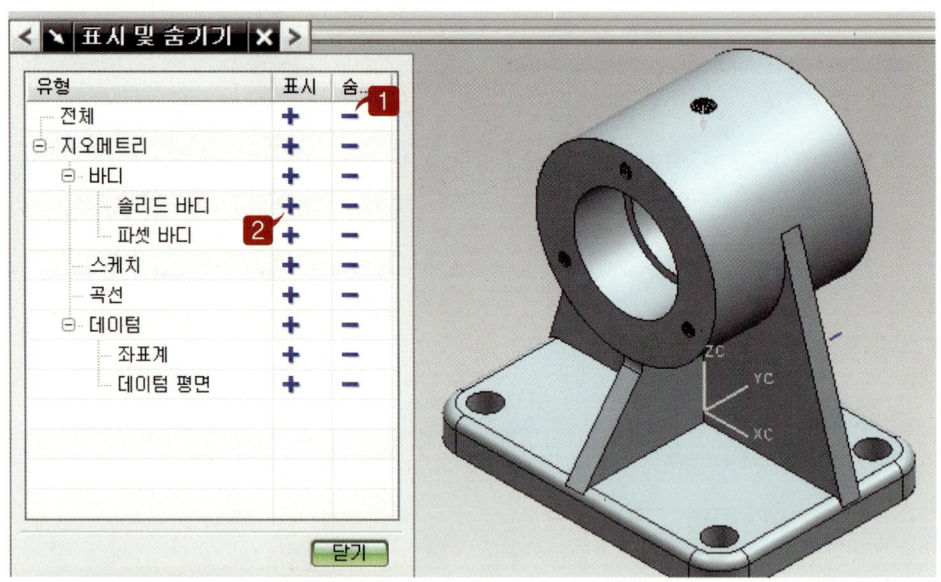

2) 아래 그림은 완성된 모델링 그림이다.

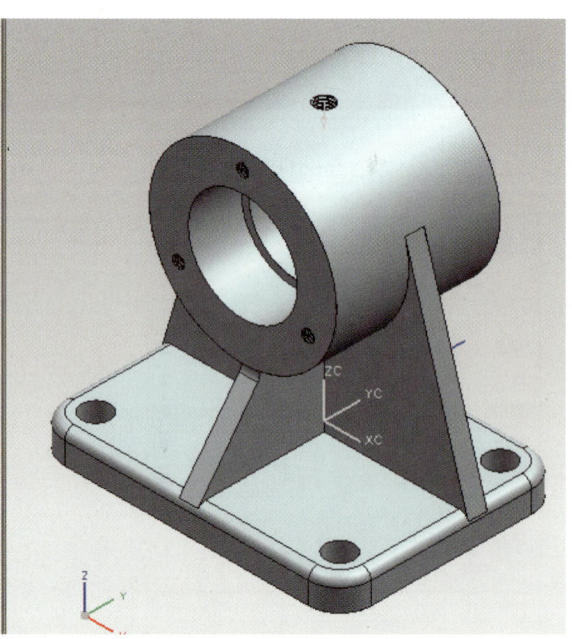

CHAPTER 2 | 모델링 따라하기

3) 아래와 같이 완성된 본체 한쪽 단면도 형상을 확인한다.

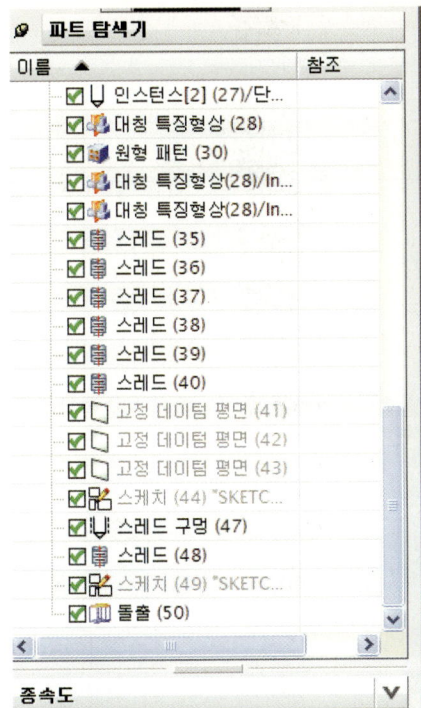
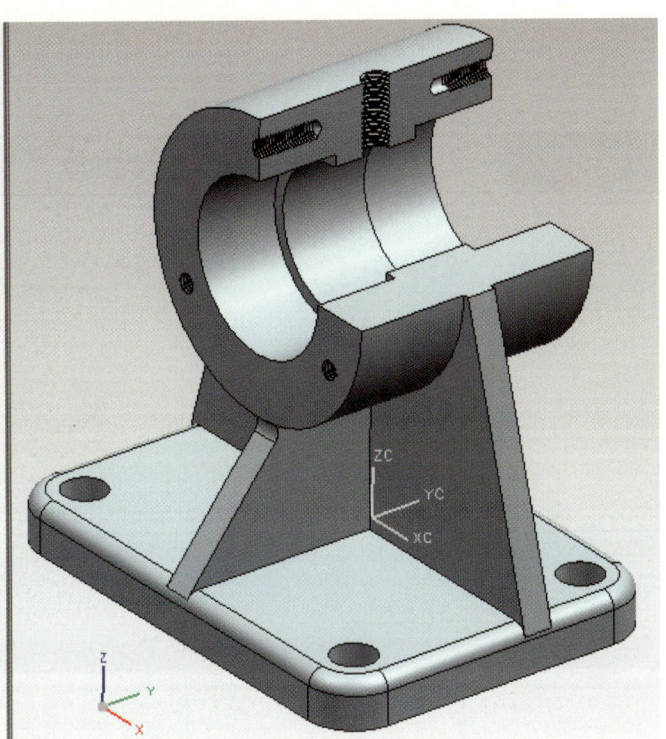

17 하우징 본체 모델링 따라하기(2)

| 도면명 | UG 모델링작업 ⑰ | 척 도 | NS |

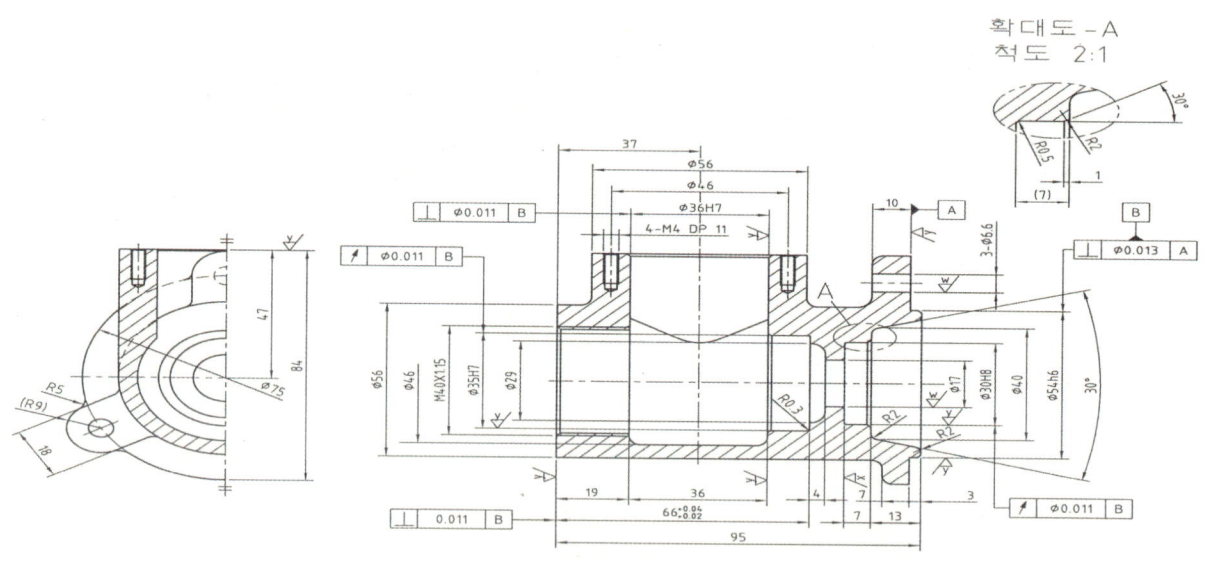

CHAPTER 2 | 모델링 따라하기

01 정면도 스케치 작성하기

1) 새로 만들기( ) ①(Ctrl+N)를 실행한다.
2) 스케치(Sketch)( ) ②를 선택한다.

3) 기본적으로 정면도(XZ)평면 ①을 설정하고 확인한다.

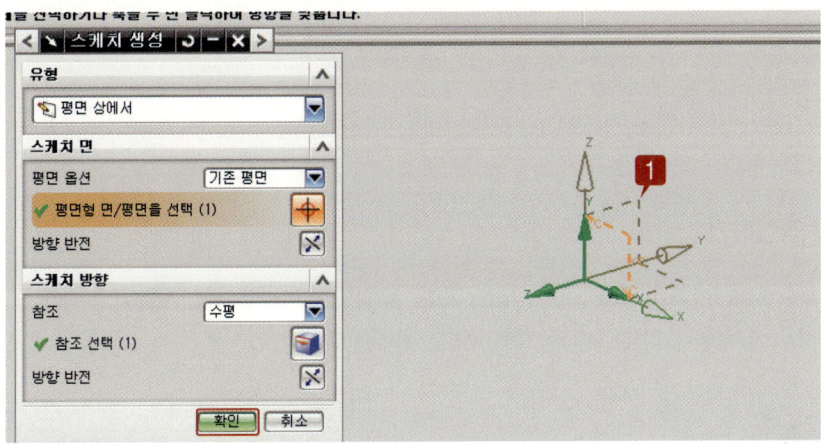

4) 프로파일 아이콘 ①을 이용하여 그림에서와 같이 Z축 원점에서 임의의 곡선 상에 그림처럼 스케치를 생성한다.

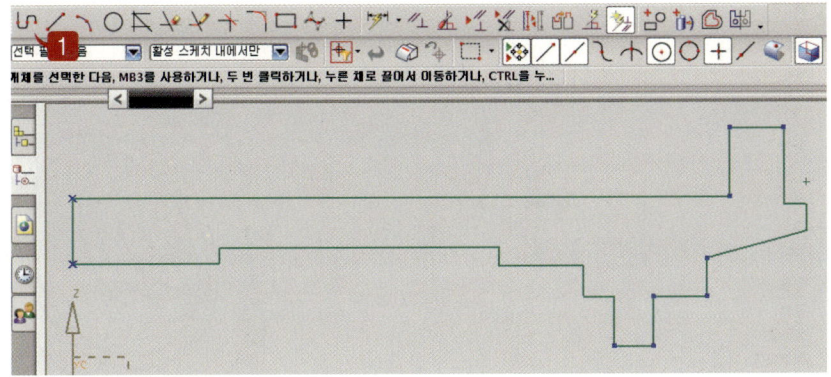

5) 추정치수 아이콘 ①을 선택하고 그림처럼 치수를 기입하고 스케치를 종료한다.

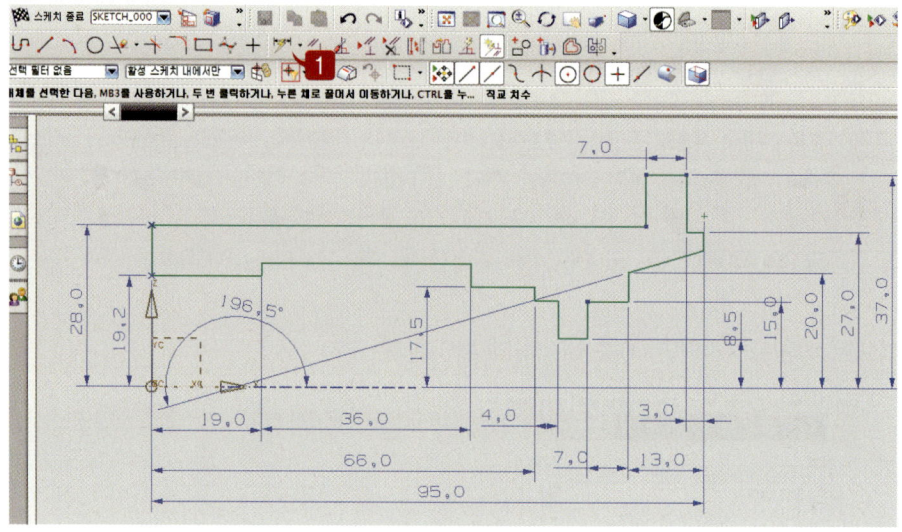

02 회전 작성하기

1) 회전 아이콘 ①을 클릭하고 연결된 곡선 ②를 클릭한다. 단면 곡선 ③을 선택하고 축 벡터 ④를 클릭한다. 한계에서 각도 360을 확인하고 확인한다.

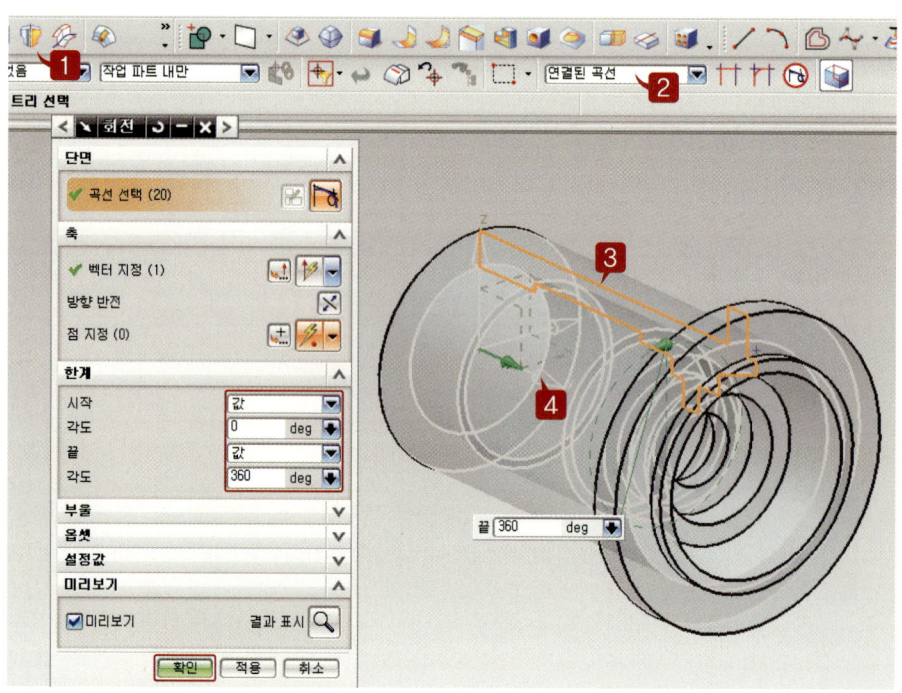

CHAPTER 2 | 모델링 따라하기

03 돌출 작성하기

1) 데이텀 평면 아이콘 ①을 클릭한 후 유형을 아래 그림처럼 설정 후 거리 47입력하고 확인한다.

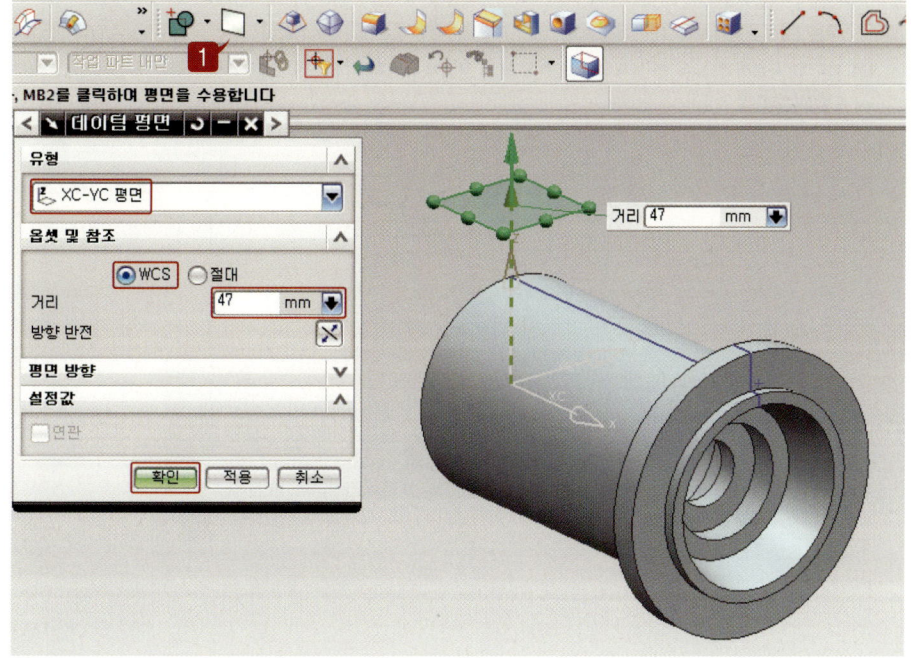

2) 스케치( ) 아이콘을 클릭하고 유형은 평면상에서 스케치 면은 데이텀 평면을 ①클릭하고 확인한다.

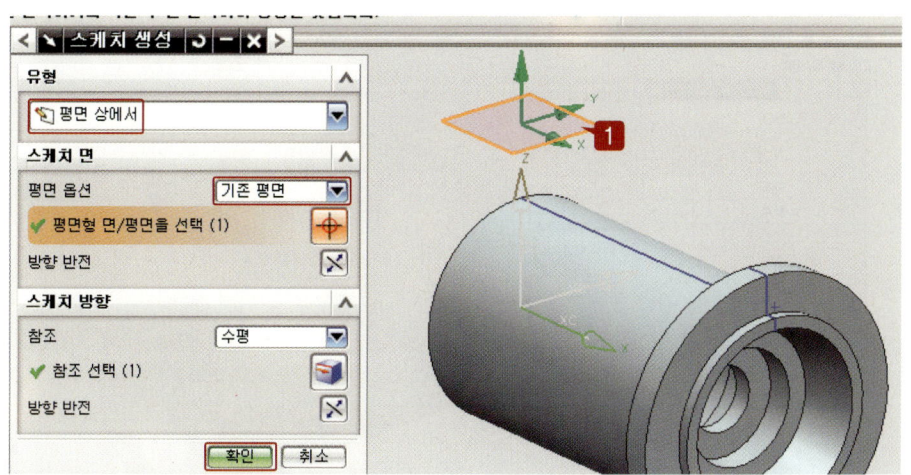

3) 원 아이콘 ①을 이용하여 아래 그림처럼 스케치 후 추정치수 아이콘 ②를 클릭하여 치수기입을 하고 ▩ 스케치 종료 한다.

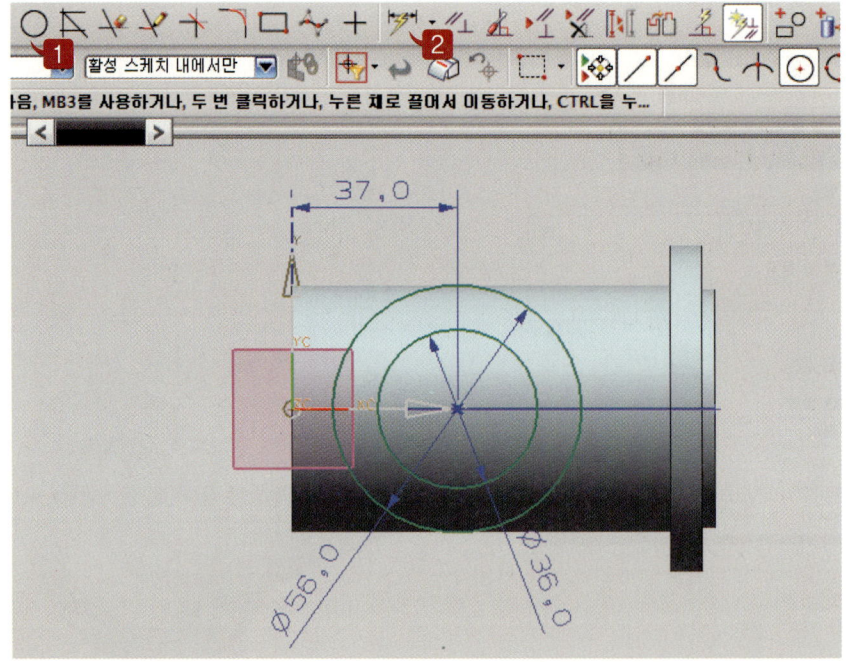

4) 돌출 아이콘 ①을 선택한다. 연결된 곡선 ②를 선택하고 단면곡선 ③, ④를 클릭하고 끝 거리를 다음까지 하고 부울은 결합으로 바디 선택 후 확인한다.

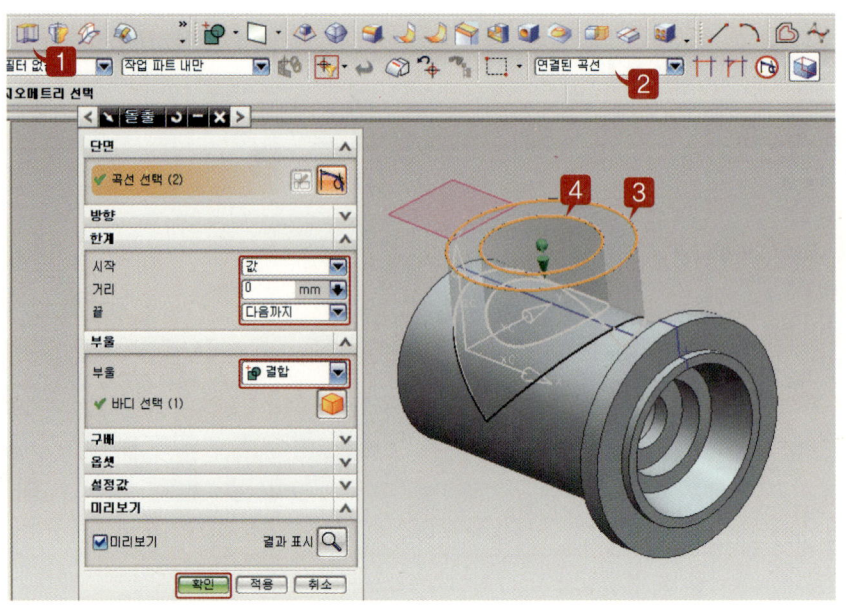

CHAPTER 2 | 모델링 따라하기

5) 다시 곡선선택 ①을 하고 끝 거리를 50정도로 하고 부울은 빼기로 바디 선택 후 확인한다.

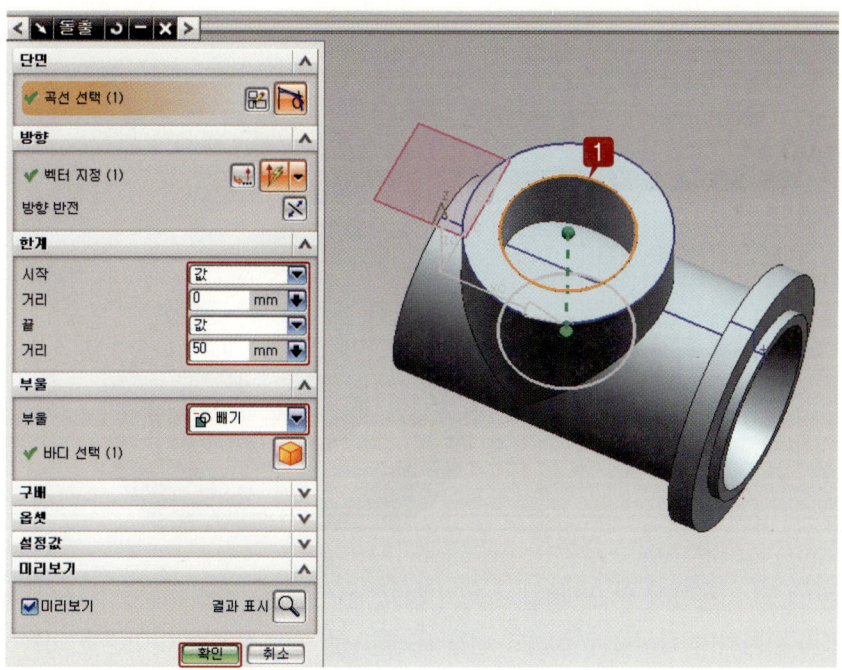

04. 원형 패턴 돌출하기

1) 스케치(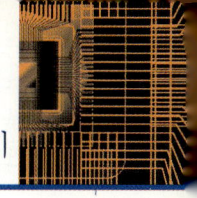) 아이콘을 클릭한다. 유형은 평면상에서 기존평면에서 ①을 클릭하고 참조선택 Y 축 ②를 클릭하고 확인한다.

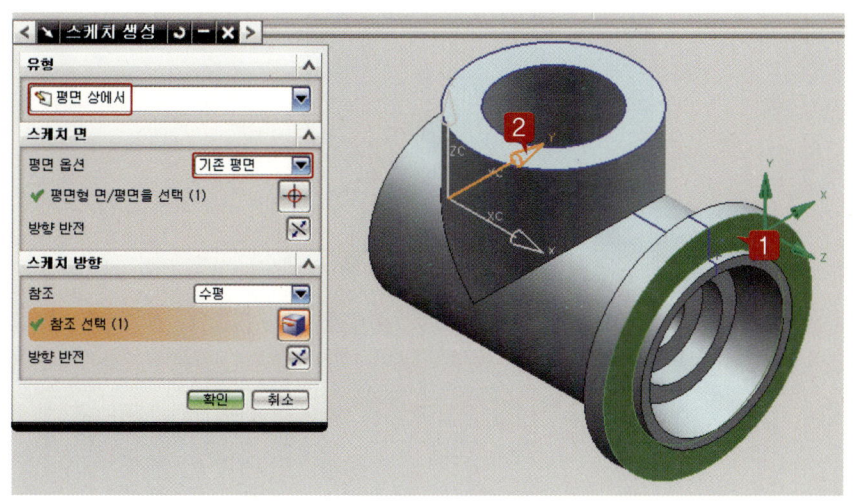

2) 원 아이콘 ②를 이용하여 원 스케치 하고, 추정치수 아이콘 ③을 이용하여 정확한 치수를 입력한다. 곡선 투영 아이콘 ④를 이용하여 원의 외곽선 ⑤를 클릭하고 확인한다.

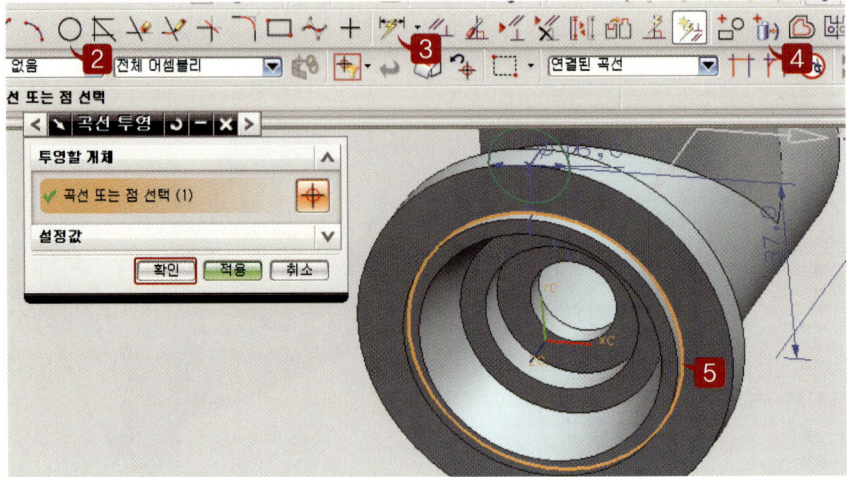

3) 원 아이콘 ①을 이용하여 원 3mm을 스케치 하고, 선 아이콘 ②를 이용하여 스냅 사분점 ③을 (접선 확인) 활용하여 직선을 연결하고 선을 트리밍 한 후 추정치수 아이콘을 이용하여 치수를 입력하고 스케치를 종료한다.

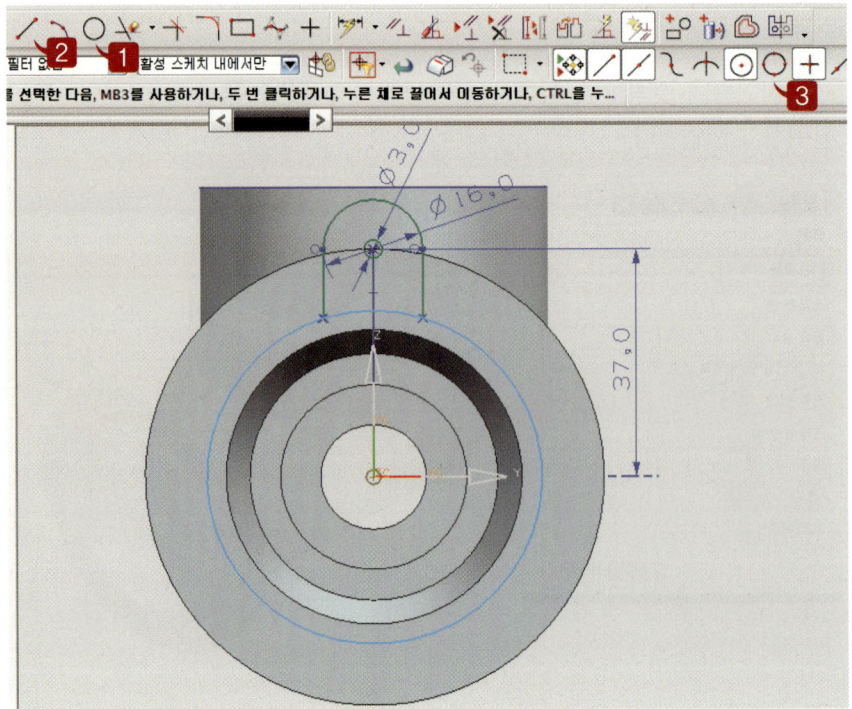

CHAPTER 2 | 모델링 따라하기

4) 돌출 아이콘 ①을 선택한다. 연결된 곡선 ②와 교차에서 정지 ③을 선택하고 단면곡선 ④를 클릭하고 끝 거리를 -10으로 하고 부울은 결합으로 바디 선택 후 적용한다.

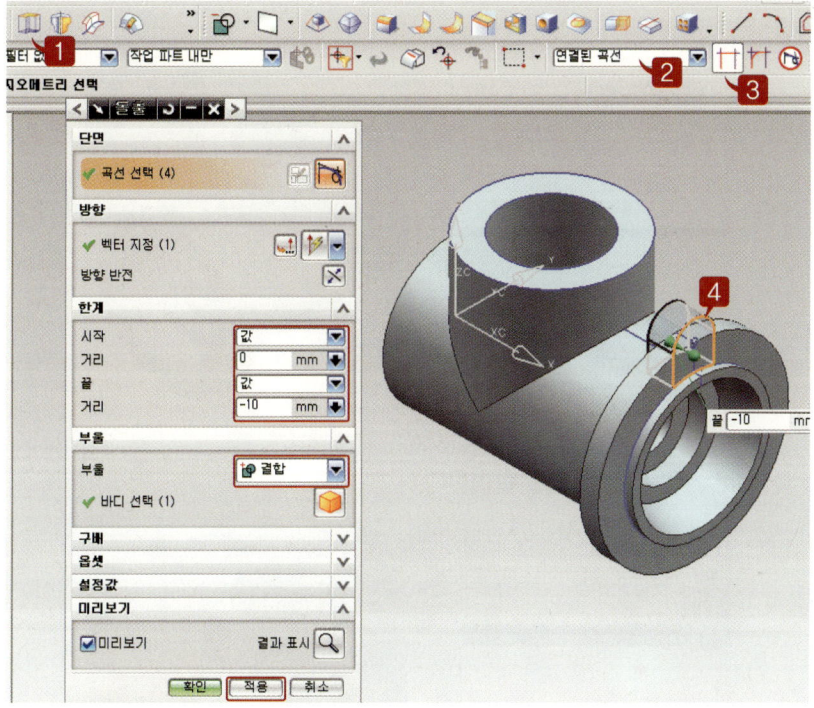

5) 단면곡선 ①을 클릭하고 끝 거리를 -10으로 하고 부울은 빼기로 바디 선택 후 확인한다.

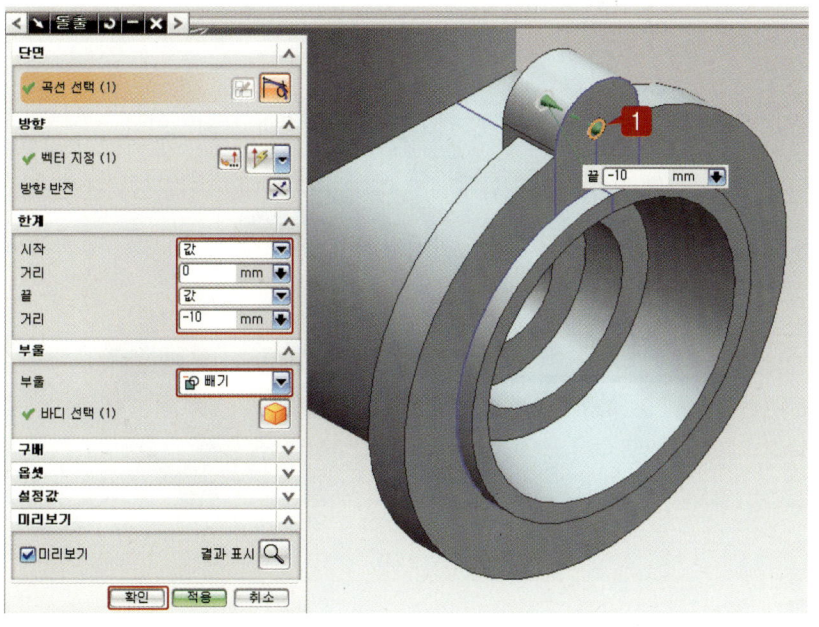

05 인스턴스 작업하기

1) 삽입에 연관복사에 인스턴스(인스턴스 특징형상(I)...)를 클릭한다. 원형배열 ①을 선택하고 확인한다.

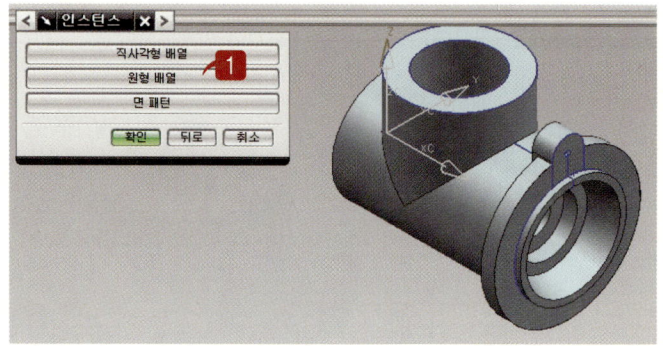

2) 돌출(11)과 돌출(12)번째를 선택하고 확인한다.

3) 방법에서 일반으로 하고 번호(개수) 3개, 각도 120을 입력하고 확인한다.

CHAPTER 2 | 모델링 따라하기

4) 점 및 방향을 선택하고 확인한다.

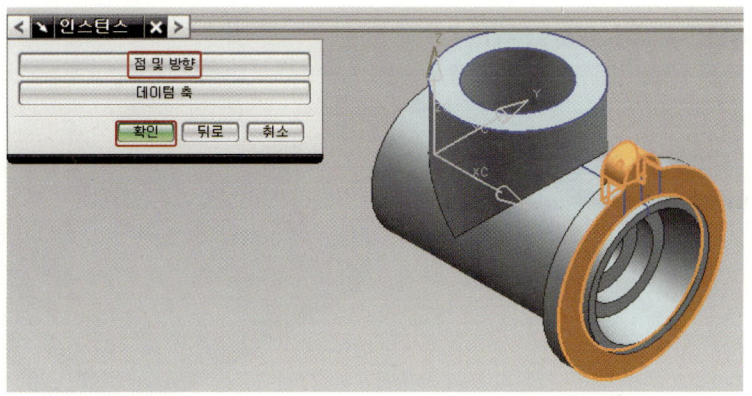

5) 유형에서 곡선/축 벡터로 설정하고 곡선 객체를 그림처럼 ①을 선택하고 확인한다.

6) 점 위치를 중심점 ①을 클릭하고 확인한다.

7) 예를 선택하고 확인한다.

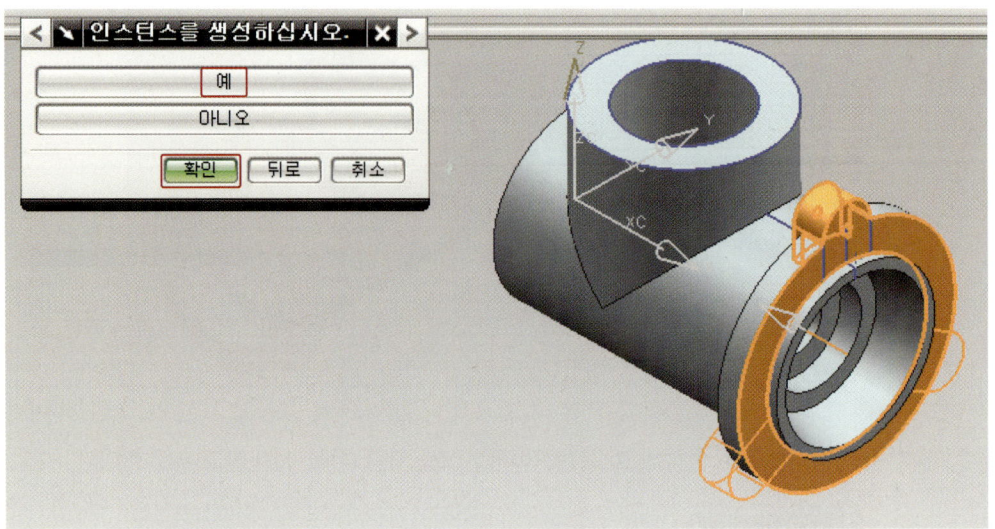

06 나사 위치 구멍 작성하기

1) 스케치( ) 아이콘을 클릭한다. 유형은 평면상에서 기존평면에서 ①을 클릭하고 참조선택 X축 ②를 클릭하고 확인한다.

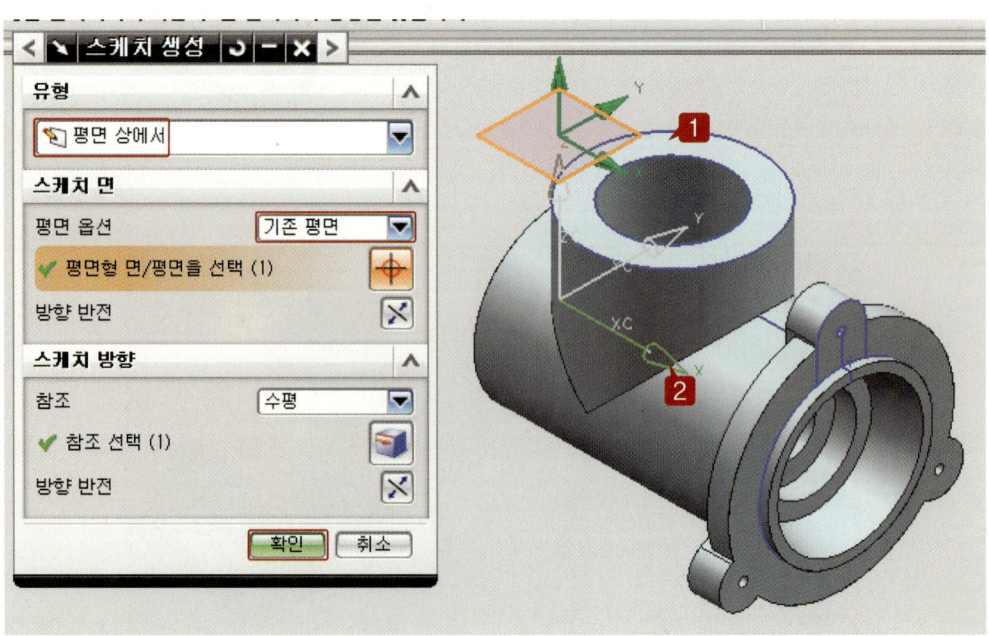

CHAPTER 2 | 모델링 따라하기

2) 원 아이콘 ②를 이용하여 원 스케치 하고, 추정치수 아이콘 ③을 이용하여 치수를 입력하고 스케치를 종료한다.

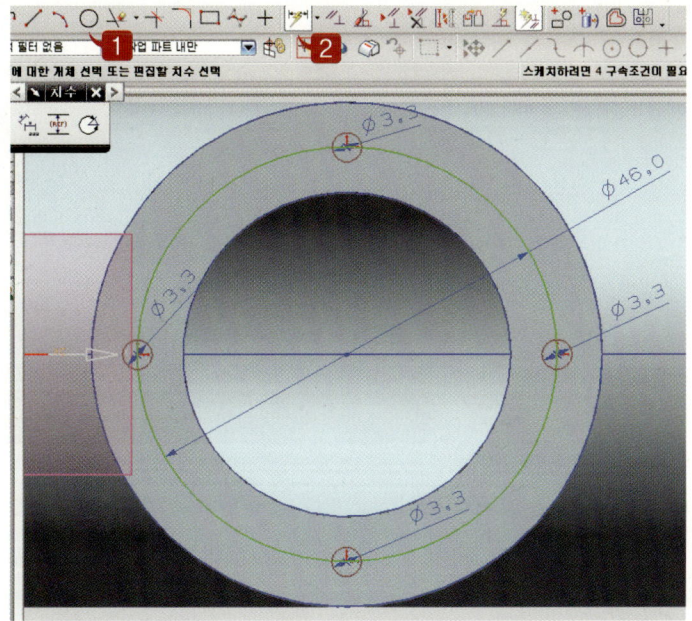

3) 삽입에 특징형상설계에  구멍(H)을 클릭한다. 유형은 스레드 구멍으로 하고 점 지정 ①, ②, ③, ④를 선택(스냅 중심점 확인)한다. 그림처럼 폼 및 치수를 입력하고 부울은 빼기로 바디 선택하고 확인한다.

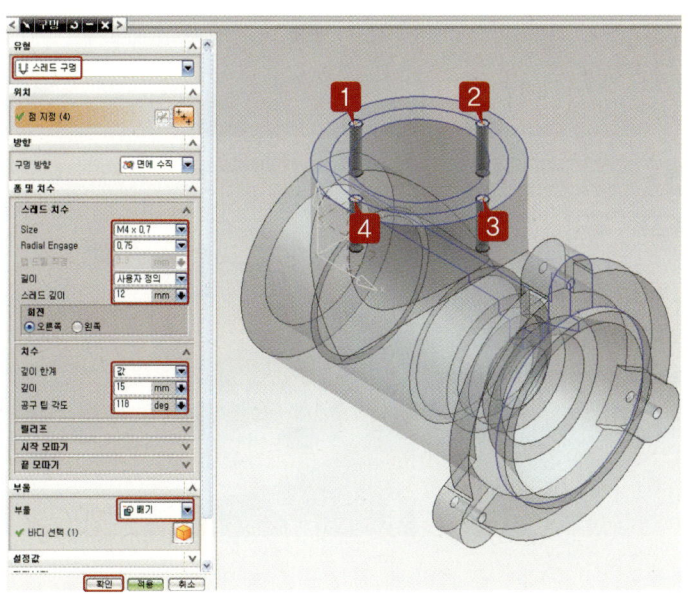

4) 삽입에 특징형상설계에 스레드①...을 클릭한다. 스레드 유형은 상세로 클릭한다.

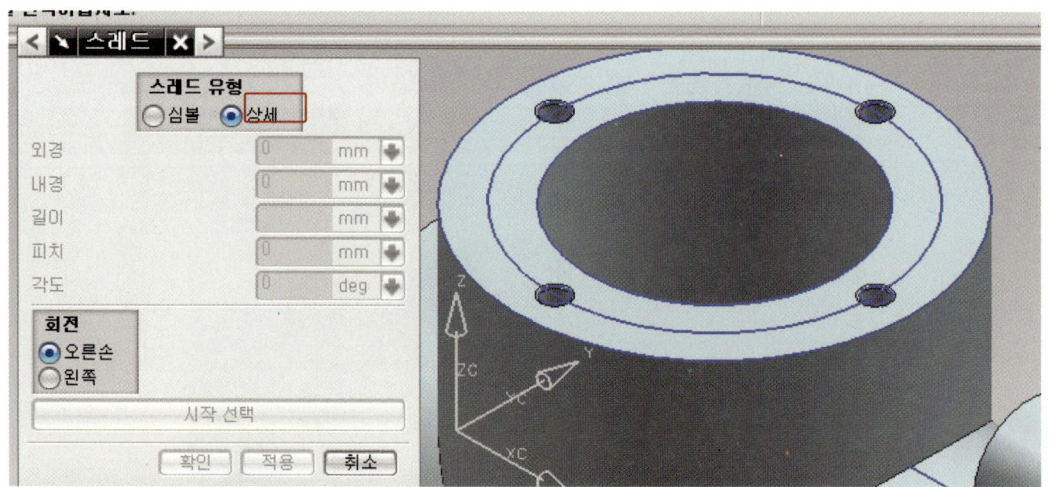

5) 스레드 이름에서 ①을 클릭하고 확인한다.

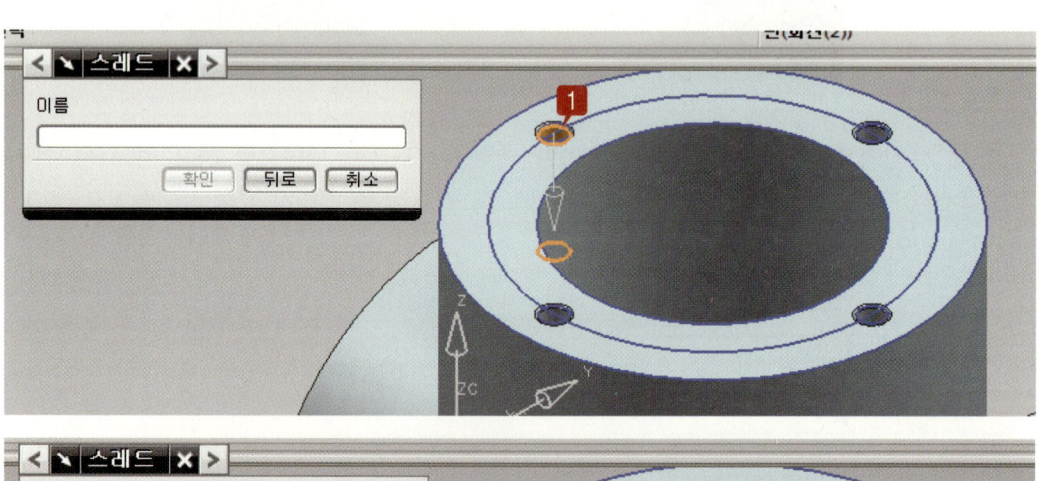

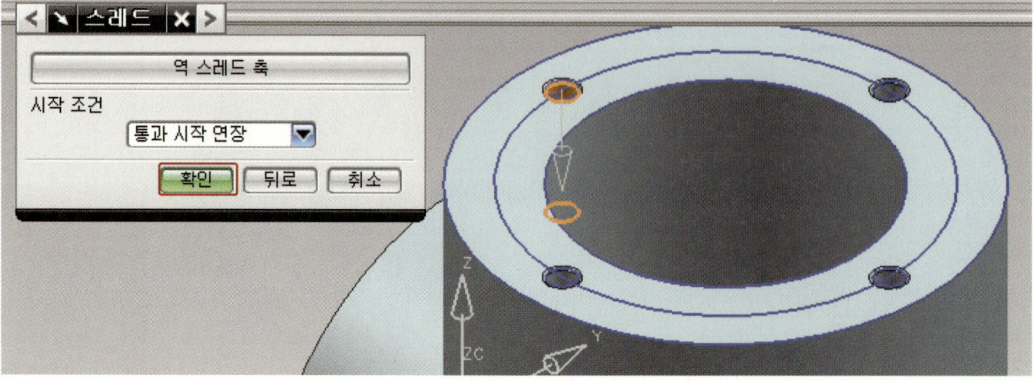

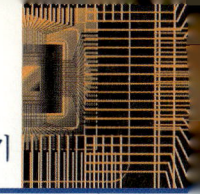

CHAPTER 2 | 모델링 따라하기

6) 스레드 유형 상세에서 그림처럼 입력 후 확인한다.

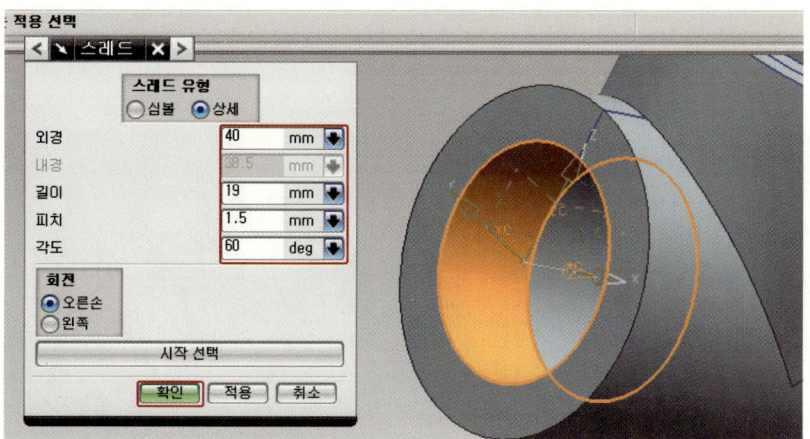

7) 뒤로하여 나머지 3군데도 같은 방법으로 스레드를 생성한다.

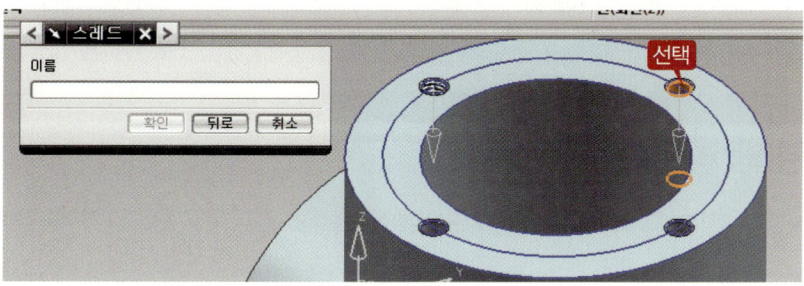

07 새로운 나사 그리기

1) 상세에서 그림과 같이 입력하고 확인한다.

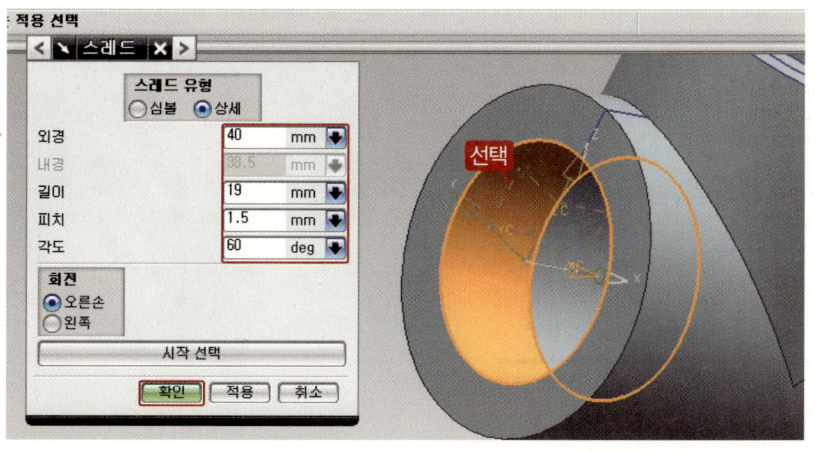

08 표시 및 숨기기

1) 표시 및 숨기기를 클릭한다. 유형에서 전체 숨기기 - ②를 선택하고, 솔리드 바디 + ③을 클릭한다.

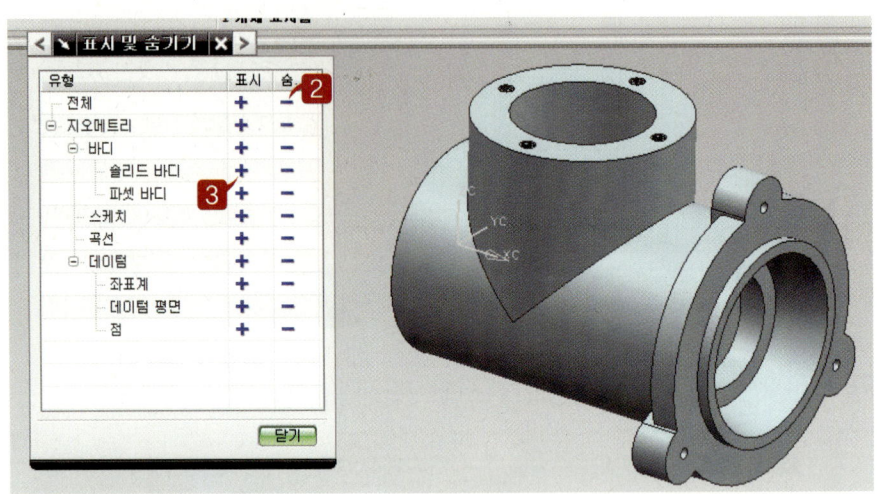

09 모서리 블렌드 작업하기

1) 모서리 블렌드 아이콘 ①을 선택하고 그림처럼 모서리을 클릭하고 R5 입력 후 적용한다.

CHAPTER 2 | 모델링 따라하기

2) 그림처럼 R3 입력 후 모서리을 클릭하고 적용한다.

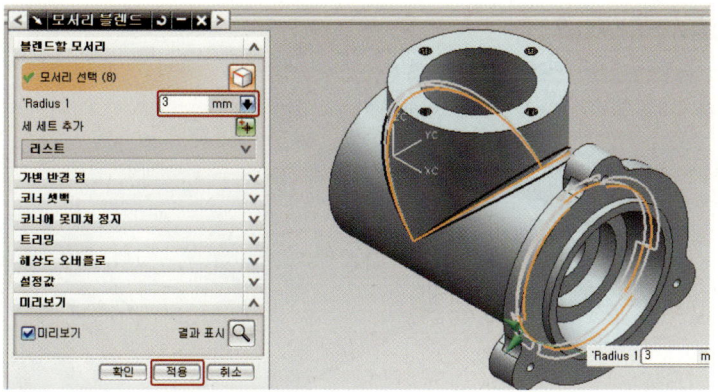

3) 그림처럼 R3 입력 후 모서리을 클릭하고 적용한다.

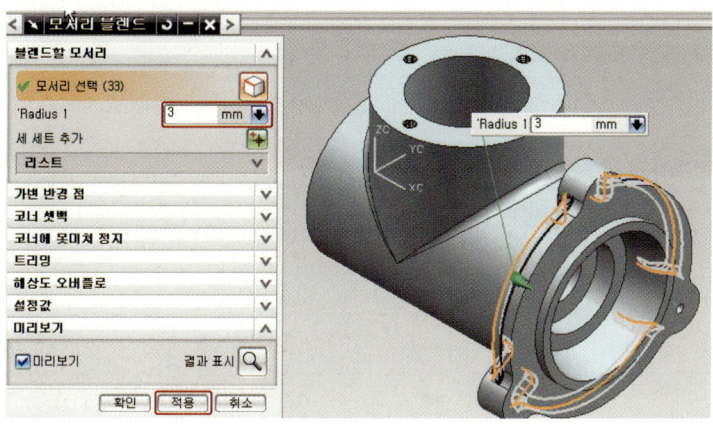

4) 그림처럼 R3 입력 후 모서리을 클릭하고 적용한다.

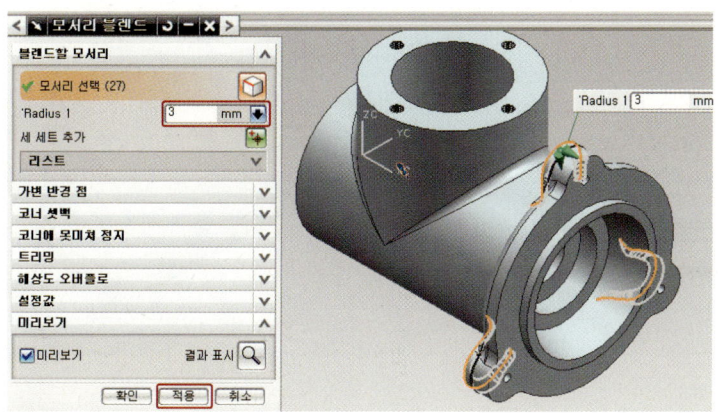

5) 그림처럼 R2 입력 후 모서리을 클릭하고 적용한다.

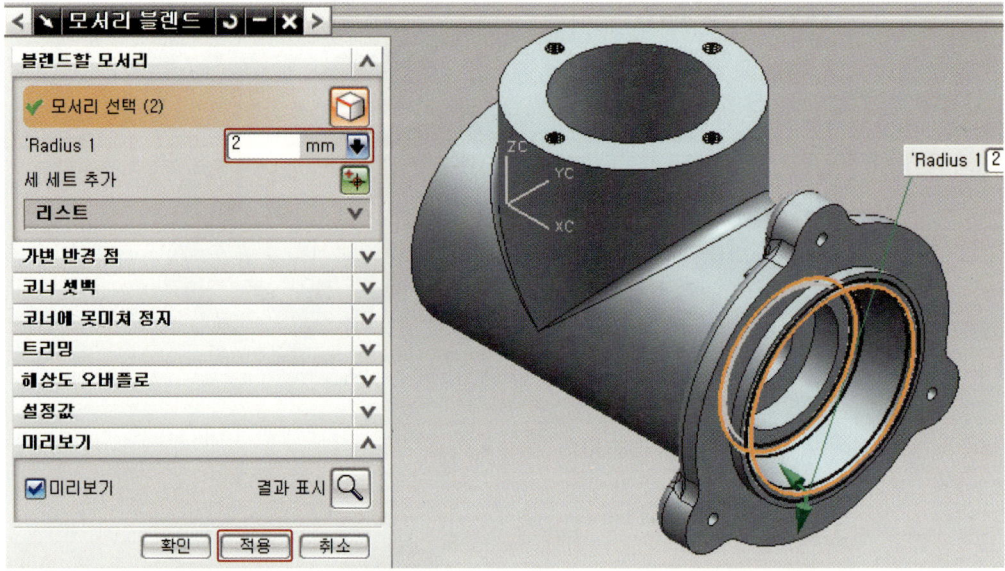

10 모따기 작업하기

1) 모따기 아이콘 ①을 클릭하고 모서리 ②, ③을 클릭하고 단면을 대칭으로 거리1 입력하고 확인한다.

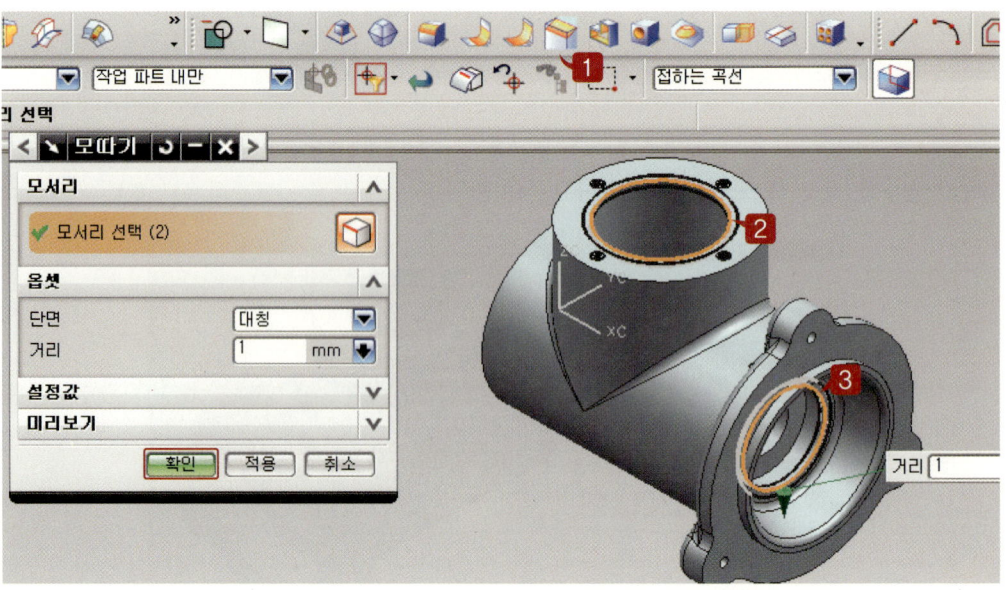

CHAPTER 2 | 모델링 따라하기

2) 아래 그림은 완성된 모델링 그림이다.

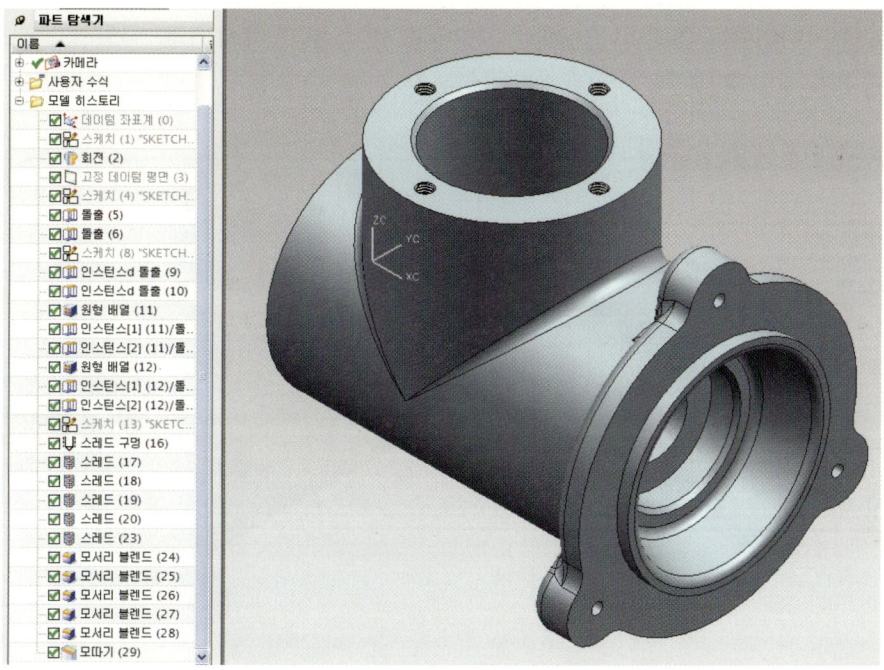

11 무게확인하기

1) 파일에 특성을 선택한다. 무게에서 업데이트 ①을 클릭한다.

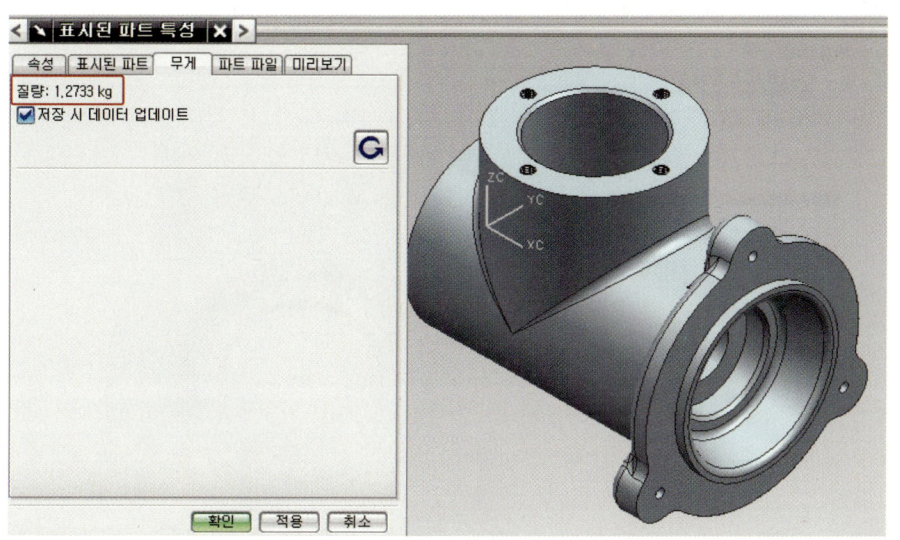

12 한쪽 단면도 작성하기

1) 스케치( ) 아이콘을 클릭한다. 유형은 평면상에서 기존평면에서 ①을 클릭하고 참조선택 Y축 ②를 클릭하고 확인한다.

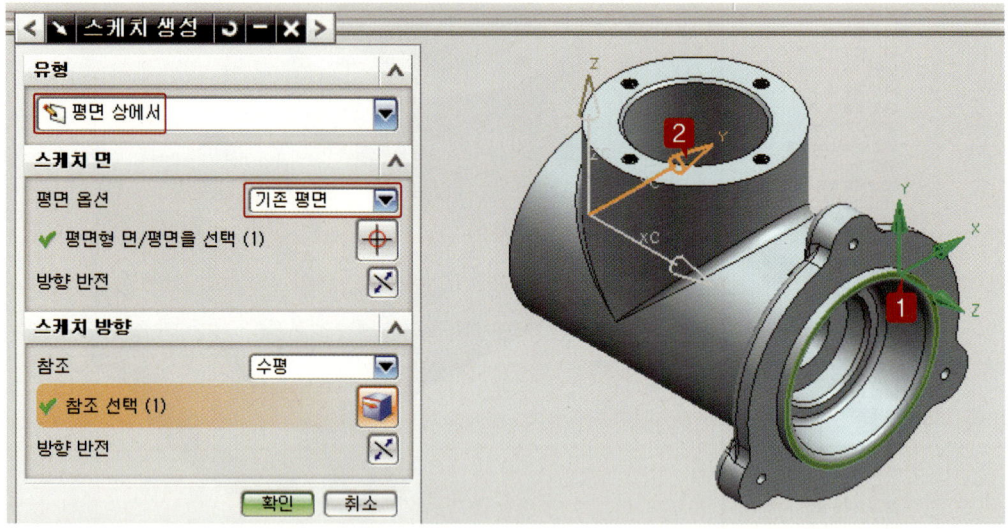

2) 기준 축을 중심으로 직사각형 아이콘 ①을 이용하여 1/4 스케치하고 스케치를 종료한다.

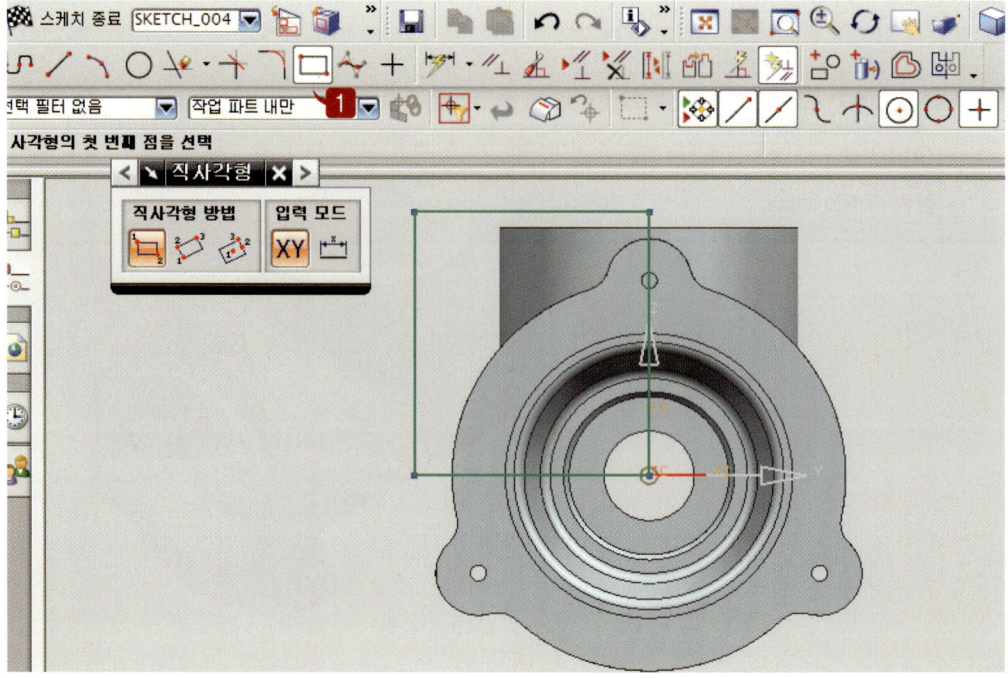

CHAPTER 2 | 모델링 따라하기

3) 돌출 아이콘 ①을 선택하고 단면곡선 ②를 클릭하고, 한계에서 시작과 끝을 여유 있게 지정하고 부울은 빼기로 바디선택하고 확인한다.

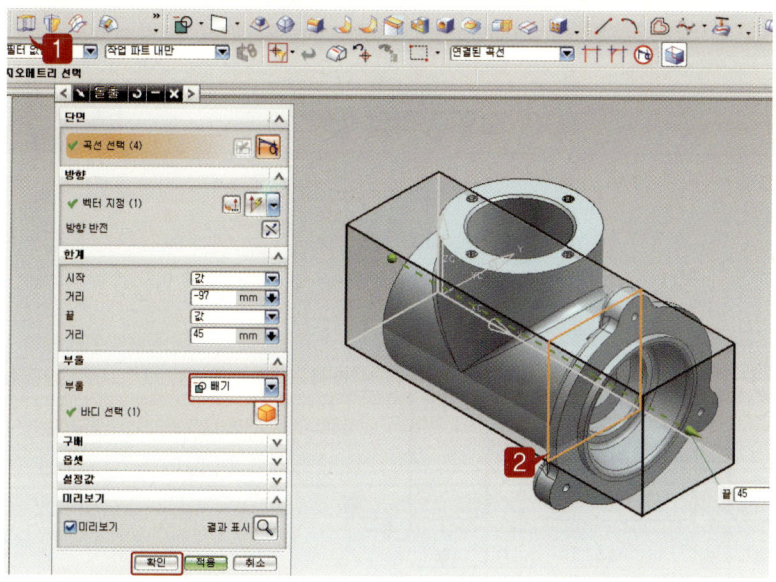

4) 아래와 같이 완성된 본체 한쪽 단면도 형상을 확인한다.

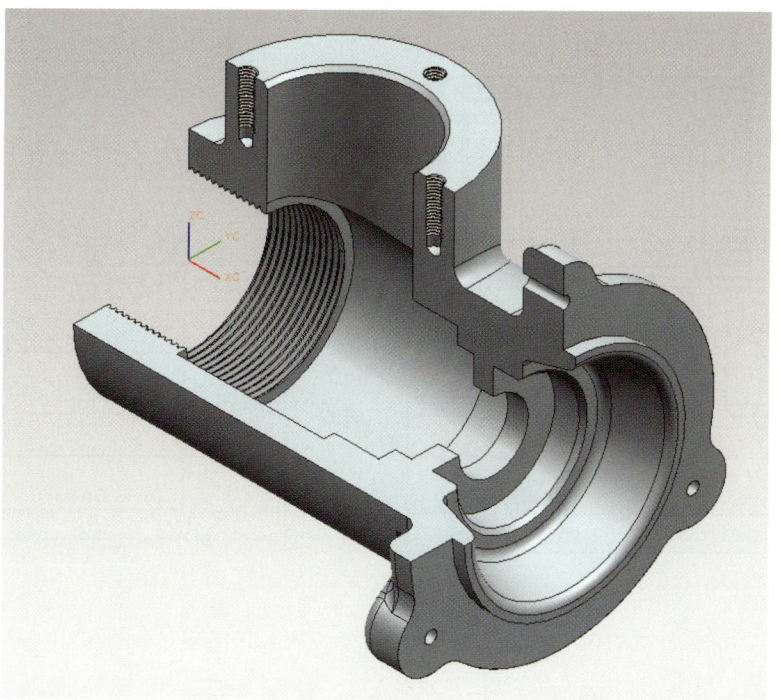

18 하우징 본체 모델링 따라하기(3)

| 도면명 | UG 모델링작업 ⑱ | 척 도 | NS |

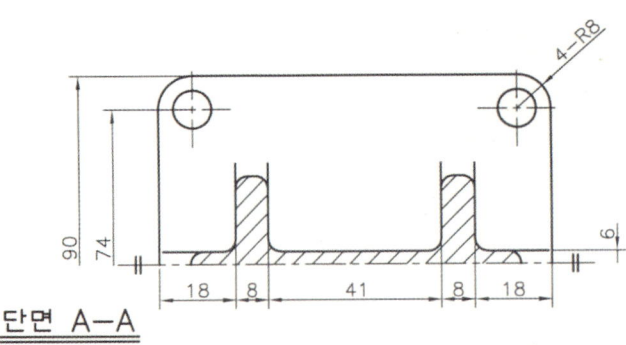

단면 A-A

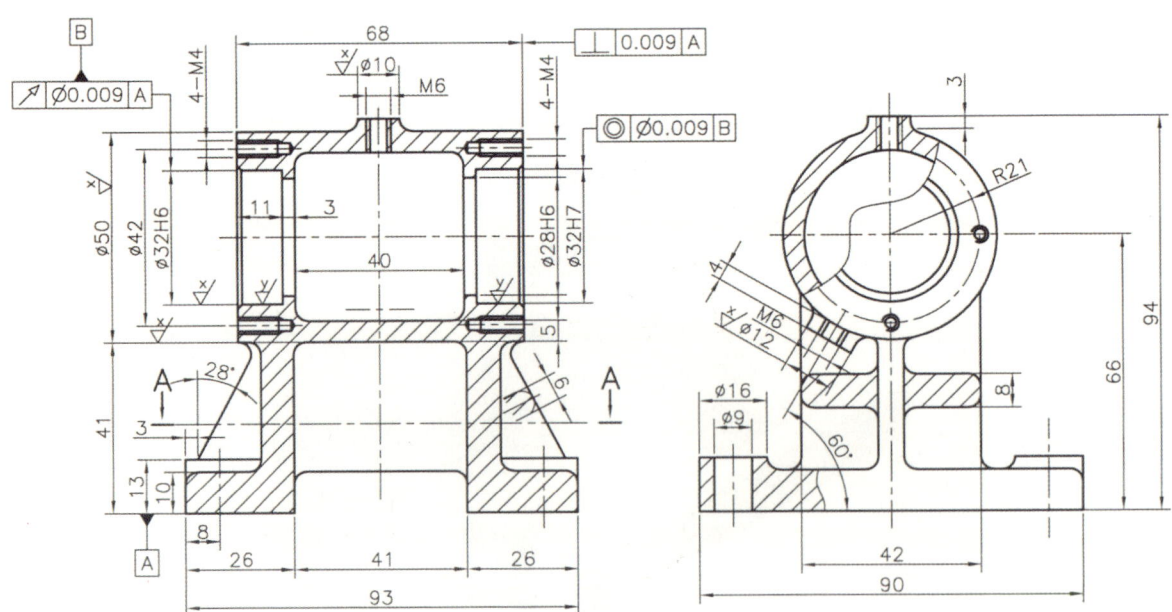

CHAPTER 2 | 모델링 따라하기

01 정면도 스케치 작성하기

1) 새로 만들기( ) ①(**Ctrl**+N)를 실행한다.
2) 스케치(Sketch)( ) ②를 선택한다.

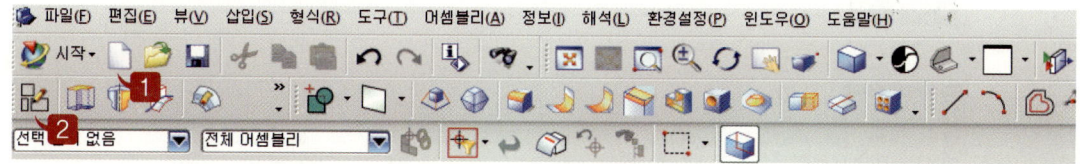

3) 기본적으로 정면도(XZ)평면 ①을 설정하고 확인한다.

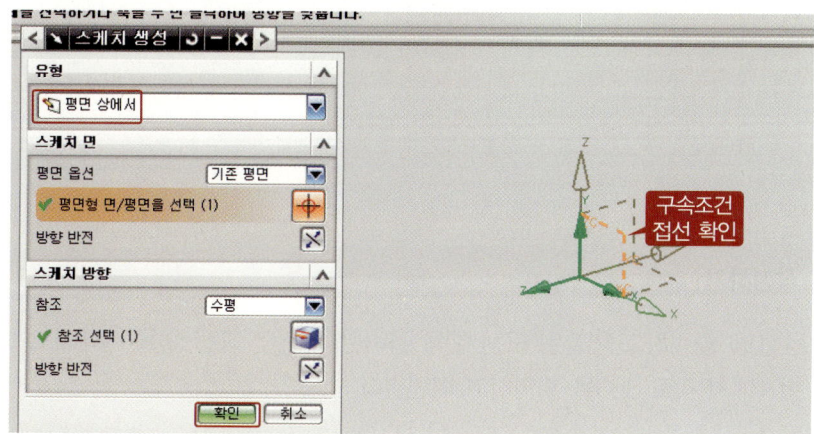

4) 프로파일 아이콘 ①을 이용하여 그림에서와 같이 Z축 원점을 중심에서 스케치를 생성한다.

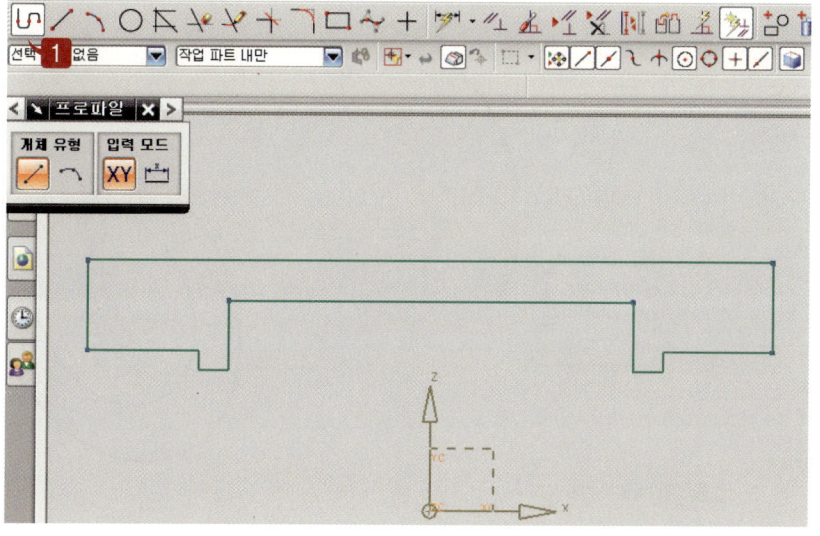

5) 추정치수 아이콘 ①을 선택하고 그림처럼 치수를 기입하고 스케치를 종료한다.

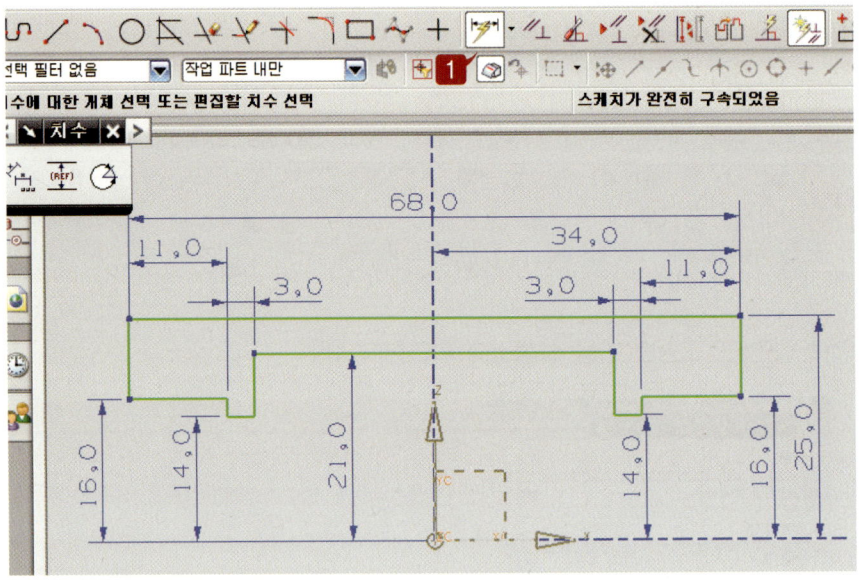

02 회전 작성하기

1) 회전 아이콘 ①을 클릭하고 연결된 곡선 ②를 클릭한다. 단면 곡선 ③을 선택하고 축 벡터 ④를 클릭한다. 한계에서 각도 360을 확인하고 확인한다.

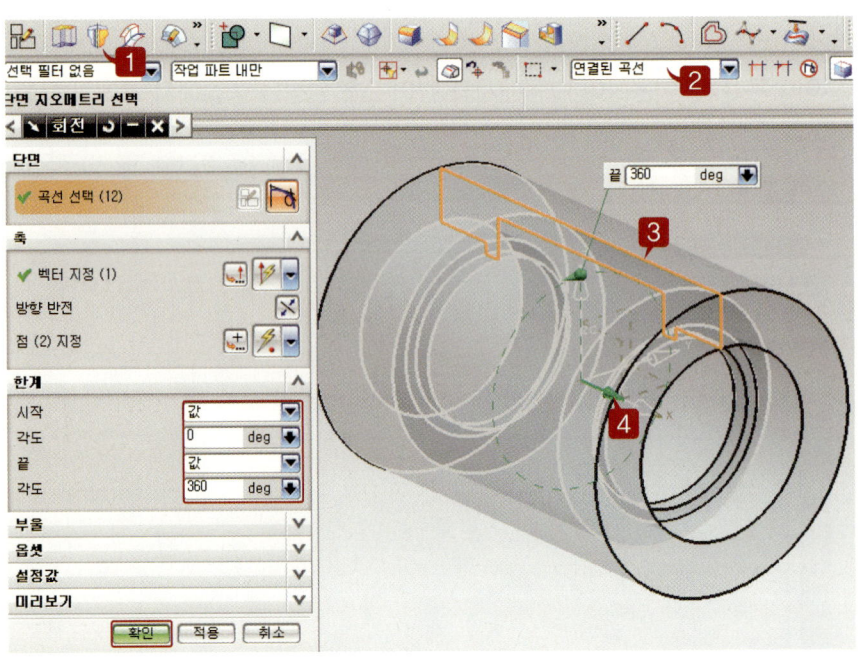

CHAPTER 2 | 모델링 따라하기

03 돌출 작성하기

1) 데이텀 평면 아이콘을 클릭한 후 유형을 아래 그림처럼 설정 후 거리 -66을 입력하고 확인한다.

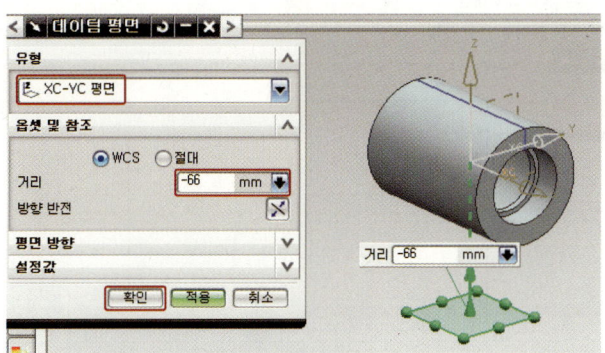

2) 스케치( ) 아이콘을 클릭하고 유형은 평면상에서 스케치 면은 데이텀 평면을 ①클릭하고 확인한다.

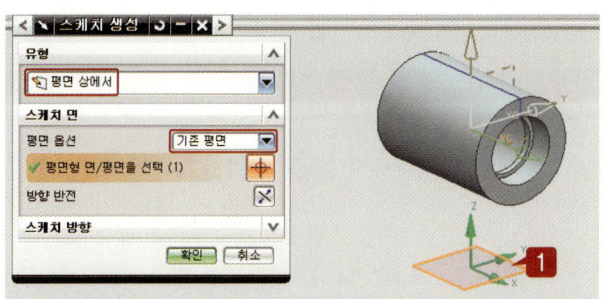

3) 직사각형 아이콘 ①을 이용하여 아래 그림처럼 스케치 한다.

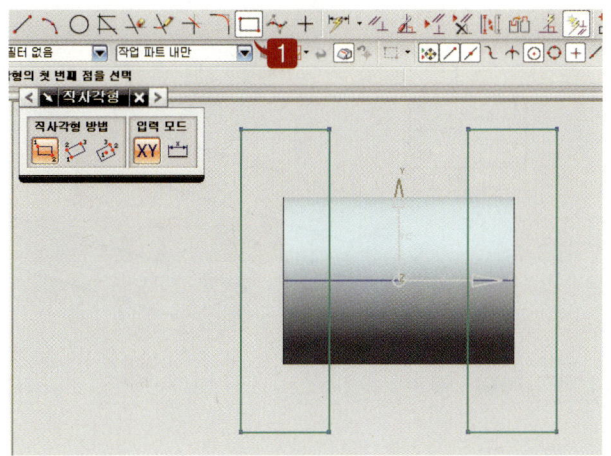

4) 추정치수 아이콘 ②를 클릭하여 치수기입을 하고 🏁 스케치 종료 한다.

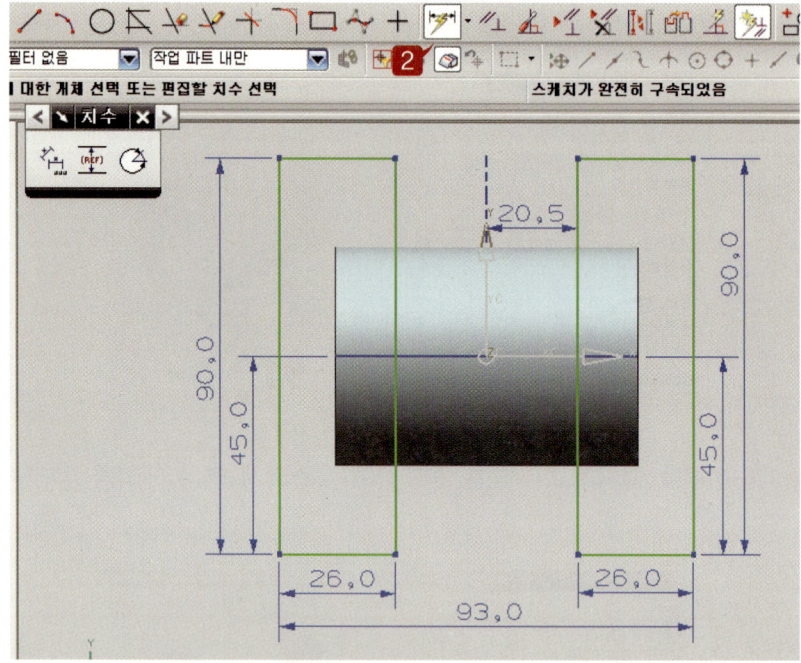

5) 돌출 아이콘 ①을 선택한다. 연결된 곡선 ②를 선택하고 단면곡선 ③, ④를 클릭하고 10만큼 확인한다.

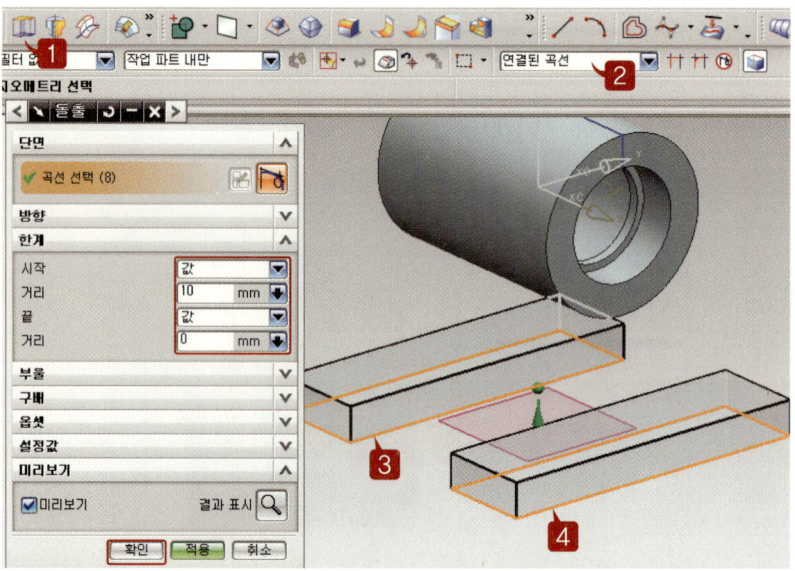

CHAPTER 2 | 모델링 따라하기

6) 스케치( ) 아이콘을 클릭한다. 유형은 평면상에서 기존평면에서 ①을 클릭하고 확인한다.

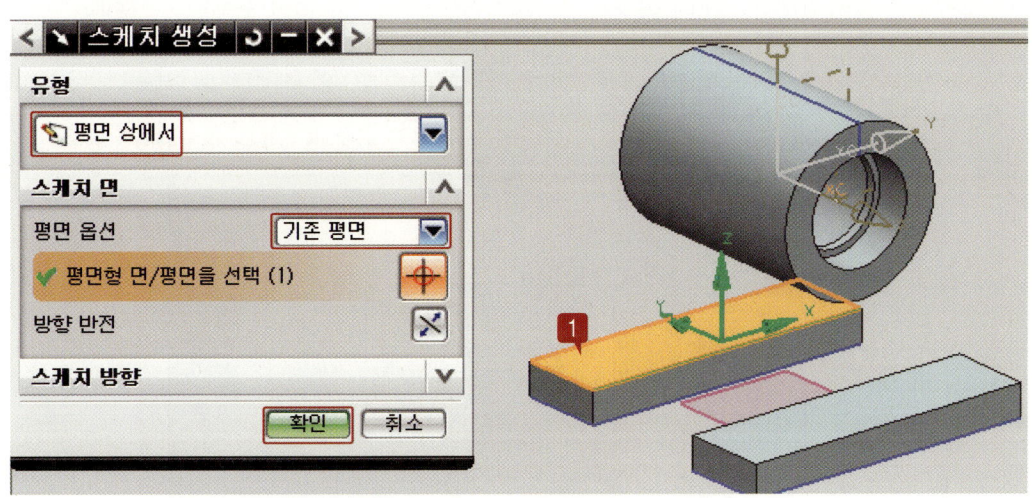

7) 원 아이콘 ①을 이용하여 아래 그림처럼 스케치 한다.

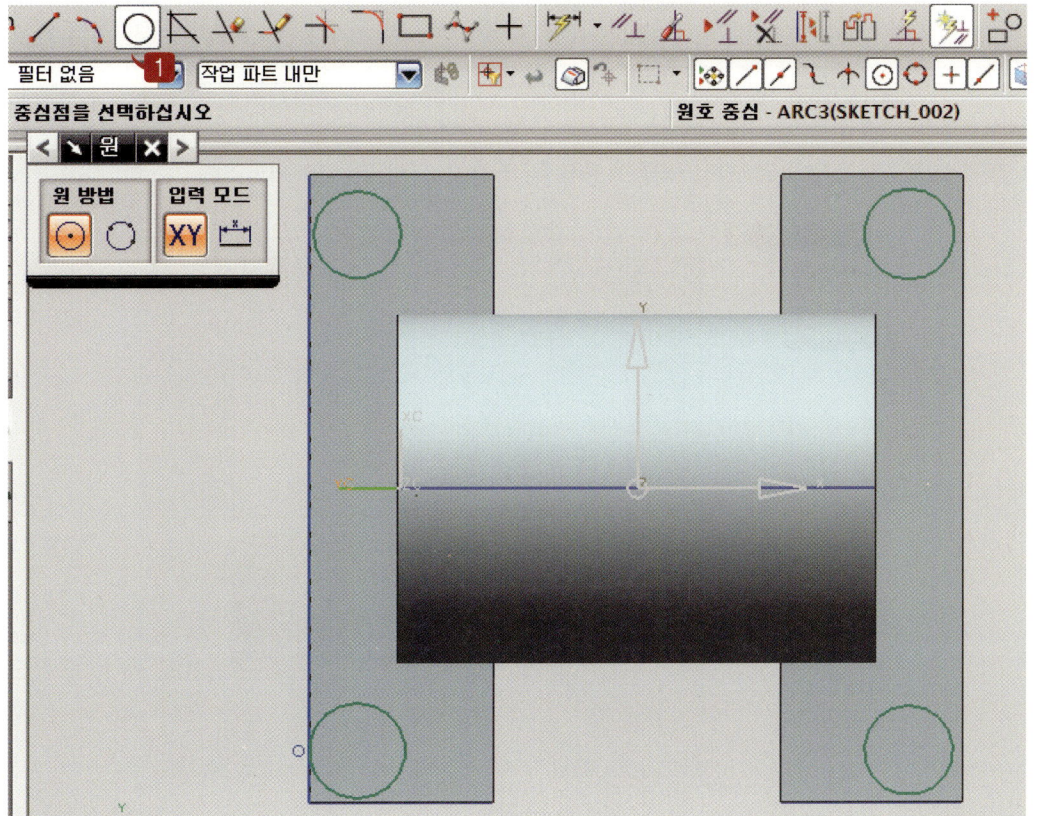

8) 구속 조건 ①을 클릭하고 ②와 ③을 선택하고 접선 ④를 구속이 되게 한다. 한쪽이 접선 구속이 되었으면 돌출 피쳐의 4군데 꼭 지점 부분의 원들을 똑같이 접선 구속을 시켜준다.

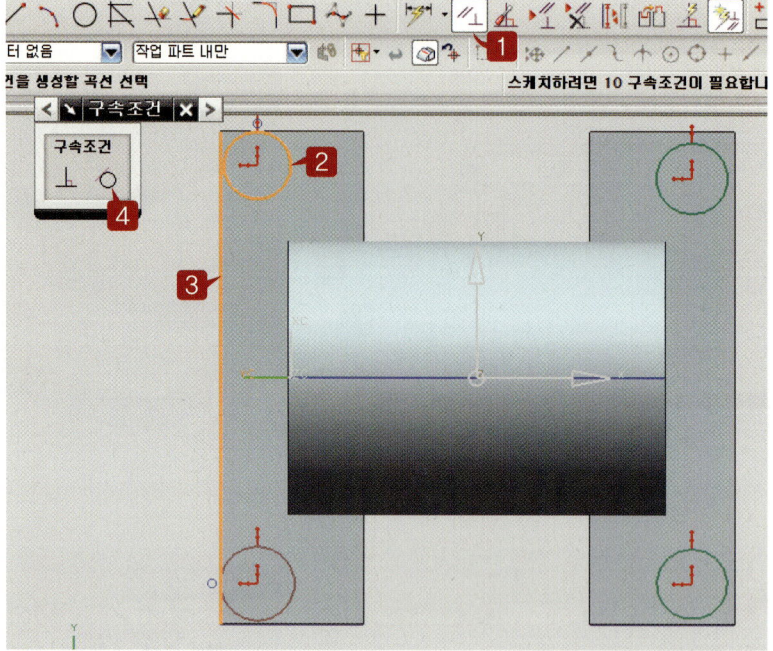

9) 같은 방법으로 4군데 꼭 지점 부분의 원들을 똑같이 접선 구속을 시켜준다.

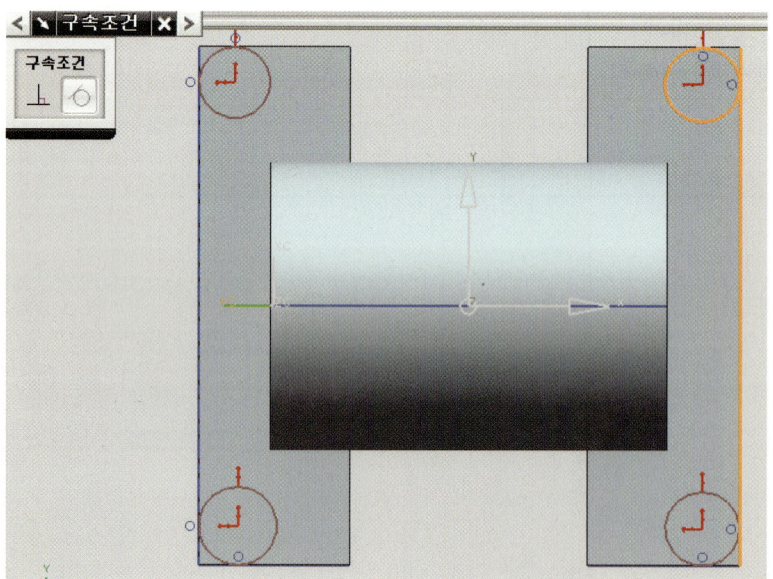

CHAPTER 2 | 모델링 따라하기

10) 추정치수 아이콘 ①을 이용하여 정확한 치수를 입력한다.

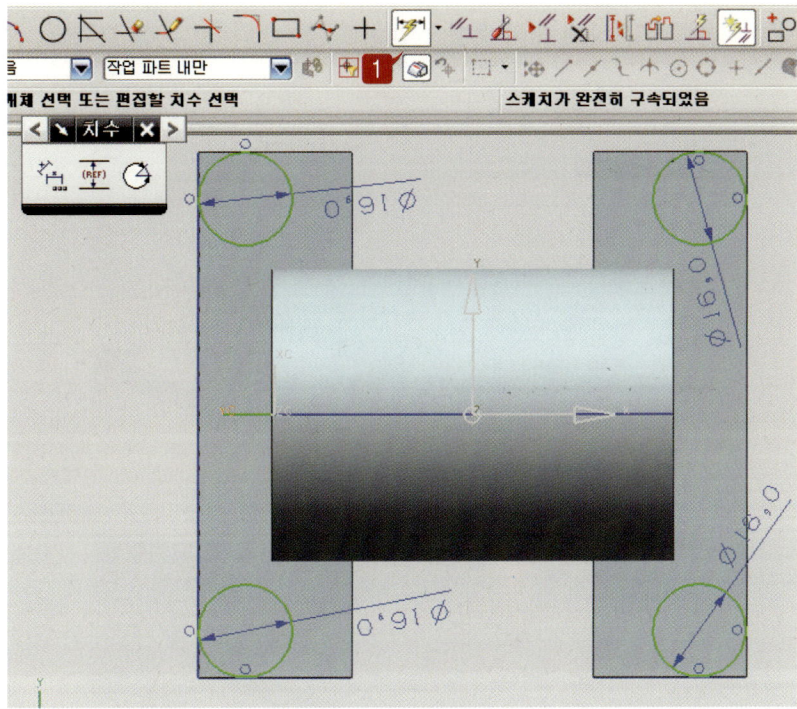

11) 돌출 아이콘 ①을 클릭한다. 단면 곡선 ②, ③, ④, ⑤를 선택한다. 끝 거리 값 3을 입력하고 확인을 누른다.

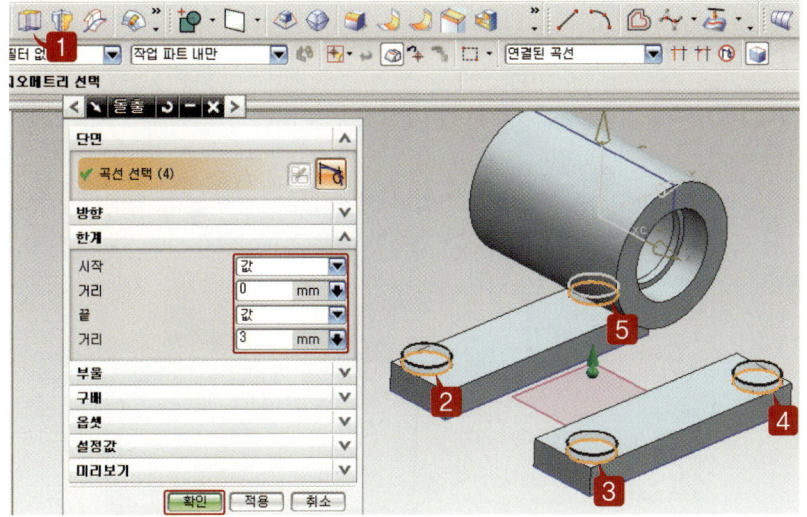

04 결합하기

1) 결합아이콘 ①을 클릭하고 타켓 바디 ②를 선택하고 공구바디 ③, ④를 클릭하고 적용한다.

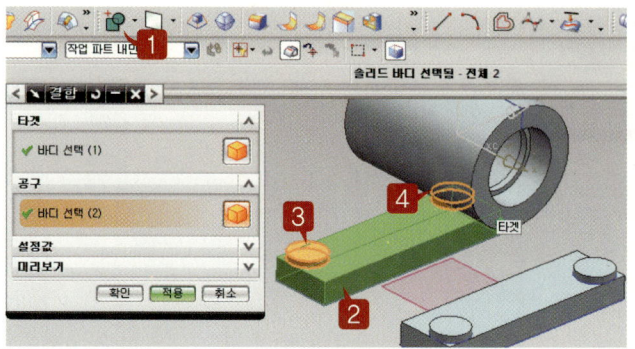

2) 다시 타켓 바디 ②를 선택하고 공구바디 ③, ④를 클릭하고 확인한다.

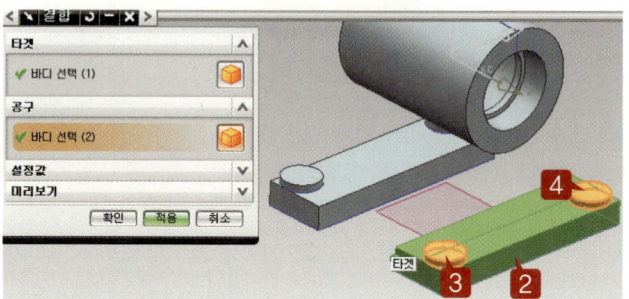

05 모서리 블렌드 작업하기

1) 모서리 블렌드 아이콘을 그림처럼 선택하고 그림처럼 모서리을 클릭하고 R3 입력 후 적용한다.

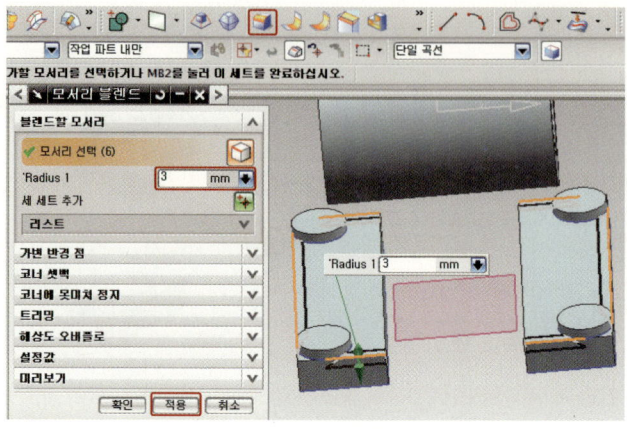

CHAPTER 2 | 모델링 따라하기

2) 다시 아래와 같이 선택된 부분을 반지름 8로 기입한 후 확인을 한다.

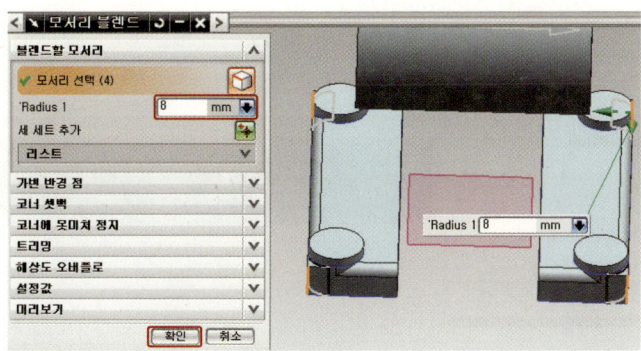

06 돌출(리브) 작성하기

1) 데이텀 평면 아이콘 ①을 클릭한 후 유형을 거리로 설정 후 평면선택 ②를 하고 거리 -45를 입력하고 확인한다.

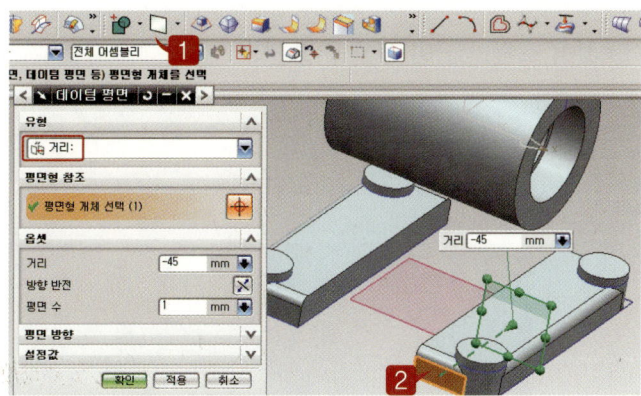

2) 스케치( ) 아이콘을 클릭하고 유형은 평면상에서 스케치 면은 데이텀 평면을 ①클릭하고 확인한다.

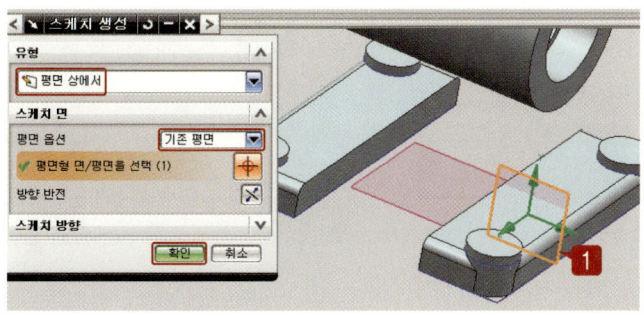

3) 곡선 투영 아이콘 ①을 이용하여 그림과 같이 모서리 ②, ③, ④, ⑤를 클릭하고 확인한다.

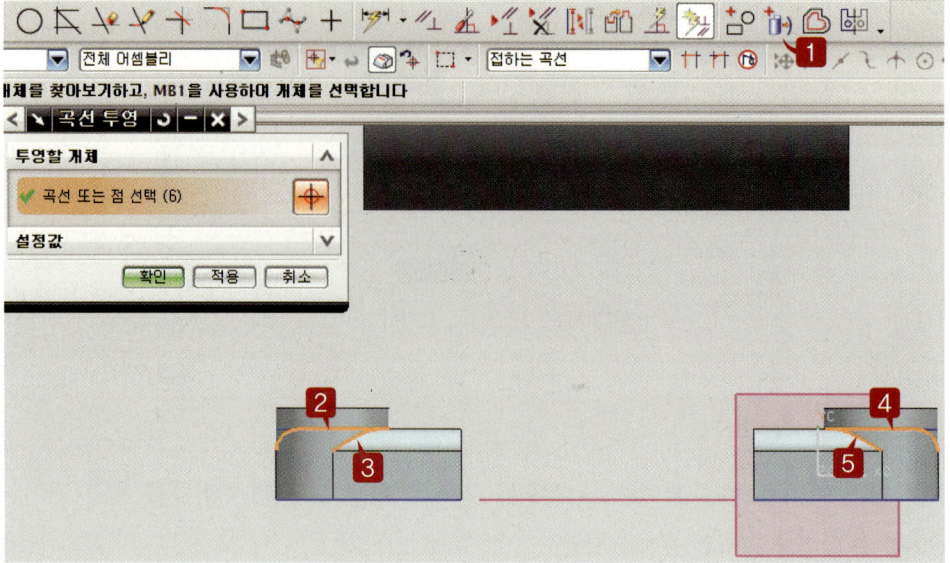

4) 선 아이콘 ①을 이용하여 그림과 같이 선을 연결한다.

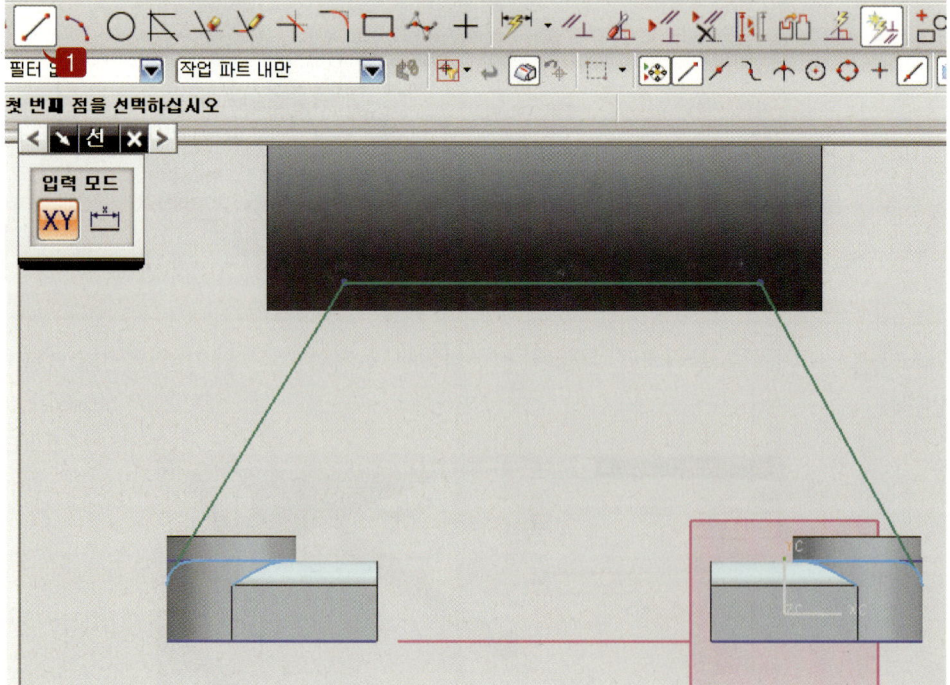

5) 구속 조건 ①을 클릭하고 ②와 ③을 선택하고 접선 ④를 구속이 되게 선택한다. 반대쪽도 같은 방법으로 접선 구속을 시켜준다.

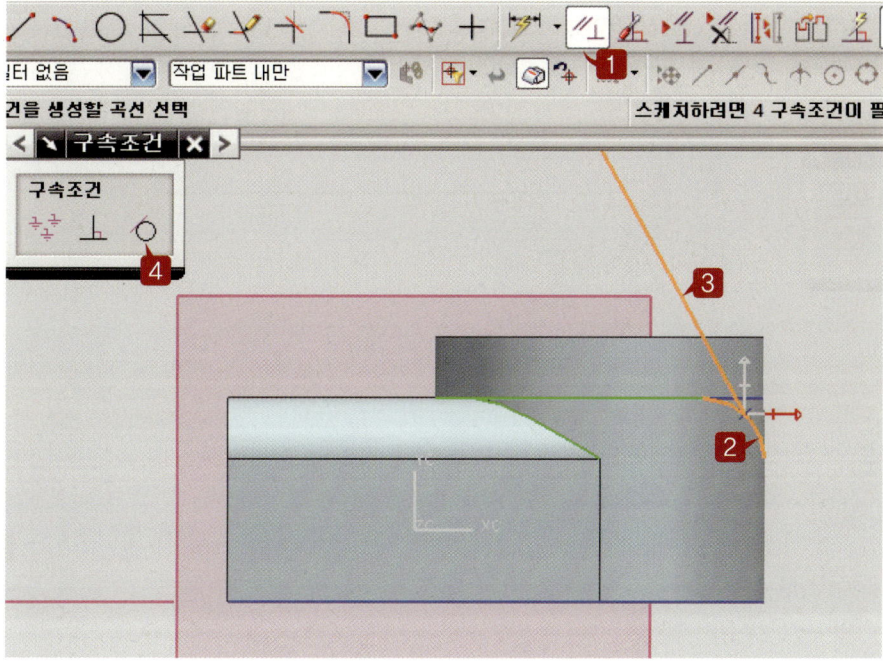

6) 그림처럼 추정치수 아이콘 ①을 클릭하여 치수기입을 한다.

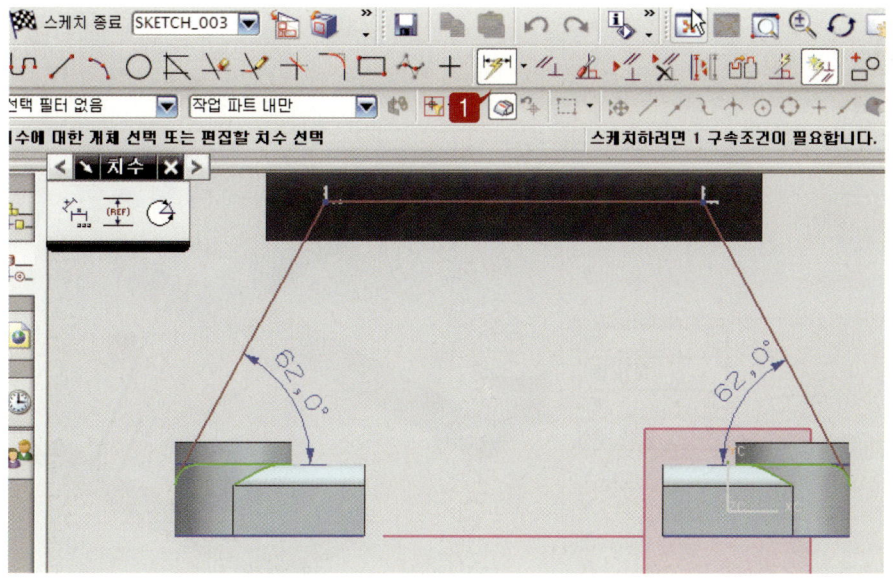

7) 선 아이콘 ①을 이용하여 그림처럼 스냅 끝점 ②를 활용하여 선 ③을 연결하고 스케치를 종료한다.

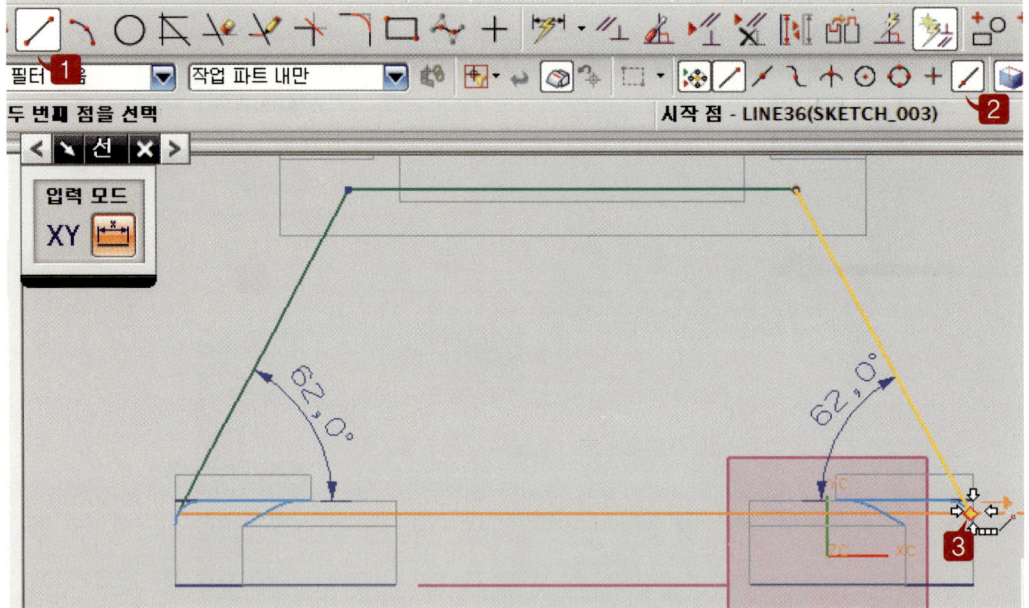

8) 돌출 아이콘 ①을 선택한다. 연결된 곡선 ②를 선택하고 단면곡선 ③을 클릭하고 양쪽 거리 6을 돌출하고 확인한다.

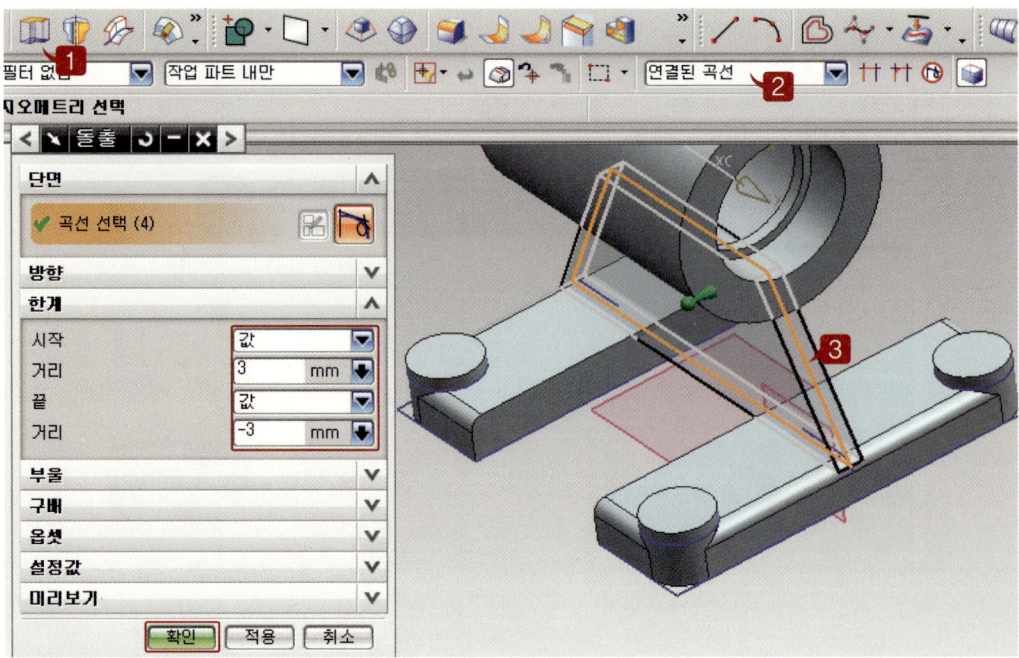

CHAPTER 2 | 모델링 따라하기

9) 스케치( ) 아이콘을 클릭하고 유형은 평면상에서 데이텀 평면 ①을 클릭하고 확인한다.

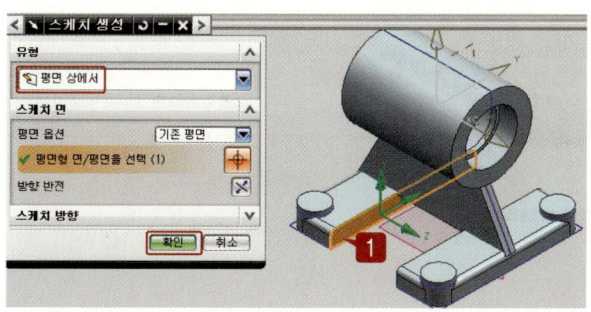

10) 곡선 투영 아이콘 ①을 이용하여 투영할 곡선을 그림처럼 클릭하고 확인한다.

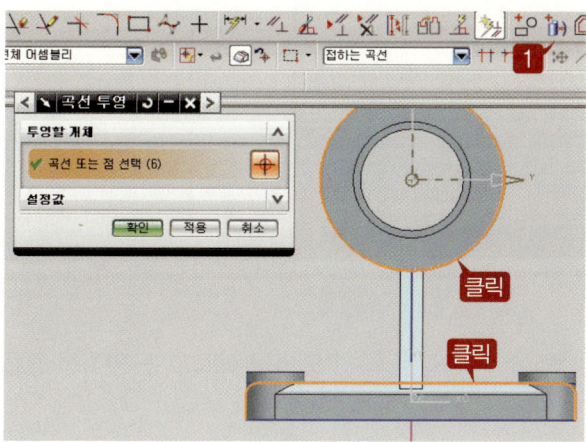

11) 선 아이콘을 이용하여 그림처럼 선 ①, ②를 생성한다. 빠른 트리밍 아이콘을 클릭하고 그림처럼 ③, ④, ⑤를 트림한다.

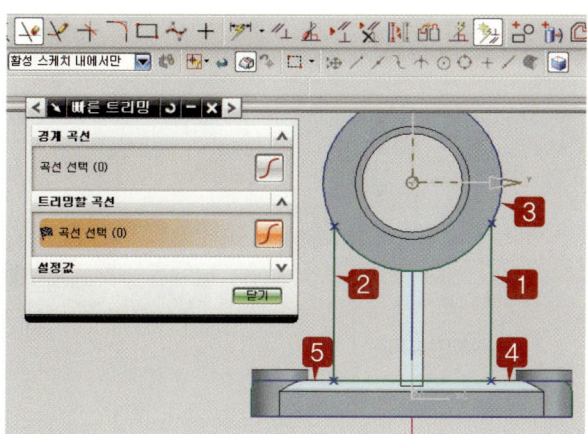

12) 그림처럼 추정치수 아이콘 ①을 클릭하여 치수기입을 한다.

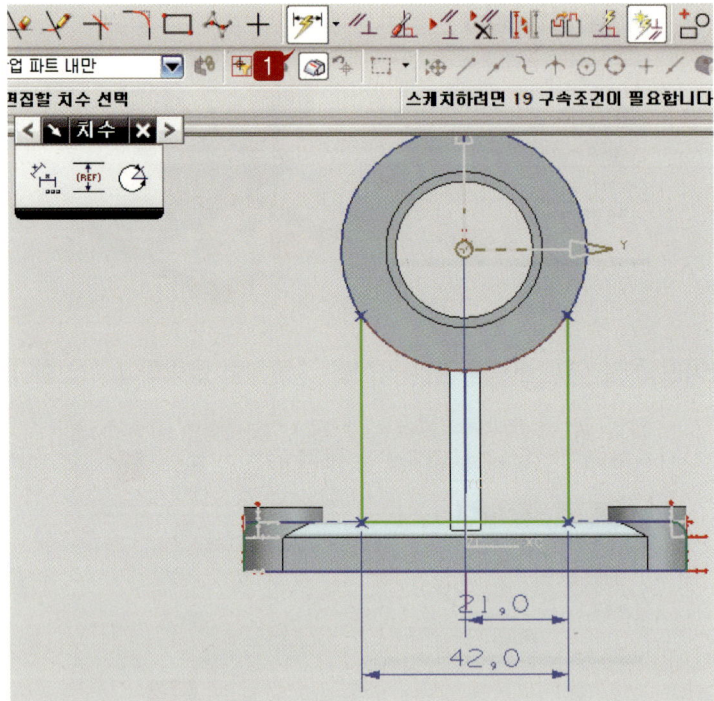

13) 돌출 아이콘 ①을 선택한다. 연결된 곡선 ②를 선택하고 단면곡선 ③을 클릭하고 거리 −6을 돌출하고 확인한다.

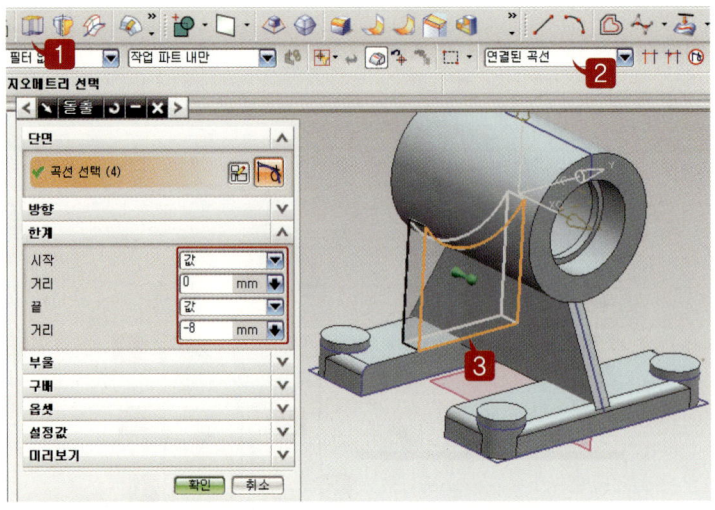

CHAPTER 2 | 모델링 따라하기

14) 삽입에 연관복사에 대칭 특징형상( ) 대칭 특징형상(M)...)을 클릭하고 특징형상 ①을 선택하고 대칭 평면에서 새 평면을 선택하고 Z축 ②를 클릭하고 거리 값 0을 입력한다.

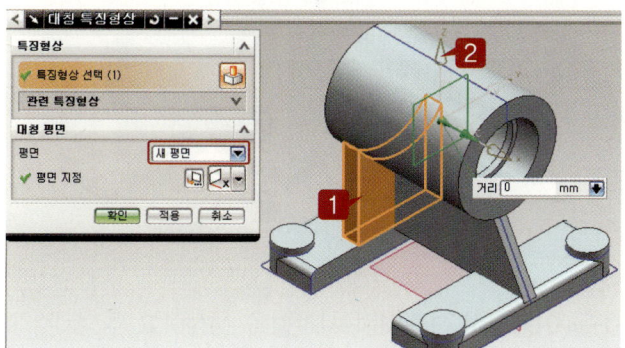

15) 대칭평면 평면지정 ③을 선택하고 확인한다.

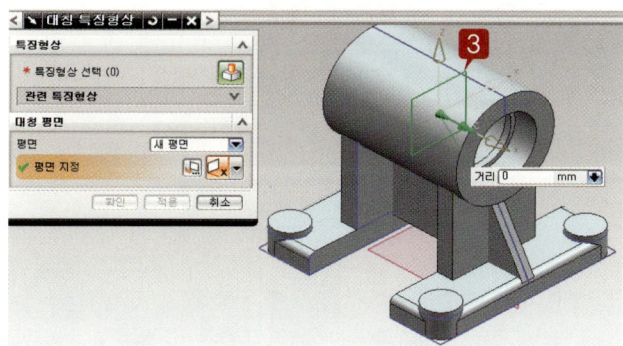

07 회전 형상 작성하기

1) 데이텀 평면 아이콘 ①을 클릭하고 유형은 거리로 하고 평면 참조 ②를 선택하고 거리 값 - 46.5을 입력하고 확인한다.

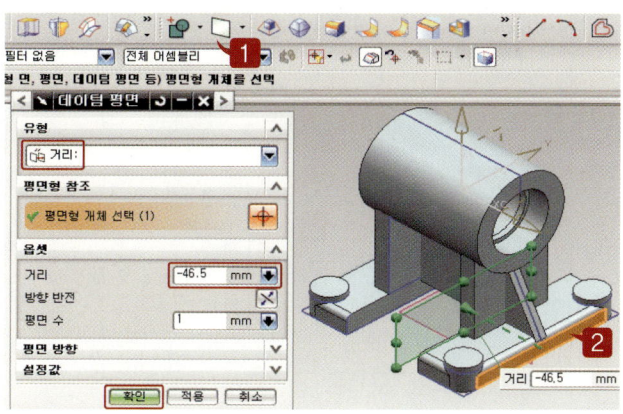

2) 스케치( ) 아이콘을 클릭하고 유형은 평면상에서 데이텀 평면 ①을 클릭하고 확인한다.

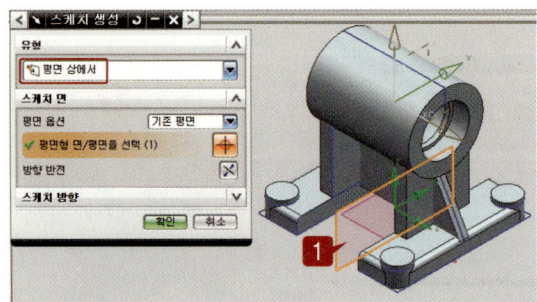

3) 직사각형 아이콘 ①을 이용하여 그림처럼 사각형을 생성하고 추정치수 아이콘 ②를 클릭하여 치수기입을 한다.

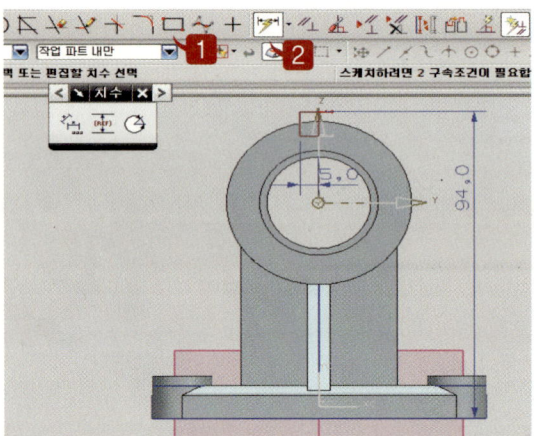

4) 선 아이콘 ①을 이용하여 선 ②를 생성하고 추정치수 아이콘 ③을 클릭하여 각도 치수기입을 한다.

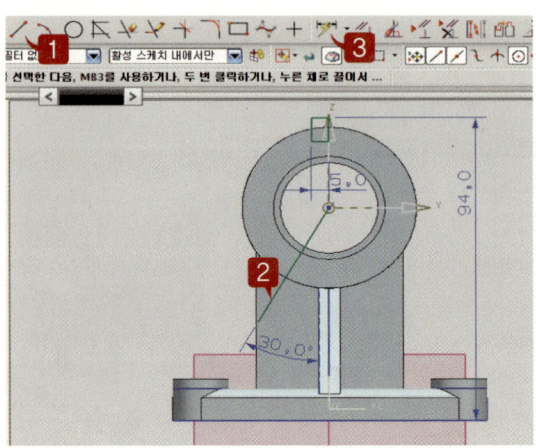

CHAPTER 2 | 모델링 따라하기

5) 옵셋 곡선 아이콘 ①을 클릭하고 거리 값 5입력 후 옵셋 곡선 ②를 선택하고 확인한다.

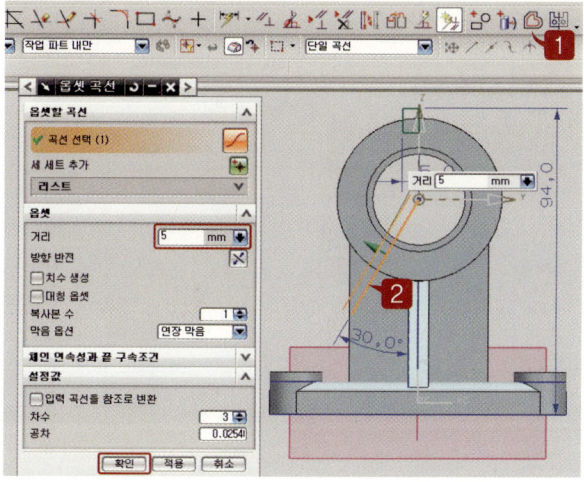

6) 곡선 투영 아이콘 ①을 이용하여 투영할 곡선을 그림처럼 클릭하고 확인한다.

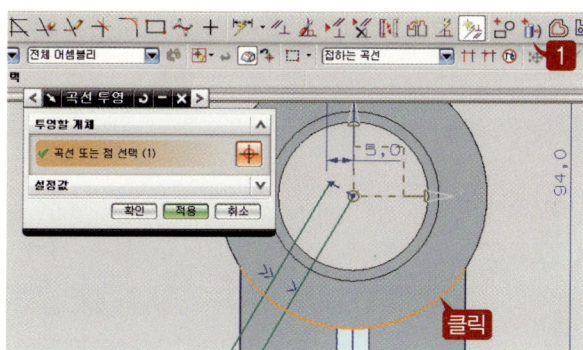

7) 선 아이콘 ①을 이용하여 선을 생성하고 구속조건 아이콘 ②를 클릭하여 선 ③과 ④를 선택하고 직각구속 ⑤를 클릭한다.

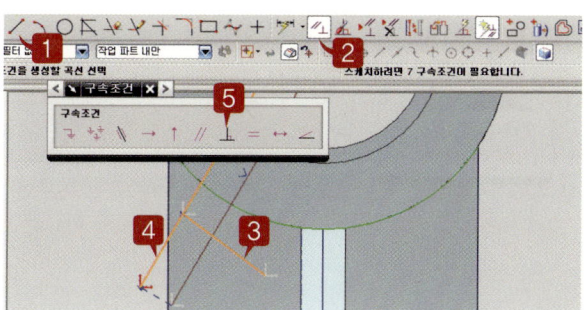

8) 옵셋 곡선 아이콘 ①을 클릭하고 거리 값 6입력 후 옵셋 곡선 ②를 선택하고 확인한다.

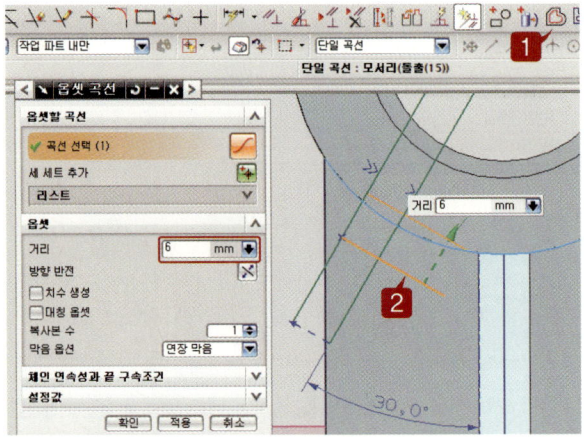

9) 삽입에 데이텀/점에서 점(➕ 점(P)...)을 클릭한다. 스냅 교차점 ①을 선택하고 점 ②를 클릭(교차점을 확인하면서)하고 확인한다.

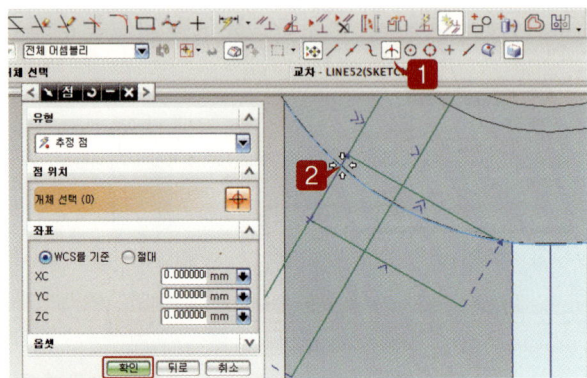

10) 구속조건 아이콘 ①을 클릭하여 점 ②와 선③을 선택하고 곡선상의 점 구속 ④를 클릭한다.

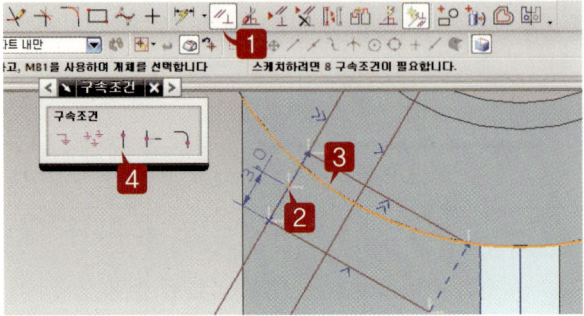

CHAPTER 2 | 모델링 따라하기

11) 같은 방법으로 점 ②와 호③을 선택하고 곡선상의 점 구속 ④를 클릭한다.

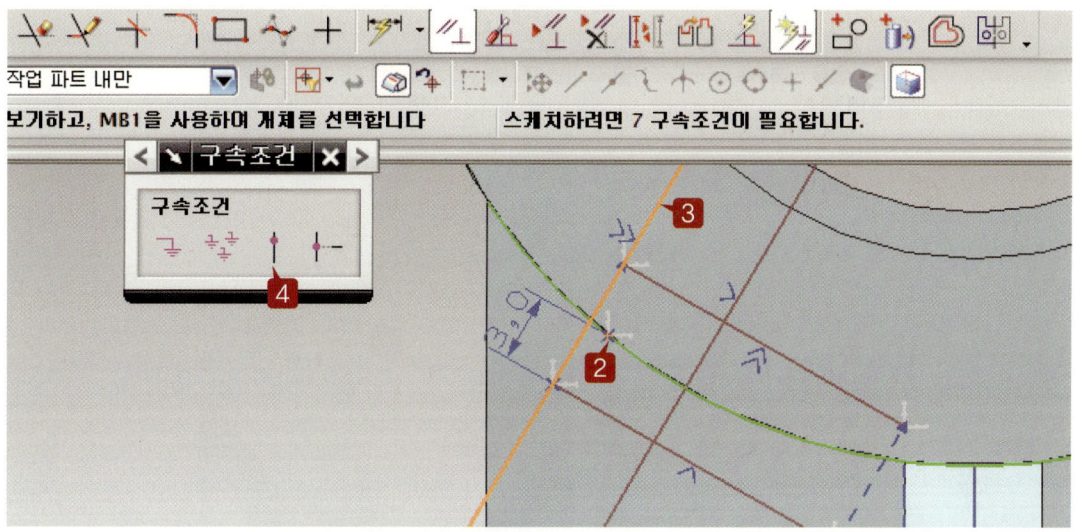

12) 빠른 트리밍 아이콘 ①을 클릭하고 그림처럼 트림한다.

13) 회전 아이콘 ①을 클릭하고 연결된 곡선 ②를 클릭한다. 단면 곡선 ③을 선택하고 축 벡터 ④를 클릭한다. 한계에서 각도 360을 확인하고 부울은 결합으로 바디선택하고 확인한다.

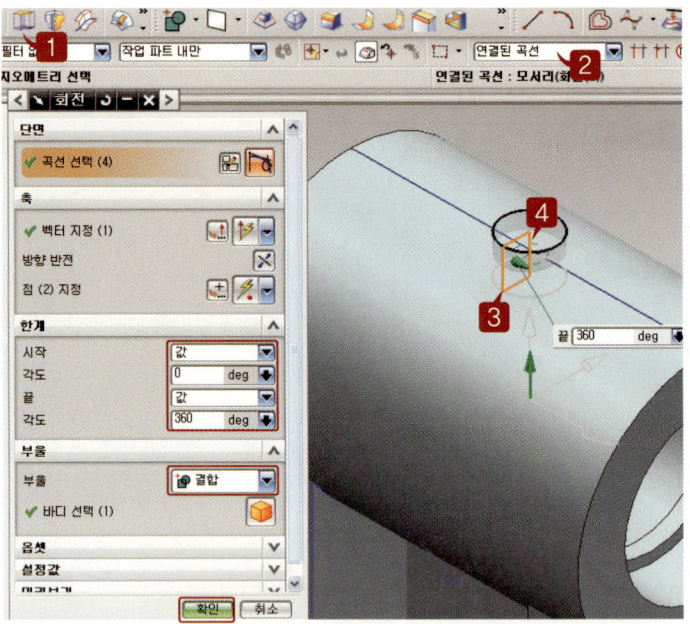

14) 같은 방법으로 단면 곡선 ③을 선택하고 축 벡터 ④를 클릭한다. 한계에서 각도 360을 확인하고 부울은 결합으로 바디선택하고 확인한다.

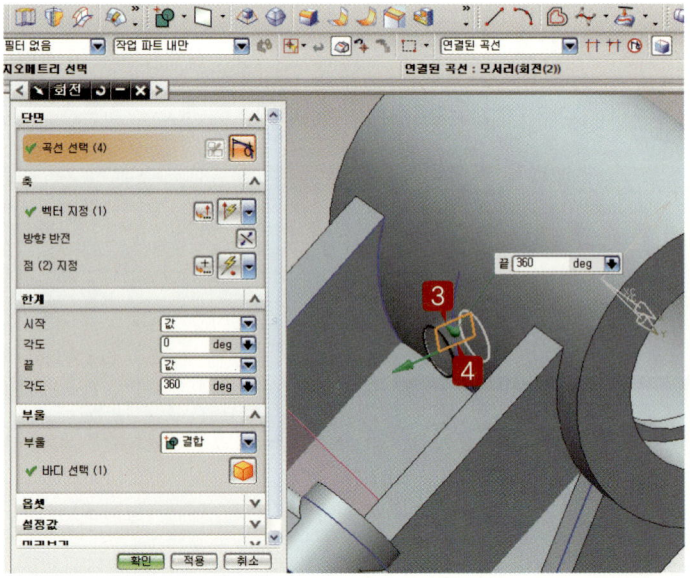

CHAPTER 2 | 모델링 따라하기

08 결합하기

1) 결합 아이콘 ①을 클릭하고 타켓 바디 ②를 선택하고 공구바디 전체를 클릭하고 확인한다.

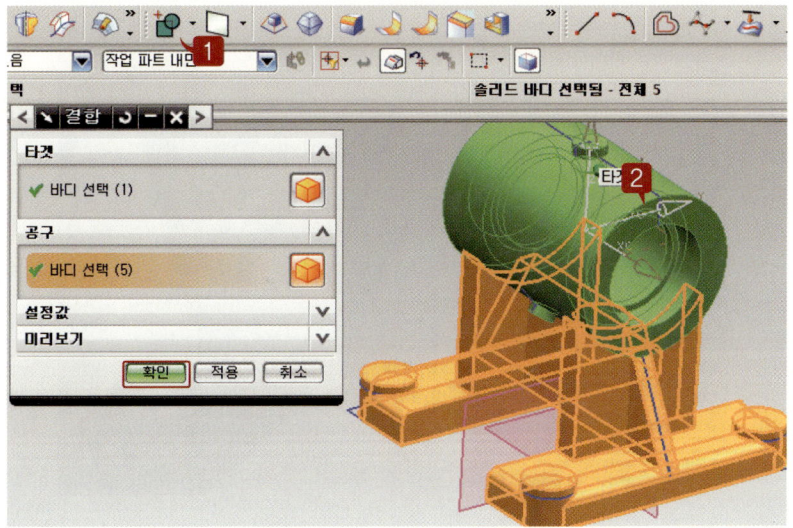

09 나사 위치 구멍 작성하기

1) 삽입에 특징형상설계에 구멍(H)..을 클릭한다. 유형은 드릴크기 구멍으로 하고 점 지정 ①을 선택(스냅 중심점 확인)한다. 그림처럼 폼 및 치수를 5로 입력하고 부울은 빼기로 바디 선택하고 확인한다.

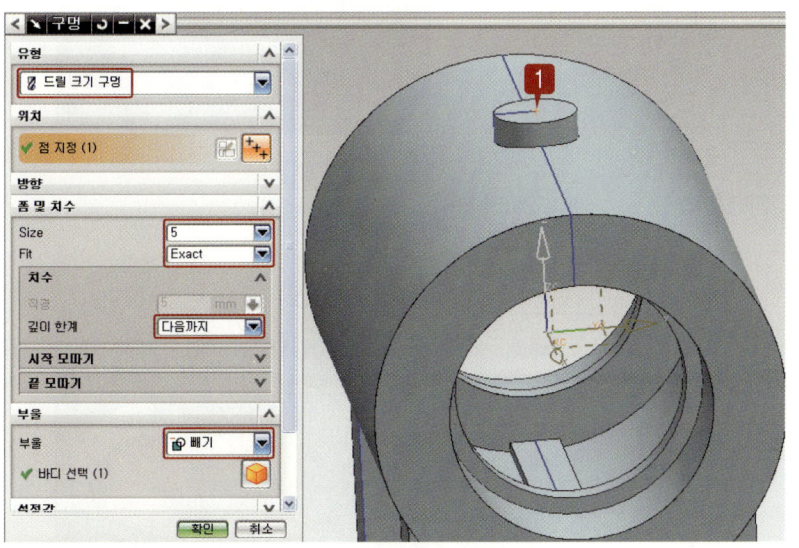

2) 같은 방법으로 유형은 드릴크기 구멍으로 하고 점 지정 ①을 선택(스냅 중심점 확인)한다. 그림처럼 폼 및 치수를 5로 입력하고 부울은 빼기로 바디 선택하고 확인한다.

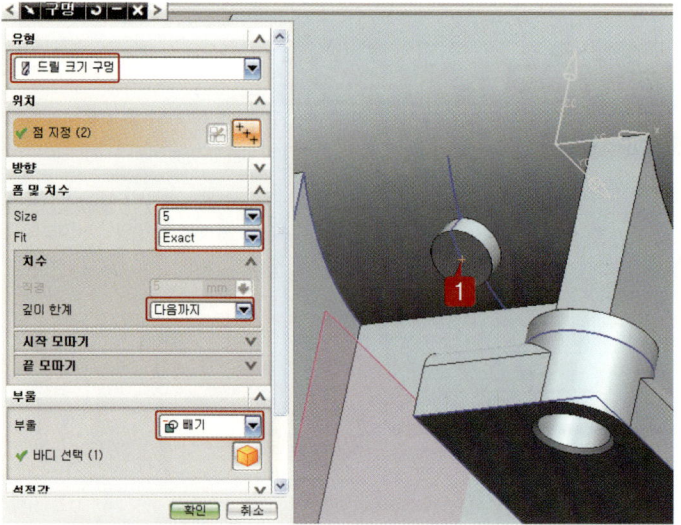

3) 삽입에 특징형상설계에 스레드①... 을 클릭한다. 스레드 유형은 상세로 설정하고 확인한다.

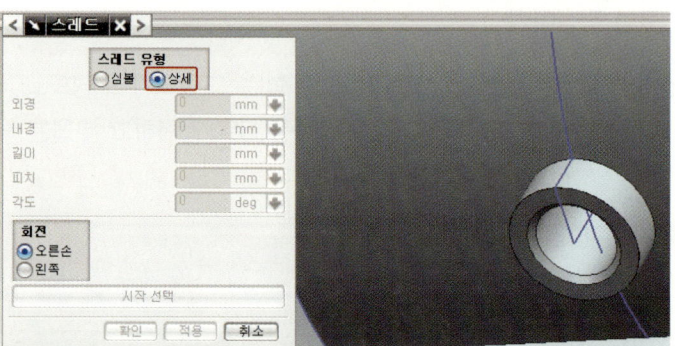

4) 구멍 ①을 선택한다.

CHAPTER 2 | 모델링 따라하기

5) 역 스레드 축을 확인한다.

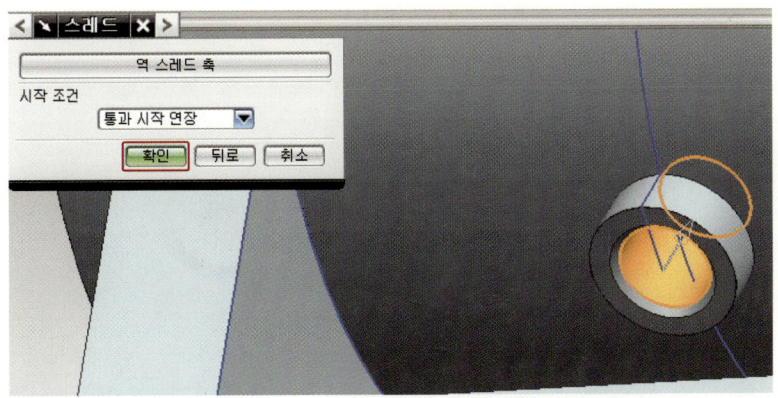

6) 탭 설정 값을 선택하고 확인한다.

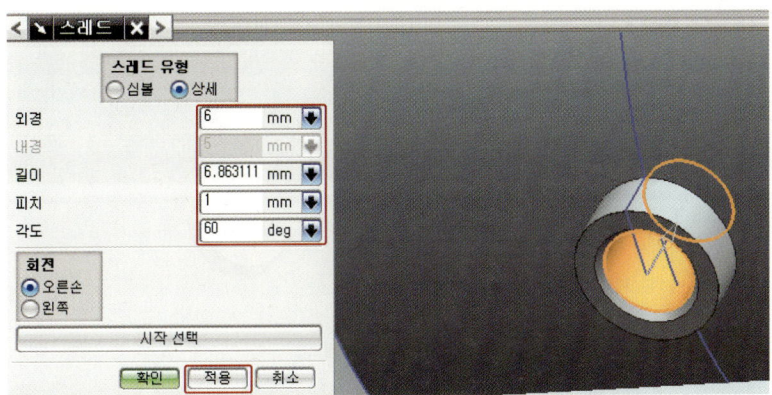

7) 스레드 유형은 상세로 설정하고 구멍 ①을 선택하고 확인한다.

8) 탭 설정 값을 선택하고 확인한다.

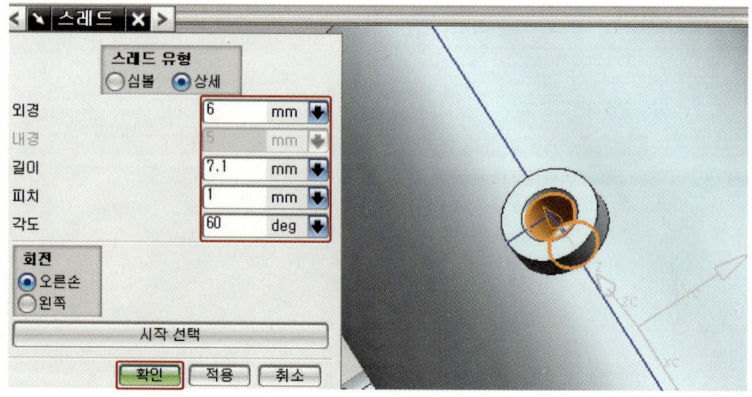

9) 완성된 탭을 확인하고 취소한다.

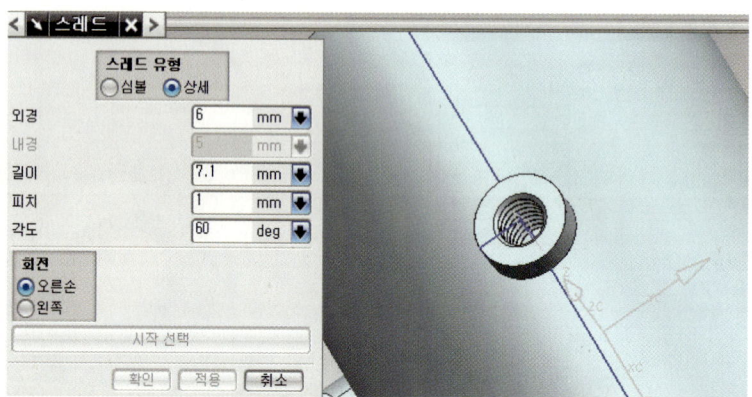

10) 스케치( ) 아이콘을 클릭한다. 유형은 평면상에서 기존평면에서 ①을 클릭하고 참조선택 Y축 ②를 선택하고 확인한다.

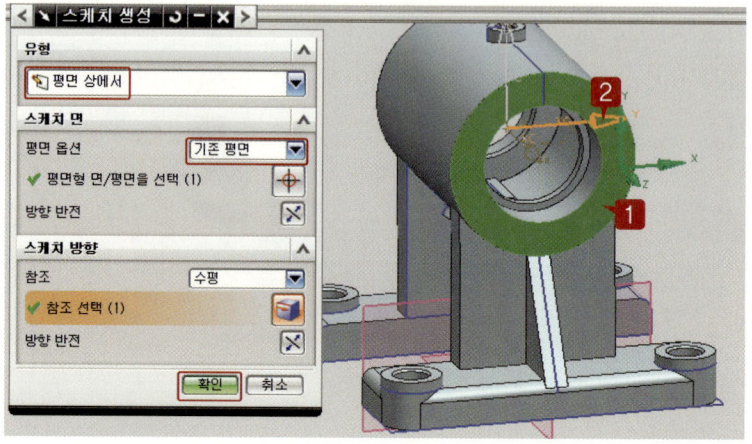

CHAPTER 2 | 모델링 따라하기

11) 원 아이콘 ①을 이용하여 그림처럼 원 스케치 하고, 추정치수 아이콘 ②를 이용하여 치수를 입력하고 스케치를 종료한다.

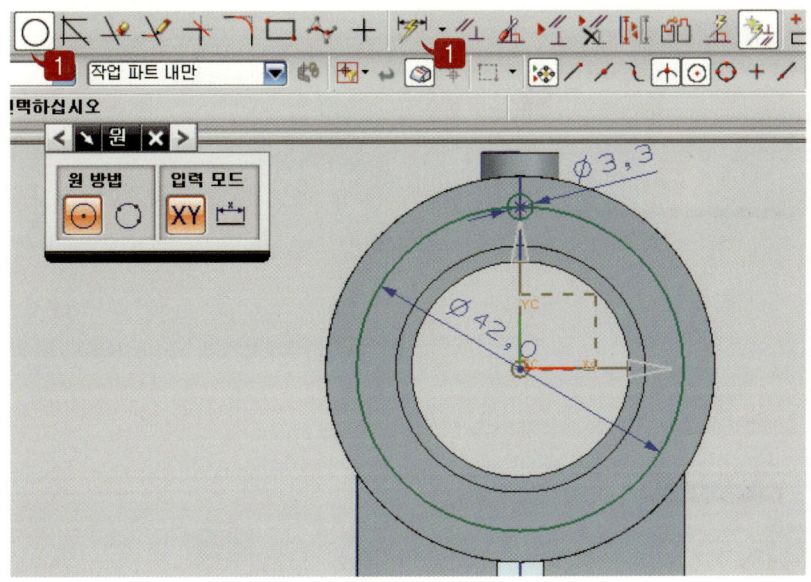

12) 삽입에 특징형상설계에 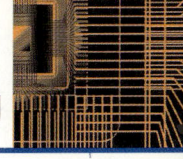 을 클릭한다. 유형은 드릴크기 구멍으로 하고 점 지정 ①을 선택(스냅 중심점 확인)한다. 그림처럼 폼 및 치수를 입력하고 부울은 빼기로 바디 선택하고 확인한다.

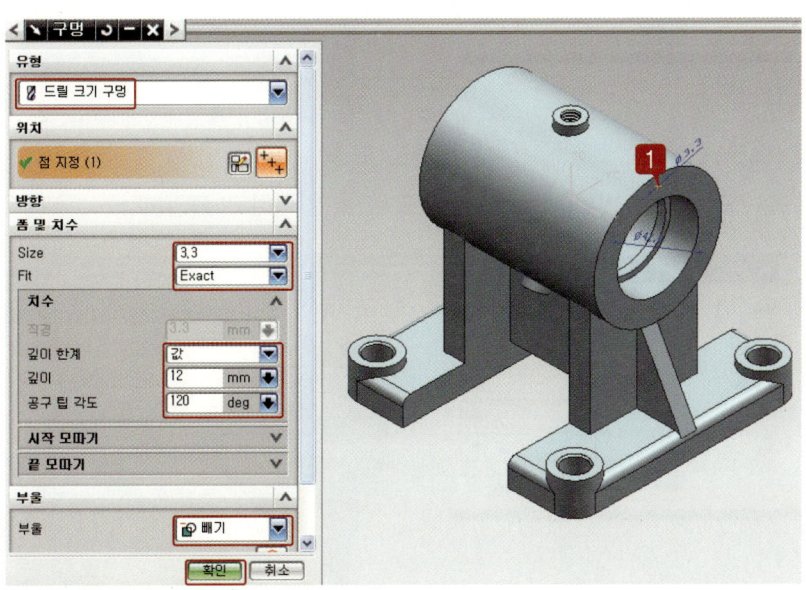

13) 삽입에 연관복사에 인스턴스(　인스턴스 특징형상(I)...)를 클릭한다. 원형배열 ①을 선택하고 확인한다.

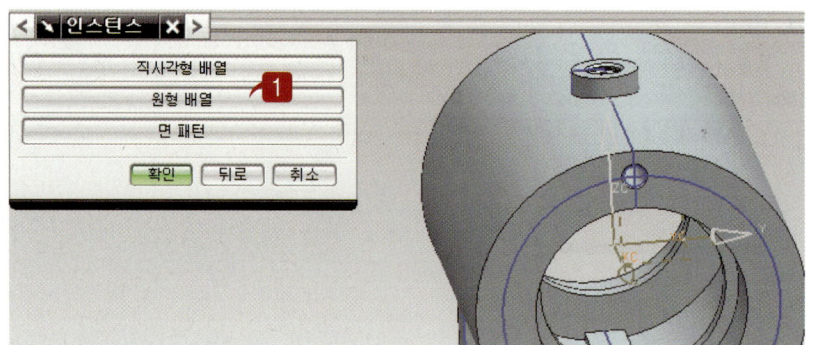

14) 드릴 크기 구멍(36)을 선택하고 확인한다.

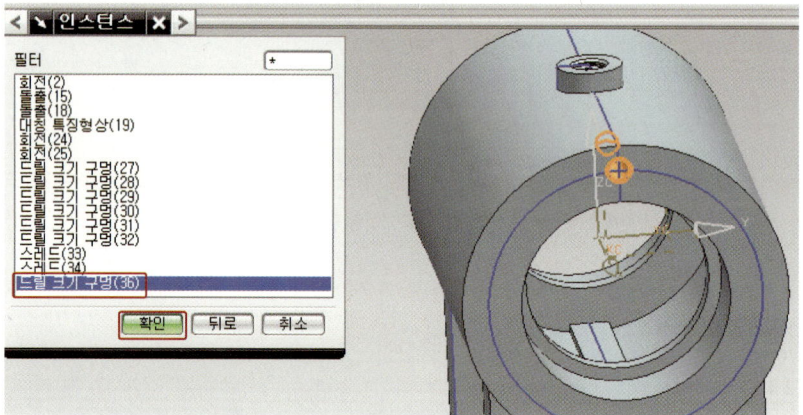

15) 방법에서 일반으로 하고 번호(개수) 4개, 각도 90을 입력하고 확인한다.

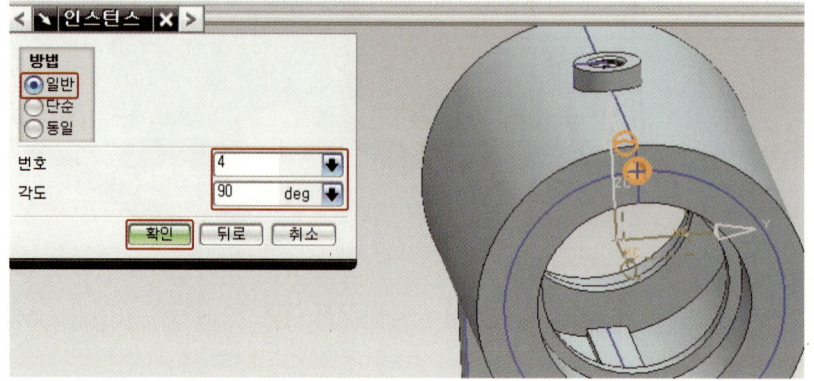

CHAPTER 2 | 모델링 따라하기

16) 데이텀 축을 선택하고 ①을 클릭하고 확인한다.

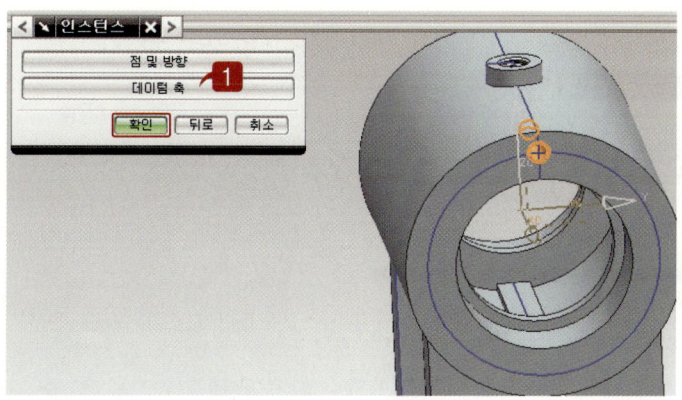

17) 예를 선택하고 확인한다.

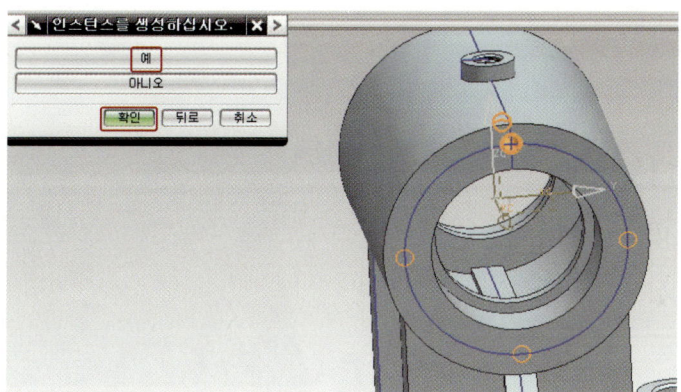

18) 삽입에 연관복사에 대칭 특징형상(대칭 특징형상(M)...)을 클릭하고 특징형상 ①을 선택하고 대칭 평면 ②를 클릭하고 확인한다.

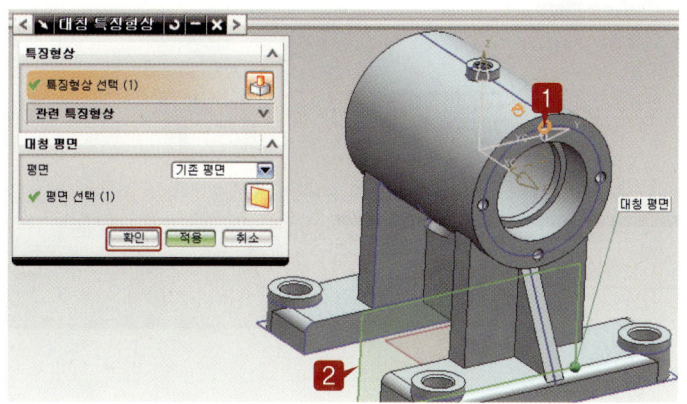

19) 삽입에 연관복사에 인스턴스(인스턴스 특징형상(I)...)를 클릭한다. 원형배열 ①을 선택하고 확인한다.

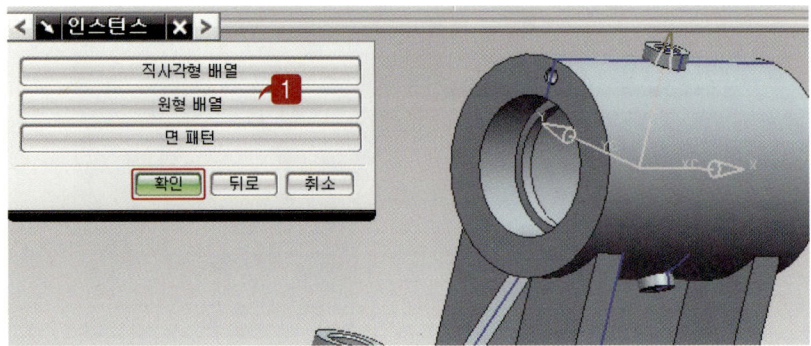

20) 대칭 특징형상을 선택하고 확인한다.

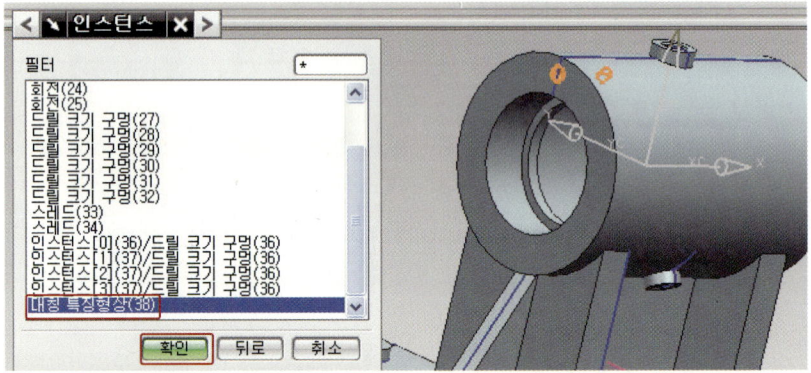

21) 방법에서 일반으로 하고 번호(개수) 4개, 각도 90을 입력하고 확인한다.

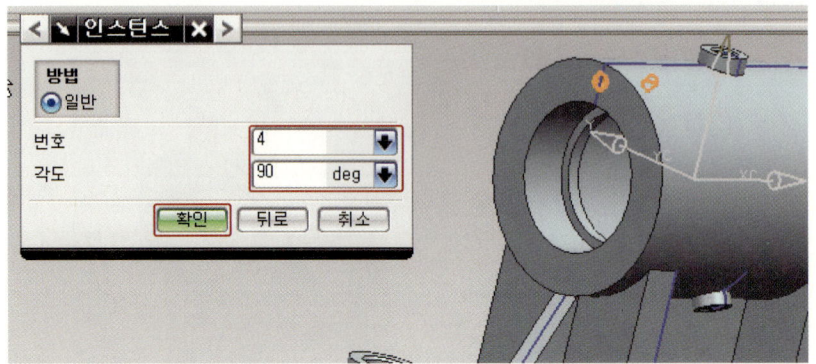

CHAPTER 2 | 모델링 따라하기

22) 데이텀 축을 선택하고 확인하고 데이텀 축 선택 ①을 선택하고 확인한다.

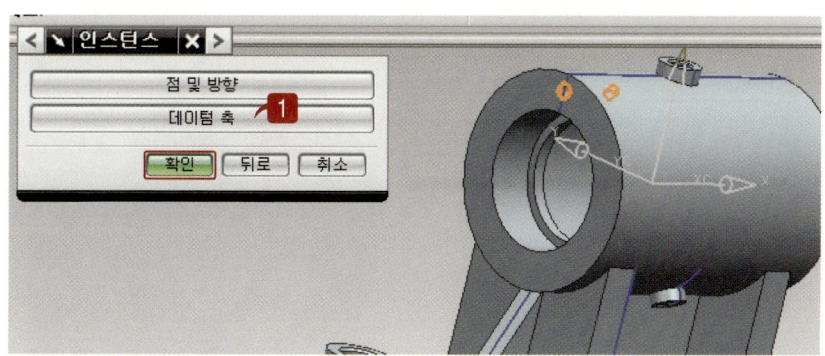

23) 원형배열 생성을 확인하고 취소한다.

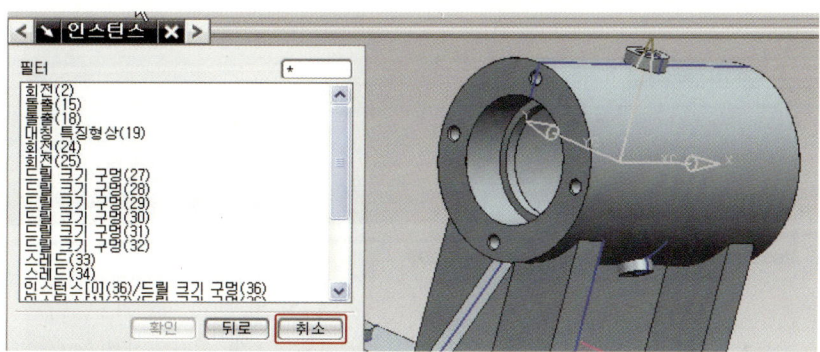

24) 삽입에 특징형상설계에 스레드①... 을 클릭한다. 스레드 유형은 상세로 로 설정하고 확인 한다.

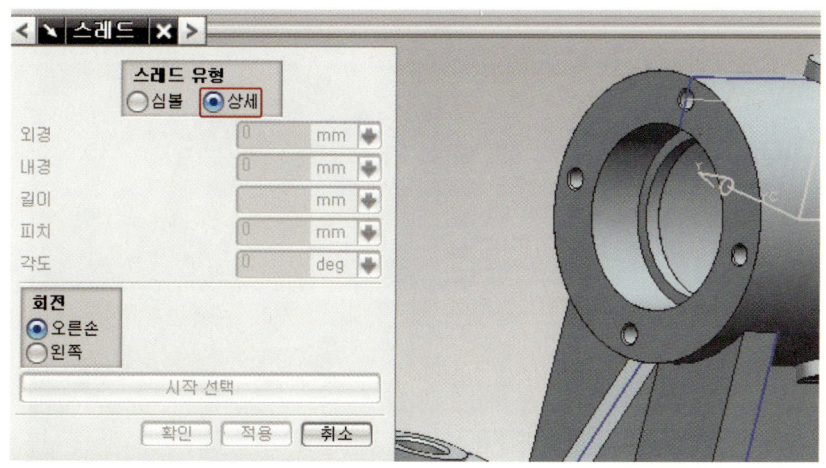

25) 스레드 이름에서 구멍 ①을 클릭한다.

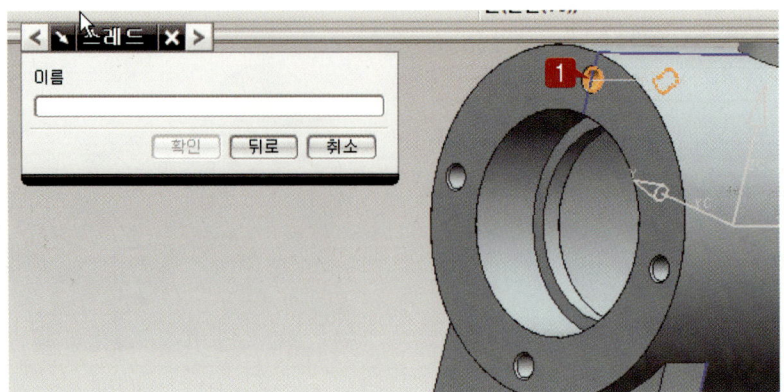

26) 역 스레드 축을 확인한다.

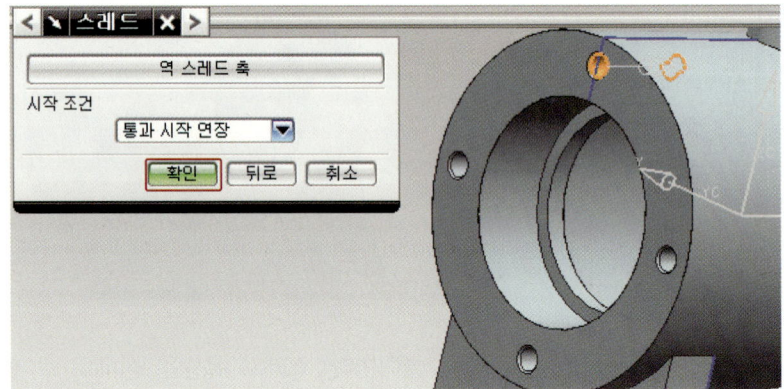

27) 스레드 유형 상세에서 탭 설정 입력 후 확인한다.

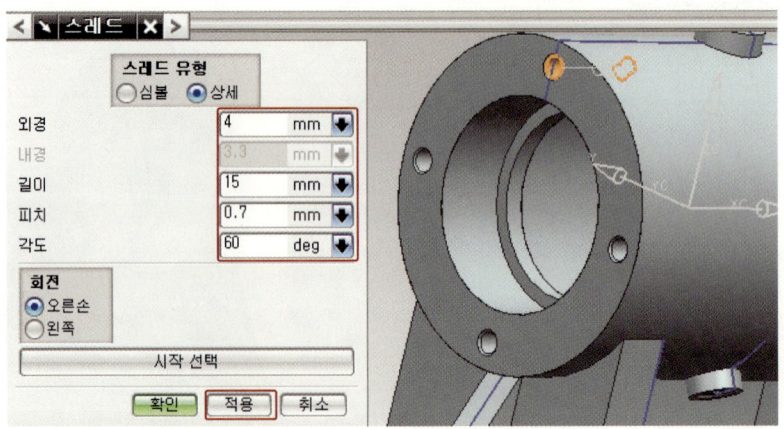

CHAPTER 2 | 모델링 따라하기

28) 다시 두 번째 구멍 ②를 선택하고 탭 설정 입력 후 확인한다.

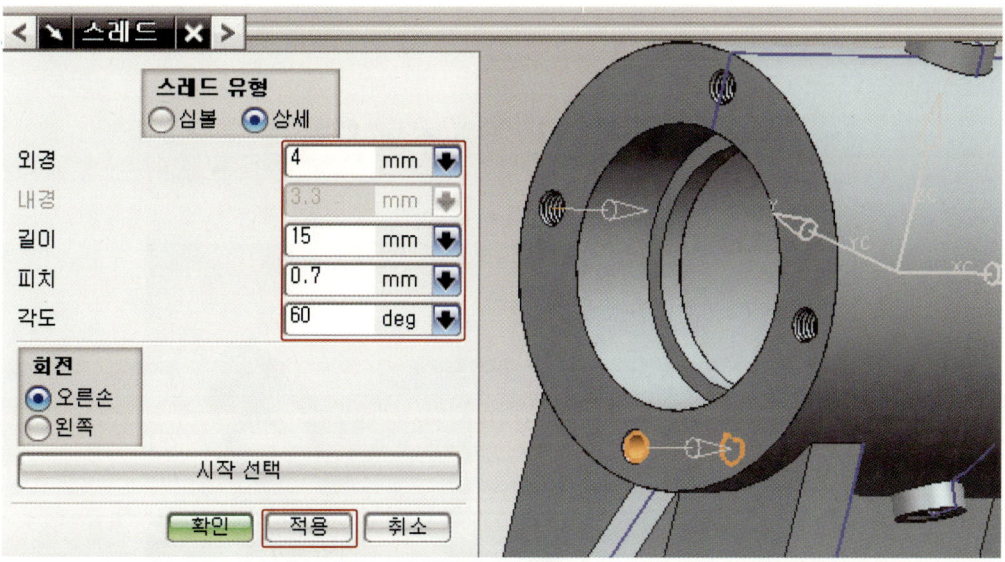

29) 같은 방법으로 구멍 모두를 선택하고 탭 설정 입력 후 확인한다.

10 표시 및 숨기기

1) 표시 및 숨기기을 클릭한다. 유형에서 전체 숨기기 - ②를 선택하고, 솔리드 바디 + ③을 클릭한다.

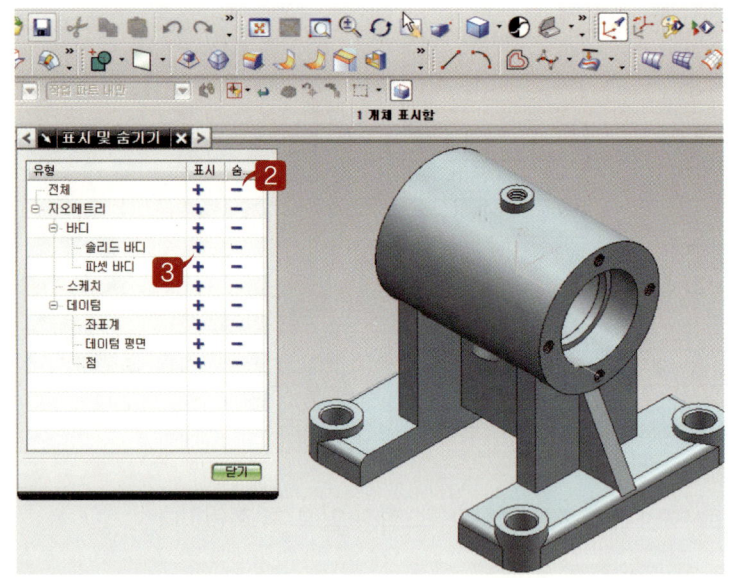

11 모따기 작업하기

1) 모따기 아이콘 ①을 클릭하고 모서리 ②, ③을 클릭하고 단면을 옵셋 및 각도로 거리2 각도 45 입력하고 확인한다.

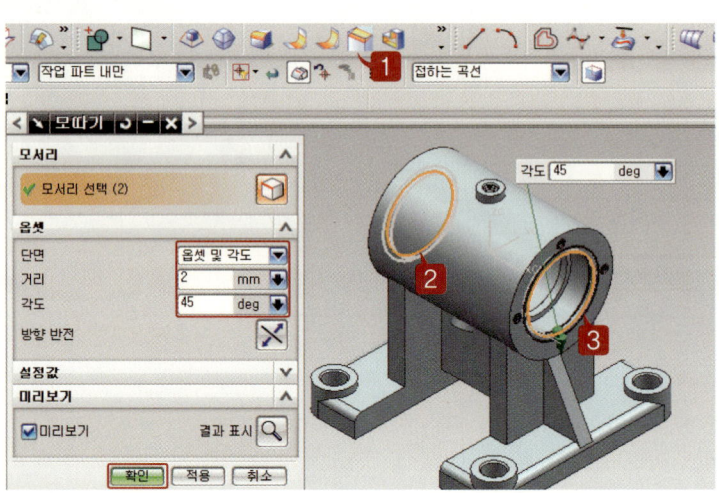

CHAPTER 2 | 모델링 따라하기

12 모서리 블렌드 작업하기

1) 모서리 블렌드 아이콘 ①을 선택하고 그림처럼 모서리을 클릭하고 R3 입력 후 적용한다.

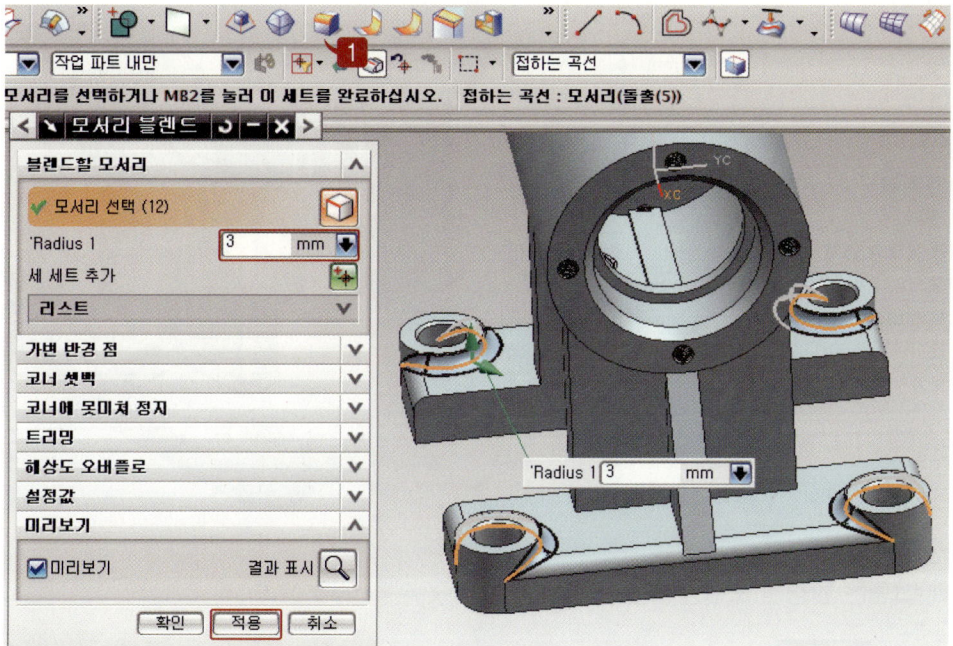

2) 그림처럼 R3 입력 후 모서리을 클릭하고 적용한다.

3) 그림처럼 R2 입력 후 모서리을 클릭하고 적용한다.

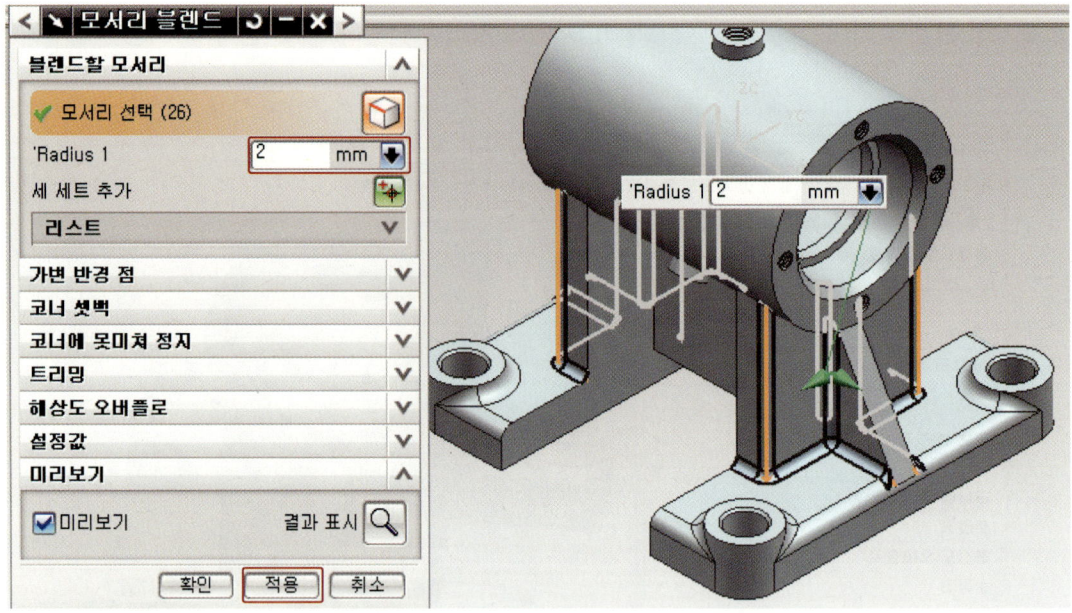

4) 아래 그림은 완성된 모델링 그림이다.

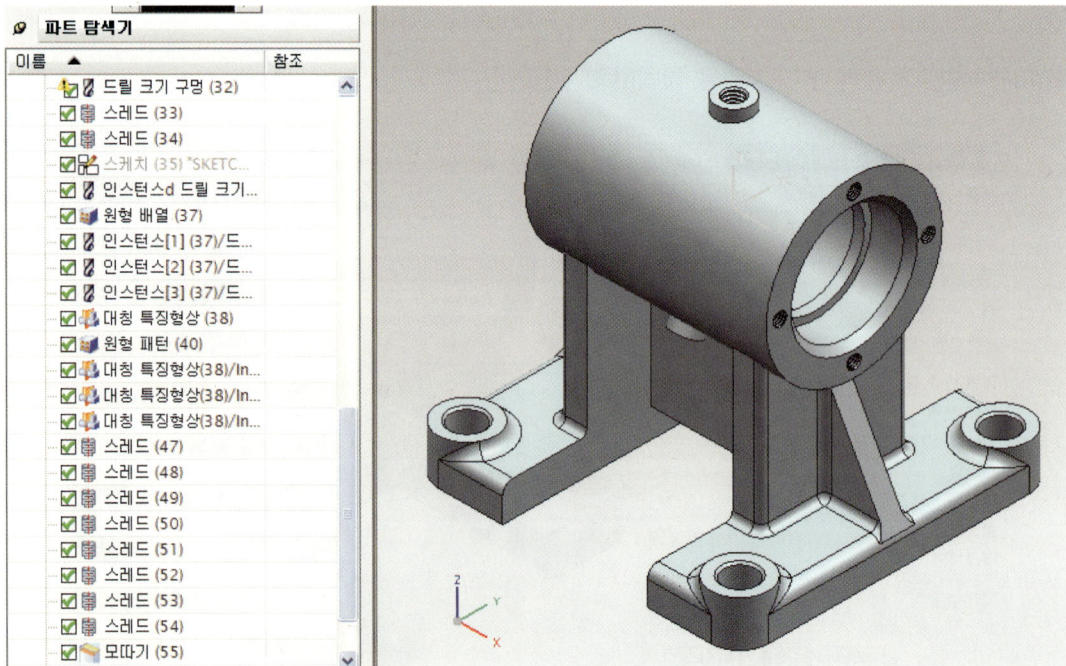

CHAPTER 2 | 모델링 따라하기

5) 아래와 같이 완성된 본체 한쪽 단면도 형상을 확인한다.

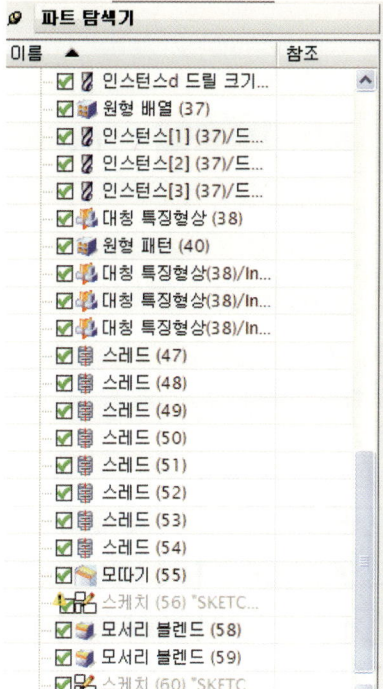
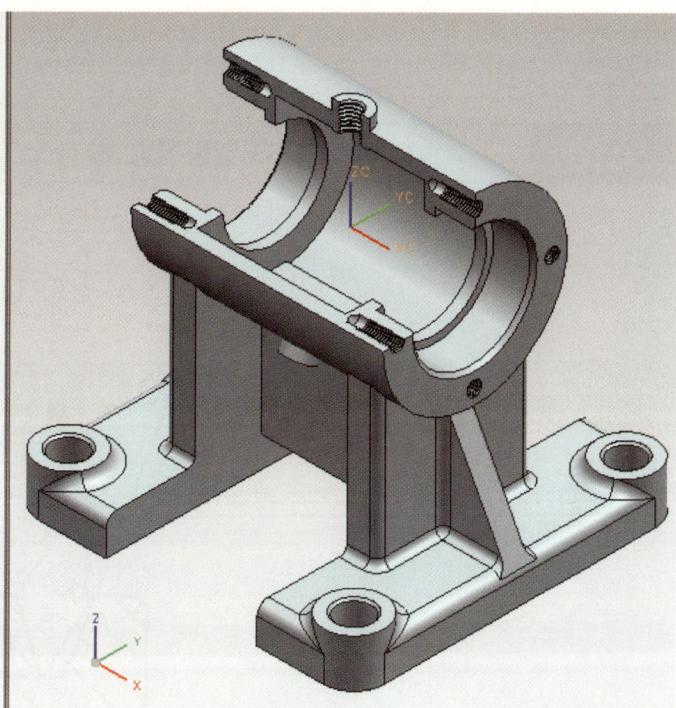

19 V벨트풀리 모델링 따라하기

도면명	UG 모델링작업 ⑲	척 도	NS

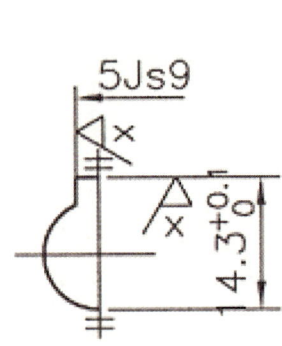
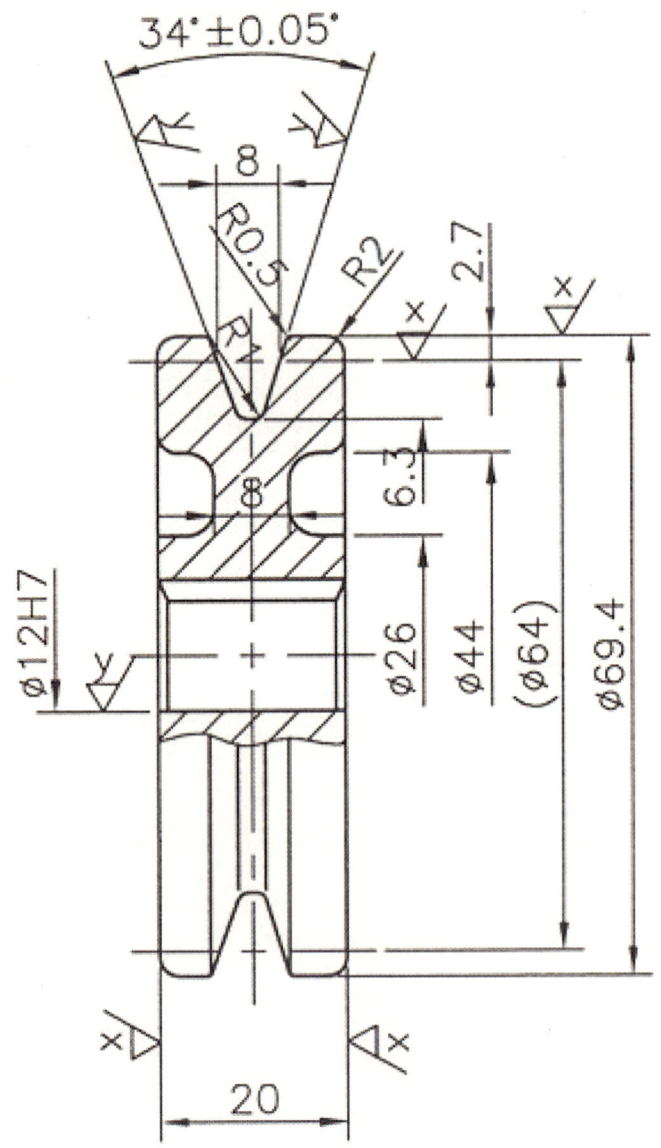

CHAPTER 2 | 모델링 따라하기

01 정면도 스케치 작성하기

1) 새로 만들기( ) ①(Ctrl+N)를 실행한다.
2) 스케치(Sketch)( ) ②를 선택한다.

3) 기본적으로 정면도(XZ)평면 ①을 설정하고 확인한다.

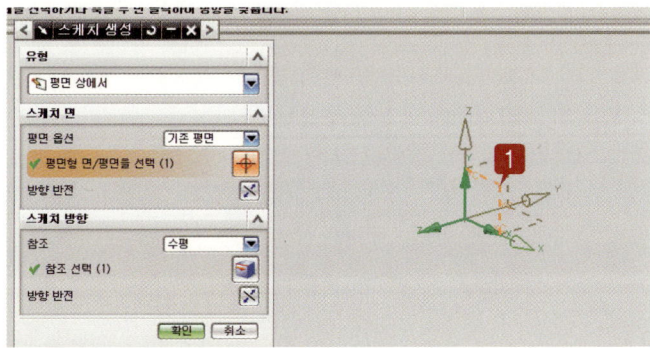

4) 직사각형 아이콘과 선 아이콘을 이용하여 그림에서와 같이 Z축 원점에서 임의의 곡선 상에 그림처럼 스케치를 생성한다. ①부분은 두 번에 걸쳐서 직선을 연결한다. 트리밍 아이콘 ②를 이용하여 불필요한 선을 제거한다.

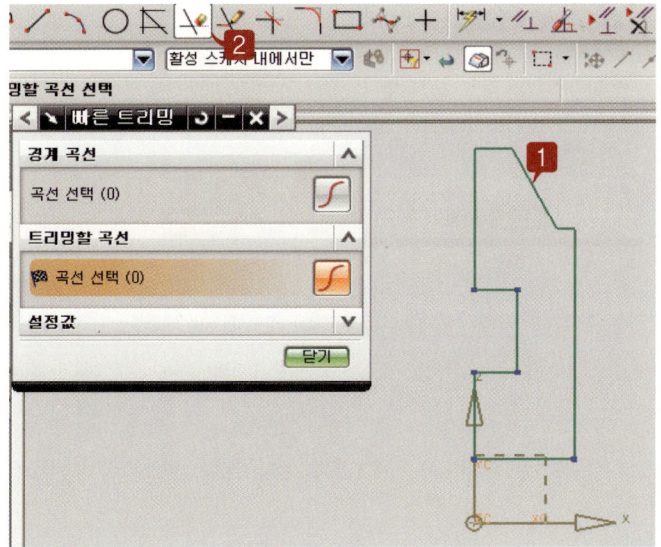

5) 추정치수 아이콘 ①을 선택하고 그림처럼 치수를 기입하고 중심선 ②부분은 참조선으로 변환하고 스케치를 종료한다.

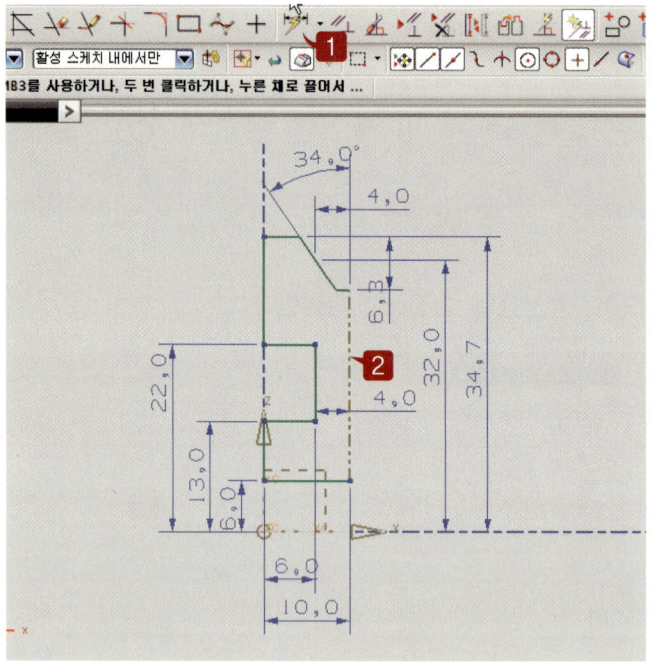

6) 대칭곡선 아이콘 ①을 클릭하고 대칭중심선 ②를 선택하고 대칭시킬 곡선 ③을 클릭하고 확인한다.

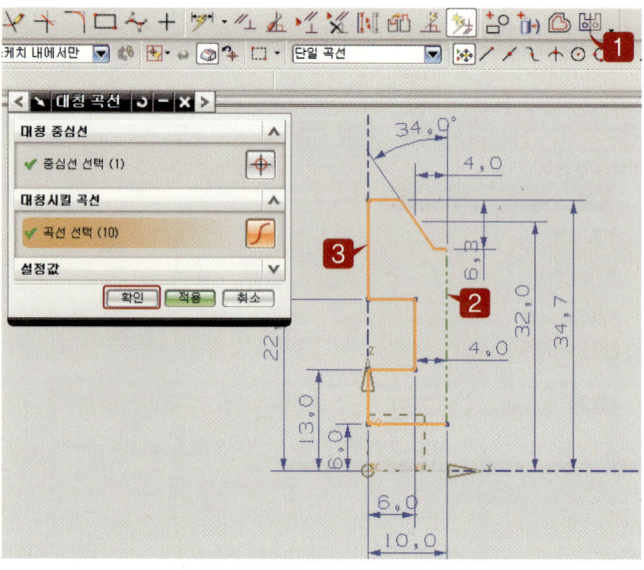

CHAPTER 2 | 모델링 따라하기

7) 그림은 대칭이 이루어진 상태이다.

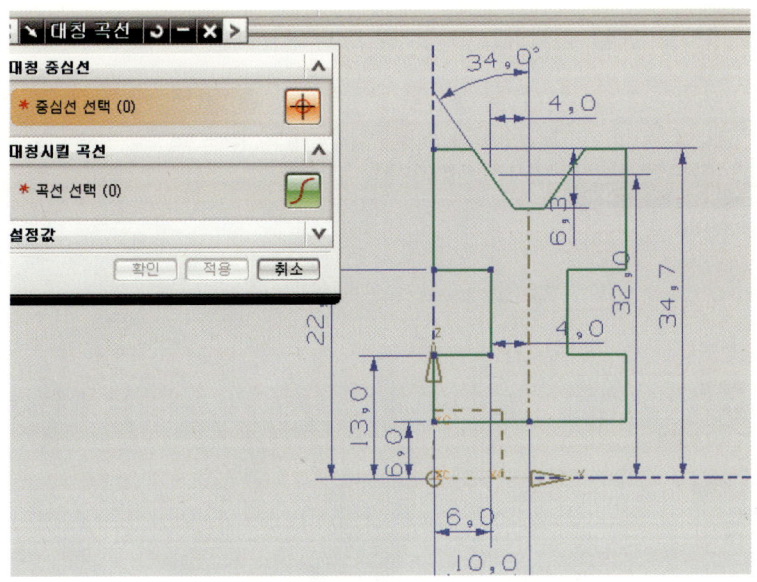

02 회전 작성하기

1) 회전 아이콘 ①을 클릭하고 연결된 곡선 ②를 클릭한다. 단면 곡선 ③을 선택하고 축 벡터 ④를 클릭한다. 한계에서 각도 360을 확인하고 확인한다.

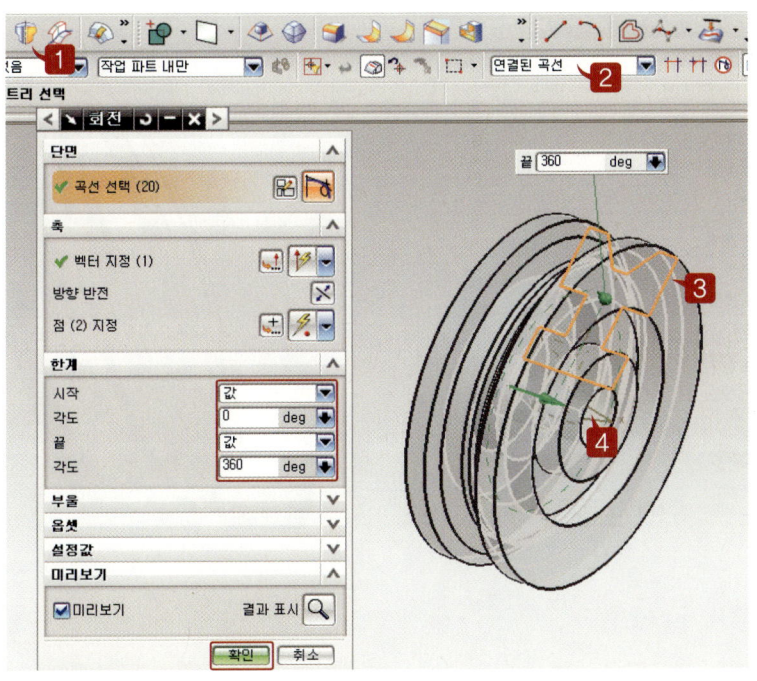

03 모서리 블렌드 작업하기

1) 모서리 블렌드 아이콘 ①을 선택하고 그림처럼 모서리(앞뒤)을 클릭하고 R3 입력 후 확인한다.

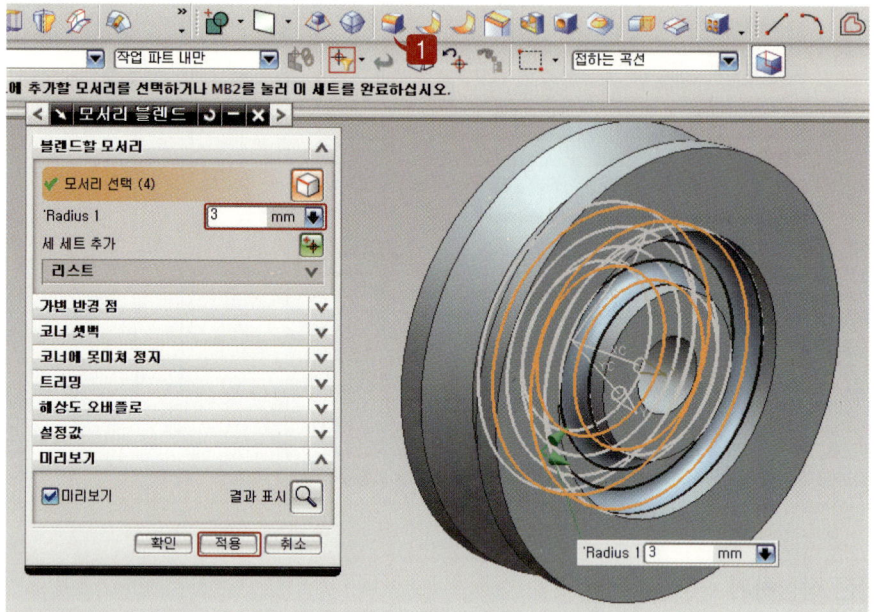

2) 그림처럼 모서리을 클릭하고 R1 입력 후 확인한다.

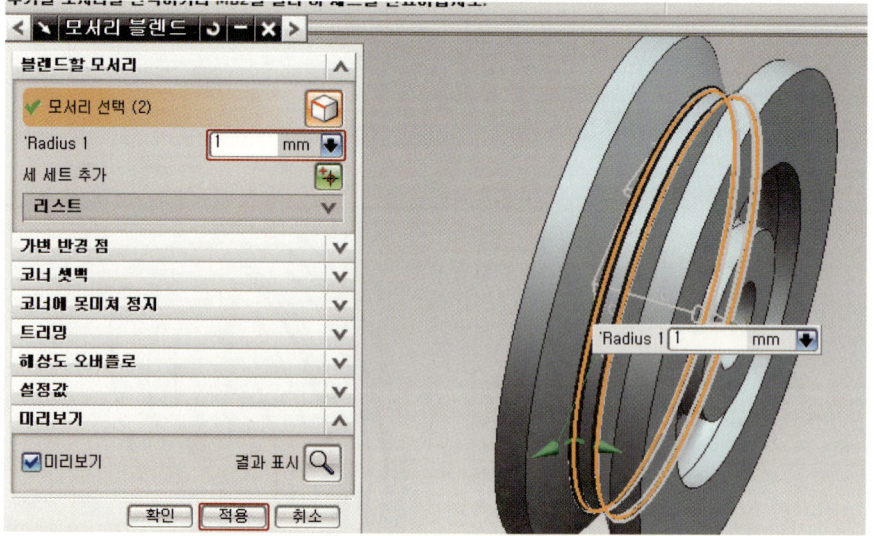

CHAPTER 2 | 모델링 따라하기

3) 그림처럼 모서리을 클릭하고 R0.5 입력 후 확인한다.

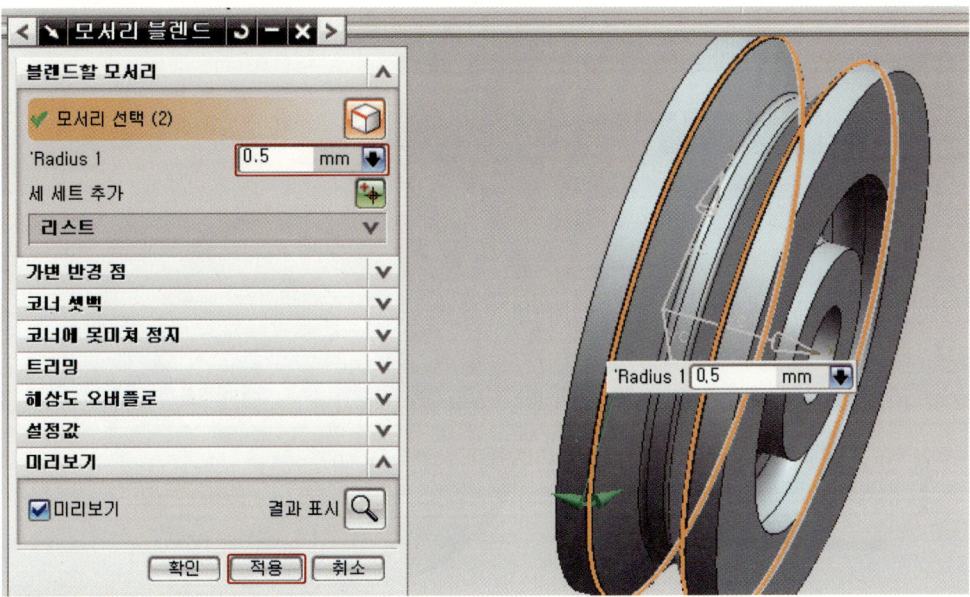

4) 그림처럼 모서리을 클릭하고 R2 입력 후 확인한다.

04 키 홈 작성하기

1) 스케치( ) 아이콘을 클릭한다. 유형은 평면상에서 기존평면에서 ①을 클릭하고 참조평면 Y축 ②를 선택하고 확인한다.

2) 직사각형 아이콘 ①을 이용하여 그림처럼 스케치를 생성한다. 추정치수 아이콘 ②를 선택하고 그림처럼 치수를 기입한다.

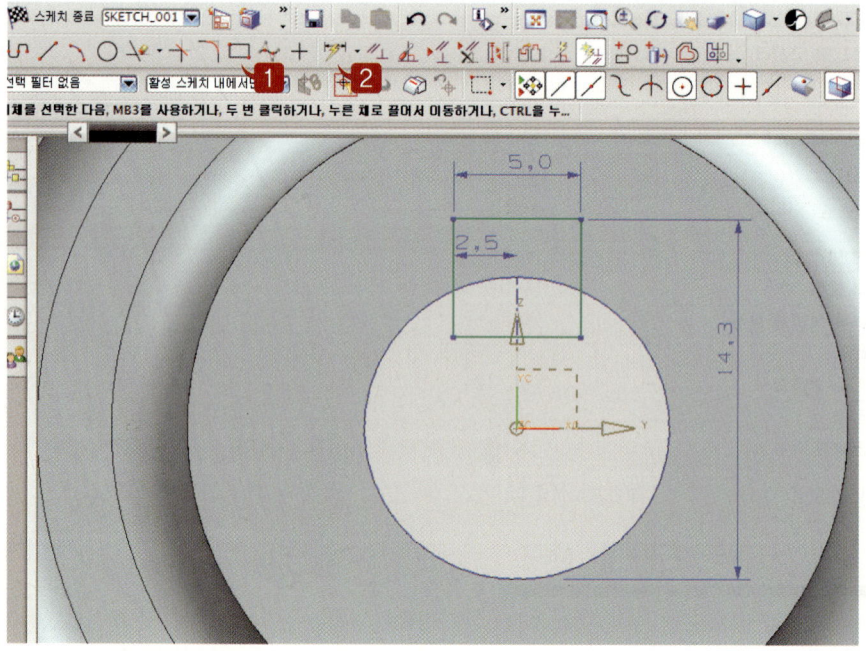

CHAPTER 2 | 모델링 따라하기

3) 돌출 아이콘 ①을 클릭한다. 연결된 곡선 ②를 선택하고 단면 곡선 ③을 선택한다. 좌우 거리를 여유 있게 입력하고 부울은 빼기로 바디선택하고 확인을 누른다.

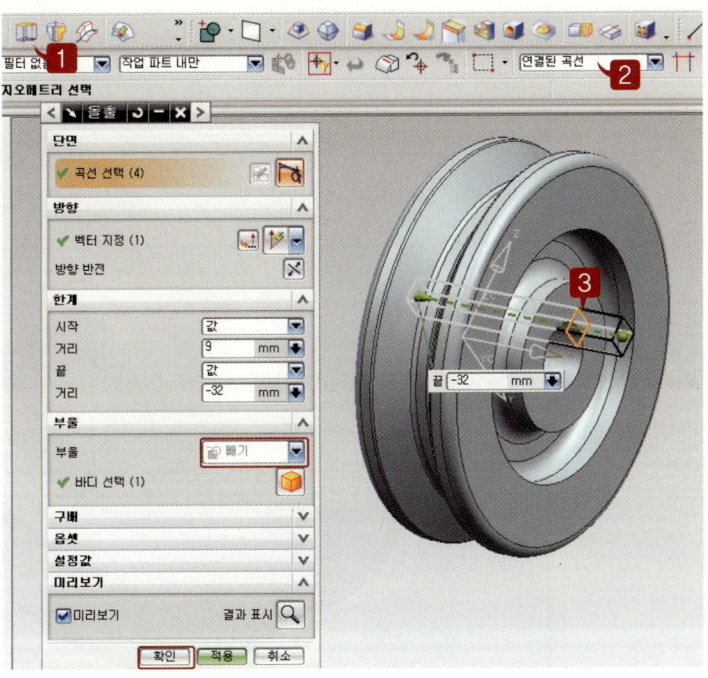

05 모따기 작업하기

1) 모따기 아이콘 ①을 클릭하고 모서리 ②, ③을 클릭하고 단면을 옵셋 및 각도로 거리 1, 각도 45로 입력하고 확인한다.

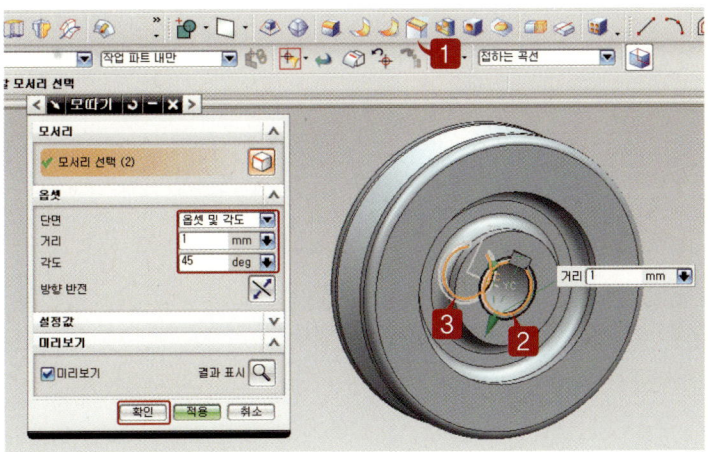

2) 아래 그림은 완성된 모델링 그림이다.

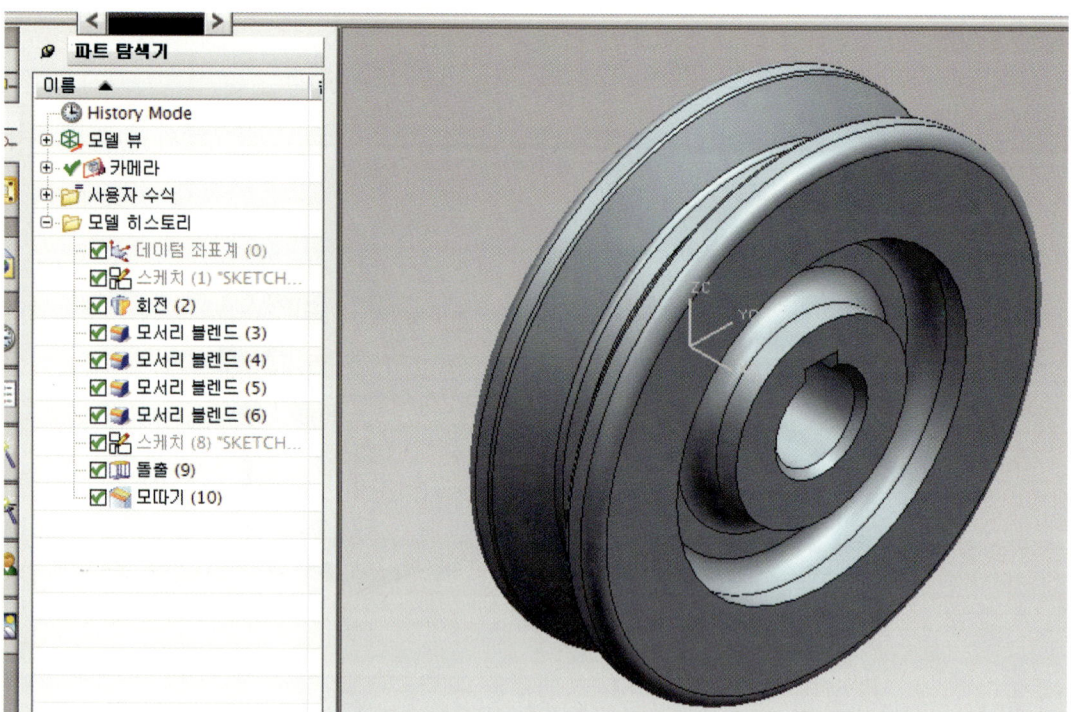

20 스퍼기어 모델링 따라하기

| 도면명 | UG 모델링작업 ⑳ | 척도 | NS |

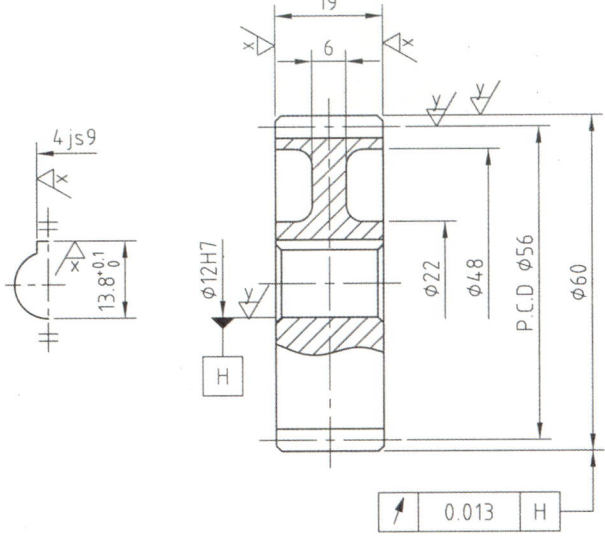

스퍼기어요목표		
구분	품번	표준
공구	치형	보통이
	모듈	2
	압력각	20°
잇 수		28
피치원지름		56
전체이높이		4.5
다듬질방법		호브절삭
정밀도		KS B 1405, 5급

01 정면도 스케치 작성하기

1) 새로 만들기( ) ①(Ctrl+N)를 실행한다.
2) 스케치(Sketch)( ) ②를 선택한다.

3) 기본적으로 정면도(XZ)평면이 설정하고 확인한다.

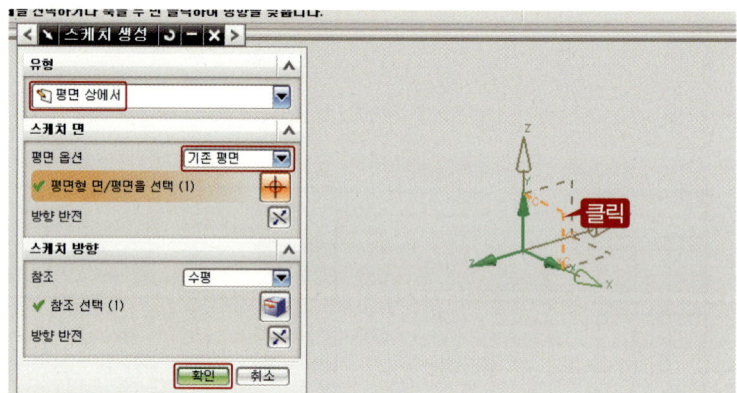

4) 선 아이콘 ①을 이용하여 그림에서와 같이 Z축 원점에서 임의의 곡선 상에 그림처럼 스케치를 생성한다. 추정치수 아이콘 ②를 선택하고 치수를 기입하고 스케치를 종료한다.

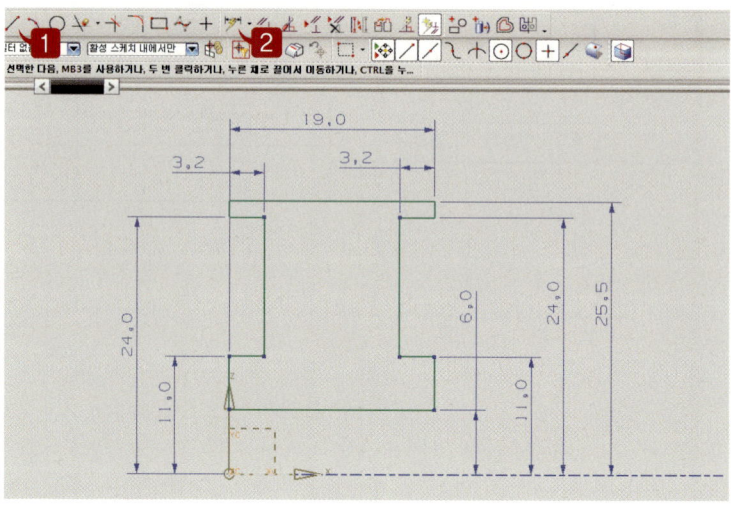

CHAPTER 2 | 모델링 따라하기

02 회전 작성하기

1) 회전 아이콘 ①을 클릭하고 연결된 곡선 ②를 클릭한다. 단면 곡선 ③을 선택하고 축 벡터 ④를 클릭한다. 한계에서 각도 360을 확인하고 확인한다.

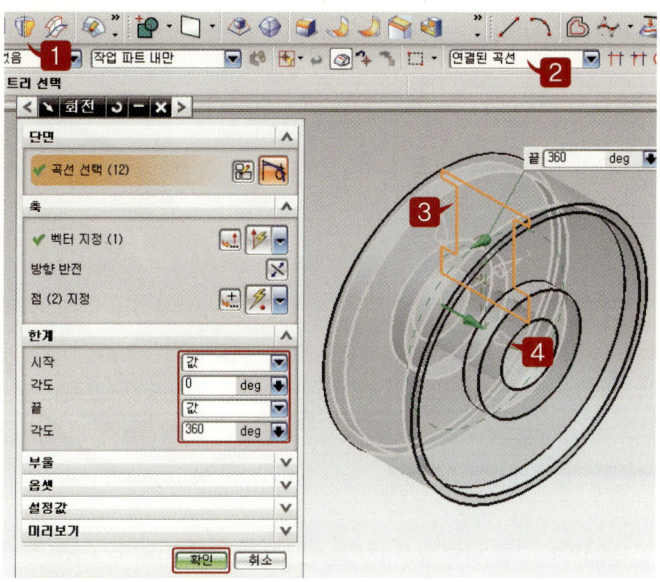

03 모서리 블렌드 작업하기

1) 모서리 블렌드 아이콘 ①을 선택하고 그림처럼 모서리(앞뒤)을 클릭하고 R3 입력 후 확인한다.

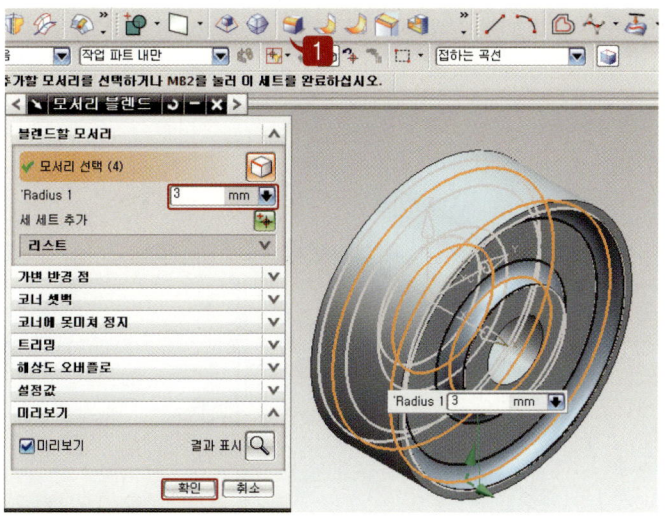

04 돌출 작성하기

1) 스케치( ) 아이콘을 클릭한다. 유형은 평면상에서 기존평면에서 ①을 클릭하고 참조평면 Y축 ②를 선택하고 확인한다.

2) 선 아이콘 ①을 이용하여 그림처럼 스케치를 생성한다. 추정치수 아이콘 ②를 선택하고 그림처럼 치수를 기입한다. 이 높이 = M×2.25, 피치원의 지름(PCD) = M × 잇수, 이끝원지름 = 피치원지름 + 2M.

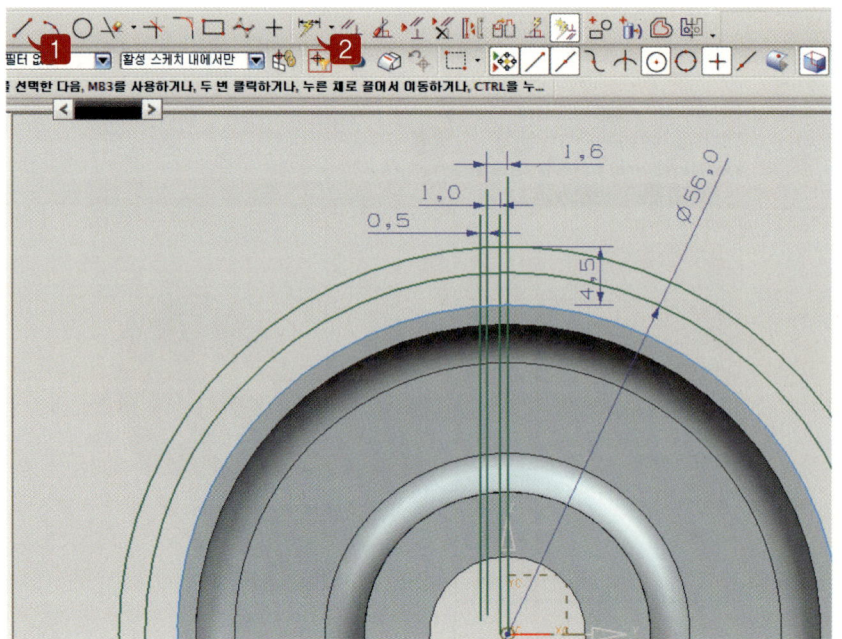

3) 원호 아이콘 ①을 이용하여 첫 번째 점(스냅 교차점 확인) ①과 두 번째 점(스냅 교차점 확인) ②를 선택하고 세 번째 점(스냅 교차점 확인) ③을 클릭한다.

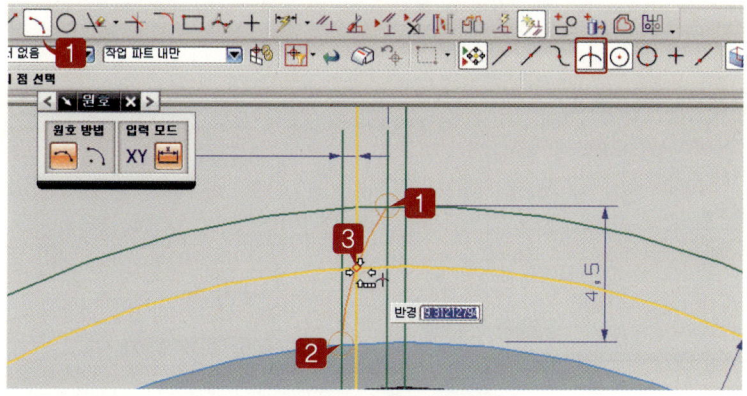

4) 빠른 트리밍 아이콘 ①을 이용하여 그림처럼 호를 트림한다.

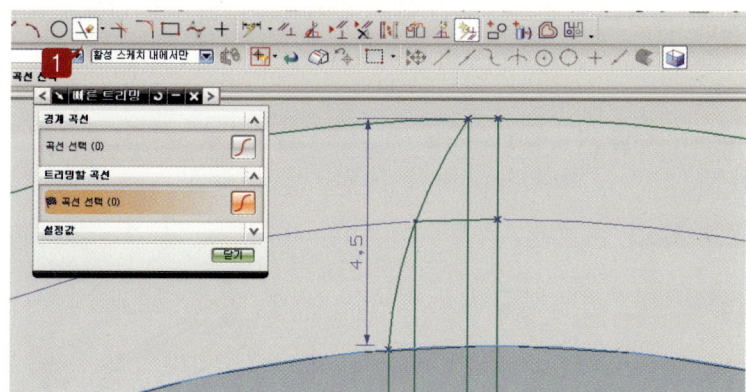

5) 대칭 곡선 아이콘 ①을 클릭하고 대칭 중심선 ②를 선택하고 대칭시킬 곡선 ③을 클릭하고 확인한다.

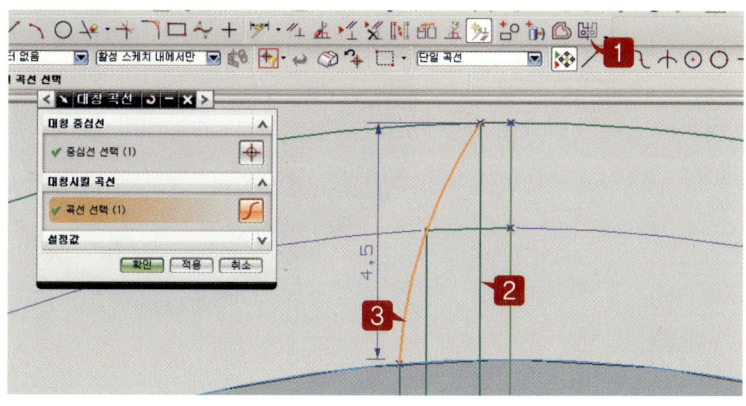

6) 빠른 트리밍 아이콘 ①을 이용하여 그림처럼 호를 트림한다.

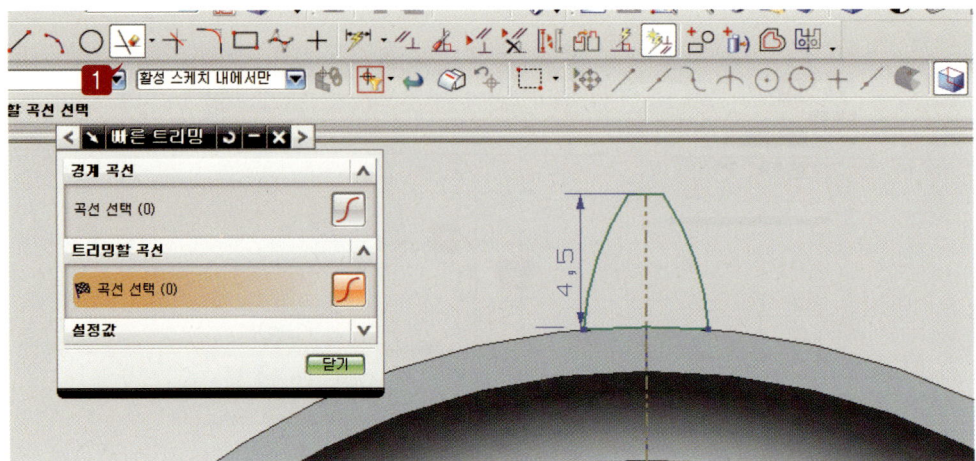

7) 돌출 아이콘 ①을 클릭한다. 연결된 곡선 ②를 선택하고 단면 곡선 ③을 선택한다. 끝 거리를 -19로 하고 부울은 결합으로 바디선택하고 확인을 누른다.

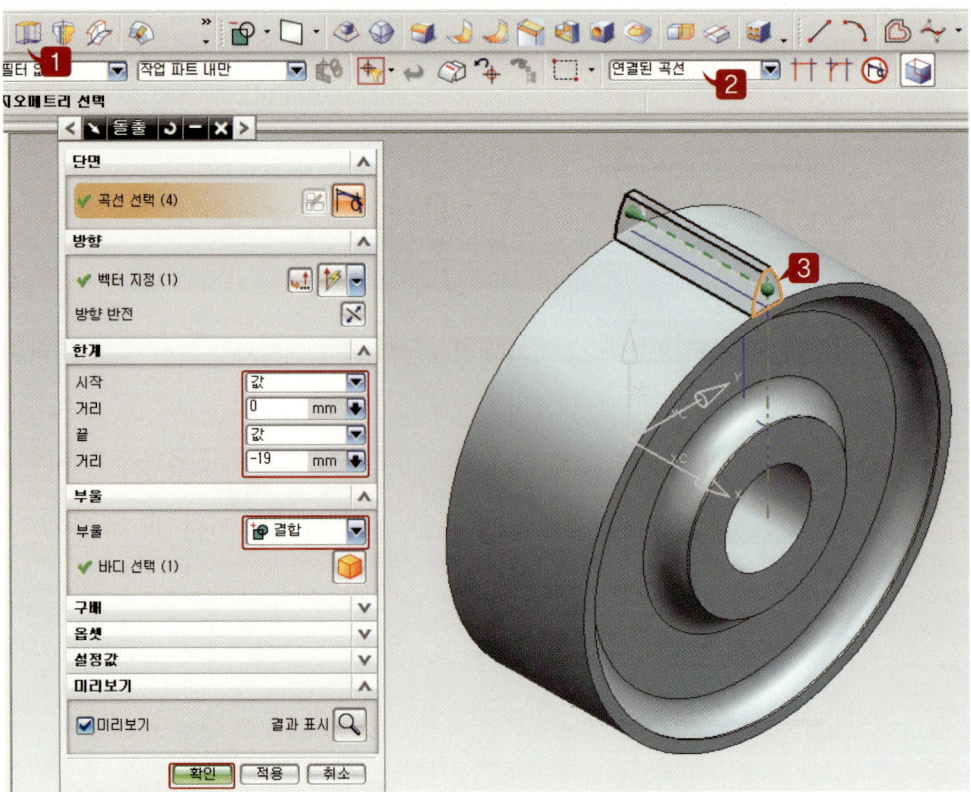

CHAPTER 2 | 모델링 따라하기

05 인스턴스 작업하기

1) 삽입에 연관복사에 인스턴스( 인스턴스 특징형상(I)...)를 클릭한다. 원형배열 ①을 선택하고 확인한다.

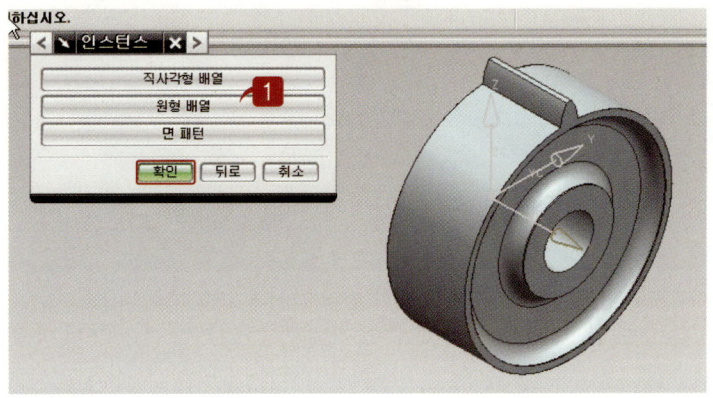

2) 돌출(6)을 선택하고 확인한다.

3) 방법에서 일반으로 하고 번호(개수) 28개, 각도 360/28=12.857을 입력하고 확인한다.

4) 데이텀 축을 선택하고 확인한다.

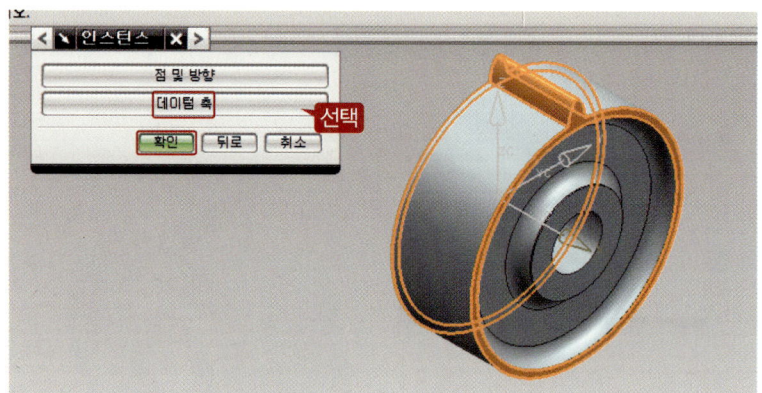

5) 유형에서 곡선/축 벡터로 설정하고 곡선 구멍 객체를 그림처럼 ①선택하고 확인한다.

6) 점 위치를 중심점 ①을 클릭하고 확인한다.

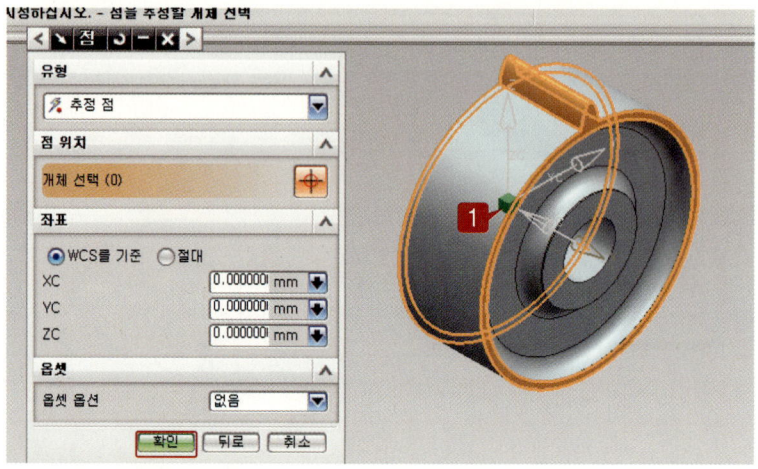

CHAPTER 2 | 모델링 따라하기

7) 예를 선택하고 확인한다.

06 모따기 작업하기

1) 모따기 아이콘 ①을 클릭하고 그림처럼 모서리을 모두 선택하고 단면을 대칭으로 거리 0.5 입력 후 확인한다.

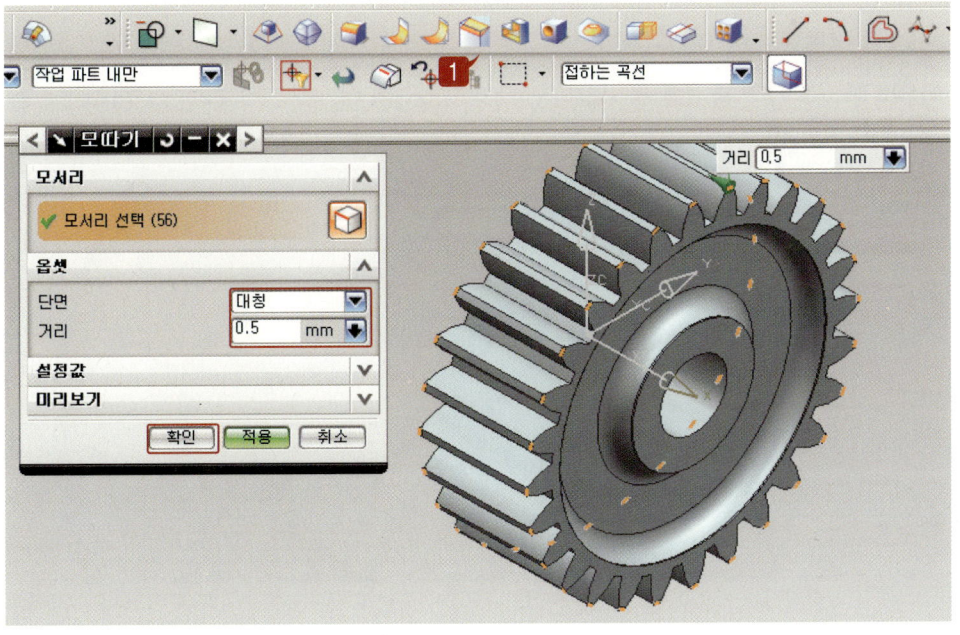

07 키 홈 작성하기

1) 스케치( ) 아이콘을 클릭한다. 유형은 평면상에서 기존평면에서 ①을 클릭하고 참조평면 Y 축 ②를 선택하고 확인한다.

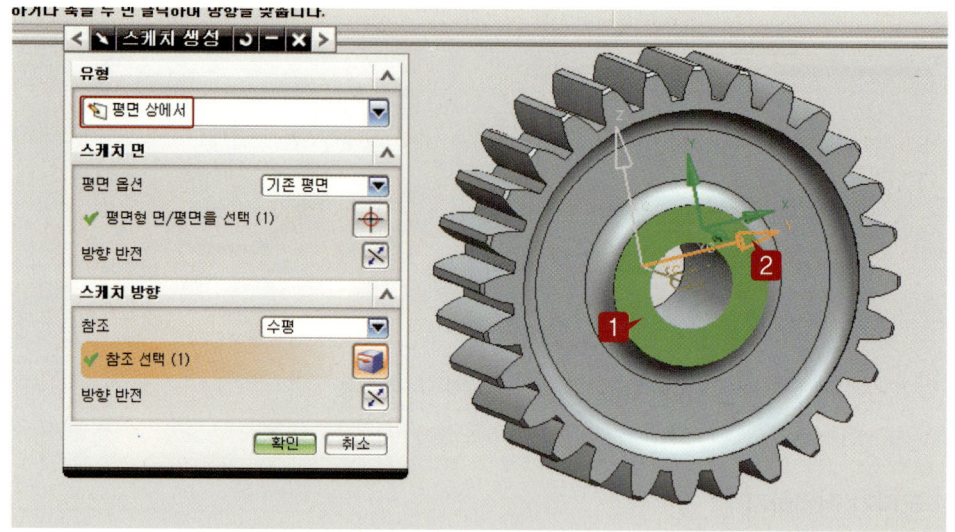

2) 직사각형 아이콘 ①을 이용하여 그림처럼 스케치를 생성한다. 추정치수 아이콘 ②를 선택하고 그림처럼 치수를 기입한다.

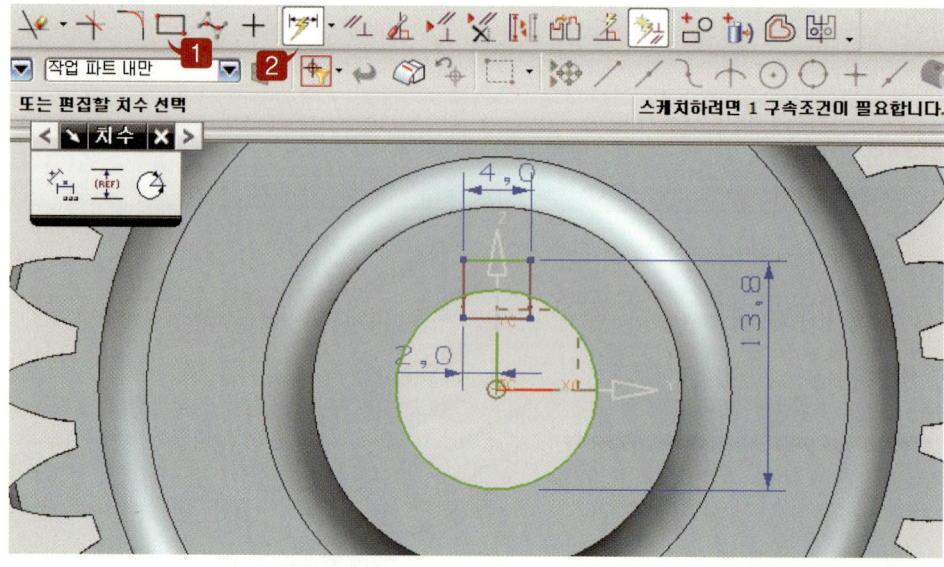

CHAPTER 2 | 모델링 따라하기

3) 돌출 아이콘을 클릭한다. 연결된 곡선 ②를 선택하고 단면 곡선 ③을 선택한다. 좌우 거리를 여유 있게 입력하고 부울은 빼기로 바디선택하고 확인을 누른다.

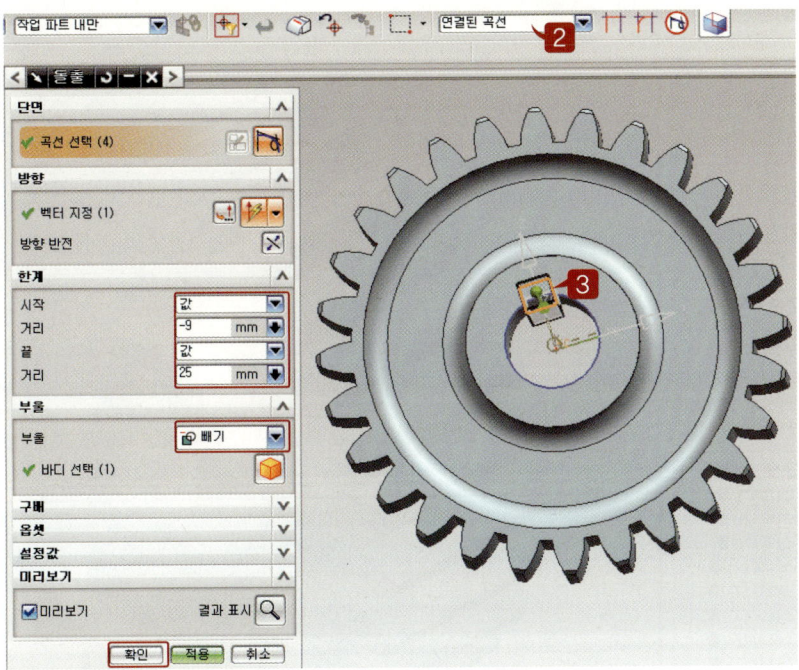

4) 모따기 아이콘 ①을 클릭하고 그림처럼 모서리을 양쪽을 선택하고 단면을 대칭으로 거리 0.5 입력 후 확인한다.

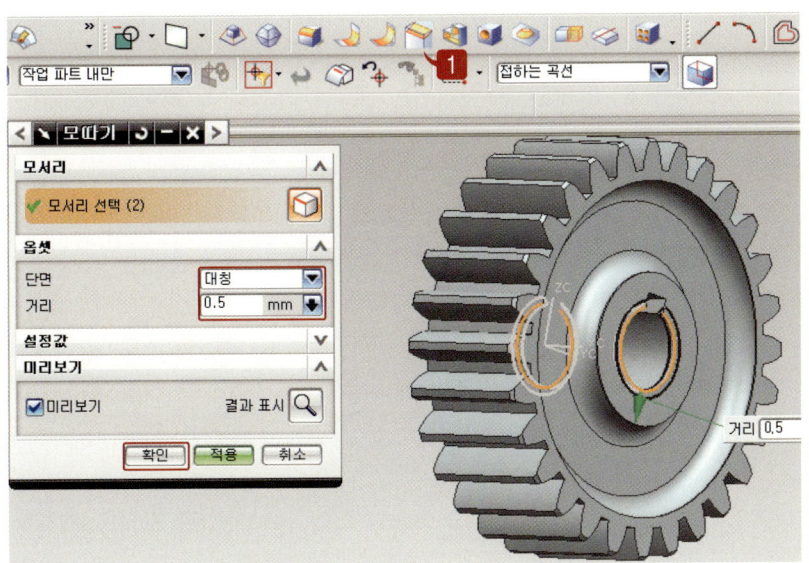

5) 아래 그림은 완성된 모델링 그림이다.

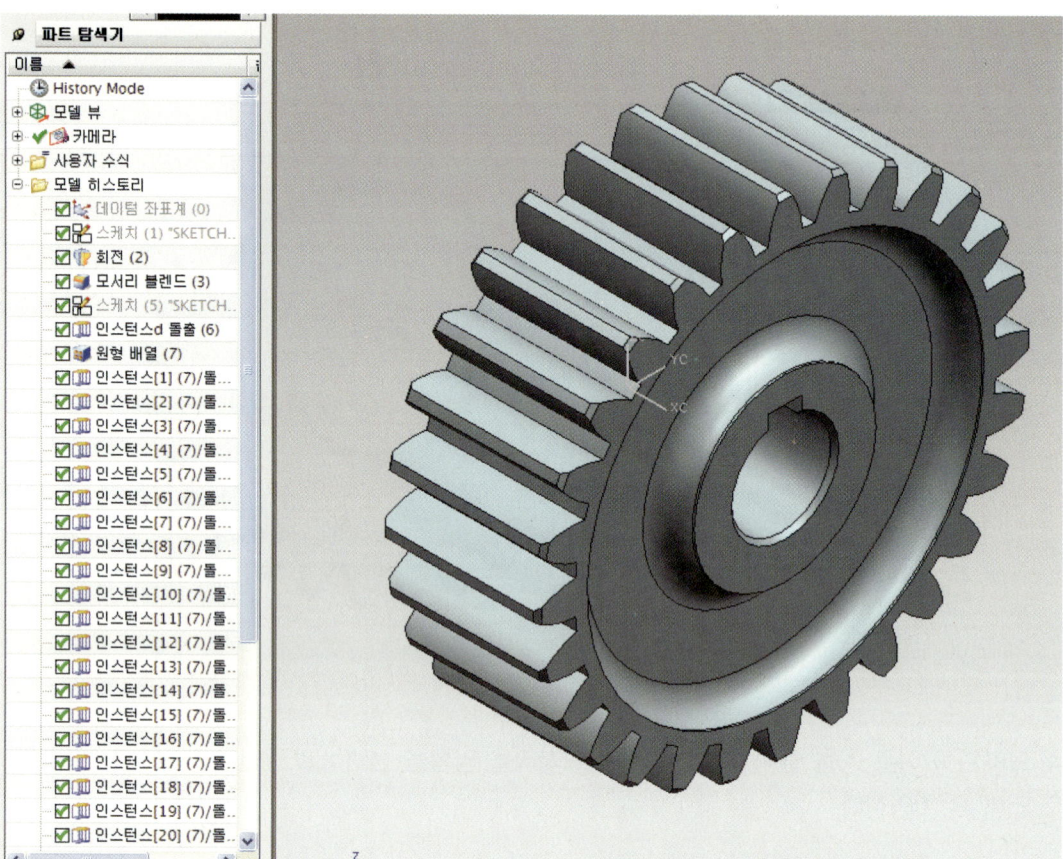

21 스프로켓 휠 모델링 따라하기

도면명	UG 모델링작업 ㉑	척 도	NS

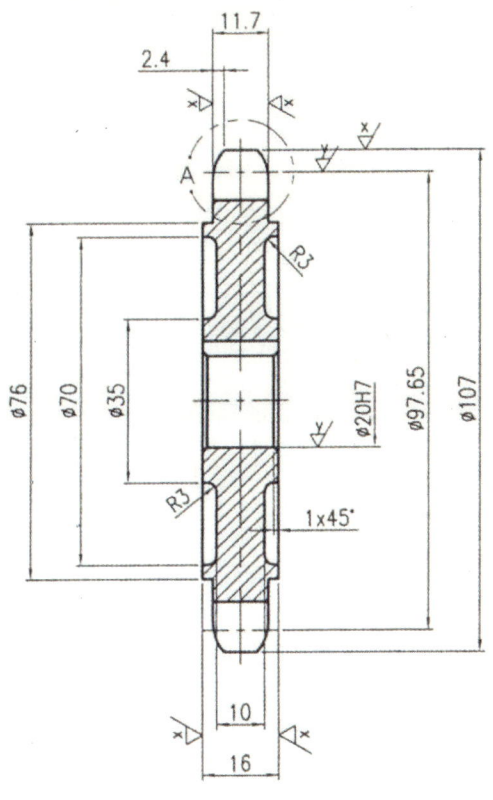

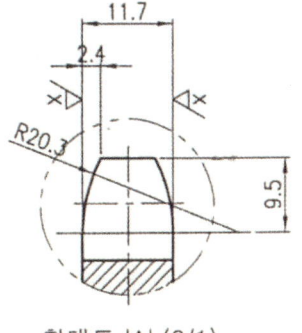

확대도 'A' (2/1)

스프로킷 휠 요목표

	호칭 번호	60
체 인	원주 피치	19.05
	롤러 외경	⌀11.91
스프로킷	잇수	16
	치형	U
	피치원 지름	⌀97.65

01 정면도 스케치 작성하기

1) 새로 만들기( ) ①(Ctrl+N)를 실행한다.
2) 스케치(Sketch)( ) ②를 선택한다.

3) 기본적으로 정면도(XZ)평면이 설정하고 확인한다.

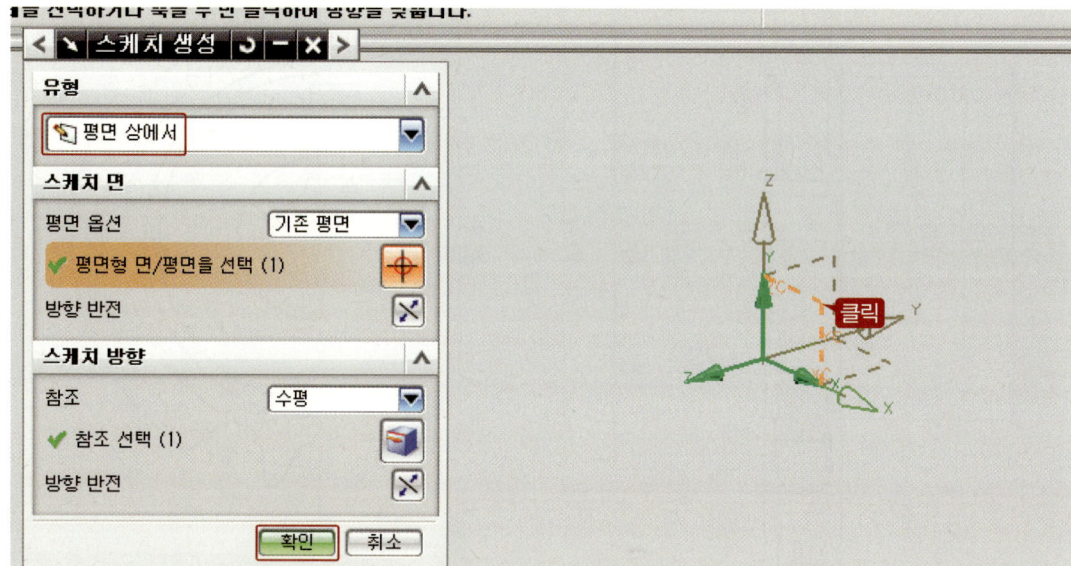

4) 프로파일 아이콘 및 호 아이콘을 이용하여 그림에서와 같이 Z축 원점에서 임의의 곡선 상에 그림처럼 스케치를 생성한다. 트리밍 아이콘 ①을 이용하여 불필요한 선을 제거한다. 추정치수 아이콘 ②를 선택하고 그림처럼 치수를 기입하고 중심선 ③부분은 참조선으로 변환하고 스케치를 종료한다.

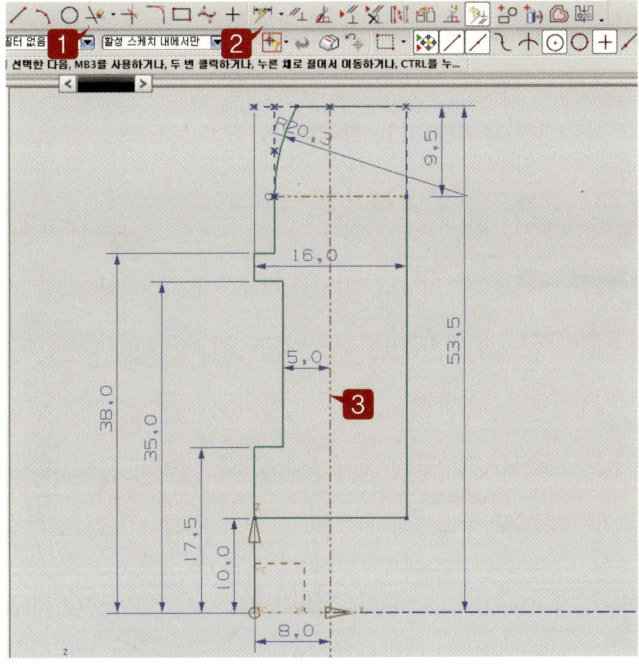

5) 대칭곡선 아이콘 ①을 클릭한다. 대칭중심선 ②를 선택하고 대칭시킬 곡선 ③, ④를 클릭한다. 불필요한 선은 트림 후 확인하고 스케치를 종료한다.

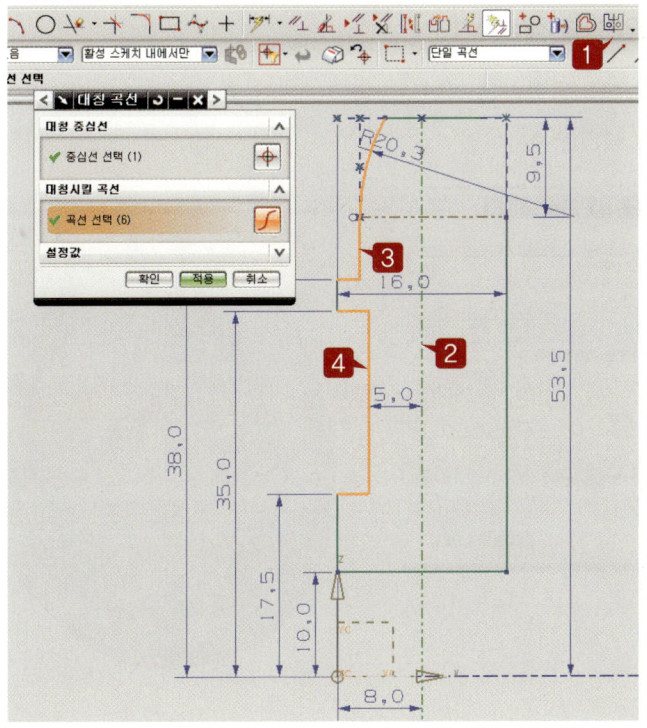

02 회전 작성하기

1) 회전 아이콘 ①을 클릭하고 연결된 곡선 ②를 클릭한다. 단면 곡선 ③을 선택하고 축 벡터 ④를 클릭한다. 한계에서 각도 360을 확인하고 확인한다.

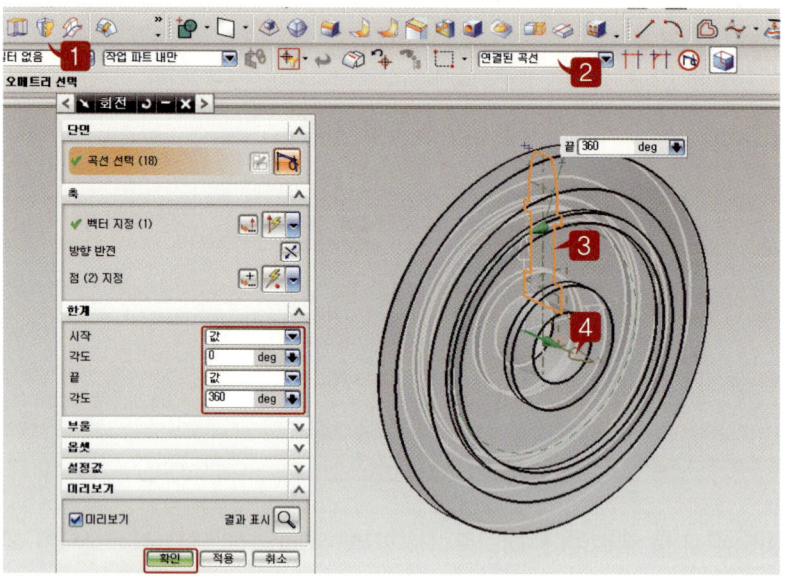

03 스프로켓 휠의 돌출 작성하기

1) 스케치( ) 아이콘을 클릭한다. 유형은 평면상에서 기존평면에서 ①을 클릭하고 참조선택 Y축 ②를 선택하고 확인한다.

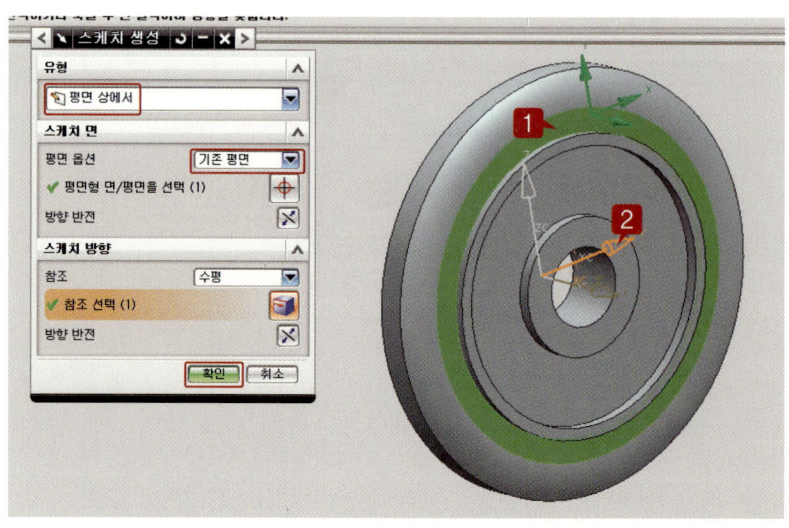

CHAPTER 2 | 모델링 따라하기

2) 원 아이콘 ①을 이용하여 그림처럼 스케치를 생성한다. 추정치수 아이콘 ②를 선택하고 치수를 기입하고 접선 구속을 확인한다.

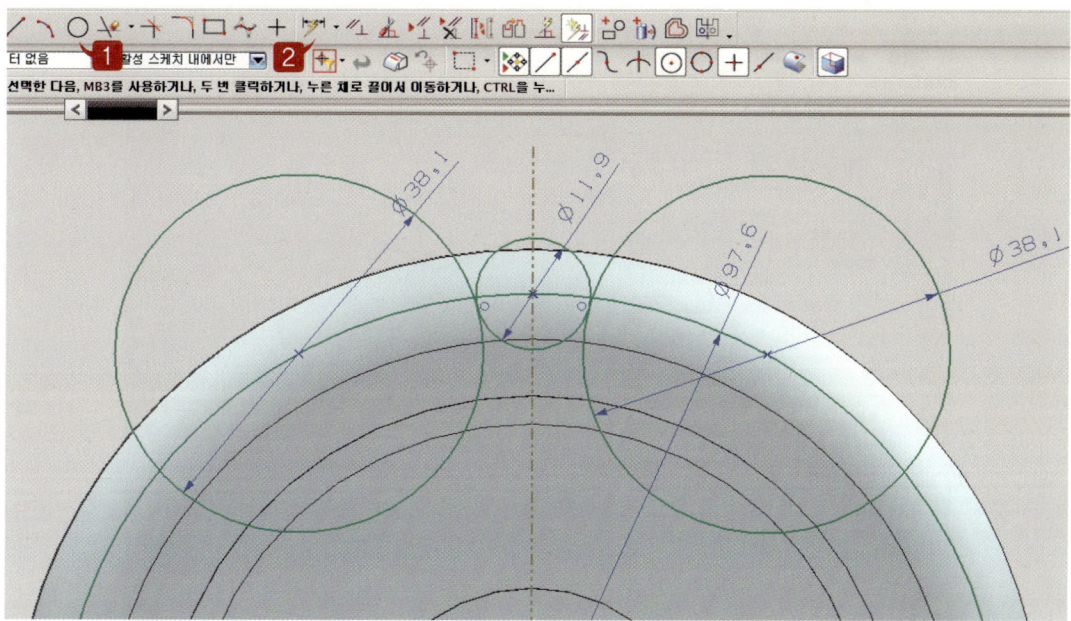

3) 트리밍 아이콘 ①을 이용하여 그림처럼 불필요한 선을 제거한다.

4) 돌출 아이콘 ①을 클릭한다. 연결된 곡선과 교차에서 정지 ②를 선택하고 단면 곡선 ③을 선택한다. 그림처럼 환계 값을 입력하고 부울은 빼기로 바디선택하고 확인을 한다.

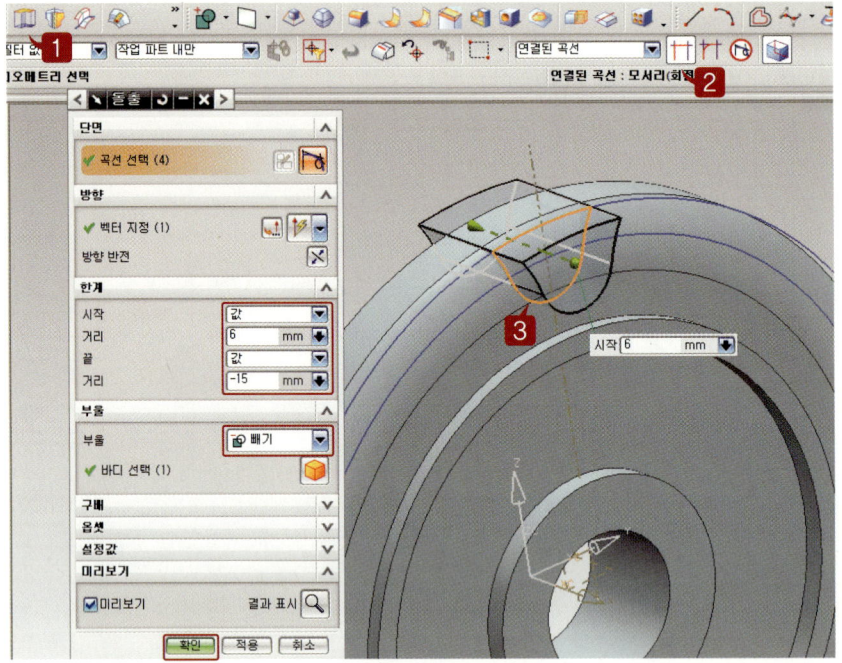

5) 삽입에 연관복사에 인스턴스(인스턴스 특징형상(I)...)를 클릭한다. 원형배열 ①을 선택하고 확인한다.

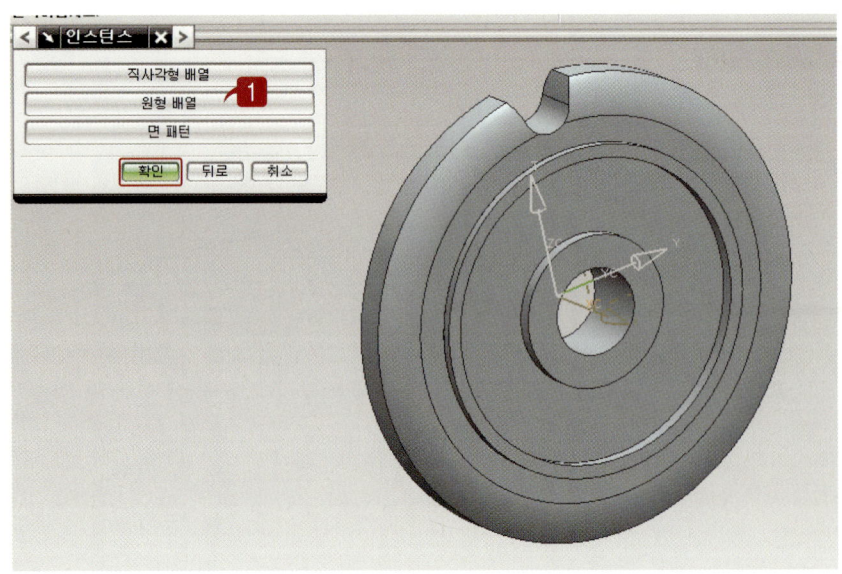

CHAPTER 2 | 모델링 따라하기

6) 돌출을 선택하고 확인한다.

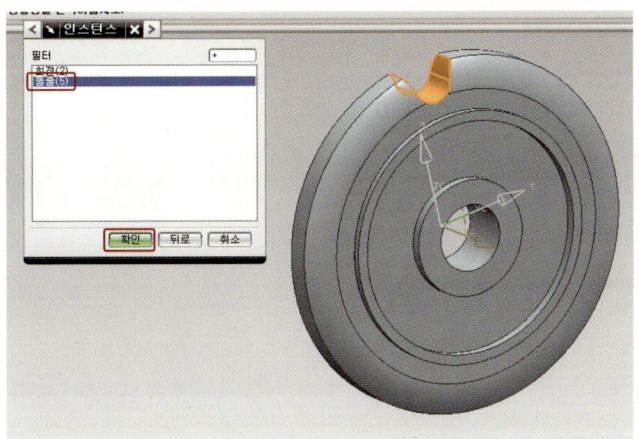

7) 방법에서 일반으로 하고 번호(잇수) 16개, 각도 22.5(360/16) 입력하고 확인한다.

8) 데이텀 축을 선택하고 확인한다.

9) 유형은 곡선/축 벡터로 곡선은 데이텀 축 선택 ①을 선택하고 확인한다.

10) 점 위치 ①을 클릭하고 확인한다.

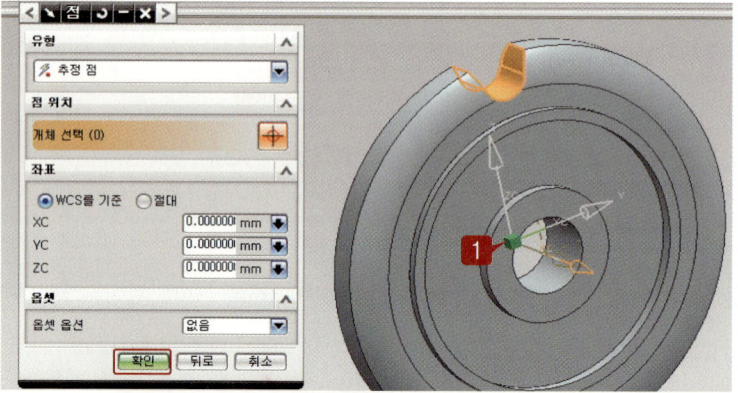

11) 예하고 확인한다.

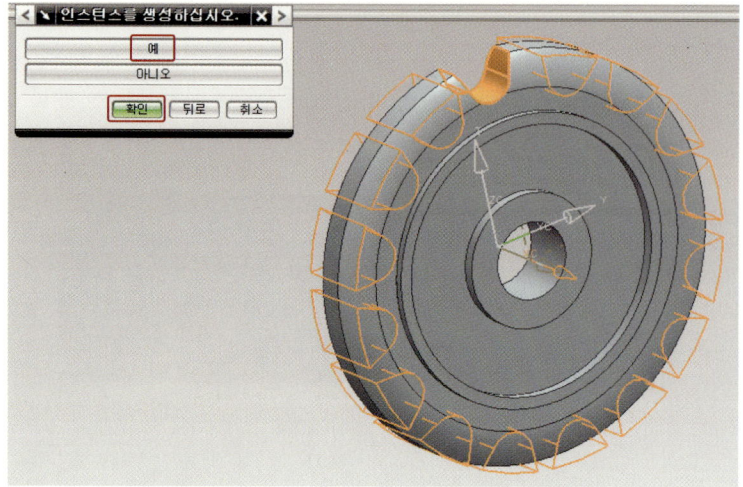

CHAPTER 2 | 모델링 따라하기

04 키 홈 작성하기

1) 스케치( ) 아이콘을 클릭한다. 유형은 평면상에서 기존평면에서 ①을 클릭하고 참조평면 Y축 ②를 선택하고 확인한다.

2) 직사각형 아이콘 ①을 이용하여 그림처럼 스케치를 생성한다. 추정치수 아이콘 ②를 선택하고 그림처럼 치수를 기입한다.

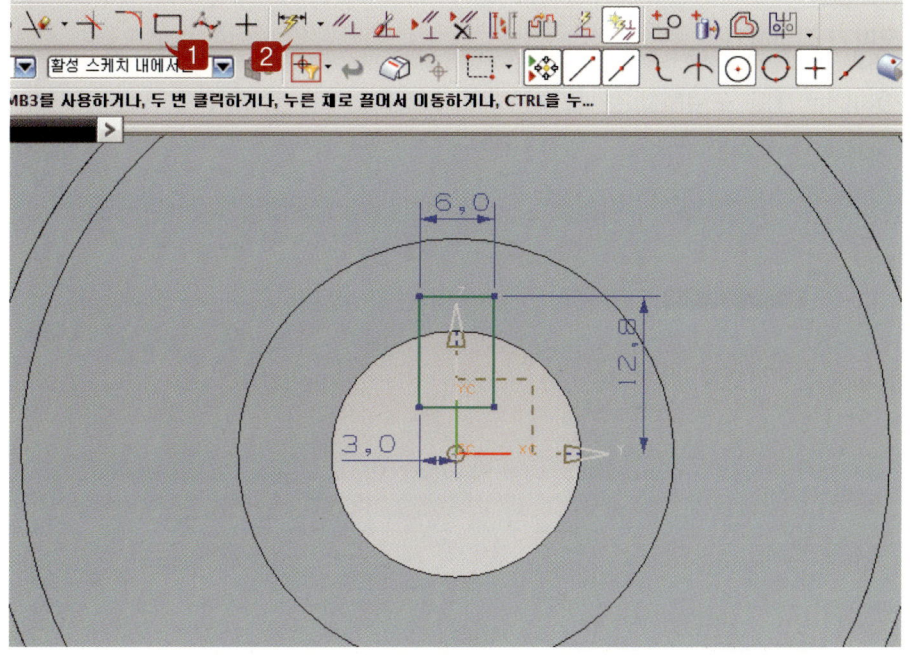

3) 돌출 아이콘 ①을 클릭한다. 연결된 곡선 ②를 선택하고 단면 곡선 ③을 선택한다. 좌우 거리를 여유 있게 입력하고 부울은 빼기로 바디선택하고 확인을 누른다.

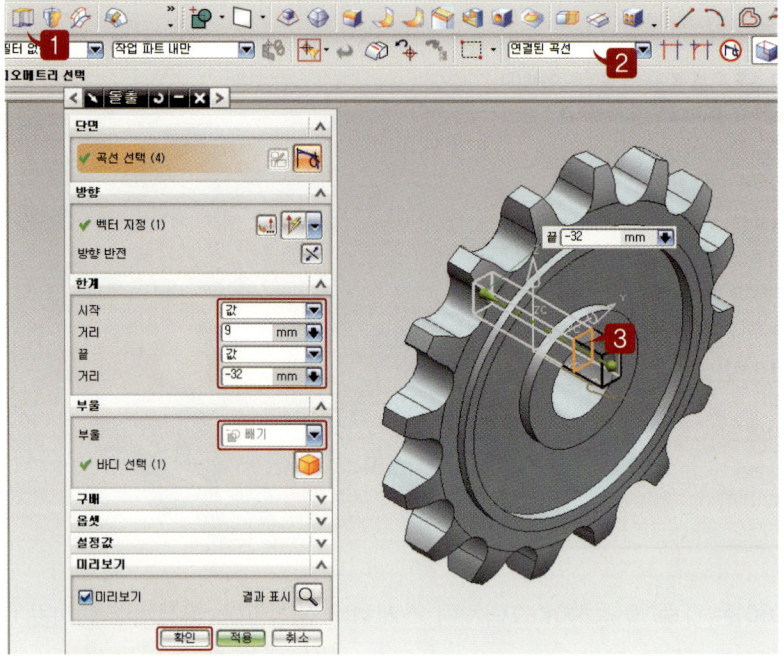

05 모따기 작업하기

1) 모따기 아이콘 ①을 클릭하고 모서리 ②, ③을 클릭하고 단면을 옵셋 및 각도로 거리1, 각도45로 입력하고 확인한다.

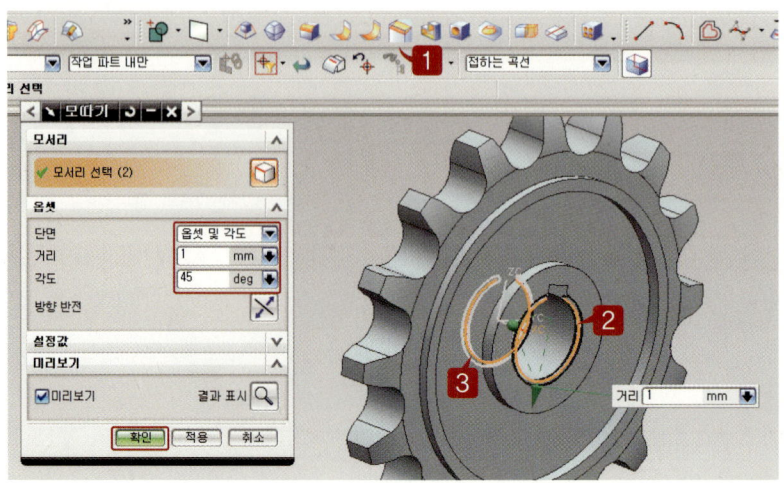

CHAPTER 2 | 모델링 따라하기

06 모서리 블렌드 작업하기

1) 모서리 블렌드 아이콘 ①을 선택하고 그림처럼 모서리(앞뒤)을 클릭하고 R3입력 후 확인한다.

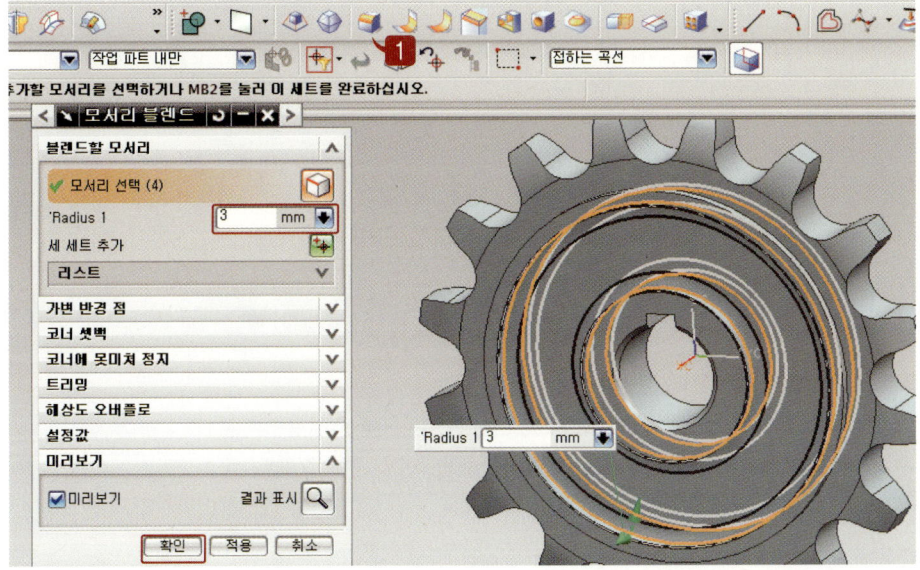

2) 아래 그림은 완성된 모델링 그림이다.

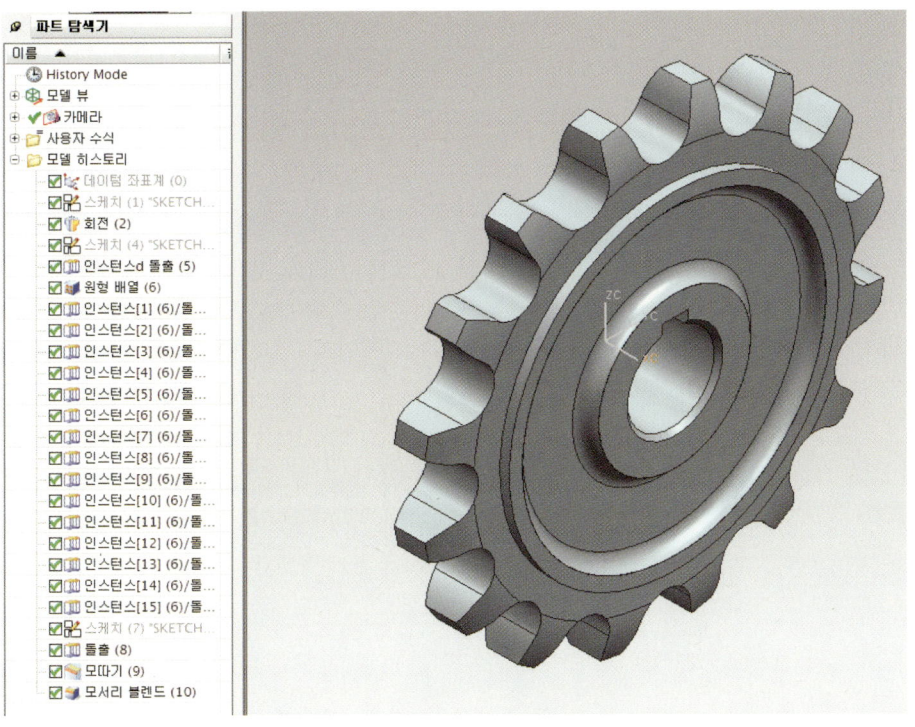

Note

CHAPTER 3

3차원 모델링도면작성 따라하기
(부록 CD 활용)

※기계설계산업기사 3차원 모델링도면 실기시험작업 기준에 의하여 작업하였음.

1 3차원 모델링도면 작성하기

1) 시작에서 Drafting을 클릭한다.

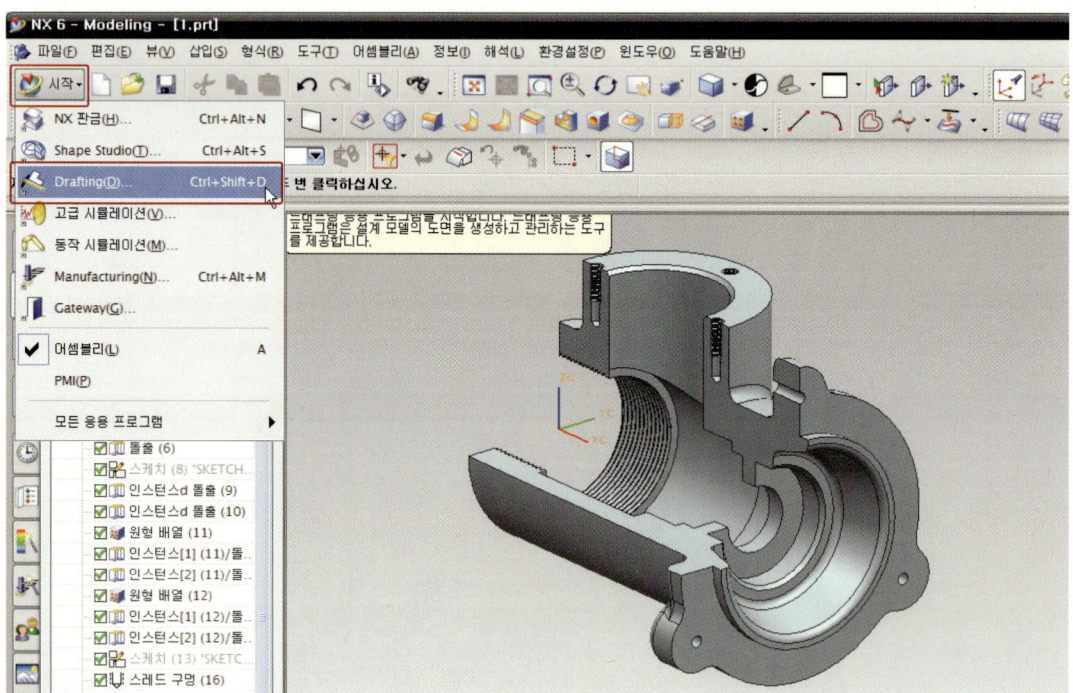

2) 표준크기 A2로 설정하고 확인한다.

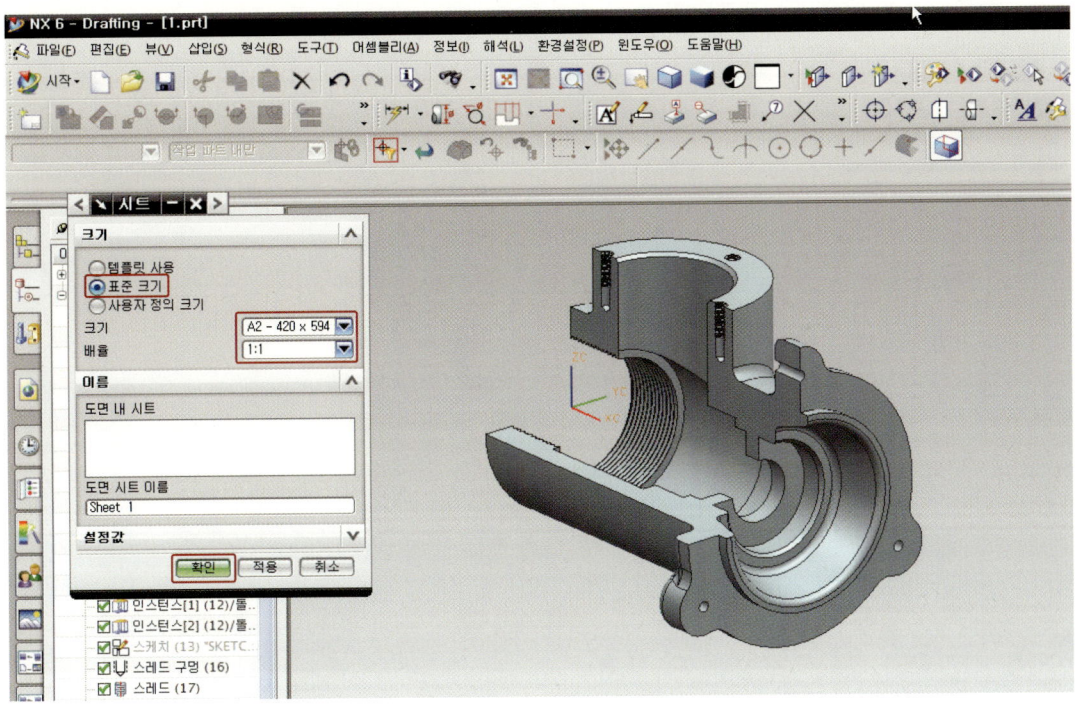

3) 기준 뷰 창이 생성되는데 닫기를 클릭한다.

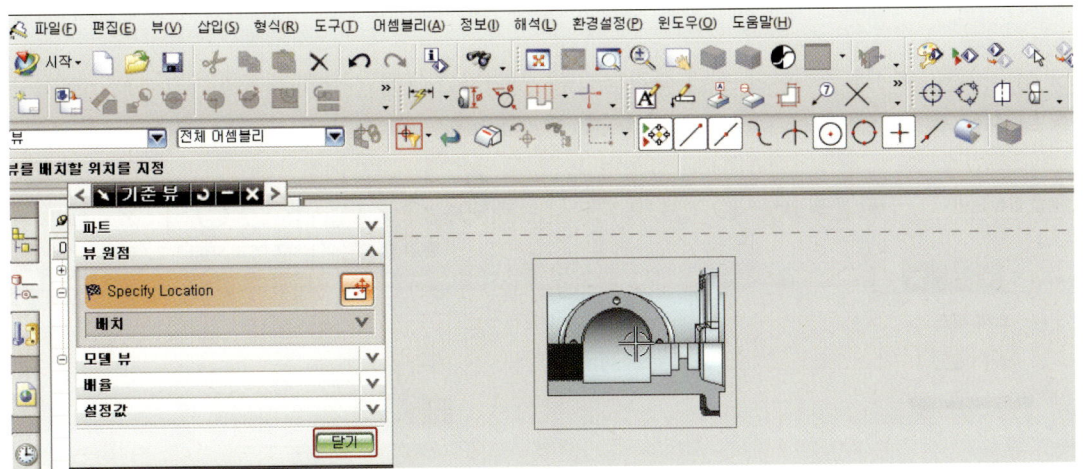

4) 삽입에 곡선에 직사각형을 클릭한다. 첫 번째 점을 10,10을 입력하고 두 번째 점은 574, 400 으로 입력하고 외곽선을 생성한다.

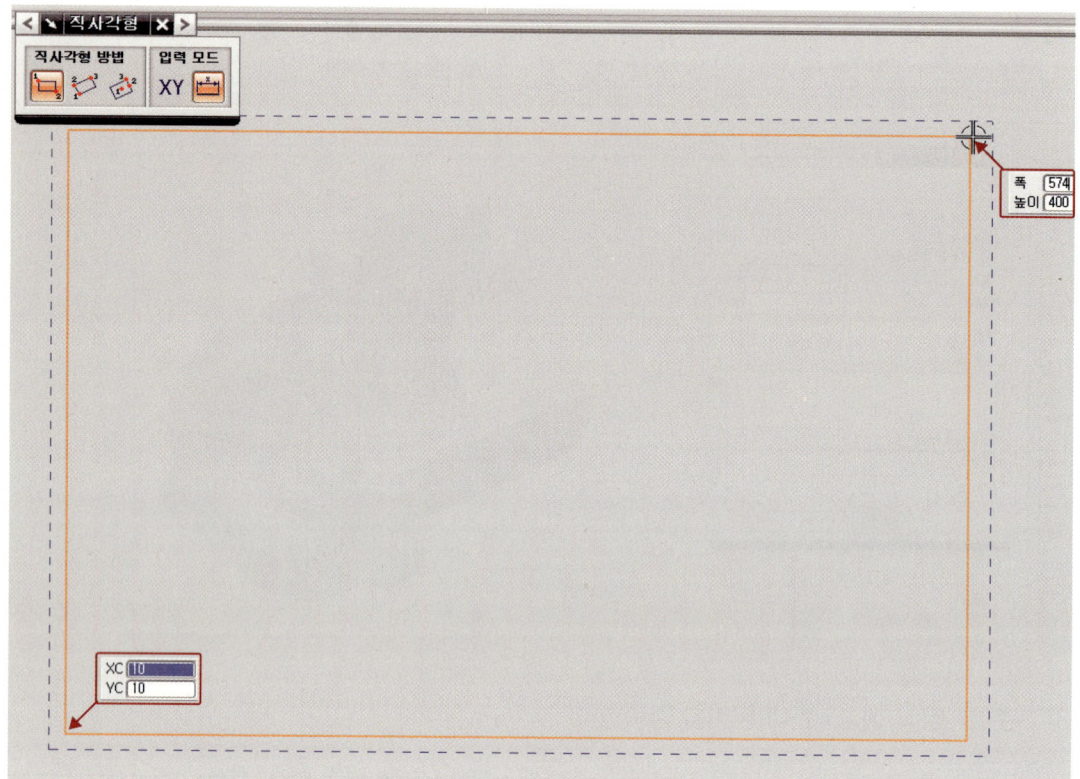

5) 선 아이콘(/)을 클릭한고 스냅 중간점 ①을 클릭하고 ②를 선택하여 중심마크 10mm로 4군데 선을 생성한다.

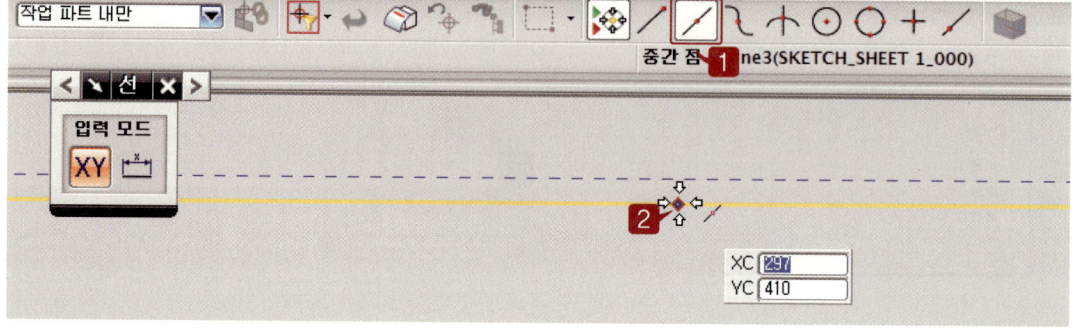

CHAPTER 3 | 3차원 모델링도면작성 따라하기

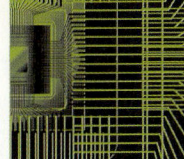

6) 외곽 테두리 선을 그림처럼 완성한다.

7) 아래 그림을 참고하여 표제란 및 수검 란을 작성한다.

8) 곡선 옵셋 아이콘( )을 클릭하고 그림처럼 10mm 옵셋을 하고 적용한다.

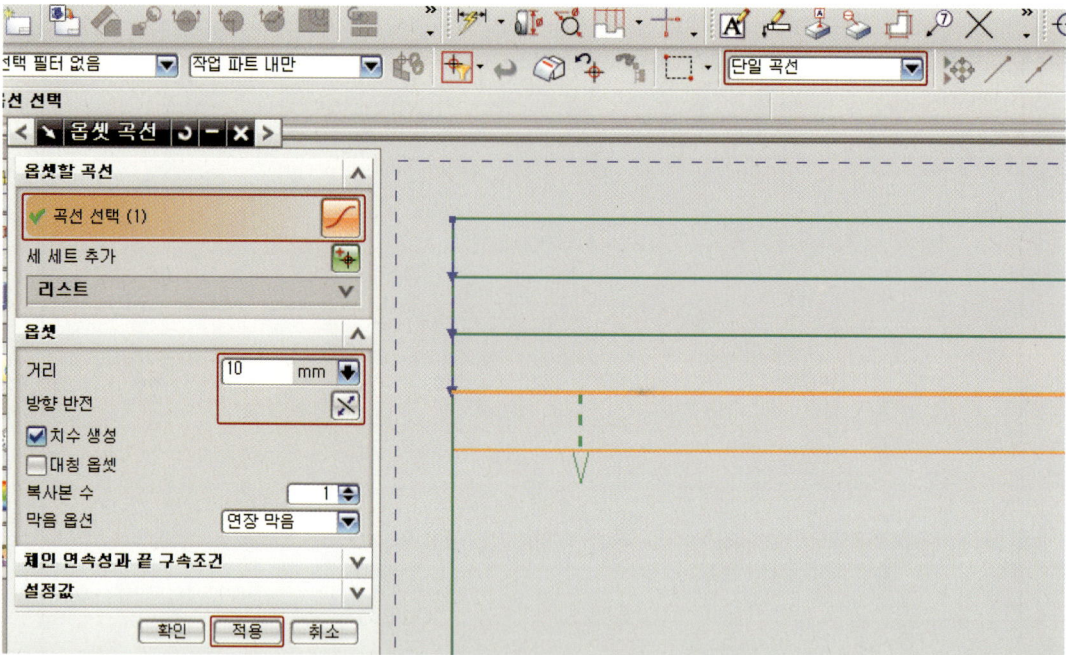

9) 그림처럼 25mm 옵셋을 하고 적용을 한다.

CHAPTER 3 | 3차원 모델링도면작성 따라하기

10) 그림처럼 50mm 옵셋을 하고 적용을 한다.

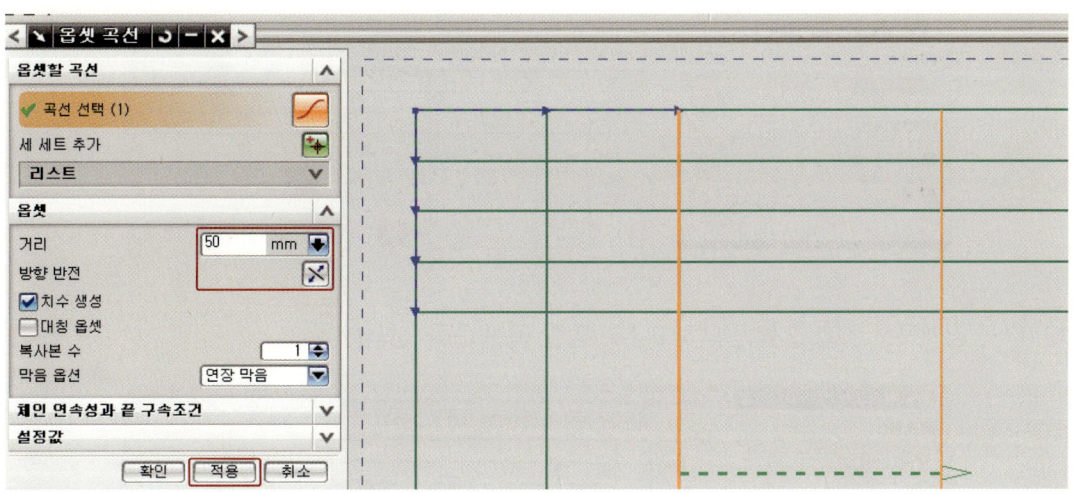

11) MB1 버튼을 이용하여 그림처럼 ①과 ②를 드래그 하고 삭제한다.

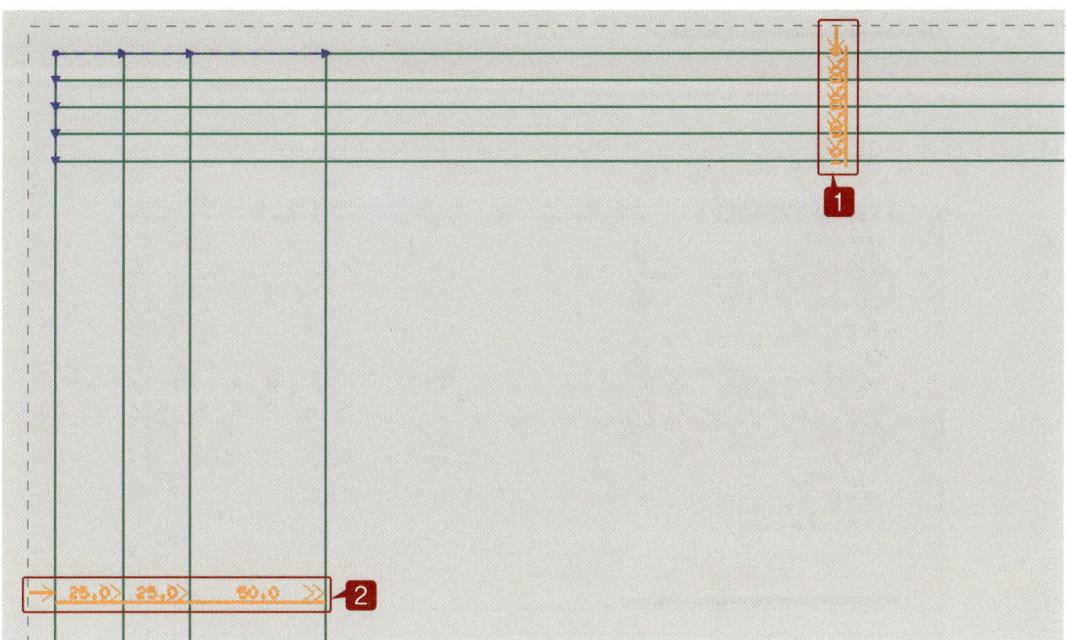

12) 빠른 트리밍 아이콘( )을 선택하고 경계곡선 ①을 선택하고 트리밍할 곡선 ②를 선택한다.

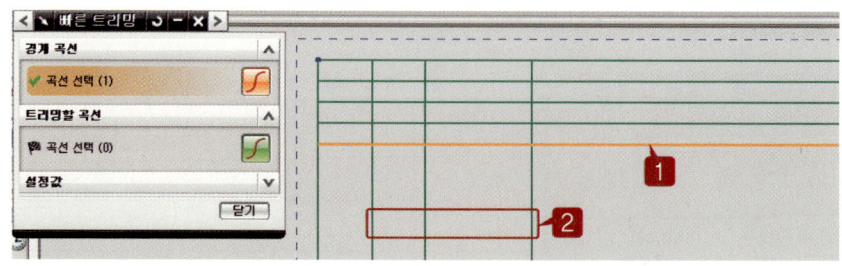

13) 다시 경계곡선 ①과 ②를 선택하고 트리밍할 곡선 ③을 선택한다.

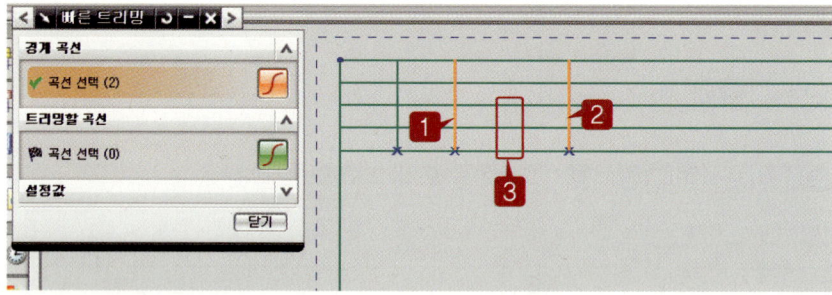

14) 곡선 옵셋 아이콘( )을 클릭하고 그림처럼 10mm 옵셋을 하고 적용한다.

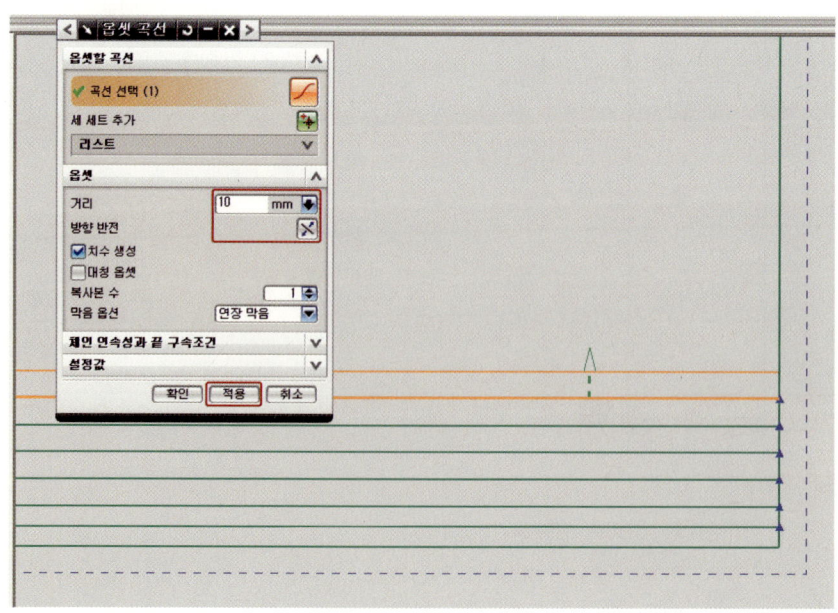

15) 같은 방법으로 그림처럼 위도면을 참조하여 옵셋을 하고 적용한다.

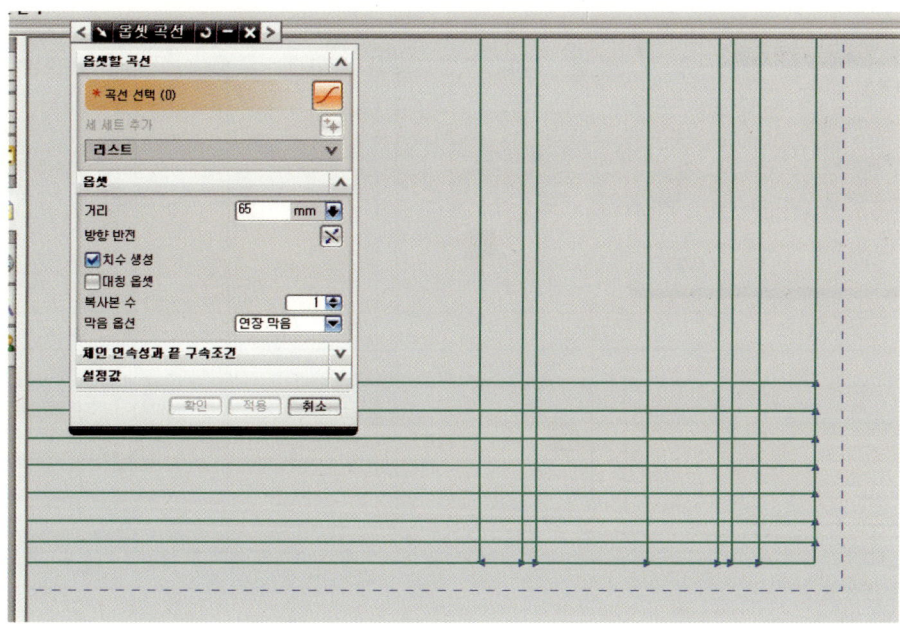

16) MB1 버튼을 이용하여 그림처럼 ①, ②, ③을 드래그 하고 삭제한다.

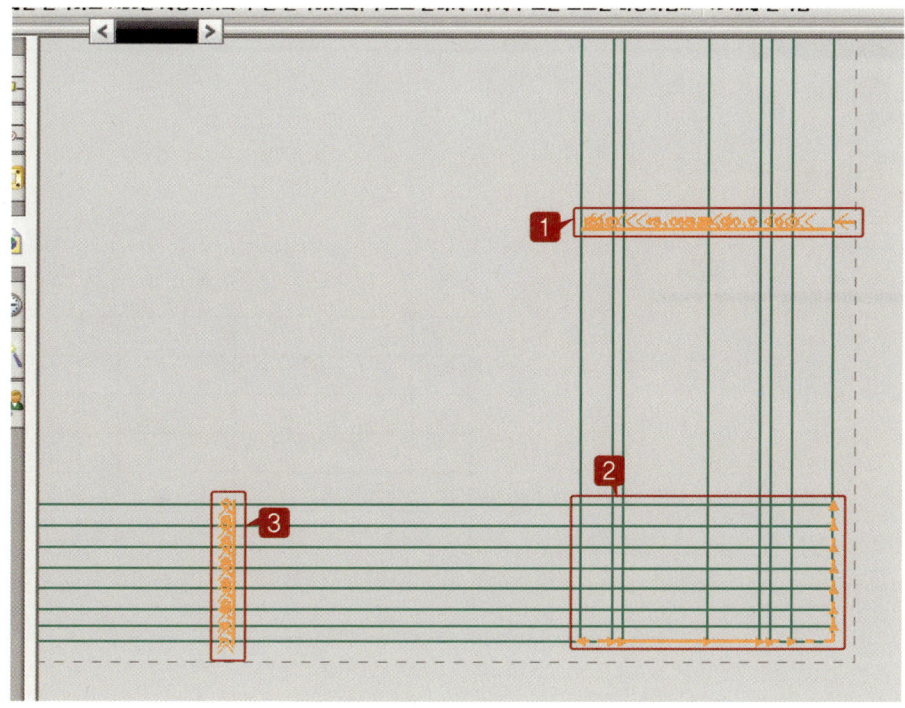

17) 빠른 트리밍 아이콘( )을 선택하고 경계곡선 ①을 선택하고 트리밍할 곡선 ②를 선택한다.

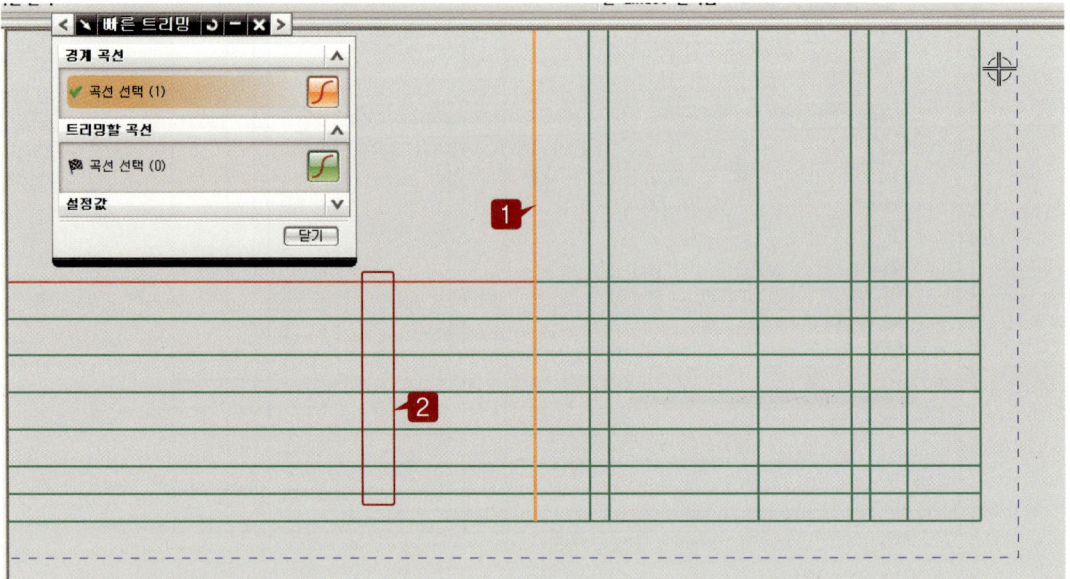

18) 같은 방법으로 아래 그림처럼 빠른 트리밍을 하여 표제 란을 완성한다.

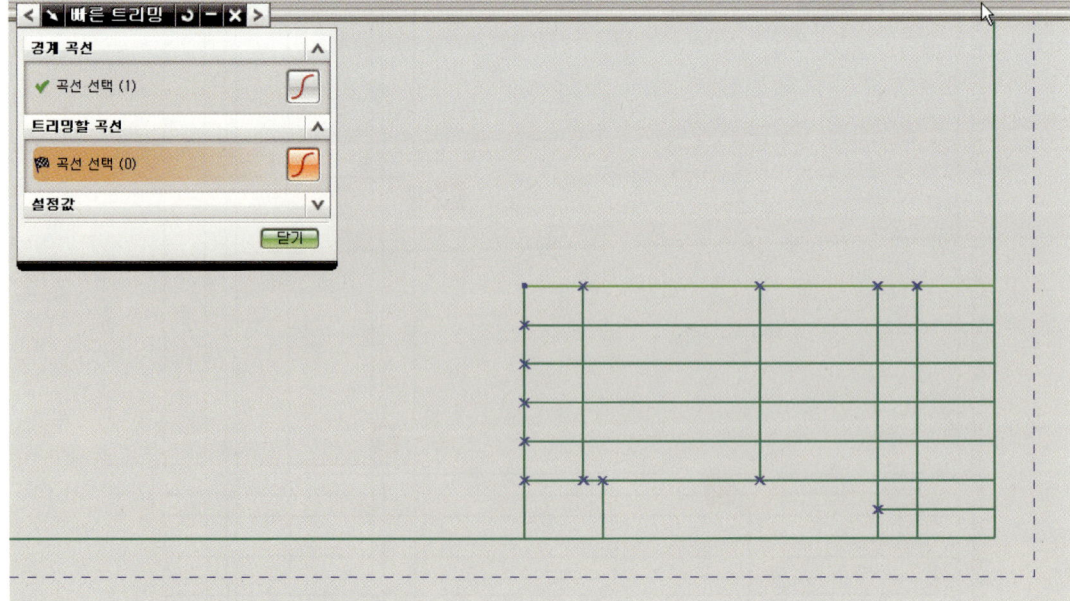

CHAPTER 3 | 3차원 모델링도면작성 따라하기

19) 같은 방법으로 아래 도면처럼 최종 완성한다.

20) 환경설정에서 주석(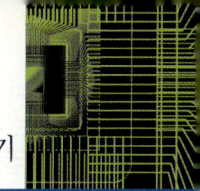)을 클릭한다. 문자입력에서 글자유형은 일반으로 설정하고 글자기입 각도는 Korean로 설정하고 문자크기는 3.5로 설정하고 확인한다.

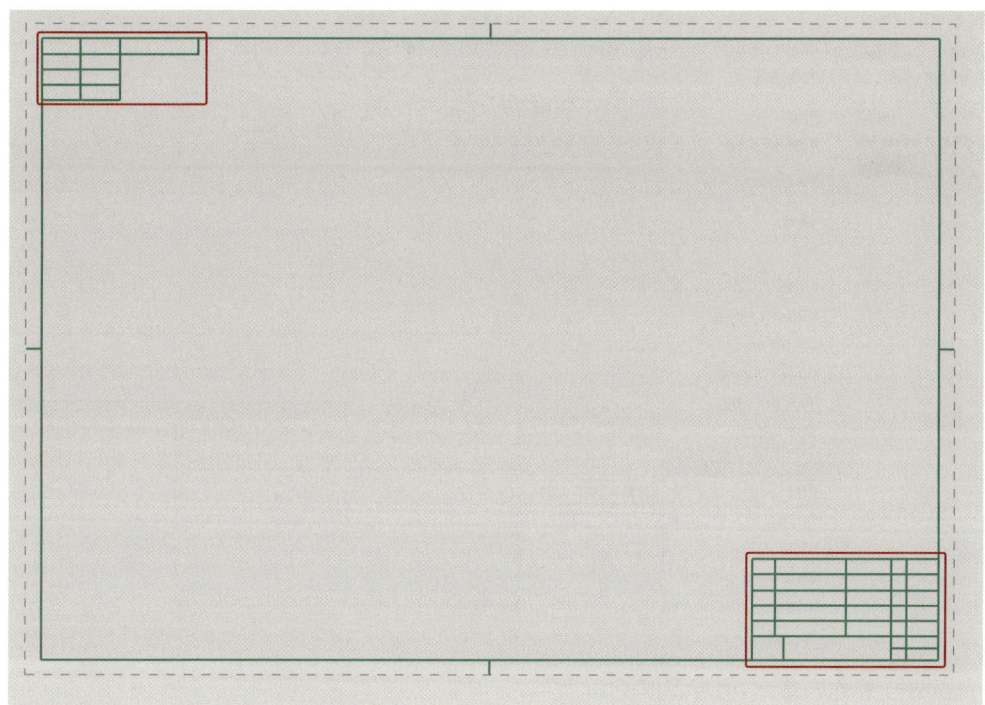

21) 삽입에 노트를 클릭한다.

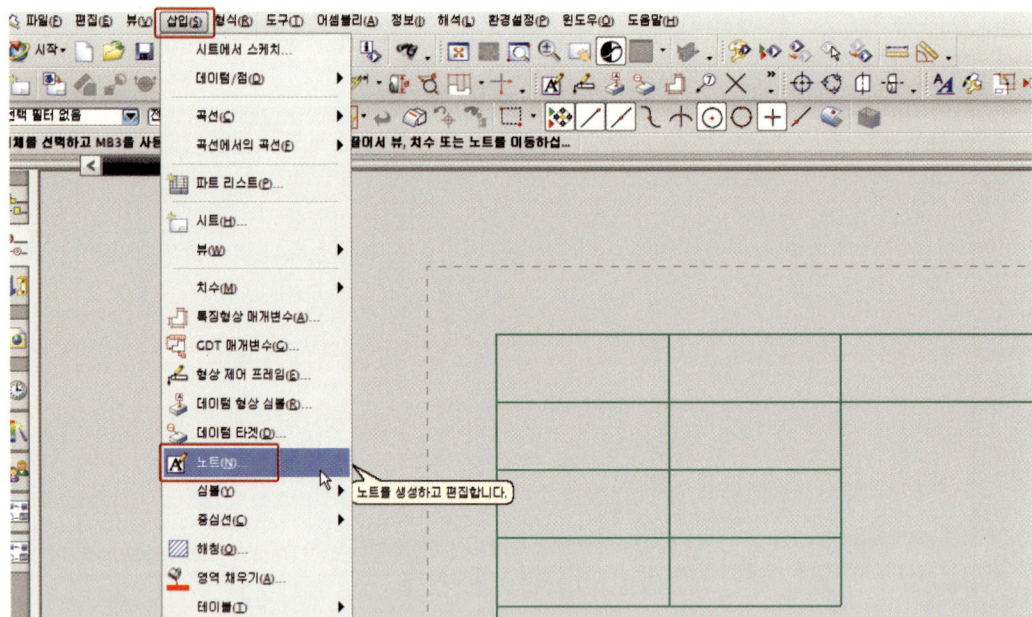

22) 그림처럼 수검번호, 성명을 입력한다.

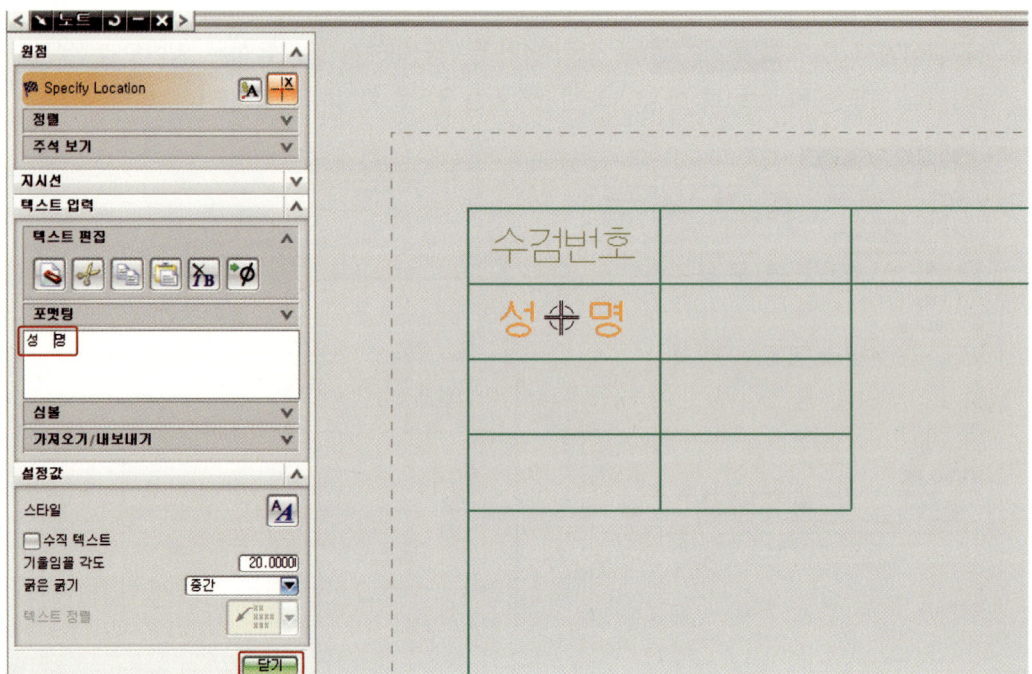

CHAPTER 3 | 3차원 모델링도면작성 따라하기

23) 그림처럼 연장시간, 감독확인, 기계설계산업기사를 입력한다.

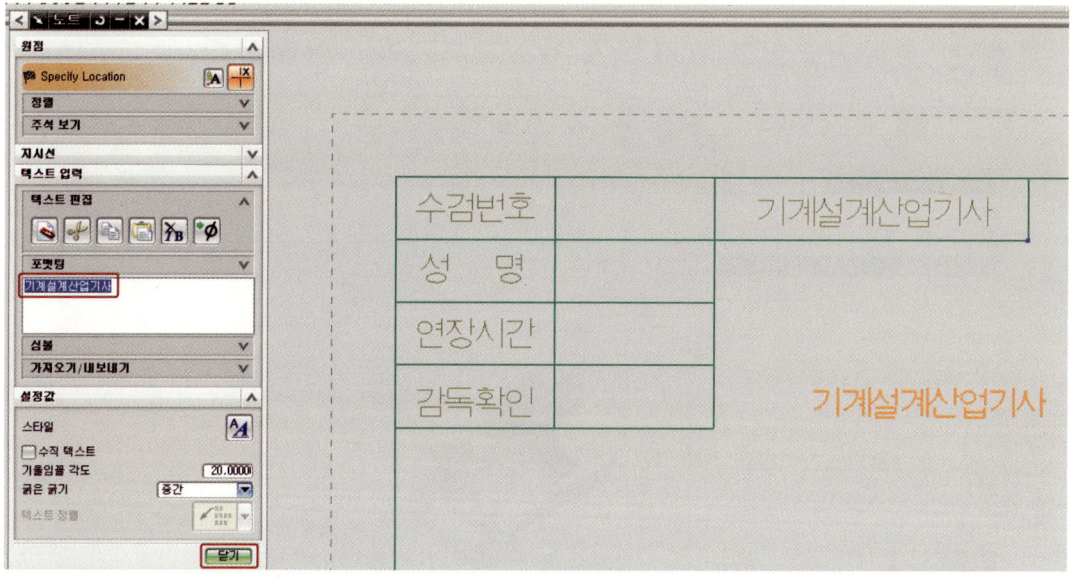

24) 아래그림은 표제 란에 글자입력이 완성된 상태이다.

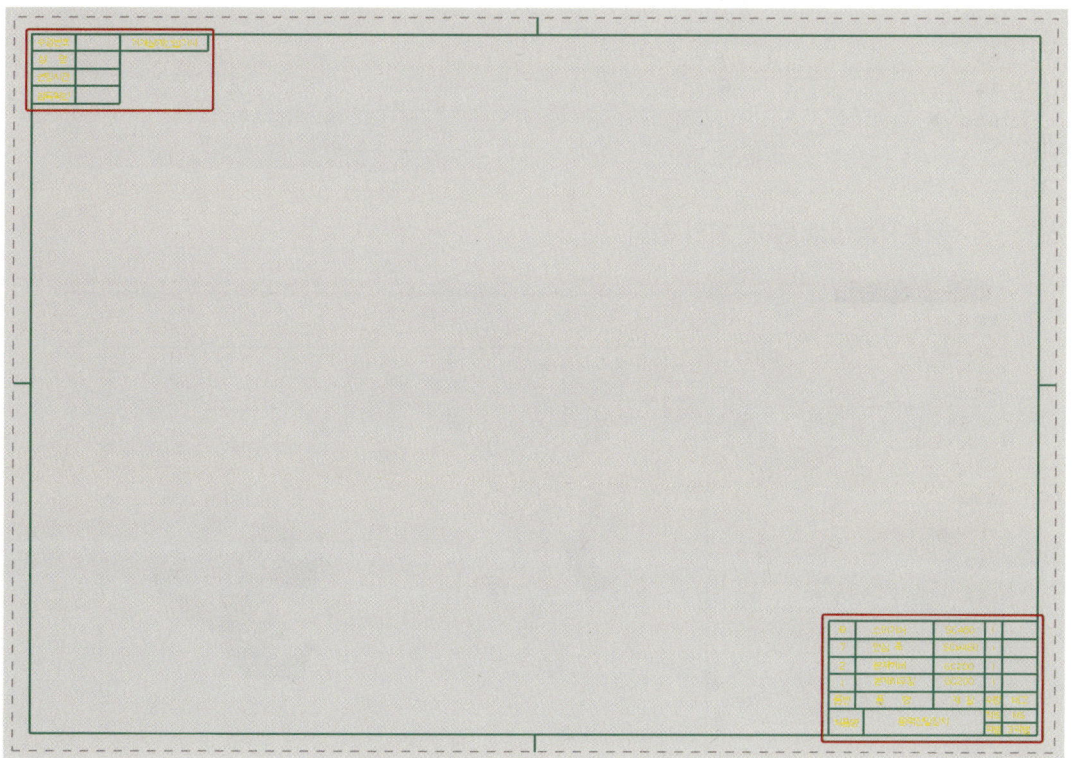

25) 기준 뷰 아이콘 ①을 클릭하고 모델 뷰을 TRF-ISO로 설정하고 닫기 한다.

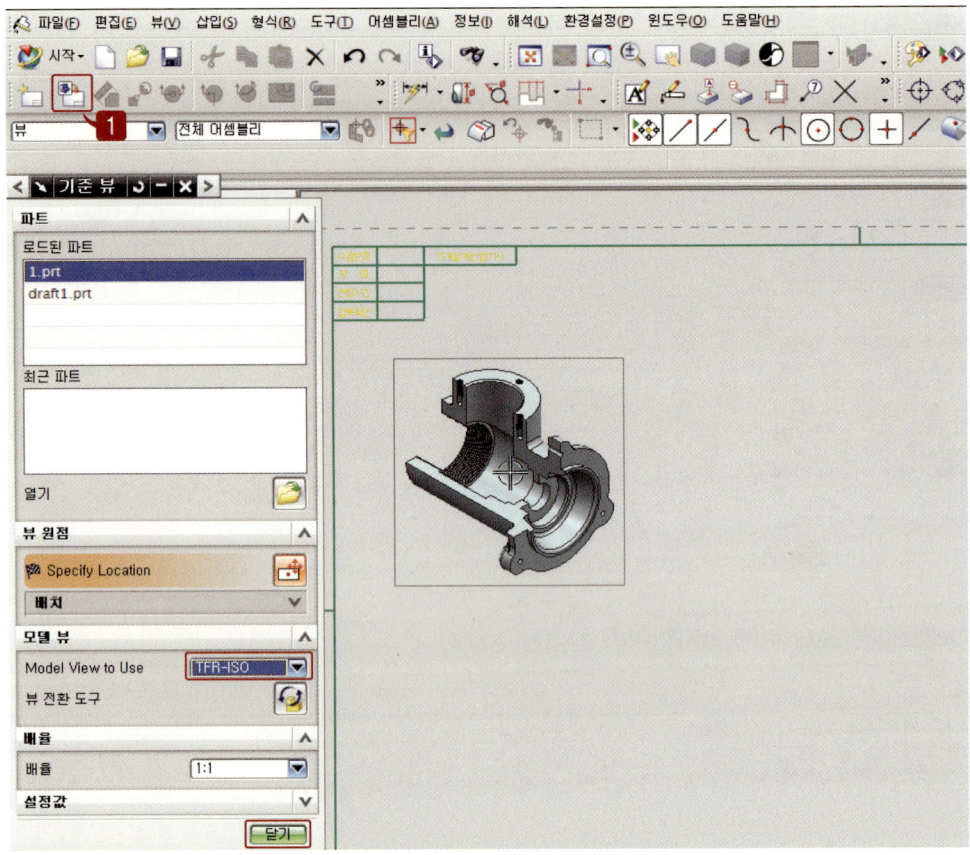

26) 투영 뷰가 자동생성 된다. 닫기 한다.

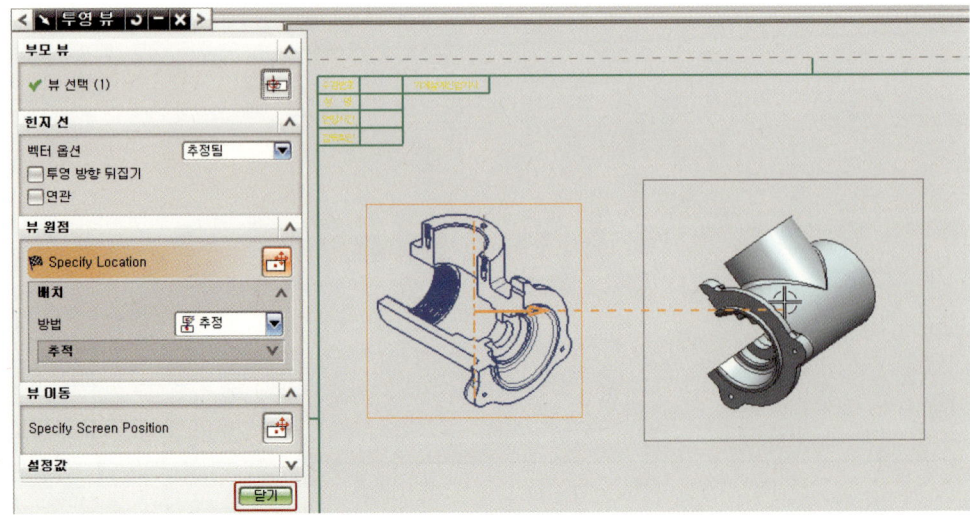

CHAPTER 3 | 3차원 모델링도면작성 따라하기

27) 다시 기준 뷰 아이콘 ①을 클릭하고 로드된 파트 1.prt 을 클릭하고 뷰 전환 도구 버튼 ②를 클릭한다.

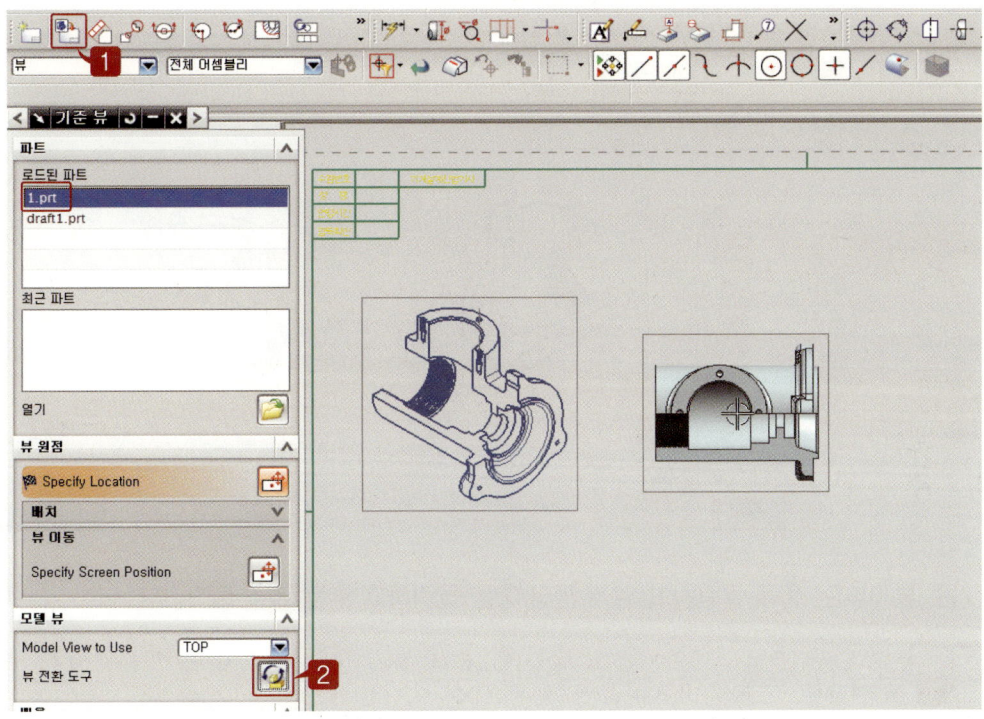

28) MB1 버튼을 이용하여 그림처럼 뷰 전환을 하고 확인한다.

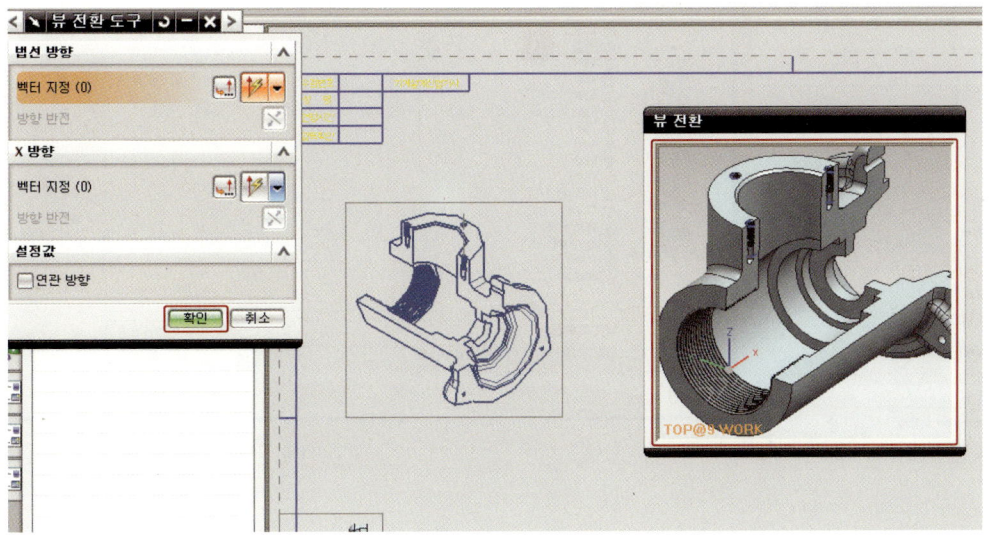

29) 투영 뷰가 자동생성 된다. 닫기 한다.

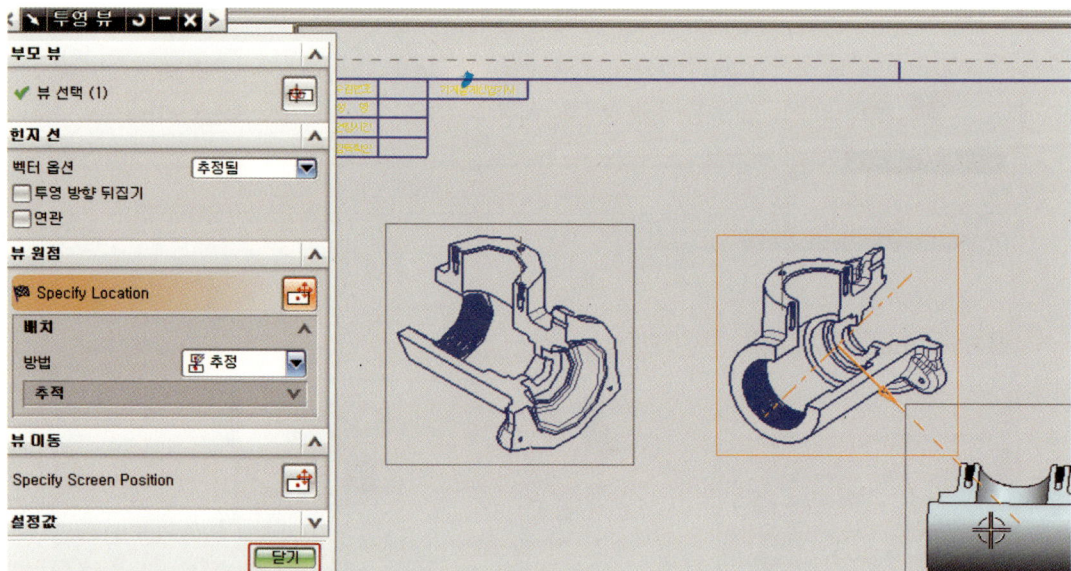

30) 기준 뷰 아이콘 ①을 클릭하고 열기 폴더 ②를 클릭하고 부품 ③을 클릭한다.

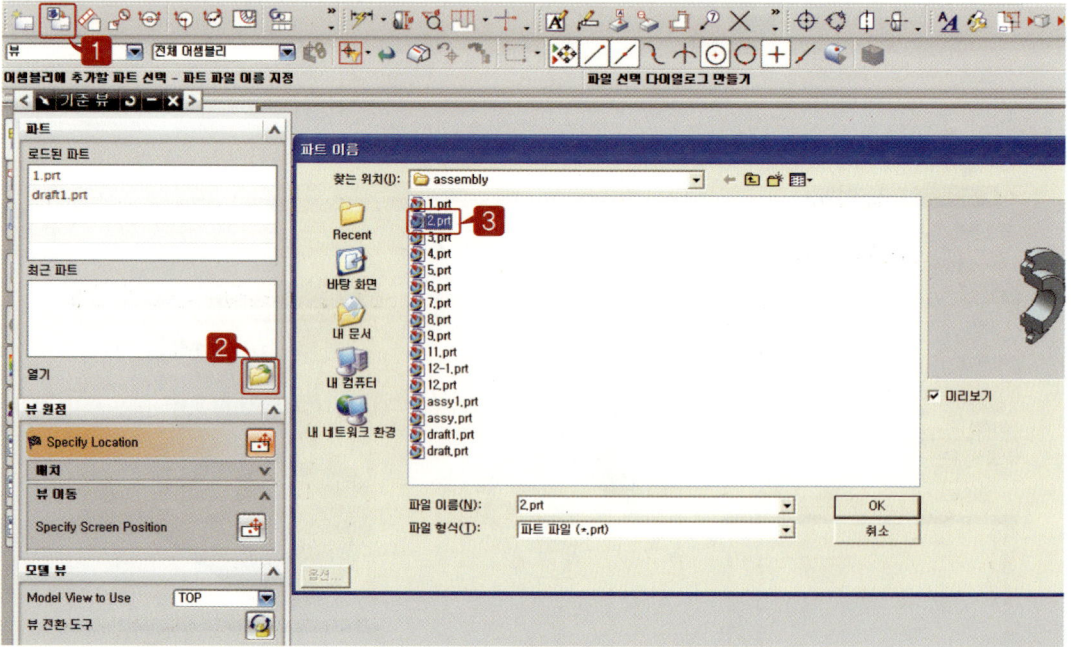

CHAPTER 3 | 3차원 모델링도면작성 따라하기

31) 모델 뷰을 TRF-ISO로 설정하고 닫기 한다.

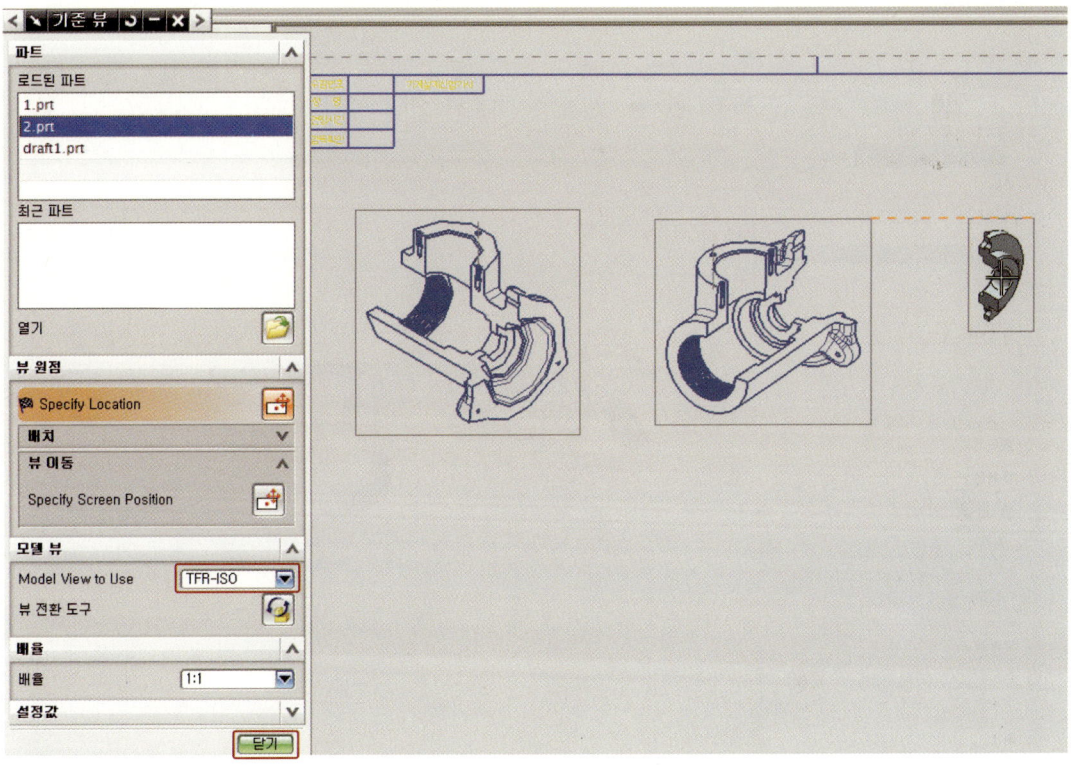

32) 투영 뷰가 자동생성 된다. 닫기 한다.

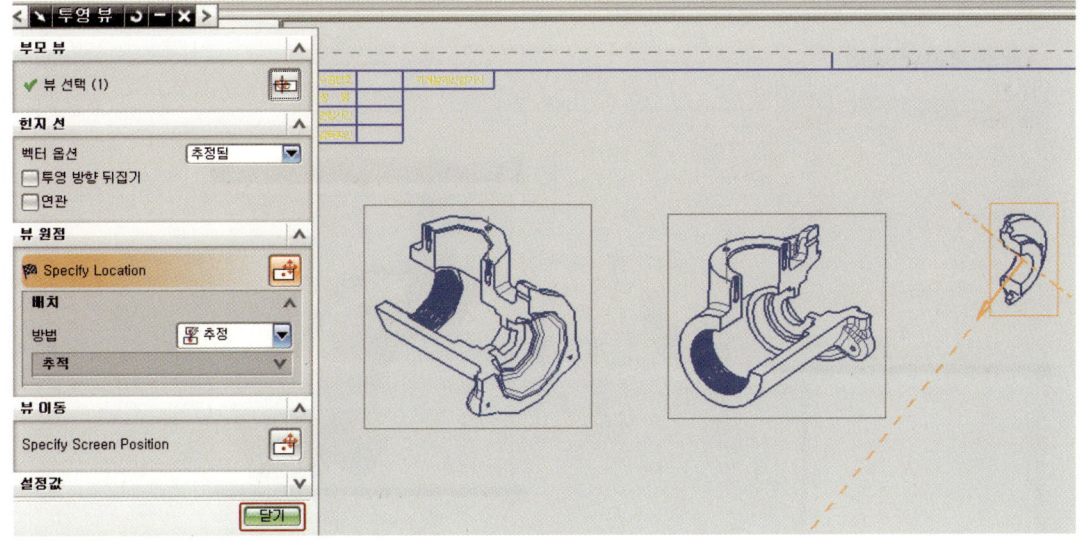

33) 다시 기준 뷰 아이콘 ①을 클릭하고 로드된 파트 2.prt 을 클릭하고 뷰 전환 도구 버튼 ②를 클릭한다.

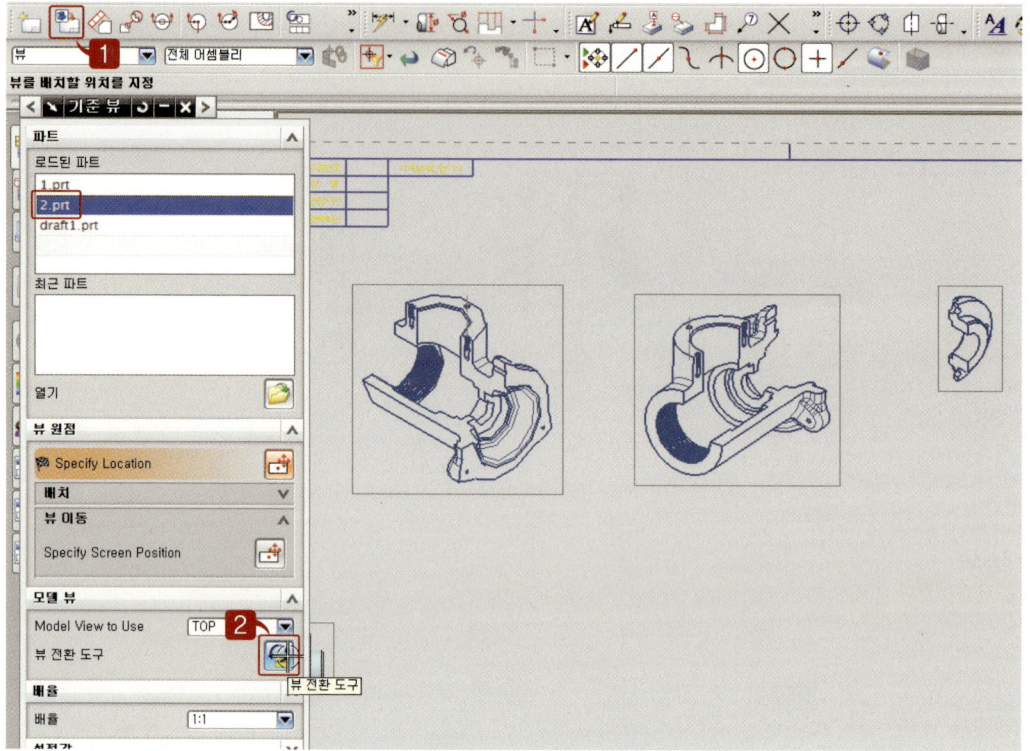

34) MB1 버튼을 이용하여 그림처럼 뷰 전환을 하고 확인한다.

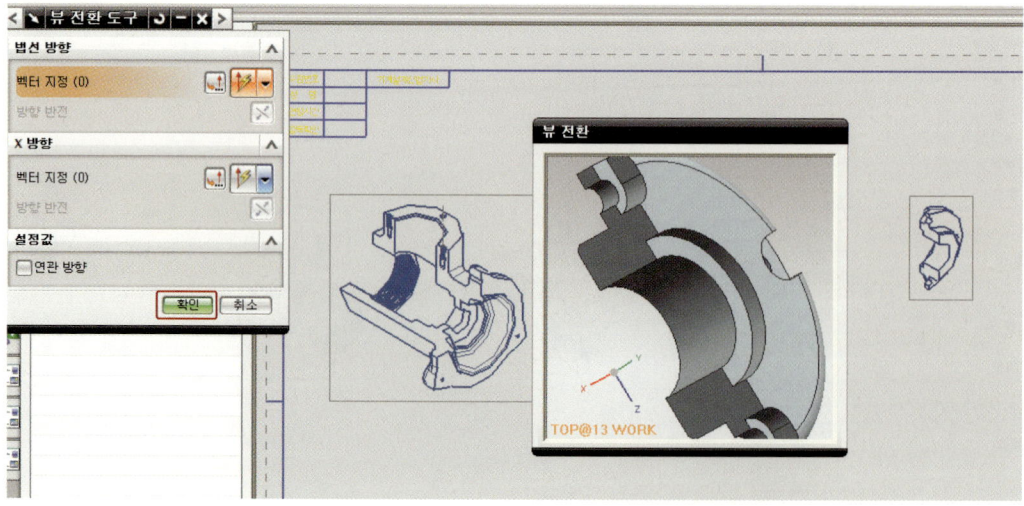

CHAPTER 3 | 3차원 모델링도면작성 따라하기

35) 투영 뷰는 닫기 한다.

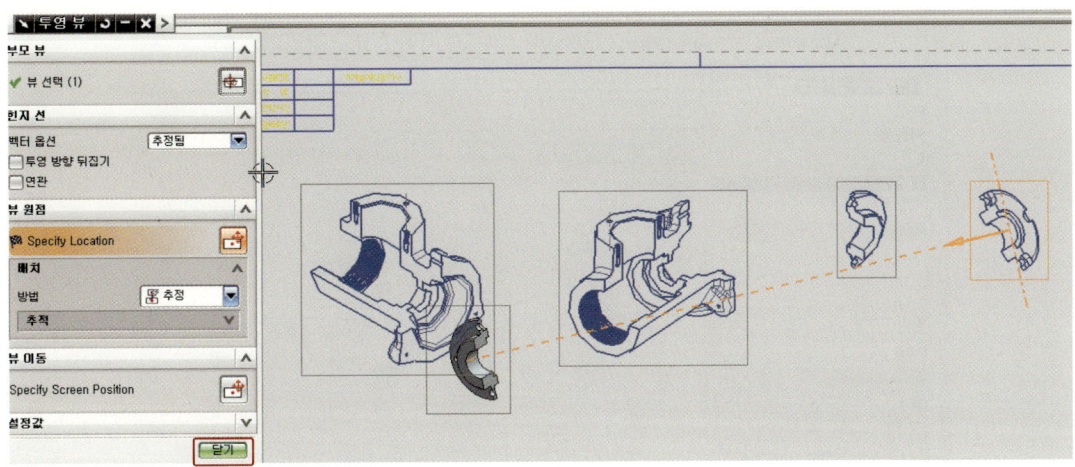

36) 기준 뷰 아이콘 ①을 클릭하고 열기 폴더 ②를 클릭하고 부품 7.Prt 을 클릭한다.

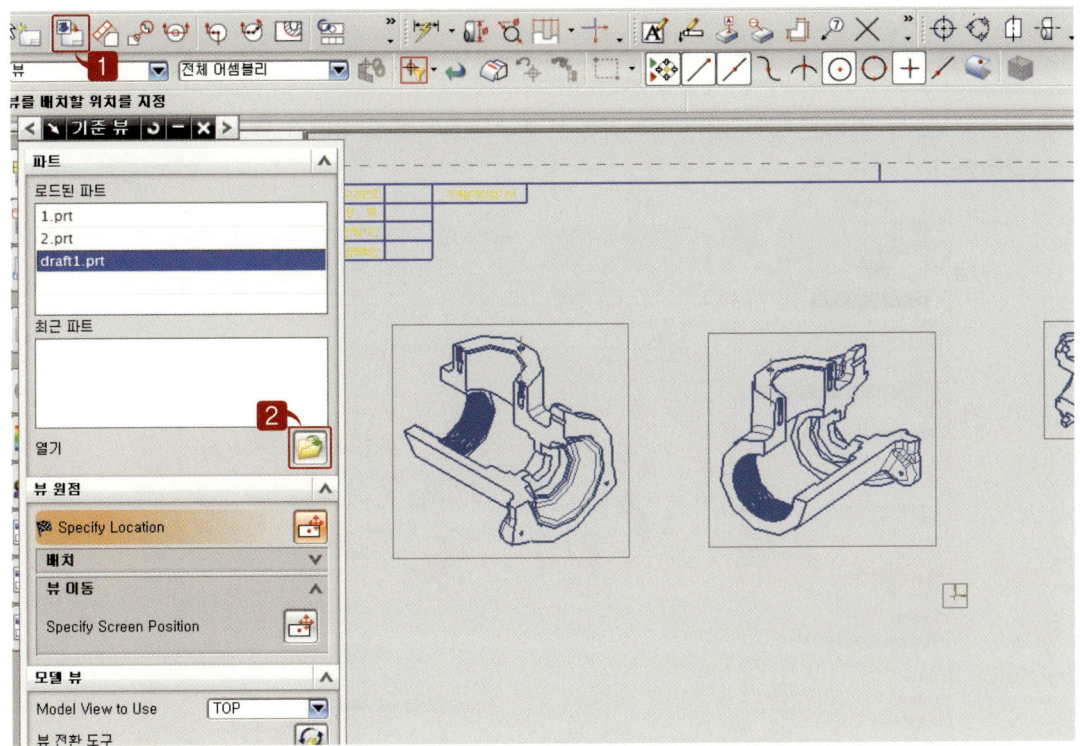

37) 모델 뷰을 TRF-ISO로 설정하고 닫기 한다. 투영 뷰도 닫기 한다.

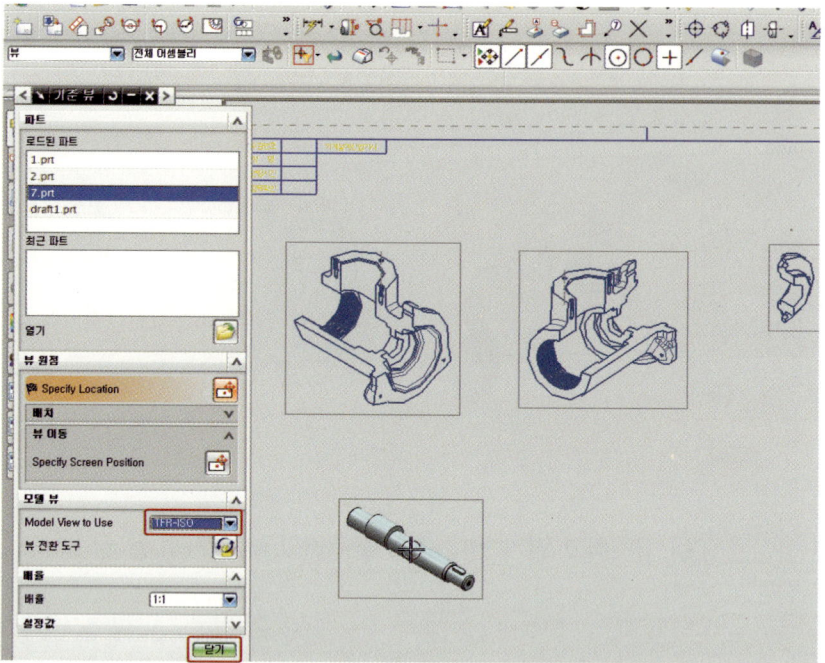

38) 다시 기준 뷰 아이콘 ①을 클릭하고 로드된 파트 7.prt 을 클릭하고 뷰 전환 도구 버튼 ②를 클릭한다.

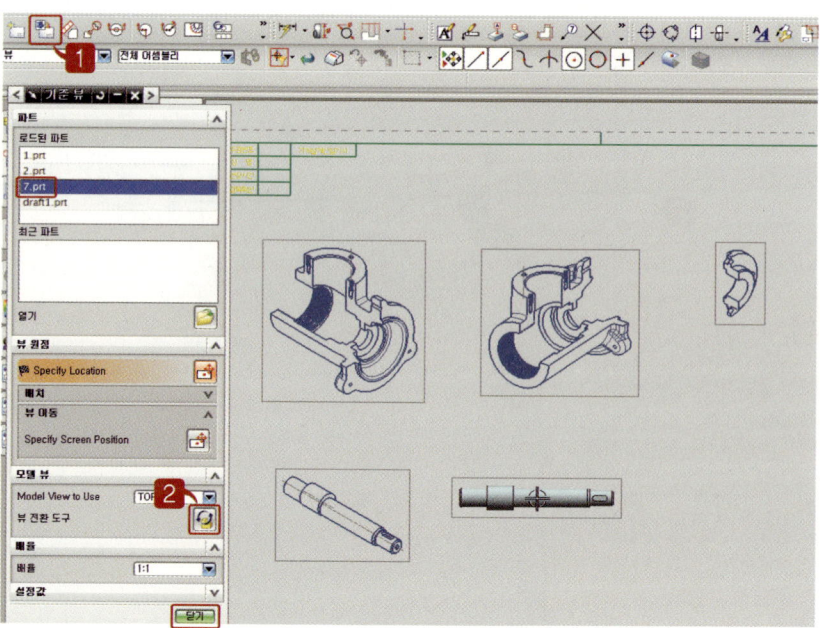

39) MB1 버튼을 이용하여 그림처럼 뷰 전환을 하고 확인한다.

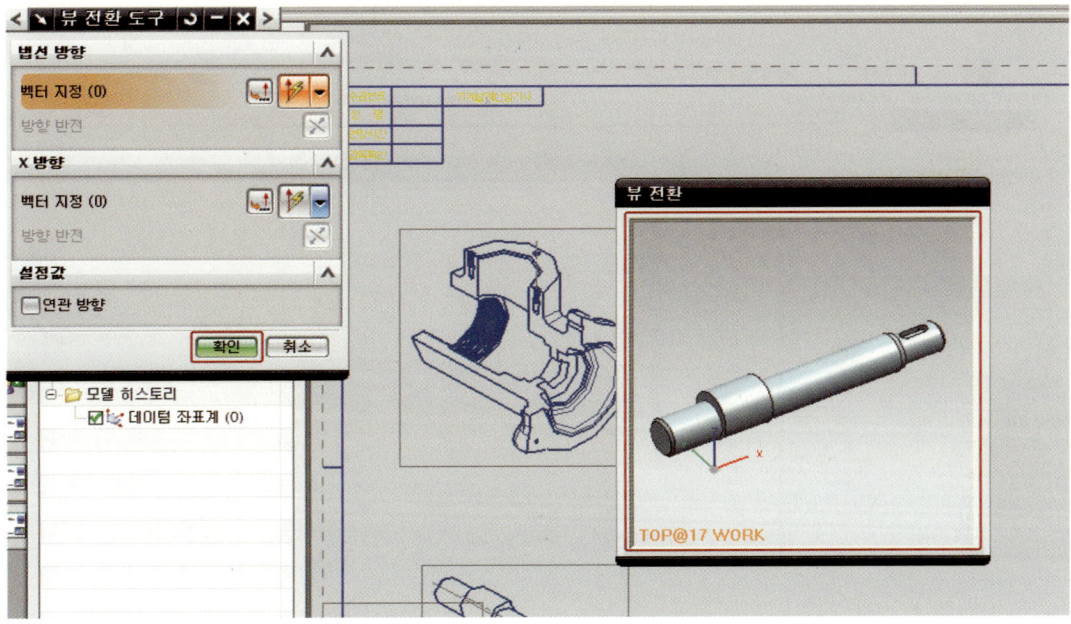

40) 그림처럼 설정하고 닫기 한다.

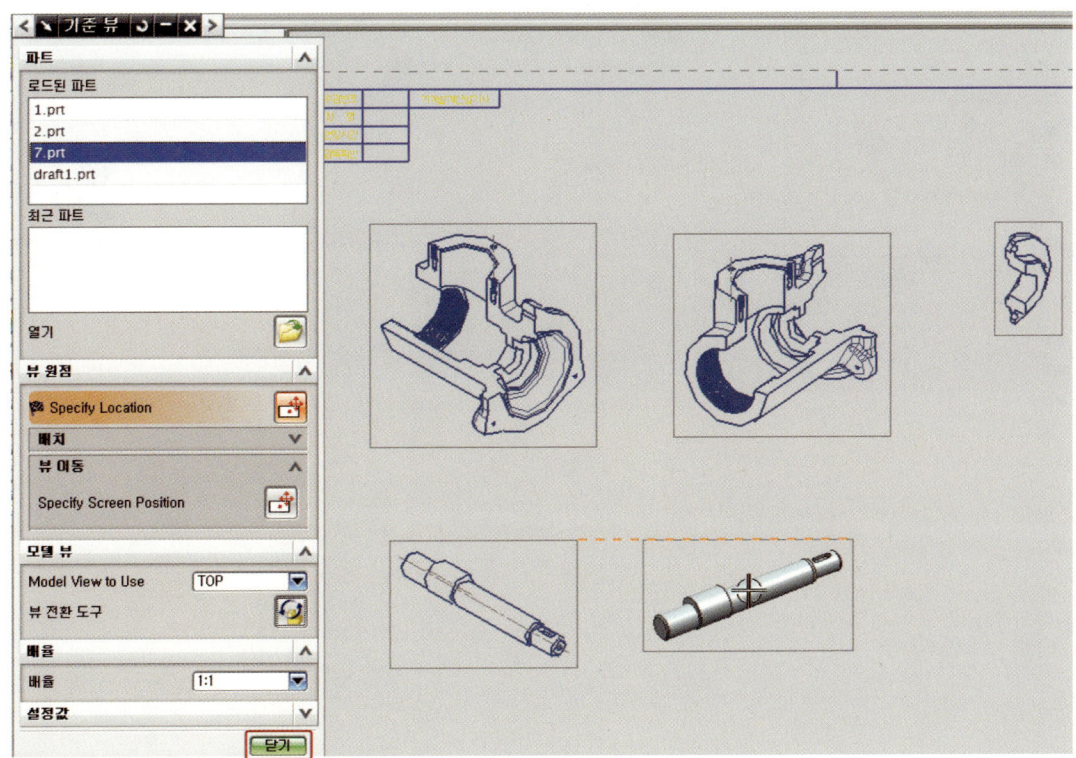

41) 기준 뷰 아이콘 ①을 클릭하고 열기 폴더 ②를 클릭하고 부품 8.Prt을 클릭한다.

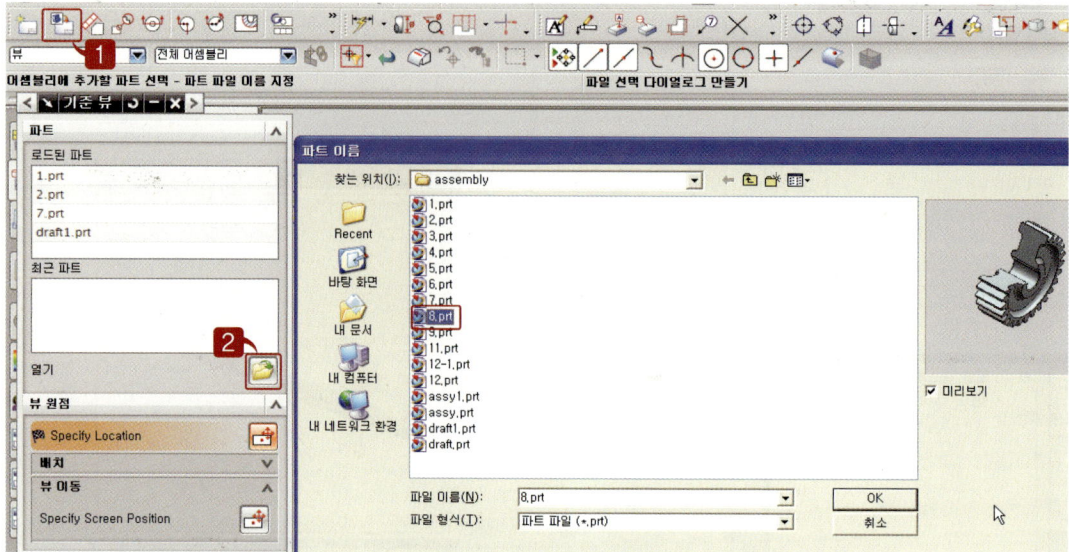

42) 모델 뷰을 TRF-ISO로 설정하고 닫기 한다. 투영 뷰도 닫기 한다.

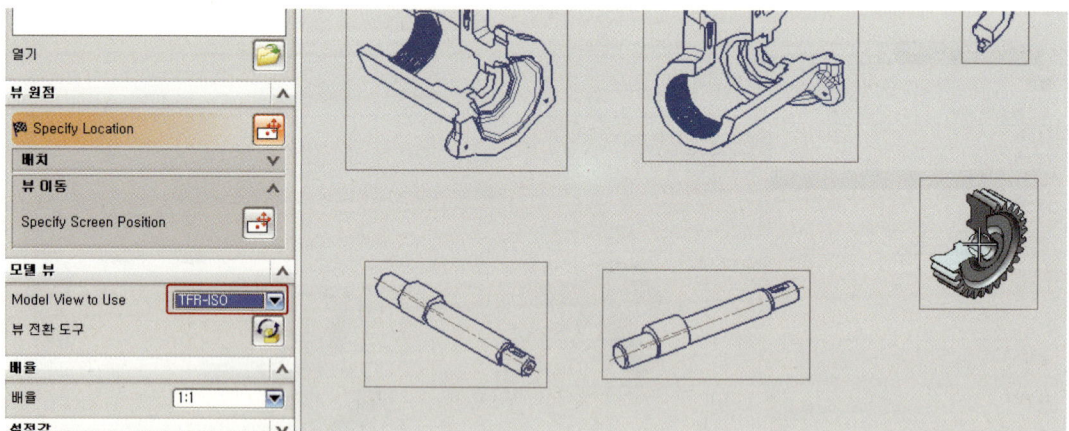

CHAPTER 3 | 3차원 모델링도면작성 따라하기

43) 다시 기준 뷰 아이콘 ①을 클릭하고 로드된 파트 8.prt 을 클릭하고 뷰 전환 도구 버튼 ②를 클릭한다.

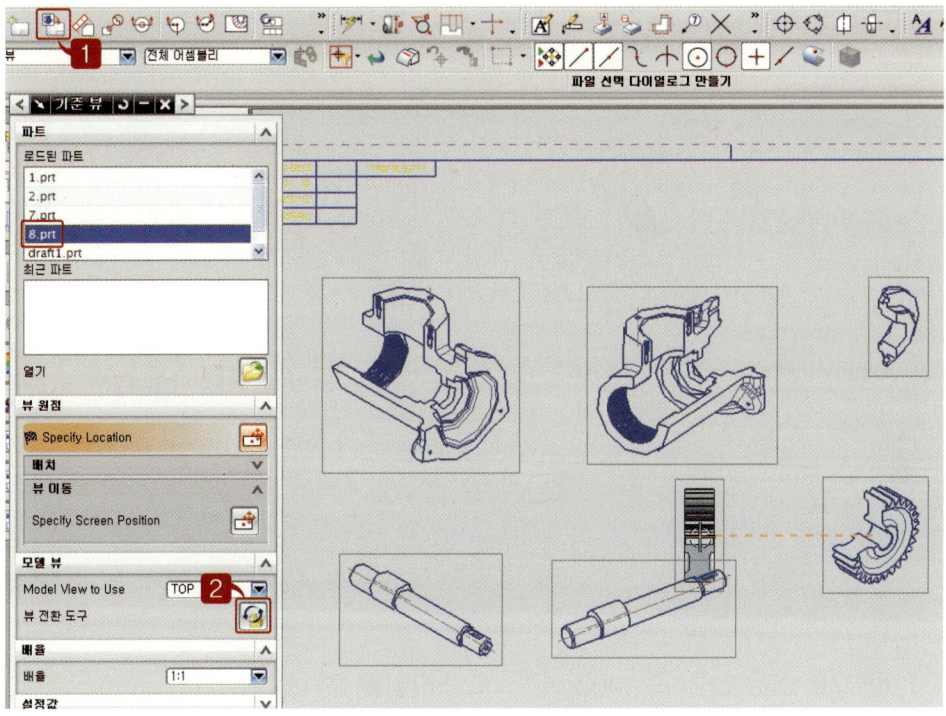

44) MB1 버튼을 이용하여 그림처럼 뷰 전환을 하고 확인한다.

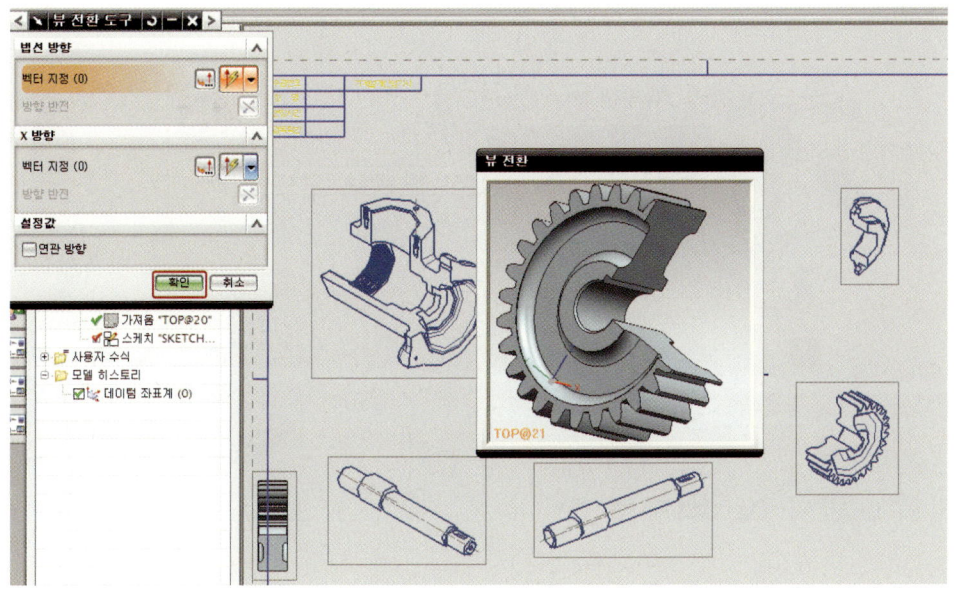

45) 그림처럼 설정하고 닫기 한다.

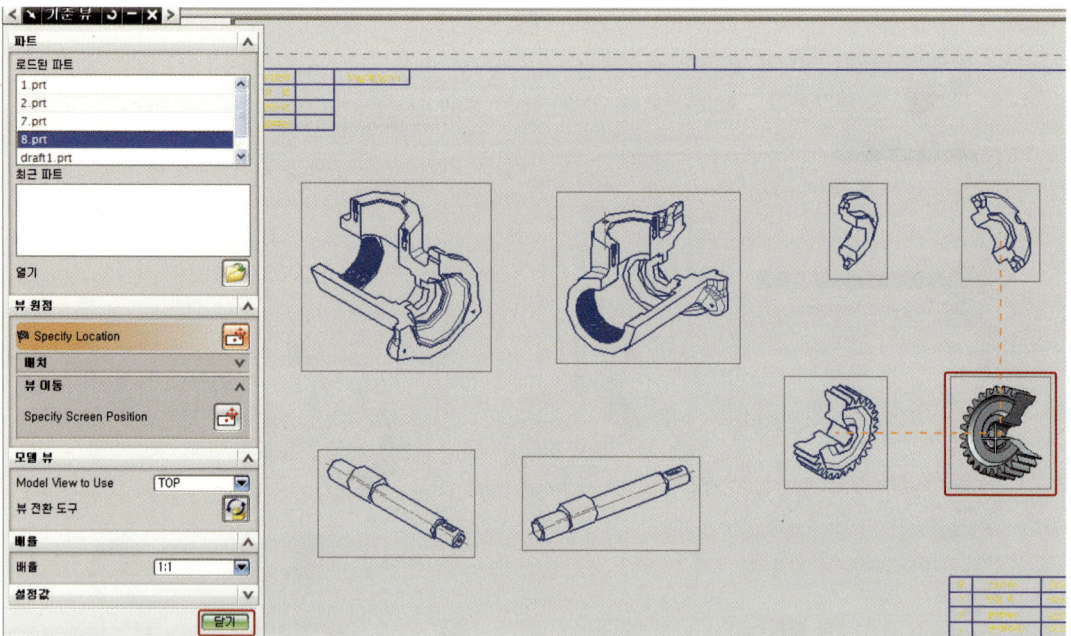

46) MB1 버튼으로 ①을 선택하고 MB3 버튼으로 스타일을 클릭한다.

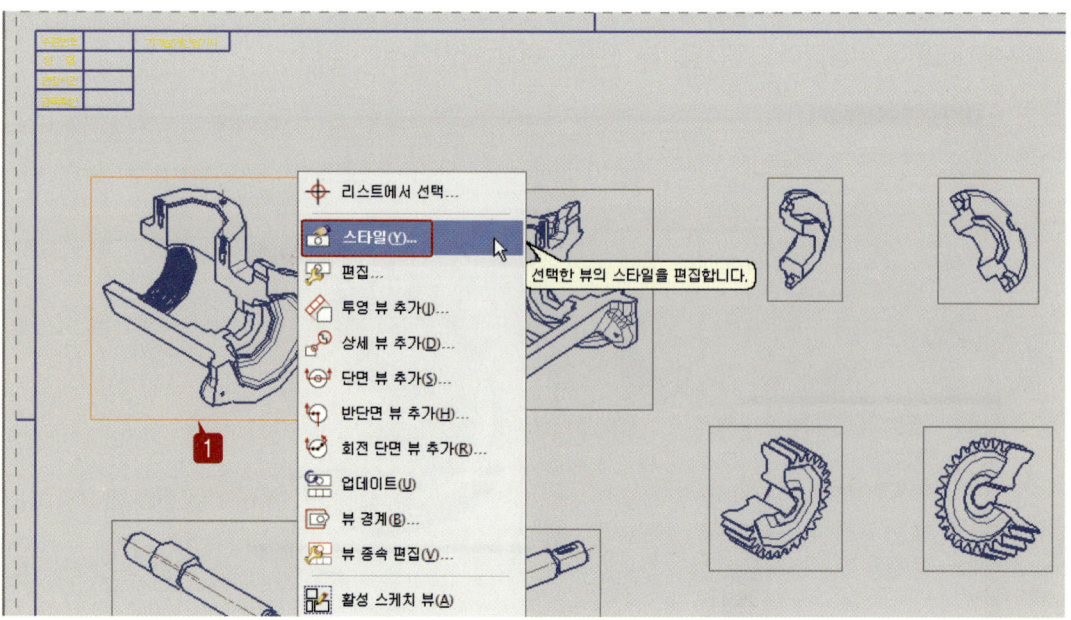

CHAPTER 3 | 3차원 모델링도면작성 따라하기

47) 음영처리에서 전체 음영처리로 설정하고 적용한다.

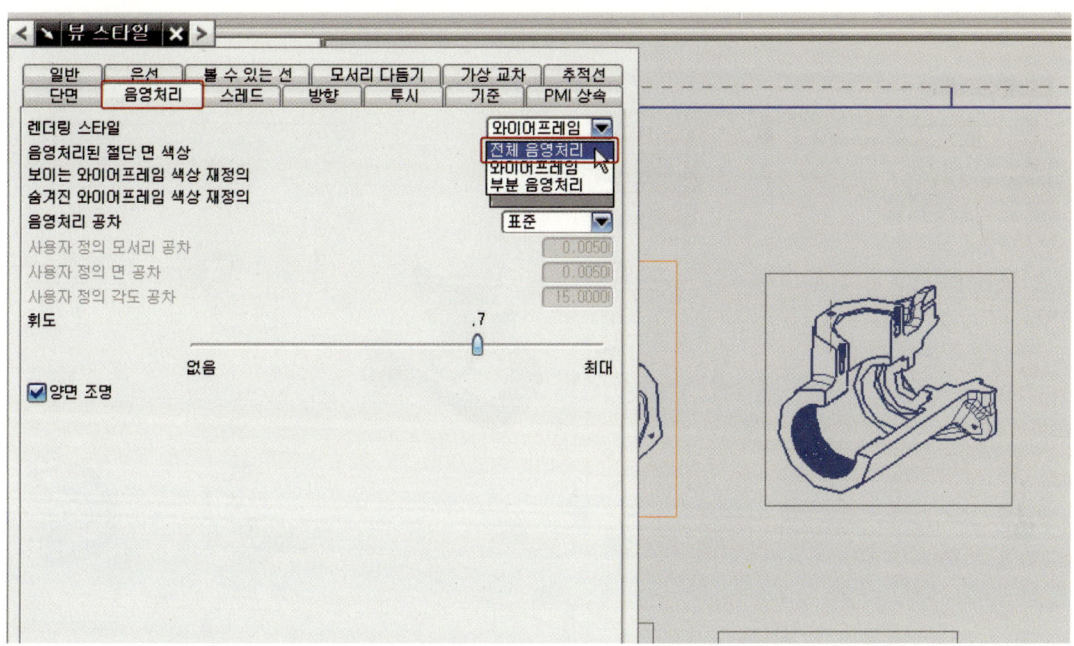

48) 같은 방법으로 MB1 버튼으로 ①을 선택하고 MB3 버튼으로 스타일을 클릭한다.

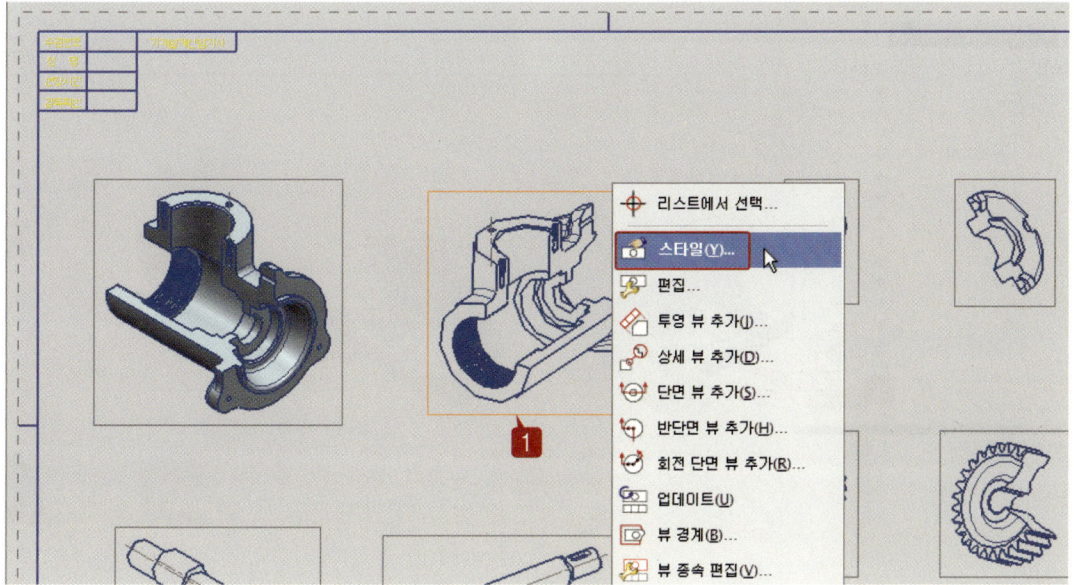

49) 음영처리에서 전체 음영처리로 설정하고 적용한다. 같은 방법으로 나머지 부품도 모두 음영 처리 한다.

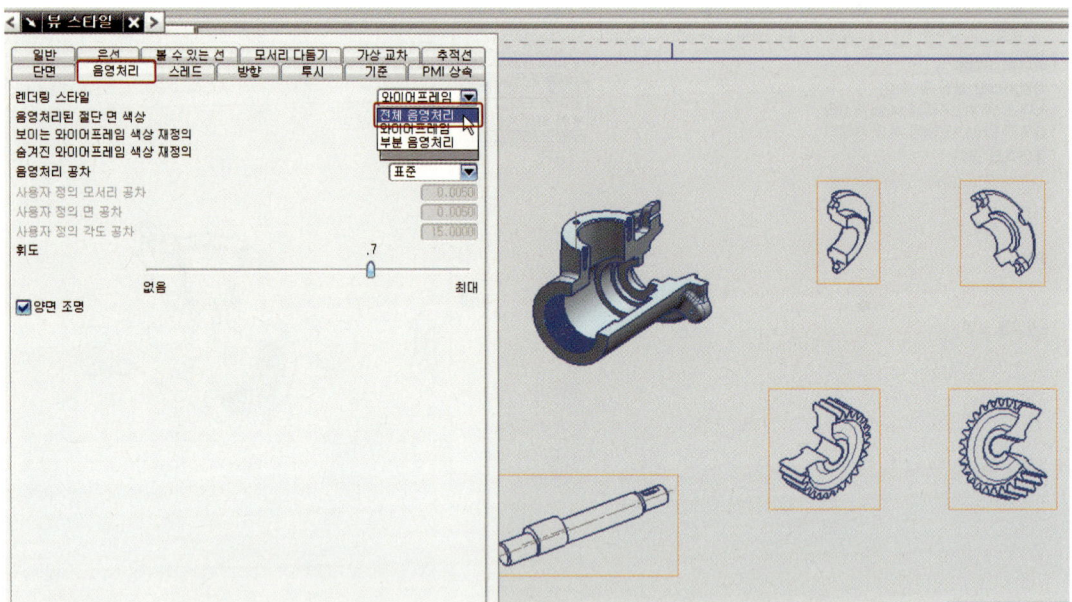

50) 표시 및 숨기기 아이콘( )을 클릭한다. 심볼 숨기기 ①을 클릭한다.

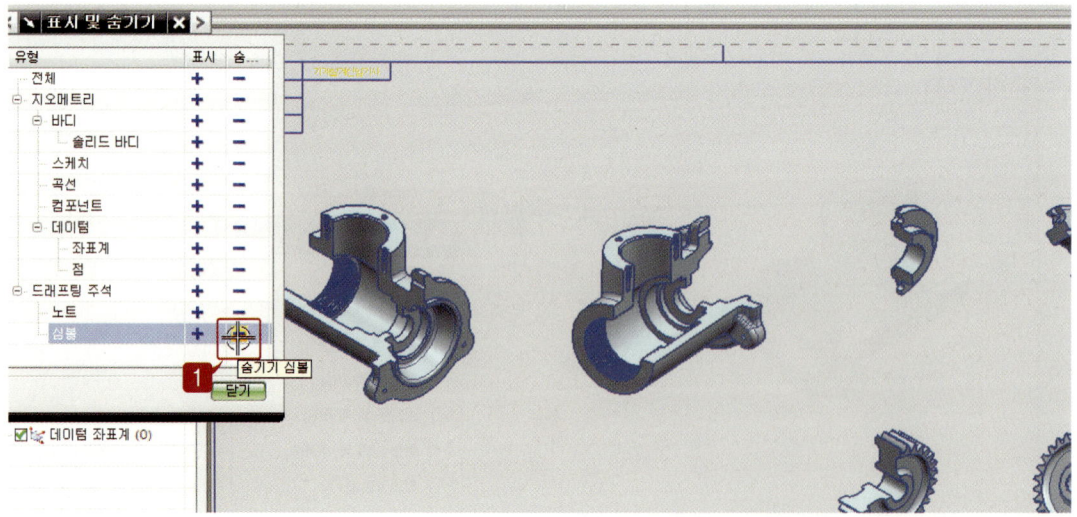

CHAPTER 3 | 3차원 모델링도면작성 따라하기

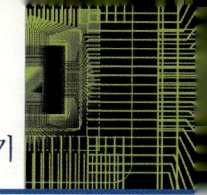

51) 환경설정에서 Drafting을 클릭한다.

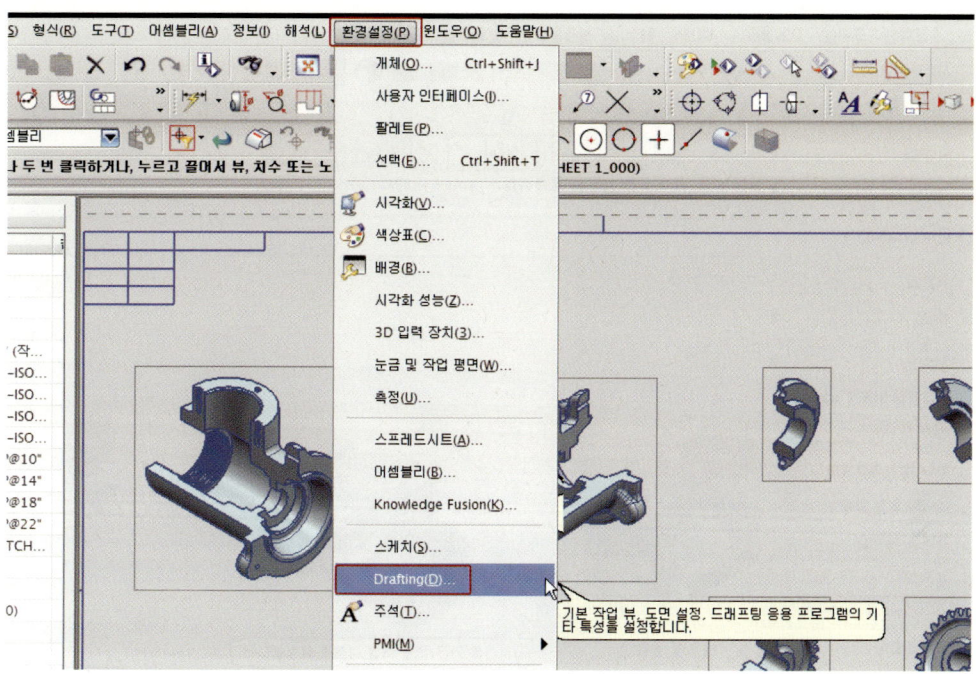

52) 뷰에서 경계에서 경계 표시를 체크 해제하고 적용한다.

53) 삽입에 심볼에 식별 심볼을 클릭한다.

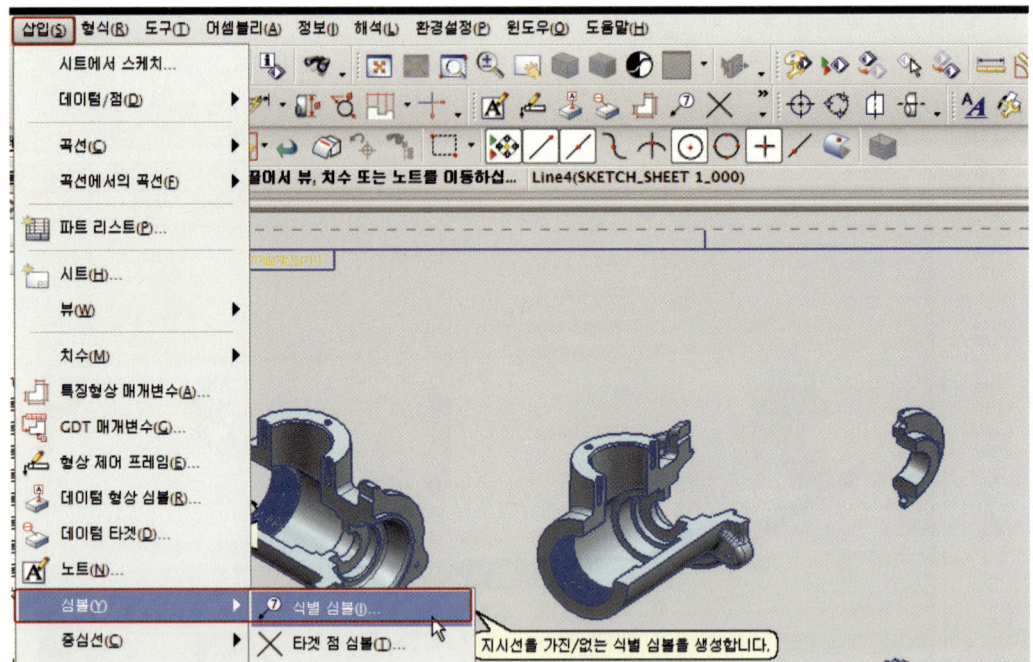

54) 유형에서 원을 클릭하고 텍스트는 1로 설정 값 크기를 14로 하고 그림처럼 적당한 위치에 클릭한다. Alt 를 누르면 선이 생성되지 않는다.

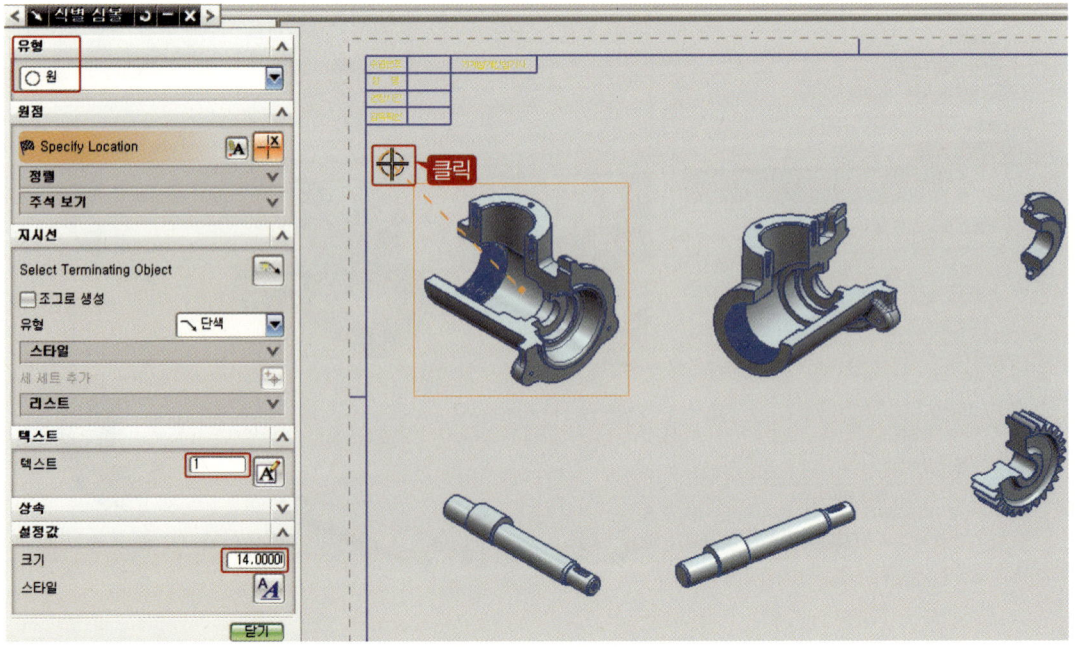

CHAPTER 3 | 3차원 모델링도면작성 따라하기

55) 같은 방법으로 유형에서 원을 클릭하고 텍스트는 2로 설정 값 크기를 14로 하고 그림처럼 적당한 위치에 클릭한다. Alt 를 누르면 선이 생성되지 않는다.

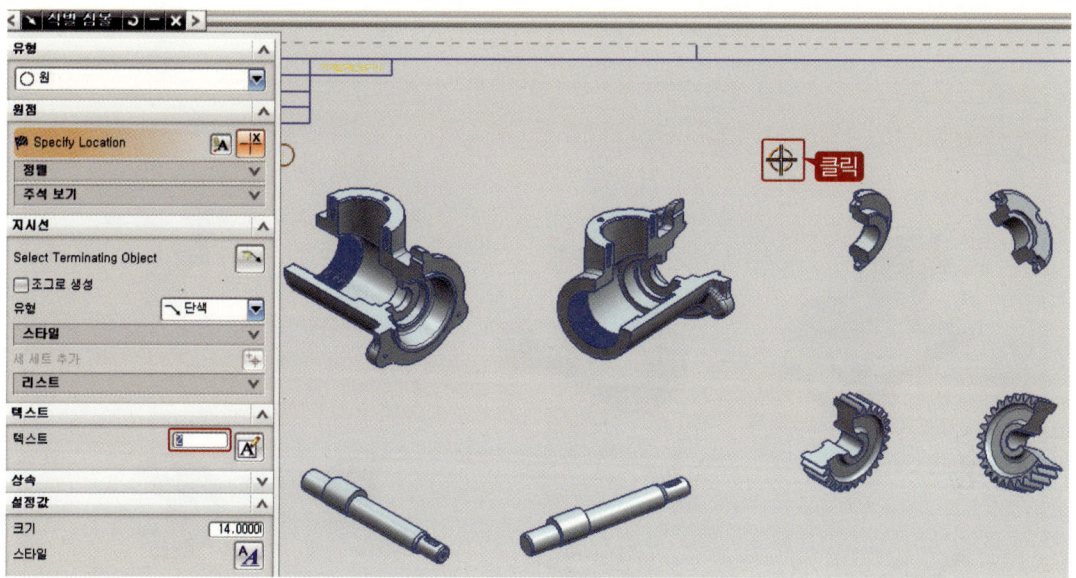

56) 텍스트는 7로 설정하고 그림처럼 적당한 위치에 클릭한다. 나머지도 같은 방법으로 완성한다.

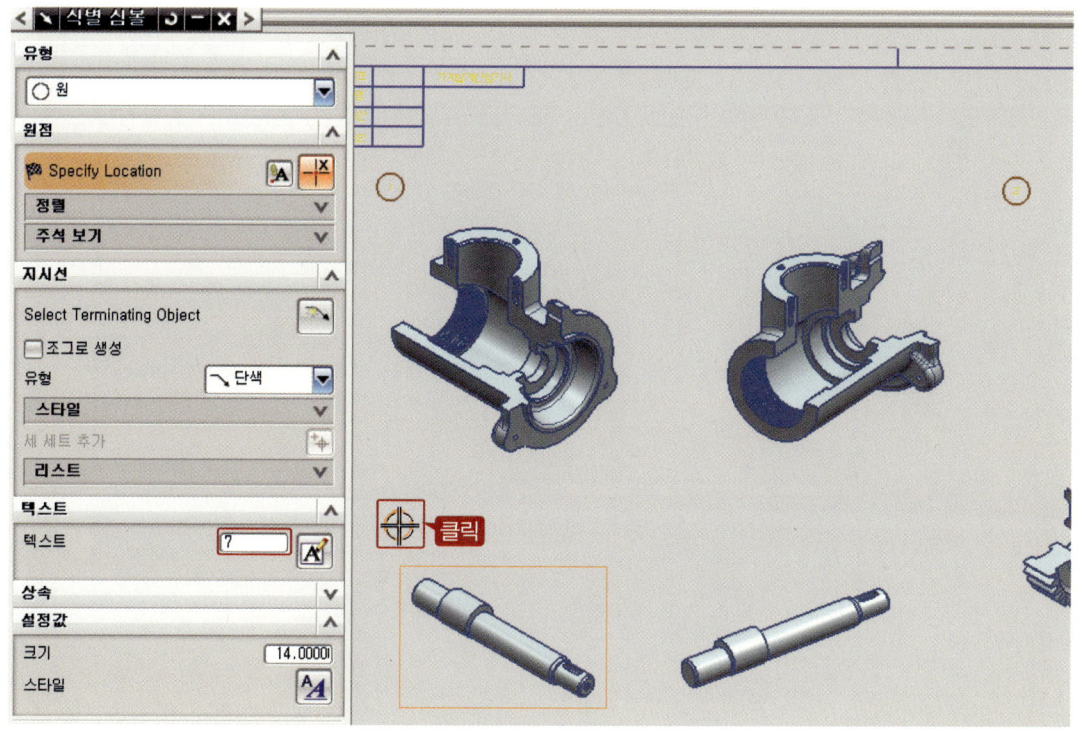

57) 아래 도면은 완성된 상태이다. 선 굵기를 조절하기 위해서 편집에 개체 화면표시를 클릭하고 선 폰트에서 외곽 테두리를 선택하고 보통 굵기로 하고 나머지는 가는 선으로 적용한다. 파일에서 인쇄를 클릭하여 프린터 설정 후 인쇄하면 된다.

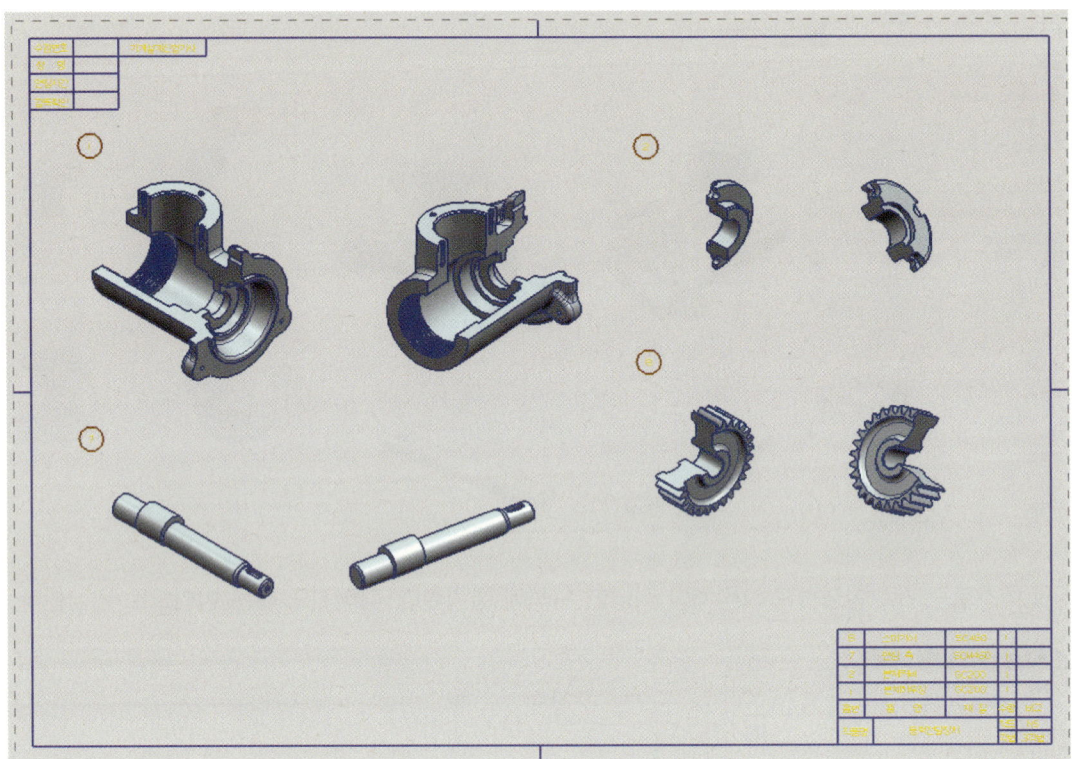

CHAPTER 3 | 3차원 모델링도면작성 따라하기

2 중량 계산하기

1) 1번 부품을 선택한 상태에서 시작에서 모델링을 클릭한다.

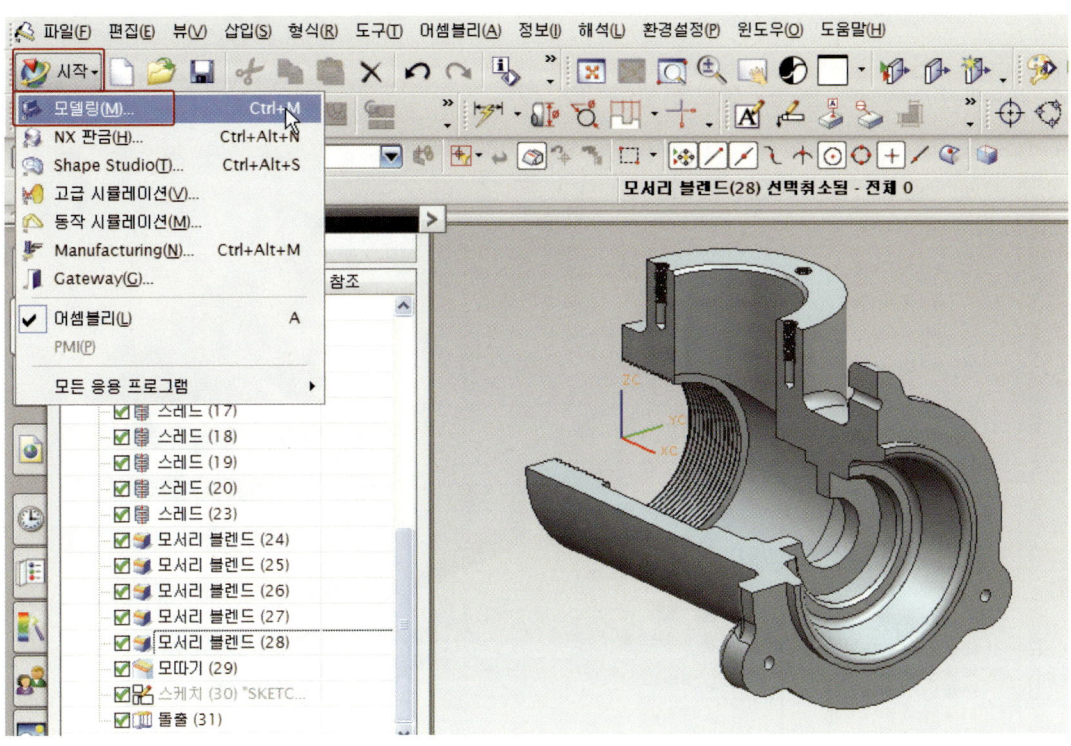

2) 그림처럼 돌출 ①을 클릭한 상태에서 MB3 버튼을 선택하여 억제를 클릭한다.

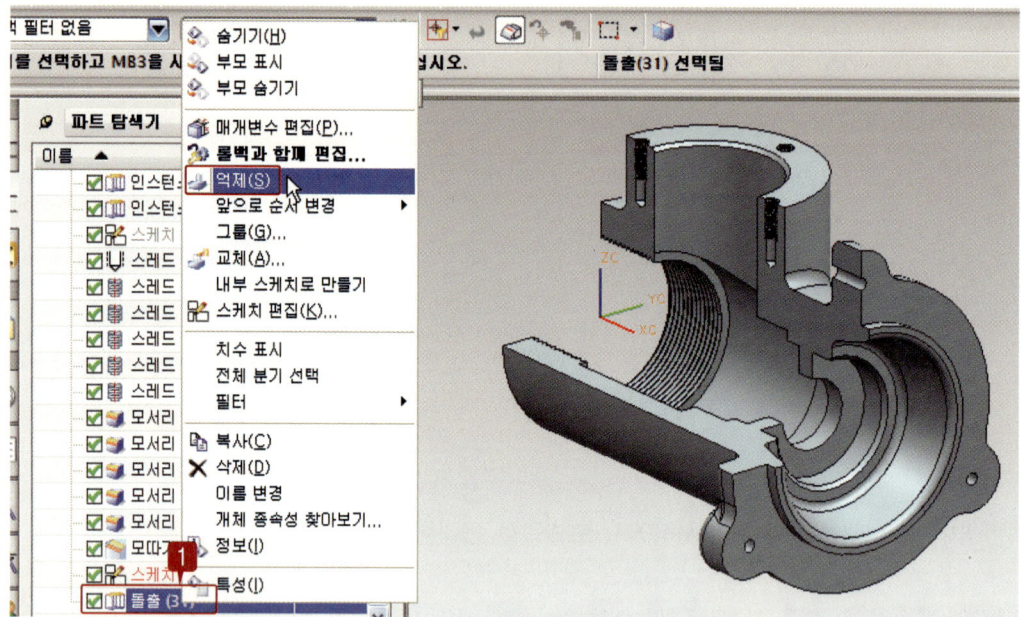

3) 편집에 특징형상에 솔리드 밀도를 클릭한다.

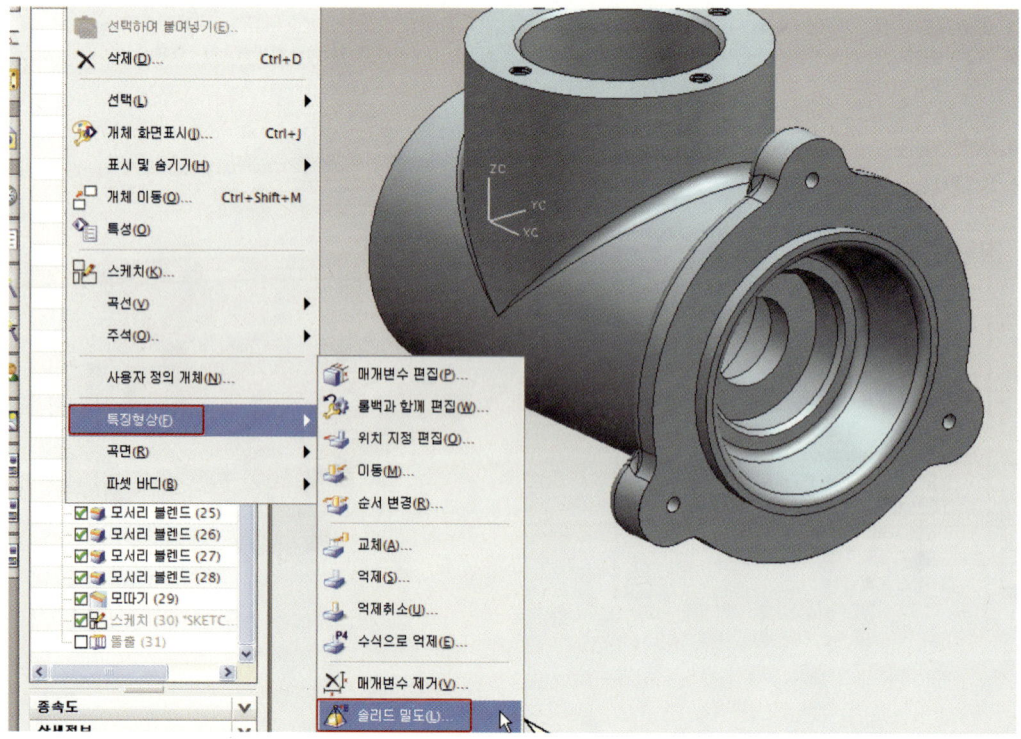

4) 바디에서 개체 전체를 선택하고 솔리드 밀도 7.85로 설정하고 단위는 그램-센티미터로 설정하고 확인한다.

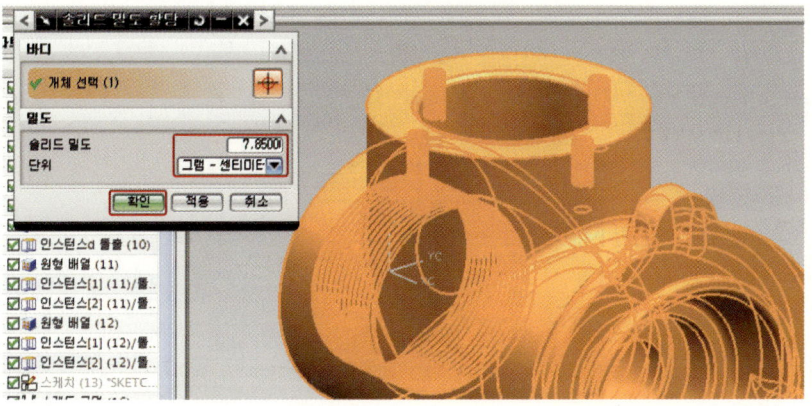

5) 해석에 바디 측정을 클릭한다.

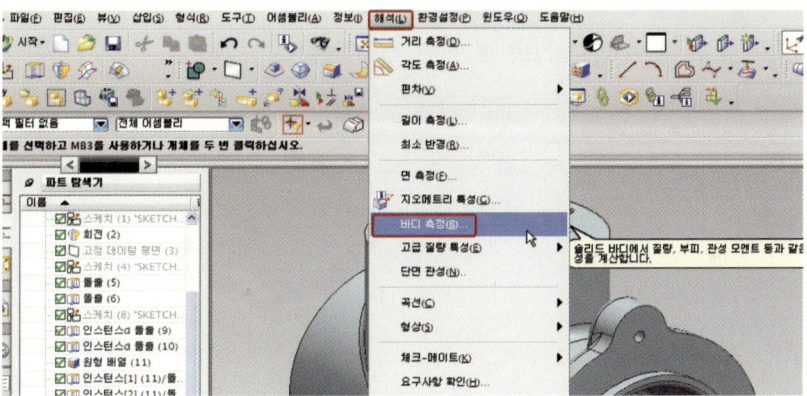

6) 개체 바디 전체를 선택하고 질량 선택 후 확인한다. 질량이 1.2918kg=1.2918×1000=1291.8g 이 된다. 이 값을 도면에 입력한다.

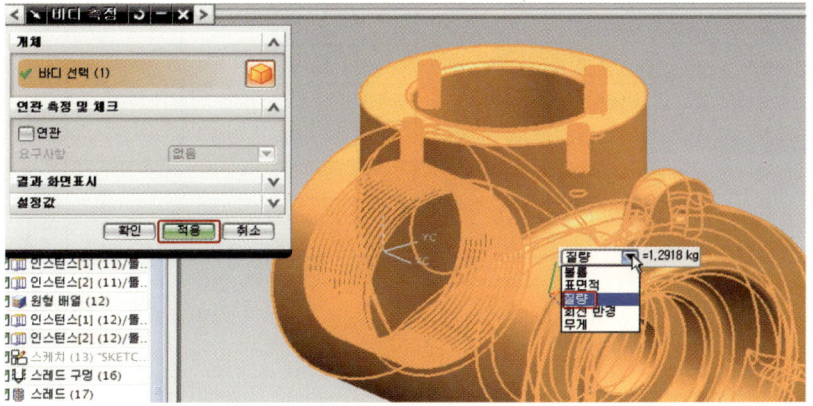

7) 윈도우를 클릭하고 3. draft1.prt ①을 클릭한다.

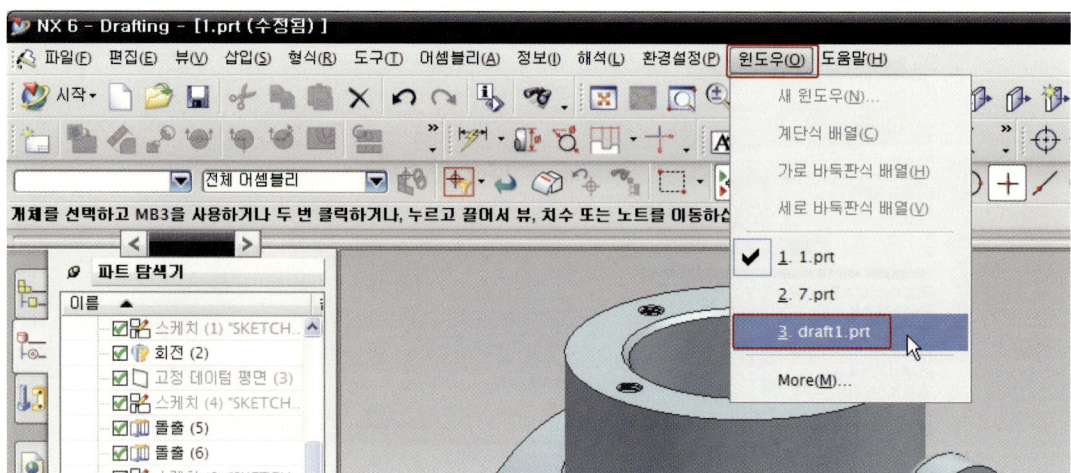

8) 노트 아이콘(A) ①을 클릭하고 그림처럼 입력하여 비고란에 입력한다. 나머지 부품도 같은 방법으로 중량 값을 계산하여 비고란에 전부 입력한다.

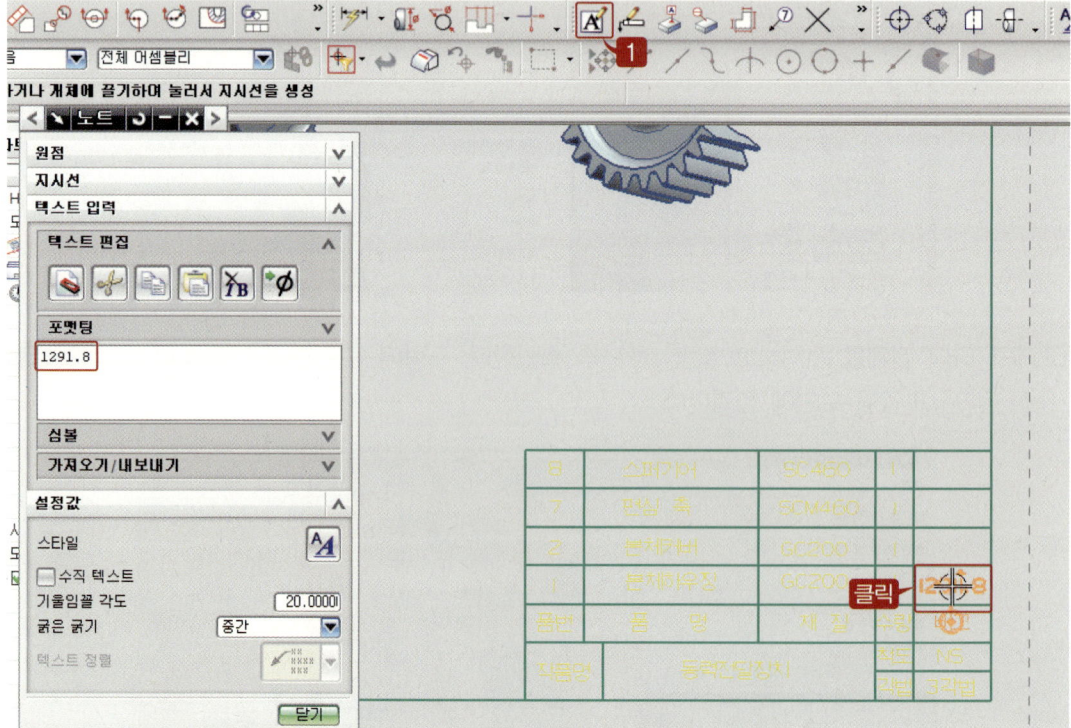

CHAPTER 4

편심왕복장치 조립품작성 따라하기
(부록 CD 활용)

1 어셈블리 방식

1) **Bottom-UP** : 일반적으로 사용하는 방식으로 모델링하여 모델링 한 파트를 라이브러리에 등록시켜 Assembly하는 방식이다. 먼저 부품을 하나씩 Modeling하여 Assembly한다.
2) **Top-Down** : 상위 Assembly에서부터 필요한 부품을 연관 설계하는 모델링 방식이다. 한 파트 안에서 Assembly형태로 Modeling한다.

CHAPTER 4 | 편심왕복장치 조립품작성 따라하기

2 조립품작성 따라하기

1) 바탕화면에서 NX6()를 실행한다. 새로 만들기를 클릭한다.

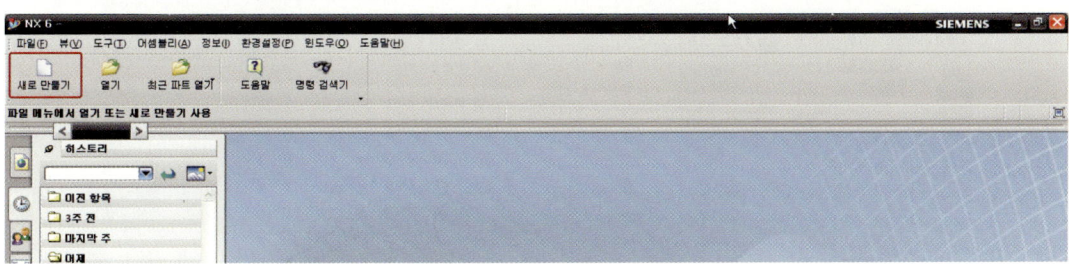

2) 모델에서 저장 폴더와 저장 이름을 설정하고 확인한다.

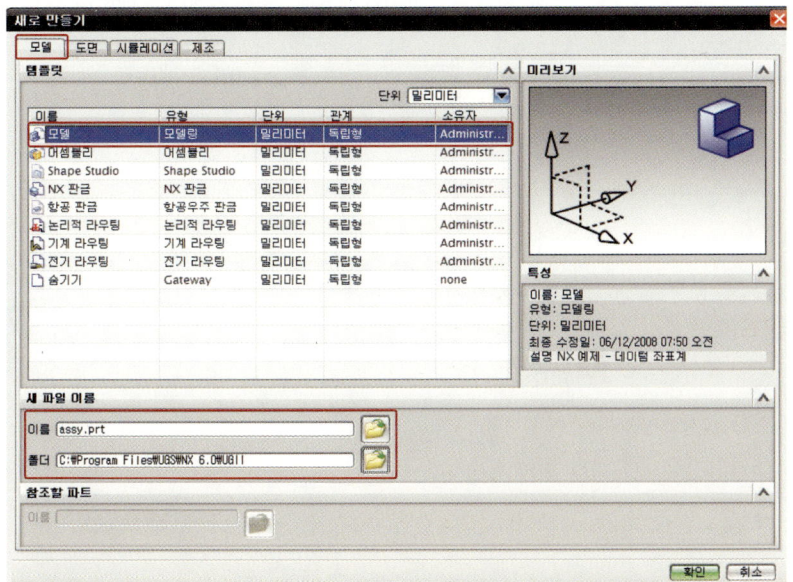

3) 시작에서 어셈블리가 체크가 되었는지 확인한다.

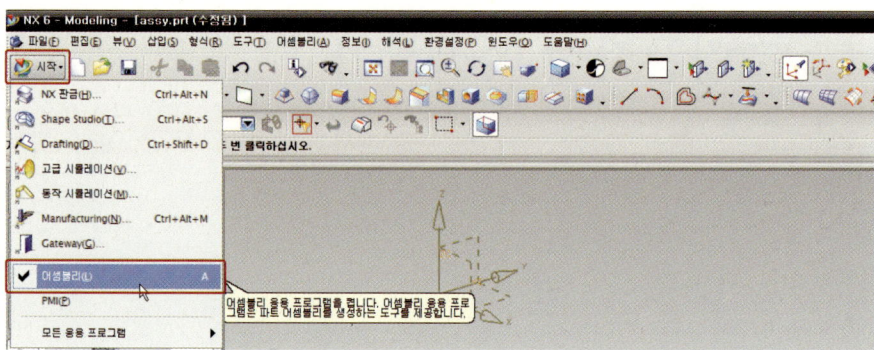

4) 어셈블리에 컴포넌트 추가를 클릭한다.

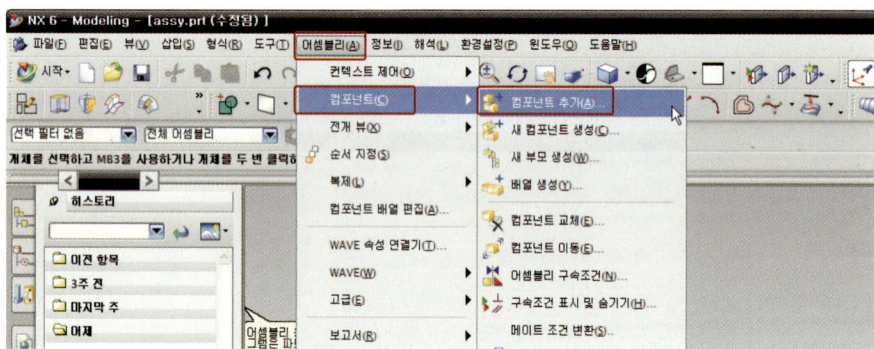

5) 열기 폴더 ①을 클릭한다.

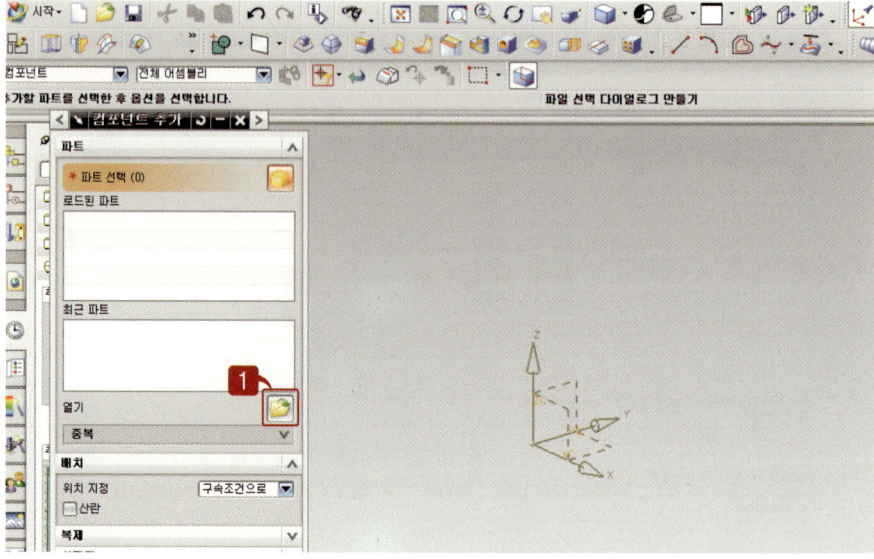

CHAPTER 4 | 편심왕복장치 조립품작성 따라하기

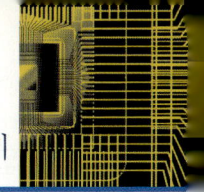

6) assembly 폴더에서 1번 부품을 클릭하고 OK한다.

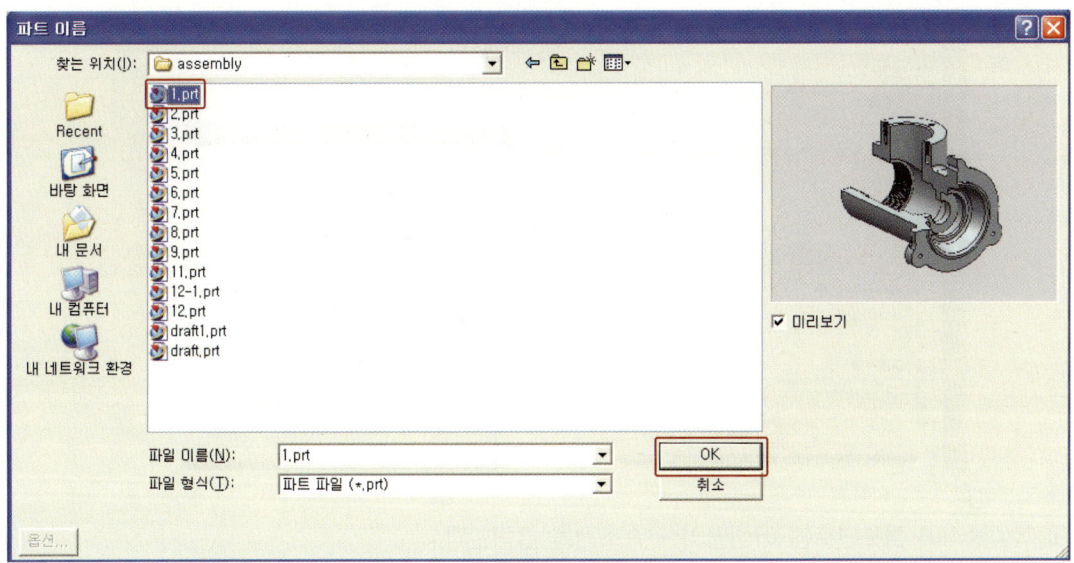

7) 그림처럼 컴포넌트 미리보기가 열린다.

8) 배치에서 위치지정을 절대 원점으로 선택하고 설정 값에서 Reference Set를 모델로 레이어 옵션을 초기 설정하고 확인한다.(data가 큰 모델은 경량형 선택한다.)

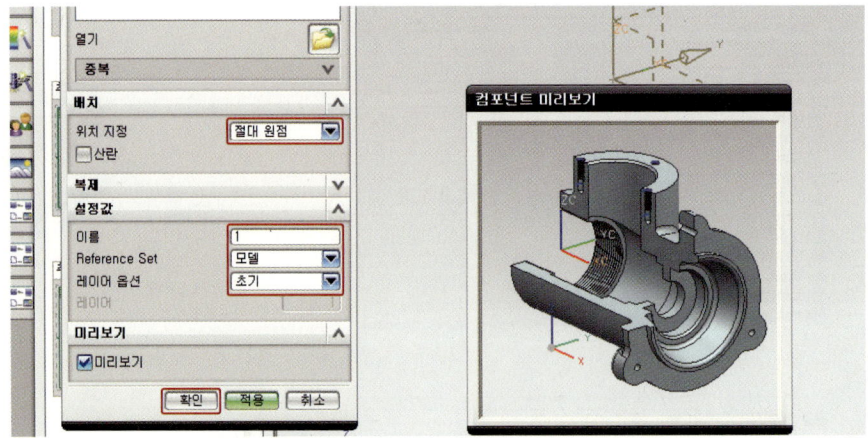

9) 어셈블리에 컴포넌트에 어셈블리 구속조건을 클릭한다.

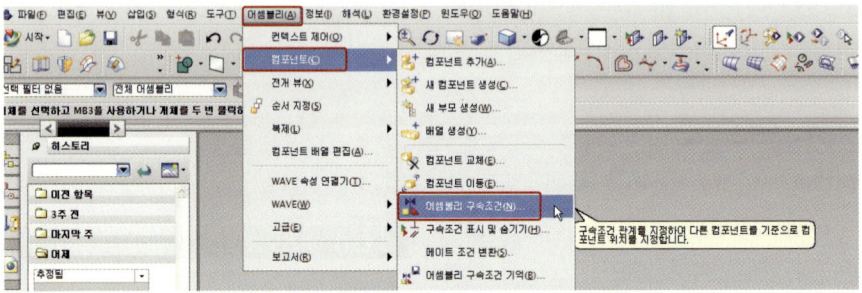

10) 유형을 고정으로 하고 모델을 선택하고 확인한다.

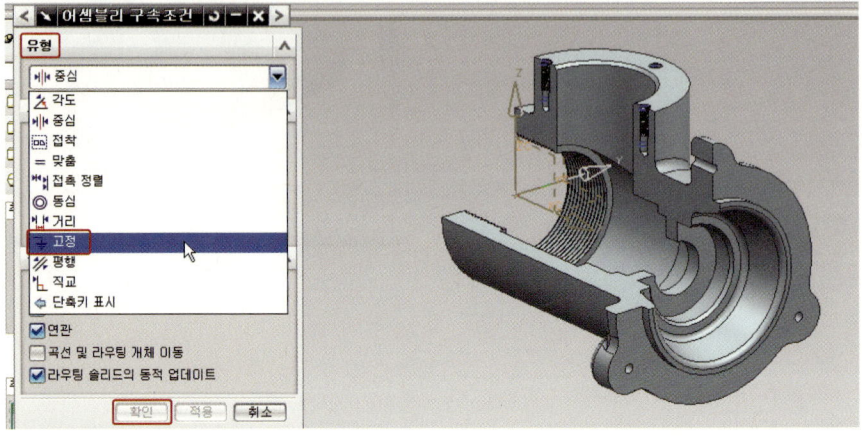

CHAPTER 4 | 편심왕복장치 조립품작성 따라하기

11) 메인 메뉴에서 MB3 버튼을 클릭하여 그림처럼 어셈블리 탐색기를 클릭한다.

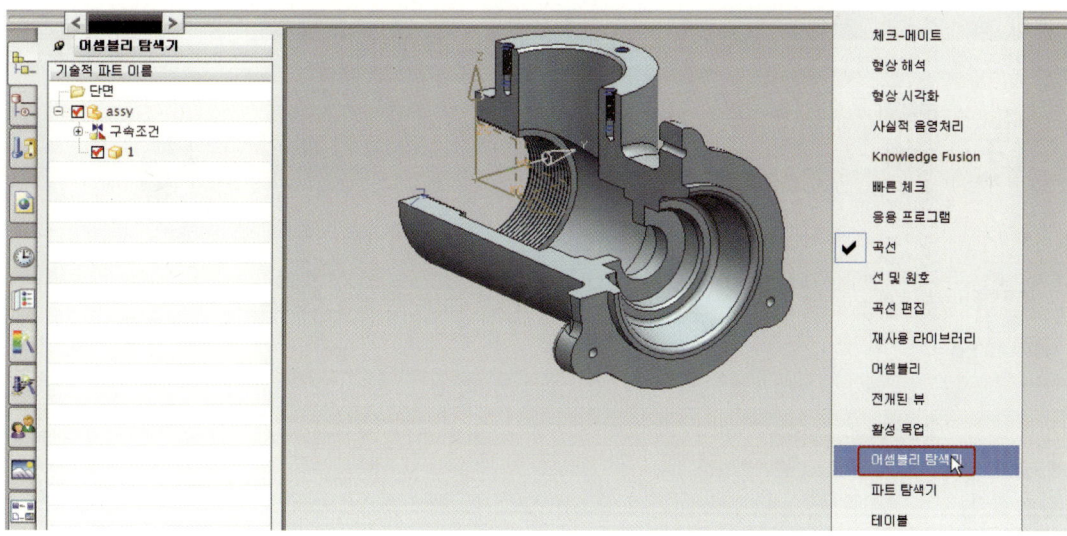

12) 어셈블리에 컴포넌트에 컴포넌트 추가를 클릭한다. 또는 컴포런트 아이콘( )을 선택하고 열기 폴더 ①을 클릭한다.

13) assembly 폴더에서 2번 부품을 클릭하고 OK한다.

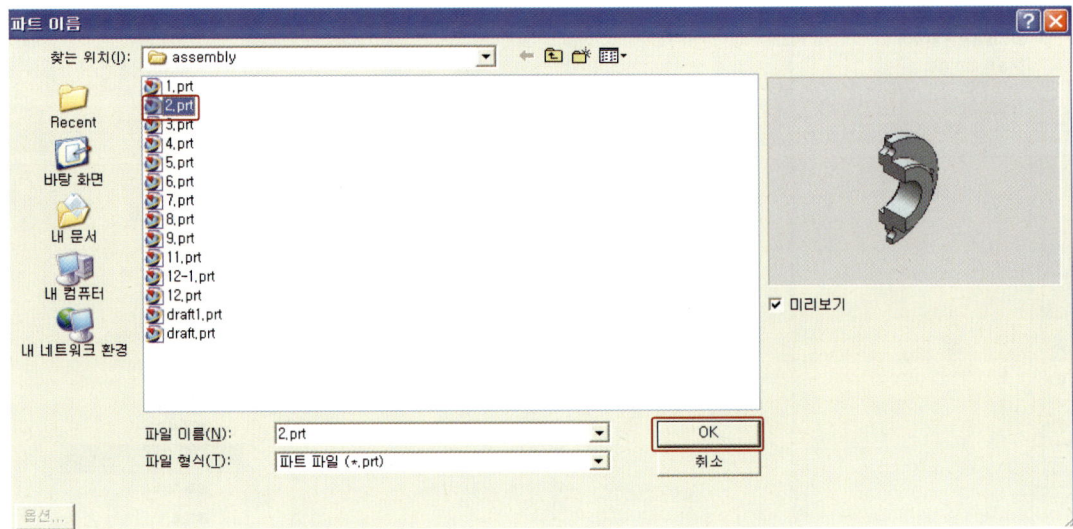

14) 배치를 구속조건으로 설정하고 설정 값은 그림처럼 설정하고 적용한다.

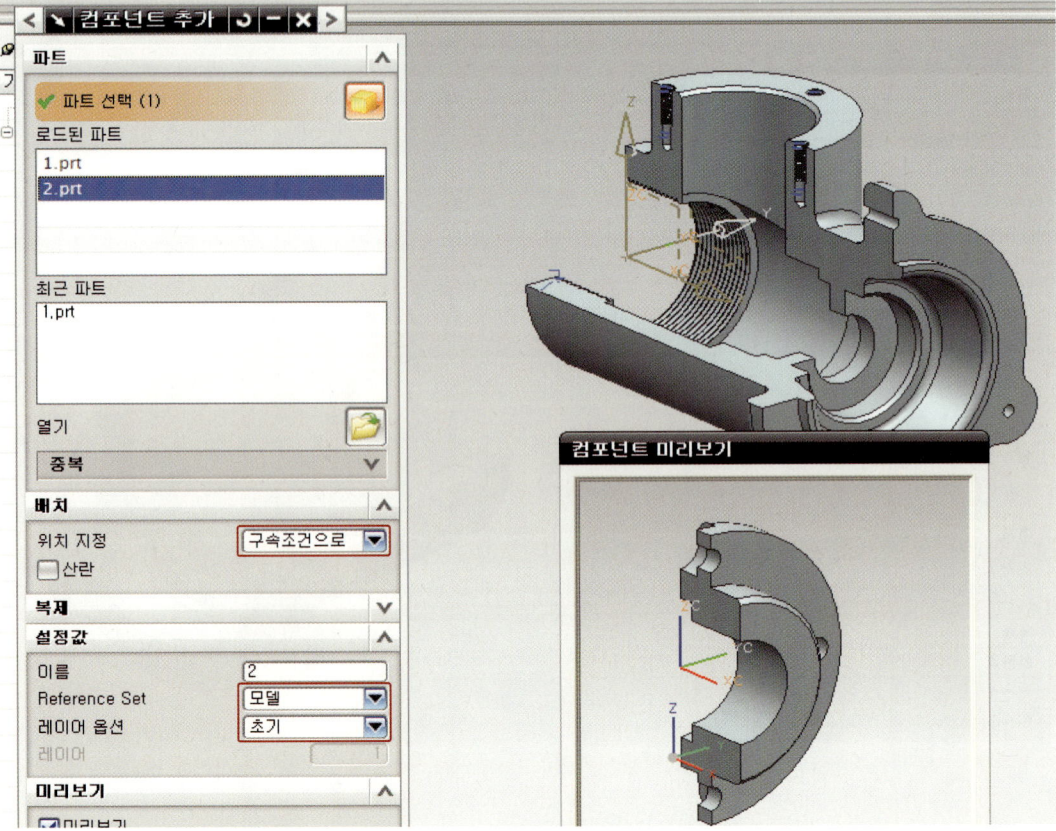

15) 유형을 동심으로 하고 1번 부품 ① 과 2번 부품 ②를 선택하고 적용한다.

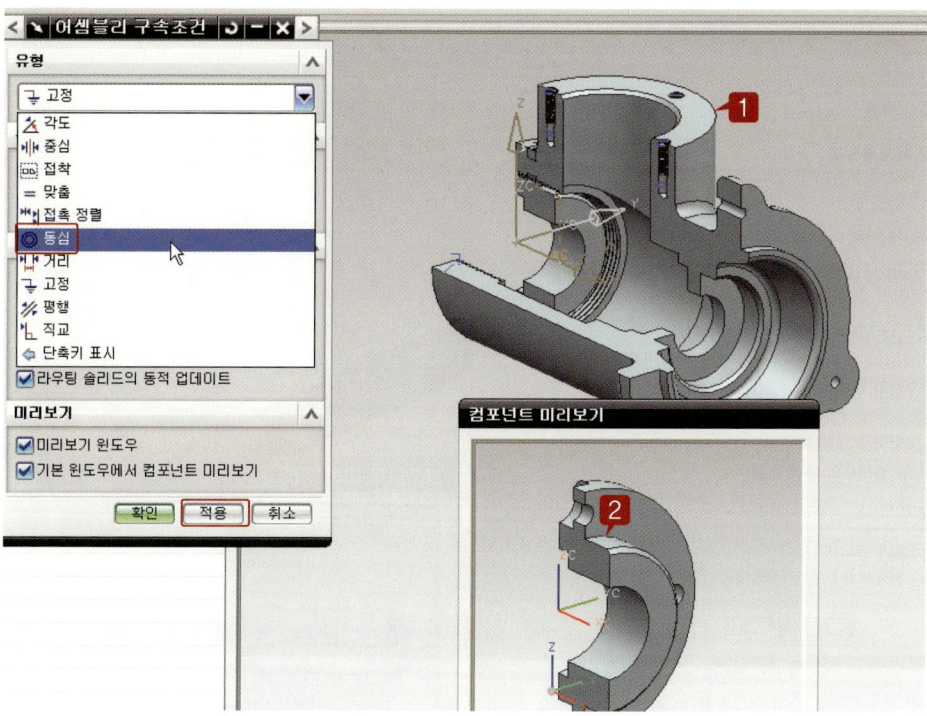

16) 다시 유형을 접촉 정렬로 설정하고 1번 부품 ① 과 2번 부품 ②를 선택하고 적용한다.

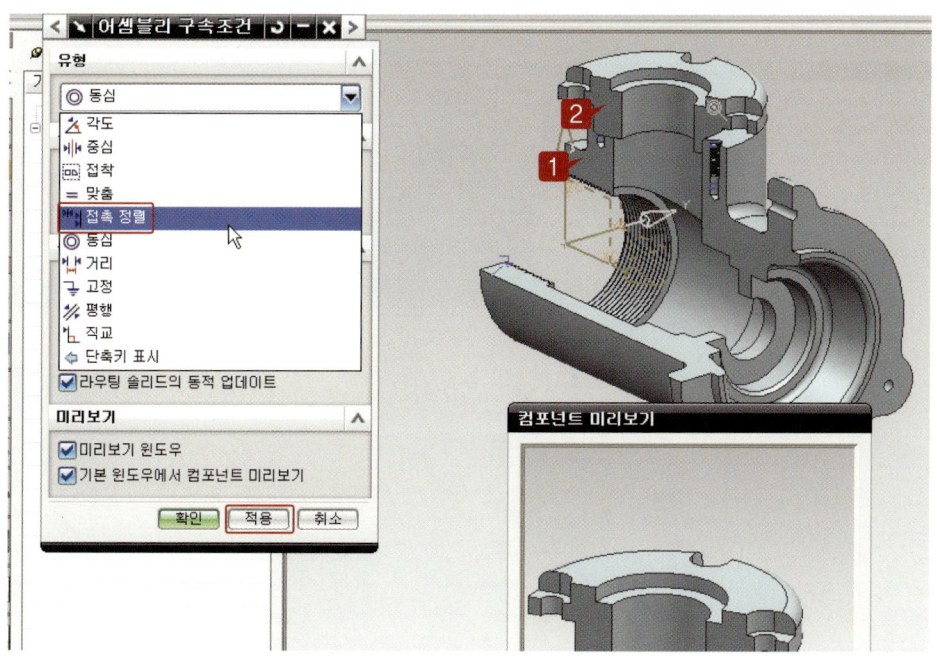

17) 그림처럼 조립을 확인한다.

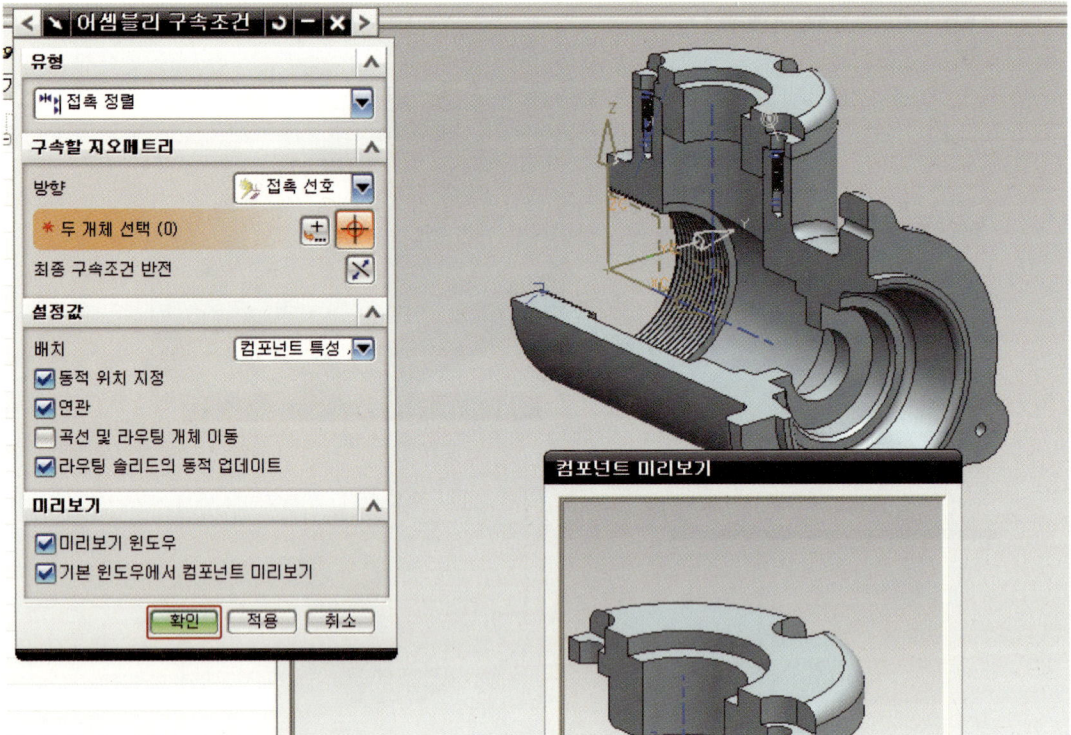

18) assembly 폴더에서 3번 부품을 클릭하고 OK한다.

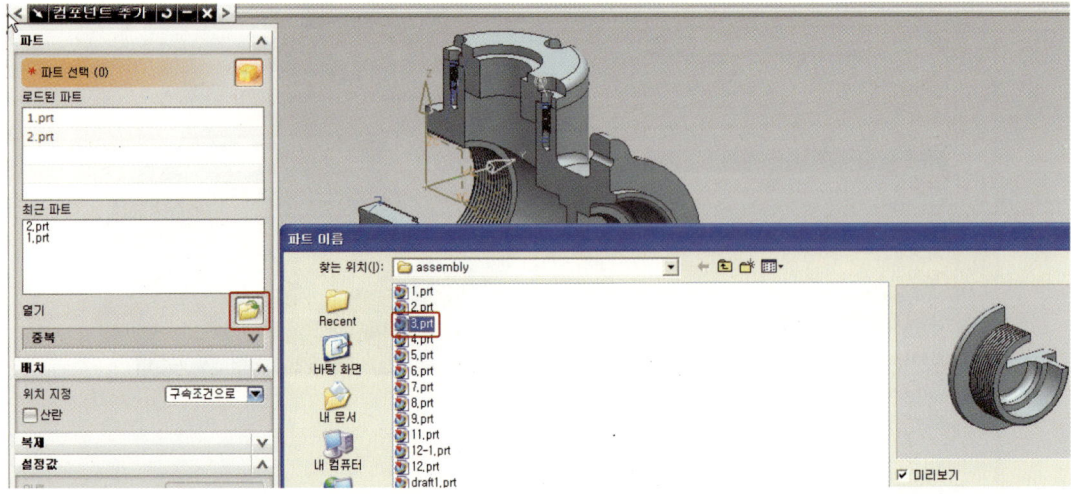

CHAPTER 4 | 편심왕복장치 조립품작성 따라하기

19) 배치를 구속조건으로 설정하고 설정 값은 그림처럼 설정한다.

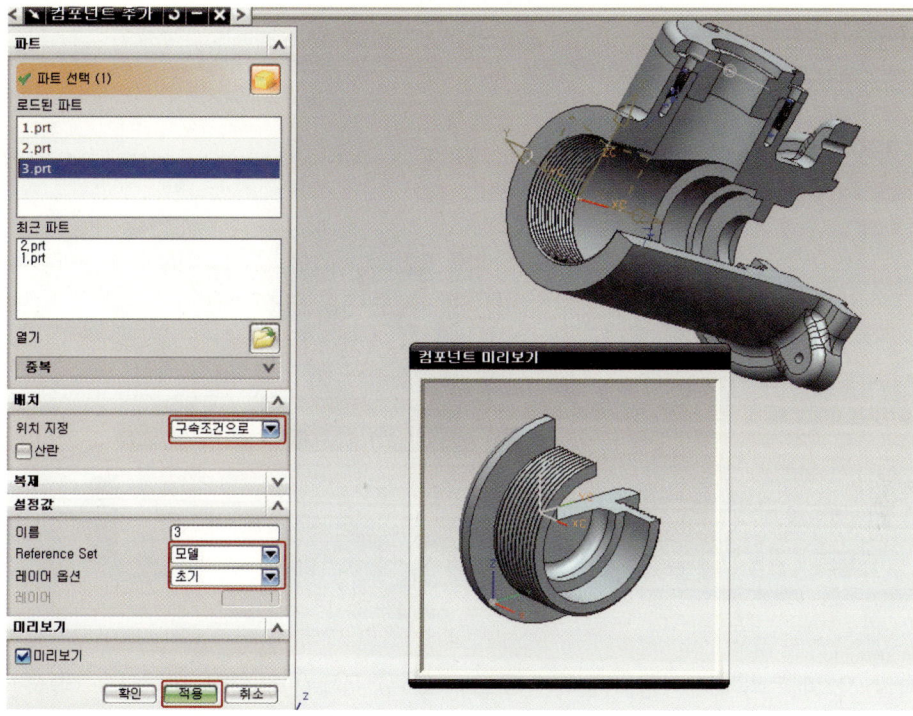

20) 유형을 동심으로 하고 1번 부품 ①과 3번 부품 ②를 선택하고 적용한다.

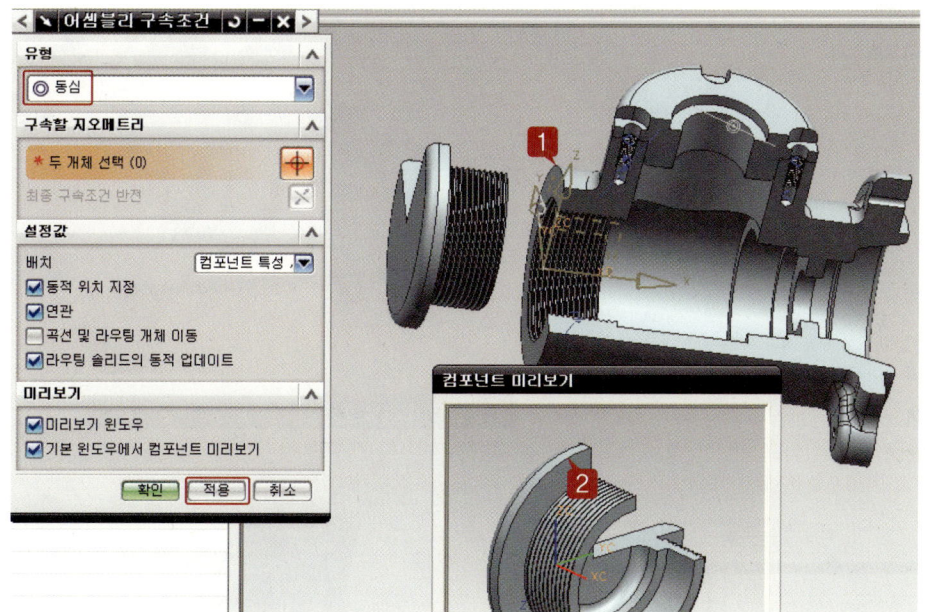

21) MB1을 이용하여 3번 부품 ①을 조립도방향으로 돌린다.

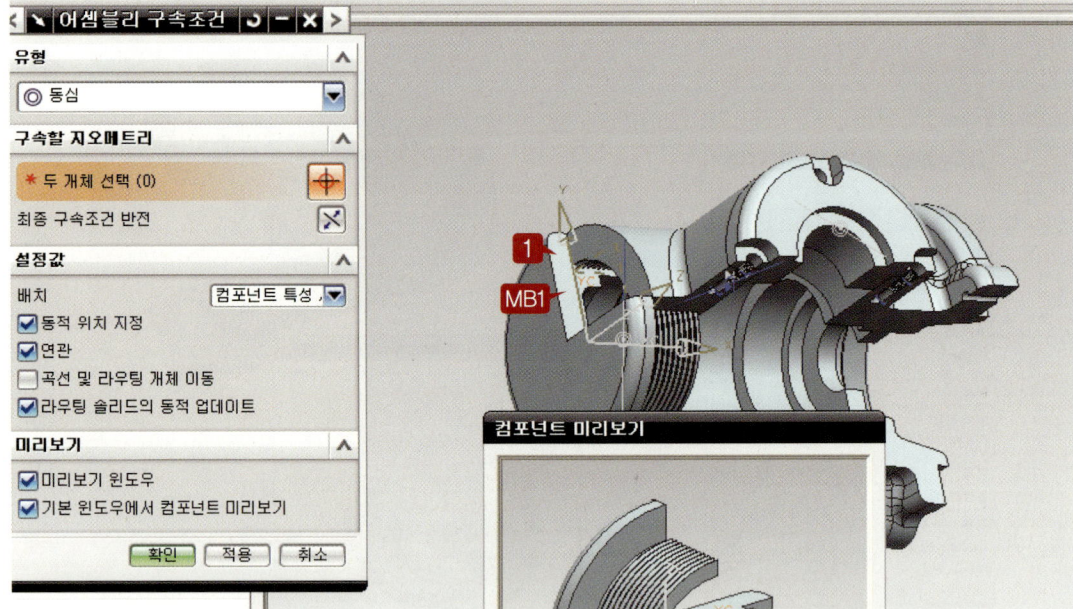

22) 구속할 지오메트리에서 방향을 접촉 선호로 하고 두 객체 ①과 ②를 선택하고 적용한다.

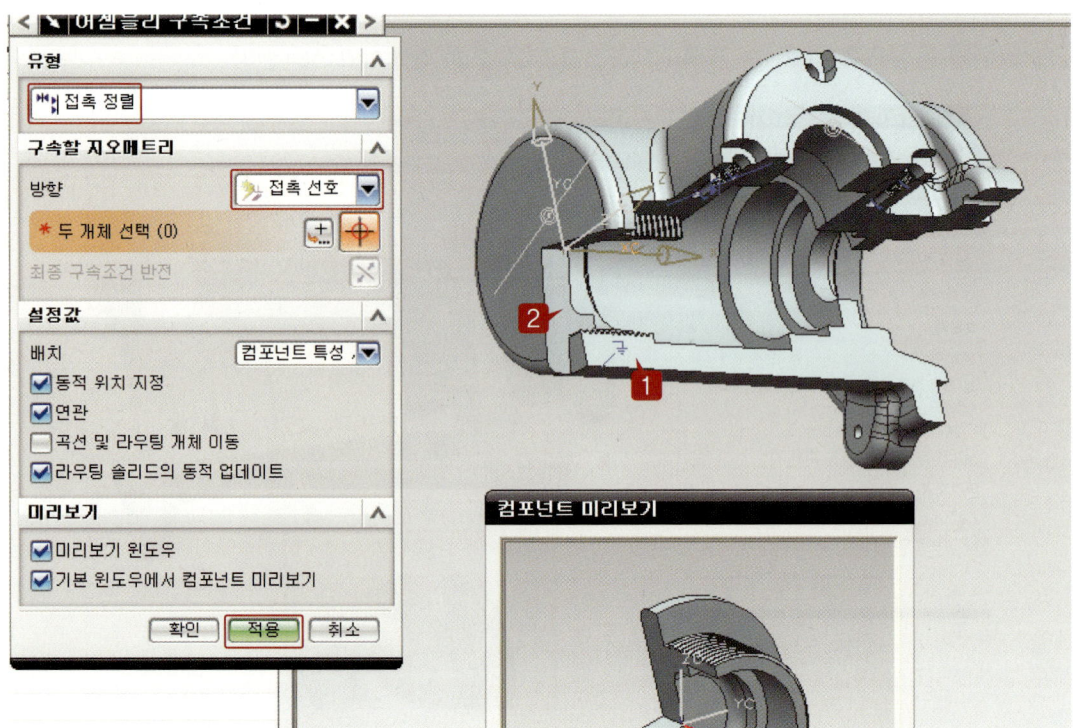

CHAPTER 4 | 편심왕복장치 조립품작성 따라하기

23) 그림처럼 조립을 확인한다.

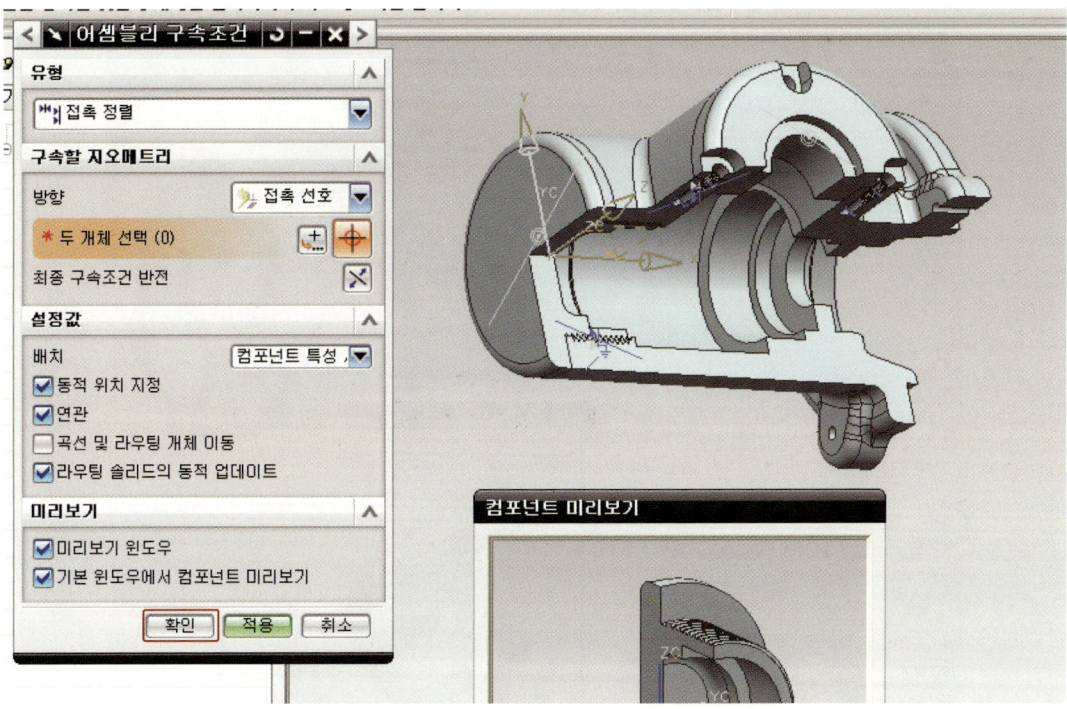

24) assembly 폴더에서 4번 부품을 클릭하고 OK한다.

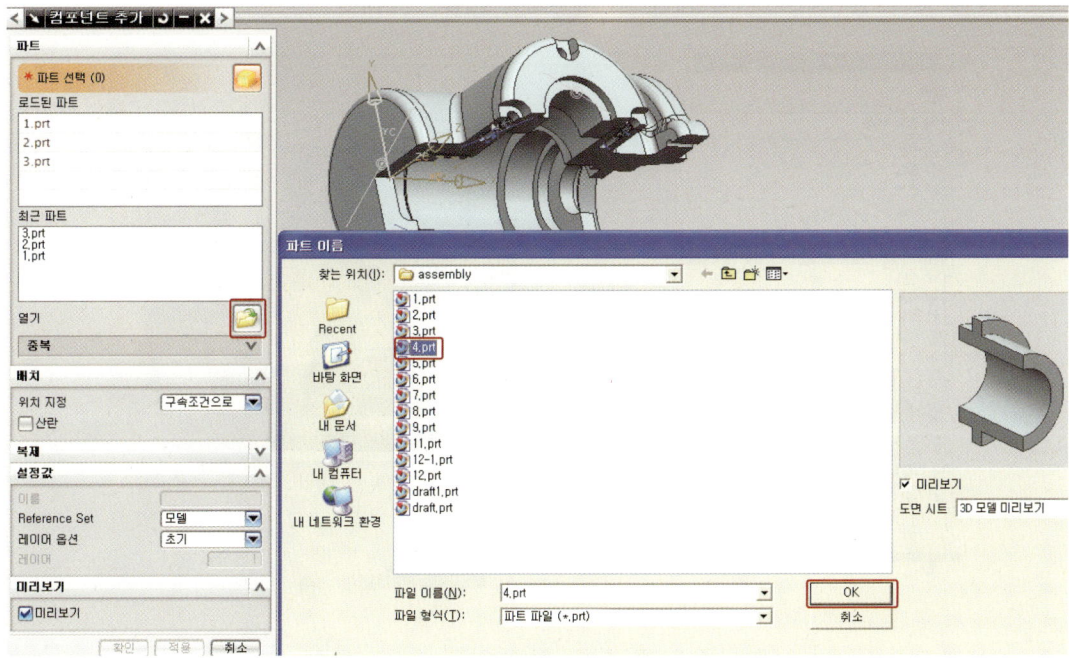

25) 그림처럼 설정하고 적용한다.

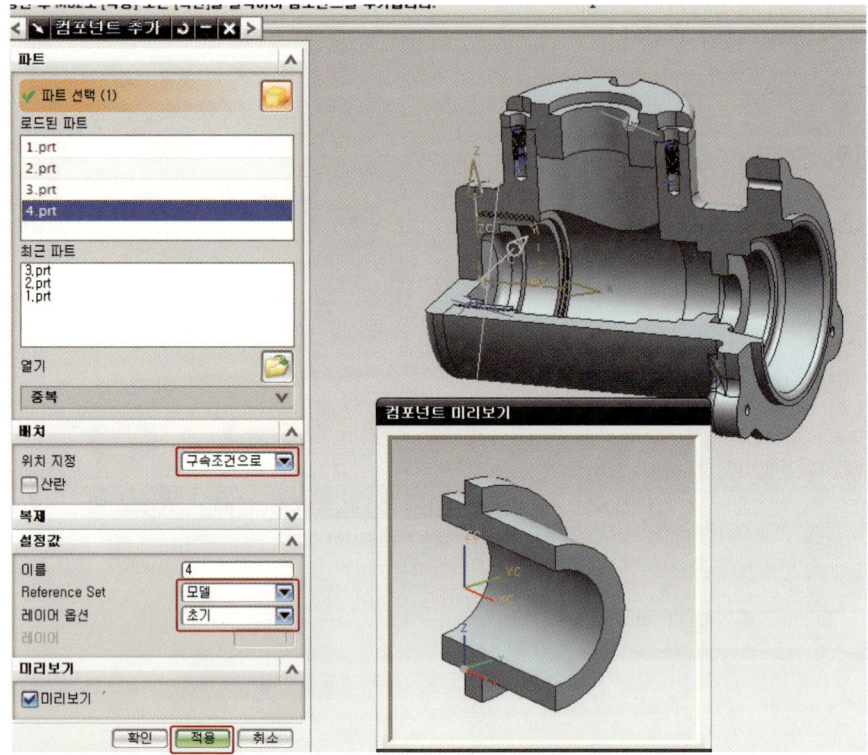

26) 유형을 동심으로 하고 2번 부품 ① 과 4번 부품 ②를 선택하고 적용한다.

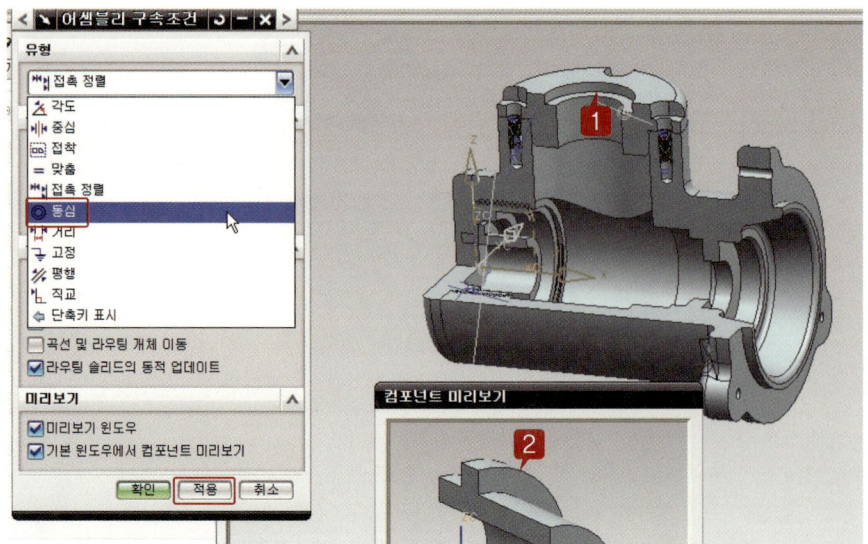

CHAPTER 4 | 편심왕복장치 조립품작성 따라하기

27) MB1을 이용하여 4번 부품 ①을 조립도방향으로 돌린다.

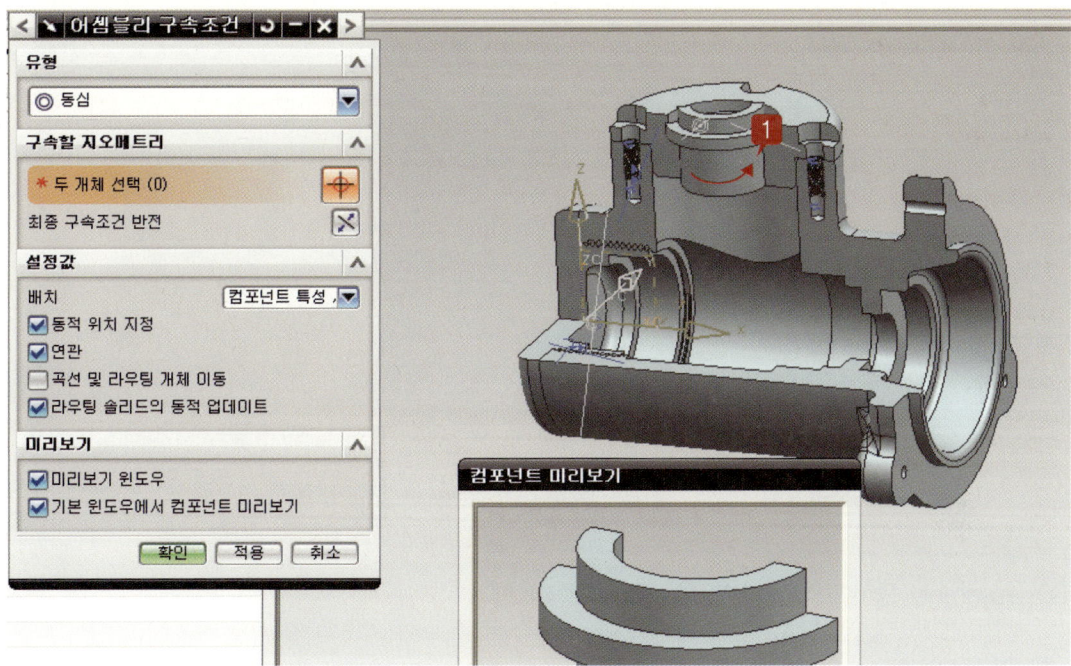

28) 유형를 접촉 정렬로 방향을 접촉 선호로 설정하고 두 객체 ①과 ②를 선택하고 적용한다.

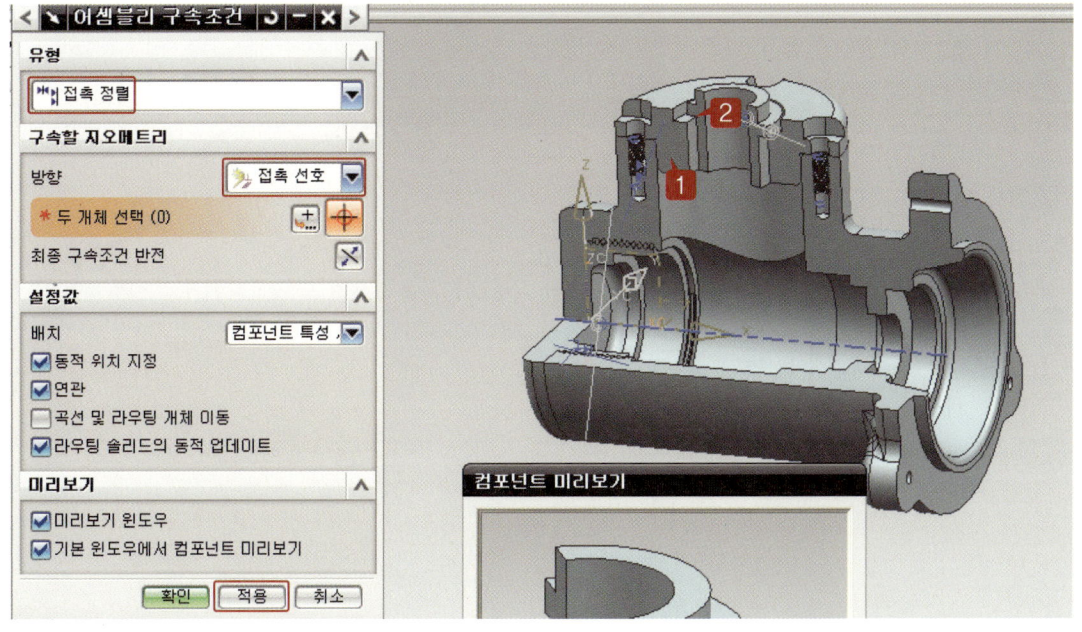

29) 그림처럼 확인한다.

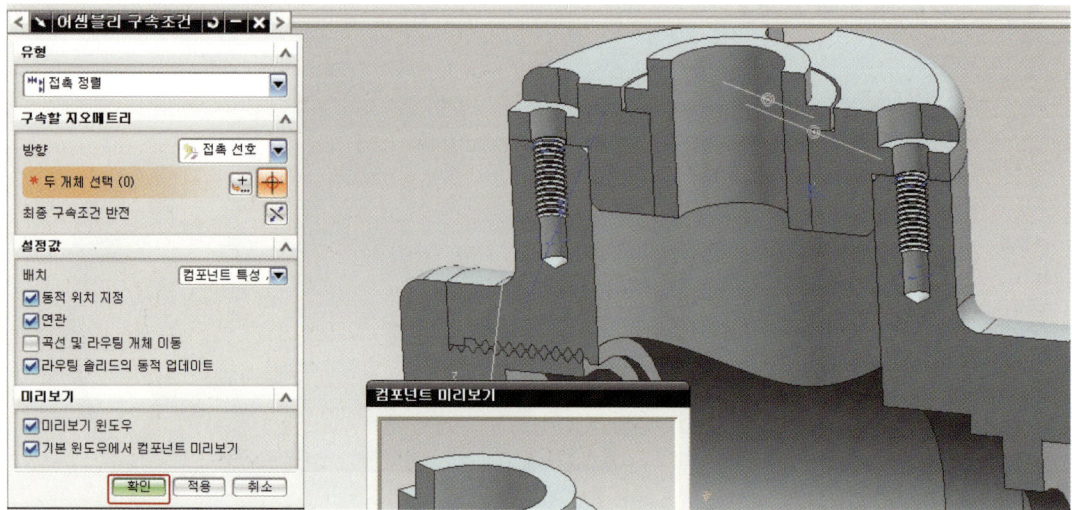

30) assembly 폴더에서 5번 부품을 클릭하고 OK한다.

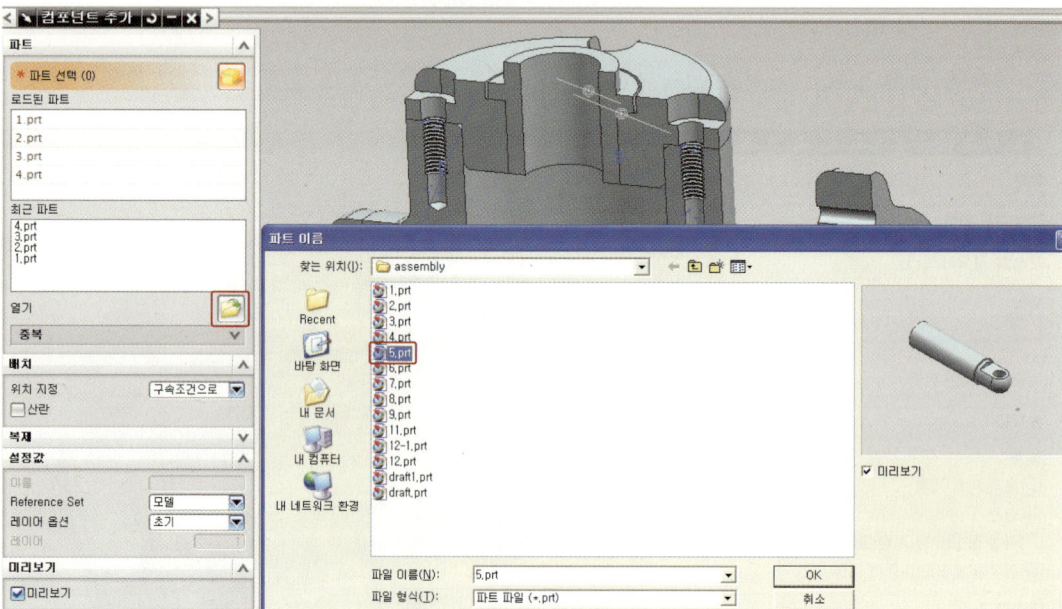

CHAPTER 4 | 편심왕복장치 조립품작성 따라하기

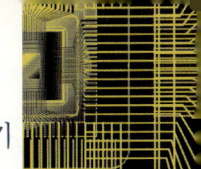

31) 그림처럼 설정을 확인하고 적용한다.

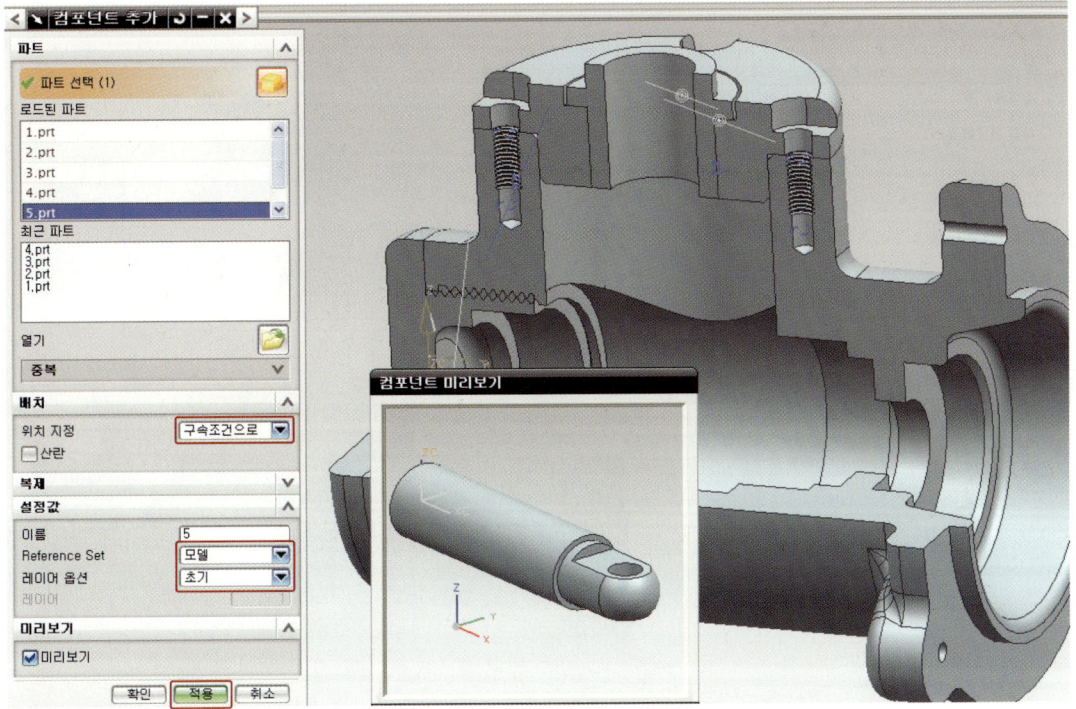

32) 유형를 접촉 정렬로 방향을 접촉 선호로 설정하고 두 객체 ①과 ②를 선택하고 적용한다.

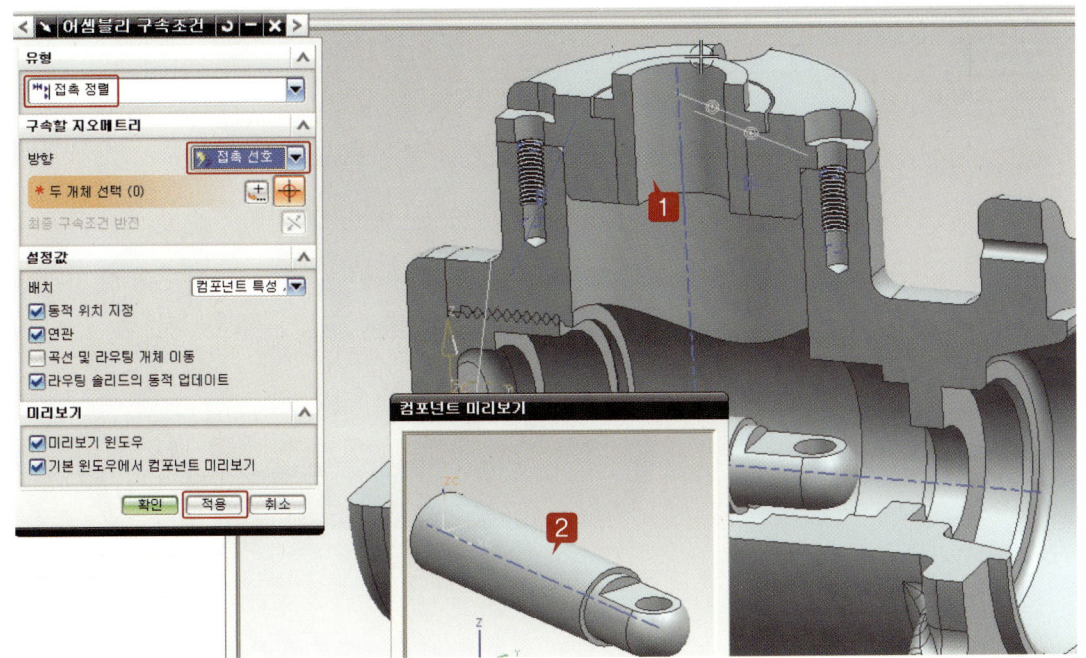

33) MB1을 이용하여 5번 부품 ①을 조립도방향으로 위로 올린다.

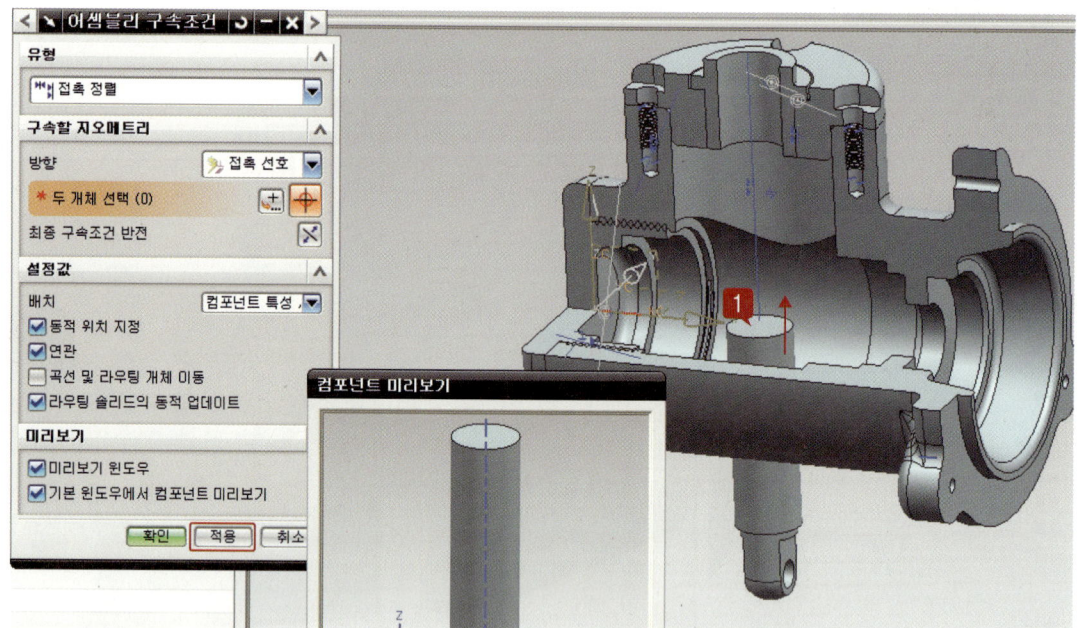

34) 그림처럼 확인한다.

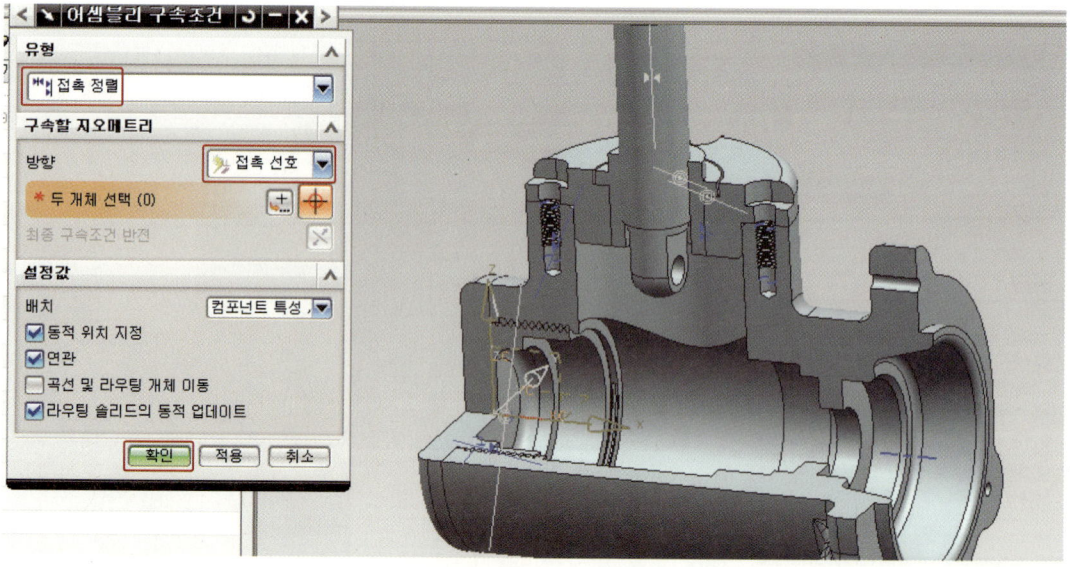

CHAPTER 4 | 편심왕복장치 조립품작성 따라하기

35) assembly 폴더에서 6번 부품을 클릭하고 OK한다.

36) 그림처럼 설정을 확인하고 적용한다.

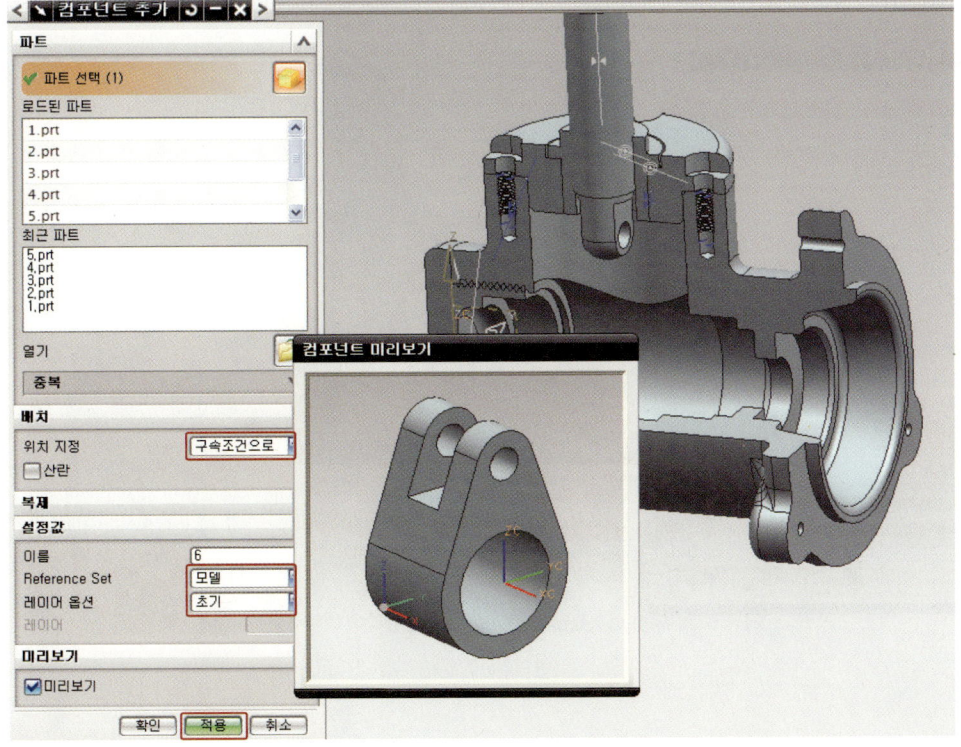

37) 유형를 동심으로 설정하고 두 객체 ①과 ②를 선택하고 적용한다. 반대구멍에도 반복한다.

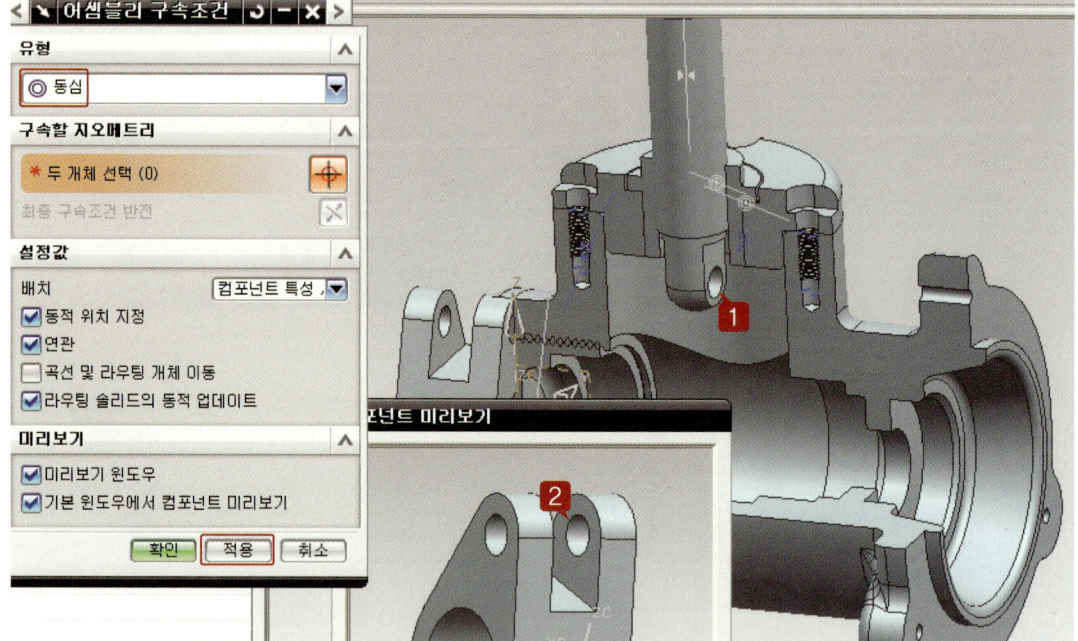

38) 그림처럼 확인한다.

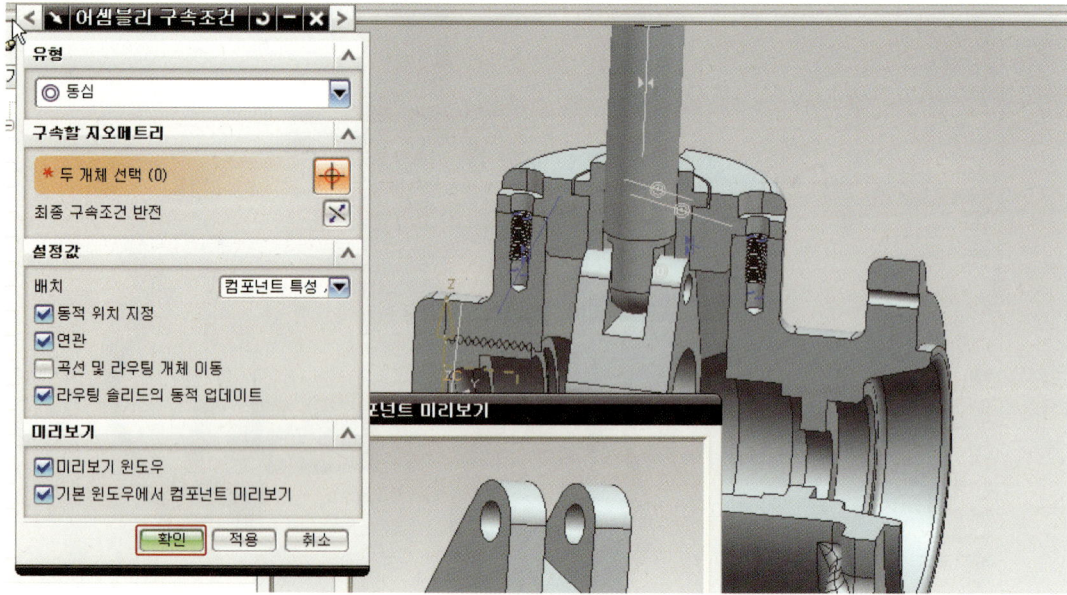

CHAPTER 4 | 편심왕복장치 조립품작성 따라하기

39) assembly 폴더에서 7번 부품을 클릭하고 OK한다.

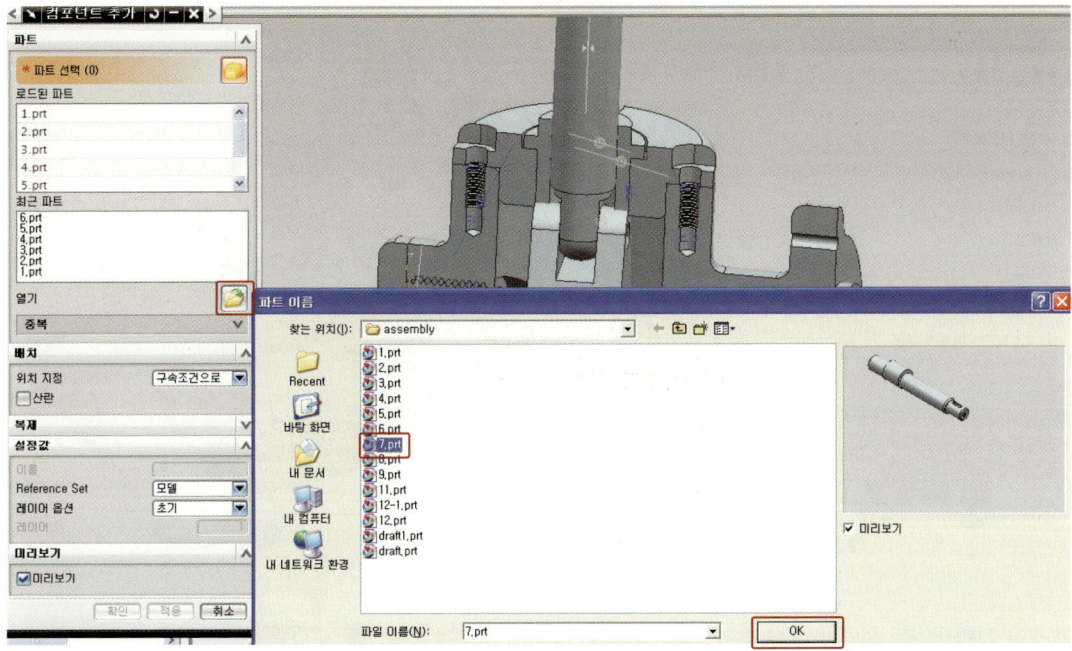

40) 유형를 동심으로 설정하고 두 객체 ①과 ②를 선택하고 적용한다.

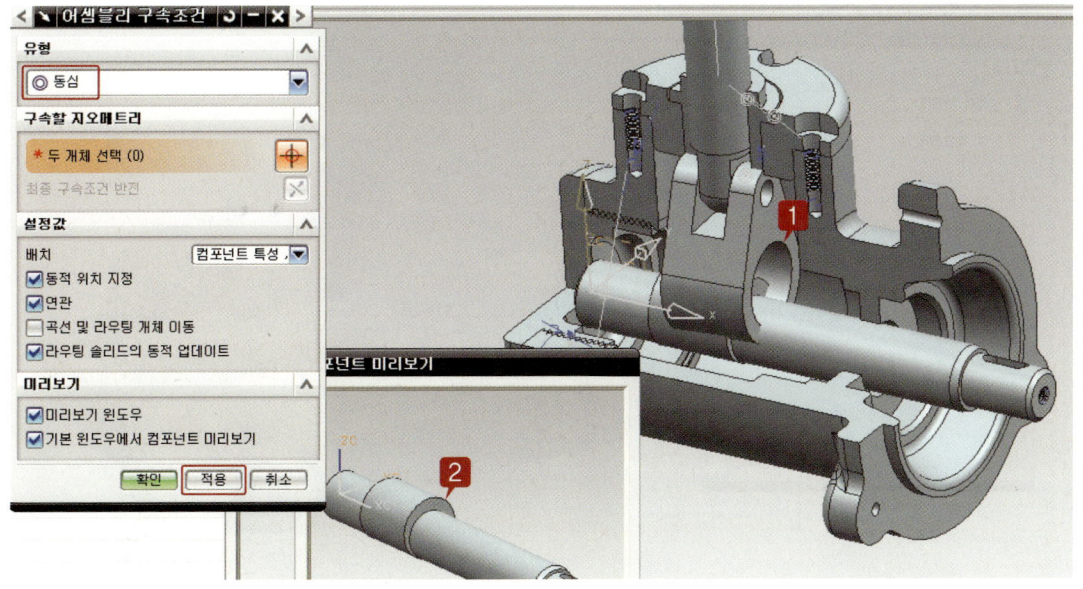

41) 그림처럼 확인하고 적용한다.

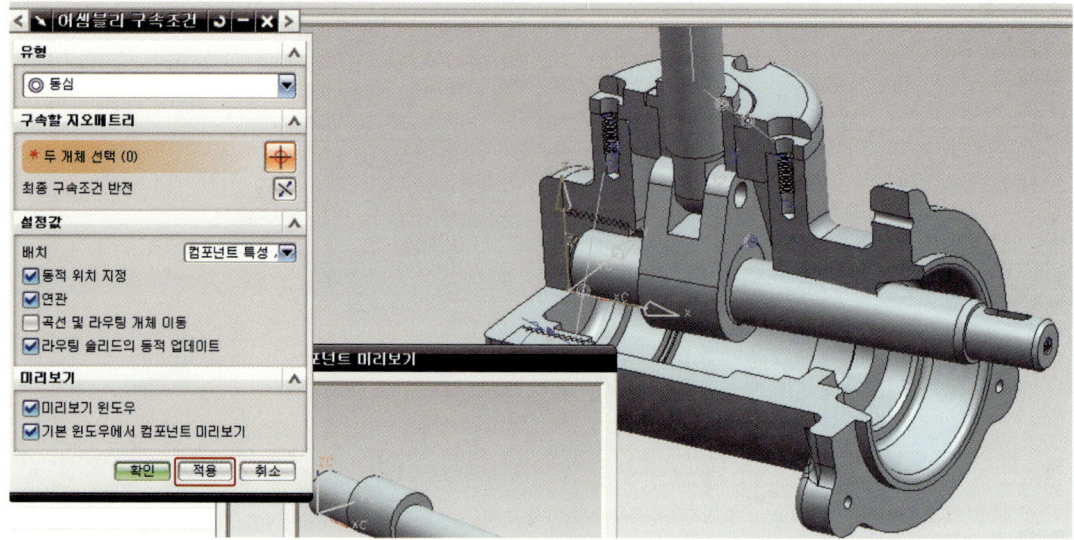

42) 유형를 접촉 정렬로 방향을 접촉 선호로 설정하고 1번 부품 중심 ①을 선택한다.

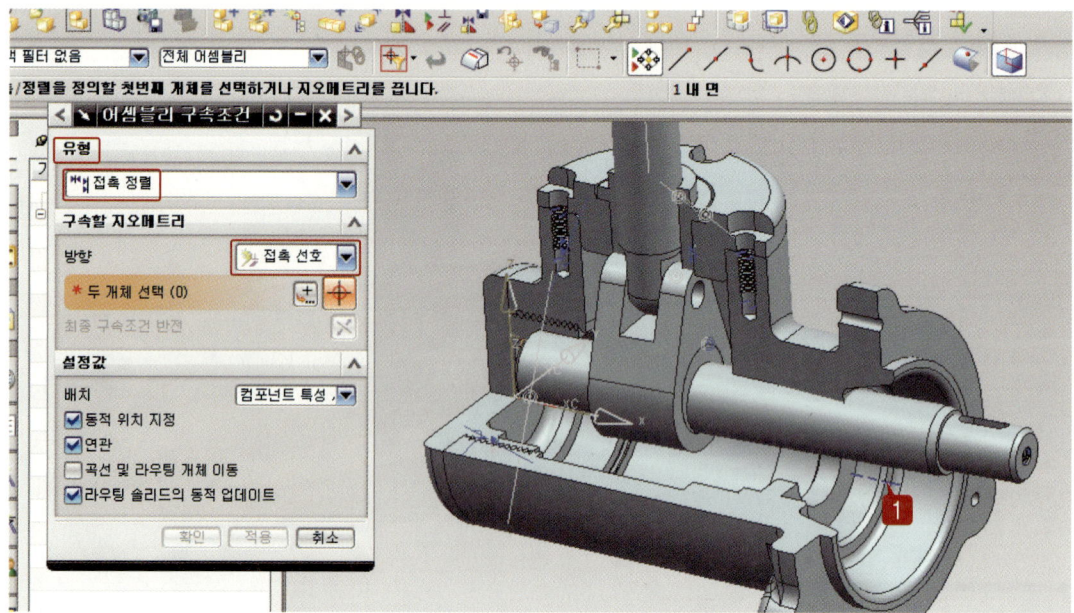

CHAPTER 4 | 편심왕복장치 조립품작성 따라하기

43) 다시 그림처럼 축 중심 ②를 선택하고 적용한다.

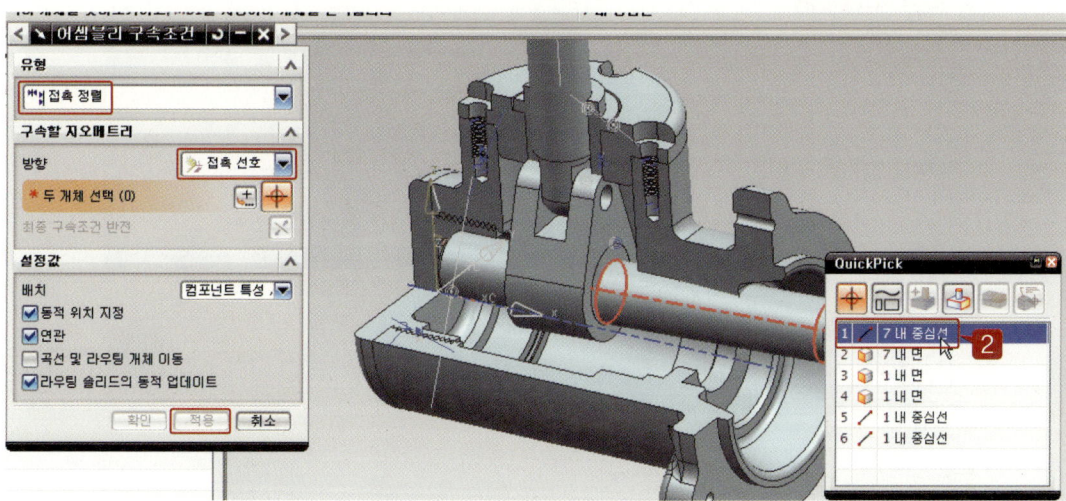

44) 그림처럼 확인한다.

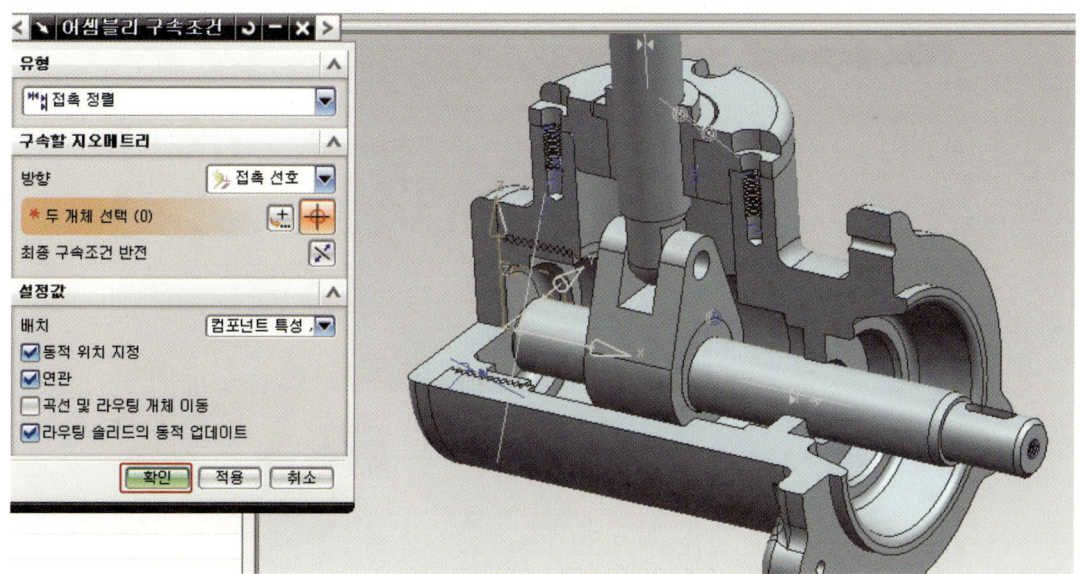

45) assembly 폴더에서 8번 부품을 클릭하고 OK한다.

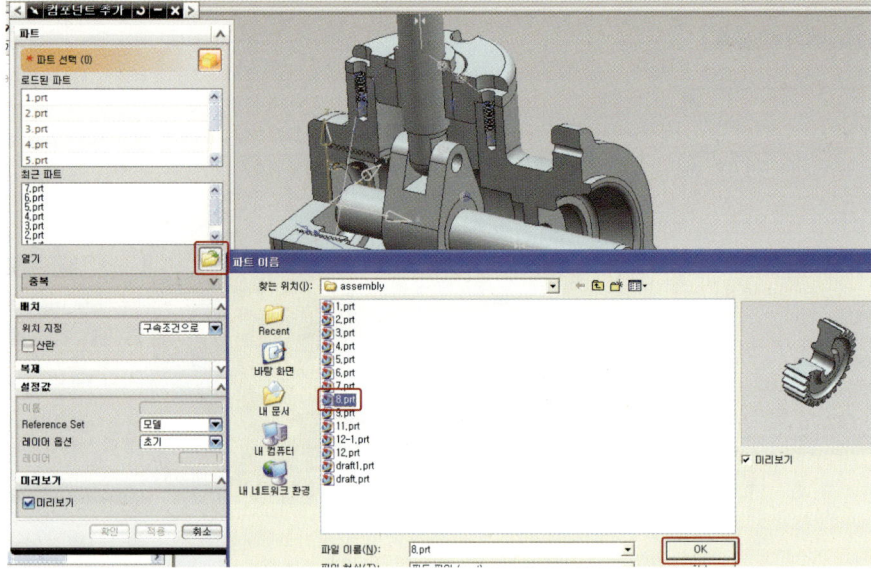

46) 그림처럼 설정을 확인하고 적용한다.

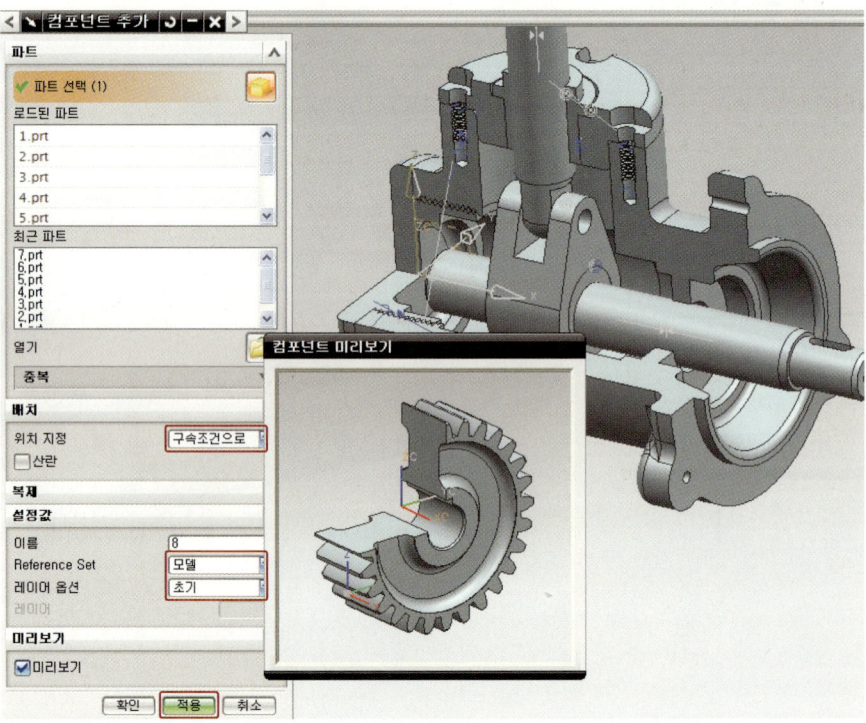

CHAPTER 4 | 편심왕복장치 조립품작성 따라하기

47) 유형를 동심으로 설정하고 축 ①을 선택한다.

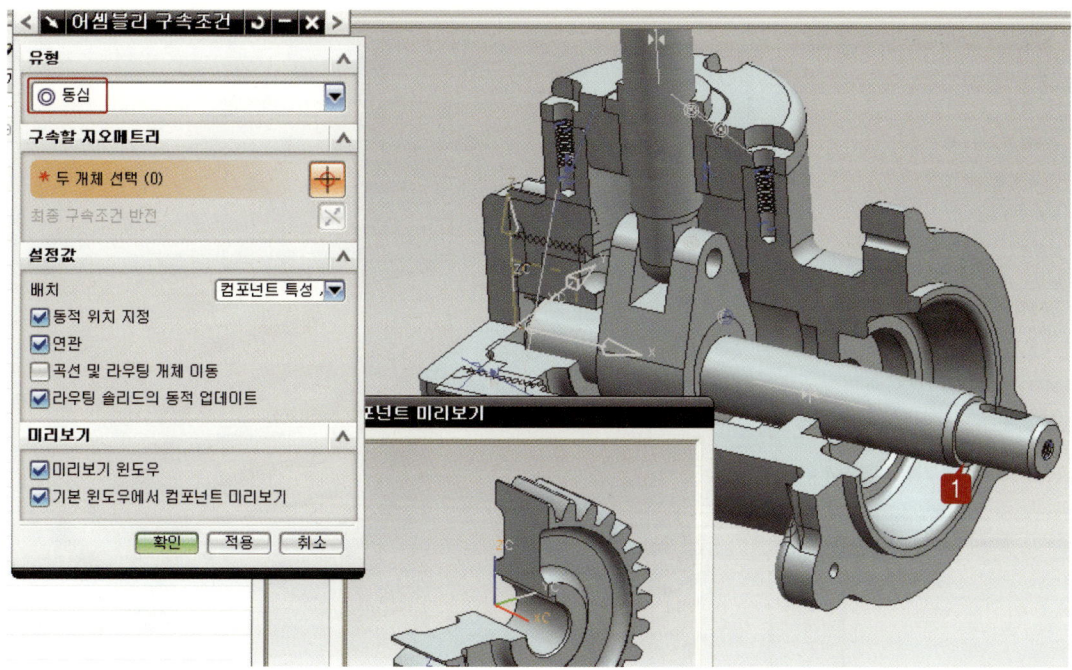

48) 유형를 동심으로 설정하고 스퍼기어 축 ②를 선택하고 적용한다.

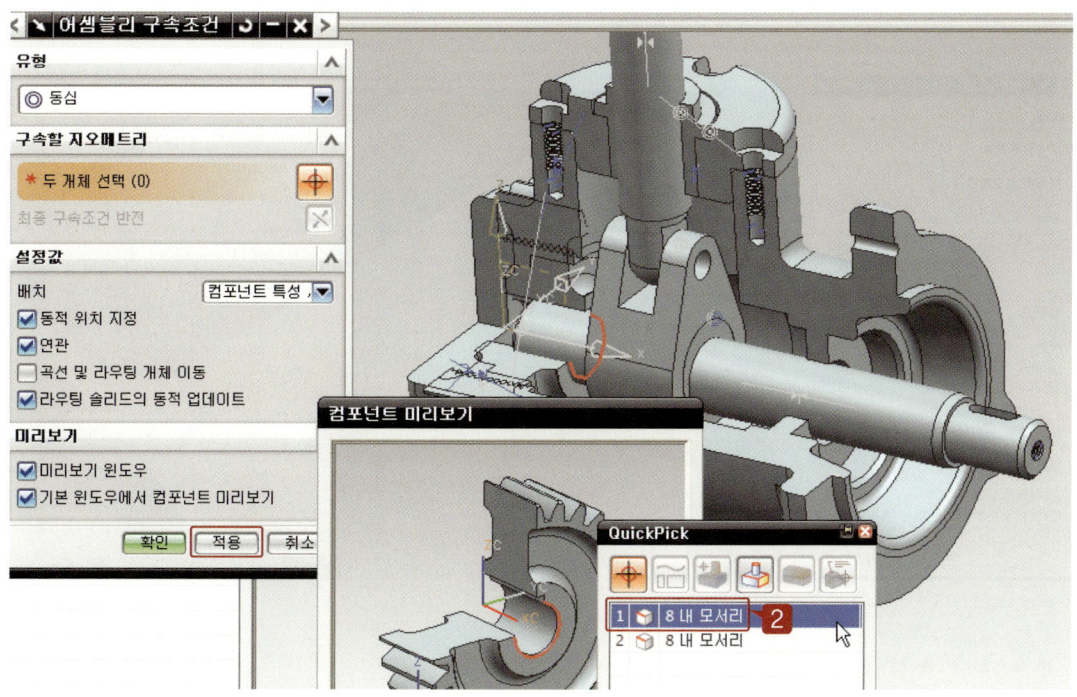

49) 그림처럼 조립상태를 확인하고 적용한다.

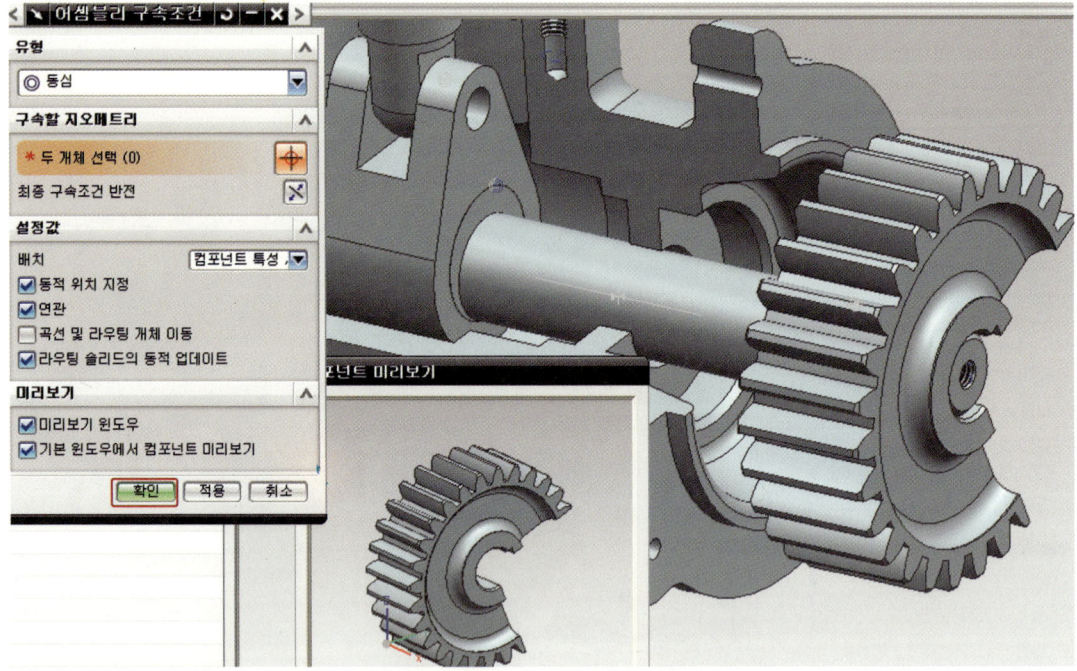

50) 그림처럼 MB1 버튼을 이용하여 스퍼기어를 돌린다.

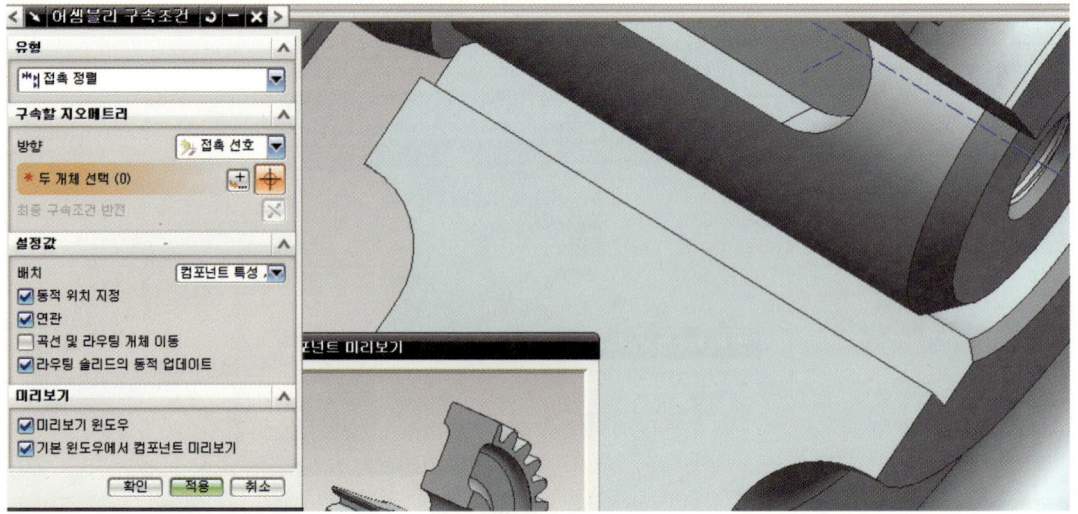

CHAPTER 4 | 편심왕복장치 조립품작성 따라하기

51) 키를 생성하기 위하여 그림처럼 축을 선택하고 MB3 버튼을 클릭하고 작업 파트 만들기를 클릭한다.

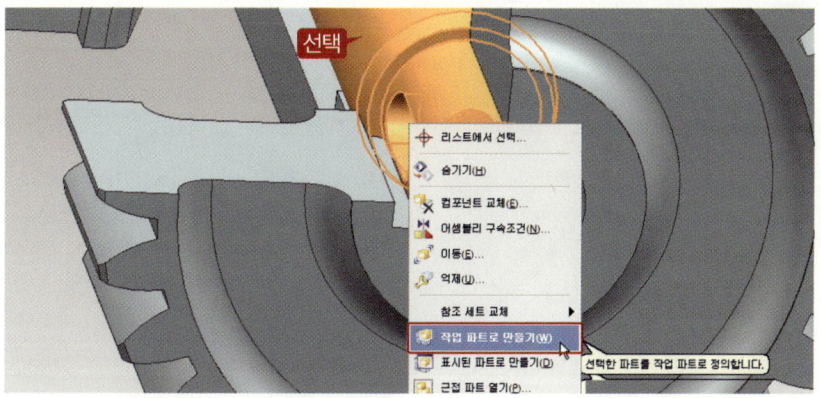

52) 유형은 평면상에서 스케치면 ①을 선택하고 확인한다.

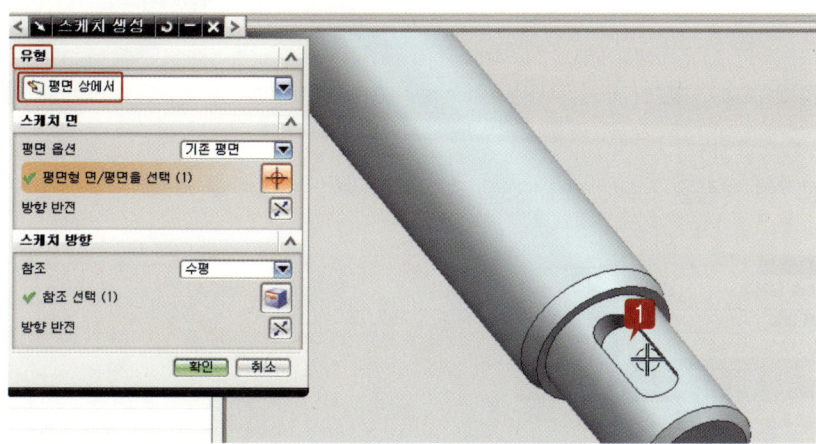

53) 곡선투영 ①을 클릭하고 곡선투영 ②를 선택하고 확인 하고 스케치를 종료한다.

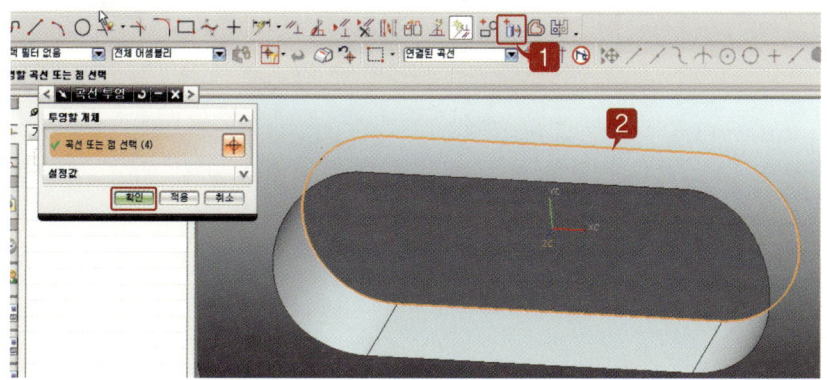

54) 돌출 아이콘을 클릭하고 단면곡선 ①을 클릭하고 높이 4mm 입력 후 확인한다.

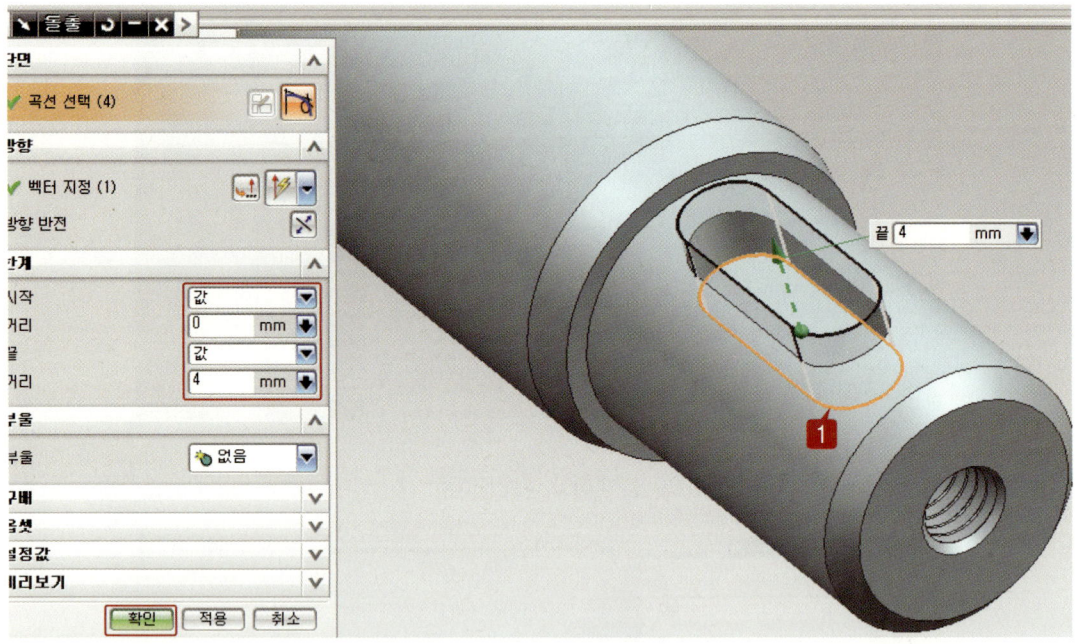

55) 그림처럼 7번 부품을 선택하고 MB3을 클릭하여 부모표시에 assy를 더블 클릭한다.

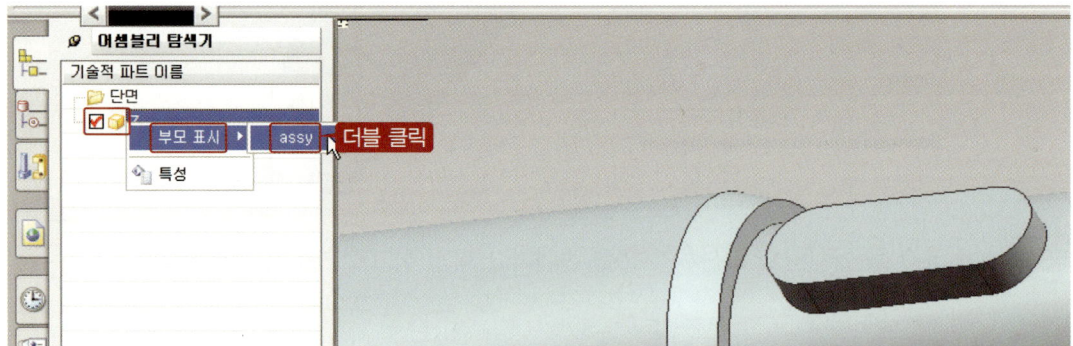

CHAPTER 4 | 편심왕복장치 조립품작성 따라하기

56) 그림처럼 확인한다.

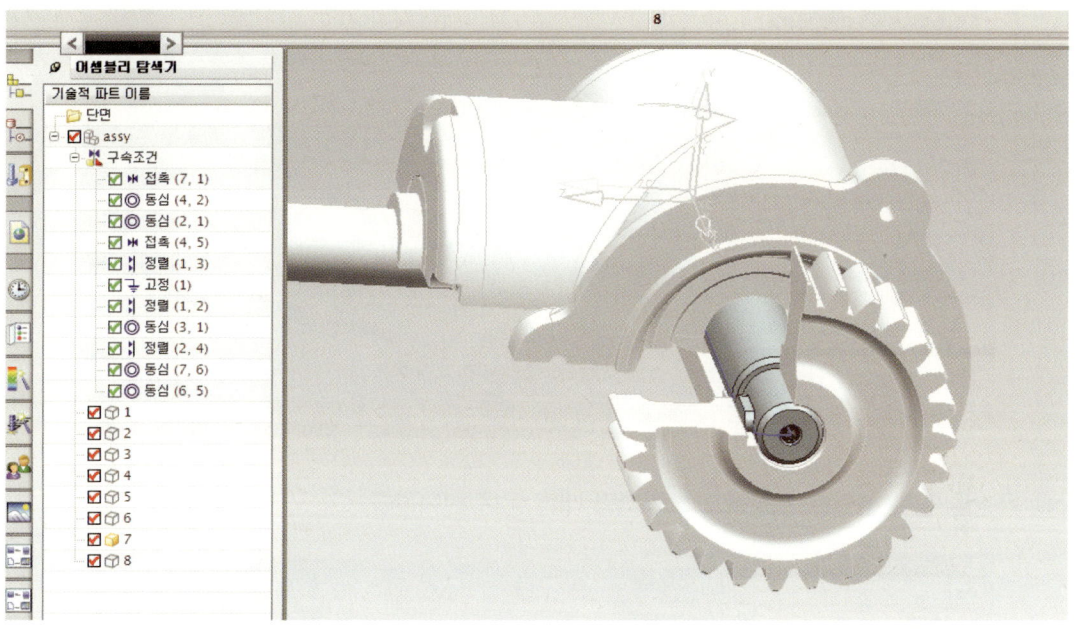

57) 어셈블리에 컴포넌트에 어셈블리 구속조건( )을 클릭하고 유형를 동심으로 설정하고 두 객체 ②와 ③을 선택하고 적용한다.

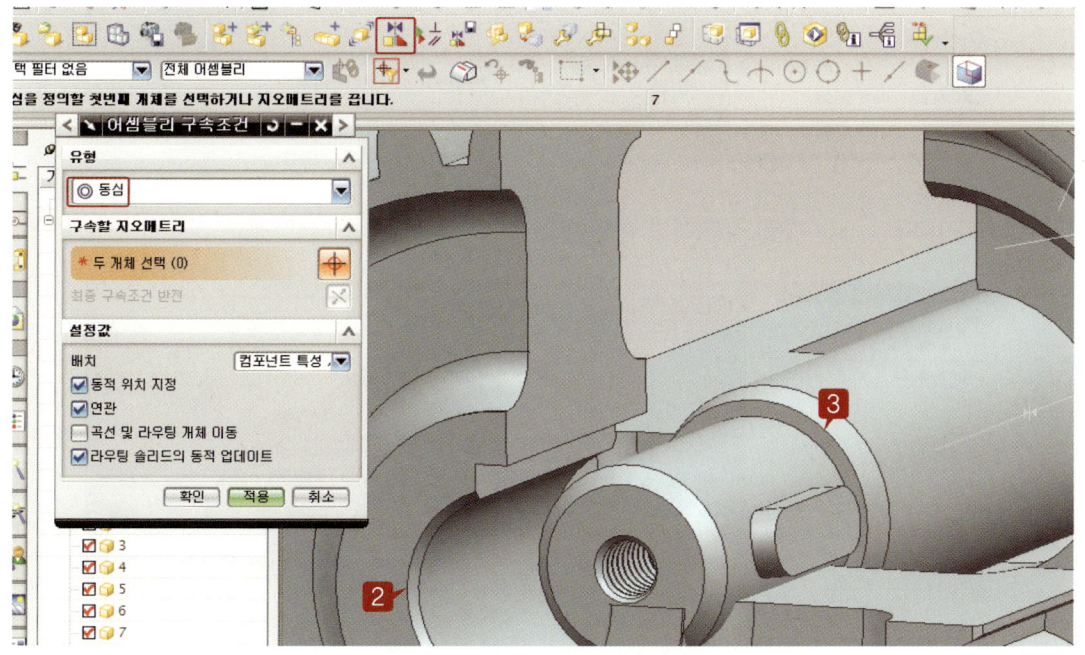

58) 그림처럼 조립을 확인하고

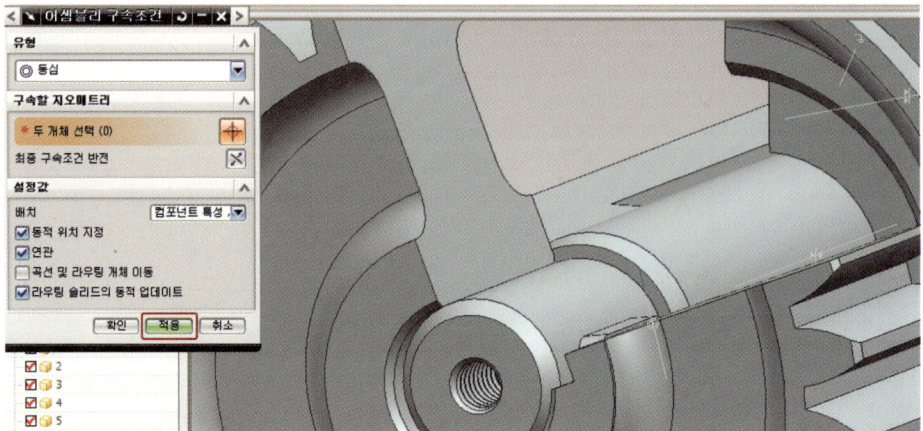

59) 유형을 접촉 정렬로 설정하고 그림처럼 내면 ①을 선택한다.

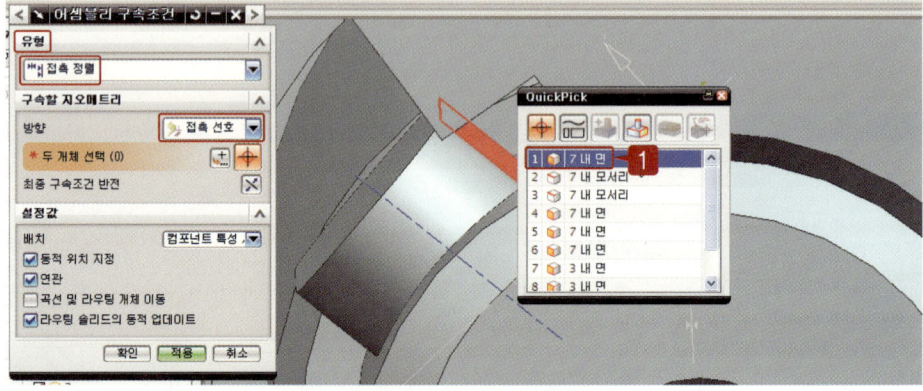

60) 그림처럼 다시 내면 ②를 선택하고 확인한다.

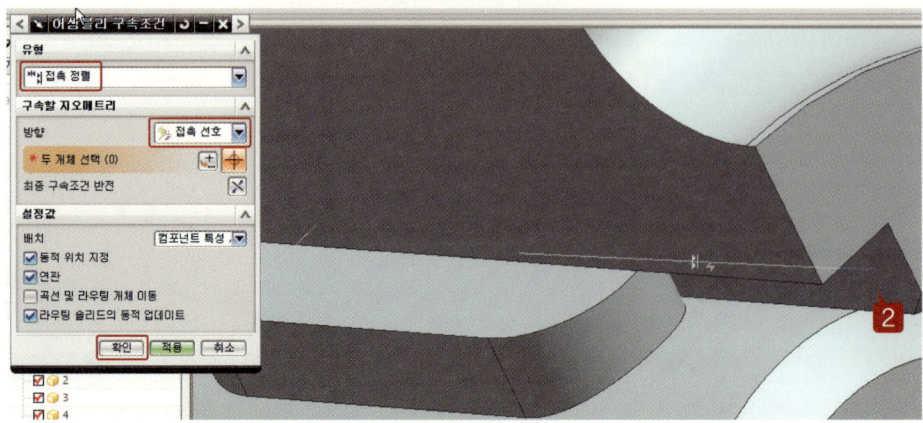

CHAPTER 4 | 편심왕복장치 조립품작성 따라하기

61) assembly 폴더에서 9번 부품을 클릭하고 OK한다.

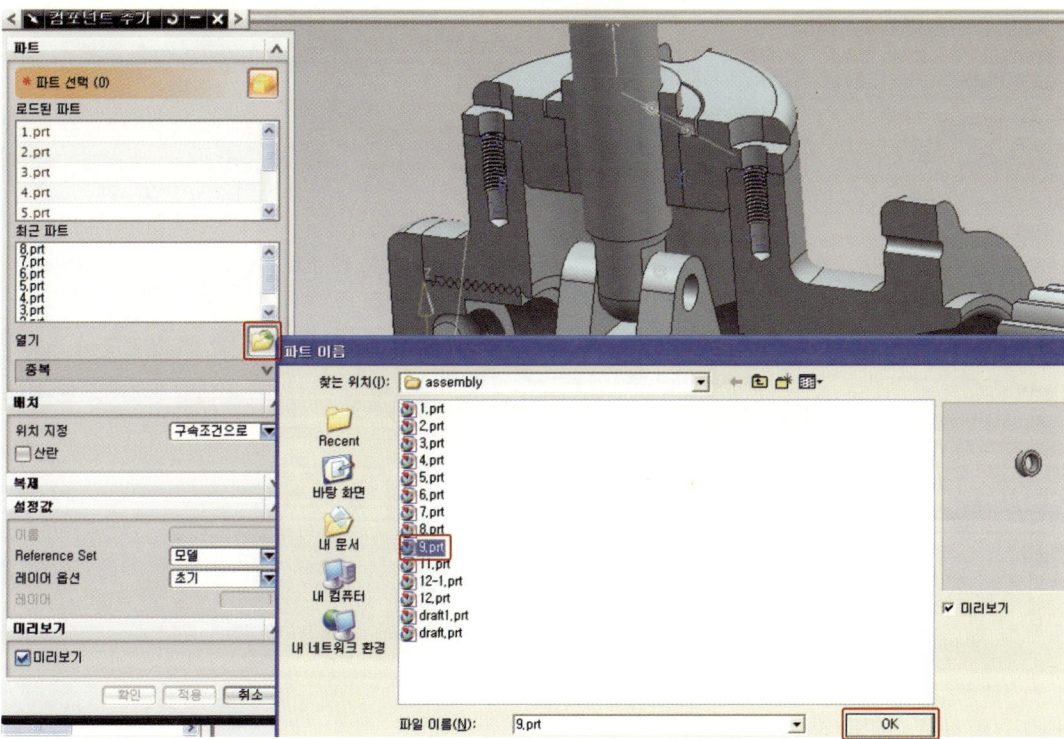

62) 그림처럼 설정을 확인한다.

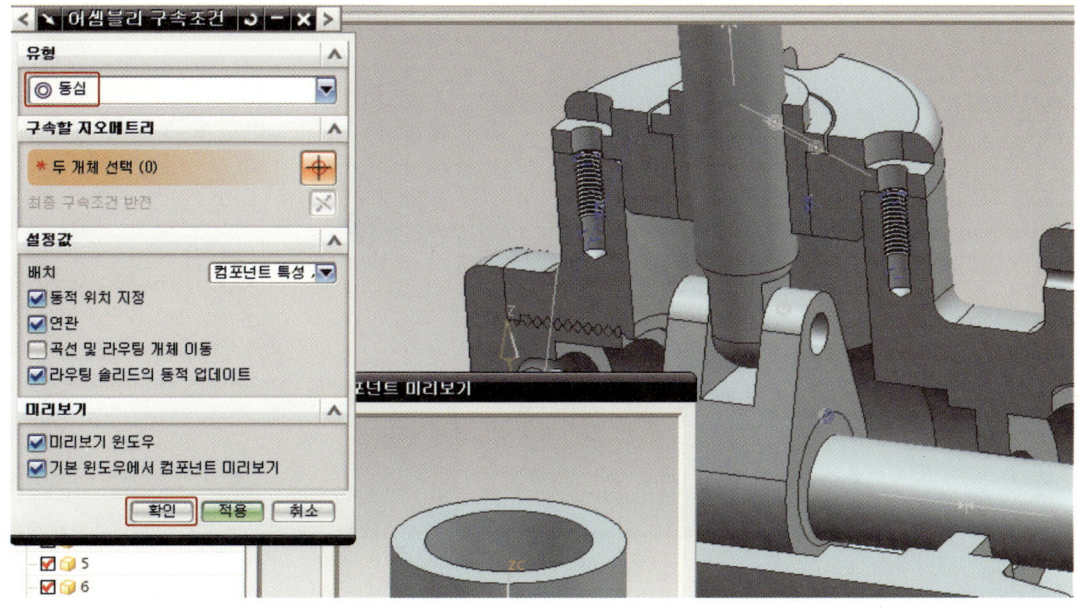

63) 그림에서 축 ①과 9번 부품 ②를 선택하고 적용한다.

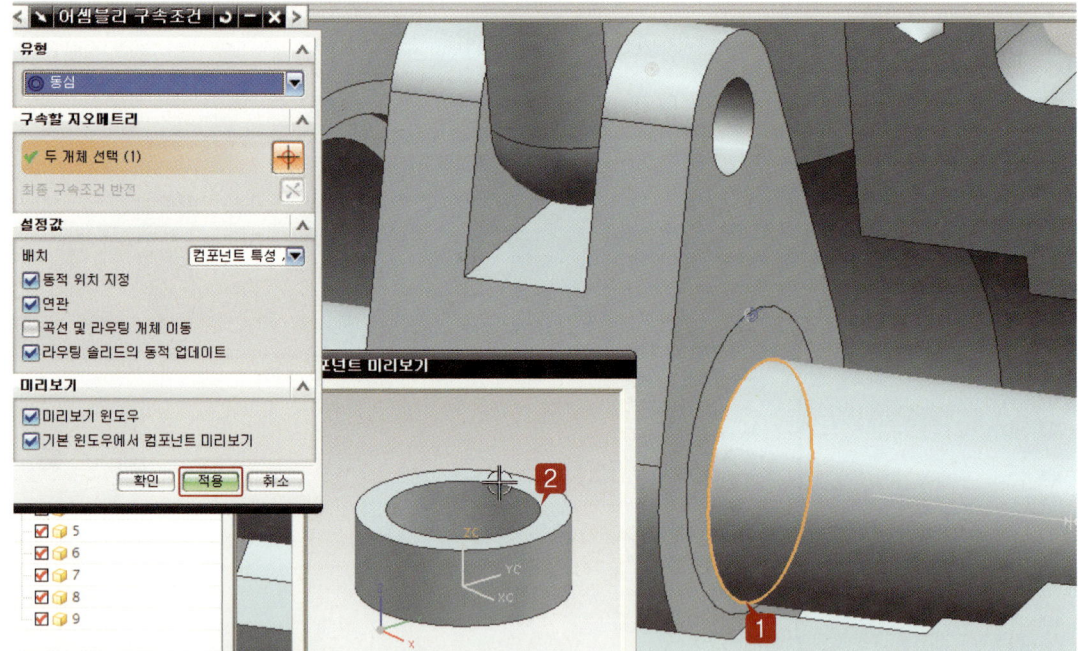

64) 그림처럼 조립을 확인한다.

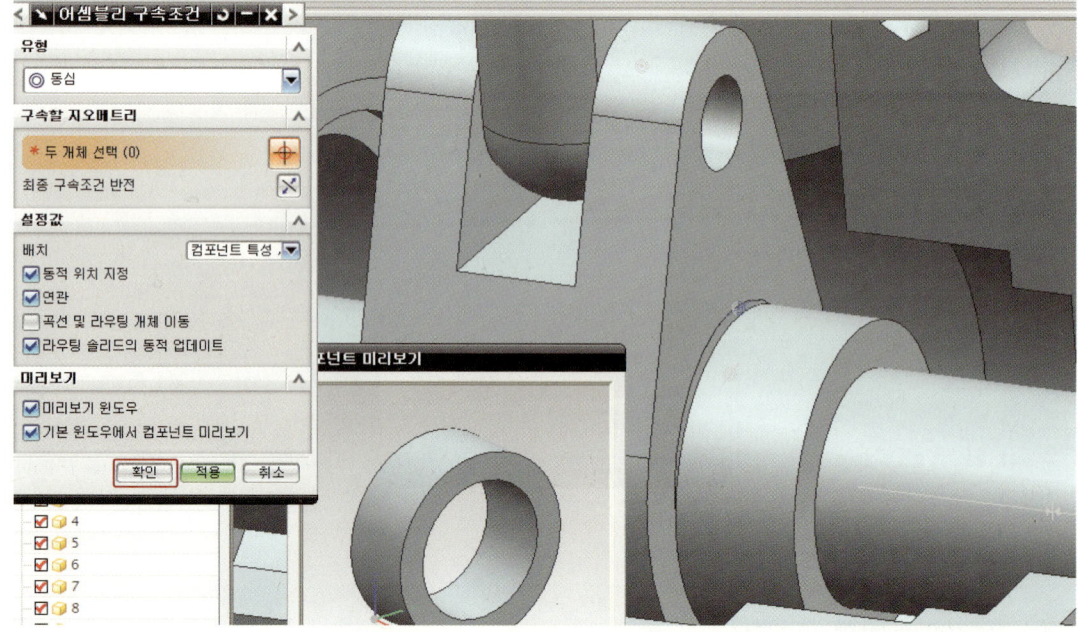

CHAPTER 4 | 편심왕복장치 조립품작성 따라하기

65) assembly 폴더에서 다시한번 9번 부품을 클릭하고 OK한다.

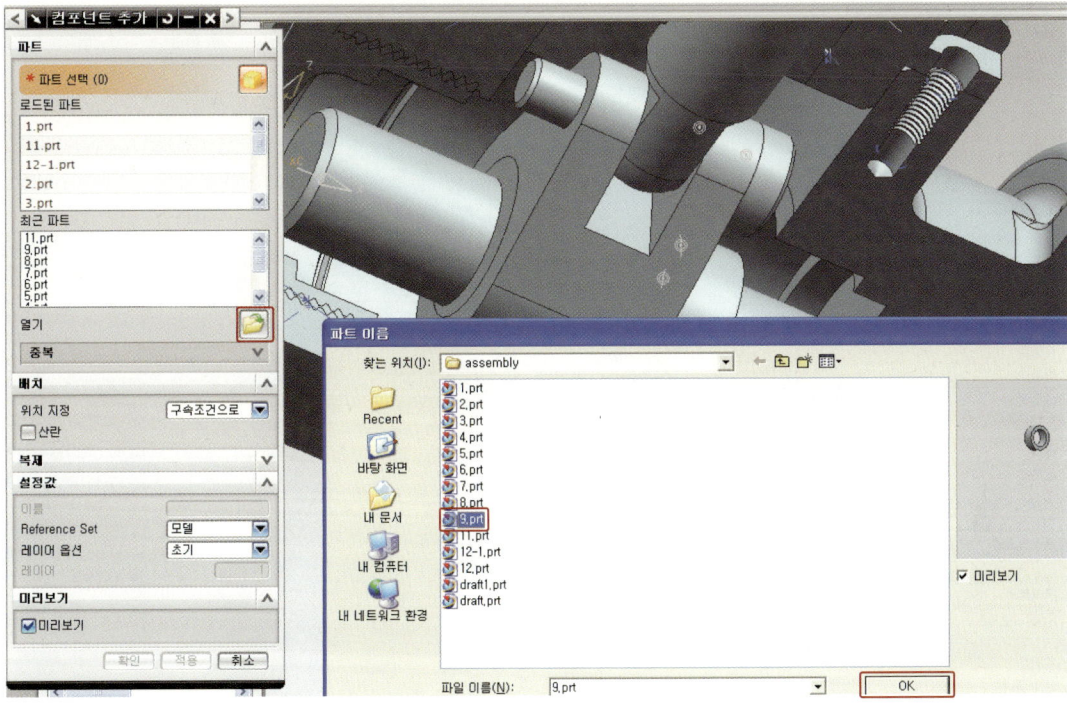

66) 위와 같은 방법으로 축과 9번 부품 ②를 선택하고 적용한다.

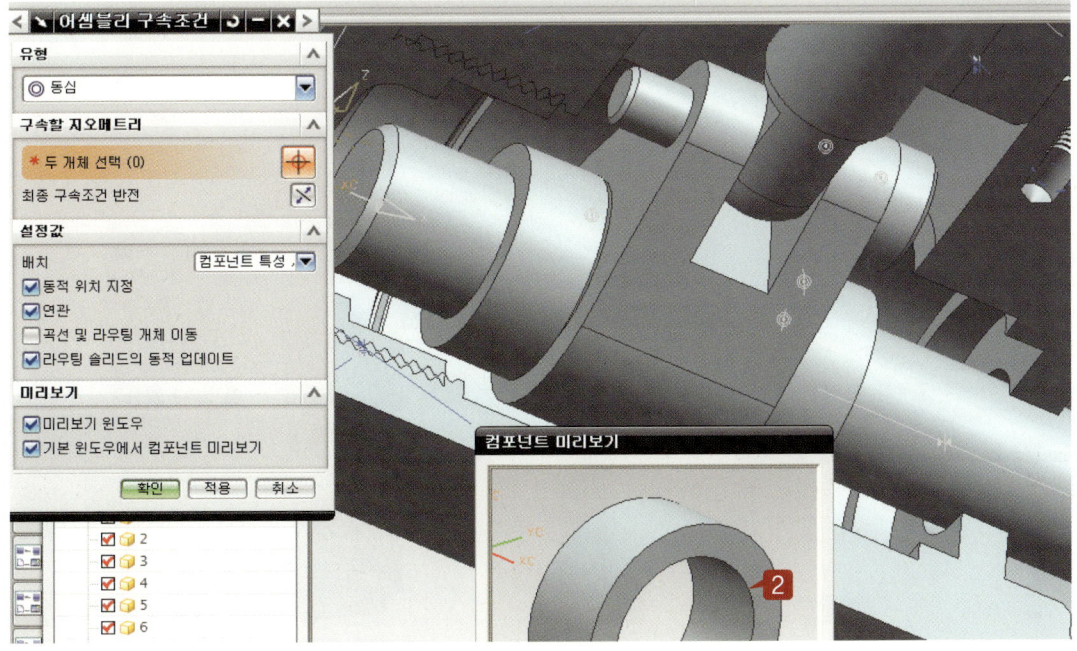

67) assembly 폴더에서 11번 부품을 클릭하고 OK한다.

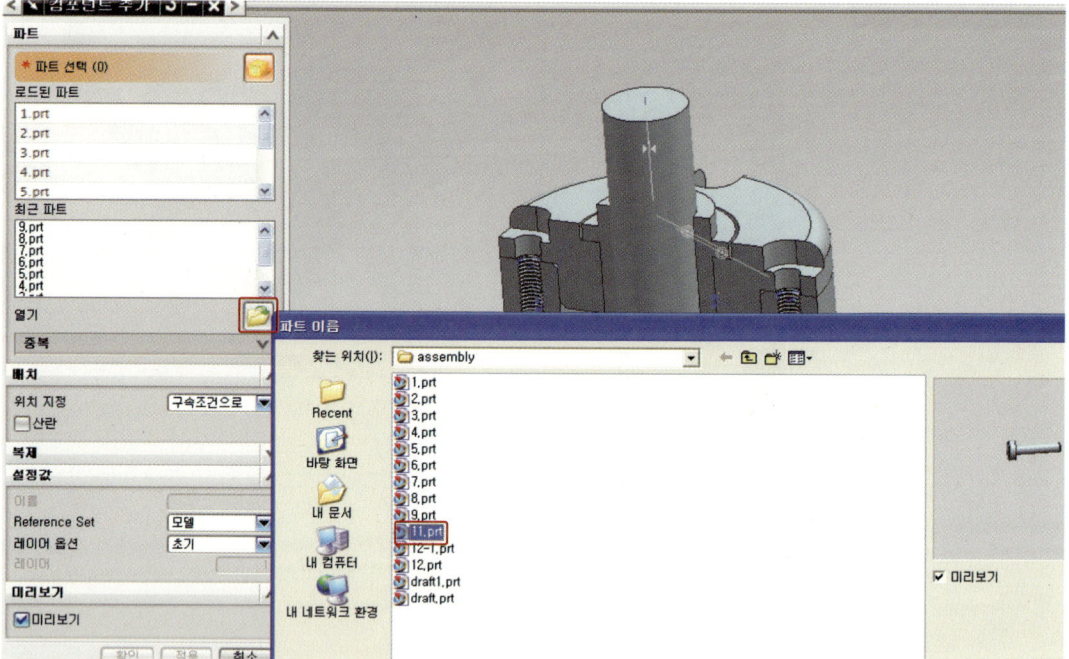

68) 동심으로 설정하고 ①과 ②를 선택하고 적용한다.

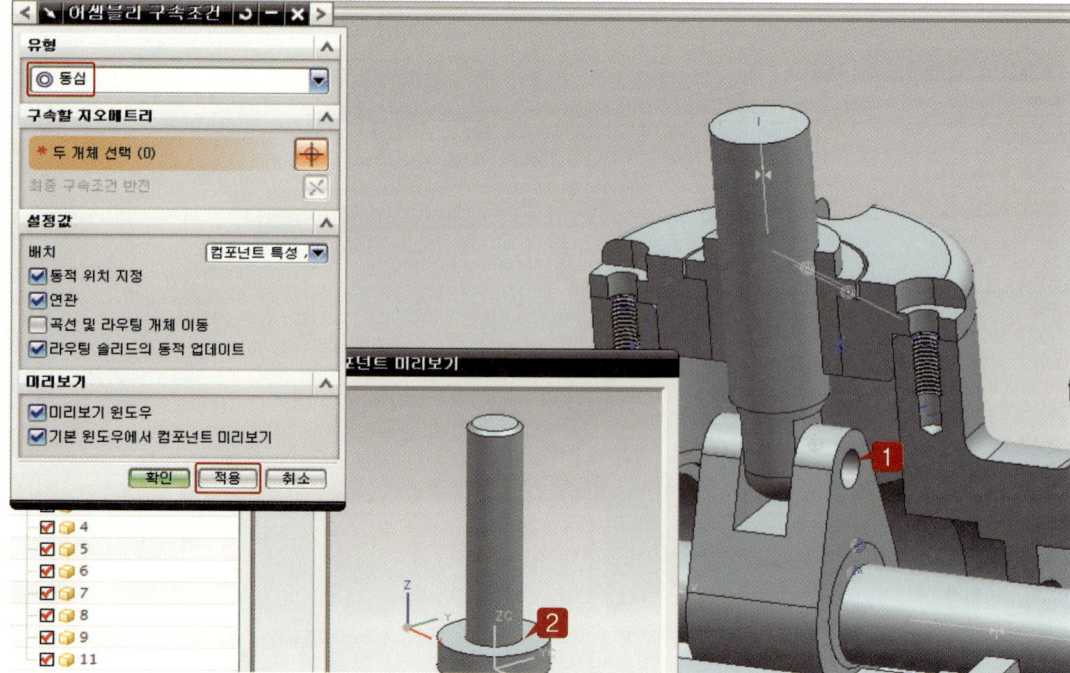

CHAPTER 4 | 편심왕복장치 조립품작성 따라하기

69) 그림처럼 조립상태를 확인한다.

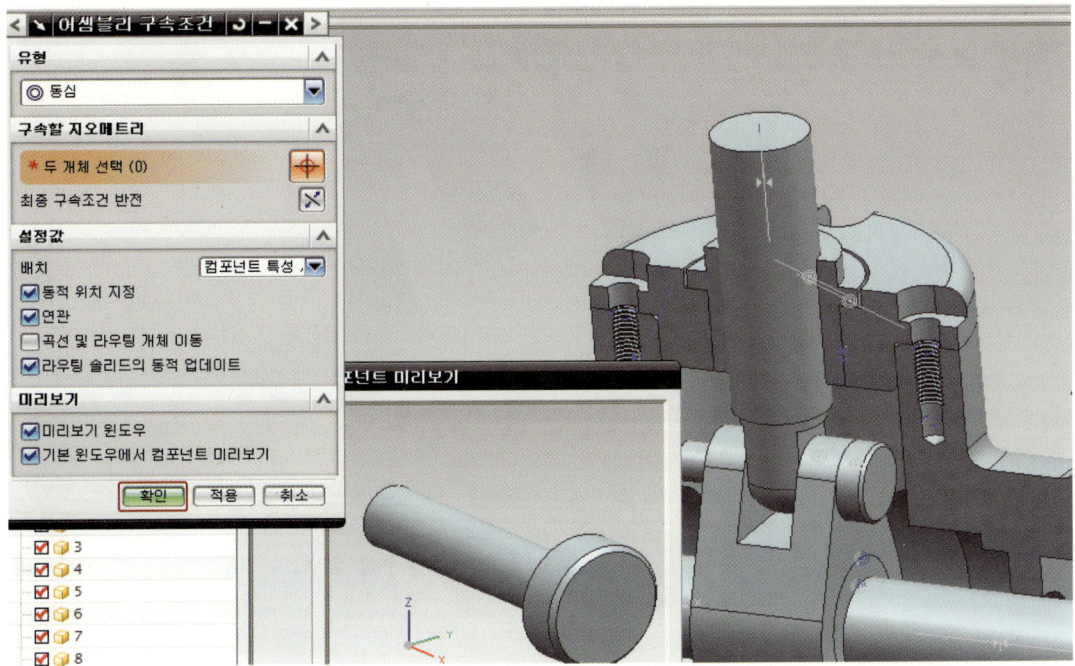

70) assembly 폴더에서 12-1번 부품을 클릭하고 OK한다.

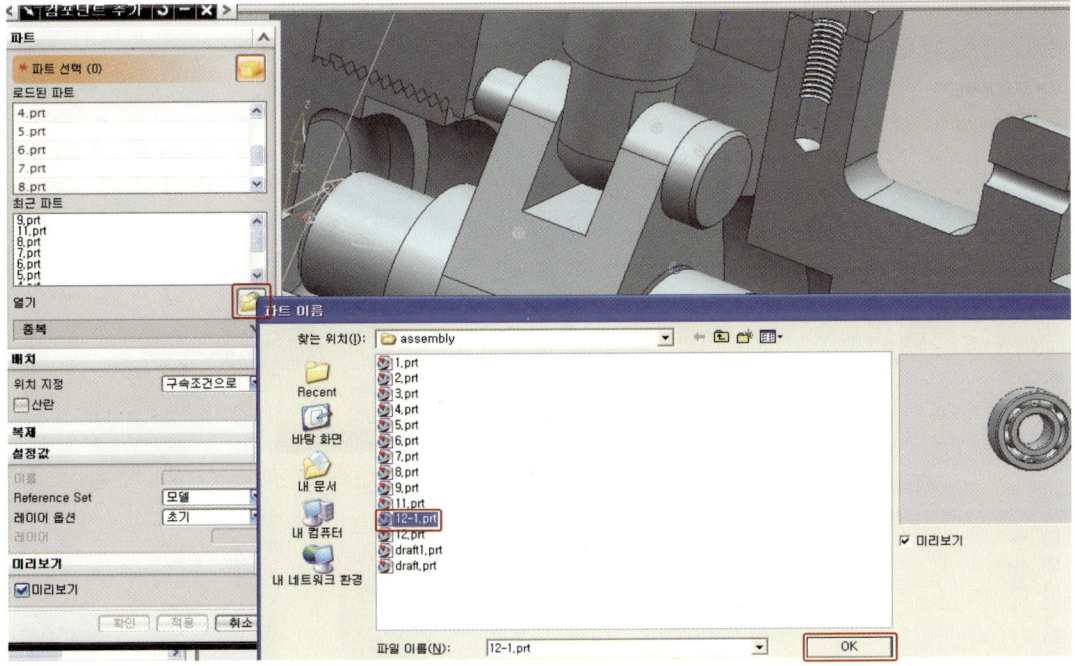

71) 동심으로 설정하고 베어링 모서리 ①을 선택한다.

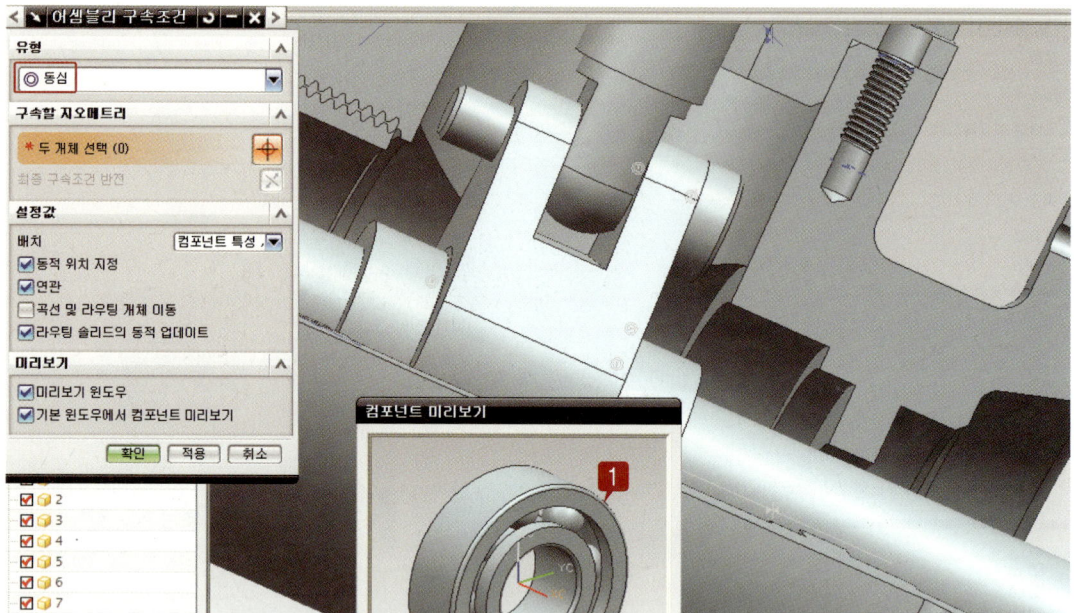

72) 본체 ②를 선택하고 적용한다.

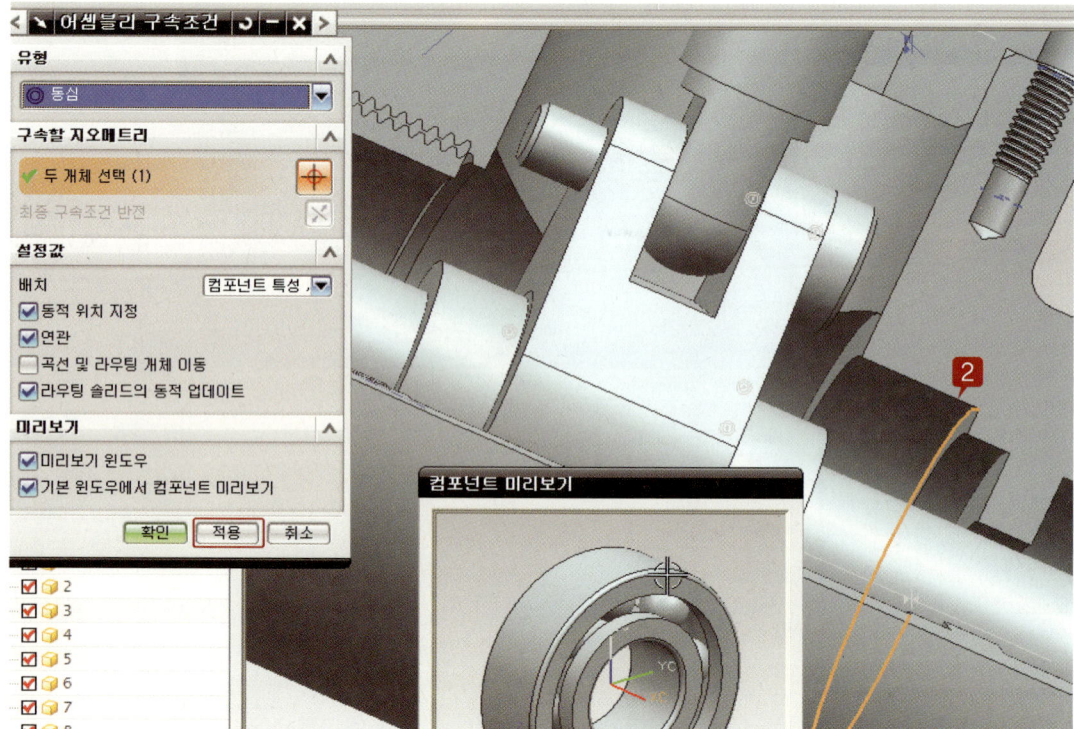

CHAPTER 4 | 편심왕복장치 조립품작성 따라하기

73) 그림처럼 조립상태를 확인한다.

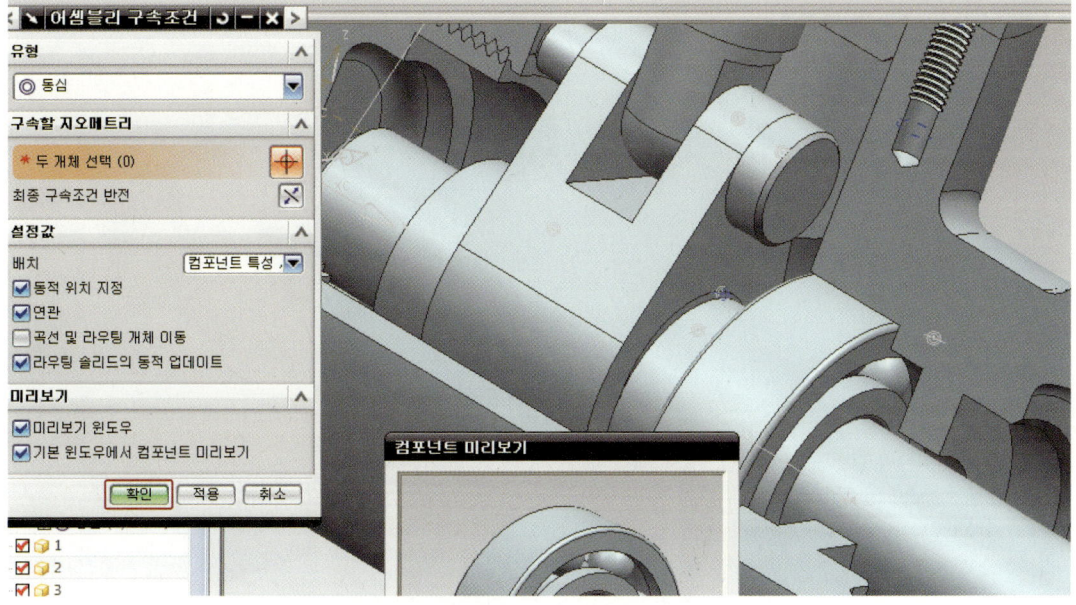

74) assembly 폴더에서 12번 부품을 클릭하고 OK한다.

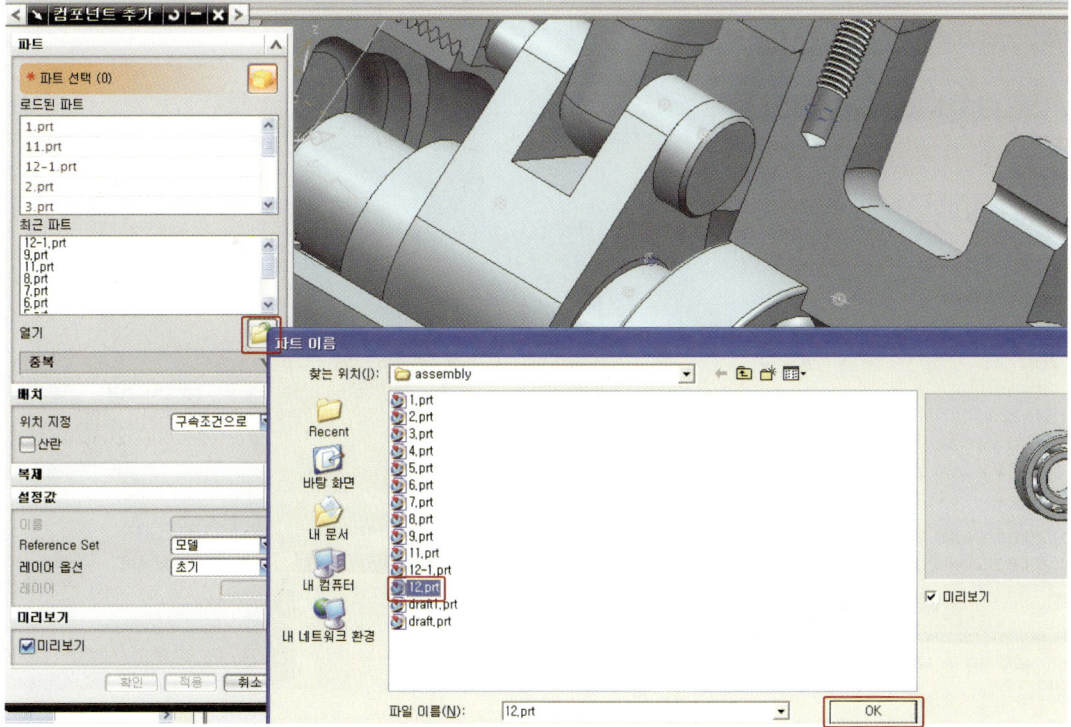

75) 위와 같은 방법으로 동심으로 설정하고 베어링 모서리 ①과 본체 ②를 선택하고 적용한다.

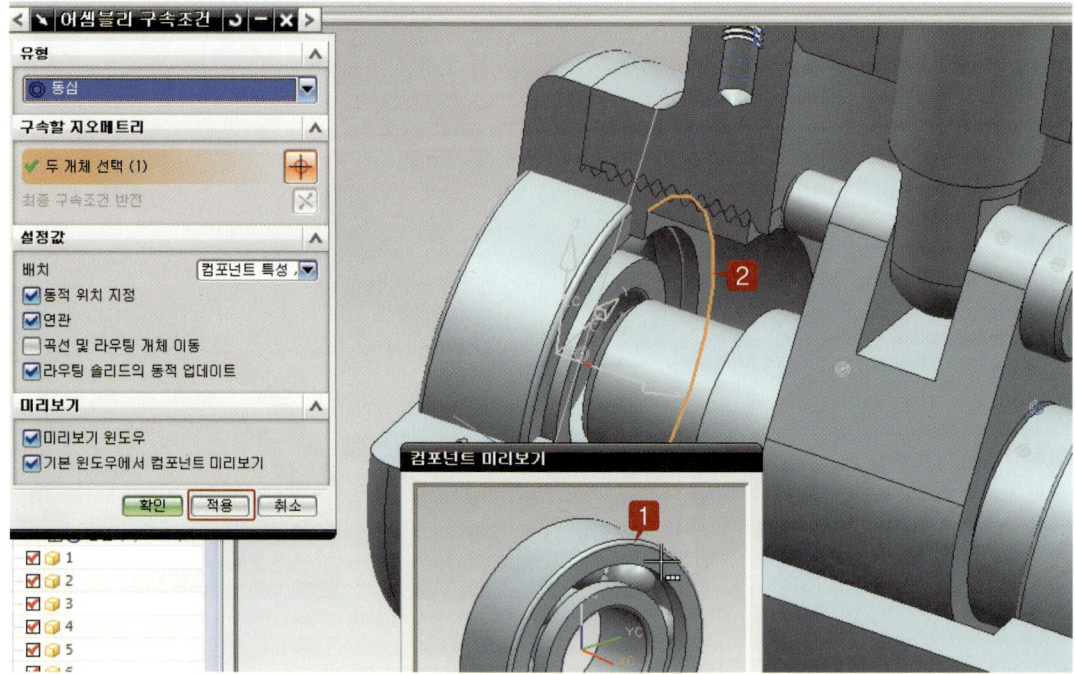

76) 그림처럼 조립상태를 확인한다.

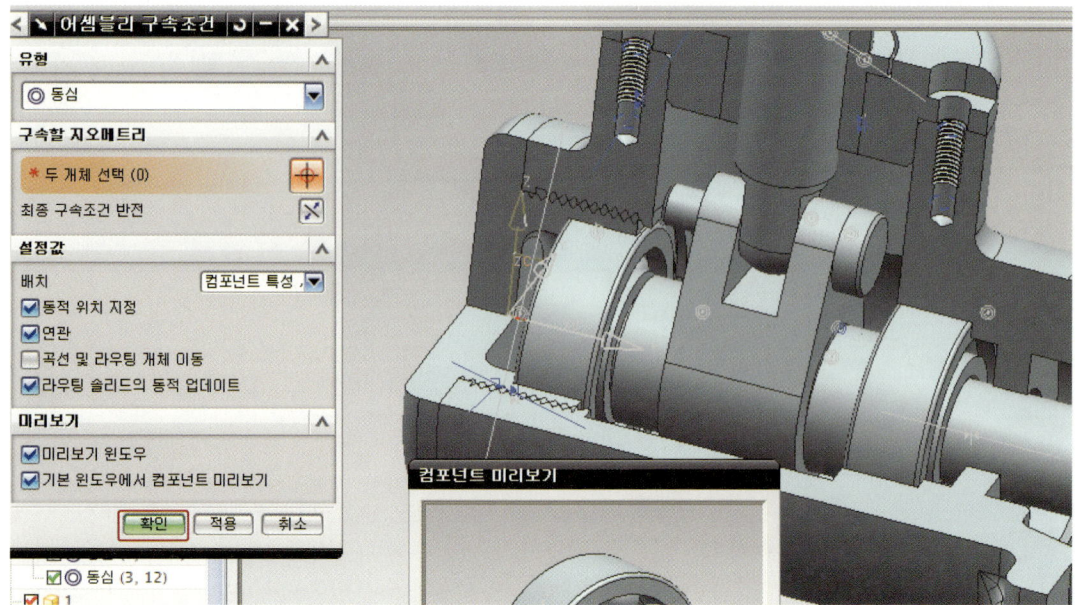

CHAPTER 4 | 편심왕복장치 조립품작성 따라하기

77) 아래 그림은 조립이 완료된 상태이다.

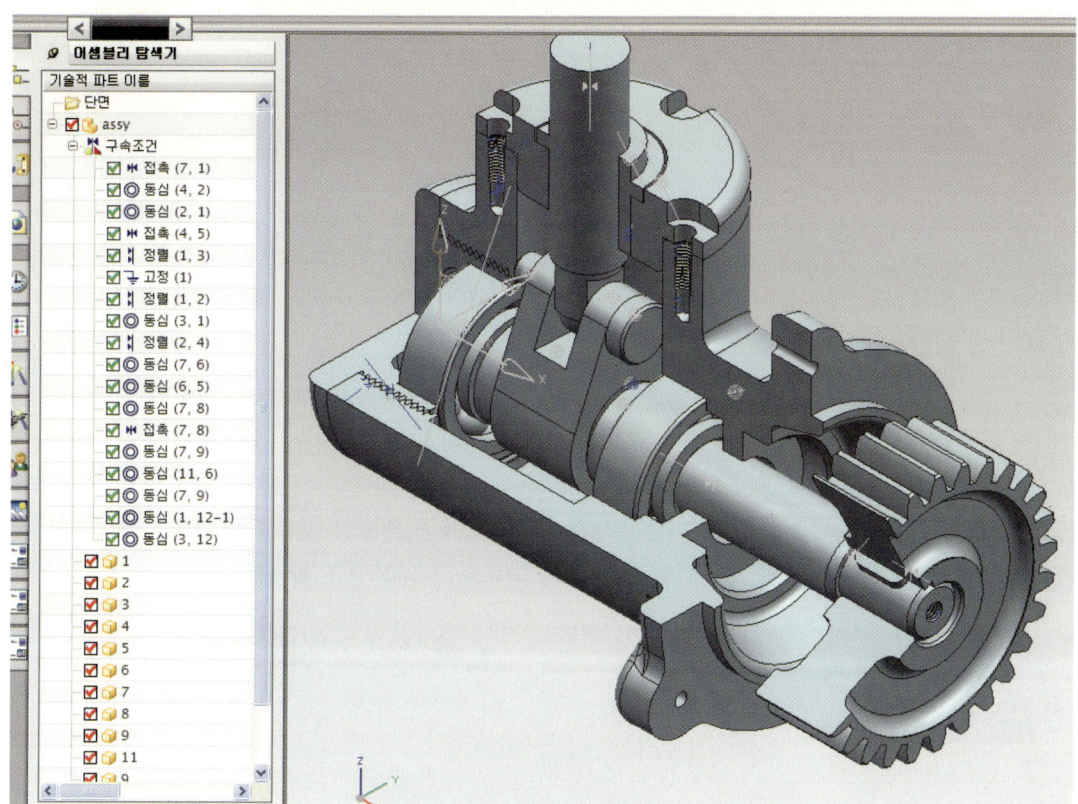

3 조립품 구동하기

1) 조립품을 구동하기 위해서 다시 어셈블리에 컴포넌트에 어셈블리 구속조건()을 클릭하고 유형를 접착으로 설정하고 ①, ②, ③을 선택하고 구속조건 생성하고 확인한다.

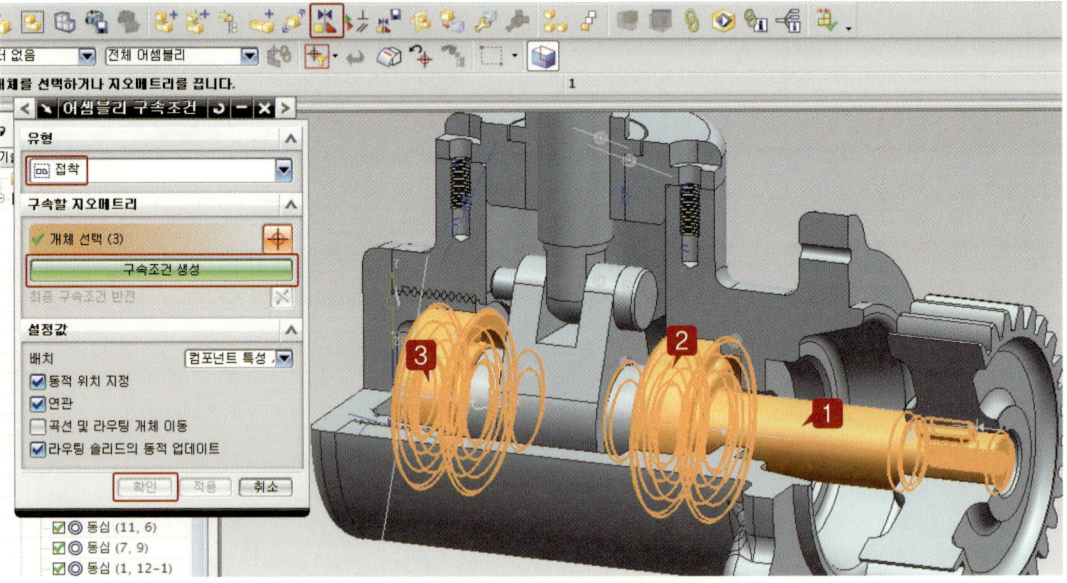

CHAPTER 4 | 편심왕복장치 조립품작성 따라하기

2) 구동을 위해서 어셈블리에 순서지정 또는 아이콘 ①을 클릭한다.

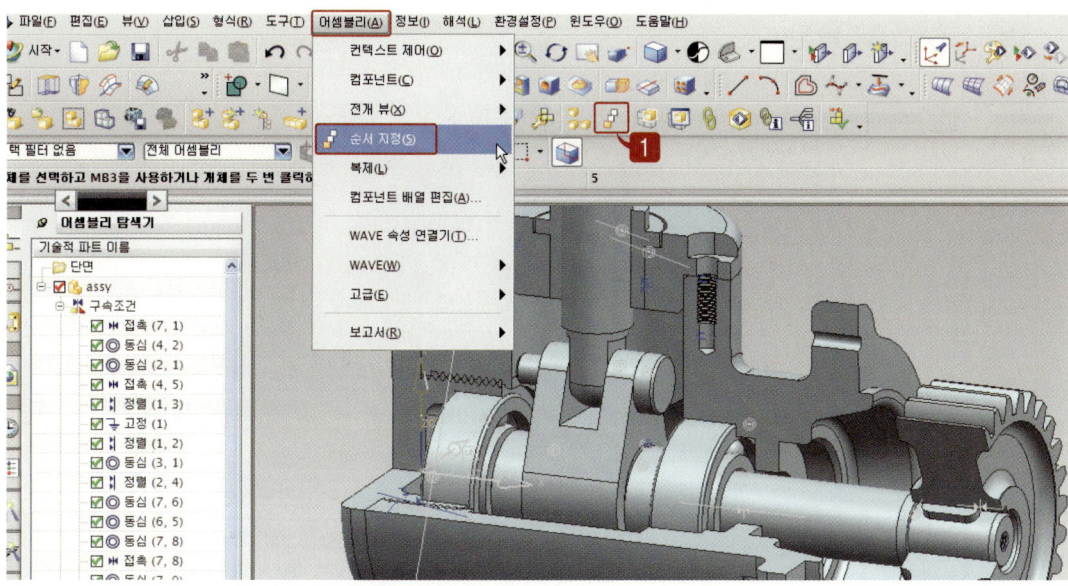

3) 새 순서 생성 아이콘 ①을 클릭한다.

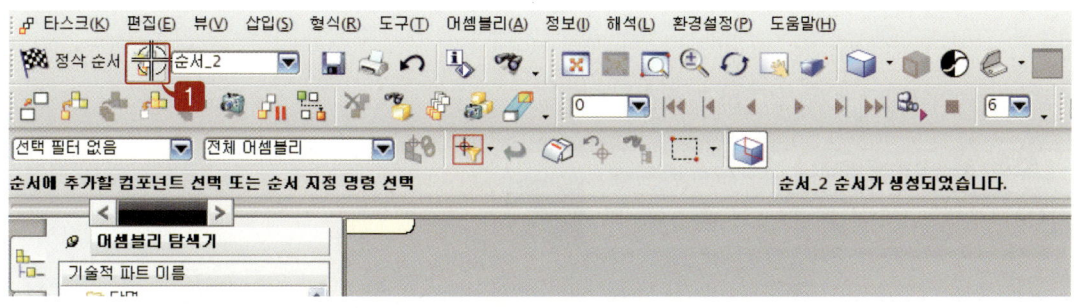

4) 동작삽입 아이콘 ①을 클릭한다.

5) 객체선택 ①을(스퍼기어)하고 MB2 버튼 클릭이나 객체이동 아이콘 ②를 선택한다.

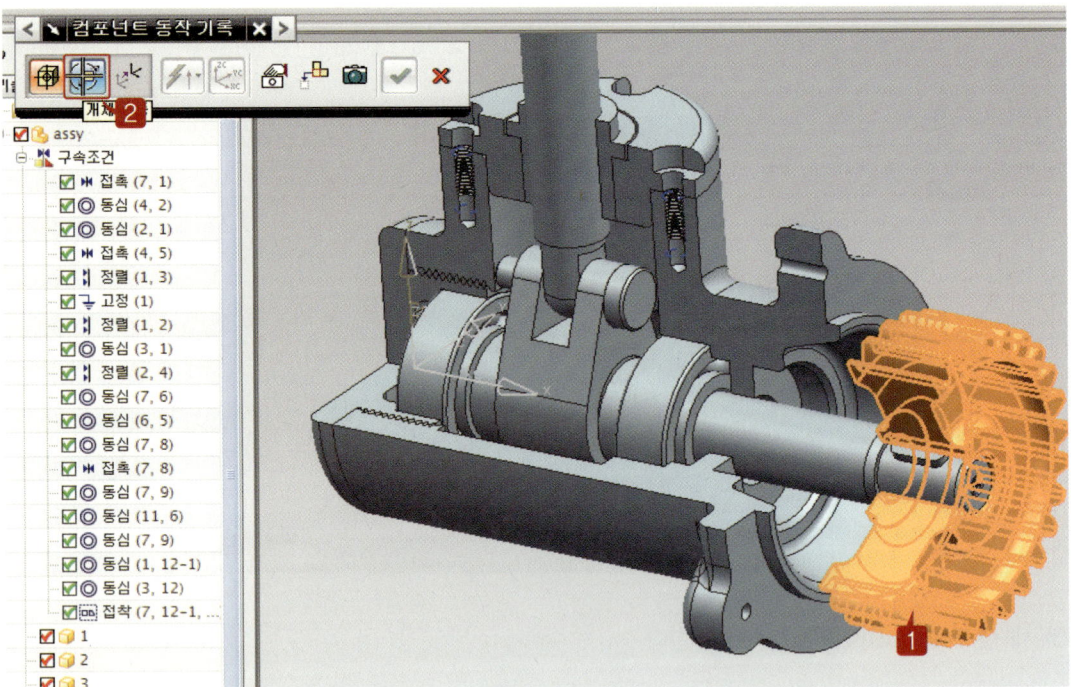

6) 그림을 확대하고 ①을 클릭하고 회전시킨다.

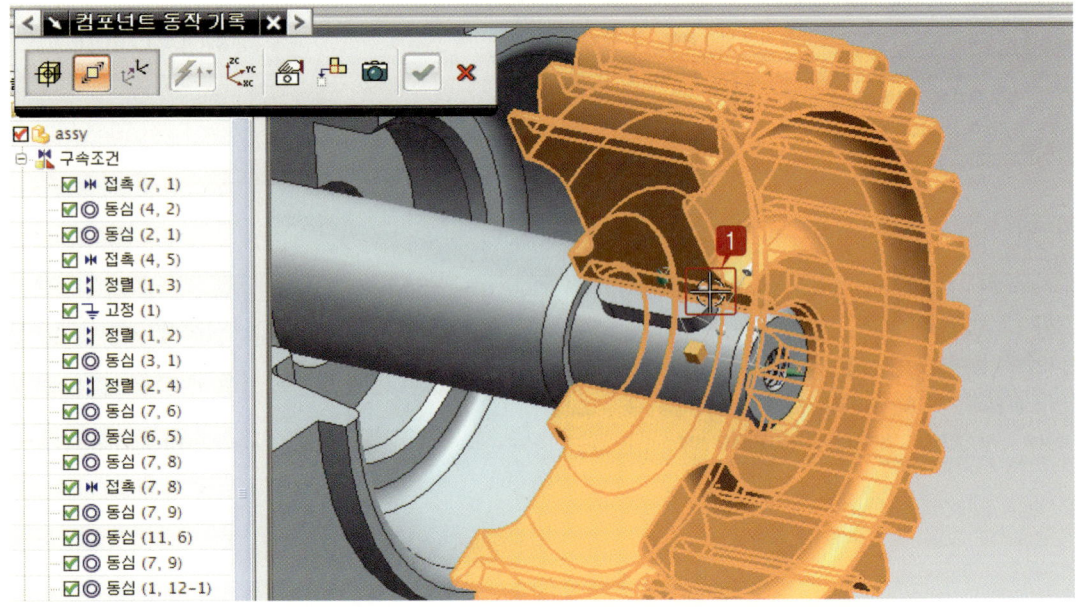

CHAPTER 4 | 편심왕복장치 조립품작성 따라하기

7) 각도 ①부분에 360×2을 입력하고 동작 ②를 확인한다.

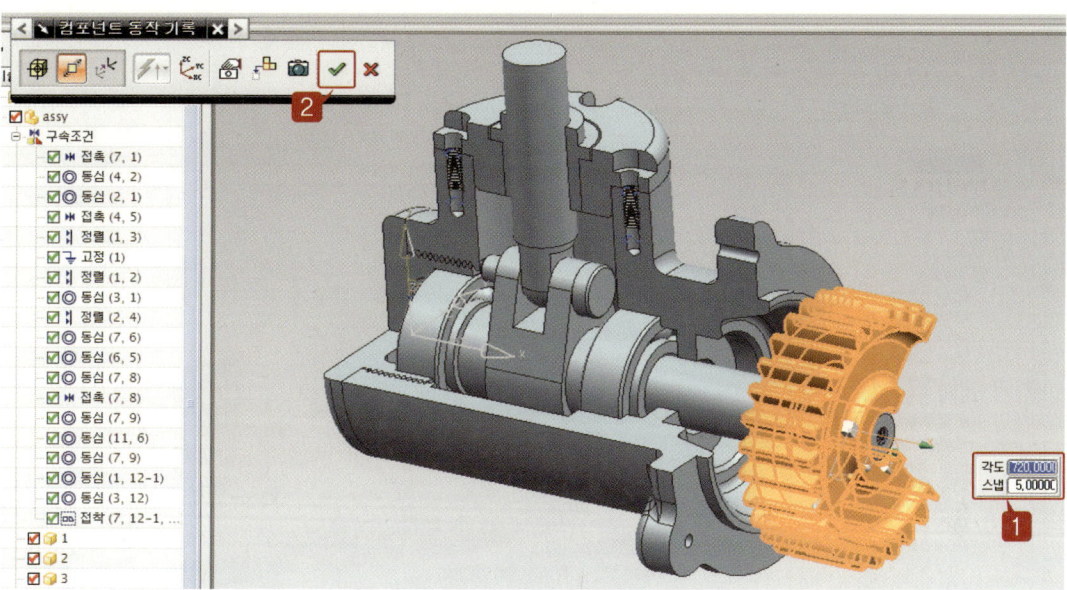

8) 취소 버튼 ①을 클릭한다.

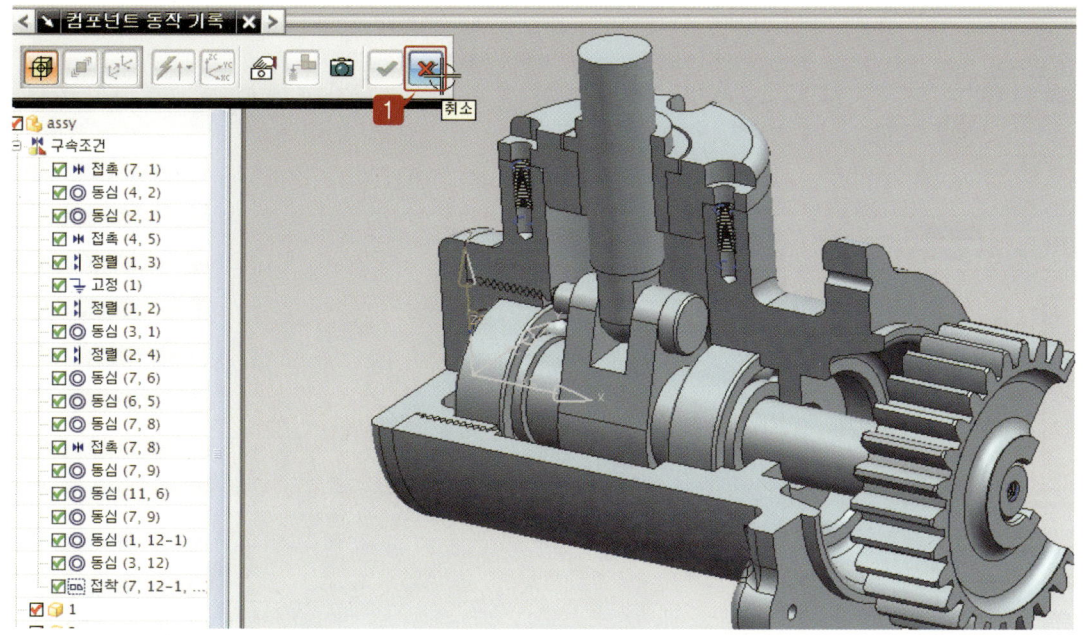

9) 재생 버튼 ①을 클릭한다.

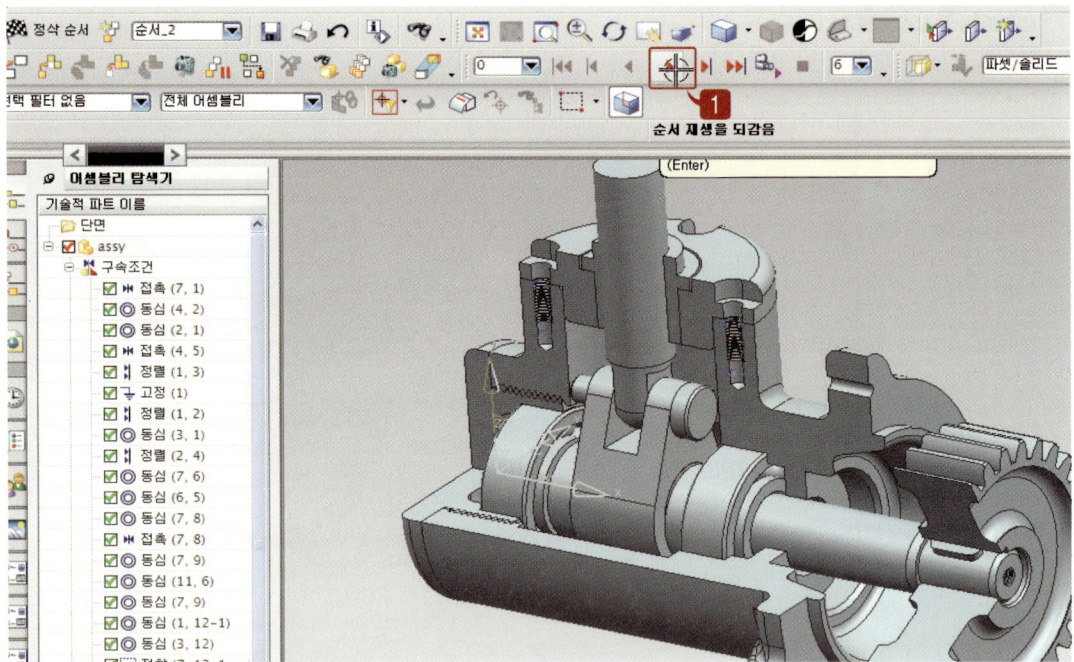

10) 정삭순서 ①을 클릭하고 나간다.

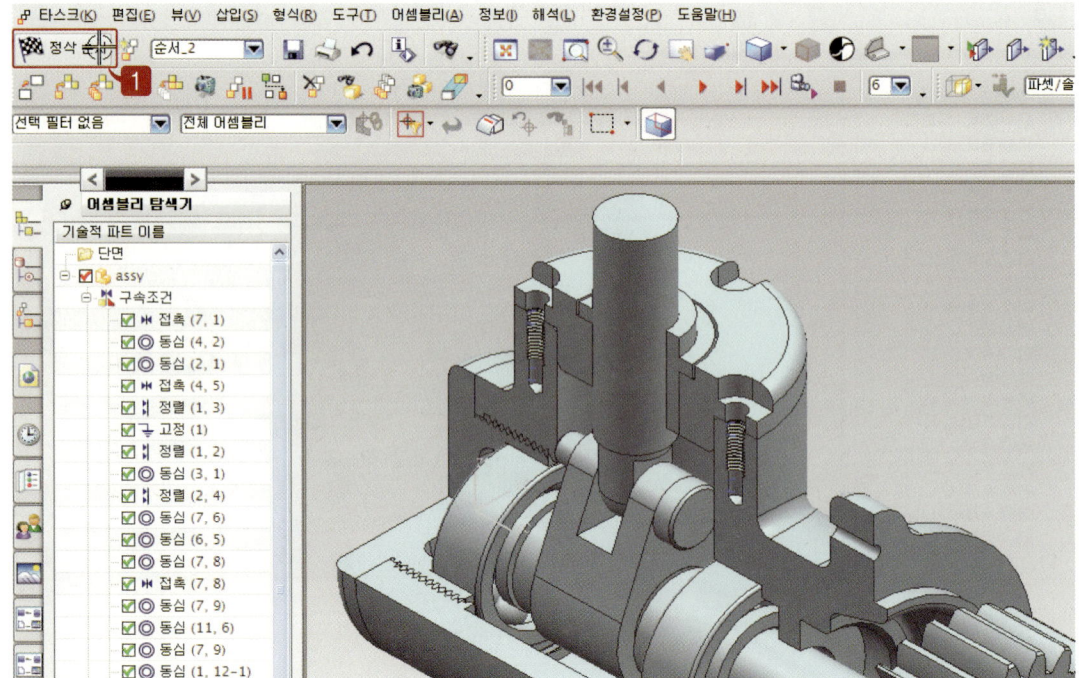

CHAPTER 4 | 편심왕복장치 조립품작성 따라하기

11) 파일을 C폴더에 저장하기 위해서 파일에 모두저장을 한다.

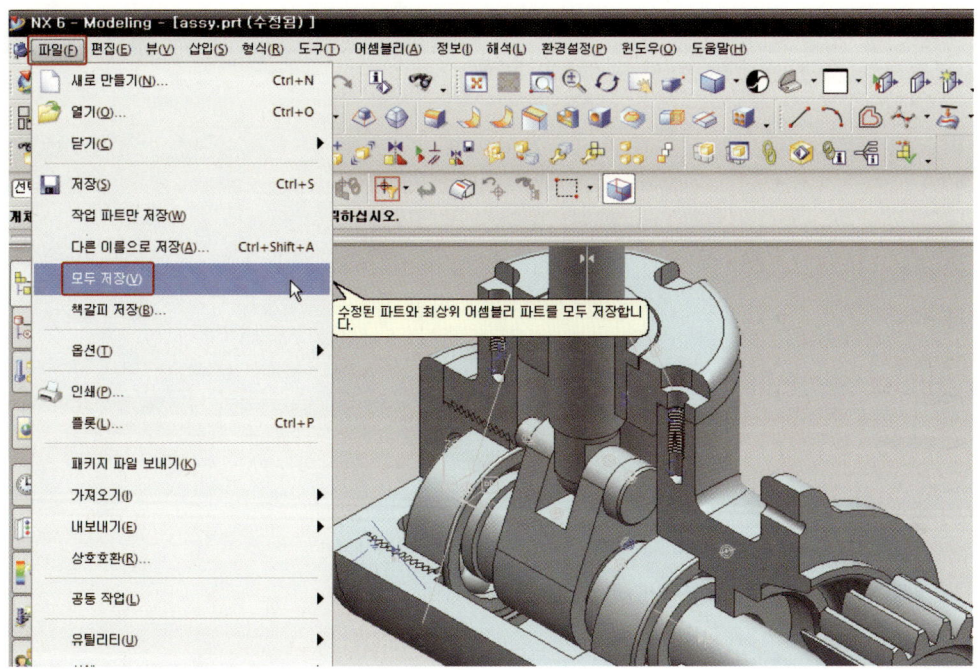

12) 다시 파일에 닫기에 모두 파트를 클릭한다.

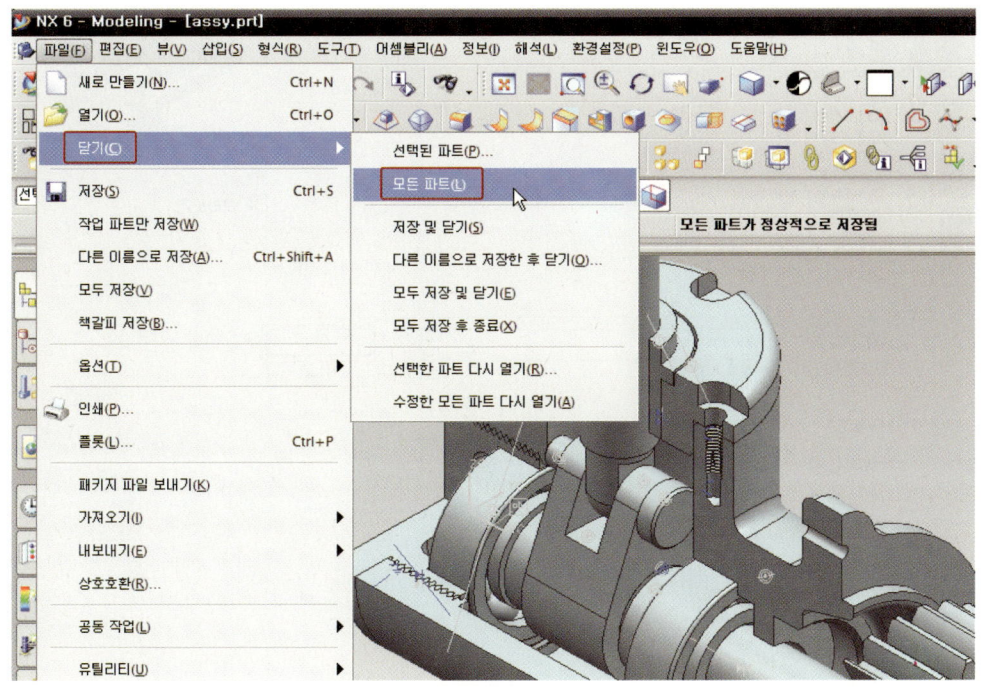

13) 파일에서 열기를 클릭한다.

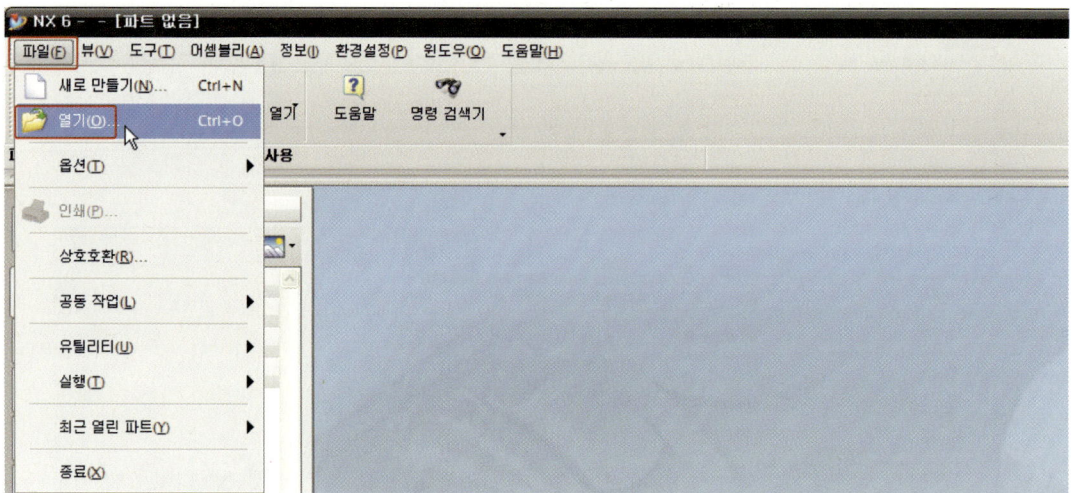

14) 그림처럼 ①을 선택하고 OK한다.

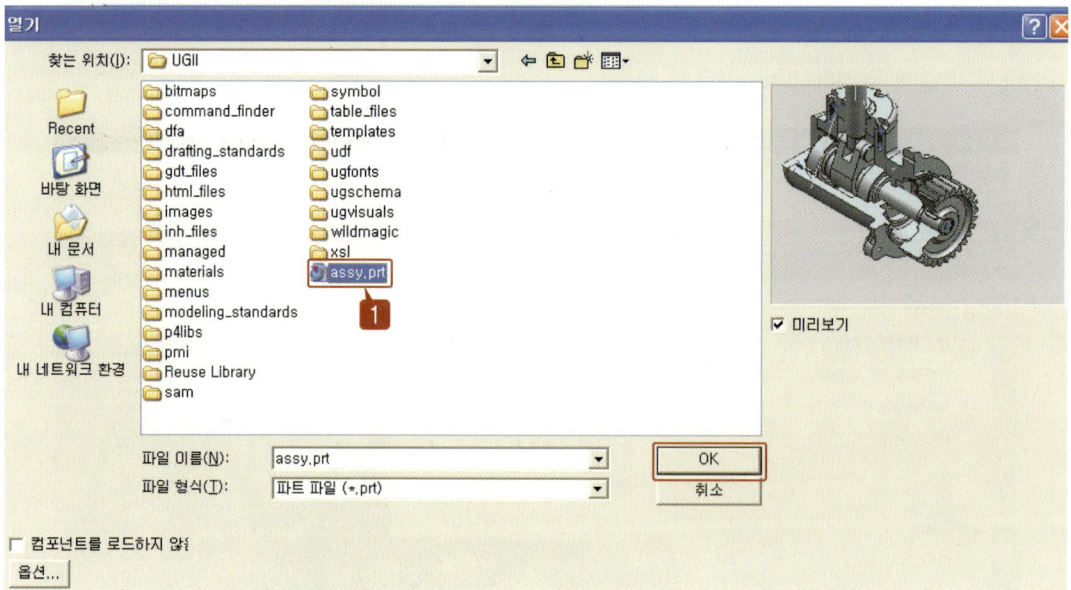

CHAPTER 4 | 편심왕복장치 조립품작성 따라하기

15) 다시한번 OK한다.

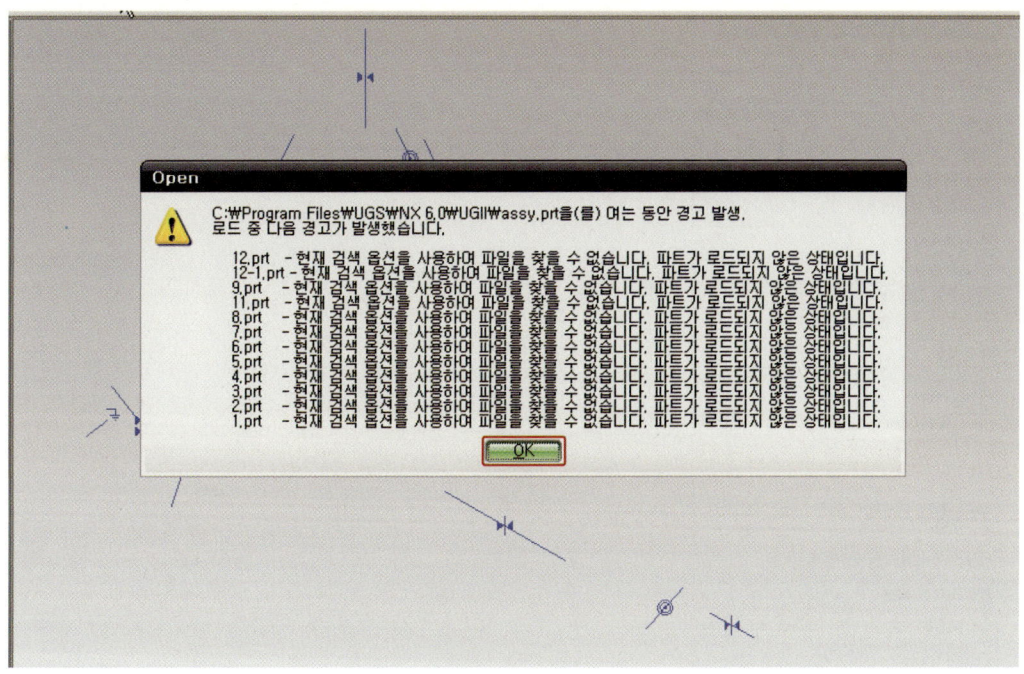

16) 파일에서 옵션에 어셈블리 로드 옵션을 클릭한다.

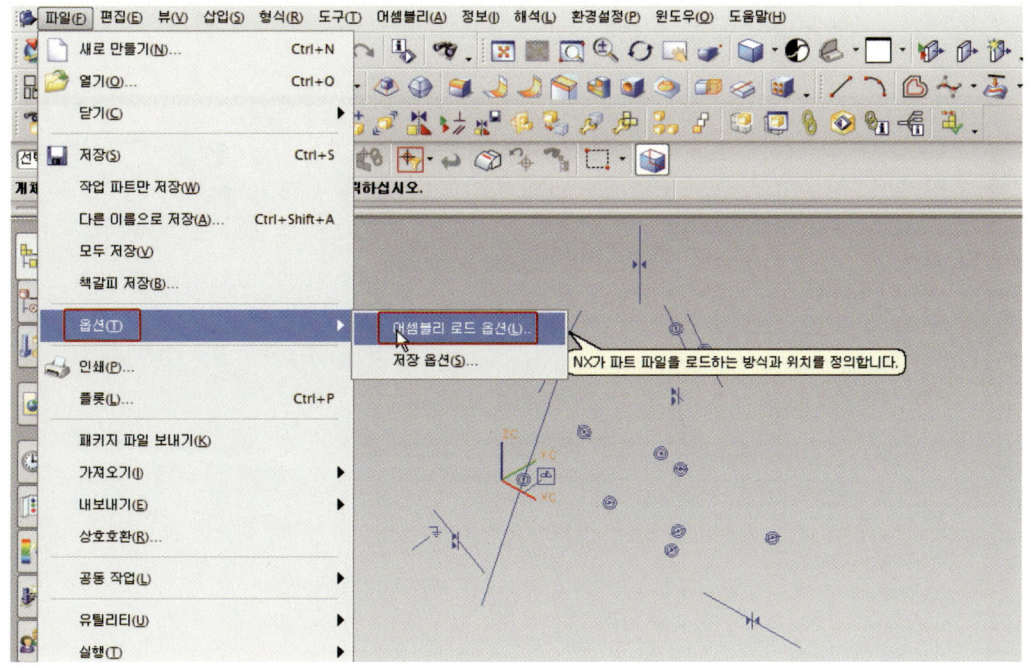

17) 파트버전에서 하중을 저장된 대로로 하고 확인한다.

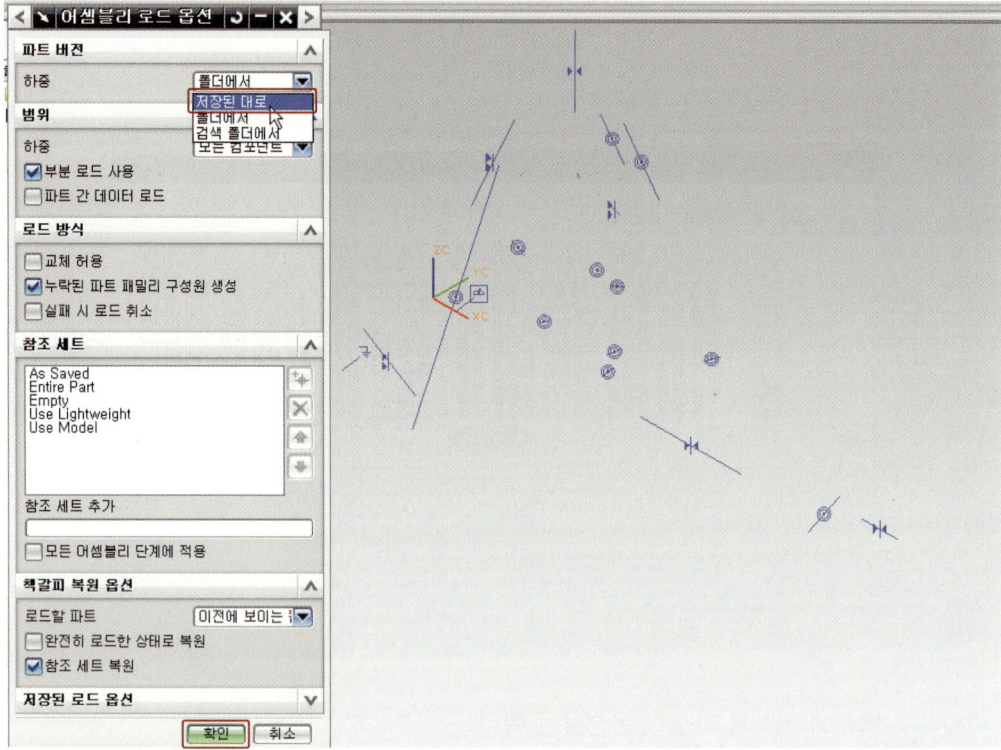

18) 다시 파일에서 닫기에 모든 파트를 클릭한다.

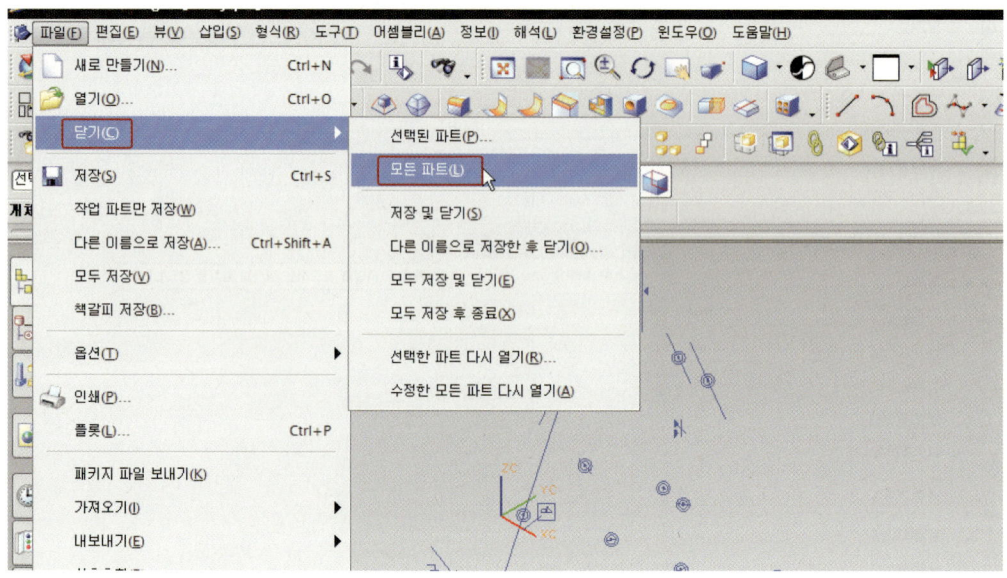

CHAPTER 4 | 편심왕복장치 조립품작성 따라하기

19) 그림처럼 열기에서 선택 후 OK한다.

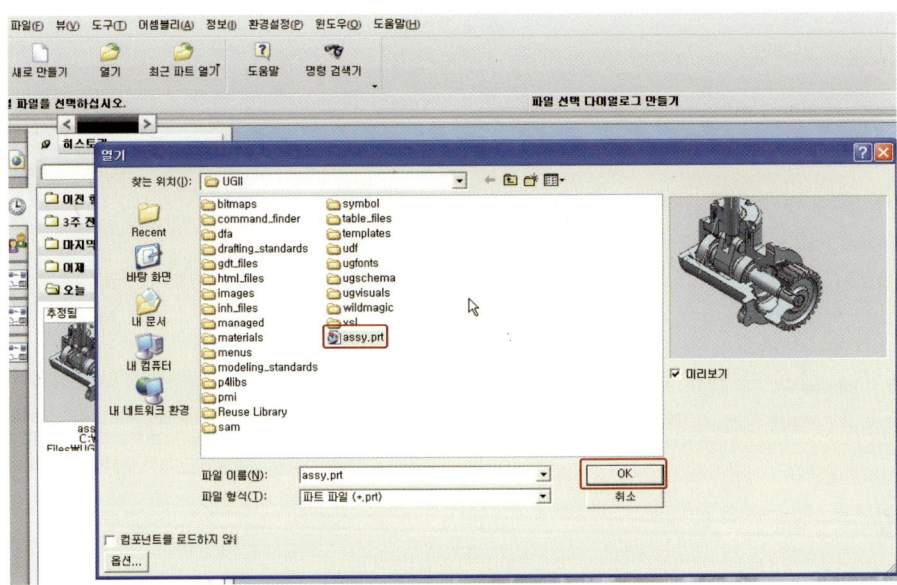

20) 최종적으로 C폴더에 저장된 것을 확인 할 수 있다.

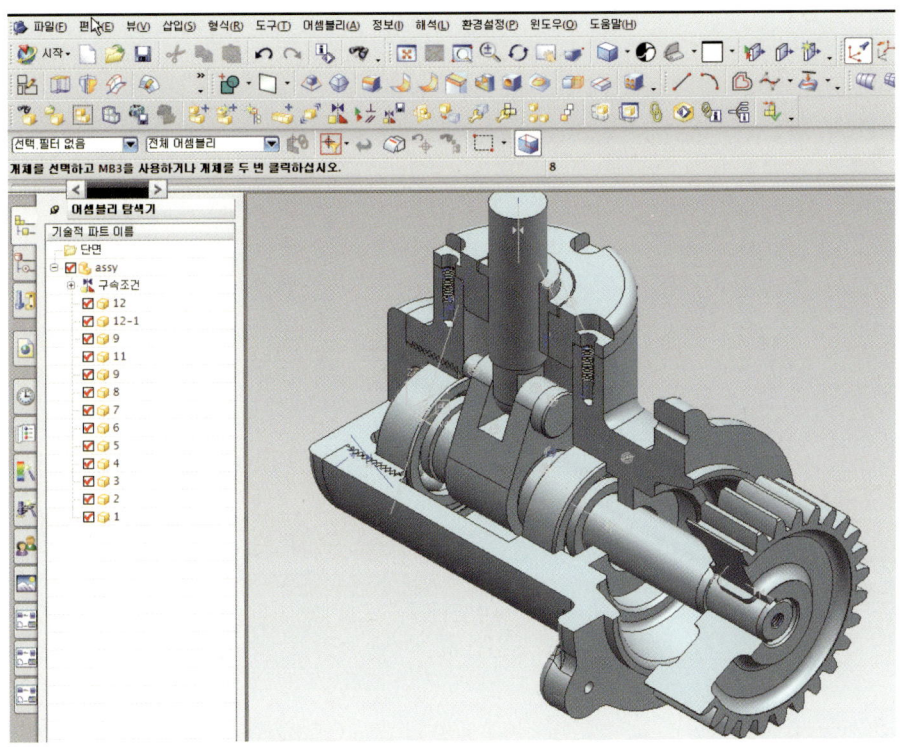

Note

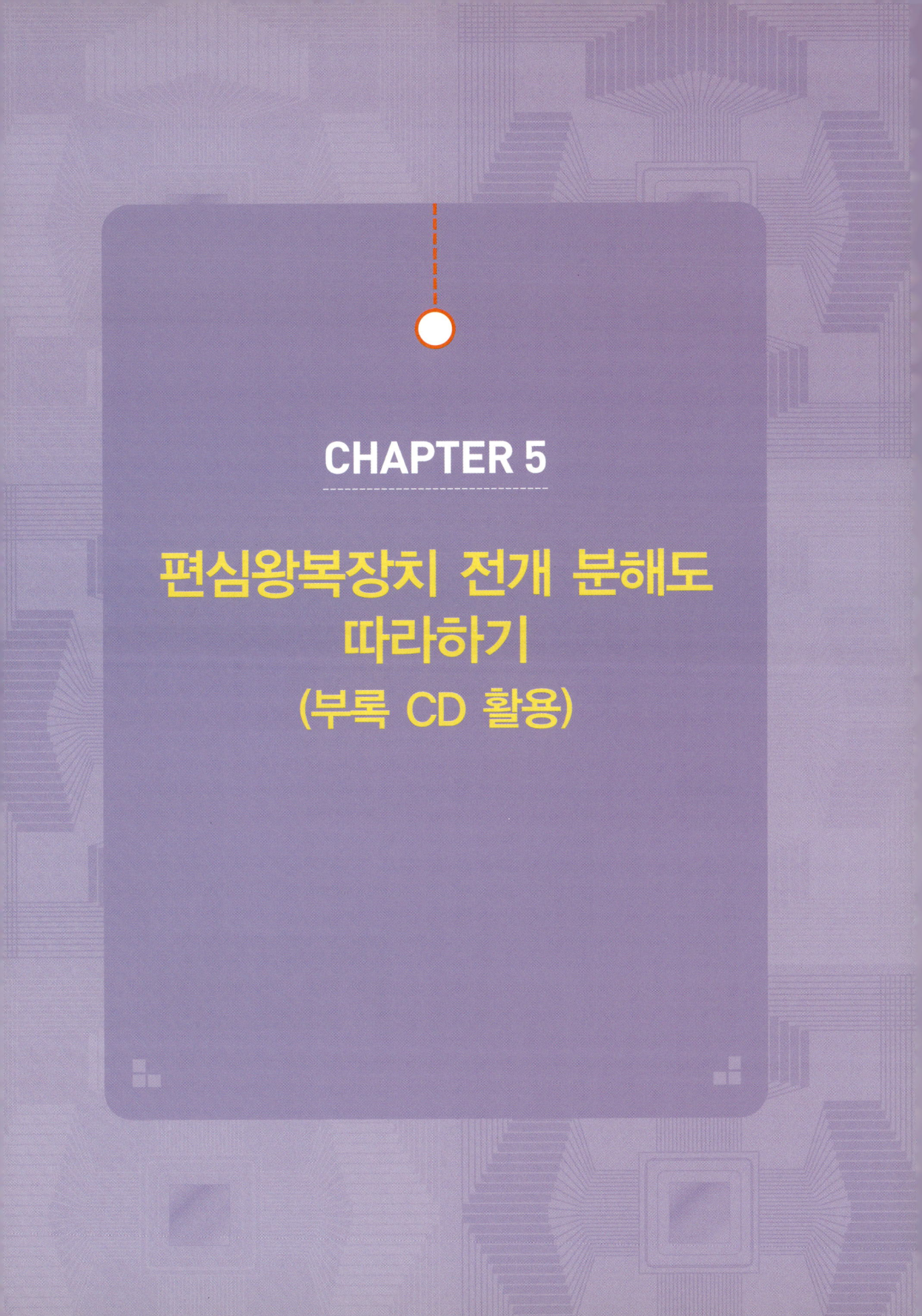

1 전개 분해도 따라하기

1) 어셈블리에서 전개 뷰에 새 전개를 클릭한다.

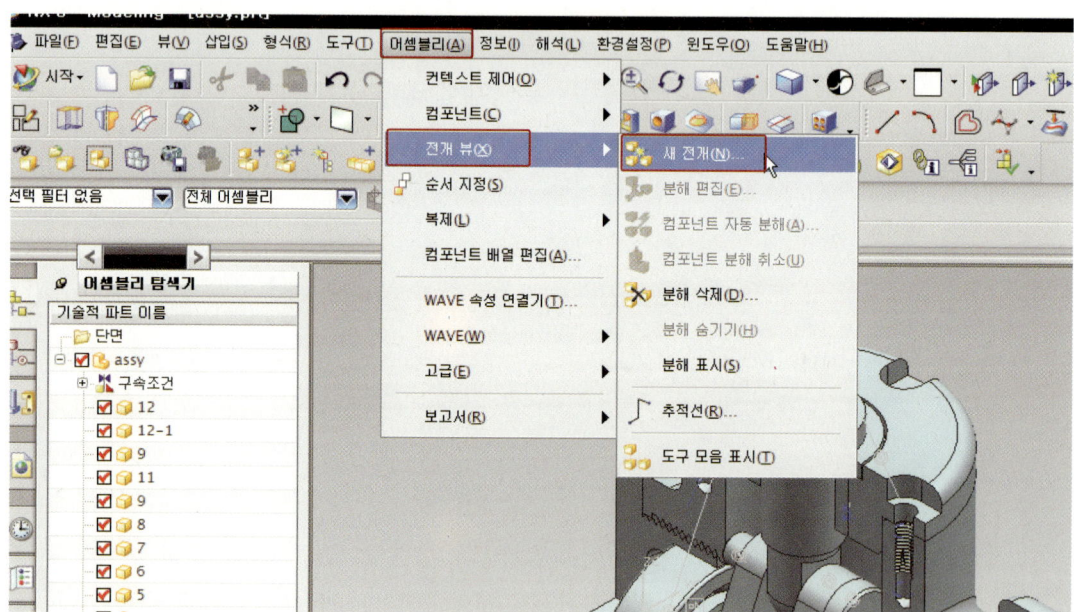

CHAPTER 5 | 편심왕복장치 전개 분해도 따라하기

2) 이름을 확인하고 확인한다.

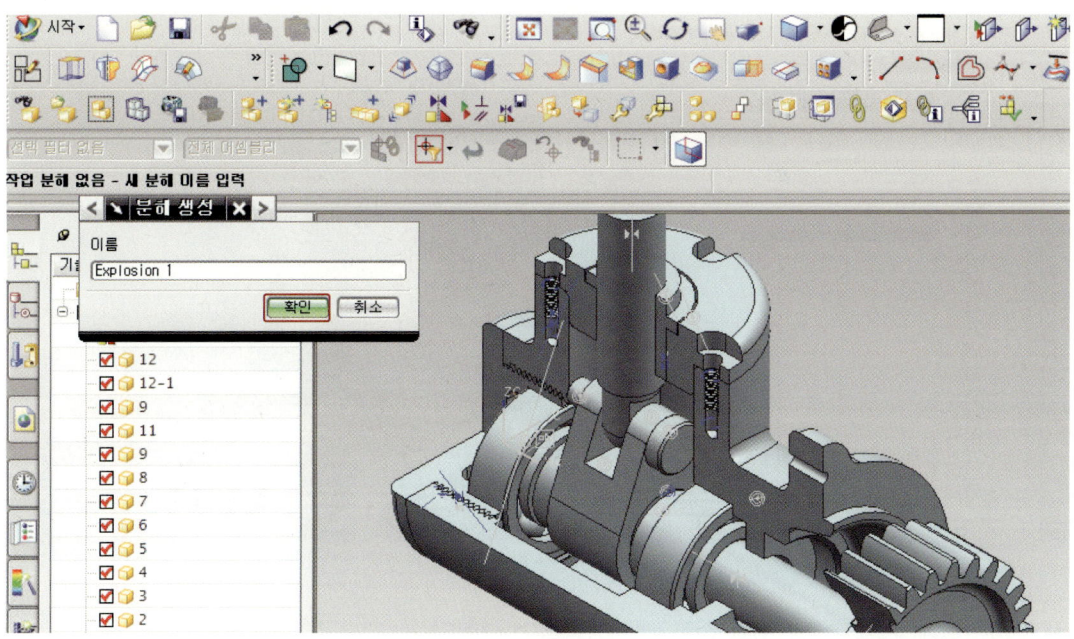

3) 어셈블리에 전개 뷰에 도구 모음 표시를 클릭한다.

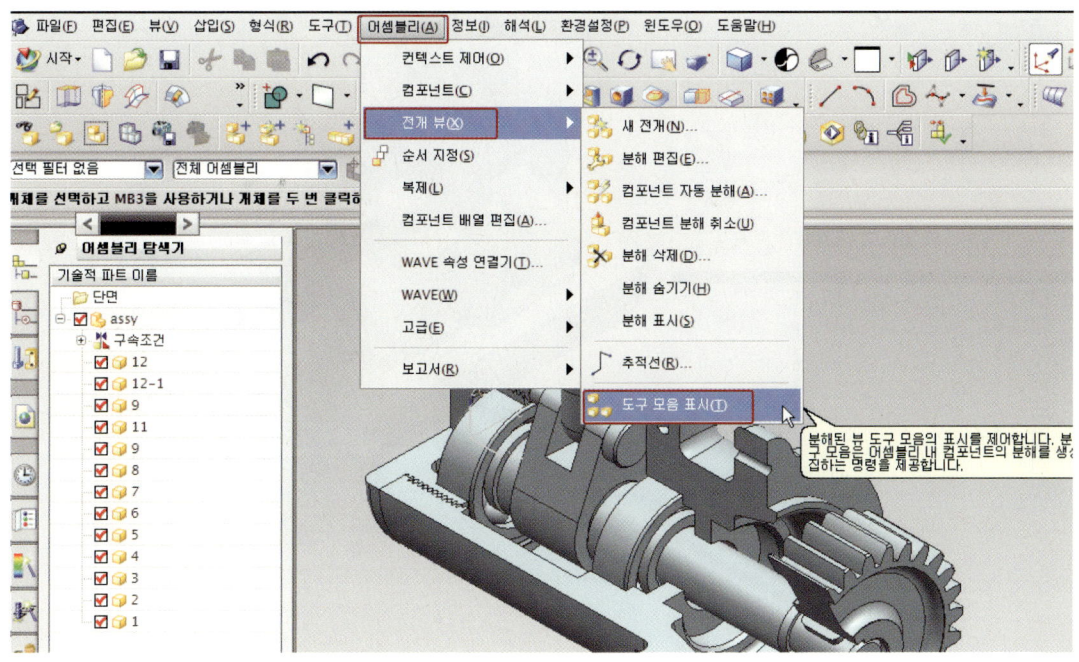

4) 전개된 뷰 아이콘을 확인하고 마우스로 이동시켜 도구모음에 고정시킨다.

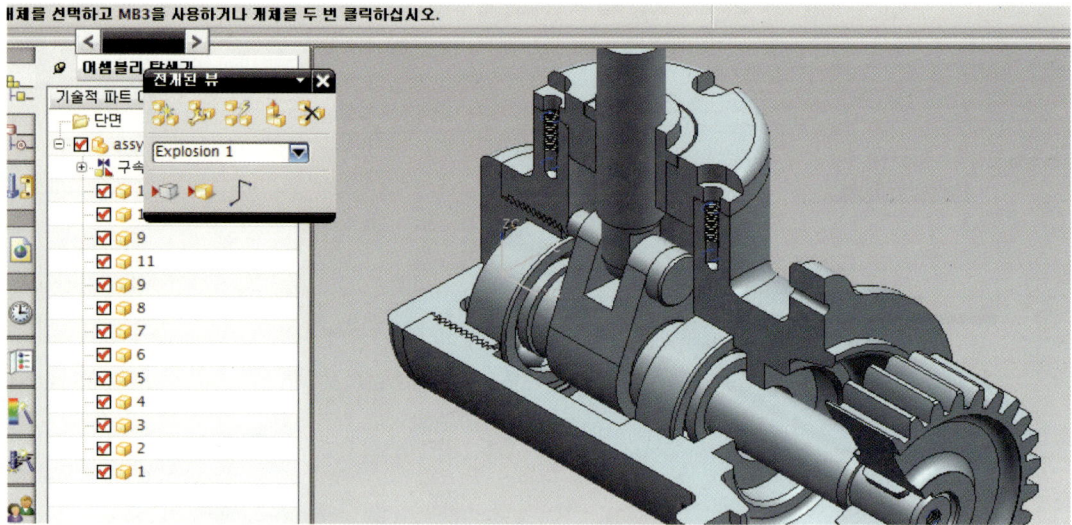

5) 분해편집에서 개체선택 ①을 하고 개체이동을 선택한다.

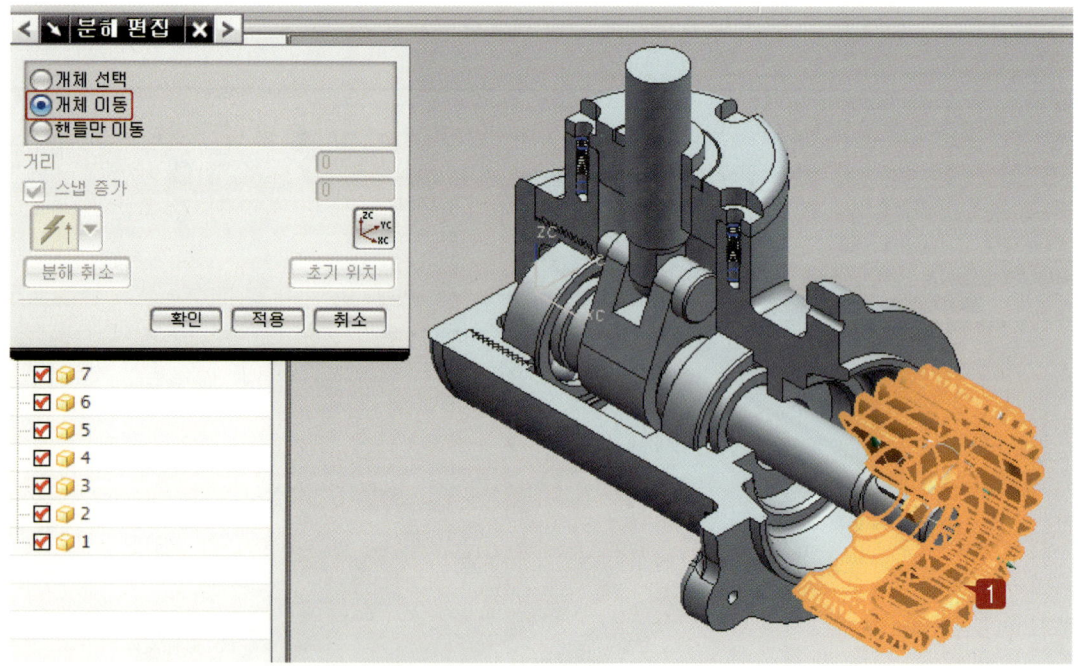

CHAPTER 5 | 편심왕복장치 전개 분해도 따라하기

6) 핸들만 이동 ①을 선택하고 마우스 MB1을 선택하고 이동 시킨다.

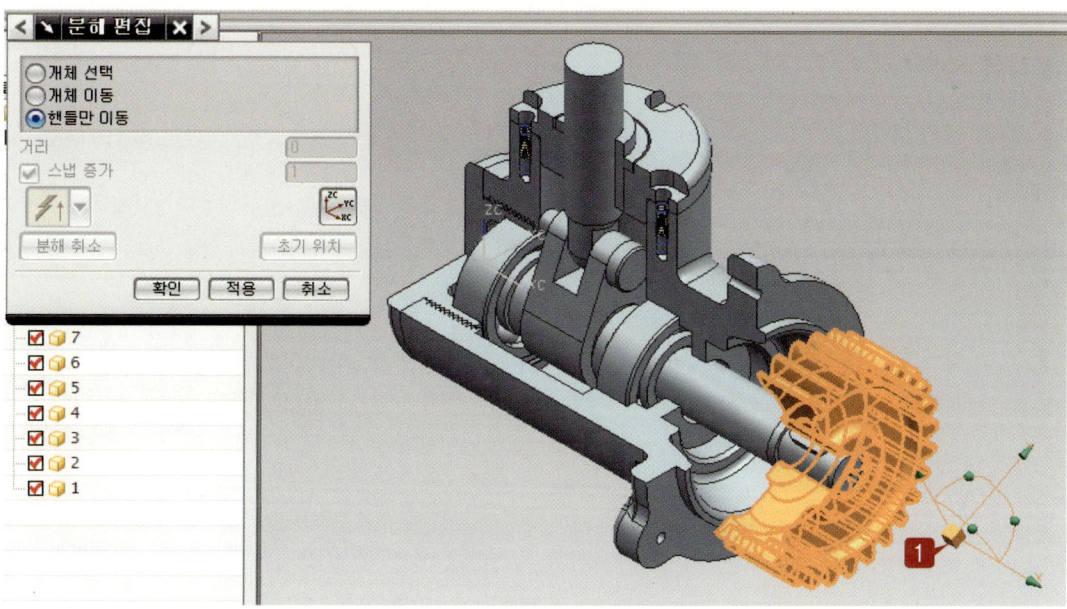

7) 개체이동을 설정하고 좌표X축 ①을 선택하고 MB1을 이용하여 개체를 이동하고 적용한다.

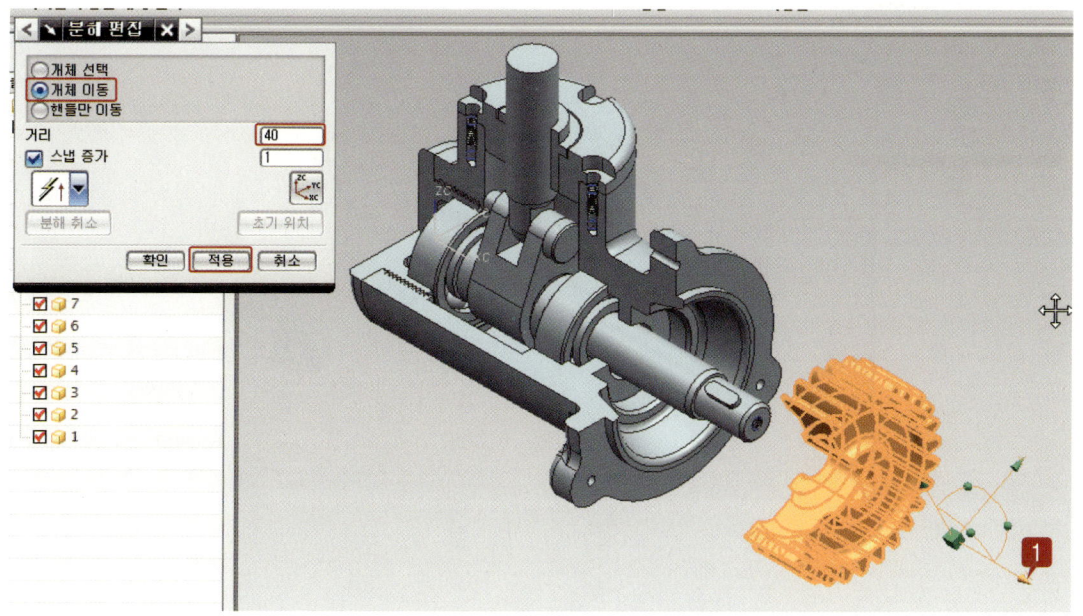

8) 다시 개체 선택 ①을 선택하고 개체 이동으로 설정하고 MB1을 이용하여 그림처럼 이동시킨다.

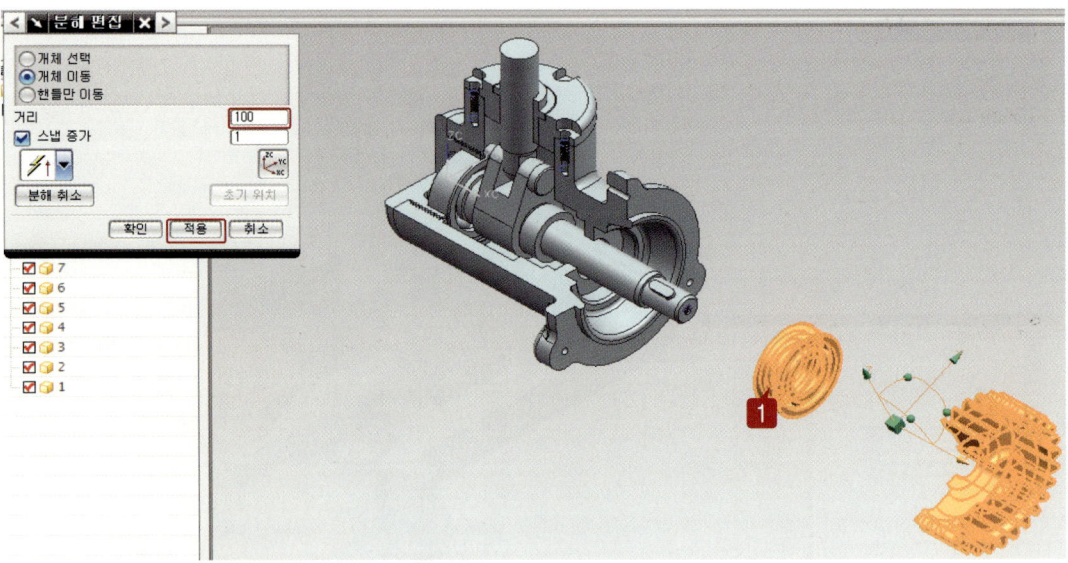

9) 같은 방법으로 칼라도 선택하고 그림처럼 이동시킨 후 추적선 생성 ①을 클릭한다.

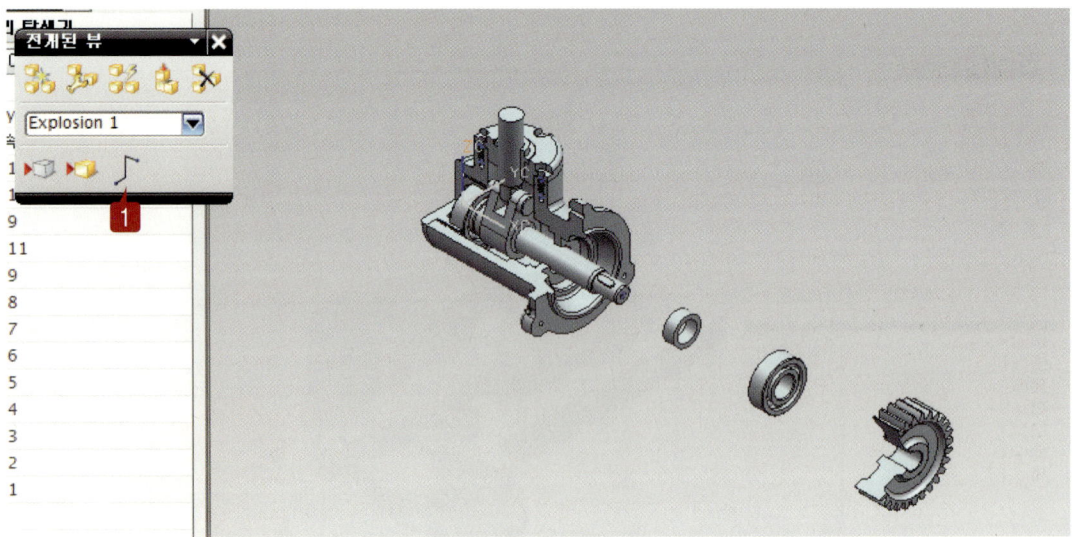

CHAPTER 5 | 편심왕복장치 전개 분해도 따라하기

10) MB1을 이용하여 ①을 선택하고 그림처럼 조정하여 맞추고 확인한다.

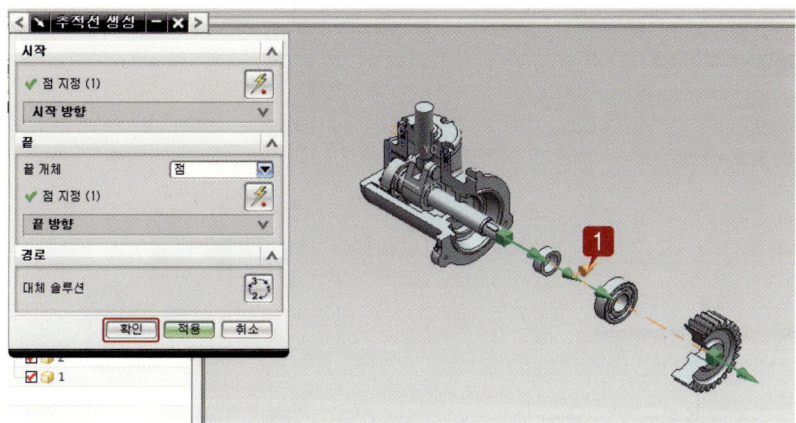

11) 다시 분해 편집에서 개체 선택 ①을 클릭한다.

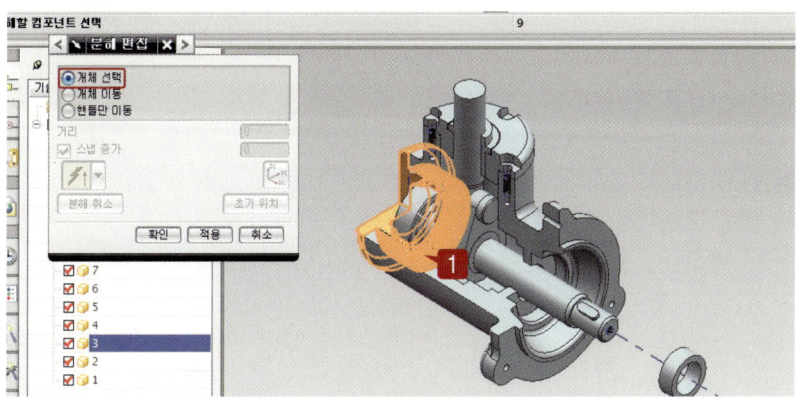

12) 개체 이동에서 좌표X축 ①을 선택하고 마우스 MB1을 이용하여 좌표X축으로 이동시킨다.

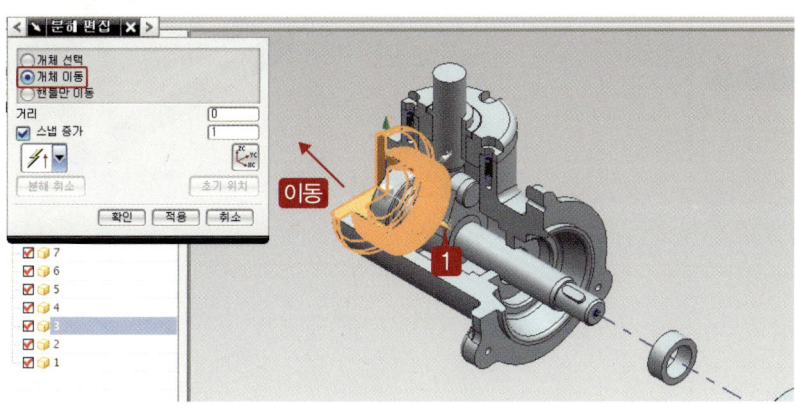

13) 다시 분해 편집에서 개체 선택 ①을 클릭하고 그림처럼 마우스 MB1을 이용하여 좌표X축으로 이동시킨다.

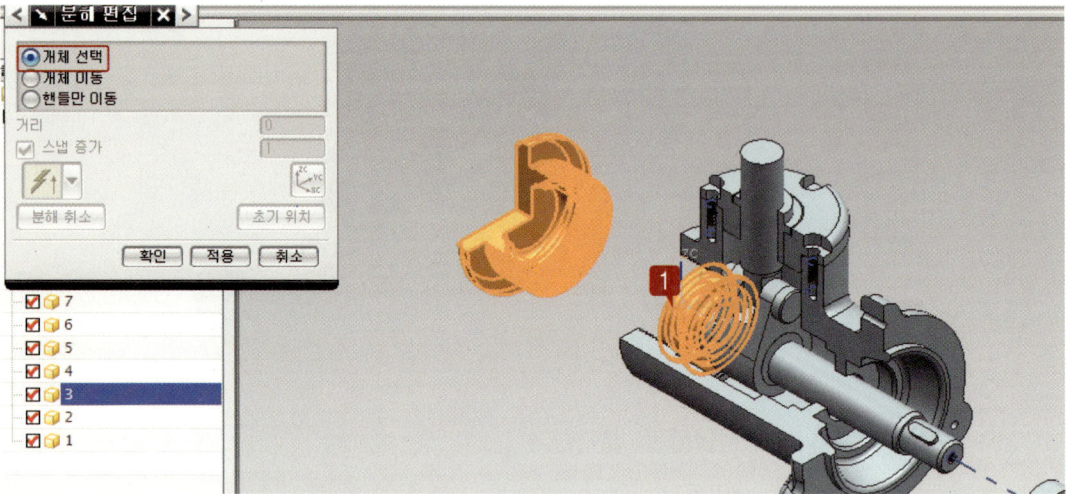

14) 다시 개체 선택 ①을 클릭한다.

CHAPTER 5 | 편심왕복장치 전개 분해도 따라하기

15) 그림처럼 마우스 MB1을 이용하여 좌표X축으로 이동시킨다.

16) 다시 개체 선택 편심 축 ①을 클릭한다.

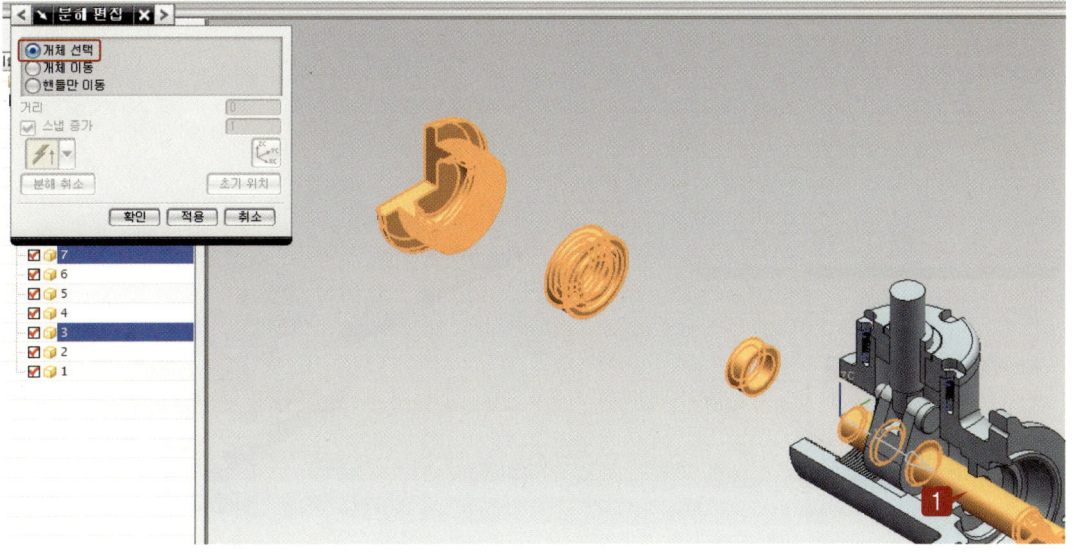

17) 그림처럼 마우스 MB1을 이용하여 좌표X축으로 이동시킨다.

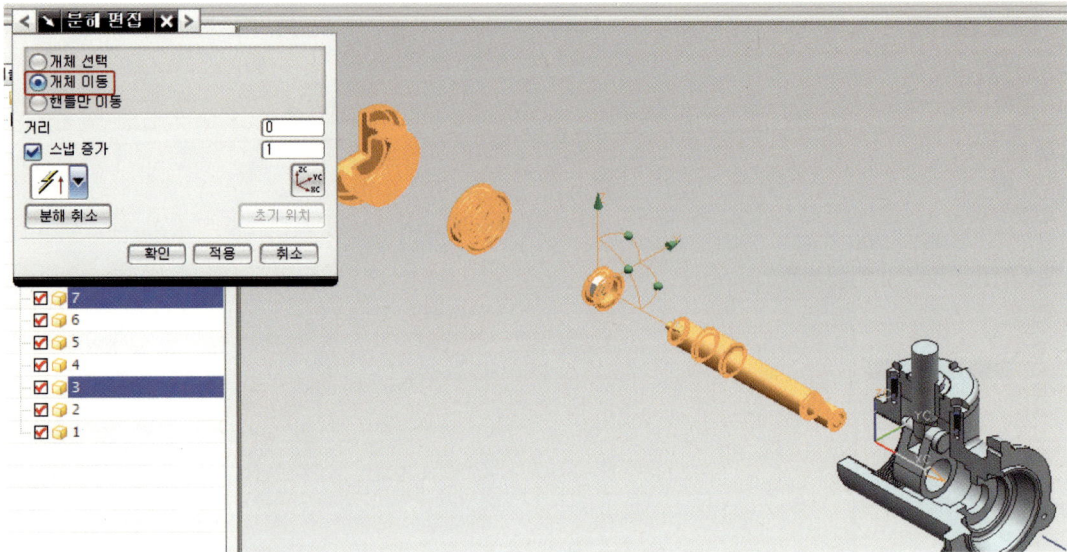

18) 다시 개체선택 ①을 선택한다.

CHAPTER 5 | 편심왕복장치 전개 분해도 따라하기

19) 개체이동에서 좌표Z축 ①을 선택하고 MB1을 이용하여 Z축으로 이동시키고 적용시킨다.

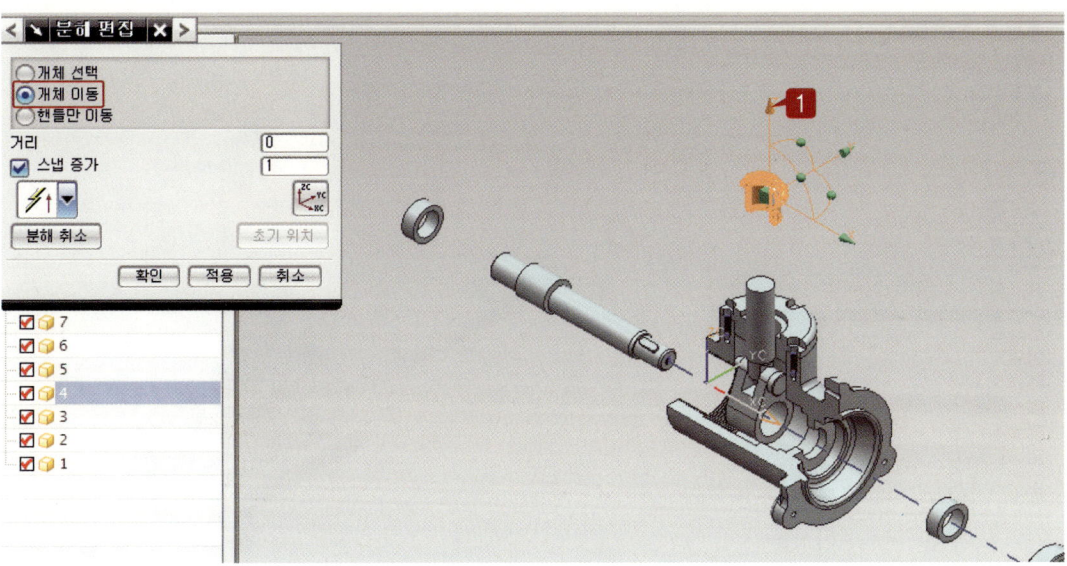

20) 다시 개체선택 ①을 선택한다.

21) 같은 방법으로 좌표Z축 ①을 선택하고 MB1을 이용하여 Z축으로 이동시키고 적용시킨다.

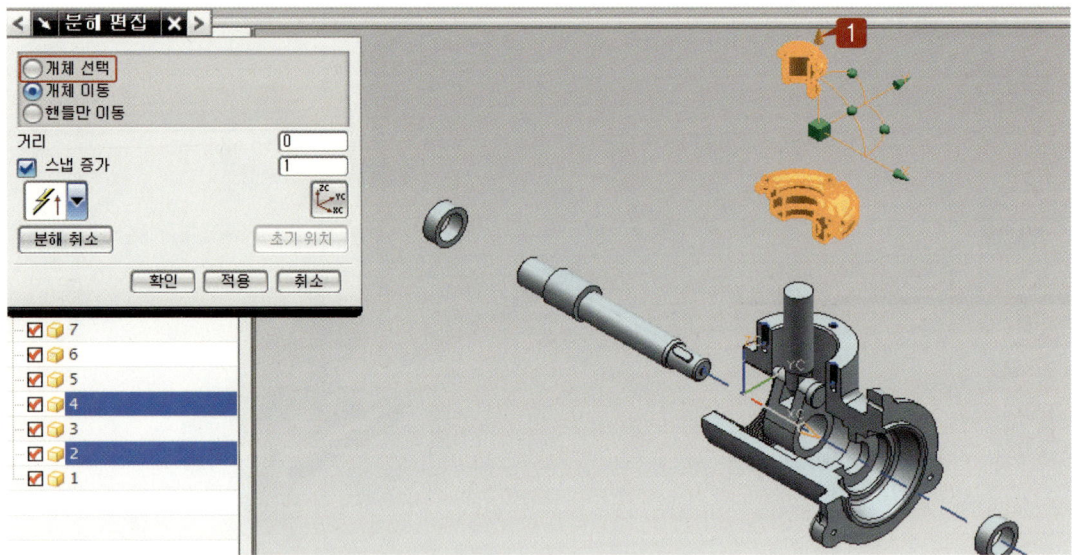

22) 그림처럼 개체선택에서 ①, ②, ③을 선택한다.

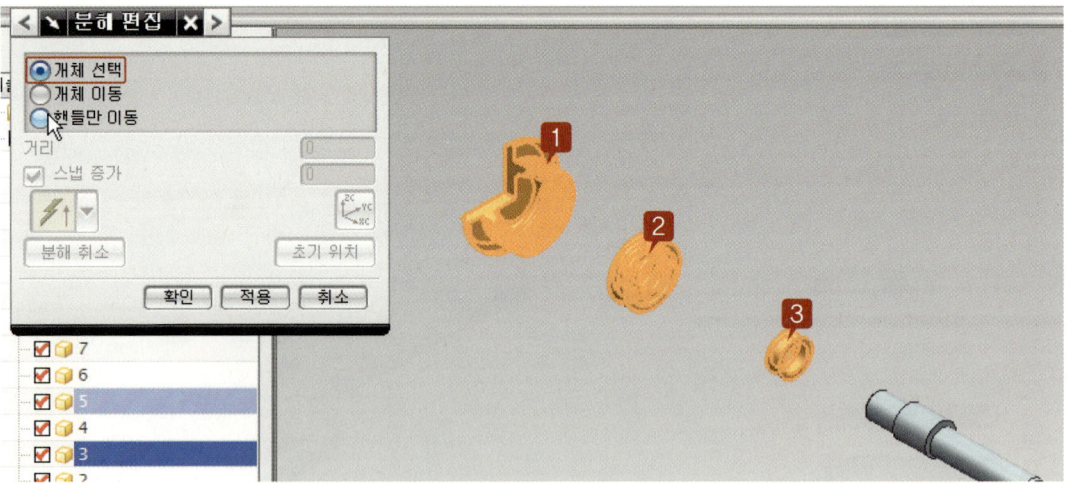

CHAPTER 5 | 편심왕복장치 전개 분해도 따라하기

23) 개체이동에서 좌표X축 ①을 선택하고 MB1을 이용하여 X축으로 그림처럼 이동시키고 적용시킨다.

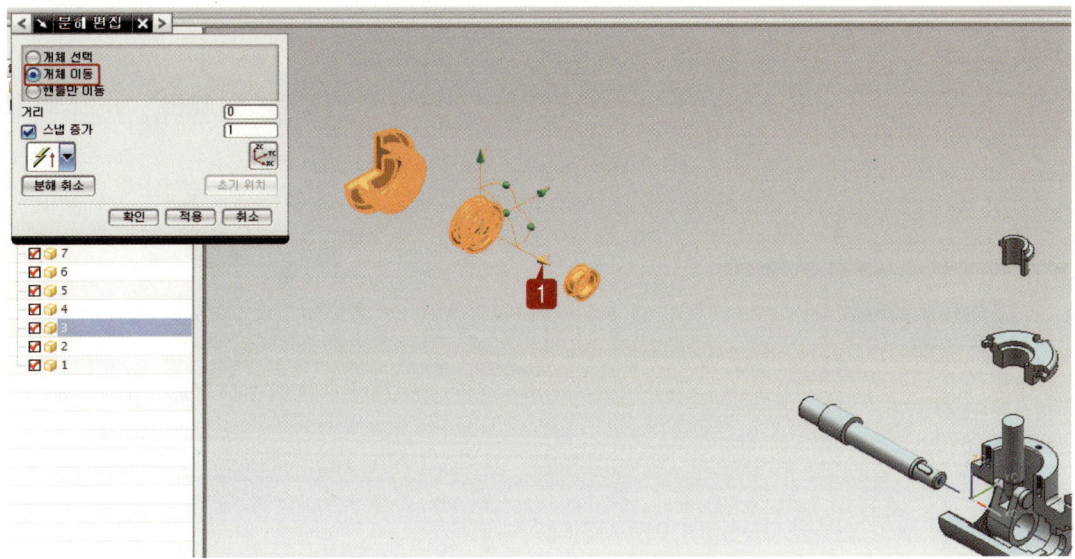

24) 취소는 Shift 를 누르고 선택한다. 그림처럼 링크와 슬라이드 축 등을 선택한다.

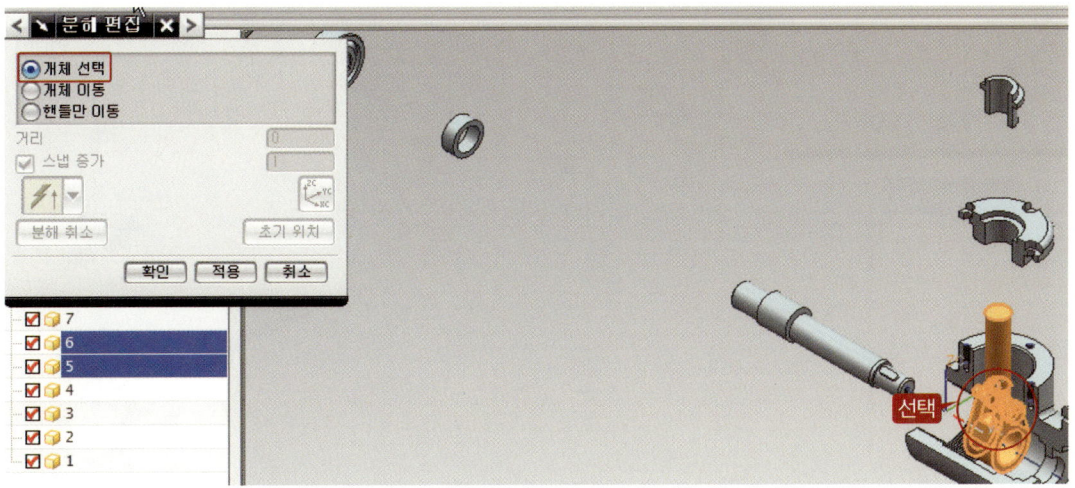

25) 개체이동에서 X좌표축 ①을 선택한다.

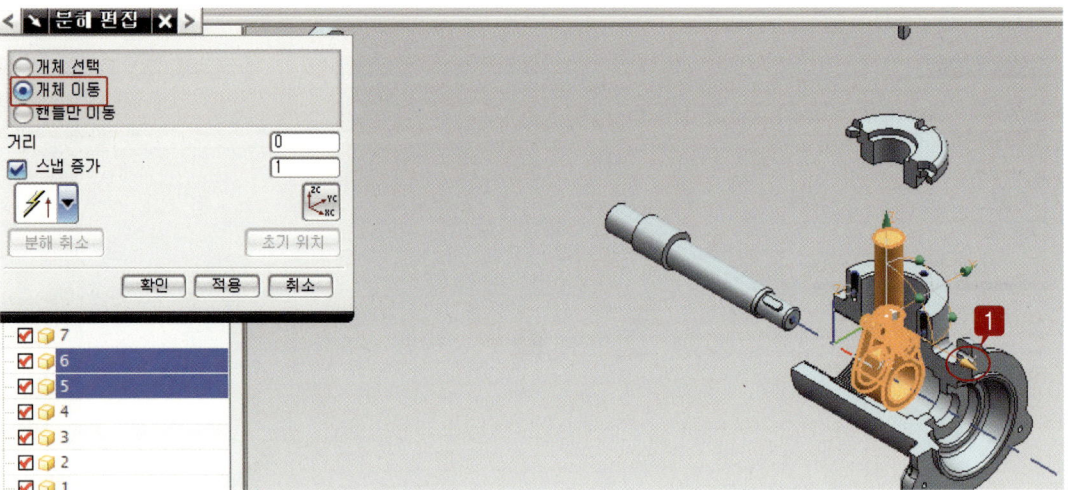

26) 그림처럼 MB1 버튼을 이용하여 이동시킨다.

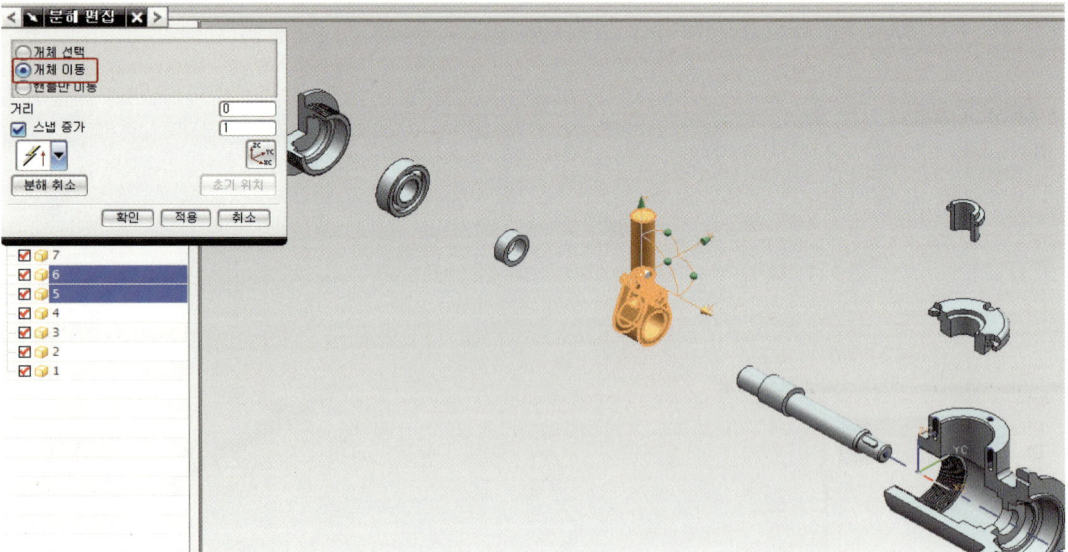

CHAPTER 5 | 편심왕복장치 전개 분해도 따라하기

27) 개체선택에서 그림처럼 핀 ①을 선택한다.

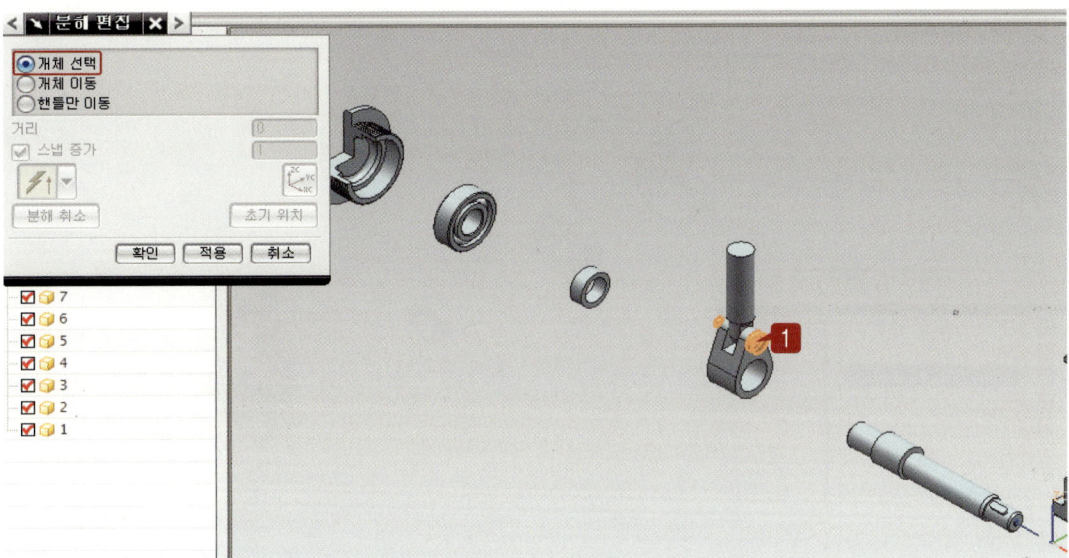

28) 개체이동에서 X좌표축 ①을 선택하고 MB1을 이용하여 X축으로 이동시키고 적용한다.

29) 개체선택에서 그림처럼 슬라이더 ①을 선택한다.

30) 개체이동에서 Z좌표축 ①을 선택한다.

31) MB1을 이용하여 Z축으로 이동시키고 적용한다.

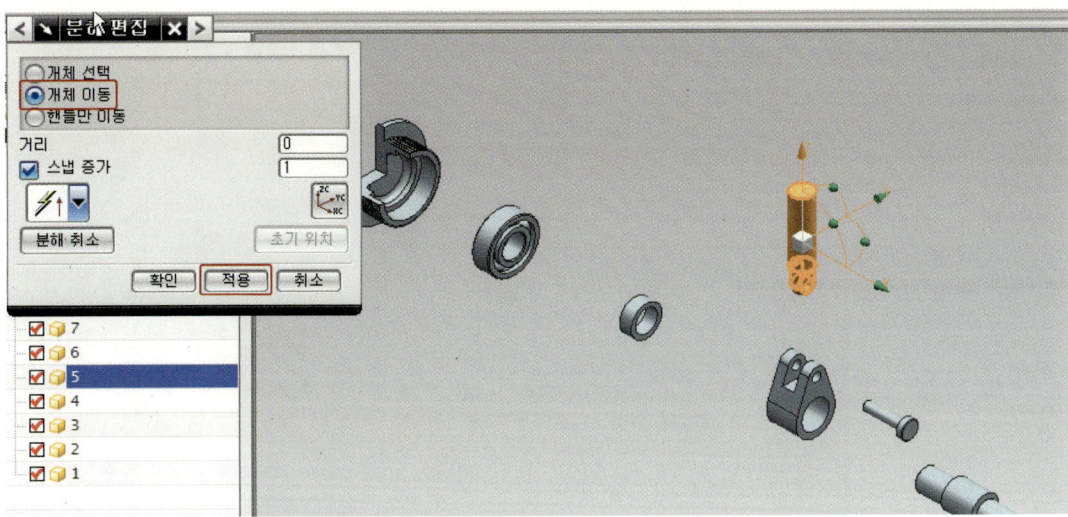

32) 다시 개체선택에서 그림처럼 선택한다.

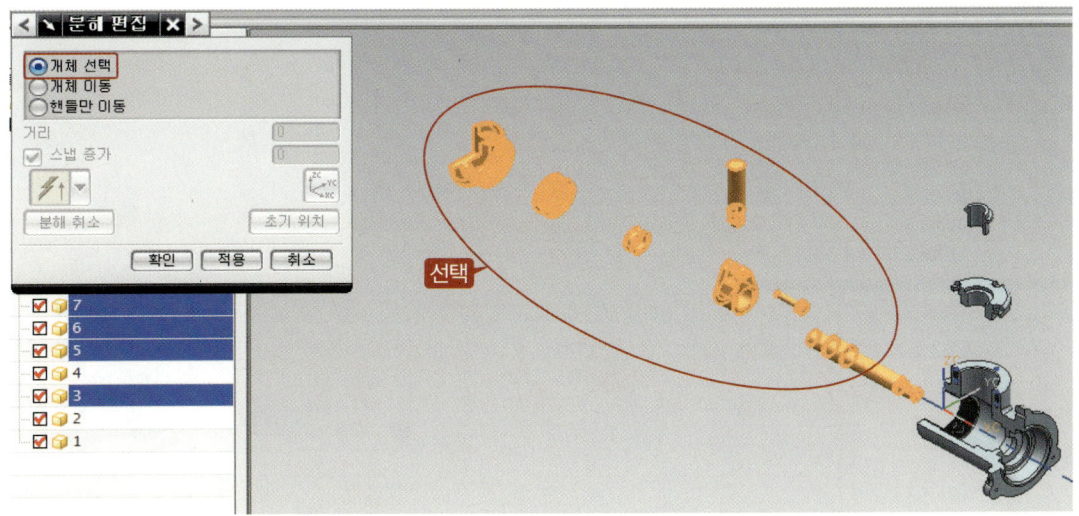

33) 개체이동에서 Z좌표축 ①을 선택한다.

34) 그림처럼 MB1을 이용하여 Z축으로 이동시키고 적용한다.

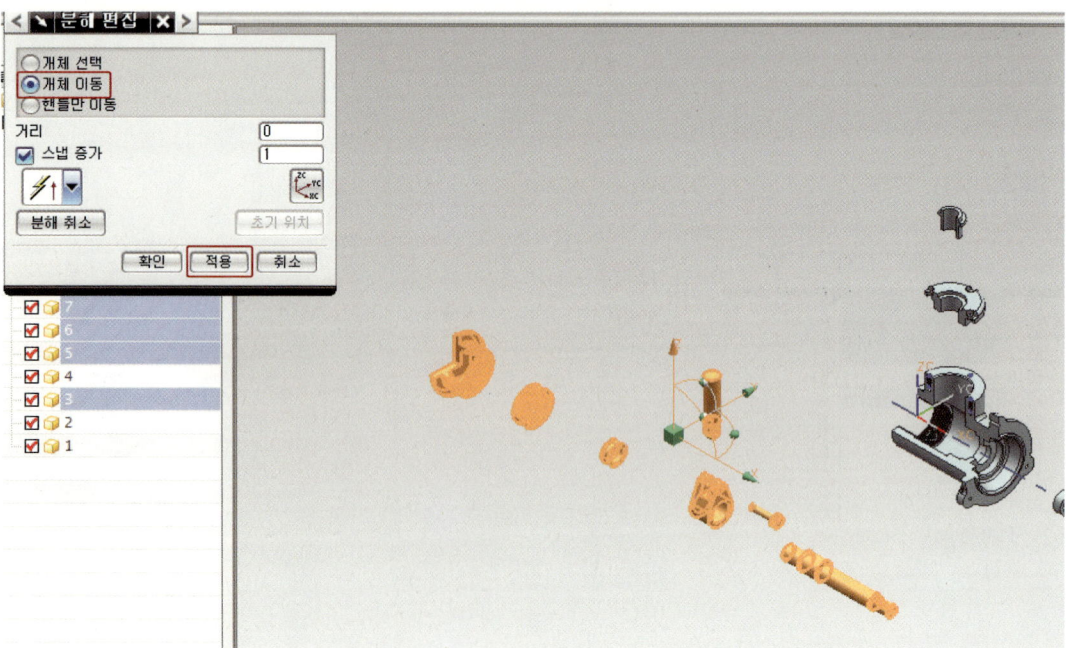

CHAPTER 5 | 편심왕복장치 전개 분해도 따라하기

35) 개체이동에서 X좌표축 ①을 선택한다.

36) 그림처럼 MB1을 이용하여 X축으로 이동시키고 적용한다.

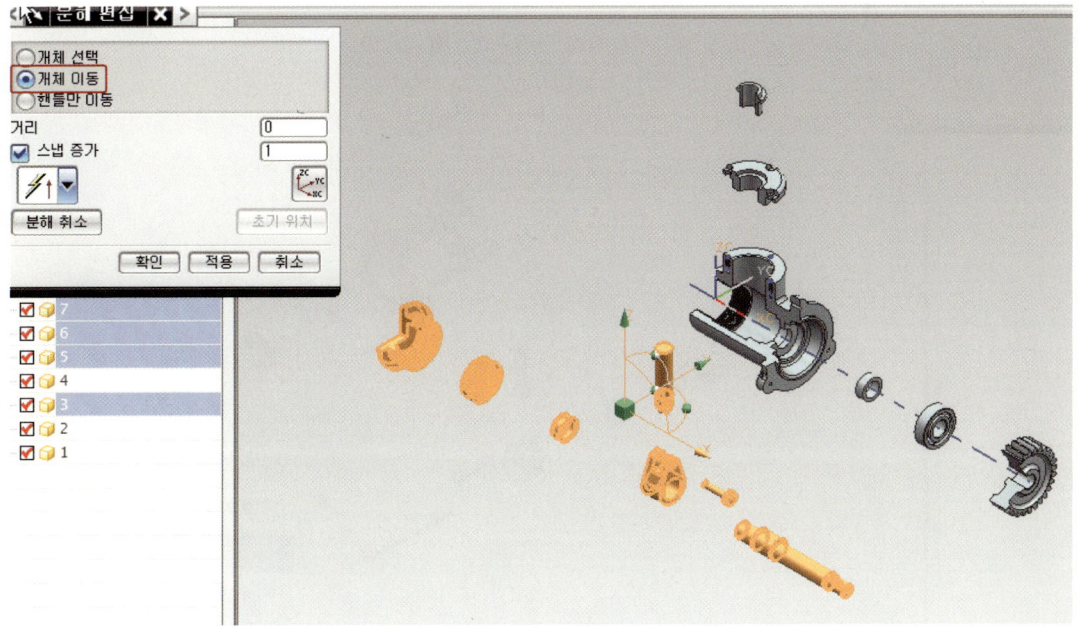

37) 개체이동에서 Z좌표축 ①을 선택하여 그림처럼 조정한다.

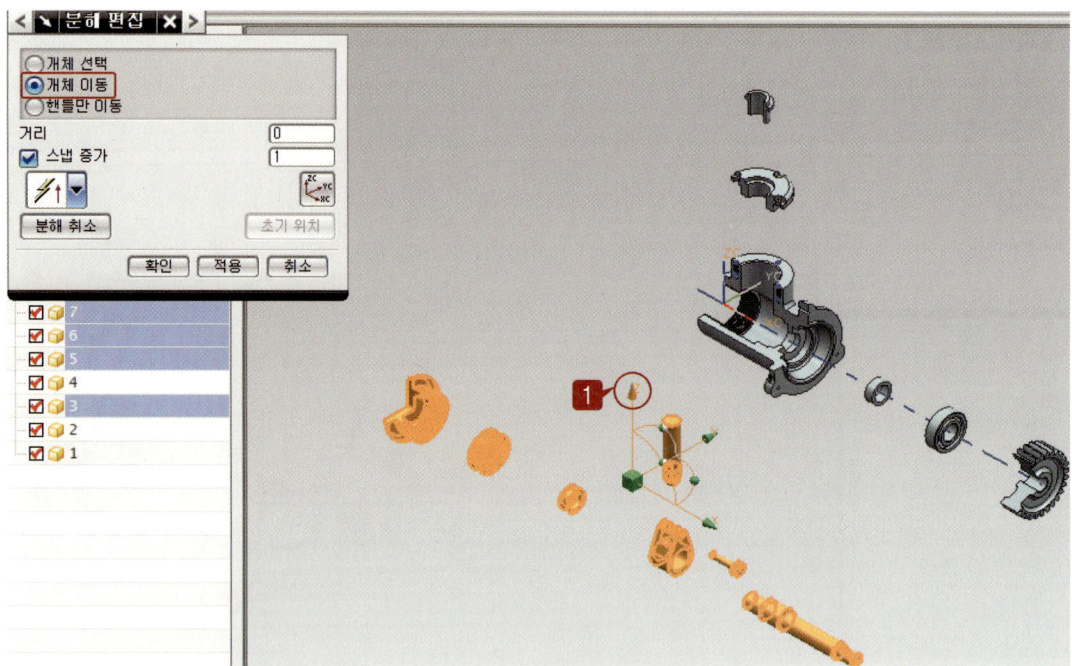

38) 그림처럼 분해 한 후 추적선 ①을 선택하고 삭제한다.

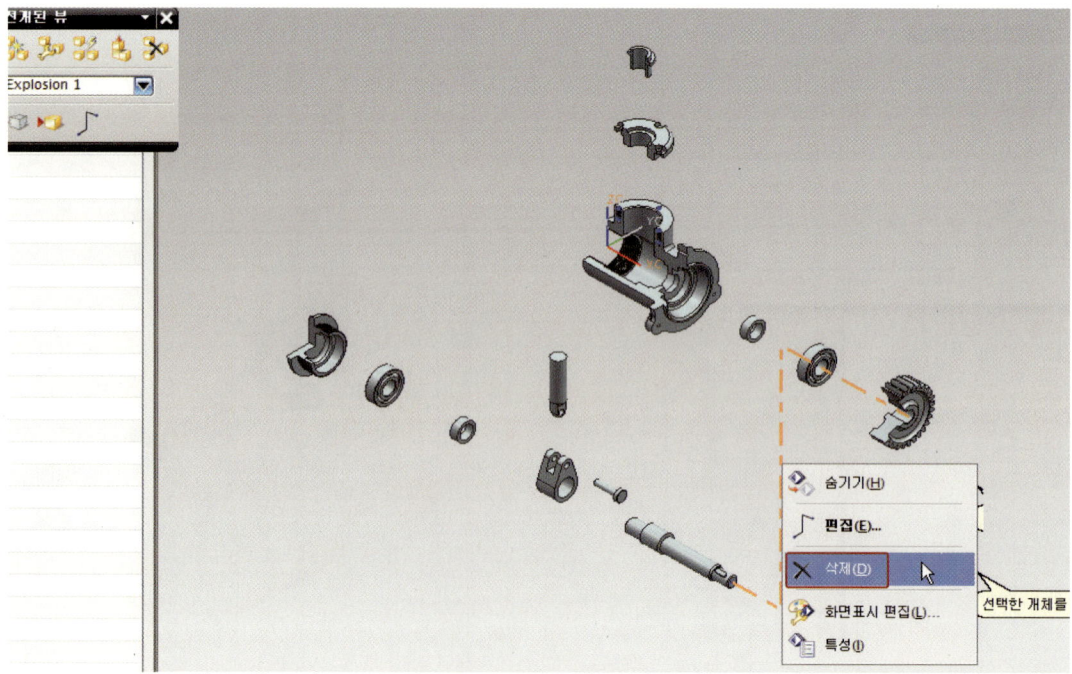

CHAPTER 5 | 편심왕복장치 전개 분해도 따라하기

39) 추적선 아이콘( )을 클릭하고 시작점 ①과 끝 점 ②를 선택하고 적용한다. 그림처럼 화살표를 더블클릭하여 방향을 변경한다.

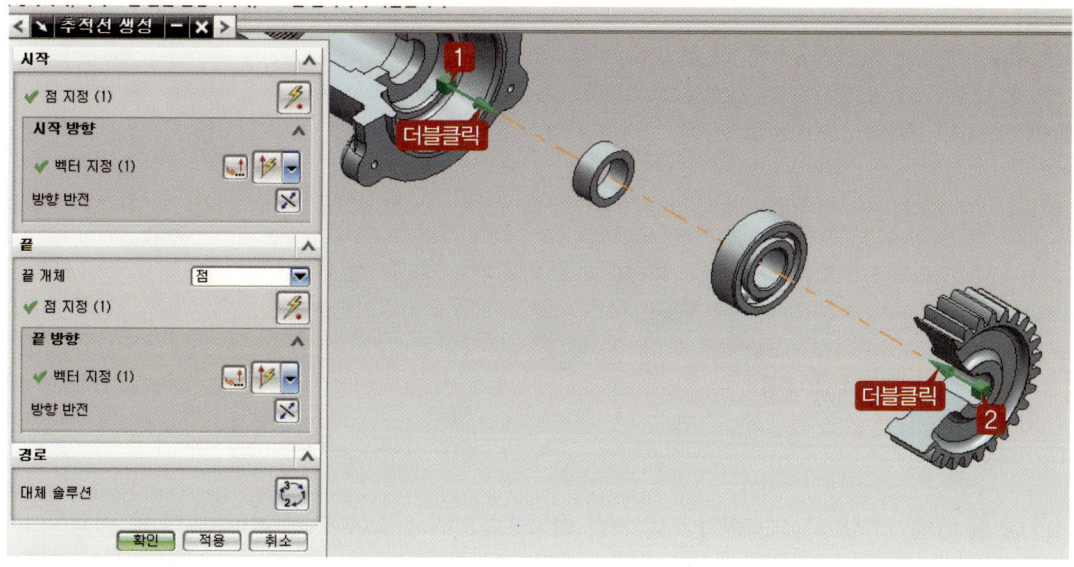

40) 같은 방법으로 시작점 ①과 끝 점 ②를 선택하고 적용한다. 그림처럼 화살표를 더블클릭하여 방향을 변경한다.

41) 시작점 ①과 시작벡터 -X축 ②를 클릭한다.

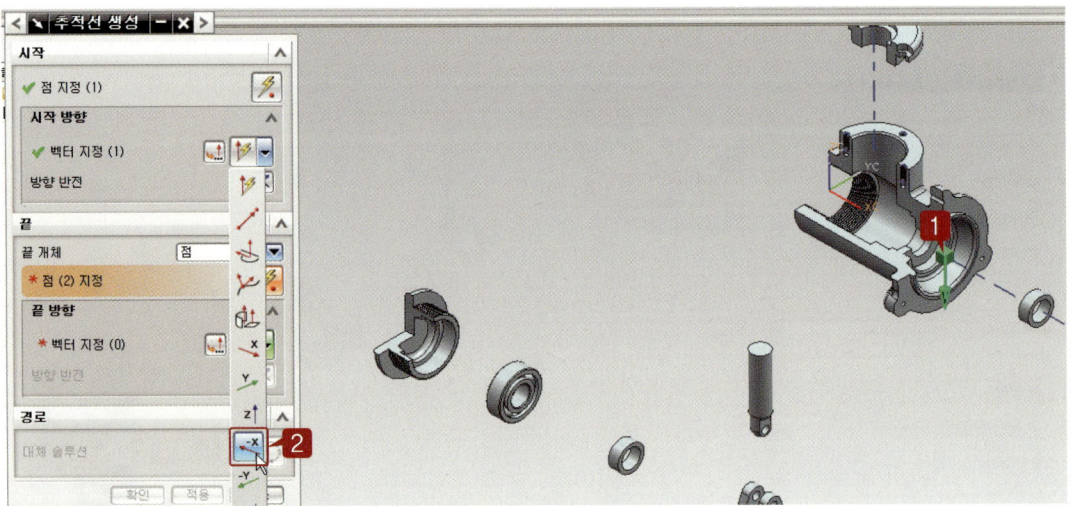

42) 끝 점 ③을 선택하고 적용한다. 그림처럼 화살표를 마우스 MB1로 조정하여 방향을 변경한다.

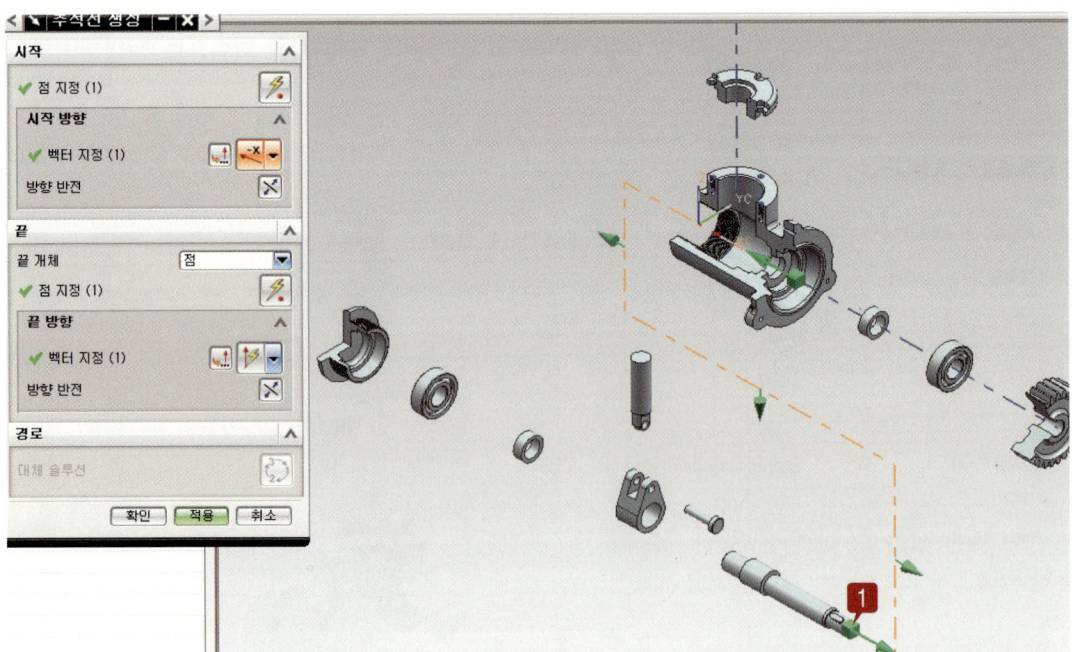

CHAPTER 5 | 편심왕복장치 전개 분해도 따라하기

43) 같은 방법으로 시작점 ①과 끝 점 ②를 선택하고 적용한다.

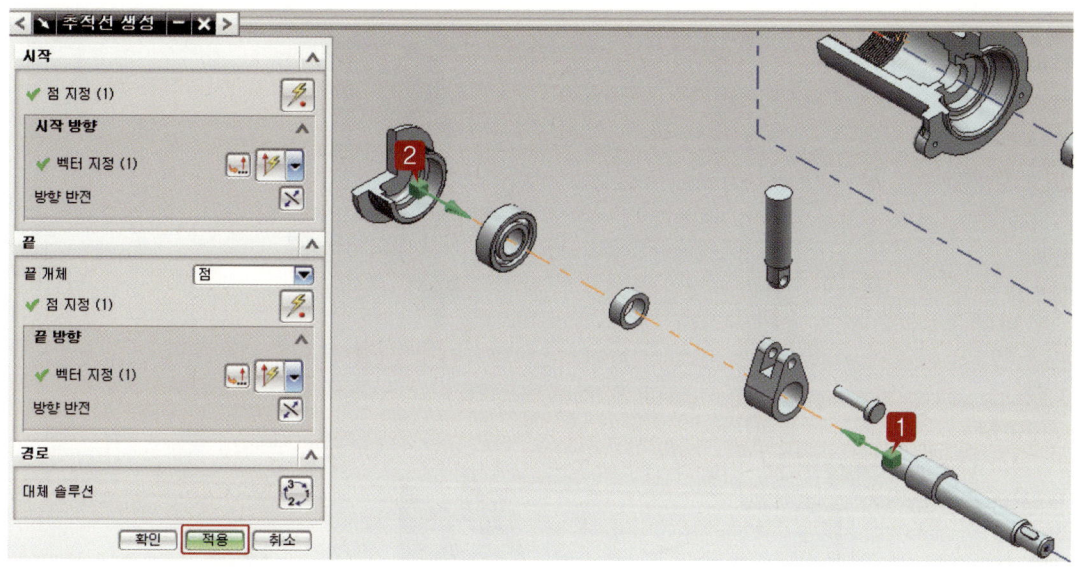

44) 같은 방법으로 시작점 ①을 선택한다.

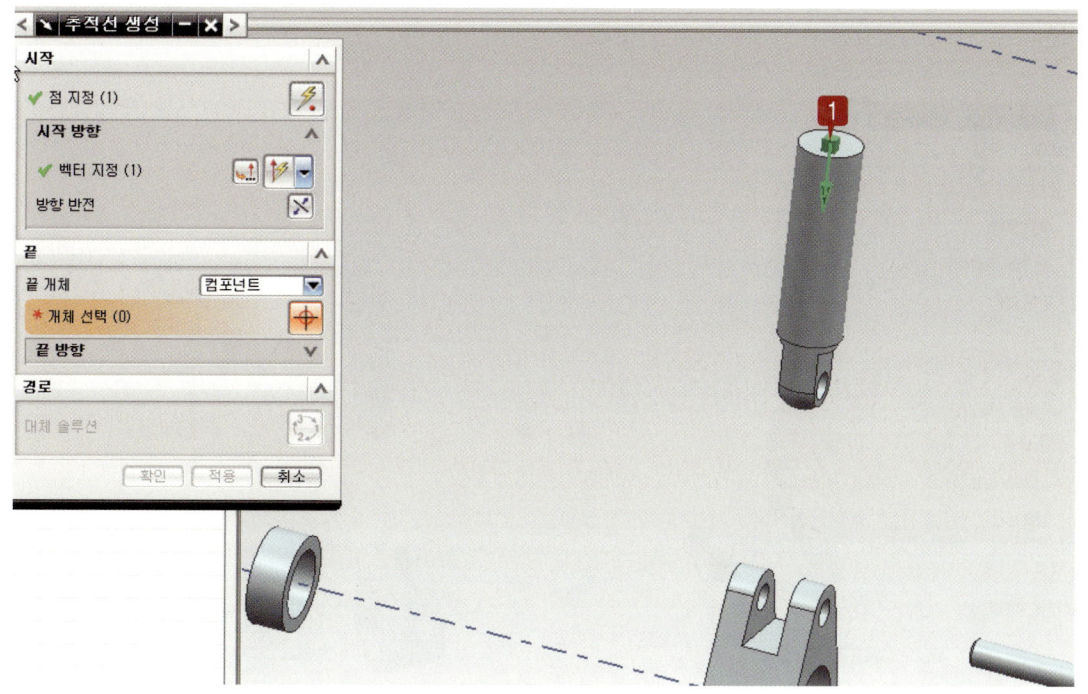

45) 끝 점 ②를 선택하고 적용한다.

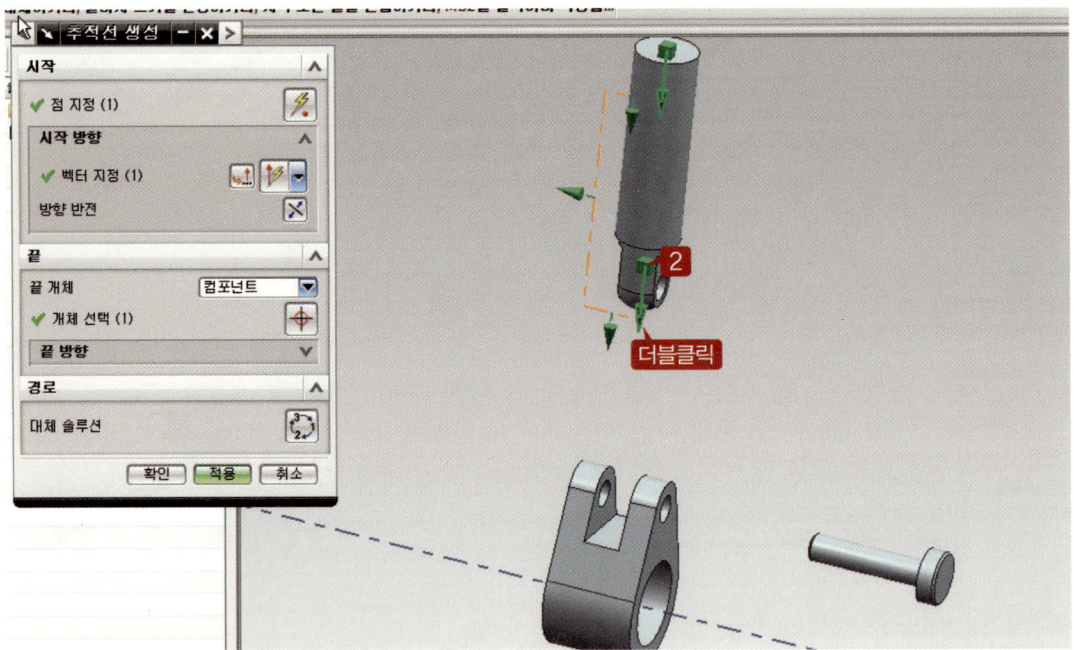

46) 그림처럼 화살표를 더블클릭하여 방향을 변경한다.

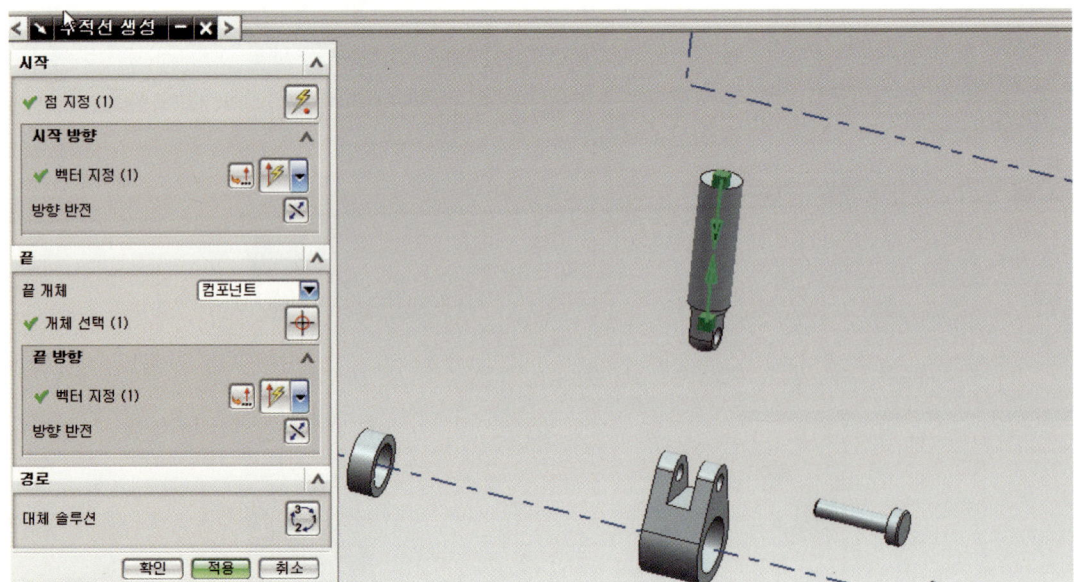

CHAPTER 5 | 편심왕복장치 전개 분해도 따라하기

47) 그림처럼 ①을 선택하여 마우스 MB1을 이용하여 아래로 이동시킨다.

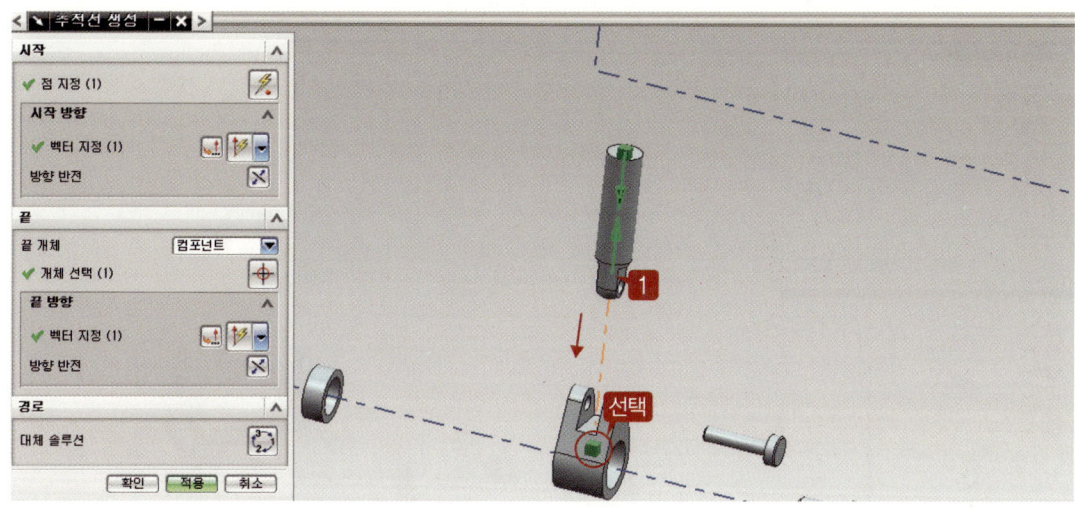

48) 같은 방법으로 시작점 ①과 끝 점 ②를 선택하고 적용한다.

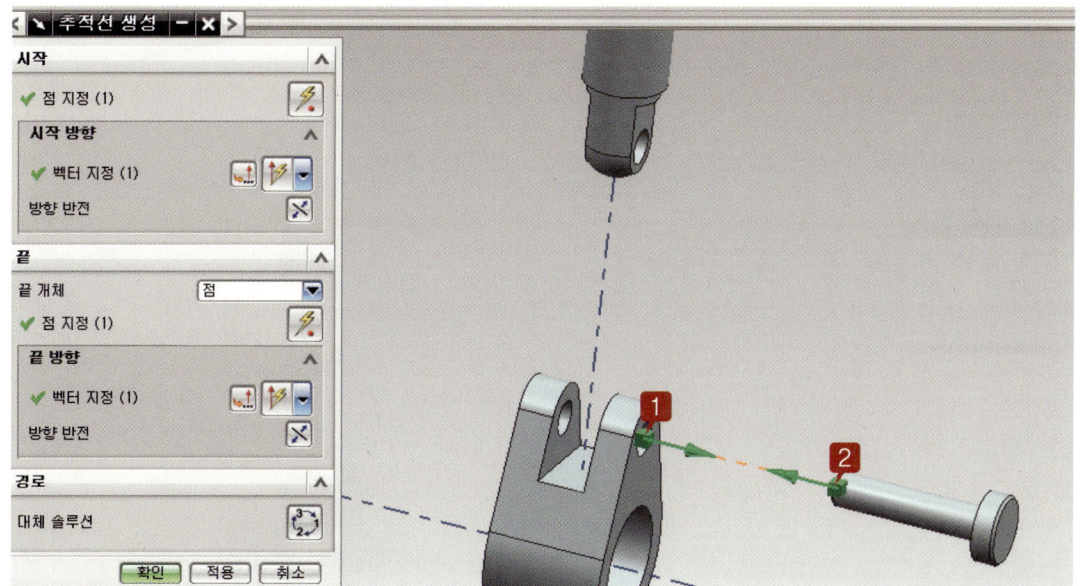

49) 분해도면 조정을 우해서 다시 그림처럼 개체선택을 하고 개체이동으로 설정한 후 Z 축 ①을 선택하여 MB1 버튼을 이용하여 그림처럼 이동시킨다.

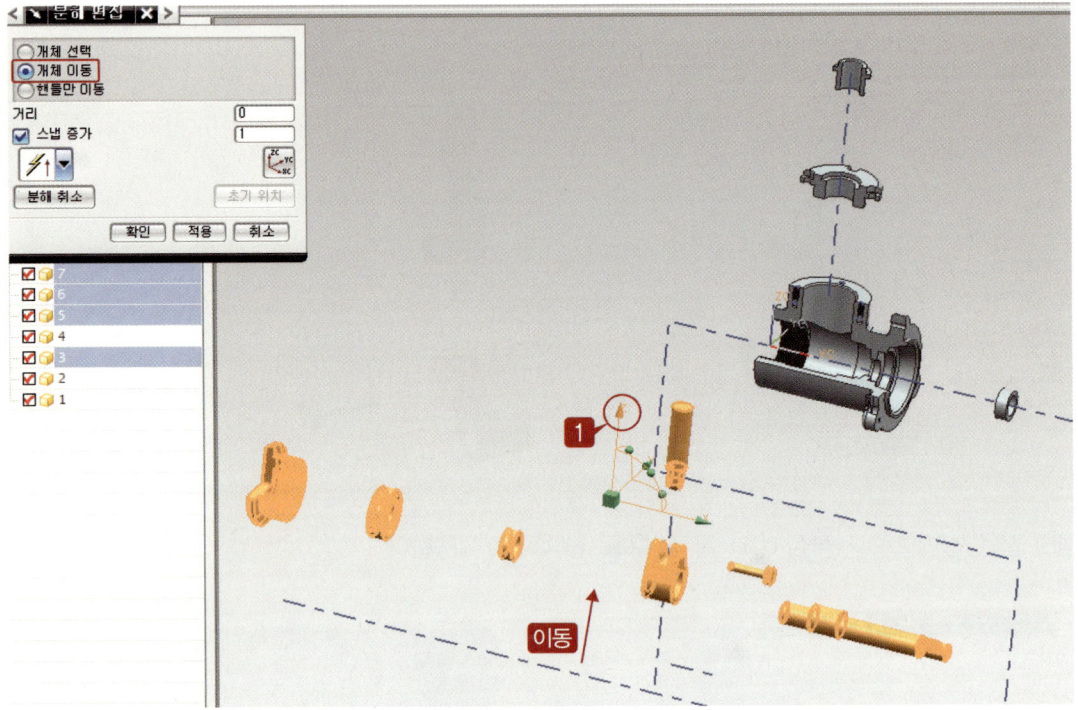

50) 그림처럼 추적선 ①을 선택하고 MB3 버튼을 클릭하여 편집을 선택한다.

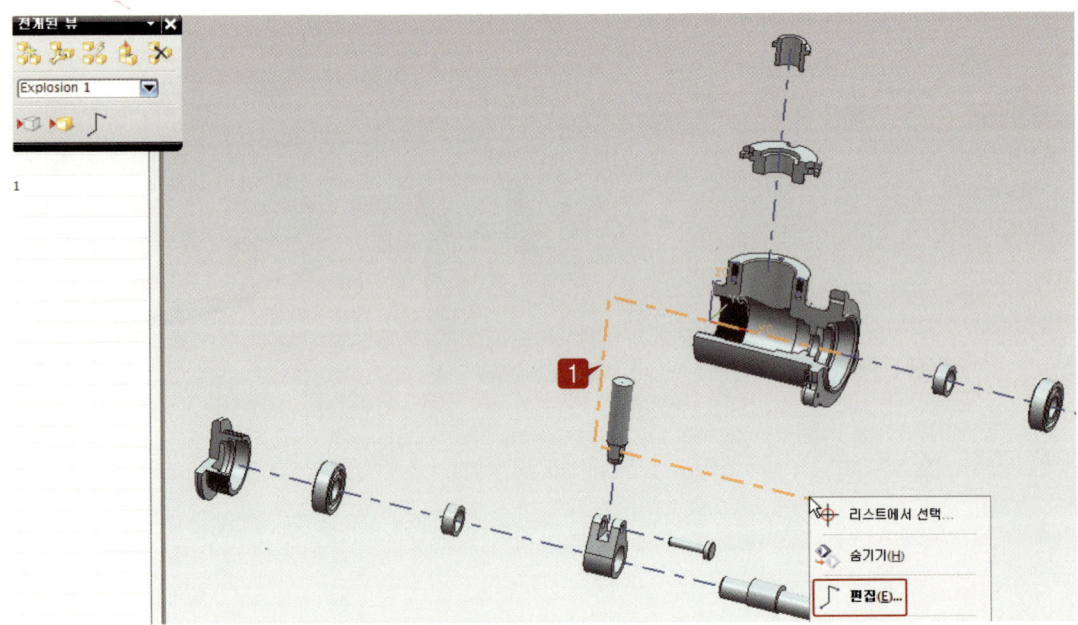

CHAPTER 5 | 편심왕복장치 전개 분해도 따라하기

51) 그림처럼 추적선을 조정하고 편집한다.

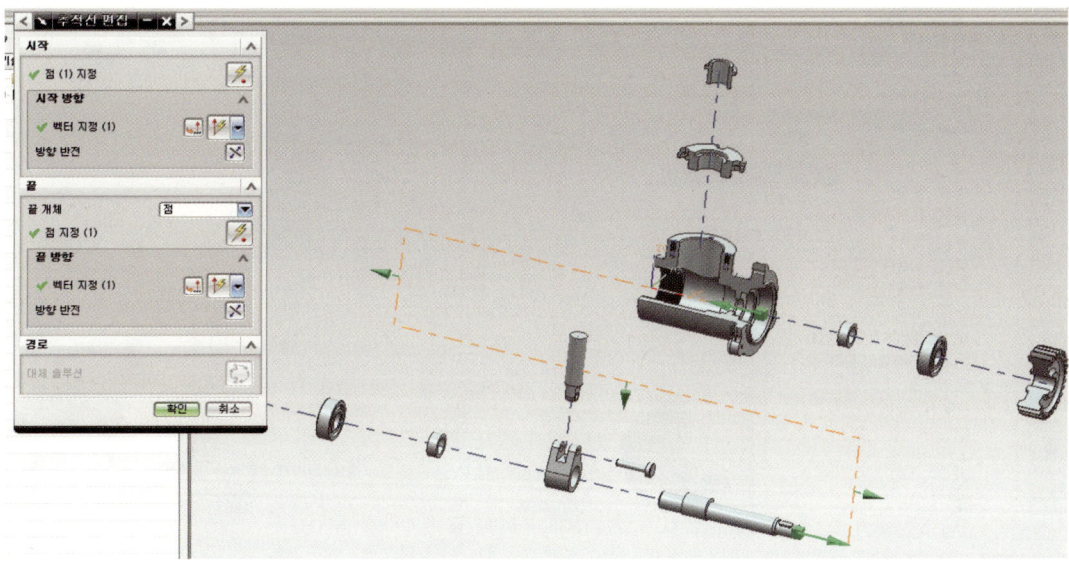

52) 그림처럼 Explosion1을 다시 선택하고 닫는다.

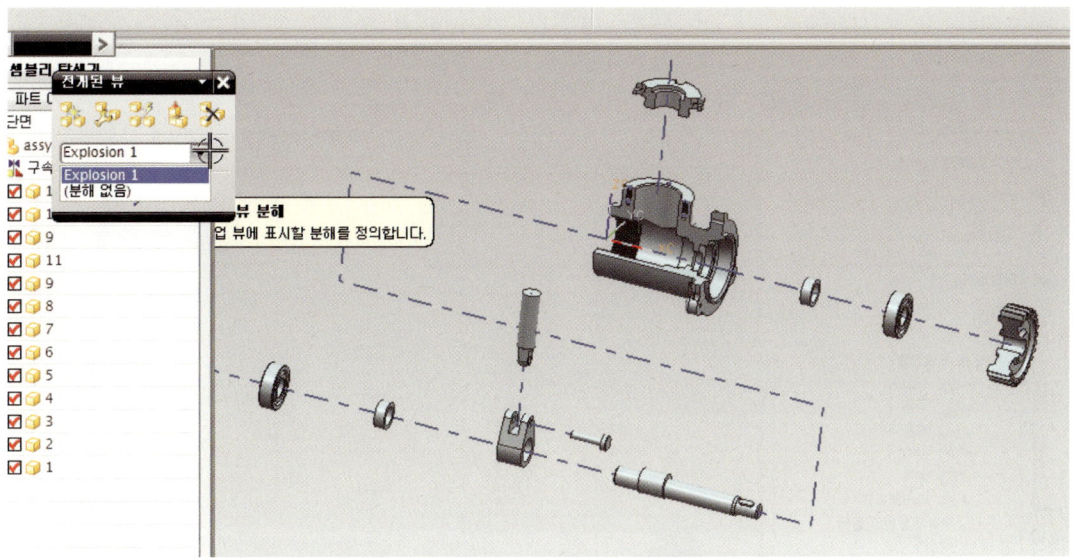

53) 그림처럼 모델 뷰에서 뷰 추가를 클릭한다. (TFR-TR#1이 새로 생성된다.)

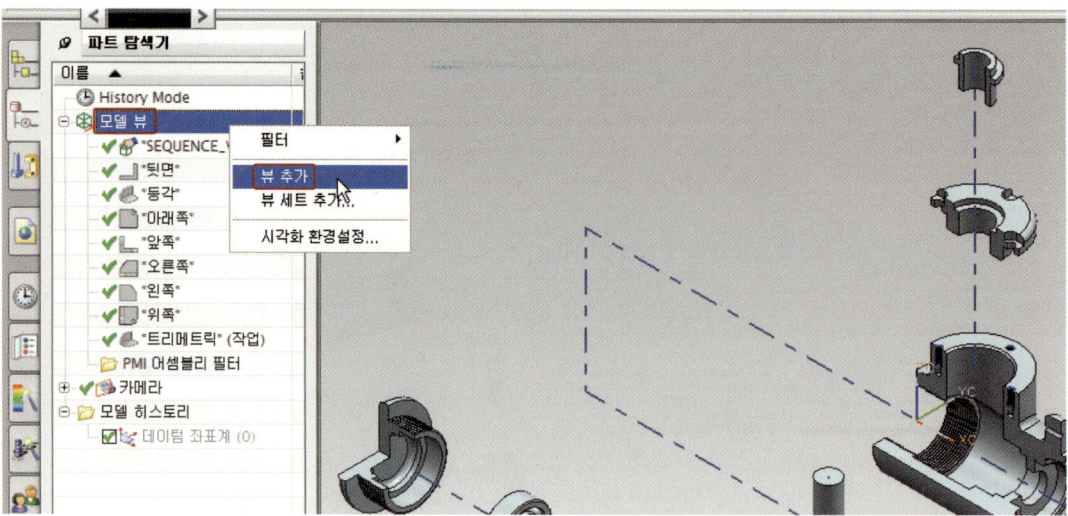

54) 시작에서 Drafting을 클릭한다.

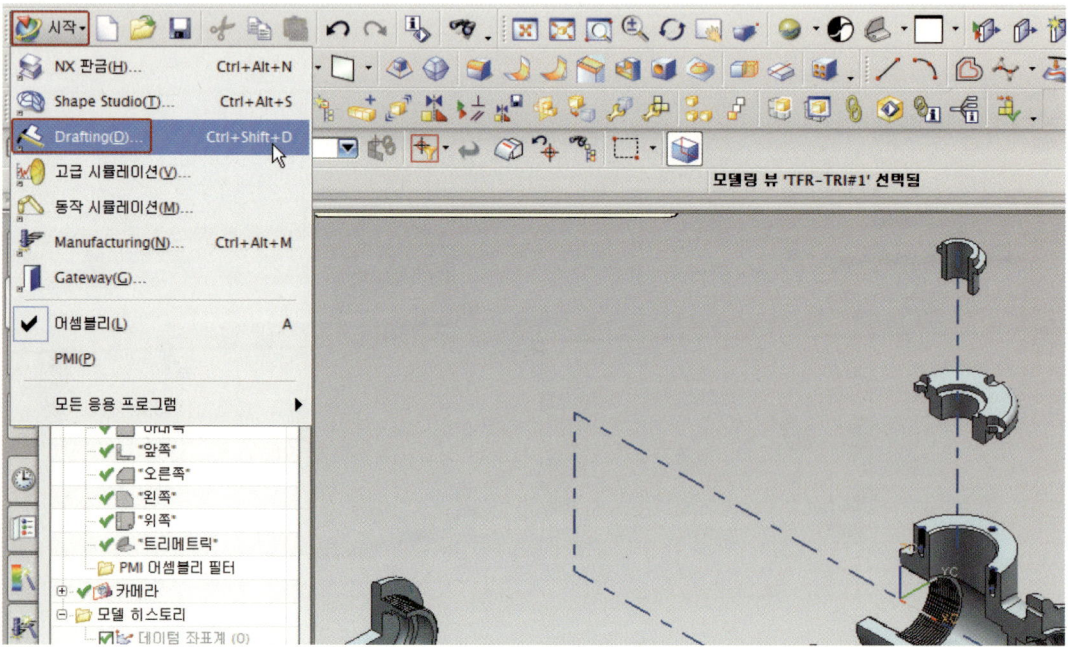

CHAPTER 5 | 편심왕복장치 전개 분해도 따라하기

55) 크기는 표준크기 A2로 설정하고 확인한다.

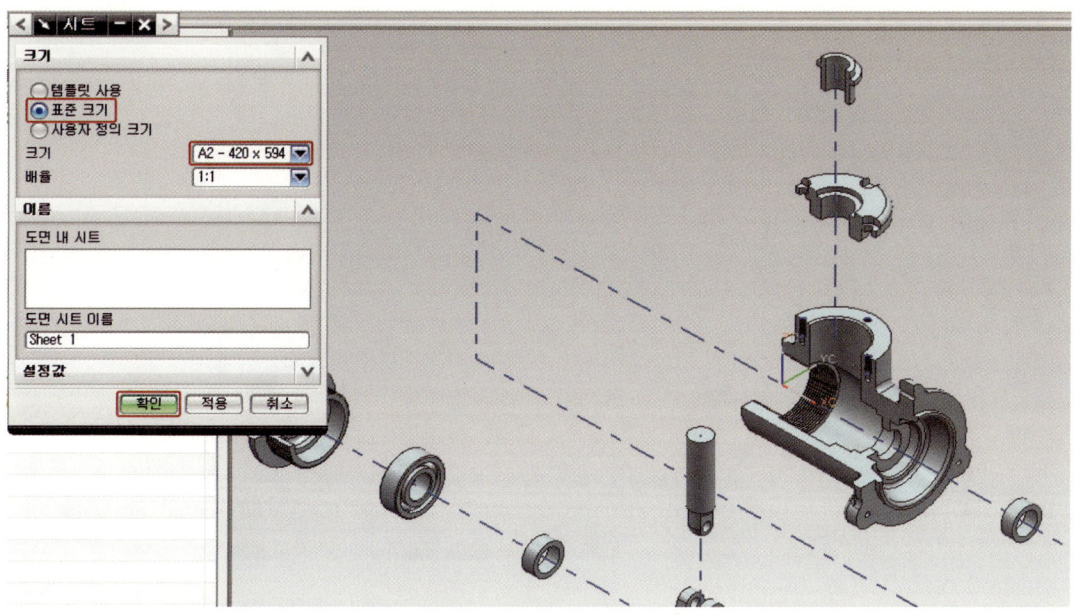

56) 기준 뷰 아이콘( )을 클릭한다. 모델 뷰에서 새로 생선 된 TFR-TR#1을 선택한다.

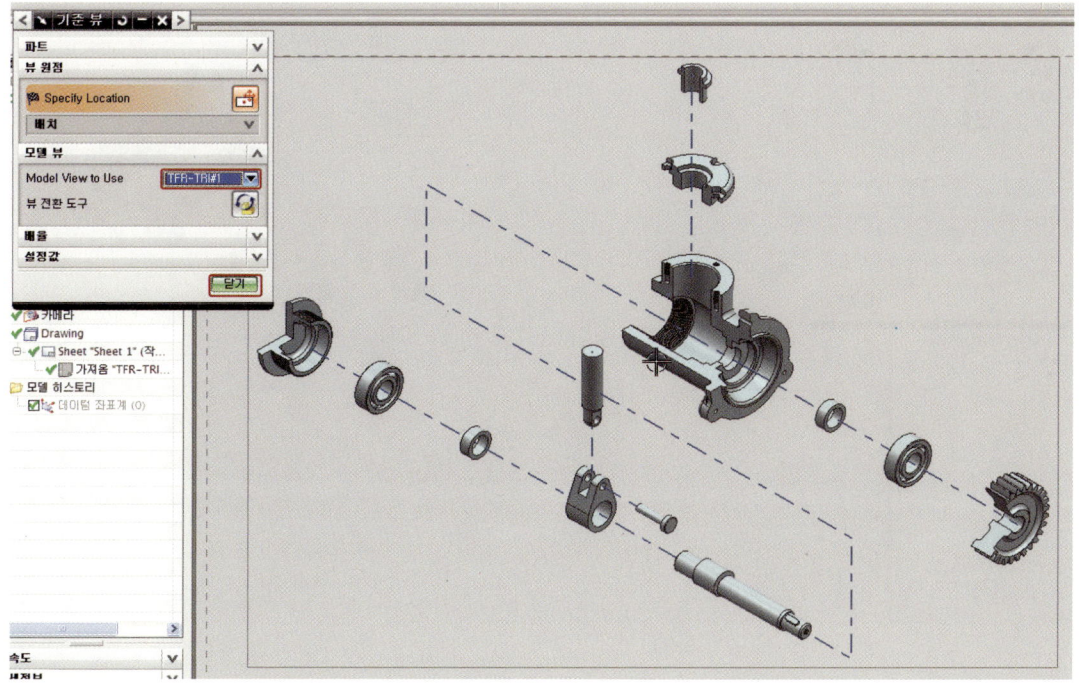

57) 닫기를 한다.

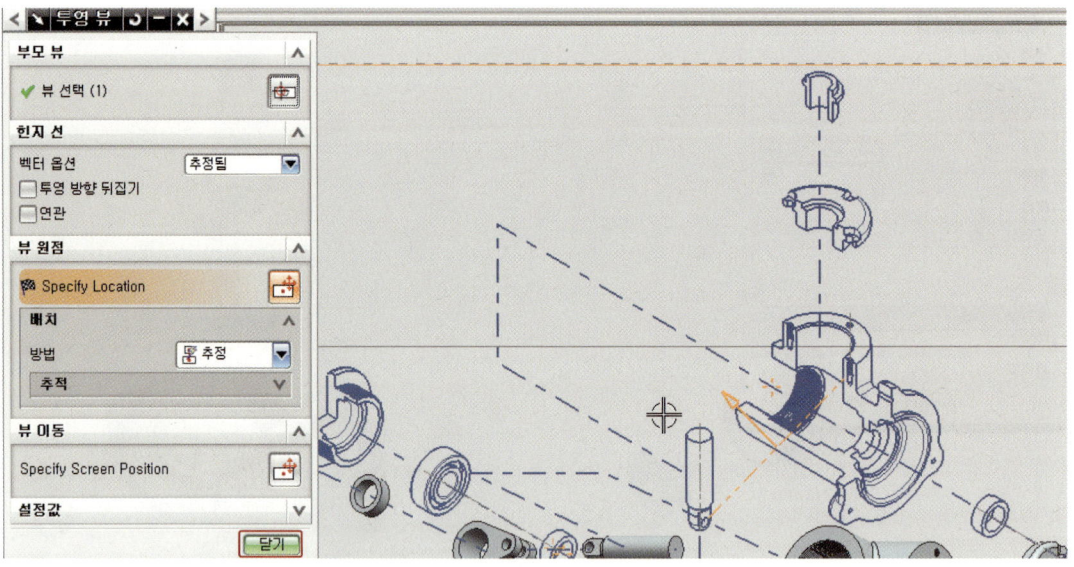

58) 다시 기준 뷰에서 모델 뷰에서 TFR-ISO을 선택하고 마우스로 ①을 선택하고 닫기 한다.

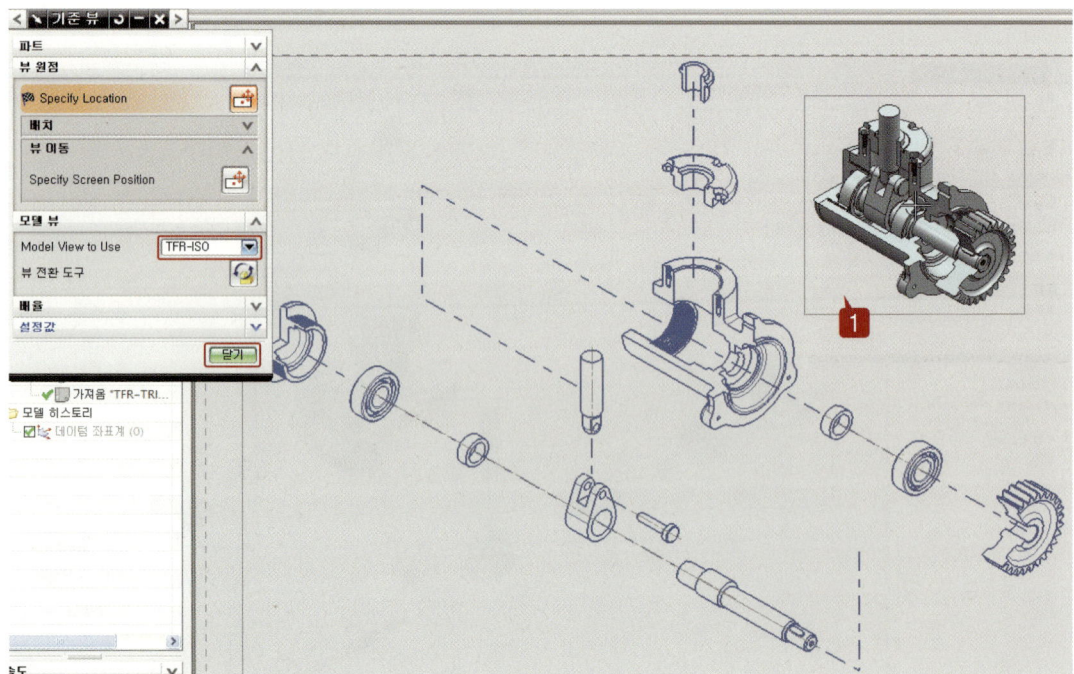

CHAPTER 5 | 편심왕복장치 전개 분해도 따라하기

59) 환경설정에서 Drafting을 클릭한다.

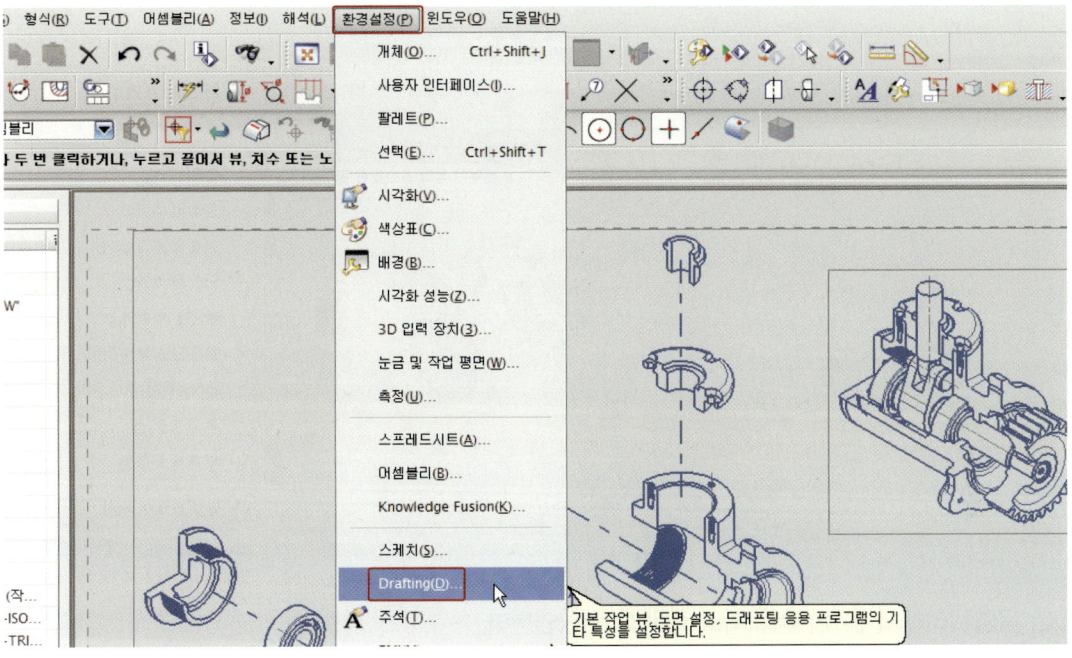

60) 뷰에서 경계에서 경계 표시 체크를 해제한다.

61) 그림처럼 마우스를 ①을 클릭하고 MB3을 선택하여 스타일을 클릭한다.

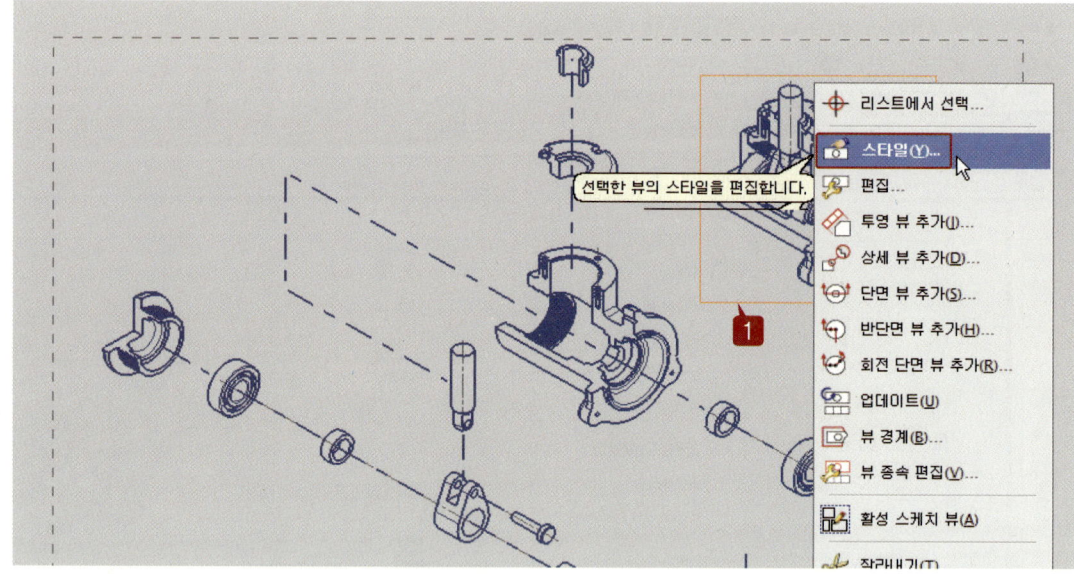

62) 음영처리에서 전체음영처리로 선택하고 확인한다.

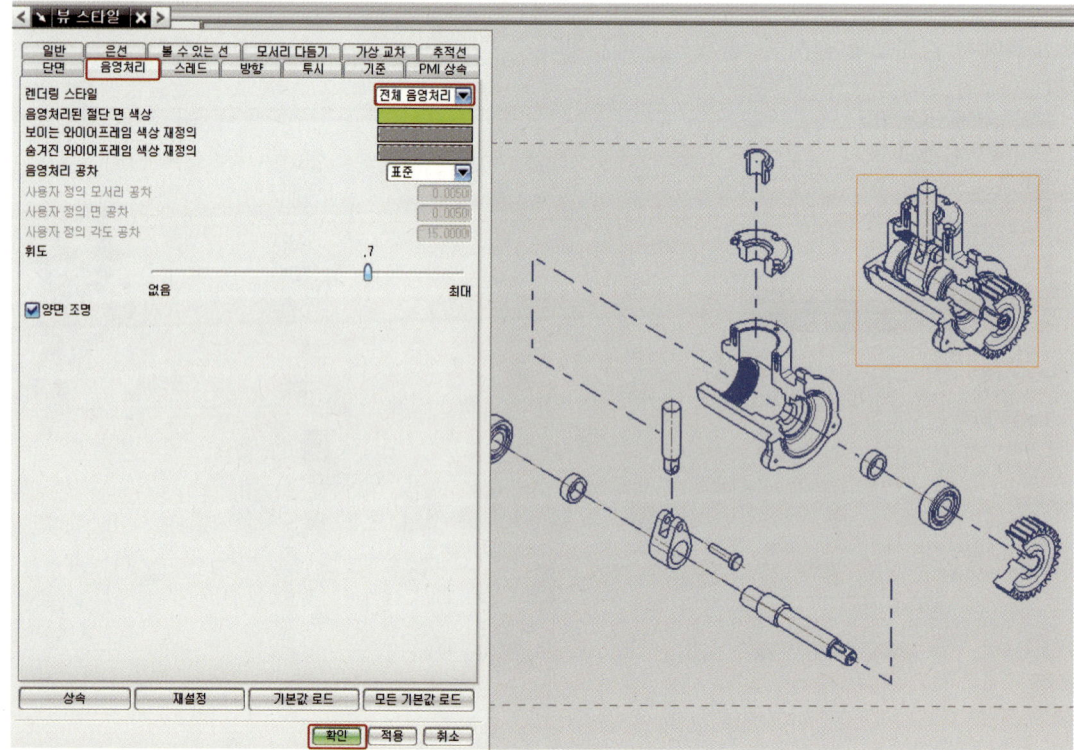

CHAPTER 5 | 편심왕복장치 전개 분해도 따라하기

2 Auto CAD로 내보내기

1) 파일에 내보내기에서 2D Exchange을 클릭한다.

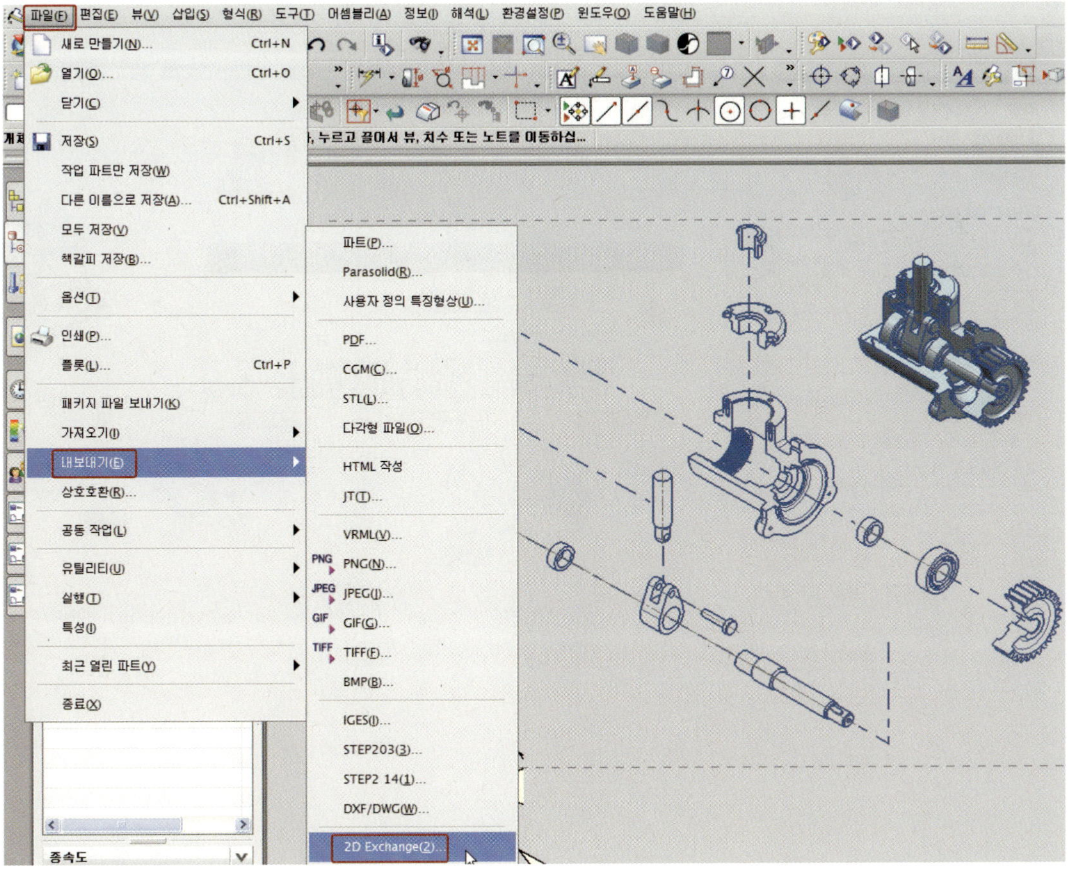

2) 파일에서 내보내기할 대상에서 모델링과 DXF 파일로 선택하고 확인한다.

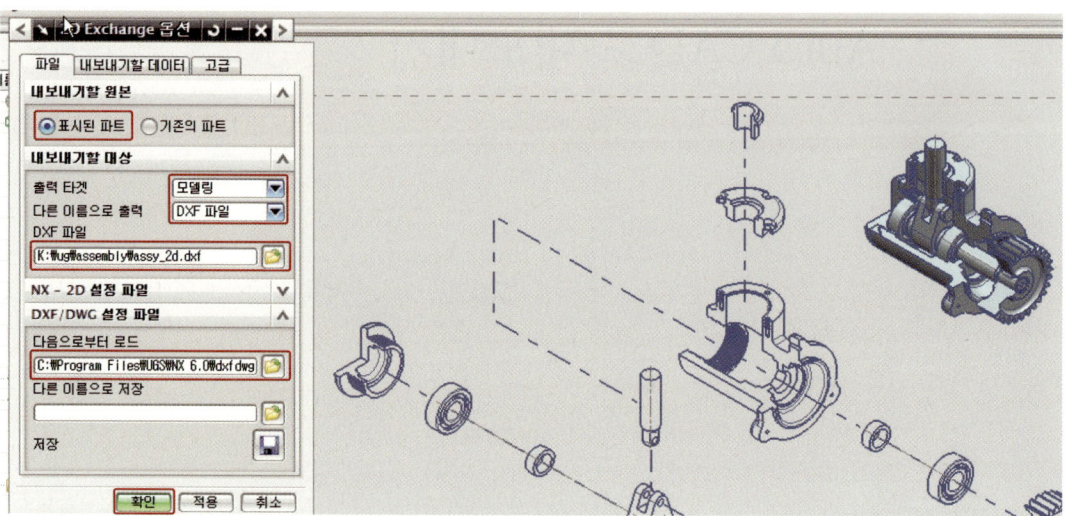

3) 먼저 저장을 예를 클릭한다.

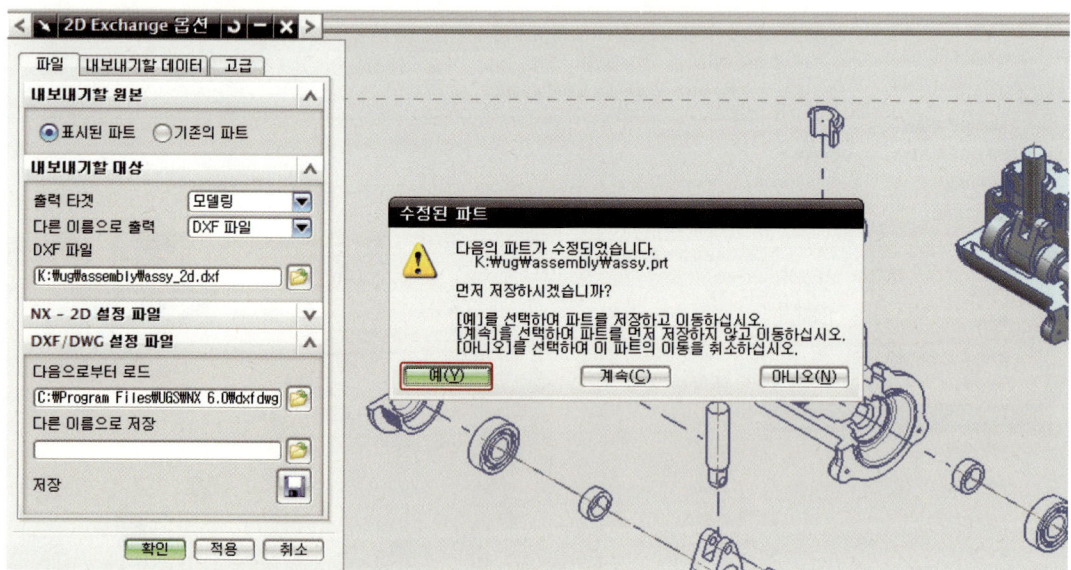

CHAPTER 5 | 편심왕복장치 전개 분해도 따라하기

4) 파일을 전부 읽을 때까지 기다린다.

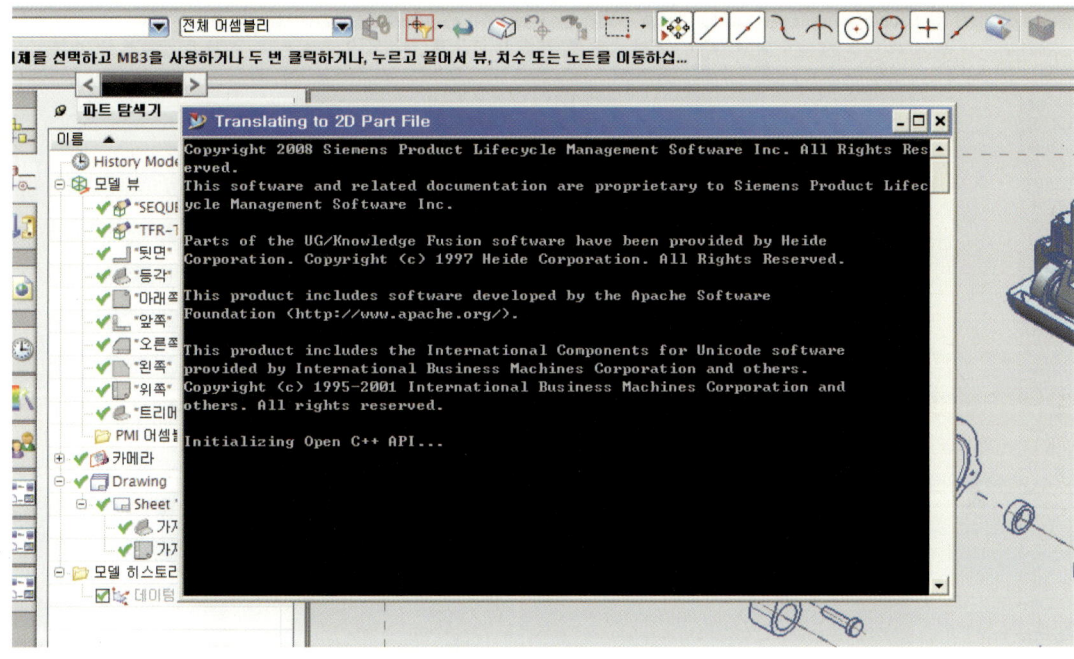

5) Auto CAD을 실행한고 저장위치를 확인 한 후 열기를 클릭한다.

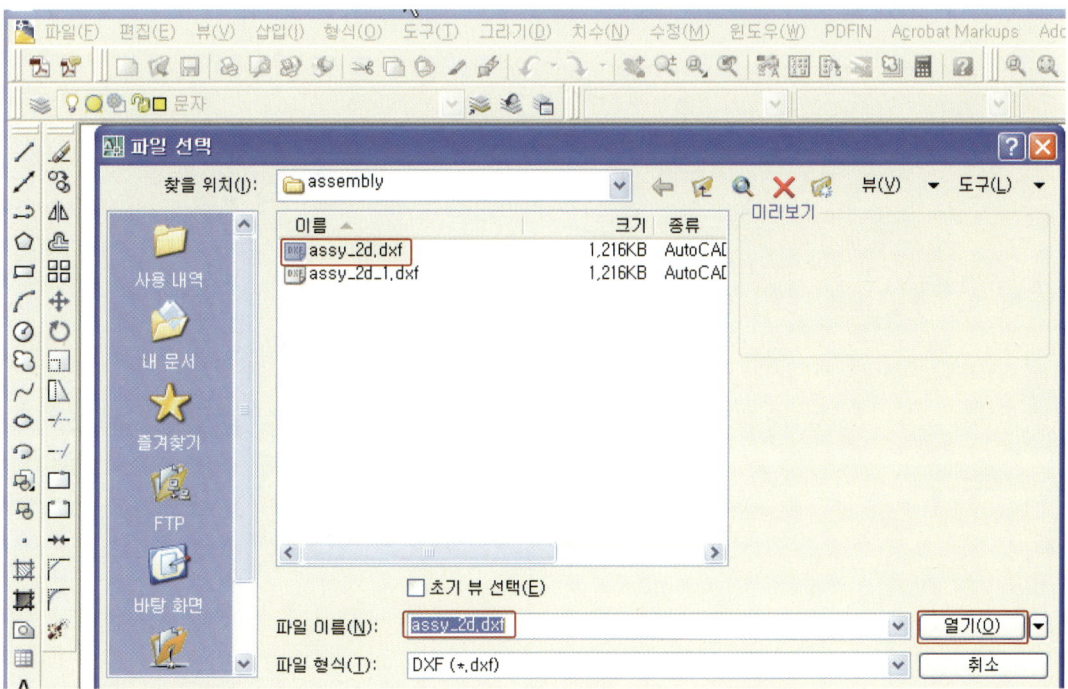

6) 아래 그림은 Auto CAD에서 실행한 상태의 그림이다.

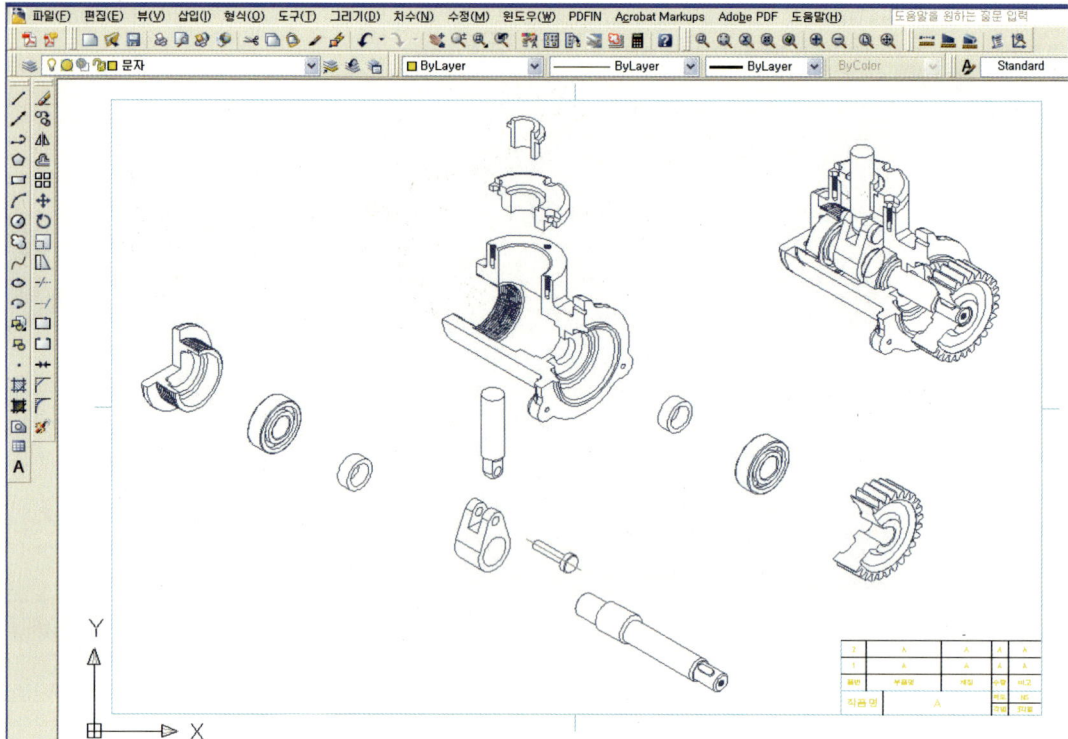

CHAPTER 5 | 편심왕복장치 전개 분해도 따라하기

3 UG NX에서 템플릿으로 설정하기

1) 그림처럼 탐색기에서 MB3 버튼을 클릭하여 새 항목에서 시트 템플릿을 클릭한다.

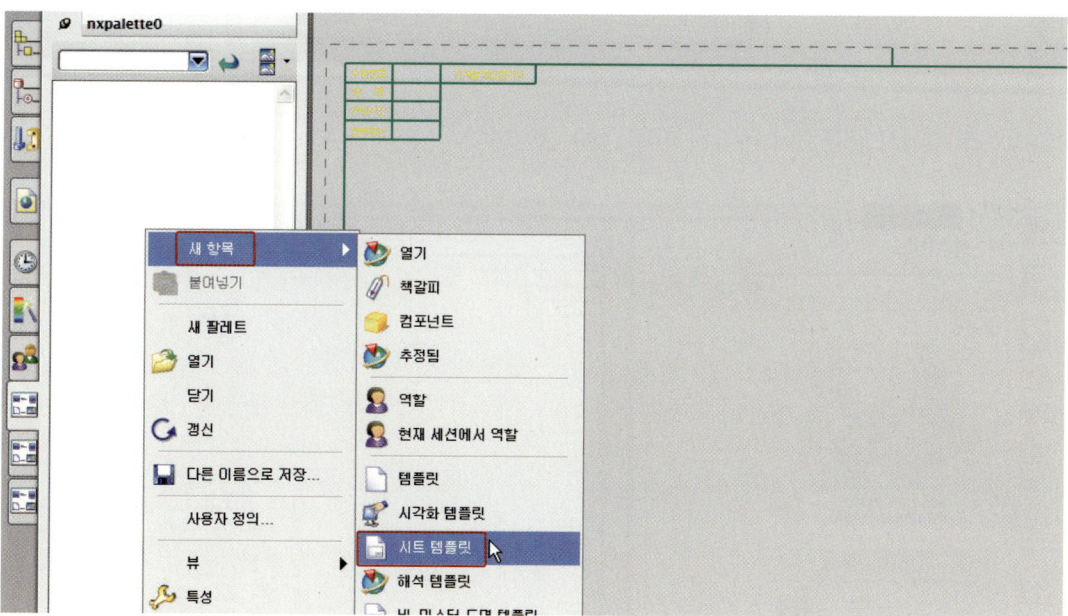

2) 표제란이 생성되어 있는 Part 경로를 템플릿으로 설정한다.

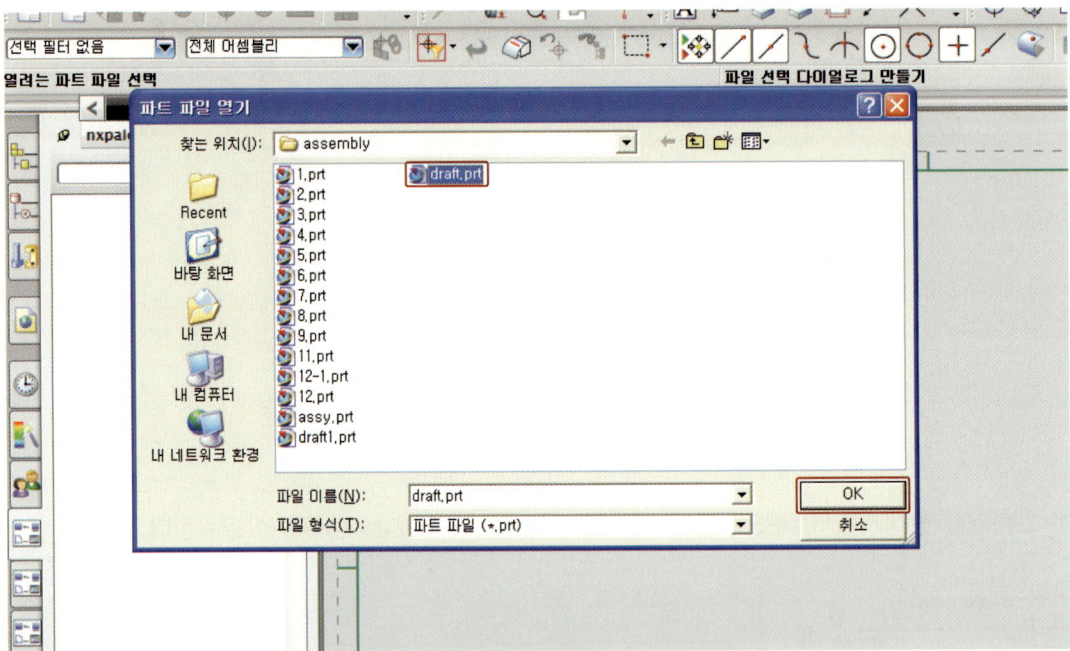

3) 리소스 바에서 템플릿에 등록된 파일 ①을 클릭한다.

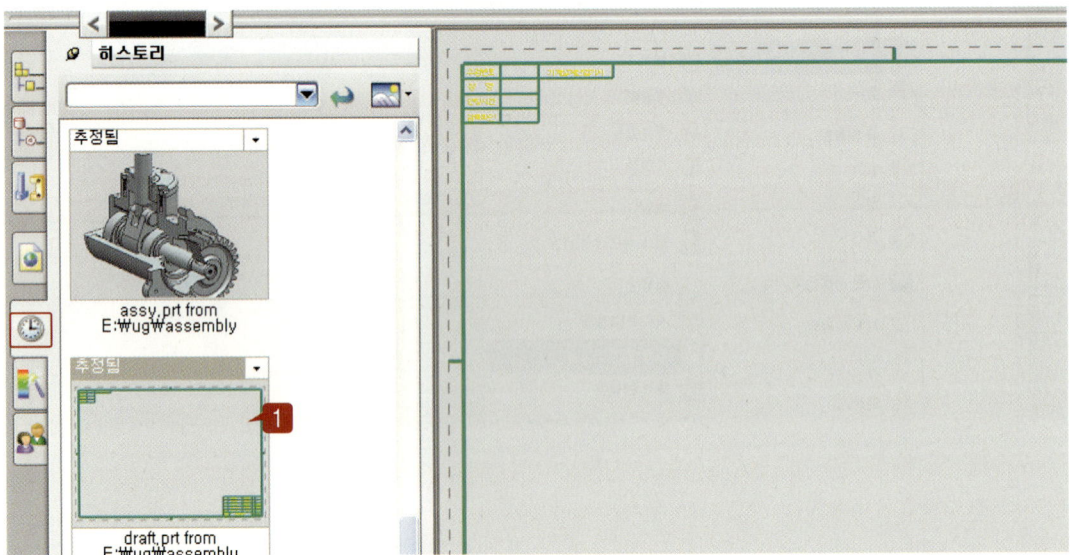

CHAPTER 5 | 편심왕복장치 전개 분해도 따라하기

4 UG NX에서 조립 분해도면 설정 및 출력하기

1) 기준 뷰 아이콘()을 클릭한다. 모델 뷰에서 TFR-TRI#1을 선택하고 배율을 1:1.1로 설정한 다음 적용하고 닫기 한다.

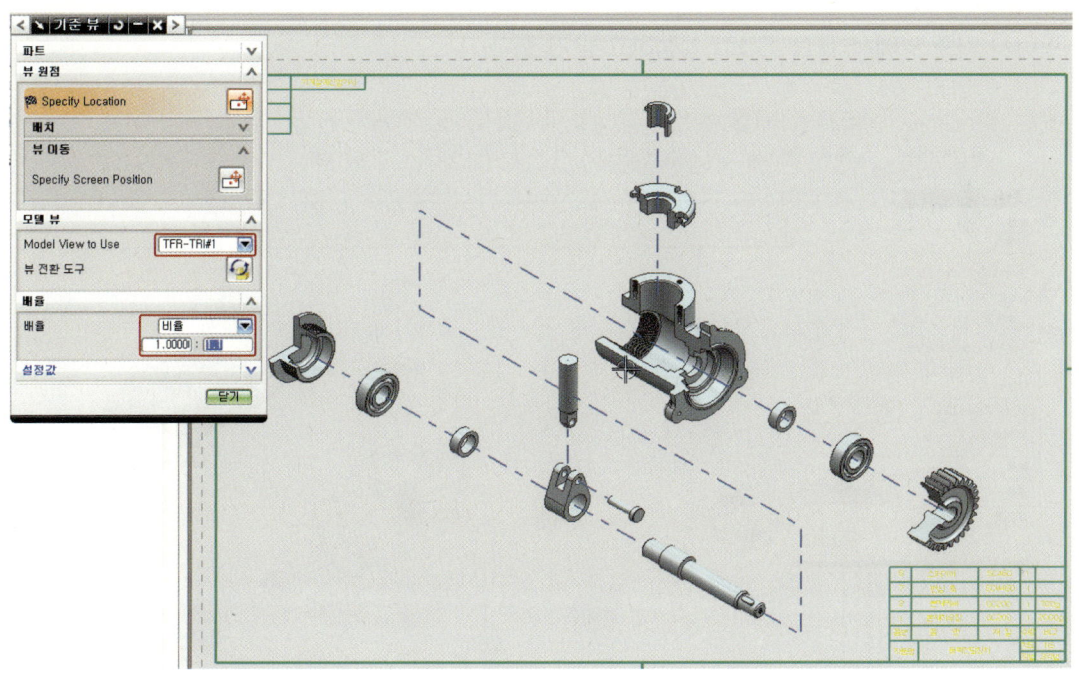

2) 투영 뷰는 닫기 한다.

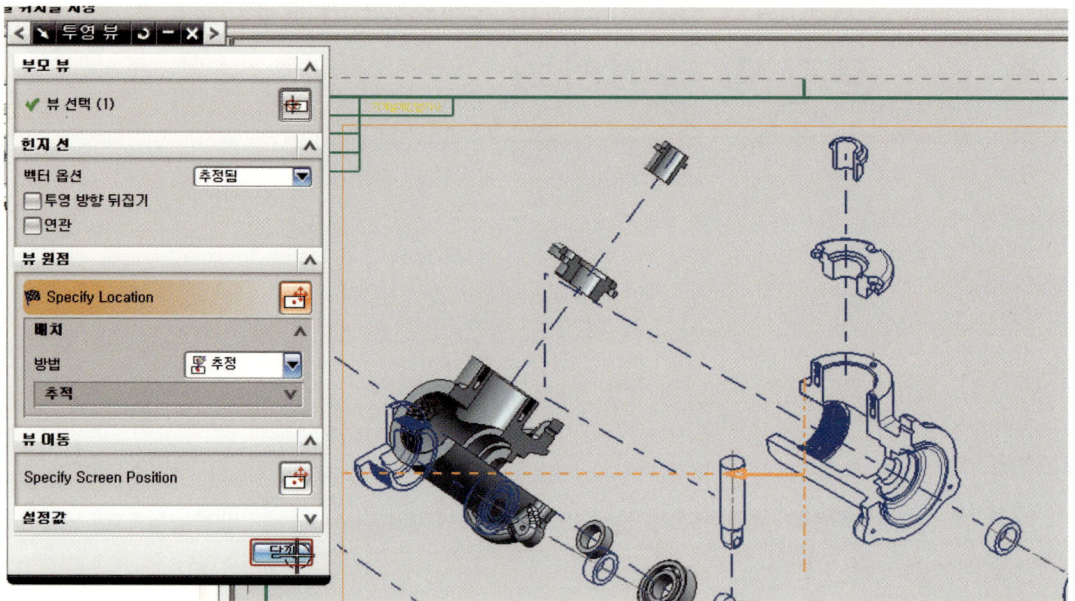

3) 다시 기준 뷰에서 TFR-ISO로 설정하고 닫기 한다.

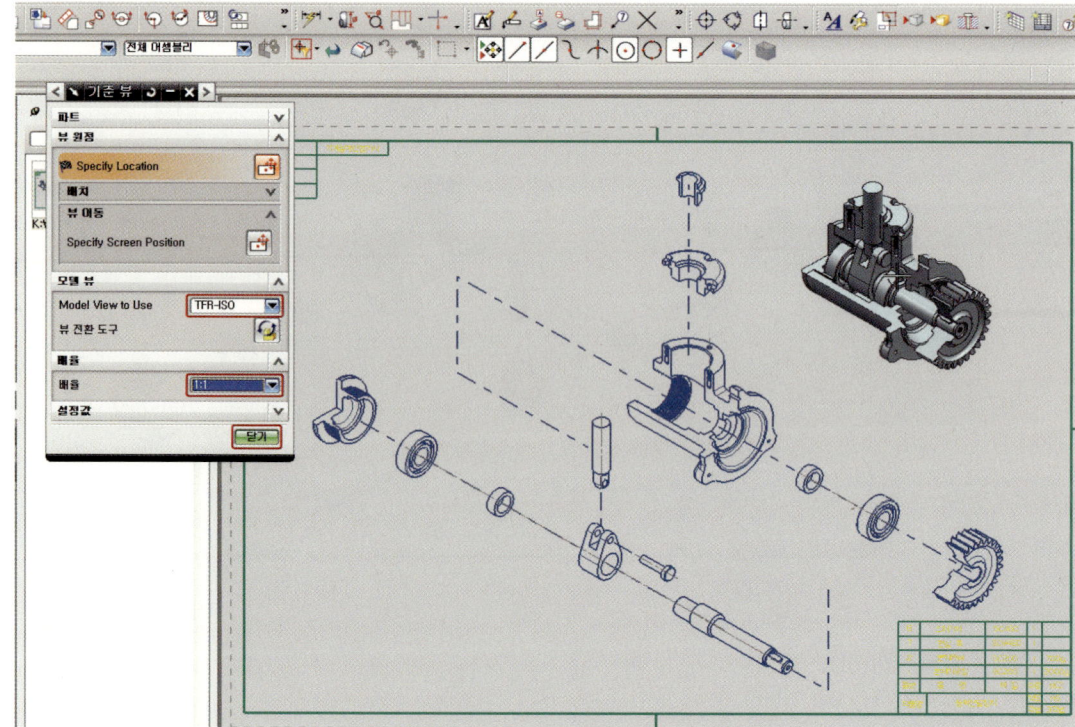

CHAPTER 5 | 편심왕복장치 전개 분해도 따라하기

4) 그림처럼 ①을 선택하고 MB3 버튼을 클릭하여 스타일을 클릭한다.

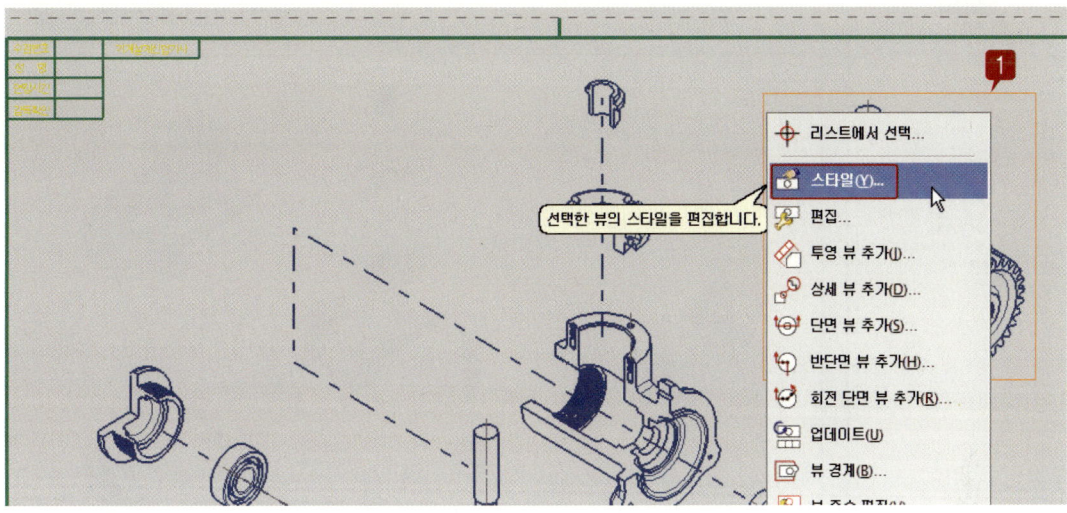

5) 음영처리에서 전체 음영처리를 클릭하고 확인한다. 나머지도 같은 방법으로 전체 음영처리 한다.

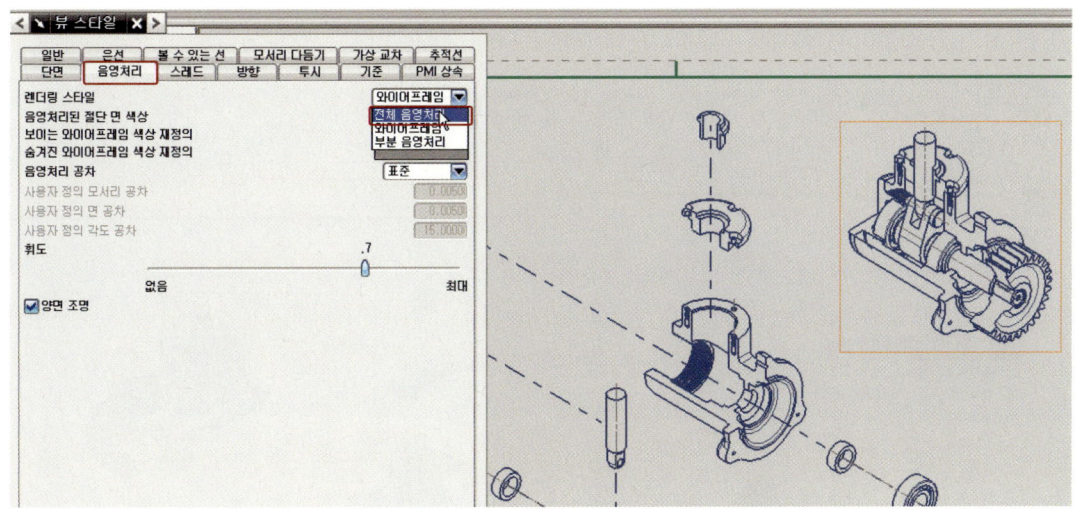

6) 전체 음영처리가 완료된 상태이다.

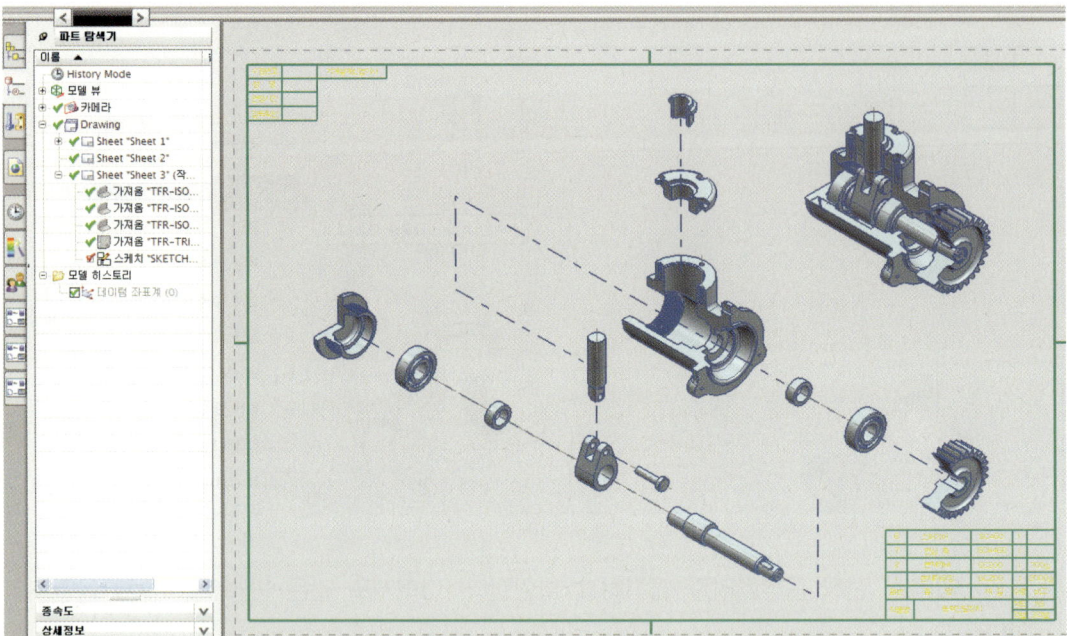

7) 선 굵기를 조절하기 위해서 편집에 개체 화면표시를 클릭한다.

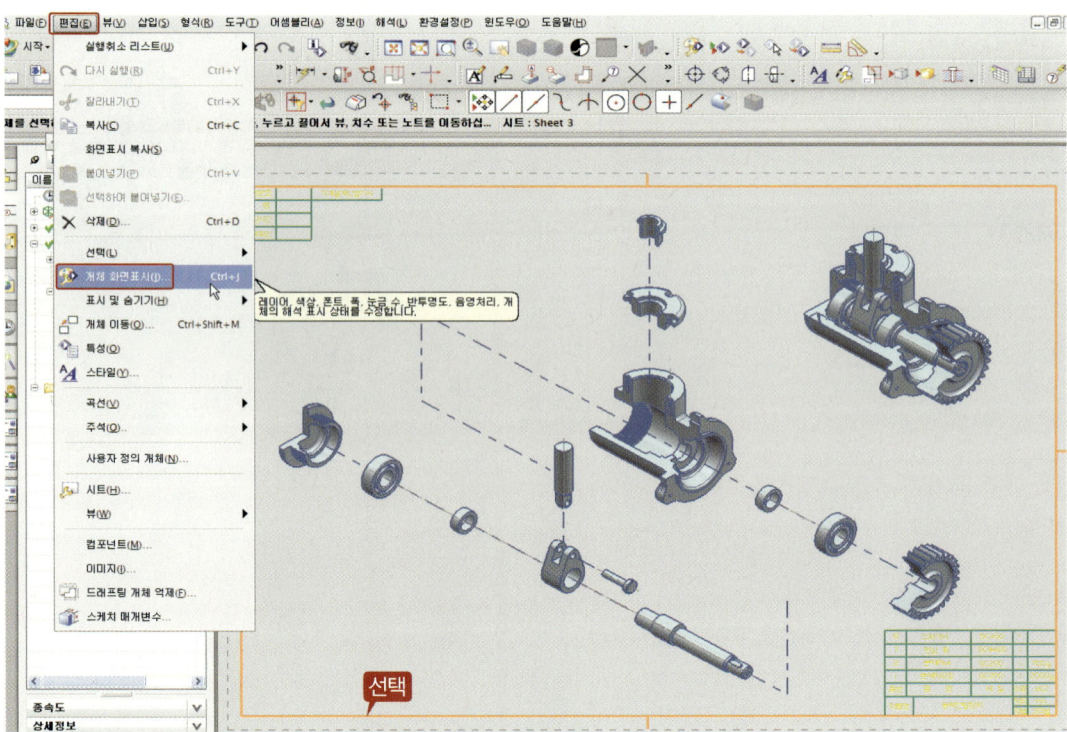

CHAPTER 5 | 편심왕복장치 전개 분해도 따라하기

8) 선 폰트에서 외곽 테두리를 선택하고 보통 굵기로 클릭하고 적용한다.

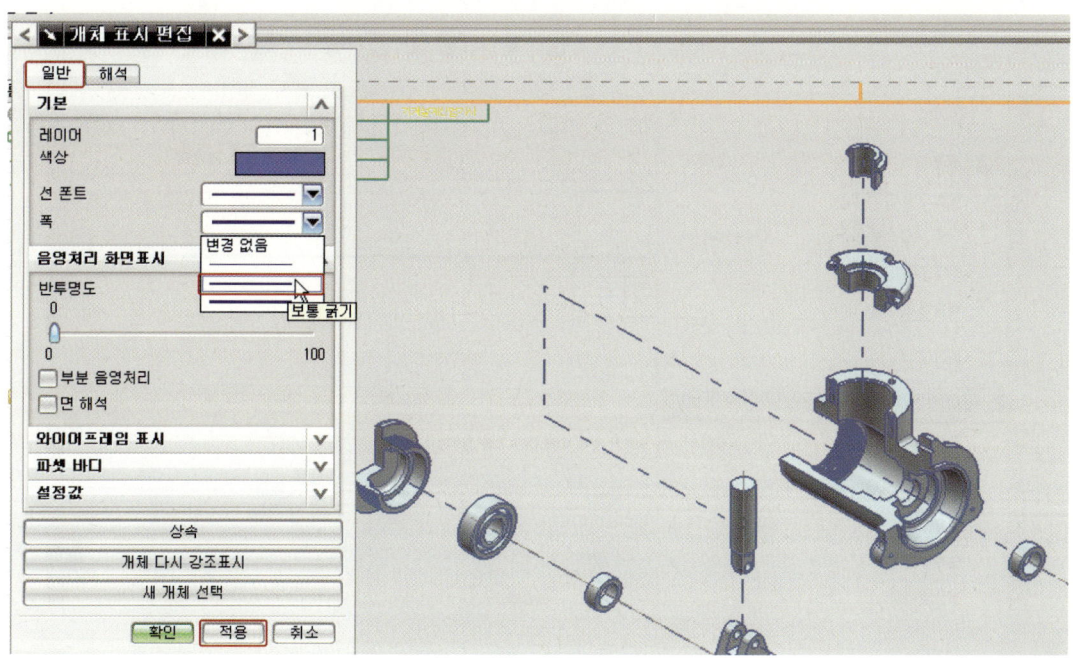

9) 다시 표제란 테두리를 선택하고 가는 굵기로 클릭하고 확인한다.

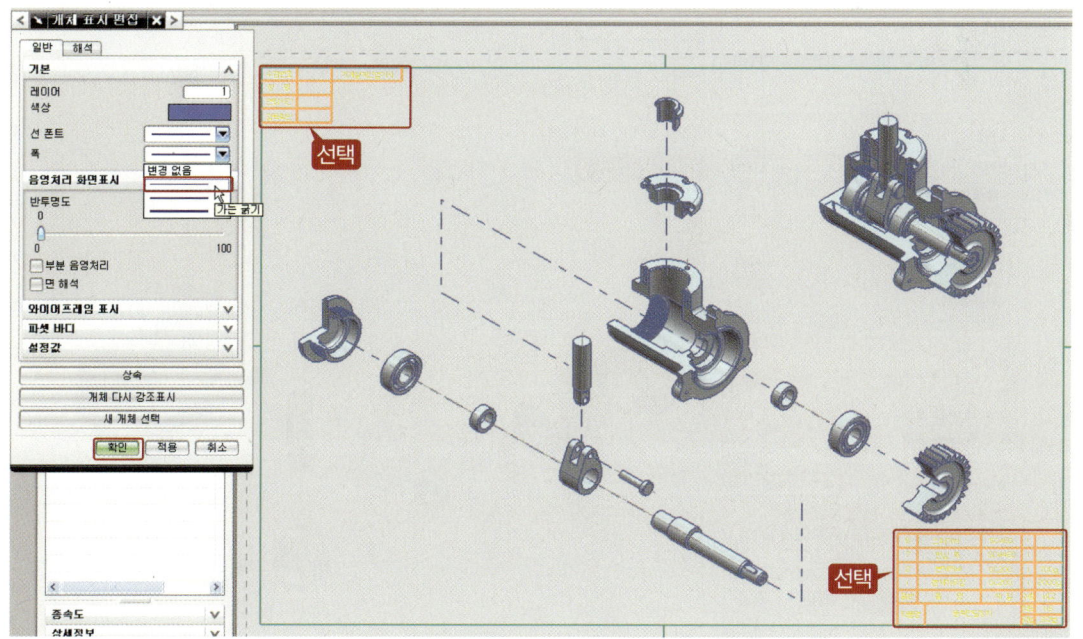

10) 파일에서 인쇄를 클릭한다.

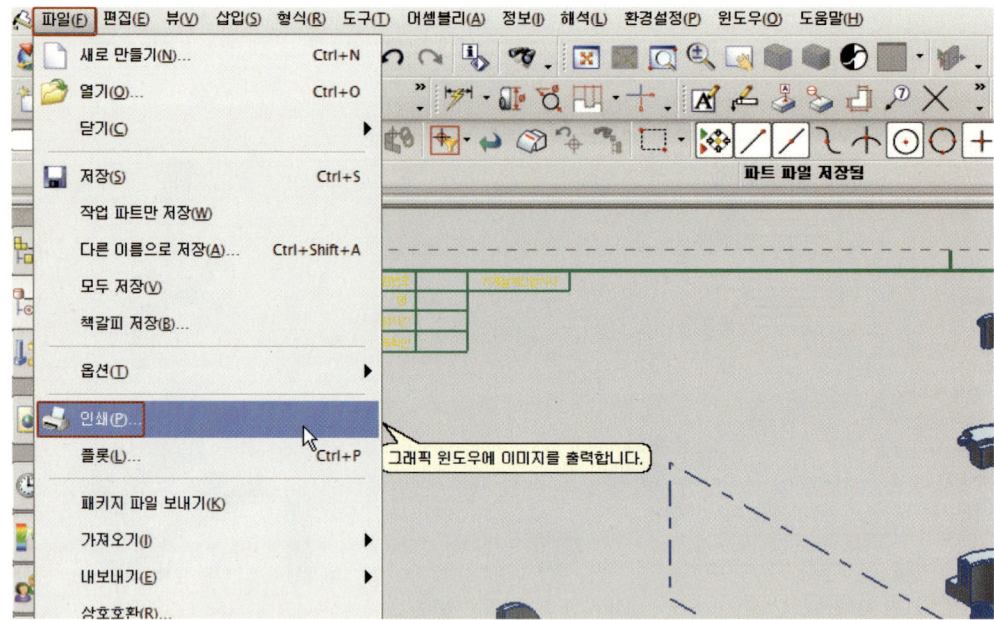

11) A2로 클릭하고 프린터 이름 ①을 선택하고 특성 ②에서 용지설정 확인 후 흑백으로 확인 한

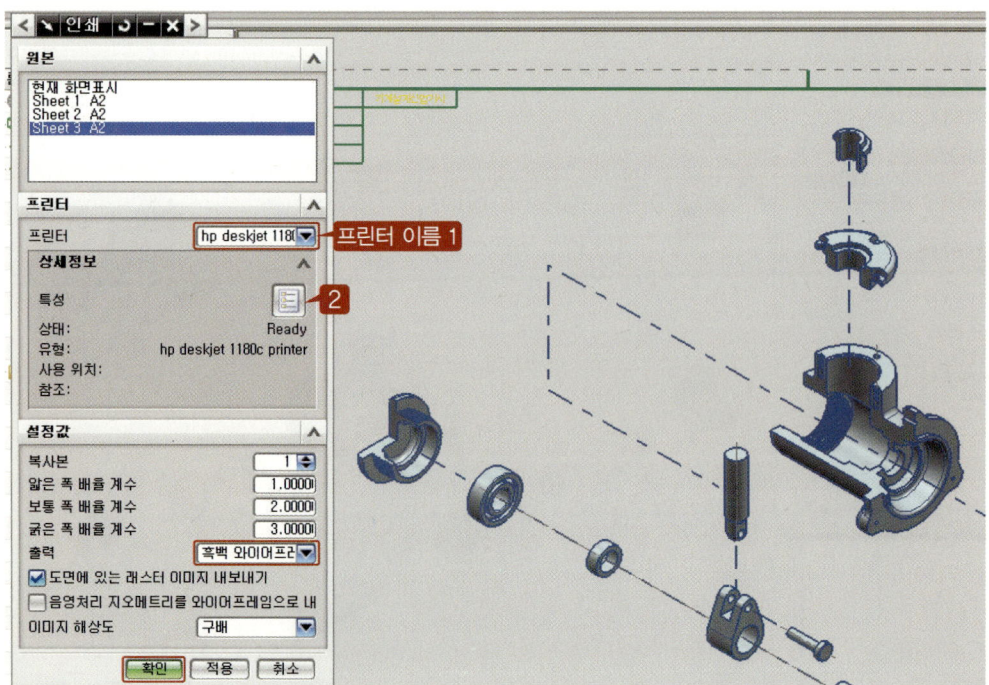

CHAPTER 5 | 편심왕복장치 전개 분해도 따라하기

다.

12) 아래 도면은 최종 완성된 도면이다.

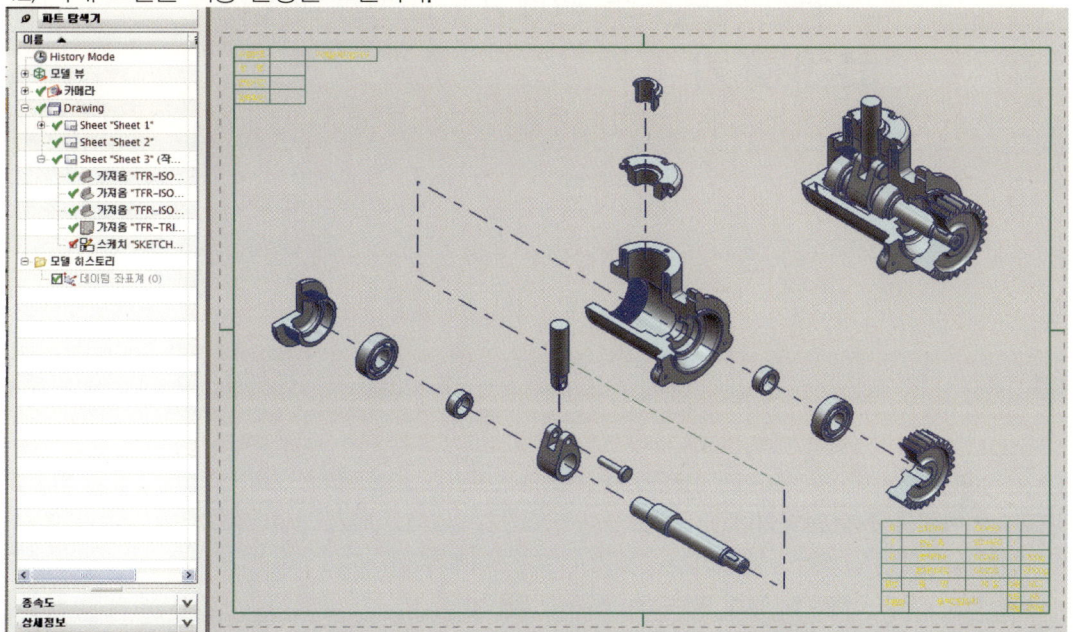

5 2차원 부품도면(Drafting)작업 따라하기

1) 히스토리에서 ①을 클릭한다.

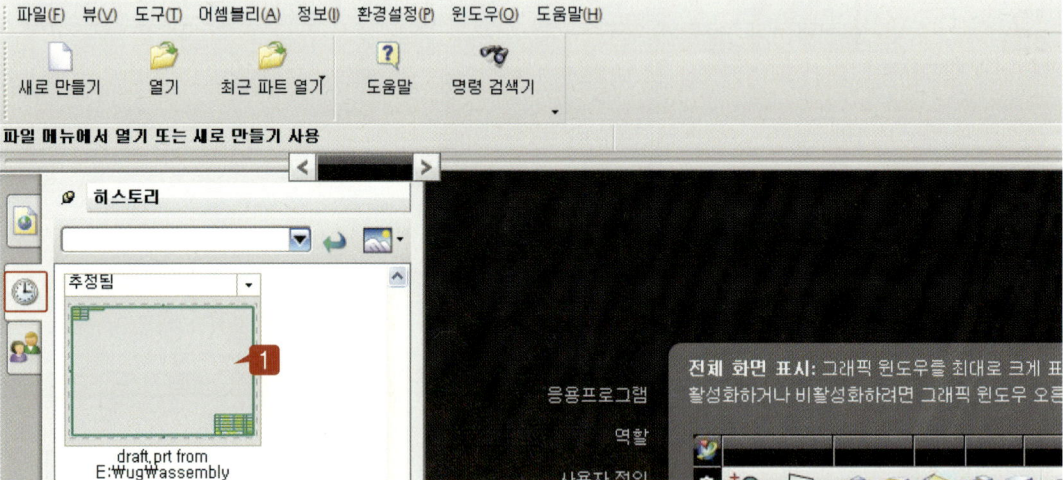

CHAPTER 5 | 편심왕복장치 전개 분해도 따라하기

2) 기준 뷰에서 열기 ②에서 1-1.prt을 선택하고 모델 뷰에서 RIGHT로 설정하고 확인 후 닫기 한다. 자동 생성되는 투영 뷰는 닫기 한다.

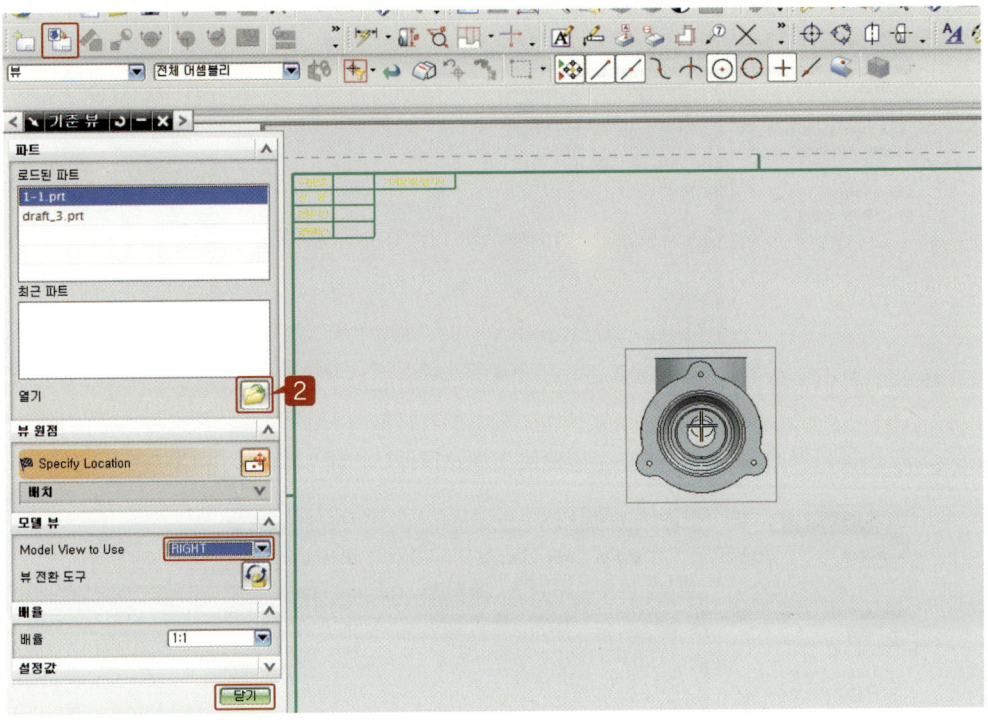

3) 단면 뷰 아이콘( ) ①을 클릭하고 도면 경계선 ②를 선택한다.

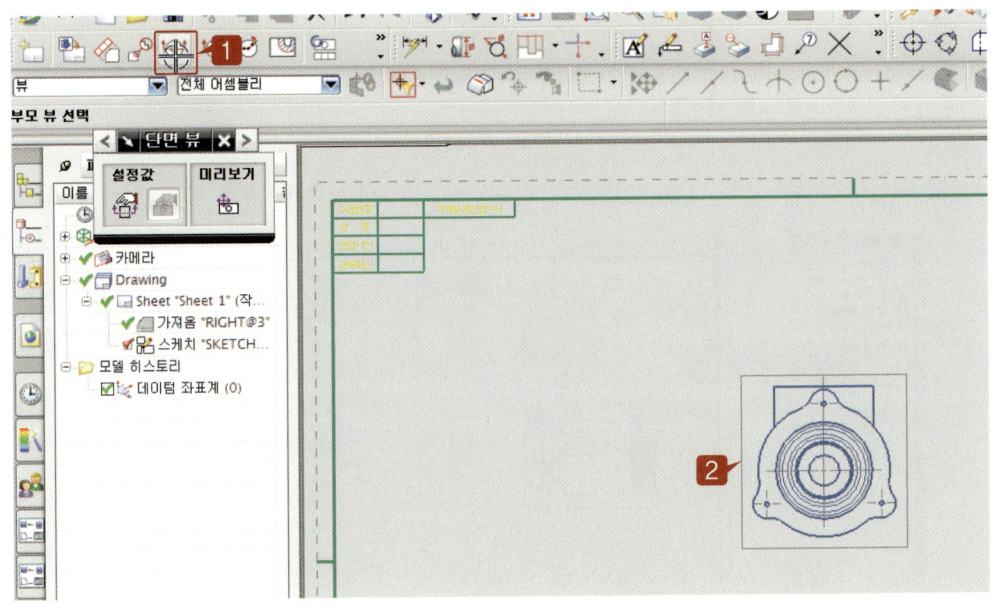

4) 스냅 원호 중심점 생성을 확인하면서 ①을 클릭한다.

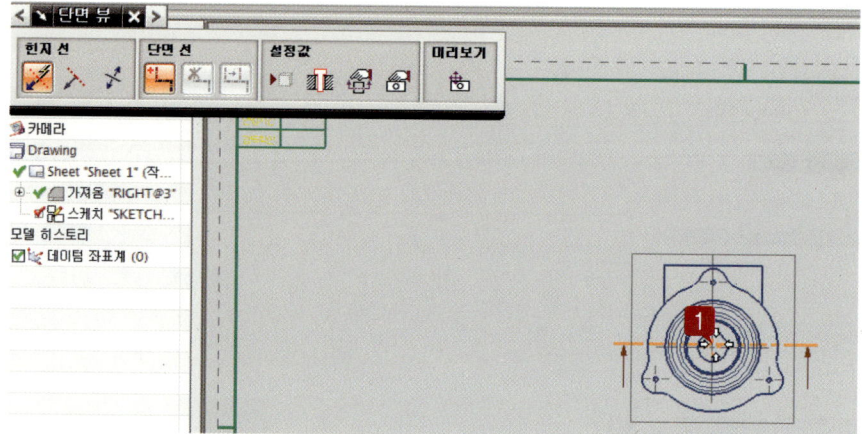

5) 마우스로 왼쪽방향 ①로 그림처럼 수평으로 이동시키면서 MB1을 클릭한다.

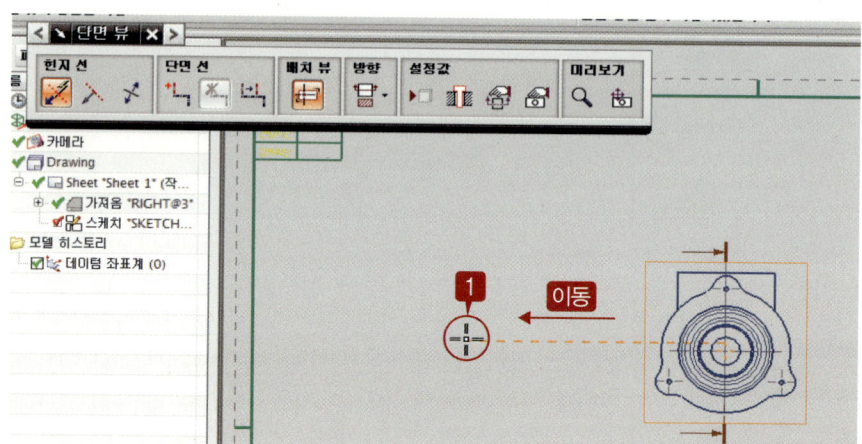

6) MB1을 이용하여 우측면도 ①을 화면영역 바깥으로 밀어서 보이지 않게 한다.

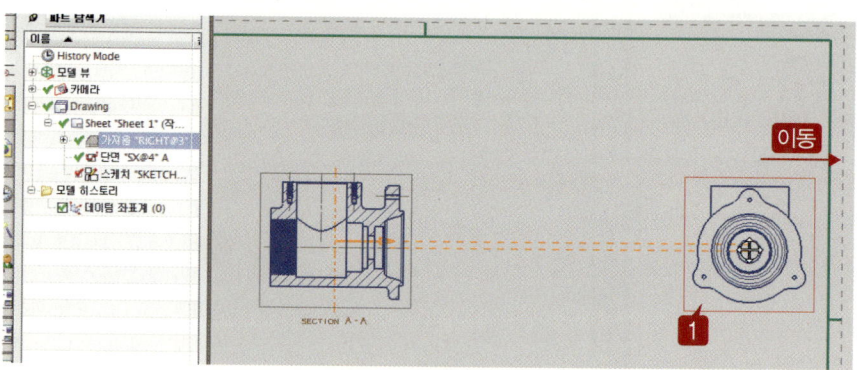

7) 단면 뷰 아이콘( )을 클릭하고 도면 경계선 ①을 선택한다.

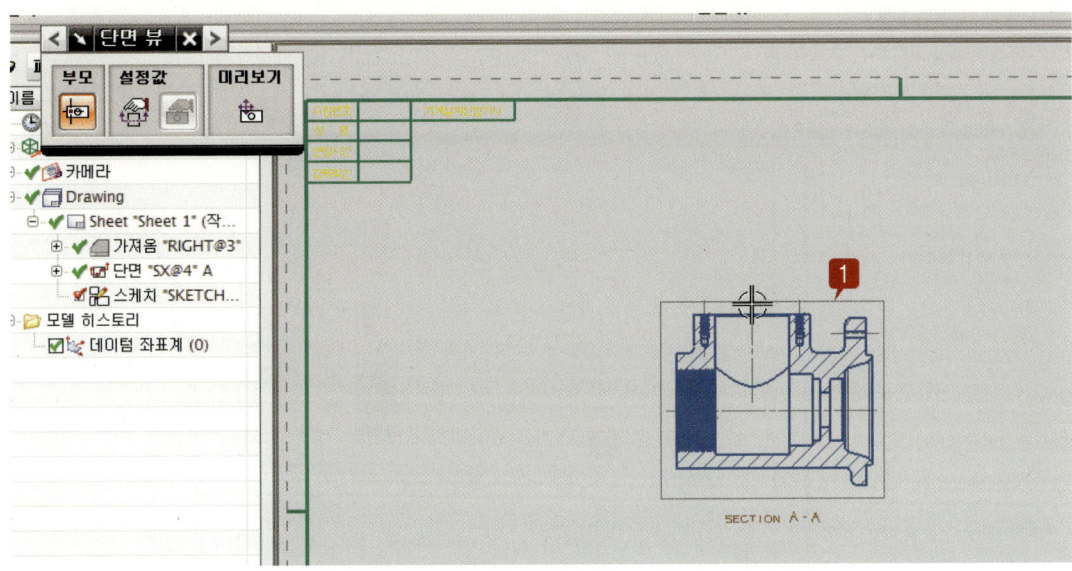

8) 스냅 원호 중심점 생성을 확인하면서 ①을 클릭한다.

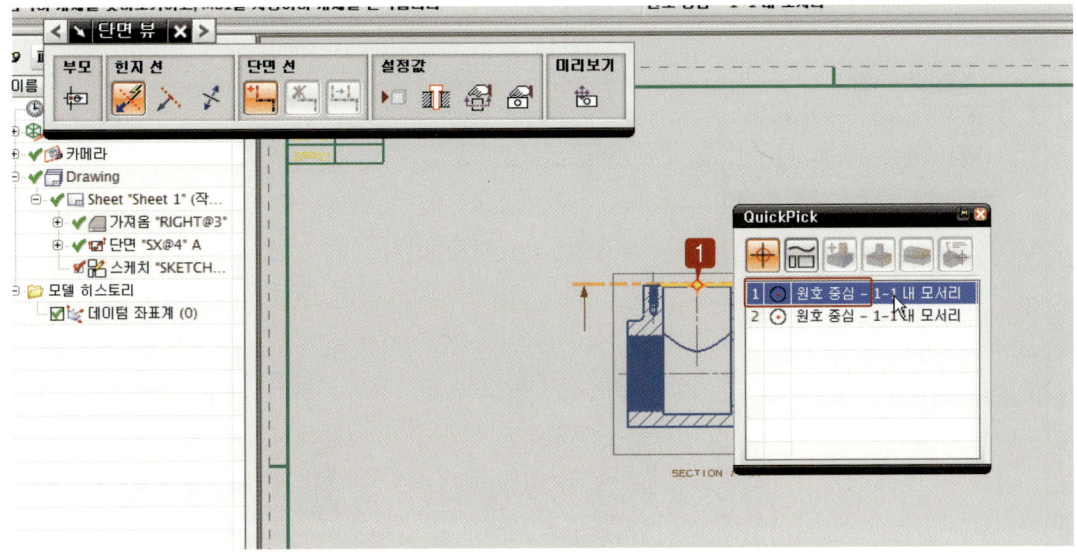

9) 마우스로 왼쪽방향 ①로 그림처럼 수평으로 이동시키면서 MB1을 클릭한다.

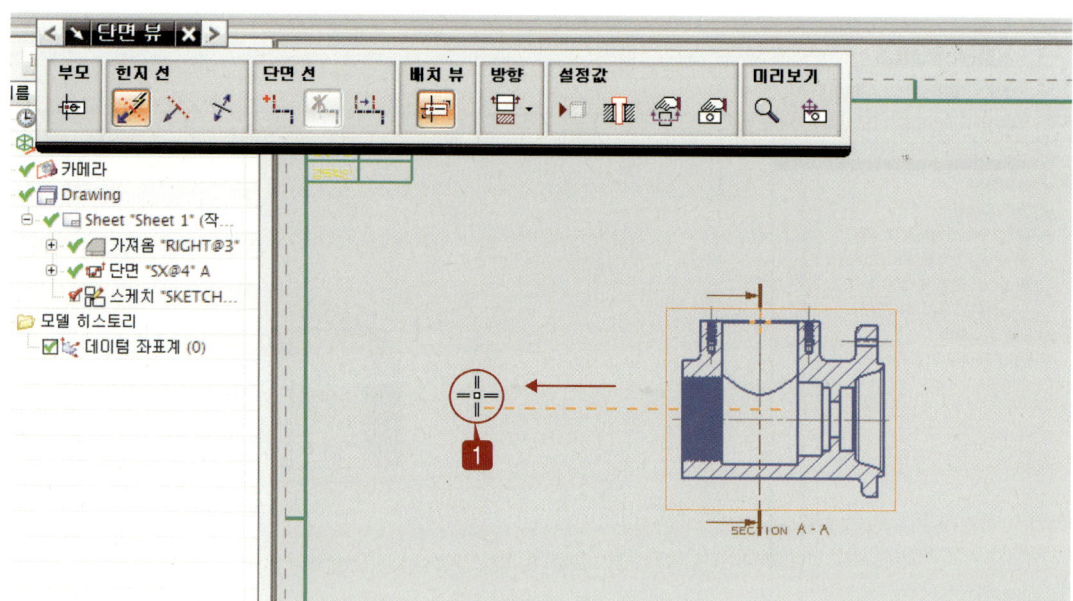

10) 아래 그림은 정면도 좌측면도가 완성되었다.

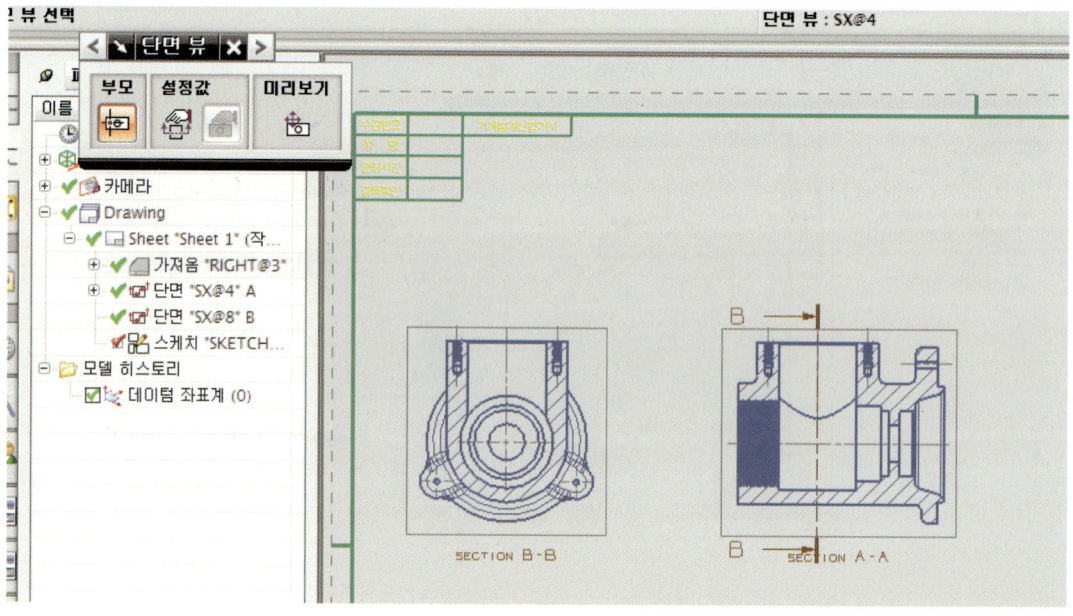

CHAPTER 5 | 편심왕복장치 전개 분해도 따라하기

11) 그림처럼 ①을 선택하고 MB3을 클릭하여 숨기기 한다.

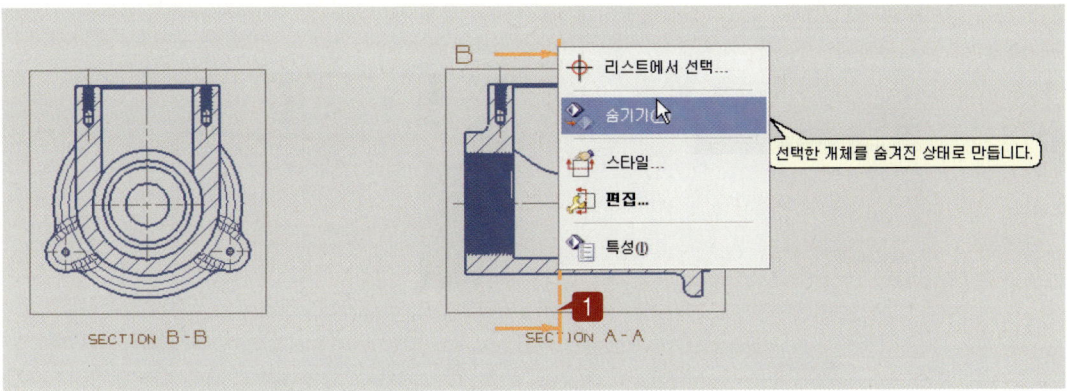

12) 환경설정에서 Drafting을 클릭한다.

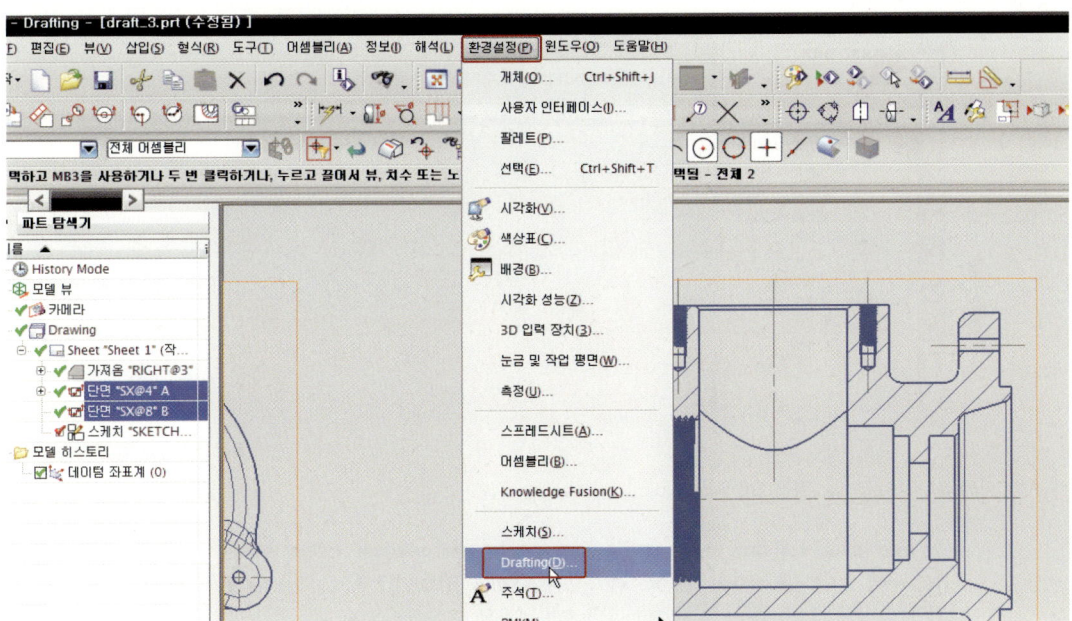

13) 뷰에서 경계에 경계표시를 체크 해제한다.

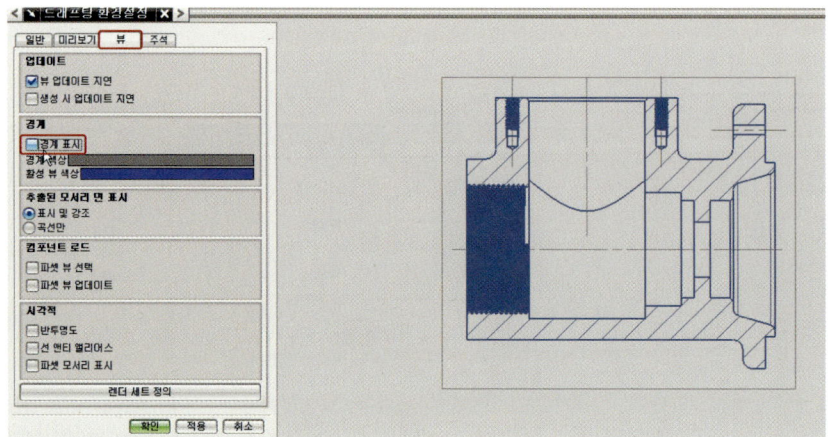

14) 어셈블리 탐색기 ①을 클릭하고 부품1-1 ②를 선택하고 MB3을 클릭하여 표시된 파트로 만들기를 선택한다.

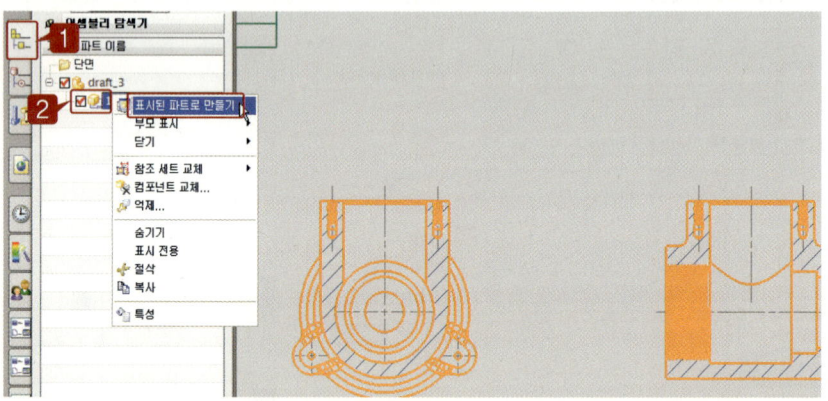

15) 시작에서 모델링을 클릭한다.

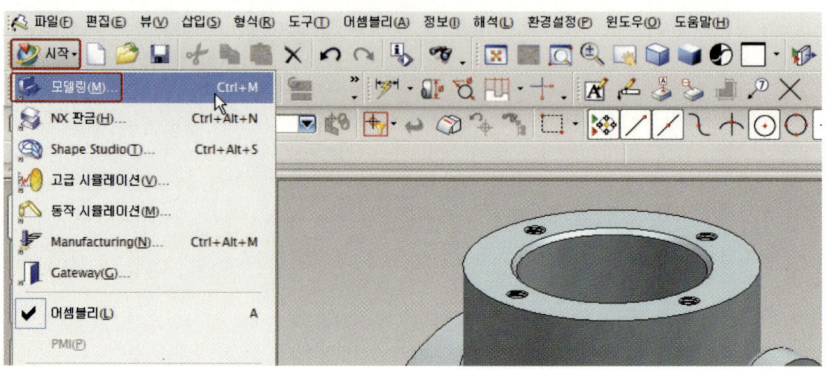

CHAPTER 5 | 편심왕복장치 전개 분해도 따라하기

16) 그림처럼 선택 후 MB3을 클릭하여 삭제한다.

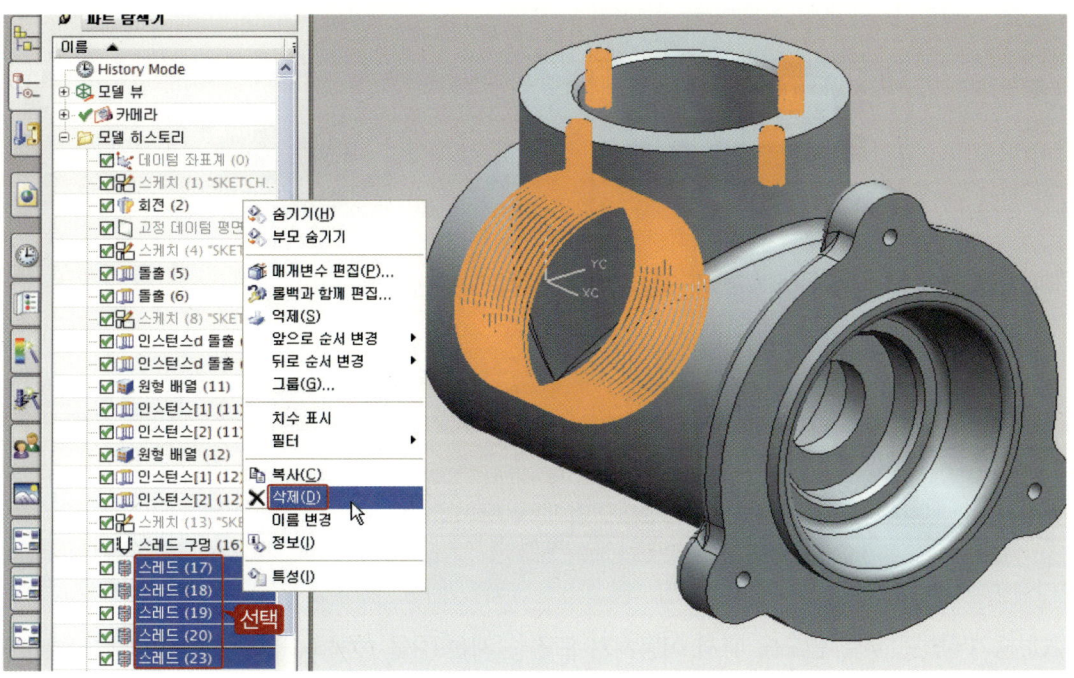

17) 삽입에 특징형상설계에 스레드(스레드①...)을 클릭한다. ①을 선택하고 심볼에서 그림처럼 입력 후 확인한다.

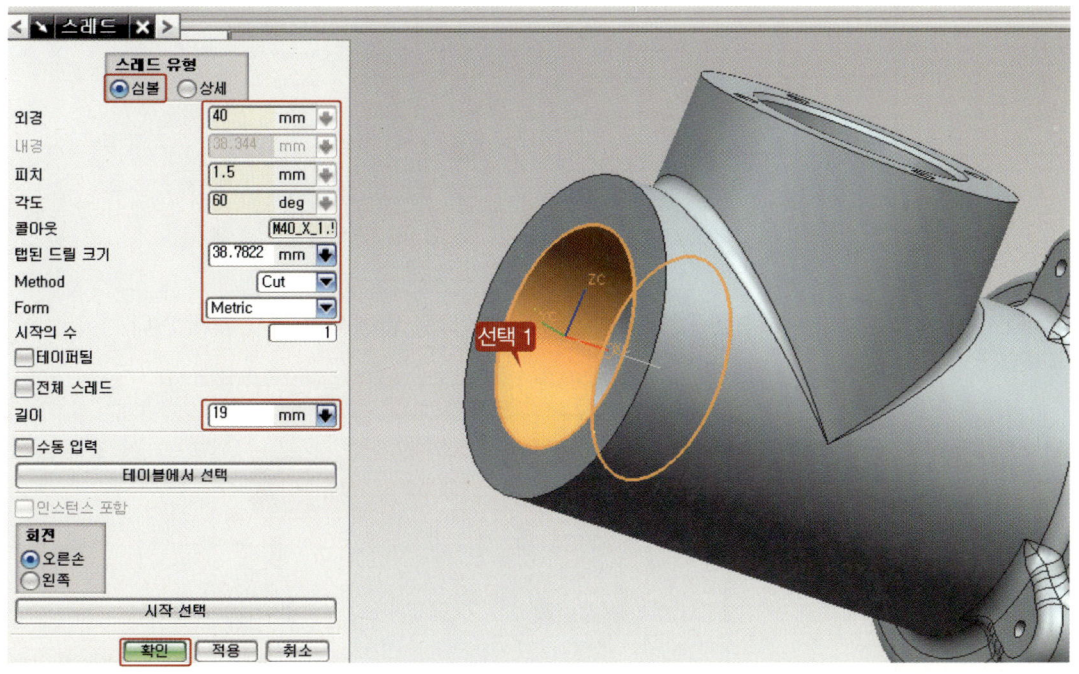

18) 어셈블리 탐색기 ①을 클릭하고 부품1-1 ②를 선택하고 MB3을 클릭하여 부모 표시에 draft 를 선택한다. 시작에 Drafting을 클릭한다.

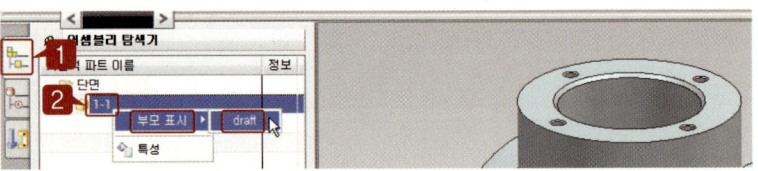

19) 도면 경계선 ①을 선택하고 MB3을 클릭하고 업데이트를 클릭한다.

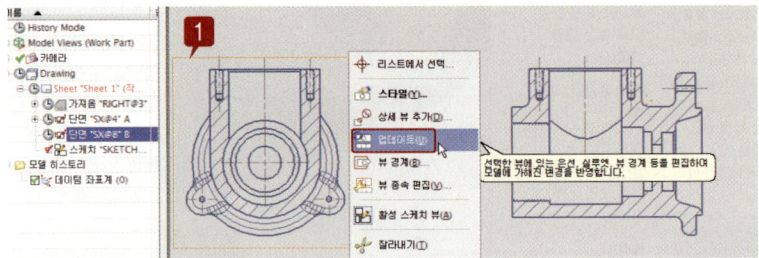

20) 숨겨두었던 우측 면도를 다시 이동시켜 도면 경계선 ①을 선택하고 MB3을 클릭하고 업데이트를 클릭한다.

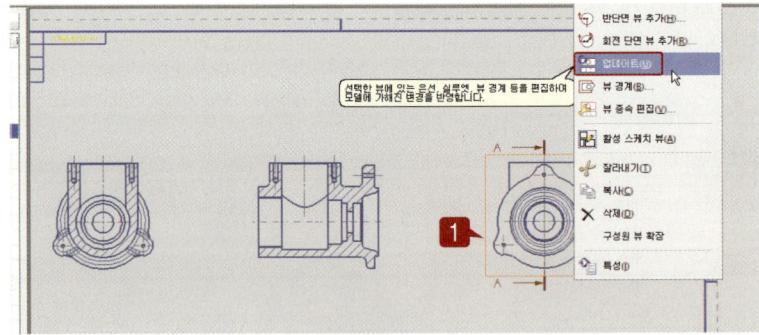

21) 다시 MB1을 이용하여 우측면도 ①을 화면영역 바깥으로 밀어서 보이지 않게 한다.

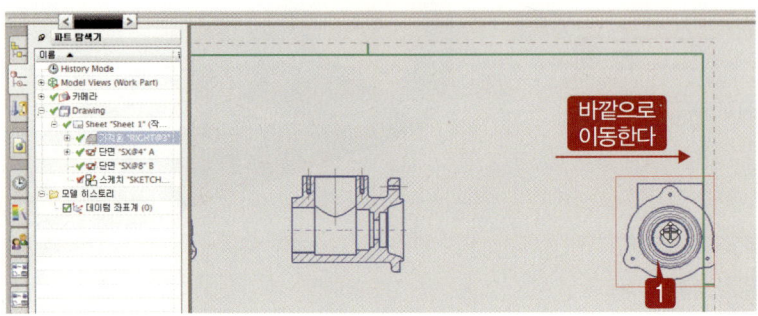

CHAPTER 5 | 편심왕복장치 전개 분해도 따라하기

22) 환경설정에 주석을 클릭한다.

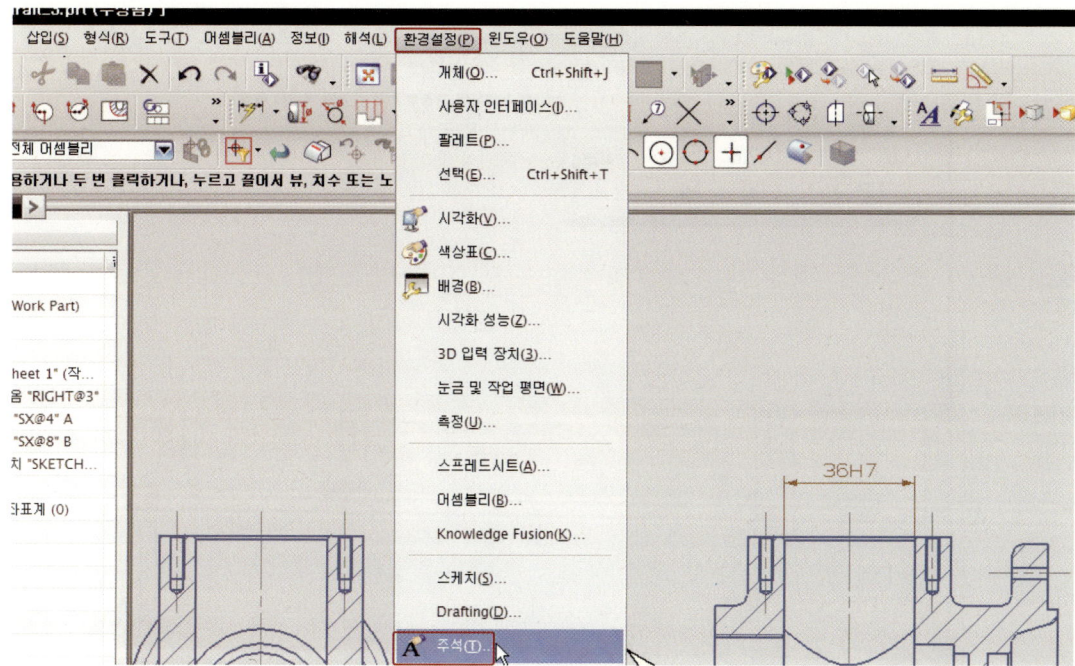

23) 치수에서 정밀도 및 공차를 0으로 설정하고 확인한다.

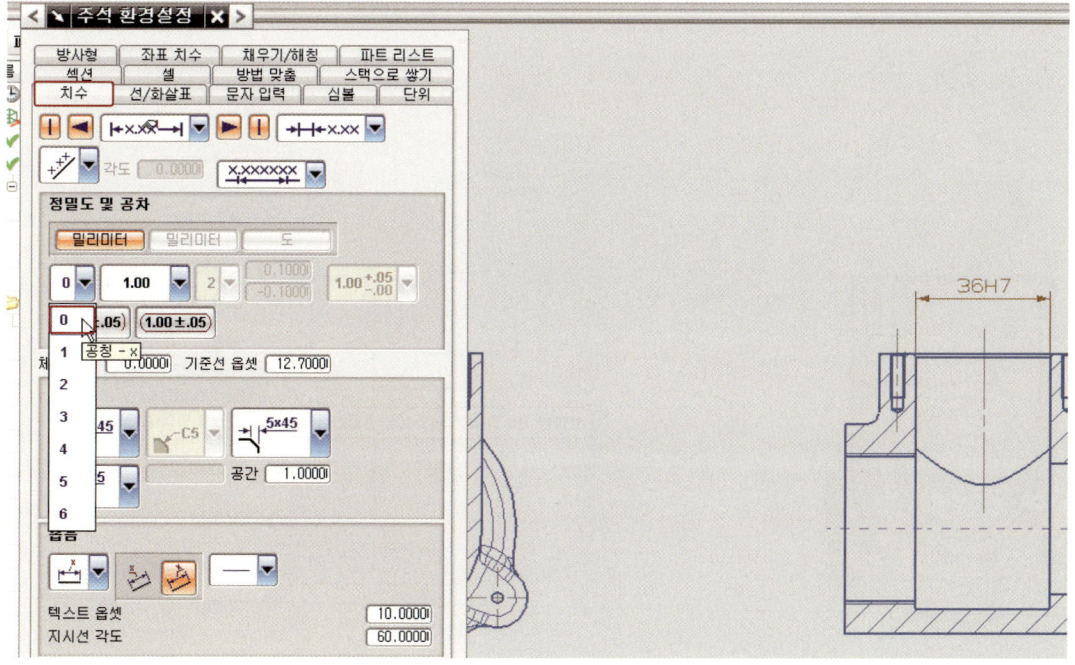

24) 추정치수 아이콘 ①을 이용하여 ②와 ③을 선택하고 적당한 위치에 클릭한다.

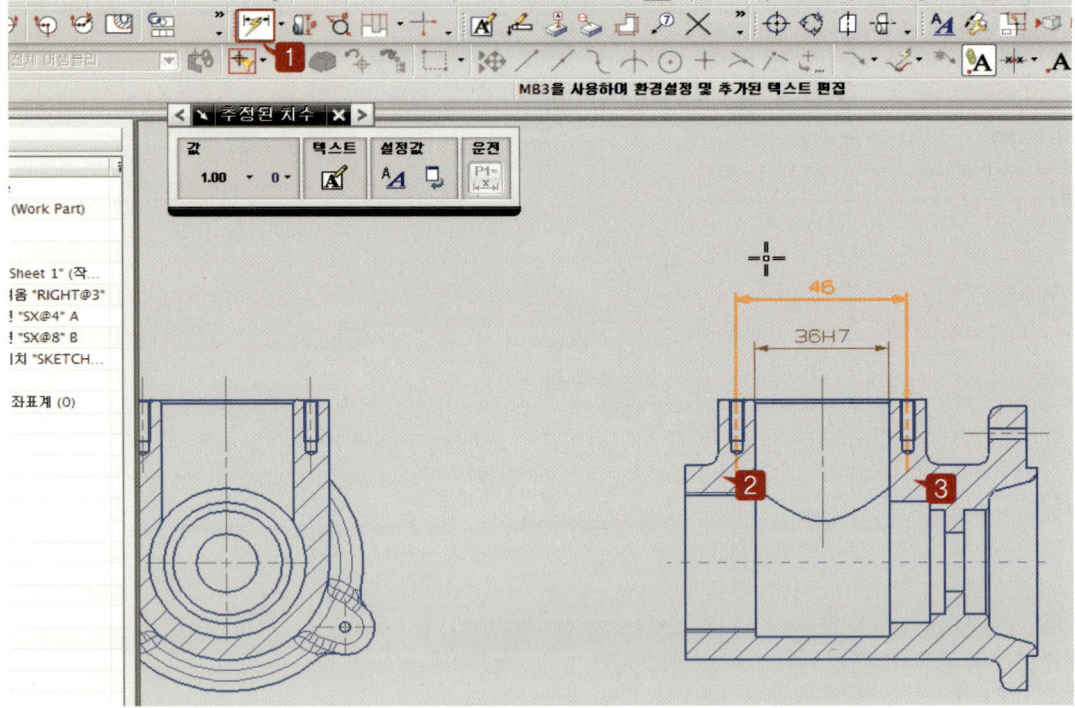

25) 그림처럼 ①을 선택하고 MB3을 클릭하여 부가 텍스트 편집을 선택한다.

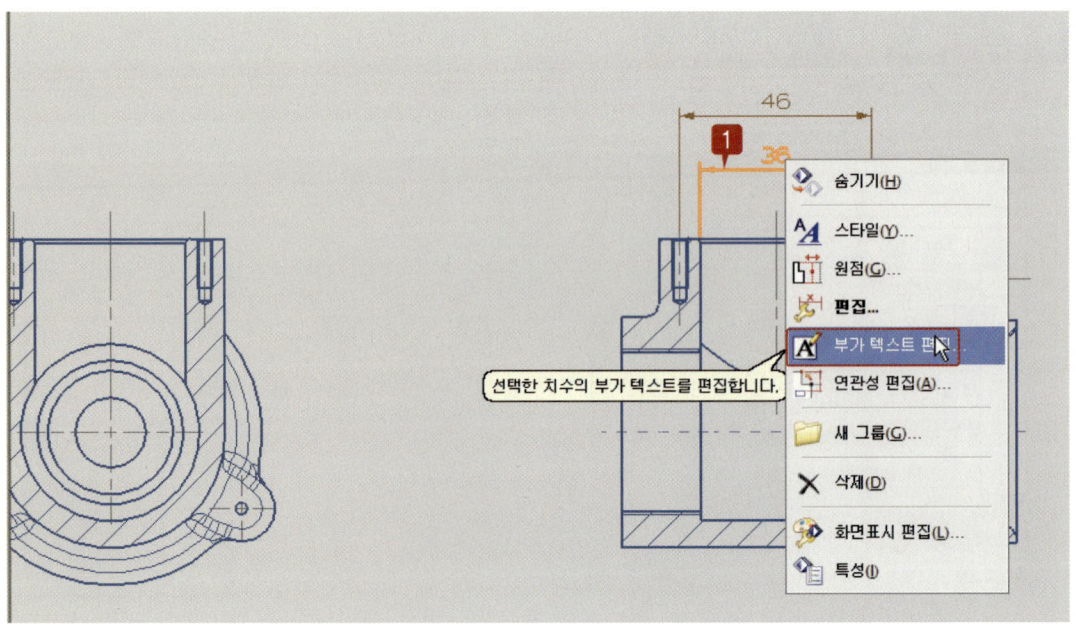

26) 그림처럼 36H7을 입력하고 닫기 한다.

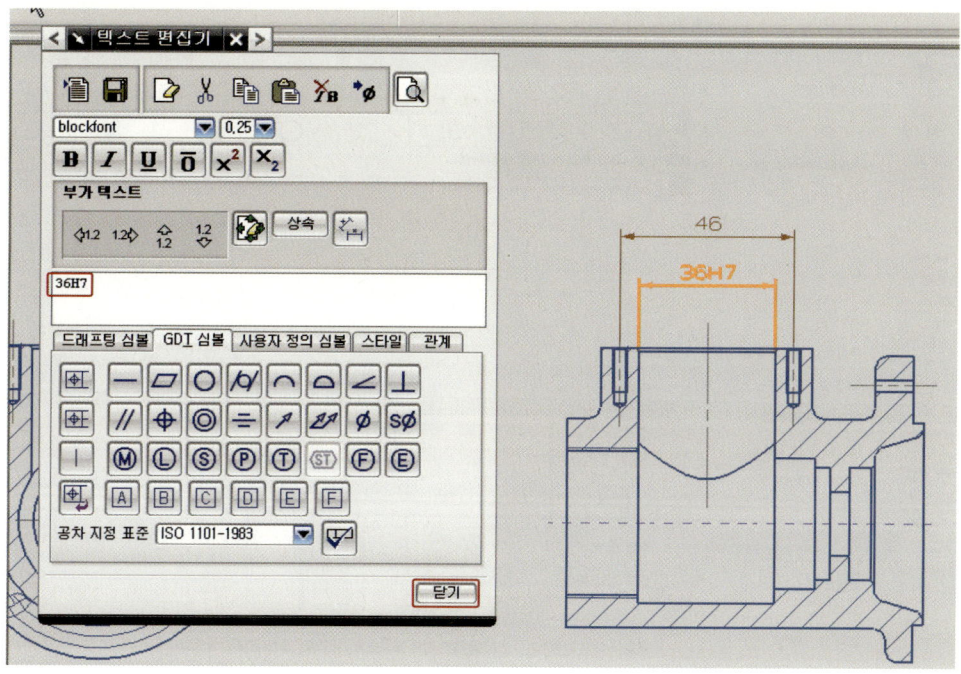

27) 추정치수 아이콘 ①을 이용하여 그림처럼 치수 기입 후 원통형 아이콘 ②를 클릭하여 ③과 ④를 선택한다.

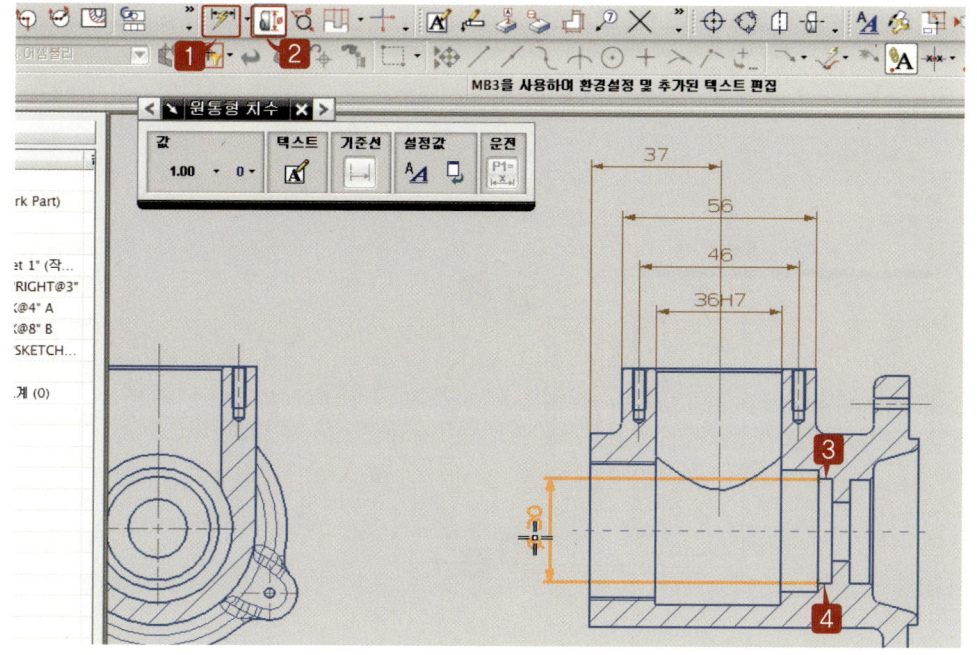

28) 그림처럼 치수기입 후 삽입에 심볼에 교차 심볼을 클릭한다.

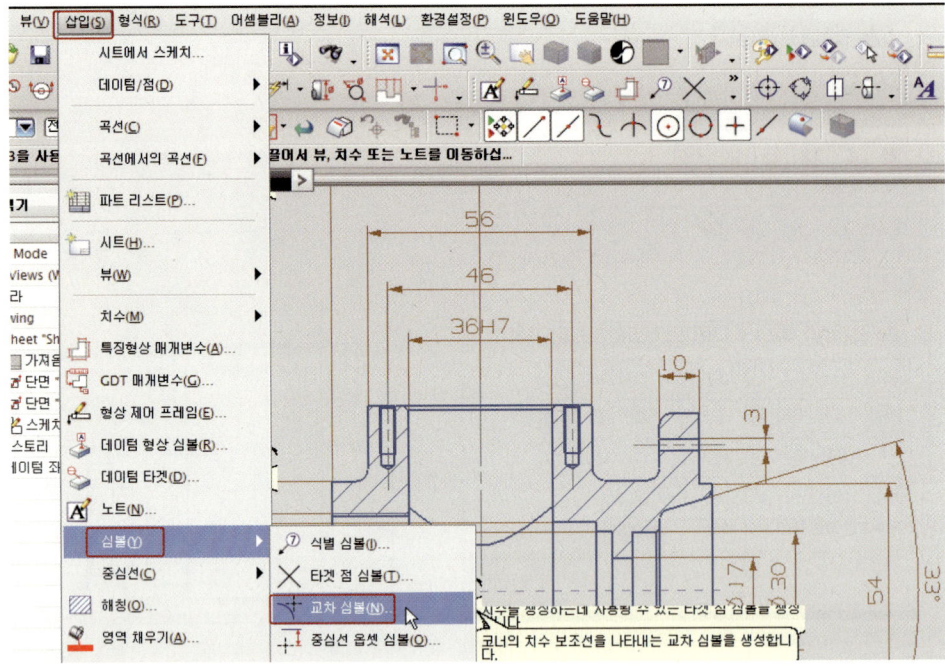

29) 세트 1에서 개체 선택 ①과 ②를 선택하고 세트 2에서 개체 선택 ③과 ④를 선택하고 추정치수 아이콘으로 치수 기입을 한다.

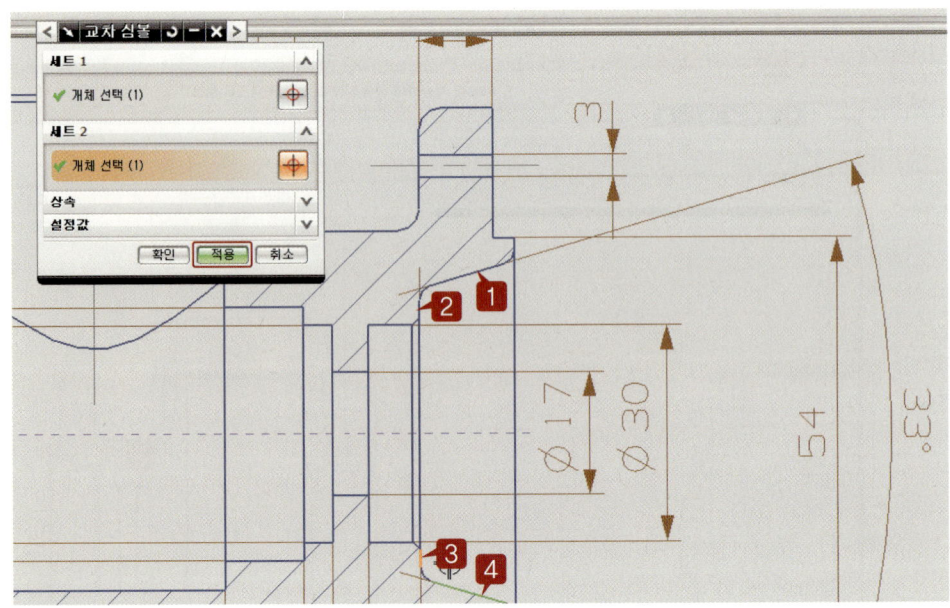

CHAPTER 5 | 편심왕복장치 전개 분해도 따라하기

30) 테이블 형상 심볼 아이콘(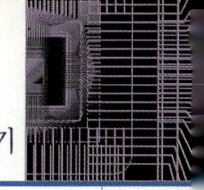) ①을 선택하고 문자 A를 입력하고 지시선 ②를 클릭하고 위치 점 ③을 선택하고 그림처럼 적당한 위치에 클릭한다.

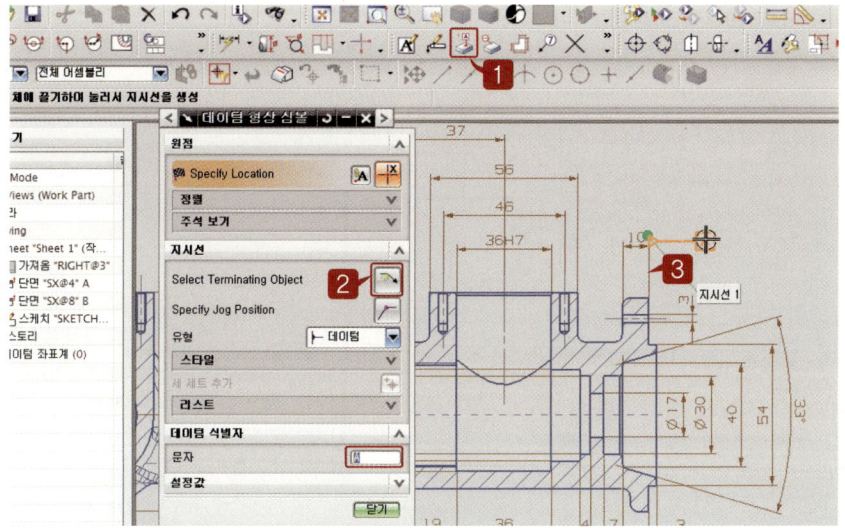

31) 형상제어 프레임 아이콘( ) ①을 선택하고 그림처럼 설정하고 지시선 ②를 클릭하고 위치 점 ③을 선택하고 그림처럼 적당한 위치에 클릭한다.

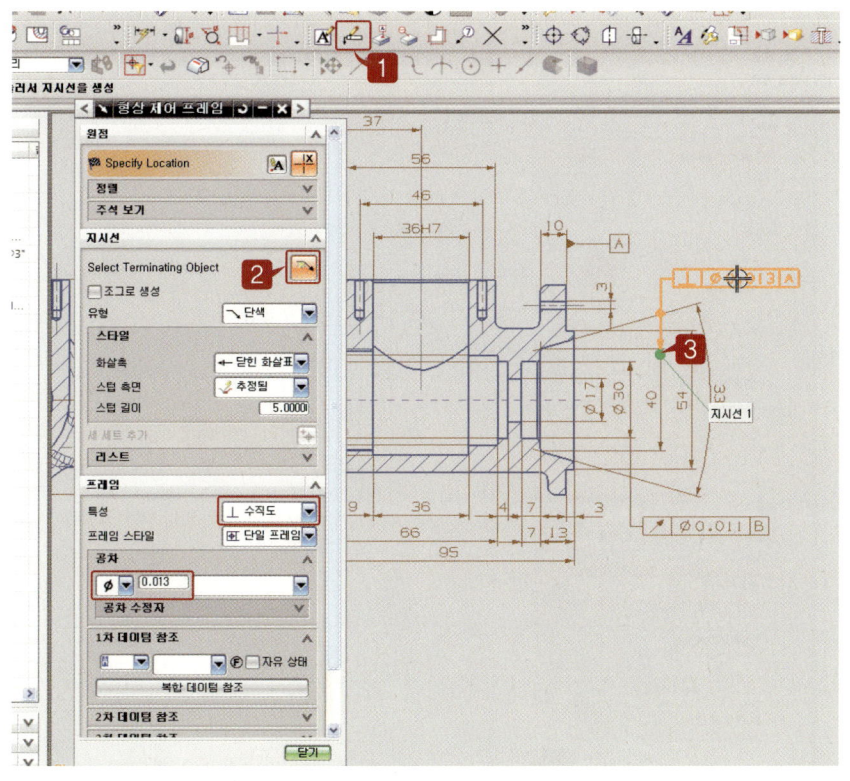

32) 테이블 형상 심볼 아이콘( )을 선택하고 문자 B를 입력하고 지시선 ①을 클릭하고 위치 점 ②를 선택하고 그림처럼 적당한 위치에 클릭한다.

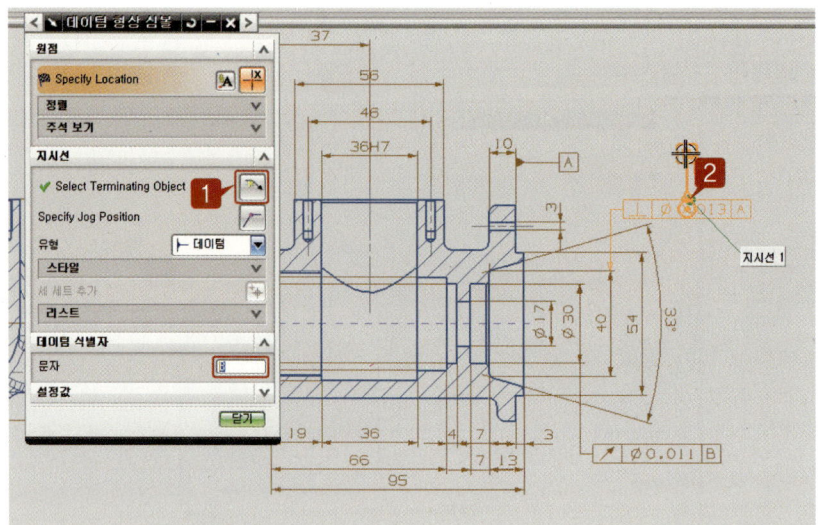

33) 형상제어 프레임 아이콘( ) ①을 선택하고 그림처럼 설정하고 지시선 ②를 클릭하고 위치 점 ③을 선택하고 그림처럼 적당한 위치에 클릭한다.

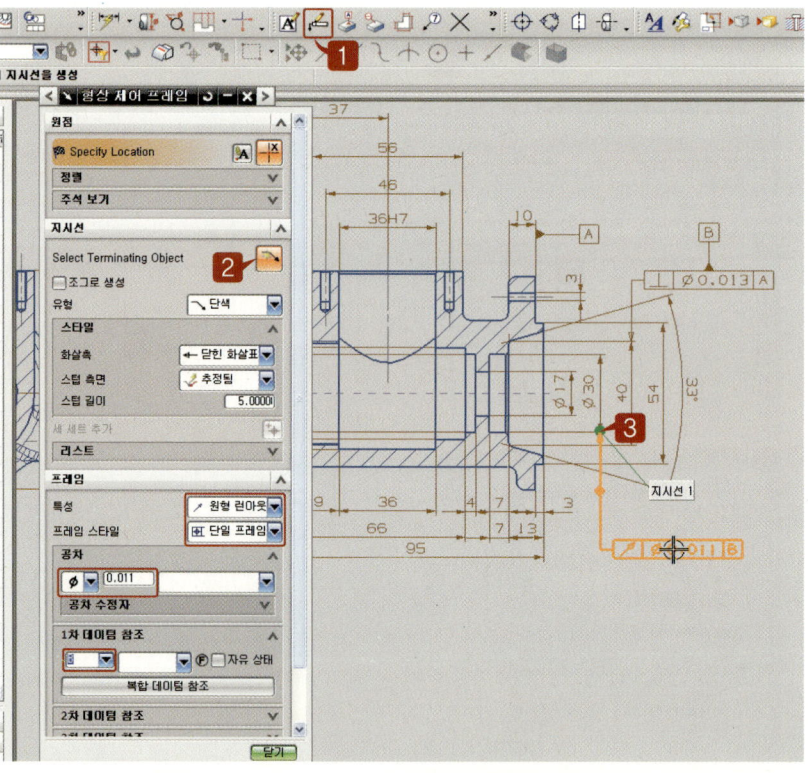

CHAPTER 5 | 편심왕복장치 전개 분해도 따라하기

34) 아래 1번 부품의 2차원 도면처럼 완성하면 된다. 다른 부품도 같은 방법으로 도면을 작성하면 된다.

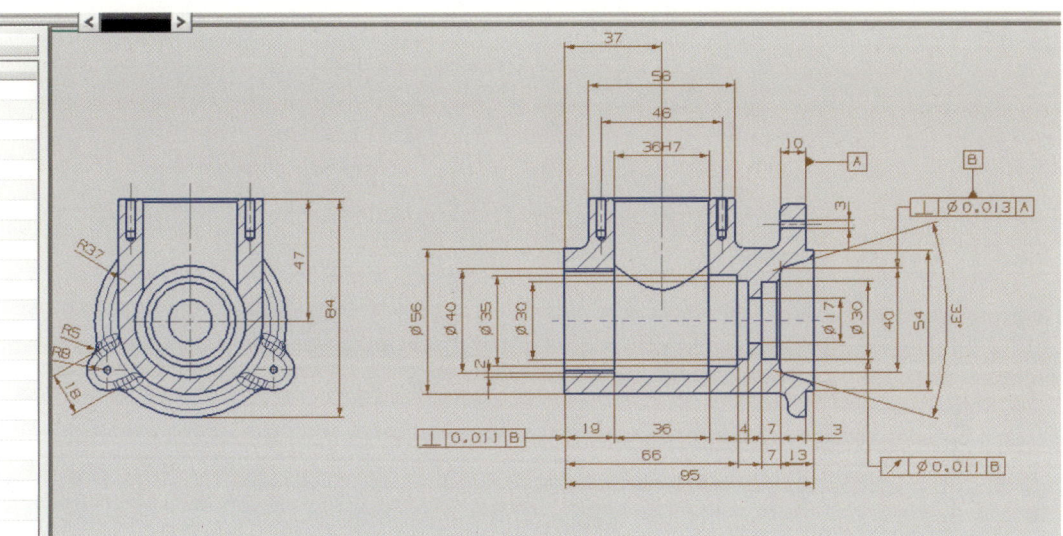

Note

CHAPTER 6

Manufacturing NC 따라하기

※ 컴퓨터응용가공 산업기사 실기시험방식으로 황삭, 정삭, 잔삭(펜슬)가공 작업순서에 의하여 작업하였음.

1 Manufacturing 시작하기

1) 모델링을 열려있는 상태에서 시작에 Manufacturing을 클릭한다.

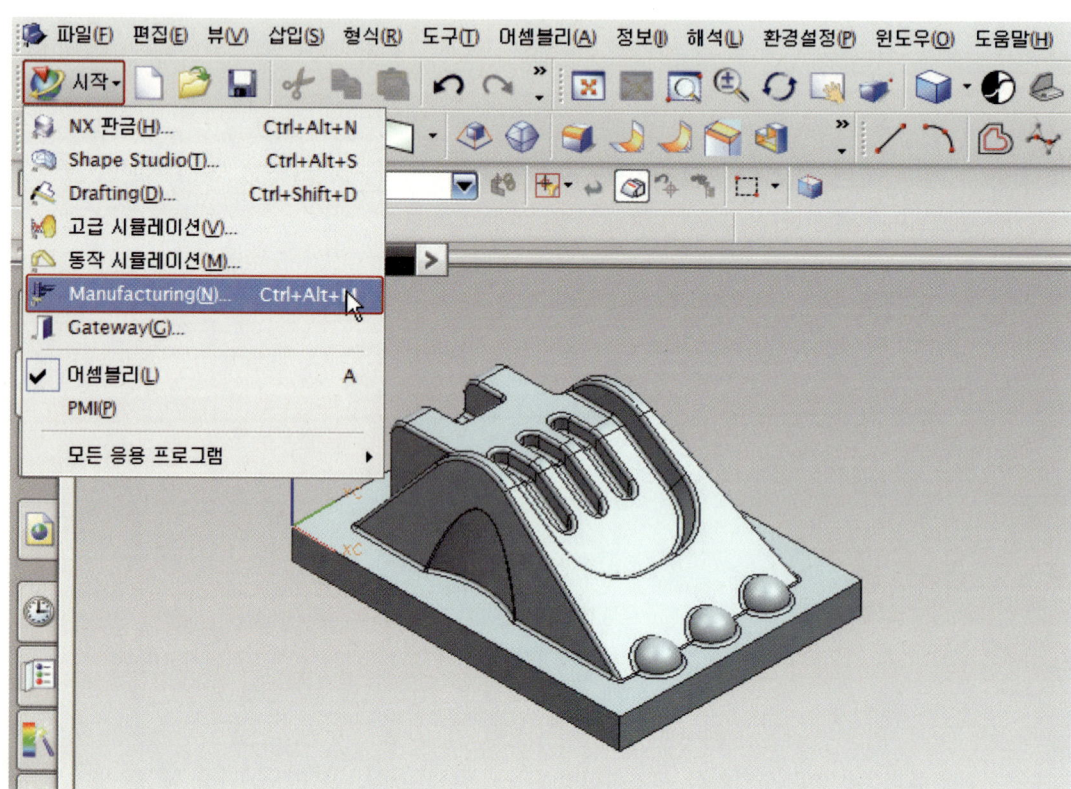

CHAPTER 6 | Manufacturing NC 따라하기

2) Manufacturing을 클릭하면 가공환경 창이 설정된다. 여기서 생성할 CAM 설정은 3D 3축 가공인 mill_contour를 설정하고 확인한다. CAM 환경에 들어가서 변경을 하여도 관계없다.
여기서, mill_planar : 2D 평면가공, mill_multi-axis : 다축가공, drill : 드릴가공, hole_making : 구멍가공 등이다.

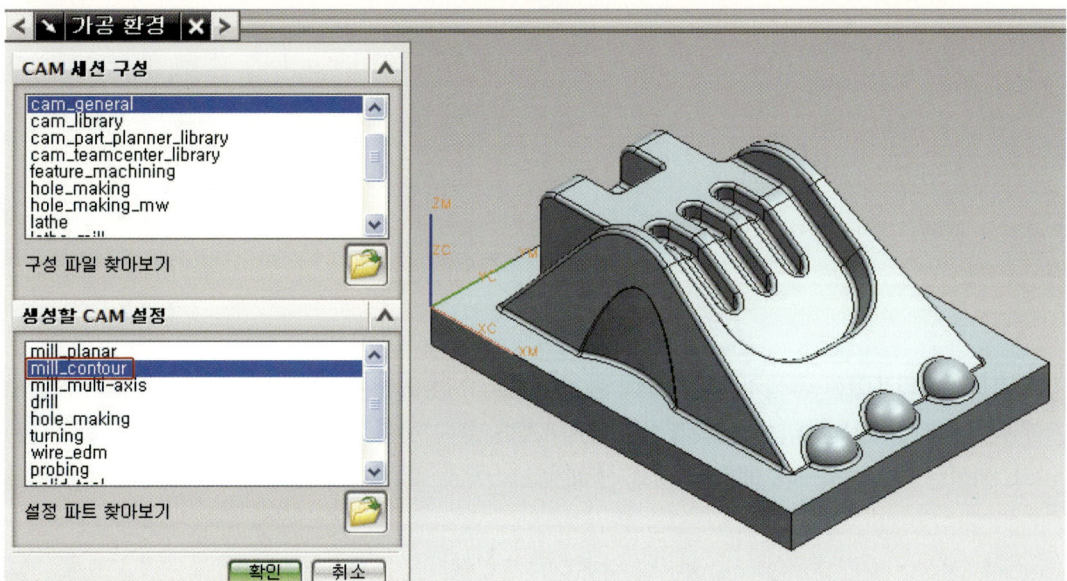

2 공작물(가공물) 설정하기

1) 우측 창 오퍼레이션 탐색기 버튼 클릭 한 후 위에 고정 아이콘 ①을 클릭하여 화면을 고정 시킨다. 우측 창 오퍼레이션 탐색기 빈곳에서 MB3 클릭 하면 그림과 같은 Menu가 생성이 된다. 생성된 메뉴에서 지오메트리 뷰을 선택한다.

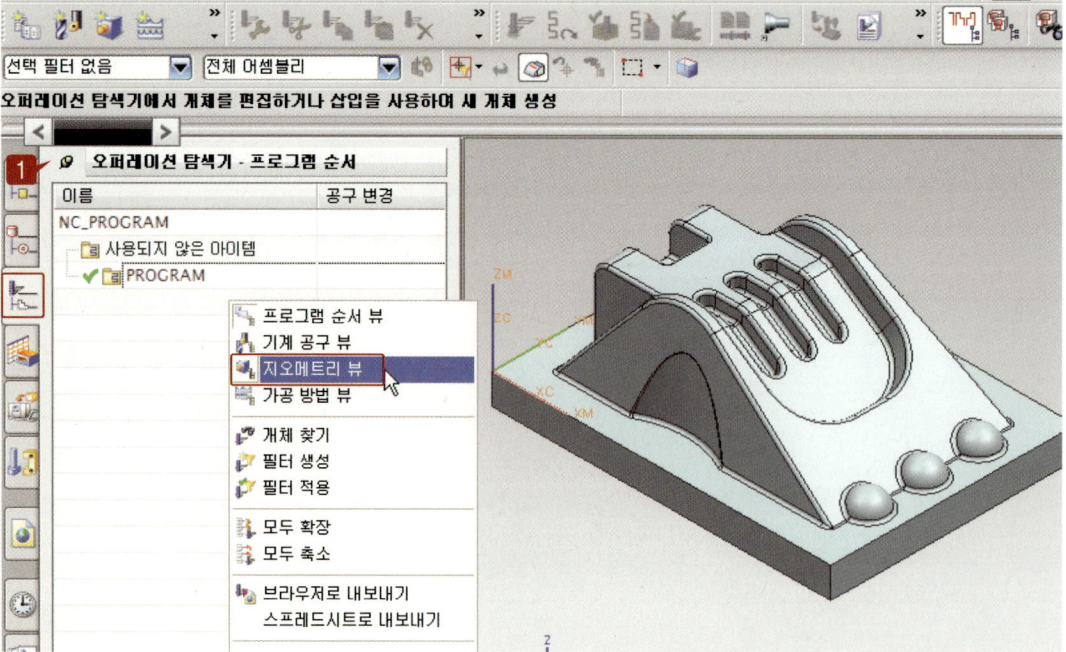

CHAPTER 6 | Manufacturing NC 따라하기

2) MCS는 CAM작업의 기준이 가공 좌표계를 의미하며 기본적으로 모델링 작업할 때 기준이 되는 WCS와 동일한 위치에 생성된다. MCS_MILL이 나타난다. 그리고 MCS_MILL을 더블 클릭한다.

3) 확인 버튼을 클릭하면 가공 원점이 표시된다. NC Data생성을 위한 가공시작 원점이 맞지 않으면 아래와 같이 수정한다. MCS지정에서 좌표계 다이얼로그 ②를 클릭한다.

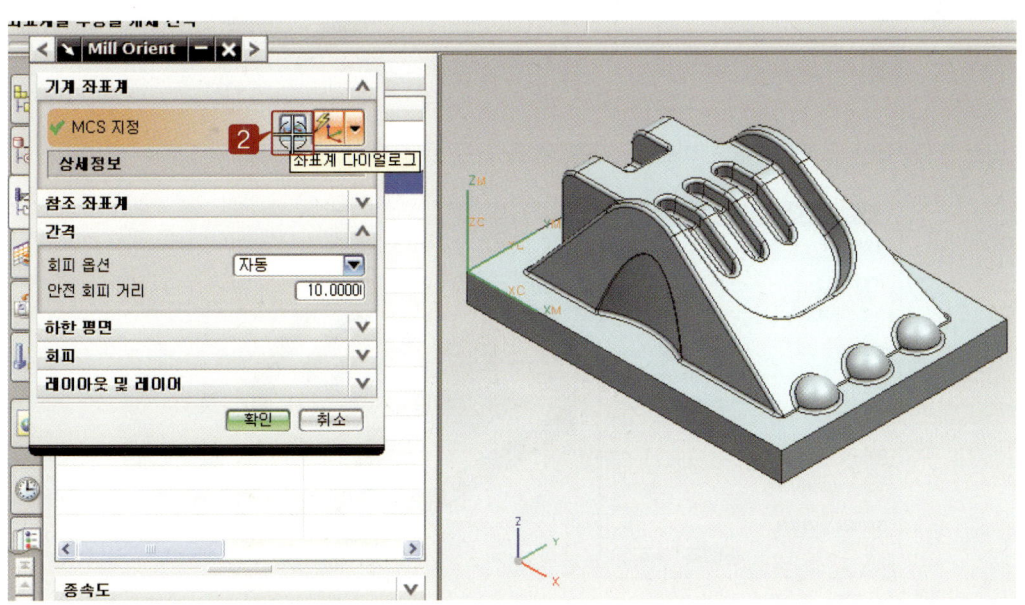

4) 원하는 위치에 MB1을 클릭하면 가공원점이 바꿀 수 있다.

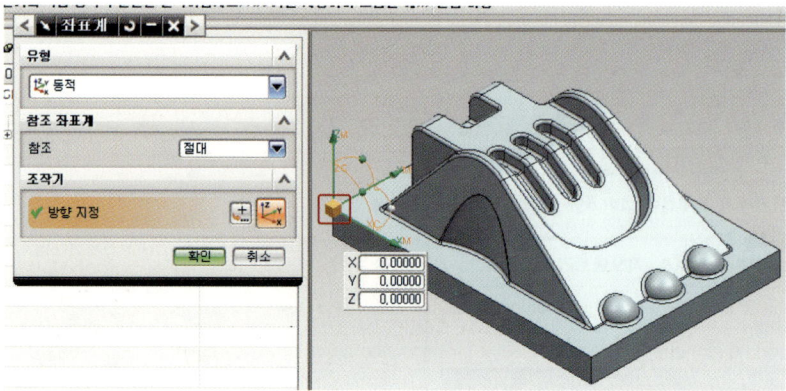

5) MCS_MILL 앞부분 + 부분을 MB3 선택하면 그림과 같이 WORKPIECE가 나타나는 것을 확인 할 수 있다. WORKPIECE(가공소재)를 더블 클릭한다.

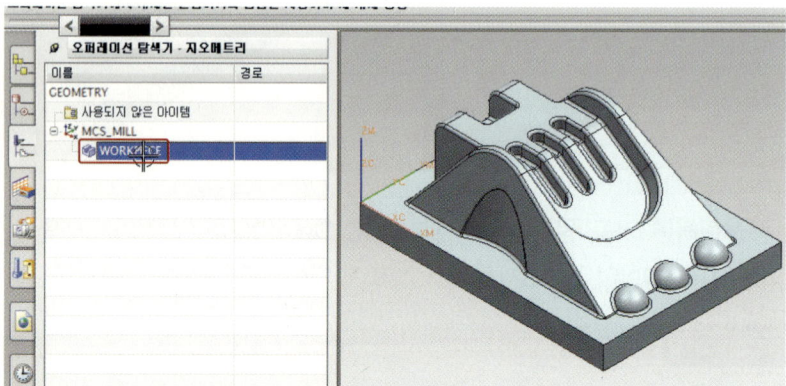

6) 파트 지정 버튼을 클릭한다. 파트는 가공 후에 남을 형상으로 모델링을 설정하는 것이다.

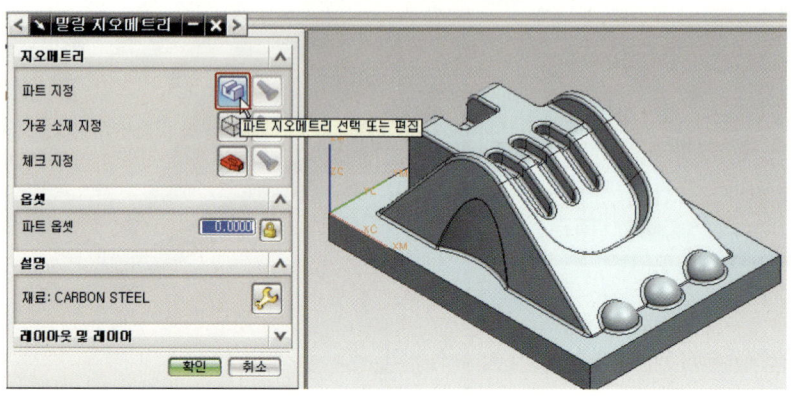

CHAPTER 6 | Manufacturing NC 따라하기

7) 그림처럼 모든 선택 버튼을 클릭 후 확인한다.

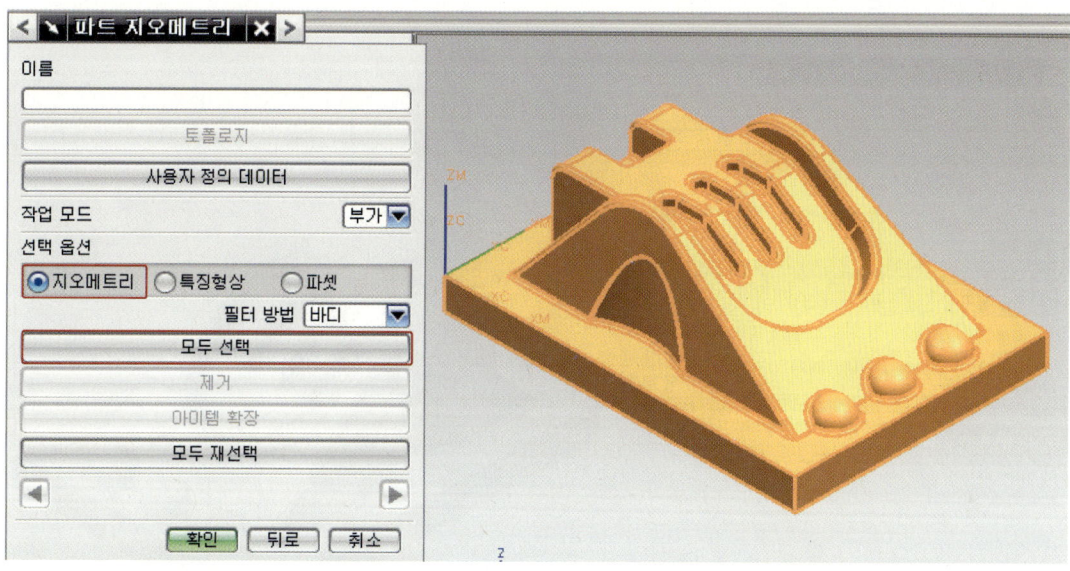

8) 가공 소재 지정 버튼을 클릭한다.

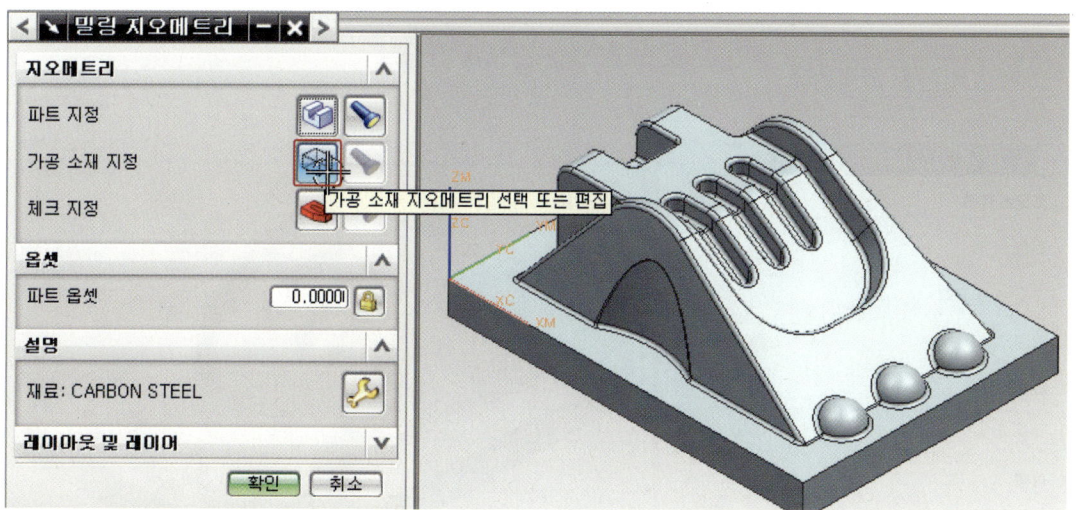

9) 가공소재를 직접 모델링하여 설정할 수 있으며 자동블록으로 파트의 외각치수를 기준으로 설정할 수 있다. 자동 블록으로 체크 후 ZM +값은 10으로 입력 후 확인한다.(상대 안전 높이설정)

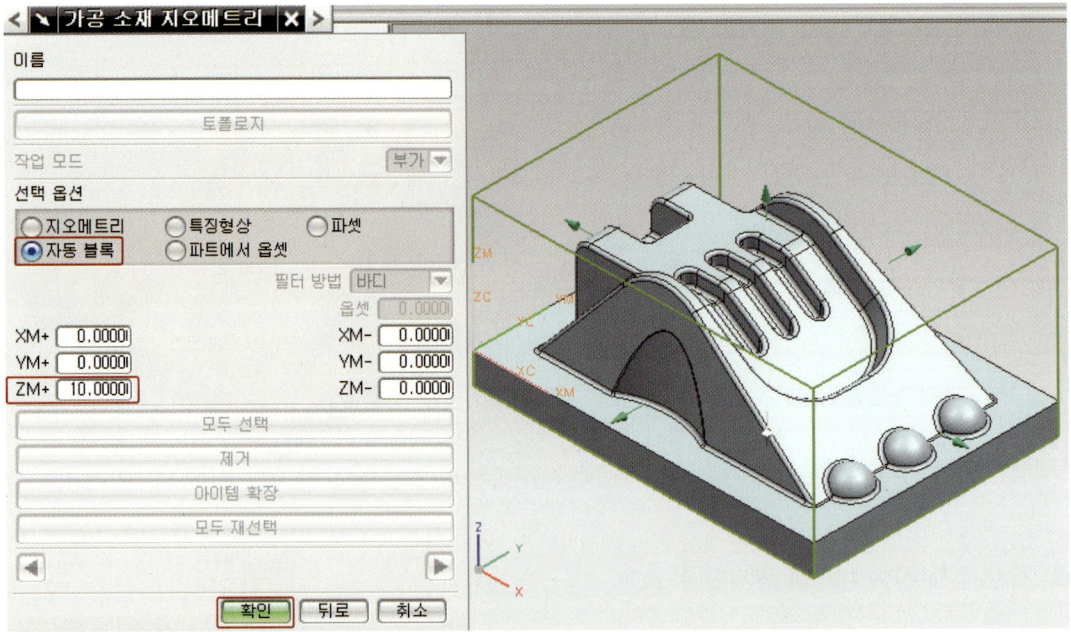

10) 확인 버튼을 클릭한다.

CHAPTER 6 | Manufacturing NC 따라하기

3 가공공구 생성하기

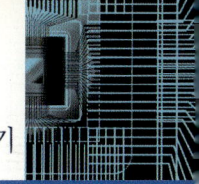

1) 삽입에서 도구 버튼을 클릭 하거나 그림처럼 공구생성 아이콘을 클릭한다.

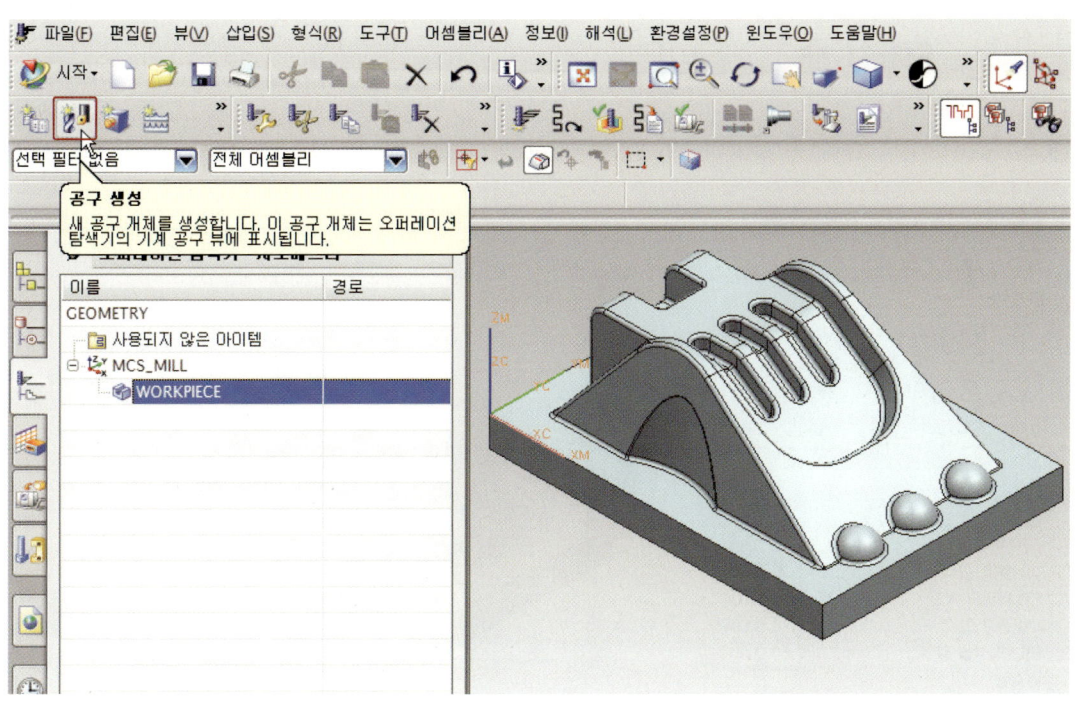

2) 공구하위 유형에서 Mill을 선택하고 이름에서 MILL_12를 입력 한 후 적용 버튼을 클릭한다. 이름 입력시 빈공간이 있으면 안 되기 때문에 '_'를 사용하여 MILL_12이라고 입력한다.

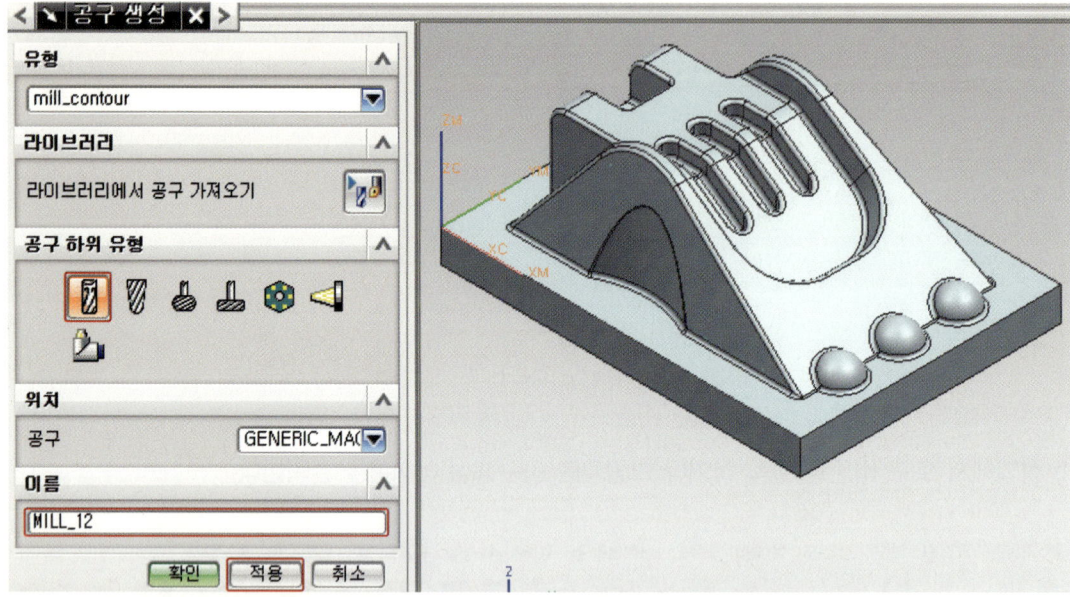

3) (D)직경에서 12 입력 후 공구번호에 1번을 입력한다. 입력 후 확인한다.

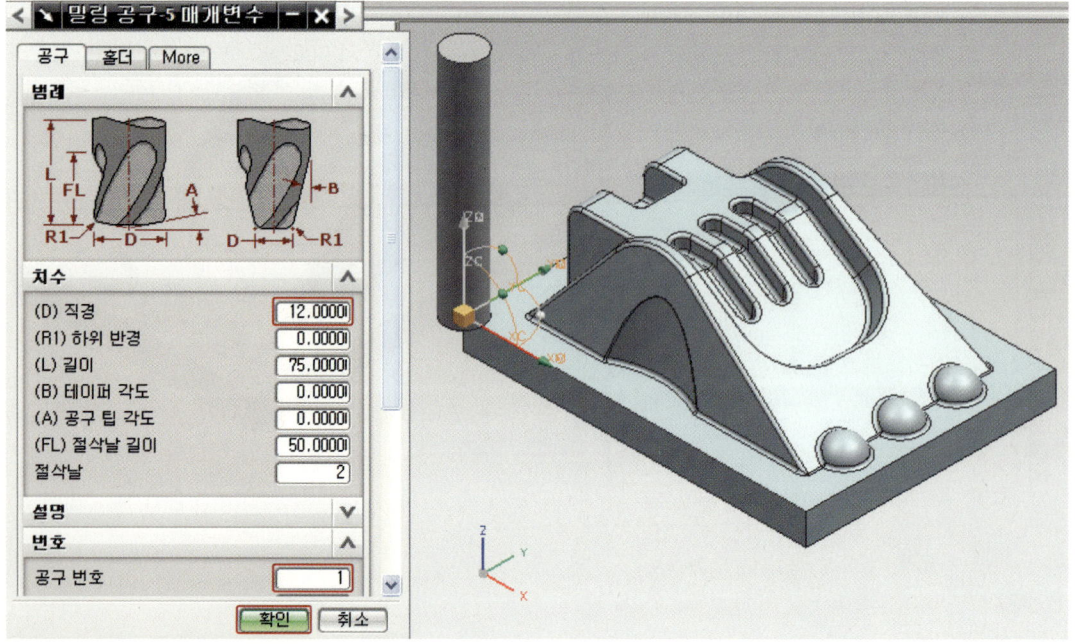

CHAPTER 6 | Manufacturing NC 따라하기

4) BALL_MILL 아이콘 클릭하고 이름에서 BALL_4를 입력 한 후 적용을 클릭한다.

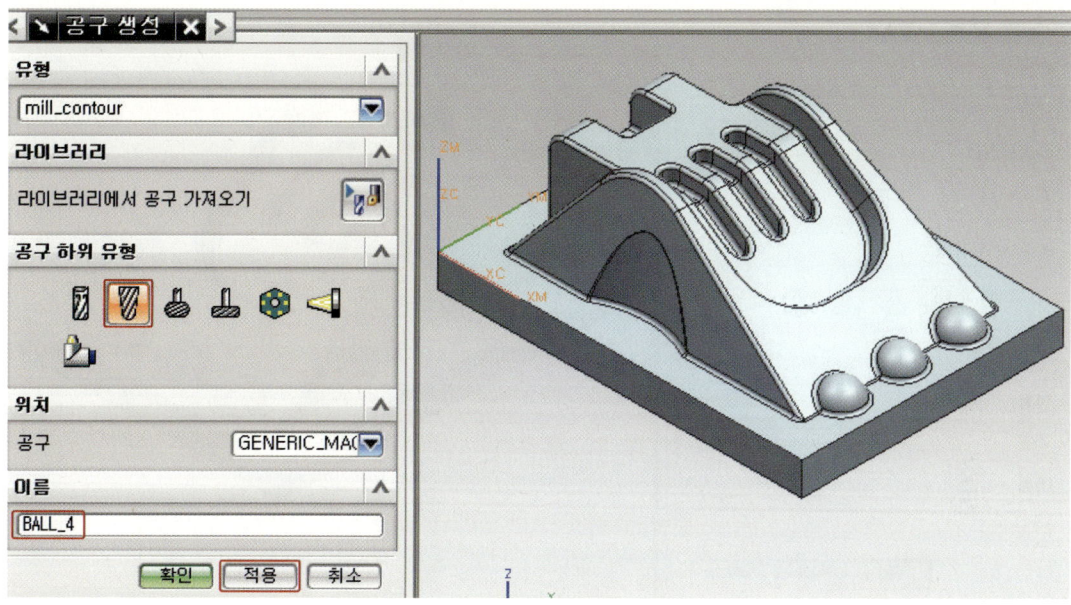

5) (D)볼 직경에서 4 입력 후 공구 번호에 2번 입력 후 확인한다.

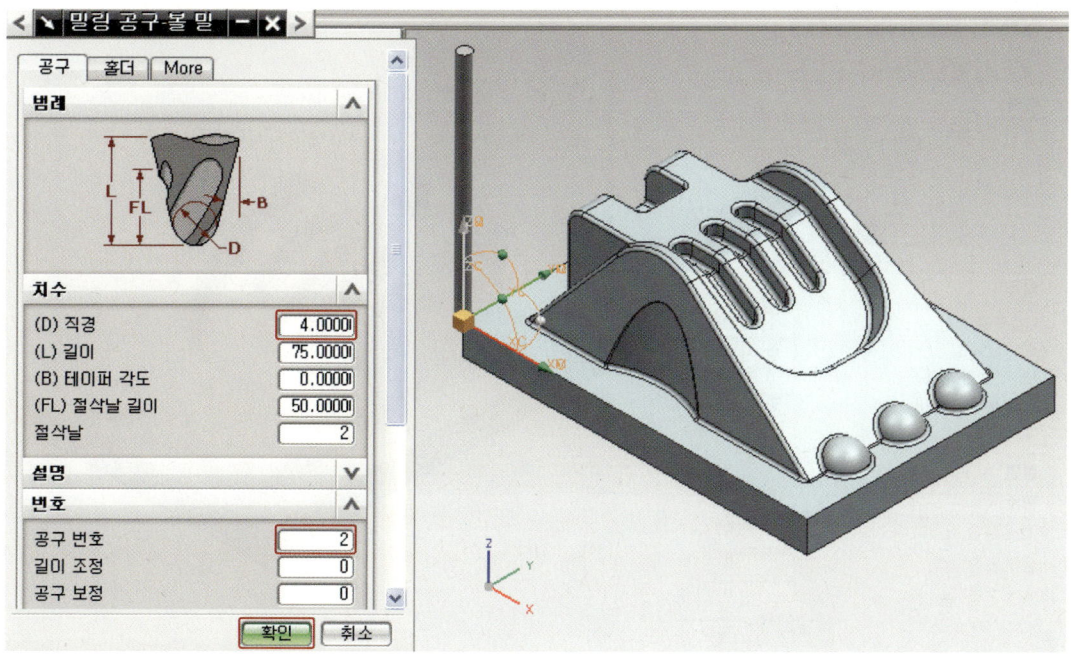

6) BALL_MILL 아이콘 클릭하고 이름에서 BALL_2를 입력 한 후 확인을 클릭한다.

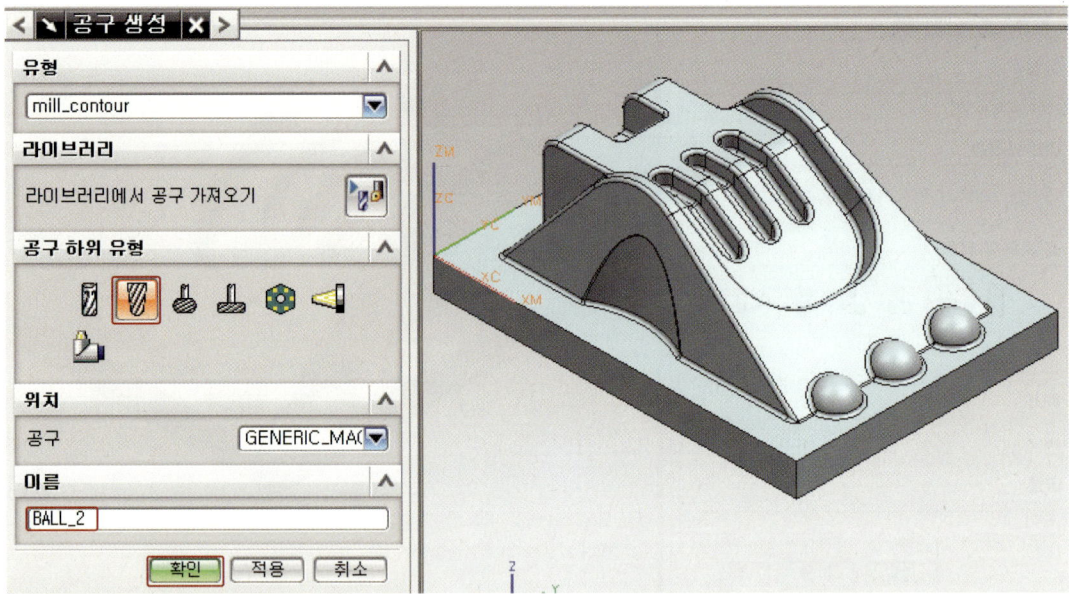

7) (D) 볼 직경에서 2 입력 후 공구 번호에 3번 입력 후 확인한다.

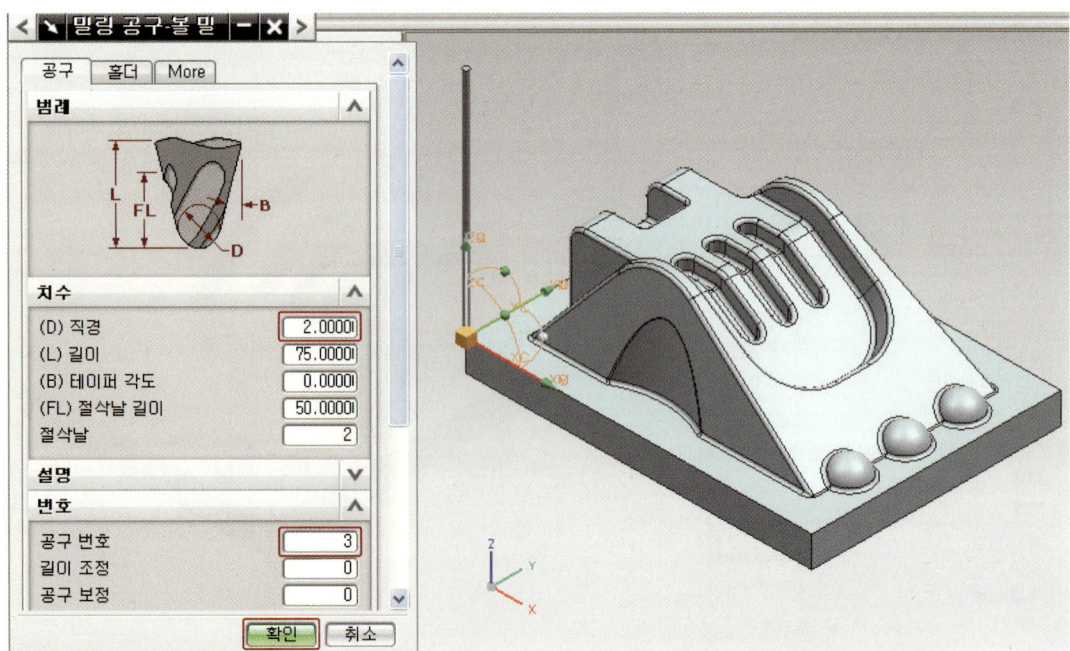

CHAPTER 6 | Manufacturing NC 따라하기

4 황삭 가공하기(Cavity Mill)

Cavity Mill은 평면 레이어 에서 블록 부분의 재료를 가공하는 공구 경로를 생성하며 일반적으로 황삭가공을 하는데 사용되며 3축 가공에서 사용하는 평면 밀링가공이다.

1) 삽입에 오퍼레이션을 선택한다. 또는 그림처럼 오퍼레이션 아이콘을 선택한다.

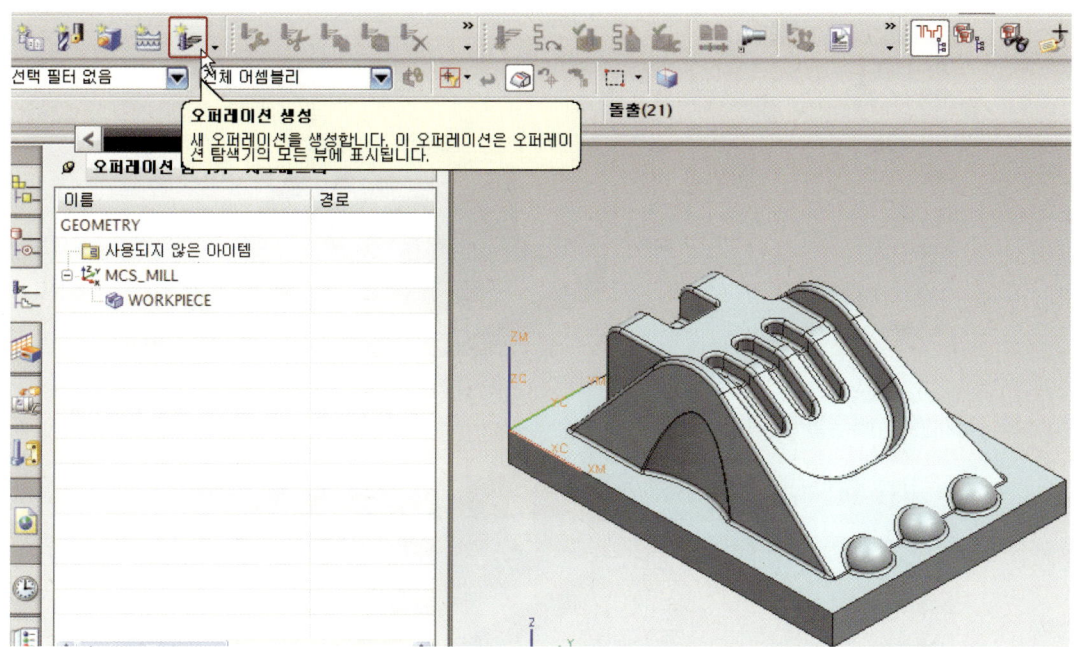

2) 하위유형은 CAVITY_MILL, 프로그램은 PROGRAM, 지오메트리사용은 WORKPIECE, 공구사용은 MILL_12, 방법사용은 MILL_ROUGH로 바꾼 다음 적용 버튼을 클릭한다.

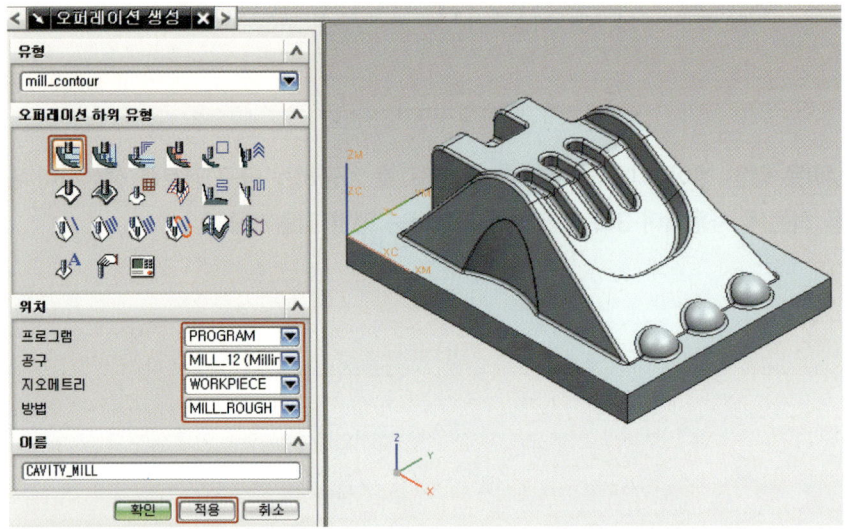

3) 경로 설정 값에서 절삭패턴은 외곽 따르기로 하고 스텝오버는(경로 간격) 상수(Constant)로 한 후 거리(Distance) 값은 5, 잘라내기 깊이(절입량)는 6으로 값을 입력 한다.

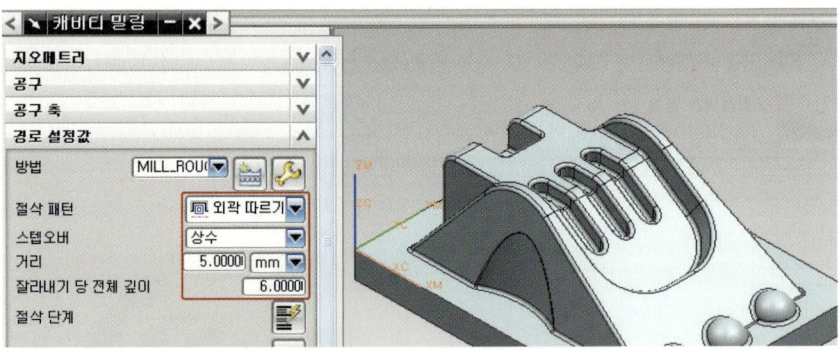

4) 절삭 매개변수 버튼을 클릭한다.

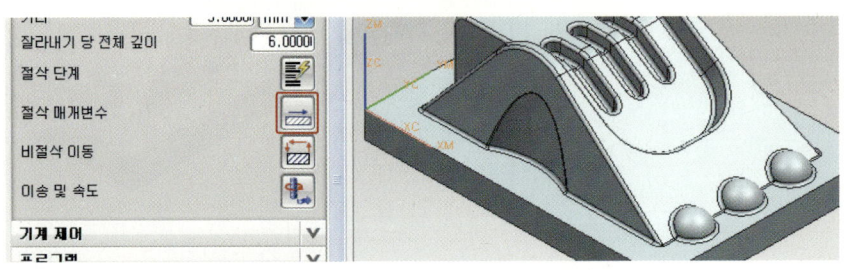

CHAPTER 6 | Manufacturing NC 따라하기

5) 전략부분은 그림과 같이 절삭순서에서 첫 번째 깊이(Depth First)로 선택 한 후 스톡(Stock)탭으로 넘어간다.

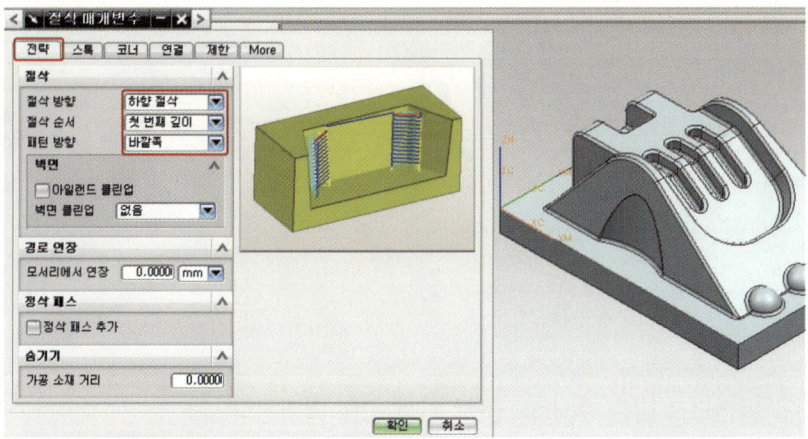

6) 측면과 동일한 바닥사용 박스 는 그림과 같이 체크 후 파트 변 스톡(가공여유 또는 잔량) 값을 0.5로 입력 한 후 Intol, Outtol 값은 변경하지 말고 확인한다.

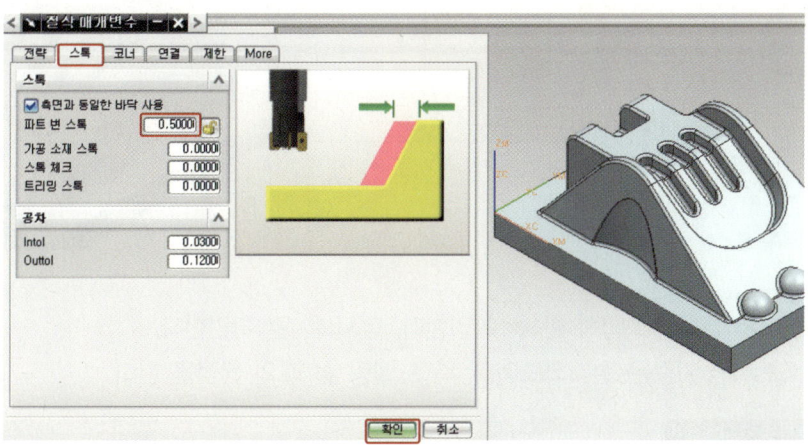

7) 비절삭 이동 버튼을 클릭한다.

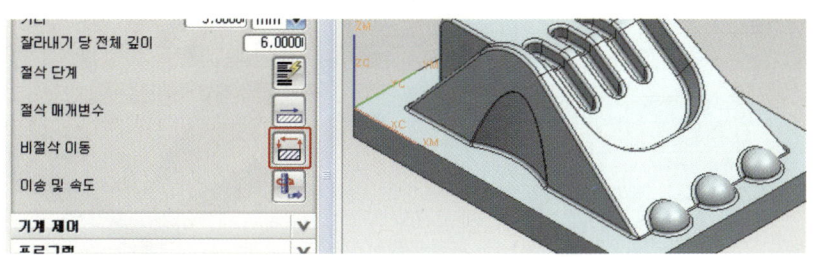

8) 급속이동을 클릭한다.

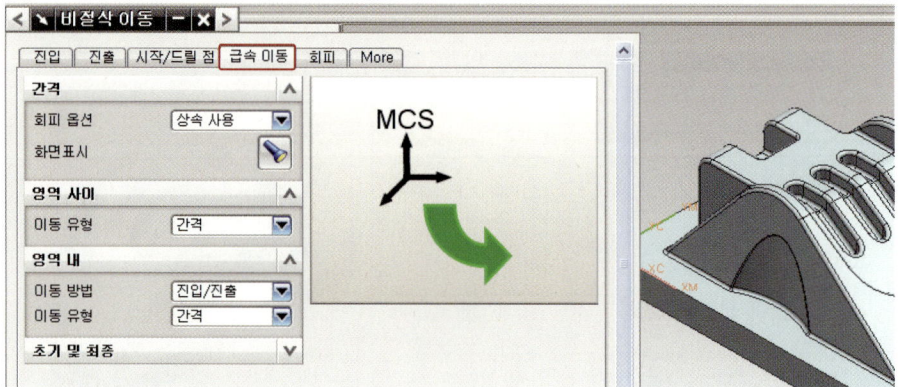

9) 회피 옵션을 평면으로 맞춘 후 회피 평면 지정 ①을 클릭한다.

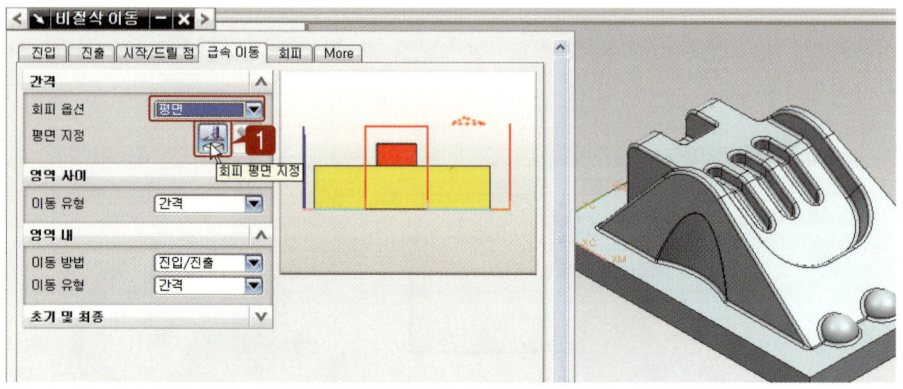

10) 옵셋(안전높이) 값을 50 입력 한 후 확인한다. 다시 한 번 확인한다.
    ※ 이때 Offset의 기준은 절대좌표이다. 즉 모델링 할 때의 원점을 한다.

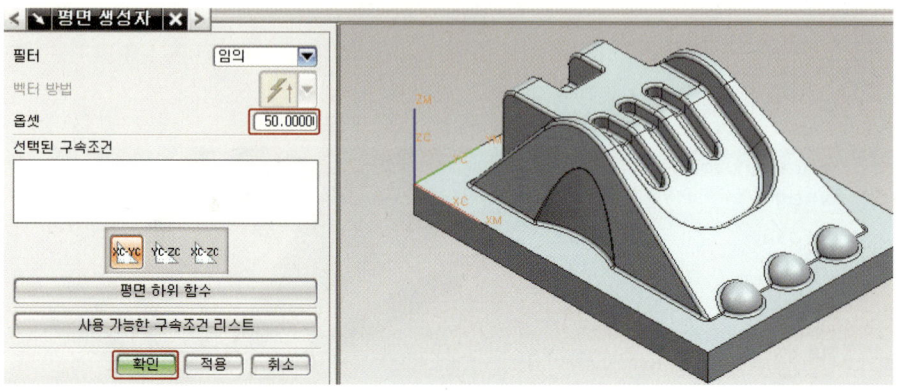

CHAPTER 6 | Manufacturing NC 따라하기

11) 이송 및 속도 버튼을 클릭한다.

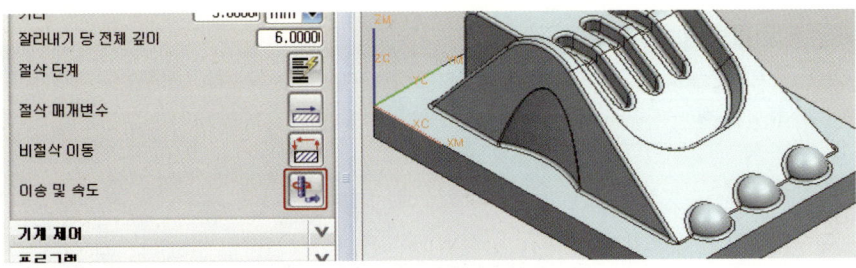

12) 스핀들속도(rpm) 부분에 1400 입력 후 이송률에서 잘라내기(이송)값을 100으로 입력 후 확인한다.

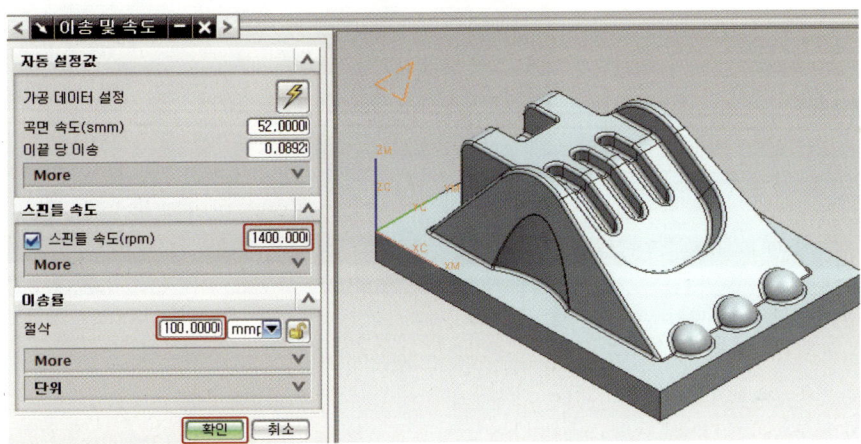

13) 조치에서 생성(Generate)버튼을 클릭하면 황삭이 완료된 것을 확인할 수 있다. 검증 아이콘을 클릭한다.

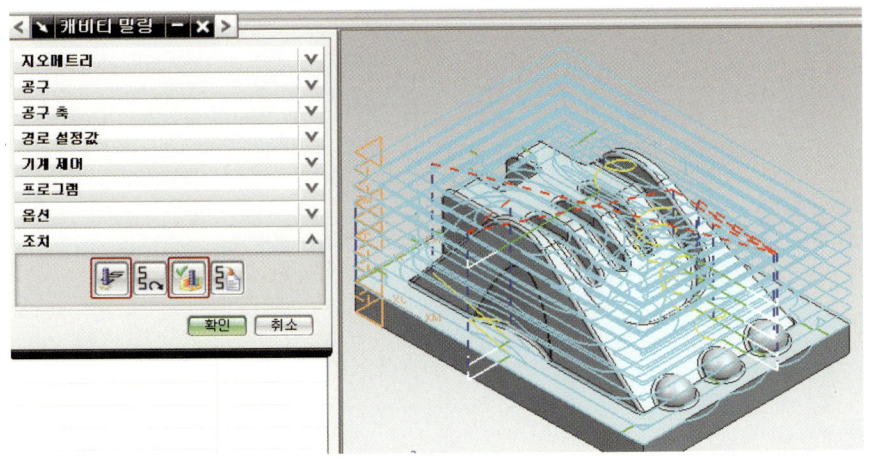

14) 그림처럼 2D 동적으로 한 다음 재생 버튼을 클릭한다. 검증이 끝나면 확인 버튼을 클릭한다.

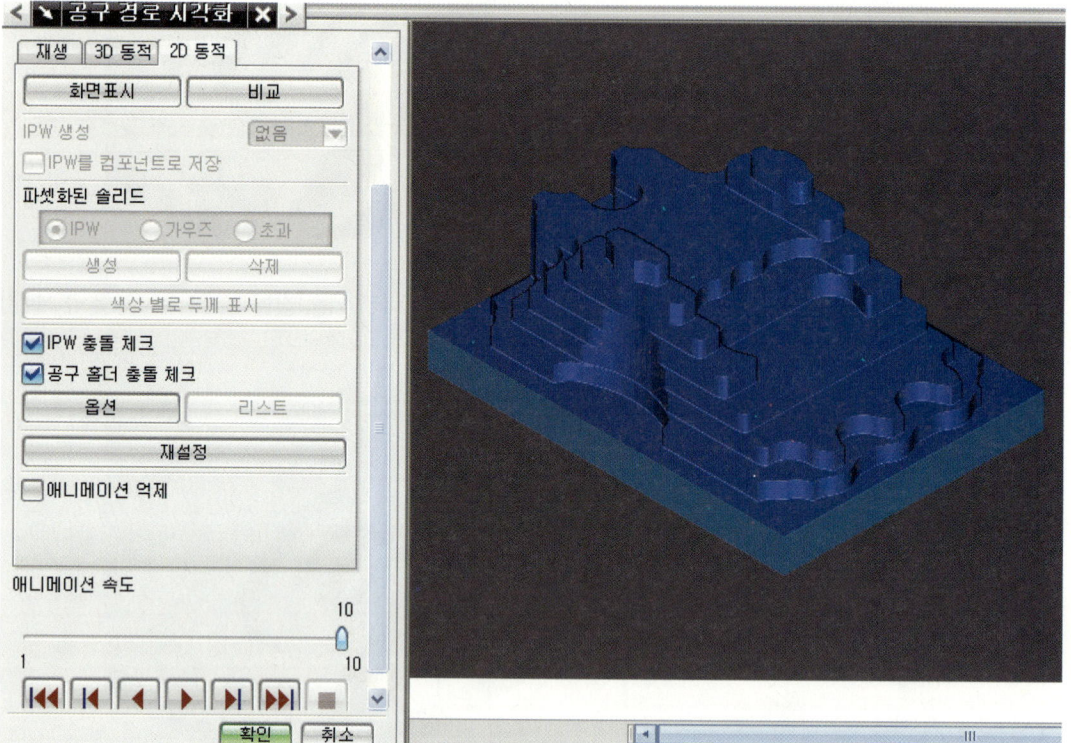

CHAPTER 6 | Manufacturing NC 따라하기

정삭 가공하기(Contour Area)

윤곽이 있는 곡면으로 형성된 영역을 정삭 하는데 사용되는 가공방법으로 Fixed Contour와 거의 동일하게 가공영역을 설정하는 방식으로 Face 선택 방식으로 중삭, 정삭 모두 가능하다.

1) 하위유형은 CONTOUR_AREA, 프로그램은 PROGRAM, 지오메트리 사용은 WORKPIECE, 공구사용은 BALL_4, 사용방법은 MILL_FINISH 바꾼 다음 적용 버튼을 클릭한다.

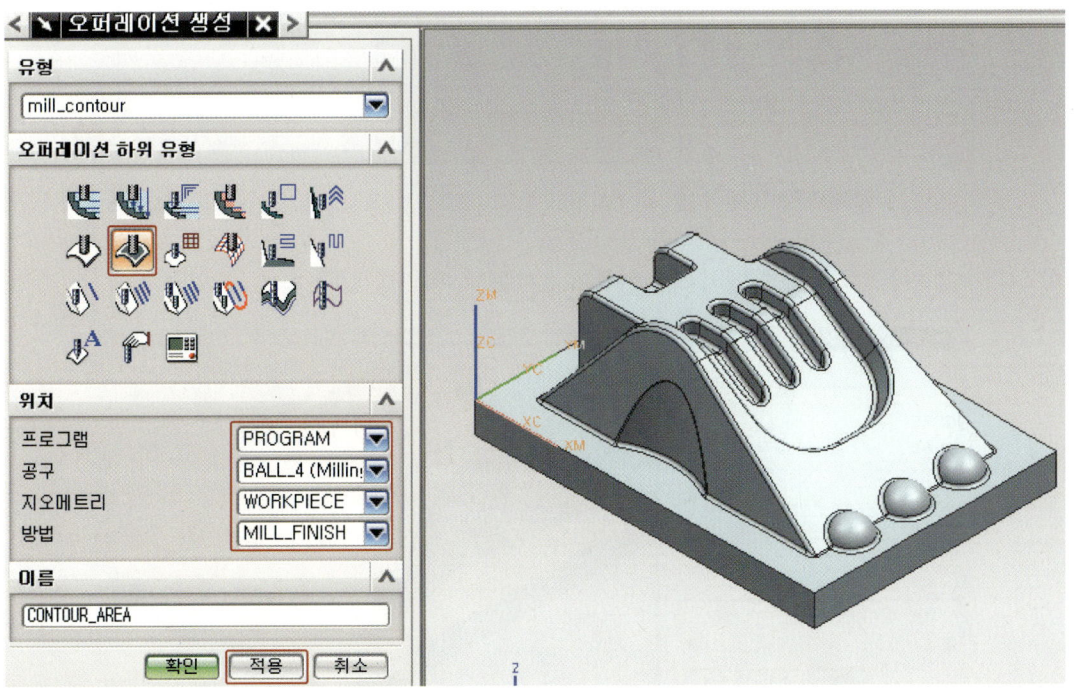

2) 절삭영역 지정 버튼을 클릭한다.

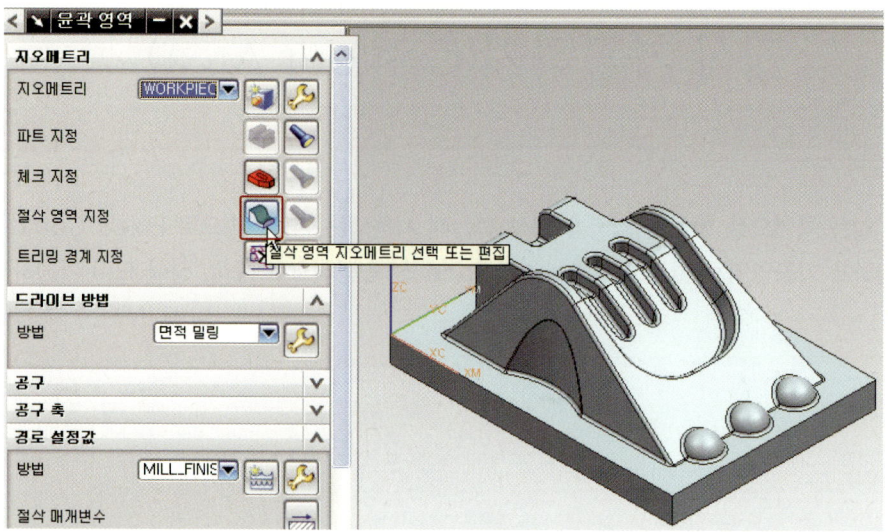

3) 그림처럼 MB1을 이용하여 ①에서 ②까지 윈도우 한다.

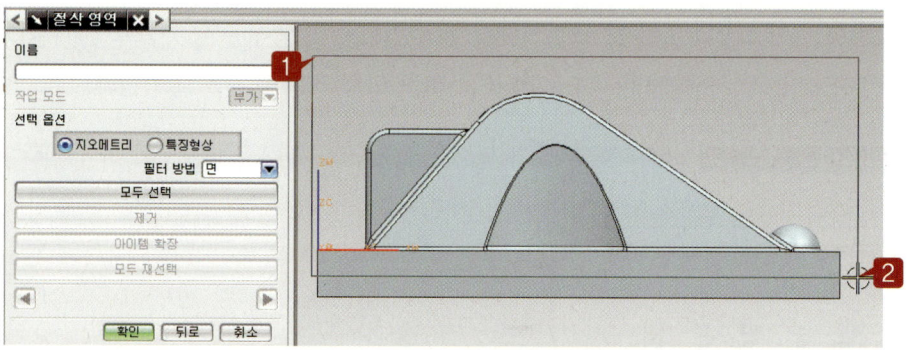

4) 그림처럼 가공하고자하는 베이스면 위쪽이 선택된다. 확인을 한다.

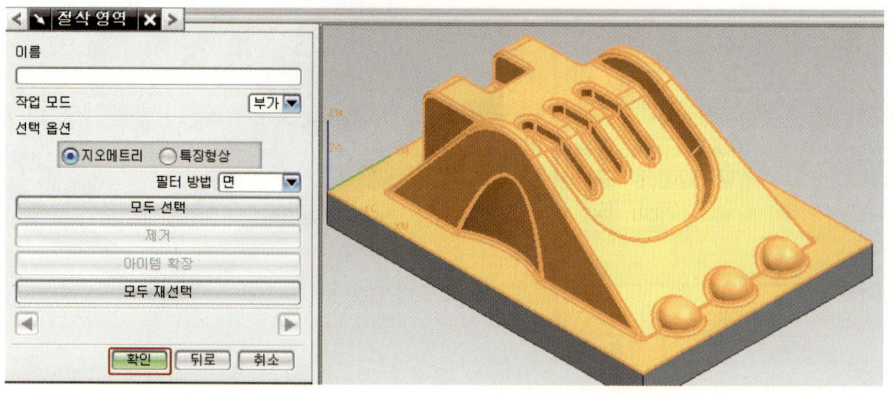

CHAPTER 6 | Manufacturing NC 따라하기

5) 드라이브 방법에서 면적 밀링 편집 버튼을 클릭한다.

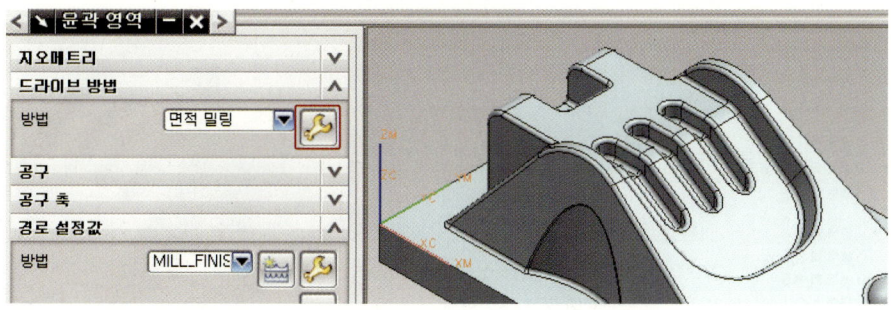

6) 절삭패턴은 지그재그, 절삭방향은 하향절삭, 스텝오버는 상수(Constant)로 바꾸고 거리(경로간격)값은 1로 입력한 후 절삭각도는 사용자정의로 선택하고 도 값은 45로 입력하고 확인한다.

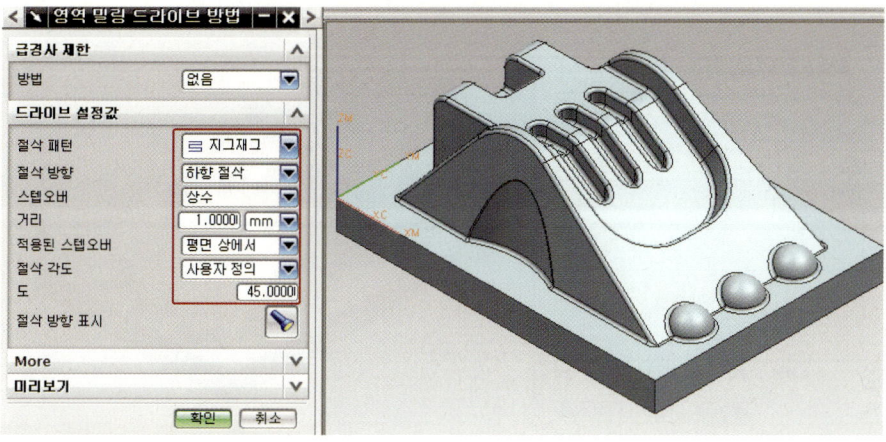

7) 비절삭 이동 버튼을 클릭한다.

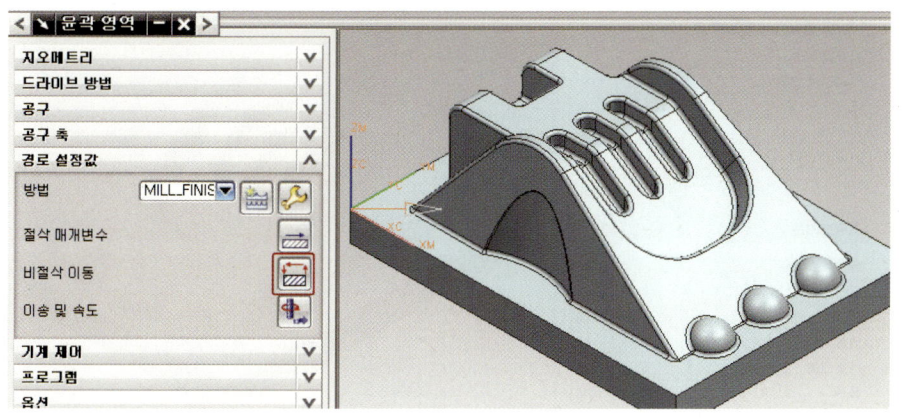

8) 급속이동 버튼을 클릭하고, 회피옵션에서 평면을 클릭하고 회피 평면 지정 아이콘을 클릭한다.

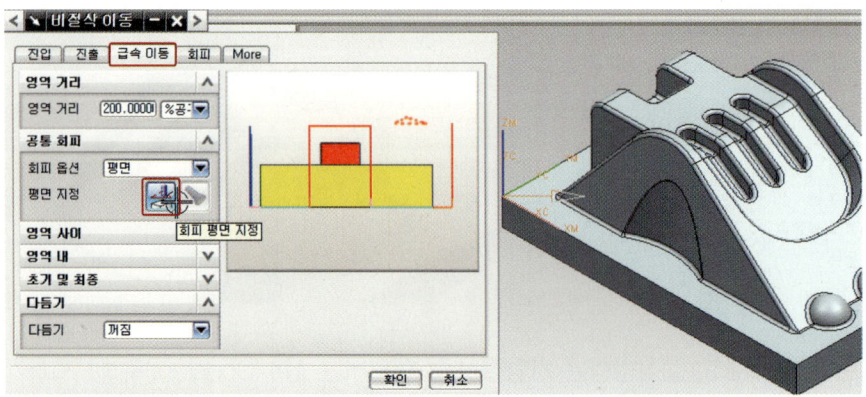

9) 옵셋(안전 높이) 값을 50 입력 한 후 확인한다. 다시 한 번 확인한다.

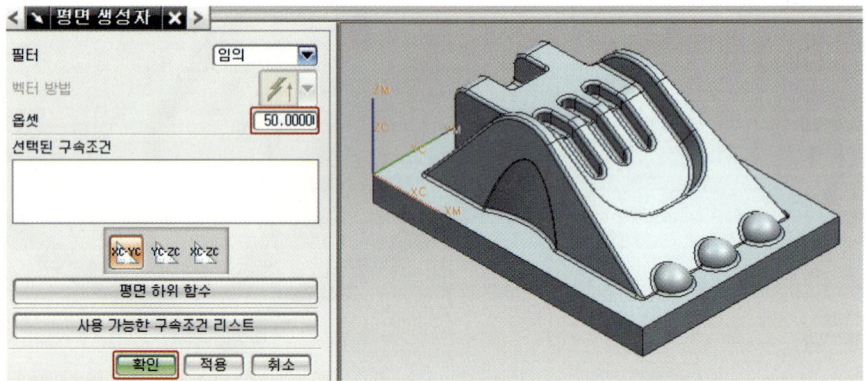

10) 이송 및 속도 아이콘을 클릭한다.

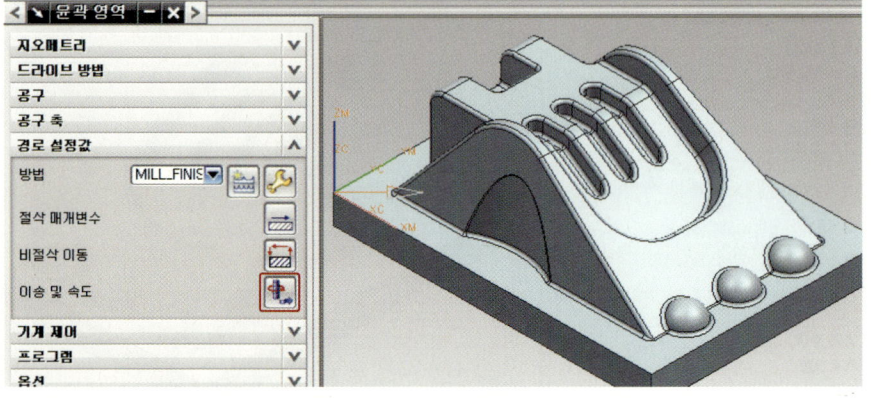

CHAPTER 6 | Manufacturing NC 따라하기

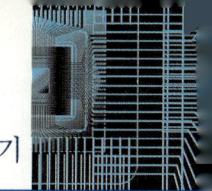

11) 속도 텝에서 스핀들 속도(회전수) 값을 1800 으로 입력 후 이송률을 90으로 입력하고 확인한다.

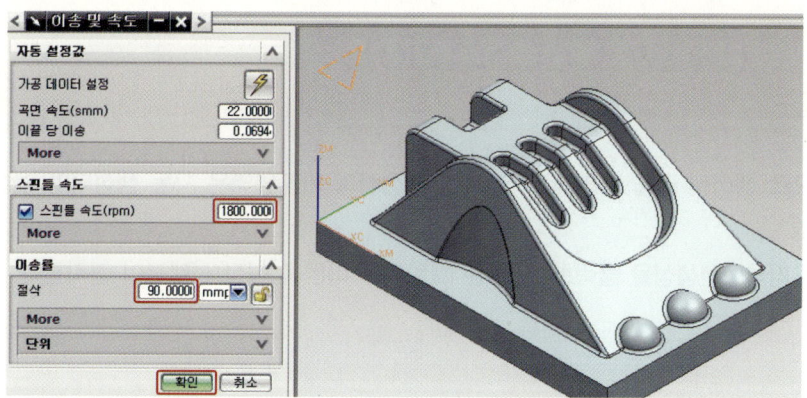

12) 그림처럼 생성 아이콘을 클릭한다. 정삭 완료 확인 후 검증 아이콘을 클릭한다.

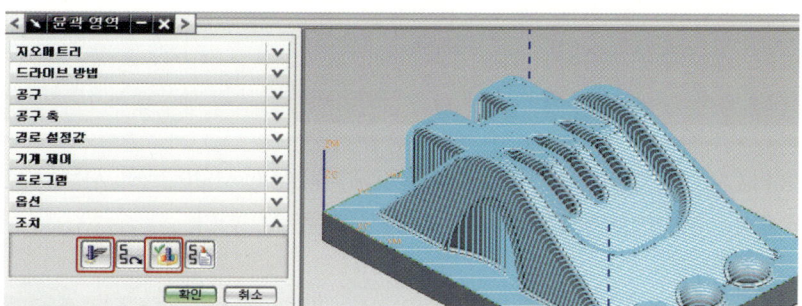

13) 그림처럼 2D 동적으로 한 다음 재생 버튼을 클릭한다. 검증이 끝나면 확인한다.

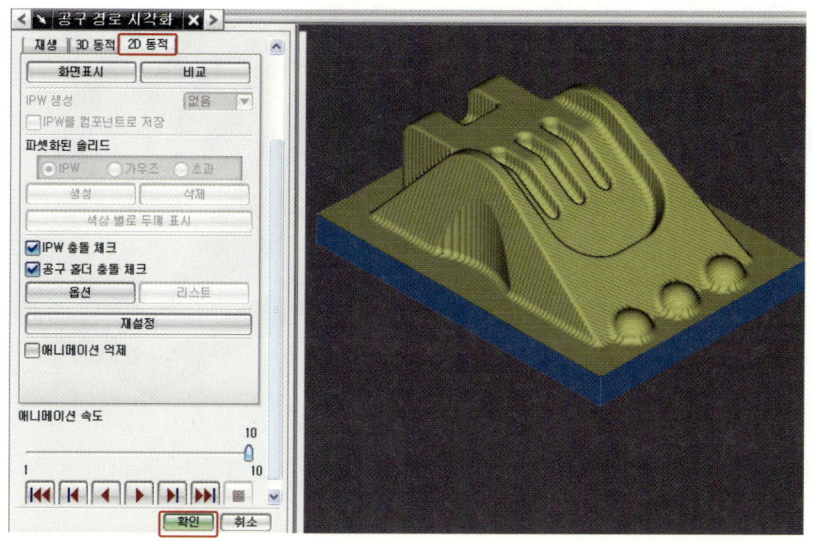

6 잔삭(펜슬) 가공하기
(Flow Cut Single)

파트 곡면으로 생성된 골을 따라 공구 경로를 생성하며 가공영역은 자동 생성되며 펜슬 가공이라고도 한다.
삽입에서 오퍼레이션생성을 클릭한다. 또는 그림처럼 버튼을 직접 선택하여 클릭한다.

1) 하위유형은 FLOW CUT_SINGLE, 프로그램은 PROGRAM, 지오메트리 사용은 WORKPIECE, 공구사용은 BALL_2, 방법사용은 NONE으로 바꾼 다음 확인한다.

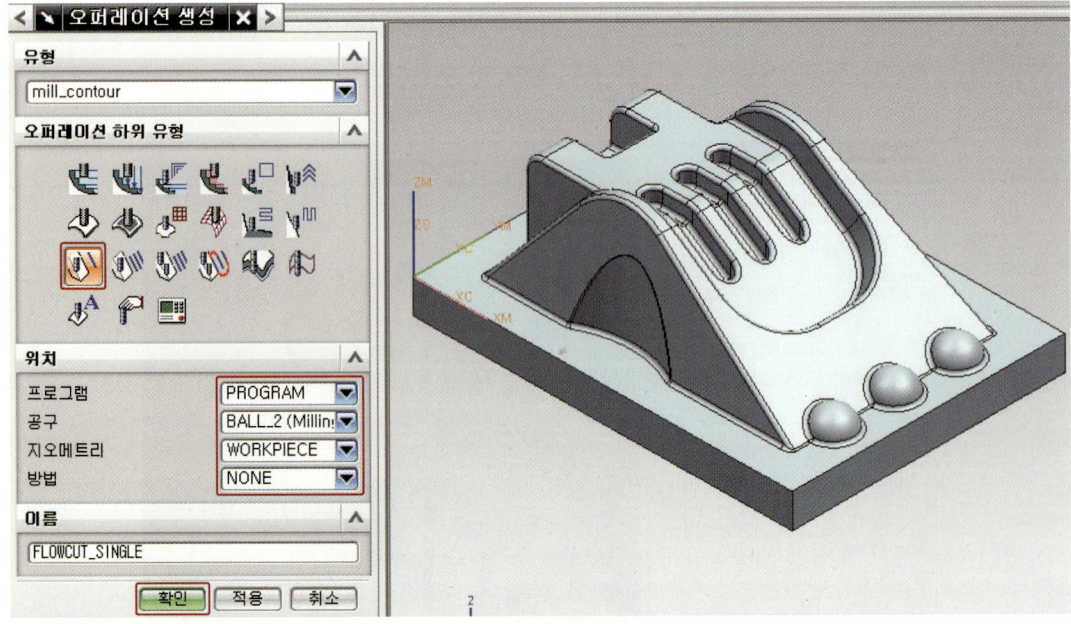

CHAPTER 6 | Manufacturing NC 따라하기

2) 비 절삭 이동 버튼을 클릭한다.

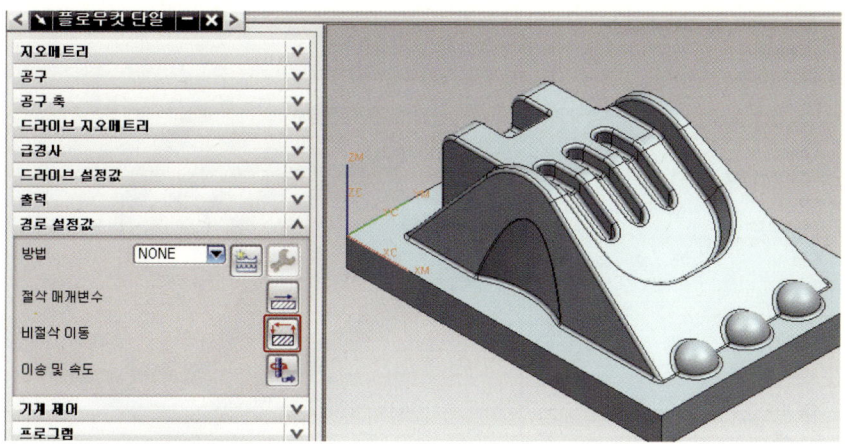

3) 급속이동에서 회피옵션에 평면을 선택하고 회피 평면 지정 아이콘을 클릭한다.

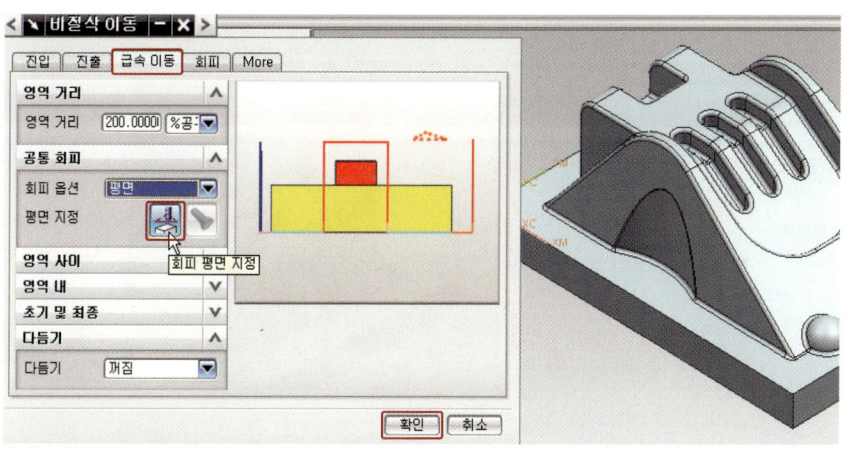

4) 옵셋(안전높이) 값을 50 입력 한 후 확인한다. 다시 한 번 확인한다.

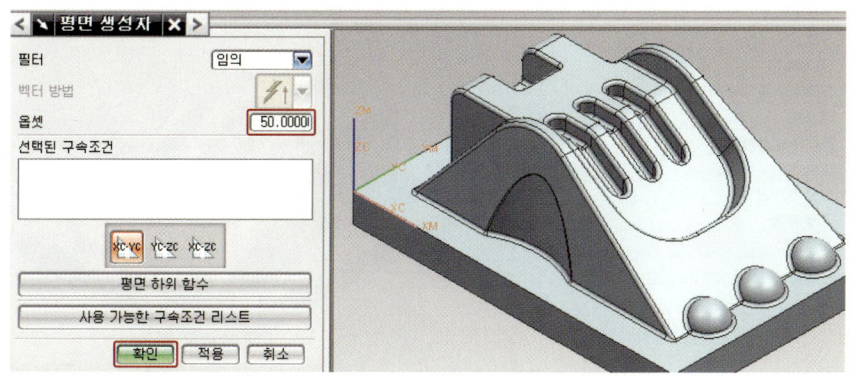

5) 이송 및 속도에서 버튼을 클릭한다.

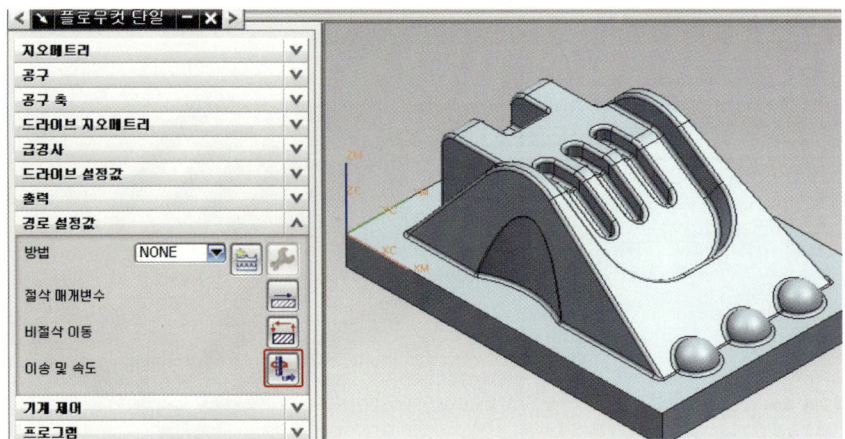

6) 속도에서 스핀들 속도(회전수) 값을 3700으로 이송률에서 잘라내기(이송)값 80을 입력하고 확인한다.

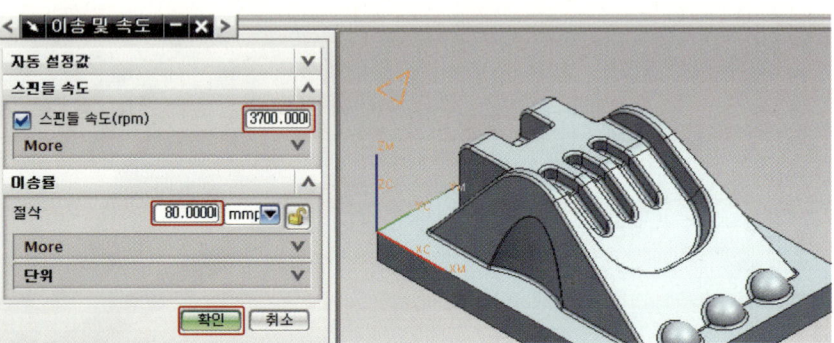

7) 생성 버튼을 클릭한다. 잔삭 완료 확인 후 검증 아이콘을 클릭한다.

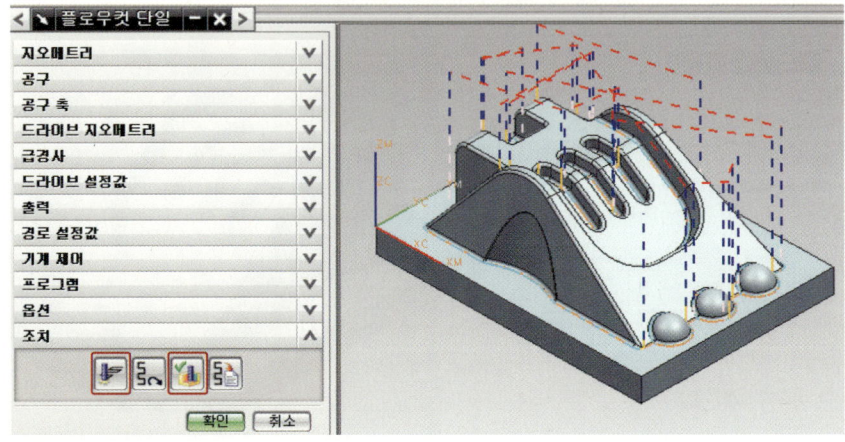

CHAPTER 6 | Manufacturing NC 따라하기

8) 그림처럼 2D 동적으로 한 다음 재생 버튼을 클릭한다. 검증이 끝나면 확인 버튼을 클릭한다.

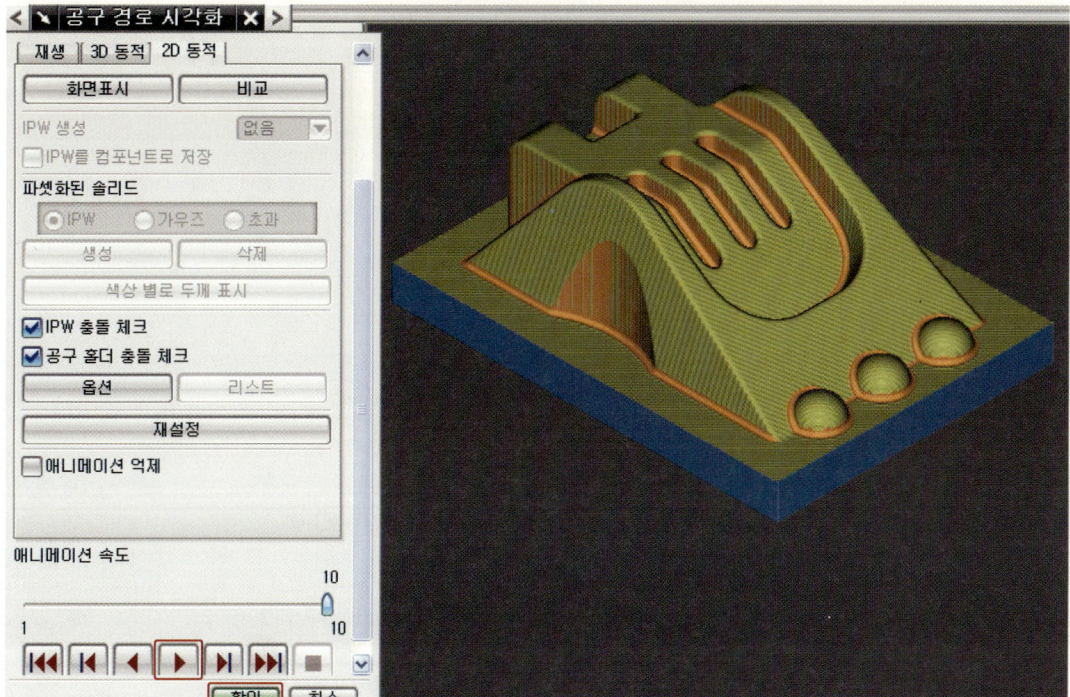

7 NC Data 산출하기

1) 그림처럼 MB3 상태에서 포스트프로세스 또는 아이콘 ①을 선택한다.

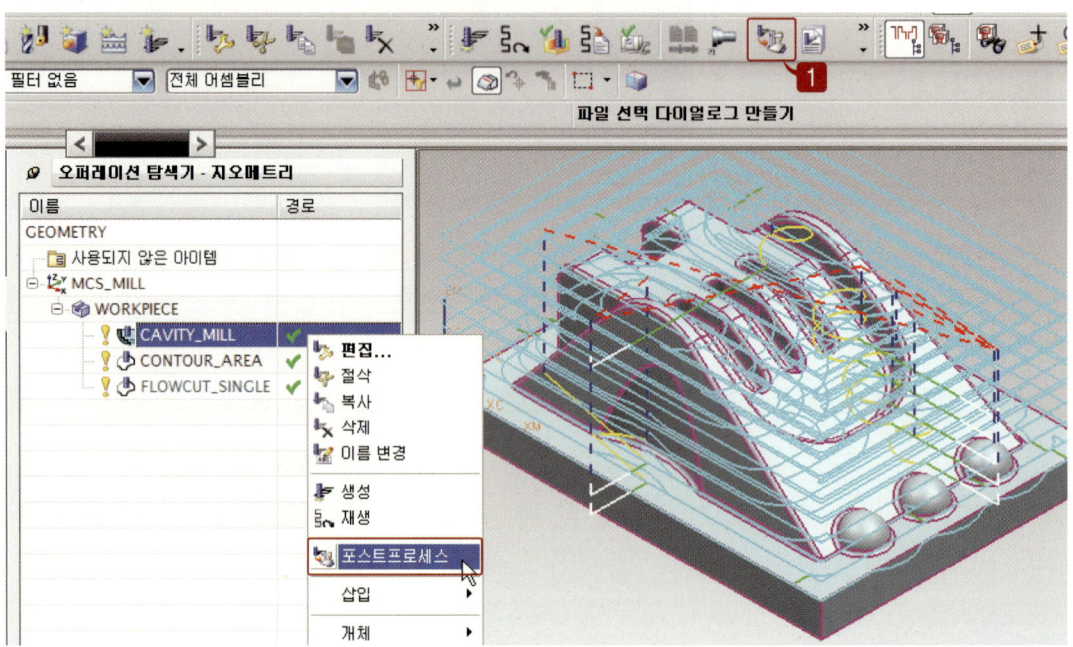

CHAPTER 6 | Manufacturing NC 따라하기

2) 그림처럼 3축을 선택하고 저장위치와 파일이름을 설정하고 확장자를 .nc로 하고, 단위는 미터식으로 설정하고 적용한다. 같은 방법으로 황삭, 정삭, 잔삭을 저장한다.

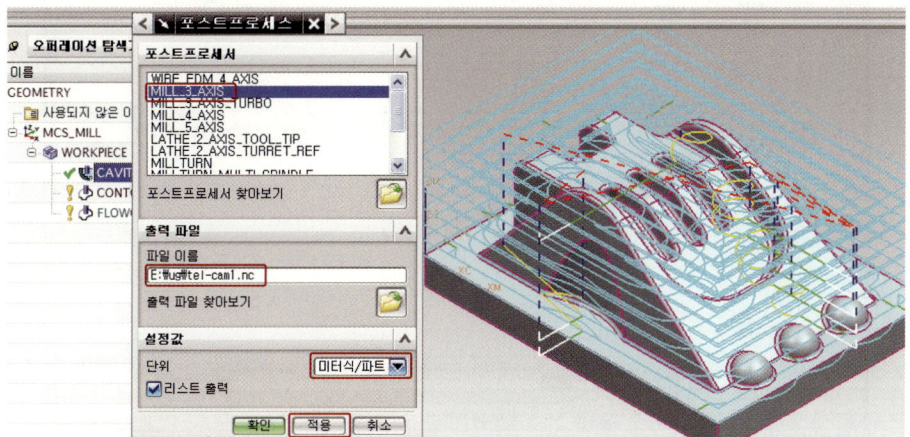

3) 확인을 클릭한다.

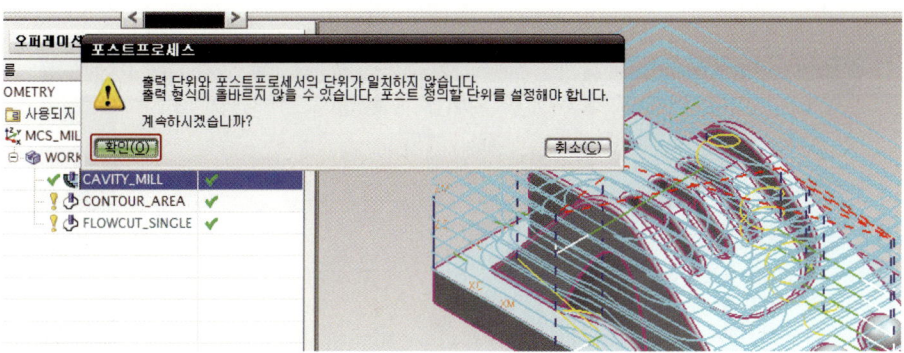

4) 그림처럼 NC프로그램을 수정하고 다른 이름으로 저장한다.

5) 그림처럼 황삭 NC프로그램을 저장하다. 같은 방법으로 정삭, 잔삭 파일을 저장한다.

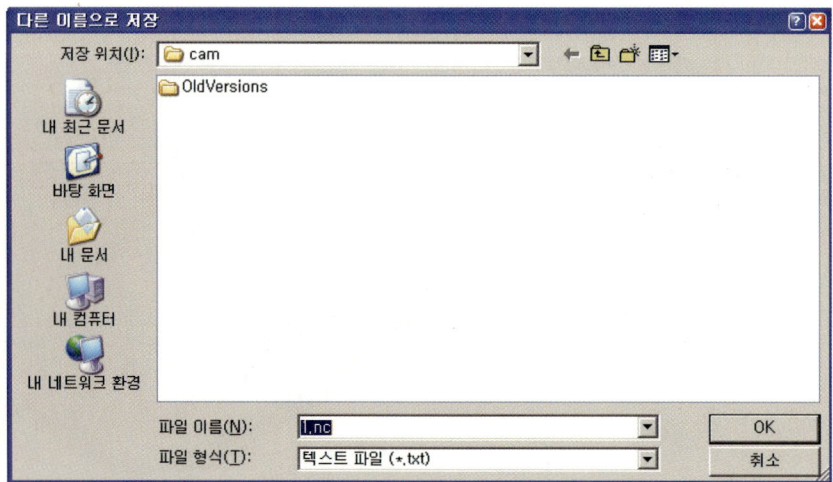

6) USB 또는 A:\ 드라이브에 마우스 오른쪽 버튼을 누르고 이름 바꾸기 하여 황삭 정삭, 잔삭으로 저장한다.

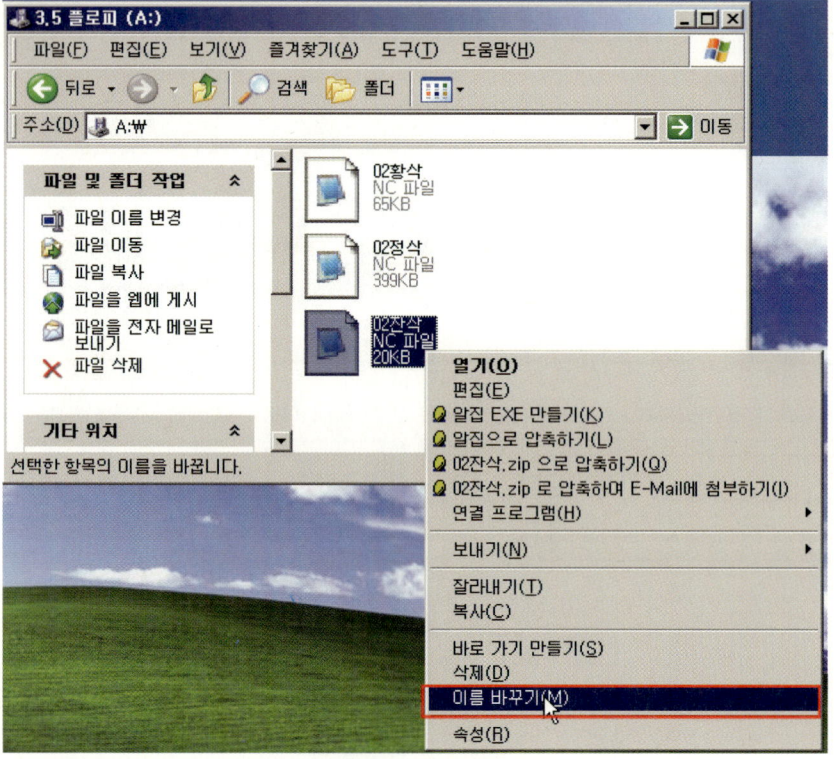

부록

최근과년도문제

1 컴퓨터응용가공 산업기사 최근과년도문제

국가기술자격실기시험

자격종목	컴퓨터응용가공 산업기사	과제 1	NC data 작업

등번호(비번호)

● 시험시간 : 표준시간 2시간30분, 연장시간 20분

1. 요구사항

가. NC data 생성 작업은 절삭지시서에 따라 황삭, 정삭, 잔삭(펜슬 가공) NC 데이터를 생성한 후 디스켓에 저장 후 제출한다.
나. 수검자는 반드시 도면에서 지정한 원점을 기준으로 NC 데이터를 생성하여야 하며, 수검자가 임의로 원점을 변경 하여 발생되는 불이익은 수검자가 책임을 진다.
다. 절삭지시서에 따라 NC코드를 생성하며, 이 때에는 국내에서 많이 사용하는 코드로 출력한다.
라. 황삭가공에서 Z축 방향의 시작높이는 공작물 표면으로부터 10mm 정도로 한다.
마. 연장시간은 30분이며 사용시 매 10분마다 3점씩 감점한다.

2. 수검자 유의사항

가. 디스켓은 모두 라벨에 등번호(비 번호)를 기재한다.
나. 지정된 시설 또는 본인이 지참한 장비를 사용하며 안전수칙을 준수하여야 한다.
다. 수검자용 PC는 관련 내용을 삭제시킨 후 프로그램을 하여야 한다.
마. 만일의 기계고장으로 인한 자료손실을 방지하기 위하여 수시로 저장(save)한다.
바. NC data 생성에서 디스켓 저장시 파일명은 다음과 같이하여 저장한다.
  예 비번호가 5인 경우 : 05황삭.nc, 05정삭.nc, 05잔삭.nc
사. 시험 종료 후 하드 디스크에서 작업내용을 삭제해야 한다.
아. 시험 중 디스켓이나 LAN으로 정보를 주고받는 행위는 부정행위로 처리되며 시험 종료 후 하드디스크에서 작업내용을 삭제하여야 한다.

자. 출력물을 확인하여 동일 작품이 발견될 경우 모두 부정행위로 처리한다.

차. 장비조작 미숙으로 프로그램을 완성하지 못하거나 파손 및 고장을 일으킬 염려가 있을 때에는 실격시킨다. 실격으로 취급하면 채점대상에서 제외한다.

[부정행위]
① 시험 중 지급된 디스켓 외에 타 디스켓에 저장하는 경우
② 수검자간 서로 디스켓이나 LAN으로 정보를 주고받는 경우

[미완성]
① 시험시간(표준시간+연장시간) 안에 디스켓을 제출하지 못한 경우

[실격]
① 수검자가 PC 및 조작기 등의 사용 미숙으로 인하여 프로그램을 제출하지 않은 경우
② 프로그램 작성 및 저장시 요구사항이나 수검자 유의사항을 준수하지 않아 채점이 불가능한 경우
③ 제출된 디스켓이 수검자의 잘못으로 데이터가 저장되지 않았거나 채점 프로그램에 입력되지 않아 채점이 불가능한 경우.
④ 프로그램 작성 및 저장 도중 부정행위를 하는 경우
⑤ 시험위원의 정당한 지시에 불응하는 경우
⑥ 수검자의 합산득점이 합격점수이상이 되더라도 2개의 제출물(NC data, 머시닝센터작품) 중, 1개의 제출물에서 0점인 경우

카. 문제지를 포함한 모든 제출 자료는 반드시 등번호(비번호)를 기재 한 후 제출한다.

[NC 데이터 절삭 지시서]

NO (공구번호)	작업 내용	파일명 (비번호가 5번일 경우)	공구조건 종류	공구조건 직경	경로 간격 (mm)	절삭조건 회전수 (rpm)	절삭조건 이송 (mm/min)	절삭조건 절입량 (mm)	절삭조건 잔량 (mm)	비고
1	황삭	05황삭.nc	평E/M	Ø12	5	1400	100	6	0.5	
2	정삭	05정삭.nc	볼E/M	Ø4	1	1800	90			
3	잔삭	05잔삭.nc	볼E/M	Ø2		3700	80			Pencil

[수검자 주의사항]

가. 반드시 도면에 명시된 원점을 기준으로 NC data를 생성하여야 한다.
　　(임의로 원점을 변경하여 작업할 시에는 채점시 불이익을 받을 수 있음)
나. NC data 생성 후 T code, M code 등은 절삭지시서에 맞도록 반드시 수정하여야 한다.

다. NC data는 아래와 같이 2 BLOCK을 삽입하여 편집한다.
  G90 G80 G40 G49 G17;
  T01 M06;(황삭인 경우) 또는 T02 M06;(정삭인 경우) 또는 T03 M06;(잔삭인 경우)
라. 공작물을 고정하는 베이스(10mm) 부위는 제외하고, 윗부분만 NC data를 생성하여야 한다.
마. 황삭 가공에서 Z축 방향의 시작 높이는 공작물의 상면으로부터 10mm 높은 곳으로 정한다.
바. 공구번호, 작업내용, 공구조건, 공구경로 간격, 절삭조건 등은 반드시 절삭지시서에 준해야 한다.
사. 안전 높이는 원점에서 Z축 방향으로 50mm 높은 곳으로 한다.
아. 소재의 규격은 가로(120mm)×세로(80mm)×높이(50mm)로 한다.
자. 시험 종료시 디스켓의 제출 자료는 다음과 같다.

- 다 음 -
① 황삭 NC data
② 정삭 NC data
③ 잔삭 NC data

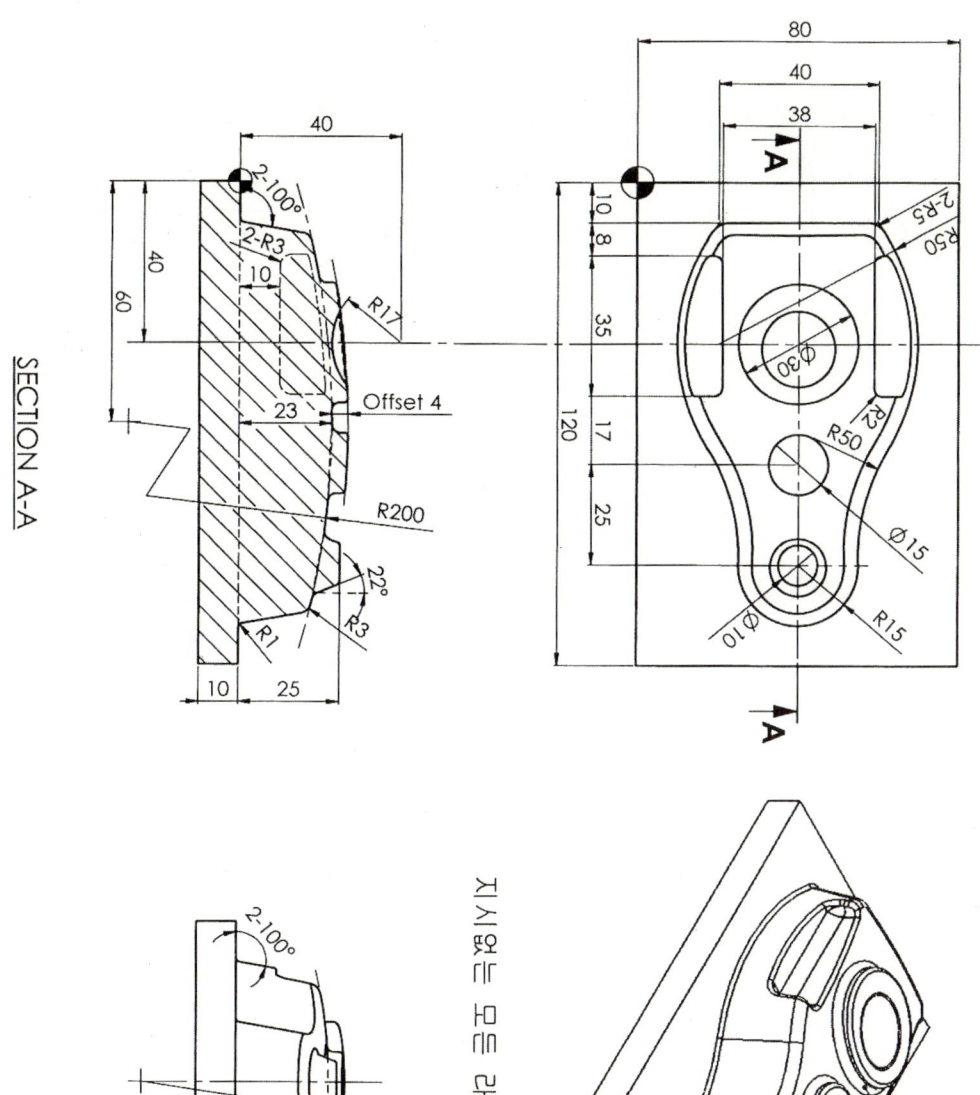

유니그래픽스 CAD/CAM
NX6 쉽게 따라하기

| 자격종목 | 컴퓨터응용가공 산업기사 | 작품명 | 모델링작업 | 척도 | NS |

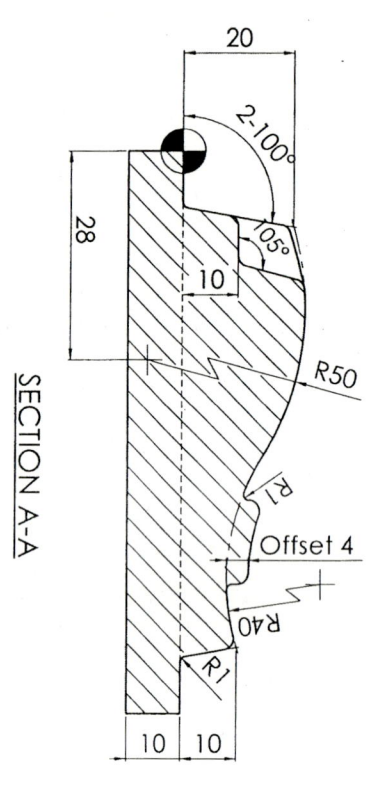
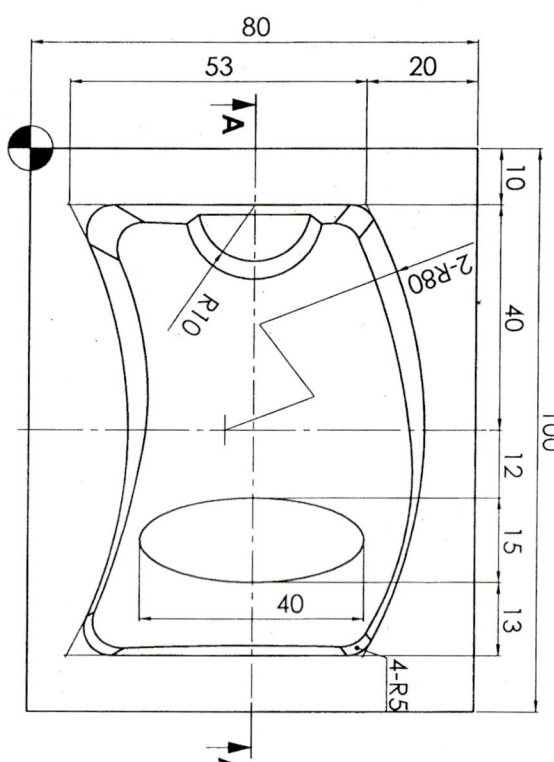
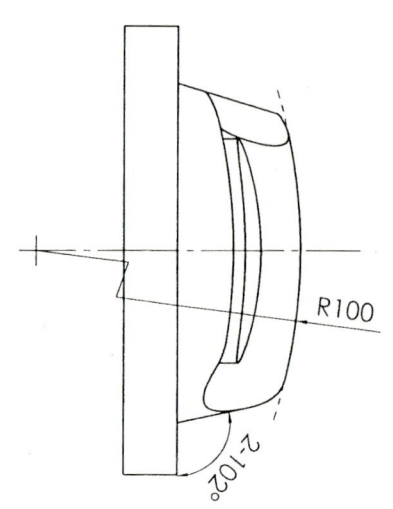
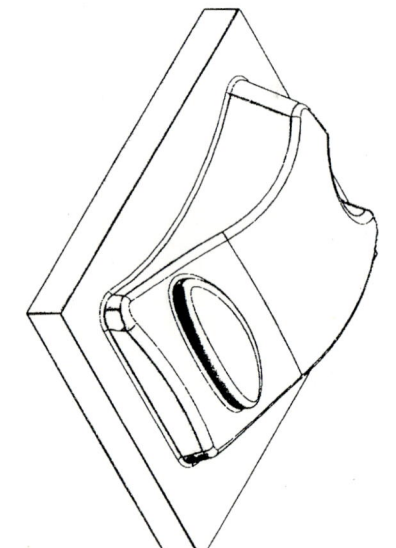

| 자격종목 | 컴퓨터응용가공 산업기사 | 작품명 | 모델링작업 | 척도 | NS |

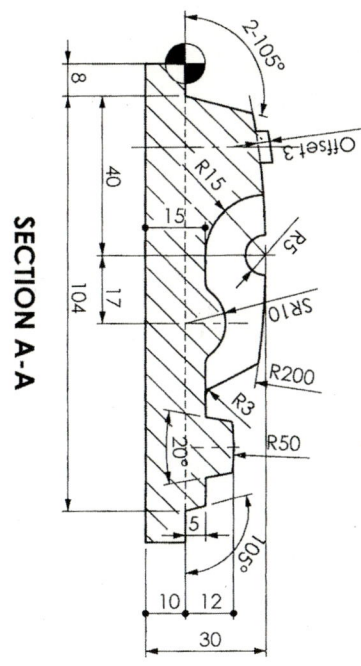

SECTION A-A

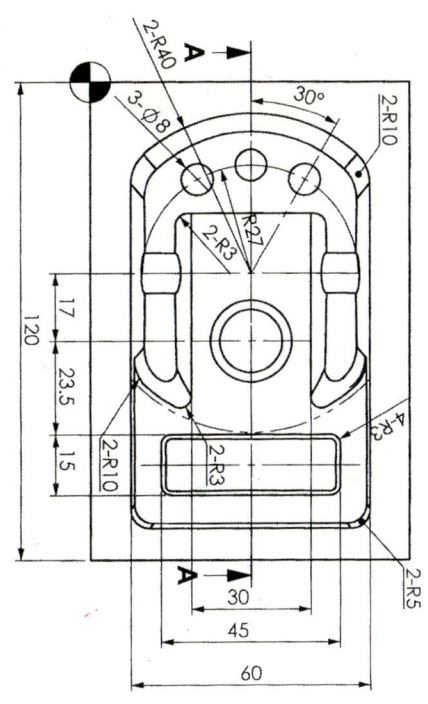

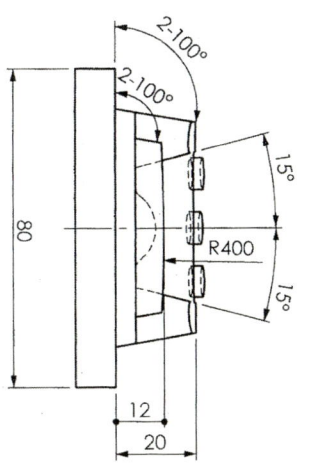

도시되고 지시없는 라운드 R1

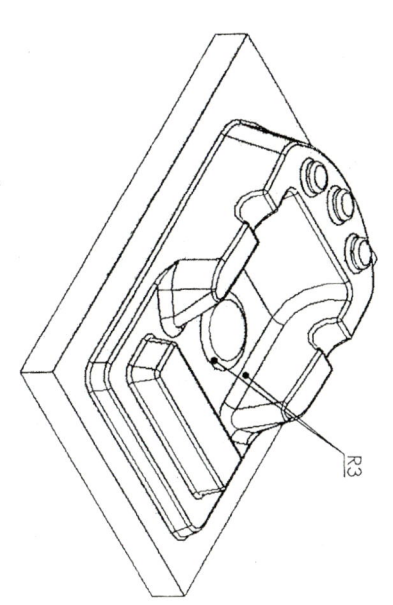

국가기술자격실기시험

자격종목	컴퓨터응용가공 산업기사	과제 2	머시닝센터 작업

등번호(비번호)

● 시험시간 : 표준시간 : 2시간(프로그래밍 1시간, 기계가공 1시간)

1. 요구사항

가. 지급된 도면과 같이 가공할 수 있도록 프로그램 입력장치에서 프로그래밍 하여 디스켓에 저장 후 제출한다.
나. 디스켓에 저장된 프로그램을 머시닝센터에 입력시켜 제품을 가공한다.
다. 공구 셋팅 및 좌표계 설정을 제외하고는 CNC프로그램에 의한 자동운전으로 가공한다.
라. 지급된 재료는 교환할 수 없으나 지급된 재료에 이상이 있다고 감독위원이 판단할 경우 교환할 수 있다.

2. 수검자 유의사항

가. 본인이 지참한 공구와 지정된 시설만을 사용하며 안전수칙을 준수하여야 한다.
나. 시험시간은 프로그램 시간, 기계가공시간을 합하여 2시간이며, 프로그래밍시간은 50분을 초과 할 수 없고 남은 시간을 기계가공 시간에 사용 할 수 없다.
다. 작업을 완료하면 작품을 기계에서 분리하여 제출하고, 프로그램 및 공구 보정을 삭제하여 다음수검자가 가공하도록 한다.
라. 프로그래밍
   – 시험시간(50분) 안에 문제도면을 가공하기위한 CNC프로그램을 작성하여 지급된 디스켓에 저장한 후 도면과 같이 제출한다.(프로세스 시트 포함)
   – 프로세스 시트는 프로그래밍을 위한 도구로 사용되며 채점대상에서 제외한다.
마. 기계가공
   – 감독위원으로부터 수검자 본인의 디스켓 또는 프로그램을 전송 받는다.
   – 프로그램을 머시닝센터에 입력하고 공작물 및 공구 세팅이 끝난 후, 가공하기 전에 시뮬레이션을 통한 공구경로 등을 시험위원에게 확인을 받은 후 가공해야 한다.(시험위원 확인과정은 시험시간에서 제외함)

- 기계가공시 프로그램 수정은 좌표계설정 및 절삭조건으로 제한한다.
- 고가의 장비이므로 파손의 위험이 없도록 각별히 유의해야 하며, 파손시에는 수검자가 책임을 진다.
- 프로그램이 저장된 디스켓은 작업이 완료된 후, 작품과 동시에 제출한다.
- 안전 상 기계가공은 감독위원 입회하에 자동으로 운전한다.
- 가공이 끝난 후 수검자 본인의 프로그램 및 보정 값은 삭제한다.

바. 다음 사항에 해당하는 작품은 채점대상에서 제외한다.
- 미완성 작품
  1) 프로그램 입력장치를 이용하여 50분 안에 프로그램을 제출하지 못한 경우
  2) 기계가공 시험시간 안에 작품을 제출하지 못한 경우.
  3) 주어진 도면에서 1개소라도 미 가공된 작품.
- 오작품
  1) 주어진 도면과 상이하게 가공되어 치수가 ± 2mm이상 초과한 부분이 1개소라도 있는 경우
  2) 과다한 절삭 깊이로 인하여 작품의 일부분이 파손된 경우
- 실격
  1) 제출된 가공 프로그램이 미완성 프로그램으로 가공이 불가능한 경우
  2) 기계 조작이 미숙하여 가공이 불가능한 경우나 기계 파손의 위험이 있는 경우
  3) 검정 장에 설치되어 있는 장비에 사용할 수 없는 기능으로 프로그램 한 경우
  4) 공구 및 공작물 세팅시 조작 미숙으로 감독위원에게 3회 이상 지적을 받거나 지시에 불응한 경우
  5) 요구사항이나 수검자 유의사항을 준수하지 않는 경우

사. 제품은 감독위원의 각인을 받아야 하며, 각인이 누락된 작품을 제출할 경우는 채점 대상에서 제외한다.

아. 문제지를 포함한 모든 제출 자료는 반드시 비번호를 기재 한 후 제출한다.

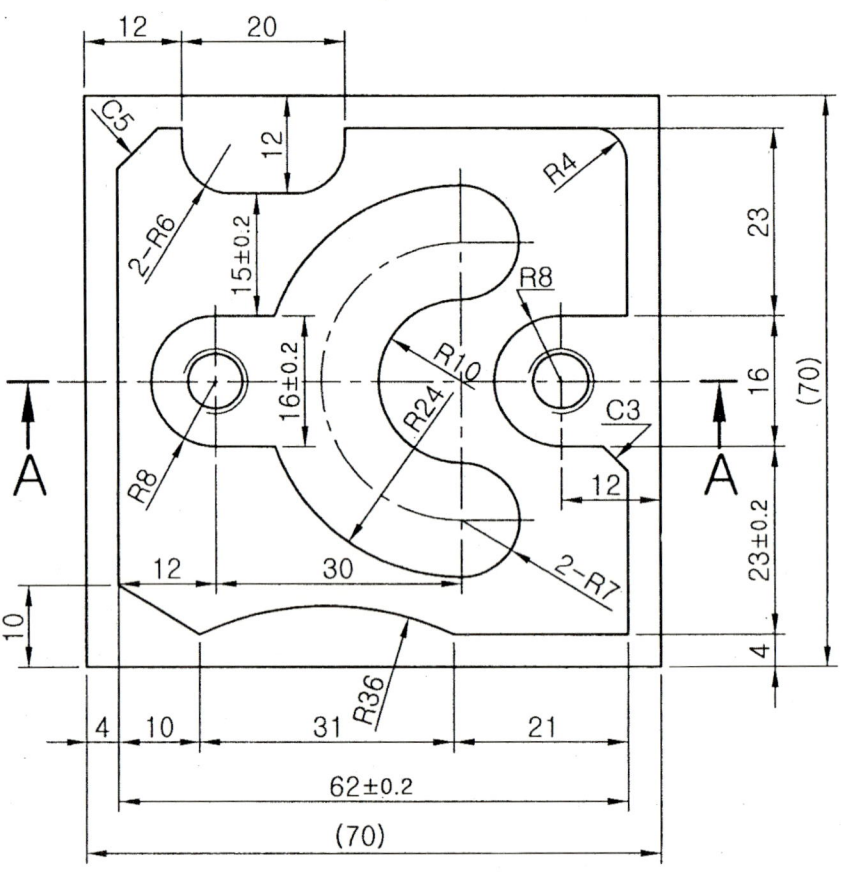

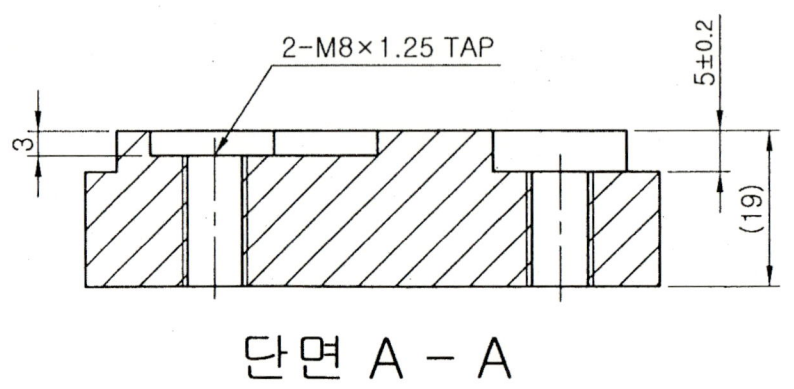

단면 A-A

부록 | 최근과년도문제

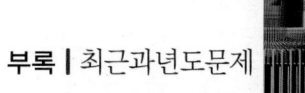

| 자격종목 | 컴퓨터응용가공 산업기사 | 작품명 | 머시닝센터가공 | 척도 | NS |

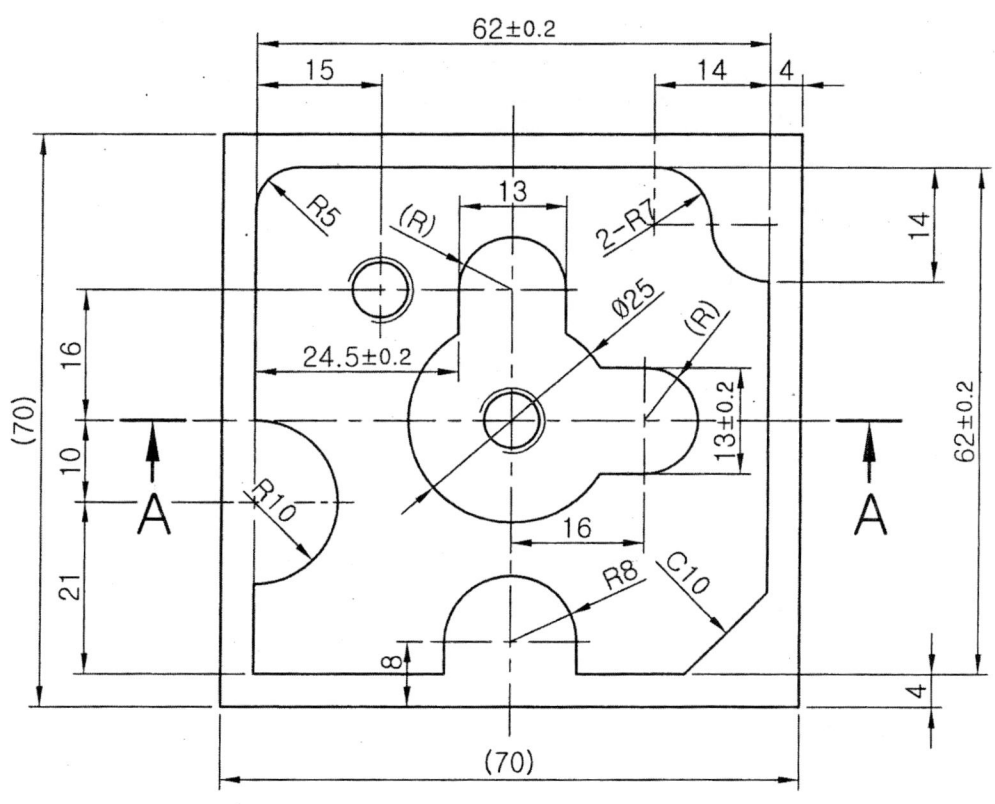

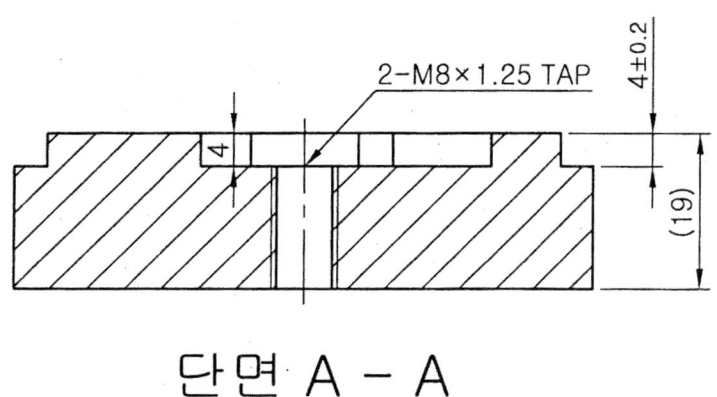

단면 A - A

2 기계설계 산업기사 최근과년도문제

국가기술자격실기시험

자격종목	기계설계 산업기사	작품명	도면참조	형별	①

비번호

- 시험시간 : 표준시간 : 5시간, 연장시간 : 30분

1. 요구사항

[2차원 부품도 작업]

1) 지급된 조립도면에서 부품 ①, ②, ⑥, ⑦번 부품 제작도를 CAD 프로그램을 이용하여 제도한다.
2) 제도는 제3각법에 의해 A2크기 도면의 윤곽선(아래 2-9 참조) 영역 내에 1 : 1로 제도한다.
3) 부품제작도는 과제의 기능과 동작을 정확히 이해하여 투상도, 치수, 치수공차와 끼워맞춤 공차 기호, 기하공차 기호, 표면거칠기 기호 등 부품제작에 필요한 모든 사항을 기입한다.
5) 도면에 아래 양식에 맞추어 좌측상단 A부에 수험번호, 성명을 먼저 작성하고, 오른쪽 하단 B부에는 표제란과 부품란을 작성한 후 부품 제작도를 제도한다.

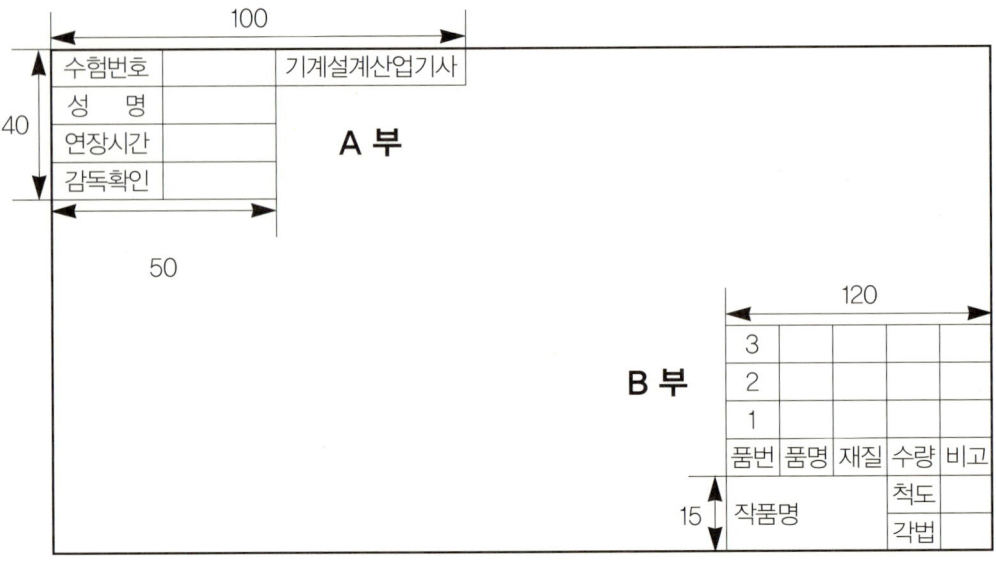

6) 출력은 지급된 용지(A3 용지)에 본인이 직접 흑백으로 출력하여 제출한다.

[3차원 모델링도 작업]

1) 2차원 부품도 작업에서 지시한 부품들을 솔리드 모델링 후 흑백으로 출력시 형상이 잘 나타나도록 등각투상도로 나타낸다.
   - 등각투상도를 렌더링 처리하여 나타내어도 무방하다.
     (단, 출력시 형상이 잘 나타나도록 색상 및 그 외 사항을 적절히 지정하며, 렌더링시에는 단면부 해칭처리는 하지 않는다.)
2) 도면의 크기는 A2로 하며 윤곽선(아래 2-9 참조) 영역 내에 적절히 배치하도록 한다.
3) 척도는 NS로 A3로 출력시 형상이 잘 나타나도록 실물의 형상과 배치를 고려하여 임의로 한다.
4) 부품마다 실물의 특징이 가장 잘 나타나는 등각축을 2개 선택하여 등가가 이미지를 2개씩 나타낸다.
5) 좌측상단 A부에 수험번호, 성명을 먼저 작성하고, 오른쪽 하단에 B부에는 표제란과 부품란을 작성한 후 모델링도 작업을 한다.
6) 부품란 "비고"에는 모델링한 모든 부품의 중량을 g단위로 소수점 첫째자리에서 반올림하여 기입한다.
   - 중량계산시 한쪽단면(1/4단면)처리한 상태에서 중량을 계산하지 않도록 주의한다.(모델이 완전한 형상에서 중량을 계산해야 함.)
   - 중량은 3차원 모델링도 비고란에 기입하며, 재질과 상관없이 비중을 7.85로 하여 계산한다.
7) 출력은 등각투상도로 나타낸 도면을 지급된 용지에 본인이 직접 흑백으로 출력하여 제출한다.

[3차원 모델링도 작업 예시]

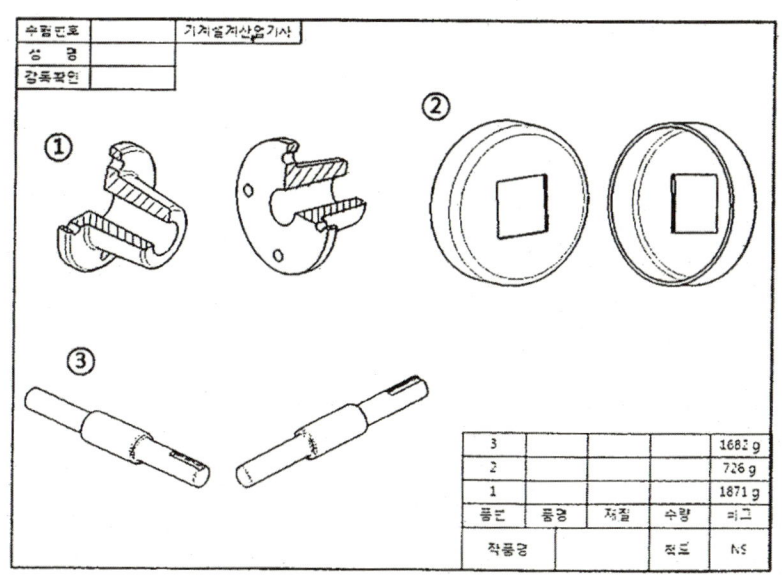

2. 수험자 유의사항

1) 미리 작성된 Part program 또는 Block은 일체 사용할 수 없다.
2) 시작 전 바탕화면에 본인 비번호로 폴더를 생성한 후 이 폴더에 비번호를 파일명으로 하여 작업내용을 저장하고, 시험을 종료한 후 하드디스크의 작업내용은 삭제한다.
3) 출력물을 확인하여 다른 수험자와 동일 작품이 발견될 경우 모두 부정행위로 처리한다.
4) 정전 또는 기계고장으로 인한 자료손실을 방지하기 위하여 10분에 1회 이상 저장(save)한다.
5) 제도 작업에 필요한 Data Book은 열람할 수 있으나, 출제문제의 해답 및 투상도와 관련된 설명이나 투상도가 수록되어 있는 노트 및 서적은 열람하지 못한다.
6) 장비조작 미숙으로 인해 파손 및 고장을 일으킬 염려가 있거나 출력시간이 30분을 초과할 경우는 시험위원 합의 하에 실격 처리된다.
7) 과제에 표시되지 않은 표준부품은 Data Book에서 가장 적당한 것을 선정하여 해당규격으로 제도하고, 도면의 치수와 규격이 일치하지 않을 때에도 해당규격으로 제도한다.
8) 연장시간 사용시 허용 연장시간 범위 내에서 매 10분까지 마다 3점씩을 감점 처리한다.
9) 도면의 한계(Limits)와 선의 굵기와 문자의 크기를 구분하기 위한 색상을 다음과 같이 정한다.
   가) 도면의 한계설정(Limits)
       a와 b의 도면의 한계선(도면의 가장자리 선)은 출력되지 않도록 한다.

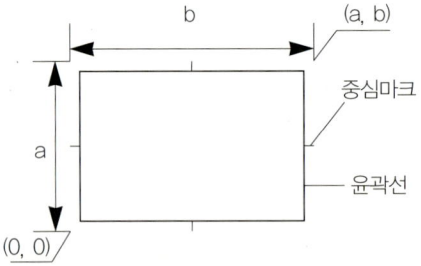

구분	도면의 한계		중심마크
	a	b	c
도면 Size (A2 용지)	420	594	10

   나) 선 굵기와 문자, 숫자 크기 구분을 위한 색상 지정

출력시 선굵기	색상	용도
0.35mm	초록색(Green)	윤곽선, 부품번호, 외형선, 개별주서 등
0.25mm	노란색(Yellow)	숨은선, 치수문자, 일반주서 등
0.18mm	흰색(White), 빨강(Red)	해칭, 치수선, 치수보조선, 중심선 등

   다) 사용 문자의 크기는 7.0, 5.0, 3.5, 2.5 중 적절한 것을 사용한다.
10) 좌측상단 A부에 감독위원 확인을 받아야하며, 안전수칙을 준수해야 합니다.
11) 표제란 위에 있는 부품란에는 각 도면에서 제도하는 해당 부품만 기재합니다.

12) 작업이 끝나면 제공된 USB에 바탕화면의 비번호 폴더 전체를 저장하고, 출력시는 시험위원이 USB를 삽입한 후 수험자 본인이 시험위원 입회 하에 직접 출력하며, 출력 소요시간은 시험시간에서 제외한다.
13) 다음 사항에 해당하는 작품은 채점대상에서 제외된다.
    가) 시험시간 내에 1개의 부품(2D 또는 3D)이라도 제도되지 않은 작품
    나) 요구한 각법을 지키지 않고 제도한 작품
    다) 요구한 척도를 지키지 않고 제도한 작품
    라) 요구한 도면 크기에 제도되지 않아 제시한 출력용지와 크기가 맞지 않는 작품
    마) 지급된 용지에 출력되지 않은 작품
    바) 끼워맞춤 공차기호를 기입하지 않았거나 아무 위치에 기입하여 제도한 작품
    사) 기하공차 기호를 기입하지 않았거나 아무 위치에 기입하여 제도한 작품
    아) 표면거칠기 기호가 기입되지 않았거나 아무 위치에 기입하여 제도한 작품
    자) 2D 부품도나 3D 등각투상도 중 하나라도 제출하지 않은 작품
    차) KS제도 통칙을 준수하지 않고 제도한 작품
14) 지급된 시험문제는 비번호 기재 후 반드시 제출한다.
15) 출력은 사용하는 CAD 프로그램 상에서 출력하는 것이 원칙이나, 출력에 애로사항이 발생할 경우 pdf 파일로 변환하여 출력하는 것도 무방하다.

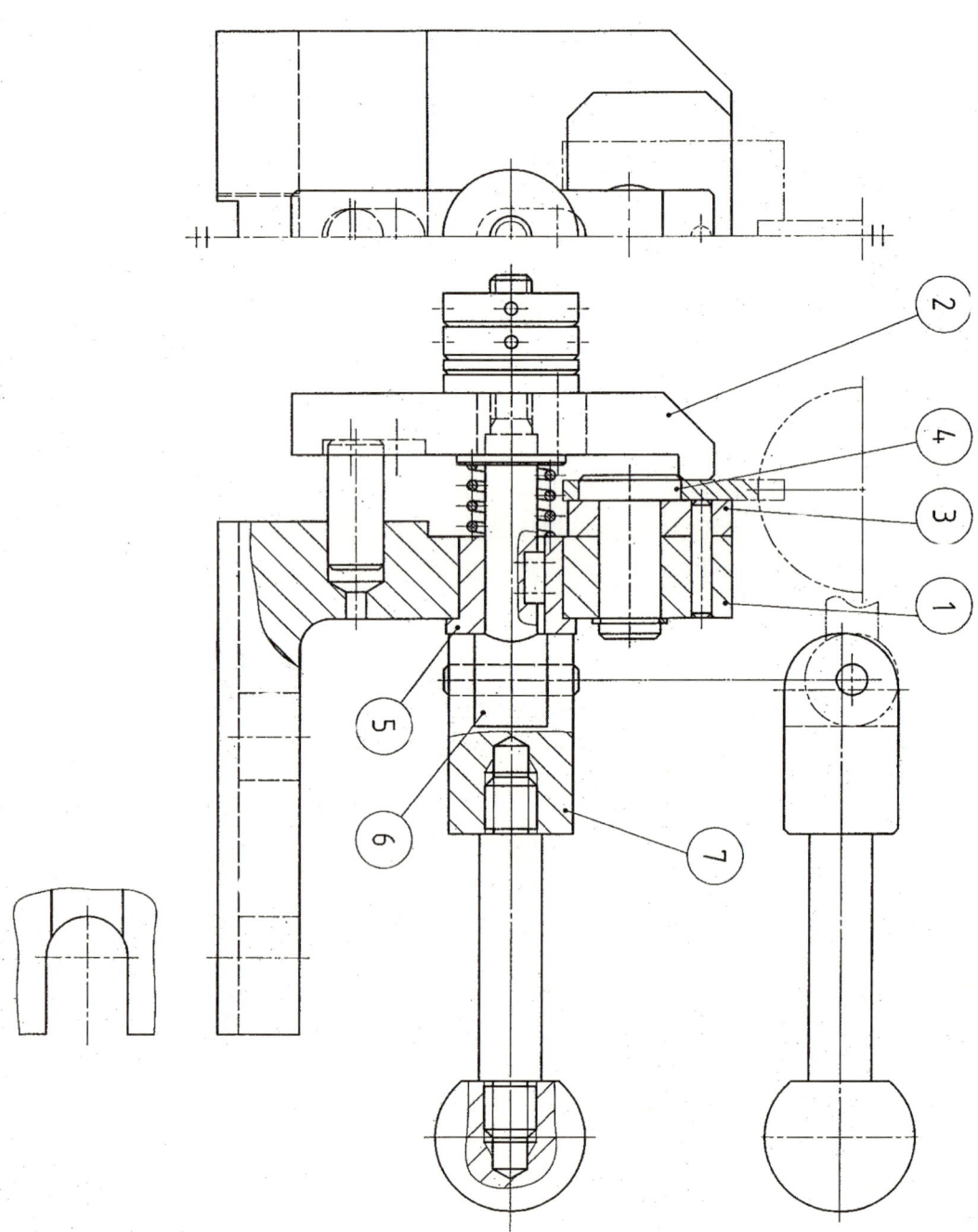

| 자격종목 | 기계설계 산업기사 | 작품명 | 밀링잭 | 척도 | 1 : 1 |

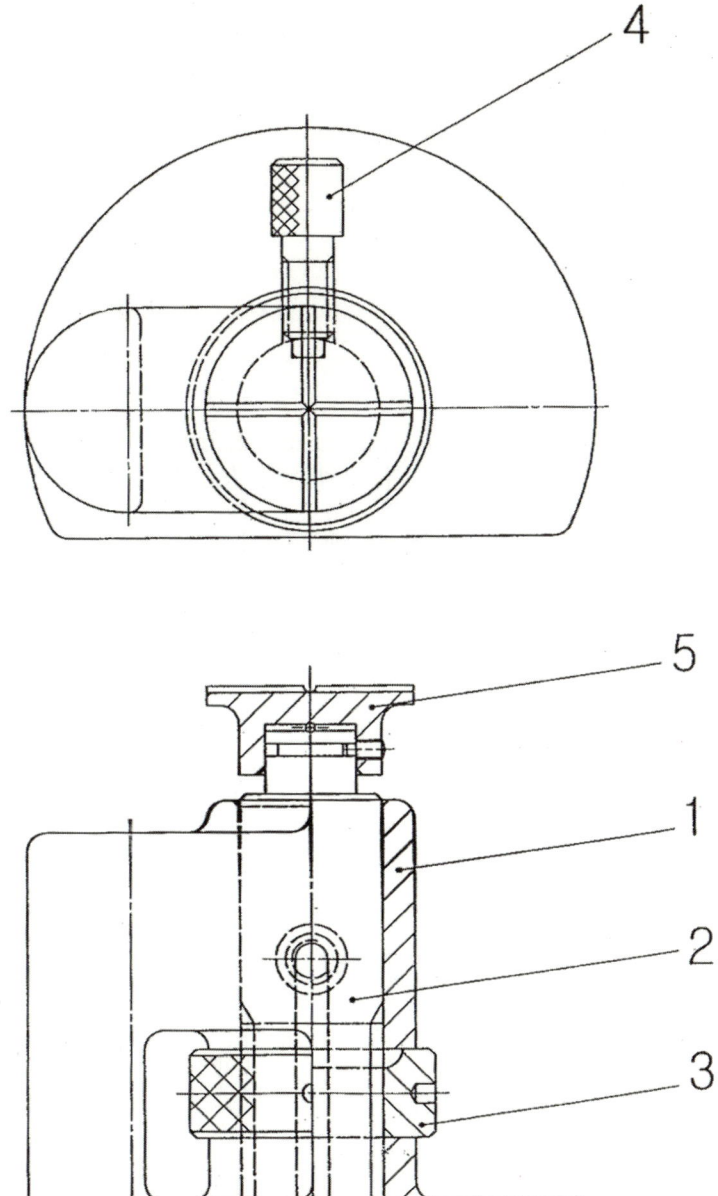

| 자격종목 | 기계설계 산업기사 | 작품명 | 샤프트 서포터 | 척도 | 1:1 |

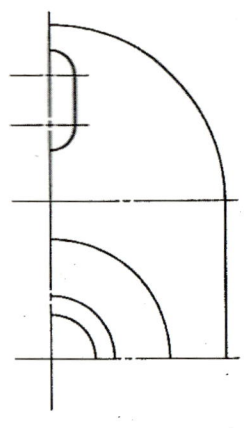
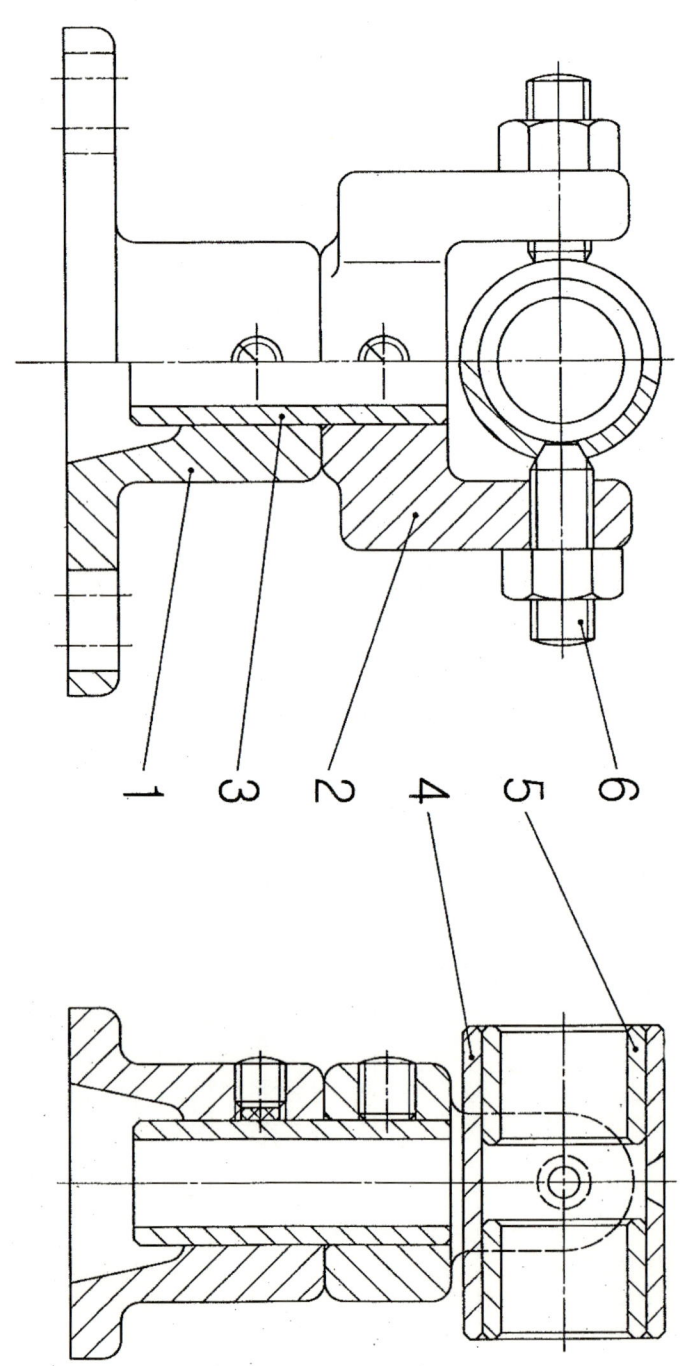

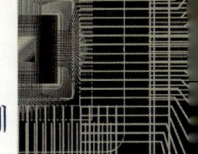

3 일반기계 기사 최근과년도문제

국가기술자격실기시험

| 자격종목 | 일반기계 기사 | 작품명 | 도면참조 | 형별 | ① |

비번호

● 시험시간 : 표준시간 : 5시간, 연장시간 : 30분

1. 요구사항

[2차원 CAD작업]
1) 지급된 조립도면에서 부품(①, ②, ③, ⑤)번 부품 제작도를 CAD 프로그램을 이용하여 제한다.
2) 제도는 제3각법에 의해 A2크기 도면의 윤곽선(아래 2-6참조) 영역 내에 1 : 1로 제도한다.
3) 부품제작도는 과제의 기능과 동작을 정확히 이해하여 투상도, 치수, 치수공차와 끼워맞춤 공차 기호, 기하공차 기호, 표면거칠기 기호 등 부품제작에 필요한 모든 사항을 기입한다.
4) 제도는 KS규격에 정한 바에 의하고, 규정되지 아니한 내용은 ISO규격과 관례에 따른다.
5) 도면에 아래 양식에 맞추어 좌측상단 A부에 수험번호, 성명을 먼저 작성하고, 오른쪽 하단 B부에는 표제란과 부품란을 작성한 후 부품 제작도를 제도한다.
6) 출력은 지급된 용지(A3 트레이싱지)에 본인이 직접 흑백으로 출력하여 제출한다.

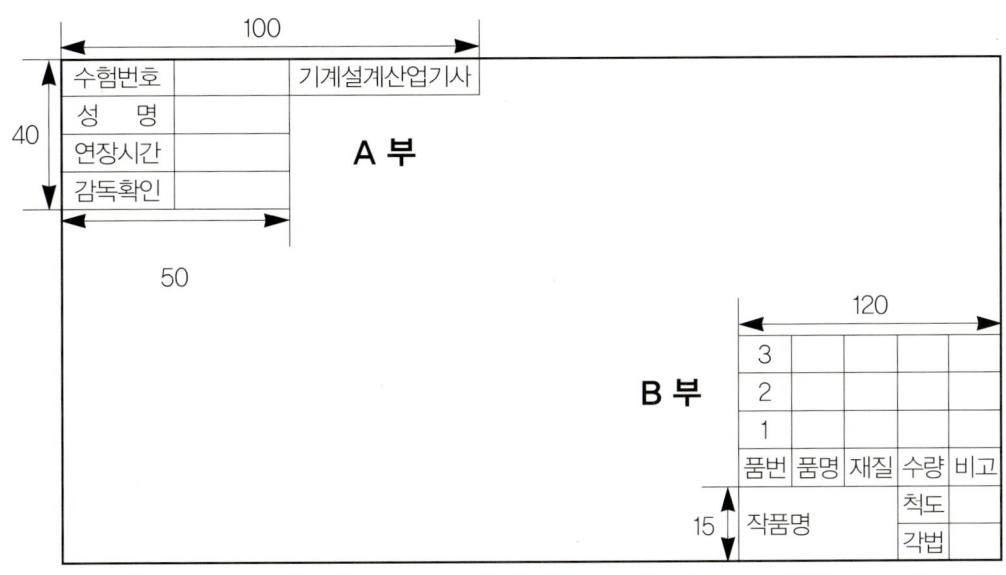

[3차원 CAD작업]

1) 지급된 조립도면에서 부품(②, ③, ⑤)번을 솔리드 모델링 후 흑백으로 출력시 형상이 잘 나타나도록 렌더링 작업을 한다.
2) 도면의 크기는 A3로 하며 윤곽선(아래 2–6참조) 영역 내에 1 : 1로 제도한다.
3) 척도는 NS로 실물의 형상과 배치를 고려하여 임의로 한다.
4) 부품마다 실물의 특징이 가장 잘 나타나는 등각축을 2개 선택하여 등각 이미지를 2개씩 나타낸다.(단 부품은 단면하여 나타내지 않는다.)
5) 도면은 아래의 3차원 작도 예시를 참고하여 좌측상단 A부에 수험번호, 성명을 먼저 작성한다.
6) 출력은 등각투상된 렌더링 이미지를 지급된 용지에 본인이 직접 흑백으로 출력하여 제출한다.

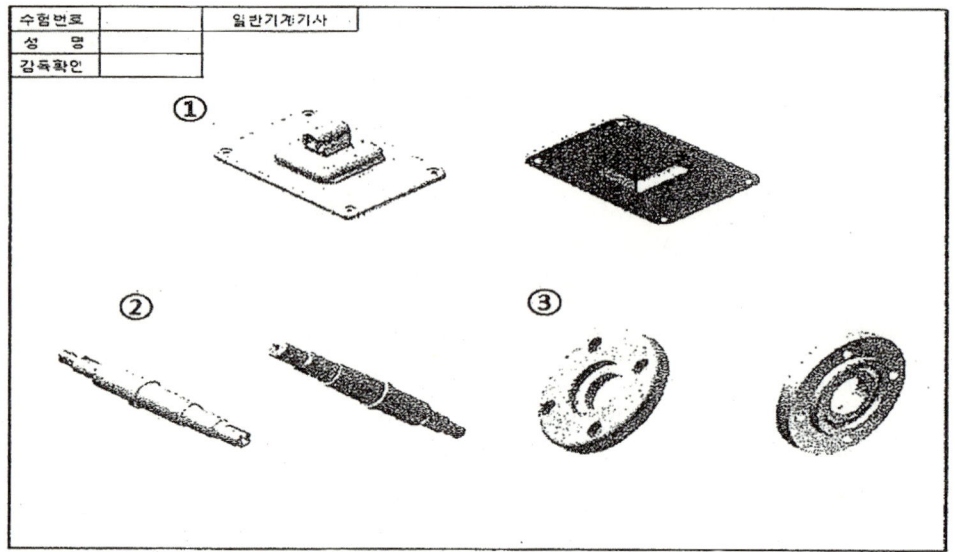

2. 수험자 유의사항

1) 미리 작성된 Part program 또는 Block은 일체 사용할 수 없다.
2) 시작 전 바탕화면에 본인 비번호로 폴더를 생성한 후 이 폴더에 비번호를 파일명으로 하여 작업내용을 저장하고, 시험을 종료한 후 하드디스크의 작업내용은 삭제한다.
3) 출력물을 확인하여 다른 수험자와 동일 작품이 발견될 경우 모두 부정행위로 처리한다.
4) 정전 또는 기계고장으로 인한 자료손실을 방지하기 위하여 10분에 1회 이상 저장(save)한다.
5) 제도 작업에 필요한 Data Book은 열람할 수 있으나, 출제문제의 해답 및 투상도와 관련된 설명이나 투상도가 수록되어 있는 노트 및 서적은 열람하지 못한다.
6) 도면의 한계(Limits)와 선의 굵기와 문자의 크기를 구분하기 위한 색상을 다음과 같이 정한다.

가) 도면의 한계설정(Limits)

a와 b의 도면의 한계선(도면의 가장자리 선)은 출력되지 않도록 한다.

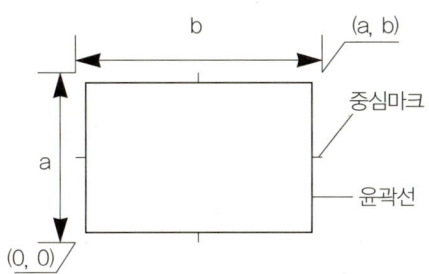

구분	도면의 한계		중심마크
	a	b	c
2차원 작업	420	594	10
3차원 작업	297	420	10

나) 선 굵기와 문자, 숫자 크기 구분을 위한 색상 지정

출력시 선굵기	색상(color)	용도
0.35mm	초록색(Green)	윤곽선, 부품번호, 외형선, 개별주서 등
0.25mm	노란색(Yellow)	숨은선, 치수문자, 일반주서 등
0.18mm	흰색(White), 빨강(Red)	해칭, 치수선, 치수보조선, 중심선 등

다) 사용 문자의 크기는 7.0, 5.0, 3.5, 2.5 중 적절한 것을 사용한다.

7) 과제에 표시되지 않은 표준부품은 Data Book에서 가장 적당한 것을 선정하여 해당규격으로 제도하고, 도면의 치수와 규격이 일치하지 않을 때에도 해당규격으로 제도한다.

좌측상단 A부에 감독위원 확인을 받아야하며, 안전수칙을 준수해야 합니다.

8) 표제란 위에 있는 부품란에는 각 도면에서 제도하는 해당 부품만 기재합니다.

9) 연장시간 사용시 허용 연장시간 범위 내에서 매 10분까지 마다 3점씩을 감점 처리한다.

10) 좌측상단 A부에 감독위원 확이을 받아야 하며, 안전수칙을 준수해야 한다.

11) 작업이 끝나면 제공된 USB에 바탕화면의 비번호 폴더 전체를 저장하고, 출력시는 시험위원이 USB를 삽입한 후 수험자 본인이 시험위원 입회 하에 직접 출력하며, 출력 소요시간은 시험시간에서 제외한다.

12) 장비조작 미숙으로 인해 파손 및 고장을 일으킬 염려가 있거나 출력시간이 30분을 초과할 경우 시험위원 합의 하에 실격 처리된다.

13) 다음 사항에 해당하는 작품은 채점대상에서 제외된다.

가) 시험시간 내에 1개의 부품이라도 제도되지 않은 작품

나) 요구한 각법을 지키지 않고 제도한 작품

다) 요구한 척도를 지키지 않고 제도한 작품

라) 요구한 도면 크기에 제도되지 않아 제시한 출력용지에 크기가 맞지 않는 작품

마) 요구한 트레이싱지에 출력되지 않은 작품(불투명 용지나 백상지에 출력된 작품)

바) 끼워맞춤 공차기호를 기입하지 않았거나 아무 위치에 기입하여 제도한 작품

사) 기하공차 기호를 기입하지 않았거나 아무 위치에 기입하여 제도한 작품

아) 표면거칠기 기호가 기입되지 않았거나 아무 위치에 기입하여 제도한 작품

자) 3차원 솔리드 모델링도를 제출하지 않은 작품

차) KS제도 통칙을 준수하지 않고 제도한 작품

14) 지급된 시험문제는 비번호 기재 후 반드시 제출한다.

| 자격종목 | 일반기계 기사 | 작품명 | 동력전달장치 | 척도 | 1:1 |

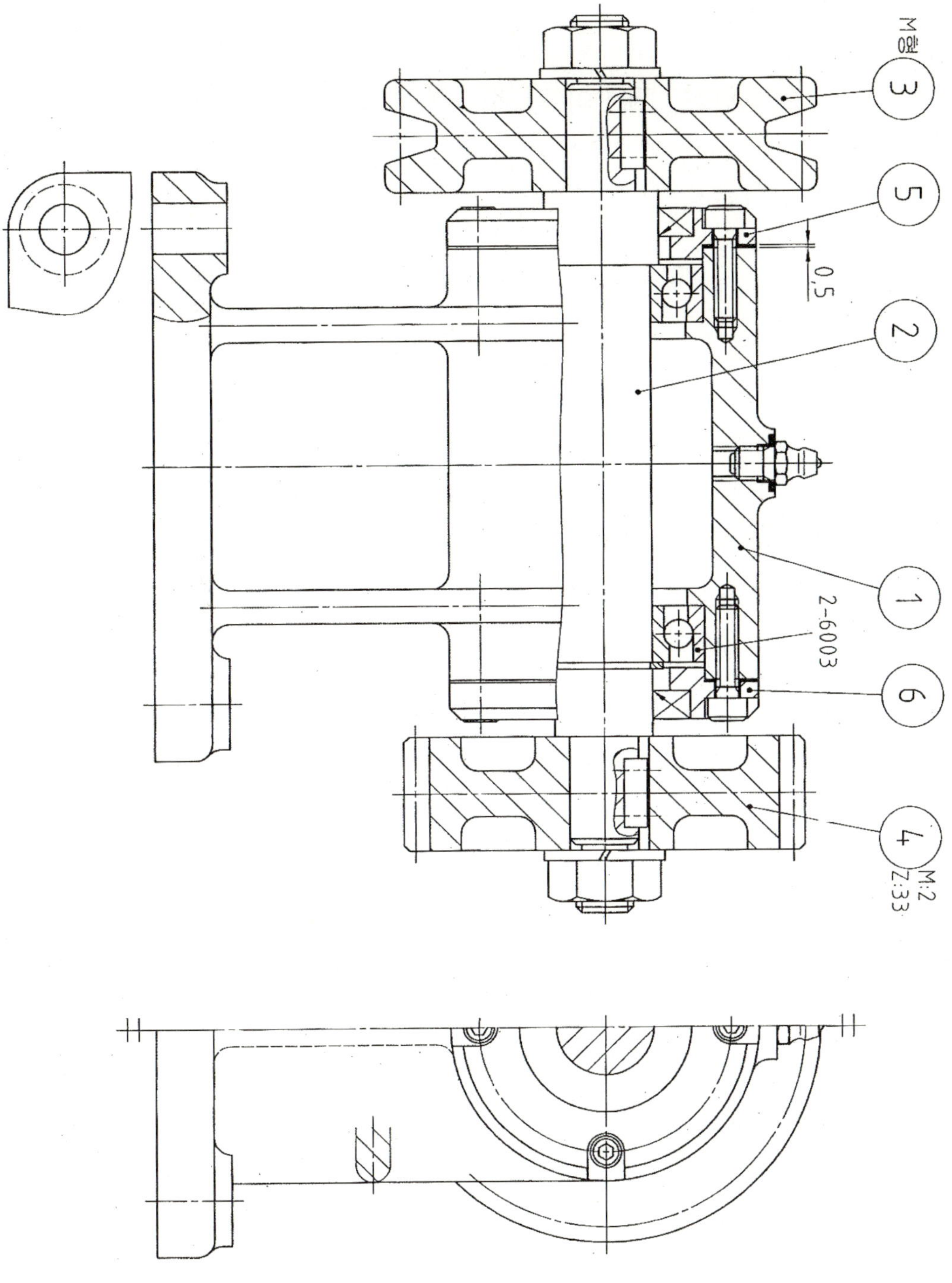

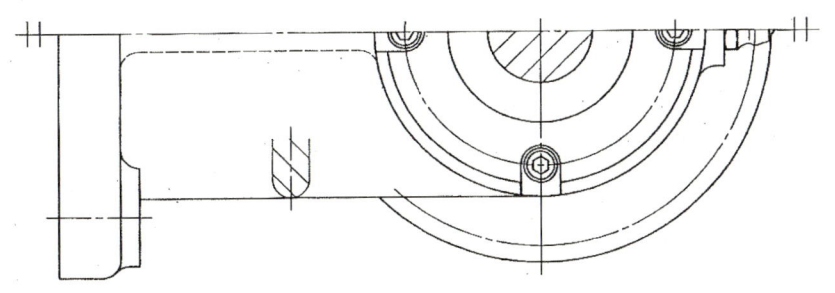

4 기계설계 제도사 최근과년도문제

국 가 공 인 자 격 검 정
2009년 제1회 기계설계제도사 실기 시험
대 한 상 공 회 의 소

※ 무단전재를 금함 2009. 6. 20 시행	과 제 명 2D 도면작성 및 3D 모델링하기	시험시간 4시간(240분) 연장 20분	등(비)번호

A형

―〈유의사항〉―

- 시험 문제지에 등(비)번호를 기입하시오.
- 실기시험 과제는 2개 과제(제1과제, 제2과제)로 구성되어 있으며, 수험자는 주어진 시험 시간 내에 과제별 순서에 상관없이 2개 과제를 완성하여야 한다. 시험시간은 총 4시간(240분)에 연장시간은 20분이며 주어진 출력시간은 5분이다.
- 수험자 답안작성은 A2용지 크기로 작성하고 다음과 같이 파일명을 지정하며 답안저장장치(USB메모리)에 저장하며, 출력은 수험자 본인이 직접 A3용지에 출력하여 답안저장장치와 출력물을 모두 제출한다.
    ○ 2D작업 : 2D-수험번호　　　　　　　○ 3D작업 : 3D-수험번호
- 정전 및 기계고장으로 인한 답안 자료 손실을 방지하기 위하여 답안저장장치(USB메모리)에 매 10분 단위로 1회 이상 저장하여야 한다.
- 정해진 시험시간 내에 작업을 완료하여 답안을 저장해야 감점이 없으며, 연장시간 사용 시 허용 연장 시간 범위 내에서 매 10분 초과 시 5점씩 감점한다.
- 시험 중에는 반드시 제공된 답안저장장치(USB)만을 사용하여야 하며, 개인이 지참한 저장장치를 시험에 사용하거나, 휴대폰(카메라), 인터넷 또는 네트워크를 이용하여 답안을 작성할 경우에는 부정행위로 처리한다.
- 시험 중 제도작업에 필요한 데이터는 KS규격 등 기계제도 관련 데이터만 작성된 데이터

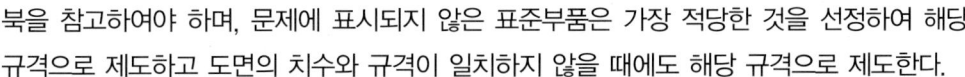

북을 참고하여야 하며, 문제에 표시되지 않은 표준부품은 가장 적당한 것을 선정하여 해당 규격으로 제도하고 도면의 치수와 규격이 일치하지 않을 때에도 해당 규격으로 제도한다.
- 출제 문제의 해답 및 투상도와 관련이 있는 도면이나 투상도가 수록되어 있는 노트 또는 서적을 열람할 수 없다.(단, CAD용 소프트웨어에서 제공되는 표준 부품 라이브러리 및 유사 기능은 사용 할 수 있다.)
- 감독위원이 장비 조작 미숙으로 인한 장비의 파손 또는 고장을 일으킬 가능성 등으로 인하여 중지 및 퇴실을 명할 경우, 수험자는 감독위원의 지시에 따라야 한다.
- 시험장 내에서는 감독위원의 지시에 따라야 하며, 제반 안전 수칙을 준수하여 각종 안전사고 예방에 만전을 기하여야 한다.

과제 요구 사항

1. 제1과제(2D CAD 그래픽) : 조립도 〈문제지 [1-1]참조〉

가. CAD 패키지 프로그램을 응용하여 제시된 도면의 ①, ⑤번 부품을 기계제도 관련 규정에 의하여 2차원(2D)의 3각법을 적용하여 A2용지(594×420mm)에 CAD 작업을 수행하고 주어진 답안저장장치에 도면 작업한 내용을 저장하여 출력물과 함께 제출하여야 한다.

나. 각 부품의 기능을 정확히 이해하고 도면에 주어진 치수와 규격을 데이터 북 또는 CAD 패키지에서 제공하는 표준 라이브러리를 활용하여 부품도에 필요한 치수 및 각종 공차(기하공차 포함)와 표면의결 기호 등 가공 도면에 필요한 모든 사항을 결정하여 제도하여야 하며, 미리 작성된 Part Program 또는 Block 및 기타 도면은 일체 사용할 수 없다.

다. 척도는 KS 제도 척도 중 택일하여 비례척으로 작성하여야 한다.

라. 출력은 수험자 본인이 직접 출력장치(Printer)를 조작하여 A3용지에 축소 출력하고, 출력 시간은 1인당 2회 이내 5분을 초과할 수 없다.

마. 모든 작품은 채점 주요 항목별로 채점하므로 미완성 작품도 답안을 제출하여야 한다.

바. 표제란 위에 있는 부품 란에는 각 도면에서 제도하는 해당 부품을 기재한다.

사. 아래 그림과 같이 도면의 좌측 상단 A부에는 인적사항을, 우측 하단 B부 양식으로 표제란을 작성하고, 출력도면은 감독위원의 확인(서명)을 받아야 한다.

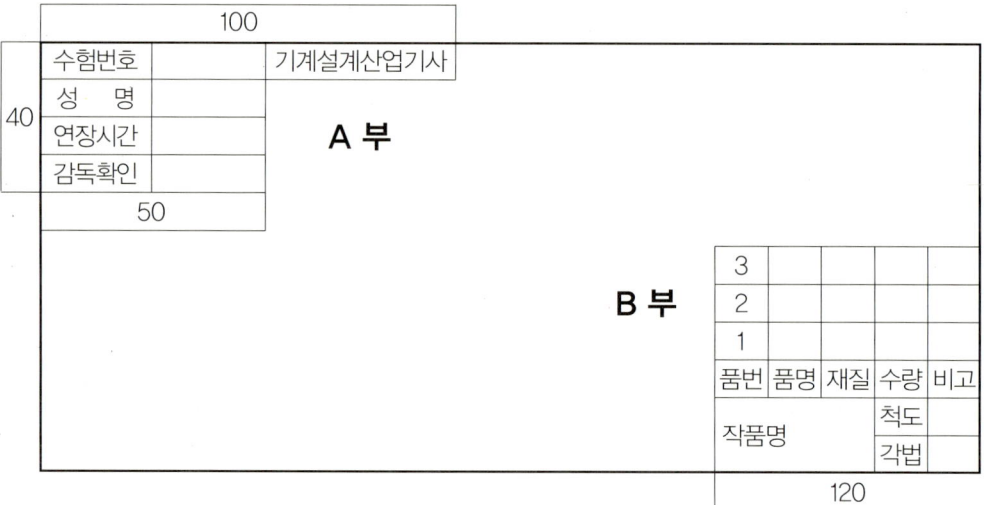

아. 출력 시는 감독위원이 답안저장장치(USB메모리)를 삽입하여, 작성된 도면을 확인한 후 감독위원 입회하에 수험자 본인이 직접 출력하며 출력에 필요한 소요시간은 시험시간에서 제외한다.

자. 출력 작업 중 또는 출력 후에는 모든 내용을 정정할 수 없으며, 한글 지원이 안 되는 경우는 출력 후 시험위원 입회하에 해당 부분에 한글을 수기로 작성할 수 있다.

차. 다음 사항에 해당하는 작품은 미완성, 오작, 실격이므로 채점하지 아니하고, 기계설계제도사 작업 주요 항목별 배점을 모두 0점으로 처리한다.

- 미완성
  - 시험시간(표준시간+연장시간) 내에 주어진 요구사항을 완성하지 못한 작품
  - 요구사항의 주요 부품을 완성하지 못한 작품
  - 부품 번호가 주어진 부품을 제도하지 않은 작품
  - 주어진 각법을 준수하지 않은 작품
- 오 작
  - KS 규격에 의한 치수기입이 요구되는 부분에 치수기입이 3곳 이상 틀린 작품
  - 주어진 도면의 내용과 전혀 다른 작품
- 실 격
  - 2차원 CAD 작업 또는 3차원 모델링 설계 작업 중 1개 과제의 전체 득점이 0점인 작품

카. 출력물을 확인하여 동일 작품이 발견될 경우 모두 부정행위로 처리한다.

타. 도면의 한계(Limits), 선의 굵기, 문자의 크기를 구분하기 위한 색상은 다음과 같이 정한다.

  1) 도면의 한계설정(Limits)
     가) 도면의 한계설정 영역은 시험장에 준비된 출력기기의 상황에 맞도록 변경될 수 있다.

나) A와 B의 도면의 한계선(도면의 가장자리선)은 출력되지 않도록 한다.

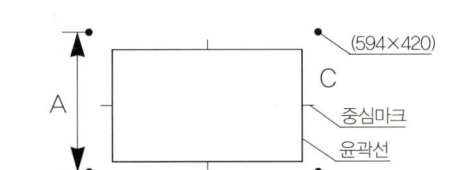

도면의 한계		중심마크
A	B	C
420	594	5

2) 선 굵기 구분을 위한 색상

가) CAD용 소프트웨어 특성에 따라서 색상(Color)은 무시하여도 되나 출력도면 상의 선의 굵기는 다음의 요구사항과 일치하여야 한다.

출력시 선굵기	색상(color)	용도
0.35mm	초록색(Green)	윤곽선, 부품번호, 외형선, 개별주서 등
0.25mm	노란색(Yellow)	숨은선, 치수문자, 일반주서 등
0.18mm	흰색(White), 빨강(Red)	해칭, 치수선, 치수보조선, 중심선 등

파. 도면출력은 2D, 3D 각각 1장 출력을 원칙으로 하나 수험자가 원할 경우 1장을 추가로 출력하여 수험자가 원하는 것을 제출하고 나머지는 감독위원이 전량 회수한다. 출력시간이 5분을 초과할 경우에는 감독위원이 합의하여 실격 처리할 수 있다.

2. 제2과제(3D 모델링) : 조립도 〈문제지 [1-1] 참조〉

가. 문제 도면의 전체 부품(①,②,③,④,⑤,볼트 등)을 CAD용 소프트웨어를 이용하여 3차원 조립도, 3차원 부품 분해도를 제도 후, 용지 규격에 맞게(유의사항 참조) 본인이 출력하여 답안저장장치(USB메모리)와 함께 감독위원에게 제출한다.

나. 3차원 조립도는 도면의 우측 상단에 배치한다.
  1) 3차원 전체 조립도는 전체 조립형상을 가장 잘 표현할 수 있는 평태로 배치한다.
  2) 지정된 부품번호(②,④,⑤)의 내부 형상을 정확히 투상할 수 있도록 한쪽 단면도(반쪽단면도)한다.

다. 3차원 부품 분해도는 조립순서에 맞도록 각 부품의 중심선의 연장선을 정확히 작도한다.
  1) 과제 도면(문제지[1-1]참조)에 주어진 부품 번호를 모두 기입한다.
  2) 지정된 부품번호(②,④,⑤)의 내부 형상을 정확히 투상할 수 있도록 단면한다.

라. 부품 ③번의 중량을 계산하여 그 값을 표제란 비고에 기입하시오.(단, 주철 비중은 7이다.)

마. 투상법은 3각법으로 하고, 용지의 크기(도면을 그리는 영역)는 A2(594×420)를 사용하고, 출력시에는 A3(420×297)용지에 맞추어 A2 크기를 A3 크기로 축소하여 출력한다.

바. 3차원 부품 형상의 치수는 주어진 시험도면을 기준으로 실척으로 작도하여야 한다.
(단, 출력을 위해서 A2 도면을 A3에 맞추어서 출력을 하는 경우에는 출력된 도면이 실척과 같지 않아도 되나, 답안저장장치(USB메모리)로 제출된 도면은 실척으로 그려야 한다.)

사. 예시 도면

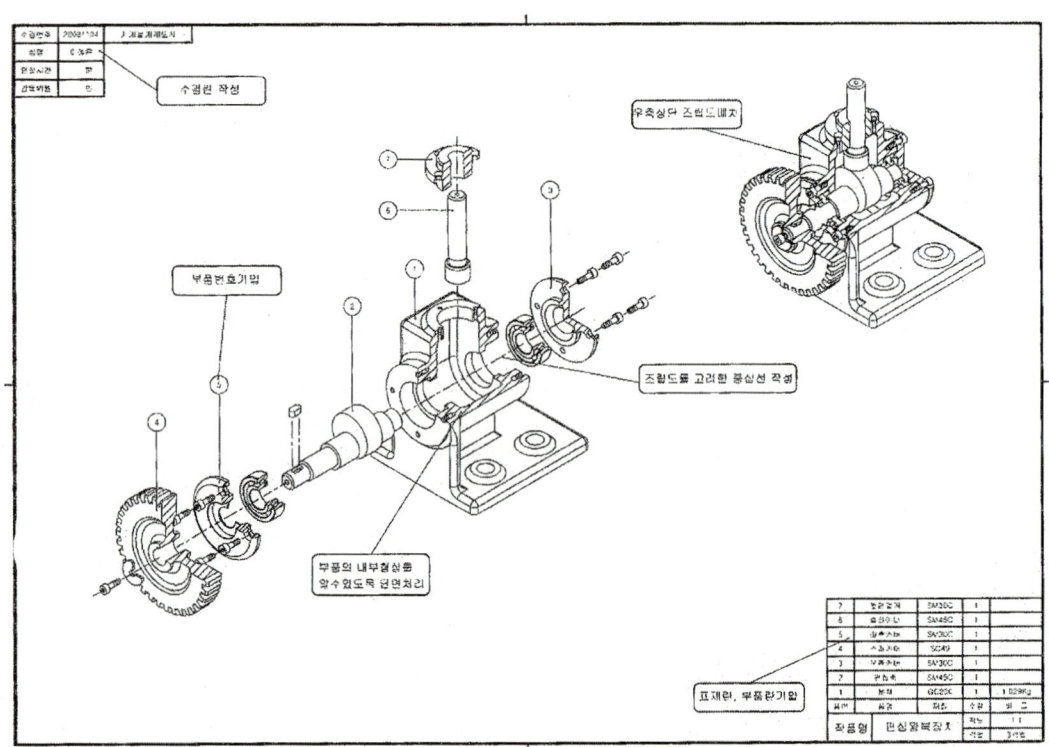

부록 | 최근과년도문제

| 자격종목 | 기계설계 제도사 | 작품명 | 부시 드릴지그 | 척도 | 1:1 |

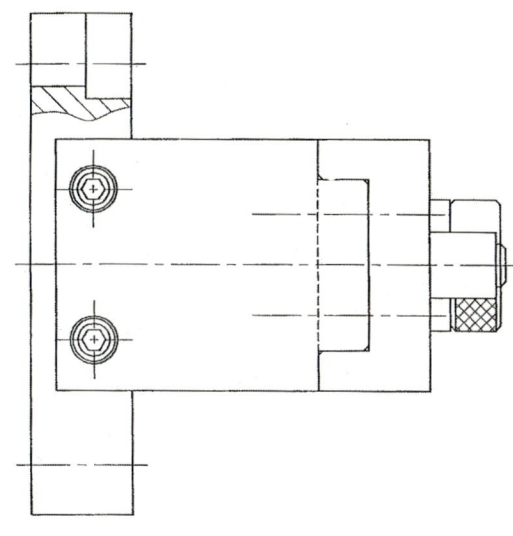

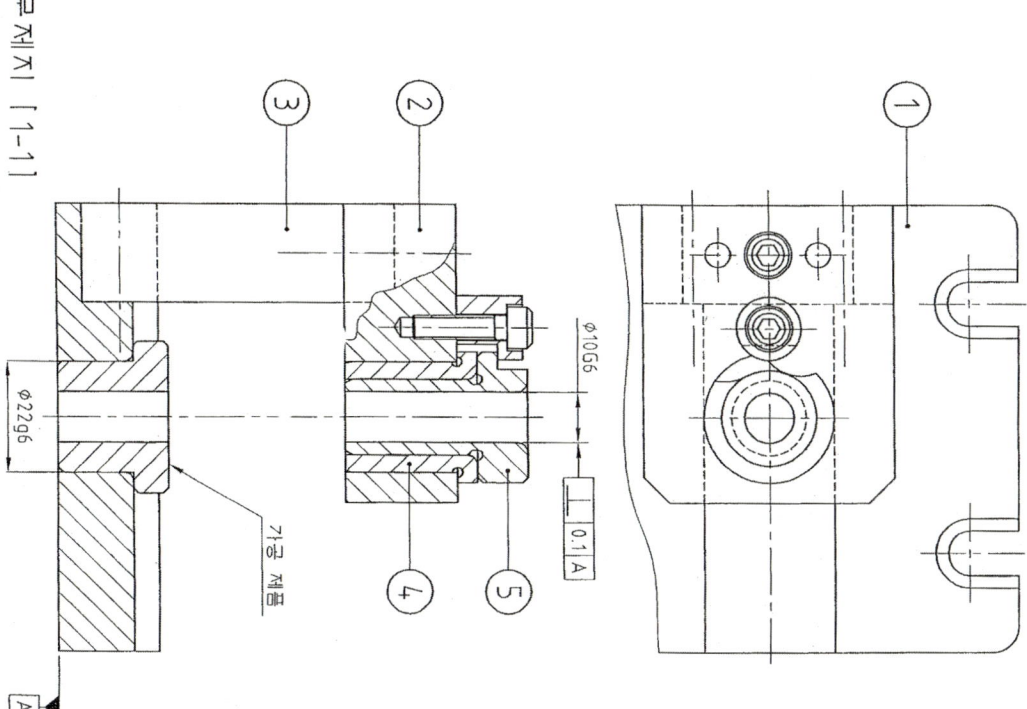

문제지 [1-1]

유니그래픽스 CAD/CAM
NX6 쉽게 따라하기

정가 | 28,000원

저 자 | 정연택
펴낸이 | 조상범
펴낸곳 | 도서출판 건기원

2009년 10월 10일   제1판 제1인쇄
2009년 10월 15일   제1판 제1발행

주소 | 서울특별시 강서구 공항동 1343-3호 (157-816)
전화 | (02)2662-1874~5
팩스 | (02)2665-8281
등록 | 제11-162호, 1998. 11. 24

· 건기원은 여러분을 책의 주인공으로 만들어 드리며 출판 윤리 강령을 준수합니다.
· 본서에 게재된 내용일체의 무단복제 · 복사를 금하며 잘못된 책은 교환해 드립니다.

ISBN 978-89-5843-536-5   13560